Helmut Vordermayer
Bernd von Heintschel-Heinegg (Hrsg.)

Handbuch
für den Staatsanwalt

Helmut Vordermayer
Bernd von Heintschel-Heinegg (Hrsg.)

Handbuch für den Staatsanwalt

Luchterhand

Die Deutsche Bibliothek – CIP-Einheitsaufnahme

Handbuch für den Staatsanwalt / Hrsg. : Helmut Vordermayer ; Bernd von Heintschel-Heinegg. – Neuwied ; Kriftel : Luchterhand, 2000
ISBN 3-472-03654-0

Alle Rechte vorbehalten.
© 2000 by Hermann Luchterhand Verlag GmbH Neuwied, Kriftel.
Das Werk einschließlich aller seiner Teile ist urheberrechtlich geschützt.
Jede Verwertung außerhalb der engen Grenzen des Urheberrechtsgesetzes ist ohne Zustimmung des Verlages unzulässig und strafbar.
Das gilt insbesondere für Vervielfältigungen, Übersetzungen, Mikroverfilmungen und die Einspeicherung und Verarbeitung in elektronischen Systemen.
Satz: mediaText, Jena
Druck und Binden: Wilhelm & Adam, Heusenstamm
Papier: Permaplan von Arjo Wiggins Spezialpapiere, Ettlingen
Umschlag: Ute Weber GrafikDesign, Geretsried

∞ Gedruckt auf säurefreiem, alterungsbeständigem und chlorfreiem Papier

Vorwort

Seit langem wird Bedarf nach einer vertiefenden Darstellung staatsanwaltschaftlicher Tätigkeit angemeldet, gab es doch bislang kein entsprechendes Handbuch. Diese Forderung versucht das vorliegende Handbuch zu erfüllen. Es beschränkt sich nicht nur auf rechtliche Fragen zum Ermittlungs- und Vollstreckungsverfahren, sondern behandelt unter anderem auch praktische Themen wie Tatortarbeit und Fahndung. Miteinbezogen wurde auch die immer wichtiger werdende Kriminaltechnik, die eine außerordentlich erfolgreiche Entwicklung genommen hat und immer größere Bedeutung gewinnt. Um seiner Leitungsfunktion gerecht werden zu können, muß die Staatsanwältin/der Staatsanwalt (die Staatsanwältinnen bitten wir um Verständnis, wenn aus Gründen der Lesbarkeit im Folgenden »nur« vom »Staatsanwalt« die Rede ist) auch den Einsatz der Kriminaltechnik verantwortlich handhaben und kontrollieren können.

Alle Autoren, besondere Sachkenner der jeweiligen Thematik, waren beim Abfassen ihres Beitrags als Staatsanwälte tätig. Teilweise sind sie allerdings bis zur Drucklegung dieses Handbuchs entsprechend den Gepflogenheiten in ihren Bundesländern in den richterlichen Dienst gewechselt.

Anfang des Jahres 1994 rief das Bayerische Staatsministerium der Justiz eine Arbeitsgruppe ins Leben, die sich mit der Erstellung von Vordrucken und Formularen für die tägliche Arbeit von Rechtspflegern und Staatsanwälten befassen sollte. Die erste Sitzung der aus Programmierern, Rechtspflegern und Staatsanwälten zusammengesetzten Arbeitsgruppe fand im März 1994 statt. Im Laufe der Zeit haben sich die Bundesländer Sachsen und Baden-Württemberg mit eigenen Vertretern an der nunmehr gemeinsamen Aufgabe der Erstellung eines Texthandbuches mit zugrunde liegenden programmierten Textbausteinen beteiligt. Zwischenzeitlich liegt das Texthandbuch als Loseblattsammlung in einer zweiten Auflage vor und wird in den Bundesländern Bayern, Baden-Württemberg und Sachsen nach vorheriger Schulung der Schreibkräfte und Staatsanwälte mit gutem Erfolg eingesetzt. Bei den Justizministern dieser Länder, welche der Arbeitsgruppe stets freie Hand ließen und der Veröffentlichung eines Teils der Muster-Texte in diesem Handbuch zustimmten, bedanken wir uns in besonderer Weise.

Entsprechend der Entstehungsgeschichte dieses Handbuchs kann es von den Staatsanwälten, denen TV-StA an ihrem Arbeitsplatz zur Verfügung steht, vielfach als Erläuterung benutzt werden. Für alle »übrigen« Staatsanwälte enthält dieses Handbuch vor allem (aber nicht nur) eine umfangreich kommentierte Mustersammlung.

Dem strafrechtlich tätigen Rechtsanwalt, insbesondere den Fachanwälten im Strafrecht, soll die Darstellung einen ebenso notwendigen wie unverzichtbaren Einblick in das staatsanwaltliche Denken und Arbeiten geben. Wer seinen Mandanten umfassend beraten will, muß das »Kochbuch der Gegenseite« kennen!

Ein sehr herzlicher Dank geht sowohl an die Autoren dieses Bandes, die es neben der täglichen Arbeit im Dezernat auf sich nahmen, die Manuskripte zu verfassen, als auch an diejenigen, die am Entstehen von TV-StA mitwirkten und bei Konzipierung des Handbuchs teilweise bereits wieder aus der Arbeitsgruppe ausgeschieden waren, deren engagierte Mitarbeit aber in die Textsammlung miteingegangen ist: an die Herren Oberstaatsanwälte Ralf Alt, Christoph Frank, Edgar Villwock und Edgar Zach, Herrn Staatsanwalt als Gruppenleiter Thomas Richter, Herrn Staatsanwalt Andreas Günthel, Herrn weiteren aufsichtsführenden Richter am Amtsgericht Eduard Mayer und nicht zuletzt Herrn Richter am Oberlandesgericht Reinhard Lichtenberg, dem die vorzügliche Gestaltung sämtlicher Formulare zu verdanken ist. Unvergessen ist der unermüdliche Einsatz von Frau Brigitte Hofmann, Leiterin der Schreibkanzlei der Staatsanwaltschaft Nürnberg-Fürth, bei ersten und schwierigsten Arbeitsgruppensitzungen! Schließlich gilt ein ganz persönlicher Dank – auch namens aller Autoren – unseren Ehefrauen, Töchtern und Söhnen für deren Verständnis, aber auch für deren häufigen unverzichtbaren Einsatz beim Schreiben der Manuskripte.

An alle Benutzer des Handbuchs richtet sich unsere Bitte, mit Verbesserungsvorschlägen und Anregungen uns bei der weiteren Arbeit zu unterstützen.

Traunstein – Straubing   *Helmut Vordermayer*
Im August 2000   *Bernd von Heintschel-Heinegg*

Inhaltsübersicht

Vorwort   V

Bearbeiter   XI

Abkürzungsverzeichnis   XIII

Literaturverzeichnis   XXVII

Teil A

Kapitel 1 – Eingriffsmaßnahmen   1
Messer/Siebenbürger

Kapitel 2 – Fahndung   117
Vordermayer

Kapitel 3 – Tatortaufnahme, Spurensuche, Verhalten am Tatort   127
Freimuth/Geide/Herrmann-Tamm

Kapitel 4 – Kriminaltechnik im Überblick   151
Kube/Simmross

Kapitel 5 – DNA-Analyse als Beweismittel im Strafverfahren   183
Schmitter

Kapitel 6 – Der Staatsanwalt im Internet   195
Messer

Teil B

Kapitel 1 – Verkehrsstrafsachen einschließlich Antrag auf vorläufige Entziehung der Fahrerlaubnis   209
Kindsvater

Kapitel 2 – Jugendstrafsachen   241
Erlbeck

Kapitel 3 – Sexualdelikte   259
Meiler

Kapitel 4 – Ausländergesetz/Asylverfahrensgesetz   293
Titz

Kapitel 5 – Illegale Beschäftigung-Schwarzarbeit   377
Erlbeck

Kapitel 6 – Todesermittlungsverfahren und Kapitaldelikte   393
Neubeck

Kapitel 7 – Waffendelikte   407
Bezzel

Kapitel 8 – Betäubungsmittelverfahren   463
Böhm

Kapitel 9 – Finanzermittlungen; Verfall und Einziehung   491
Mayer

Teil C

Einstellungsverfügung   517
Vordermayer

Teil D

Kapitel 1 – Anklageschrift und Anklagesurrogate   613
Eschelbach

Kapitel 2 – Rechtsbehelfe in Strafsachen   641
Wiegner/Magnussen

Kapitel 3 – Strafvollstreckung   697
Kunz

Kapitel 4 – Mitwirkung bei der Bewährungsüberwachung von Strafen und Maßregeln   857
Kunz

Kapitel 5 – Führungsaufsicht   883
Kunz

Kapitel 6 – Entschädigung für Strafverfolgungsmaßnahmen   897
Kunz

Kapitel 7 – Berichte und Vorlagen   941
Nötzel

Kapitel 8 – Rechtshilfeverkehr mit ausländischen Behörden   997
Wölfel/Vordermayer

Kapitel 9 – Ausschließung und Ablehnung von Staatsanwälten   1067
Hammer

Kapitel 10 – Störungen in der Hauptverhandlung   1075
Hammer

Stichwortverzeichnis   1085

Zitiervorschlag

Hdb StA – *Bearbeiter*

Bearbeiter

Gerhard Bezzel
Richter am Landgericht
Landgericht Traunstein

Horst Böhm
Oberstaatsanwalt
Staatsanwaltschaft Regensburg

Uwe Erlbeck
Staatsanwalt als Gruppenleiter
Staatsanwaltschaft Kempten

Dr. Ralf Eschelbach
Richter am Oberlandesgericht
zZ Wissenschaftlicher Mitarbeiter
beim Bundesverfassungsgericht

Heribert Freimuth
Kriminalhauptkommissar
Bundeskriminalamt Wiesbaden

Bernd Geide
Kriminaloberrat
Bundeskriminalamt Wiesbaden

Dr. Michael Hammer
Staatsanwalt
Staatsanwaltschaft Regensburg

Prof. Dr. Bernd v. Heintschel-Heinegg
Richter am Bayerischen Obersten Landesgericht

Alexandra Herrmann-Tamm
Kriminalhauptkommissarin
Bundeskriminalamt Wiesbaden

Rolf Kindsvater
Staatsanwalt als Gruppenleiter
Staatsanwaltschaft Tübingen

Prof. Dr. Edwin Kube
Bundeskriminalamt Wiesbaden

Dr. Karl-Heinz Kunz
Oberstaatsanwalt
Staatsanwaltschaft Nürnberg-Fürth

Birger Magnussen
Staatsanwalt
Staatsanwaltschaft bei dem Oberlandesgericht Dresden

Herbert Mayer
Vorsitzender Richter am
Oberlandesgericht Stuttgart

Peter Meiler
Direktor des Amtsgerichts Obernburg am Main
Amtsgericht Obernburg am Main

Bruno Messer
Oberstaatsanwalt
Staatsanwaltschaft Würzburg

Gerd Neubeck
Polizeivizepräsident
Berlin

Manfred Nötzel
Oberstaatsanwalt
Staatsanwaltschaft München I

Dr. Hermann Schmitter
Wissenschaftlicher Direktor
Bundeskriminalamt Wiesbaden

Günter Siebenbürger
Amtsgerichtsdirektor
Amtsgericht Haßfurt

Dr. Ulrich Simmross
Bundeskriminalamt Wiesbaden

Andrea Titz
Staatsanwältin
Staatsanwaltschaft Traunstein

Helmut Vordermayer
Oberstaatsanwalt
Staatsanwaltschaft Traunstein

Uwe Wiegner
Staatsanwalt als Gruppenleiter
Staatsanwaltschaft Zwickau

Dr. Martin Wölfel
Staatsanwalt
Staatsanwaltschaft Traunstein

Abkürzungsverzeichnis

A

aA	andere Ansicht
AAK	Atemalkoholkonzentration
aaO	am angegebenen Ort
abl	ablehnend
Abl	Amtsblatt
Abs	Absatz
Abschn	Abschnitt
Abt	Abteilung
abw	abweichend
ADH	Alkoholdehydrogenase
aE	am Ende
aF	alte Fassung
AFG	Arbeitsförderungsgesetz
AG	Amtsgericht
AGH	Anwaltsgerichtshof
AGS	Anwaltsgebühren Spezial
ähnl	ähnlich
AK	Alternativkommentar
alic	actio libera in causa
Alt	Alternative
aM	andere Meinung
ÄndG	Änderungsgesetz
Anh	Anhang
Anl	Anlage
Anm	Anmerkung
AnwBl	Anwaltsblatt
AO	Abgabenordnung
ARB	Allgemeine Rechtsschutzbedingungen
ArchCrim	Archiv des Criminalrechts
ArchCrimNF	Archiv des Criminalrechts Neue Folge
ArchKrim Anthr	Archiv für Kriminalanthropologie und Kriminalistik
arg	argumentum
Art.	Artikel
AsylVfg	Asylverfahrensgesetz
AT	Allgemeiner Teil
Aufl.	Auflage
AuslG	Ausländergesetz
AÜG	Gesetz zur Regelung der gewerbsmäßigen Arbeitnehmerüberlassung in der Fassung vom 3. Februar 1995, zuletzt geändert am 29. Juni 1998

B

BA	Blutalkohol, Wissenschaftliche Zeitschrift für die medizinische und juristische Praxis
BAK	Blutalkoholkonzentration
BayAGG-VG	Bayerisches Ausführungsgesetz zum Gerichtsverfassungsgesetz
BayAG-StPO	Bayerisches Ausführungsgesetz zur Strafprozeßordnung
BayJMBl	Bayerisches Justizministerialblatt
BayObLG	Bayerisches Oberstes Landesgericht
BayObLGSt	Entscheidungen des Bayerischen Obersten Landesgerichtes in Strafsachen
BayVBl	Bayerische Verwaltungsblätter (zit nach Jahr)
Bd	Band
BDSG	Bundesdatenschutzgesetz
BE	Blutentnahme
BegrVO	Verordnung über die Begrenzung der Geschäfte des Rechtspflegers bei der Vollstreckung in Straf- und Bußgeldsachen
BerHG	Beratungshilfegesetz
Beschl	Beschluß
betr	betreffend
BFH	Bundesfinanzhof
BFH/NV	Sammlung amtlich nicht veröffentlichter Entscheidungen des Bundesfinanzhofs
BGBl	Bundesgesetzblatt (Teil, Jahr und Seite)
BGH	Bundesgerichtshof
BGHR	Rechtsprechung des Bundesgerichtshofes in Strafsachen
BGHSt	Entscheidungen des Bundesgerichtshofes in Strafsachen
BKA	Bundeskriminalamt
BKAG	Gesetz über die Einrichtung eines Bundeskriminalamtes
Bkat	Bußgeldkatalog
BKatV	Bußgeldkatalogverordnung
BKH	Bezirkskrankenhaus
BND	Bundesnachrichtendienst
BO-RA	Berufsordnung für Rechtsanwälte
BpO	Betriebsprüfungsordnung
BRAGO	Bundesrechtsanwaltsgebührenordnung
BRAK	Bundesrechtsanwaltskammer
BRAK-Mitt	Mitteilungen der Bundesrechtsanwaltskammer
BStBl	Bundessteuerblatt
BT	Bundestag

Abkürzungsverzeichnis

BT-Ds	Bundestagsdrucksache
BtMG	Betäubungsmittelgesetz
BVerfG	Bundesverfassungsgericht
BVerfGE	Entscheidungen des Bundesverfassungsgerichts
BVerfGG	Gesetz über das Bundesverfassungsgericht
BVerfSch	Bundesamt für Verfassungsschutz
BVerfSchG	Bundesverfassungsschutzgesetz
BVerwG	Bundesverwaltungsgericht
BZR	Bundeszentralregister
BZRG	Gesetz über das Zentralregister und das Erziehungsregister
bzw	beziehungsweise

C

ca.	cirka
CCBE	Standesregeln der Rechtsanwälte der Europäischen Gemeinschaft
CCC	Constitutio Criminalis Carolina
CR	Computer und Recht

D

DAR	Deutsches Autorecht
DB	Der Betrieb
ders	derselbe
dh	das heißt
DIN	Deutsche Industrie Norm
Diss	Dissertation
DJ	Deutsche Justiz
DJT	Deutscher Juristentag
DJZ	Deutsche Juristenzeitung
DÖV	Die Öffentliche Verwaltung
DRiZ	Deutsche Richterzeitung
DRZ	Deutsche Rechtszeitschrift
DSG	Datenschutzgesetz
DSM	Diagnostic and Statistical Manual
DStR	Deutsches Strafrecht
DStZ	Deutsche Steuerzeitung
DVBl	Deutsches Verwaltungsblatt (zit nach Jahr)
DVO	Durchführungsverordnung

E

EBAO	Einforderungs- und Beitreibungsordnung
EFG	Entscheidungen der Finanzgerichte
EG	Europäische Gemeinschaft

EGGVG	Einführungsgesetz zum Gerichtsverfassungsgesetz
EGH	Ehrengerichtshöfe der Rechtsanwaltschaft des Bundesgebietes
EGHE	Entscheidungen der Ehrengerichtshöfe des Bundesgebietes
EGMR	Europäischer Gerichtshof für Menschenrechte
EGStGB	Einführungsgesetz zum Strafgesetzbuch
EGStPO	Einführungsgesetz zur Strafprozeßordnung
EGWStG	Einführungsgesetz zum Wehrstrafgesetzbuch
einh	einhellig
Einl	Einleitung
EMRK	Europäische Menschenrechtskonvention
entspr	entsprechend
ErgRiVASt	(länderspezifische) Ergänzungsvorschriften zu den (bundeseinheitlichen) Richtlinien für den Verkehr mit dem Ausland in strafrechtlichen Angelegenheiten
EStG	Einkommensteuergesetz
etc	et cetera
EU	Europäische Union
EU-AuslÜbk	Übereinkommen vom 27. September 1996 aufgrund von Artikel K.3 des Vertrags über die Europäische Union über die Auslieferung zwischen den Mitgliedstaaten der Europäischen Union
EuAlÜbk	Europäisches Auslieferungsübereinkommen vom 13. Dezember 1957
EuGH	Europäischer Gerichtshof
EuGRZ	Europäische Grundrechte Zeitung
EuRHÜbk	Europäisches Übereinkommen über die Rechtshilfe in Strafsachen
EuRhÜbk	Europäisches Übereinkommen vom 20. April 1959 über die Rechtshilfe in Strafsachen
EU-VereinfAuslÜbk	Übereinkommen vom 10. März 1995 aufgrund von Artikel K.3 des Vertrags über die Europäische Union über das vereinfachte Auslieferungsverfahren zwischen den Mitgliedstaaten der Europäischen Union
EV	Einigungsvertrag
EWG	Europäische Wirtschaftsgemeinschaft

F

f	folgende
FeV	Fahrerlaubnis-Verordnung
ff	fortfolgende
FG	Finanzgericht

FGG	Gesetz über die Angelegenheiten der freiwilligen Gerichtsbarkeit
Fn	Fußnote
FS	Festschrift

G

G 10	Gesetz zur Beschränkung des Brief-, Post- und Fernmeldegeheimnisses
GA	Goltdammer's Archiv für Strafrecht
Gbl	Gesetzblatt
GenStA	Generalstaatsanwalt oder Generalstaatsanwaltschaft
gem	gemäß
ges	gesetzliche/n/r
GG	Grundgesetz für die Bundesrepublik Deutschland
ggf	gegebenenfalls
GKG	Gerichtskostengesetz
GMBl	Gemeinsames Ministerialblatt
GnO	Gnadenordnung
GS	Gedächtnisschrift
GSSt	Großer Senat für Strafsachen
GStA	Generalstaatsanwaltschaft
GVBl	Gesetz- und Verordnungsblatt
GVG	Gerichtsverfassungsgesetz

H

Hdb	Handbuch
HESt	Höchstrichterliche Entscheidungen in Strafsachen
H/K	Heidelberger Kommentar zur Strafprozeßordnung
hM	herrschende Meinung
Hrsg	Herausgeber
hrsg	herausgegeben
HS	Halbsatz

I

ibid	ibidem
ICD	International Classification of Diseases
idF	in der Fassung
idR	in der Regel
ieS	im engeren Sinne
insbes	insbesondere
IntKfzVO	Verordnung über internationalen Kraftfahrzeugverkehr
Int. J. Legal Med.	International Journal of Legal Medicine

IPBPR	Internationaler Pakt über bürgerliche und politische Rechte
IQ	Intelligenzquotient
IRG	Gesetz über die internationale Rechtshilfe in Strafsachen
iSd	im Sinne des, im Sinne der
iSv	im Sinne von
iü	im übrigen
iVm	in Verbindung mit
iwS	im weiteren Sinne

J

JA	Juristische Arbeitsblätter
JArbSchG	Jugendarbeitsschutzgesetz
JAVollzO	Jugendarrestvollzugsordnung
JBeitrO	Justizbeitreibungsordnung
JBl	Justizblatt
jew	jeweils
JGG	Jugendgerichtsgesetz
Jh	Jahrhundert
JK	Jura Kartei
JM	Justizminister
JMBl	Justizministerialblatt
JR	Juristische Rundschau
JugG	Jugendgericht
JugK	Jugendkammer
JugSchG	Jugendschöffengericht
Jura	Juristische Ausbildung
JurBüro	Juristisches Büro
JuS	Juristische Schulung
Justiz	Die Justiz, Amtsblatt des Justizministeriums BadenWürttemberg
JVA	Justizvollzugsanstalt
JVBl	Justizverwaltungsblatt (zit nach Bd)
JVKostO	Verordnung über Kosten im Bereich der Justizverwaltung
JW	Juristische Wochenschrift
JZ	Juristenzeitung

K

Kap	Kapitel
KBA	Kraftfahrt-Bundesamt Flensburg
Kfz	Kraftfahrzeug
KG	Kammergericht
KJHG	Kinder- und Jugendhilfegesetz

KK	Karlsruher Kommentar zur Strafprozeßordnung
Kl/M-G	Kleinknecht/Meyer-Goßner, Kommentar zur Strafprozeßordnung
KMR	Kleinknecht/Müller/Reitberger, Kommentar zur Strafprozeßordnung
KO	Konkursordnung
KostO	Gesetz über die Kosten in Angelegenheiten der freiwilligen Gerichtsbarkeit
KostRÄndG 94	Gesetz zur Änderung von Kostengesetzen und anderen Gesetzen
KostVfg	Kostenverfügung
KpS	Kriminalpolizeiliche personenbezogene Sammlungen
KreisG	Kreisgericht
krit	kritisch
KritJ	Kritische Justiz
KritV	Kritische Vierteljahresschrift für Gesetzgebung und Rechtswissenschaft
KronzG	Gesetz zur Einführung einer Kronzeugenregelung bei terroristischen Straftaten
KT	Kriminaltechnik
KVGKG	Kostenverzeichnis zum Gerichtskostengesetz
KWKG	Gesetz über die Kontrolle von Kriegswaffen
KWL	Kriegswaffenliste

L

Lfg	Lieferung
LG	Landgericht
lit	litera
Lit	Literatur
LK	Leipziger Kommentar zum Strafgesetzbuch
LKA	Landeskriminalamt
LM	Entscheidungen des Bundesgerichtshofes, Nachschlagewerk von Lindenmaier/Möhring
LR	Löwe/Rosenberg, Die Strafprozeßordnung und das Gerichtsverfassungsgesetz
Ls	Leitsatz
LVerfSch	Landesamt für Verfassungsschutz
LVwVfG	Landesverwaltungsverfahrensgesetz

M

MAD	Militärischer Abschirmdienst
m Anm	mit Anmerkung
m Bespr	mit Besprechung
maW	mit anderen Worten

MBl	Ministerialblatt
MDR	Monatsschrift für Deutsches Recht
MedR	Medizinrecht
MiStra	Anordnung über Mitteilungen in Strafsachen
mN	mit Nachweisen
MPU	Medizinisch-psychologische Untersuchung
MRK	Konvention zum Schutz der Menschenrechte und Grundfreiheiten
MSchKrim	Monatsschrift für Kriminologie und Strafrechtsreform
mwN	mit weiteren Nachweisen

N

NdsRpfl	Niedersächsischer Rechtspfleger
nF	neue Fassung
NJ	Neue Justiz
NJW	Neue Juristische Wochenschrift
NJW-RR	Neue Juristische Wochenschrift-Rechtsprechungsreport
noeP	nicht offen ermittelnder Polizeibeamter
Nr.	Nummer
NStE	Neue Entscheidungssammlung für Strafrecht
NStZ	Neue Zeitschrift für Strafrecht
NStZ-RR	Neue Zeitschrift für Strafrecht-Rechtsprechungsreport
NTS	NATO-Truppenstatut
nv	nicht veröffentlicht
NZV	Neue Zeitschrift für Verkehrsrecht

O

ObLG	Oberstes Landesgericht
OEG	Gesetz über die Entschädigung für Opfer von Gewalttaten
OGHSt	Rechtsprechung des Obersten Gerichtshofes für die Britische Zone in Strafsachen
ÖJZ	Österreichische Juristenzeitung
OK	Organisierte Kriminalität
OLG	Oberlandesgericht
OLG-NL	OLG-Rechtsprechung Neue Länder
OLGSt	Entscheidungen der Oberlandesgerichte in Strafsachen und über Ordnungswidrigkeiten
OrgKG	Gesetz zur Bekämpfung des illegalen Rauschgifthandels und anderer Erscheinungsformen der Organisierten Kriminalität

Abkürzungsverzeichnis

OrgStA	(Bundeseinheitliche) Anordnung über Organisation und Dienstbetrieb der Staatsanwaltschaften
OStA	Oberstaatsanwalt
OVG	Oberverwaltungsgericht
OWi	Ordnungswidrigkeit
OWiG	Gesetz über Ordnungswidrigkeiten

P

PAG	Polizeiaufgabengesetz
PaßG	Paßgesetz
PCL-R	Psychopathy Checklist-Revised
PflVersG	Gesetz über Pflichtversicherung für Kraftfahrzeughalter
POG	Polizeiorganisationsgesetz
PostG	Gesetz über das Postwesen
PräsLG	Präsident des Landgerichts
PräsOLG	Präsident des Oberlandesgerichts
PStR	Praxis Steuerstrafrecht
PsychKG	Gesetz über Hilfen und Schutzmaßnahmen bei psychischen Krankheiten
PZU	Postzustellungsurkunde

R

RA	Rechtsanwalt
RAK	Rechtsanwaltskammer
RBerG	Gesetz zur Verhütung von Mißbrauch auf dem Gebiet der Rechtsberatung
RdJ	Recht der Jugend und des Bildungswesens (zit nach Jahr)
RdK	Recht des Kraftfahrers (zit nach Jahr)
RG	Reichsgericht
RGBl	Reichsgesetzblatt
RGSt	Entscheidungen des Reichsgerichts in Strafsachen
RichtlRA	Grundsätze des anwaltlichen Standesrechts
RiJAVollzO	Richtlinien zur Jugendarrestvollzugsordnung
RiJGG	Richtlinien zum Jugendgerichtsgesetz
RiLi	Richtlinien
RiStBV	Richtlinien für das Strafverfahren und das Bußgeldverfahren
RiVASt	Richtlinien für den Verkehr mit dem Ausland in strafrechtlichen Angelegenheiten
RLJGG	Richtlinien zum Jugendgerichtsgesetz in der ab 1. August 1994 geltenden Fassung
Rn	Randnummer
ROW	Recht in Ost und West

R&P	Recht und Psychiatrie
RpflAnpG	Rechtspflege-Anpassungsgesetz
RpflEntlG	Gesetz zur Entlastung der Rechtspflege
Rpfleger	Der Deutsche Rechtspfleger
RPflG	Rechtspflegergesetz
Rspr	Rechtsprechung
RStBl	Reichssteuerblatt
RuP	Recht und Politik
RVO	Reichsversicherungsordnung

S

S	Satz, Seite
s.	siehe
s.a.	siehe auch
s.o.	siehe oben
s.u.	siehe unten
SchG	Schöffengericht
SchlHA	Schleswig-Holsteinische Anzeigen
SchwurG	Schwurgericht
SchwJZ	Schweizerische Juristenzeitung
SchwZSt	Schweizer Zeitschrift für Strafrecht
SDÜ	Schengener Durchführungsübereinkommen vom 19. Juni 1990
sek	Sekunde
SGB III	Sozialgesetzbuch III – Arbeitsförderung – vom 24. März 1997 in der Fassung vom 24. März 1999
SGB IV	Sozialgesetzbuch IV – Gemeinsame Vorschriften über die Sozialversicherung – vom 23. Dezember 1976 in der Fassung vom 24. März 1999
SIS	Schengener Informationssystem
SK-StGB (Bearbeiter)	Systematischer Kommentar zum Strafgesetzbuch von Hans-Joachim Rudolphi, Eckhard Horn, Erich Samson, Bd I: Allgemeiner Teil, 6. Aufl, 1996; Bd II: Besonderer Teil, 5. Aufl, 1996
SK-StPO (Bearbeiter)	Systematischer Kommentar zur Strafprozeßordnung von Hans-Joachim Rudolphi, Wolfgang Frisch, Hans-Ulrich Paeffgen, Klaus Rogall, Ellen Schlüchter, Jürgen Wolter, Stand: 17. Lieferung, Dezember 1997
sog	sogenannte/n/r
Sp	Spalte
SprengG	Sprengstoffgesetz
st. Rspr	ständige Rechtsprechung
StA	Staatsanwalt oder Staatsanwaltschaft
StÄndG	Strafrechtsänderungsgesetz

StBerG	Steuerberatungsgesetz
StBG	Steuerberatergesetz
StBp	Die steuerliche Betriebsprüfung
StenB	Stenographischer Bericht
StGB	Strafgesetzbuch
StGH	Staatsgerichtshof
StPO	Strafprozeßordnung
StR	Strafrecht
str	streitig
StraFo	Strafverteidiger Forum
StrEG	Gesetz über die Entschädigung für Strafverfolgungsmaßnahmen
StrK	Strafkammer
StrRehaG	Strafrechtliches Rehabilitationsgesetz
StrVollzG	Strafvollzugsgesetz
StV	Strafverteidiger
StVÄG 1987	Strafverfahrensänderungsgesetz 1987
StVG	Straßenverkehrsgesetz
StVO	Straßenverkehrsordnung
StVK	Strafvollstreckungskammer
StVollstrO	Strafvollstreckungsordnung
StVollzG	Gesetz über den Vollzug der Freiheitsstrafe und der freiheitsentziehenden Maßregeln der Besserung und Sicherung
StVollz-GVV	(Bundeseinheitliche) Verwaltungsvorschriften zum Strafvollzugsgesetz
StVZO	Straßenverkehrs-Zulassungs-Ordnung

T

teilw	teilweise
THC	Tetrahydrocannabinol
TKG	Telekommunikationsgesetz
TÜ	Telefonüberwachung

U

ua	unter anderem
übers	übersetzt
Übk	Übereinkommen
UKG	Gesetz zur Bekämpfung der Umweltkriminalität
unstr	unstreitig
unzutr	unzutreffend
UrkB	Urkundsbeamter der Geschäftsstelle
Urt.	Urteil
usw	und so weiter
uU	unter Umständen

UVollzO	Untersuchungshaftvollzugsordnung
UWG	Gesetz gegen den unlauteren Wettbewerb
UZwG	Gesetz über den unmittelbaren Zwang bei Ausübung öffentlicher Gewalt durch Vollzugsbeamte des Bundes

V

Vbl	Verwaltungsblätter
VE	Verdeckter Ermittler
VerfGH	Verfassungsgerichtshof
VerkMitt	Verkehrsrechtliche Mitteilungen
VersR	Versicherungsrecht
VerwZG	Verwaltungszustellungsgesetz
VG	Verwaltungsgericht
VGH	Verwaltungsgerichtshof
vgl	vergleiche
VM	Verkehrsrechtliche Mitteilungen
VO	Verordnung
VollstrB	Vollstreckungsbehörde
VOR	Zeitschrift für Verkehrs- und Ordnungswidrigkeitenrecht
Vorb	Vorbemerkung
VRS	Verkehrsrechtssammlung
VU	Verkehrsunfall
VV	Verwaltungsvorschrift
VVJug	Verwaltungsvorschriften zum Jugendstrafvollzug
VVStVollzG	Verwaltungsvorschriften zum Strafvollzugsgesetz
VZR	Verkehrszentralregister

W

WaffG	Waffengesetz
WaffV	Verordnung zum Waffengesetz
WaffVwV	Allgemeine Verwaltungsvorschrift zum Waffengesetz
wHinw	weitere Hinweise
WHO	World Health Organization (Weltgesundheitsorganisation)
WiKG	Gesetz zur Bekämpfung der Wirtschaftskriminalität
WiStG	Wirtschaftsstrafgesetz
wistra	Zeitschrift für Wirtschaft, Steuer und Strafrecht
wN	weitere Nachweise

Z

ZAP	Zeitschrift für die Anwaltspraxis
zB	zum Beispiel
ZfS	Zeitschrift für Schadensrecht
ZfStrVo	Zeitschrift für Strafvollzug
ZKA	Zollkriminalamt
ZP-EuRhÜbk	Zusatzprotokoll zum Europäischen Übereinkommen über die Rechtshilfe in Strafsachen vom 17. März 1978
ZPO	Zivilprozeßordnung
ZRP	Zeitschrift für Rechtspolitik
ZSEG	Gesetz über die Entschädigung von Zeugen und Sachverständigen
ZStW	Zeitschrift für die gesamte Strafrechtswissenschaft
ZSW	Zeitschrift für das gesamte Sachverständigenwesen
zust	zustimmend
zutr	zutreffend
zw	zweifelhaft, zweifelnd
zZ	zur Zeit

Literaturverzeichnis

AK-StPO-Bearbeiter	Alternativkommentar zur Strafprozeßordnung, hrsg R.Wassermann
Alsberg/Nüse/Meyer	Alsberg, Max/Nüse, Karl-Heinz/Meyer, Karlheinz: Der Beweisantrag im Strafprozeß, 5. Aufl. 1983
Amelunxen	C. Amelunxen: Die Revision der Staatsanwaltschaft, 1980
Beck/Berr OWi-Sachen	Beck, Wolf-Dieter/Berr, Wolfgang: OWi-Sachen im Straßenverkehr, 3. Aufl. 1999 [Praxis der Strafverteidigung Band 6]
Beling Beweisverbote	Beling, Ernst: Die Beweisverbote als Grenze der Wahrheitserforschung im Strafprozess, Breslau 1903
Bender/Nack	Bender, Rolf/Nack, Armin: Tatsachenfeststellung vor Gericht, 2. Aufl. 1995
Beulke Verteidiger	Beulke, Werner: Der Verteidiger im Strafverfahren, Funktionen und Rechtsstellung, 1980
Beulke Strafbarkeit	Beulke, Werner: Die Strafbarkeit des Verteidigers, 1989 [Praxis der Strafverteidigung Band 11]
Beulke Strafprozeßrecht	Beulke, Werner: Strafprozeßrecht, 4. Aufl. 2000
Bringewat	Bringewat, Peter: Strafvollstreckung, Kommentar zu den §§ 449 – 463d StPO, 1993
Brunner/Dölling	Brunner/Dölling: Jugendgerichtsgesetz, 10. Aufl. 1996
Burhoff Ermittlungsverfahren	Burhoff, Detlef: Handbuch für das strafrechtliche Ermittlungsverfahren, 2. Aufl. 1999
Burhoff Hauptverhandlung	Burhoff, Detlef: Handbuch für die strafrechtliche Hauptverhandlung, 3. Aufl. 1999
Calliess/Müller-Dietz	Calliess, Rolf-Peter/Müller-Dietz, Heinz: Strafvollzugsgesetz, 7. Aufl. 1998

Dahs Handbuch	*Dahs, Hans:* Handbuch des Strafverteidigers, 5. Aufl. 1983
Dahs Handbuch [6. Aufl.]	*Dahs, Hans:* Handbuch des Strafverteidigers, 6. Aufl. 1999
Dahs/Dahs	*Dahs, Hans/Dahs, Hans:* Die Revision im Strafprozeß, 5. Aufl. 1993
Dencker	*Dencker, Friedrich:* Verwertungsverbote im Strafprozeß, 1977
Diemer-Bearbeiter	*Diemer, Herbert/Schoreit, Arnim/Sonnen, Bernd-Rüdeger:* Kommentar zum Jugendgerichtsgesetz, 2. Aufl. 1995
Eberth/Müller Betäubungsmittelsachen	*Eberth, Alexander/Müller, Eckhart:* Verteidigung in Betäubungsmittelsachen, 2. Aufl. 1993 [Praxis der Strafverteidigung Band 4]
Eisenberg Beweisrecht	*Eisenberg, Ulrich:* Beweisrecht der StPO, 3. Aufl. 1999
Eisenberg JGG	*Eisenberg, Ulrich:* Jugendgerichtsgesetz, 8. Aufl. 2000
Erbs/Kohlhaas-Bearbeiter	*Erbs, Georg/Kohlhaas, Max:* Strafrechtliche Nebengesetze, hrsg von F. Ambs, 5. Aufl. 1997
Eschke	*Eschke, Dieter:* Mängel im Rechtsschutz gegen Strafvollstreckungs- und Strafvollzugsmaßnahmen, 1993
Feuerich/Braun BRAO	*Feuerich, Wilhelm E./Braun, Anton:* Bundesrechtsanwaltsordnung, 4. Aufl. 1999
Flore/Dörn/Gillmeister	*Flore, Ingo/Dörn, Harald/Gillmeister, Ferdinand:* Steuerfahndung und Steuerstrafverfahren. Handbuch für die Strafverteidigung, 2. Aufl. 1999
Formularbuch-Bearbeiter	Beck'sches Formularbuch für den Strafverteidiger, hrsg von R. Hamm und I. Lohberger, 3. Aufl. 1998
Gerold/Schmidt/v. Eicken/ Madert	*Gerold, Wilhelm/Schmidt, Herbert/von Eicken, Kurt / Madert, Wolfgang:* Bundesgebührenordnung für Rechtsanwälte, 13. Aufl. 1997
Göbel	*Göbel, K.:* Strafprozeß, 5. Aufl. 1996

Göhler	Göhler, Erich: Gesetz über Ordnungswidrigkeiten, 12 Aufl. 1998
Hansens BRAGO	Hansens, Heinz: Bundesgebührenordnung für Rechtsanwälte, 8. Aufl. 1995
Hartmann Kostengesetz	Hartmann, Peter: Kostengesetze, 28. Aufl. 1999
Hartung/Holl	Hartung, Wolfgang/Holl, Thomas: Anwaltliche Berufsordnung, 1997
Henssler/Prütting	Henssler, Martin/Prütting, Hanns: Bundesrechtsanwaltsordnung, 1997
Hentschel	Hentschel, Peter: Trunkenheit, Fahrerlaubnisentzug, Fahrverbot, 8. Aufl. 2000
Himmelreich/Hentschel	Himmelreich, K./Hentschel, P.: Fahrverbot, Führerscheinentzug, 7. Aufl. 1982
HK-Bearbeiter	Heidelberger Kommentar zur Strafprozeßordnung, von M. Lemke, K.-P. Julius, Ch. Krehl, H.-J. Kurth, E. Ch. Rautenberg, D. Temming, 2. Aufl. 1999
Jagusch/Hentschel	Jagusch, Heinrich/Hentschel, Peter: Straßenverkehrsrecht, 35. Aufl. 1999
Joachimski	Joachimski, Jupp: Strafverfahrens-Recht, 3. Aufl. 1993
Joachimski BtMG	Joachimski, Jupp: Betäubungsmittelgesetz, 6. Aufl. 1996
Katholnigg	Katholnigg, Oskar: Strafgerichtsverfassungsrecht, 3. Aufl. 1999
KK-Bearbeiter	Karlsruher Kommentar zur Strafprozeßordnung und zum Gerichtsverfassungsgesetz mit Einführungsgesetz, hrsg von G. Pfeiffer, 3. Aufl. 1993, teilweise 4. Aufl. 1999
Kl/M-G	Kleinknecht, Theodor/Meyer-Goßner, Lutz: Strafprozeßordnung, 43. Aufl. 1997, teilw 44. Aufl. 1999
Kleine-Cosack BRAO	Kleine-Cosack, Michael: Bundesrechtsanwaltsordnung, 3. Aufl. 1997
Kleinknecht/Janischowsky	Kleinknecht, Th./Janischowsky, G.: Das Recht der Untersuchungshaft 1977

KMR-Bearbeiter	Kleinknecht, Th./Müller, H./Reitberger, L.: Kommentar zur Strafprozeßordnung, ab der 14. Lieferung hrsg von B. v. Heintschel-Heinegg und H. Stöckel, 1998 ff
Körner	Körner, Harald Hans: Betäubungsmittelgesetz, Arzneimittelgesetz, 4. Aufl. 1994
Kühne	Kühne, Hans Heiner: Strafprozeßlehre. Eine Einführung, 4. Aufl. 1993
Lackner	Lackner, Karl/Kühl, Kristian: Strafgesetzbuch, 22. Aufl. 1997
LK-Bearbeiter	Leipziger Kommentar: Strafgesetzbuch, Großkommentar, hrsg von B. Jähnke, H. W. Laufhütte, W. Odersky, 11. Aufl. 1993 ff
LM	Lindenmaier, Fritz/Möhring, Philipp: Entscheidungen des Bundesgerichtshofes, Nachschlagewerk
LR-Bearbeiter	Löwe, Ewald/Rosenberg, Werner: Die Strafprozeßordnung und das Gerichtsverfassungsgesetz, Großkommentar, hrsg von P. Rieß, 24. Aufl., teilw 25. Aufl.
Madert Anwaltsgebühren	Madert, Wolfgang: Anwaltsgebühren in Straf- und Bußgeldsachen, 3. Aufl. 1998 [Praxis der Strafverteidigung Band 5]
Malek Hauptverhandlung	Malek, Klaus: Verteidigung in der Hauptverhandlung, 2 Aufl. 1997 [Praxis der Strafverteidigung Band 18]
Müller Straßenverkehr	Müller, Elmar: Verteidigung in Straßenverkehrssachen, 6. Aufl. 1996 [Praxis der Strafverteidigung Band 1]
Nedopil	Nedopil, Norbert: Forensische Psychiatrie – Klinik, Begutachtung und Behandlung zwischen Psychiatrie und Recht, 1996
Nix JGG	Nix, Christoph: Kurzkommentar zum Jugendgerichtsgesetz, 1994
Ostendorf JGG	Ostendorf, Heribert: Kommentar zum Jugendgerichtsgesetz, 4. Aufl. 1997
Palandt-Bearbeiter	Palandt: Bürgerliches Gesetzbuch, 59. Aufl. 2000

Peters Strafprozeß	Peters, Karl: Strafprozeß. Ein Lehrbuch, 4. Aufl. 1985
Peters Fehlerquellen	Peters, Karl: Fehlerquellen im Strafprozeß, Bd I 1970, Bd II 1972, Bd III 1974
Pfeiffer	Pfeiffer, Gerd: Strafprozeßordnung – Gerichtsverfassungsgesetz, 2. Aufl. 1999
Pohl	Pohl: Praxis des Strafrichters, 1987
Pohlmann/Jabel/Wolf	Pohlmann/Jabel/Wolf: Strafvollstreckungsordnung, 7. Aufl. 1996
Rahn/Schaefer	Rahn, Dietrich/Schaefer, Hans Christoph: Mustertexte zum Strafprozeß, 6. Aufl. 1997
Rogall	Rogall, Klaus: Der Beschuldigte als Beweismittel gegen sich selbst – Ein Beitrag zur Geltung des Satzes «Nemo tenetur seipsum procedere» im Strafprozeß, 1977
Roxin	Roxin, Claus: Strafverfahrensrecht, 25. Aufl. 1998
Rückel Zeugenbeweis	Rückel, Christoph: Strafverteidigung und Zeugenbeweis, 1988 [Praxis der Strafverteidigung Band 9]
Rüping	Rüping, K.: Das Strafverfahren, 3. Aufl. 1997
Sarstedt/Hamm	Sarstedt, Werner/Hamm, Rainer: Die Revision in Strafsachen, 6. Aufl. 1998
Schäfer Strafzumessung	Schäfer, Gerhard: Praxis der Strafzumessung, 2. Aufl. 1995
Schäfer Strafverfahren	Schäfer, Gerhard: Die Praxis des Strafverfahrens, 5. Aufl. 1992
Schaffstein/Beulke	Schaffstein, Friedrich/Beulke, Werner: Jugendstrafrecht, 13. Aufl. 1998
Schlothauer Vorbereitung	Schlothauer, Reinhold: Vorbereitung der Hauptverhandlung durch den Verteidiger, 2. Aufl. 1998 [Praxis der Strafverteidigung Band 10]
Schlothauer/Weider	Schlothauer, Reinhold/Weider, Hans-Joachim: Untersuchungshaft, 2. Aufl. 1995 [Praxis der Strafverteidigung Band 14]

Schönke/Schröder-Bearbeiter	Schönke, Adolf/Schröder, Horst: Strafgesetzbuch, 25. Aufl. 1997
SK-StGB-Bearbeiter	Systematischer Kommentar zum Strafgesetzbuch, von Hans-Joachim Rudolphi, Eckhard Horn, Erich Samson, Hans-Ludwig Günther, Andreas Hoyer
SK-StPO-Bearbeiter	Systematischer Kommentar zur Strafprozeßordnung und zum Gerichtsverfassungsgesetz, von Hans-Joachim Rudolphi, Wolfgang Frisch, Hans-Ulrich Paeffgen, Klaus Rogall, Ellen Schlüchter, Jürgen Wolter
S/L-Bearbeiter	Schomburg, Wolfgang/Lagodny, Otto: Internationale Rechtshilfe in Strafsachen, 3. Aufl. 1998
Strafverteidigung-Bearbeiter	Strafverteidigung in der Praxis, hrsg von R. Brüssow, W. Krekeler und V. Mehle, 1998
Thomas/Deckers	Thomas, Sven/Deckers, Rüdiger: Das Recht der Untersuchungshaft, 2. Aufl. 1998
Tröndle	Tröndle, Herbert: Strafgesetzbuch und Nebengesetze, 48 Aufl. 1997
Tröndle/Fischer	Tröndle, Herbert/Fischer, Thomas: Strafgesetzbuch und Nebengesetze, 49. Aufl. 1999
Vargha	Vargha, Julius: Die Verteidigung in Strafsachen, Wien 1879
Volckart Maßregelvollzug	Volckart, Bernd: Maßregelvollzug, 4. Aufl. 1997
Volckart Strafvollstreckung	Volckart, Bernd: Verteidigung in der Strafvollstreckung und im Vollzug, 2. Aufl. 1998 [Praxis der Strafverteidigung Band 8]
Weber BtmG	Weber, Klaus: Betäubungsmittelgesetz, 1999
Weihrauch Ermittlungsverfahren	Weihrauch, Matthias: Verteidigung im Ermittlungsverfahren, 5. Aufl. 1997 [Praxis der Strafverteidigung Band 3]
Wetterich/Hamann	Wetterich, Paul/Hamann, Helmut: Strafvollstreckung, Handbuch der Rechtspraxis, Bd 9, 5. Aufl. 1994

Zieger   *Zieger, Matthias:* Verteidigung in Jugendstrafsachen, 3. Aufl. 1998 [Praxis der Strafverteidigung Band 2]

TEIL A

KAPITEL 1 – EINGRIFFSMASSNAHMEN

Überblick

I.	**Grundlagen**..	**1–11**
	1. Bedeutung der Eingriffsmaßnahmen............................	1–2
	2. Geltungsbereich...	3
	3. Systematik der Eingriffsmaßnahmen und Aufbau der Texte	4–6
	4. Bestimmung der konkreten Eingriffsmaßnahme	7–11
II.	**Vernehmung von Zeugen und Beschuldigten**....................	**12–26**
	1. Polizeiliche und staatsanwaltschaftliche Vernehmung	12–18
	2. Richterliche Vernehmung	19–22
	3. Vorgehensweise bei Zeugen mit mangelnder Verstandesreife.......	23–26
III.	**Durchsuchung und Sicherstellung**.............................	**27–43**
	1. Rechtsgrundlagen...	27–29
	2. Durchführung der Sicherstellung und Beschlagnahme.............	30–33
	3. Anordnungsbefugnis für Durchsuchung und Beschlagnahme.......	34
	4. Durchsuchung beim Beschuldigten..............................	35–36
	5. Durchsuchung und Beschlagnahme beim Dritten..................	37–38
	6. Durchsuchung und Beschlagnahme bei Banken	39–40
	7. Bestätigung nichtrichterlicher Beschlagnahme....................	41–42
	8. Rechtsmittel und gerichtliche Überprüfung	43
IV.	**Spezielle Beschlagnahmeverbote und ihre Grenzen**.............	**44–55**
	1. Sicherung von Sozialdaten	45–47
	2. Postbeschlagnahme...	48–51
	3. Daten abgewickelter Telekommunikation	52–55
V.	**Überwachung der künftigen Telekommunikation**	**56–63**
	1. Rechtsgrundlagen...	56–57
	2. Anordnungsbefugnis	58–61
	3. Rechtsmittel und gerichtliche Überprüfung	62–63

Messer/Siebenbürger

VI. Einsatz technischer Mittel	64–75
1. Rechtsgrundlagen	64–65
2. Akustische Überwachung außerhalb von Wohnungen	66–68
3. Akustische Überwachung von Wohnungen	69–75
VII. Verdeckte Ermittlungsmethoden	76–86
1. Rechtsgrundlagen	76
2. Verdeckte Ermittler	77–80
3. NOEP und die VP	81–84
4. Rechtsmittel und gerichtliche Überprüfung	85–86
VIII. Körperliche Untersuchung	87–104
1. Allgemeines	87
2. Körperliche Untersuchung beim Beschuldigten	88–94
a) Voraussetzungen	88–89
b) Verfahren	90
c) Einwilligung	91
d) Beispiele für Anordnung von körperlichen Untersuchungen	92–94
3. Unterbringung zur Beobachtung	95–98
a) Voraussetzungen	95–96
b) Verfahren	97
c) Beispiele für Antrag und Anordnung	98
4. Körperliche Untersuchung bei Dritten	99–104
a) Voraussetzungen	99–102
b) Verfahren	103–104
IX. DNA-Analyse	105–137
1. Allgemeines	105–108
a) Grundlagen der DNA-Analyse	106
b) Vorteile der DNA-Analyse	107
c) Gesetzliche Grundlagen	108
2. DNA-Analyse nach § 81e StPO	109–119
a) Voraussetzungen	109
b) Verfahren	110–112
c) Einwilligung	113–118
d) Beispiel für § 81e StPO	119
3. DNA-Analyse nach § 81g StPO	120–125
a) Voraussetzungen	120–123
b) Verfahren	124
c) Beispiel für § 81g StPO	125
4. DNA-Analyse nach § 2 DNA-IFG	126–132
a) Voraussetzungen	126–130
b) Verfahren	131
c) Beispiel für § 2 DNA-IFG	132
5. Praktische Hinweise	133–137

X.	**Untersuchungshaft**...	**138–173**
1.	Allgemeines	138–144
	a) Dringender Tatverdacht	139
	b) Haftgrund	140
	c) Verhältnismäßigkeit	141
	d) Zuständigkeit	142
	e) Verfahren	143
	f) Mitwirkung eines Verteidigers	144
2.	Beispiele für Haftbefehle	145–146
	a) Fluchtgefahr/Verdunkelungsgefahr	145
	b) Wiederholungsgefahr..	146
3.	Weiteres Verfahren nach der Haftentscheidung bis zur Anklageerhebung...	147–153
	a) Fahndung, Verhaftung.......................................	147
	b) Rechtsmittel..	148
	c) Beschleunigungsgebot.......................................	149
	d) Beispiel für Außervollzugsetzung des Haftbefehls	150
	e) Beispiel für Invollzugsetzung des Haftbefehls.................	151
	f) Fristen	152
	g) Aufhebung	153
4.	Vollzug und Durchführung der Untersuchungshaft.................	154–158
	a) Rechtliche Grundlagen	154
	b) Fesselung	155
	c) Briefkontrolle	156
	d) Besuchskontrolle	157
	e) Übertragung auf den StA.....................................	158
5.	Untersuchungshaft bei Jugendlichen.............................	159–164
	a) Allgemeines	159–160
	b) Materielles Haftrecht	161–163
	c) Verfahren	164
6.	Anklage..	165
7.	Praktische Hinweise..	166–173
	a) Prüfung der Haftfrage	167
	b) Organisation und Durchführung der Vorführung	168–171
	c) Vorführung beim Richter....................................	172
	d) Brief- und Besuchskontrolle.................................	173
XI.	**Einstweilige Unterbringung**.....................................	**174–176**
1.	Allgemeines	174
2.	Verfahren	175–176

I. Grundlagen

1. Bedeutung der Eingriffsmaßnahmen

1   Bekanntlich begründet der auf konkreten Tatsachen beruhende Anfangsverdacht die umfassende **Ermittlungspflicht** nach § 152 II StPO.[1] Es gilt der Grundsatz der freien Gestaltung der Ermittlungen. Die Strafverfolgungsbehörden können alle zur Erforschung des Sachverhalts erforderlichen Ermittlungsmaßnahmen ergreifen. Sie sind nach der Rechtsprechung des BGH hierbei nach den §§ 161, 163 StPO auch zu heimlichen Ermittlungen bis zum Einsatz von Vertrauensleuten (sog V-Leuten) ermächtigt[2], soweit keine Grundrechtseingriffe vorliegen oder Zwangsmaßnahmen ergriffen werden.

Die StA darf sämtliche Ermittlungshandlungen durchführen, die nicht dem Richter vorbehalten sind, nicht die Ausübung von Zwang erfordern oder nach speziellen Vorschriften nur unter besonderen Voraussetzungen zulässig sind.[3]

2   Auch nach den Polizeiaufgabengesetzen der Länder benötigt die Polizei zur Erfüllung ihrer polizeilichen Aufgabe der Abwehr von Gefahren für die öffentliche Ordnung und Sicherheit nur dann besondere Befugnisse, soweit sie in Rechte Dritter eingreift.[4]

Für jeden Eingriff in die grundgesetzlich geschützte Rechtssphäre Anderer ist aber eine besondere Ermächtigungsgrundlage erforderlich. Die Maßnahme muß zudem in angemessenem Verhältnis zur Schwere des strafrechtlichen Vorwurfs und zur Stärke des Tatverdachts stehen, um den Grundsatz der Verhältnismäßigkeit zu wahren.[5] Grundrechtsverletzungen können mit den normalen strafprozessualen Rechtsmitteln geltend gemacht werden. Das BVerfG entscheidet letztendlich mit zunehmender Tendenz auf Verfassungsbeschwerde, ob der Eingriff grundgesetzkonform erfolgt ist oder nicht.

---

1   Nr. 5 RiStBV, vgl zur Kostenfrage Nr. 5a RiStBV
2   BGH NJW 1995, 2236
3   So zutreffend für Videoüberwachung und Einsatz neuer Ermittlungsmethoden Gehrlein/Schübel NJW 1999, 104 in der Besprechung zu BGH StV 1998, 169
4   Zum Zusammentreffen der rein polizeilichen mit der Strafverfolgungsaufgabe vgl die Gemeinsamen Richtlinien der Justizminister/-senatoren des Bundes und der Länder über die Anwendung unmittelbaren Zwanges durch Polizeibeamte auf Anordnung des StAs, insbes Abschnitt III.
5   Nr. 4 RiStBV

2. Geltungsbereich

Die Eingriffsbefugnisse gelten für die StA während des gesamten Strafverfahrens. 3

Sie sind nicht nur im Ermittlungsverfahren, sondern (oft übersehen) weitgehend auch im Vollstreckungsverfahren anwendbar (§ 457 StPO) und unterstützend bei Gerichtsanhängigkeit der Strafsache. Die VollstrB StA hat also auch die Befugnisse nach § 161 StPO und kann zur Ergreifung eines flüchtigen Verurteilten zum Beispiel eine Telefonüberwachung durchführen oder einen Verdeckten Ermittler einsetzen. Für gerichtliche Maßnahmen bleibt das Gericht des ersten Rechtszugs zuständig (§ 457 III 3 StPO), wobei sich die Anfechtbarkeit der getroffenen Maßnahmen nach den allgemeinen Vorschriften richtet.[6]

3. Systematik der Eingriffsmaßnahmen und Aufbau der Texte

Das Handbuch folgt hier der Struktur der Textverarbeitung TV-StA. 4

Die Anordnungskompetenz für Eilmaßnahmen, also bei Gefahr in Verzug, liegt in aller Regel beim StA und seinen Hilfsbeamten, die richterliche Mitwirkung reicht je nach Eingriffsintensität vom Richtervorbehalt (§ 112 I StPO) bis zur Entbehrlichkeit der Bestätigung getroffener Eingriffsmaßnahmen (§ 12 FAG).[7]

Das Handbuch geht von der Praxis in Bayern, Baden-Württemberg und Sachsen aus. Hier erstellt die StA für das Gericht vorbereitete Beschlüsse mit entsprechenden Zuleitungsverfügungen (s. Rn 5) und Ausführungsanordnungen, die der jeweiligen Verfahrenslage und Eilbedürftigkeit entsprechen:

---

6   Kl/M-G § 457 Rn 15
7   Ein Eingriff liegt allerdings begrifflich nicht vor, wenn der Betroffene der Maßnahme zustimmt, etwa dem Betreten seiner Wohnung.

5

	STAATSANWALTSCHAFT #ORT# #ZwSt#

Az.: Datum: eri zul 1

Ermittlungsverfahren
gegen _____

wegen _____

Verfügung

1. **Personendaten** und **Schuldvorwurf** überprüft. Änderung nicht veranlaßt.
2. ❏ Auskunft aus dem ○ BZR ○ VZR ○ AZR
   ❏ _____
   ❏ _____
3. Beschlußentwurf nach ○ Diktat ○ Textbaustein _____
   ❏ ____ -fach mit Gründen
   ❏ ____ -fach ohne Gründe (z.B. für §§ 103, 100 a, 99 StPO, § 12 FAG, § 73 SGB X)
   ❏ Vollzugsauftrag
   ❏ Abgabenachricht
   fertigen
4. ❏ Abdruck dieser Verfügung und des Beschlußentwurfes z. ○ HA ○ Fehlblatt
5. ❏ V.v., WV _____
6. An das Amtsgericht ○ Ermittlungsrichter _____ ○ JugR ○ Rgbg ○ SR ○ KEH ○ Cham

   ❏ per Telefax
   - Beschlußentwurf/Beschlußentwürfe ○ mit Gründen ○ ohne Gründe
   - Abdruck dieser Verfügung
   - Blattsammlung: ○ Akte Bl.: _____
     ○ _____
   - ○ Vollzugsauftrag
   - ○ Abgabenachricht

   ❏ **urschriftlich mit Akten**

   mit dem Antrag,

   Beschluß/Beschlüsse gemäß beiliegendem/n Entwurf/Entwürfen zu erlassen und die Überstücke auszufertigen.

Es wird ersucht, sodann

❏ Beschlußausfertigung/en ____ -fach mit Gründen
                          ____ -fach ohne Gründe
   ○ per Telefax
   ○ mit anliegendem Vollzugsauftrag
     an d. _____
              (auswärtige Staatsanwaltschaft/Polizei/sonst. Behörde/Telefax-Nr.)
   ○ an die Staatsanwaltschaft Regensburg
   zu übersenden.
❏ die Akten
   ○ hierher zurückzusenden
   ○ direkt mit Ausfertigungen - unter Abgabenachricht an d. _____
              (auswärtige Staatsanwaltschaft/Polizei/sonst. Behörde/Telefax-Nr.)
   mit der Bitte um Vollzug zu übersenden.

_____
(Unterschrift, Namensstempel)

Messer/Siebenbürger

Amtsgericht	Datum:
- Ermittlungsrichter -	
____ Gs _____	

Verfügung

1. Gs ein- und abtragen
2. Beiliegende/n Beschluß/Beschlüsse ausfertigen
3. ❏ Beschlußausfertigung/en ____-fach mit Gründen
   ____-fach ohne Gründe
   ○ per Telefax
   ○ mit anliegendem Vollzugsauftrag an
   d. _____
   (auswärtige Staatsanwaltschaft/Polizei/sonst. Behörde/Telefax-Nr.)
   ○ die Staatsanwaltschaft Regensburg
   übersenden.
   ❏ Abgabenachricht und Beschlußausfertigung an Staatsanwaltschaft Regensburg
   und sodann mit Akten an
   d. _____
   (auswärtige Staatsanwaltschaft/Polizei/sonst. Behörde/Telefax-Nr.)
   mit der Bitte um Vollzug d. Beschlusses/Beschlüsse
   ❏ Mit Akten zurück an die Staatsanwaltschaft Regensburg

_____
Richter(in) am Amtsgericht

Vorgesehen sind in den Mustern jeweils eine staatsanwaltschaftliche Eilverfügung, deren gerichtliche Bestätigung oder ein gerichtlicher Anordnungsbeschluß. Bei der Übermittlung sollte man sich als StA möglichst der modernen Kommunikationsmöglichkeiten bedienen (Expressversand, Telekopie, Computerfax, ggf E-Mail mit Anhängen), um den Verfahrensgang zu beschleunigen.

4. Bestimmung der konkreten Eingriffsmaßnahme

Den **Umfang der Ermittlungen** bestimmen theoretisch § 160 StPO und die Nr. 1–109 RiStBV.

Man sollte sich als StA jedoch seiner Rolle als Jurist bewußt sein und die Kriminalistik grundsätzlich der Polizei überlassen. Die Planung und Durchführung erfolgversprechender Ermittlungen ist Sache der hierfür meist bestens ausgebildeten, sachlich und personell jedenfalls besser als die Justiz ausgestatteten Polizei. Man darf seine eigene Ermittlungskompetenz nicht überschätzen: Verstehe ich als StA wirklich soviel von Vernehmungstechnik wie der darauf trainierte Polizeibeamte? Kann ich mit relationalen

Spurendatenbanken umgehen und mit analysierenden Suchprogrammen Versionsbildung betreiben?[8]

Zumal in Massenverfahren muß sich die staatsanwaltschaftliche Leitungsbefugnis in der Praxis auf eine Rechtmäßigkeitskontrolle der polizeilichen Ermittlungen beschränken. Der StA sollte das Verfahren managen, nicht alles selber machen wollen. Er sollte allerdings jederzeit in der Lage sein, sich wirksam in laufende Ermittlungen einzuschalten und diese zu lenken.

Als geeignetes Mittel hierzu kann er die konkrete Eingriffsmaßnahme im Verfahren je nach Ermittlungsziel und Anordnungsbefugnis sorgfältig auswählen.[9]

8   Als StA sollte man die polizeilichen Angaben bei der »Anregung« einer speziellen Eingriffsmaßnahme genau überprüfen:

Es geht hier nicht um das viel diskutierte Verhältnis Polizei und Justiz, das die Politik im Wesentlichen durch die zur Verfügung gestellte sachliche und personelle Kapazität zu steuern versucht.

Kein noch so überlasteter StA sollte aus Bequemlichkeit von der Polizei vorformulierte Anträge einfach übernehmen.

Zu den allgemeinen justiziellen Vorüberlegungen gehört als Ausgangspunkt:

Die Eingriffsmaßnahme muß und darf nur der sicheren Verfahrendurchführung und somit der Gewinnung von strafprozessual verwertbaren Beweismitteln dienen, also den strafprozessualen Vorschriften genügen und verhältnismäßig sein.[10]

9   Leider wird dem StA von Polizeiseite nicht immer die ganze Wahrheit gesagt, wenn diese etwa für eine an sich nach dem Polizeiaufgabengesetz in einem Türkenlokal durchzuführende Razzia auf die Beantragung eines Durchsuchungsbeschlusses dringt, obwohl keine konkrete Auffindungsvermutung besteht, oder eine der präventiven Informationsgewinnung dienende Telefonüberwachung bei einem stadtbekannten Zuhälter und Hehler als strafprozessuale Ermittlungsmaßnahme verkauft.

---

8   Niemand hindert den StA, seinen Bereich, also seine Fälle oder Rechtsprechung in entsprechenden Datenbanken aufzuarbeiten. TV-StA zB wird ebenfalls auf PC portiert und dann kann man mit den Daten der behördlichen Datenbank sofort seine Anträge formulieren und ggf per PC-Fax an die zuständige Behörde übermitteln, wie es der Verfasser zur Zeit noch als Insellösung praktiziert.

9   Hier spielen taktische Überlegungen eine entscheidende Rolle: Manche Rauschgiftdezernate der Kripo arbeiten mit breitgestreuten Durchsuchungen, die dann »nur« zu hohen Fallzahlen mit Rauchgeräten und geringen Mengen BtM als Beweismittel enden. Andere Polizeidienststellen sehen schnelle und einfache Ermittlungsergebnisse durch möglichst sofortige Schaltung einer Telefonüberwachung, obwohl die zur sinnvollen Auswertung erforderlichen ausreichenden Einsatzkräfte fehlen.

10 Gerade im OK-Bereich wird hier viel gesündigt.

Der StA muß und darf mit den Eingriffsmaßnahmen der StPO nur die Durchführung eines konkreten Verfahrens sichern sowohl in sachlicher (Beweismittel/Vermögensbeschlagnahme/Einziehung) und persönlicher Hinsicht (Untersuchungshaft, Vollstreckung). Dieser Zieldiskrepanz sollte man sich als StA bei der täglichen Arbeit bewußt sein.

Die Polizei verfolgt dagegen häufig strategische Ziele der Kriminalitätsbekämpfung, die uU dem Abschluß des konkreten Strafverfahrens entgegenstehen können (Schichtenermittlung, kriminologische Strategieüberlegungen).

Man sollte also vor einschneidenden Maßnahmen über alle polizeiliche Informationen verfügen, auch soweit sie entgegen dem Grundsatz der Schriftlichkeit des Ermittlungsverfahrens noch nicht Gegenstand der Akte geworden sind.[11] In der Praxis hat es sich bewährt, diese Informationen mittels eines Aktenvermerks für das spätere Verfahren niederzulegen (vgl auch § 168b I StPO).

Es gilt das allgemeine rechtsstaatliche Prinzip, daß in den Akten alle wesentlichen Vorgänge festgehalten werden, damit jedes weitere mit der Sache befaßte Ermittlungsorgan, später das Gericht und der Verteidiger die Entwicklung und das bisherige Ergebnis des Verfahrens erkennen können. Die Vorschrift des § 168b I StPO gilt iü für alle als Anordnung ergehende **Untersuchungshandlungen**.[12]

Die Auswahl der Maßnahme muß dann verfahrensbezogen erfolgen je nach Erforderlichkeit und wird im Folgenden mit Mustern dargestellt:

Vernehmungen, Durchsuchung, Sicherstellung, auch bei Banken, Postbeschlagnahme, im Bereich des Sozialgeheimnisses, Einsatz technischer Mittel, verdeckte Ermittlungen, körperliche Eingriffe beim Beschuldigten und Dritten, Untersuchungshaft.

II. Vernehmung von Zeugen und Beschuldigten

1. Polizeiliche und staatsanwaltschaftliche Vernehmung

Angaben von Auskunftspersonen und Beschuldigten beherrschen das Ermittlungsverfahren und die gerichtliche Tatsachenfeststellung. Das persönliche Beweismittel **Zeuge** hat, wie jedem StA aus leidvoller Erfahrung

---

11 Kl/M-G Einl 62. Der Verfasser hat schon Observationsberichte in den Polizeiakten gefunden, die in der Strafakte nicht erwähnt waren. Hilfreich ist auch die Frage nach fallbezogenen Kenntnissen des Polizeibeamten, die nicht schriftlich fixiert wurden.
12 Zum Begriff der Untersuchungshandlung und insbes der Anordnung Kl/M-G § 162 Rn 4

bekannt, zwar in der Praxis die größte Bedeutung, jedoch leider nicht immer den ihm zugeschriebenen Beweiswert. 90 Prozent seiner Wahrnehmungen hat der Zeuge nach 5 Minuten vergessen, sofern er an ihnen kein spezielles Affektionsinteresse hat. Sein subjektiver Eindruck muß nicht mit dem objektiven Geschehen übereinstimmen, ohne daß die Auskunftsperson bewußt die Unwahrheit sagt.

13 Gerade bei **polizeilichen Vernehmungen** (§§ 131, 163a IV,V StPO) sind der Inhalt der Aussage und der konkrete Sprache von Zeuge und Beschuldigten im Protokoll stark von der Vernehmensperson beeinflußt oder gar verfälscht.[13]

Wer hat noch nicht die in flüssigem Beamtendeutsch gehaltene Aussage eines ausländischen Zeugen gelesen, die trotz mangelhafter Deutschkenntnisse ohne Dolmetscher aufgenommen wurde.

Der Verteidiger hat kein Anwesenheitsrecht bei der polizeilichen Vernehmung, kann aber zugelassen werden.[14]

14 Weder der Beschuldigte noch Zeugen können gezwungen werden, bei der Polizei zu erscheinen oder gar Angaben zur Sache zu machen. Nur soweit gesetzliche Handlungspflichten existieren (zB Garantenstellung, §§ 138, 323c StGB) besteht eine Auskunftspflicht der befragten Person.

Die Polizei hat nur die **polizeilichen Auskunftsbefugnisse**[15] nach den Polizeiaufgabengesetzen und als Hilfsbeamte der StA bei Verdächtigen oder Dritten die Anordnungsbefugnis zur Identitätsfeststellung nach §§ 161b, c StPO zur erkennungsdienstlichen Behandlung nach § 81b StPO. Auch die Netzfahndung nach § 163d StPO und die polizeiliche Beobachtung nach § 163e StPO ermöglichen nur die Fahndung mittels Datenverarbeitung.[16]

15 Bei wirklich widerspenstigen Beschuldigten bleibt auch § 111 OWiG ein stumpfes Schwert.

Falschaussagen eines Zeugen vor Polizei und StA sind nur als Strafvereitelung oder deren Versuch strafbar.

---

13 Jeder, der selbst einmal vernommen und ein Protokoll diktiert hat, wird diese Feststellung bestätigen können.
14 HM Kl/M-G § 163 Rn 16 mwN
15 Art. 12 BayPAG gibt der Polizei die Befugnis, eine Person nach deren Wahrnehmungen zu tatsächlichen Ereignissen oder Personen zu befragen, wenn anzunehmen ist, daß sie sachdienliche Angaben zur Erfüllung polizeilicher Aufgaben machen kann. Die Pflicht zur Beantwortung ist aber auf die Angabe der Personalien einschließlich der Staatsangehörigkeit beschränkt. Art. 15 BayPAG erlaubt hierzu die Vorladung, die bei zur Abwehr von erheblichen Gefahren erforderlichen Angaben auch zwangsweise durchgesetzt werden kann. Eine Aussagepflicht besteht aber auch dann nicht. Die Weigerung des Betroffenen, dessen Personalien bekannt sind, ist ein hinreichender Grund, einer polizeilichen Vorladung zum Zwecke der Vernehmung nicht zu folgen.
16 Die Rasterfahndung nach § 98b StPO und der Datenabgleich nach § 98c StPO werden wegen ihrer geringen Bedeutung hier nicht dargestellt.

Dem StA, ggf assistiert von seinen Hilfsbeamten, stehen die Zwangsmittel der §§ 161a StPO (RiStBV Nr. 64–72) und 163a II StPO (RiStBV Nr. 44, 45) zur Verfügung. Er kann Zeugen, Beschuldigte und Sachverständige notfalls mit Zwangsmitteln vorladen und vernehmen.[17] Der aussageunwillige Zeuge kann mit Ordnungsgeld bis DM 1.000 oder richterlich angeordneter Beugehaft zur Aussage bewegt werden.[18] Ersuchen um Amtshilfe einer anderen StA sind nach § 161a IV StPO möglich.[19]

Bereits aus Zeitgründen wird man die meisten Vernehmungen doch der Polizei überlassen müssen. Sinnvoll ist die Aufnahme möglichst genauer Hinweise in das **Vernehmungsersuchen** (§ 161 S 2 StPO) an den polizeilichen Sachbearbeiter, welche Tatsachen zur juristischen Aufarbeitung eines Sachverhalts benötigt werden. Verwenden könnte man folgende Verfügung, schon um ein § 168b StPO entsprechendes Protokoll[20] und keinen nichtssagenden Aktenvermerk über ein Telefongespräch des Polizeibeamten mit der Auskunftsperson zu erhalten.[21]

---

17 Soweit der StA selbst überhaupt konkrete Ermittlungen durchführt, sollte er auch vor Ort dabei sein und zumindest die wichtigsten Zeugen und den einlassungsbereiten Beschuldigten vernehmen.
18 § 51 I StPO regelt die möglichen Folgen des Ungehorsams, auf die der Zeuge bei der Ladung nicht hingewiesen werden muß
19 § 162 StPO bleibt unberührt. § 161 IV StPO überträgt nur Befugnisse und ist in der Praxis unbeliebt. Zitiert wird die Vorschrift von Amtsrichtern, die contra legem (Rieß NStZ 91, 516) die Erfordernis einer beantragten ermittlungsrichterlichen Untersuchungshandlung prüfen. Vor einem Ersuchen um Amtshilfe sollte man sich überlegen, wie gerne man sich selbst (also auch der Kollege) in einen fremden Fall einarbeitet.
20 Zum Inhalt des polizeilichen Protokolls Kl/M-G § 163a Rn 31
21 Dieses Telefongespräch sollte man aus Vereinfachungsgründen dann selbst führen.

Messer/Siebenbürger

17

STAATSANWALTSCHAFT
 # O R T #
#ZwSt#

Az.: 133 Js   ◄   Datum: ◄

Ermittlungsverfahren
gegen _____

wegen _____

Verfügung

1. **Personendaten** und **Schuldvorwurf** überprüft. Änderung nicht veranlaßt.

2. ☐ Das Verfahren wird **wiederaufgenommen**.
   - ○ Mitteilung der Wiederaufnahme an
     - ○ Besch. (Bl. ____)
     - ○ Verteidiger(in) (Bl. ____)
     - ○ Antragst. (Bl. ____)
     - ○ Vertreter(in) d. Antragst. (Bl. ____)
     - ○ Ausländerbehörde (Bl. ____)

3. ☐ **Fahndungsmaßnahmen** widerrufen

4. ☐ Zusätzlich **eintragen als Besch.** _____ (Bl. ____)
   wegen _____

5. ☐ **Auskunft** aus ○ BZR ○ VZR ○ AZR ○ _____

6. ☐ Das **Verfahren** _____ wird **übernommen**.
   ○ Übernahmenachricht erteilen.

7. ☐ Das **Verfahren** _____ wird hierher **verbunden**;
   Zählkarte erledigen – 98 (M)

8. ☐ **Anzeigeneingang** bestätigen an _____ (Bl. ____)
   ☐ _____

9. ☐ **Zweitakten** ○ anlegen ○ ergänzen ab Bl. ____
10. ☐ **Akteneinsicht** an _____ (Bl. ____)
    - ○ gegen Vollmachtsvorlage
    - ○ Hinweis ○ Schreiben
      an Verteidiger _____ (Bl. ____),
      daß einer eventuellen Stellungnahme bis _____ entgegengesehen wird.
      Danach erfolgt eine Entscheidung nach Aktenlage.
11. ☐ Folgende **Akten beiziehen**: _____
    _____
    _____

12. ☐ _____
    _____
    _____

Messer/Siebenbürger

13. ☐ Beim Amtsgericht - Vollstreckungsgericht - _____
    für d. Besch. _____
    ○ Auszug aus der **Schuldnerkartei**
    ○ Auszug aus dem **Vollstreckungsregister**
    ○ Ablichtungen sämtlicher abgegebener **eidesstattlicher Versicherungen**
    ○ Übersicht des zuständigen Gerichtsvollziehers über die **Vollstreckungsmaßnahmen**
    anfordern für den Zeitraum von _____ ○ bis _____ ○ heute

14. ☐ Ablichtung dieser Verfügung zum HA/Fehlblatt ○ und Ablichtungen von Bl. _____
15. ☐ **WV** _____
    ☐ **V.v., WV** _____

16. ☐ U.m.A.
    ○ und _____
    ☐ Schreiben
    an _____
         (Polizeidienststelle, ggfs. dortiges Az.)
    mit der Bitte,
    ○ um **Durchführung** der erforderlichen **Ermittlungen**, insbesondere
       ○ Vernehmung d. Besch. _____
       ○ Vernehmung d. Zeugen _____
       ○ _____

    ○ Beschaffung der für den Tatnachweis erforderlichen Unterlagen, insbesondere
      _____

    ○ Feststellung der Vermögenslage d. Besch. zum Tatzeitpunkt
      (z.B. Arbeitseinkommen, Empfang öffentlicher Leistungen, Vermögen, etc.)
      _____

    ○ um **Vollzug** des **Haftbefehls/Beschlusses** Bl. _____
      _____

    ○ die vom **Gericht gewünschten** weiteren **Ermittlungen** (Bl. _____) durchzuführen
    ○ die **ladungsfähige Anschrift**
       d. ○ Besch. ○ Zeugen _____ (Bl. _____)
       ○ zu ermitteln ○ zu überprüfen
    ○ _____

(Unterschrift, Namensstempel)

In geeigneten Fällen kann man die Anordnung erteilen, ein vorläufiges Protokoll mit einem Tonaufnahmegerät zu fertigen (§ 168a II StPO), da dann der Inhalt der Aussage wörtlich feststeht und jederzeit reproduzierbar ist.[22]

---

[22] Hier sollte die Polizei ausdrücklich um Beigabe des Tonträgers gebeten werden, da er sonst nach Übertragung durch die Schreibkraft regelmäßig gelöscht wird.

Die Aufzeichnung der Zeugenaussage auf Bild-Ton-Träger nach § 58a StPO hat für die Polizei noch Richtliniencharakter.[23] Die Aufnahme sollte nach bisherigen Erfahrungen unbedingt professionell gefertigt werden, um vor Gericht keinen falschen Eindruck entstehen zu lassen.[24]

2. Richterliche Vernehmung

19 Auf Antrag der ermittlungsführenden StA muß der Ermittlungsrichter desjenigen AG, in dessen Bezirk die Vernehmung stattfinden soll, den Zeugen oder Beschuldigten vernehmen (§ 162 StPO).[25] Anlaß einer richterlichen Vernehmung ist die Beweissicherung im Hinblick auf eine im Hauptverfahren verlesbare Vernehmungsniederschrift (§§ 251 I, 254 StPO), zur Einführung der Aussage einer später berechtigt das Zeugnis verweigernden Auskunftsperson (§ 252 StPO)[26] und auch zur besseren Aufklärung etwa durch Vereidigung des Zeugen (§ 65 StPO).[27]

20 Als StA sollte man bei wichtigen Vernehmungen im eigenen Bezirk auch die Persönlichkeit seines Ermittlungsrichters abschätzen. Wenige Ermittlungsrichter werden sich die Zeit nehmen (können), einen komplizierten Sachverhalt vertieft zu erarbeiten.

Mancher Ermittlungsrichter »bestätigt« nur bereits in der Akte vorhandene polizeiliche Vernehmungen, was zumindest formaljuristisch durchaus sinnvoll sein kann.[28]

Bei kindlichen Tatzeugen oder schwierigen Vernehmungssituationen (komplexe Sachverhalte oder Zeugen, bei denen man mit Glaubwürdigkeitsgutachten arbeiten muß) sollte man Nutzen und möglichen Schaden genau abwägen. Hier kann eine (erneute) richterliche Vernehmung mehr schaden als nutzen, wenn andere erfahrene Vernehmenspersonen zur Verfügung stehen (Kriminalbeamte oder Sachverständige etwa).[29] Mehrfachaussagen können gerade bei kindlichen Zeugen zu einer massiven Aussageverfälschung führen. In schwierigen Fällen sollte auf jeden Fall der polizeiliche Sachbearbeiter und/oder der StA bei der richterlichen Vernehmung anwesend sein.

---

23 Kl/M-G § 58a Rn 2; zu den §§ 58a, 168a, 247a, 255a StPO liegen bisher noch wenig praktische Erfahrungen vor.
24 Nichts wirkt verheerender als ein schlechtes Zeugenvideo.
25 Man kann auf sein eigenes AG über § 162 I 2 StPO zurückgreifen, indem man Anträge mit unterschiedlicher örtlicher Zuständigkeit stellt. So entfällt die Gefahr, auf einen exotischen Ermittlungsrichter zu stoßen, der entweder nicht will oder kann, wie er sollte.
26 Kl/M-G § 252 Rn 14
27 Zumindest werden die §§ 153 ff StGB anwendbar.
28 Für manche Revisionsgerichte ist ein solches richterliches Protokoll eine fast endgültige Festlegung.
29 Die Problematik kindlicher/jugendlicher Zeugen behandelt ein Projekt der StA Limburg. Bericht hierzu von Kilian, DRiZ 1999, 256

Die **Anwesenheitsrechte** der übrigen Beteiligten regelt § 168c I, II, IV StPO. Der Ausschluß des Beschuldigten ist bei Gefährdung des Untersuchungszweckes zulässig, also bereits bei zu befürchtenden Verdunklungshandlungen. Das Gesetz nennt einen Beispielsfall (§ 168c III S 2 StPO). Eine Gefährdung dieses Erfolgs kann nur aus Umständen resultieren, die geeignet sind, das durch die Zeugenvernehmung erst noch zu gewinnende Beweisergebnis zu beeinflussen.[30] Dann sollte man auch beantragen, daß die Anwesenheitsberechtigten gem § 168c V S 2 StPO nicht vom Termin benachrichtigt werden.[31]

21

Der Ermittlungsrichter muß bei Terminschwierigkeiten des Verteidigers die Vernehmung nicht verschieben (§ 168c V S 2 StPO).

Bei zweifelhaften Zeugen kann die Konfrontation mit dem Beschuldigten bereits im Ermittlungsverfahren zur Klärung der Situation einerseits sinnvoll sein und der Wahrheitsfindung dienen.

Gefährdete Zeugen muß man andererseits wirkungsvoll schützen und sollte ihre Aufnahme in das polizeiliche Zeugenschutzprogramm herbeiführen.[32] Ein rechtzeitig mitgeteilter Verzicht der StA auf ihr Teilnahmerecht erspart der Geschäftsstelle des Ermittlungsrichters unnötige Schreibarbeit.

Der Antrag auf richterliche Vernehmung könnte etwa so aussehen:

---

30 BGH NStZ 1999, 417
31 Gegen den Ausschließungsbeschluß ist zwar nach § 304 StPO Beschwerde zulässig, die aber mit dem Termin wegen nicht mehr fortwirkender Grundrechtsbeeinträchtigung gegenstandslos wird. Es liegt aber kein ordnungsgemäßes richterliches Protokoll iSd § 251 I StPO vor, wenn die Benachrichtigung zu Unrecht unterblieben ist.
32 Prozessuale Möglichkeiten bietet § 68 II, III StPO; Zeugenschutzbeauftragte der Polizei finden sich zumindest bei den Landeskriminalämtern.

22

STAATSANWALTSCHAFT
 # O R T #
#ZwSt#

Az.: ◄ Datum: ◄

Ermittlungsverfahren
gegen _____

wegen _____

Verfügung

1. **Personendaten** und **Schuldvorwurf** überprüft. Änderung nicht veranlaßt.
2. ☐ Auskunft für Besch. (Bl. _____) aus ○ BZR ○ VZR ○ AZR ○ per Telefax
   ☐ _____
3. ☐ Abdruck dieser Verfügung z. ○ HA ○ Fehlblatt
4. ☐ _____
5. **V.v., WV** _____

6. **U.m.A.**
   ○ und _____
   an das Amtsgericht - Ermittlungsrichter- _____
   mit dem Antrag,
   ○ d. Besch. _____ (Bl. _____)
   ○ d. Zeugen/in _____ (Bl. _____)
   richterlich zu vernehmen.

   Hinsichtlich des **Vernehmungsgegenstandes/Beweisthemas** verweise ich auf Bl. _____ .

   _____
   _____
   _____
   _____
   _____
   _____
   _____
   _____
   _____
   _____
   _____
   _____
   _____
   _____
   _____

Messer/Siebenbürger

> ○ Die **richterliche Vernehmung** ist im Hinblick auf ○ § 252 StPO ○ § 254 StPO **erforderlich**.
> ○ Ich beantrage,
> > ○ d. **Besch.** von der Vernehmung **auszuschließen** und ihn vom Vernehmungstermin **nicht** zu **benachrichtigen**, da die Anwesenheit d. Besch. und die Kenntnis des Vernehmungstermins den Zweck und den Erfolg der Untersuchung gefährden würden (§ 168 c Abs. 3, Abs. 5 S. 2 StPO).
> > ○ d. **Verteidiger/in** vom Vernehmungstermin **nicht** zu **benachrichtigen**, da die Kenntnis des Vernehmungstermins den Erfolg der Untersuchung gefährden würde (§ 168 c Abs. 5 S. 2 StPO).
> ○ Ich beantrage, d. **Zeugen/in** gemäß
> > ○ § 65 Nr. 1 StPO ○ § 65 Nr. 2 StPO ○ § 65 Nr. 3 StPO zu **vereidigen**.

(Unterschrift, Namensstempel)

3. Vorgehensweise bei Zeugen mit mangelnder Verstandesreife

Die Ausübung des Zeugnisverweigerungsrechts nach § 52 I StPO ist ein höchstpersönliches Recht, das auch der Minderjährige selbständig ausübt. Ein gesetzlicher Vertreter muß nur dann mitwirken, wenn der Zeuge von der Bedeutung dieses Rechts wegen seiner Jugend, angeordneter oder anzuordnender Betreuung (§ 1896 BGB) keine ausreichende Vorstellung hat.[33] Diese Frage muß bei Minderjährigen unabhängig vom Alter (§§ 2, 106 BGB) und bei Volljährigen ohne Rücksicht auf eine etwaige Betreuerbestellung (§ 1896 I S 1 BGB) entschieden werden.[34] Bei mangelnder Verstandesreife muß also der Zeuge und der gesetzliche Vertreter eine Entscheidung treffen. Vor jeder Vernehmung (auch durch die Polizei, § 163a V StPO), ist der Zeuge selbst über sein Verweigerungsrecht zu belehren (§ 52 III S 1 StPO)[35], auch darüber, daß er trotz Zustimmung des gesetzlichen Vertreters nicht aussagen muß.[36]

Probleme bereiten die Fälle, in denen der gesetzliche Vertreter nach § 52 II S 2 StPO über die Ausübung des Zeugnisverweigerungsrechts nicht entscheiden darf. Hier muß schnellstmöglich durch die StA die Bestellung eines Ergänzungspflegers nach § 1909 I BGB durch das Vormundschaftsgericht[37] beantragt werden.

Die Entscheidung könne man mit folgendem Beschluß vorbereiten:

23

---

33 BGH NStZ 1997, 145
34 Zu den Kriterien Kl/M-G § 52 Rn 18
35 Der Inhalt der Belehrung sollte ausführlich in der Akte belegt sein.
36 Das Verwertungsverbot entfällt nur in den seltensten Fällen, vgl BGH StV 95, 171: Zeuge hätte nach Ansicht des BGH in jedem Fall ausgesagt
37 Es entscheidet der Rechtspfleger, der regelmäßig die erklärte Aussagebereitschaft des jugendlichen Zeugen verlangt.

24

AMTSGERICHT

- Vormundschaftsgericht -

| Geschäftsnummer: | ◁ | Datum: | ◁ | **vg pfl 1** |

#eig. Behörde#
Az.:   ◁

Ermittlungsverfahren
gegen
_____
wegen

Beschluß

Auf Antrag der #eig. Behörde# wird gemäß § 1909 BGB, § 50 a Abs. 3 Satz 1 FGG ohne Anhörung d. Sorgeberechtigten für d. Kind/er

Name - Vorname	Geburtsdatum	Anschrift

Ergänzungspflegschaft angeordnet.

Die Ergänzungspflegschaft umfaßt folgende Wirkungskreise:

1. Zustimmung zur Untersuchung d. Kindes/er nach § 81 c StPO über etwaige Verletzungen;
2. Entbindung von der ärztlichen Schweigepflicht für die behandelnden Ärzte d. Kindes/er;
3. Ausübung des Zeugnisverweigerungsrechts gemäß § 52 StPO;
4. Zustimmung zur Mitwirkung d. Kindes/er bei der Erstattung eines aussagepsychologischen Sachverständigengutachtens zur Frage der Glaubwürdigkeit;
5. Die Aufenthaltsbestimmung in Bezug auf die oben angeführten Untersuchungshandlungen und Zeugenvernehmungen.

Gemäß § 1791 b BGB wird als Ergänzungspfleger das
_____
(zuständiges Jugendamt einsetzen)
bestellt.

Messer/Siebenbürger

```
                                    Gründe:
Die #eig. Behörde# führt gegen _____
ein Ermittlungsverfahren wegen Verdachts d. _____ .

D. Besch. ist gesetzliche/r Vertreter/in d. Kinder/es <Namen einfügen wie oben>.

Zur Weiterführung der Ermittlungen sind die oben genannten Entscheidungen zur Beweissicherung
erforderlich.

Da d. Besch. ○ wie auch der andere ○ Elternteil ○ Sorgeberechtigte gemäß § 52 Abs. 2 Satz 2 StPO
gehindert ist, in den oben genannten Wirkungskreisen Entscheidungen zu treffen, war ein
Ergänzungspfleger zu bestellen.

Von einer Anhörung der Eltern bzw. Sorgeberechtigten war wegen der Gefährdung des
Untersuchungszwecks abzusehen. Aus den gleichen Gründen wird die Mitteilung des Beschlusses
zunächst zurückgestellt.


_____
    Richter(in) am Amtsgericht
```

Die Belehrung nach § 52 III S 1 StPO darf nicht einem Sachverständigen übertragen werden.[38] Der Polizeibeamte sollte also bei Einschaltung eines Sachverständigen unmittelbar vor der Befragung noch einmal belehren.[39]

Die entsprechende Verfügung könnte nach folgendem Muster ergehen:

---

38 St.Rspr BGH NStZ 1997, 349
39 Die Praxis ist umständlich, hilft aber Klippen der Rspr zu vermeiden.

26

                                STAATSANWALTSCHAFT
                                      # O R T #
                                          #ZwSt#

Az.:   Datum:

Ermittlungsverfahren
gegen

wegen

                                 V e r f ü g u n g

1. Vermerk: **Ergänzungspflegschaft ist angeordnet.**

2. V.v.; WV m.E., sp. _____

3. **Urschriftlich mit Akte**
   an die ◯ Kriminalpolizeiinspektion _____
            ◯ _____
   m. d. Bitte, die weiteren Ermittlungen durchzuführen.

   ◯ Ich bitte, das die Ergänzungspflegschaft anordnende Gericht unverzüglich von dort aus zu informieren, sobald die Mitteilung der Anordnung der Ergänzungspflegschaft an d. betroffene(n) Sorgeberechtigte(n) ohne Gefährdung des Untersuchungszwecks erfolgen kann. Dort ist rechtliches Gehör zu gewähren (Beschwerderecht gemäß §§ 19 ff FGG).

   ◯ Ich bitte, das geschädigte Kind nach erfolgter Zustimmung zur Einvernahme durch den Ergänzungspfleger in kindgerechter Weise über das Bestehen des Zeugnisverweigerungsrechts zu belehren und insbesondere darauf hinzuweisen, daß es trotz der Zustimmung des Ergänzungspflegers zur Vernehmung keine Angaben machen muß. Diese Belehrung ist zumindest in Form eines Vermerks zu dokumentieren.

   ◯ Ich bitte, das geschädigte Kind in kindgerechter Weise auch zu belehren, daß in Kürze eine aussagepsychologische Begutachtung zur Frage der Glaubwürdigkeit erfolgen soll, auch insoweit ein Zeugnisverweigerungsrecht besteht und daß es trotz der Zustimmung des Ergänzungspflegers zur Begutachtung keine Angaben machen muß. Diese Belehrung ist zumindest in Form eines Vermerkes zu dokumentieren, da nach der Rechtsprechung des BGH der beauftragte Sachverständige die vorgeschriebene Belehrung selbst nicht prozeßordnungsgemäß vornehmen kann.

   Gleichwohl wird aber auch d. Sachverständige das Kind nochmals entsprechend belehren müssen.

   ◯ _____
       _____
       _____

(Unterschrift, Namenstempel)

Messer/Siebenbürger

III. Durchsuchung und Sicherstellung

1. Rechtsgrundlagen

Die StPO kennt neben der Beweismittelbeschlagnahme nach §§ 94, 98 StPO noch die Sicherstellung von Gegenständen nach §§ 111b, 111c StPO zur Sicherung einer späteren gerichtlichen Anordnung des Verfalls, der Einziehung und zur Durchführung der sog Rückgewinnungshilfe (Schadloshaltung bei Ansprüchen Dritter iSd § 73 I S 2 StGB). 27

Durchsuchung[40] und Beschlagnahme von Beweismitteln beim Verdächtigen wie Unverdächtigen regeln die §§ 94ff, 102ff StPO. 28

Gem § 111b I StPO erfolgt die Sicherstellung von Gegenständen nach § 111c StPO, wenn Gründe vorliegen, daß sie dem Verfall oder der Einziehung unterliegen. Soweit Einziehung oder Verfall von Wertersatz in Frage kommt, werden die Gegenstände nach § 111b II StPO durch dinglichen Arrest nach § 111d StPO sichergestellt. Für die Rückgewinnungshilfe[41] gelten diese Vorschriften entsprechend (§ 111b V StPO).

§ 111b IV StPO verweist hinsichtlich der Durchsuchung seinerseits auf §§ 102–110 StPO.

Die **Durchsuchung** dient der Auffindung von Gegenständen, die der Beschlagnahme unterliegen[42], sowie der Ergreifung des Beschuldigten[43], also für Zwecke der Strafverfolgung und Strafvollstreckung. Durchsucht werden Wohnungen und Räume, wozu auch Arbeits-, Betriebs- oder Geschäftsräume gehören.[44]

Personen und ihre natürlichen Körperöffnungen sowie Sachen sind zulässige Durchsuchungsobjekte.

Durchsuchungen zu anderen Zwecken gestatten das Bundesgrenzschutzgesetz, das Gesetz über die Ausübung unmittelbaren Zwanges und die Ausübung besonderer Befugnisse durch Soldaten der Bundeswehr und zivile Wachpersonen und die Polizei- und Ordnungsgesetze der Länder. 29

---

40 Als zweck- und zielgerichtete Suche staatlicher Organe, um planmäßig etwas aufzuspüren, was der Betreffende von sich aus nicht offenlegen will.
41 Einzelheiten Kl/M-G § 111b Rn 5 ff
42 Auch eine EDV-Anlage kann Objekt einer Durchsuchung sein.
43 Gemeint ist jede auf strafprozessualer Grundlage vorgenommene Festnahme des Beschuldigten.
44 Die Nachschau, also das Betreten einer Wohnung gegen den Willen des Beschuldigten, um ihn festzunehmen, ist keine Durchsuchung.

2. Durchführung der Sicherstellung und Beschlagnahme

30 **Sicherstellung** (§ 109 StPO) ist der Oberbegriff für die Beschlagnahme und die sonstige Herstellung der staatlichen Gewalt über einen Gegenstand durch amtliche Verwahrung[45] oder Sicherstellung in anderer Weise.[46] Ob die behördliche Ingewahrsamnahme eines Gegenstands als bloße Sicherstellung oder als Beschlagnahme anzusehen ist, beurteilt sich nach dem geäußerten Willen des letzten Gewahrsamsinhabers. Gibt er den Gegenstand freiwillig heraus, aus welchen Gründen auch immer, so wird dieser formlos sichergestellt.[47]

Zur Freiwilligkeit gehört die Kenntnis, daß eine Pflicht zur Herausgabe nicht besteht; eine Belehrung darüber ist aber nicht erforderlich.

Das gilt auch, wenn keine Person erkennbar Gewahrsamsinhaber ist.

Die freiwillige Herausgabe hindert allerdings nicht die (vorsorgliche) Beschlagnahme.

31 In allen anderen Fällen muß eine förmliche **Beschlagnahme** durchgeführt werden (§§ 94 I, 111c StPO).

Hierbei sollte **grundsätzlich** (auch) nach § 111c StPO vorgegangen werden.

Bewegliche Sachen sollten nicht in symbolischen, sondern grundsätzlich in tatsächlichen behördlichen Gewahrsam genommen werden. Nur so kann gutgläubiger Erwerb Dritter an den Gegenständen sicher ausgeschlossen werden, da es ja bei Forderungen bekanntlich keinen Gutglaubensschutz gibt.[48] Beschlagnahmt werden Grundstücke und grundstücksgleiche Rechte (§ 864 I ZPO) durch Eintragung eines Beschlagnahmevermerks in Abteilung II des Grundbuchs auf Antrag gem § 13 GBO mit der Wirkung der §§ 20, 21 ZVG (§ 111c II StPO)[49], Forderungen nach den §§ 828 ff ZPO (§ 111c III StPO).[50]

---

[45] Geld und sonstige Gegenstände sind entsprechend § 808 II 1 ZPO dem Beschuldigten wegzunehmen.

[46] Siegelung oder ähnliche Kenntlichmachung bewirken ebenfalls das relative Veräußerungsverbot des § 136 BGB und den strafrechtlichen Schutz durch § 136 StGB.

[47] Darauf sollte man sich nicht einlassen, allenfalls wenn die Beschlagnahmevoraussetzungen zweifelhaft sind.

[48] Der gute Glaube nach § 932 ff BGB muß sich auf die behördliche Beschlagnahme beziehen. Bei Besitzverlust ist der Beschuldigte aber nicht einmal durch den Rechtsscheintatbestand begünstigt.

[49] Durchführung nach § 111 f II StPO, durch den Rechtspfleger bei Gericht oder StA, §§ 22 Nr. 1, 31 I Nr. 1 RPflG

[50] Der Rechtspfleger (§ 31 I Nr. 2 RPflG) der StA (§ 111f I 1) erläßt den Pfändungsbeschluß nach § 828 ZPO (natürlich auch der StA, §§ 6,8 RPflG), der Schuldner und Drittschuldner (Zeitpunkt der Wirksamkeit der Beschlagnahme, § 829 III ZPO) zugestellt werden muß (nach wohl richtiger Ansicht durch den Gerichtswachtmeister oder Amtszustellung per Post). Nach § 111c III 3 StPO muß damit die Aufforderung zur Abgabe der Drittschuldnererklärung nach § 840 I ZPO verbunden werden. Die Mitwirkung des Gerichtsvollziehers nach § 829 II 2 ZPO entfällt.

Bei eingetragenen Schiffsbauwerken und Luftfahrzeugen muß die Beschlagnahme zusätzlich in das entsprechende Register eingetragen werden (§ 111c IV 2 StPO).[51] Der dingliche Arrest nach § 111d StPO[52] wird nach den §§ 930 ff ZPO vollzogen.[53]

Nur die nach § 111c StPO durchgeführte Beschlagnahme hat gem § 111c V StPO die Wirkung eines relativen Verfügungsverbotes zugunsten des Staates (§§ 135, 136 BGB).[54] 32

Der Beschuldigte kann also bei der »bloßen« Beweismittelbeschlagnahme noch ungehindert über seinen Herausgabeanspruch gegen den Staat durch formlose Abtretung nach §§ 398 ff BGB verfügen.

Auch der **Kostenerstattungsanspruch** der Staatskasse nach § 465 StPO gegen den verurteilten Beschuldigten wird erst mit der Rechtskraft der Entscheidung fällig, § 63 II 1 GKG. Hat der Beschuldigte vorher seinen Herausgabeanspruch zB an seinen Verteidiger abgetreten, wäre dem neuen Gläubiger gegenüber eine Aufrechnung mit sichergestellten Werten erst ab Rechtskraft, also meist nicht mehr wirksam möglich (§ 406 BGB). Sieht das Gericht von Verfallerklärung usw der nach § 111c StPO sichergestellten Beträge ab, kann zumindest mit Erlaß des Urteils der Arrest wegen einer Geldstrafe und den voraussichtlichen Kosten angeordnet werden (§ 111d I StPO).

Nächtliche Durchsuchungen dürfen nur unter den Voraussetzungen des § 104 I StPO durchgeführt werden. Für Zufallsfunde gilt uneingeschränkt § 108 StPO, der eine weitgehende Verwertung erlaubt. 33

3. Anordnungsbefugnis für Durchsuchung und Beschlagnahme

Anordnungsbefugt ist grundsätzlich der Richter (§§ 98 I 1, 111e I 1 StPO) und zwar ausschließlich bei einer Beschlagnahme im Rahmen von § 97 V 2 34

---

51 Also neben der Beschlagnahme der beweglichen Sache Schiff oder Luftfahrzeug ist noch Eintragung des Registerpfandrechts erforderlich, um die Verstrickungswirkung eintreten zu lassen.
52 § 111d StPO erklärt einzelne Vorschriften über den dinglichen Arrest aus dem 8. Buch der ZPO für anwendbar: § 917 ZPO Arrestgrund (also Anspruchsgefährdung oder Vollstreckung im Ausland, § 920 I ZPO: Arrestgesuch: also der materielle Anspruch (§§ 73,73a, 74,74a StGB oder Schadloshaltung), bestimmte Höhe und Bezeichnung des Anspruchs und § 923 ZPO die Abwendungsbefugnis, also eine bestimmte Lösungssumme.
53 Der dingliche Arrest muß nach § 928 ZPO nach den Vorschriften über die Zwangsvollstreckung vollzogen werden. Die Pfändung folgt nach den allgemeinen Vorschriften des 8. Buchs, also bewegliche Sachen durch den örtlich zuständigen Gerichtsvollzieher nach §§ 803–807 ZPO, Forderungen und andere Vermögensrechte nach §§ 808–827 ZPO, wobei nach § 930 I 3 ZPO das Arrestgericht auch Vollstreckungsgericht ist, also der nach § 111d I S 1 StPO zuständige Strafrichter.
54 Einzelheiten Kl/M-G § 94 Rn 17 und § 111c Rn 10

Messer/Siebenbürger

StPO in den Räumen einer Redaktion, eines Verlages, einer Druckerei oder einer Rundfunkanstalt (§ 98 I 2 StPO).

Die im Vorverfahren die StA nicht bindende[55] Anordnung muß gem § 36 II 1 StPO vollzogen werden und zwar spätestens binnen 6 Monaten nach ihrem Erlaß.[56] Hierbei kann die Beiziehung von Sachverständigen,[57] Steuerfahndern,[58] Finanzermittlern[59] und Gerichtsvollziehern[60] sinnvoll sein.

Bei **Gefahr im Verzug** kann auch die StA die Beschlagnahme anordnen und bei Beweismitteln sowie bei beweglichen Sachen ihre Hilfsbeamten (§§ 98 I, 111e I 2 StPO). Bei Beschlagnahme anderer Werte als beweglicher Sachen durch die StA muß diese binnen einer Woche die richterliche Bestätigung beantragen (§ 111e II 2 StPO).

Die Kompetenz der Strafverfolgungsorgane besteht also nur bei Gefahr in Verzug, wenn eine entsprechende richterliche Anordnung nicht eingeholt werden könnte, ohne den Zweck der Maßnahme wegen des damit verbundenen Zeitverlustes zu gefährden.[61]

4. Durchsuchung beim Beschuldigten

35 § 102 StPO regelt die Durchsuchung bei dem, der als Täter oder Teilnehmer einer Straftat oder der Begünstigung, Strafvereitelung oder Hehlerei verdächtig ist.[62]

Eine Durchsuchungsanordnung nach § 105 I StPO ist nur erforderlich, wenn der Inhaber der Räume beziehungsweise der letzte Gewahrsamsinhaber sich der Maßnahme nicht freiwillig unterwirft.

Inhaltlich muß in der schriftlich abgefaßten (richterlichen) Durchsuchungsanordnung die Straftat bezeichnet werden, die Anlaß der Durchsuchung ist, sowie Zweck und Ziel (Ergreifung des Beschuldigten, Auffinden

---

55 Die StA muß von der Anordnung keinen Gebrauch machen und kann ihre Vollstreckung aus ermittlungstaktischen Gründen jederzeit aufschieben.
56 BVerfG NJW 1997, 2165
57 Eine EDV-Anlage wird man nicht ohne einen IT-Spezialisten in Betrieb nehmen.
58 Die Durchsuchung bei einem Bordellbetreiber führte zu einer geringen Geldauflage nach § 153a StPO wegen Förderung der Prostitution, aber zu Umsatzsteuer- und Einkommensteuernachzahlungen in Millionenhöhe.
59 Diese können unabhängig von den polizeilichen Sachbearbeitern ihr Augenmerk auf der Einziehung, dem Verfall und seinen Surrogaten unterliegende Werte legen, also bei bestimmten Delikten ohne Drittgeschädigte einfach alles Wertvolle beschlagnahmen.
60 Auch der örtlich nicht zuständige Gerichtsvollzieher kann Vorpfändungen nach § 845 I ZPO vornehmen, bis der eigentliche Arrestbeschluß dann in der Frist des § 845 II ZPO vollzogen werden muß. Der örtlich zuständige kann bei der Durchsuchung bereits vorliegende Arrest- und Pfändungsanordnungen vollstrecken.
61 Kl/M-G § 98 Rn 6
62 Überblick bei Kruis/Wehowsky Verfassungsgerichtliche Leitlinien zur Wohnungsdurchsuchung NJW 1999, 682

von Beweismitteln, Voraussetzungen des Verfalls oder Einziehung ggf des Wertersatzes) und nicht nur schlagwortartig der Tatverdacht.[63] Bei der Durchsuchung beim Beschuldigten genügt die durch Tatsachen oder kriminalistische Erfahrung belegte Wahrscheinlichkeit, daß eine bestimmte Straftat begangen worden ist und die Maßnahme wohl dem angestrebten Zweck dient.[64]

Wird die Durchsuchung nicht vom Ermittlungsrichter angeordnet, ist die Anordnung nicht an eine bestimmte Form gebunden, kann also auch mündlich, telefonisch oder telegrafisch ergehen. Die gerichtliche Anordnung nach §§ 105 I, 102 StPO könnte lauten wie folgt:

---

[63] Das BVerfG legt in letzter Zeit immer größeren Wert auf die Einhaltung des Verhältnismäßigkeitsgrundsatzes. Wegen des Richtervorbehalts hat die Anordnung Grundlage der konkreten Maßnahme zu schaffen und muß Rahmen, Grenzen und Ziel der Durchbrechung definieren, BVerfG aaO

[64] Abzugrenzen von der reinen Ausforschungsuntersuchung. Die Anforderungen beschreibt etwa BVerfG NJW 1994, 2079: Die Durchsuchung muß unter Würdigung aller persönlichen und tatsächlichen Umstände zur Erreichung des angestrebten Zwecks geeignet und erforderlich sein und der Eingriff in Grundrechte darf nicht außer Verhältnis stehen zur Bedeutung der Sache und zur Stärke des bestehenden Tatverdachts.

Messer/Siebenbürger

36

AMTSGERICHT

- Ermittlungsrichter -

| Geschäftsnummer: | Gs | | Datum: | |

#eig. Behörde#
Az.:

Ermittlungsverfahren
gegen

wegen

Beschluß

Nach §§ 102, 105 Abs. 1, 162 Abs. 1 StPO wird gemäß § 33 Abs. 4 StPO ohne vorherige Anhörung die Durchsuchung
☐ - der Person,
☐ - der Wohnung mit Nebenräumen
☐ - der Geschäftsräume mit Nebenräumen
☐ - der Fahrzeuge
☐ - d. _____
d. Besch. (vollst. Personalien und Anschriften der Durchsuchungsobjekte angeben)

_____

nach folgenden Gegenständen:

☐ _____

☐ Einsetzen wie Bl. _____ (Eingabe erforderlich, falls angekreuzt)

sowie deren Beschlagnahme

☐ nach §§ 94, 98 StPO
☐ nach §§ 111 b, 111 c, 111 e StPO
☐ nach §§ 94, 98, 111 b, 111 c, 111 e StPO

angeordnet, sofern sie nicht freiwillig herausgegeben werden.

```
                              Gründe:
Aufgrund der bisherigen Ermittlungen besteht der Verdacht,
_____
_____
_____
_____
_____
_____
_____

strafbar als  _____
gemäß §§     _____  .

☐  Die o. g. Gegenstände können als Beweismittel von Bedeutung sein.
☐  Nach dem Ergebnis der bisherigen Ermittlungen
    ○  und
    ○  d. Angaben d. _____
    ○  d. (Teil-)Geständnis d. Besch.
    ○  _____
       _____

    sind dringende Gründe für die Annahme vorhanden, daß die Voraussetzungen für den Verfall oder
    die Einziehung der Gegenstände vorliegen oder nur wegen § 73 Abs. 1 Satz 2 StGB nicht
    vorliegen.
Es ist zu vermuten, daß die Durchsuchung zum Auffinden der Gegenstände führen wird.

              _____
              Richter(in) am Amtsgericht
```

5. Durchsuchung und Beschlagnahme beim Dritten

Andere Personen iSd § 103 I 1 StPO sind solche, die einer Straftat weder beschuldigt noch verdächtig sind, oder die nicht verfolgt werden können (Kinder) und juristische Personen (etwa Banken).[65] Die Voraussetzungen sind enger als nach § 102 StPO. Der Tatverdacht muß konkretisierter sein und es müssen bestimmte Tatsachen (nicht kriminalistische Vermutungen wie bei § 102 StPO) vorliegen, aus denen man schließen kann, die gesuchte Person oder Sache befinde sich im Durchsuchungsobjekt.[66]

Ein Muster für die gerichtliche Maßnahme nach § 103 StPO:

---

[65] Auf die Gebäudedurchsuchung des § 103 I S 2 StPO wird nicht eingegangen, hierzu Kl/M-G § 103 Rn 10 ff
[66] Bei der Durchsuchung einer Anwaltskanzlei müssen auch die Anforderungen des Art. 8 II MRK beachtet werden, EGMR NJW 1993, 718

38

AMTSGERICHT
#ORT#
- Ermittlungsrichter -

| Geschäftsnummer: | Gs | | Datum: | | eri db 2 |

Staatsanwaltschaft Regensburg
Az.:

Ermittlungsverfahren
gegen

wegen

Beschluß

Nach §§ 103, 105 Abs. 1, 162 Abs. 1 StPO wird gemäß § 33 Abs. 4 StPO ohne vorherige Anhörung die Durchsuchung
☐ - der Person,
☐ - der Wohnung mit Nebenräumen
☐ - der Geschäftsräume mit Nebenräumen
☐ - der Fahrzeuge
☐ - d. _____
d. (vollst. Personalien d. Dritten und Anschriften der Durchsuchungsobjekte angeben)

_____
_____
_____
_____

nach folgenden Gegenständen:

☐ _____
_____
_____
_____
_____

☐ Einsetzen wie Bl. _____ (Eingabe erforderlich, falls angekreuzt)

sowie deren Beschlagnahme

☐ nach §§ 94, 98 StPO
☐ nach §§ 111 b, 111 c, 111 e StPO
☐ nach §§ 94, 98, 111 b, 111 c, 111 e StPO

angeordnet, sofern sie nicht freiwillig herausgegeben werden.

> **Gründe:**
>
> Aufgrund der bisherigen Ermittlungen besteht der Verdacht,
>
> _____
>
> strafbar als _____
> gemäß §§ _____ .
>
> ❏ Die o. g. Gegenstände können als Beweismittel von Bedeutung sein.
>
> ❏ Nach dem Ergebnis der bisherigen Ermittlungen
>
> ○ und
> ○ d. Angaben d. _____
> ○ d. (Teil-)Geständnis d. Besch.
> ○ _____
>
> sind dringende Gründe für die Annahme vorhanden, daß die Voraussetzungen für den Verfall oder die Einziehung der Gegenstände vorliegen oder nur wegen § 73 Abs. 1 Satz 2 StGB nicht vorliegen.
>
> Aufgrund des Umstandes, daß _____
>
> _____
>
> ist die Annahme gerechtfertigt, daß die Durchsuchung zum Auffinden der Gegenstände führen wird.
>
> _____
> Richter(in) am Amtsgericht

6. Durchsuchung und Beschlagnahme bei Banken

Bekanntlich gibt es in Deutschland kein zur Zeugnisverweigerung berechtigendes Bankgeheimnis, das aber in der Praxis von der Geldbranche gerne zitiert wird, um einem Auskunftsverlangen nach § 161 StPO nicht entsprechen zu müssen.[67] Das Auskunftsverlangen ist aber gegenüber der

---

[67] Es gibt Banken, die wollen nur beschlagnahmt werden und solche, welche darüber hinaus durchsucht werden wollen.

Beschlagnahme das mildere Mittel[68], zudem sollte man dem Dritten Gelegenheit geben, die Beschlagnahme durch freiwillige Herausgabe abzuwenden.[69] Mit folgendem Muster könnte man das Bankinstitut ermuntern, seine Pflichten zu erfüllen.

40

STAATSANWALTSCHAFT
 # O R T #
#ZwSt#

Az.:   Datum:

Ermittlungsverfahren
gegen

wegen

Verfügung

1. **Schreiben an:**

(Anschrift des Bankinstituts)

Ermittlungsverfahren gegen _____

hier: Auskunft über Konto-/Konten-Nr: _____

für den Zeitraum von _____ bis _____

Sehr geehrte Damen und Herren,
in dem genannten Ermittlungsverfahren ist über folgende Tatsachen und Fragen Beweis zu erheben:

☐ Kontostände auf d. oben genannten Konto/Konten

☐ Wann und von wem erfolgte Kontoeröffnung?

☐ Wer ist/war zeichnungsberechtigt?

☐ Räumten Sie dem Kunden Kredit ein? Wenn ja, in welcher Höhe? Gab es Änderungen der Kreditlinie, ggf. welche?

☐ Wurden Schecks nicht eingelöst? Wenn ja, welche? Wer war der Aussteller?

☐ Wurde der Kontoinhaber laufend über den Stand des Kontos unterrichtet?

☐ _____

---

68 LG Köln StV 1983, 275
69 Kl/M-G § 98 Rn 4 mwN

Eingriffsmaßnahmen Kapitel 1 31

> Außerdem bitte ich um Auskunft, für welche weiteren Konten, Depots oder Schließfächer der oder die Verfügungsberechtigten des/der o. a. Kontos/Konten bei Ihrem Institut verfügungsberechtigt ist/sind.
>
> Ich bitte Sie, mir zu oben bezeichnetem Beweisgegenstand schriftlich Auskunft zu erteilen und die dazugehörigen Unterlagen, notfalls in originalgetreuen lesbaren Fotokopien, zu übersenden.
> Für den Fall, daß im weiteren Verlauf des Verfahrens doch noch eine Zeugenvernehmung erforderlich werden wird, bitte ich Sie um Benennung der in Frage kommenden Angestellten.
>
> Sollte die Übersendung nicht bis zum _____ möglich sein, bitte ich, dies unter Darlegung der Gründe rechtzeitig mitzuteilen, um für Sie nachteilige Folgen zu vermeiden.
>
> ❏ Ich bitte, die Antwort aus Vereinfachungsgründen unmittelbar dem/der mit dieser Sache aufgrund meines Auftrags befaßten _____
>
> zuzuleiten.
> **Die Einleitung von Ermittlungen ist d. Besch. noch nicht bekanntgegeben. Die Offenbarung dieses Ersuchens ist daher nicht gestattet.** Zuwiderhandlungen können die Straftatbestände der Begünstigung oder der versuchten Strafvereitelung erfüllen.
>
> Hinweise:
> Ihre Verpflichtungen aus dem Geldwäschegesetz werden durch dieses Ersuchen nicht berührt.
>
> Die Ihnen entstehenden Kosten können nach § 17 a des Gesetzes über die Entschädigung von Zeugen und Sachverständigen in Rechnung gestellt werden.
>
> Sollten Sie die Auskünfte nicht fristgerecht oder vollständig erteilen, können in Ihrem Hause tätige Angestellte als Zeugen hierzu vernommen werden. Diese sind gesetzlich verpflichtet, bei dem Staatsanwalt zu erscheinen und anhand von Unterlagen zur Sache auszusagen. Das sogenannte Bankgeheimnis berechtigt <u>nicht</u> zur Aussageverweigerung. Bei unberechtigtem Ausbleiben oder unberechtigter Aussageverweigerung werden Zeugen hierdurch entstandene Kosten auferlegt und ein Ordnungsgeld bis zu DM 2.000,00 festgesetzt. Auch die zwangsweise Vorführung ist zulässig (§§ 161 a, 51, 70 Strafprozeßordnung). Zur Vorlage der Beweisunterlagen besteht ebenfalls eine gesetzliche Verpflichtung, die notfalls zwangsweise durchgesetzt werden kann (§ 95 Strafprozeßordnung).
>
> Für Ihre Mühe bedanke ich mich im voraus.
>
> Mit freundlichen Grüßen
>
> gez. sachbearb. Staatsanwalt
>
> 2. ❏ **Abschrift von Ziffer 1 z.K. an** _____
> 3. ❏ **WV** _____
>   ❏ **V.v., WV** _____
>   **U.m.A. an** _____
>
> _____
> (Unterschrift, Namensstempel)

7. Bestätigung nichtrichterlicher Beschlagnahme

Unter den Voraussetzungen des § 98 II 1 StPO kann der die Beschlagnahme 41
anordnende StA oder sein Hilfsbeamter binnen dreier Tage (ab Vollzug) die
Bestätigung beantragen durch das nach § 98 II 3 StPO (Beschlagnahmebezirk) oder S 4 (Bezirk der StA bei mehreren Beschlagnahmen oder Maßnahmen nach § 111b, 111e oder 111e StPO[70]) zuständige AG, wenn nicht der
Betroffene (oder ein sonst Berechtigter) einen (jederzeit möglichen) Widerspruch eingelegt hat.

---

70 Kl/M-G § 98 Rn 15

Die Frist beträgt im Falle des § 111e II StPO eine Woche (ab Erlaß) und im Unterschied zu § 98 II 1 StPO muß die Beschlagnahme- und Arrestanordnung der StA auch bei fehlendem Widerspruch gerichtlich bestätigt werden, nicht jedoch bei Beschlagnahme beweglicher Sachen (§ 111e II 2 StPO).

Anordnungen der Hilfsbeamten der StA auf der Rechtsgrundlage des § 111e I 2 StPO müssen also nie richterlich bestätigt werden.

Das Gericht prüft nach noch hM nicht, ob die Anordnung der StA oder ihrer Hilfsbeamten rechtmäßig war, sondern nur, ob die Beschlagnahme zur Zeit der gerichtlichen Prüfung gerechtfertigt ist.[71]

42 Muster für einen Bestätigungsbeschluß könnte sein:

A M T S G E R I C H T

- Ermittlungsrichter -

Geschäftsnummer: Gs ◄ Datum: ◄

#eig. Behörde#
Az.: ◄

Ermittlungsverfahren
gegen _____

wegen _____

Beschluß

Die auf Anordnung d. _____
(Name d. anordnenden Staatsanwalts/Staatsanwältin oder Hilfsbeamt.)
bewirkte Beschlagnahme d. folgenden Gegenstände:
❏ _____
_____
_____

❏ Einsetzen wie Bl. _____ (Eingabe erforderlich, falls angekreuzt)

wird gemäß ○ §§ 94, 98 Abs. 2 StPO   ○ §§ 111 b, 111 c, 111 e Abs. 2 StPO
            ○ §§ 94, 98 Abs. 2, 111 b, 111 c, 111 e Abs. 2 StPO
bestätigt.

Gründe:

Aufgrund der bisherigen Ermittlungen besteht der Verdacht,
_____
_____
_____

strafbar als _____
gemäß §§ _____

---

[71] Nach Ansicht von Kruis/Wehowsky muß nunmehr auch das Vorliegen von Gefahr in Verzug geprüft werden (NJW 1999, 682, 685)

❏ Die o. g. Gegenstände können als Beweismittel von Bedeutung sein.
❏ Nach dem Ergebnis der bisherigen Ermittlungen
  ○ und
  ○ d. Angaben d. _____
  ○ d. (Teil-)Geständnis d. Besch.
  ○
  sind dringende Gründe für die Annahme vorhanden, daß die Voraussetzungen für den Verfall oder die Einziehung der Gegenstände vorliegen oder nur wegen § 73 Abs. 1 Satz 2 StGB nicht vorliegen.

_____
Richter(in) am Amtsgericht

8. Rechtsmittel und gerichtliche Überprüfung

Die noch nicht erledigte (bis zum Ende einer Durchsicht der Papiere nach § 110 StPO[72]) richterliche Durchsuchungsanordnung und ihre Ablehnung kann mit der Beschwerde nach § 304 StPO angefochten werden (vgl auch § 305 S 2 StPO), anschließend nach der bisherigen Rechtsprechung nur noch die richterliche Beschlagnahme der Papiere.[73] Erfolgreich ist die Beschwerde gegen eine Beschlagnahme nach § 94 StPO vor allen Dingen dann, wenn den sichergestellten Gegenstände keine Beweisbedeutung (mehr) zukommt[74] oder der Beschuldigte diese nach erfolgter Auswertung durch die Strafverfolgungsbehörde für seine berufliche Tätigkeit unbedingt benötigt.[75]

43

Gegen die Anordnung der StA und ihrer Hilfsbeamten ist entsprechend § 98 II 2 StPO auch noch nach Abschluß der Durchsuchung Antrag auf gerichtliche Entscheidung zulässig zur Feststellung der Rechtswidrigkeit der Anordnung[76] oder Unzulässigkeit ihres Vollzugs.[77]

---

72 Die Durchsicht ist bei Anwesenheit eines StAs bei der Durchsuchung mit deren Beendigung beendet.
73 Etwa BGH NJW 1995, 3397: Mittlerweile reicht das Argument der prozessualen Überholung alleine nicht mehr aus. BVerfG NJW 1997, 2163 eröffnet bei tiefgreifenden Grundrechtseingriffen auch dann die Beschwerde nach § 304 StPO, wenn die direkte Belastung durch den angegriffenen Hoheitsakt sich nach dem typischen Verfahrensablauf auf eine Zeitspanne beschränkt, in welcher der Betroffene die gerichtliche Entscheidung in der von der Prozeßordnung gegebenen Instanz kaum erlangen kann.
74 KG Berlin vom 26.2.1998 – 5 Ws 114/98
75 Computer des Versicherungsvertreters nach Sicherung der Festplatte, LG Magdeburg StraFo 1998, 271
76 BGHSt 26, 206, 207, wenn aufgrund konkreter Tatsachen ein nachwirkendes Bedürfnis zur Feststellung der Rechtswidrigkeit der Maßnahme besteht.
77 BGH StV 1988, 909

Dieser Rechtsbehelf ist nunmehr auch gegeben, wenn die Art und Weise des Vollzugs einer richterlichen Anordnung beanstandet wird.[78] Wirtschaftliche Nachteile der Durchsuchung können zu einer Entschädigung nach § 2 I Nr. 2 StrEG führen.[79]

IV. Spezielle Beschlagnahmeverbote und ihre Grenzen

44 Das Herausgabeverlangen der Strafverfolgungsbehörden (§ 95 I StPO) endet bei den Beschlagnahmeverboten. § 97 StPO knüpft hierbei an die Zeugnisverweigerungsrechte der §§ 52, 53, 53a StPO an.[80] Diese Vorschrift schließt die Beschlagnahme von Einziehungsgegenständen nach § 111b I/II StPO nicht aus. Einige weitere sensible Bereiche werden im Folgenden dargestellt:

1. Sicherung von Sozialdaten

45 Sozialbehörden dürfen im Bereich des Sozialgeheimnisses nach § 35 SGB I Auskünfte nur bei Einwilligung des Betroffenen oder im Rahmen einer gesetzlichen Offenbarungspflicht nach den §§ 68–77 SGB X erteilen.[81] Entgegen der Ansicht mancher Sozialbehörden gilt das Offenbarungsverbot selbstverständlich dann nicht, wenn sie selbst als Geschädigte anzusehen sind. § 69 I Nr. 1 SGB X erlaubt die Offenlegung zur Erfüllung sozialgesetzlicher Aufgaben und damit zusammenhängender, auch Strafverfahren, also etwa zur Aufklärung eines Sozialbetrugs oder eines tödlichen Betriebsunfalls.[82] Im Rahmen der Amtshilfe sollte man wenigstens die Personalien des Betroffenen sowie Namen und Anschrift seines derzeitigen Arbeitgebers erhalten (§ 68 I SGB X). Auf richterliche Anordnung müssen bei Vergehen die in § 72 I S 1 SGB X bezeichneten Angaben und solche über erbrachte oder demnächst zu erbringende Geldleistungen gemacht werden. Ohne Einschränkungen müssen bei Verbrechen personenbezogene Daten des Beschuldigten und Dritter nach § 73 SGB X offenbart werden. Die

---

78 BGH NJW 1999, 730, bisher Antrag nach §§ 23 ff EGGVG, vgl zum bisherigen Diskussionstand Kl/M-G § 98 Rn 23: insbes bei schwerwiegenden Grundrechtseingriffen, zB die Überprüfung der Anordnung einer erledigten vorläufigen Festnahme nach § 127 II StPO, vgl BGH NJW 1998, 3653
79 Amtspflichtwidrig iSv § 839 BGB ist zB nur die unvertretbare Bejahung eines Anfangsverdachts, BGH NJW 1989, 1924.
80 Nr. 73a RiStBV
81 Das Zeugnisverweigerungsrecht und Beschlagnahmeverbot gilt nach § 61 I SGB VIII auch für die Jugendgerichtshilfe, soweit nicht § 61 III SGB X gerade zur Offenbarung der Tatsachen an das Jugendgericht verpflichtet.
82 Insoweit zutreffend das von Zeibig NStZ 1999, 339 kritisierte LG Lübeck.

Daten dürfen nach § 78 S 1 SGB X nur in dem Verfahren verwendet werden, in dem sie mitgeteilt wurden. Die unterschiedlichen Mitteilungspflichten berücksichtigt das folgende Formular:

46

AMTSGERICHT
#ORT#
- Ermittlungsrichter -

| Geschäftsnummer: | Gs | ≺ | Datum: | ≺ | eri sgb 1 |

Staatsanwaltschaft Regensburg
Az.: ≺

Ermittlungsverfahren
gegen
_____
wegen
_____

Beschluß

☐ Nach § 35 Abs. 2 SGB I i.V.m. § 73 Abs. 1 SGB X wird die **unbeschränkte Offenbarung** der personenbezogenen Daten d. Besch.

_____
(volle Personalien einsetzen)

☐ Nach § 35 Abs. 2 SGB I i.V.m. §§ 73 Abs. 2, 72 Abs. 1 Satz 2 SGB X wird die **beschränkte Offenbarung folgender** personenbezogener Daten d. Besch.

_____
(volle Personalien einsetzen)

○ Vor- und Familiennamen   ○ früher geführte Namen
○ Geburtsdatum   ○ Geburtsort
○ derzeitige Anschrift   ○ frühere Anschrift
○ Namen und Anschriften d. derzeitigen und früheren Arbeitgeber
○ Angaben über erbrachte Geldleistungen
○ Angaben über demnächst zu erbringende Geldleistungen

durch

○ die AOK _____
○ das Arbeitsamt _____
○ _____

○ für den Zeitraum von _____ bis _____
○ ab _____

angeordnet.

Gründe:

Aufgrund der bisherigen Ermittlungen besteht der Verdacht,

_____
_____
_____
_____
_____
_____
_____
_____
_____
_____

strafbar als ○ Vergehen ○ Verbrechen

gemäß §§ _____

❏ Die **unbeschränkte Übermittlung der Sozialdaten** d. Besch. ist zur Aufklärung erforderlich.
   D. Besch. liegt
   ❏ ein Verbrechen zur Last.
   ❏ ein Vergehen zur Last. Dabei handelt es sich um eine Straftat von erheblicher
     Bedeutung, weil _____
     _____
     _____

❏ D. Besch. liegt ein Vergehen zur Last.
   Die **Übermittlung** der eingangs genannten **beschränkten personenbezogenen Sozialdaten** ist zur Aufklärung der Straftat und zur Überführung d. Besch.
   ❏ und insbesondere zum Nachweis seiner Zahlungsfähigkeit und/oder Zahlungswilligkeit
   ❏ _____
   erforderlich.

_____
Richter(in) am Amtsgericht

Eingriffsmaßnahmen Kapitel 1 37

Die Auskunft selbst könnte man mit folgendem Formular anfordern: **47**

**STAATSANWALTSCHAFT
O R T #**
#ZwSt#

Az.: ≺ Datum: ≺ BSt. eri sgb 2

Ermittlungsverfahren
gegen

wegen

Verfügung

1. Schreiben an

   ☐ AOK _____
   ☐ Arbeitsamt _____
   ☐ _____

   mit 1 Ausfertigung des Beschlusses (ohne Gründe)
   des Amtsgerichts _____ vom _____
   betr. Offenbarung von Sozialdaten

   ☐ und 1 Fragenkatalog

   Sehr geehrte Damen u. Herren,
   in dem o. g. Ermittlungsverfahren hat das Amtsgericht _____ mit Beschluß
   vom _____ die
   ○ **unbeschränkte**
   ○ **beschränkte**
   Offenbarung der personenbezogenen Daten d. Besch. angeordnet. Eine Ausfertigung dieses
   Beschlusses ist als Anlage beigefügt.
   ☐ Ich bitte, den ebenfalls als Anlage beigefügten Fragenkatalog (**beschränkte Auskunft**) zu
   beantworten und hierher zurückzugeben. (Fragenkatalog s. Rücks.)
   ☐ Ich bitte die nachfolgenden Fragen (**unbeschränkte Auskunft**) zu beantworten:
   _____
   _____
   _____
   _____
   _____
   _____

   Mit freundlichen Grüßen

2. _____
   _____

3. WV _____

   _____
   (Unterschrift, Namensstempel)

Messer/Siebenbürger

Fragenkatalog

Vor- und Familienname/n: ....

früher geführte/r Name/n: ....

Geburtsdatum: ....

Geburtsort: ....

derzeitige Anschrift: ....
....

frühere Anschrift: ....
....

Name und Anschriften der Arbeitgeber im Zeitraum von _____ bis _____ :

....
....
....
....

Geldleistungen im Zeitraum von _____ bis _____ :
(Bitte aufschlüsseln nach Leistungsart und jeweiligen monatlichen Zahlungszeiträumen)

....
....
....
....

Demnächst zu erbringende Geldleistungen ab _____ :
(Bitte aufschlüsseln nach Leistungsart und jeweiligen monatlichen Zahlungszeiträumen)

....
....
....
....
....
....

_____
(Unterschrift, Namenstempel)

2. Postbeschlagnahme

Die **Postbeschlagnahme** nach § 99 StPO erlaubt die Durchbrechung des Post- (§ 39 PostG) und Fernmeldegeheimnis (§ 85 TKG) zur Sicherung von Beweismitteln (vgl zur Vorgehensweise Nr. 77–82 RiStBV). Eine freiwillige Herausgabe durch das Postunternehmen wäre unzulässig, sofern nicht der Betroffene einwilligt.[83] Die Vorschrift richtet sich an die geschäftsmäßigen Erbringer von Post- (§ 4 Nr. 4 PostG)[84] und Telekommunikationsdiensten (§ 3 Nr. 5 TKG).[85] Die Postbeschlagnahme führt nur zur Aussonderung der von ihr erfaßten Sendungen, über deren letztendliche Beschlagnahme dann Richter oder StA entscheiden. Statt Beschlagnahme kann auch nur Auskunft verlangt werden (Nr. 84 RiStBV).

48

Anordnungsbefugt ist der Richter, bei Gefahr in Verzug auch die StA (§ 100 I StPO).

49

Die von ihr verfügte Beschlagnahme tritt 3 Tage **nach Eingang** der Anordnung bei dem Postunternehmen außer Kraft, wenn sie nicht binnen dieser Frist von dem nach § 98 StPO zuständigen Richter bestätigt wird, (§ 100 II, IV 1 StPO).[86]

Das Gericht prüft im gleichen Umfang wie bei § 98 II StPO.

Die Öffnung der Gegenstände obliegt dem anordnenden Richter (§ 100 IV 2 StPO), soweit er diese Befugnis nicht wegen Gefahr in Verzug der StA übertragen hat (§ 100 II 1 StPO). Der Richter muß vor der Beschlagnahme den StA hören (§ 33 II StPO), weshalb er in der Praxis nicht selbst öffnet.

Für Zufallsfunde gilt § 108 StPO ohne Einschränkung.

Gegen die richterliche Anordnung[87] sowie die tatsächliche Beschlagnahme einzelner Sendungen besteht Beschwerdemöglichkeit nach § 304 StPO.

Diese eigentliche Beschlagnahme erfolgt nach § 94 StPO:

Verwendet werden könnte folgendes Formular:

---

83 In der Praxis entstehen Probleme vor allem, wenn man eine beschlagnahmte Sendung mit inkriminierendem Inhalt (etwa Marihuana aus den Niederlanden) einem bestimmten Beschuldigten, etwa dem Adressaten der Sendung, zuordnen will Hier empfiehlt sich die gleichzeitige Schaltung einer Telefonüberwachung und anschließende »polizeilich kontrollierte« Zustellung der Sendung.
84 Zu den lizenzfreien und lizenzpflichtigen Postdiensten vgl Einzelheiten Jahresbericht 1998 Bereich Postmarkt unter http://www.regtp.de/postwesen/jahresbericht.htm: 1998 gezählt 590 Anfragen und 155 erteilte Lizenzen
85 Ausführlich auch zur Postbeschlagnahme Bär EDV-Beweissicherung im Strafverfahrensrecht CR 1998, 434
86 Tagesfrist nach § 42 StGB, der Beschlagnahmetag zählt also bei der Fristberechnung nicht mit. Nach Kl/M-G § 100 Rn 7 soll § 43 II StPO nicht gelten. Diese Vorschrift (Ablaufhemmung durch Samstag, Sonntag und allgemeine Feiertage) gilt nach allgemeiner Meinung aber für alle Fristen, vgl selbst Kl/M-G § 43 Rn 2 und 1 zu § 100b)
87 Streitig, ob nach Erledigung der Anordnung nachträglich deren Rechtswidrigkeit festgestellt werden kann, Nachweise bei Kl/M-G § 100 Rn 12

50

A M T S G E R I C H T

- Ermittlungsrichter -

Geschäftsnummer:	Gs		Datum:	

#eig. Behörde#
Az.:

Ermittlungsverfahren
gegen

wegen

Beschluß

Nach §§ 99, 100, 162 Abs. 1 StPO wird gemäß § 33 Abs. 4 StPO ohne vorherige Anhörung die Beschlagnahme

☐ sämtlicher Briefe und Sendungen auf der Post und/oder Telegramme auf den Telegraphenanstalten angeordnet,

☐ folgender Briefe und Sendungen auf der Post:
   ○ Briefsendungen (○ Briefe ○ Postkarten ○ Päckchen),
   ○ Paketsendungen (○ Pakete ○ Postgüter),
   ○ Telegramme auf den Telegraphenanstalten,
   ○ _____
angeordnet,

☐ die gerichtet sind an oder bestimmt sind für
   ○ d. Besch. _____ ○ und _____
   ○

☐ und

☐ die herrühren von
   ○ d. Besch. _____ ○ und _____
   ○ _____ .

Die Beschlagnahme gilt für den Zeitraum von _____ bis _____ .

Die Befugnis zur Öffnung der ausgelieferten Gegenstände wird gemäß § 100 Abs. 3 Satz 2 StPO der Staatsanwaltschaft übertragen.

Gründe:

Aufgrund der bisherigen Ermittlungen besteht der Verdacht,

_____
_____
_____
_____
_____
_____
_____
_____

strafbar als _____
gemäß §§ _____ .

> Die oben genannten Sendungen/Telegramme befinden sich nach dem derzeitigen Erkenntnisstand auf der Post bzw. auf den Telegraphenanstalten oder werden dort eingehen. Sie haben in dem o. g. Ermittlungsverfahren Beweiswert, so daß deren Beschlagnahme geboten ist.
>
> ☐ Soweit Sendungen mit dem Namen _____
>   versehen sind, sind sie für d. Besch. bestimmt oder rühren von ihm/ihr her. Dies ergibt sich daraus, daß _____
>
> _____
> _____
> _____.
>
> _____
> Richter(in) am Amtsgericht

Nach § 101 I StPO ist der Beschuldigte von der Maßnahme nach Wegfall einer denkbaren Gefährdung des Untersuchungserfolgs zu benachrichtigen. Ungeöffnete und nicht beschlagnahmte geöffnete Sendungen sind sofort zurückzugeben (§ 101 II StPO).[88] Auf Verstöße gegen § 100 StPO kann die Revision nicht gestützt werden.[89] Eine irrige Annahme der Voraussetzungen des § 99 StPO oder der Gefahr in Verzug führt nicht zur Unverwertbarkeit. Gerügt werden kann nur Willkür.[90]

3. Daten abgewickelter Telekommunikation

Das Auskunftsrecht über Verkehrs- und Bestandsdaten **abgeschlossener Kommunikationsvorgänge**[91] regelt noch immer der vorläufig bis zum 31.12.1999 geltende § 12 FAG[92] (Nr. 85 I–IV RiStBV). Der Erlaß einer **Telekommunikationsüberwachungsverordnung** ist am Widerstand der beteiligten Wirtschaftskreise vor allem wegen der Kosten der einzurichtenden Schnittstellen gescheitert.[93] Nach § 12 FAG[94] sind auf Anordnung des Gerichts bzw des StA bei Gefahr in Verzug alle beim Telekommunika-

---

51

52

---

88 Entgegen dem Gesetzeswortlaut sollte man aber durch die Rückgabe den Ermittlungserfolg nicht vereiteln, zum Streitstand: Kl/M-G § 102 Rn 5
89 Kl/M-G § 100 Rn 13
90 KK-Nack § 99 Rn 12
91 Telekommunikation ist nach § 3 Nr. 16 TKG der »technische Vorgang des Aussendens, Übermittelns und Empfangens von Nachrichten jeglicher Art in der Form von Zeichen, Sprache, Bilder oder Tönen mittels dazu dienender technischer Einrichtungen.
92 M.E. ist die Verlängerung der Geltungsdauer bis zum Erlaß der umstrittenen Telekommunikationsüberwachungsverordnung vorprogrammiert. Neuigkeiten zur Diskussion über die Enfopolpapiere und ihre Umsetzung in nationales Recht findet man immer aktuell unter http://www.heise.de/tp/deutsch/spezial/enfo.
93 Vgl den letzten Entwurf unter http://www.digital-law.net/papers/TKUEV.html
94 Neu gefaßt durch § 99 I Nr. 2 TKG

Messer/Siebenbürger

tionsbetreiber[95] angefallenen Daten[96] zu übermitteln, die in einem strafrechtlichen Verfahren (gegen einen bestimmten Beschuldigten[97]) von Bedeutung sein können.[98] Die Strafverfolgungsbehörde ist dabei nicht an die höheren Eingriffsvoraussetzungen des § 100a StPO gebunden.[99]

Der Anwendungsbereich der Vorschriften hängt nur davon ab, zu welchem Zeitpunkt das Ersuchen um Auskunftserteilung beim Provider vorliegt.

Somit kann man einerseits über § 12 FAG auch Kommunikationsdaten in Nichtkatalogtaten iSd § 100a StPO für Ermittlungen nutzen.[100]

53 Die Begleitdaten sind zum anderen meist aufschlußreicher als der Inhalt der Telekommunikation[101], den der Täter leider oftmals entstellt oder verschlüsselt. Da die Serviceprovider nach dem TKG die Daten der letzten 80 Tage speichern müssen[102], um ggf die Richtigkeit ihrer Rechnungen beweisen zu können, stehen die Daten aller abgehenden (ggf über Suchlauf bei D 1, D 2 oder E 1 bzw E plus) und meist auch der eingehenden Gespräche über Handy oder Festnetz zur Verfügung. Wenn man Glück hat, läßt sich etwa anhand der Einbuchungsfunkzellen des angefragten Handys ein **Bewegungsprofil** des Beschuldigten herstellen, mit dem man dessen Aufenthalt in der Vergangenheit unschwer nachvollziehen kann.[103] Geeignete Software kann die Daten mit anderen Spuren in Beziehung setzen.[104] Streitig ist, ob der Beschluß auch Daten nach seinem Erlaß erfassen kann.[105]

---

95 § 6 TDSV
96 § 3 Nr. 1 TKG
97 Bei Verfahren gegen Unbekannt sollte man einen Beschuldigten zum Benennen finden.
98 Vgl zu den bereitzustellenden Informationen, die mit dem Telekommunikationsverkehr zusammenhängen, wie bei § 100a StPO, § 3 der Fermeldeverkehr-Überwachungs-Verordnung vom 18.5.1995 (BGlBl I S.722)
99 BGH StV 1998, 173; einengende Versuche untergerichtlicher Rechtsprechung, etwa LG Hamburg NStZ-RR 1999, 82 hinsichtlich der IMEI-Nummer, sollte man als Strafverfolger nicht hinnehmen. Vgl auch Bär Fn 85
100 Etwa bei dem häufig angezeigten Telefonterror
101 Daher fordert ein Teil der Lit gegen den Willen des Gesetzgebers eine einschränkende Auslegung des § 12 FAG, etwa Eisenberg/Nischan Strafprozessualer Zugriff auf multimediale Videodiensts JZ 1997, 74,82 mit Nachweisen zum Diskussionsstand; kritisch auch zur eindeutigen Rechtslage Kl/M-G § 100a Rn 3.
102 Es sei denn, der Inhaber der SIMM-Karte oder des Festnetzanschlusses hat ausdrücklich die Speicherung untersagt. Auch dann werden oft noch die Telefonnummern bis auf die letzten 3 Stellen gespeichert.
103 Die technisch bedingten Positionsmeldungen der nicht telefonierenden Mobiltelefone sind noch genauer als die Funkzellen nach § 2 Nr. 5 FÜW und müssen mitgeteilt werden, vgl LG Dortmund NStZ 1998, 577.
104 Die Arbeitsdatei Rauschgift in Bayern etwa dient der repressiven und präventiven Bekämpfung der Betäubungsmittelkriminalität einschließlich der Beschaffungs- und Begleitdelinquenz. Sie enthält auch in der neuen Fassung alle wesentlichen Personen- und Sachdaten der beteiligten Tätergruppen.
105 Die Zulässigkeit der Erstreckung auf künftige Daten bejaht zutreffend LG München NStZ-RR 1999, 30 und LG Frankfurt DSB 1999, Nr. 2, 18 verneinend LG Oldenburg MMR 1999, 174

Messer/Siebenbürger

Überwachungsmaßnahmen mit Wirkung für die Zukunft dürften jedenfalls in Verbindung mit einer Anordnung nach § 100a StPO zulässig sein.[106]
Eine richterliche Anordnung könnte nach folgendem Muster ergehen:

AMTSGERICHT

‑ Ermittlungsrichter ‑

| Geschäftsnummer: | Gs | Datum: | eri fag 1 |

#eig. Behörde#
Az.:

Ermittlungsverfahren
Gegen

Wegen

Beschluß

Nach § 12 FAG wird gemäß § 33 Abs. 4 StPO ohne vorherige Anhörung angeordnet, daß

(Anlagenbetreiber/Serviceprovider eintragen)
Auskunft über die Telekommunikation zu erteilen hat, welche über die Anschlußnummer(n)

geführt wurde.
Das Auskunftsverlangen umfaßt die Auflistung sämtlicher technisch verfügbarer Angaben über aus- und eingehende Gespräche, die bei Eingang des Beschlusses seit _____ gespeichert sind.
Darüberhinaus wird für jeden weiteren Tag bis längstens _____ die Mitteilung der neu angefallenen und gespeicherten Daten angeordnet.

Gründe:

Aufgrund des bisherigen Ermittlungsergebnisses besteht der Verdacht, _____

strafbar als _____
gemäß §§ _____ .

Es besteht Grund zu der Annahme, daß über die o.g. Anschlußnummer(n) Telefongespräche geführt wurden, die Mitteilungen an d. Besch. enthielten bzw. liegen Tatsachen vor, aus denen zu schließen ist, daß die Mitteilungen von d. Besch. herrührten oder für ihn bestimmt waren.

☐ Dies ergibt sich daraus, daß _____

Es ist davon auszugehen, daß die Auskunft für die Untersuchung Bedeutung hat.

_____
Richter(in) am Amtsgericht

---

[106] Sonst muß man notgedrungen mit täglichen Beschlüssen arbeiten, wenn man nur die Rahmendaten und nicht den Inhalt der Kommunikation wissen will oder kann (mangels Katalogtat des § 100a StPO).

Messer/Siebenbürger

55 Die Eilanordnung des StAs nach § 12 FAG bedarf nicht der gerichtlichen Bestätigung. Das bei der Beurteilung der Gefahr im Verzug dem StA eingeräumte Ermessen sollte man in der Praxis sinnvoll nutzen, zumal auch bei etwaiger Fehlbeurteilung weitere Ermittlungsergebnisse verwertbar bleiben.[107]

V. Überwachung der künftigen Telekommunikation

1. Rechtsgrundlagen

56 Die §§ 100a ff StPO regeln abschließend[108] die staatliche Überwachung der künftigen Telekommunikation[109], also die Zulässigkeit des Eingriffs in das sich aus Art. 2 und 10 GG ergebende allgemeine Persönlichkeitsrecht und die Grundrechte des Post- und Fernmeldegeheimnisses.[110]

Erfaßt wird nicht nur die Überwachung und Aufzeichnung des traditionellen (auch mobilen) Fernsprechverkehrs, sondern umfassend jede technische Nachrichtenübermittlung,[111] also etwa per Mail-Box,[112] über Satel-

---

107 Fn 71
108 Daneben erlaubt seit 1997 § 16 BKAG bei bestimmten schweren Straftaten die Verwendung von Erkenntnissen, die durch Abhören und Aufzeichnung des nicht öffentlich gesprochenen Wortes in Wohnungen zur Eigensicherung nicht offen aus Gründen der Strafverfolgung ermittelnder Polizeibeamte gewonnen wurden. Die Maßnahme wird vom Präsident des BKA angeordnet, wenn der Vorsitzende Richter einer Strafkammer deren polizeirechtliche Rechtmäßigkeit bejaht hat. Erkenntnisse von Personenschutzsendern nach Art. 13 V GG sind strafprozessual dagegen nicht verwertbar.
109 Nach § 89 TKG müssen die Netzbetreiber die technischen Einrichtungen zur Überwachung (Schnittstellen nach § TÜV) kostenlos vorhalten. Das Nähere regelt bisher – noch – die FernmeldeÜberwachungsVerordnung von 1995, insbes in § 3 die bereitzustellenden Informationen.
110 Die geheimdienstliche Überwachung nach Art. 1, § 1 G 10 wird hier nicht behandelt, obwohl personenbezogene Daten seit dem Verbrechensbekämpfungsgesetz 1994 unter gewissen Voraussetzungen an die Strafverfolgungsbehörden weitergegeben werden dürfen. Die Weitergabe spielt in der Praxis keine Rolle. Das BVerfG hat unlängst in seinem BND-Urteil die Zulässigkeit des Abhörens bejaht, gleichzeitig gewisse Einschränkungen des 1994 verschärften Verbrechensbekämpfungsgesetzes gefordert. Die Bedeutung der Abhörmöglichkeiten wird angesichts des zunehmenden Einsatzes von Glasfasernetzen überschätzt, die auch der BND nur mit Hilfe der Netzbetreiber überwachen kann.
111 § 3 Nr. 16 TKG: zu den Formen der Telekommunikation KK- Nack § 100a Rn 6
112 BGH NJW 1997, 1935 mit Anm Palm/Roy NJW 1997, 1904; BGH JZ 1996, 488 mit Anm Bär, der für die Schaffung einer neuen Eingriffsnorm plädiert. In der Lit wird viel über die richtige Art des Zugriffs gestritten. Die Praxis wendet – zu Recht – § 100a StPO an.

Messer/Siebenbürger

liten[113] oder Internet.[114] Wie bei § 12 FAG sind die mit jedem Telekommunikationsvorgang anfallenden Verbindungsdaten,[115] die durch die digitale im Gegensatz zur analogen Technik erhalten bleiben, für die Ermittlungen von größtem Interesse. Ein aktuelles Bewegungsprofil[116] erlaubt die indirekte Observation ganzer Tätergruppen.[117] Die traditionellen Zählervergleichseinrichtungen werden durch optimierte Suchprogramme in den Datenbanken ersetzt.[118]

Bestandsdaten von Kunden fallen nicht in den Bereich des Post- und Fernmeldegeheimnisses. Das automatisierte Verfahren nach § 90 TKG unter Einschaltung der Regulierungsbehörde zur kostenlosen Ermittlung von Rufnummer, Name und Anschrift des Anschlußinhabers greift nicht in Grundrechtspositionen ein.[119]

Kein Eingriff liegt weiterhin vor, wenn nur einer der Teilnehmer am Telekommunikationsverkehr dem Mithören zustimmt.[120]

Auch wird durch § 111a StPO keinesfalls das heimliche Abhören des nichtöffentlichen Wortes außerhalb des Telekommunikationsverkehrs gestattet.[121]

---

113 Hier kommen zahlreiche Probleme des internationalen Rechts und der Rechtshilfe auf die StAen zu. Die europäische Iridiumkopfstation liegt in Italien. Wie höre ich als deutscher StA das Satelliten-Handy eines Beschuldigen ab? Hierzu die von Enfopol vorbereitete Entschließung des Rates der EU unter http://www.heise.de/tp/deutsch/spezial/enfo/6.3332/2.html
114 Über die derzeitigen und künftigen technischen Überwachungsmöglichkeiten s. den Bericht über Interception Capabilities 2000 an die EU unter http://www.iptvreports.mcmail.com/ic2kreport.htm
115 Also auch alle Positionsmeldungen des lediglich in das Netz eingebuchten Mobiltelefons, LG Dortmund DuD 1998, 472; LG Ravensburg NStZ-RR 1999, 84
116 Der Aufenthaltsort des Handy´s wird durch Einpeilungen innerhalb der mitgeteilten Funkzelle ermittelt.
117 Der Ermittlungsrichter des BGH setzt in einem auf eine Gegenvorstellung der Mannesmann Mobilfunk GmbH ergangenen Beschluß vom 7.9.1998 (2 BJs 105/97-8), veröffentlicht als JurPCWeb-Dok, 39/1999 unter http://www.jura.uni-sb.de/jurpc/rechtspr/199900039.htm, die elektronische Gerätekennung des Mobiltelefons (IMEI) mit der klassischen Telefonnummer gleich.
118 In Umsetzern als kleinste Informationseinheiten stehen Daten über die Anzahl und Dauer der Gespräche und der Verbindungen – unabhängig von deren Zustandekommen – zur Verfügung. Zu den möglichen Ermittlungsmaßnahmen, insbes im Zusammenhang mit weiteren Angeboten der Provider, Artkäper Kriminalistik 1998, 202
119 Es sollte zum Erscheinenszeitpunkt dieses Handbuchs endlich zur Verfügung stehen und damit die Kostenfrage geklärt sein (§ 90 III TKG). Die Rspr ging überwiegend von Kostenfreiheit aus, etwa LG Duisburg NStZ 1998, 578, während die Netzbetreiber dies nur auf die automatisierte Anfrage bezogen und lieber nach ZSEG abrechnen.
120 BGI ISt 42, 139: Hörfallenfall, unabhängig davon, ob der mithörende Dritte eine Privatperson oder ein Ermittlungsbeamter ist, der den Anrufer zu dem »freiwilligen« Anruf veranlaßt hat. Dessen Verzicht auf das Fernmeldegeheimnis bleibt nach Ansicht des BGH wirksam.
121 BGHSt 31, 296: Raumgespräche bei versehentlichem Nichtauflegen des Hörers. Gelegentlich »vergißt« der V-Mann nach einem Gespräch mit seinem V-Mannführer, den Hörer richtig aufzulegen. Auch ein scheinbar ausgeschaltetes Handy kann mittels Software von außen als Wanze freigeschaltet werden.

Messer/Siebenbürger

2. Anordnungsbefugnis

58 Das Gericht[122] (§ 100b I 1 StPO) darf bei auf bestimmten Tatsachen[123] beruhendem (einfachen) Verdacht auf Täterschaft oder Teilnahme[124] einer in § 100a 1 StPO aufgezählten Katalogtat die Überwachung für höchstens 3 Monate anordnen.[125]

Die bei Gefahr in Verzug zulässige schriftliche (vgl unten Formular Rn 61) Anordnung des StA (§ 100b I 2 StPO) muß binnen dreier Tage richterlich bestätigt werden.[126] Beide Fristen beginnen mit dem Erlaß der Anordnung zu laufen[127], obwohl der BGH[128] alternative Berechnungsmöglichkeiten nicht völlig ausgeschlossen hat.[129]

Wichtig: Eine (auch erhebliche) Überschreitung der richterlichen Fristen führt nicht automatisch zu einem Verwertungsverbot.[130]

Aus Vereinfachungsgründen sollte man als StA in seinem Antrag die gesetzliche Höchstfrist einsetzen, um den unnötige Erlaß von Verlängerungsbeschlüssen[131] zu vermeiden.

Mit der neuen digitalen Abhörtechnik ist es unschwer möglich, eine Vielzahl von Anschlüssen mit geringem personellen Zeitaufwand abzuhören. Die Technik filtert dann die tatrelevanten Gespräche heraus.[132]

Betroffen sein können Beschuldigte[133] und als Nachrichtenmittler[134] dienende Unverdächtige.[135] Die Betroffenen sind nach Maßgabe des § 101 I

---

122 Das im jeweiligen Verfahrensstadium befaßte Gericht, im Auslieferungsverfahren etwa das OLG auch ohne gesondertes Rechtshilfeersuchen des ausländischen Staates, OLG Hamm wistra 1999, 37
123 Hier können auch Erkenntnisse verwertet werden, die selbst nicht gerichtsverwertbar sind, etwa aus dem V-Mann-Bereich.
124 ISd §§ 25 ff StGB, auch der Versuch hierzu, nicht jedoch Begünstigung oder Strafvereitelung
125 Form und Inhalt der Anordnung regelt § 100b II StPO. Vgl zu dessen Änderungen durch das TKG-Begleitgesetz Fn 85
126 Die richterliche Bestätigung ist nicht erforderlich, wenn die Maßnahme binnen der 3-Tagesfrist beendet werden kann.
127 Es gilt § 43 II StPO. Auch hier zählt der Anordnungstag nicht mit.
128 BGH NJW 1999, 455
129 Wollweber CR 1999, 297
130 BGH aaO; Jahn JA 1999, 455; kritisch insoweit Asbrock StV 1999, 187
131 Auch Verlängerungsanträge sollten auf 3 Monate ausgerichtet sein.
132 Allerdings ist eine Telefonüberwachung sinnlos, die nicht zeitnah ausgewertet und mit ausreichenden Polizeikräften begleitet wird. OK-Gespräche ausländischer Tätergruppen müssen möglichst simultan übersetzt und mit geeigneten polizeilichen Maßnahmen wie Observationen und ggf Zugriff umgesetzt werden.
133 Auch der Verteidiger als Täter oder Teilnehmer einer Katalogtat kann überwacht werden, BGHSt 33, 347
134 Etwaige Zeugnisverweigerungsrechte nach §§ 52, 53 StPO hindern die Überwachung und Verwertung nicht.
135 Überwacht werden kann zB eine Telefonzelle oder das Telefon einer öffentlichen Gaststätte.

Messer/Siebenbürger

StPO nach Wegfall der Gefährdung des Untersuchungserfolgs von dieser zu benachrichtigen.[136]

Die Maßnahme ist nur zulässig, wenn andernfalls die Erforschung des Sachverhalts oder die Ermittlung des Aufenthalt des Beschuldigten aussichtslos oder wesentlich erschwert wäre. Die Verwertung gewonnener Erkenntnisse in anderen Verfahren regelt § 100b V StPO.[137]

Der Gerichtsbeschluß könnte lauten wie folgt:

AMTSGERICHT

- Ermittlungsrichter -

Geschäftsnummer: Gs   Datum: eri tue 1

#eig. Behörde#
Az.:

Ermittlungsverfahren
gegen

wegen

Beschluß

Nach §§ 100 a Satz 1, 100 b StPO wird gemäß § 33 Abs. 4 StPO ohne vorherige Anhörung die Überwachung und Aufzeichnung des Fernmeldeverkehrs auf Ton- und Schriftträger bei gleichzeitiger Schaltung einer Zählervergleichseinrichtung bzw. Herausgabe von Gesprächsverbindungsdaten für

☐ den Telefonanschluß   Nr. _____
   Netzbetreiber/Serviceprovider: _____

☐ die Telefonanschlüsse
   Nr. _____
   Netzbetreiber/Serviceprovider: _____
   Nr. _____
   Netzbetreiber/Serviceprovider: _____
   Nr. _____
   Netzbetreiber/Serviceprovider: _____
   Nr. _____
   Netzbetreiber/Serviceprovider: _____
   Nr. _____
   Netzbetreiber/Serviceprovider: _____

d. _____

(vollständigen Namen und Anschrift d. Anschlußinh. einsetzen)

für die Dauer von _____ Monat/en angeordnet.

---

[136] Die Benachrichtigung kann analog § 110d I StPO unterbleiben, wenn die weitere Verwendung eines NOEP gefährdet wäre, vgl Kl/M-G § 102 Rn 4a
[137] Verwertbarkeit bei Katalogtaten, BGH StV 1998, 247. Natürlich können aufgrund der Telefonüberwachung gewonnene weitere Erkenntnisse, etwa ein Geständnis, darüber hinaus verwertet werden.

Gründe:

Aufgrund der bisherigen Ermittlungen, insbesondere

☐ der Angaben d. _____
☐ _____

besteht gegen d. Besch. der Verdacht, folgende Katalogtat i.S.d. § 100 a Satz 1 Nr. _____ StPO
begangen zu haben:

_____
_____
_____
_____
_____
_____
_____
_____

strafbar als _____
gemäß §§ _____ .

D. Inhaber/in d. obengenannten Anschlusses/Anschlüsse ist
☐ d. Besch.
☐ ist als Opfer der Tat eine Person, die von d. Besch. herrührende Mitteilungen entgegennimmt
☐ eine sonstige Person, von der aufgrund bestimmter Tatsachen, nämlich

_____
_____
_____

anzunehmen ist, daß d. Besch. ihre Anschlüsse benützt oder daß sie für d. Besch. bestimmte von ihm/ihr herrührende Mitteilungen entgegennimmt und/oder weitergibt.
☐ _____
_____
_____

Die Überwachung ist unentbehrlich, weil
☐ andere Aufklärungsmittel nicht vorhanden sind
☐ die Benutzung anderer Aufklärungsmittel eine wesentliche Erschwerung der Ermittlungen bedeuten würde.

_____
Richter(in) am Amtsgericht

60 Auch die staatsanwaltschaftliche Eilanordnung muß schriftlich ergehen. Hierbei darf der Provider wie auch sonst jeder Drittbetroffene keine Kenntnis von den Gründen der Maßnahme erhalten. Sinnvollerweise veranlaßt man gleich nach Erteilung der Eilanordnung die richterliche Bestätigung.

Eingriffsmaßnahmen Kapitel 1 49

Die Verfügung des StA könnte lauten:

61

STAATSANWALTSCHAFT
 # O R T #
#ZwSt#

Az.:   Datum: eri tue 3

Ermittlungsverfahren
gegen

wegen

Verfügung

1. **Vermerk:**
Aufgrund der bisherigen Ermittlungen besteht der Verdacht, _____

_____

strafbar als _____
gemäß §§ _____
Es besteht Gefahr im Verzug, weil die richterliche Anordnung nicht eingeholt werden kann, ohne daß der Zweck der Maßnahme gefährdet würde.

Von dem Anschluß können zu jeder Zeit Gespräche geführt werden, wobei der Anruf auch von außen kommen kann. Die richterliche Anordnung kann nicht eingeholt werden, ohne daß der Zweck der Telefonüberwachung gefährdet würde (§ 100 b Abs. 1 Satz 2 StPO).

2. Nach §§ **100 a Satz 1, 100 b StPO wird wegen Gefahr im Verzug** die Überwachung und Aufzeichnung des Fernmeldeverkehrs auf Ton- und Schriftträger unter gleichzeitiger Schaltung einer Zählervergleichseinrichtung bzw. Herausgabe von Gesprächsverbindungsdaten für
   ❑ den Telefonanschluß Nr. _____
   Netzbetreiber/Serviceprovider: _____
   ❑ die Telefonanschlüsse
   Nr. _____
   Netzbetreiber/Serviceprovider: _____
   Nr. _____
   Netzbetreiber/Serviceprovider: _____
   Nr. _____
   Netzbetreiber/Serviceprovider: _____
   Nr. _____
   Netzbetreiber/Serviceprovider: _____
   Nr. _____
   Netzbetreiber/Serviceprovider: _____

d. _____

(vollständigen Namen und Anschrift d. Anschlußinh. einsetzen)
angeordnet.
Diese Anordnung tritt außer Kraft, wenn sie nicht bis zum _____ vom Richter bestätigt wird (§§ 100 b Abs. 1 Satz 3, 42, 43 Abs. 2 StPO).

Messer/Siebenbürger

Gründe:

Aufgrund der bisherigen Ermittlungen, insbesondere
- ❑ der Angaben d. _____
- ❑ _____

besteht gegen d. Besch. der Verdacht, folgende Katalogtat i.S.d.
§ 100 a Satz 1 Nr. _____ StPO begangen zu haben:

_____
_____

strafbar als _____
gemäß §§ _____

D. Inhaber/in d. obengenannten Anschlusses/Anschlüsse ist
- ❑ d. Besch.
- ❑ ist als Opfer der Tat eine Person, die von d. Besch. herrührende Mitteilungen entgegennimmt.
- ❑ eine sonstige Person, von der aufgrund bestimmter Tatsachen, nämlich

_____
_____

anzunehmen ist, daß d. Besch. ihre Anschlüsse benützt oder daß sie für d. Besch. bestimmte von ihm/ihr herrührende Mitteilungen entgegennimmt und/oder weitergibt.
- ❑ _____

_____
_____

Die Überwachung ist unentbehrlich, weil
- ❑ andere Aufklärungsmittel nicht vorhanden sind.
- ❑ die Benutzung anderer Aufklärungsmittel eine wesentliche Erschwerung der Ermittlungen bedeuten würde.
- ❑ _____

_____

3. **An** _____
       Polizeidienststelle - sonstige Behörde / Sachbearbeiter(in) / Aktenzeichen
- ❑ per Telefax

je _____ **Ausfertigung/en** von Ziff. 2 der Verfügung **mit Gründen**
je _____ **Ausfertigung/en** von Ziff. 2 der Verfügung **ohne Gründe**
mit der Bitte um (weiteren) **Vollzug** und dem Hinweis, daß die Ausfertigung/en ohne Gründe für die Drittbetroffene(n) bestimmt sind.

4. Bestätigungsbeschluß 4 -fach erstellen.
5. Abdruck der Verfügung z. ○ HA ○ Fehlblatt
6. **V.v., WV** _____
7. U.m.A. an das **Amtsgericht - Ermittlungsrichter -** _____
   mit dem Antrag, Bestätigungsbeschluß nach beiliegendem Entwurf zu erlassen, eine Ausfertigung davon der zuständigen Polizeidienststelle per Telefax zu übermitteln und die Akten anschließend hierher zurückzusenden.

_____
(Unterschrift, Namensstempel)

3. Rechtsmittel und gerichtliche Überprüfung

Die durchgeführte Telefonüberwachung[138] wird den Betroffenen gem § 101 I StPO mitgeteilt, so daß die bis zur Beendigung mögliche Beschwerde nach § 304 StPO ohne praktische Bedeutung ist.[139] Die betroffene Telefongesellschaft hat selbst kein Beschwerderecht, da sie von der Maßnahme nicht betroffen ist. Sie kann sich nur gegen technisch nicht durchführbare Anordnungen wehren.[140] Bisher konnte die Rechtswidrigkeit der Maßnahme nachträglich nicht gerichtlich festgestellt werden.[141] Auch hier wird man bei tiefgreifenden Grundrechtseingriffen ausnahmsweise ein Feststellungsinteresse bejahen müssen.[142] Nach dem Gesetzeswortlaut ist gegen Entscheidungen des OLG und des Ermittlungsrichter keine Beschwerde zulässig (§ 304 IV, V StPO). Manche setzen die Maßnahme nach § 100a StPO bei der Auslegung des § 304 StPO der Beschlagnahme gleich.[143]

62

Die Ergebnisse einer wegen Fehlens wesentlicher sachlicher Voraussetzungen rechtswidrigen Telefonüberwachung dürfen nicht verwertet werden.[144] Anhand der sich aus den Ermittlungsakten ergebenen Untersuchungen und Verhandlungen der Polizei und der StA, die Grundlage für die Anordnung der Telefonüberwachung durch den Ermittlungsrichter waren, wird die ermittlungsrichterliche Entscheidung vom Tatrichter und auf Verfahrensrüge vom Revisionsrichter nur daraufhin überprüft, ob sie (nicht mehr) vertretbar war.[145]

Nicht übersehen darf man die Vernichtungspflicht nach § 100b VI StPO.[146] In Bayern werden die Unterlagen spätestens nach rechtskräftigem Abschluß des Verfahrens vernichtet, wenn keine Wiederaufnahme zu erwarten ist, bei Einstellung des Verfahrens sofort.[147] Probleme bereiten übertragene Tonbandprotokolle, die Aktenteile geworden sind.

63

---

138 Notwendigerweise erfolgt der Erlaß nach § 33 IV 1 StPO ohne rechtliches Gehör.
139 Die Beendigung muß auch dem Gericht mitgeteilt werden § 100b IV 2 StPO.
140 Vgl Fn 117
141 Kl/M-G § 100b Rn 10
142 So die neuere Rspr zur prozessualen Überholung bei der Wohnungsdurchsuchung BGH NJW 1998, 2131, also insbes, wenn die richterliche Anordnung willkürlich war; weitere Nachweise bei Kl/M-G § 296 Rn 18a
143 KK-Nack § 110b Rn 11
144 Die Revision prüft nicht den Grad des Verdachts einer Katalogtat, nur sachliche Willkür, BGH NJW 1979, 990.
145 BGH NJW 1995, 1974, zur entsprechenden Rechtslage beim VE-Einsatz BGH NJW 1996, 2518, insbes auch zu den formellen Anforderungen an eine zulässige Revisionsrüge.
146 Einzelheiten bei Kl/M-G § 100b Rn 8
147 Der Bayerische Landesbeauftragte für den Datenschutz sieht das enger, 5.5.3 des Tätigkeitsberichts 1998 Drucksache 14/187

VI. Einsatz technischer Mittel

1. Rechtsgrundlagen

64 Die StPO regelt den Einsatz von drei besonderen technischen Mitteln: die Anfertigung von Lichtbildern und Bildaufzeichnungen von Personen und Beweismitteln (§ 100c I Nr. 1a StPO) und die Benutzung sonstiger technischer Mittel zur Observation (§ 100c I Nr. 1b StPO) sowie das Abhören des nichtöffentlich gesprochenen Wortes innerhalb (§ 100c I Nr. 2 StPO) und außerhalb von Wohnungen (§ 100c I Nr. 3 StPO).

Die Fertigung von Lichtbildern und Bildaufzeichnungen[148] zum Zwecke der Observation außerhalb nicht allgemein zugänglicher Wohnungen ist gegen den Beschuldigten bei einfachem Tatverdacht hinsichtlich aller Straftaten zulässig[149] (für unbeteiligte Dritte gilt § 100c III StPO), die Anordnung gegen Dritte nur unter den Voraussetzungen des § 100c II 2 StPO.[150]

65 Sonstige Mittel zur Observation[151] dürfen nur bei Straftaten von erheblicher (?) Bedeutung zur Erforschung des Sachverhalts und Ermittlung des Aufenthaltsorts des Beschuldigten, bei Dritten als Kontaktpersonen nur unter den Voraussetzungen des § 100c II 3 StPO eingesetzt werden.[152]

Probleme bereitet in der Praxis das Anbringen der technischen Mittel, etwa der Einbau des Peilsenders in das Täterfahrzeug[153] oder der Abhöreinrichtung in einer Wohnung.[154]

---

148 Auswertung von Satellitenbildern, Installation von Videoüberachungskameras
149 Auch die langfristige Observation des Beschuldigten ist zulässig, BGH StV 1998, 169
150 Sog qualifizierte Subsidiaritätsklausel: Die ermittlungstechnische Notwendigkeit ist gegen die Rechtsgutbeeinträchtigung abzuwägen.
151 Peilsender oder etwa insbes das GPS (Global Positioning System), mit dem man auf 30 m genau die Lage eines Fahrzeugs feststellen kann. Solche »Observationen« im Ausland sind auch ohne (an sich zu forderndes) Rechtshilfeersuchen verwertbar, BGH StV 1986, 63.
152 Sog strenge Subsidiaritätsklausel »aussichtslos oder wesentlich erschwert«
153 Einbau in der Werkstatt durch Annexkompetenz zum § 100c StPO gestattet, so OLG Düsseldorf StV 1998, 170; nur heimlicher Einbau, so Ermittlungsrichter beim BGH NJW 1997, 2189. Der erforderliche Einbau in einer Werkstatt muß möglich sein, sonst könnte das technische Mittel nicht eingesetzt werden, etwa auch das Abhören und Aufzeichnen des nichtöffentlich gesprochenen Wortes in einem Auto nach § 100c I Nr. 2 StPO (LG Stendal NStZ 1994, 555, bestätigt von BGH 1 BGs 88/97 vom 11.4.1997), vgl auch AG Kaufbeuren StV 1998, 534; Comes StV 1998, 569; Theisen JR 1999, 259. Als StA sollte man sicherheitshalber mit einer gerichtlichen Anordnung arbeiten. Wenig hilfreich auch die Äußerungen von Martensen JuS 1999, 433 oder die Stellungnahme Schneider NStZ 1999, 388
154 Vgl KK-Nack § 100c Rn 14. In Berlin scheiterte Anfang 1999 trotz mehrfacher Fristverlängerung das Abhören nach § 100c I Nr. 3 StPO, da das Verbringen der Wanze in die Wohnung nicht gelang.

Messer/Siebenbürger

2. Akustische Überwachung außerhalb von Wohnungen

Der sog kleine Lauschangriff nach § 100c I Nr. 2 StPO erfordert das Vorliegen einer Katalogtat nach § 100a StPO, den durch bestimmte Tatsachen konkretisierten Verdacht, und unterliegt der strengen Subsidiaritätsklausel. Bei dritten Kontaktpersonen als Zielpersonen müssen die Voraussetzungen des § 100c II 3 StPO vorliegen.[155]

Der Schutzbereich der Wohnung entspricht Art. 13 GG.[156]

Anordnungsbefugt ist das Gericht, bei Gefahr in Verzug der StA und seine Hilfsbeamten (§ 100d I StPO). Die Zuständigkeit der Hilfsbeamten ist nur gegeben, falls kein StA erreicht werden kann.[157] Der StA muß binnen dreier Tage die gerichtliche Bestätigung erholen[158], sonst tritt seine Anordnung außer Kraft.[159] Man sollte also unmittelbar nach Erlaß der Anordnung deren richterliche Bestätigung beantragen.

Form, Inhalt und Dauer der Anordnung richtet sich nach § 100b II StPO. Die Anordnung enthält Art der Maßnahme (nur Abhören oder auch Aufzeichnen), deren Umfang und Dauer. Die gesetzliche Dreimonatshöchstfrist beginnt mit dem Erlaß der richterlichen Anordnung und nicht erst mit dem Vollzug der Maßnahme.[160]

Die Polizei realisiert nach ihren Möglichkeiten die technische Durchführung.

---

[155] Hier ist streitig, ob zusätzlich qualifizierter Verdacht erforderlich ist, so KK-Nack § 100c Rn 42 oder – wohl richtig – nicht, Kl/M-G § 100c Rn 13
[156] Kl/M-G § 100c Rn 6; zB nicht der Besuchsraum einer JVA, Fall des Brandes im Lübecker Asylbewerberwohnheim, BGH NJW 1998, 3284 mit Anm Martin JuS 1999, 86 und Duttge JZ 1999, 261
[157] Wahrung des Subsidiaritätsgrundsatz nur mit Einvernehmen der StA möglich.
[158] Verweisung in § 100d I 2 auf § 98b I 2 StPO
[159] Verweisung in § 100d I 2 auf § 100b I 3 StPO
[160] BGHSt 44, 243 mit Anm Fezer JZ 1999, 526

Messer/Siebenbürger

67 Eine staatsanwaltschaftliche Eilanordnung könne aussehen wie folgt:

STAATSANWALTSCHAFT
 # O R T #
#ZwSt#

Az.:   Datum:

Ermittlungsverfahren
gegen

wegen

Verfügung

1. **Vermerk:**
Aufgrund der bisherigen Ermittlungen besteht der Verdacht, daß d. Besch. eine Katalogtat gemäß § 100 a Abs. 1 Satz 1 StPO, nämlich _____

_____

_____

_____

begangen hat,
strafbar als _____
gemäß §§ _____
D. Besch. führt Gespräche, von denen zu vermuten ist, daß sie in Zusammenhang mit der Straftat stehen. Die Kenntnis des Inhalts dieser Gespräche ist zur Aufklärung der Straftat unentbehrlich. Das Abhören der Gespräche duldet keinen Aufschub. Die Einholung der richterlichen Anordnung würde wegen der zeitlichen Verzögerung den Zweck der Abhörmaßnahme gefährden, §§ 100 c Abs. 1 Nr. 2, 100 d Abs. 1 StPO.

○ _____
(Name des Hilfsbeamten)
wurde darauf hingewiesen, daß die Ausführung der Anordnung den Schutzbereich des Art. 13 GG nicht berühren darf.

2. Nach §§ 100 c Abs. 1 Nr. 2, 100 d Abs. 1 StPO wird wegen Gefahr im Verzug gemäß § 33 Abs. 4 StPO ohne vorherige Anhörung das Abhören und Aufzeichnen des nichtöffentlich gesprochenen Wortes

☐ d. Besch. _____
(vollständigen Namen und Anschrift d. Besch. einsetzen)

☐ d _____
(vollständigen Namen und Anschrift d. Dritten einsetzen)

angeordnet.

Die Anordnung tritt außer Kraft, wenn sie nicht bis zum _____ vom Richter bestätigt wird, §§ 100 b Abs. 1 Satz 3, 100 d Abs. 1, 42, 43 Abs. 2 StPO.

Messer/Siebenbürger

Eingriffsmaßnahmen Kapitel 1   55

Gründe:

Aufgrund der bisherigen Ermittlungen, insbesondere
- ☐ der Angaben d. _____
- ☐ _____
  (z.B. Erkenntnisse der Polizei)

besteht gegen d. Besch. der Verdacht, folgende Katalogtat i.S.d. § 100 a Satz 1 StPO begangen zu haben:

_____
_____

strafbar als _____
gemäß §§ _____

☐ Ohne die angeordnete Maßnahme wäre die
  ○ Erforschung des Sachverhalts
  ○ und
  ○ Ermittlung des Aufenthaltsortes des Täters
  aussichtslos oder wesentlich erschwert.

_____
_____
_____

☐ Es ist anzunehmen, daß d. Betroffene mit dem Täter in Verbindung steht oder eine solche Verbindung hergestellt wird. Weiter ist anzunehmen, daß die angeordnete Maßnahme zur
  ○ Erforschung des Sachverhalts
  ○ und
  ○ Ermittlung des Aufenthaltsortes des Täters
  führen wird, was auf andere Weise aussichtslos oder wesentlich erschwert wäre.

_____
_____

3. **1 Ausfertigung** von Ziff. 2 der Verfügung mit Gründen per Telefax - an
   _____
   Polizeidienststelle - sonstige Behörde / Sachbearbeiter(in) / Aktenzeichen
   mit der Bitte um Vollzug
4. **Bestätigungsbeschluß** 4-fach erstellen.
5. **Abdruck** der Verfügung z. ○ HA ○ Fehlblatt
6. **V.v., WV** _____
7. **U.m.A. an das Amtsgericht - Ermittlungsrichter -** _____
   mit dem Antrag, Bestätigungsbeschluß nach beiliegendem Entwurf zu erlassen, eine Ausfertigung davon der zuständigen Polizeidienststelle per Telefax zu übermitteln und die Akten anschließend hierher zurückzusenden.

_____
(Unterschrift, Namensstempel)

Die gerichtliche Kontrolle entspricht der bei Telefonüberwachungen.[161]   68

---

161 Vgl Fn 145

Messer/Siebenbürger

3. Akustische Überwachung von Wohnungen

69 Die **akustische Wohnraumüberwachung** oder der Große Lauschangriff ist durch die Änderung des Art. 13 GG nicht neu eingeführt worden. Die Polizeigesetze der meisten Länder sehen die Möglichkeit einer Erhebung personenbezogener Daten in oder aus Wohnung durch den Einsatz technischer Mittel schon seit langem vor, wie es die bisherige Fassung des Art. 13 GG zur Gefahrenabwehr erlaubte.[162] Der BGH gestattete die Verwendung der gewonnenen Erkenntnisse auch zu repressiven Zwecken.[163] Die Grundgesetzänderung hat die Anforderungen an die Überwachung aus Gründen der Prävention insgesamt verschärft.[164]

70 Für Zwecke der Strafverfolgung darf der Einsatz zur akustischen Überwachung von genau bezeichneten Wohnungen,[165] in denen sich der Beschuldigte vermutlich aufhält,[166] von der Staatsschutzstrafkammer des LGs im Bezirk des OLGs (§ 74a GVG), bei Gefahr in Verzug durch ihren Vorsitzenden,[167] in der Form des § 100b II 1–3 StPO (§ 100d II StPO) angeordnet werden, wenn bestimmte Tatsachen den Verdacht einer in § 100c I Nr. 3 StPO genannten Tat begründen und die Erforschung des Sachverhalts oder die Ermittlung des Aufenthaltsortes des Täters auf andere Weise unverhältnismäßig erschwert oder aussichtslos wäre.[168]

71 Die Eilanordnung des Vorsitzenden muß die Kammer binnen dreier Tage bestätigen, da sie sonst außer Kraft tritt (§ 100 d II 3 StPO).

---

162 Einzelheiten bei Kutscha, Der Lauschangriff im Polizeirecht der Länder, NJW 1994, 85. In Bayern sind laut Datenschutzbericht 1998 im Zeitraum 1996/1997 fünf Maßnahmen durchgeführt worden.
163 BGH StV 1996, 187, nunmehr die ausdrückliche Regelung des § 100f II StPO
164 Näheres bei Meyer/Hetzer Neue Gesetze gegen die Organisierte Kriminalität NJW 1998, 1017, 1024. Das BVerfG hat kürzlich die Mitteilungsbefugnis des BND nach dem Art. 10 – Gesetz an verschärfte Voraussetzungen geknüpft. Sie spielt in der Praxis keine Rolle.
165 Zum Schutzbereich von Art. 13 GG gehört auch der Vorgarten (Ermittlungsrichter beim BGB NJW 1997, 2189) oder ein nicht allgemein zugängliches Vereinsbüro (BGH NJW StV 1997, 114).
166 Die Maßnahmen gelten also grundsätzlich nur der Wohnung des Beschuldigten, Wohnungen anderer Personen nur, wenn aufgrund bestimmter Tatsachen anzunehmen ist, daß sich der Beschuldigte in ihnen aufhält, und andere Maßnahmen zur Erforschung unverhältnismäßig oder aussichtslos wären.
167 Die Eilanordnung des Vorsitzenden entspricht dem Beschluß der Staatsschutzstrafkammer bis auf die Überschrift und den Zusatz: Wegen Gefahr im Verzug war die Maßnahme durch den Vorsitzenden der Staatsschutzkammer anzuordnen (§ 100d II 2 StPO).
168 Vgl die ultima-ratio-Klauseln des § 100c I Nr. 3 und II 5 StPO, die das Erschwernisfordernis mit der Unverhältnismäßigkeit koppelt.

Messer/Siebenbürger

Der Bestätigungsbeschluß könnte lauten:

72

Beschluß

Die auf Anordnung d. Vorsitzenden der Staatsschutzkammer vom _____ ,
Az.: _____ angeordnete Überwachung und Aufzeichnung des nichtöffentlich gesprochenen Wortes

○ d. Besch. _____

(vollständigen Namen und Anschrift d. Besch. einsetzen)

○ d. _____

(vollständigen Namen und Anschrift d. Dritten einsetzen)

wird gemäß § 33 Abs. 4 StPO ohne vorherige Anhörung aus den fortbestehenden Gründen der Verfügung, auf die Bezug genommen wird, bestätigt (§§ 100 b Abs. 1 Satz 3, 100 d Abs. 2 Satz 3 StPO) und wird bis zum _____ befristet (§ 100 d Abs. 4 StPO).

Unterschrift(en) d. Vors. Richter(s)   Unterschrift(en) d. Richter(s)   Unterschrift(en) d. Richter(s)

Der Beschluß der Staatsschutzstrafkammer könnte folgendem Beispiel entsprechen:

73

Beschluß

Nach §§ 100 c Abs. 1 Nr. 3, Abs. 2, 100 d Abs. 2 S. 1 StPO wird gemäß § 33 Abs. 4 StPO ohne vorherige Anhörung das **Abhören** und **Aufzeichnen** des **nichtöffentlich gesprochenen Wortes** in der Wohnung d.

○ Besch. _____

(vollständige Personalien angeben)

○ _____

(Dritter, vollständige Personalien angeben)

bis zum _____ angeordnet wie folgt:

_____

(genaue Bezeichnung der Maßnahme)

Gründe:

Aufgrund der bisherigen Ermittlungen, insbesondere
○ der Angaben d. _____
○ _____

(z.B. Erkenntnisse der Polizei)

besteht gegen d. Besch. der Verdacht, folgende Katalogtat i.S. des § 100 c Abs. 1 Satz 1 Nr. 3 StPO begangen zu haben:

strafbar als _____
gemäß §§ _____

❏ Ohne die angeordnete Maßnahme wäre die
   ○ Erforschung des Sachverhalts
   ○ und
   ○ Ermittlung des Aufenthaltsortes des Täters
aussichtslos oder unverhältnismäßig erschwert.
(Begründung) _____

> ❏ Es ist anzunehmen, daß d. Betroffene mit dem Täter in Verbindung steht oder eine solche Verbindung hergestellt wird. Weiter ist anzunehmen, daß die angeordnete Maßnahme zur
>   ○ Erforschung des Sachverhalts
>   ○ und
>   ○ Ermittlung des Aufenthaltsortes des Täters
>   führen wird, was auf andere Weise aussichtslos oder wesentlich erschwert wäre.
>   (Begründung) _____
>
> ❏ Die Betroffenheit Dritter ist unvermeidbar
>
> _____
> Unterschrift(en) d. Vors. Richter(s)   Unterschrift(en) d. Richter(s)   Unterschrift(en) d. Richter(s)

74 Bei Berufsgeheimnisträgern nach § 53 I StPO besteht ein Verwertungsverbot (§ 100d III 1 StPO).[169] In den Fällen der §§ 52 und 53a StPO muß eine Abwägung stattfinden (§ 100d II 3 und 4 StPO), wobei die Staatsschutzkammer über die Verwertbarkeit entscheidet (§ 100d II 5 StPO).

Die Maßnahme ist auf 4 Wochen zu befristen und kann um jeweils 4 Wochen verlängert werden (§ 100d IV StPO).[170]

Auch nach Erledigung der Überwachung besteht ein Überprüfungsanspruch nach § 100 VI StPO. Berichtspflichten regelt § 100e StPO, die Verwendung personenbezogener Informationen § 100f StPO. Nach § 100f II StPO können aus polizeirechtlich zulässiger Wohnraumüberwachung gewonnene Erkenntnisse im Strafverfahren verwendet werden, wenn die Überwachungsmaßnahme hypothetisch auch im Strafverfahren hätte durchgeführt werden können.[171]

75 Die Benachrichtigung nach § 101 I StPO darf nur mit gerichtlicher Zustimmung später als 6 Monate nach Beendigung der Maßnahme erfolgen.

VII. Verdeckte Ermittlungsmethoden

1. Rechtsgrundlagen

76 An sich sind alle Ermittlungen verdeckt, die der Beschuldigte nicht als solche erkennen kann, die also heimlich sind.[172] Viele Fälle löst Kommissar Zufall, also der rechtlich unproblematische Hinweis aus der Bevölkerung oder der Tip aus der Scene.[173]

---
169 Zur äußerst kontroversen Diskussion Meyer/Hetzer NJW 1998, 1017, 1026
170 In der Praxis bestehen noch erhebliche Probleme der Umsetzung, vgl Fn 154
171 Kl/M-G § 100f Rn 2
172 Heimlichkeit macht eine Maßnahme noch nicht unzulässig, BGH NJW 1995, 2236
173 Mag das Motiv altruistisch – der Betrüger haßt »Giftler« – oder zutiefst egoistisch sein – der einrückende Beschuldigte will aus der Untersuchungshaft.

Juristisch dornenreich wird die Beurteilung der Zulässigkeit verdeckter polizeilicher Ermittlungen unter bewußter Täuschung des Beschuldigten über die Tatsache, daß er Objekt intensiver Aufklärungsbemühungen der Strafverfolgungsorgane ist.

Der Verfasser vermag den vom BGH arg strapazierten Unterschied in der Situation des Beschuldigten als Subjekt des Ermittlungsverfahrens nicht zu verstehen, ob er als Zielperson von einer Privatperson,[174] einem NOEP (**Nicht offen ermittelnden Polizeibeamten**[175]) oder einem Verdeckten Ermittler im engeren Sinn (VE)[176] angegangen, zu Straftaten »verleitet« oder ausgehorcht wird. Das praktische Ergebnis sieht für den hereingelegten Beschuldigten absolut gleich aus.[177] Die weitergehenden Befugnisse nach §110c 3 StPO spielen entgegen den sehr akademisch geprägten Ausführungen in der Praxis keine Rolle.[178]

Die Literatur zu den Rechtsproblemen der verdeckten Ermittlungen ist fast unüberschaubar.[179]

Grundsätzliche Einigkeit sollte zumindest unter Strafrechtlern insoweit bestehen, daß der Staat mit dem Schutzmann an der Ecke oder dem Kripobeamten am Tatort den Rechtsfrieden durch Aufdecken der materiellen Wahrheit kaum wird wahren können. Schon im traditionellen Milieu gilt das Gesetz des Schweigens, erst Recht, wenn es um Kriminalitätsbereiche geht, die man mit **Organisierter Kriminalität** zu beschreiben versucht.[180]

---

[174] Der von seiner Dienststelle eng geführte V-Mann, der nach jedem Kontakt seinem V-Mann-Führer berichtet und von diesem genaue Anweisungen erhält, vielleicht eine hübsche Prostituierte, die etwas für sich tun muß.
[175] Der NOEP tritt ihm gegenüber etwa als Fitness-Studiobesitzer Mike mit Nebenverdienstinteresse auf.
[176] Dieser ist von seiner OK-Dienststelle mit der Legende eines Luden und entsprechenden materiellen Möglichkeiten ausgestattet worden.
[177] Kriminaltaktisch wird man die Maßnahmen sehr ähnlich planen und durchführen. In der Praxis hängt die Wahl der Ermittlungsmethode oft nur davon ab, ob man jetzt einen geeigneten V-Mann hat oder nicht.
[178] Etwa bei Fn 172
[179] Vgl nur Übersichten bei Tröndle/Fischer, § 26 Rn 8a, Bensmann/Jansen Heimliche Ermittlungsmethoden und ihre Kontrolle, StV 1998, 217 mit schönen Übersichten zu den Maßnahmen; Krex, Rechtsprobleme beim Einsatz Verdeckter Ermittler JR 1998, 1, Qentin, Der Verdeckte Ermittler iSd §§ 110a ff StPO, Meyer, Verdeckte Ermittlungen, Kriminalistik 1999, 49; Nitz, Verdeckte Ermittlung als polizeitaktische Maßnahme der Strafverfolgung.
[180] Vgl Nr. 2 der Gemeinsamen Richtlinie der Justizminister/-senatoren und der Innenminister/-senatoren der Länder über die Zusammenarbeit von StA und Polizei bei der Verfolgung der Organisierten Kriminalität, Anlage E zu RiStBV bei Kl/M-G

Messer/Siebenbürger

2. Verdeckte Ermittler

77 Verdeckte Ermittler[181] isd §§ 110a ff StPO sind bekanntlich Polizeibeamte[182] unter einer dauerhaften Legende,[183] die nach dem Straftatenkatalog des § 110a I 1 StPO[184] und der Verbrechensklausel des S 2 tätig werden dürfen, soweit die Subsidiaritätsklausel nach S 3 der Vorschrift erfüllt ist. Die Geheimhaltung der Identität des VE regelt § 110b III StPO in Ergänzung zu § 68 StPO, wobei die Polizei grundsätzlich die Geheimhaltungsoption wählen wird. Die oberste Dienstbehörde (Innenminister) wird das Gericht in aller Regel auf Beweissurrogate verweisen.

Der zu befristende[185] Einsatz gegen unbekannte Beschuldigte ist außer bei Gefahr in Verzug[186] nur mit schriftlicher Zustimmung der StA zulässig.[187] Wird sie nicht binnen dreier Tage erteilt, ist der Einsatz zu beenden (§ 110b I StPO).

Richtet sich der Einsatz des VE gegen einen bestimmten Beschuldigten oder muß er eine nicht allgemein zugängliche Wohnung betreten, muß der Richter zustimmen. Bei Gefahr in Verzug reicht die Zustimmung der StA, notfalls ihre unverzügliche Genehmigung, die binnen dreier Tage vom Richter bestätigt sein muß (§ 110b II StPO).

Trifft sich die Zielperson einmalig mit zuvor nicht bestimmbaren Tatbeteiligten, so deckt die Zustimmung auch den (vorläufigen) Einsatz gegen solche Kontaktpersonen ab. Sobald sich der Einsatz des VE jedoch zielgerichtet (auch) gegen weitere bestimmte Personen richtet, so ist die Einholung

---

181 Zum Begriff BGH NJW 1995, 2237: vertretbare ex-ante-Beurteilung: nicht nur wenige, konkrete Ermittlungshandlungen; Täuschung einer Vielzahl von Personen, dauerhafte Geheimhaltung seiner Identität
182 Deutsche VE's können im Ausland nur als V-Leute mit Zustimmung der jeweiligen Strafverfolgungsbehörden aufgrund Rechtshilfe tätig werden, ebenso ausländische im Inland. Die Handhabung ist unterschiedlich. Für die Niederlande zB genügt die Zustimmung der Landelijt Bureau Openbaar Ministerie in Rotterdam, die man ggf fernmündlich erholt. Weiterhelfen kann die Internationale Abteilung des BKA oder notfalls die nationale Antenne beim BKA. Gute Erfahrungen hat der Verfasser auch mit der Einschaltung von Europol gemacht, sofern es nicht zu sehr auf Geheimhaltung ankommt. Unschön ist natürlich, wenn sensible Observationsanfragen in Fernschreiben untergeordneter Behörden beteiligter Länder auftauchen.
183 Mit der Zahlung der begehrten VE-Zulage ist nicht unbedingt die auf Dauer veränderte Identität verbunden.
184 Hier sollte man darauf achten, daß die Polizei in der Gemengelage zwischen PAG und StPO keinen VE-Einsatz schiebt, den sie selbst nach PAG für nicht vertretbar hält.
185 Das Gesetz sieht keine Höchstfrist vor. Eine Verlängerung des Einsatzes ist jederzeit möglich; gewonnene Erkenntnisse bleiben jedenfalls verwertbar.
186 Hier sollte man bei der nachträglichen Genehmigung unbedingt einen Vermerk zu den Akten nehmen, warum der StA trotz Reihendienst und Mobiltelefon nicht erreichbar war.
187 Die Unterlagen werden bei der StA gesondert verwahrt bis zum Zeitpunkt nach § 110d I StPO, entsprechende Dateien müssen gesperrt werden.

Messer/Siebenbürger

einer Zustimmungserklärung auch hinsichtlich der weiteren Beschuldigten erforderlich.[188]

Bei der Zustimmung sollte man sich der mehr als realen Gefahr einer Fremdsteuerung der Justiz und Selbstermächtigung durch die Polizei bewußt sein: Diese wählt Zielperson, Einsatzart und Person des VE[189] aus, der StA bleibt nur die Geltendmachung eventueller rechtlicher Bedenken.[190] Die StA kann den Einsatz eines VE´s nur anregen, nie anordnen.

Verwaltungsvorschriften sollen Hinweise für die Praxis geben.[191] Insbes im Bereich der Gemengelage bei Initiativermittlungen im Bereich der Gefahrenabwehr muß sich der StA bereits vor Erreichen der Verdachtsschwelle nach § 152 I StPO informieren lassen, auch wenn er insoweit noch keine Weisungskompetenz hat.

Die staatsanwaltschaftliche Verfügung könnte lauten:

STAATSANWALTSCHAFT
 # O R T #
#ZwSt#

Az.:   Datum: eri ve 2

Ermittlungsverfahren
gegen

wegen

Vermerk

(Darstellung d. Erkenntnisse betr. Einsatz Verdeckter Ermittler)

---

188 Beschluß des BGH vom 15.6.1999, 1 StR 203/99
189 Die vom Gesetzgeber über § 110b III 2 StPO gewollte Einflußnahme der Justiz ist illusorisch.
190 Da kann der BGH in NJW 1996, 2518 noch so hehre Prüfungspflichten formulieren. Der OK-Beauftragte, sei es auch der Behördenleiter, verliert seine Illusionen, wenn er den massiven Druck eines beabsichtigten OK-Einsatzes, etwa einer für in zwei Stunden geplanten kontrollierten Einfuhr aus Kolumbien, erst einmal gespürt hat.
191 Vgl Nr. II 2 der Gemeinsamen Richtlinie der Justizminister/-senatoren und der Innenminister/-senatoren der Länder über die Zusammenarbeit von Staatsanwaltschaft und Polizei über die Inanspruchnahme von Informanten sowie über den Einsatz von Vertrauenspersonen (V-Personen) und Verdeckten Ermittlern im Rahmen der Strafverfolgung, Anlage D zu RiStBV bei Kl/M-G.

Anordnung

☐ **unbekannter Täter:**
Dem **Einsatz** eines **Verdeckten Ermittlers** vom _____ bis _____ wird **zugestimmt** (§§ 110 a Abs. 1, 110 b Abs. 1 StPO).

☐ <u>**bestimmte/r Besch.**</u>:
Dem **Einsatz** eines **Verdeckten Ermittlers** vom _____ bis _____ wird **zugestimmt** (§§ 110 a Abs. 1, 110 b Abs. 1 und 2 StPO). Es besteht **Gefahr im Verzug**, da die richterliche Anordnung nicht eingeholt werden kann, ohne daß der Zweck der Maßnahme gefährdet wird.

☐ Darüberhinaus wird das **Betreten** einer nicht allgemein zugänglichen **Wohnung wegen Gefahr im Verzug gestattet** (§§ 110 b Abs. 2 Satz 1 Nr. 2, 110 c StPO).

☐ Die Maßnahme ist zu **beenden**, wenn ihr der **Richter** nicht bis zum _____ **zustimmt** (§§ 110 b Abs. 2 Satz 4 Abs. 2 StPO).

Gründe:

Aufgrund der bisherigen Ermittlungen liegen zureichende tatsächliche Anhaltspunkte vor, daß

○ eine **Straftat** von **erheblicher Bedeutung**
  ○ auf dem Gebiet des **unerlaubten Betäubungsmittelverkehrs**
  ○ auf dem Gebiet des **unerlaubten Waffenverkehrs**
  ○ auf dem Gebiet der **Geld- oder Wertpapierfälschung**
  ○ **gewerbs- oder gewohnheitsmäßig**
  ○ **bandenmäßig** oder jedenfalls **organisiert**
begangen worden ist.

○ ein **Verbrechen** d _____
begangen worden ist, wobei **Wiederholungsgefahr** besteht.

D. Besch. liegt zur Last, _____
_____
_____
_____
_____

strafbar als _____
gemäß § _____

○ Die **Wiederholungsgefahr** beruht darauf, daß _____
_____
_____

○ Die **Aufklärung** auf andere Weise ist **aussichtslos** oder jedenfalls **wesentlich erschwert**, da
  ○ andere Aufklärungsmittel **nicht zur Verfügung** stehen.
  ○ andere Aufklärungsmittel als der Einsatz des Verdeckten Ermittlers **wesentlich geringere Erfolgsaussichten** hätten und zu einer erheblichen **Verfahrensverzögerung** führen würden.

○ Die **besondere Bedeutung** des begangenen **Verbrechens** gebietet den Einsatz zur Aufklärung der Tat; andere Maßnahmen wären aussichtslos.
_____
_____

Eingriffsmaßnahmen Kapitel 1   63

Verfügung

1. ❏ **1 Ausfertigung** der Anordnung mit Gründen ○ per Telefax
   an _____
   (Polizeidienststelle - sonstige Behörde / Sachbearbeiter(in) / Aktenzeichen)
2. **Bestätigungsbeschluß** nach Baustein ○ **eri ve 1** (entspr. Anordnung) ○ **eri ve 3**
   4-fach erstellen.
3. ❏ _____
4. **V.v., WV** _____
5. **Sonderheft** ○ mit Anlagen **an das**
   Amtsgericht - Ermittlungsrichter - _____
   mit dem Antrag, Bestätigungsbeschluß nach beiliegendem Entwurf zu erlassen, eine
   Ausfertigung davon der zuständigen Polizeidienststelle per Telefax zu übermitteln und die Akten
   anschließend hierher zurückzusenden.

   _____
   (Unterschrift, Namensstempel)

Der entsprechende gerichtliche Bestätigungsbeschluß lautet   80

AMTSGERICHT

                                   _____
                                   - Ermittlungsrichter -
   _____   _____

   Geschäftsnummer: Gs   ◄   Datum: ◄   **eri ve 1**

   #eig. Behörde#
   Az.:   ◄

   Ermittlungsverfahren
   gegen _____

   wegen _____

   Beschluß

   ❏ Dem Einsatz eines Verdeckten Ermittlers vom _____ bis _____
     ○ sowie dem Betreten einer nicht allgemein zugänglichen Wohnung

   ❏ Der staatsanwaltschaftlichen Anordnung vom _____ zum Einsatz eines Verdeckten
     Ermittlers vom _____ bis _____
     ○ und zum Betreten einer nicht allgemein zugänglichen Wohnung

   wird gemäß § 33 Abs. 4 StPO ohne vorherige Anhörung **zugestimmt** (§§ 110 a Abs. 1, 110 b Abs. 2
   StPO).

                              Gründe:

   Aufgrund der bisherigen Ermittlungen liegen zureichende tatsächliche Anhaltspunkte vor, daß
     ○ eine **Straftat** von **erheblicher Bedeutung**
        ○ auf dem Gebiet des **unerlaubten Betäubungsmittelverkehrs**
        ○ auf dem Gebiet des **unerlaubten Waffenverkehrs**
        ○ auf dem Gebiet der **Geld- oder Wertpapierfälschung**
        ○ **gewerbs- oder gewohnheitsmäßig**
        ○ **bandenmäßig** oder jedenfalls **organisiert**
        begangen worden ist.
     ○ ein **Verbrechen** d _____
        begangen worden ist, wobei **Wiederholungsgefahr** besteht.

Messer/Siebenbürger

D. Besch. liegt zur Last, _____
_____
_____
_____
_____
_____
_____
_____
_____

strafbar als _____
gemäß § _____

◯ Die Wiederholungsgefahr beruht darauf, daß _____
_____
_____
_____

◯ Die **Aufklärung** auf andere Weise ist **aussichtslos** oder jedenfalls **wesentlich erschwert**, da
  ◯ andere Aufklärungsmittel **nicht zur Verfügung** stehen.
  ◯ andere Aufklärungsmittel als der Einsatz des Verdeckten Ermittlers **wesentlich geringere Erfolgsaussichten** hätten und zu einer erheblichen **Verfahrensverzögerung** führen würden.
◯ Die **besondere Bedeutung** des begangenen **Verbrechens** gebietet den Einsatz zur Aufklärung der Tat; andere Maßnahmen wären aussichtslos.
_____
_____
_____
_____

_____
Richter(in) am Amtsgericht

Verfügung

1. Gs ein- und abtragen
2. Beiliegenden Beschluß ausfertigen
3. Beschlußausfertigung **per Telefax** übersenden an

    Polizeidienststelle - sonstige Behörde / Sachbearbeiter(in) / Aktenzeichen

4. Mit Akten zurück an die #eig. Behörde#

_____
Richter(in) am Amtsgericht

3. NOEP und die VP

Der NOEP, der **N**icht **o**ffen **e**rmittelnde **P**olizeibeamte, tritt nur gelegentlich verdeckt auf[192] In der Akte taucht er als Scheinaufkäufer, Kaufinteressent, Person der Gemeinsamen Bekanntmachung oä auf.

Der BGH hält seinen Einsatz aufgrund der §§ 161, 163 StPO auch ohne richterliche Zustimmung für grundsätzlich zulässig, da auf seinen Einsatz die §§ 110a ff StPO weder direkt noch analog anwendbar sind.[193] Sein Einsatz ist bisher nur von (äußerst vagen) Verwaltungsvorschriften geregelt.[194]

Informanten oder Hinweisgeber sind Personen, die im Einzelfall bereit sind, gegen Zusicherung der Vertraulichkeit der Strafverfolgungsbehörde Informationen zu geben. **V-Person** ist eine Person, die, ohne einer Strafverfolgungsbehörde anzugehören, bereit ist, diese bei der Aufklärung von Straftaten auf längere Zeit vertraulich zu unterstützen und deren Identität grundsätzlich geheimgehalten wird.[195]

V-Personen werden grundsätzlich durch besonders qualifizierte Polizeibeamte möglichst zentral geführt. In Bayern wird die eigentliche Sachbearbeitung und die VP-Führung getrennt. Wichtig für den StA ist die Motivation der VP[196], um seine Glaubwürdigkeit für das Verfahren beurteilen zu können. Manche VP arbeitet als sog Doppelspieler oder will unter dem Schutz der Polizei Straftaten begehen.[197]

Soweit VP's auf dem Rechtshilfeweg im Ausland im Einklang mit dem inländischen Recht und dem des ersuchenden ausländischen Staates von deutschen V-Mannführern begleitet werden, liegt eine Teilnahme an Amtshandlungen nach Nr. 140 I RiVASt vor. Zulässigkeit und Umfang des Einsatzes richten sich nach deutschem und ausländischem Recht.

Der Einsatz ausländischer VP's in einem deutschen Ermittlungsverfahren setzt ein Rechtshilfeersuchen der StA voraus.

Der Einsatz von NOEP und VP könnte mit folgender Verfügung bewältigt werden.

---

192 Zum Begriff mit zahlreichen Nachweisen vgl Kl/M-G § 110a Rn 4
193 BGH NJW 1995, 2237, zweifelnd, aber letztlich unentschieden für den Scheinkauf in einer Wohnung BGH StV 1997, 233 mit zahlreichen Besprechungen, etwa Roxin StV 1998, 43; Felsch StV 1998, 285, Nitz JR 1998, 211. M.E. wird das BVerfG den Einsatz verbieten.
194 Vgl Nr. II 2.9 der genannten Richtlinien
195 Für den Einsatz zur Gefahrenabwehr gelten die polizeirechtlichen Vorschriften, etwa Art. 30, 31 BayPAG
196 Warum arbeitet sie für die Polizei? Welche materiellen oder immateriellen Vorteile will die VP erzielen? Welche Erfahrungen hat der VP-Führer bisher mit der VP gemacht? Ist die VP nach dem Verpflichtungsgesetz förmlich verpflichtet?
197 Solche Personen sollte die volle Härte des Gesetzes zu spüren bekommen.

Messer/Siebenbürger

84

STAATSANWALTSCHAFT
 # O R T #
#ZwSt#

Az.:   Datum:

Ermittlungsverfahren
gegen

wegen

V e r f ü g u n g

1. **Vermerk:**
   Aufgrund der bisherigen Ermittlungen besteht der Verdacht, _____

   _____

   _____

   _____

   _____

   _____

   _____

   strafbar als _____
   gemäß §§ _____

2. **Anordnung:**
   Da die Aufklärung sonst aussichtslos oder wesentlich erschwert wäre, wird
   ❏ der Tätigkeit eines **nicht offen ermittelnden Polizeibeamten**
       ❍ unter Zusage der Geheimhaltung seiner Identität
       ❍ bei erforderlichem Auftreten als Zeuge im Prozeß
       ❍ bei Aussage d. polizeilichen Sachbearbeit. _____
         als Zeuge
   zugestimmt (II 2.9 der gemeinsamen Richtlinien).

   ❏ dem gezielten Einsatz d. **Informanten/V-Person** zugestimmt (I 5.3).

   ❏ d. ❍ gezielten Einsatz der V-Person
          ❍ Zusicherung der Vertraulichkeit an den Informanten
   nachträglich zugestimmt. Eine rechtzeitige Unterrichtung hätte den Untersuchungszweck gefährdet (I 5.3).

   Andere Aufklärungsmittel
   ❏ stehen nicht zur Verfügung (I 3.2).
   ❏ hätten gegenüber dem Einsatz wesentlich geringere Erfolgsaussichten und würden zu einer erheblichen Verfahrensverzögerung führen (I 3.2).

Messer/Siebenbürger

> Nach den bisherigen Ermittlungen liegen zureichende tatsächliche Anhaltspunkte vor, daß
> ☐ ein Fall der Schwerkriminalität vorliegt (I 3.1a).
> ☐ wegen der Massierung gleichartiger Straftaten ein die Erfüllung öffentlicher Aufgaben oder die Allgemeinheit ernsthaft gefährdender Schaden eintreten kann (I 3.1b).
>
> ☐ D. Informanten/V-Person ○ wird ○ wurde ○ Vertraulichkeit ○ Geheimhaltung zugesichert, da er/sie bei Bekanntwerden seiner/ihrer Zusammenarbeit mit den Strafverfolgungsbehörden erheblich gefährdet wäre
> ○ und ○ oder
> unzumutbare Nachteile zu erwarten hätte. Er/Sie wurde auf Umfang und Folgen der Zusicherung ausdrücklich hingewiesen (I 3.3, I 4.).
>
> 3. ☐ Ausfertigung von Ziff. 2 der Verfügung mit Gründen
> per ○ Telefax ○ Boten ○ verschlossenem Umschlag
> an _____
>   Polizeidienststelle - sonstige Behörde / Sachbearbeiter(in) / Aktenzeichen
> zum dortigen HA
>
> 4. Abdruck dieser Verfügung an Sachbearbeiter
>
> 5. Dieses Blatt zum Sonderheft 411
>
> 6. WV _____
>
> _____
> (Unterschrift, Namensstempel)

4. Rechtsmittel und gerichtliche Überprüfung

Der Beschuldigte oder sonst Betroffene wird entsprechend § 100 I StPO davon unterrichtet, daß ein VE seine Wohnung betreten hat (§ 110d I, 110b II Nr. 2 StPO). Sonst wird der Einsatz eines VE nicht mitgeteilt.[198] Entsprechende Unterlagen werden gem § 110d II StPO behandelt.[199]

85

Das führt in der Praxis dazu, daß der Einsatz des VE nur mitgeteilt wird, wenn das auf den Angaben des Verdeckten Ermittlers beruhende Strafverfahren wirklich durchgeführt wird.

Das Tatgericht im Rahmen des § 244 StPO und die Revisionsinstanz auf formgerechte Rüge prüft die Verwertbarkeit der durch den Einsatz des VE gewonnen Erkenntnisse wie bei der Telefonüberwachung.[200] Hierbei verlangt der BGH weitreichende Bemühungen der Tatsacheninstanz um bestmögliche Aufklärung des VE-Einsatzes.[201] Entscheidungen (meist Sperrerklärungen) nach § 96 StPO können weder von der StA noch vom Gericht

86

---

198 Kl/M-G § 110d Rn 2
199 In der Praxis existieren interne justizielle Berichtspflichten, um das OK-Lagebild aktuell in Abstimmung mit den polizeilichen Erkenntnissen gestalten zu können.
200 Fn 145
201 Das Gericht muß wegen § 244 II StPO auch dann die Entscheidung der obersten Dienstbehörde erholen, wenn nach Landesrecht die Ausübung der Entscheidungsbefugnis delegiert ist, BGH NJW 1996, 2738

angefochten werden. Das Gericht kann nur mit entsprechend kritischer Beweiswürdigung auf das Verhalten des Innenressorts reagieren.

Rechtstreitigkeiten um den Umfang der Aussagegenehmigung von VE-Führer und ähnliches gehören vor die Verwaltungsgerichte.[202]

Nur soweit die Akten der StA betroffen sind, ist der Justizminister für eventuelle Sperrerklärungen zuständig, dessen Entscheidungen der Kontrolle nach § 23 EGGVG unterliegen.

Auch im Ermittlungsverfahren wird man den Betroffenen entsprechenden Rechtsschutz gewähren müssen.[203]

VIII. Körperliche Untersuchung

1. Allgemeines

87 Die körperliche Untersuchung ist eines der wichtigsten Beweismittel der StPO. Bei Trunkenheitsfahrten (Blutprobe) liegt dies auf der Hand. Aber auch im Bereich der Sexualdelikte hat sie erhebliche Bedeutung ebenso wie bei der Feststellung der Schuldfähigkeit.

Gesetzlich geregelt ist die körperliche Untersuchung des Beschuldigten in § 81a StPO, die anderer Personen in § 81c StPO. Für die Untersuchung der Schuldfähigkeit ist auch die Unterbringung zur Beobachtung nach § 81 StPO zulässig.

Bei Wahrung des Grundsatzes der Verhältnismäßigkeit bestehen auch keine verfassungsrechtliche Bedenken.

2. Körperliche Untersuchung beim Beschuldigten

a) Voraussetzungen

88 § 81a StPO ermöglicht die zwangsweise körperliche Untersuchung des **Beschuldigten** für alle Tatsachen, die für das Verfahren von Bedeutung sind. So reicht die Bandbreite vom Augenschein über Tatnachweis und Feststellung von Schuld bis zur Verhandlungs-, Reise- und Haftfähigkeit.

Zugelassen ist die körperliche **Untersuchung** (Augenschein des Körpers und der natürlichen Köperöffnungen), welche der Beschuldigte dulden

---

202 BGH StV 1998, 411
203 Fn 142

muß. Zur aktiven Mitarbeit ist der Beschuldigte nicht verpflichtet, weshalb beispielsweise ein Alkomattest nicht erzwungen werden kann. Neben der körperlichen Untersuchung, die auch von Polizeibeamten durchgeführt werden kann, ist auch der körperliche **Eingriff** zulässig, der in der Beibringung von Verletzungen besteht. Dieser körperliche Eingriff, besonders aufgeführt der Unterfall der Blutprobe, darf nur von einem approbierten Arzt nach den Regeln der ärztlichen Kunst durchgeführt werden.

Art und Umfang der Untersuchung unterliegen dem Grundsatz der **Verhältnismäßigkeit**. Je stärker der Tatverdacht, desto schwerwiegender darf die Maßnahme sein. Die Untersuchung muß weiter unerläßlich sein und auch in angemessenem Verhältnis zur Schwere der Tat stehen. Es muß also zunächst der geringere vor dem weiterreichenden Eingriff versucht werden. Wegen der Einzelheiten wird auf die Kommentarliteratur verwiesen. Die Rechtsprechung ist zahlreich und unterschiedlich, exemplarisch bei der Frage, welche Maßnahmen zulässig sind, wenn der Beschuldigte Rauschgift verschluckt hat. Bei größeren Maßnahmen sollte der StA erst die spezielle Rechtslage prüfen. 89

b) Verfahren

Für die Anordnung ist grundsätzlich der Richter zuständig, das ist der Ermittlungsrichter und nach Anklageerhebung der Spruchrichter. Bei Gefahr im Verzug kann auch der StA oder der Polizeibeamte als Hilfsbeamter die Anordnung treffen (§ 81a II StPO). Häufigster Fall ist wohl die Blutentnahme zur Feststellung des Alkoholgehaltes. 90

Die Anordnung des Richters, StA oder Hilfsbeamten ist auch zwangsweise durchsetzbar, also mit Vorführung, Festhalten oder Fesselung. Ist auch eine Wohnungsdurchsuchung erforderlich, reicht § 81a StPO als Grundlage nicht aus, es muß nach § 102 StPO verfahren werden.

Rechtsmittel ist die Beschwerde nach § 304 StPO, sofern die Maßnahme noch nicht erledigt ist.

c) Einwilligung

Die **Einwilligung** macht eine Anordnung nach § 81a StPO entbehrlich. Die Einwilligung muß nach entsprechender Belehrung aus freiem Entschluß in Kenntnis der Sachlage und der Weigerungsmöglichkeit erteilt sein. Die Einwilligung läßt auch über § 81a StPO hinausgehende Untersuchungen zu. Sie kann jederzeit widerrufen werden, was aber zu keinem Verwertungsverbot für bisherige Untersuchungen führt. 91

d) Beispiele für Anordnung von körperlichen Untersuchungen

Beispiel: Anordnung ohne Zwang:

92 Der folgende Baustein ermöglicht die Anordnung des körperlichen Eingriffs ohne Zwang. Da in der Regel (Eilfall liegt nicht vor) auch noch ein Gutachten erstattet wird, ist generell die Entnahme durch einen Arzt vorgesehen. Die Freitexte für Tatverdacht und Erforderlichkeit gewährleisten die Prüfung der Verhältnismäßigkeit.

AMTSGERICHT

- Ermittlungsrichter -

Geschäftsnummer: Gs ◁ Datum: ◁

#eig. Behörde#
Az.: ◁

Beschluß

Bei d. Besch. (große Personalien, Bl. _____)
wird gemäß § 81 a StPO ○ - ohne vorherige Anhörung (§ 33 Abs. 4 StPO) -

☐ die Entnahme einer Blutprobe
☐ die Entnahme einer Haarprobe
☐ _____
☐ _____

durch einen Arzt angeordnet.

Gründe:

D. Besch. ist verdächtig, _____
_____
_____
_____
_____

strafbar als _____

gemäß §§ _____

Der körperliche Eingriff ist zur Feststellung von Tatsachen, die für das Verfahren von Bedeutung sind, erforderlich.

_____
_____
_____

Der Grundsatz der Verhältnismäßigkeit ist gewahrt. Die Maßnahme wird von einem Arzt vorgenommen werden. Ein Nachteil für die Gesundheit d. Besch. ist nicht zu befürchten.

_____
Richter(in) am Amtsgericht

Messer/Siebenbürger

Ist der Beschluß erlassen, wird mit folgendem Baustein der Beschuldigte informiert und der Gutachtensauftrag erteilt.

STAATSANWALTSCHAFT
 # O R T #
#ZwSt#

Az.:   Datum:

Ermittlungsverfahren
gegen

wegen

Verfügung
1. **Personendaten** und **Schuldvorwurf** überprüft. Änderung nicht veranlaßt.
2. **Schreiben an Besch. mit einer Abschrift des Gerichtsbeschlusses:**

   "... mit beiliegendem Beschluß wurde ihre körperliche Untersuchung angeordnet. Den Termin zur Untersuchung wird Ihnen der Sachverständige mitteilen. Für den Fall, daß Sie zur Untersuchung nicht erscheinen, kann Ihre zwangsweise Vorführung angeordnet werden."

3. ❏ **Mitt. an Verteidiger(in)** mit Abschrift des Gerichtsbeschlusses und des Schreibens an d. Besch.
4. ❏ _____

5. Doppel der Verfügung und des Beschlusses z. ❍ HA ❍ Fehlblatt
6. V.v., WV _____

7. **U.m.**
   ❍ Akten ❍ Zweitakten
   an _____

   Das Gericht hat gemäß § 81 a StPO die körperliche Untersuchung d. Besch. angeordnet (Bl. _____). Es wird gebeten, die angeordnete Untersuchung durchzuführen, einen Untersuchungstermin festzusetzen und d. Besch. davon zu benachrichtigen. Sollte d. Besch. zu dem anberaumten Termin nicht erscheinen, wird um umgehende Mitteilung gebeten, damit von hier aus die Vorführung veranlaßt werden kann.
   Auf mein Schreiben an d. Besch. weise ich hin (oben Ziff. 2).
   Das Gutachten ist schriftlich zu erstatten.

   _____
   _____

   (Gutachtensauftrag)
   Ich bitte weiterhin um kurze schriftliche Mitteilung, bis wann voraussichtlich mit dem Gutachten gerechnet werden kann.

   ❍ Auf den Gutachtensauftrag vom _____ (Bl. _____) nehme ich Bezug.

_____
(Unterschrift, Namensstempel)

Beispiel für Anordnung mit Zwang: 93

Sollte der Beschuldigte zur Untersuchung nicht erscheinen, erfolgt die Anordnung mit Zwang. In diesem Baustein ist deshalb auch die Anordnung der Vorführung und der Wohnungsdurchsuchung enthalten. Ist von vornherein mit Widerstand zu rechnen, sollte gleich die Anordnung mit Zwang beantragt werden.

AMTSGERICHT

- Ermittlungsrichter -

Geschäftsnummer: Gs   Datum:

#eig. Behörde#
Az.:

Beschluß

Die körperliche Untersuchung d. Besch. (große Personalien, Bl. _____) wird gemäß § 81 a StPO ○ - ohne vorherige Anhörung (§ 33 Abs. 4 StPO) - durch _____ angeordnet.

Hierzu ist d. Besch. polizeilich vorzuführen. Zur Ergreifung d. Besch. wird die Durchsuchung der Wohnung d. Besch. angeordnet (§ 102 StPO).

Gründe:

D. Besch. ist verdächtig, _____

○ strafbar als ○ Tatbestand d. _____

gemäß §§ _____

Die körperliche Untersuchung ist zur Feststellung von Tatsachen, die für das Verfahren von Bedeutung sind, erforderlich.

Die Anordnung der Untersuchung und die damit verbundenen Zwangsmaßnahmen sind angesichts der Stärke des Tatverdachts und der Schwere des Tatvorwurfs verhältnismäßig.

_____
Richter(in) am Amtsgericht

---

94 Beispiel für Gutachtensauftrag zur Schuldfähigkeit:

Auch die Untersuchung der Schuldfähigkeit basiert auf § 81a StPO. Der dafür vorgesehene Baustein (s. unten) geht davon aus, daß die Probanden meist freiwillig zur Untersuchung erscheinen, zumal der Hinweis auf die drohende Vorführung gegeben wird. Im Falle der Weigerung kann dann der richterliche Beschluß erholt werden. Der Grund für die Zweifel an der Schuldfähigkeit wird dokumentiert, der Gutachtensauftrag kann sofort auf die Frage der §§ 63, 64 StGB erstreckt werden. Wichtig ist der Hinweis, ob eine stationäre Untersuchung erforderlich ist, weil für das dann erforderliche Verfahren nach § 81 StPO bereits die nötige schriftliche Stellungnahme des Sachverständigen vorliegt.

STAATSANWALTSCHAFT
 # O R T #
#ZwSt#

Az.: ⊰ Datum: ⊰

Ermittlungsverfahren
gegen

wegen

Verfügung

1. **Personendaten** und **Schuldvorwurf** überprüft. Änderung nicht veranlaßt.
2. **Vermerk:**
   Es bestehen erhebliche Zweifel, ob d. Besch. zur Zeit der Begehung der Tat in der Lage war, das Unrecht der Tat einzusehen oder nach dieser Einsicht zu handeln.

   Es ist daher erforderlich, ein Sachverständigengutachten zur Frage der Schuldfähigkeit zu erholen.

3. ❏ **Mitteilung der Anordnung** an ○ Beschuldigten ○ Verteidiger/in
   mit Hinweis auf mögliche Vorführung
4. ❏
5. Doppel dieser Verfügung z. ○ HA ○ Fehlblatt
6. V.v., WV
7. **U.m.** ○ **Akten** ○ **Zweitakten** an
   ○ Landgerichtsarzt
   ○

Ich bitte gemäß §§ 161 a Abs. 1, 82 StPO um Erstattung eines Gutachtens zu der Frage, ob bei d. Besch. zur Zeit der Begehung der Tat ein Zustand vorlag, welcher die Annahme begründet, daß die Fähigkeit, das Unrecht der Tat einzusehen oder nach dieser Einsicht zu Handeln, ausgeschlossen oder erheblich vermindert war (§§ 20, 21 StGB).

○ Sollten Beeinträchtigungen der Schuldfähigkeit festgestellt werden, bitte ich, auch zu der Frage Stellung zu nehmen, ob aus dortiger Sicht deshalb erhebliche rechtswidrige Taten zu erwarten sind, die eine Unterbringung erforderlich machen könnten (§§ 63, 64 StGB).

Ich bitte, mit d. Besch. direkt einen Termin für eine Untersuchung abzusprechen und mitzuteilen, bis wann voraussichtlich mit dem Gutachten gerechnet werden kann. Sollte d. Besch. nicht freiwillig zur Untersuchung erscheinen, wird um Rückgabe der Akten gebeten. Ferner wird für diesen Fall eine schriftliche Stellungnahme zu der Frage erbeten, ob für die Erstattung des Gutachtens eine, unter Umständen auch mehrfache, ambulante Untersuchung ausreichend ist. Sofern ein stationärer Aufenthalt erforderlich ist, bitte ich, dies mit Angabe der voraussichtlichen Dauer mitzuteilen.

(Unterschrift, Namensstempel)

Messer/Siebenbürger

3. Unterbringung zur Beobachtung

a) Voraussetzungen

95 Die stationäre Unterbringung nach § 81 StPO ist ein schwerwiegender Eingriff, so daß der Grundsatz der Verhältnismäßigkeit besonders beachtet werden muß. Voraussetzung ist deshalb nach § 81 II StPO ein **dringender** Tatverdacht. Die Unterbringung muß im Verhältnis zur erwarteten Rechtsfolge stehen und der Vorbereitung eines Gutachtens über den psychischen Zustand dienen. Ist eine ambulante (auch mehrfache) Untersuchung möglich, scheidet die Unterbringung aus. Zulässig ist auch die Unterbringung zur Prüfung der **Gemeingefährlichkeit** und **Verhandlungsfähigkeit**. Die Höchstdauer der Unterbringung zur Beobachtung ist auf 6 Wochen beschränkt (§ 81 V StPO).

96 Die Bedeutung des § 81 StPO ist in der Praxis eher gering und zwar deshalb, weil ein Großteil der einschlägigen Gutachten während der Unterbringung nach § 126a StPO oder in der Haft erstellt werden kann, wobei die Frist von 6 Wochen **nicht** gilt. Die Zahl der Fälle, bei denen § 81 StPO verhältnismäßig ist, sich der Beschuldigte aber trotzdem noch in Freiheit befindet, sind deshalb recht gering.

b) Verfahren

97 Vor der Anordnung, die nur das Gericht erlassen darf, muß ein Sachverständiger und notwendig (§ 140 I Nr. 6 StPO) ein Verteidiger gehört werden (§ 81 I StPO). Auch im Ermittlungsverfahren ist das Gericht zuständig, das für das Hauptverfahren zuständig wäre. Das Gericht darf erst nach Anhörung aller Beteiligter (auch der StA) entscheiden.

Zu beachten sind RiStBV Nr. 61 und 62. Sie geben Anweisung, Zwangsmaßnahmen erst als letztes Mittel einzusetzen. Die Unterbringung ist so vorzubereiten, daß sie möglichst kurz gehalten werden kann.

Das zulässige Rechtsmittel ist die sofortige Beschwerde, die aufschiebende Wirkung hat (§ 81 IV StPO).

c) Beispiele für Antrag und Anordnung

98 Für § 81 StPO sind zwei Bausteine vorgesehen, um die vorgeschriebene zwischenzeitliche Anhörung zu ermöglichen.

Mit dem folgenden Baustein wird der Antrag gestellt, der die nochmalige Anhörung der StA entbehrlich macht, falls keine wesentlichen Erklärungen durch den Verteidiger eingehen. Es wird darauf hingewiesen, daß der Sachverständige eine stationäre Beobachtung für erforderlich hält (vgl Baustein Rn 94). Sollte sich noch kein Verteidiger angezeigt haben, ist die Bestellung nach § 140 I Nr. 6 StPO zu beantragen.

Eingriffsmaßnahmen

```
                              STAATSANWALTSCHAFT
                                   # O R T #
                                    #ZwSt#
```

Az.:   Datum:

Ermittlungsverfahren
gegen _____

wegen _____

Verfügung

1. **Personendaten** und **Schuldvorwurf** überprüft. Änderung nicht veranlaßt.

2. **Vermerk:**
   Da erhebliche Zweifel bestehen, ob d. Besch. zur Zeit der Begehung der Tat schuldfähig war, wurde die Erstattung eines Gutachtens zur Frage der Schuldfähigkeit d. Besch. in Auftrag gegeben. D. Sachverständige hält eine stationäre Beobachtung über einen Zeitraum von _____ für erforderlich, da die Frage der Schuldfähigkeit auch durch mehrfache ambulante Exploration nicht hinreichend sicher geklärt werden kann (Bl. _____).

   _____
   _____
   _____

3. **Beschlußentwurf für Unterbringung gemäß § 81 StPO** nach
   ○ Diktat ○ Textbaustein _____ mit Gründen _____ -fach fertigen

4. ☐ Doppel dieser Verfügung und des Beschlußentwurfes z. ○ HA ○ Fehlblatt

5. ☐ _____
   _____
   _____

6. V.v., WV _____

7. U.m. ○ **Akten** ○ **Zweitakten** an das
   ☐ **Amtsgericht** _____
   ☐ **Landgericht** _____

   mit dem Antrag,

   ☐ d. Besch. gem. § 140 Abs. 1 Nr. 6 StPO einen **Pflichtverteidiger** zu bestellen und

   nach Anhörung des Verteidigers **Beschluß nach § 81 StPO** gemäß anliegendem Entwurf zu erlassen und _____-fach auszufertigen.

   _____
   (Unterschrift, Namensstempel)

Der Beschluß selbst stützt auf die bereits vorliegende Stellungnahme des Sachverständigen, der den Beschuldigten persönlich gesehen haben muß. Vorgesehen ist auch die Unterbringung zur Prüfung der Verhandlungsfähigkeit.

GERICHT

Geschäftsnummer: Gs ‹ Datum: ‹

#eig. Behörde#
Az.: ‹

Beschluß

Zur Vorbereitung eines Gutachtens über den psychischen Zustand
d. Besch. (große Personalien, Bl. _____)
wird nach Anhörung des Verteidigers gemäß § 81 StPO die Unterbringung für die Dauer von höchstens
_____ ○ Tagen ○ Wochen
im _____ angeordnet.

Gründe:

D. Besch. ist dringend verdächtig, _____

_____

_____

_____

○ strafbar als ○ Tatbestand d. _____

gemäß §§ _____

Es bestehen erhebliche Zweifel an der ○ Schuldfähigkeit ○ Verhandlungsfähigkeit d. Besch.

_____

_____

_____

D. Sachverständige _____ hat nach einer Untersuchung d. Besch. schriftlich mitgeteilt, daß ein hinreichend sicheres Untersuchungsergebnis hinsichtlich der Schuldfähigkeit d. Besch. nur aufgrund einer höchstens <Dauer Tage/Wochen> dauernden stationären Beobachtung gefunden werden könne.

_____

_____

Bei der Schwere der Tat und der zu erwartenden Rechtsfolge ist die getroffene Entscheidung verhältnismäßig und erforderlich.

| Name – Dienstbez. Richter(in) | Name – Dienstbez. Richter(in) | Name – Dienstbez. Richter(in) |

4. Körperliche Untersuchung bei Dritten

a) Voraussetzungen

Die körperliche Untersuchung bei anderen Personen als Beschuldigten regelt § 81c StPO. Zulässig ist nur die Feststellung von Tatspuren oder Tatfolgen bei Personen, die als Zeugen in Betracht kommen, also die Tatopfer (§ 81c StPO). Körperliche Eingriffe sind unzulässig, Zeugen iSd Vorschrift können auch zeugenuntüchtige Personen sein, zB Kinder. 99

Die Entnahme von **Blutproben** und **Abstammungsuntersuchungen** sind nach § 81c II StPO auch bei Dritten möglich, die nicht Zeugen sind, sonst wäre eine Abstammungsuntersuchung nicht möglich. Diese Untersuchungen und die Blutentnahmen dürfen nur von einem Arzt durchgeführt werden. 100

Eigens hervorgehoben ist in § 81c IV StPO der Verhältnismäßigkeitsgrundsatz. Von Bedeutung sind dabei die Intensität des Eingriffs, die persönlichen Verhältnisse und die Folgen der Untersuchung – also das Persönlichkeitsrecht des Betroffenen einerseits und das Aufklärungsinteresse andererseits. 101

Wie bei Zeugen eigentlich selbstverständlich ergibt sich aus einem Schweigerecht auch ein Recht auf Verweigerung der Untersuchung. § 81c III StPO stellt dies fest und regelt auch die Verwertbarkeit. Bei Personen, die die Entscheidung nicht selbst treffen können, wird entsprechend § 52 II StPO in § 81c III StPO auf den gesetzlichen Vertreter abgestellt. Ist dieser ausgefallen oder verhindert (gerade bei Sexualtaten an Kindern sehr häufig), entscheidet in Eilfällen der Richter, wenn ein Ergänzungspfleger nicht rechtzeitig bestellt werden kann. 102

b) Verfahren

Grundsätzlich entscheidet der Richter, die Einwilligung (vgl Rn 91) ist jedoch ausreichend. Wie bei § 81a StPO sind mit Einwilligung auch weitergehende Untersuchungen zulässig. Die Untersuchung von Frauen regelt § 81d StPO. Bei **Gefahr im Verzug** kann auch der StA oder Hilfsbeamte die Anordnung treffen (§ 81c V StPO). 103

Als **Zwangsmittel** bei Verweigerung stehen zunächst nur die Ordnungsmittel des § 70 StPO zur Verfügung. Unmittelbarer Zwang ist nur bei Versagen dieser Mittel oder Gefahr im Verzug zulässig, er darf aber nur vom Richter angeordnet werden (§ 81c VI StPO). 104

IX. DNA-Analyse

1. Allgemeines

105 Die DNA-Analyse ist von wachsender Bedeutung für die Identifizierung von Spurenverursachern. Vor allem die Polizei erhofft sich erhebliche Aufklärungserfolge. Der sog »genetische Fingerabdruck« wird wahrscheinlich noch wesentlich größere Aufklärungserfolge bringen als die Errichtung der Fingerabdruck-Datei ZEFIS.

a) Grundlagen der DNA-Analyse

106 Die DNA ist eine materialisierte Information über Bau und Funktion des Körpers. Die kleinsten Einheiten sind organische Moleküle mit basischen Charakter, quasi die »Buchstaben«. Die Reihenfolge und der Zusammenschluß zu größeren Einheiten wie Proteinen ergibt dann »Wörter« und »Sätze« der molekularen Sprache. Durch Zellteilung werden diese Informationen weitergegeben.

Woher kommen aber die Unterschiede in der DNA der Menschen? Bei der Zellteilung können Kopierfehler auftreten. Betreffen diese Mutationen Erbbeiträge, wird diese Mutation meist nicht lebensfähig sein und die Mutation wird von der Natur selektiert. Die Mutationen betreffen aber auch die Teile der DNA, die keine Informationen für Genprodukte enthalten. Hier werden die Mutationen nicht selektiert, sie werden über Generationen vererbt und lassen es so zu, eine eigene unverwechselbare Individualität zuzuordnen. Deshalb werden für die Analyse auch die Teile der DNA benutzt, die keine Gen-Information enthalten. Dazu werden die DNA-Moleküle in Basensequenzen »zerschnitten«, die je nach Individuum unterschiedliche Größe haben. Als aufbereitete »Banden« werden diese dann sortiert und verglichen, wobei populationsgenetische Untersuchungen Vergleichsmaterial in einem Umfang ergeben haben, daß höchste Wahrscheinlichkeiten möglich sind.

b) Vorteile der DNA-Analyse

107 DNA findet sich im Blut, Speichel, Urin, Sperma, Haaren und Haut. Es steht also ein sehr viel größeres Spurenangebot zur Verfügung als bei bisherigen Verfahren. Für die DNA-Analyse reichen auch sehr geringe Spurenmengen aus, weil man die DNA ähnlich einer Fotokopie so lange vervielfältigen kann, bis genügend Material für die Untersuchung vorliegt. Weiter ermöglicht die DNA-Analyse eine viel genauere Wahrscheinlichkeit als beispielsweise eine Blutprobe. Wahrscheinlichkeiten von mehr als 99,999 % selbst bei Mikrospuren sind möglich. Weiterer Vorteil gegenüber Blutproben sind die deutlich niedrigeren Kosten und die problemlose

Gewinnung von Vergleichsspuren mittels Speichelproben, also ohne körperlichen Eingriff.

c) Gesetzliche Grundlagen

Während sich die Erlangung von Spuren (direkt oder durch Verweis) nach § 81a I StPO richtet, sieht das Gesetz für die Auswertung der Spuren durch DNA-Analyse drei Möglichkeiten vor: 108

–Die Untersuchung von Spurenmaterial zur Herkunft oder Abstammung (§ 81e StPO)

–Die Identitätsfeststellung für künftige Strafverfahren bei Beschuldigten (§ 81g StPO)

–Die Identitätsfeststellung für künftige Strafverfahren bei Verurteilten (§ 2 DNA-Identitätsfeststellungsgesetz, DNA-IFG)

§ 81f StPO enthält Anordnungs- und Durchführungsbestimmungen.

Während §§ 81e, f StPO schon 1997 eingeführt wurden, wurden die Vorschriften für künftigen Strafverfahren erst durch das DNA-IFG vom 7.9.1998 eingeführt. Gesetzliche Mängel machten schon im Juni 1999 die erste Novelle erforderlich, in der im wesentlichen die Zuständigkeit und die Auskünfte aus dem BZR geregelt wurden. Nachdem aber das Fehlen der Errichtungsanordnung beim BKA die praktische Anwendung erschwert hatte, hat die Errichtungsanordnung vom 1.12.1999 einige Sicherheit für die Praxis gebracht.

2. DNA-Analyse nach § 81e StPO

a) Voraussetzungen

Die Untersuchung darf nur zu zwei Zwecken vorgenommen werden: 109

Während die Untersuchung der **Abstammung** in der Praxis eher geringe Bedeutung hat, ist das Hauptanwendungsgebiet die Untersuchung von Spurenmaterial auf **Herkunft** von Beschuldigten oder Verletzten. Andere Untersuchungen sind unzulässig (§ 81e I StPO). Weil erst dann in der Regel der gewünschte Vergleich möglich wird, ist auch die Untersuchung der Spuren auf Herkunft auch von **Verletzten** zulässig. Deshalb darf auch bei Dritten (§ 81c StPO) gewonnenes Material ebenso untersucht werden wie Spurenmaterial, das noch nicht einer bestimmten Person zugeordnet ist (§ 81e II StPO).

Ein bestimmter Grad des Tatverdachts ist nicht erforderlich, es genügt ein einfacher Anfangsverdacht. Das Material darf aber nur für das konkrete Strafverfahren verwendet werden.

b) Verfahren

110 Das Verfahren richtet sich nach § 81f StPO. Das Gesetz geht also davon aus, daß grundsätzlich der Richter die Anordnung trifft, auch ist ein bestimmter Sachverständiger mit besonderer Qualifikation zu benennen. Zuständig ist der Ermittlungsrichter des Orts der Probenentnahme (näher Rn 124). Weiter werden Vorschriften zur Datensicherung aufgestellt. Bei nicht eiligen Untersuchungen ist aus Kostengründen das Landeskriminalamt erste Wahl, bei aktuellen und wichtigen Ermittlungen sollte die Rechtsmedizin wegen der größeren Flexibilität auch bezüglich weitergehender Gutachtensaufträge den Vorzug erhalten.

111 **Rechtliches Gehör** ist nach hM nicht vorgeschrieben.[204] Dies dürfte aber nicht unstreitig sein. In den Verfahren nach § 2 DNA-IFG hat nach der Erfahrung des Verfassers etwa die Hälfte der Richter rechtliches Gehör gewährt. Jedenfalls erscheint das Argument, daß die Anordnung des Gutachtens auch der Entlastung diene, auch für § 81e StPO, erst Recht aber für § 81g StPO zweifelhaft. Hier sucht man nicht Unschuldige, sondern Täter. Gewährung rechtlichen Gehörs – sofern kein Beweisverlust droht – kann also nicht schaden.

112 Gegen den Erlaß des Beschlusses oder seine Ablehnung ist Beschwerde nach § 304 StPO gegeben.

c) Einwilligung

113 Streitig ist, ob die Einwilligung des Beschuldigten oder Betroffenen einen richterlichen Beschluß entbehrlich macht. Für die Entnahme der Probe gibt es keinen Zweifel, es gilt § 81a StPO. Für die Untersuchung gibt es Bedenken. Bei § 81e StPO sind die Bedenken geringer als bei § 81g StPO, weil die Untersuchung nur für den konkreten Fall erfolgen soll, bei § 81g StPO ist die Konsequenz aber nicht völlig überschaubar. Nachdem aber eine Untersuchung für Zwecke des § 81g StPO für unzulässig gehalten wird, wenn bereits nach § 81e StPO verfahren wurde, weil dessen Ergebnisse verwertbar sein sollen[205], ist die Zulässigkeit der Einwilligung auch bei § 81e StPO von gleicher Bedeutung. Die Kommentare schweigen sich aus. Die Justizverwaltungen und die Polizei halten die Einwilligung für ausreichend[206] und praktisch wünschenswert. Angesichts der gewaltigen Zahl von Verfahren nach § 2 DNA-IFG ist es sicher schneller und einfacher, auf richterliche Beschlüsse verzichten zu können. Es ist aber schon hier darauf hinzuweisen, daß die Erholung einer richterlicher Entscheidung auch nicht mehr Arbeit macht als die anderer Beschlüsse im Ermittlungsverfahren.

---

204 Kl/M-G § 81 f Rn 1, KK-Senge § 81 f Rn 2
205 KK-Senge § 81g Rn 6
206 Sprenger/Fischer: Zur Erforderlichkeit der richterlichen Anordnung bei DNA-Analysen, NJW 1999, 1830

Es gibt jedoch sachliche und rechtliche Argumente gegen die Einwilligung, die bei der ungeklärten Rechtslage Risiken bis zum Verwertungsverbot bergen.²⁰⁷

114

Das geringste Problem ist, daß die Einwilligung noch vor der Untersuchung widerrufen werden kann, also doch ein Beschluß erforderlich wird. Die Einwilligung ist aber nur dann wirksam, wenn sie nach intensiver Belehrung freiwillig erfolgt ist. Die ersten Belehrungen, die beispielsweise in Bayern verwendet wurden, haben diesen Anforderungen nicht genügt. Wer schätzt ein, ob wirklich Straftaten von erheblicher Bedeutung vorliegen, darf man dies der Polizei überlassen? Die Praxis zeigt, daß für die Polizei auch 30 Tagessätze ausreichend sein können. Wie will man nach beispielsweise 15 Jahren, wenn eine neue Tat begangen wurde, die Behauptung widerlegen, die Einwilligung sei erschlichen oder erpreßt worden oder die Belehrung sei unterblieben oder unzureichend gewesen? Als Mindestanforderung müßte der Wortlaut der Belehrung dokumentiert werden. Die Entscheidungen des BGH zur Verwertbarkeit von Geständnissen zeigen, daß sicher auch bei der DNA-Analyse die Belehrungen in der Praxis den rechtlichen Anforderungen nicht immer genügen werden. Schon jetzt werden politische Stimmen laut, in den JVAs würden Einwilligungen durch Versprechungen und Vollzugsvorteile »erkauft«.

Rechtliche Bedenken bestehen, weil das Gesetz nur vom Richter spricht und dies eines der wichtigsten Argumente war, die Vorbehalte der Gegner zu zerstreuen. § 81g StPO dient schließlich nicht der Entlastung, sondern ausschließlich der Überführung von Tätern. Dementsprechend gibt es auch Gerichte, die die Einwilligung für nicht ausreichend halten. Was, wenn ein solches Gericht später bei der neuen Tat über die Verwertbarkeit zu entscheiden hat?

115

Wie man sich auch rechtlich entscheiden mag: der StA muß sich überlegen, ob er auf einen Beschluß verzichten will. Nachdem zunächst alles für die Erforderlichkeit eines richterlichen Beschlusses gesprochen hat, läßt die seit 1.12.1999 geltende Errichtungsanordnung für die DNA-Analyse-Datei auch die Einstellung von Daten ohne Beschluß zu, wenn eine wirksame Einwilligung vorliegt. Im einzelnen ist geregelt:

116

– Einstellungen gegen den Willen des Betroffenen sind nur möglich, wenn ein richterlicher Beschluß vorliegt.
– Für »Altfälle« (vor dem 22.3.1997) reicht aus, daß § 81a I StPO beachtet wurde, ab dem 22.3.1997 muß § 81e StPO beachtet sein (Spurenfälle und Strafverfahren).

---

207 KK-Senge § 81g Rn 17, NJW 1999, 253 (255)

- Liegen schon Spuren aus einem Strafverfahren vor, können diese bei Vorliegen der Voraussetzungen auch für künftige Verfahren eingestellt werden.
- Für die Einwilligung gelten die Anforderungen des § 4 II BDSG.

In der Praxis hat dies zu der Konsequenz geführt, daß wohl alle StA im Falle des § 81g StPO, § 2 DNA-IFG erst die Einwilligung abwarten. Auch die bisher noch nicht einstellungsfähigen »Einwilligungsproben« können verwertet werden, wenn die Einwilligung § 4 II BDSG entsprach.

117 Die bisherige Praxis hat gezeigt, daß manche Richter bei Vorliegen einer Einwilligung (die aber nie richterlich überprüft wurde) den Erlaß eines Beschlusses abgelehnt haben, weil dieser nicht erforderlich sei. Neben den oben angeführten Argumenten ist dazu aber festzustellen, daß die Antragstellung der StA obliegt und nicht das eigene Ermessen an das der StA gesetzt werden darf. Ist der Antrag zulässig, ist ihm stattzugeben, wenn er nicht willkürlich ist.

118 Die folgenden Texte der Textgruppe TV-StA sehen richterliche Beschlüsse vor, um auf jeden Fall die Verwertbarkeit für die Zukunft zu gewährleisten.

Für die Frage der Einwilligung gilt folgendes:

- Für reine Spurenfälle sollte immer ein richterlicher Beschluß erholt werden.[208]
- Bestehen keine Zweifel, daß die Einwilligung formell und materiell wirksam ist, sind für den Normalfall des § 81g StPO und § 2 DNA-IFG Beschlüsse entbehrlich.

Aus den unter Rn 113–115 genannten Gründen sollte die StA aber dafür sorgen, daß die Einwilligungsformulare der Polizei § 4 II BDSG entsprechen, dokumentiert sind und lange genug aufgehoben werden.

Bei Zweifelsfällen – auch bezüglich der Prognosevoraussetzungen (Rn 122, 123, 126) sollte ein Beschluß erholt werden.

- Bei Personen mit unbekanntem Aufenthalt ist eine Einwilligung nicht möglich, also immer ein richterlicher Beschluß erforderlich.

d) Beispiel für § 81e StPO

119 Der folgende Baustein ermöglicht die Untersuchung von Spurenmaterial aller Art im Ermittlungsverfahren, also Spuren von Beschuldigten, Dritten oder nicht zugeordnete Spuren. Vorausgesetzt dabei ist, daß eine Probe bereits vorliegt. Soll die Probe noch erholt werden, können die Muster

---

[208] AA Sprenger/Fischer NJW 1999 1830, 1833 gegen den Gesetzeswortlaut. Die Bund-Länder-Konferenz hält bis zu einer Gesetzesänderung Beschluß für erforderlich, zumal die Errichtungsanordnung des BKA Speicherung von Spuren ohne richterlichen Beschluß nicht vorsieht.

Rn 92 und Rn 93 verwendet werden oder gleich eine Kombination wie bei den Mustern Rn 125, 132 gewählt werden.

Die vorherige Anhörung ist vorgesehen, nach hM aber entbehrlich. Die Vorschriften über Anonymisierung und Behandlung der Proben entsprechen dem Gesetzestext.

AMTSGERICHT

‐ Ermittlungsrichter ‐

Geschäftsnummer: Gs ◄ Datum: ◄

#eig. Behörde#
Az.: ◄

Beschluß

In dem Ermittlungsverfahren gegen (große Personalien d. Besch., Bl. ____)
werden gemäß §§ 81 e, f StPO ○ - ohne vorherige Anhörung (§ 33 Abs. 4 StPO) - molekulargenetische Untersuchungen an dem
○ bei d. Beschuldigten ○ und
○ bei _____

(Name und Anschrift d. Dritten: Verletzt. oder Zeuge/in i.S.d. § 81 c StPO)

○ durch die körperliche Untersuchung erlangten ○ und dem
○ aufgefundenen, sichergestellten oder beschlagnahmten
Material
durch _____

(genaue Bezeichnung des Sachverständigen)

angeordnet.

Gründe:

D. Besch. ist verdächtig, _____

_____

strafbar als _____

gemäß § _____

Es liegt (Spuren-) Material vor, nämlich _____

(genaue Bezeichnung des Spurenmaterials, ggf. Beschreibung der Herkunft)

Die molekulargenetischen Untersuchungen dieses Materials sind zur Feststellung
○ der Abstammung
○ der Herkunft von ○ d. Beschuldigten ○ oder ○ d. Verletzten
für das anhängige Strafverfahren erforderlich. _____

Dem Sachverständigen ist das Untersuchungsmaterial ohne Mitteilung des Namens, der Anschrift und des Geburtstages und -monats d. Beschuldigten in anonymisierter Form zu übergeben. Er hat durch technische und organisatorische Maßnahmen zu gewährleisten, daß unzulässige molekulargenetische Untersuchungen und unbefugte Kenntnisnahme Dritter ausgeschlossen sind.

_____
Richter(in) am Amtsgericht

3. DNA-Analyse nach § 81g StPO

a) Voraussetzungen

120 § 81g StPO dient der Identitätsfeststellung für künftige Strafverfahren, ist also vergleichbar mit einer ED-Behandlung. Deshalb ist die DNA-Analyse auch nur bei **Beschuldigten**, nicht aber bei Dritten zulässig. Als Beschuldigte gelten auch Schuldunfähige und Kinder.

121 Erforderlich ist der **Verdacht** einer Straftat von erheblicher Bedeutung. Für die Stärke des Tatverdachts gibt es keine gesetzliche Begrenzung, so daß auch ein einfacher Anfangsverdacht genügt. Abzustellen ist dabei auf den Zeitpunkt der Anordnung.

122 Bei der **Straftat von erheblicher Bedeutung** handelt es sich um einen unbestimmten Rechtsbegriff entsprechend §§ 98a, 110a, 163e StPO. Die Straftat muß also mindestens der mittleren Kriminalität zuzuordnen sein, den Rechtsfrieden empfindlich stören und geeignet sein, das Gefühl der Rechtssicherheit der Bevölkerung erheblich zu beeinträchtigen.[209] Als Regelbeispiele für solche Taten sind alle Verbrechen genannt und spezielle Vergehen wie Sexualdelikte, schwerer Diebstahl, gefährliche Körperverletzung und Erpressung. Diese Regelbeispiele sind aber dem Oberbegriff der Straftat von erheblicher Bedeutung untergeordnet, so daß nicht jedes Sexualdelikt (zB § 183 StGB) erfaßt wird. Auch bei minderschweren Fällen eines Verbrechens könnte die erhebliche Bedeutung im Einzelfall fehlen. Andererseits kommen auch Vergehen als Anlaßtat in Betracht, die nicht als Regelbeispiele aufgeführt sind.

Da § 81g StPO der Identifizierung dient, scheiden solche Delikte als Anlaßtaten aus, bei denen keine Spuren zu erwarten sind. Hier kommen vor allem Aussagedelikte und Vermögensdelikte in Betracht.

Diese Frage sollte aber nicht zu oberflächlich geprüft werden. Beachtenswert sind die Argumente von Marquardt / Brodersen, daß auch bei Schreibtischtätern Spuren entstehen können und daß ein Anstifter auch zum Täter werden kann.[210] Für die Spurenprognose ist auf die künftige Tat, nicht auf die Anlaßtat abzustellen.

123 Schließlich muß wegen der Anlaßtat Grund zur Annahme bestehen, daß gegen den Täter künftig **erneut** Strafverfahren wegen einer Tat von erheblicher Bedeutung geführt werden, die Erwartung einfacher Vergehen (zB Straßenverkehrsdelikte) reicht also nicht aus. Beurteilungskriterien aus der Anlaßtat sind:

– die **Art** der Tat (zB Sexualdelikte, Gewaltdelikte, Einbrüche, weil diese selten Einzeltaten bleiben)

---

[209] Senge, NJW 1999, 253
[210] NStZ 2000, 692, 695

- die **Ausführung** der Tat (zB besondere Brutalität, Planung, erhebliche kriminelle Energie)
- die **Persönlichkeit** des Beschuldigten (zB Reizbarkeit, Vorstrafen, Gewaltbereitschaft, Hang zu Rauschmitteln)
- sonstige Erkenntnisse (zB Mitglied einer Organisation, Umgebung, Steigerungsverhalten)

und natürlich die Kombination dieser Kriterien.

Die Formulierung »Grund zur Annahme« verlangt ersichtlich keine hohe Wahrscheinlichkeit einer Wiederholungstat.

Weiteres zur Gefahrenprognose vgl Rn 130.

b) Verfahren

Die **Zuständigkeit** ist nach dem Streit, ob Ermittlungsrichter, der Strafrichter oder das Verwaltungsgericht zuständig sind, durch die erste Novelle vom Juni 1999 gesetzlich klargestellt worden. Die Bezugnahme auf § 162 StPO macht den Ermittlungsrichter zuständig, auch nach Anklageerhebung. Entschieden ist auch die örtliche Zuständigkeit. Der BGH hat klargestellt, daß Entnahme und Untersuchung als Einheit anzusehen sind. Zuständig ist somit der Ermittlungsrichter des Entnahmeortes.[211]

124

§ 162 I StPO sagt auch eindeutig, daß der StA allein die Antragsbefugnis zusteht, der Richter hat nur die Rechtmäßigkeit, nicht die Erforderlichkeit zu prüfen. Wegen der **Einwilligung** wird auf Rn 113ff verwiesen.

c) Beispiel für § 81g StPO

Das folgende Muster für einen Beschluß nach § 81g StPO sieht sowohl die Entnahme als auch die Untersuchung der Probe vor. Vorliegende freiwillige Proben werden richterlich bestätigt, was zulässig ist, keine Mehrarbeit macht und sichere Verwertbarkeit gewährleistet.

125

In Gegensatz zum Muster Rn 119, wo Spuren verschiedener Herkunft vorliegen können, ist bei Entnahme ohne Zwang immer die Speichelprobe vorgesehen. Sie ist sicher und einfach, kaum belastend und von der Polizei durchführbar. Eine Speichelprobe ist jedoch unter Zwang kaum zu entnehmen, weshalb für diesen Fall die Blutentnahme durch einen Arzt vorgesehen ist. Um den Beschluß auch vollstrecken zu können, ist kombiniert auch die Durchsuchung der Wohnung vorgesehen, im Freitext kann beispielsweise zusätzlich noch die Vorführung angeordnet werden.

Hinsichtlich der Durchsuchungsanordnung gibt es rechtliche Bedenken. § 81g III StPO verweist nur auf § 81a StPO, nicht aber auf §§ 102, 103

---

211 Beschluß vom 2.2.2000 NJW 2000, 1204

StPO. Da aber § 81g StPO auch für künftige Verfahren vom Beschuldigten spricht, liegt ein Ermittlungsverfahren wohl auch in Zukunft vor und §§ 102, 103 StPO dürften anwendbar sein. Freitexte für Tatverdacht, Erheblichkeit und Gefahrenprognose ermöglichen eine umfassende Begründung.

AMTSGERICHT

- Ermittlungsrichter -

| Geschäftsnummer: | Gs | ≺ | Datum: | ≺ | eri dna 2 |

#eig. Behörde#
Az.: ≺

Beschluß

In dem Ermittlungsverfahren gegen (große Personalien d. Besch., Bl. _____)
wird gemäß §§ 81 g, 162 StPO bei d. Besch.
○ - ohne vorherige Anhörung (§ 33 Abs. 4 StPO) -

die molekulargenetische Untersuchung der durch eine körperliche Untersuchung erlangten Körperzellen zur Feststellung des DNA-Identifizierungsmusters zum Zwecke der Identitätsfeststellung in künftigen Strafverfahren angeordnet.

Mit der Untersuchung dieses Materials wird
☐ das Landeskriminalamt _____
☐ das Institut für Rechtsmedizin der Universität _____
☐ _____

(genaue Bezeichnung d. Sachverständigen)
beauftragt.

☐ Die Entnahme der vorliegenden ○ Speichelprobe ○ Blutprobe ○ _____
  wird richterlich bestätigt.
☐ Die Entnahme einer Speichelprobe wird angeordnet. Für den Fall der Weigerung wird die Entnahme einer Blutprobe durch einen Arzt angeordnet, § 81 a Abs. 1 StPO.

☐ Die Durchsuchung der Wohnung mit Nebenräumen
☐ _____
  nach §§ 102, 105 Abs. 1 StPO zur Auffindung d. Verurteilten zum Zweck der Entnahme von Spurenmaterial wird angeordnet. (z.B. wenn d. Besch. auf freiem Fuß)

Gründe:

D. Besch. ist verdächtig, _____
_____
_____
_____
_____
_____
_____
_____
_____
_____

Messer/Siebenbürger

Eingriffsmaßnahmen

strafbar als _____

gemäß § _____

Dies sind Straftaten von erheblicher Bedeutung in Bezug auf eine der in § 81 g StPO aufgeführten Fallgruppen.

○ Es liegt Spurenmaterial vor, nämlich _____

(genaue Bezeichnung des Spurenmaterials, ggf. Beschreibung der Herkunft)
○ Die angeordnete körperliche Untersuchung wird das für die molekulargenetische Untersuchung erforderliche Spurenmaterial erbringen.

Die molekulargenetische Untersuchung dieses Spurenmaterials zur Feststellung des DNA-Identifizierungsmusters ist zum Zweck der Identitätsfeststellung in künftigen Strafverfahren erforderlich, weil

○ wegen der Art der Tat
○ wegen der Ausführung der Tat
○ wegen der Persönlichkeit des Verurteilten
○ aus sonstigen Gründen, nämlich weil _____

Grund zu der Annahme besteht, daß gegen d. Besch. künftig erneut Strafverfahren wegen einer der in § 81 g StPO genannten Fallgruppen zu führen sind.

○ _____

D. Sachverständigen ist das Untersuchungsmaterial ohne Mitteilung des Namens, der Anschrift des Geburtstages und -monats d. Beschuldigten in anonymisierter Form zu übergeben.
Die entnommenen Körperzellen dürfen nur für die in § 81 g StPO genannte molekulargenetische Untersuchung verwendet werden; sie sind unverzüglich zu vernichten, sobald sie hierfür nicht mehr erforderlich sind. Bei der Untersuchung dürfen andere Feststellungen als diejenigen, die zur Ermittlung des DNA-Identifizierungsmusters erforderlich sind, nicht getroffen werden; hierauf gerichtete Untersuchungen sind unzulässig.

○ _____

_____
Richter(in) am Amtsgericht

4. DNA-Analyse nach § 2 DNA-IFG

a) Voraussetzungen

126 § 2 DNA-IFG ermöglicht wie § 81g StPO die Identitätsfeststellung für künftige Strafverfahren. An die Stelle des Verdachts tritt eine **Verurteilung** wegen einer Straftat von erheblicher Bedeutung oder eine Nichtverurteilung wegen Schuldunfähigkeit. Die Verurteilung darf noch nicht im Register getilgt sein.

127 § 2 DNA-IFG hat immense praktische Bedeutung. Bei der Polizei sind Sonderkommissionen zur retrograden Erfassung der »Altfälle« eingerichtet. Man erwartet erhebliche Aufklärungserfolge, aber bundesweit dürften mehrere Hunderttausend Fälle abzuarbeiten sein. Erhebliche logistische Probleme bestehen derzeit bei der Erholung der Registerauskünfte. Der Suchlauf ist nur der StA erlaubt, aber derzeit praktisch noch nicht durchzuführen. Es muß deshalb noch mit Einzelanfragen gearbeitet werden, was intensive Zusammenarbeit zwischen StA und Polizei erfordert.

128 Der Begriff der »Straftat von erheblicher Bedeutung« entspricht § 81g StPO. Der Straftatenkatalog in der Anlage zu § 2c des Gesetzes zur Änderung des DNA-IFG vom 2.6.1999 (BGBl 1999 Teil I, 1242) betrifft nur den Suchlauf der StAen beim BZR. Der Katalog ersetzt **nicht** den unbestimmten Rechtsbegriff der Straftat von erheblicher Bedeutung, kann aber sicherlich positiver Anlaß zur Prüfung sein. Im Katalog fehlen aber beispielsweise die Verbrechen aus dem Nebenstrafrecht (zB BtmG).

129 Die Einordnung der Anlaßtat ist durch das Erfordernis der Verurteilung insofern erleichtert, als Schuldspruch und Strafausspruch feststehen. In vielen Fällen ist trotzdem eine genaue Prüfung erforderlich, weil einerseits eine hohe Strafe außerhalb der Regelfälle für erhebliche Bedeutung, eine Geldstrafe bei einem Regelbeispiel aber eher dagegen sprechen können. In diesen Fällen ist die Akte besonders intensiv auszuwerten.

130 Weiteres Problem bei den Altfällen ist die **Prognose**. Zeitliche Grenze ist die Tilgungsfrist. Je länger die Verurteilung zurückliegt, desto sorgfältiger ist die Gefahr neuer Straftaten zu begründen, beispielsweise wenn die Anlaßtat mit einer Bewährungsstrafe geahndet wurde, die schon lange erlassen wurde. Zu prüfen wird auch sein, ob von einem abgeschobenen Ausländer noch Straftaten zu erwarten sind, wenn mit Wiedereinreise nicht zu rechnen ist. In solchen Zweifelsfällen der Gefahrenprognose können auch eingestellte Ermittlungsverfahren und Verurteilungen wegen nicht erheblicher Taten Bedeutung entfalten.

Hinsichtlich der Prognose bewegt die Gerichte derzeit vor allem das Problem, ob eine Strafaussetzung zur Bewährung die Gefahrenprognose nach § 81g StPO ausschließt.[212]

---

212 Ausführlich Marquardt/Brodersen NStZ 2000, 692, 694

Einige LG sehen durch eine positive Prognose eine Gefahr nach § 81g StPO widerlegt.[213] Diese Ansicht wird durch die überzeugenden Argumente bei Marquardt / Brodersen widerlegt, entsprechend auch die Entscheidungen anderer LG, die zurecht darauf hinweisen, daß die Prognose andere Grundlagen hat als die nach § 56 StGB.[214] Jeder Praktiker weiß zudem, daß die Bewährungsentscheidungen sich oft genug als falsch erweisen und deshalb Bewährungen widerrufen werden müssen. Wer kennt nicht die berüchtigten »Mehrfachbewährungen« (bis zu 5!), die eigentlich die Gefahr neuer Taten beweisen? Wer kennt nicht die »Gnadenbewährungen«, die eine ersichtlich schlechte Sozialprognose durch das Prinzip Hoffnung umkehren? Beachtlich auch das Argument von Marquardt / Brodersen, daß bei der Entscheidung nach § 56 StGB oft schon begangene Taten nicht bekannt sind. § 81g StPO soll auch spätere Strafverfahren ermöglichen, bei denen die Taten schon begangen sind.

Bewährung steht also der Prognose nach § 81g StPO **nicht** entgegen.

b) Verfahren

Wie bei § 81g StPO ist der Ermittlungsrichter des Aufenthaltsortes zuständig, zur Einwilligung wird auf Rn 113ff verwiesen. Bei Mehrfachtätern können verschiedene StAen zuständig sein. Die Länder haben sich geeinigt, daß die StA der **letzten** Anlaßtat das DNA-Feststellungsverfahren durchführt, um Mehrfacharbeit zu vermeiden. 131

c) Beispiel für § 2 DNA-IFG

Das folgende Muster für die Fälle des § 2 DNA-IFG entspricht dem Muster Rn 125. Zusätzlich ist die Wiedergabe der Verurteilung vorgesehen, wobei in Einzelfällen auch Geldstrafen in Betracht kommen. Der Freitext für die Sachverhaltsschilderung ist erforderlich, wenn eine Verurteilung nicht erfolgte. 132

Achtung: Ob hier die Durchsuchung zulässig ist, ist zweifelhaft, da der Betroffene nicht Beschuldigter ist und deshalb §§ 102, 103 StPO nicht direkt anwendbar sind. Im Gegensatz zu § 81g StPO spricht § 2 DNA-IFG nur vom Betroffenen. Ob die Bezugnahme auf § 81g StPO auch den Weg ins direkte Ermittlungsverfahren ermöglicht, muß jeder selbst entscheiden. Also sollten hier Durchsuchungsanträge nur nach kritischer Prüfung gestellt werden.

---

213 LG Freiburg, NStZ 2000, 162, LG Gera, NStZ 2000, 163
214 LG Göttingen NStZ 2000, 164 und 751, LG Ingolstadt NStZ 2000, 749

AMTSGERICHT

- Ermittlungsrichter -

| Geschäftsnummer: | Gs | ◄ | Datum: | ◄ | eri dna 3 |

#eig. Behörde#
Az.: ◄

Beschluß

In dem Vollstreckungsverfahren gegen (große Personalien d. Betr., Bl. _____) wird gemäß § 2 DNA-Identitätsfeststellungsgesetz i.V.m. §§ 81 f und 81 g, 162 Abs. 1 StPO bei d. Betroffenen
○ - ohne vorherige Anhörung (§ 33 Abs. 4 StPO) -
die molekulargenetische Untersuchung der durch eine körperliche Untersuchung erlangten Körperzellen zur Feststellung des DNA-Identifizierungsmusters zum Zwecke der Identitätsfeststellung in künftigen Strafverfahren angeordnet.

Mit der Untersuchung dieses Materials wird
❏ das Landeskriminalamt _____
❏ das Institut für Rechtsmedizin der Universität _____
❏ _____
  (genaue Bezeichnung d. Sachverständigen)
beauftragt.

❏ Die Entnahme der vorliegenden ○ Speichelprobe ○ Blutprobe ○ _____
   wird richterlich bestätigt.
❏ Die Entnahme einer Speichelprobe wird angeordnet. Für den Fall der Weigerung wird die
   Entnahme einer Blutprobe durch einen Arzt angeordnet, § 81 a Abs. 1 StPO.

❏ Die Durchsuchung der Wohnung mit Nebenräumen
❏ _____
nach §§ 102, 105 Abs. 1 StPO zur Auffindung d. Verurteilten zum Zweck der Entnahme von Spurenmaterial wird angeordnet. (z.B. wenn Verurteilte(r) auf freiem Fuß)

Gründe:

❏ D. Betr. wurde durch rechtskräftiges Urteil des ○ Amtsgerichts ○ Landgerichts _____
   vom _____ (Az.: _____) zur
   ○ Freiheitsstrafe ○ Gesamtfreiheitsstrafe ○ Jugendstrafe
   von _____
   ○ und
   ○ Unterbringung in einem psychiatrischen Krankenhaus, § 63 StGB
   ○ Unterbringung in einer Entziehungsanstalt, § 64 StGB
   wegen _____

   gemäß § _____ verurteilt.

❏ D. Betr. ist nur wegen erwiesener oder nicht auszuschließender Schuldunfähigkeit, auf Geisteskrankheit beruhender Verhandlungsunfähigkeit oder fehlender oder nicht ausschließbar fehlender Verantwortlichkeit (§ 3 des Jugendgerichtsgesetzes) nicht verurteilt worden.

```
❏ (Sachverhaltsschilderung bei Nichtverurteilung) _____
  _____
  _____
  _____
  _____

   ○ Tatbestand d.  ○ strafbar als _____
   _____

   gemäß § _____

  Es wurden somit Straftaten von erheblicher Bedeutung in Bezug auf eine der in § 81g StPO
  aufgeführten Fallgruppen begangen. Die entsprechende Eintragung im Bundeszentralregister bzw.
  Erziehungsregister ist noch nicht getilgt.

   ○  Es liegt Spurenmaterial vor, nämlich _____
      _____
                       (genaue Bezeichnung des Spurenmaterials, ggf. Beschreibung der Herkunft)
   ○  Die angeordnete körperliche Untersuchung wird das für die molekulargenetische Untersuchung
      erforderliche Spurenmaterial erbringen.

  Die molekulargenetische Untersuchung dieses Spurenmaterials zur Feststellung des DNA-Identifi-
  zierungsmusters ist zum Zweck der Identitätsfeststellung in künftigen Strafverfahren erforderlich, weil
   ○  wegen der Art der Tat
   ○  wegen der Ausführung der Tat
   ○  wegen der Persönlichkeit des Verurteilten
   ○  aus sonstigen Gründen, nämlich weil _____

  Grund zu der Annahme besteht, daß gegen d. Betr. künftig erneut Strafverfahren wegen einer der
  vorgenannten Straftaten zu führen sind.
   ○  _____
      _____
      _____

  D. Sachverständigen ist das Untersuchungsmaterial ohne Mitteilung des Namens, der Anschrift des
  Geburtstages und -monats d. Betroffenen in anonymisierter Form zu übergeben.
  Die entnommenen Körperzellen dürfen nur für die in § 81 g StPO genannte molekulargenetische
  Untersuchung verwendet werden; sie sind unverzüglich zu vernichten, sobald sie hierfür nicht mehr
  erforderlich sind. Bei der Untersuchung dürfen andere Feststellungen als diejenigen, die zur Ermittlung
  des DNA-Identifizierungsmusters erforderlich sind, nicht getroffen werden; hierauf gerichtete
  Untersuchungen sind unzulässig.
   ○  _____
      _____

      _____
        Richter(in) am Amtsgericht
```

5. Praktische Hinweise

Von erheblicher Bedeutung ist die **Aktenbehandlung**. Im laufenden Ermittlungsverfahren kann der Antrag nach §§ 81e, g StPO mit der Akte oder Zweitakte gestellt werden. Bei § 2 DNA-IFG werden aber die Akten

133

oder die Vollstreckungs-/Bewährungshefte oft für andere Vollstreckungsentscheidungen benötigt und der zuständige Ermittlungsrichter ist vielleicht außerhalb des Bezirks. Hier ermöglicht ein **Sonderheft** eine zügige Arbeit. In das Sonderheft sollten alle Unterlagen in Kopie aufgenommen werden, die der Richter für die Entscheidung benötigt, sofern er die Akten nicht hat. Aber auch in laufenden Ermittlungsverfahren ist ein Sonderheft sinnvoll, da die Untersuchungen nach § 81e StPO ja auch für künftige Straftaten verwendet werden können. Das laufende Verfahren kann auch eingestellt werden, die Akte wird relativ bald weggelegt. Eine Überprüfung der Verwertbarkeit in künftigen Verfahren wäre mangels Akte oft nicht mehr möglich.

134 Neben einem Sonderheft ist auch die gesonderte Eintragung in das **AR-Register** (am besten mit Zusatz DNA) sinnvoll. Hierdurch wird eine Aktenkontrolle über DNA-Maßnahmen möglich. Mehrfachbearbeitung in Js und VRs unterbleibt, das DNA-Verfahren erscheint in der Vorgangsliste. Auch werden Suchläufe und statistische Auswertungen erleichtert.

135 Am sinnvollsten ist die DNA-Analyse im laufenden Ermittlungsverfahren. Hier ist die Handhabung einfacher und sind die Voraussetzungen niedriger (einfacher Tatverdacht genügt) als bei der retrograden Erfassung. Auch der Polizei wird viel Arbeit erspart. Jeder Dezernent sollte also im laufenden Verfahren § 81g StPO »abchecken«.

136 Unnötige Arbeit wird auch vermieden, wenn Kontakt zur örtlichen Polizeiführung gehalten wird. So hat es sich in Bayern als sinnvoll erwiesen, mit dem Vollzug die sachbearbeitende Polizeidienststelle und nicht die Wohnsitzpolizei zu beauftragen. Die Auswertung bei der Polizei geht schneller und Doppelerfassung wird vermieden.

Auch die **Registerbeschaffung** sollte abgesprochen werden, solange Suchläufe faktisch noch nicht möglich sind. Ein negatives Register erspart die Prüfung nach § 2 DNA-IFG.

137 Äußerst vorsichtig gehandhabt werden müssen auch die Fälle von Verurteilten oder Verdächtigen mit **unbekanntem Aufenthalt**. Für die Polizei sind diese Personen gerade deshalb interessant, weil sie gerne den Aufenthalt wissen möchte. Liegt eine Ausschreibung vor, könnte ein DNA-Beschluß im Polizeicomputer hinterlegt und eine Speichelprobe bei Antreffen sofort entnommen werden. Besonders interessiert die Polizei eine Ausschreibung nur für DNA durch die StA, da diese eine Laufzeit von drei Jahren hat statt nur ein Jahr bei einer Polizeiausschreibung.

Es ist aber fraglich, ob eine solche Ausschreibung allein für DNA-Zwecke verhältnismäßig ist. Wenn eine Person nicht zur Vollstreckung oder Strafverfolgung gesucht wird, spricht das gegen die Erwartung bedeutender Straftaten. Auch spricht die jahrelange erfolglose Ausschreibung eines Abgeschobenen nicht gerade für eine neue Tat in Deutschland. Dementsprechend hat der BGH in einem – allerdings deutlichen – obiter dictum die

»Vorratshaltung« solcher Beschlüsse für unzulässig gehalten.[215] Die Handhabung ist in den Bundesländern sehr unterschiedlich (vgl Bund-Länder-Konferenz April 2000 Punkt 7). Eine einheitliche Linie für die Praxis ist noch nicht gefunden.

X. Untersuchungshaft

1. Allgemeines

Die Untersuchungshaft ist der massivste Eingriff, den die StPO kennt. Deshalb gibt es strenge Anforderungen an den Erlaß eines Haftbefehles, den nur ein Richter ausstellen darf, und eindeutige Vorschriften für Überwachung der Haftfortdauer und Fristen. 138

Materiell hat die Anordnung der Untersuchungshaft drei Voraussetzungen:
- dringender Tatverdacht
- Haftgrund
- Beachtung des Verhältnismäßigkeitsgrundsatzes.

a) Dringender Tatverdacht

Dringender Tatverdacht ist mehr als der hinreichende Tatverdacht nach § 170 I StPO, der zur Anklageerhebung ausreicht. Es muß die große Wahrscheinlichkeit bestehen, daß der Beschuldigte Täter oder Teilnehmer einer Straftat ist. Grundlage der Beurteilung ist der Ermittlungsstand im Zeitpunkt der Entscheidung. Der Fortgang der Ermittlungen kann den dringenden Tatverdacht beseitigen oder erst ergeben. 139

Der dringende Tatverdacht ist mit **Tatsachen** zu **belegen**.

b) Haftgrund

Dringender Tatverdacht rechtfertigt in der Regel einen Strafbefehl oder eine Anklage, nicht aber die Untersuchungshaft. Diese soll nämlich das Verfahren sichern und nicht eine Strafe vorwegnehmen. Es muß deshalb ein gesetzlich normierter Haftgrund hinzutreten. Es gibt nur fünf Haftgründe, nämlich Flucht (§ 112 II Nr. 1 StPO), Fluchtgefahr (§ 112 II Nr. 2 StPO), Verdunkelungsgefahr (§ 112 II Nr. 3 StPO), Wiederholungsgefahr (§ 112a StPO) und den Haftgrund des § 112 III StPO (der eigentlich einen der vier Haftgründe entbehrlich macht). Weitere Haftgründe gibt es nicht! Insbes sind nicht Haftgründe: Vorwegvollzug der Strafe, Erziehung, Vereinfa- 140

---

215 NStZ 2000, 212

chung der Ermittlungen und Herbeiführen eines Geständnisses (»Untersuchungshaft schafft Rechtskraft«).

Auch der Haftgrund muß mit **Tatsachen belegt** werden.

c) Verhältnismäßigkeit

141 Der Haftbefehl muß nicht verhältnismäßig sein, er darf aber nicht unverhältnismäßig sein.

Eine geringe Straferwartung allein macht einen Haftbefehl nicht unverhältnismäßig. Auch der Tippelbruder, der im Bahnhof Hausfriedensbruch begangen hat, kann in Haft genommen werden. Das ergibt sich aus § 113 StPO, der sonst sinnlos wäre. Jeder StA muß aber selbst entscheiden, ob er bei Straferwartung von 15 Tagessätzen Haftbefehl beantragt, selbst wenn die Haft bis zur Zustellung des Strafbefehls begrenzt wird. Hier wäre wohl vorrangig § 127a StPO oder 132 StPO zu prüfen, wenn nicht Hauptverhandlungshaft in Betracht kommt. Ist jedoch Geldstrafe zu erwarten, hat sich in der Praxis bewährt, den Haftbefehl zeitlich zu beschränken auf höchstens die Anzahl der zu erwartenden Tagessätze.

Besondere gesetzliche Ausprägung des Verhältnismäßigkeitsgrundsatzes ist die Außervollzugsetzung nach § 116 StPO (näheres s. unter Rn 149 ff).

d) Zuständigkeit

142 Untersuchungshaft wird meistens im Ermittlungsverfahren erforderlich, zuständig ist deshalb der **Ermittlungsrichter** des AGs, bei dem ein Gerichtsstand begründet ist oder in dessen Bezirk sich der Beschuldigte aufhält (§ 125 I StPO). In Jugendsachen ist der Jugendrichter zuständig (§ 34 I JGG), üblicherweise wird aber diese Geschäftsaufgabe dem »normalen« Ermittlungsrichter übertragen.

Somit ist auf Grund verschiedener Gerichtsstände **konkurrierende** Zuständigkeit möglich. Sollte der Beschuldigte außerhalb des Bezirks des Tatorts ergriffen werden, muß sich der StA überlegen, wo er seinen Antrag stellt. Nr. 2 I RiStBV ist zu beachten.

Kommt auch die Zuständigkeit einer anderen StA in Betracht, sollte telefonisch oder per Fax abgeklärt werden, wer den Haftantrag stellt, oder ob das Verfahren übernommen/abgegeben wird.

Zu beachten ist, daß durch Landesrecht regelmäßig **Haftgerichte** für einen LG-Bezirk eingerichtet sind (§ 58 I GVG). Haftgerichte für Frauen sind meist noch stärker konzentriert, so daß eine andere StA desselben Bundeslandes für den Tatort zuständig wird.

Die Zuständigkeit des Gerichts **ändert** sich mit Anklageerhebung, § 125 II StPO.

e) Verfahren

Der Haftbefehl ergeht schriftlich (§ 114 I StPO), der Inhalt ergibt sich aus § 114 II StPO. 143

Der Haftbefehl ist dem Beschuldigten bekanntzumachen (§ 114a I StPO), Angehörige sind zu benachrichtigen (§ 114b StPO). Dies kann oft über die Polizei erfolgen. Bei **Ausländern** sind auf Wunsch die Konsulate zu verständigen, bei bestimmten Staaten ist die Verständigung zwingend vorgeschrieben (vgl RiVASt 135). Bei Jugendlichen ist möglichst bald das Jugendamt zu benachrichtigen (§ 72a JGG).

Wird der Beschuldigte auf Grund eines bestehenden Haftbefehls ergriffen, so ist er unverzüglich, spätestens bis Ablauf des folgenden Tages dem Richter vorzuführen, der den Haftbefehl erlassen hat (§ 115 StPO), notfalls dem nächsten Richter nach § 115a StPO.

Bei vorläufiger Festnahme gelten dieselben Fristen (§ 128 StPO).

Ist die Vorführung wegen Krankheit nicht möglich, hat symbolische Vorführung zu erfolgen (Nr. 51 RiStBV).

f) Mitwirkung eines Verteidigers

Zumindest wenn Freiheitsstrafe zu erwarten ist, ist die Mitwirkung eines Verteidigers in der Regel verfahrensfördernd und auch vom Gesetz vorgesehen. 144

Bei der Vorführung nach § 115 StPO ist der Beschuldigte über das Recht zu belehren, vor der Vernehmung einen Verteidiger zu befragen (§ 136 StPO). Der Verteidiger hat ein Anwesenheitsrecht (§ 168c I StPO).

Der Haftbefehl und die Vernehmungsniederschriften des Beschuldigten sind dem Verteidiger zugänglich zu machen (§ 147 II StPO).

Wenn und soweit es die Ermittlungen erlauben (eher bei Fluchtgefahr als bei Verdunkelungsgefahr) sollte frühzeitig Akteneinsicht gewährt werden. Näheres regelt § 147 StPO.

Hat sich noch kein Verteidiger angezeigt, ist es meist sinnvoll, frühzeitig Bestellung eines **Pflichtverteidigers** zu beantragen vor Ablauf der Frist des § 117 II StPO. Der Antrag sollte beim voraussichtlich erkennenden Gericht, ansonsten beim Ermittlungsrichter gestellt werden (§ 141 IV, 142 StPO). So kann die Haftprüfung nach § 117 V StPO entfallen, Beweisanregungen können rechtzeitig überprüft werden und Gespräche über die Anwendung des § 154 StPO für Teile des Verfahrens die Ermittlungen vereinfachen und beschleunigen.

2. Beispiele für Haftbefehle

a) Fluchtgefahr/Verdunkelungsgefahr

145

                                          A M T S G E R I C H T
_____
                                                    - Ermittlungsrichter -

Geschäftsnummer: Gs   ◁   Datum: ◁

StA #eig. Behörde#
Az.:   ◁

                             H a f t b e f e h l

Gegen d. Besch. (große Personalien, Bl. _____)
wird die Untersuchungshaft angeordnet.

D. Besch. liegt folgender Sachverhalt zur Last:
(1) _____
_____
_____
_____
_____
_____
_____
_____
_____
_____
_____

D. Besch. wird daher beschuldigt,
(2) _____
_____
_____

strafbar als _____
_____
_____

gemäß §§ _____ .

Der dringende Tatverdacht ergibt sich aus *(3)*
    - dem Ergebnis der polizeilichen Ermittlungen
  ☐ - den Angaben d. _____
  ☐ - dem (Teil-) Geständnis d. Besch.
  ☐ - _____
_____
_____
_____

Eingriffsmaßnahmen Kapitel 1

☐ Es besteht der Haftgrund der *(4)*
○ Flucht gemäß § 112 Abs. 2 Nr. 1 StPO, da d. Besch. nach den vorliegenden Erkenntnissen flüchtig ist bzw. sich verborgen hält. _____
_____

○ Fluchtgefahr gemäß § 112 Abs. 2 Nr. 2 StPO, da bei Würdigung der Umstände die Gefahr besteht, daß d. Besch. sich dem Strafverfahren entziehen werde.
○ D. Besch. hat im Inland keinen Lebensmittelpunkt und verfügt über keine sozialen Bindungen. Er/Sie hat jederzeit die Möglichkeit, sich in das Heimatland abzusetzen.
○ D. Besch. hat sich dem laufenden Verfahren schon einmal entzogen. _____
_____

○ D. Besch hat Anstalten zur Flucht getroffen. _____
_____

○ D. Besch. kann sich über seine/ihre Person nicht ausweisen. _____
_____

○ D. Besch. hat im Falle einer Verurteilung mit einer empfindlichen Freiheitsstrafe zu rechnen, die nicht mehr zur Bewährung ausgesetzt werden kann.
○ D. Besch. _____
_____

☐ Es besteht ○ - zusätzlich - der Haftgrund der Verdunkelungsgefahr gemäß § 112 Abs. 2 Nr. 3 StPO, *(5)* da das Verhalten d. Besch. den dringenden Verdacht begründet, er/sie werde auf Beweismittel einwirken und dadurch die Ermittlung der Wahrheit erschweren. D. Besch. hat nämlich _____
_____

☐ *(6)* D. Besch ist einer der in § 112 Abs. 3 StPO genannten Straftaten dringend verdächtig, nämlich eines Verbrechens _____
gemäß § _____ StGB.
Es liegen Umstände vor, die die Gefahr begründen, daß ohne Festnahme d. Besch. die alsbaldige Aufklärung und Ahndung der Tat gefährdet sein könnte. _____
_____

☐ *(7)* Auch bei Berücksichtigung des Grundsatzes der Verhältnismäßigkeit (§ 112 Abs. 1 Satz 2 StPO) ist die Anordnung der Untersuchungshaft geboten. Eine andere, weniger einschneidende Maßnahme verspricht - derzeit - keinen Erfolg (§ 116 StPO). _____
_____

Richter(in) am Amtsgericht

Anmerkungen:

1) Durch die Einleitung mit Doppelpunkt läßt sich der Sachverhalt ohne sprachliche Zwänge darstellen. Bei der Formulierung sollte der StA sich lieber etwas mehr Zeit nehmen – Sorgfältigkeit zahlt sich aus, weil zB der Sachverhalt direkt in den späteren Anklagesatz übernommen werden kann.

2) Auch die rechtliche Würdigung sollte schon »anklagereif« sein. Deckt der geschilderte Sachverhalt die rechtliche Würdigung nicht oder schöpf

Messer/Siebenbürger

die rechtliche Würdigung den Sachverhalt nicht aus, ist nicht sorgfältig gearbeitet worden. Bei genauer Prüfung sollten unberechtigte Anträge oder fehlerhafte Entscheidungen nicht vorkommen.

3) Bei der Begründung des Tatverdachts sollte darauf geachtet werden, daß Fakten statt Allgemeinplätze geschildert werden. Andererseits ist zu überlegen, ob zu detaillierte Angaben zB bei Verdunkelungsgefahr die weiteren Ermittlungen beeinträchtigen können.

4) Bei der Schilderung der Haftgründe sind im Formular stichpunktartig die wichtigsten und häufigsten Argumente angeführt. Das Formular kann wie eine »Checkliste« verwendet werden. Durch konkrete Angaben im Freitext müssen aber diese Stichpunkte mit Leben ausgefüllt werden.

5) Für den Haftgrund der Verdunklungsgefahr gilt Anm. (4) entsprechend. Vorgesehen ist die Kumulierung verschiedener Haftgründe, um beispielsweise bei einer Haftprüfung wegen Verdunkelungsgefahr trotz Wegfall der Fluchtgefahr den Haftbefehl wegen Verdunklungsgefahr bestehen zu lassen.

6) Achtung: **keine** Kumulierung mit Wiederholungsgefahr, da der Haftgrund des § 112a StPO subsidiär ist.[216] Gegen den Haftgrund der »Straftat der Schwerkriminalität« bestehen verfassungsrechtliche Bedenken. Vorrangig sollte der Haftbefehl auf § 112 II StPO gestützt werden. Da § 112 III StPO aber keine Sondervorschrift ist, ist das Zitat im Haftbefehl neben § 112 II StPO zulässig und sinnvoll.[217]

7) Das Zitat des Grundsatzes der Verhältnismäßigkeit am Ende des Formulars dient nochmals der Selbstkontrolle. Weiterhin können schon hier Weichen gestellt werden, ob und unter welchen Bedingungen der Haftbefehl außer Vollzug gesetzt werden kann.

---

216 Kl/M-G § 112a Rn 17
217 Kl/M-G § 112 Rn 36 ff

b) Wiederholungsgefahr 146

AMTSGERICHT
- Ermittlungsrichter -

| Geschäftsnummer: | Gs | ◁ | Datum: | ◁ |

StA #eig. Behörde#
Az.: ◁

Haftbefehl

Gegen d. Besch. (große Personalien, Bl. _____)
wird die Untersuchungshaft angeordnet.

D. Besch. liegt folgender Sachverhalt zur Last: *(1)*

_____
_____
_____
_____
_____
_____
_____
_____
_____
_____
_____

D. Besch. wird daher beschuldigt,
_____
_____
_____
_____

strafbar als _____
_____
_____

gemäß §§ _____ .

Der dringende Tatverdacht ergibt sich aus
   - dem Ergebnis der polizeilichen Ermittlungen
☐ - den Angaben d. _____
☐ - dem (Teil-) Geständnis d. Besch.
☐ - _____
_____
_____
_____

> Es besteht der Haftgrund der Wiederholungsgefahr gemäß § 112 a Abs. 1 StPO. *(2)*
> ☐ D. Besch. ist einer Straftat nach § _____ dringend verdächtig.
> ☐ D. Besch. ist dringend verdächtig, wiederholt oder fortgesetzt eine die Rechtsordnung schwerwiegend beeinträchtigende Straftat nach § _____ begangen zu haben. Es ist eine Freiheitsstrafe von mehr als einem Jahr zu erwarten. _____
> *(3)* _____
> _____
> _____
> _____
>
> (dazu auch einschlägige Vorverurteilung einsetzen, § 112 a Abs. 1 Nr. 2 StPO)
>
> Es besteht die Gefahr, daß er/sie
> ☐ vor rechtskräftiger Aburteilung weitere erhebliche Straftaten gleicher Art begehen werde.
> *(4)* _____
> _____
> _____
> _____
> _____
>
> ☐ vor rechtskräftiger Aburteilung die Straftat fortsetzen werde. _____
> *(5)* _____
> _____
> _____
> _____
>
> Die Haft ist zur Abwendung der drohenden Gefahr erforderlich. *(6)* _____
> _____
> _____
> _____
>
> Auch bei Berücksichtigung des Grundsatzes der Verhältnismäßigkeit (§ 112 Abs. 1 Satz 2 StPO) ist die Anordnung der Untersuchungshaft geboten.
> Eine andere, weniger einschneidende Maßnahme verspricht - derzeit - keinen Erfolg (§ 116 Abs. 1 und 3 StPO). _____
> _____
> _____
> _____
> _____
>
> _____
> Richter(in) am Amtsgericht

Anmerkungen:

1) Bezüglich Sachverhalt, Tenor und Tatverdacht wird auf Rn 145 verwiesen.

2) Es gibt zwei Gruppen von Anlaßtaten:

§ 112a I Nr. 1 läßt die Anlaßtat als solche genügen (1. Alternative), während § 112a I Nr. 2 zur Tat noch schon **bisherige** Fortsetzung oder Wiederholung verlangt.

Messer/Siebenbürger

3) Zur Begründung der Wiederholungsgefahr sollten die einschlägigen Verurteilungen konkret aufgeführt werden. Im Gegensatz zum alten Recht ist aber eine einschlägige Vorstrafe nicht erforderlich, die Wiederholungsgefahr aber ohne eine solche relativ schwer zu begründen.

Die Straferwartung von mindestens einem Jahr gehört logisch erst zu den beiden folgenden Alternativen der eigentlichen Wiederholungsgefahr (Zukunftsprognose).

Im Formular wurde die Straferwartung zur Vermeidung von Fehlern jedoch als zwingende Voraussetzung bei § 112a II Nr. 2 vorgezogen.

4) Klassischer Fall der Wiederholungsgefahr ist beispielsweise der Schläger, der nicht fliehen wird und nichts verdunkeln will. Die Wiederholungsgefahr kann auf dem Charakter des Täters beruhen (schlägt grundlos jeden) oder dem Umfeld (politisch motiviert, rechte Szene).

5) Bei der Fortsetzung kommen oft Beziehungstaten in Betracht. Hier ist besonders sorgfältig zu begründen.

6) Die Erforderlichkeit der Haft ist eigens im Gesetz aufgeführt. Eine Begründung ist also unentbehrlich, warum andere Maßnahmen nicht ausreichen.

§ 112a II StPO normiert eindeutig den **Nachrang** gegenüber § 112 StPO. Es ist **unzulässig**, einen Haftbefehl nach § 112 StPO hilfsweise mit Wiederholungsgefahr zu begründen.

3. Weiteres Verfahren nach der Haftentscheidung bis zur Anklageerhebung

a) Fahndung, Verhaftung

Ist der Beschuldigte flüchtig oder unbekannten Aufenthalts, so überlegt der StA, ob gezielt und intensiv über die Polizei fahndet oder »nur« zur Festnahme regional oder überregional ausschreibt. Internationale Ausschreibung hat erhebliche Konsequenzen und sollte mit dem Auslandsdezernenten abgesprochen werden.

Ist der Beschuldigte greifbar, aber noch nicht festgenommen, so überlegt der StA, ob der Haftbefehl sofort vollzogen wird und die Fristen in Lauf gesetzt werden. Das Zuwarten kann wichtige Ermittlungsergebnisse bringen, dagegen ist das Risiko der Flucht oder Verdunkelung abzuwägen. Meist ist aber eine unterbliebene Verhaftung schädlicher als eine verfrühte.

b) Rechtsmittel

148 Lehnt der Richter nach Festnahme den Erlass eines Haftbefehls **ab**, so ordnet er die Freilassung an (§ 128 II StPO), wenn er nicht nach § 127a StPO entscheidet. Dagegen hat der StA das Rechtsmittel der **Beschwerde** nach § 304 StPO, die aber **keine aufschiebende Wirkung** für die Freilassung hat.

Erläßt der Richter Haftbefehl, kann er diesen gleichzeitig nach § 116 StPO außer Vollzug setzen. Auch hier hat der StA ebenso wie der Beschuldigte die Beschwerde nach § 304 StPO.

Wird der Haftbefehl erlassen, so hat der Beschuldigte zwei verschiedene Rechtsmittel:

Die **Haftbeschwerde** zum LG nach § 304 StPO führt sowohl zur Überprüfung der Rechtmäßigkeit des Erlasses des Haftbefehls als auch zur Überprüfung des § 116 StPO. Gegen die Entscheidung des LGs ist die **weitere Beschwerde** nach § 310 I StPO zulässig.

Anstelle (§ 117 II StPO) oder **vor** der Haftbeschwerde kann jederzeit Antrag auf **Haftprüfung** nach § 117 StPO gestellt werden. Über dieses Rechtsmittel entscheidet der Haftrichter ggf in mündlicher Verhandlung (§ 118, 118a StPO).

c) Beschleunigungsgebot

149 Das **Beschleunigungsgebot** in Haftsachen erfordert besonders zügige Ermittlungen, (Nr. 5 IV RiStBV). Die Sache ist in die **Haftliste** einzutragen, um die Fristen kontrollieren zu können. Es sind Doppel- oder gar Drittakten anzulegen (Nr. 54 III RiStBV) und die Akte als Haftsache zu kennzeichnen, (Nr. 52 RiStBV). Bei den Ermittlungen sollten die Möglichkeiten der Telekommunikation genutzt werden, denn Telefon und Fax sind in der Regel schneller als Aktenversendung und Briefpost. Auch ist nicht jedes Akteneinsichtsgesuch gleich wichtig, viele können warten. Polizei und Beteiligten sollten präzise Fristen gesetzt und zur Kontrolle Wiedervorlage verfügt werden.

Haftbeschwerden sollten noch am selben oder spätestens am nächsten Tag dem LG **vorliegen**, was heißt, die Akte über Boten oder persönlich zu befördern und nicht in den normalen Geschäftsgang zu geben.

Auch nach Erlaß/Vollzug des Haftbefehls hat der StA zu überwachen und zu prüfen, ob die Haft weiter zu vollziehen ist (Nr. 54 I RiStBV). Deshalb müssen sich die Ermittlungen auch auf die Haftfrage erstrecken (§ 117 III StPO). Entsprechend Nr. 57 RiStBV stellt der StA ggf Antrag, den Haftbefehl in oder außer Vollzug zu setzen (vgl die beiden folgenden Formulare).

d) Beispiel für Außervollzugsetzung des Haftbefehls

150

AMTSGERICHT

- Ermittlungsrichter -

Geschäftsnummer: Gs Datum:

#eig. Behörde#
Az.:

Ermittlungsverfahren
gegen

wegen

Beschluß

Der Haftbefehl des Amtsgerichts _____, ____ Gs _____,
vom _____ wird gegen folgende Auflagen außer Vollzug gesetzt: *(1)*

☐ D. Besch. nimmt unverzüglich Wohnung in _____ .

☐ D. Besch. teilt der #eig. Behörde# unter Angabe des Aktenzeichens <Az. der Staatsanwaltschaft> unverzüglich jeden Wohnungswechsel mit.

☐ D. Besch. meldet sich wöchentlich (____ -mal), *(2)*
und zwar jeweils am _____ bei der
_____ .
(Polizeidienststelle)

☐ D. Besch. leistet eine Sicherheit in Höhe von _____ DM (§ 116 a StPO).

☐ D. Besch. benennt einen Zustellungsbevollmächtigten. *(3)*

☐ D. Besch. hinterlegt bei der #eig. Behörde# folgende Ausweispapiere:
_____ .

☐ D. Besch. enthält sich jeder Kontaktaufnahme und Beeinflussung bezüglich der Mitbeschuldigten/Zeugen _____ .

☐ _____

☐ _____

☐ _____

Richter(in) am Amtsgericht

Anmerkungen:

1) Neben dem Katalog des § 116 StPO sind weitere Alternativen aufgeführt.

2) Je geringer die Fluchtgefahr, desto länger können die Meldefristen sein. Minimum sollte einmal wöchentlich sein. Bei zwei Terminen in der Woche sollte diese so gelegt werden, daß eine Flucht über das Wochenende verhindert oder zumindest schnell bemerkt wird.

3) Bei der Benennung des Zustellungsbevollmächtigten werden viele Fehler gemacht. Bei Personen, die nicht in Deutschland wohnen, ist der Zustellungsbevollmächtigte **Voraussetzung** für Aussetzung bei Sicherheitsleistung. Aber auch bei Inländern sollte entsprechend §§ 116a III, 127a II StPO der Zustellungsbevollmächtigte im Bezirk des AGs wohnen und vor allem **einverstanden** sein. Erst muß die Bereitschaft des Bevollmächtigten feststehen, bevor eine Außervollzugsetzung in Betracht kommt. Viele Verdächtige benennen irgendeine (vielleicht tatsächliche) vertraute Person, um frei zu kommen. Dieses Vertrauen ist aber oft nur einseitig, der Bevollmächtige will oder kann die Aufgabe manchmal gar nicht wahrnehmen.

Steht ein geeigneter Zustellungsbevollmächtigter noch nicht fest, ist ggf nach Nr. 60 I RiStBV zu verfahren.

e) Beispiel für Invollzugsetzung des Haftbefehls

151

A M T S G E R I C H T

_____
- Ermittlungsrichter -

| Geschäftsnummer: | Gs | ◄ | Datum: | ◄ |

#eig. Behörde#
Az.: ◄

Ermittlungsverfahren
gegen _____

wegen _____

B e s c h l u ß

Der Vollzug des Haftbefehls des Amtsgerichts _____ , _____ Gs _____
vom _____ wird angeordnet (§ 116 Abs. 4 StPO).

Gründe:

❏ D. Besch. hat den durch Beschluß vom _____ auferlegten Pflichten/Beschränkungen
gröblich zuwidergehandelt. _____

_____

_____

❏ D. Besch. hat Anstalten zur Flucht getroffen. _____

_____

❏ D. Besch. ist auf ordnungsgemäße Ladung ohne genügende Entschuldigung ausgeblieben.

_____

Messer/Siebenbürger

☐ Es hat sich gezeigt, daß das in d. Besch. gesetzte Vertrauen nicht gerechtfertigt war.
_____
_____

☐ Es sind neue Umstände hervorgetreten, die die Verhaftung erforderlich machen.
_____
_____

☐ _____
_____

Nur durch den Vollzug kann unter den gegebenen Umständen der Zweck der Untersuchungshaft erreicht werden.

_____
Richter(in) am Amtsgericht

f) Fristen

Die gesetzlichen **Fristen** sind zu überwachen und einzuhalten.

152

Nach **3 Monaten** ist spätestens ein Verteidiger zu bestellen (§ 117 IV StPO), es liegt ein Fall der notwendigen Verteidigung vor (§ 140 I Nr. 5 StPO).

Nach **6 Monaten** ist der Haftbefehl aufzuheben, wenn nicht das OLG Haftfortdauer anordnet (§ 121 StPO). Für rechtzeitige Vorlage der Akten ist Sorge zu tragen. Zur Prüfung der Voraussetzungen des § 121 I StPO ist die Ermittlungstätigkeit sorgfältig zu dokumentieren, zB auch durch Aktenvermerke über telefonische Ermittlungshandlungen.

g) Aufhebung

Sind die Voraussetzungen des Haftbefehls nicht mehr gegeben, ist der Haftbefehl auf Antrag des StA **aufzuheben**. Der Richter muß dem Antrag entsprechen, so daß schon der StA die Freilassung anordnen kann (§ 120 III StPO).

153

4. Vollzug und Durchführung der Untersuchungshaft

a) Rechtliche Grundlagen

Die gesetzliche Regelung des § 119 StPO ist nicht vollständig.

154

Soweit keine konkreten Regelungen (Einzelhaft, Fesselung) im Gesetz enthalten sind, hat der Richter nach § 116 VI StPO die erforderlichen Maßnahmen anzuordnen. Maßstab ist der Zweck der Untersuchungshaft oder die Ordnung der Vollzugsanstalt (§ 119 III StPO).

Messer/Siebenbürger

Von erheblicher Bedeutung neben dem StrafvollzG ist hier die Untersuchungshaftvollzugsordnung (UVollzO) der Landesjustizverwaltungen. Mangels gesetzlicher Grundlage ist die UVollzO aber nicht direkt anwendbar, weil es seit Jahrzehnten dem Gesetzgeber nicht gelungen ist, ein U-Haftvollzugsgesetz zu verabschieden. Die Regelungen der UVollzO sind aber sinnvoll und ermöglichen eine einheitliche Haftpraxis. Deshalb geht man davon aus, daß der Richter auf der Rechtsgrundlage des § 119 VI StPO die UVollzO in Kraft setzt, wenn er nicht abweichende Einzelregelungen trifft.

Die Rechtsprechung zu Einzelfragen ist umfangreich und unübersichtlich, die Tendenz des BVerfG stärkt aber zunehmend die Individualrechte gegenüber der in § 119 III StPO genannten Ordnung der Vollzugsanstalt. Es sollen deshalb nur ein paar für das Ermittlungsverfahren wichtige Punkte kurz angesprochen werden. Einzelheiten zu Vollzugsfragen finden sich in den einschlägigen Kommentaren.

b) Fesselung

155   Die **Fesselung** ist im § 119 V StPO und Nr. 64 ff UVollzO geregelt: Je höher die Fluchtgefahr und je gefährlicher der Häftling ist, desto mehr sollte an Fesselung gedacht werden. Anregungen der JVA sollte der StA ernst nehmen. Ausbrüche erfolgen selten mit Säge und Seil, besonders bedeutsam ist deshalb die Fesselung bei Ausführungen (zB Arztbesuch). In der JVA wird die Fesselung eine Ausnahme bleiben.

c) Briefkontrolle

156   Die Brief- und Paketkontrolle ist in Nr. 28 ff UVollzO geregelt. Die Briefkontrolle ist bedeutsam als Quelle für die Gewinnung von Beweismitteln aber auch von Erkenntnissen über die Person des Gefangenen. Sie kann deshalb für Haftfortdauer oder Lockerungen Bedeutung haben. Bei aller Lästigkeit (Schrift, Vielschreiber) sollte sie deshalb gründlich ausgeübt werden.

Ein Brief kann angehalten werden, wenn er nicht befördert werden soll (Nr. 34 UVollzO).

Nach §§ 94, 98 StPO wird der Brief als Beweismittel beschlagnahmt. Oft ist es aber in diesen Fällen nicht erforderlich, den Brief auch anzuhalten. Aus Verhältnismäßigkeitsgründen kann es ausreichend sein, eine Kopie zu beschlagnahmen und den Brief unter Verständigung des Gefangenen zu befördern.

Verteidigerpost unterliegt keiner Kontrolle (§ 148 StPO), aber es muß eine Vollmacht vorliegen. Schreiben zur Anbahnung eines Mandats unterliegen deshalb der Briefkontrolle.

Sollte der Gefangene die deutsche Sprache ausreichend verstehen, dürfte eine Beschränkung auf Beförderung deutschsprachiger Briefe zulässig sein. Reine Bequemlichkeit rechtfertigt nicht, tausende Mark für Übersetzungen auf Staatskosten aufzuwenden.

Praktisch erfolgt die Briefkontrolle mit einem Begleitumschlag (Nr. 32, 23 UVollzO). So wird gewährleistet, daß nur der Richter/StA Gefangenenpost lesen kann.

d) Besuchskontrolle

Besuche sind in Nr. 24 ff UVollzO geregelt, sie werden grundsätzlich überwacht. Der Verteidiger mit Vollmacht wird bei den Verteidigungsgesprächen nicht überwacht. **157**

e) Übertragung auf den StA

Die Befugnisse bezüglich Briefkontrolle und Besuchserlaubnis können mit Einwilligung des Gefangenen auf den StA übertragen werden (Nr. 3 UVollzO). Die Einwilligung sollte schon vor Aufnahme in die JVA abgeklärt werden. Die meisten Gefangenen willigen ein, denn der StA muß bei Beanstandungen die Entscheidung des Richters erholen, während die Beschleunigung erheblich ist (Beförderungszeit der Briefe; kurzfristige Besuchserlaubnis erfordert in der Regel Rücksprache mit dem StA, ob der Besucher zB Zeuge ist). **158**

5. Untersuchungshaft bei Jugendlichen

a) Allgemeines

Für Jugendliche gelten überwiegend dieselben Regelungen wie für erwachsene Täter. Besonderheiten ergeben sich aus §§ 72, 72a, 93 JGG und den dazugehörigen **Richtlinien** (äußerst wichtig). Für **Heranwachsende** gilt allgemeines Recht. **159**

Wesentliche Unterschiede zum Erwachsenenrecht ergeben sich in drei Punkten: **160**

– Verhältnismäßigkeit

– Haftgrund der Fluchtgefahr

– Beteiligung des Jugendamtes.

b) Materielles Haftrecht

161 An die **Verhältnismäßigkeit** der Untersuchungshaft stellt § 72 I JGG besondere Anforderungen. Grund sind die meist erheblichen seelischen Wirkungen der Haft auf Jugendliche. Die Anordnung der Haft muß deshalb unerläßlich sein. Ausfluß dieser Verhältnismäßigkeitsprüfung ist die ausdrücklich normierte Subsidiaritätsprüfung hinsichtlich der **vorrangigen Heimunterbringung**. In vielen Fällen dürfte der Jugendliche so bekannt sein, daß eine vorherige Abklärung über das Jugendamt möglich ist, ob und welches Heim den Jugendlichen aufnehmen kann. Sofern in der Entscheidungszeit ein Heim gefunden werden kann, gibt § 72 IV JGG die Möglichkeit, den Haftbefehl in einen Unterbringungsbefehl umzuwandeln. Eine solche Umwandlung muß auch dann immer wieder geprüft werden, wenn schon ein Haftbefehl erlassen ist. Oft bringt auch gerade die kurze Inhaftierung die erforderliche Motivation, die erst eine sinnvolle Unterbringung ermöglicht. Umgekehrt kommt aber auch eine Umwandlung des Unterbringungsbefehls nach § 71 II JGG in einen Haftbefehl in Betracht, wenn die Unterbringung (zB durch Entweichungen) gescheitert ist.

162 Um zu gewährleisten, daß Haft wirklich als letztes Mittel angeordnet wird, verlangt § 71 I 3 JGG eine ausdrückliche **Begründung** im Haftbefehl, warum andere Maßnahmen und Unterbringung nicht ausreichend sind. Ohne Beteiligung der Jugendgerichtshilfe (§ 72a JGG) wird eine solche Begründung schwerfallen.

Der Hinweis auf das **Beschleunigungsgebot** in § 72 V JGG ist eigentlich selbstverständlich, aber so deutlich, daß auch Verfahrensabtrennungen von erwachsenen Mittätern auch in Fällen erforderlich werden können, in denen zur Sachaufklärung gemeinsame Verhandlung sinnvoll wäre.

163 Der Haftgrund der Fluchtgefahr entfällt bei Jugendlichen unter **16 Jahren**. § 72 II JGG reduziert bei diesen ganz jungen Tätern den Haftgrund auf die bereits erfolgte Flucht oder die Vorbereitung dazu und auf die Wohnsitzlosigkeit. Hier müssen konkrete Fakten den Haftgrund belegen, allgemeine Erwägungen genügen nicht.

c) Verfahren

164 Nach § 72a JGG ist das **Jugendamt** möglichst vor der Entscheidung zu beteiligen. Ein engagierter Jugendarbeiter kennt meistens den Jugendlichen und kann deshalb beispielsweise so auf ihn einwirken, daß andere Maßnahmen als Haft ausreichend sind. Zusammenarbeit des StA ist hier gefragt. Die Haftfrage stellt sich bei Jugendlichen selten aus heiterem Himmel. Bei Zusammenarbeit mit der JGH kann oft im Vorfeld abgeklärt werden, wann die Grenze zu Haft überschritten ist. Allein die konkrete Drohung mit der Haft kann erzieherische Maßnahmen erleichtern (vgl § 38 III JGG). Auch die gesetzlichen Vertreter sind eventuell in die Entscheidung einzubeziehen.

Die **Zuständigkeit** und das Verfahren bei der Vorführung entsprechen im wesentlichen dem allgemeinen Recht. Allerdings wird verstärkt der Jugendrichter eingebunden. Auch der im Jugendrecht vorrangigen örtlichen Zuständigkeitsregelung des § 42 JGG wird durch verstärkte Abgabemöglichkeiten Rechnung getragen (Richtlinien Nr. 2, § 72 VI JGG).

Die gesetzlichen Vertreter sind von der Verhaftung zu benachrichtigen (§ 114a StPO), sie können selbstständige Rechtsmittel einlegen und Haftprüfung beantragen (§§ 117, 118 StPO). Bei **Vollzug** der Haft ist § 93 JGG zu beachten.

6. Anklage

In der Anklage sind Ort und Dauer der Haft und die Prüfungstermine anzugeben und zur **Haftfortdauer** ist ein bestimmter Antrag zu stellen (Nr. 110 IV RiStBV). Die gerichtliche Zuständigkeit für Haft und Haftkontrolle geht mit Anklageerhebung auf die Spruchrichter über (§§ 125 II, 126 II StPO). Die Anklageerhebung ist in der Haftliste (verantwortlich ist der StA, nicht die Geschäftsstelle) zu vermerken, der StA soll aber weiter die Frist der §§ 121, 122 StPO überwachen und muß sich deshalb über Terminierung der Anklage informieren.

165

Spätestens mit der Anklage sollte auch Erweiterung oder Beschränkung eines bestehenden oder Erlaß eines neuen Haftbefehls beantragt werden. Nur der Inhalt des Haftbefehls unterliegt der Prüfung bei der Haftfortdauer. Weitere Anklagepunkte müssen deshalb im Haftbefehl enthalten sein, um bei der Verhältnismäßigkeitsprüfung berücksichtigt zu werden. Bei größeren Änderungen sollte deshalb der Antrag gestellt werden, den alten Haftbefehl aufzuheben und einen neuen (zB entsprechend dem Anklagesatz) zu erlassen.

7. Praktische Hinweise

Fragen zu den Voraussetzungen der Untersuchungshaft und zu Rechtsproblemen sollte jeder StA mit Kommentarliteratur lösen können. Wichtiger als juristische Höhenflüge sind aber oft die praktischen und organisatorischen Fragen. Hierzu einige Hinweise, denn nicht immer sind StA und Richter »alte Hasen«, besonders am Wochenende.

166

a) Prüfung der Haftfrage

In der Regel stellt sich die Haftfrage durch einen Anruf der Polizei. Eine Person ist vorläufig festgenommen worden und der StA soll entscheiden, ob vorgeführt wird.

167

Mit der **Polizei** ist telefonisch oder persönlich abzuklären:

- Welche **Fakten** gibt es für den Nachweis des dringenden Tatverdachts?
- Liegt ein Haftgrund vor, wie kann er belegt werden?

Gezielte Nachfragen erübrigen manchmal eine Vorführung, weil oft ein Haftgrund fehlt. Hier ist vor allen Dingen zu prüfen, ob nicht nach § 127a oder § 132 StPO zu verfahren ist.

b) Organisation und Durchführung der Vorführung

168 Hier darf man nicht allein auf den Richter vertrauen. Hat der StA sich zur Vorführung entschlossen, braucht er folgende Informationen:

- Genaue Personalien des Beschuldigten
- Evtl vorhandene Unterlagen über Vorbelastungen
- Wann erfolgte die vorläufige Festnahme? 23.59 Uhr oder 0.01 Uhr bedeutet praktisch einen Tag Unterschied bei der Frist des § 128 I StPO
- Ist der Beschuldigte bereits vernommen?
- Ist er vernehmungsfähig? Wird ein Dolmetscher benötigt?
- Wann kann der Beschuldigte zur Vorführung beigebracht werden?
- Hat sich schon ein Verteidiger gemeldet?

169 Innerhalb der **StA** sollte veranlaßt werden:

- Eintrag in Js
- Überprüfung, ob andere Verfahren anhängig sind, ggf Akten beiziehen. Oft ergeben sich wichtige Hinweise für Straferwartung oder Haftgrund, vielleicht liegt ein neues BZR vor.
- Erholung BZR-Auszug (Fax, Telefon)
- Bei medienträchtigen oder bedeutenden Fällen Informationen des AL/Pressereferenten
- Abklären, ob der StA an der Vorführung teilnimmt.

170 Maßnahmen bei Eintreffen der Unterlagen

- Spätestens jetzt **Doppelakte** anlegen lassen
- Ein Satz Unterlagen an das Gericht
- Mit dem anderen Satz Erstellung des Haftbefehlsantrags **ohne Hast.**

Sorgfalt zahlt sich aus! Ein guter Antrag entspricht Nr. 46 RiStBV und spart viel Arbeit bei der Anklage. Kann der StA seinen Antrag gut für sich vertreten, wird er auch den Richter überzeugen können.

- Wann können die schriftlichen Unterlagen (notfalls per Fax) vorgelegt werden?

Hinweis: Die Unterlagen sollten mindestens 1/2 Std. **vor** dem Eintreffen des Beschuldigten **doppelt** vorliegen, damit der Richter sich informieren und der StA seinen Antrag stellen kann.

Hat der StA die nötigen Informationen von der Polizei, sollte er mit dem **Gericht** Kontakt aufnehmen.

- Wann kann die Vorführung stattfinden?
- Die vollen Personalien sollten mitgeteilt werden, damit das Protokoll vorbereitet werden kann.
- Besorgt das Gericht einen Dolmetscher oder soll dies über die Polizei/ StA organisiert werden?
- Wieviele Personen sind vorzuführen (Bei mehreren Personen müssen evtl mehrere Richter oder Protokollführer tätig werden)?
- Hat sich bereits ein Verteidiger gemeldet (Wichtig wegen Anwesenheitsrecht)?
- Steht der Termin bei Gericht fest, ist mit der Polizei die Vorführung zu regeln.

Ggf sind noch zu informieren (falls es nicht das Gericht macht):

- die **JVA** (Aufnahmefähig? Zuständig? Wohin können Mittäter aus Trennungsgründen gebracht werden? Krankheiten nach Nr. 45 RiStBV?)
- Das **Jugendamt** bei jugendlichen Tätern (§ 72a JGG)
- Kontaktaufnahme mit dem Verteidiger.

Eine sorgfältige Begründung ist auch letzte Kontrolle, ob man selbst den Haftantrag vertreten kann.

Ein Haftbefehlsantrag in Beschlußform kann bei Gericht zu erheblicher Zeitersparnis führen, wenn der Richter sich dem Inhalt anschließen kann. Auch deshalb ist eine sorgfältige Begründung dringend anzuraten.

c) Vorführung beim Richter

- Der StA sollte bei der Vorführung in bedeutenden Sachen anwesend sein.
- Wichtig ist auch die Anwesenheit des sachbearbeitenden Polizeibeamten, damit jederzeit Rückfragen möglich sind.
- Vor allem bei nicht so erfahrenen Ermittlungsrichtern sollte darauf geachtet werden, daß der **subjektive** Tatbestand vollständig abgefragt wird (wollte Täter verletzen oder töten, wußte er um strafverschärfende

oder strafmildernde Umstände, usw?). Fehler bei der ersten Vernehmung lassen sich selten noch beheben!

– Ist die Protokollierung später verwertbar? Bloße Bezugnahme auf eine polizeiliche Vernehmung genügt nicht.

– Es sollte abgeklärt werden, ob Besuchserlaubnis und Briefkontrolle auf den StA übertragen wird.

– Bei der Beweislage »Aussage gegen Aussage« oder bei Belastungszeugen mit Schweigerecht sollte gleichzeitig oder vor Haftbefehlsantrag die Vernehmung des Zeugen durch den Ermittlungsrichter beantragt werden. Erst der persönliche Eindruck entscheidet oft über die Glaubhaftigkeit einer Aussage.

d) Brief- und Besuchskontrolle

173 – In der Regel ist es für das Verfahren sinnvoll, Brief- und Besuchskontrolle auf den StA zu übertragen.

– Bei Briefen in ausländischer Sprache ist es meist nicht erforderlich, den genauen Wortlaut übersetzen zu lassen. Das kostet Zeit und vor allem viel Geld. In der Regel genügt eine grobe Sichtung des Inhalts durch den Übersetzer, die auch nach Stundenhonorar abgerechnet werden kann. Bei Vielschreibern kann man auch mehrere Briefe zusammenkommen lassen.

– Schreiben sich Gefangene gegenseitig, sollte man sich selbst die Begleitumschläge besorgen. Wer nicht aufpaßt, liest denselben Brief dann nämlich zweimal (bei Ausgangs- und bei Eingangskontrolle).

– Bei Besuchern, die nicht bekannt sind, sollte Rücksprache mit dem polizeilichen Sachbearbeiter erfolgen, ob Bedenken bestehen.

XI. Einstweilige Unterbringung

1. Allgemeines

174 Die einstweilige Unterbringung nach § 126a StPO dient dem Schutz der Allgemeinheit und soll die Vorwegnahme des Vollzugs der §§ 63, 64 StGB ermöglichen. Sie ist auch bei Jugendlichen und Heranwachsenden möglich, denn § 72 JGG gilt für die Unterbringung nicht, weil diese nicht das Verfahren, sondern die Allgemeinheit sichern soll.

Die einstweilige Unterbringung hat drei Voraussetzungen:

Zunächst ist **dringender Tatverdacht** einer rechtswidrigen Tat erforderlich. Hier kann auf den dringenden Tatverdacht beim Haftbefehl verwiesen werden (s Rn 139).

Weiter müssen dringende Gründe für die Voraussetzungen der §§ 20, 21 StGB vorliegen.

Schließlich muß die **Unterbringung** zu erwarten sein, was § 126a StPO hauptsächlich vom Haftbefehl unterscheidet. Wurde eine Tat beispielsweise im Vollrausch begangen und ist eine Wiederholung nicht zu erwarten, scheidet § 126a StPO aus. Auch wenn in Zukunft nur Bagatelltaten zu erwarten sind, kann eine Unterbringung nicht erwartet werden. Im Gegensatz zum Haftbefehl, der auch bei kleineren Delikten möglich ist, ist der Unterbringungsbefehl nur bei Taten zulässig, die zumindest zum Bereich der mittleren Kriminalität gehören.

2. Verfahren

Nach § 126a II StPO gelten im Wesentlichen die Vorschriften für die Untersuchungshaft. 175

Folgende Unterschiede bestehen aber zum Haftbefehl:

Der Unterbringungsbefehl kann nicht außer Vollzug gesetzt werden. Sind die Voraussetzungen entfallen, so ist er aufzuheben (§ 126a III StPO).

Besonders wichtig für die Praxis ist die Möglichkeit der **Umwandlung** in einen Haftbefehl und umgekehrt. Die ersten Ergebnisse der Begutachtung der Schuldfähigkeit geben also Anlass, die Art der Freiheitsentziehung zu überdenken.

Schließlich gelten für die einstweilige Unterbringung die Vorschriften über die OLG-Vorlage nach §§ 121, 122 StPO **nicht**.

Beispiel für einen Unterbringungsbefehl: 176

Der folgende Baustein ist sowohl für § 63 StGB als auch für § 64 StGB verwendbar. Die Sachverhaltsschilderung und rechtliche Würdigung sollte so abgefaßt werden, daß sie später in die Anklage übernommen werden können.

AMTSGERICHT

- Ermittlungsrichter -

Geschäftsnummer: Gs   Datum:

#eig. Behörde#
Az.:

Unterbringungsbefehl

Die einstweilige Unterbringung d. Besch. (große Personalien, Bl. _____)

❏ in einem psychiatrischen Krankenhaus
❏ in einer Entziehungsanstalt

wird gemäß § 126 a StPO angeordnet.

D. Besch. ist dringend verdächtig,

im Zustand der Schuldunfähigkeit (§ 20 StGB), zumindest im Zustand der verminderten Schuldfähigkeit (§ 21 StGB), _____

_____
_____
_____
_____
_____
_____
_____
_____
_____
_____
_____

Dies verwirklicht rechtswidrig den Tatbestand d. _____

_____
_____

gemäß §§ _____
_____

Messer/Siebenbürger

Der dringende Tatverdacht ergibt sich aus
- dem Ergebnis der polizeilichen Ermittlungen
- ❏ - den Angaben d. _____
- ❏ - dem (Teil-) Geständnis d. Besch.
- ❏ - _____

_____
_____
_____
_____

Es sprechen derzeit dringende Gründe für die Annahme, daß d. Besch. die Tat im Zustand der Schuldunfähigkeit oder der zumindest verminderten Schuldfähigkeit begangen hat und daß

❏ die Unterbringung in einem psychiatrischen Krankenhaus angeordnet werden wird (§ 63 StGB). Aufgrund der bisherigen Erkenntnisse sind von d. Besch. infolge seines/ihres Zustandes erhebliche rechtswidrige Taten zu erwarten; d. Besch. ist deshalb für die Allgemeinheit gefährlich.

_____
_____
_____
_____
_____
_____

❏ die Unterbringung in einer Entziehungsanstalt angeordnet werden wird (§ 64 StGB). D. Besch. hat offensichtlich den Hang, alkoholische Getränke oder andere berauschende Mittel im Übermaß zu sich zu nehmen. Da die vorliegende rechtswidrige Tat im Rausch begangen wurde bzw. auf diesen Hang zurückgeht, besteht die Gefahr, daß d. Besch. infolge dieser Abhängigkeit erhebliche rechtswidrige Taten begehen wird.

_____
_____
_____
_____
_____

Aus diesen Gründen gebietet die öffentliche Sicherheit die einstweilige Unterbringung d. Besch. Eine andere, weniger einschneidende Maßnahme verspricht - derzeit - keinen Erfolg.

_____
Richter(in) am Amtsgericht

Messer/Siebenbürger

# KAPITEL 2 – FAHNDUNG

Überblick

I.	Rechtliche Grundlagen	1
II.	Allgemeines	2–4
III.	Fahndungshilfsmittel	5–8
IV.	Fahndung nach dem Beschuldigten	9–24
	1. Ausschreibung zur Aufenthaltsermittlung	10
	2. Ausschreibung zur Festnahme	11–18
	a) Örtliche Fahndung	15
	b) Nationale Fahndung	16
	c) Internationale Fahndung neben der nationalen Fahndung	17–18
	3. Formular – Einstellung gem § 205 StPO (analog) einschließlich der Anordnung der nationalen und internationalen Fahndung	19–24
V.	Fahndung nach Zeugen	25
VI.	Fahndung nach Sachen	26

I. Rechtliche Grundlagen

Nr. 39–43 RiStBV, RiStBV Anlage B[1] und F[2], §§ 27–29 BZRG, Art. 64, 95, 98 und 100 SDÜ   1

II. Allgemeines

Die länger andauernde Abwesenheit eines **Beschuldigten** wegen unbe- 2
kannten Aufenthalts führt unter entsprechender Anwendung des § 205
StPO zu einer vorläufigen staatsanwaltlichen Einstellung des Verfahrens
(unten Teil C – Einstellungsverfügung Rn 203 ff). Für den StA ist dies Ver-

---

[1] Abgedruckt bei Kl/M-G unter Anl B RiStBV A 15
[2] Abgedruckt bei Pfeiffer unter Anl F RiStBV A 8

Vordermayer

3 anlassung, die Haftfrage (oben Teil A 1. Kap Rn 138 ff) sowie eventuell notwendige Fahndungsmaßnahmen (unten Rn 5 ff) zu prüfen. Diese Arbeit wird durch die Verwendung des Formulars Rn 19 erleichtert.

3 Die Einleitung von Fahndungsmaßnahmen kommt auch in Betracht bei unbekanntem Aufenthalt eines wichtigen **Zeugen** (unten Rn 25) oder zur Herbeischaffung von **Sachen**, die für das Verfahren von Bedeutung sind (unten Rn 26).

4 Während Nr. 39 I RiStBV die Objekte der Fahndung (Täter, Zeugen, Sachen) nennt, erinnern der zweite und dritte Absatz an die Beachtung der Verhältnismäßigkeit und die rechtzeitige Rücknahme von Fahndungsmaßnahmen. Gerade dem unverzüglichen Widerruf eingeleiteter Fahndungsmaßnahmen, über deren jeweilige Dauer sich der StA genauestens informieren sollte, ist besonderes Augenmerk zu schenken. Dies setzt bei einem zur Fahndung ausgeschriebenen Beschuldigten eine fortlaufende Überprüfung des Verfahrens in Bezug auf eine evtl eintretende Verjährung oder die Außervollzugsetzung bzw Aufhebung eines Haftbefehls voraus.

III. Fahndungshilfsmittel

5 Als Fahndungshilfsmittel nennt Nr. 40 I RiStBV das BZR, das Verkehrszentralregister, das Gewerbezentralregister, das Ausländerzentralregister, das EDV-Fahndungssystem der Polizei (INPOL), das zwischenzeitlich nicht mehr existierende deutsche Fahndungsbuch, das Bundeskriminalblatt, die Landeskriminalblätter sowie das Schengener Informationssystem (SIS). Nr. 40 II RiStBV weist auf die Inanspruchnahme von Publikationsorganen (Presse, Rundfunk, Fernsehen) hin.

6 Die Beteiligung von Publikationsorganen bei der Fahndung nach bekannten und unbekannten Tatverdächtigen sowie nach Zeugen und flüchtigen Verurteilten ist im Einzelnen unter besonderer Berücksichtigung des Verhältnismäßigkeitsgrundsatzes in der Anlage B zur RiStBV geregelt. Um eine Sonderform der Öffentlichkeitsfahndung handelt es sich bei der Fahndung im Internet, über deren länderspezifische Voraussetzungen sich der StA vor entsprechender Anordnung genauestens sachkundig machen wird. Gleiches gilt für die Aussetzung von Belohnungen für die Mitwirkung von Privatpersonen bei der Ergreifung flüchtiger Straftäter.

7 In den Bundesländern Bayern und Sachsen steht dem StA als weiteres Fahndungsmittel für Beschuldigte zudem das dortige staatsanwaltschaftliche Registrierungs- und Informationssystem STARIS zur Verfügung.

Vordermayer

Künftig wird er sich außerdem eines entsprechenden länderübergreifenden Registers[3] bedienen können.[4]

Der wirkungsvolle und ordnungsgemäße Einsatz der genannten Fahndungshilfsmittel setzt eine enge Zusammenarbeit zwischen dem StA und den speziell ausgebildeten Beamten bei den Inspektionen, Direktionen und Präsidien der Polizei sowie den Landeskriminalämtern und dem Bundeskriminalamt voraus. Sollen Fahndungsmaßnahmen über das Gebiet der Bundesrepublik hinaus erstreckt werden, empfiehlt sich auch die Einschaltung des Rechtshilfereferenten der eigenen Behörde.

IV. Fahndung nach dem Beschuldigten

Wenn der StA mit Fahndungsmaßnahmen befaßt ist, geht es in aller Regel um die Ausschreibung des Beschuldigten zur **Festnahme** (vgl Nr. 41 I–III, V, 43 RiStBV) oder zur **Aufenthaltsermittlung** (vgl Nr. 41 IV, 43 I, IV RiStBV). Beides geschieht mit bundeseinheitlichen Vordrucken, die teilweise auch schon von den jeweiligen EDV-Systemen der StAen der verschiedenen Bundesländer zur Verfügung gestellt werden.

1. Ausschreibung zur Aufenthaltsermittlung

Die Ausschreibung des Beschuldigten zur Aufenthaltsermittlung, die gem Nr. 43 I 2 RiStBV auch international erfolgen kann, kommt dann in Betracht, wenn die Voraussetzungen eines Haftbefehls, eines Unterbringungsbefehls oder eines Steckbriefs nicht vorliegen. In diesem Fall ist neben der Ausschreibung zur Aufenthaltsermittlung mittels des Vordrucks »KP 21/24« für die nationale und die SIS-Fahndung (Art. 98 SDÜ) und des Vordrucks »IKPO Nr. 2« für die INTERPOL-Fahndung auch die Niederlegung eines Suchvermerks gem §§ 27 ff BZRG veranlaßt (Nr. 41 IV RiStBV).

---

3 Vgl §§ 474 ff StPO
4 Zu weiteren Fahndungsmaßnahmen, zB der *Rasterfahndung* gem §§ 98 a, b StPO, der Herstellung von Lichtbildern und Bildaufnahmen, dem *Einsatz besonderer technischer Mittel* zur Observation und die Aufzeichnung des nichtöffentlich gesprochenen Wortes gem § 100 c StPO, dem Einsatz *verdeckter Ermittler* gem § 110 a ff StPO, der *polizeilichen Beobachtung* gem § 163 e StPO, der *Observation* von Personen und Objekten, der Einschaltung von *Kontaktpersonen oder Lockspitzeln*, dem Einsatz von *V-Leuten* gem Anl D I zur RiStBV und der Einschaltung eines *agent provocateur* vgl Kl/M-G § 163 Rn 34 ff.

Vordermayer

2. Ausschreibung zur Festnahme

11 Liegt ein Haftbefehl, ein Unterbringungsbefehl oder ein Steckbrief vor, so veranlaßt der StA die **Ausschreibung des Beschuldigten zur Festnahme** und die Niederlegung einer **Steckbriefnachricht** gem §§ 27 ff BZRG (Nr. 41 I 1 RiStBV). Gem Nr. 41 II RiStBV kann bei sonstiger Gefährdung des Fahndungserfolgs, wenn die Voraussetzungen eines Haft- oder Unterbringungsbefehls vorliegen, die entsprechenden richterlichen Beschlüsse aber noch ausstehen, ebenfalls eine Ausschreibung zur Festnahme erfolgen.

12 Ist der Beschuldigte Ausländer, ist zusätzlich Nr. 41 III RiStBV zu beachten.

13 Für den Fall einer Haftverschonung nach § 116 I 2 StPO sieht Nr. 41 V RiStBV unter bestimmten Voraussetzungen die Ausschreibung des Beschuldigten zur Festnahme vor.

14 Von besonderer Bedeutung bei der Ausschreibung zur Festnahme ist die Frage, für welche Fahndungsbereiche mit ihren unterschiedlichen Anforderungen diese erfolgen soll. Die Fahndung kann dabei örtlich beschränkt (unten Rn 15), **national** für das Gebiet der Bundesrepublik Deutschland (unten Rn 16) oder zusätzlich **international** für bestimmte Regionen und Bereiche angeordnet werden (unten Rn 17 f).

a) Örtliche Fahndung

15 Will der StA von einer überörtlichen Ausschreibung aus Gründen der Verhältnismäßigkeit absehen, zB weil er aufgrund der durchgeführten Ermittlungen sicher davon ausgeht, daß sich der Beschuldigte an einem bestimmten inländischen Ort aufhält, so hat er dies gegenüber der zur örtlichen Fahndung aufgeforderten Polizeidienststelle gem Nr. 41 I 4 RiStBV zum Ausdruck zu bringen.

b) Nationale Fahndung

16 Die nationale Fahndung für den Bereich der Bundesrepublik Deutschland wird auf dem dafür vorgesehenen Weg (Nr. 41 I 2–4 RiStBV) mittels des Vordrucks »KP 21/24« veranlaßt.

c) Internationale Fahndung neben der nationalen Fahndung

17 Neben der nationalen Fahndung im INPOL-System der Polizei kommt unter den in Nr. 43 RiStBV und den der hierfür erlassenen Richtlinien (Anlage F zur RiStBV) genannten Voraussetzungen auch die internationale Fahndung im SIS, durch INTERPOL und als Mischfahndung im SIS und durch INTERPOL in Betracht. Dabei stellt – wie sich aus Nr. 43 III RiStBV ergibt – nicht die nationale Fahndung, sondern die im Schengener Informationssystem die Regelfahndung dar. Wegen des räumlichen Aus-

dehnungsbereichs der jeweiligen Fahndung und der hierfür zu verwendenden Vordrucke sowie der Aufzählung der derzeitigen Schengen-Staaten, im Verhältnis zu denen das SDÜ Anwendung findet, wird auf das nachfolgende Formblatt Rn 19 unter Ziffer 10 a verwiesen.

Zu beachten ist, daß die internationale Fahndung nur dann beantragt werden darf, wenn beabsichtigt ist, im Falle der Ermittlung des Gesuchten ein Auslieferungsersuchen (vgl unten Teil D 8. Kap Rn 9 ff) anzuregen. Dabei ist gem Art. 64 SDÜ die Ausschreibung des Beschuldigten im SIS nach Art. 95 SDÜ bereits einem Ersuchen um vorläufige Festnahme zum Zweck der Auslieferung gleichgestellt. Die Verantwortung für die Zulässigkeit der Ausschreibung trägt die StA, die die Fahndung betreibt. Eine weitere Prüfung der Zulässigkeit der Ausschreibung findet – im Gegensatz zur INTERPOL-Ausschreibung – in der Regel nicht statt. Die Prüfung der Auslieferungsfähigkeit erfordert daher besondere Sorgfalt.

18

3. Formular – Einstellung gem § 205 StPO (analog) einschließlich der Anordnung der nationalen und internationalen Fahndung

19

STAATSANWALTSCHAFT
#ORT#
#ZwSt#

Az.:   ≺ Datum: ≺ ein 205 1

Ermittlungsverfahren
gegen

wegen

Verfügung

1. **Personendaten** und **Schuldvorwurf** überprüft. Änderung nicht veranlaßt.
2. ☐ Das Verfahren wird übernommen. ○ Übernahmenachricht erteilen.
3. Vermerk:
   a, **Tatzeit(en):** _____ (Bl. ____)
      Verjährungsunterbrechung: _____ (Bl. ____)
      Verjährungstermin: _____
      Eintritt der absoluten Verjährung: _____
   b, ☐ Das Verfahren **wurde** wegen unbekannten Aufenthalts d. Besch. am
      _____ entsprechend § 205 StPO **vorläufig eingestellt** (Bl. ____)
   c, ☐ Das Verfahren wurde gemäß § 205 StPO durch gerichtlichen Beschluß vom
      _____ **vorläufig eingestellt** (Bl. ____)
4. ☐ a, Das Verfahren **wird** wegen unbekannten Aufenthalts d. Besch. (Bl. ____)
      entsprechend § 205 StPO eingestellt.
   b, **Abtragen** ZK 37 (I)

Das Verfahren betrifft eine	organisiert	
	ja	nein
Straßenverkehrsstrafsache	A	B
besondere Wirtschaftsstrafsache	C	D
Betäubungsmittelstrafsache	E	F
Umweltstrafsache	G	H
Strafsache gg. sex. Selbstbest.	I	K
Keine d. vorgenannt. Strafsachen	Y	Z
Jugendschutzsache		

5. ☐ **Auslandsfahndung** ist neben der nationalen Fahndung **veranlaßt**. Rücksprache mit **Auslandsref.**, insbesondere zur räumlichen Ausdehnung der Fahndung, ist erfolgt, vgl. Vermerk Bl. ____
6. ☐ **AL** ____ z.K.
7. ☐ **Mitteilung von Ziff. 4. a,** an
      ○ Antragst. (Bl. ____)
      ○ Vertreter(in) d. Antragst. (Bl. ____)
      mit dem Hinweis, daß Fahndungsmaßnahmen eingeleitet wurden
8. ☐ **Örtliche Fahndung:**
      Ausfertigung(en) des Haftbefehls (Bl. ____) ____-fach ○ mit Telefax
      an _____
      m.d. Bitte um Vollzug übersenden
9. ☐ **Aufenthaltsermittlung/Suchvermerk:**
   a, Beschuldigten zur Aufenthaltsermittlung ausschreiben
      ○ Zusatz im Feld FAA:

z.B.: Straftat, Tatort, Tatzeit, Schaden u.s.w. (max. 48 Zeichen)

TV-StA #StA# ein 205 1   (10.98)   Einstellung gem. § 205 StPO - Fahndung allg.

Vordermayer

Fahndung Kapitel 2 123

○ Zusatz im Feld FSV:

| | | | | | | | | | | | | | | | | | | | | | | | | | | | |

z.B.: Grund der Ausschreibung, Beschuldigtenvernehmung durchführen, Benennung eines Zustellungsbevollmächtigten, möglichst der zuständige Geschäftsstellenbeamte des AG am Sitz der ausschreibenden BtA u.s.w. (max. 200 Zeichen)

b, Suchvermerk zum BZR/AZR

10. ☐ **Festnahme/Steckbriefnachricht:**
    a, Besch. zur Festnahme ausschreiben
      ○ **national:** (räumliche Ausdehnung: Deutschland)
      ○ **international:**
        ○ **SIS-Fahndung** mit
        ergänzenden Begleitpapieren 2, 2 a, 3 und M (räumliche Ausdehnung: Belgien, Deutschland, Spanien, Frankreich, Italien, Luxemburg, Portugal, Griechenland, Niederlande, Österreich - auch wenn i.V.m. einem oder mehreren europ. Nachbarstaat/en: CH, DK, FL, GB, IRL, N, S, PL, TSR, SLR, H)
        ○ **Interpolfahndung** mit Vordruck IKPO Nr. 1 (räumliche Ausdehnung: ein oder mehrere europäische Staaten oder nichteuropäische Staaten - ohne SIS-Staaten)
        ○ **Mischfahndung im SIS und durch Interpol** mit
        ergänzenden Begleitpapieren 2, 2 a, 3 und M sowie Vordruck IKPO Nr. 1
        (räumliche Ausdehnung: mehrere europäische oder nichteuropäische Staaten, die teilweise SIS-Staaten sind)
    b, ○ **Personengebundene Hinweise:**
      ○ Bewaffnet ○ Gewalttätig ○ Ausbrecher ○ Ansteckungsgefahr ○ Geisteskrank ○ BtM-Konsument
      ○ Freitodgefahr ○ Prostitution ○ Andere Personalien: _____

      (z.B. Aliaspersonalien, unterschiedliche Schreibweise)

    c, Steckbriefnachricht zum BZR/Suchvermerk zum AZR
    d, **Beglaubigte Mehrfertigung des Haftbefehls** (Bl. ____)
      ○ und des Wiedervollzugsetzungsbeschlusses (Bl. ____) übersenden an:
      Landeskriminalamt mit Anlagen
      ○ **Polizeidienststelle des (letzten) Wohnsitzes:** _____
      ○ **sachbearbeitende Dienststelle:** _____
      zu Geschäftszeichen _____

11. ☐ _____

12. WV _____

(Unterschrift, Namensstempel)

Das vorstehende Formular behandelt neben der Einstellung eines Verfahrens wegen unbekannten Aufenthalts des Beschuldigten auch die Fahndung nach dem Täter, die allein an dieser Stelle erläutert wird. Ausführungen zur Einstellungsproblematik finden sich unter Teil C – Einstellungsverfügung Rn 203 ff.

21 Unter **Ziffer 5** wird der StA daran erinnert, daß es sich wegen der damit verbundenen Probleme tunlichst empfiehlt, mit dem Rechtshilfedezernenten Rücksprache zu nehmen, wenn neben der nationalen Fahndung auch eine Fahndung im Ausland betrieben werden soll. Nur der Rechtshilfedezernent ist in der Regel – ggf nach Rücksprache mit den vorgesetzten Behörden – in der Lage, konkret zu beantworten, in welchen Staaten bei Vorliegen welcher Straftaten eine Auslieferung in Betracht kommt oder ob dieser gegebenenfalls Hindernisse entgegenstehen. Zur späteren Nachvollziehbarkeit empfiehlt es sich, über das diesbezügliche Gespräch einen Vermerk niederzulegen.

22 Unter **Ziffer 8** besteht die Möglichkeit, im Falle einer örtlichen Fahndung die notwendigen Ausfertigungen des Haftbefehles mit der Bitte um Vollzug nur an die örtlich zuständige Polizeidienststelle zu übermitteln, ohne daß dabei das Landeskriminalamt und das Bundeskriminalamt einzuschalten sind.

23 Unter **Ziffer 9** sieht das Formblatt für den Fall einer Aufenthaltsermittlung durch die Möglichkeit der handschriftlichen Füllung der beiden Zusatzfelder eine effektive Förderung des Verfahrens vor. So können bei einer erbetenen Vernehmung im Zusatzfeld »FAA« für die aufgreifende Polizeidienststelle mit 48 Zeichen kurze Angaben zur Straftat, zum Tatort, zur Tatzeit und zum Schaden des vom Beschuldigten begangenen Delikts und im Zusatzfeld »FSV« mit maximal 200 Zeichen zum Grund der Ausschreibung bzw der gewünschten Beschuldigtenvernehmung usw niedergelegt werden.

24 **Ziffer 10** des Formulars befaßt sich mit der Ausschreibung des Beschuldigten zur Festnahme, und zwar untergliedert nach nationaler und internationaler Fahndung. Bei der internationalen Fahndung sind die drei Fahndungsmöglichkeiten, nämlich SIS-Fahndung (auch wenn im Zusammenhang mit einem oder mehreren europäischen Nachbarstaaten), INTERPOL-Fahndung und Mischfahndung im SIS und durch INTERPOL sowie ihre räumliche Ausdehnung und die zu verwendenden Vordrucke aufgeführt. Auch hier ist die Einschaltung des Rechtshilfedezernenten ratsam, da in der Regel nur dieser die im ständigen Fluß befindlichen Probleme im Zusammenhang mit der internationalen Fahndung kennt oder abklären kann. Zudem empfiehlt sich zur Vertiefung der im Formblatt Rn 19 angesprochenen Fahndungsprobleme das Studium der eingangs erwähnten Richtlinien über die internationale Fahndung und der einzelnen Fahndungsvordrucke. Auch die diesbezügliche, dem StA zur Verfügung stehende Informationsbroschüre des BKA leistet wertvolle Hilfe bei der Erschließung dieser komplexen Materie.

Vordermayer

V. Fahndung nach Zeugen

Gem Nr. 42 RiStBV kann der StA bei unbekanntem Aufenthalt eines wichtigen Zeugen durch **Ausschreibung zur Aufenthaltsermittlung** und Niederlegung eines **Suchvermerks** im BZR nach diesem fahnden. Es ist ratsam, insbes bei internationaler Fahndung (vgl zB Art. 98 SDÜ), sich der besonderen Sachkunde der zuständigen Polizeibehörden zu versichern.

25

VI. Fahndung nach Sachen

Nach Nr. 39 I RiStBV kann der StA auch nach Sachen fahnden, die für das Strafverfahren von Bedeutung sind. Auch hier besteht neben der nationalen die Möglichkeit der internationalen **Ausschreibung** (vgl zB Art. 100 SDÜ). Es empfiehlt sich, wegen der dabei zu beachtenden Förmlichkeiten Kontakt mit der zuständigen Polizeidienststelle aufzunehmen.

26

Vordermayer

KAPITEL 3 – TATORTAUFNAHME, SPURENSUCHE, VERHALTEN AM TATORT

Überblick

I. Einleitung	1–5
II. Tatortarbeit	6–66
1. Begriffsbestimmungen	6–10
2. Sicherungsangriff	11–29
a) Gefahrenabwehr	12
b) Erste Fahndung und Ermittlungen	13
c) Sicherung des Tatortes	14–29
aa) Absperrung	14–19
bb) Zugang zum Tatort	20–21
cc) Personalienfeststellung	22–25
dd) Dokumentation	26–27
ee) Übergabe des Tatortes	28–29
3. Auswertungsangriff	30–66
a) Tatortbesichtigung	34–38
b) Tatortuntersuchung	39–66
aa) Zielgerichtete und systematische Suche nach Spuren und materiellen Beweismitteln	40–48
bb) Sicherung von Spuren und Vergleichsmaterial	49–61
cc) Bewertung und Beurteilung von Spuren	62–66
III. Untersuchung der Spuren	67–87
1. Spurensuche und -sicherung im Labor	67–75
a) Untersuchungsmethoden	68–72
b) Untersuchungsanträge	73–75
2. Ergebnisdarstellung der Untersuchungen	76–87
a) Tatortbefundbericht (und Anlagen)	76–77
b) Asservatenliste	78–83
c) Berichte und Gutachten	84–87
IV. Der Stellenwert des Sachbeweises im Strafverfahren	88–90

Literaturverzeichnis

Leonhard, Rainer / Roll, Holger / Schurich, Frank-Rainer, Kriminalistische Tatortarbeit, Ein Leitfaden für Studium und Praxis, Heidelberg 1995
Stüllenberg, Heinz, Der Tatort, Lehr- und Studienbriefe Kriminalistik Nr. 1, Hilden, 1985
Weihmann, Robert, Spurenkunde I, Lehr- und Studienbriefe Kriminalistik Nr. 22, Hilden, 1997
Fisher, Barry A.J., Techniques of Crime Scene Investigation, Boca Raton, 1993
Ratinow, A.R., Forensische Psychologie für Untersuchungsführer, Berlin 1970
Autorenkollektiv: Handbuch für Kriminalisten, Fachbuchreihe Kriminalistik, Materielle Beweismittel Teil 1, Ministerium des Inneren der DDR, Berlin, 1987
Polizeidienstvorschrift 100 (PDV 100), Führung und Einsatz der Polizei

I. Einleitung

1 Tatort – die dort ablaufenden Ereignisse haben für den Täter und das Opfer, für die Polizei, die StA und das Gericht eine ganz besondere Bedeutung. Deutlicher als an dem statisch wirkenden Begriff »Tatort« wird dies bei der englischen Bezeichnung »scene of crime«,[1] die mehr Dynamik verrät. Führt man sich an einem Beispiel einmal vor Augen, welche weitreichenden Folgen oftmals in nur wenigen Sekunden oder Minuten am Tatort ausgelöst werden, wird klar, warum zunächst diesem Geschehensablauf die ungeteilte Aufmerksamkeit gehören sollte.

Ein fast alltäglicher Wohnungseinbruch:

Der Täter hat sich gewaltsam Zutritt zur Wohnung verschafft, die Räume und Schränke durchwühlt, Behältnisse aufgebrochen und schließlich Bargeld und Schmuck entwendet. Damit hat er zunächst – ungeachtet weiterer Bewertungen – einen Diebstahl in einem besonders schweren Fall begangen. Er und sein persönliches Umfeld (Familie, Schule/Arbeitsplatz) werden Ziel polizeilicher Ermittlungen. Wird er der Tat verdächtigt, folgen uU Festnahme, Durchsuchungen und Vernehmung, im Einzelfall auch Untersuchungshaft. Schließlich die Hauptverhandlung und die Verurteilung – danach gilt er als vorbestraft.

Das Opfer – bei Entdeckung der Tat geschockt – ist unfähig, das Geschehen und die unausweichlichen Folgen zu bewerten. Die Schäden an der Einrichtung, der Verlust meist wertvoller und oft persönlicher Gegenstände, die Anzeige bei der und die Tatortaufnahme durch die Polizei, evtl die Auseinandersetzung mit der Versicherung, Reparaturen und Ersatzbeschaffung und nicht zuletzt die ärgerliche, wütende oder angsterfüllte Erkenntnis, Opfer geworden zu sein.

---

[1] B. A. J. Fisher XV

Für die Polizei ein erneuter Routinefall – nichts besonderes. Die Häufigkeit dieser und ähnlicher Vorkommnisse läßt es gar nicht zu, sich länger als nötig damit aufzuhalten, denn Hinweise auf einen Tatverdächtigen gibt es anfangs nicht.

Der hat sich aber höchstselbst am Tatort aufgehalten, hat eine Vielzahl von Veränderungen dort vorgenommen, gewollt und ungewollt, bewußt und unbewußt. Fast jede dieser Veränderungen ist mit einem Berührungsvorgang verbunden, dabei hat er Spuren hinterlassen. Die meisten davon sind zwar Folgen des Geschehens, aber ohne Bedeutung für den kriminalistischen Zweck. Einige wenige Spuren jedoch sind für sich alleine oder zusammen mit anderen so aussagekräftig, daß sie Rückschlüsse auf die Tat und den Täter zulassen. Diese gilt es zu sichern und auszuwerten.

Das Beispiel war ein alltäglicher Wohnungseinbruch. Die Aktion eines Alleintäters in einem Zeitraum von Minuten erfordert eine um ein Vielfaches aufwendigere Reaktion der Strafverfolgungsbehörden.

Noch wesentlich komplexer wird die Betrachtungsweise, die hier jedoch nur angerissen werden soll, wenn Täter und Opfer nicht nacheinander, sondern gleichzeitig am Tatort sind und sich die strafbare Handlung gegen das Opfer richtet, insbes bei Körperverletzungs- und Tötungsdelikten, wenn mehrere Täter womöglich noch in unterschiedlicher Zusammensetzung mehrere strafbare Handlungen begangen haben und schließlich, wenn die strafbaren Handlungen nicht nur an einem Ort begangen wurden.

Abschließend und nur der Vollständigkeit halber ist zu erwähnen, daß es unbestritten strafbare Handlungen gibt, die naturgemäß wenige oder gar keine Spuren hinterlassen, wenn also zB in einem Betrugsdelikt das gesprochene Wort wesentlich ist. Dann kann von einer Spurensicherung natürlich keine Rede sein. 2

Viel interessanter sind allerdings die Fälle, in denen geglaubt wird, daß es keine Spuren gibt, sie aber tatsächlich vorhanden sind, die übersehen beim »Cleanen« des Tatortes oder die Spuren, an die man nicht gedacht hatte, wie zB die Speichelspuren unter der Briefmarke oder an der Zigarettenkippe, die Fingerspuren auf der gefälschten Urkunde. 3

Der Tatort oder Teile davon sind die unmittelbarsten und einzigen objektiven Bereiche einer Straftat, die zum Täter führen können. Nur am Tatort hat der Täter Spuren hinterlassen müssen, die Anknüpfungspunkte zu ihm erlauben und den Ablauf des Geschehens nachvollziehbar machen. Deshalb ist jeder, der sich mit Tatortarbeit befaßt, so daran interessiert, einen Tatort unverändert vorzufinden und alle aufgefundenen Spuren wie ein Puzzle zu einem möglichst vollständigen Bild zusammensetzen zu können. 4

Doch auch die Tatortarbeit darf nicht isoliert betrachtet werden, sie ist einzubinden in das Gesamtgeschehen. Selbstverständlich muß nach einer strafbaren Handlung die medizinische Versorgung eines Verletzten ebenso Vor- 5 rang haben vor der Spurensicherung wie die allgemeine Gefahrenabwehr. Und selbstverständlich gilt der Grundsatz der Verhältnismäßigkeit, dh der Aufwand und der Grad der möglichen Beschädigung durch Spurensicherungsverfahren haben sich an der Bedeutung der Straftat zu orientieren.

II. Tatortarbeit

1. Begriffsbestimmungen

6 Für den Begriff »Tatort« gibt es neben der strafrechtlichen gem § 9 StGB noch eine Vielzahl kriminalistischer Definitionen. Da sie sowohl den eigentlichen Tatort als auch die Orte der Vor- bzw Nachbereitung der Tat enthält, ist folgende die umfassendste:

Tatort ist der Ort, an dem der Täter vor, während und nach der Tat gehandelt hat oder gehandelt haben müßte und dabei bewußt oder unbewußt Spuren hinterlassen hat oder haben müßte.

7 Der Wert, also die kriminalistische Relevanz der einzelnen »Tatorte«, ist abhängig vom Spurenaufkommen. Je nach größerer oder geringerer Bedeutung für die Spurensicherung unterscheidet man in Tatorte

– ohne Wert, zB Meineid, Beleidigung,

– mit geringem Wert, zB Betrug, Unterschlagung,

– mit hohem Wert, zB Mord, Raub, Sprengstoffdelikte (Kapitalverbrechen).

8 Auch für den Begriff »Spur« gibt es in der kriminalistischen Literatur eine Menge unterschiedlicher Definitionen, von denen folgende allgemein anerkannt wird:

Spuren sind alle materiellen Veränderungen in der Umwelt, die in einem kausalen Zusammenhang mit einem kriminalistisch relevanten Ereignis stehen und über die Aussagen über das Ereignis getroffen werden können.

In welchen tatsächlichen Erscheinungsformen eine »Spur« in Erscheinung treten kann, verdeutlicht die folgende Übersicht:[2]

---

2 Autorenkollektiv des Ministeriums des Innern der DDR S 16

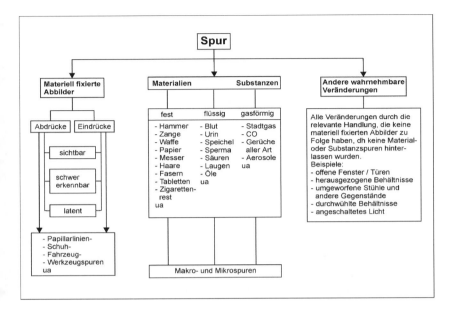

Dabei ist zu beachten, daß die einzelnen Spurenarten auch in Kombination auftreten können. Hierzu ein Beispiel:

Eine Person wird mit einem Messer verletzt oder getötet. Als Spuren kommen in Betracht:

- das Messer selbst, da im günstigsten Fall über Marke und Fabrikat die Herkunft des Messers bis zu seinem letzten Besitzer ermittelt werden kann,

- daktyloskopische Spuren und/oder biologisches Material des Täters (zB Hautzellen, Blut) auf dem Messer, somit ist das Messer auch Spurenträger,

- die daktyloskopischen Spuren auf dem Messer können in/mit Blut gelegt sein, das ebenfalls Täterblut sein könnte – somit ist nicht nur das Messer, sondern auch das Abbild (die daktyloskopische Spur) Spurenträger,

- Messereinstich als Formspur.

Bedenkt man eine solche Konstellation, so erscheint es selbstverständlich, daß beim Auftreten eines kriminalistisch relevanten Ereignisses von Beginn an das sorgfältigste und umsichtigste Vorgehen notwendig ist.

Fehler und Unterlassungen, die bei der Arbeit am Tatort begangen werden, können in der Regel nicht wieder gutgemacht werden.

10 Eine optimale Tatortarbeit besteht aus zwei großen Säulen, die unter der Überschrift »Erster Angriff« stehen, nämlich

- dem Sicherungsangriff und
- dem Auswertungsangriff.

2. Sicherungsangriff

11 Da der Tatort der wichtigste Lieferant von Spuren ist und somit Spiegelbild der Tat und des Täters sein kann, ist das wichtigste Ziel des Sicherungsangriffes der Schutz des Tatortes und der darin enthaltenen materiellen Spuren und Situationsspuren.

Bedingt durch die Struktur der deutschen Polizei werden meist Beamte der Schutzpolizei die Ersten sein, die an einem Tatort eintreffen. Somit obliegt ihnen der bestmögliche Schutz des Tatortes vor Beeinträchtigungen und Zerstörung. Daneben haben die Beamten der Schutzpolizei aber auch noch eine Reihe weiterer, zumindest gleichwertiger, manchmal aber auch konkurrierender, Aufgaben zu erfüllen:

a) Gefahrenabwehr

12 Die vorrangigste Aufgabe der Schutzpolizei ist die Abwehr von Gefahren, die

- für Personen und/oder Sachen bestehen

  (Erste Hilfe, Notarzt / Eigentum schützen / Eigenschutz)

- von Personen und/oder Sachen ausgehen

  (bewaffneter Täter, ausströmendes Gas, Feuer, Wasser, Chemie / Eigenschutz)

Doch auch dabei ist immer darauf zu achten, daß möglichst wenige Spuren am Tatort beeinträchtigt werden und falls das nicht möglich ist (zB durch den Abtransport von verletzten Personen), zumindest notiert wird, wer – was – wann – wie verändert hat.

Diese Angaben müssen den Kräften, die den Tatort übernehmen (s Rn 28), auf alle Fälle weitergegeben werden, da diese auf Grund von nicht mitgeteilten Veränderungen unter Umständen zu Fehlschlüssen kommen können (Trugspuren).

b) Erste Fahndung und Ermittlungen

13 Durch die Schutzpolizei müssen parallel zur Gefahrenabwehr, zumindest aber unmittelbar danach die ersten Fahndungsmaßnahmen ergriffen werden, sofern sich Hinweise auf Täter bzw Täternacheile ergeben. Auch muß

Freimuth/Geide/Herrmann-Tamm

an die Feststellung von Zeugen gedacht werden, die Aussagen zu Tätern machen können. Ggf muß der Schutz des Tatortes vor Beeinträchtigungen durch Anforderung und Einsatz weiterer Kräfte gewährleistet werden.

c) Sicherung des Tatortes

aa) Absperrung

Der erste Schritt bei der Sicherung des Tatortes besteht in der unverzüglichen Absperrung.   14

Laut Polizeidienstvorschrift[3] dient die Absperrung dem Abschließen von Einsatzräumen oder Objekten oder dem Verhindern des Überschreitens bestimmter Linien, um

- jeglichen oder unkontrollierten Personen- und Fahrzeugverkehr

- Ausbrechen gestellter Störer

- unkontrolliertes Verbringen von Sachen

- störendes Einwirken auf den Einsatzraum von außen

- Veränderung eines Ereignis- oder Tatortes

auszuschließen.

Bei der Absperrung ist darauf zu achten, daß sie sehr weiträumig erfolgt, damit möglichst alle vorhandenen Beweismittel geschützt werden. Eine Verringerung der Absperrungsdistanz nach Inaugenscheinnahme des Tatortes durch Kräfte, die die Tatortbesichtigung vornehmen (s. Rn 34), ist dann jederzeit möglich. Wurde eine Absperrung zu eng festgelegt, besteht die Gefahr, daß Spuren, die ohne Zuhilfenahme von Spezialgerät nicht sichtbar sind, beschädigt bzw zerstört werden. Im schlimmsten Fall ist es sogar möglich, daß Beweismittel von Schaulustigen oder anderen Tatortberechtigten als Souvenir vom Tatort entfernt werden (zB Patronenhülsen, Geschosse).   15

Ggf sollte die Absperrung in einen Innen- und Außenbereich eingeteilt werden, wobei die innere Absperrung jegliches Betreten von Unberechtigten vor Eintreffen der Kräfte für den Auswertungsangriff verhindern soll, wogegen die äußere Absperrung zwar ein Betreten durch Polizeikräfte zulassen, hauptsächlich aber Schaulustige und Presse vom Tatort fernhalten soll. Allerdings ist auch der Bereich der äußeren Absperrung vorsorglich in die Suche nach möglichen Spuren einzubeziehen.   16

Unvermeidbare Veränderungen des Tatortes sind eindeutig zu kennzeichnen. Veränderliche Spuren sind vor Beeinträchtigungen zu schützen (zB Schuhabdruckspuren bei Regen abdecken).   17

---

[3] PDV 100 Ziff. 2.1.5

18 Alle Absperrungen sind eindeutig als polizeiliche Absperrungen zu kennzeichnen und auszuweisen.

19 Fahrzeugen ist das Einfahren, zumindest in den inneren Tatortbereich, zu untersagen.

bb) Zugang zum Tatort

20 Alle Personen, die den Tatort betreten *müssen*, nicht *wollen*, sollten über einen gleich zu Anfang festgelegten Weg an den Ereignisort herangeführt werden. Dabei sollte dieser »Trampelpfad« nicht der direkte Weg zum Zentrum des Geschehens sein, sondern es sollte möglichst ein »Umweg« gewählt werden, da davon auszugehen ist, daß der Täter, zumindest beim Verlassen des Tatortes, den einfachsten und damit kürzesten Weg gewählt hat und daß daher auf diesem Weg mögliche Spuren vorhanden sein könnten.

Doch sollte auch auf dem »Umweg« auf Spuren geachtet und sofern vorhanden, diese auch markiert und/oder vor Zerstörung geschützt werden.

21 Für Personen, die den Tatort betreten müssen (zB Arzt, Sanitäter) sind Durchlaßschleusen einzurichten. Der Zugang zum Tatort darf nur über diese Schleusen gewährt werden. Dabei sollte registriert werden, wer den Tatort wann für welchen Zeitraum zu welchem Zweck betreten hat.

cc) Personalienfeststellung

22 Von allen Personen, die beim Eintreffen der Polizeikräfte am Tatort angetroffen werden, sind die Personalien festzuhalten.

23 Auch alle Polizei- und Hilfskräfte, die sich am Tatort aufhalten, sind namentlich festzustellen und ihre Erreichbarkeiten zu notieren.

24 Dies ist für die Erkennungsdienstbeamten wichtig, da man ggf Vergleichsfingerabdrücke oder serologische Vergleichsproben von Tatortberechtigten zum Ausschluß von Trugspuren benötigt.

25 Selbstverständlich sollte sein, daß angetroffene Zeugen vorab informatorisch befragt und sie von anderen Zeugen und der Presse getrennt gehalten werden, bis die ermittlungsführenden Beamten eintreffen.

dd) Dokumentation

26 Alle am Tatort durchgeführten Maßnahmen und Veränderungen sind zu dokumentieren, dh vor Ort zumindest schriftlich zu notieren, besser noch den ursprünglichen Zustand und/oder die vorgenommenen Veränderungen fotografisch oder mit Video festzuhalten und diese Informationen den für den Auswertungsangriff zuständigen Kräften zu übermitteln.

27 Auch muß festgestellt werden, ob andere Personen (zB andere Polizeikräfte, Schaulustige) Fotos oder Videoaufnahmen vom Tatort gefertigt

haben. Um Herausgabe dieser Aufnahmen sollte gebeten werden, zumindest aber sollten die Personalien des Fotografen festgehalten werden, um ggf später auf sie zurückgreifen zu können.

ee) Übergabe des Tatortes

Nach dem Eintreffen der für den Auswertungsangriff zuständigen Kräfte sind diese vom bisherigen Einsatzleiter sofort ausführlich über den Sachstand und aller im Rahmen des Sicherungsangriffes getroffenen Maßnahmen, Veränderungen und Feststellungen umfassend zu informieren. 28

Damit ist der Tatort offiziell übergeben, allerdings sollten noch auskunftsfähige Beamte und die Kräfte für die Absicherung des äußeren Tatortbereiches vor Ort bleiben. Nach Rückkehr auf die Dienststelle ist ein erster Einsatzbericht zu fertigen, der die getroffenen Maßnahmen und Feststellungen enthält. Dieser Bericht ist der ermittlungsführenden Dienststelle bzw dem Einsatzleiter zuzuleiten. 29

3. Auswertungsangriff

Während der geschilderte Sicherungsangriff im wesentlichen auf den Erhalt des Bestehenden gerichtet ist, dient der Auswertungsangriff, der ohne Zeitverzug dem Sicherungsangriff zu folgen hat, der Feststellung aller objektiven und subjektiven Tatsachen, die zur Aufklärung der Tat führen können. Dies wird in erster Linie durch die Suche und Sicherung von Spuren sowie Zeugenbefragungen erreicht. In der Vergangenheit hat sich, insbes bei Kapitaldelikten und Straftaten mit großen Tatorten, eine Aufteilung in zwei Arbeitsgruppen bewährt. 30

Die eine Arbeitsgruppe (zB Tatortgruppe, Erkennungsdienstkräfte, Kriminaltechniker) ist für die Erhebung des objektiven Tatbefundes zuständig, die andere Arbeitsgruppe (Ermittlungsbeamte) für die Erlangung und Sicherung der personengebundenen Beobachtungen und Feststellungen, den subjektiven Tatbefund. Die Leiter der Tatortgruppe und der Ermittlungsgruppe sind dem Einsatzleiter (zB Leiter der Sonderkommission, Polizeiführer) unterstellt:[4] 31

---

4 Nach H. Stüllenberg S 81

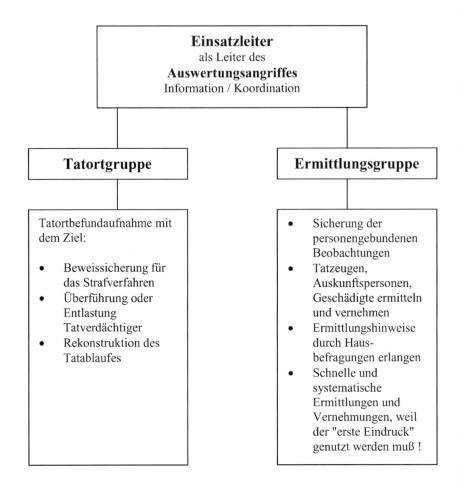

32 Wichtigste Voraussetzung für einen fundierten Tatbefund ist ein *lückenloser Informationsaustausch* zwischen beiden Gruppen. Neue Erkenntnisse müssen unverzüglich der jeweils anderen Gruppe mitgeteilt werden, da sie konkrete Ansätze für Ermittlungen oder Tatortarbeit sein können. Der Informationsaustausch wird am besten dadurch gewährleistet, daß beim Einsatzleiter sämtliche gewonnene Informationen gesammelt, ausgewertet und weitergegeben werden. Damit ist er auch kompetenter Ansprechpartner für StA, Pressestelle und Vorgesetzte.

33 Die Erhebung des objektiven Tatbefundes kann in zwei große Arbeitsschritte eingeteilt werden:

– die Tatortbesichtigung und

– die Tatortuntersuchung.

a) Tatortbesichtigung

Dieser Arbeitsabschnitt wird oft nicht genügend gewürdigt, obwohl von ihm eine Reihe von weiteren unaufschiebbaren Maßnahmen, wie 34

- Erweiterung oder Verengung der äußeren Absperrung,
- Veranlassung/Aufhebung einzelner Sicherungsmaßnahmen,
- die Hinzuziehung von Spezialisten (zB Rechtsmediziner, Sprengstoffspezialisten, Kriminaltechniker),
- der Einsatz von Spürhunden und/oder speziellem technischen Gerät (zB Metallsuchgeräte, Bodenradar, Vermessungssystem),
- die Einleitung erster bzw weiterer Fahndungsmaßnahmen (zB Ringalarmfahndung, Tatortbereichsfahndung),
- das Festlegen der Methodik für die Aufnahme des objektiven und subjektiven Tatbefundes

abhängen.

An der Tatortbesichtigung sollten nur der Einsatzleiter, der Leiter der Tatortgruppe, der Leiter der Ermittlungsgruppe und ggf der zuständige StA teilnehmen, da ansonsten die Gefahr der Spurenzerstörung bzw die Gefahr, daß Spuren durch diese Beamten gelegt werden, zu groß ist. 35

Dies ist besonders im Hinblick auf die neuen molekulargenetischen Untersuchungsmethoden von Bedeutung, da jedes verlorene Haar und jedes Speicheltröpfchen, das alleine durch Sprechen abgesondert werden kann, sich möglicherweise als Trugspur darstellt. 36

Daher müssen *alle Personen*, die den Tatort betreten, geeignete Schutzkleidung zur Vermeidung derartiger Spuren tragen (spezielle Anzüge, Haarschutz, Mundschutz, Schuhschützer, Handschuhe).

Zur Ausscheidung von Trugspuren muß ggf von den tatortberechtigten Personen Vergleichsmaterial erhoben und in die molekulargenetische Untersuchung einbezogen werden. 37

Schon während der Besichtigung können Übersichtsfotografien sowohl des Tatortes wie auch von unmittelbar erkennbaren Spurenkomplexen gefertigt werden, um so ein möglichst unverändertes Abbild der Tatortsituation zu erhalten. 38

b) Tatortuntersuchung

Nach erfolgter Besichtigung des Tatortes und den damit verbundenen Entscheidungen über die weitere Vorgehensweise und Aufgabenverteilung können die Kräfte der Tatortgruppe / des Erkennungsdienstes mit der Aufnahme des objektiven Tatortbefundes beginnen. 39

Diese umfaßt im wesentlichen drei Punkte:

- die zielgerichtete und systematische Suche nach Spuren und materiellen Beweismitteln
- die Sicherung von Spuren und Vergleichsmaterial
- die Bewertung und Beurteilung von Spuren.

aa) Zielgerichtete und systematische Suche nach Spuren und materiellen Beweismitteln

40 Um Zufallsergebnisse bei der Spurensuche auszuschließen, muß durch die Tatortbeamten eine Systematik angewendet werden, die sowohl an die Art des Tatortes (in Gebäuden, im Freien) als auch an die bisherigen Erkenntnisse über die Tat angepaßt ist. Diese Erkenntnisse sagen dem Tatortbeamten auch, welche Spuren wo gefunden und/oder wo erwartet werden können. Fehlen solche erwarteten Spuren, ist dies kriminalistisch ähnlich aufschlußreich wie deren Auffinden. Deshalb ist eine erfolgreiche Spurensuche immer abhängig vom Wissen um die Entstehungsbedingungen und -mechanismen von Spuren und damit von der Erfahrung der Tatortbeamten.

41 Auch ist die Spurensuche so zu gestalten, daß keine eigenen Spuren gelegt (s Rn 36) und, soweit möglich, keine tatrelevanten Spuren beschädigt, verschleppt oder zerstört werden. Daher hat bei der Tatortbefundaufnahme der alte kriminalistische Grundsatz

- *Auge* (sehen, beschreiben, notieren, markieren = nicht berühren)
- *Kamera* (Foto, Video, Zeichnung = dokumentieren)
- *Hand* (sichern!)

bis zum heutigen Tag seine Gültigkeit nicht verloren.

42 Bei der Methodik der Spurensuche wird in der Kriminalistik meistens unterschieden in die »subjektive« oder »heuristische« und die »objektive« oder »systematische« Methode.

43 Die *subjektive/heuristische* Methode orientiert sich an der erkannten und/oder vermuteten Vorgehensweise des Täters am Tatort und ist selektiv, weil nur die Bereiche des Tatortes abgesucht werden, in denen der Täter wirklich oder vermutlich gehandelt hat. Hier kommt der Begriff »Hineindenken in den Täter« zum Tragen. Die Gefahr bei dieser Methode liegt darin, daß Spuren, die sich außerhalb der vermuteten Tatortbereiche befinden können, nicht oder zu spät gefunden werden.

44 *Ratinow*[5] nennt diese Methode aber auch deshalb gefährlich, »weil der Untersuchungsführer, indem er das Ereignis nur von seinem Gesichtspunkt

---

5   A.R. Ratinow S 313

aus betrachtet und annimmt, daß auch andere Personen so gehandelt haben müßten, wie er selbst an ihrer Stelle gehandelt haben würde, irrtümlich diejenigen Vermutungen zurückweisen kann, von denen er annimmt, daß sie »zu einfach« oder »zu kompliziert«, »zu dumm« oder »zu klug« für den Täter sind.«

Bei der *objektiven/systematischen* Methode wird die Spurensuche nach einem bestimmten Schema, das den gesamten Tatort abdeckt, vorgenommen. In einem Großteil der kriminalistischen Literatur wird ein spiralförmiges (im oder gegen den Uhrzeigersinn) Vorgehen von außen nach innen (zum Zentrum des Tatgeschehens) empfohlen, da dabei die Gefahr der Spurenvernichtung am geringsten ist. Nachteil dieser Systematik ist jedoch, daß Spuren, auch fahndungsrelevante Spuren, die sich im Tatmittelpunkt befinden, sehr spät gefunden werden. 45

Ein spiralförmiges Vorgehen vom Zentrum nach außen würde diese Zeitverzögerung minimieren, dafür wäre die Gefahr der Spurenbeschädigung / -zerstörung in den Außenbereichen des Tatortes wesentlich größer. 46

Neben den beiden vorgenannten Systematiken finden in der Literatur und auch in der Praxis Suchschemata wie zB bahnenförmiges Absuchen, Absuchen in Quadranten oder Absuche innerhalb festgelegter oder naturgegebener Sektoren Erwähnung. Diese Schemata werden überwiegend dann angewandt, wenn 47

- große Bereiche / Tatorte (im Freien) abgesucht werden müssen (zB Schußwaffengebrauch auf größere Distanz, Sprengstoffexplosionen, Flugzeugabstürze),
- die Suche sich hauptsächlich auf das Auffinden von Objekten (zB Tatwerkzeugen, Diebesgut, Opfergegenstände) erstreckt,
- keine oder wenige Anhaltspunkte über den Tatablauf vorliegen.

Im kriminalistischen Alltag hat sich gezeigt, daß eine Kombination beider Suchmethoden, der systematischen und der heuristischen, oft am sinnvollsten ist, indem zuerst systematisch entscheidende Spuren gesucht werden, um darauf aufbauend die weitere Suche heuristisch fortzuführen. 48

bb) Sicherung von Spuren und Vergleichsmaterial

Erst nach Beendigung der Spurensuche am gesamten Tatort werden die aufgefundenen Spuren gesichert, sofern keine Notsicherung auf Grund drohender Spurenvernichtung (zB durch Witterungseinflüsse, verderbliche oder »flüchtige« Spuren) durchgeführt werden muß. 49

Dies bedeutet, daß im Laufe der Spurensuche die aufgefundenen Spuren markiert und numeriert werden müssen, so daß nach ihrem Abschluß die Gesamtspurenlage erkennbar ist und nun entschieden werden muß, auf welche Weise die einzelnen Spuren am effektivsten gesichert werden können.

50 Die Spurensicherung kann auf verschiedene Weisen erfolgen, wobei bei bedeutenen Tatorten alle nun folgenden Methoden der Sicherung anzuwenden sind:

51 Fotographische Sicherung:

Davon ausgehend, daß jede Einzelspur bei der Spurensuche mit Nummerntafeln markiert und mündlich beschrieben wurde, muß nun der Tatort nochmals in seiner Gesamtheit fotografiert werden, wobei die markierten Einzelspuren erkennbar sein müssen.

Anschließend müssen alle Einzelspuren vor der kriminaltechnischen Sicherung und/oder vor der Sicherung im Original im Auffindezustand fotographiert werden. Dabei ist darauf zu achten, daß sowohl Übersichts- als auch Detailaufnahmen mit Maßstab gefertigt werden.

Die Lichtbilder sind zusammen mit Beschreibungen der Spuren für den Tatortbefundbericht in einer Lichtbildmappe zusammen zu stellen.

52 Beschreibung:

Parallel zur fotographischen Sicherung muß die Spur erfaßt und beschrieben werden. Diese Beschreibung muß enthalten

– Art und Nummer der Spur,

– Auffindeort und Spurenträger,

– äußere Merkmale (Größe, Farbe, Form),

– Beziehung zu anderen Spuren/Gegenständen am Tatort.

Alle diese Angaben können beispielsweise in einem gesonderten Sicherstellungsverzeichnis (s. Rn 79–84) erfaßt werden.

53 Zeichnerische Sicherung der Spuren:

Alle aufgefundenen materiellen Spuren sollten nicht nur in einer Handskizze, sondern auch in einer maßstabsgetreuen Zeichnung eingetragen werden, da diese zusammen mit der Lichtbildmappe, dem Sicherstellungsverzeichnis und dem Bericht einem am Tatort nicht anwesenden Verfahrensbeteiligten eine gute räumliche Vorstellung vom Tatgeschehen/-ablauf gibt.

54 Für eine maßstabsgetreue Zeichnung sind ggf Baupläne, Landkarten, Messtischblätter heranzuziehen. Auch sollte man daran denken spezielle (Tatort-)Vermessungssysteme wie Rollei-Metric oder Stereomeßkamera hinzuzuziehen. Diese Systeme sind zum einen in der Lage die markierten Spuren gleich von Anfang an in die Zeichnung zu integrieren, zum anderen sind diese Systeme genauer als eine Zeichnung, die nur nach Angaben, die über Maßband und Meßlatte erhoben wurden, gefertigt wurde.

Kriminaltechnische Sicherung: 55

Als letzter Schritt der Tatortaufnahme erfolgt nun die Sicherung der Einzelspuren, wobei darauf zu achten ist, die Methode anzuwenden, die den Informationsgehalt der Spur am besten konserviert. Dazu gehört auch die Entscheidung, ob der Spurenträger im Original sichergestellt und zur Durchführung spezieller Spurensicherungsmethoden zur Dienststelle gebracht werden kann/muß. Dort muß in Absprache mit der Kriminaltechnik eine Reihenfolge der Untersuchungsmethoden festgelegt werden, um alle Spuren (zB daktyloskopische Spuren, serologische Spuren) auf einem Spurenträger ohne gegenseitige Beeinträchtigung untersuchen zu können. (s. Rn 74–76)

Grundsätzlich ist auch bei der Sicherung von Einzelspuren am Tatort der 56
Grundsatz »Auge – Kamera – Hand« anzuwenden, wobei im Bereich »Auge« die Unterstützung von Tatortlampen nach heutigem Stand der Technik fast unabdingbar ist. Diese Lichtquellen ermöglichen unter Verwendung verschiedener Lichtwellenlängen und Sperrfilter das Sehen und Erkennen von Spuren, die mit bloßem Auge und normalem Tageslicht nicht zu sehen sind.

Bei der Verpackung von Spuren/Spurenträgern ist darauf zu achten, daß 57
eine Spurenbeschädigung oder -zerstörung ausgeschlossen wird. Beispielsweise müssen nasse Spurenträger *immer* in luftdurchlässige Behältnisse verpackt werden, *nie* in dicht schließende Plastiktüten. Dies gilt sowohl für biologisches als auch für daktyloskopisches Spurenmaterial.

Auch sollte jeder Gegenstand einzeln verpackt und die Verpackung seiner Größe angepaßt werden. Dadurch wird Reibung zwischen Spurenträger und Verpackung weitestgehend vermieden, die unter Umständen zur Beschädigung von Spuren führen könnte.

Mit einem Aufkleber oder Anhänger ist jede Verpackung mit Spurnummer, Vorgangsnummer, Namen des sichernden Beamten, Datum der Sicherung und ggf mit Beschreibung der Spur zu kennzeichnen. Die Beschriftung des Aufklebers/Anhängers muß vor dem Anbringen am Asservat erfolgen (Durchdruckspuren!).

Abschließend ist darauf zu achten, daß gesichertes und verpacktes Spuren- 58
material am Tatort so gelagert wird, daß Übertragungen von Spurenmaterial und Verwechslungen ausgeschlossen werden.

Insbes bei Kapitaldelikten ist es oftmals unerläßlich, im Anschluß an die 59
Sicherung aller sichtbaren Einzelspuren einen Tatort (zB Wohnung, Innenraum eines Autos) großflächig mit chemischen Mitteln zu behandeln. Damit sollen latente Spuren und/oder Spuren, die der Täter versucht hat zu beseitigen, sichtbar gemacht werden. Dies gilt insbes für Blutspuren. Mit dieser »Suchmethode« einher geht eine massive Verschmutzung und ggf eine Gesundheitsgefährdung durch die eingesetzten Chemikalien, jedoch ist sie oftmals die letzte und einzige Möglichkeit, dem Täter einen Tatablauf

oder Tatbeitrag nachzuweisen. Die Durchführung solcher Methoden sind vorher immer mit der zuständigen StA abzustimmen, um die Kostenfrage für eine Entschädigung zu klären.

60 Auch sollte während der Tatortbefundaufnahme überlegt werden, ob Vergleichsmaterial gesichert werden muß. Ist dies der Fall, so sind die Vergleichsmaterialien genauso akribisch zu sichern und zu behandeln wie Spuren. Bei der Kennzeichnung und Erfassung muß Vergleichsmaterial *eindeutig* als solches ausgewiesen werden, um eine Verwechslung auszuschließen.

61 Da die kriminaltechnische Sicherung von Spuren ein sehr weites Feld ist, haben die Polizeien der Länder und des Bundes einen Leitfaden[6] erarbeitet, in dem jede mögliche und auch in der Praxis durchführbare Methode der Spurensicherung sowohl im Bereich der Daktyloskopie als auch im Bereich der Kriminaltechnik beschrieben wird.

cc) Bewertung und Beurteilung von Spuren

62 Die Bewertung und Beurteilung sowohl der Einzelspuren als auch des Gesamtspurenbildes dient vor allem dem Erkennen von unmittelbar nutzbaren Ermittlungsansätzen. Der spurensichernde Beamte muß sich schon beim Auffinden einer Spur darüber Gedanken machen, ob diese Spur Informationen zur Einleitung von Ermittlungstätigkeiten besitzt und deshalb vorrangig einer kriminaltechnischen Untersuchung zugeführt werden sollte.

63 Oftmals können solche Aussagen / Entscheidungen erst dann getroffen werden, wenn ein Überblick über die Gesamtspurenlage vorliegt. Erst dann ist erkennbar, ob eine inhaltlich aussagekräftige Einzelspur überhaupt für das Tatgeschehen relevant ist. Die Entscheidung darüber sollten die Leiter der Tatortgruppe, der Ermittlungsgruppe und der Einsatzleiter in Zusammenarbeit mit dem zuständigen StA treffen, nachdem alle Beteiligten auf den gleichen Informationsstand gebracht wurden.

64 Auch haben diese Personen auf Grund des vorliegenden Gesamtspurenbildes, der ersten Auswertungsergebnisse und der ersten Vernehmungs- und Ermittlungsergebnisse abzuklären, wo es Widersprüche zwischen Aussagen und Spurenlage gibt und ob es Möglichkeiten gibt, diese Widersprüche entweder durch weitere Zeugenbefragungen oder weitere Maßnahmen der Spurensuche, -sicherung und -auswertung auszuräumen.

65 Des weiteren muß abgeklärt werden, ob am Tatort selbst alle erdenklichen Möglichkeiten der Spurensicherung ausgeschöpft worden sind. Kommt man übereinstimmend zu dem Ergebnis, daß dem so ist, kann der Tatort (insbes im Freien) freigegeben werden oder man entscheidet, daß der Tatort

---

6 Leitfaden 385 Tatortarbeit -Spuren-, 1998

bis auf weiteres abgesperrt oder versiegelt bleibt und somit solange ruht, bis man einer Freigabe unbedenklich zustimmen kann.

Mit dieser Entscheidung ist der Auswertungsangriff für die eingesetzten Tatortkräfte, zumindest vor Ort, beendet. Als letzte Aufgabe obliegt ihnen noch der ordnungsgemäße Abtransport der gesicherten Spuren zur Dienststelle, wo die weitere Bearbeitung und Auswertung beginnt.

66

III. Untersuchung der Spuren

1. Spurensuche und -sicherung im Labor

Die Arbeit der Tatortkräfte ist mit dem Eintreffen auf der Dienststelle jedoch noch nicht beendet. Die Erfahrung hat nämlich gezeigt, daß eine optimale Spurensuche und -sicherung nur unter den optimalen Bedingungen, wie sie ein Labor bietet, möglich ist.

67

a) Untersuchungsmethoden

Zunächst müssen die Spurenträger fachgerecht gelagert werden, nasse Gegenstände sind zuvor zu trocknen. Verderbliches serologisches Material ist unverzüglich der Untersuchungsstelle (zB Kriminaltechnik, Rechtsmedizin) zu übergeben.

68

Bei der Suche nach Fingerspuren (Daktyloskopische Spuren) wird standardmäßig zunächst Licht eingesetzt, da mögliche Spuren durch dieses Verfahren nicht beeinträchtigt werden. Mittels einer Tatortlampe oder einem Laser kann Licht mit verschiedenen Wellenlängen erzeugt und aus unterschiedlichen Richtungen (zB Auflicht, Schräglicht, Durchlicht) auf den Spurenträger gebracht werden. Moderne Methoden zur Spurensuche nutzen das Phänomen der Fluoreszenz von chemischen Stoffen, die mit den Bestandteilen (zB Aminosäuren) der Fingerspur reagieren.[7] In Kombination mit digitaler Fotografie und Bildbearbeitung können so auch Fingerpuren auf problematischen Spurenträgern gesichert werden.

69

Auch die Untersuchungsmöglichkeiten anderer Spurenarten haben in den letzten Jahren enorme Fortschritte gemacht. Besonders erwähnt sei hier nur die molekulargenetische Untersuchung von serologischem Material (»Genetischer Fingerabdruck«, »DNA-Analyse«)[8], durch die Spurenmaterial einer Person individuell zugeordnet werden kann.

70

---

7 Leitfaden 385, Abschn 2
8 Näher Teil A, Kap 5

Freimuth/Geide/Herrmann-Tamm

71 Mit AFIS (Automatisches Fingerabdruck Identifizierungs System) und nun auch mit der DNA-Analyse-Datei stehen effiziente Instrumentarien zur Identifizierung von Personen zur Verfügung.

72 Untersuchungen von Spuren sind meist recht aufwendig und zeitintensiv. Chemische, physikalische und biologische Verfahren, die hierbei angewendet werden, können nicht oder kaum beeinflußt werden, Beschleunigungen gehen fast immer zu Lasten der Qualität.

Ergebnisse sind daher nicht unmittelbar zu erwarten, bei komplexen Untersuchungen können auch längere Zeiträume bis zum Abschluß vergehen.

b) Untersuchungsanträge

73 Der Untersuchungsantrag stellt die Schnittstelle der Kommunikation zwischen Tatort und Untersuchungsort dar.[9] Oftmals können sich mehrere Spurenarten auf einem Spurenträger befinden. Da sich uU verschiedene Untersuchungsmethoden gegenseitig behindern oder sogar ausschließen (zB Vernichtung des Spurenmaterials durch die Untersuchung), muß in Absprache zwischen Ermittlern (StA), Tatortkräften und Untersuchungsstellen eine Reihenfolge festgelegt oder eine Entscheidung für eine bestimmte Untersuchung getroffen werden. Ziel sollte sein, die Konkurrenz zwischen den Spuren derart aufzulösen, daß möglichst viele Spurenarten untersucht werden können. Der hohe Beweiswert von daktyloskopischen und serologischen Spuren wird ein weiteres Kriterium darstellen.

74 Der Grundsatz der Verhältnismäßigkeit sollte ebenfalls in die Überlegungen einfließen. Je nach Stand der Ermittlungen ist nicht immer jede kriminaltechnische Untersuchung mit ggf geringer Aussagekraft erforderlich.

75 Aus dem Untersuchungsantrag (Vordruck) muß sich daher die kriminalistische Bedeutung der Untersuchung im Rahmen der Ermittlungen ergeben. Die Untersuchungsziele müssen klar formuliert und das Spuren- und Vergleichsmaterial eindeutig aufgelistet sein.[10]

Sollen molekulargenetische Untersuchungen beantragt werden, so sind die Vorschriften aus dem DNA-Identitätsfeststellungsgesetz (Anordnung durch Richter, Anonymisierung, Benennung des Untersuchers) zu beachten.

---

9   R. Weihmann S 61
10 Leitfaden 385, Abschn 1

2. Ergebnisdarstellung der Untersuchungen

a) Tatortbefundbericht (und Anlagen)

Durch den Tatortbefundbericht, der zeitnah vom Leiter der Tatortgruppe erstellt werden sollte, wird der »Erste Angriff« abgeschlossen. Der Tatortbefundbericht stellt das Ergebnis aller polizeilichen Tätigkeiten am Tatort dar und gibt alle getroffenen Feststellungen wieder. Er ist Beweisgrundlage für die weiteren Ermittlungen und den späteren Strafprozeß.[11] Für den Aufbau eines Tatortbefundberichtes sind in der Lit Schemata[12] zu finden, die ggf dem spezifischen Fall angepaßt werden müssen.

Wichtige Anlagen zum Tatortbefundbericht können zB sein:

- Lichtbildmappe
- Skizzen / Zeichnungen (Vermessung) / Lage- und Baupläne
- Videoaufzeichnungen
- Berichte der Beamten, die den Sicherungsangriff durchgeführt haben
- Obduktionsprotokoll
- Spurensicherungsberichte
- Asservatenliste

b) Asservatenliste

Grundsätzlich muß jeder Gegenstand, der als Beweismittel in Betracht kommt, eindeutig dokumentiert und die Kette seiner Obhut lückenlos nachgewiesen werden. Nach seinem Auffinden, der Dokumentation der Auffindesituation (zB Foto, Video, Skizze) und geeigneter Verpackung, ist er daher in einem Asservatenverzeichnis mit einer Asservatennummer, einer genauen Beschreibung und ggf weiteren Zusatzinformationen aufzulisten. Das Asservatenverzeichnis stellt die Grundlage jeder weiteren Bearbeitung der Asservate dar, sei es zB für die Beantragung kriminaltechnischer Untersuchungen, die Erstellung von Spurensicherungsberichten oder Übergabeverhandlungen.

Beispielhaft wird hier das numerische Asservierungssystem des Bundeskriminalamtes vorgestellt.[13] Es bietet insbes bei komplexen Vorgängen die Vorteile, daß

- die Asservatennummer in Verbindung mit der Tagebuchnummer/ Vorgangsnummer einmalig ist

---

11 H. Stüllenberg S 86
12 R. Weihmann S 54
13 BKA Informationen zur Tatortarbeit, Ausgabe 8, April 1999

- anhand der Asservatennummer der Auffindeort des Gegenstandes nachvollzogen werden kann
- zu einem späteren Zeitpunkt ohne Probleme Unterasservierungen vorgenommen werden können
- gesicherte daktyloskopische Spuren eindeutig einem Gegenstand (Spurenträger) zugeordnet werden können.

Der Nachteil des Systems ist, daß die Asservatennummern uU sehr lang und damit unübersichtlich werden können.

80 Die Asservatenliste sollte neben den üblichen Angaben

- Dienststelle
- Tagebuchnummer/Vorgangsnummmer
- Betreff
- Ort und Datum
- Seitenzahl
- Unterschrift(en)

folgende Spalten zur Auflistung der Asservate haben:

Asservatennummer	Zahl Maß Gewicht	Bezeichnung der Gegenstände	1. Bemerkungen 2. Ergebnisse 3. Verbleib 4. sicherstellender Beamter

Das Asservierungssystem selbst stellt eine Kombination aus den eigentlichen Asservatennummern und Leitzahlen dar, die Ortsangaben (zB Durchsuchungsobjekt, Auffindestelle) numerisch dokumentieren. Sind beispielsweise Durchsuchungsmaßnahmen von mehreren Objekten geplant, so erhält jedes Objekt zunächst eine Leitzahl. Innerhalb eines Objektes werden für die einzelnen Bereiche/Objekte Unternummern der Leitzahl vergeben, so daß mehrere Durchsuchungstrupps gleichzeitig arbeiten und eindeutige Asservatennummern vergeben können:

Tatortaufnahme, Spurensuche, Verhalten am Tatort — Kapitel 3

Asservatennummer	Zahl Maß Gewicht	Bezeichnung der Gegenstände	1. Bemerkungen 2. Ergebnisse 3. Verbleib 4. sicherstellender Beamter
1		Objekt 1	
1.1		Wohnhaus	
1.2		Nebengebäude	
1.3		Garage	
1.4		Garten	
2		Objekt 2	

Je nach Sachverhalt läßt sich die Leitzahl nach dem System fortführen. Werden nun beweiserhebliche Gegenstände gefunden, so beginnt die Asservatennummer mit der jeweiligen Leitzahl des Auffindeortes.

Asservatennummer	Zahl Maß Gewicht	Bezeichnung der Gegenstände	1. Bemerkungen 2. Ergebnisse 3. Verbleib 4. sicherstellender Beamter
1.1.1		Wohnzimmer	
1.1.1.1	1	Schrank	3. im Objekt
1.1.1.1.1		obere Schublade	
1.1.1.1.1.1	1	**Pistole mit gefülltem Magazin**	4. KK Müller
1.1.1.1.1.2	1	**Packung Munition**	4. KK Müller
1.1.1.1.1.3	1	**Holster**	4. KK Müller
1.1.1.1.2	1	untere Schublade	
1.1.1.1.2.1	1	**Holzkistchen mit Gegenständen, die** verm. dem BtM-Konsum dienen	4. KOK Meier
1.1.2		Küche	
1.1.2.1	1	Tisch	3. im Objekt
1.1.2.1.1	1	**transparente Kunststofftüte mit einer weißen, pulvrigen Substanz**	1. unter der Tischplatte 4. KOK Meier

Die Beamten, die die jeweiligen Asservate sichergestellt haben, sind unbedingt zu notieren, da sie nicht zwingend auch die endgültige Asservatenliste unterschreiben werden. So kann das Gericht später den unmittelbaren Zeugen benennen.

Zu einem späteren Zeitpunkt kann auf der Dienststelle ggf noch eine Unterasservierung durchgeführt und das Asservatenverzeichnis ergänzt werden.

Werden auf Gegenständen daktyloskopische Spuren sichtbar gemacht, so wird die Leitzahl oder Asservatennummer als Teil der Spurennummer

Freimuth/Geide/Herrmann-Tamm

genutzt. Beispielsweise steht die Spurennummer 1.1.2.1 **D1** für die **d**akty. Spur Nr. 1 an dem Tisch mit der Leitzahl 1.1.2.1. Eine weitere Spur würde die Nummer 1.1.2.1 D2 erhalten. Die Spurennummer wird nicht in die Asservatenliste sondern ggf in eine gesonderte Liste für daktyloskopische Spuren aufgenommen. Grundsätzlich sind Spurenkarten und Spurensicherungsberichte zu fertigen.

So ist auch bei hohem Spurenaufkommen eine eindeutige und übersichtliche Bezeichnung der daktyloskopischen Spuren gewährleistet.

c) Berichte und Gutachten

84 Jede Spurensuche am Tatort oder am Spurenträger im Labor ist in einem *Spurensicherungsbericht* aktenkundig zu machen. Dies gilt auch für Maßnahmen mit negativem Ergebnis.

85 Werden daktyloskopische Spuren gesichert, so sind die Folienabzüge oder Fotographien auf *Spurenkarten* (Formular) aufzubringen.

86 Durch *Übergabeverhandlungen* oder -protokolle wird die Verantwortung für die Asservate dokumentiert. Die Kette der Obhut muß jederzeit nachvollziehbar sein, damit sich später das Gericht von der Rechtmäßigkeit und Zulässigkeit der Beweismittel überzeugen kann.

87 Wesentlicher Bestandteil des Sachbeweises ist das *daktyloskopische Gutachten* für Fingerspuren und das *kriminaltechnische Gutachten* für alle sonstigen Spurenarten, das in der Hauptverhandlung von dem jeweiligen Sachverständigen vertreten wird.

IV. Der Stellenwert des Sachbeweises im Strafverfahren

88 Schließlich also werden StA und Gericht mit dem Fall betraut, auch für sie Routine. Die Abläufe sind weitgehend vorgegeben. In der Hauptverhandlung bemühen sich Richter, StA (und Polizei), Verteidiger und evtl der Angeklagte, die ganze Wahrheit herauszufinden. Sie ist in diesem Fall allein dem Täter bekannt, denn nur er weiß, warum und wie die Tatausführung erfolgte. Das Opfer nimmt für sich nur die Tatfolgen wahr, die es bewältigen muß. Auch die Polizei kennt nicht die ganze Wahrheit, sondern nur den Teil, der sich ihr aus dem Spurenbild am Tatort und evtl später aus der Vernehmung des Tatverdächtigen sowie möglicher Zeugen erschließt. Die anderen Beteiligten an diesem Gerichtsverfahren kennen den Fall üblicherweise »nur« aus den Ermittlungsakten. Objektive und subjektive Tatbestandsmerkmale werden ins Feld geführt, um über die Frage der Schuld ein angemessenes Strafmaß zu finden. Je besser es gelingt, dem Gericht ein

möglichst vollständiges »Bild« vom Geschehen zu vermitteln, umso näher wird es diesem Ziel kommen.

Die Spurensicherung und -auswertung kann viel, wenn sie professionell betrieben wird, Wunder kann und soll sie nicht vollbringen. Die Objektivität und Qualität des naturwissenschaftlichen Sachbeweises darf nur nicht in den Sog zweifelhafter Gutachten geraten. Ein solider Sachbeweis hat Bestand, auch noch nach mehreren Jahren, wenn das Erinnerungsvermögen von Zeugen tatsächlich oder behauptetermaßen nachgelassen hat (s Dreieck in der Graphik).

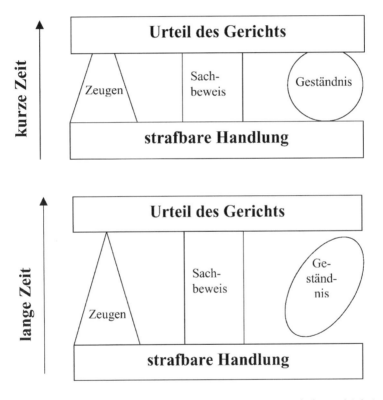

Ein Sachbeweis muß sich zudem nicht mit dem Mangel der subjektiven oder selektiven Wahrnehmung des Zeugenbeweises auseinandersetzen, er darf nur nicht den Mangel der Schlamperei aufweisen. Ein solider Sachbeweis ist zudem auch noch nach Jahren in der Lage dabei zu helfen, ein widerrufenes Geständnis zu bewerten (s. Ellipse in der Graphik).

KAPITEL 4 — KRIMINALTECHNIK IM ÜBERBLICK

Überblick

I.	Aufgaben und Standort der Kriminaltechnik	1–22
II.	Methoden der Kriminaltechnik	23–47
	1. Definitionen und kriminaltechnische Anwendungen	24–28
	2. Spurenaufbereitung und Mikroskopie	29–30
	3. Spektroskopische und chromatographische Verfahren	31–39
	4. Bildgebende Verfahren und ortsauflösende Hilfsmittel	40–44
	5. Hinweise zur Altersbestimmung von Materialien	45–47
III.	Organisation der Kriminaltechnik	48–52
IV.	Qualitätsmanagement	53–59
V.	Entwicklungstendenzen in der Kriminaltechnik	60–71
	1. Neue Aufgabenfelder	60–63
	2. Entwicklungstendenzen traditioneller KT-Bereiche	64–65
	3. Hinweise zum Beweiswert	66–71

I. Aufgaben und Standort der Kriminaltechnik

Die Kriminaltechnik (KT) ist – neben insbes Kriminalstrategie und -taktik – ein Teilgebiet der Kriminalistik. Letztere kann als das Insgesamt der angewandten Methoden zur sog repressiven und präventiven Bekämpfung der Kriminalität auf der Makro- und Mikroebene umschrieben werden.[1]

Der KT obliegt es, mit überwiegend naturwissenschaftlichen Methoden (und unter Verwendung technischer Hilfsmittel) materielle Spuren (zB Blut, Betäubungsmittel, Lacke, Fasern) zu untersuchen. Daneben wird es zunehmend Aufgabe der Kriminaltechnik (oder anderer Organisationseinheiten in und außerhalb der Polizei), (zugriffsgesicherte) Datenträger informationstechnologisch auszuwerten (zB Buchhaltungsdateien im Bereich der Wirtschaftskriminalität oder evtl manipulierte Chips). Schließlich

1

---

[1] Vgl Kube/Schreiber, in: Kube/Störzer/Timm, Kriminalistik, Handbuch für Praxis und Wissenschaft, Bd 1 1992, S 1 ff und Peppersack/Baumann, Kriminalistik 1998, 665 ff und 725 ff.

befaßt sich die KT auf der Grundlage von Psychologie, Linguistik und Phonetik mit Handschriften, Sprache und Stimme.

2   Abzugrenzen ist die KT von der Rechtsmedizin, die vorrangig mit der Todesursachen- und Todeszeitbestimmung, mit der Identifizierung von Leichen und Leichenteilen, zuweilen ua auch mit DNA-Analysen oder Betäubungsmitteluntersuchungen, mancherorts mit forensisch-psychiatrischen Fragen befaßt ist.

3   Untersuchungen zur Glaubhaftigkeit von Aussagen stellen bekanntlich eine Aufgabe primär der Psychologie dar.[2] Am Rande sei erwähnt, daß die Daktyloskopie in manchen Polizeibehörden (zB im Freistaat Sachsen) aufgabenmäßig und organisatorisch zur KT zählt, in anderen Behörden (zB im BKA) nicht zur Kriminaltechnik gehört.

4   Wesentliche Aufgabe der KT als Organisationseinheit der Polizei ist es, auf Antrag von Polizeidienststellen, StAen und Strafgerichten Untersuchungsberichte und Gutachten iSv Behördengutachten gem § 256 StPO zu erstellen und ggf vor Gericht zu erstatten. Dies ist im BKA-Gesetz (§ 2 VII) und in Polizeigesetzen der Länder geregelt.[3] Daneben halten Kriminaltechniken Sammlungen iSv Tatmittel- (zB Erpresserschreiben), Referenzmuster- (zB Passvordrucke) und Arbeitssammlungen (zB Infrarotspektren) vor. Schließlich betreiben Kriminaltechniken Erkennungsdienste (etwa den Schußwaffenerkennungsdienst[4]), tragen zur Intelligence(Auswerte)-Arbeit der Polizei bei[5] und widmen sich Forschungs- und Entwicklungsaufgaben.

5   Insgesamt ist die KT als wissenschaftliche Teildisziplin der Kriminalistik anzusehen, wobei die Kriminalistik ihrerseits in Deutschland (entgegen der alten Grazer Schule) nach überwiegender Meinung keine Teildisziplin der Kriminologie (als der Lehre von Tat, Täter, Opfer und staatlicher sowie gesellschaftlicher Reaktion auf das Verbrechen) darstellt.[6] Strukturell läßt sich die heutige Kriminaltechnik als eine polizeiliche Einrichtung verstehen, die organisatorisch vom Ermittlungsbereich getrennt vorrangig sachbeweisbezogene Beratungs- Service-, und Forschungsaufgaben wahrnimmt.[7]

Die Kriminaltechnik weist bei der Gutachtenerstellung ein breit gefächertes Spektrum von Fachaufgaben auf. Beispielhaft seien erwähnt:

---

2   Zu den Mindestanforderungen an entsprechende Gutachten vgl BGH StV 1999, 473 ff.
3   Vgl etwa Ahlf/Daub/Lersch/Störzer, Bundeskriminalamtgesetz, BKAG, mit Erläuterungen, 2000, § 2 Rn 81 ff
4   Rahm, Kriminalistik 1998, 586 ff
5   Kube/Dahlenburg, Kriminalistik 1999, 778 ff
6   Dazu Kube/Schreiber, aaO, S 4
7   Zum Vorschlag einer Typologisierung wesentlicher Kernaufgaben vgl Simmross, Kriminalistik 1998, 799 ff.

- Untersuchung von Elektronik, die in Verbindung mit Sprengstoffdelikten stehen kann. Hier werden Schaltungen bewertet und ggf rekonstruiert. 6

- Analyse gewerblicher und militärischer Sprengstoffe sowie von Selbstlaboraten. Zusätzlich Feststellung der Explosionswirkungen von Sprengvorrichtungen. 7

- Analyse von Massenprodukten aus Kunststoff, die gerade bei schweren Straftaten zunehmend Bedeutung gewinnen. Dies gilt etwa für Kunststoffsäcke, Klebebänder oder Klebstoffe. 8

- Zur Aufklärung von Verkehrsunfalldelikten (insbes bei Verkehrsunfallflucht) werden Vergleichsuntersuchungen von Lacken und Gläsern durchgeführt. Das BKA unterhält eine Lacksammlung, die derzeit auf ca. 25.000 Autolacken und Spektren von rund 12.000 Lacken von 23 Automarken basiert und europaweit gespeist wird. Auch Japan und Kanada kooperieren. Parallel werden die Untersuchungsmethoden permanent weiterentwickelt. So können zB bei Mikrospuren von Glas inzwischen erheblich optimierte Brechungsindex- und Dichtemessungen automatisiert vorgenommen werden, die zu subtilen Unterscheidungen von Proben kommen, wenn sich etwa bei einem Schaufenstereinbruch die Frage stellt, ob die an der Kleidung eines Tatverdächtigen gesicherten wenigen Glassplitter mit dem Schaufensterglas übereinstimmen. 9

- Untersuchung zur Echtheit von Münzen, Edelmetallen, Edelsteinen und zur Bestimmung von Legierungen und Baustoffen. 10

- Bei Bränden geht es ua um die Frage der Brandursache (zB Brandlegung, biologische und chemische Selbsterhitzung, primärer Kurzschluß) und den Brandentstehungsort. Bei Verdacht der vorsätzlichen Brandstiftung entsteht das Problem der Isolierung und des Nachweises von Brandlegungsmitteln. Bei fahrlässiger Brandstiftung werden zuweilen im Wege des Experiments Schwel- und Glimmfähigkeit bestimmter Materialien getestet, damit eventuell geklärt werden kann, ob eine in Betracht kommende Zündquelle vorhanden gewesene Gegenstände in Brand setzen konnte. 11

- Im Bereich der Toxikologie werden (neben potentiellen Giften) vor allem Betäubungsmittel analysiert. Dabei handelt es sich um natürliche und synthetische Rauschgifte. Neben der Identifizierung von Betäubungsmitteln geht es um die Quantifizierung des Wirkstoffanteils und die Bestimmung von Zusätzen, auch von Verschnittstoffen (etwa Lactose oder Ascorbin). Zudem stellt sich oft auch die Frage des Nachweises von BtM-Anhaftungen – zB in Schmuggelverstecken. Der Herkunftsbestimmung von Drogen dienen Vergleichsuntersuchungen vor allem im Rahmen des Heroinanalyseprogramms. Inzwischen hat bekanntlich neben den »klassischen« Rauschgiften (Heroin, Marihuana, Haschisch, Cocain und Amphetamin) Ecstasy große Akzeptanz in der Jugendszene 12 gefunden. Hier beschränkt sich die KT nicht mehr nur auf die klassische BtM-Analytik, sondern nutzt den Informationsmehrwert eines quasi multidimensionalen Industrieprodukts (zB Spuren von Tablettiermaschinen).

13 – Im Rahmen der Serologie geht es ua um die Bestimmung von Spuren (zB menschliches/tierisches Blut oder Sperma) mit Hilfe optischer, mikroskopischer und biochemischer Verfahren und um die Rekonstruktion des Tathergangs mittels Analysen der Entstehung bestimmter Situationsspuren. So kann die Antragungsrichtung von Blutspritzern Aufschluß darüber geben, ob das Opfer evtl vor dem tödlichen Schlag bereits zu Boden gegangen war oder nicht (was uU relevant für Frage der Notwehr ist). Bei der Individualisierung von Spurenmaterial stellt sich – wegen der hohen Diskriminierungskraft der DNA (Desoxyribonucleinsäure)-Analyse – dieses Verfahren als am aussagekräftigsten dar. Dabei können über die PCR (Polymerase Chain Reaction)-Methode auch geringe Spuren bzw relativ wenige Zellkerne (zB in Speichelanhaftungen auf aufgeklebten Briefmarken) amplifiziert (vermehrt) und die genomische (Erbinformationen enthaltende) DNA beim Vergleich nicht-codierender Abschnitte ggf dem Tatverdächtigen zugeordnet werden oder dieser kann als Spurenverursacher ausgeschlossen werden.

14 – Die forensische Textilkunde analysiert alle Material- und Faserspuren, die textiler Beschaffenheit sind und orientiert sich ggf an einem Leitspurenkonzept.[8] Textile Spuren gelten als eine der klassischen Arten von Kontaktspuren (zB bei Vergewaltigungen oder bei Straßenverkehrsunfällen, bei denen ein Passant angefahren wird). Ziel der Untersuchung ist üblicherweise, gesicherte Faserspuren mit Vergleichsfasern/Vergleichstextilien abzugleichen, dh evtl die Faserspur einem Spurengeber (= vergleichbarem Textil) zuzuordnen. Individualzuordnungen kann es vor allem bei Passspuren geben. Als Spuren kommen Einzelfasern, aber auch Bruchstücke von Fasern, Stoffe, Seile, Sprengschnüre oa in Betracht. Formspuren zeigen sich etwa in Rissen oder Schnitten. Untersucht werden zudem Knoten (Fesselung) und Eindrücke in Textilien. Die morphologischen Gegebenheiten – zB der Veredelungszustand von Fasern – werden vorrangig mit unterschiedlichen, zerstörungsfrei anwendbaren Mikroskopierverfahren festgestellt. Inzwischen haben Experten des Kriminaltechnischen Instituts des BKA durch die Entwicklung eines Online Fallprotokolls die fallbezogene und auch fallübergreifende Auswertung – ganz im Sinne des Qualitätsmanagements – optimiert.

15 – Biologen befassen sich auch mit der Analyse und dem Vergleich pflanzlicher Spuren (dabei oft zur Klärung, ob es sich bei diesen um Anhaftungs- bzw Übertragungsspuren handelt). Vergleichbares gilt für

---

[8] Tatrelevante Spurengruppen (Leitspuren) werden methodisch ausgefiltert und für kriminalistische Zwecke interpretiert; dazu Decke, Kriminalistik 2000, 467 ff und Neubert-Kirfel, Kriminalistik 2000, 398 ff

Boden- und Schmutzspuren. Die Boden- und Vegetationsuntersuchungen haben vor allem zum Ziel festzustellen, ob das sichergestellte Material einem bestimmten Ort (etwa Tatort) zugeordnet werden kann oder welche Region dafür in Frage kommt. DNA-Identifizierungsmuster von pflanzlichen Zellkernen und deren Vergleich werden mittelfristig dieses Aufgabenfeld erheblich optimieren.

- Haarspurenmaterial bildet in der sonstigen Biologie üblicherweise den Schwerpunkt kriminaltechnischer Arbeit. Morphologische Untersuchungen führen grundsätzlich nur zur Erhärtung von Verdachtsmomenten oder aber auch zum Ausschluß des Tatverdächtigen als Spurenverursacher. Übrigens kann inzwischen in der Regel bei ausgefallenen Haaren (sog telogenen Haaren) aus dem Haarwurzelbereich in ausreichend zuverlässiger Weise Kern-DNA extrahiert und zudem aussagekräftig analysiert werden.[9] Mitochondriale DNA wird in Deutschland insbes wegen Fehleranfälligkeit und geringer Aussagekraft der Analyseergebnisse forensisch kaum verwandt.

16

- Bei inkriminierten Urkunden fallen ua an

17

- Echtheitsprüfung/Prüfung bezüglich Verfälschung

- Untersuchung des Schrifteinfärbemittels (etwa Altersbestimmung)

- Papierprüfung

- spezielle Untersuchungen (zB Schriftkreuzungen)

Bei der Echtheits- bzw Verfälschungsuntersuchung werden – soweit möglich – Vergleichsdokumente oder Falschstücke aus den Sammlungen beigezogen. Zudem untersucht man bei der Echtheitsprüfung die Urkunde insbes im Hinblick auf Schriftträger und Druckfarben sowie auf sicherungstechnische Merkmale (zB Wasserzeichen). Bei in Frage kommenden Verfälschungen von Urkunden wird das Dokument ua auf Rasurmanipulationen, überschriebene oder ergänzte Eintragungen überprüft; man versucht, ursprüngliche Eintragungen wieder sichtbar zu machen. Dabei werden mikroskopische, physikalische und chemische Methoden eingesetzt (etwa bei Überschreibungen: Schreibmitteldifferenzierungen oder bei Papierprüfung: ua Bestimmung von Flächengewicht, Dicke, Format, Leimung, Beschichtung, Füllstoffgehalt oder Faserstruktur).

Im Urkundenbereich wird bei Schriftstücken auch untersucht, mit welcher Art von Schreibmaschine (Typenhebel-, Kugelkopf- oder Typenradschreibmaschine) oder mit welcher Art von Matrixdruckern (Nadel-, Tintenstrahl-, Thermodrucker etc) die Beschriftung erfolgte. Die Schreibmaschinensystembestimmung wird über Einzelelemente wie Schriftart, Schriftzeichengrundform, Schriftgröße, Wagenschritt und

---

9 Hellmann/Herold/Demmelmeyer/Schmitter, Kriminalistik 2000, 255 ff

Zeilenabstand vorgenommen. Das Gutachten kommt dann beispielsweise zum Ergebnis, daß die Systemelemente bei bestimmten Fabrikaten bestimmter Hersteller Verwendung finden.

Zum Schriftidentitätsnachweis müssen zusätzlich noch individuelle Merkmale vorhanden sein. Die bestimmte Schreibmaschine oder der bestimmte Drucker als »Schrifturheber« kann insbes über konkrete Defekte (zB Typenjustierungsdefekt = etwa die Type steht etwas erhöht) festgestellt werden. Relevanz erlangen die Untersuchungen durch eine Schriftmustersammlung, eine Passvordrucksammlung und eine Tatschriftensammlung. Inzwischen erfolgt etwa der Abgleich eines zu untersuchenden Asservats mit der Schriftmustersammlung zur Schreibmaschinensystembestimmung über ein DV-gestütztes Informationssystem (AKIM = Automatisches Klassifizierungs- und Identifizierungssystem Maschinenschriften).

18 – Bei der Handschriftenuntersuchung sind vorwiegend Psychologen als Sachverständige tätig. Ziel der Untersuchungen ist primär die Ermittlung der Echtheit oder Unechtheit eines Schriftstücks (zB Testament) und die Identifizierung des Schrifturhebers (zB bei Einmietebetrug und ausgefülltem Meldeschein).

Mittels Untersuchungen auf der Grundlage des Handschriftenerkennungsdienstes (zB im Euroscheckbereich) können Serien (Tatzusammenhänge) festgestellt oder bisher nicht identifizierte Schrifturheber von inkriminierten Schreiben namentlich bekannten Schreibern zugeordnet werden.

Teile des Erkennungsdienstes werden über FISH (= Forensisches Informationssystem Handschriften) betrieben. Mit diesem Verfahren – auf der Basis digitaler Bildverarbeitung und Mustererkennung – werden sämtliche Arbeitsabläufe rationalisiert und bezüglich der qualitativen Arbeitsschritte objektiviert. Die Erfassung von Merkmalen der Handschrift erfolgt zT interaktiv (zB Isolierung und Linienverfolgung von Textelementen), zum Teil automatisch (nämlich textunabhängige Merkmale). Das System bietet aufgrund der Recherche eine Hitliste potentieller Treffer an.

Die forensische Schriftuntersuchung hat übrigens nichts mit Graphologie zu tun. Sie basiert vielmehr auf der Erkenntnis, daß Handschrift unter normalen Bedingungen mehr oder weniger unverwechselbar ist und über einen längeren Zeitraum relativ konstant bleibt (zB hinsichtlich Schriftgröße, Schriftweite, Formgebung). Die Bewertung der erhobenen Merkmalskonfigurationen führt neben Ausschluß und non-liquet-Befundbewertungen meistens zu nicht-numerischen Wahrscheinlichkeitsaussagen.[10]

---

10 Dazu Hecker, Kriminalistik 1998, 209 ff

- Innerhalb der KT des Bundes und der Länder gibt es nur beim BKA ein 19
  Sachgebiet mit der Aufgabenstellung der linguistischen Textanalyse.
  Dort werden vor allem Vergleichsuntersuchungen (Erpresserschreiben
  zB im Abgleich mit entsprechender Sammlung) durchgeführt und Aussagen zu Texturheberschaft gemacht (zB bezüglich formalem Bildungsgrad, der Berufsgruppe und ggf Alter von Personen bei Lebensmittelerpressungen). Methodische Basis ist nicht der Inhalt, sondern die
  sprachliche Struktur der Schreiben. Bei Vergleichsgutachten kann insbes
  dann mit aussagekräftigen Bewertungen gerechnet werden, wenn folgende Voraussetzungen erfüllt werden:

- Das Tatmaterial enthält eine gewisse Zahl von Fehlern;

- Tatmaterial und Vergleichsmaterial entstammen einer vergleichbaren
  Textsorte;

- Tatmaterial und Vergleichsmaterial liegen bezüglich ihres Entstehungsdatums möglichst eng zusammen;

- das Tatmaterial ist nach den vorliegenden Ermittlungsergebnissen von
  einer einzigen Person formuliert worden;

- Der Urheber des Tatmaterials ist mit dem Schreiber identisch.[11]

Das IT-gestützte Informationssystem KISTE (Kriminaltechnisches
Informationssystem Texte), das aktuell weiterentwickelt wird, stellt dem
Experten eine Hitliste der dem inkriminierten Text ähnlichsten Texte
zur Verfügung.

- Ein weiteres Aufgabengebiet des Kriminaltechnischen Instituts des BKA 20
  und von den Kriminaltechniken dreier Bundesländer (BB, BY, NW)
  stellt die »Sprechererkennung« dar. Methodische Grundlage bildet eine
  Kombination auditiv phonetischer und rechner-gestützter Signalverarbeitungstechniken. Einzelaufgaben dieser Sprachwissenschaftler sind
  vor allem Sprecheridentifizierung, Stimmenanalyse, Sprachverbesserung, Authentisierung von Tonträgeraufzeichnungen und die Interpretation von Hintergrundgeräuschen.

Bei der Sprechererkennung (Stimmenvergleichsgutachten) werden als
sprecherspezifische Merkmale die Stimme (etwa Grundfrequenz), die
Sprache (etwa Dialekt) und die Sprechweise (etwa Sprechrhythmus) verwandt.[12]

- Im Bereich der Schußwaffentechnik, Schußwaffenspuren und Schußspu- 21
  ren wird eine breite Palette von Untersuchungen vorgenommen. Dabei
  handelt es sich etwa um die Prüfung der Funktionstüchtigkeit von
  Schußwaffen (zB im Zusammenhang mit der geltend gemachten unge-

---

11 Vgl Steinke, AfK Bd 182 (1988), 179 sowie neuerdings Baldauf, AfK Bd 204 (1999),
    93 ff
12 Im Einzelnen Künzel, StraFo 1997, 100 ff

wollten Schußauslösung) oder um die Feststellung von Veränderungen an Waffen. Unter anderem für diese Aufgabe unterhält das BKA eine umfangreiche Waffensammlung.

Die Waffensammlung ist auch eine Referenz, wenn es darum geht, Munition bzw Geschosse und Hülsen im Rahmen des Schußwaffenerkennungsdienstes einem bestimmten Waffenfabrikat oder Waffenmodell zuzuordnen.

Als Verfeuerungsmerkmale werden zur Systembestimmung (Gruppenidentifizierung) verwandt beim / bei der

Geschoß: Feld- und Zugkaliber, Zahl und Breite der Felder und Züge, Drallrichtung, Drallwinkel und Drall-Länge.

Hülse: Kaliber, Form, Spuren von Auswerfer und Auszieher und ihre Lage zueinander, Spuren am Hülsenboden, Spuren am Patronenlagerrand, Schlagbolzeneindruck, Spuren am zylindrischen Teil der Hülse.

Sind diese Schürf- und Eindruckspuren in ausreichendem Maße gegeben, so können Fabrikat/Modell der Waffe festgestellt werden.

Geht es anhand sichergestellter verschossener Munition um die Frage, ob die Tatwaffe bereits bei früheren Delikten verwandt wurde (Tatmunitionsuntersuchung), so untersucht man Individualspuren, quasi den »Fingerabdruck« der Waffe. Diesem Zweck dient eine Munitionssammlung, die zur Zeit ca. 5.000 Hülsen und ca. 3.000 Geschosse enthält. Ziel der Tatmunitionsuntersuchung ist das Erkennen von Tatzusammenhängen. Als Methode wird ein optischer Vergleich von Spurenträgern vorgenommen. Dabei werden Binokularlupe, ggf optisches Vergleichsmikroskop oder/und Vergleichsrasterelektronenmikroskop eingesetzt. Derzeit ist man dabei, die bisher relativ bescheidene DV-Unterstützung beim Schußwaffenerkennungsdienst mittels des Systems IBIS zu optimieren.

Daneben wird mit denselben Methoden Munition sichergestellter und beschossener Waffen mit der Munitionssammlung verglichen, um festzustellen, ob es sich bei der sichergestellten Waffe um eine Tatwaffe handelt (Vergleichsmunitionsuntersuchung).[13]

Bei der ballistischen Untersuchung wird der Ablauf einer Schußwaffenstraftat (etwa Standort des Schützen bei der Schußabgabe) rekonstruiert. Dabei werden Experimente durchgeführt und physikalisch-mathematische Berechnungen angestellt.

Im Schuß-Spurenbereich geht es ebenfalls um die Tatrekonstruktion und die Täteridentifizierung. Ersteres geschieht primär durch die Schußentfernungsbestimmung, letzteres durch die Schußhandbestimmung.

---
13 Vgl zum Gesamten Rahm, aaO, 586 ff

Eine Schußentfernungsbestimmung ist – abhängig von Waffe und Munition – bis etwa 2 m möglich. Ist die Entfernung größer als die Bestimmungsgrenze, so ist zumindest mittels des sog Projektilabstreifringes der Einschuß vom Ausschuß zu unterscheiden. Bei der Schußhandbestimmung wird untersucht, ob an der in Frage kommenden Schußhand Schmauchanhaftungen festgestellt werden können.

Zur Methode der Schußentfernungsbestimmung soll hier nur ua auf die Feststellung der Schmauchzusammensetzung mittels Rasterelektronenmikroskopie oder Emissionsspektralanalyse verwiesen werden. Weiter sollen Folienabdruckverfahren, Sichtbarmachung der Schmauchverteilung mit Anfärbereagenz (bezüglich metallischer Bestandteile), Vergleichsbeschuß mit Tat- oder Vergleichswaffe, Sichtbarmachung und Vergleich der Schmauchverteilung erwähnt werden. Inzwischen kann es im Hinblick auf die Entwicklung schadstoffreduzierter Munition Probleme bei dem hochspezifischen Nachweis der Schmauchrückstände (nicht seltene flüchtige Spurenelemente) geben.

Im BKA werden im Fachbereich, in dem Schußhand- und Schußentfernungsbestimmung erfolgen, auch Elektrobrände untersucht. Dabei geht es oft um die Frage des primären bzw sekundären Kurzschlusses. Bei Ersterem löst der Kurzschluß den Brand aus, bei letzterem ist der Kurzschluß Folge des Brandes.

– Schließlich sei noch der Bereich der Werkstofftechnik inklusive Werkzeug- und Schuhspuren erwähnt. Hierbei handelt es sich um einen vorwiegend spurenkundlichen (im Gegensatz zum analytischen) Bereich. Grundsätzlich geht es in dieser kriminaltechnischen Disziplin um die Frage, ob übereinstimmende Spurenmuster von Tatgegenständen und Vergleichsobjekten einem oder verschiedenen Spurenerzeugern zuzuordnen sind (zB Schuhspur am Tatort und im Wohnhaus des Tatverdächtigen sichergestellte Schuhe, mit denen ein Vergleichsabdruck erzeugt worden ist). 22

Das Gebiet ist weit gefächert und reicht etwa von der Wiedersichtbarmachung entfernter Zeichen in metallischen und polymeren Werkstoffen bis zur Frage, ob ein kopierter Schlüssel bereits für einen Schließvorgang eingesetzt worden ist oder ob überhaupt der Originalschlüssel zur Herstellung einer Kopie verwandt wurde.

II. Methoden der Kriminaltechnik

Im Hinblick auf die atemberaubenden Innovationsschübe in den Wissenschaften im vergangenen Jahrhundert, auf die sich in immer kürzeren Zyklen entwickelnden technischen Meilensteine und nicht zuletzt ange- 23 sichts der aktuellen rasanten Fortschritte in der Informationstechnologie, nehmen auch die Möglichkeiten zu, diese Erkenntniszuwächse für die Forensik nutzbar zu machen. Es gilt, eigene Ideen zu realisieren sowie die aus den kriminaltechnischen Wissenschaften hervorgegangenen Spezialverfahren und -techniken für forensische Zwecke anzupassen und weiterzuentwickeln. Dies führt in der Kriminaltechnik zu einer immer feineren Aufsplittung in Teildisziplinen mit ihren jeweiligen Methoden, die im Überblick nur schwer zu vermitteln sind. Nicht zuletzt wegen der mitunter komplizierten Bezeichnungen und nicht-trivialen Hintergründe wird der Leser in folgender Weise an das Thema herangeführt. Eine stichwortartige Einführung unter 1. vermittelt zunächst grundlegende Definitionen und Anwendungen. Die Abschnitte 2. und 3. bilden eine didaktische Vertiefung mit Methodenbeispielen vorwiegend aus dem chemisch-analytischen Bereich. Schließlich werden Akzente gesetzt auf bildgebende Methoden (4.) und auf Möglichkeiten zur Altersbestimmung (5.). So sollte es ggf leichter fallen, sich auf die Vielfalt und die Komplexität möglicher Spurenmaterialien und Methoden einzulassen, von denen in der kriminalistischen und kriminaltechnischen Literatur weniger häufig die Rede ist als etwa von der DNA-Analyse (vgl Kap 5). Die ganze Palette kriminaltechnischer Methoden, ihrer Anwendungen und Beweiswerte kann schließlich umfassender und auch detaillierter einschlägigen Standardwerken[14] bzw neueren Übersichtsartikeln[15] entnommen werden.

1. Definitionen und kriminaltechnische Anwendungen

Folgende Begriffe bedürfen einer Definition bzw eines Beispielhinweises:

24 Spuren im kriminaltechnischen Sinne spiegeln materielle Veränderungen wider, die in einem Zusammenhang mit einer Straftat oder einem sonst kriminalistisch relevanten Ereignis (zB Selbsttötung) stehen. (Als materielle Spuren sind auch digitalisierte Daten – zB digitale Stimmaufzeichnungen – anzusehen).

25 Spurenkomplexe sind mehrere an einem oder mehreren Spurenträgern vorhandene unterschiedliche Spuren. Teilt man Spurenkomplexe auf (etwa zwischen mehreren Kriminaltechniken und/oder Rechtsmedizinischen Instituten), so besteht die Gefahr des Informationsverlustes (zB Beein-

---

14 Kube/Störzer/Timm, aaO, Beiträge mehrerer Autoren in Bd 1, S 795–873 und in Bd 2, S 25–188; Festschrift für Horst Herold, Bundeskriminalamt (Hrsg), 1999, Beiträge mehrerer Autoren im Abschnitt »Aktuelle Leistungen und Perspektiven«, S 345–439; Zirk/Vordermaier, Kriminaltechnik und Spurenkunde – Lehrbuch für Ausbildung und Praxis, 1998
15 Beispielsweise: Adolf, NStZ 1990, 65–71; Simmross, Kriminalistik 1995, 569-576; Braun, in: Gundermann (Hrsg): Die Ausdruckswelt der Stimme, Erste Stuttgarter Stimmtage 1998, S 88–102; Künzel, AfK Bd 194 (1994), S 129–144; Bach, Kriminalistik 1999, 657–661

trächtigung der Gesamtbefundbewertung oder bei zeitlich nachfolgender Untersuchungen wegen Anwendung nicht zerstörungsfreier Methoden).

Tatspuren sind Widerspiegelungen materieller Veränderungen, die mit einer Straftat zusammenhängen. Die Tatspuren kann man einteilen in Gegenstandsspuren (zB Zigarettenkippe im Ascher eines Pkws im Hinblick auf DNA-Analyse und Aussage zur -vermutlichen – Anwesenheit dieser Person im Auto), Materialspuren (zB Pulverschmauch an der Hand der als Schütze verdächtigen Person), Formspuren (zB Handschriften oder Werkzeugspuren) und Situationsspuren (zB Blutspritzer im Hinblick auf den Tatablauf bei Gewaltdelikten). Diese Spureneinteilung ist zwar üblich, in der Alltagspraxis werden aber auch andere Zuordnungen vorgenommen. 26

Trugspuren hängen nur scheinbar mit einer Tat zusammen.

Fingierte Spuren verweisen auf materielle Veränderungen, die in der Absicht vorgenommen worden sind, von einer Straftat abzulenken oder eine solche vorzutäuschen.

Kriminaltechnik ist im Gesamtzusammenhang von Spurensuche, Spurensicherung und Spurenauswertung zu sehen. Der Sachbeweis, insbes die (natur-)wissenschaftliche Auswertung von Spuren kann nur so gut sein, wie die Qualität der Spurensuche (zB Erkennen latenter Fingerabdrücke) oder die Spurensicherung (zB sachgerechte Verpackung) dies zulassen. 27

Fehler bei der Spurensicherung, die – wenn auch selten – vorkommen, betreffen (hier ua wahllos erwähnt):

– Kleidung (durch Schüsse verletzter oder getöteter Personen), die zusammengeknüllt in eine Tüte gestopft wird.

– Zigarettenkippen, die später gesichert werden, wenn am Tatort bei der Ermittlungsarbeit geraucht wurde (Trugspuren).

– Schriftvergleichsmaterial, das unsachgemäß verpackt, gelocht und dem Vorgang beigeheftet wird.

– Etwaige notwendig gewordene Veränderungen am Tatort, die im Bericht nicht festgehalten werden.

Untersuchungsziel im Rahmen der Spurenauswertung ist insbes eine 28

– Materialcharakterisierung (zB Bestimmung von Klebstoffen verschiedener Erpresserschreiben) einschließlich Materialvergleich

– Gruppenidentifizierung (zB Bestimmung einer Substanz als menschliches Blut oder Waffensystembestimmung)

– Individualidentifizierung (zB das Tatgeschoß ist aus der Waffe »xy« verfeuert worden oder ein sichergestellter Müllsack mit Leichenteilen ist bezüglich seiner Abrissfläche Pass-Stück eines bei einer Wohnungsdurchsuchung beschlagnahmten noch auf der Rolle befindlichen Müllsackes)

- Rekonstruktion (zB Nachbau eines vom Täter verwendeten Sprengkörpers mit entsprechender Zündvorrichtung)
- Altersbestimmung (zB von Tinten auf einer datierten und evtl unechten Urkunde).

2. Spurenaufbereitung und Mikroskopie

29 Bei der Vorstellung kriminaltechnischer Methoden einschließlich des eingesetzten modernen Analysenequipments wird häufig ein – wenn nicht der – wichtigste Schritt zu wenig gewürdigt, nämlich die Probenaufbereitung bzw Probenpräparation. Zusammen mit der Kenntnis über die Asservierungsbedingungen (ua Umgebung, Kontaminationseinflüsse, Spurensicherungsgeräte und ggf Zwischenverpackungen) entscheidet eine richtige Probenvorbereitung meist über die spätere Sinnhaftigkeit von Interpretationen der gewonnenen Analysenergebnisse wie auch ggf über die Erhaltung der Einzigartigkeit von Spuren. Abhängig von dem zu untersuchenden Material und dem gewählten Meßverfahren können einerseits Probenahmestrategien, Trennungsprozeduren, Anreicherungen und auch chemisch-physikalische Veränderungen erhebliche Bedeutung gewinnen. Andererseits kann es angezeigt sein, Asservatkollektive, Einzelsubstanzen und Materialvergesellschaftungen (zB Anhaftungen) in ihrer einzigartigen Ursprünglichkeit zu belassen und diese etwa nur fotografisch (auch lichtmikroskopisch) zu dokumentieren, wenn dadurch schon Aussicht besteht, den Beweiswert zu maximieren. Unter solchen Prozeduren, die über eine bloße Inaugenscheinnahme hinausgehen, ist schließlich zu unterscheiden zwischen zerstörungsfreien, quasi-zerstörungsfreien und materialverbrauchenden Aktionen, die dann zusammengenommen einer »Methode« ihren eigenen Wert geben. So können die Vorbereitungsschritte zerstörungsfrei sein, die Analyse selbst jedoch nicht (zB bei thermogravimetrischen Analysen). Wenn es die Spurenmenge zuläßt, wird man bei Methoden, welche die Spur bzw das Material in irgendeiner Weise verändern, darauf achten, Rückstellmuster aufzubewahren und notwendige irreversible Vorbereitungsschritte nachvollziehbar zu dokumentieren.

30 Noch bevor im folgenden von einigen ausgewählten Methoden und deren Grundprinzipien die Rede sein wird, gilt es, die Mikroskopie, die wie die Lupe des Sherlock Holmes für *die* kriminaltechnische Basismethode schlechthin steht, näher zu betrachten. Sie zählt immer noch mit Recht zu den am meisten verwendeten Untersuchungsmethoden. Die heute in der Kriminaltechnik verwendeten Mikroskope sind die modernsten und leistungsfähigsten Geräte, die der Markt zu bieten hat. Gängig sind alle Verfahren wie etwa im Bereich der Lichtmikroskopie die Fluoreszenz- oder die

Interferenzmikroskopie. Zusätzlich bieten die neuen digitalen Bildverarbeitungssysteme weitreichende Möglichkeiten der Dokumentation, der Mustererkennung und des Mustervergleiches.

Das Rasterelektronenmikroskop (REM) ermöglicht eine bis zu ca. 100.000-fache Vergrößerung. Wegen der großen Tiefenschärfe vermag das Gerät auch stark zerklüftete Oberflächen von zu untersuchenden Materialien gut abzubilden. Mit zusätzlich an das REM angeschlossenen Analyseeinheiten können kleinste Objekte bzw Objektbereiche (zB Glühwendeloberflächen, Schmauchpartikel) ergänzend röntgenfluoreszenzanalytisch, dh hinsichtlich der Elementverteilung untersucht werden. Die Bandbreite des Einsatzes ist im Alltag groß; dies zeigen etwa auch Untersuchungen zur Identifizierung von Pulverschmauch an menschlicher Haut oder an Kleidung. Für solche Aufgaben werden automatische Such- und Identifizierungssysteme eingesetzt (vgl auch Rn 40 ff).

3. Spektroskopische[16] und chromatographische Verfahren

Wie die Mikroskopie zählt das bloße »Sehen« selbst vom Prinzip her mit zu den spektroskopischen Methoden. In diesem spektroskopischen Experiment[17] fungiert das menschliche Auge als Detektor für die beobachtbare Wechselwirkung eines kleinen Ausschnitts elektromagnetischer Strahlung mit Materie. Dieses Experiment führt zu einem Bildeindruck in entsprechender Vergrößerung, beim Übergang zum REM – aufgrund der kleineren Wellenlänge der verwendeten Elektronenstrahlung – zu erheblich stärkeren Vergrößerungen. Das beobachtete Bild in diesem Beispiel – sei es nun vergrößert oder nicht – ist nichts anderes als ein dreidimensionales Spektrum, in dem jedem Probenflächenpunkt eine detektierte spektrale Information (Farb- oder Graustufe) zugeordnet wird.

31

Nach Römpp[18] ist der Begriff Spektrum im allgemeinsten Sinne eine Bezeichnung für jede Anordnung von Dingen oder Eigenschaften nach ihrer Größe, doch verwendet man den Begriff in der Regel nur für die Darstellung von Strahlungen jeder Form, wie zB Licht, Töne, Photonen oder geladenen/neutralen Teilchen in Abhängigkeit von deren Wellenlänge, Schwingungsfrequenz, Energie, Masse, elektrischer Ladung oder anderen charakteristischen Größen.

32

---

16 Statt des Attributes spektroskopisch wird häufig auch spektrometrisch eingesetzt. Ersteres betont den beobachtenden Aspekt, letzteres den meßtechnischen. Bei Gerätebezeichnungen ist die Endung »-meter« geläufig (zB Massenspektrometer).
17 Der Ausdruck »Experiment« ist hier und im folgenden nicht etwa als ein Wagnis zu verstehen, sondern gilt vielmehr im naturwissenschaftlichen Sinne als ein gewählter Meßaufbau mit wohldefinierten Bedingungen.
18 Römpp Lexikon Chemie – Version 2.0 (1999)

Ein spektroskopisches Experiment beinhaltet vereinfacht die Komponenten Strahlungsquelle, dispersives Element (zB ein Prisma oder einen Monochromator zur Auswahl bestimmter Wellenlängen), Probe, Detektor und Auswertesystem. Die Wechselwirkungen (zB Absorption oder Fluoreszenz) der Probe mit der Strahlung werden detektiert und durch das Auswertesystem – im oberen Fall das Gehirn bzw die Netzhaut »sichtbar«. Die Netzhaut übernimmt beim Sehen mit die Rolle des dispersiven Elementes, da sie wellenlängenabhängig, also farbig detektiert (selektiver Detektor). Ist der Detektor nur empfindlich für Strahlung als solche, benötigt man ein Instrument, das ausschließlich Strahlung definierter Wellenlängen oder -bereiche herausfiltert. Dies kann im Falle des sichtbaren Lichtes zB ein Prisma sein, das so angeordnet wird, daß etwa nur die Rot-Anteile mit der Probe wechselwirken. Interessant sind demnach Wellenlänge bzw Frequenz und Intensität der den Detektor erreichenden Reststrahlung, beim Auge etwa Farbe und Helligkeit.

In gleichem Umfang wie die Natur mögliche Strahlungsarten bereit hält (zB Infrarot-, Mikrowellen-, Röntgenstrahlung, um nur einige zu nennen), lassen sich auch für analytische Zwecke spektroskopische Experimente durchführen, die jeweils die charakteristischen Wechselwirkungen der betrachteten Strahlungsart mit einer Probe ausnutzen. Dem Naturwissenschaftler/Forensiker geben die erhaltenen Spektren Auskunft ua über die chemische Struktur der untersuchten Probe sowie Informationen über deren Menge (in Gemischen), Heterogenität und physikalische Eigenschaften. Analytisch wichtige Größen sind wie auch beim menschlichen Auge die Intensität der detektierten Ereignisse in Abhängigkeit von den spektralen Skaleneinheiten (zB Wellenlänge, Frequenz, Masse), die im Spektrum als Peaks erscheinen. Die Y-Achse (Intensität) skaliert die Peakhöhe, die X-Achse Wellenlänge bzw Frequenz oder zB auch die Masse.

33 Meist werden spektroskopische Verfahren nach den oben erwähnten Strahlungsarten benannt, die in der Analyse eine entscheidende Rolle spielen: so etwa bei der Infrarotspektroskopie die auf die Probe gerichtete Infrarotstrahlung, bei der Fluoreszenzspektroskopie die von der Probe ausgesandte und detektierte Fluoreszenzstrahlung oder bei der Massenspektroskopie die Massen der detektierten geladenen oder neutralen Teilchen (Molekülionen oder Moleküle).

34 Im Gegensatz zu den spektroskopischen Methoden zählen ua die chromatographischen Methoden zu den Trennverfahren, welche Unterschiede von Substanzen hinsichtlich der chemischen Natur oder der physikalischen Eigenschaften ausnutzen, um Einzelstoffe zu reinigen oder Stoffgemische zu trennen. Entsprechend aufbereitete Einzelstoffe lassen sich dann meist besser oder überhaupt erst sicher analytisch charakterisieren. Aus Gründen der Übersichtlichkeit und der Vereinfachung soll das Prinzip chromatographischer Verfahren im Folgenden nur am Beispiel der Gaschromatographie

erklärt werden, welche gerade in der Kriminaltechnik besondere Tradition hat.

Angedeutet basiert diese Methode darauf, daß chemisch verschiedene, hinreichend flüchtige Substanzen, die in einem Gasstrom (Trägergas) mobilisiert und dabei über eine stationäre Phase (mit speziellem Adsorbens beschichtete Innenwand) innerhalb einer dünnen Säule bewegt werden, unter gleichen Meßbedingungen eine bestimmte Strecke in unterschiedlich langen Zeiträumen zurücklegen. Der Zeitversatz resultiert aus den verschiedenen Affinitäten der zu trennenden Stoffe, auf der stationären Phase zu »verweilen«. Um diesen Prozeß zu verfolgen, werden geeignete Detektionssysteme gewählt, die am Ende der Meßstrecke den Austritt der jeweiligen Substanz anzeigen. Charakteristisch für jeden Stoff ist die sog Retentionszeit. Die Quantifizierung erfolgt über die Intensität des Signals (Peakfläche oder die Peakhöhe). Bei der Verwendung nicht-selektiver Detektoren – wie zB Flammenionisationsdetektor (FID) – erfolgt die Identifizierung über einen Vergleich der Retentionszeit mit einer gleichzeitig injizierten Referenzsubstanz (Standard). 35

Mit den erwähnten Detektionssystemen deutet sich bereits an, daß heute gebräuchliche chromatographische Methoden immer auch etwas mit Spektroskopie zu tun haben. So handelt es sich bei modernen chromatographischen Meßsystemen um mehrkomponentige Anlagen mit PC-gesteuertem Stofftransport (mittels Lösungsmittelpumpe oder Gasstrom) sowie weitgehend automatisierter Probeninjektion (Autosampler) und -detektion, oft auch mit mehreren Detektoren (zB UV-, Fluoreszenz- oder massenselektiver Detektor). Gerade diese Verquickung oder auch Kopplung verschiedener Meßprinzipien, die ein leistungsfähiges Analysegerät erst ausmachen, erleichtern dem Laien weder einen tieferen Einblick noch lassen sie von der Methodenbezeichnung her Rückschlüsse auf die tatsächlich an der Messung beteiligten Komponenten zu. Die Gelpermeationschromatographie (GPC), um ein weiteres Beispiel zu nennen, liefert als Ergebnis sog Molekulargewichtsverteilungen von Polymeren, dh vereinfacht eine wichtige Kenngröße zur Charakterisierung von Kunststoffen. Das Wort Gelpermeation steht für den zugrundeliegenden physikalisch-chemischen Mechanismus, der sich von dem anderer flüssigchromatographischer Verfahren (LC) stark unterscheidet. Letztere Sammelbezeichnung und auch die Gaschromatographie (GC) tragen die verwendete mobile Phase im Namen (LC = Liquid Chromatography). Wieder andere, wie die Dünnschichtchromatographie (DC) benötigen ein flüssiges »Laufmittel«, werden dennoch nach der stationären Phase benannt. Bei der insofern nicht-systematischen Benennung von chromatographischen Verfahren kommen nicht notwendigerweise alle Detektionssysteme zur Sprache, so beispielsweise bei den oben erwähnten Methoden (GPC und LC) die meist standardmäßig vorhandenen UV-Detektoren. Zusätzlich können weitere Geräte wie zB Fluoreszenz oder auch massenselektive Detektoren beteiligt sein, die bei der 36

Benennung des Verfahrens als Abkürzung angehängt werden (zB GC-MS oder LC-MS).

37 Viel wichtiger noch als die Einordnung der Methode über den Namen ist die Kenntnis der prinzipiell möglichen analytischen Experimente sowie die Vielseitigkeit der Ergebnisdarstellungen und auch der Fehlerquellen. Professionelle Ausdrucke, Spektren oder Chromatogramme sind noch keine Garanten für gelungene Messungen. In jedem Fall entsteht erst mit der Stellungnahme des für ein Analysengerät verantwortlichen Operators und der aus einer gemeinsamen Diskussion von Operator und Wissenschaftler hervorgehenden Ergebniswürdigung sowie mit der Kenntnis von Einflußgrößen bei der Probenahme und der Spurensicherung ein Gesamteindruck, der in eine wissenschaftliche Stellungnahme mündet (vgl auch Abschnitt IV. Qualitätsmanagement).

38 Zu den am häufigsten angewendeten Methoden der modernen Instrumentellen Analytik in der Kriminaltechnik zählen zweifelsohne Massenspektrometrie (MS), Infrarotspektroskopie (IR), Gaschromatographie (GC), Hochdruckflüssigkeitschromatographie (HPLC) und Röntgenfluoreszenzanalyse (XRF). Heutzutage bilden Fourier-Transform-Infrarot-Spektrometer (FT-IR) die apparativen Voraussetzungen für die Spurenanalyse zur Untersuchung von Polymeren wie zB Kfz-Lacken, Textilfasern und Klebstoffen und für die Pflege eigener Spektrensammlungen. Andere Stoffklassen werden vorzugsweise mit der Massenspektrometrie (MS) bzw häufig in Kopplung mit der Gaschromatographie (GC-MS) untersucht, die sich besonders zur Analyse von Wirkstoffen aller Art (Betäubungsmittel, Arzneimittel, Umweltgifte) sowie von Sprengstoffen und petrochemischen Produkten eignet. Mit Hilfe der Gaschromatographie (GC) können Brandlegungsmittel identifiziert und verglichen sowie Rauschgifte qualitativ und quantitativ bestimmt werden. Die Hochdruckflüssigkeitschromatographie (HPLC) ergänzt die Methode der Gaschromatographie bei der Analyse thermisch labiler Substanzen. Die hochauflösende Gaschromatographie spielt eine bedeutende Rolle bei der Entwicklung von standardisierten Analysemethoden, mit deren Hilfe zB eine umfassende, computergestützte Vergleichssammlung der Analysedaten von Rauschgiften zu kriminalpolizeilichen Zwecken und den forensischen Vergleich aufgebaut wurde.

39 Um die Methoden der chemisch-analytisch arbeitenden Kriminaltechnik an einem konkreten Beispiel aufzuzeigen, wählen wir als typischen Spurenträger ein Stück Klebeband, das in Zusammenhang mit einem Drogendelikt oder einem Sprengstoffanschlag gesichert wurde. Die Informationen, die solch ein Asservat zu liefern vermag, sind von dem präparativen Geschick der KT-Mitarbeiter, nicht zuletzt aber auch von zeitgemäßen, zunehmend empfindlicher werdenden Messinstrumenten abhängig. So läßt die FT-IR-Spektroskopie – als zerstörungsfreie Methode – einerseits Aussagen zum Kunststofftyp des Klebebandes zu, andererseits geben sich oberflächlich anhaftende Substanzen uU durch zusätzliche Signale im IR-Spektrum zu

erkennen. Winzige Mengen dieser Anhaftungen reichen aus (Nanogramm = 10^{-9} g), um massenspektroskopisch charakterisiert zu werden.

Unter bestimmten Voraussetzungen gelingt es mit der Massenspektrometrie, Substanzen im Femtogramm-Bereich (10^{-15} g) nachzuweisen. Die mittlerweile sehr geringen Nachweisgrenzen (zB Nachweisempfindlichkeit im Bereich der Sprengstoffdetektion oder Schmauchanalytik) erfordern es daher, zum einen labortechnische Vorkehrungen gegen Kontaminationen zu treffen. Zum anderen ist grundsätzlich durch experimentelle Untersuchungen zu sichern, daß bestimmte Leistungsmerkmale (Richtigkeit, Präzision, Selektivität, Spezifität, Linearität, Arbeitsbereich, Empfindlichkeit, Nachweis-, Erfassungs- und Bestimmungsgrenze) den Erfordernissen entsprechen, um fehlerhafte Befundbewertungen zu vermeiden.

4. Bildgebende Verfahren und ortsauflösende Hilfsmittel

Die Visualisierung von Untersuchungsergebnissen zur Befunderhebung ist eine täglich anzutreffende Praxis. Nach dem Motto »ein Bild sagt mehr als tausend Worte« überzeugen oder überreden uns ständig Bildinformationen jedweder Art. Die Kriminaltechnik nutzt sie zur Veranschaulichung von Messergebnissen und Befundbewertungen in Gutachten, um schlüssige Stellungnahmen zu bereichern. Neben den üblichen fotografischen Asservatdokumentationen einschließlich mikro- und makroskopischer Aufnahmen sind dies ua auch alle Arten grafischer Illustrationen, Darstellungen von Fingerabdrücken, statistische Aufbereitungen sowie Computersimulationen und Videobeiträge etwa nachgestellter Szenarien / Rekonstruktionen.

Zunehmende Bedeutung erlangen auch solche Bildinformationen, die etwa durch ein physikalisches Verfahren selbst oder auch durch Verbesserung, Verstärkung oder »Übersetzung« direkt meßtechnisch zugänglicher Parameter in Bildinformation (zB mit Farbcodelegende) entstehen. Mit Blick auf moderne bildgebende Verfahren – beispielsweise aus der medizinischen Meßtechnik – werden die Hintergründe, wie Bildinformation zustande kommt, für den Laien immer schwieriger nachvollziehbar. Waren es noch früher Röntgenbilder sind es heute sonographische oder etwa NMR-tomographische Bildaufzeichnungen, die auf Ultraschall bzw auf der Kernresonanzspektroskopie beruhen. Die heute fast schon standardmäßige digitale Aufbereitung und Dokumentation analytischer Daten gehören mittlerweile zum Alltag kriminaltechnischer Laboratorien. Aber auch alle Arten mikro- und makroskopischer Untersuchungsverfahren werden zunehmend um digitale Bildverbesserungstechniken und Mustererkennungsverfahren bereichert, die ua kriminaltechnisch effektive Automationen ermöglichen. Schrift- und Stimmenvergleich, DNA-Analyse oder Dokumentenuntersuchungen sind hiervon genauso betroffen wie die eingangs ausführ-

Kube/Simmross

lich erläuterten spektroskopischen und chromatographischen Methoden der forensischen Chemie. Profitierende Methoden reichen ferner über die Verbesserung der Bilderfassung von Spurenträgern bis hin zu IT-Systemen zur automatischen Vorselektion von Spurenmustern, wie sie heute unter anderem beim Munitionsvergleich eingesetzt wird.[19]

42 Mindestens so interessant wie die Frage nach der chemischen Zusammensetzung von Spuren ist häufig auch der Ort ihres Auftretens. Als klassisches kriminaltechnisches Beispiel kann hier die Lokalisation, Sichtbarmachung und Elementanalyse von Schmauchpartikeln angeführt werden. Bildgebende Basismethode für die Visualisierung der Partikel ist hier die Raster-Elektronenmikroskopie (REM). Bei der Untersuchung eines Probenträgers wäre der Anwender jedoch ohne weitere Hilfsmittel sehr lange beschäftigt, um diesen quadratmillimeterweise nach Partikeln mit der charakteristischen Morphologie abzusuchen. Daher hilft man sich mit einer zusätzlichen Röntgenfluoreszenz-Einheit, die auf spektroskopischem Wege die gesamte Probenträgerfläche mikrometerweise automatisch »scannt« und dabei gefundene Partikel nur an ihrem typischen Elementprofil erkennt (zB Blei, Antimon und Barium bzw bei Residuen schadstoffarmer Munition Zink und Titan oder Strontium). Die Ortskoordinaten lokalisierter Partikel werden gespeichert und gestatten dem Operator, diese detektierten Partikel später »anzufahren«, zu betrachten und über deren Relevanz zu entscheiden.

43 Wie dieses Beispiel zeigt, werden in der Kriminaltechnik (und nicht nur hier) solche Methoden sehr geschätzt, die es gestatten, relevante Spuren auf Oberflächen oder Körpern zu lokalisieren, die einer einfachen visuellen Detektion nicht mehr zugänglich sind. Je nach Größe der Spur oder des Spurenbildes geschieht die erste Annäherung durch maßstabsgemäßes Betrachten, dh Betrachten im sichtbaren Bereich. Dies kann von Luftaufnahmen bis hin zu maximalen Vergrößerungen mittels REM reichen. Wie bekannt ist, vermögen Methoden, die andere spektrale Ausschnitte benutzen, wie etwa die Wärmebildkamera (Infrarotstrahlung), den Bildeindruck um ganzes Stück Zusatzinformation zu bereichern. Man denke nur an die Nachtsichtgeräte oder die Infrarot-Luftaufnahmen als Hilfe bei der Suche nach Opfern von Gewaltverbrechen.

Das Prinzip der Ausnutzung anderer spektraler Bereiche oder Strahlungsarten zur Gewinnung ortsaufgelöster charakteristischer Stoffinformation wird in der Kriminaltechnik und bei der Prävention vielseitig genutzt. So können schon größere Oberflächen von ca. 25 x 25 cm mittels Röntgenmikroanalyse elementspezifisch nach interessierenden Mikropartikeln oder Anhaftungen weitgehend automatisiert abgesucht werden.[20] Aber auch sehr große Objekte wie Reisegepäckstücke lassen sich mittels Röntgen-

---

19 Rahm, aaO, 586 ff
20 Haschke/Theis, GIT Labor-Fachzeitschrift 1999, 458 ff

strahlung schonend nach verdächtigen Objekten oder sogar selektiv nach Sprengstoffen[21] durchleuchten (bereits Flughafenpraxis).

Insgesamt lassen sich eine Reihe bildgebender Methoden mit zusätzlich ortsauflösenden Hilfsmitteln nennen, welche

- die Spurensuche erleichtern, wie etwa das Auffinden von eingetrockneten Körpersekreten auf Textilien und anderen Oberflächen mittels UV-Licht,

- interessante Bereiche auf Objekten lokalisieren helfen und zusätzlich eine direkte Analyse dieser gestatten (zB Schmauchpartikel mittels REM/EDX, Untersuchung von beliebigen Materialproben mittels Röntgenmikroanalyse),

- bei der Suche relevanter Spuren aus einem übermächtigen Kollektiv nicht-relevanter Spuren behilflich sind (zB Fasersuchsysteme bei forensischen Textiluntersuchungen[22]),

- die mittels chemischer Kontrastierung die Verteilung von Schmauchpartikeln auf textilen oder Hautoberflächen sichtbar machen (Schußentfernungsuntersuchungen[23]).

Die Aufzählung ließe sich weiter fortsetzen. Bei konkreten kriminalistischen Fragestellungen, die auf eine besondere Visualisierung oder Ortsauflösung abzielen, sollte man Fachleute aus den entsprechenden KT-Bereichen der Landeskriminalämter und des Bundeskriminalamtes ansprechen. Ggf lassen sich so auch neue, bisher nicht literaturbekannte Anwendungen erschließen.

5. Hinweise zur Altersbestimmung von Materialien

Zu den schwierigsten Fragestellungen in der Kriminaltechnik zählen solche nach dem relativen oder absoluten Alter von Spurenmaterialien. Einen forensischen Schwerpunkt bildet dabei der Blick auf den Menschen, wenn man etwa an exakte Todeszeitbestimmungen, ungefähre Liegezeiten von Leichen und Leichenteilen oder Altersbestimmungen lebender und verstorbener Personen denkt. Von dieser Domäne der Rechtsmedizin, die sich methodisch vielfältig und rasch zugleich weiterentwickelt, soll hier nicht die Rede sein. Für einen orientierenden Überblick sei auf die einschlägige Fachliteratur verwiesen bzw empfohlen, Rechtsmedizinische Institute direkt zu kontaktieren.

---

21 Kolla, Angewandte Chemie 1997, 828 ff
22 Dazu Biermann, in: Robertson/Grieve (Eds), Forensic Examination of Fibres, 1999, S 135 ff
23 Vgl Wenz/Trillhaase, Kriminalistik und forensische Wissenschaften 1995, 31 ff und auch Leszczynski, Kriminalistik 1959, 377 ff

Kube/Simmross

46 Bei der sehr allgemeinen Annäherung an Datierungsmethoden wird man schnell auf Wissenschaftsbereiche aufmerksam, die sich vor allem mit geologischen, archäologischen, historischen und kunstgeschichtlichen Ereignissen befassen. Die interessierenden Untersuchungsobjekte reichen hier von Mineralien und Fossilien über Skulpturen bis zu Gemälden und alten Schriftstücken. Insbes bei erstgenannten Materialien bedient man sich zur Bestimmung des Alters meist physikalischer Verfahren, die auf dem radioaktiven Zerfall bestimmter Elemente beruhen. Die nachfolgende Literaturstelle gibt dem Leser einige Einstiegsmöglichkeiten einer Vertiefung und auch des Vergleichs von Altersbestimmungsmethoden.[24] Gewiß scheidet aus kriminaltechnischer Sicht ein großer Teil dieser Methoden aufgrund der kriminalistisch eher groben Zeitauflösung aus. Immerhin stellen aber einige Verfahren, welche beispielsweise die zeitabhängige Racemisierung von Aminosäuren ausnutzen oder etwa eine Auswertung von Jahresringfolgen in Holz erlauben, die Datierung bzw Beurteilung von Zeiträumen im Jahresmaßstab in Aussicht. Kleinere Zeiträume lassen sich mittels Analyse von Spurenmaterialien ohne Hintergrundinformation (hierunter zählen ua sichere Erkenntnisse über Umgebungs- bzw Witterungseinflüsse oder auch Herstellerangaben über Produktionszeiträume) meist gar nicht auflösen. Sind jedoch entsprechende Materiallegenden zugänglich, so kann im Einzelfall das relative Materialalter über den analytischen Nachweis von Degradationsprozessen anhand der physikalischen Eigenschaften oder der Reaktionsprodukte in etwa eingegrenzt werden. So wird in der Literatur immer wieder von erfolgreichen forensischen Urkundendatierungen mittels Untersuchung der eingetrockneten Schreibmittel (Tinte, Kugelschreiberpaste) berichtet[25] oder es erscheinen Meldungen über angeblich neue methodische Ansätze, deren Wirksamkeit es noch zu prüfen gilt.

47 Zuverlässig sind analytische Ergebnisse, die mit Herstellerangaben etwa zu Formulierungsänderungen oder dem Zeitpunkt der Produkteinführung korrelieren (zB im Falle der Hitlertagebücher die Identifizierung einer Papierkomponente, welche erst nach dem 2. Weltkrieg Marktreife erlangte). In diesem Zusammenhang spielen kriminaltechnische Materialsammlungen eine wichtige Rolle, da bei diesen Begleitinformationen oft sehr viel zuverlässiger und weitreichender mitarchiviert werden als in Herstellerunternehmen.

Manchmal bietet schließlich die einzigartige Anordnung von Materialspuren und deren Eigenschaften Hinweise auf eine kriminalistisch relevante, zeitliche Abfolge von Ereignissen. So ermöglichen irreversible Beschädigungen, charakteristische Anhaftungen oder etwa Strichkreuzungen auf Dokumenten[26], die nur eine physikalisch sinnvolle Entstehungsgeschichte

---

24 Römpp Lexikon Chemie – Version 2.0 (1999)
25 Aginsky, Journal of Chromatography A, 678 (1994), 119 ff und Brunelle, Journal of Forensic Sciences Vol 37 (1) 1992, 113 ff
26 Vgl Burghard/Hamacher/Herold/Howorka ua, Kriminalistik-Lexikon, 3. Aufl. 1996, S 309

zulassen, eine eingrenzende Klärung der Frage nach dem »Vorher« und »Nachher«.

Die Wissensbasis für eine im Einzelfall grundsätzlich mögliche Analytik mit dem Ziel einer Datierung bilden nicht zuletzt die umfassenden Materialkenntnisse kriminaltechnischer Fachleute und – wie erwähnt – der Aufbau und die Pflege aufwendiger Materialsammlungen (zB Tinten und Kugelschreiberpasten).

III. Organisation der Kriminaltechnik

Die KT ist in der Polizei in organisatorisch abgetrennten Abteilungen/ Dezernaten oä institutionalisiert. So ist zB im BKA das Kriminaltechnische Institut eine von 9 Abteilungen des Amtes. Das Institut ist dabei in die 5 Fachgruppen 48

Physik/Chemie

Schußwaffen, Werkstoff- u. Elektrotechnik

Biologie/Toxikologie

Urkunden

Schrift/Sprache/Stimme

gegliedert. Insgesamt bestehen die Gruppen aus 20 Fachbereichen (zB Serologie innerhalb der Biologie).

Das Institut setzt sich aus ca. 280 Mitarbeiterinnen/Mitarbeitern, darunter rund 70 an Universitäten ausgebildeten Wissenschaftlerinnen/Wissenschaftlern zusammen. Der »Großgerätepark« hat einen Neuanschaffungswert von ca. DM 30 Mio und reicht von Rasterelektronenmikroskopen bis zum Isotopen-Massenspektrometer.

Das Kriminaltechnische Institut des BKA bearbeitet jährlich knapp 17.000 Untersuchungsaufträge. Der ganz überwiegende Anteil der Anträge wird durch Sammlungsabgleiche mit Negativgutachten (vor allem im Rahmen des Schußwaffen- und Handschriftenerkennungsdienstes) erledigt. Etwa 1.100 Untersuchungsaufträge führen in den KT-Fachbereichen zu oft aufwendigen, zuweilen besonders komplexen Begutachtungen.

Daneben hat sich im Bereich der Toxikologie eine Servicetätigkeit der KT entwickelt, die zur polizeilichen Intelligence(Auswerte)-Arbeit beiträgt. Dies gilt bereits seit Jahren für das sog Heroin-Analyse-Programm. Inzwischen hat CAPE (Central Analysis Programme Ecstasy – Synthetic Drug Monitoring) offenkundig gemacht, daß kriminaltechnische Erkenntnisse (etwa detaillierte Tablettenbeschreibungen einschließlich maschinelle Herstellerbesonderheiten oder Analyseergebnisse) die Intelligence-Arbeit und damit strategische und auch operative Bekämpfungsansätze erheblich (vgl etwa Feststellung von Ecstasy-Verteilungsnetzen) befördern können.

49 Organisation und Ausstattung der Länder-KT sind je nach Größe des Bundeslandes mehr oder weniger ähnlich strukturiert bzw vorhanden. So ist die größte der Länder-KT, das Institut Polizeitechnische Untersuchungen in Berlin, in die 4 Referate

Zentrale Kriminaltechnische Tatortuntersuchung

Klassische Kriminaltechnik und Physik

Chemie und Umwelt

Forensische Toxikologie und Molekularbiologie

gegliedert.

Die Sachverständigen des Bundes und der Länder sind bei der Gutachtenerstellung und -erstattung insbes im Rahmen der Methodenwahl und der Befundbewertung unabhängig und weisungsfrei. Dies stellt beispielsweise eine BKA-interne Verfügung klar.

50 Die von den KT erstellten Behördengutachten können gem § 256 StPO verlesen werden, erfordern jedoch die Einhaltung bestimmter Formalien.[27] In der Justizpraxis wird der Behördenvertreter üblicherweise als persönlicher Sachverständiger behandelt. Strittige Einzelfragen bezüglich der Rechtsstellung des Behördenvertreters – zB zur Befangenheit – sind daher praktisch obsolet.

51 Da die Polizeiaufgabe primär Länderangelegenheit ist, bedarf es in Deutschland für die Zusammenarbeit zwischen Bund und Ländern und den Ländern untereinander bestimmter Strukturen. Für die Zusammenarbeit auf dem Gebiet der Verbrechensbekämpfung ist in erster Linie die sog AG Kripo (= Arbeitsgemeinschaft der Leiter der Landeskriminalämter mit dem Bundeskriminalamt) zuständig. Die AG Kripo hat Kommissionen eingesetzt, die in bestimmten Bereichen die Abstimmung und Kooperation bei der Aufgabenwahrnehmung sicherzustellen haben. Dabei kommt dem BKA eine Koordinationsfunktion (eingeschränkte Weisungsbefugnis) zu.[28]

Die für die Kriminaltechnik zuständige Einrichtung ist die Kommission »Kriminalwissenschaft und -technik/Erkennungsdienst«. In dieser Kommission sind als Mitglieder die Leiter der Kriminaltechniken aller Landeskriminalämter und als Vorsitzender der Leiter des Kriminaltechnischen Institutes des BKA tätig. Die Kommission befaßt sich mit allen Fragen, bei denen ein einheitliches, zumindest abgestimmtes Vorgehen zweckmäßig

---

27 Kube/Leineweber, Polizeibeamte als Zeugen und Sachverständige, 2. Aufl. 1980, S 77 f
28 Ahlf/Daub/Lersch/Störzer, aaO, § 2 Rn 66

oder notwendig erscheint. Nach dem neuen Zuschnitt der Kommission umfaßt das Aufgabenspektrum neben technisch-kriminalwissenschaftlichen Themen (beispielsweise die digitale Bildverarbeitung) alle Gebiete der Kriminaltechnik und des Erkennungsdienstes sowie Fragen der Tatortarbeit, der Sprengstoffermittlungen und des Entschärfens.

Zur Aufgabenbewältigung werden bei Bedarf Projektgruppen eingesetzt. Fachkoordinatoren auf der Ebene von Disziplinen – etwa der Fachkoordinator Biologie – sorgen für die Thematisierung dringender Abstimmungsprobleme. Sog Arbeitsgruppenleiter, die KT-Teildisziplinen (zB Serologie) betreuen, sind primär für die Organisation und Durchführung von Symposien der jeweiligen Experten aus den Landeskriminalämtern und dem Bundeskriminalamt zuständig. Diese Zusammenkünfte dienen in erster Linie dem Erfahrungsaustausch. Die Arbeitsgruppenleiter sind auch aufgefordert, die notwendigen Qualitätssicherungsmaßnahmen – und dabei insbes Ringversuche zu planen und zu realisieren. Über die Symposien der Experten wird ein Bericht erstellt, der der Kommission vorzulegen ist. Übrigens nehmen an den Symposien häufig auch Kriminaltechniker aus dem benachbarten deutschsprachigen Ausland teil, was zu einer Erweiterung des Erfahrungspotentials führt.

Eine zunehmende Bedeutung gewinnt in der Kriminaltechnik die Zusammenarbeit auf internationaler Ebene. Dabei sei vor allem ENFSI (European Network of Forensic Science Institutes) erwähnt. Insbes die im Rahmen von ENFSI gebildeten Working Groups (zB European Fibre Group oder European Paint Group) betreiben einen intensiven fachlichen Erfahrungsaustausch und widmen sich der Entwicklung von Mindeststandards und der Erstellung von Best Practice Manuals.

52

IV. Qualitätsmanagement

Eine zeitgemäße Qualitätssicherung in einem forensischen Institut findet ihren Ausgangspunkt in der lückenlosen Dokumentation und transparenten Nachverfolgbarkeit der Asservate auf ihrem Weg durch die institutseigenen Untersuchungsbereiche. Diesen Ausschnitt der »Chain of evidence« von der Sicherstellung am Tatort bis zur Vorlage bei Gericht, muß besondere Aufmerksamkeit gelten, da hier Asservate zu analytischen Zwecken unter Umständen aktiv behandelt, verändert oder auch verbraucht werden. Selbst die bloße Inaugenscheinnahme durch Sachverständige kann zumindest eine Öffnung der Umverpackung bedeuten. Schließlich besteht auch eine Verantwortung für alle »ungeöffneten« Asservate für die Zeit der Lagerung.

53

Zum richtigen Umgang mit Asservaten, dh etwa mit gänzlich unbekannten Substanzen oder Explosivstoffen, aber auch zur Vermeidung von Kontaminationen, Verwechslungen und nachteiligen Veränderungen (Alterung, Verderb etc) existieren umfassende Handbücher und Regeln. Große Bedeutung kommt dem sogenannten Tatortleitfaden zu, der ua Leitlinien zur Probenahme und Erstverpackung am Tatort beinhaltet. Die vom Kriminaltechnischen Institut des BKA erarbeitete »Dienstanweisung über die Behandlung von Asservaten im Bundeskriminalamt« regelt alle Belange, die im Zusammenhang mit Asservaten zwischen dem Erreichen und dem Verlassen des Hauses zu beachten sind.

Mit den Ansprüchen an ein zuverlässiges Asservatenmanagement wächst auch die Notwendigkeit, vernetzte IT-Systeme hierfür einzusetzen, die nicht nur den administrativen Umgang erleichtern, sondern auch als Controlling-Werkzeuge genutzt werden können. Im Bundeskriminalamt steht innerhalb der Kriminaltechnik ein entsprechendes Werkzeug zur Verfügung, das demnächst durch eine Barcodekomponente ergänzt werden wird.

54 Qualitätssicherung oder besser Qualitätsmanagement (QM) in forensischen Einrichtungen beinhaltet weit mehr als die oa Fürsorge um die »Chain of evidence«. Augenmerk ist ua zu richten auf den Ausbildungsstand des Personals, auf den Zustand des Equipments, auf dessen Beaufsichtigung während der Messung entscheidender Proben und auf die Dokumentation der Probenvorbereitung. Mit Methodenbeschreibungen und Standardarbeitsanweisungen erreicht das QM schließlich die fachspezifischen Belange, vor allem bei repetitiven analytischen Fragestellungen mit den ständig wiederkehrenden Produkten und Matrizes wie beispielsweise die Gehaltsbestimmung von BtM in BtM-Formulierungen (Tabletten, Straßenproben) oder in Körperflüssigkeiten und -gewebe. Letztere Gruppe analytischer Dienstleistungen wie im Besonderen auch die DNA-Analyse verdienen zusätzliche Aufmerksamkeit aufgrund ihrer häufigen und bedeutenden Relevanz in Strafverfahren. Aber auch andere forensische Disziplinen sind Ziel umfangreicher Bemühungen, einheitliche Richtlinien in »best practice« und Mindeststandards festzulegen, die einen Vergleich und damit Kontrolle der Ergebnisse aus verschiedenen Laboratorien ermöglichen. Der Grad dieser Anstrengungen ist dynamisch und hängt unter anderem von der gerätetechnischen Weiterentwicklung ab wie auch vom allgemeinen Erkenntniszuwachs der betreffenden Teildisziplin.

55 Zur Überprüfung der eigenen Leistungsfähigkeit im Vergleich mit anderen Laboratorien und zur Fehlerkontrolle dienen vor allem Ringversuche. Unter Ringversuch wird ein geregeltes Verfahren der unabhängigen Bearbeitung standardisierten Testmaterials durch möglichst alle Sachverständigen eines bestimmten Aufgabengebietes verstanden. Dabei wird die Qualität der Laborarbeit durch Dritte festgestellt.

Natürlich können Ringversuche, Methodendokumentationen und festgelegte Standardarbeitsanweisungen nur eingeschränkt Auskunft über die tatsächlichen analytischen Möglichkeiten und deren Qualität geben, insbes wenn man zB an den Umgang mit neuartigen Spurenträgern und/oder an eine kreative Nutzung der verfügbaren intrumentellen Analytik bei problematischen Matrizes und/oder an besonders geringe Spurenmengen denkt. Schließlich kann menschliches und technisches Versagen nie ausgeschlossen, sondern höchstens minimiert werden. Auch eine Übertreibung der Regelungsdichte kann mit den typischen Symptomen einer Reizüberflutung Nachlässigkeiten provozieren. Ein richtig verstandenes Qualitätsmanagement sorgt sich um das vernünftige Maß an Regelungsdichte, Dokumentationsaufwand, Fortbildungsförderung wie auch um die Möglichkeiten und die Bereitschaft, Bedingungen für eine angemessene Raum-, Personal- und Geräteausstattung zu schaffen. Darüber hinaus sollen Anreize und Sanktionen ua eine besonders sorgfältige und verantwortungsvolle Tätigkeitsausübung der Mitarbeiter fördern.

Alle Bemühungen, zeitgemäße Qualitätsmanagementsysteme in forensischen Einrichtungen einzuführen, zielen letztlich auf eine Akkreditierung ab, die nur auf der Basis regelmäßig (meist jährliche) bestandener Audits durch *externe* Prüfungskommissionen weitergilt. Bislang besteht für (staatliche) forensische Einrichtungen in Deutschland weder eine gesetzliche Verpflichtung zum QM und zur Akkreditierung noch ein entsprechender Akkreditierungsrat. 56

Qualitätssicherungsmaßnahmen haben natürlich etwas mit Normen zu tun. Die bisher geltende Normenreihe DIN EN (Europäische Norm) 45001ff enthält allgemeine Kriterien für die Begutachtung des organisatorischen Aufbaus, der Ausstattung mit Personal und technischen Einrichtungen sowie der Arbeitsweisen von Prüflaboratorien und schließlich für Akkreditierungen und Zertifizierungen. Im nationalen Vorwort zur DIN wird betont, daß die Anwendung der Normen dazu beitragen soll, im Hinblick auf die Schaffung des EG-Binnenmarktes Vertrauen in die gegenseitige Anerkennung der Arbeitsergebnisse ua von sog Prüflaboratorien – wie sie KT-Laboratorien darstellen – zu bilden. 57

Wie oben schon erwähnt gibt es keine gesetzliche Verpflichtung – auch keine Richtlinie des EU-Rates (wie etwa die Richtlinie vom 3.5.1988 zu Bauprodukten) –, welche die KT des Bundes und der Länder verpflichten würde, im Rahmen einer systematischen Qualitätssicherung die EN 45001ff einzuhalten oder Laboratorien bzw einzelne kriminaltechnische Methoden einer Akkreditierung zu unterziehen. Nebenbei bemerkt gilt Ähnliches für die Normenserie DIN ISO 9001ff, nämlich die Normen zu »Qualitätsmanagement und zur Darlegung von Qualitätsmanagementsystemen« für Anbieter von Produkten und Dienstleistungen, also etwa für Rechtsanwaltskanzleien. Bei Letzteren sprechen manche bekanntlich kritisch vom Marketingeffekt einer ISO-Zertifizierungsurkunde, einem

Effekt, der im Mittelpunkt des Interesses steht.[29] Übrigens werden beide DIN-Vorschriften zukünftig in einem Regelwerk, der DIN – ISO / IEC 17025, zusammengeführt werden.

Die Kriminaltechniken des Bundes und der Länder realisieren in Einzelschritten – auf freiwilliger Basis – die Anforderungen an eine systematische Qualitätssicherung. Dies geschieht ua in allgemeinen und besonderen Qualitätssicherungshandbüchern, Methodenbeschreibungen und Gerätebüchern.

58 Im Rahmen der Sachverhaltsaufklärung vor Gericht spielt der Sachverständigenbeweis in unserer zunehmend technisierten Welt eine immer größere Rolle. Die Prozeßbeteiligten iwS sind jedoch oft nicht in der Lage, die Aussagen des Sachverständigen zu überprüfen. Das heißt, die »Richtigkeit« des Gutachtens wird abgesehen von Plausibilitätsprüfungen mit der Sachkenntnis des Sachverständigen verbunden. Diese Sachkenntnis wird anhand der Berufsausbildung und der Erfahrung des Sachverständigen oder der Reputation der ihn entsendenden Behörde bewertet.

59 Einem der ca. 15.000 privaten Sachverständigen für rund 200 Sachgebiete, der die EN 45001ff bzw DIN-ISO/IEC 17025 anwendet bzw eine Akkreditierung für sein Labor und die von ihm eingesetzten Verfahren nachweist, kann das Gericht sicherlich leichter Glauben schenken, als einem privaten Sachverständigen, dessen Verfahren und Geräteausstattung weder im einzelnen bekannt sind noch im Einzelfall unbedingt auch richtig eingesetzt worden sein müssen. Es soll hier jedoch auch betont werden, daß der Sachverständige mit dem akkreditierten Labor bzw dem akkreditierten Verfahren zwar einen Vertrauensvorschuß verdient, die Akkreditierung jedoch nur die Kompetenz der »Untersuchungsstelle« zur richtigen Anwendung der Verfahren bescheinigt und keinen Freibrief für die Richtigkeit der konkreten Resultate impliziert. Die freie Beweiswürdigung erfordert, daß auch das Gutachten eines Sachverständigen mit Akkreditierungsurkunde für die Prozeßbeteiligten nachvollziehbar zu formulieren ist und im Einzelfall kritisch hinterfragt werden muß.[30]

Beim Gesamten zeigt sich, daß Behördengutachten (§ 256 StPO) – wegen der Unabhängigkeit von konkreten Kosten-Nutzen-Erwägungen bezüglich etwa apparativer Ausstattung oder umfassender Fortbildung des einzelnen Sachverständigen beispielsweise in Bund-Länder-Symposien – zu Recht ein besonderer Status zukommt, der insbes in der Verlesbarkeit des Gutachten besteht: Die systematische Qualitätssicherung im Sinne eines modernen Qualitätsmanagement in der KT stützt dieses strafprozessuale »Privileg«.

---

29 Vgl Nirk, NJW 1997, 26
30 So Köhler/Andermann 1998, bisher unveröffentlicht. Zum Kommunikationsproblem Kube, in: Festschrift für Hans Joachim Schneider zum 70. Geburtstag, 1998, S 709 f.

V. Entwicklungstendenzen in der Kriminaltechnik

1. Neue Aufgabenfelder

Jede Technik ist ambivalent. Sie ist zugleich Segen und eine Bürde – zuweilen gar ein »Fluch«. Der »Fluch« manifestiert sich auch in neuen Kriminalitätsfeldern, die uU neue kriminaltechnische Verfahren erfordern.

60

Seit Längerem stellt die Computerkriminalität ein kriminaltechnisches Problem dar (zB im Rahmen der Manipulation von Geldausgabeautomaten). Über Internet hat sie eine neue kriminaltechnische und juristische Dimension erfahren.[31] Dazu gehören nicht nur das Zugänglichmachen und Beziehen von Kinderpornographie, von Anleitungen zum Bau von Sprengvorrichtungen oder von rechtsextremistischer Propaganda und Gewaltverherrlichung. Die Möglichkeiten stellen sich weit vielfältiger dar. Erwähnt seien beispielsweise künstliche Überlastung und damit der Ausfall von Rechnern, Industriespionage, die Umleitung von Online-Überweisungen, allgemeiner die Leistungserschleichung im Rahmen der Nutzung öffentlicher Netze, der Vertrieb »heißer Ware«.

61

Informationstechnik wird auch außerhalb des Internets neue kriminogene Möglichkeiten weiter entfalten. So stellt etwa die Chiptechnologie mit der elektronischen Geldbörse eine Angriffsfläche für Straftäter dar. Es ist davon auszugehen, daß die Chips von Smartcards, zu denen die elektronische Geldbörse zählt, inzwischen erfolgreich von Hackern manipuliert werden konnten.

62

Aktuell hat beispielsweise der Vertrieb und die Vermietung von Telefonkartensimulatoren der Telekom erhebliche Schäden zugefügt. Neue Mißbrauchsformen betreffen die Manipulation von sog PAY-TV-Karten.

Nimmt man weitere IT-Entwicklungen hinzu, die wie die digitale Signatur gerade auch im Rechtsverkehr erhebliche Bedeutung gewinnen und ebenfalls kriminellen Aktivitäten ausgesetzt sein werden, so wird deutlich, daß sich für Sachverständige (und damit auch für StAe) neue Aufgabenfelder abzeichnen. Für Sachverständige stellt dabei gerade der Nachweis und die Art der Manipulation sowie insgesamt das Auslesen von Datenträgern eine Hauptrolle dar.

Da auch auf anderen Technikfeldern kriminogen wirkende Innovationen stattfinden – zB bei der Gentechnologie oder der Mikroelektronik – werden sich auch insoweit neue Tatgelegenheiten nicht vermeiden lassen. Das Spektrum strafbarer Handlungen, für das (kriminal)technische Beweisführungen vorzunehmen ist, könnte von dem illegalen gentechnologischen

63

---

31 Vgl etwa Niclas, PC Magazin, Okt 1997, 62 ff und Kühne, Strafprozeßrecht, 5. Aufl. 1999, S 122

Eingriff in die Keimbahn von Embryonen bis zur systematischen Überwindung elektronischer Wegfahrsperren von Luxusfahrzeugen reichen.[32]

2. Entwicklungstendenzen traditioneller KT-Bereiche

64 Abgesehen von einer notwendigen Reaktion auf den kriminellen Missbrauch neuartiger Entwicklungen der Informations- und Kommunikationstechnik (IuK) werden auch die »traditionellen KT-Bereiche« von den vielfältigen kriminogen wirkenden technischen Neuerungen immer stärker betroffen (zB Dokumentenuntersuchungen im Hinblick auf die digitale Signatur).

Von Empfindlichkeitssteigerungen, Miniaturisierungen, Vereinfachungen der Handhabung oder einer Vervielfachung gleichzeitiger Detektionsmöglichkeiten bei Analytikgeräten wird allerdings auch die KT profitieren. Im Labor werden Automationen bei arbeitsintensiven, repetitiven und auch gesundheitsgefährdenden Arbeitsschritten zunehmen und dabei Kriminaltechniker wirkungsvoll entlasten. Die unkomplizierte und rasche Zugänglichkeit beliebiger Fachinformationen auf dem Arbeitsplatzcomputer wird selbstverständlich sein, die zunehmenden Vernetzungsperspektiven werden die Kommunikation unter Kriminaltechnikern und Verfahrensbeteiligten vereinfachen. Somit wird Spezialwissen etwa zu neuen kriminaltechnischen Möglichkeiten auch für die Justiz leichter zugänglich werden. Der technische Fortschritt wird sich auch nachhaltig auf die Ergebnisse kriminaltechnischer Forschungs- und Entwicklungsprojekte auswirken. Die Chancen stehen nicht schlecht, daß etwa durch automatisierte Werkzeugspurenvergleichssysteme oder durch routinemäßige Gentypisierung am Tatort vorgefundener, ausgefallener (telogener) Haare zukünftig auch der Massenkriminalität, wie Diebstahlsdelikten, wirkungsvoller begegnet werden kann. Computersimulationen von Brandverläufen in Gebäuden oder der Wechselwirkungen von Geschossen mit unterschiedlichen Medien werden helfen, Tathergänge besser zu rekonstruieren und nachvollziehen zu können.

65 Mit den Potentialen der wachsenden Technisierung erreichen zunehmend – wenn auch nicht in britischer Ausprägung – Elemente des New Public Management die Kriminaltechniken. Vielleicht schon bald werden wie in England forensische Budgets der Polizeien zu einem bedachteren Umgang mit kriminaltechnischen Untersuchsaufträgen zwingen, so daß immer weniger, dh nur die wirklich bedeutsam erscheinenden Asservate die Labore erreichen, wenn Prognosen über deren Beweiswert für Strafverfahren oder Intelligence(Auswerte)-Arbeit vermehrt den Kosten gegenübergestellt werden. Wie groß im Rahmen des Legalitätsprinzips (§ 152 II StPO) der Spielraum kriminalistischer Gestaltung des Strafprozesses unter

---

32 Dazu Kube, Kriminalistik 1996, 618 ff

Kostengesichtspunkten ist, wäre dabei allerdings eine wesentliche Frage.[33] Denkbar wäre auch eine zukünftige Betonung oder gar aktive Intensivierung kriminaltechnischer Consultantdienste. So bietet der Forensic Science Service in England sog Specialist Advisors an, die als bezahlte Dienstleister aktuelles kriminaltechnisches Wissen direkt in Ermittlungsteams transportieren.

3. Hinweise zum Beweiswert

Die Beweislehre ist in der Vergangenheit erheblich vernachlässigt worden. Dabei ist die Einzelwürdigung von Einlassungen des Beschuldigten oder Bekundungen von Zeugen und Sachverständigen eine essentielle Aufgabe von Gericht, StA/Polizei und Verteidigung. Dies gilt im besonderen für Gericht und Verfahrensbeteiligte auch für die Gesamtwürdigung aller Indizien und Haupttatsachen, also von Tatsachen, die unmittelbar ein Tatbestandsmerkmal erfüllen (zB der unmittelbar erkennbare Verlust eines Auges bei schwerer Körperverletzung durch das Gericht), in der Hauptverhandlung. Voraussetzung für eine Verurteilung ist die persönliche Gewißheit des Tatrichters, daß ein strafbarer Sachverhalt vorliegt.[34] Dazu muß aber noch eine tragfähige objektive Tatsachengrundlage kommen.[35] Beim Sachbeweis ist dabei die Begründung im Sinne objektiver, nachvollziehbarer Feststellungen des Sachverständigen – möglichst gipfelnd in einer numerischen Wahrscheinlichkeitsaussage – von Bedeutung.

66

Das Beweismaß als der jeweils geforderte Grad von Wahrscheinlichkeit bzw Gewißheit manifestiert sich in der StPO in den verschiedenen Verdachtsbegriffen:

67

- Anfangsverdacht (§ 152 II StPO)
- Einfacher Tatverdacht (vgl etwa § 102 StPO)
- Hinreichender Tatverdacht (vgl etwa § 170 I StPO)
- Dringender Tatverdacht (vgl etwa § 112 StPO)
- Persönliche Gewißheit (vgl § 261 StPO).

Das Beweismaß wird in der Literatur zT quantitativ ausgedrückt.[36] So setzt Nack etwa für den einfachen Tatverdacht eine Wahrscheinlichkeit für das Vorliegen eines bestimmten Sachverhaltes von ca. 25 % an, dh der Anfangsverdacht muß sich so verdichtet haben bzw ein Verdacht muß gegeben sein, daß bei gedanklicher Überprüfung in vier vergleichbaren Fällen dem Ver-

---

33 Einschränkend (im Hinblick auf den Grundsatz der Verhältnismäßigkeit) Kühne, aaO, S 122
34 BGH St 10, 208
35 Vgl etwa BGH StV 1997, 237
36 Vgl Nack, in: Kube/Störzer/Timm, aaO, Bd 2, S 193 f

dächtigen in einem Fall letztlich die Tat nachgewiesen werden kann. Bei dringendem Tatverdacht wird eine Wahrscheinlichkeit von ca. 90 % vorausgesetzt. Damit bietet sich an, auch die Frage des Beweiswertes insgesamt im Sinne eines rational transparenten und einleuchtenden Denkprozess zu diskutieren. Allerdings besteht stets die Gefahr des nahezu magischen Glaubens an den Aussagewert der Zahl, wenn zu sehr auf die formale Richtigkeit gesetzt wird.

68 Sachverständige gehen bei Fragestellungen, in denen nach dem Beweiswert ausdrücklich oder konkludent gefragt wird, oft unterschiedlich damit um. So artikulieren Schriftsachverständige der Kriminaltechnik auf der Basis methodisch erhobener Merkmalskonfigurationen den Beweiswert nach qualitativen Wahrscheinlichkeitsgraden.

Die verbale Rangskala lautet:

– mit an Sicherheit grenzender Wahrscheinlichkeit

– mit sehr hoher Wahrscheinlichkeit

– mit hoher Wahrscheinlichkeit

– wahrscheinlich

– möglich

– nicht entscheidbar (non liquet).

Diese Feststellungen werden also nicht als numerische Wahrscheinlichkeiten definiert, weil quantifizierte Wahrscheinlichkeiten – etwa iSd Bayes-Theorems[37] – im Rahmen von schriftvergleichenden Untersuchungen derzeit kein empirisch begründbares erhöhtes Exaktheitsniveau beanspruchen können.

69 Anders verhält es sich etwa bei DNA-Analysen im Rahmen von Strafprozessen. Da die Verteilung der in der Tatspur und der Vergleichsprobe untersuchten Merkmale in der Population bekannt ist und die Merkmale zudem voneinander unabhängig sind, können quantitative Beweiswertangaben gemacht werden.

70 Soll bei Massenprodukten eine (quantitative) Wahrscheinlichkeitsaussage dazu erfolgen, ob ein Asservat (zB Verpackung von Leichenteilen) chargen- und materialgleich mit einem Vergleichsstück ist und welche nachvollziehbar geschätzte Bedeutung dem zukommt, so bedarf es zusätzlicher Informationen etwa zum Produktionsumfang je Charge und zur Differenzierbarkeit von Chargen sowie zum Produktanteil an dem Gesamtproduktverkauf.

Unabhängig von Fragen des konkreten Beweismaßes und insgesamt skalierten Aussagen zum Beweiswert (iSv Wahrscheinlichkeitsaussagen) müs-

---

37 Dazu zB Nack, aaO, S 198 ff

sen Gutachten hinsichtlich ihrer Validität nachvollziehbar sein. So müssen kriminaltechnische Methoden erkennbar das tatsächlich messen, was sie zu messen vorgeben. Dasselbe gilt für alle Befundbewertungen. Diese müssen nachvollziehbar sein und alle die Bewertung beeinflussenden Rahmenbedingungen und Faktoren berücksichtigen sowie – soweit erforderlich – im Gutachten benennen.

Beispielsweise müssen bei textilen Spuren die Ausgangsbedingungen der Begutachtung beschrieben werden, etwa die vorgefundenen Spuren nach Größe und Verteilung gekennzeichnet werden. Der Sachverständige muß sich ggf mit der Material- und Produktvielfalt der textilen Fasern auseinandersetzen. Tat- und nachtatspezifische sowie sicherstellungsbedingte Einwirkungen hat er in seine Begutachtung einzubeziehen. Dazu zählt auch der anzunehmende Verlust von Einzelfasern etwa als Ergebnis von Trageversuchen des Gutachters bei Übertragungsspuren auf ein anderes Textil (zB wenn der Beschuldigte den sichergestellten Pullover nach einer Vergewaltigung noch mehrere Stunden getragen hat und die Frage entsteht, welche Fasern der Bekleidung des Opfers in welchem Verteilungsbild bei dem Asservat noch zu erwarten sind). Selbstverständlich sind Aussagen zum Fasermaterial auch bezogen auf Identität oder Gruppenzugehörigkeit von Faserspur und Vergleichsprobe auf der Basis nachvollziehbarer kriminaltechnischer Methoden und Verfahren zu begründen.[38] Erst die umfassende Darstellung des Begutachtungsprozesses macht den Beweiswert für die Prozeßbeteiligten iwS erkennbar und ermöglicht ihnen oft nur dann, sachgerecht Detailfragen anzubringen.[39]

71

---

38 Vgl insgesamt Adolf, aaO, 66 ff
39 Zur beschreibenden Darlegung und Berechnung des Beweiswertes von Merkmalen bzw Indizien, seien es Einzelindizien oder fallbezogene Indizienketten oder -ringe vgl auch Hellmiß, Kriminalistik und for Wiss 1994, 1 ff; Steinke, NStZ 1994, 16 ff und Hauk, Kriminalistik und for Wiss 85/1996, 1 ff und insbes Nack, aaO, S 208 f

KAPITEL 5 – DNA-ANALYSE ALS BEWEISMITTEL IM STRAFVERFAHREN

Überblick

I.	Ausgangspunkt	1–4
II.	Anwendungsbereiche von DNA-Analysen	5–6
III.	Befundbewertung der vergleichenden Untersuchung	7–17
	1. Populationsstudien	8
	2. Wertigkeit einer Merkmalskombination	9–15
	a) Häufigkeit (H)	11–12
	b) Wahrscheinlichkeitsverhältnis (Likelyhood Ratio, LR)	13–14
	c) Spurenlegerwahrscheinlichkeit (S)	15
	3. Sonderfrage der relevanten Population	16–17
IV.	DNA-Analyse im Ermittlungsverfahren	18–29
	1. Fallbeispiel	19–26
	2. Rückschlüsse	27
	3. DNA-Analyse-Datei	28–29
V.	DNA-Analyse als Beweismittel vor Gericht	30–39
	1. Fallbeispiel	36
	2. Tatbezogenheit	37–39
VI.	Schlußbemerkung	40

I. Ausgangspunkt

Mitte der achtziger Jahre gelang es, Teile des menschlichen Erbgutes als individualspezifisches Strichmuster darzustellen (Genetischer Fingerabdruck).[1] Es wurde aufgezeigt, daß die neuartige Methode zur Klärung von Abstammungsfragen im Zivilprozeß und zur Beweissicherung im Strafverfahren eingesetzt werden kann.[2] Wohl kein in der Kriminaltechnik eingeführtes naturwissenschaftliches Untersuchungsverfahren hat mehr Aufmerksamkeit in der Öffentlichkeit erfahren als diese, später unter dem

1

---

1 Jeffreys et al Individual specific »fingerprints« of human DNA, Nature, 1985, 76
2 Henke/Schmitter MDR 1989, 404

Arbeitsbegriff »DNA-Analyse« bekannt gewordene Methodik zur Auswertung von Blut-, Sekret- und anderen Spuren menschlicher Herkunft in Kriminalfällen. Diese Aufmerksamkeit hat im wesentlichen zwei Ursachen:

2 (1) Aufgrund ihrer bis zur Individualisierung reichenden Aussagekraft hat die DNA-Analytik besonders der forensischen Auswertung entsprechender Spuren völlig neue Dimensionen erschlossen. Während mit den bis dahin üblichen Verfahren Abstammungsfragen mit hinreichender Sicherheit geklärt werden konnten, gestattete das nur eingeschränkte Spektrum der auf die Untersuchung von Blut- und Sekretspuren anwendbaren Methoden in der Regel nur die Aussage der Möglichkeit einer gemeinsamen Herkunft von Spuren- und Vergleichsmaterial, was den Beweiswert derartiger Untersuchungen naturgemäß begrenzte. Mit dem neuen Verfahren konnten erstmals ausreichend große und gut erhaltene Blut- und Spermaspuren eindeutig dem Verursacher zugeordnet werden.[3] Die ursprünglich vorgestellte Methode erwies sich sehr bald als Ausgangspunkt für weitere Entwicklungen, durch die auch Problemspuren, die aufgrund geringer Mengen oder Qualitäten bisher nicht auswertbar waren, einer aussagekräftigen Analyse zugänglich wurden.

3 (2) Gegenstand der Untersuchungen ist die in den Kernen der Körperzellen abgelegte Erbsubstanz (Desoxiribonukleinsäure, Abkürzung DNS oder englisch DNA). Dies führte zu Diskussionen in der Öffentlichkeit, ob hier nicht ein Eingriff in die informationelle Selbstbestimmung des Individuums gegeben sei. Obwohl hierfür keine Anhaltspunkte vorlagen, wurde die Anwendung der DNA-Analyse in der Strafprozessordnung durch das Strafverfahrens-Änderungsgesetz »Genom-Analyse« §§ 81 a 3, 81 e, 81 f StPO gesetzlich geregelt.

4 Vorliegend soll nach mehr als einer Dekade der Anwendung von DNA-Analysen auf deren Auswirkung in Ermittlungsverfahren und Strafprozeß eingegangen werden. Auf die Beschreibung der naturwissenschaftlichen Grundlagen der Analytik sowie Natur der in diesem Zusammenhang relevanten Merkmalssysteme soll in diesem Beitrag verzichtet werden, da dies in anderen Artikeln bereits vielfach dargelegt wurde.

II. Anwendungsbereiche von DNA-Analysen

5 Wie bei den Auswertungen von Spurenmaterial durch die Bestimmung herkömmlicher Blutmerkmale geht es beim Einsatz von DNA-Analysen um

---

3   Die 4. Jahrestagung (1988) der Arbeitsgemeinschaft für Gendiagnostik (AGD) hatte bereits die Anwendung von DNA-Analysen in der Forensik zum Schwerpunktthema. Der Tagungsband ist unter dem Titel »DNA-Polymorphism in Forensic and Medicine« 1989, hrsg von Henke/Kömpf/Driesel erschienen.

vergleichende Untersuchungen. Dh, es werden Fragestellungen wie
»Stammt die fragliche Spur von dem angenommenen Spurenleger?« oder
»Kommt für in verschiedenen Tatzusammenhängen gesicherte Spuren dieselbe Person als Spurenverursacher in Betracht?« bearbeitet.

Die Einsatzmöglichkeit der DNA-Analyse erstreckt sich somit auf alle 6
Straftaten, wenn tatrelevantes Spurenmaterial, das menschliche Zellen mit
Zellkernen enthält, vorliegt. Dies kann gegeben sein in Mordfällen (zB
Blutspuren des Opfers an der Kleidung eines Tatverdächtigen, am Tatort an
Zigarettenresten oder Trinkgefäßen hinterlassene Speichelspuren), Sexualdelikten (Spermabeimengungen im Vaginalabstrich der Geschädigten oder
Zellen der Scheidenschleimhaut in einem beim Tatverdächtigen genommenen Penisabstrich) oder bei einem Einbruch (Blutspur aus einer Verletzung
des Täters). Die Aufzählung kann beliebig erweitert werden, wobei mit
fortgeschrittener, routinemäßiger Anwendung der DNA-Analysen die
Schwere der jeweils zugrundeliegenden Straftat keine Rolle mehr spielt.[4]

III. Befundbewertung der vergleichenden Untersuchung

Bei der personenbezogenen Analyse werden in der Regel charakteristische 7
Merkmale in Spurenmaterialien mit den entsprechenden in Vergleichsproben (zB Blutspur und Vergleichsblutprobe) verglichen. Hier handelt es sich
immer um Erbmerkmale, da diese unabhängig vom Alter oder konditionellem Zustand einer Person unveränderlich sind. Allgemein ergeben sich die
alternativen Aussagen: »Nichtübereinstimmung« oder »Übereinstimmung
in den untersuchten Merkmalen«. Im Falle der Nichtübereinstimmung ist
eine Vergleichsperson als Verursacherin der analysierten Spur ohne Zweifel
auszuschließen. Im Falle der Übereinstimmung stellt sich die Frage nach
der Beweiskraft dieses Befundes. Da erbliche Merkmale Grundlagen der
Untersuchungen sind, können zur Beantwortung der Frage Gesetzmäßigkeiten der Vererbungslehre (Genetik) herangezogen werden. Bei den folgenden Ausführungen ist zu berücksichtigen, daß eineiige Zwillinge genetisch identisch und somit auf der Basis erblicher Merkmale nicht zu
unterscheiden sind.

1. Populationsstudien

Merkmale eines bestimmten Genortes können bei verschiedenen Indivi- 8
duen einer Art unterschiedlich ausgeprägt sein (bekanntestes Beispiel die

---

4   In den Anfängen der Anwendung von DNA-Analysen wurde die Frage, in welchen
    Fällen das Verfahren einzusetzen sei, kontrovers diskutiert; vgl Kriegelstein Der
    genetische Fingerabdruck zur Personenidentifizierung im Strafverfahren, 1994

Schmitter

Blutgruppenmerkmale des Menschen mit den Varianten A, B, O, AB). Durch Bestimmungen derartiger Varianten in einer Bevölkerungsstichprobe werden die Häufigkeiten der Einzelmerkmale ermittelt, aus denen letztendlich durch Anwendung der Vererbungsgesetze Rückschlüsse auf deren Verteilungen in der Gesamtbevölkerung gezogen werden können.

2. Wertigkeit einer Merkmalskombination

9   Zur Angabe der Wertigkeit von Befunden aus vergleichenden Analysen sind drei unterschiedliche Verfahrensweisen üblich, die hier anhand eines willkürlich herausgegriffenen Ergebnisses für drei Merkmalssysteme gegenübergestellt werden sollen.

10 Die Analyse einer tatrelevanten Spur führte zu folgendem Ergebnis (für die folgenden Betrachtungen sind die jeweiligen Häufigkeitswerte der einzelnen Merkmale angegeben):

D21S11: 28/32, Häufigkeit 0,005 (= 0,5%)

VWA 16/17, Häufigkeit 0,080 (= 8,0%)

SE33 19/20.2, Häufigkeit 0,002 (= 0,2%)

Die in diesem Fall untersuchte Vergleichsperson wies identische Merkmale auf.

a) Häufigkeit (H)

11 Bei dieser Methode wird der Informationsgehalt von Einzelmerkmalen erblicher Merkmalssysteme durch die Angabe von Phänotypenfrequenzen (Merkmalshäufigkeiten) angegeben. Aus den Häufigkeiten der Merkmale der einzelnen Systeme läßt sich eine Gesamthäufigkeit für die erhaltene Merkmalskombination durch Multiplikation der Einzelhäufigkeiten errechnen. Hier findet der Multiplikationssatz für das gleichzeitige Eintreten mehrerer voneinander unabhängiger Ereignisse Anwendung.[5]

Im Beispiel ergibt sich für die Häufigkeit der Kombination:

$H = 0{,}005 \times 0{,}080 \times 0{,}002 = 0{,}0000008 \ (0{,}00008\%)$.

12 Aus diesem Häufigkeitswert läßt sich der Schluß ableiten, daß die nachgewiesene Merkmalskombination statistisch in der betreffenden Population unter etwa 12500 Personen einmal zu erwarten ist. Das Ergebnis ist eine Verhältniszahl, die keinerlei Verknüpfung mit konkreten Einzelpersonen und dem vorliegenden Tatgeschehen zuläßt. Sie beantwortet somit noch

---

5   In zahlreichen Veröffentlichungen, zB Hochmeister et al Int.J.Legal Med. 1994, 34 ist gezeigt worden, daß die Merkmale der hier diskutierten Systeme unabhängig voneinander vererbt werden.

nicht die im Strafverfahren eigentlich relevante Frage, mit welcher Wahrscheinlichkeit der erhobene Befund die Vergleichsperson als Spurenverursacherin ausweist.

b) Wahrscheinlichkeitsverhältnis (Likelyhood Ratio, LR)

Bei dieser Methode werden die Wahrscheinlichkeiten für die zwei konkurrierenden Hypothesen C1 und C2 ins Verhältnis gesetzt, wobei gilt:

C1 = Wahrscheinlichkeit, daß das Ergebnis erzielt wurde unter der Annahme, daß die Vergleichsperson tatsächlich Spurenverursacherin ist. Hier ist der Wert 1 anzusetzen, da bei der vorausgesetzten Annahme erwartet wird, daß die übereinstimmenden Merkmale erhalten wurden.

C2 = Wahrscheinlichkeit, daß das Ergebnis erzielt wurde unter der Annahme, daß die Vergleichsperson nicht Spurenverursacherin ist. Hier ist die Häufigkeit der nachgewiesenen Kombination in der Bevölkerung anzusetzen, da bei der vorausgesetzten Annahme das Spurenmaterial einer zufällig aus der Bevölkerung herausgegriffenen Person zugeordnet werden muß.

Der sich ergebende Wert

$$LR = C1/C2 = 1/0{,}0000008 = 1250000$$

drückt aus, daß das erzielte Ergebnis 1,25 Millionen mal wahrscheinlicher ist, wenn C1 im Gegensatz zu C2 zu Grunde gelegt wird.

c) Spurenlegerwahrscheinlichkeit (S)

Die Frage, mit welcher Wahrscheinlichkeit bei Merkmalsgleichheit von Spur- und Vergleichsblutprobe die betreffende Spur von der in Frage stehenden Person stammt, ist die Frage nach der Wahrscheinlichkeit der Identität der beiden Proben. Die Berechnung der Spurenlegerwahrscheinlichkeit (S) erfolgt auf der Basis des Bayes'schen Theorems, wobei *a priori* von der neutralen Annahme ausgegangen wird, daß Spurenlegerschaft und Nicht-Spurenlegerschaft der Vergleichsperson gleich wahrscheinlich sind. Der jeweils errechnete Wert beinhaltet die für die Beurteilung eines Sachverhaltes entscheidende Antwort, nämlich die Wahrscheinlichkeit, mit der die Vergleichsperson tatsächlich Verursacher der analysierten Spur ist. Für die oben angegebene Merkmalskombination ergibt sich

$$S = 1/(1 + 0{,}0000008) = 0{.}9999992.$$

Dieser Wert besagt, daß die Vergleichsperson mit äußerst hoher Wahrscheinlichkeit (99,99992%) Verursacherin der fraglichen Spur ist.

3. Sonderfrage der relevanten Population

16 Wenn die Verteilung der jeweils nachgewiesenen Merkmale in der Bevölkerung Grundlage für die Beurteilung der Wertigkeit eines Befundes ist, stellt sich die Frage, welche Population zu Grunde gelegt werden muß. Aus der Literatur ist bekannt, daß sich die Häufigkeiten der Merkmale ethnisch sehr verschiedener Populationen zum Teil erheblich unterscheiden, während genetisch enger verwandte Bevölkerungsgruppen (zB Weiße in Europa) nur unwesentliche Unterschiede aufweisen.[6] In Fällen, in denen der angenommene Spurenleger einer anderen Volksgruppe angehört, wird häufig die Frage erörtert, welche Bevölkerungsstichprobe zugrundegelegt werden muß. Ein Beispiel: In einem in einer deutschen Stadt geschehenen Fall sei der angenommene Spurenleger ein Inder, müßten dann die Merkmalshäufigkeiten der indischen oder der deutschen Bevölkerung zu Grunde gelegt werden? Eine neutrale Position des Sachverständigen kann hier nur die in Deutschland erhobene Stichprobe annehmen, da jede Person, die sich in der fraglichen Gegend aufgehalten hat, als Spurenleger möglich ist. Bezöge der Gutachter sich auf indische Stichproben, ginge er, ohne dies aus der Analyse ableiten zu können, davon aus, daß der Spurenleger ein Inder ist. Er würde Tatsachen in seine Beurteilung einbeziehen, die aus der von ihm durchgeführten und vertretenen Untersuchung nicht hervorgehen.

17 Aus einem derartigen Verstoß gegen die Neutralität könnte durchaus eine Befangenheit des Sachverständigen abgeleitet werden. Die zu Grunde zu legende Bevölkerungsstichprobe muß sich somit auf die in der jeweiligen Gegend überwiegend lebende Bevölkerung beziehen. Dies ist in Deutschland die deutsche bzw die in Deutschland ansässige. Es wäre geradezu ein Fehler, eine andere Population heranzuziehen.

IV. DNA-Analyse im Ermittlungsverfahren

18 Einleitend soll ein Fallbeispiel[7] aus den frühen Zeiten der Einbeziehung von DNA-Analysen verschiedene Aspekte ihres Einflusses auf Ermittlungsverfahren verdeutlichen.

1. Fallbeispiel

19 Im Spätsommer 1989 stieß ein Pilzsammler in einem Waldstück auf die Leiche einer unbekleideten jungen Frau (T), die gem Obduktionsbefund wahrscheinlich vergewaltigt und erwürgt worden war. Als Spurenträger wurde

---

6 Meyer et al Int.J.Legal Med. 1995, 314
7 Das Beispiel wurde ausführlich beschrieben in Schmitter DpolBl 1997, 22

Schmitter

unter anderem ein benutztes Kondom gesichert, das im Inneren Sperma
enthielt und an der Außenseite Anhaftungen von Scheidensekret aufwies,
wie die Untersuchungen im Labor ergaben.

Ein Tatverdacht richtete sich gegen einen Mann, der zuletzt mit der Frau
gesehen worden war.

Ein Teil des Spermas wurde mit herkömmlichen Methoden in mehreren 20
Merkmalssystemen analysiert. Die Ergebnisse stimmten mit den Merkmalen überein, die aus der Blutprobe des Tatverdächtigen bestimmt wurden.
Die erhaltene Merkmalskombination schloß etwa 96% der Bevölkerung
aus. Er kam daher als der Urheber des Spermas in dem Kondom in engeren
Betracht.

Wenige Wochen später wurde in einer anderen Gegend wieder die Leiche 21
einer jungen Frau (S) in einem Waldstück gefunden, die offensichtlich vergewaltigt und erdrosselt worden war. Auch in diesem Fall wurde in der
Nähe der Leiche ein Präservativ gefunden und sichergestellt. Dieses Kondom enthielt ebenfalls Sperma, das jedoch mit Scheidensekret vermischt
war, da das Kondom derart verdreht worden war, daß die Materialien von
der Außenseite mit denen der Innenseite zusammengekommen waren.

Ein Tatverdächtiger konnte hier zunächst nicht ermittelt werden. Auffal- 22
lend war aber, daß die konventionelle Untersuchung dieser Spermaprobe
die gleichen Merkmale ergab wie im vorhergenannten Fall.

Zur weiteren Auswertung wurden nunmehr DNA-Analysen durchgeführt. 23
Die Auswertung der erhaltenen DNA-Profile erbrachte für die weiteren
Ermittlungen wichtigen Erkenntnisse:

- Die im Fall T an der Außenseite des Kondoms gefundenen Zellen aus
  Scheidensekret stammten mit Sicherheit von der Getöteten. Das bewies,
  daß es bei einem Geschlechtsverkehr mit ihr benutzt worden war.

- Das Material im Fall S zeigte Mischprofile, die eindeutig Merkmale der
  Getöteten enthielten. Somit war dieses Kondom bei der Getöteten S
  benutzt worden.

- Das in der Spermaspur des Falles T erhaltene Profil war identisch mit
  dem Profil aus dem Sekretgemisch im Fall S, ein Beweis dafür, daß in beiden Fällen derselbe Mann Urheber der Spermaproben war.

- Der Tatverdächtige mußte wegen abweichender Profile als Urheber der
  gesicherten Spermaspuren ausgeschlossen werden.

Die Ergebnisse hatten zunächst einmal die Folge, daß der Tatverdächtige
entlastet war. Außerdem wurden die Ermittlungsmaßnahmen in beiden
Fällen zusammengeführt, da als gesichert angenommen werden konnte, daß
sich in beiden Fällen derselbe Mann als Täter in Frage kam.

Im weiteren Verlauf der Ermittlungen, die sich über mehrere Monate hin- 24
zogen, wurden zahlreiche Männer überprüft, die in den angenommenen

Tatzeiträumen Kontakte zu diesen beiden Frauen gehabt haben könnten. 49 Männern wurden im Zuge dieser Überprüfungen auch Vergleichsproben entnommen und eingesandt. Dabei konnten die meisten (46) Vergleichspersonen mit Hilfe der konventionellen Merkmalssysteme ausgeschlossen werden. Bei drei Männern ergab sich der Ausschluß erst, nachdem ihre DNA-Profile erstellt und mit den Profilen der Spuren verglichen wurden.

25 Während die Ermittlungen noch im Gange waren, wurde ein Mann festgenommen, der beim Versuch, eine junge Frau zu vergewaltigen, gestört worden war. Da bestimmte Umstände den angenommenen Tatabläufen der beiden Mordfälle glichen, wurde eine Vergleichsrobe dieses Mannes in die Untersuchungen einbezogen. Die konventionellen Merkmale stimmten mit den entsprechenden des Spurenmaterials überein, ebenso das daraufhin erstellte DNA-Profil. Es bestand nunmehr kein Zweifel, daß dieser Mann Urheber der in den beiden Mordfällen sichergestellten Spermaproben war (mit der oben genannten Einschränkung, daß ein eventuell existierender eineiiger Zwillingsbruder ebenfalls hätte Spurenleger sein können).

26 Der Mann wurde angeklagt und hat während der Gerichtsverhandlung gestanden, die Taten begangen zu haben.

2. Rückschlüsse

27 Dieser Fall zeigt verschiedene Aspekte der neuen Methoden gegenüber der herkömmlichen Bestimmung erblicher Blutmerkmale.

- Die Möglichkeit, Spuren einer Person eindeutig zuzuordnen, bedeutet in der Umkehrung, daß auch eine fälschlich als Spurenverursacher angenommene Person sicher ausgeschlossen werden kann.

- Der Beweis, daß Spuren aus unterschiedlichen Fällen von demselben Verursacher stammen (Tatzusammenhang), beeinflußt entscheidend die Vorgehensweise bei der Ermittlung.

3. DNA-Analyse-Datei

28 Mit Errichtungsanordnung vom April 1998 wurde eine zentrale Sammlung von DNA-Analyse-Daten als Bund-Länder-Verbunddatei im Bundeskriminalamt eingerichtet. Hier werden in »Unbekannt Fällen« aus Spurenmaterial erhobene DNA-Muster sowie die Muster von Tatverdächtigen und Verurteilten (gem den Bestimmungen des § 81 g StPO) gespeichert. Die DNA-Analysedatei wird als Hilfsmittel der Ermittlung genutzt. Der Abgleich der gespeicherten DNA-Muster soll dazu beitragen,

Schmitter

– Tatzusammenhänge zu erkennen, wenn an verschiedenen Tatorten gesicherte Spuren identische DNA-Muster aufweisen und somit wahrscheinlich der gleichen Person zuzuordnen sind, und

– Spurenleger zu ermitteln, wenn ein Muster einer in einem Tatzusammenhang gesicherten Spur mit demjenigen einer bereits erfaßten Person übereinstimmt.

Die in der Datenbank gespeicherten Merkmalssysteme (SE 33, VWA, TH01, D21S11 und FGA) stellen einen Kompromiß zwischen analytischem Aufwand und Effizienz dar. Sie ergeben Merkmalskombinationen mit einer hohen Individualisierungskraft. Im Mittel beträgt die Wahrscheinlichkeit, daß zwei unverwandte Individuen gleiche Merkmale in den 5 Systemen aufweisen, etwa 1 zu 300 Millionen. Es ist allerdings nicht auszuschließen, daß eine Kombination mehrmals vorkommt und die Datenbank in Einzelfällen Mehrfachtreffer liefern kann. Eine derartige Situation muß durch zusätzliche Ermittlungen geklärt werden. Auf jeden Fall muß ein Treffer in der Datenbank durch das Labor, das die fragliche Spur untersucht hat, in geeigneter Form verifiziert werden. Häufig liegen aus der Analyse der Spur über die in der Datenbank erfaßten Merkmale hinaus Ergebnisse in weiteren Systemen vor bzw können nachanalysiert werden, wenn noch Reste des Spurenmaterials vorhanden sind.

29

V. DNA-Analyse als Beweismittel vor Gericht

Eine wesentliche Voraussetzung für die Urteilsfindung im Strafverfahren stellt die Sachverhaltsrekonstruktion durch das Gericht dar, die nach den Regeln des Beweisrechts erfolgt.[8] Dabei wird der Jurist mit einer Vielzahl von Sachverhaltsfragen aus den verschiedensten Bereichen konfrontiert, die er abschließend in einem Gesamtzusammenhang zu stellen hat. Er muß sich dabei mit den vielfältigen Erkenntnismöglichkeiten von Spezialdisziplinen soweit vertraut machen, daß er den Aussagewert der erzielten Ergebnisse einschätzen und in Verbindung mit anderen in der betreffenden Strafsache erhobenen Beweise bringen kann.

30

Bei der letztlich dem Gericht vorbehaltenen Beweiswürdigung tritt die Problematik des Sachverständigen-Beweises im Strafverfahren in ganzem Umfang zutage.[9] Sie erlangt eine besondere Tragweite, wenn es sich bei den Indizien um Befunde aus kriminaltechnisch genutzten naturwissenschaftlichen Spezialdisziplinen handelt, die einen hohen Informationsgehalt und damit eine große Beweiskraft bieten und so eine entscheidende Rolle bei einer Tatrekonstruktion spielen können.

31

---

8 Rüßmann Recht und Politik, 1982, 62
9 Geerds ArchKrim 1983, 129

Schmitter

32 Eine solche Disziplin ist die DNA-Analytik, die im Gegensatz zu den herkömmlichen Verfahren der Blutgruppenbestimmung erstmals eine individuelle Zuordnung der Spuren ermöglicht. Sie wurde 1990 in einer BGH-Entscheidung als Beweismittel in Strafverfahren für zulässig erklärt, soweit sich die Analysen auf nichtkodierende Bereiche der DNA beschränken.[10]

33 Die Bedeutung, die der DNA-Analytik mittlerweile von den Gerichten zugemessen wird, kommt in einem weiteren BGH-Urteil zum Ausdruck. Ein ohne Einholung eines DNA-Gutachtens zustande gekommenes Strafurteil wurde wegen Verstoßes gegen die dem Gericht obliegende Aufklärungspflicht aufgehoben.[11]

34 Daß ein DNA-Gutachten als einziges Beweismittel zur Klärung der Schuldfrage jedoch nicht ausreichend ist, stellt der BGH in seinem Urteil vom August 1992 fest,[12] in dem ein Landgerichtsurteil aufgehoben wird, das einen Angeklagten allein auf der Grundlage einer DNA-Analyse von Spermaspuren der Vergewaltigung schuldig gesprochen hatte.

35 An dieser Stelle soll noch einmal betont werden, daß die DNA-Analyse nur Aussagen über die Frage erlaubt, ob eine Spur von einer bestimmten Person stammt. Inwieweit die Spurenzuordnung strafprozessual Bedeutung für einen Schuld- oder Freispruch des Angeklagten erlangt, hängt ausschließlich von der dem Gericht vorbehaltenen Einschätzung der Tatrelevanz des Spurenmaterials ab. Damit kann kein Angeklagter durch ein noch so beweiskräftiges DNA-Gutachten allein der Tat überführt werden, wohl aber jedoch der Urheberschaft bestimmter Spuren. Den Gerichten obliegt damit auch im Zeitalter der DNA-Gutachten weiterhin die volle Verantwortung der Einbeziehung des Sachverständigen-Gutachtens in den Gesamtzusammenhang des Beweismaterials. Ein konstruiertes Fallbeispiel soll dies verdeutlichen:

1. Fallbeispiel

36 In einer Stadt in Deutschland wird nachts ein im Freien aufgestellter Zigarettenautomat aufgebrochen. Bei der Tatortbearbeitung wird eine Blutanhaftung an dem Gerät festgestellt und als Spur gesichert. Herr A gerät (vielleicht, weil er von einem Zeugen beobachtet wurde, als er an dem Automaten manipulierte) in Tatverdacht. Bei seiner Vernehmung wird eine Verletzung an seiner Hand festgestellt und daraufhin die Entnahme einer Vergleichsprobe angeordnet. Ein vergleichendes DNA-analytisches Gutachten stellt fest, daß die Blutspur vom Zigarettenautomaten zweifelsfrei von A stammt. A bestreitet jedoch, die Tat begangen zu haben. Er habe

---

10 BGH-Entscheid v. 21.8.1990, 5 StR 145/90
11 BGH, Arztrecht, 1992, 101
12 BGH-Entscheid v. 12.8.1992, 5 StR 239/92

Schmitter

abends eine Packung Zigaretten aus dem Automaten ziehen wollen. Aufgrund einer Ungeschicklichkeit habe er sich dabei leicht verletzt.

Die bei diesem Sachverhalt erzielten Ergebnisse sollen im folgenden eingehend erörtert werden.

2. Tatbezogenheit

Einen Zusammenhang der abstrakten Identitätswahrscheinlichkeit mit dem konkreten Tatgeschehen stellt erst das Gericht her. Der Sachverständige kann unter Umständen hierzu einen Beitrag liefern, wenn aus Art und Form der Spur ihre Entstehung rekonstruiert werden kann. Im Fallbeispiel würde das bedeuten, daß aus der Art der Blutantragung, aus der Ausprägung der Spur und aus dem genauen Antrageort abgeleitet werden kann, ob diese eher durch die von A behauptete Ungeschicklichkeit beim Vorgang des Zigarettenziehens gelegt wurde oder, ob sie bei der gewaltsamen Manipulation an dem Automaten entstanden sein muß. Derartige, dem Bereich der spurenkundlichen Auswertung zuzurechnenden Analysen werden häufig nur wenig berücksichtigt, obwohl sie im Fallbeispiel von ausschlaggebender Bedeutung wären, da nach der Einlassung des Beschuldigten durchaus möglich ist, daß er an dem Automaten Blutspuren hinterlassen haben könnte.

Nur wenn unter Berücksichtigung aller Umstände die Tatrelevanz der Spur feststeht und die Begehung der Tat durch den Tatverdächtigen möglich erscheint, läßt sich aus der Identitätswahrscheinlichkeit unter Einbeziehung der weiteren Indizien durch das Gericht eine Belastungswahrscheinlichkeit ableiten, dh die Wahrscheinlichkeit, mit der die verdächtige Person tatsächlich der Täter ist. Im Gegensatz hierzu gibt die Identitätswahrscheinlichkeit nur diejenige Wahrscheinlichkeit an, mit der die verdächtige Person der Spurenverursacher ist.

Es ist im Fallbeispiel durchaus möglich, daß A entsprechend seiner Einlassung nur durch eine Ungeschicklichkeit beim Vorgang des Zigarettenziehens eine Blutspur hinterlassen während der wahre Täter sich überhaupt nicht verletzt hat.

VI. Schlußbemerkung

Zusammenfassend kann die DNA-Analyse als zuverlässiges und aussagekräftiges Hilfsmittel angesehen werden, wenn die Identität des Verursachers einer für die Beweiswürdigung als wichtig angesehenen Spur festgestellt werden soll. Sie beantwortet aber nur diese Frage. Inwieweit die

Bewertung von DNA-Befunden in die Beweisführung einfließt, hängt in jedem Falle von den jeweiligen Umständen ab.

KAPITEL 6 — DER STAATSANWALT IM INTERNET

Überblick

I. Allgemeines 1–3

II. Kommunikation 4–6

III. Nichtjuristische Informationsquellen – Der richtige Einstieg 7–9

IV. Ermittlungen im Internet – Der tägliche Umgang mit der Informationsvielfalt.. 10–12

V. Juristische Informationen im Internet 13–16

I. Allgemeines

Die folgenden Hinweise[1] sind weder für den suchtkranken Surfer[2] gedacht noch für Kollegen geeignet, die das Arbeiten mit dem Computer prinzipiell ablehnen. Sofern man als Jurist den PC jedoch als modernes Arbeitsmittel akzeptiert, sollte man auch dessen Kommunikationsmöglichkeiten mit der weiten Welt nutzen.[3] E-Mail ist die Kommunikationsform der

1

---

1 Anregungen oder Fehlermeldungen bitte an bruno.messer@mail.uni-wuerzburg.de. Alle Links sind mehrfach überprüft, können aber angesichts der Schnellebigkeit des Netzes nur unverbindliche Hinweise sein. Bei den Adressangaben habe ich auf das Präfix http// verzichtet, das Sie also vor sämtliche Fundstellen tippen müssen, sofern es Ihre Software nicht für Sie erledigt.

2 Hier bietet sich T-DSL der Telekom wegen der Qualität des Post-backbones an, das Asymetric Digital Subscriber Line mit 768 kBit/s im upload, ein Pusher über Satellit oder zumindest der neue Pauschaltarif der Telekom in der Variante T-Online-Speed oder wie die neuen Telekomfantasien auch immer geboren und benannt werden. QSC bietet mit speedway SDSL (Symmetric Digital Subscriber Line), das die herkömmliche Telefonleitung 35mal schneller als ISDN macht. Hierbei sind upload und download gleich schnell. Zahlreiche Telefongesellschaften bereiten zumindest in den Ballungsgebieten für ihre Geschäftskunden ähnliche Angebote vor. Im Mobilfunk bietet E-Plus mit einem originären Standard erstmals fast die Geschwindigkeit eines 56k-Modems. Sinnvollerweise wird man aber auf die endültige Umsetzung des GRPS-Standards warten, die für Ende 2000 angekündigt ist. Die Telekom wirbt seit Juni 2000 mit ihrem bundesweiten GRPS-Netz. Die derzeit auf dem Markt befindlichen Flatrates oder Datenberechnungsmodelle sind zunehmend für Dauersurfer interessant.

3 Lernhilfen für das WWW bieten www.learnthenet.com/german/indressanex.html, www.regalweb.co.uk/stvincent/farewell.html

Messer

Zukunft.[4] Der kommende § 175 II ZPO wird über § 37 I 1 StPO elektronische Zustellungen auch im Strafverfahren erlauben.[5] Trotzdem bleibt der Staat ein Mailentwicklungsland.

Der folgende Text soll dem Praktiker eine Einstiegshilfe ins Internet bieten:[6]

2   Der erste Schritt ins Internet ist die Wahl eines geeigneten Zugangs, den Access Account.[7] Sofern der Dienstherr nicht über sein Behördennetz einen Zugang zur Verfügung stellt, sollte man den privat genutzten Provider auch zu dienstlichen Zwecken verwenden, da man dessen Software sowieso schon kennt. Der Modem-/ISDN-Stecker paßt in jede TAE/ISDN-Buchse. In Bayern wählen die Justizbehörden in der Regel T-Online[8] für den Zugang zum Netz, wobei man den Telekom-Mailrechner mittlerweile auch mit externen Programmen (etwa Eudora oder OUTLOOK 2000) nutzen kann, die nicht unproblematische T-Online-Software also nicht unbedingt benötigt.[9] Über T-Online kann man allerdings andere externe Server nur bedingt abfragen, E-Mails gehen nur bei Einwahl über

---

4   In Österreich erlaubt das Gesetz bereits rechtsverbindlichen Verkehr mit den Behörden mittels E-Mail. In Deutschland kann man zur Zeit nur beim Finanzgericht Hamburg probeweise über E-Mail Klage erheben. Zum Richtlinienvorschlag der EU-Kommission zum elektronischen Geschäftsverkehr Jens von Lackum JurPC Web-Dok 130/1999 und 135/1999

5   Eine Länderkommission unter der Führung Bayerns überprüft zur Zeit die erforderlichen Gesetzesänderungen. Diskutiert wird eine neue Textform des BGB, die die Schriftform weitgehend ablösen soll. Das Aktionsprogramm der Bundesregierung zur Informationsgesellschaft findet man unter http://www.iid.de/aktionen/aktionspramm/

6   Informationen zu WWW bei www.w3.org/People/W3Cpeople.html, zu gopher bei ftp:/boombox.micro.umn.edu, zu mailinglisten http:/vrp.de/kommunik/mailing/index.htm

7   Mittlerweile gibt es zahllose call-by-call-Angebote der Telefongesellschaften, die sich meist am T-Onlinepreis orientieren und seit 1999 um die Hälfte gesunken sind; Überblick unter www.teltarif.de/ mit einem sehr informativen newsletter, der wöchentlich die neuesten Entwicklungen auflistet. Der newsletter der Zeitschrift Connect wird zu sehr als Werbeträger für das Printmedium genutzt, gewinnt aber zunehmend an Format. Netcitizen finden Hinweise auch bei http://www.online-kosten.de.

8   Seit Juni 2000 bundesweit für 2,9 Pfennige pro Minute inklusive Telefongebühren. Die Call-by-Call-Rate beträgt bei minutengenauer Abrechnung derzeit 3,9 Pfennige. Flat-Rates sind seit dem neuen Angebot der Telekom für Vielsurfer (DM 79 im Monat bei automatischer Leitungstrennung alle 24 Stunden) äußerst sinnvoll. Über die Mitbenutzerfunktion des T-Onlinemailservers kann man bis zu 999 E-Mailadressen für eine Anschlußnummer (5 Pfennige am Tag pro Mitbenutzer) einrichten. Bastler können eine Behördenwebseite mit 10 MB einrichten, deren Verfügbarkeit allerdings vom Postserver abhängt. Okay-net plant für Herbst 2000 einen kostenlosen werbefinanzierten Internetzugang. Bundesweiter Zugang der einzelnen ISP ist mittlerweile Standard.

9   Anhänge kommen oft grausam verstümmelt beim Empfänger an. Wie die zahlreichen Viruswarnungen zeigen, sollte man Anhänge selbst von bekannten Versendern nur dann öffnen, wenn man sich von deren Sicherheit durch Kontrolle mit einem Virusscanner auf neuestem Stand überzeugt hat.

Messer

die Telekom. In der Endausbaustufe des bayerischen Justiznetzes BayTech 2000 wird der Zugang wie bei allen Behördennetzen nur über den Firewall des internen Übergangs möglich sein.

Der sehr informative Server des Heiseverlags[10] liefert aus einer ständig aktualisierten Datenbank den für den eigenen Surfertyp (gelegentlich, häufig, süchtig) und Standort bestgeeigneten Netzbetreiber.[11] Die Entscheidung ist auch davon abhängig, ob man eine eigene (professionelle) Homepage einrichten (lassen) will oder gar einen Download-Server betreiben möchte.[12]

Kostenlos[13] und für den Normalgebrauch ausreichend sind zB das deutsche Wissenschaftsnetz (bei irgendwie gearteter Tätigkeit für eine Universität), germanynet (mit Werbung aber vielen Einwahlknoten[14]) oder die Suchmaschine excite.de.[15]

Zum Bewegen im WorldWideWeb benötigt man nur noch einen Standard-Browser, also entweder den mit Windows gelieferten Internet Explorer oder den ebenfalls kostenlosen[16] Netscape Navigator.[17] Bei den erforderlichen Einstellungen des Browsers sollte der Provider behilflich sein. Die T-Online- oder AOL-Software[18] erledigt die notwendigen Anpassungen

3

---

10 www.heise.de/ct. Daneben gibt es zahlreiche Portals, die den gleichen Service bieten. Man gibt sein eigenes Serverprofil in eine Datenbank ein, die eine Auswahl von InternetServiceProvider anbietet.
11 Das Problem ist durch kostengünstige Call-by-Call-Angebote entschärft, etwa 1,9 Pfennig/Minute bei Naked Eye, allerdings mit monatlichem Pauschalpreis ohne die Möglichkeit, nichtgenutzte aber bezahlte Zeit auf den Folgemonat zu übertragen. Die Auswahl ist mittlerweile unübersehbar. Im Zweifelsfall sollte man einen der Tarifrechner des WEB nutzen.
12 Gemeinsame Gruppenarbeit über Internet ermöglichen etwa europäische Forschungsprojekte wie das BS. CW. Als Office-Anwender kann man auch den Hinweisen auf der MSN-Homepage folgen (Office im Web als Unterpunkt im Hilfemenü)
13 Kostenlos bedeutet Anfall der normalen Telefongebühren. Angebote etwa von DELL.
14 Die Einwahl sollte zum Ortstarif möglich sein, wenn man keinen Pauschaltarif mit einem als Telefongesellschaft tätigen Provider wählt.Germany.net ist nunmehr eine 100prozentige Tochter von Mannesmann-Arcor und bietet vergünstigte Telefoneinwahlgebühren, allerdings auch sehr viel Werbung. Neue Tarife sind angekündigt.
15 Die erforderliche Software, den MSN-Verbindungsmangager mit den Viag-Interkomeinwahlnummern in zahlreichen Städten zum Ortstarif, kann man über das Portail herunterladen. Es wird kostenloser Web-Space und eine E-Mailadresse geboten.
16 Opera kostet leider noch Geld: www.operasoftware.com/
17 Die Godzilla-Engine des neuen Navigators 6.X konnte ich noch nicht testen. Nach Ansicht der Fachzeitschriften bringt die groß angekündigte Betaversion des Browsers nur kosmetische Retuschen. Der Glaubenskrieg um Bill-Gates IE oder AOL´s Netscape spielt bei der täglichen Arbeit keine Rolle. Beide Browser sind in etwa gleichwertig, wobei der IE in seiner Version 5.5 allerdings wie bei Mikrosoft üblich undokumentierte proprietäre Standards verwendet. Der norwegische OPERA dürfte besser sein, kostet aber ca. DM 60 und hat trotz Verbesserungen noch immer gelegentliche JAVA-Probleme.
18 For bloody beginners, weil AOL den User zu sehr ans eigene Netz bindet.

Messer

automatisch.[19] Die Nutzung weiterer Mail- oder News-Server oder der Umstieg auf einen anderen Provider kann dann allerdings zu Schwierigkeiten führen.[20] Kostenlose E-Mail-Briefkästen gibt es im WEB mittlerweile wie Sand am Meer.[21] Sie stellen unter dem Stichwort Unified Messaging zunehmend multimediale Kommunikationszentralen dar.[22]

II. Kommunikation

4   Das Internet ist eine riesige Enzyklopädie[23] und bietet für den Juristen auch zunehmend berufsspezifische Informationen.[24]

Die Datenautobahn kennt keine Öffnungszeiten und kein Ladenschlußgesetz, weder Zeit noch Raum. Ob man zu Hause, im Dienst oder im Urlaub im Ferienquartier seine elektronische Post erledigt oder sonst arbeitet, spielt keine Rolle mehr.[25] Statt mit der Mail-Box oder dem Anrufbeantworter des gerade nicht erreichbaren Telefonpartners zu sprechen, kann man jederzeit eine E-Mail schicken, ein Fax elektronisch umleiten oder die ShortMessage(Service) kostenlos über den Pager lotsen.[26] Mit immer neuen Leistungsmerkmalen wollen sich einzelne Anbieter aus der Masse hervorheben.

---

19 Im kostenlosen Probemonat kann man testen, welcher Provider am geeignetsten erscheint. Wer viel reist sollte auf eine deutschlandweite Einwählnummer zum Ortstarif achten. Bei Auslandsreisen bieten die beiden großen Provider relativ günstige Roamingkonditionen.
20 Hilfe bei home.t-online.de/home/Peter.Zwosta/isdn.htm
21 Klassiker ist der Münchner Freemail-Anbieter (www.)GMX.(de), der den Standard setzte, E-Mails offline zu schreiben und online mittels POP/SMTP zu verschicken. Gezahlt werden muß allerdings für die Möglichkeit, sichere SSL-Verbindungen aufzubauen. Den zur Zeit wohl besten Freemail bietet www.web.de
22 Einen aktuellen Überblick bietet Holger Bleich in C'T- Heft 11/2000. Den Artikel »Post für Dich« kann man wie alle vom Heise-Server runterladen.
23 Angeblich 1 Milliarde Webseiten im Oktober 1999.
24 Suchmaschine www.jura.uni-sb.de/cgi-bin/doppelsuche.
25 Bald wird das Handy als Internetzugang dienen, nachdem das WAP-Protokoll ein zumindest eingeschränktes Browsen nach Textinhalten erlaubt. Ich persönlich warte auf UMTS.
26 U(nified) M(essaging) S(ervice) ist das neueste Future. Die kostenpflichtige Variante erlaubt die vollständige Integration von FAX, Telefonbeantworter, SMS, E-Mail per view und audio sowie Handy. Eine eingehende E-Mail wird am gewünschten Telefon vorgelesen oder als FAX an den frei wählbaren Anschluß versendet. Kostenlose Varianten (etwa bei www.web.de) bieten meist eingeschränkten Speicherplatz und nicht alle denkbaren Features.

Messer

Wie bei jedem Nachschlagewerk ist gerade bei der Nutzung des Internet eine möglichst stringente Ordnung der Fundstellen oder Adressen von größter Bedeutung. So wie der Titel und ISBN eine gedruckte Publikation identifiziert die Adresse, das URL[27] die jeweilige Web-Seite.[28]

Der genauen Verwaltung der mühsam gefundenen Internetadressen, als Favoriten im Explorer oder bookmarks im Navigator, sollte man von Anfang an die gebührende Aufmerksamkeit und Arbeitszeit schenken.[29] Beide Browser gestalten die Verwaltung der Adressen nicht besonders komfortabel. Aber mit einiger Übung und entsprechender Sorgfalt kann man ausreichend (Begriffs-) Ordner und Unterordner anlegen, um den Überblick zu behalten.[30] Mein Tip wäre, jedem Ordnungsbegriff (Favoriten- oder bookmark-Ordner) nur wenige Adressen zuzuordnen, um den Überblick zu behalten.[31]

Jeder Unterordner läßt sich seinerseits in beliebig viele weitere Unterordner unterteilen, so daß man sich ein Ablagesystem basteln kann, mit dem man online auch zurecht kommt.[32] Es gibt zwar als Freeware zahlreiche Lesezeichenverwaltungsprogramme, die aber für eine juristische Arbeitsweise zu verspielt sind.[33]

Weiterhin wichtig für eine effektive Nutzung des Internet ist ein ausreichend groß bemessener Cache zur lokalen Speicherung auf der Festplatte der aus dem Netz geladenen Web-Seiten. Je nach Hardwarekonfiguration sollte man sich einen möglichst großen lokalen Speicher gönnen, damit man mit Hilfe der History-/Verlauf-Funktion auch offline nutzbringend surfen (also nachschauen[34] und ggf ausdrucken[35]) kann. Im Cache gespeicherte Seiten werden vom Browser natürlich viel schneller als erneut online geladen und stehen somit schneller zur Verfügung.[36] Beim Speichern des Links kann man mit dem IE die Seite auch offline zur Verfügung stellen.

---

27 Uniform Resource Locator
28 Ein Problem ist die korrekte Zitierung.
29 Hinweise bei dem Internetprojekt zur Existenzgründung www.akademie.de
30 Das Alexa-Plug.in bietet bei Einstellung unter Ansicht/Explorerleiste/Alexa Vertical jeweils verwandte Webseiten an, die man durch einfaches Anklicken besuchen bzw zu den Favoriten zufügen kann.
31 Die Formate sind bei beiden Browsern unterschiedlich, der Austausch ist aber über Import-/Exportfunktionen unschwer möglich.
32 Hinweise etwa bei www.injur.de/
33 Der IE erlaubt relativ einfachen Export und Import von bookmarks. Der Netscape Navigator kann nur bookmarks im eigenen Format richtig importieren.
34 Komfortabel im I E 5.X oder mit dem Sharewaretool nescie www.mwso.com/ger/index.htm
35 Hewlett bietet auf dem firmeneigenen FTP-Server das kostenlose Programm PrintSmart an, das besonders komfortabel WEB-Seiten druckt und selbständig baumartig vom Server lädt.
36 Je nach Acrobate Reader Konfiguration klappt auch der Druck von PDF-Dateien offline besser.

Messer

III. Nichtjuristische Informationsquellen – Der richtige Einstieg

7   Immer wichtiger zum Kanalisieren der Datenströme werden die Einstiegsseiten (Portal Sides oder Portails), durch die man als Surver das Internet betritt.[37] Nicht umsonst haben Microsoft und AOL/Netscape deshalb ihre eigene Homepage als Startseite des Browsers eingestellt, die dieser beim Starten zuerst aufruft.[38] Je länger man dort verweilt, desto höher sind die Werbeinnahmen des Providers.[39]

Sinnvollerweise sollte man als Startseite aber eine nach eigenem Gusto wählen.[40]

Yahoo, Excite[41] oder Lycos[42] zB bieten personalisierte Anfangsseiten, die bei Aufruf etwa die täglichen Börsenkurse, juristische Pressemitteilungen oder das Biowetter sowie die neuesten Links liefern.[43]

8   Wenn man als Startseite die eigene Adressensammlung (Favoriten beim IE oder bookmarks beim Navigator) einstellt, hat man bei Aufruf des Browsers jedesmal die freie Auswahl aus der eigenen Internetbibliothek.

Am Ende einer Internetsitzung kann man diese Datei unschwer auf einer Diskette sichern und zum nächsten Internetaufruf (etwa zu Hause auf dem eigenen Rechner) erneut aufspielen.[44] Auf diese Weise bleibt die eigene Adressendatei immer aktuell. Wird sie zu umfangreich, sollte man bereichsspezifisch splitten.[45]

Der Netscape Navigator bietet über /Lesezeichen/Bearbeiten/Ansicht/ Aktualisieren die Möglichkeit, den Browser selbständig nach Änderungen der Lesezeichen suchen zu lassen.[46] Nach Abschluss der Überprüfung kann man die als geändert markierten Lesezeichen gezielt ansurfen, um auf dem neuesten Stand zu bleiben. Der IE leistet den Abgleich komfortabel über

---

37 Die Telekom unternahm mit Infoseek und Bertelsmann einen Versuch, die Nachfrage zu kanalisieren. Weitere Partner und Sides sollen folgen.
38 Im Videotext von ARD/ZDF kann man die 20 meistbesuchten WEB-Seiten abrufen.
39 Ein Manko der T-Online aus Btx-Zeiten.
40 Beim Netscape Navigator durch Anklicken von BEARBEITEN/EINSTELLUNGEN/NAVIGATOR und Eintrag in die Adresse der Anfangsseite. Man kann dann noch die Option »zuletzt aufgerufene Seite« wählen, und hat dann die Wahl, ob man einfach weiterarbeiten will, wo man aufgehört hat, oder mit der Anfangsseite eine neue Arbeitssitzung beginnen will.
41 Ende Juli 2000 mit ca. 500 Millionen erfaßten Web-Seiten die größte Suchmaschine.
42 Übersichten etwa bei www.klug-suchen.de/
43 Daneben wird als Mindestservice eine freie E-Mailadresse geboten.
44 Der Netscape Navigator »verschluckt« gelegentlich seine bookmarks. Schon aus diesem Grund empfiehlt sich regelmäßige Sicherung.
45 Man legt etwa die Link-Sammlung von Kuselit getrennt als html-Seiten ab.
46 Das kann mehrere Stunden dauern und sollte vom Browser etwa während einer Sitzung geleistet werden.

Messer

Extras/Synchronisieren, wobei man bei jedem Favoriten die Tiefe der zu ladenden Webseiten einstellen kann.[47] Mit Adobe Acrobat kann man sich mit Werkzeuge/Web Capture ein pdf-Dokument mit den interessierenden Webseiten erstellen, das bei jeder Sitzung aktualisiert und bequem offline gelesen oder ausgedruckt werden kann.

Als Surfbretter zum Finden allgemeiner Informationen bieten sich Webseiten bekannter Zeitschriften an: Focus unterhält den auch von der Konkurrenz anerkannt besten Onlineservice[48], der Spiegel bietet eine redaktionell aufgearbeitete elektronische Tageszeitung[49], während der Stern darüber hinaus vier hervorragende newsletter bietet.[50] Internetmagazine sind auch im Netz nützliche Linksammlungen.[51] Hier wird der Surfer auch bei scheinbar externen Links innerhalb des Systems gehalten, wie man an den URL´s unschwer erkennen kann. Wenn man die Verknüpfung aber in einem neuen Browserfenster öffnet, entkommt man dieser Bindung und spart zudem Ladezeiten.

Der richtige Ansprechpartner für technischen Support findet sich etwa auf den Firmenkontaktseiten des Heiseverlags[52], die sämtliche Hard- und Softwarefirmen mit den passenden Links, Adressen und Telefonnummern sehr aktuell auflistet.[53] Den berühmten amerikanischen Hardwareguide gibt es mittlerweile auch auf deutsch.[54]

---

47 Tips bei www.akademie.de
48 www.focus.de mit sehr vielen frei zugänglichen Datenbanken, während spiegel.de allzusehr auf das eigene Printmedium verweist.
49 www.spiegel.de/dertag/anmeldung/ wobei man den Zeitpunkt der täglichen Zusendung und damit die gewünschte Aktualität man selbst per E-Mail bestimmen kann. Die Süddeutsche Zeitung hat ebenfalls zahlreiche tägliche newsletter und bietet eine wöchentliche Zusammenfassung unter www.sueddeutsche.de/ oder www.sz.onnet.de. Ähnliches bietet die Berliner Morgenpost www.berliner-morgenpost.de. Sogar die FAZ will angeblich ihre zurückhaltende Einstellung ändern. Immerhin besitzt sie die home-page mit den meisten Werbebannern.
50 www.stern.de mit zahllosen Surfguides.
51 Klassiker www.com!online.de mit der umfangreichsten Webseitensammlung oder www.online-today.de, www.tomorrow.de mit der monatlichen Linksammlung als Beilage zum Heft.
52 www.ix.de/ct/adressen/l.shtml führt zu allen Firmen mit L und zur Treibersammlung, bei Exoten hilft vielleicht www.treiber.de.
53 Natürlich auch bei anderen EDV-Zeitschriften, zB www.pcwelt.de/index.asp?showpage=/downloads/topdown.asp, www.top.de/lotse/index_computer.htm, zdnet.de/tut/tut-wf.html, auch bei reinen Internetmagazinen wie www.intern.de/99/04/00.shtml
54 www.tomshardware.de/

Messer

IV. Ermittlungen im Internet – Der tägliche Umgang mit der Informationsvielfalt

10   Hiermit meine ich nicht staatsanwaltschaftliche Ermittlungen nach strafbaren Handlungen, die im oder mit Hilfe des Internet verübt werden.[55]

Man kann mit bestimmten Suchprogrammen (meist Meta-Crawlern) das Internet und insbes die Newsgruppen nach verbotenen Inhalten durchsuchen, wie es etwa spezialisierte Teams der Jugendministerkonferenz[56], des BKA oder BayLKA tun.[57] Die Diskussion um § 5 Teledienstgesetz dürfte allgemein bekannt sein.[58]

11   Dem StA hilfreicher sind Auskünfte allgemeiner Art, wie sie das Internet kostenlos in Hülle und Fülle bietet.[59]

Als Einstieg zu örtlichen Informationen von Passau bis Flensburg, Madrid bis New York kann oft der Rechner der jeweiligen lokalen Tageszeitung genutzt werden.[60] Es gibt auch Stadtnetze, die meist ganze Länder abdecken.[61] Viele Suchmaschinen arbeiten in verschiedenen Ländern. Durch Anklicken der entsprechenden Links erhält man dann statt der deutschen die gleiche Auswahl etwa in Schweden oder Japan, wobei jede Engine ihre Vorzüge im eigentlichen Heimatland hat.[62]

Die meisten Universitäten bieten ebenfalls liebevoll gepflegte Linkseiten.[63] Oft kann man sich nach Anmeldung per E-Mail von Neuerungen benachrichtigen lassen.

Günstige Einstiege stellen auch die Homepages der großen Provider[64], die Linkseite des BGH[65] oder private Linksammlungen dar.[66]

---

55   Vgl die Übersicht bei Graf DRiZ 1999, 281: Internet: Straftaten und Strafverfolgung
56   www.jugendschutz.net/
57   Meldungen an einen virtuellen Kommissar erlaubt zB: www.polizei-bw.de/virtuell.htm
58   www.rechtplus.de/webguide/netzinfo.html
59   www.comfm.fr/sites/rdirect/index.html bietet über 3.500 Radio- und Fernsehstationen im Netz.
60   Printmedien im Netz findet man zB unter www.glist.com/, www.presse.de/, www.yahoo.de/Nachrichten_und_Medien/Zeitungen/ oder international www.mountmedia.de/pool/zeitung.htm#zeitung_gb
61   Etwa www.berlin.de/, www.leipzig-plus.de/
62   So www.spray.de in Schweden, lokace.iplus.fr/ in Frankreich
63   Als Beispiel soll dienen die Linkseite der TU München www.leo.org/ oder der Uni Würzburg www.uni-wuerzburg.de/www/
64   Etwa www.aol.de/ mit amerikanischem Ableger www.aol.com/, www.online.de/, www.telekom.de/ und www.t-online.de/, www.compuserve.de/, www.primusonline.de/, 193.158.2.30:80/servlet/NetCommunity, www.netsurf.de, www.psi-net.de, auch des Bundes wie www.youngnet.de/
65   www.uni-karlsruhe.de/~BGH
66   web.de/, der Server mit sehr gut strukturiertem Angebot

Messer

Anbei nur einige persönliche Favoriten:[67]

AVON (Verzeichnis der Ortskennzeichen)
www.chemie.fu-berlin.de/diverse/doc/avon.html

Bahnauskunft und Fahrkartenbestellung: www.bahn.hafas.de
oder allgemein http://www.busse-und-bahnen.de/
oder international http://metro.ratp.fr:10001/bin/cities/french

DeTeMedien: http://www.teleauskunft.de oder Gelbe Seiten unter http://guide.de.netscape.com/de/guide/yellow_pages.html; kostenlose Nummern findet //www.quantum.de/cgi-bin/welcome/zahlen/main. html

Die beste deutsche Metasuchmaschine: meta.rrzn.uni-hannover.de//

Flughafen Frankfurt: www.frankfurt-airport.de/

Flugpläne und Buchungen: www.lufthansa.com/on-line

Gelbe Seiten: guide.de.netscape.com/de/guide/yellow_pages.html

Hotels und Restaurants: http://www.varta-guide.de,
http://www.gaultmillau.de/,
http://www.lonelyplanet.com/, www.timeout.com/

KfZ-Kennzeichen: chemie.fu-berlin.de/diverse/doc/kfz.html

Fremdwörterbücher: focus.de/D/DB/DB23/DB23A/db23a.htm
http://www.bucknell.edu/~rbeard/diction.htm

Lexika: www.iicm.edu/ref.m10,
www.zki.uni-frankfurt.de/dict.htm,
http://www.facstaff.bucknell.edu/rbeard/diction.html,
dictionary.msn.com/, www.wissen.de/ und www.britannica.com

Liste deutsche WWW-Server: www.entry.de/

Nachrichten: www.afp.com/de/, www.dpa.de/home1.html,
www.bizlinx.de/laender/deutschland/allgemeines/
allgemeines_nachrichten_online.phtm

Reisebüro und Informationen über Reiseziele:
www2.focus.de/R/RZ/rz.htm, www.fodors.com/,
http://www.fernweh.com/,
http://www.orch.ruhr-uni-bochum.de/div/net/tourist.html,
http://www.vtourist.com/,

---

[67] Ich bin mir der Gefahr gedruckter Linksammlungen bewußt. Keinesfalls sollte man sich von den Homepages sog Surfbretter, angeboten von fast allen Internetzeitschriften einengen lassen. Sie stellen allenfalls für den absoluten Beginner eine Hilfe dar, verweisen im Grund aber nur auf eigene Angeboten und wollen den User im eigenen System festhalten.

Messer

Routenplaner: http://www.cas-software.de/, http://www.falk-online.de/, http://www.reiseplanung.de/, www.reisekosten.de/f_main.html

Suchmaschine des Spiegels: www.spiegel.de/netzweltarc/

Schwackeliste: www.schwacke.oev.de, allgemein: www.inquizitive.com/

Telefonauskunft, www.teldir.com (international)
01.teleauskunft.de/cgi-bin/tron.cgi

Verkehrslage und Reisewetter http://www.adac.de, (Bundesautobahnstellen) www.bmv.de/bab/karte01.htm

Webliste: quelle.sik.de/impressum/,

Vorwahl 0130/0800: quantum.de/cgi-bin/welcome/zahlen/vorwahl-130.html

Wetter weltweit: www.wetteronline.de/, www.dwd.de/world.html[68]

Wirtschaftsdaten des BusinessChannels: www.bch.de/

Yellow Map (Gelbe Seiten mit Ortsplänen): www.yellowmap.de

V. Juristische Informationen im Internet

13 Den besten juristischen Einstieg bietet die Universität Saarbrücken[69] mit dem jeweils hochinteressanten Link der Woche und Nachweisen juristischer Ausbildungsliteratur.[70]

Von hier kann man zu allen denkbaren Linkseiten[71] und Datenbanken[72] verzweigen. Auch das BVerfG ist mittlerweile im Netz mit allen Entschei-

---

68 Wöchentliche Wetter-E-Mail von donnerwetter.de/mail/
69 www.jura.uni-sb.de, andere Universitäten über www.jura.uni-passau.de/verweise/jurserv.htm
70 Eine (sehr umfangreiche) Auswahl rechtswissenschaftlicher Datenbanken und elektronischer Literatur im Internet bietet www.bib.uni-mannheim.de/bib/jura/db-kap1.shtml
71 www.jura.uni-muenchen.de/Institute/Strafrecht/Volk/Strafrecht_Welt.html, www.jurathek.de/kai/index.htm, www.beck.de/rsw/kuner/index.html, home.t-online.de/home/JurStich/, www.uni-muenster.de/Kriminalpraevention/Welcome-d.html, ourworld.compuserve.com/homepages/jur_stich/juramt.htm, www.iuscrim.mpg.de/info/internet/links.html, www.uni-bayreuth.de/students/elsa/jura/spezial/jurweb-links.html, www.jura.uni-freiburg.de/prstr1/staff/hoff3.htm, www.schicker.com/
72 www.rechtsberater.de/ mit zahlreichen rechtsvergleichenden Einträgen, www.sbb.aok.de/cgi-bin/cnt für das gesamte Arbeitsrecht, www.jur-online.de/ mit der neuen LINDA-Datenbank oder www.zurecht.de/

Messer

dungen seit 1998 im Volltext.[73] Es gibt zahlreiche weitere juristische Linkseiten.[74]

Als Auffahrten auf die Datenautobahn sind auch die juristischen Seiten der allgemeinen Suchmaschinen (national und international) geeignet.[75] Ausländische Botschaften in Deutschland erlauben einen schnellen Zugang zu nationalen Informationen[76], UNO-Rechner zu internationalen[77], der Rechtsvergleicher führt in fremdes Recht und passenden Links.[78]

Amerika bleibt das Internetmekka auch für Juristen[79], obwohl Europa aufholt.[80] Österreichisches Recht findet man über[81], Schweizer über das Schweizer Bundesamt für Kommunikation[82] und französische Rechtsquellen bei entsprechenden französischen Linksammlungen.[83]

14

Das Internet für juristische Bibliothekare bietet zahlreiche Listings[84]. Daneben gibt es zahllose Zusammenstellungen juristischer Informationsquellen.[85]

---

73 www.bundesverfassungsgericht.de/
74 CALL – Catalogue of annotated legal Links: www.jura.uni-duesseldorf.de/call/; Kuner Liste – Juristische Informationen im Internet: www.beck.de/rsw/kuner/index.html, www.brak.de/rechts-links.html, www.ra-micro.de/infos/recht/index.htm, www.lawlinks.com/, www.online-recht.de/vorlink.html?Linksammlung, www.euv-frankfurt-o.de/de/links/wwwpoint/fakultaeten.html#rewi
75 www.compuserve.de/bc_recht/index_s.html, www.dino-online.de/seiten/go14q.htm, www.bellnet.com/suchen/bildung/science/jura.htm www.yahoo.de/staat_und_politik/recht
76 www.eu-ratspraesidentschaft.de/03/0313/index.html: Liste der Botschaften europäischer Staaten im Netz, www.usembassy.de/e0.htm, www.usembassy.de/e08.htm
77 www.unsystem.org/index.html#part 2, www.unsystem.org/index5.html
78 viadrina.euv-frankfurt-o.de/~dvr/
79 www.usembassy.de/magazine/government.htm, legal.web.aol.com/, altavista.looksmart.com/eus1/eus51605/eus53716/eus56604/r?l=981215x5311e96a34097420fb1&, www.westlaw.com/, www.lexis-nexis.com/
80 Europalinks des Bundestags: www.bundestag.de/europa/europa.htm, Bibliothekskatalog der EU: europa.eu.int/eclas/index_fr.htm, EU-Gesamtindex: europa.eu.int/index-de.htm, Eurolex; europa.eu.int/eurlex/de/index.html,
81 www.cordis.lu/de/home.html, www.uni-konstanz.de/ZE/Bib/zs/ajbd-at.htm und insbes www.ris.bka.gv.at/
82 vorbildlich: www.bakom.ch/ger/;
83 Rechtsquellen: www.snafu.de/~weiding/ajbd/ch-all.html
   www.argia.fr/lij/, www.rabenou.org/, www.justice.gouv.fr/region/fjud1.htm
84 www.uni-konstanz.de/ZE/Bib/zs/ajbd-eu.htm für Europäische Quellen, www.snafu.de/~weiding/ajbd/de-36.html oder www.snafu.de/~weiding/ajbd/de-31.htmlals Linksammlung
85 www.rechtsberater.de/, Sammlung juristischer Suchmaschinen: www.snafu.de/~weiding/ajbd/sm-all.html, www.bib.uni-mannheim.de/bib/jura/db-verz.shtml, www.refact.de/rda_inh.htm, www.index.recht.de/

Messer

Informative Server mit zahllosen Links stellen der Bundestag[86], mit Gesetzgebungsstand[87], die Bundesregierung[88], das Bundesministerium der Justiz[89], die Landtage[90] oder die Länderregierungen[91] ins Netz.

Als Suchmaschine können der nicht mehr kostenlose Fahnder genutzt werden[92] oder diverse Urteilsdatenbanken.[93] Neue juristische Bücher findet diese Datenbank.[94]

15 Die Verlage engagieren sich unterschiedlich. Beck sponsert seinen Lindenmaier/Möhring[95] und die Leitsatzkartei[96] mit einer kostenfreien Recherchemöglichkeit.

Zeitschriften im Netz sucht man entweder über die Verlagshomepage[97] oder die Zusammenstellung der Uni Regensburg.[98] Da das Internet (noch) weitgehend kostenlos ist[99], beschränken sich die meisten Printmedien auf Werbung und kurze Einblicke in den gedruckten Inhalt. Juris bietet nur die EDV-Spieldatenbank.[100]

---

86 www.bundestag.de/
87 www.dip.bundestag.de/, Bundestagdrucksachen via SPD-Fraktion www.spdfrak.de/home/level2_btsuche.html oder http://www.spdfrak.de/home/level01_frameset_bundestagsdrucksachen.html oder www.jura.uni-sb.de/BGBl/,
88 www.bundesregierung.de/
89 www.bmj.bund.de/inhalt.htm mit Querverweisen auf andere Ministerien
90 Liste unter www.jura.uni-sb.de/Landtag-Saar/start.htm
91 www.bayern.de/
92 www.vrp.de/suche/fahnder/
93 Focus-Urteilsuchdienst: focus.de/E/EG/eg.htm,
    Leitsatzkartei von Beck www.beck.de/rsw/onlinetest/index.html,
    Lindenmaier/Möhring www.beck.de/rsw/zeitschr/lm/index.html,
    BGH-Urteile urteile.kanzlei.de/s_einfach.html,
    die NOMOS-Datenbank www.nomos.de/nomos/dbs/recht_db.htm
94 www.njb.de/
95 www.beck.de/rsw/zeitschr/lm/index.html
96 www.beck.de/rsw/onlinetest/index.html
97 www.snafu.de/~weiding/ajbd/de-33.html: Verzeichnis juristischer Verlage im Netz, www.bundesanzeiger.de/ www.vhb.de/creditreform/index.html. Handelsblattgruppe, teilweise kostenpflichtig, www.iww.de/. Institut für Wirtschaftpublistik, www.zap-verlag.de/ mit guter Artikelrecherche und Urteilvolltextdienst, www.haufe.de/ sehr aktiv im Netz, www.luchterhand.de/
98 www.bibliothek.uni-regensburg.de/ezeit/fl.html, als Beispiele www.vhb.de/derbetrieb/index.html, www.beck.de/rsw/zeitschr/index.html, www.computerundrecht.de/, www.jura.uni-sb.de/jurpc/ mit Volltextartikeln und Newsletter, eine Datenbanksammlung unter www.bib.uni-mannheim.de/bib/jura/db-verz.shtml
99 S kontroverse Diskussion beim 8. EDV-Tag 1999.
100 Musielack und Deutsch, Haftungsrecht und GmbHR im Volltext, Sartorius, Schönfelder und Steuergesetzen des Beck-Verlags, dazu mehrere Newsseiten und eine angekündigte Toolsammlung, www.degruyter.de/journals/jura/index.html

Messer

Bibliothekarische Forschungen erlauben zahlreiche WEB-Seiten.[101] Es gibt auch zunehmend Justizserver[102] und mehr oder minder informative Polizeiserver[103], auch im internationalen Bereich[104], auch als Live-Webcam.[105] Jede dieser Seiten ermöglicht natürlich weitergehende Recherchen.[106] Eine juristische Metasuche (mit Onlinegerichtsverzeichnis) erlaubt die Suchmaschine Metalaw[107], die hoffentlich den Abmahnungen trotzen kann.

Strafrechtliche Links bietet auch der Rechtsberater[108] oder die Uni München.[109]

Normen finden sich unter verschiedenen Listings.[110] Über die Mafia und ähnliche Organisationen informieren mehrere Server.[111] Kriminalistische Verknüpfungen findet man in Hamburg.[112] Die umfassende Arbeitsrechtsdatenbank der AOK ist umgezogen.[113] Zuletzt sei ein Hinweis auf Server der Anwaltschaft[114] mit Online-Rechtsberatung[115] und kommerzielle

---

101 www.ddb.de/online/index.htm, www.hbz-nrw.de/hbz/germlst/, www.bsb.badw-muenchen.de/index2.htm, www.swbv.uni-konstanz.de/wwwroot/text/zkintadr.html#VLB, www.bibliothek.uni-wuerzburg.de/AKID/akid.html, www.ukoln.ac.uk/services/elib/, www.ddb.de/gabriel/en/services.html mit einer Arbeitsanleitung www.rz.uni-wuerzburg.de/kommunikation/netze/internet/wissenschaft/
102 BGH: www.uni-karlsruhe.de/~BGH/, Liste bei www.snafu.de/~weiding/ajbd/de-35.html, www.snafu.de/~weiding/ajbd/de-2.html, www.uni-mainz.de/FB/Medizin/Rechtsmedizin/info/links.htm oder www.jusline.de/jusger.html, ourworld.compuserve.com/homepages/jur_stich/justiz.htm
103 www.bka.de/, members.aol.com/Frodo1271/BGS/bgs.htm (BGS), www.lka.nrw.de/, www.lka.sachsen.de/, www.th-online.de/lka/, www.polizei.bayern.de/blka/, www.polizei.rlp.de/index2.htm, www.zollkriminalamt.de/
104 Amerikanische Listen; www.officer.com/agencies.htm, www.fbi.gov/leb/leb.htm, www.usdoj.gov/dea/, www.ci.nyc.ny.us/html/nypd/home.html oder europäische www.europol.eu.int/content.htm?links/en.htm
105 wwlia.org/~wwlia/police.htm
106 www.jura.uni-tuebingen.de/~emmert/gesetzl.htm
107 metalaw.de/index.php3
108 www.rechtsberater.de/jurweb/jurbook/hilfenf.htm
109 www.jura.uni-muenchen.de/Institute/Strafrecht/Volk/Strafrecht_Welt.html
110 www.compuserve.de/bc_recht/gesetze/, ourworld.compuserve.com/homepages/jur_stich/jurges.htm, www.uni-wuerzburg.de/glaw/, www.uni-wuerzburg.de/law/, www.schedel.de/html/gesetzbodylinks.html, www.jura.uni-sb.de/internet/Rechtsnormen.html
111 www.uklegal.com/crime.htm, www.wcoomd.org/fr/fpublicf.htm.
112 www.rrz.uni-hamburg.de/kr-p1/pol.htm?
113 www.sbb.aok.de/cgi-bin/cnt
114 Anwaltsverein www.marktplatz-recht.de/, www.anwalt-consulting.de/, www.anwalts-report.de/, www.brak.de/, www.kanzlei.de/index.htm, etwa den Notdienst der Strafverteidiger www.ag-strafrecht.de/notdienst
115 www.jurathek.de/steude

Messer

Anbieter gestattet.[116] Verkehrsrecht (vom Bußgeldrechner bis zur Blitzwarnung) scheint ein neues Highlight des Web zu werden.[117] Ergänzend seien Newsletter[118] und diverse Institute[119] aufgezählt.

---

116 www.ziutex.de/, www.recht.de/, www.jurathek.de/, www.marktplatz-recht.de/, www.netlaw.de/ www.online-recht.de/
117 www.strafzettel.de/, http://www.verkehrsrecht.de/, www.firstsurf.com/t_promille.htm, www.finanztip.de/recht/verkehr.htm, www.bg-dvr.de/FAKTEN/faktmenu.html, http://www.mpu-test.de/, nomen est omen: http://www.radarfalle.de/
und zur Kostensenkung www.preiswert-tanken.de/
118 www.rechtplus.de/webguide/netzinfo.htm
119 www.rrz.uni-hamburg.de/kr-p1/pol.htm?
Hamburger Kriminologie mit zahlreichen Polizeiverweisen, members.aol.com/krimz/homepage.htm, www.iuscrim.mpg.de/ Max-Planck-Instiut für ausländisches und internationales Strafrecht, www.jura.uni-wuerzburg.de/lst/laubenthal/

Messer

TEIL B

KAPITEL 1 – VERKEHRSSTRAFSACHEN EINSCHLIESS-LICH ANTRAG AUF VORLÄUFIGE ENT-ZIEHUNG DER FAHRERLAUBNIS

Überblick

I.	**Allgemeines**	1–5
	1. Gesetzliche Grundlagen	1
	2. Definitionen	2–3
	a) Öffentlicher Straßenverkehr	2
	b) Führen eines Fahrzeugs	3
	3. Allgemeine Grundsätze	4–5
	a) Grundsatz der doppelten Sicherung	4
	b) Vertrauensgrundsatz	5
II.	**Straftaten**	6–14
	1. Sanktionen bei Straftaten	6–7
	a) Erwachsene	6
	b) Jugendliche, Heranwachsende	7
	2. Vorläufige Maßnahmen	8–10
	a) Beschlagnahme	8
	b) Vorläufige Entziehung der Fahrerlaubnis gem § 111 a StPO	8–9
	c) Zwangsmittel	10
	3. Einzelprobleme	11–12
	a) Kausalität bei fahrlässigen Erfolgsdelikten im Straßenverkehr	11
	b) Subjektive Seite der Fahrlässigkeitsdelikte im Straßenverkehr	12
	4. Entschädigung nach dem Gesetz über die Entschädigung für Strafverfolgungsmaßnahmen	13
	5. Bundeszentralregister (BZR), Verkehrszentralregister (VZR), Zentrales Staatsanwaltschaftliches Verfahrensregister (ZStV)	14

III. Ordnungswidrigkeiten 15–18

1. Sanktionen 15
   a) Erwachsene 15
   b) Jugendliche / Heranwachsende 15
2. Vorläufige Maßnahmen 16
   a) Beschlagnahme 16
   b) Zwangsmittel 16
3. Beteiligung der StA am Verfahren zur Verfolgung und Ahndung von Ordnungswidrigkeiten (Bußgeldverfahren) 17
   a) als Bußgeldbehörde 17
   b) bei Verfolgung von Straftaten und Ordnungswidrigkeiten 17
   c) bei Abgabe an die StA gem § 41 OWiG 17
   d) bei Übernahme durch die StA gem § 42 OWiG 17
   e) im Zwischenverfahren gem § 69 IV OWiG 17
   f) im gerichtlichen Bußgeldverfahren 18
   g) Nichtbeteiligung am Verfahren gem § 62 OWiG 18

IV. Nichtjuristische Vorkenntnisse 19–35

1. Alkohol und Straßenverkehr 19–26
   a) Verhalten und Wirkung des Alkohols im menschlichen Körper .. 19
   b) Berechnungsmöglichkeiten der Blutalkoholkonzentration
      – Widmarkformel 20
   c) Absolute Fahruntüchtigkeit 21
   d) Relative Fahruntüchtigkeit 22
   e) Schuldunfähigkeit – verminderte Schuldfähigkeit 23
   f) Vorsatz hinsichtlich Fahruntüchtigkeit 24
   g) Fahrlässigkeit hinsichtlich Fahruntüchtigkeit 24
   h) Feststellung des Alkoholgehalts 25
   i) Nachtrunk 26
2. Andere berauschende Mittel – Drogen – Medikamente 27
3. Krankheiten 28
4. Menschliche Wahrnehmungsfähigkeit 29
5. Reaktionszeit und Bremsansprechzeit (Verzugszeit) 30
6. Anhalteweg – Bremsweg – Bremswegberechnung 31
7. Sachverständige 32
   a) Tätigkeitsgebiete des Kfz-technischen und unfallanalytischen Sachverständigen 33
   b) Tätigkeitsgebiete des medizinischen Sachverständigen 34
   c) Mehrere Sachverständige in einem Verfahren und interdisziplinäre Zusammenarbeit 35

Literaturverzeichnis

Heidelberger Kommentar, Straßenverkehrsrecht, 2. Aufl. 1995
Mühlhaus, Hermann / Janiszewski, Horst, Straßenverkehrsordnung, 15. Aufl. 1998
Rosskopf / Thumm / Wehner, Verkehrsstrafsachen, 1997
Schwerd, Wolfgang, Alkohol und Verkehrssicherheit, 1992

I. Allgemeines

1. Gesetzliche Grundlagen

Das Straßenverkehrsrecht ist Ordnungsrecht, es will den Gefahren, Behinderungen und Belästigungen von Verkehrsteilnehmern und Dritten durch den Verkehr entgegenwirken und optimalen Ablauf gewährleisten. Es ist Bundesrecht (Konkurrierende Gesetzgebung des Bundes gem Art. 74 Nr. 22 GG). Sachlich besteht das Straßenverkehrsrecht aus Verwaltungs-, Zivil-, Polizei-, Ordnungswidrigkeiten-, Straf- und übernationalem Recht.[1]

Die wichtigsten einschlägigen Gesetze sind:

Straßenverkehrsgesetz StVG

Straßenverkehrs-Zulassungs-Ordnung StVZO

Straßenverkehrsordnung StVO mit Allgemeiner Verwaltungsvorschrift (VwV)

Strafgesetzbuch StGB, insbes §§ 44, 69–69b, 74, 142, 145, 222, 223 ff, 229, 240, 248b, 267, 268, 303, 304, 315b–316a, 323a, 323c

Ordnungswidrigkeitengesetz OWiG

Zahlreiche Nebengesetze und Verordnungen, zB PflVersG, AO, FahrPersG, GüKG, PersBefG (siehe Beck´sche Loseblattausgabe StrVerkR)

Strafprozeßordnung StPO, insbes §§ 94 ff, 111a, 111b, 132

Internationale VO'en (EWG)

2. Definitionen

a) Öffentlicher Straßenverkehr

Dem öffentlichen Straßenverkehr dienen alle Flächen, die der Allgemeinheit zu Verkehrszwecken offenstehen, bei straßenrechtlicher Widmung oder bei Gemeingebrauch mit Zustimmung des Berechtigten, ohne Rücksicht auf Eigentumsverhältnisse. Voraussetzung ist ausdrückliche oder stillschweigende Freigabe durch den Berechtigten zur allgemeinen Verkehrsbenutzung und Benutzung in dieser Weise. Dabei kommt es nicht auf den inneren Willen, sondern auf die für Verkehrsteilnehmer erkennbaren Umstände an. Wer die allgemeine Verkehrsbenutzung stillschweigend duldet, dessen entgegenstehender Wille ist für sich allein unbeachtlich. Ent-

---

[1] BVerfG NJW 1976, 559; Jagusch/Hentschel Einl Rn 1

scheidend ist allein, daß tatsächliche Zugänglichkeit für die Allgemeinheit besteht, daß faktische Öffentlichkeit vorliegt (s.a. VwV zu § 1 StVO).[2]

b) Führen eines Fahrzeugs

3   Nach jetzt hM setzt der Begriff des Führens voraus, daß das Fahrzeug tatsächlich in Bewegung gesetzt wird, sich die Räder also drehen.[3] Vorbereitende Maßnahmen in der Absicht, das Fahrzeug in Bewegung zu setzen, stellen daher nur einen straflosen Versuch dar. Das Anlassen des Motors in Fahrabsicht reicht ebensowenig aus wie der vergebliche Versuch, ein steckengebliebenes Fahrzeug freizubekommen.[4] Nicht erforderlich ist, daß das Fahrzeug mit eigenem Antrieb bewegt wird. Abgeschleppt werden und Rollen über eine Gefällstrecke ohne Anlassen des Motors ist Führen.[5] Schieben eines Fahrzeugs reicht nicht aus.[6]

3. Allgemeine Grundsätze

a) Grundsatz der doppelten Sicherung[7]

4   Durch den Grundsatz der doppelten Sicherung soll erreicht werden, daß bei gefährlichen Verkehrsvorgängen jeder zur Verhütung eines Unfalls beitragen muß, so daß der infolge des Fehlers eines Verkehrsteilnehmers drohende Unfall noch verhütet wird, wenn der andere Verkehrsteilnehmer die ihm gebotene Sorgfalt beachtet. Obwohl es zur Vermeidung eines Unfalls ausreichen würde, wenn nur einer der Beteiligten die ihm möglichen Sicherheitsvorkehrungen trifft, sind beide unabhängig voneinander zu solchen Vorkehrungen verpflichtet.[8] Wer zB seinen linken Blinker rechtzeitig gesetzt hat, darf gem § 5 VII StVO nicht mehr links überholt werden; trotzdem darf der links Blinkende nicht im Vertrauen auf die Einhaltung dieser Verkehrsregel abbiegen, sondern muß bei nicht ganz klarer Verkehrslage sich gem § 9 I 4 StVO unmittelbar vor dem Abbiegen durch Rückschau vergewissern, ob er nicht doch vorschriftswidrig überholt wird.[9]

Haben bei einem Unfall beide Unfallbeteiligten ihre Pflicht verletzt, so kann sich keiner mit dem Verstoß des anderen entschuldigen. Jeder ist für den Erfolg verantwortlich, wenn sein Fehler ursächlich war (vgl unten Rn 11).

---

2   Jagusch/Hentschel § 1 StVO Rn 13 mwN
3   BGH NZV 1989, 32
4   OLG Karlsruhe NZV 1992, 493
5   BGH DAR 1990, 184, BGH St 35, 393
6   Heidelberger Kommentar StVR § 69 StGB Rn 6 mwN
7   Mühlhaus/Janiszewski § 1 Rn 22
8   BayObLG VRS 16, 66, 68
9   BGH 14, 201; 21, 91

b) Vertrauensgrundsatz[10]

Der Grundsatz der doppelten Sicherung bedeutet aber nicht, daß der Kraftfahrer von vornherein mit jedem denkbaren Verhalten anderer Verkehrsteilnehmer rechnen und seine Fahrweise darauf einstellen muß.

5

Kraft des Vertrauensgrundsatzes darf jeder, der sich verkehrsrichtig verhält, mangels erkennbarer Gegenanzeichen oder erfahrungsgemäß häufiger typischer Verstöße mit fremdem verkehrsrichtigem Verhalten rechnen und sich darauf einstellen.[11]

Der Vertrauensgrundsatz gilt nicht
für denjenigen, der sich selbst verkehrswidrig verhält,
wenn andere Verkehrsteilnehmer sich erkennbar regelwidrig verhalten,
bei unklaren Verkehrslagen und
bei fremden Verkehrsverstößen, die erfahrungsgemäß so häufig vorkommen, daß auf ihr Unterbleiben nicht vertraut werden darf, sondern immer mit ihnen gerechnet werden muß.

Besonderen Einschränkungen unterliegt der Vertrauensgrundsatz gegenüber erkennbar verkehrsunsicheren Personen wie hochbetagten, gebrechlichen und behinderten Fußgängern sowie Kindern (vgl Grundgedanke des § 3 II a StVG).

Wer sich innerhalb der Grenzen des Vertrauensgrundsatzes hält, handelt pflichtgemäß und daher rechtmäßig.[12]

II. Straftaten

Sanktionen

Fehlerhaftes Verhalten im Straßenverkehr wird grundsätzlich als Ordnungswidrigkeit geahndet, zB als
Ordnungswidrigkeit nach
der StVO
der StVZO
dem FahrPersG
dem GüKG.

Teilweise besteht eine ahndungsrechtliche Doppelabsicherung von fehlerhaftem Verhalten im Straßenverkehr als Ordnungswidrigkeit und Straftat.

---

10 Mühlhaus/Janiszewski § 1 Rn 24–26; Jagusch/Hentschel Einl Rn 136
11 BGH NZV 1992, 108f
12 Mühlhaus/Janiszewski § 1 Rn 27

Kindsvater

Beispiele:

§ 315c StGB – Ordnungswidrigkeit gem §§ 8, 5, 26, 3 StVO

§ 316 StGB – § 24a StVG

§ 142 StGB – § 34 StVO

§§ 222, 229 StGB – Ordnungswidrigkeit nach der StVO (= Pflichtwidrigkeit).

1. Sanktionen bei Straftaten

a) Erwachsene

- Freiheitsstrafe §§ 38, 39, (47) StGB
- Geldstrafe §§ 40 ff StGB
- Einziehung §§ 74 ff StGB
- Verfall §§ 73 ff
- Fahrverbot § 44 StGB
- Entziehung der Fahrerlaubnis / isolierte Sperre §§ 69–69b StGB
- Unterbringung gem § 64 StGB

Beim Zusammentreffen von Straftaten und Ordnungswidrigkeiten gilt: Besteht Tatmehrheit (§ 53 StGB), ist neben der Strafe eine Geldbuße zu verhängen; besteht Tateinheit (§ 52 StGB), wird die Ordnungswidrigkeit verdrängt (§ 21 OWiG). Es wird nur die Strafe festgesetzt, ggf zusätzlich die in der Bußgeldvorschrift angedrohte Nebenfolge (zB Fahrverbot gem § 25 StVG). Erfolgt wegen der Straftat keine Verurteilung (zB wegen Einstellung gem § 153 StPO, Verweisung auf den Privatklageweg oder Verneinung des besonderen Interesses an der Strafverfolgung bei fahrlässiger Körperverletzung), lebt die Ordnungswidrigkeit wieder auf (§ 21 OWiG).

Die Einstellung des Verfahrens gem § 153 a StPO wegen der Straftat bewirkt Strafklageverbrauch für die Tat im verfahrensrechtlichen Sinn (§ 264 StPO), also auch für die Ordnungswidrigkeiten.[13]

b) Jugendliche, Heranwachsende

Bei den Sanktionen wegen Straftaten gegen Jugendliche werden die bei Erwachsenen angedrohten Geldstrafen und Freiheitsstrafen ersetzt durch Erziehungsmaßnahmen §§ 9 ff JGG, Zuchtmittel § 13 JGG und Jugendstrafe §§ 17 ff JGG.

---

13 Kl/M-G § 153 a Rn 45

Einziehung, Entziehung der Fahrerlaubnis und Fahrverbot sind wie bei Erwachsenen möglich (§§ 7, 76 S 1 JGG).

Heranwachsende werden entweder wie Jugendliche oder wie Erwachsene behandelt §§ 105, 108 JGG.

2. Vorläufige Maßnahmen

a) Beschlagnahme 8

- von Beweismitteln § 94 StPO
- zur Sicherung von Einziehung und Verfall §§ 111b ff StPO
- von Führerscheinen § 94 III StPO
- vorläufige Entziehung der Fahrerlaubnis §§ 111a, 111b StPO (s. I, 10)
- Sicherheitsleistung § 132 StPO (mit Bestellung eines Zustellungsbevollmächtigten § 132 I 2 StPO und Zwangsmittel § 132 III StPO).

b) Vorläufige Entziehung der Fahrerlaubnis gem § 111 a StPO

Ist zu erwarten, daß die Fahrerlaubnis im Urteil entzogen werden wird, insbes wegen Vorliegens eines Regelfalles des § 69 II StGB, kommt die Beschlagnahme / Sicherstellung des Führerscheins gem § 94 StPO und bei Widerspruch hiergegen die vorläufige Entziehung der Fahrerlaubnis gem § 111 a StPO in Betracht. Voraussetzung ist dringender Tatverdacht; hinreichender Tatverdacht reicht nicht aus.

Bei Gefahr im Verzug dürfen auch Polizeibeamte den Führerschein beschlagnahmen / sicherstellen (§ 98 StPO). Wirksam ist eine solche Beschlagnahme nur, wenn der Führerschein körperlich in Besitz genommen wird. »Beschlagnahmeerklärungen« durch Polizeibeamte sind rechtlich ohne Bedeutung.

Wenn der Beschlagnahme des Führerscheins durch Polizeibeamte widersprochen wird, ist gem § 94 II StPO ein richterlicher Beschluss herbeizuführen. Die in § 98 II StPO genannte 3-Tagefrist ist eine Sollvorschrift, deren Verletzung die Wirksamkeit der Beschlagnahme des Führerscheins nicht berührt.

Die wirksame Beschlagnahme des Führerscheins durch Polizeibeamte umfaßt auch alle Sonderfahrerlaubnisse (zB ausländische Führerscheine, Polizei-Führerscheine, Führerschein für Fahrgastbeförderung).

Mit fahrerlaubnisfreien Fahrzeugen, zB Mofas, darf weiter gefahren werden.

Kindsvater

Der Beschluß nach § 111 a StPO bewirkt für den Beschuldigten ein Verbot, fahrerlaubnispflichtige Kraftfahrzeuge aller Art zu führen. Das Verbot wird aber erst wirksam, wenn der Beschluß dem Beschuldigten bekanntgegeben wird. Die formlose Mitteilung genügt (§ 35 II 2 StPO). Die Zustellung des Beschlusses an den Verteidiger oder eine Ersatzzustellung reichen nicht aus.[14] Beschlagnahme des Führerscheins durch Polizeibeamte und die vorläufige Entziehung der Fahrerlaubnis lassen die Fahrerlaubnis unberührt; sie bewirken jedoch ein nach § 21 I Nr. 1 StVG bzw § 21 II Nr. 2 StVG strafbewehrtes Verbot, von der Fahrerlaubnis Gebrauch zu machen.

9 Bei der Entziehung ausländischer Fahrerlaubnisse ist zu unterscheiden:

Ist der Fahrausweis von einer Behörde eines Mitgliedstaates der Europäischen Union oder eines anderen Vertragsstaates des Abkommens über den Europäischen Wirtschaftsraum ausgestellt und hat der Inhaber seinen ordentlichen Wohnsitz im Inland, wirkt die vorläufige Entziehung der Fahrerlaubnis zugleich als Bestätigung der Beschlagnahme des ausländischen Fahrausweises; der ausländische Fahrausweis wird also in Verwahrung genommen (§ 111 a III 2 StPO).

Bei anderen ausländischen Fahrausweisen wird die vorläufige Entziehung der Fahrerlaubnis dadurch vollzogen, daß sie im Fahrausweis, der zu diesem Zweck beschlagnahmt werden darf, vermerkt wird (§ 111 a V StPO). Nach der Eintragung des Vermerks ist der ausländische Fahrausweis unverzüglich zurückzugeben.

Die Entziehung der Fahrerlaubnis und damit auch deren vorläufige Entziehung sind auch zulässig, wenn der Täter eine ausländische Fahrerlaubnis hat, mit der er gem § 4 IntVO am innerdeutschen Verkehr nicht (mehr) teilnehmen darf.[15]

Zuständig für den Erlass des sog 111 a-Beschlusses ist gem § 162 I 1 StPO im Ermittlungsverfahren das Amtsgericht, in dessen Bezirk der Fahrausweis aufgrund der vorläufigen Entziehung der Fahrerlaubnis beschlagnahmt werden soll, daneben aber auch jedes nach §§ 7 ff StPO zuständige Gericht (streitig). Nach Anklageerhebung ist das jeweils mit der Sache befaßte Gericht zuständig, im Revisionsverfahren jedoch der letzte Tatrichter.[16]

Die Entscheidung über die vorläufige Entziehung der Fahrerlaubnis ist mit der Beschwerde anfechtbar (§ 304 StPO). Die weitere Beschwerde ist ausgeschlossen (§ 310 II StPO).

---

14 BGH NJW 1962, 2104
15 BGH NJW 1999, 228 f
16 Kl/M-G § 111a Rn 7

c) Zwangsmittel

Als Zwangsmittel kommen in Betracht:

körperliche Untersuchung

- des Beschuldigten gem § 81 a StPO, insbes die Entnahme von Blutproben (§ 81 a I Nr. 2 StPO)
- anderer Personen gem § 81 c StPO.

Blutentnahme bei Verstorbenen gem § 94 I StPO als Beweismittel.[17]

Beschlagnahme von Beförderungsmitteln und anderer Sachen gem § 132 III StPO zur Erzwingung einer Sicherheitsleistung und Benennung eines Zustellungsbevollmächtigten.

Durchsuchung gem §§ 102, 103 StPO.

3. Einzelprobleme

a) Kausalität bei fahrlässigen Erfolgsdelikten im Straßenverkehr

Im Bereich der fahrlässigen Erfolgsdelikte – diese spielen im Straßenverkehrsrecht eine wichtige Rolle (fahrlässige Körperverletzung / Tötung) – ist anerkannt, daß zum Unrechtstatbestand außer der wissenschaftlichen Ursächlichkeit des Täterverhaltens, seiner Pflichtwidrigkeit und der Vorhersehbarkeit der Tatbestandsverwirklichung die Ursächlichkeit der Pflichtwidrigkeit für den Erfolg gehört.[18]

Ein verkehrswidriges Verhalten ist ursächlich, wenn sicher ist, daß der Erfolg bei verkehrsgerechtem Verhalten nicht eingetreten wäre.[19]

Die Ursächlichkeit ist zu verneinen, wenn dieser Erfolg auch bei verkehrsgerechtem Verhalten eingetreten wäre bzw nicht auszuschließen wäre.[20]

Es ist eine doppelte Prüfung erforderlich:

- Was ist tatsächlich geschehen?
- Was wäre geschehen, wenn sich der Beschuldigte verkehrsgerecht – dh pflichtgemäß – verhalten hätte?

Die Kontrollprüfung erfordert zum einen eine sehr genaue Feststellung des tatsächlichen Geschehensablaufes, zum anderen die nicht minder exakte Feststellung, wie der Geschehensablauf bei pflichtgemäßem Verhalten des beschuldigten Verkehrsteilnehmers gewesen wäre.

---

17 Kl/M-G § 94 Rn 4
18 Jagusch/Hentschel Einl Rn 97 ff; Mühlhaus/Janiszewski Einl Rn 109 ff
19 BGH St 11, 1
20 BGH St 33, 61 = NJW 1985, 1350

Kindsvater

Maßgeblicher Zeitpunkt der Ursächlichkeitsprüfung ist der Eintritt der konkreten kritischen Lage, die unmittelbar zum Schaden führt.[21]

Rechtliche Schwierigkeiten bereitet häufig die Frage, welches pflichtgemäße Verhalten der Vergleichsbetrachtung zugrunde zu legen ist. Kommt es, wenn zB ein alkoholbedingt Fahruntüchtiger für seine verminderte Reaktionsfähigkeit zu schnell fährt, darauf an, ob er in nüchternem Zustand bei gleicher Geschwindigkeit den Unfall hätte vermeiden können oder darauf, ob er in seinem betrunkenen Zustand bei einer seiner Trunkenheit angepaßten Geschwindigkeit den Unfall hätte vermeiden können – so die (heftig umstrittene) hM.[22]

Es liegt auf der Hand, daß die Beantwortung derartiger Fragen schwierige Berechnungen voraussetzt, die häufig – trotz eigener Sachkunde des StAs – die Hinzuziehung eines unfallanalytischen Sachverständigen erforderlich machen.

b) Subjektive Seite der Fahrlässigkeitsdelikte im Straßenverkehr

12   Das Strafrecht fordert die nach den Umständen objektiv gebotene, nach den persönlichen Kenntnissen und Fähigkeiten zumutbare Sorgfalt.[23]

Eine Exkulpation ungeeigneter oder verkehrsschwacher Personen läßt die Rechtsprechung nicht zu; jeder muß den im Verkehr frei übernommenen Pflichten genügen,[24] gewerblichen wie beruflichen und privaten.

Von einem Kraftfahrer wird die Kenntnis der Verkehrsregeln und der üblichen Verkehrsvorgänge (Brems-, Anhalteweg, Einfluß von Schnee, Regen und Glatteis auf Fahrverhalten) verlangt.

Wer krank, wetterbeeinflußt, ermüdet oder sonst leistungsgeschwächt ist (etwa durch Medikamente oder ein schockierendes Ereignis), muß sein Vorhaben, am Straßenverkehr teilzunehmen, aufschieben, es aufgeben oder sich entsprechend angepaßt im Straßenverkehr verhalten, etwa durch Verringerung der Fahrgeschwindigkeit.

Unterdurchschnittliche Verkehrstauglichkeit entlastet nicht, ausgenommen bei schuldloser Nichterkennbarkeit für den Betroffenen.[25]

---

21 Jagusch/Hentschel Einl Rn 101 mwN
22 Jagusch/Hentschel § 315c Rn 9/10; BGH NJW 1971, 388
23 BGHSt 12, 78
24 BGHSt 10, 134
25 Jagusch/Hentschel Einl Rn 138

Kindsvater

4. Entschädigung nach dem Gesetz über die Entschädigung für Strafverfolgungsmaßnahmen

Nach §§ 1, 2 StrEG wird aus der Staatskasse entschädigt, wer 13

– durch eine strafgerichtliche Verurteilung einen Schaden erlitten hat, soweit die im Wiederaufnahmeverfahren oder sonst, nachdem sie rechtskräftig geworden ist, in einem Strafverfahren fortfällt oder gemildert wird

– durch den Vollzug der Untersuchungshaft oder einer anderen Strafverfolgungsmaßnahme

einen Schaden erlitten hat, soweit er freigesprochen oder das Verfahren gegen ihn eingestellt wird oder soweit das Gericht die Eröffnung des Hauptverfahrens gegen ihn ablehnt.

In Straßenverkehrssachen kommt insbes Entschädigung für die vorläufige Entziehung der Fahrerlaubnis in Betracht § 2 II Nr. 5 StrEG.

Hierbei ist jedoch zu beachten, daß die Entschädigung ausgeschlossen ist, wenn die Entziehung der Fahrerlaubnis endgültig angeordnet oder von einer Anordnung nur deshalb abgesehen worden ist, weil ihre Voraussetzungen nicht mehr vorlagen (§ 5 I Nr. 3 StrEG).

Nach § 5 II Nr. 1 StrEG ist die Entschädigung auch ausgeschlossen, wenn und soweit der Beschuldigte die Strafverfolgungsmaßnahme vorsätzlich oder grob fahrlässig verursacht hat. Wegen Führens eines Kraftfahrzeugs nach Alkoholgenuß liegt grobe Fahrlässigkeit im Hinblick auf § 24a StVG idR schon bei 0,8 Blutalkohol vor.[26] Grobe Fahrlässigkeit wird heute im Hinblick auf § 24a I Nr. 2 StVG bereits bei 0,5 anzunehmen sein.[27]

Nach § 6 I StrEG kann die Entschädigung versagt werden, wenn der Beschuldigte die Strafverfolgungsmaßnahme dadurch veranlaßt hat, daß er sich selbst in wesentlichen Punkten wahrheitswidrig belastet hat oder nur deshalb nicht verurteilt oder das Verfahren gegen ihn eingestellt worden ist, weil er im Zustand der Schuldunfähigkeit gehandelt hat oder weil ein Verfahrenshindernis bestand.

5. Bundeszentralregister (BZR) – Verkehrszentralregister – Zentrales Staatsanwaltschaftliches Verfahrensregister

Vor der Entscheidung über die Endverfügung im staatsanwaltschaftlichen 14 Ermittlungsverfahren in Verkehrsstrafsachen werden in der Regel Auskünfte aus dem Bundeszentralregister (BZR) und dem Verkehrszentralregister (VZR) eingeholt.

---

26 OLG Düsseldorf VRS 1981, 124; OLG Hamm NJW 1975, 790
27 Kl/M-G § 5 StrEG Rn 12

Kindsvater

In das BZR werden gem §§ 3, 8 BZRG strafgerichtliche Verurteilungen sowie die gerichtlichen Anordnungen einer Sperre gem § 69 a StGB einschließlich des Tages ihres Ablaufs eingetragen.

In das VZR werden gem § 28 III StVG eingetragen insbes Verurteilungen in Verkehrsstrafsachen, Entscheidungen der Strafgerichte über Fahrverbote, vorläufige und endgültige Entziehung der Fahrerlaubnis sowie isolierte Sperre, Beschlagnahme des Führerscheins gem § 94 StPO, ferner Bußgelder, soweit sie mindestens DM 80 betragen oder sie lediglich aus Rücksicht auf die wirtschaftlichen Verhältnisse des Betroffenen auf unter DM 80 festgesetzt wurden (§ 28 a StVG) sowie bestimmte Entscheidungen der Verwaltungsbehörden die Fahrerlaubnis betreffend.

Das Zentrale Staatsanwaltschaftliche Verfahrensregister (ZStV) hat im Juni 1999 seinen Betrieb aufgenommen. Es wird bei der Dienststelle BZR der Generalbundesanwaltschaft in Berlin geführt. In das ZStV werden alle staatsanwaltschaftlichen Ermittlungsverfahren und Ermittlungsverfahren der Finanzbehörden in Steuerstrafsachen eingetragen. Abfrageberechtigt sind neben den StAen und den Finanzbehörden auch Polizeibehörden und Zollfahndungsämter.

III. Ordnungswidrigkeiten

1. Sanktionen

15 a) **Erwachsene**

– Geldbuße § 17 OWiG (ggf nach Bußgeldkatalogverordnung – BKatVO)
– Fahrverbot § 25 StVG
– Einziehung §§ 22 ff OWiG
– Gewinnabschöpfung § 17 IV Nr. 2 OWiG (zB bei Ordnungswidrigkeit nach dem GüKG)

b) **Jugendliche / Heranwachsende**

– Sanktionen bei Ordnungswidrigkeiten wie oben a). Hinsichtlich der zu verhängenden Geldbußen ist jedoch § 17 III OWiG zu beachten.

Kindsvater

2. Vorläufige Maßnahmen

a) Beschlagnahme 16

– von Beweismitteln § 94 StPO, § 46 I OWiG
– zur Sicherung von Einziehung und Verfall § 111b StPO, § 46 I OWiG

Sicherheitsleistung § 132 StPO, § 46 I OWiG (mit Bestellung eines Zustellungsbevollmächtigten § 132 I Nr. 2 StPO und Zwangsmittel § 132 III StPO)

b) Zwangsmittel

Zwangsmittel wie bei Straftaten (vgl Rn 10).

3. Beteiligung der StA am Verfahren zur Verfolgung und Ahndung von Ordnungswidrigkeiten (Bußgeldverfahren)

a) als Bußgeldbehörde 17

In Baden-Württemberg und Bayern ist nach den Verordnungen der Landesregierung bzw der Staatsregierung über Zuständigkeiten nach dem Gesetz über Ordnungswidrigkeiten (§ 11 OWiZuV Baden Württemberg, § 7 ZuVOOWiG Bayern) die StA Bußgeldbehörde für Ordnungswidrigkeiten nach dem Rechtsberatungsgesetz und nach § 115 OWiG (unbefugter Verkehr mit Gefangenen).

b) bei Verfolgung von Straftaten und Ordnungswidrigkeiten

Nach § 40 OWiG ist die StA im Strafverfahren für die Verfolgung der Tat (im verfahrensrechtlichen Sinn) auch unter dem rechtlichen Gesichtspunkt der Ordnungswidrigkeit zuständig (primäre Zuständigkeit).

Diese Regelung ergibt sich aus dem Vorrang des Strafverfahrens und der umfassenden Pflicht zur Würdigung der Tat sowohl unter dem Gesichtspunkt einer Straftat als auch einer Ordnungswidrigkeit.

Hierbei ist zu unterscheiden, ob zwischen der Straftat und der Ordnungswidrigkeit Tateinheit oder Tatmehrheit vorliegt.

Liegt Tateinheit vor, verdrängt die Straftat die Ordnungswidrigkeit (§ 21 I 1 OWiG).

Stellt die StA das Verfahren wegen der Straftat ein (gem §§ 170 II; 153; 374 StPO), endet ihre Verfolgungskompetenz hinsichtlich der Ordnungswidrigkeit. Das Verfahren ist gem § 43 OWiG an die Verwaltungsbehörde

Kindsvater

abzugeben, wenn die Ordnungswidrigkeit noch verfolgbar ist; ansonsten stellt die StA das Verfahren hinsichtlich der Ordnungswidrigkeit gem § 170 II StPO, § 46 OWiG ein.

Die StA ist auch nicht gehindert, das Verfahren hinsichtlich der Ordnungswidrigkeit gem § 47 OWiG einzustellen (hierbei ist Nr. 275 RiStBV zu beachten).

Liegt Tatmehrheit vor, hat die Tat also mehrere Handlungen im materiell-rechtlichen Sinn (zB eine Ordnungswidrigkeit, die ursächlich für einen Unfall ist und ein unerlaubtes Entfernen vom Unfallort), so hat die Ordnungswidrigkeit selbständige Bedeutung. Auch in diesem Fall ist die StA »geborene« Verfolgungsbehörde für die Ordnungswidrigkeit. Sie kann das Verfahren hinsichtlich der Ordnungswidrigkeit einstellen oder die Anklage bzw den Strafbefehlsantrag auf die Ordnungswidrigkeit erstrecken, ohne daß es der Übernahme des Verfahrens gem § 42 OWiG bedarf (Nr. 273 III RiStBV).

In geeigneten Fällen hat der StA dafür zu sorgen, daß hinsichtlich der Ordnungswidrigkeit verjährungsunterbrechende Handlungen vorgenommen werden (Nr. 274 RiStBV).

Die Einstellung des Verfahrens gem § 153 a StPO bewirkt Strafklageverbrauch auch hinsichtlich der Ordnungswidrigkeit, unabhängig davon, ob zwischen Straftat und Ordnungswidrigkeit Tateinheit oder Tatmehrheit besteht (s. Rn 6).

c) bei Abgabe an die StA gem § 41 OWiG

Bei Abgabe des Verfahrens von der Verwaltungsbehörde an die StA gem § 41 OWiG, weil Anhaltspunkte dafür vorhanden sind, daß die Tat (im verfahrensrechtlichen Sinn) eine Straftat ist, gilt das zu b) Gesagte.

d) bei Übernahme durch die StA gem § 42 OWiG

Nach § 42 OWiG kann die StA bis zum Erlaß des Bußgeldbescheides die Verfolgung der Ordnungswidrigkeit übernehmen, wenn sie eine Straftat verfolgt, die mit der Ordnungswidrigkeit zusammenhängt (sekundäre Zuständigkeit). Im Gegensatz zu der primären Zuständigkeit gem § 40 OWiG wird die StA erst durch den Akt der Übernahme zuständig; die zunächst gem § 35 OWiG bestehende primäre Zuständigkeit der Verwaltungsbehörde wird durch die Übernahme beseitigt. Liegt jedoch eine Tat im prozessualen Sinn vor, innerhalb der jemand durch mehrere Handlungen im materiell-rechtlichen Sinn eine Straftat und eine Ordnungswidrigkeit verwirklicht hat, gilt § 40 OWiG (primäre Zuständigkeit der StA); einer Übernahme der Verfolgung gem § 42 OWiG bedarf es nicht.

Ein Zusammenhang zwischen einer Straftat und einer Ordnungswidrigkeit besteht gem § 42 I 2 OWiG dann, wenn jemand sowohl einer Straftat als auch einer Ordnungswidrigkeit oder wenn hinsichtlich derselben Tat eine Person einer Straftat und eine andere einer Ordnungswidrigkeit beschuldigt wird. Das letztere ist zB der Fall, wenn bei einem Unfall ein Beteiligter einer Straftat, der andere einer Ordnungswidrigkeit beschuldigt wird.

Nach § 42 II OWiG soll das Verfahren von der StA nur übernommen werden, wenn dies zur Beschleunigung des Verfahrens oder wegen des Sachzusammenhangs oder aus anderen Gründen für die Ermittlungen oder die Entscheidung sachdienlich erscheint.

Nach Übernahme stehen der StA alle Rechte der Verfolgungsbehörde zu. Es gilt dann das unter b) Gesagte.

Bei Anklageerhebung erstreckt die StA gem § 64 OWiG die öffentliche Klage bei hinreichendem Tatverdacht auf die Ordnungswidrigkeit.

e) im Zwischenverfahren gem § 69 IV OWiG

Nach zulässigem Einspruch gegen den Bußgeldbescheid der Verwaltungsbehörde übersendet diese die Akten an die StA, wenn sie den Bußgeldbescheid nicht zurücknimmt (§ 69 III OWiG). Ist der Einspruch unzulässig und hat die Verwaltungsbehörde dies übersehen, so gibt die StA die Sache mit einem entsprechenden Vermerk an die Verwaltungsbehörde zurück, da diese in erster Linie über die Zulässigkeit des Einspruchs zu entscheiden hat.[28] Bei zulässigem Einspruch gehen mit Eingang der Akten bei der StA die Aufgaben der Verfolgungsbehörde auf diese über (§ 69 IV 1 OWiG).

Die StA hat eine Prüfungspflicht (Nr. 282 I RiStBV). In tatsächlicher und rechtlicher Hinsicht hat sie den Sachverhalt daraufhin zu prüfen, ob ein hinreichender Tatverdacht besteht und ob Verfahrenshindernisse vorliegen. Besteht ein hinreichender Tatverdacht nicht oder liegen Verfahrenshindernisse vor, ist das Verfahren gem § 170 II StPO, § 46 OWiG durch die StA einzustellen.

Die StA kann das Verfahren auch nach § 47 OWiG einstellen, wenn sie eine Ahndung nicht für geboten hält.

Sie kann auch, wenn sie einen hinreichenden Tatverdacht noch nicht bejaht, weitere Ermittlungen durchführen oder veranlassen, wenn diese erfolgversprechend sind (§ 69 IV 2 OWiG).

Wenn die StA das Verfahren weder einstellt noch weitere Ermittlungen durchführt, legt sie die Akten dem Richter am Amtsgericht vor (§ 69 IV 2 OWiG).

---

28 Göhler § 69 Rn 41

Kindsvater

f) im gerichtlichen Bußgeldverfahren

18 Zur Teilnahme an der Hauptverhandlung im gerichtlichen Bußgeldverfahren ist die StA nicht verpflichtet (§ 75 I 1 OWiG).

Nach Nr. 287 I RiStBV muß der StA an der Hauptverhandlung teilnehmen,
- wenn er gem § 72 I OWiG einer Entscheidung durch Beschluß widersprochen hat und
- wenn Anhaltspunkte dafür vorhanden sind, daß die Tat auch unter dem rechtlichen Gesichtspunkt einer Straftat beurteilt werden kann.

Nach Nr. 287 II RiStBV soll der StA an der Hauptverhandlung teilnehmen, wenn

- das Gericht ihm mitgeteilt hat, daß es seine Mitwirkung an der Hauptverhandlung für angemessen hält (§ 75 I 2 OWiG),
- die Aufklärung des Sachverhalts eine umfangreiche Beweisaufnahme erfordert,
- eine hohe Geldbuße oder eine bedeutsame Nebenfolge in Betracht kommt,
- eine Rechtsfrage von allgemeiner Bedeutung zu entscheiden ist,
- die Verwaltungsbehörde die Teilnahme des StAs an der Hauptverhandlung angeregt hat oder
- mit einer gerichtlichen Einstellung des Verfahrens gem § 47 OWiG in Fällen zu rechnen ist, in denen dies vom Standpunkt des öffentlichen Interesses nicht vertretbar erscheint. Hierbei ist zu beachten, daß das Gericht ein Verfahren gem § 47 OWiG außerhalb der Hauptverhandlung ohne Zustimmung der StA einstellen kann, wenn diese bei der Vorlage der Akten an das Gericht erklärt hat, daß sie an der Hauptverhandlung nicht teilnehmen wird und durch den Bußgeldbescheid eine Geldbuße bis zu DM 200 verhängt worden ist (§ 47 II 2 OWiG).

g) Nichtbeteiligung am Verfahren gem § 62 OWiG

Am Verfahren nach § 62 OWiG (Antrag auf gerichtliche Entscheidung gegen Anordnungen, Verfügungen und sonstige Maßnahmen, die von der Verwaltungsbehörde getroffen werden und die nicht nur zur Vorbereitung der Entscheidung, ob ein Bußgeldbescheid erlassen oder das Verfahren eingestellt wird, getroffen werden und keine selbständige Bedeutung haben) ist die StA nicht beteiligt.[29]

---

29 Göhler § 62 Rn 18

IV. Nicht-juristische Vorkenntnisse

1. Alkohol und Straßenverkehr

a) Verhalten und Wirkung des Alkohols im menschlichen Körper

Alkohol ist ein Narkotikum, das jedoch wegen seiner schlechten Dosierbarkeit und geringen Narkosebreite als Narkosemittel keine Anwendung findet. Sämtliche Stadien der Alkoholintoxikation sind auf lähmende Einflüsse des Alkohols auf das Zentralnervensystem zurückzuführen.

19

Der Grad der Alkoholbeeinflussung hängt von Alter, Ernährungszustand, von Gewöhnung und Art der Alkoholzufuhr ab.

Der genossene Alkohol wird im Wege der Verdauung vom Körper in der Regel in wenigen Minuten, längstens in 2 Stunden aufgenommen (Resorption) und anschließend wieder abgebaut (Absorption); der Abbau beträgt mindestens 0,1 ‰ und höchstens 0,2 ‰ je Stunde.

b) Berechnungsmöglichkeiten der Blutalkoholkonzentration – Widmarkformel

Aus diesen Auf- und Abbauphasen ergeben sich Schwierigkeiten bei der Berechnung des Blutalkoholgehalts, wenn die Entnahme der Blutprobe nicht unmittelbar nach der Tat erfolgt.

20

Die Berechnung der Blutalkoholkonzentration zur Zeit der Blutentnahme auf die der Tatzeit kann auf Grund eigener Sachkunde gem § 244 IV 1 StPO durchgeführt werden, wenn sie unter Zugrundelegung der Grenzwerte (Abbau 0,1 ‰ oder 0,2 ‰ je Stunde – Resorptionsdauer höchstens 120 Minuten) zugunsten des Beschuldigten eindeutige Ergebnisse erbringt. Da eine Rückrechnung von der festgestellten Blutalkoholkonzentration zur Blutentnahmezeit auf die Tatzeit die abgeschlossene Resorption voraussetzt, sind die ersten 2 Stunden nach Trinkende »bei normalem Trinkverlauf« grundsätzlich von der Rückrechnung auszunehmen, um jede Benachteiligung des Täters auszuschließen.[30]

Bei der Berechnung des Blutalkoholgehalts auf der Grundlage des genossenen Alkohols kommt die sog Widmarkformel zur Anwendung, die wie folgt lautet:

$$c = \frac{A}{p \cdot r}$$

---

30 BGHSt 25, 250

Kindsvater

A = die im Körper vorhandene Alkoholmenge in g; hierbei ist jedoch zu beachten, daß nicht die gesamte genossene Alkoholmenge ins Blut aufgenommen wird; die nicht im Blut aufgenommene Menge wird Resorptionsdefizit genannt und beträgt mindestens 10 % und höchstens 30 %.

c = die Blutalkoholkonzentration in ‰,

p = das Körpergewicht in kg,

r = der Verteilungsfaktor, der das Verhältnis der Alkoholkonzentration im Gesamtkörper zu der im Blut ausdrückt. Der Durchschnittswassergehalt des Körpers beträgt im Vergleich zu dem des Blutes beim Mann im Mittel 70 %, bei der Frau im Durchschnitt 60 %; diese Werte erscheinen als Faktor »r« mit 0,7 beim Mann und 0,6 bei der Frau.[31]

Da bei den marktgängigen Alkoholika der Alkoholgehalt regelmäßig in Volumen-% angegeben wird, ist eine Umrechnung in Gewichts-% erforderlich. 100 Volumen-% entsprechen 79,05 Gewichts-% (g).

c) Absolute Fahruntüchtigkeit

21　Absolute Fahruntüchtigkeit ist bei allen Kraftfahrern mit einer Blutalkoholkonzentration von 1,1 ‰ gegeben.[32] Entscheidend ist, daß zum Zeitpunkt der Tat eine Alkoholmenge im Körper ist, die mindestens zu einer Blutalkoholkonzentration von 1,1 ‰ führt.[33] Damit entlastet die sog Sturztrunkbehauptung nicht.

Der Grenzwert von 1,1 ‰ stützt sich auf die Erkenntnisse der medizinischen Sachverständigen, daß das Gesamtleistungsdefizit mit Sicherheit ab 1 ‰ erreicht ist und berücksichtigt einen meßfehlerbedingten Sicherheitszuschlag von 0,1 ‰.

Bei Radfahrern beträgt der Grenzwert nach überwiegender Ansicht 1,6 ‰ (Grundwert 1,5 ‰, Sicherheitszuschlag 0,1 ‰).[34]

d) Relative Fahruntüchtigkeit

22　Relative Fahruntüchtigkeit ist gegeben, wenn die Blutalkoholkonzentration zur Tatzeit unterhalb des Grenzwertes der absoluten Fahruntauglichkeit liegt, aber aufgrund zusätzlicher Tatsachen der Nachweis alkoholbedingter Fahrtauglichkeit geführt werden kann.[35] Die relative Fahruntüchtigkeit unterscheidet sich von der absoluten nicht in dem Grad der Trunkenheit oder der Qualität der alkoholbedingten Leistungsminde-

---

31　Schwerd S 112 ff; Salger DRiZ 1989, 174 ff
32　BGH NJW 1990, 2393
33　BGH NJW 1974, 246
34　BayObLG NZV 1992, 290; OLG Hamm NZV 1992, 198; OLG Zweibrücken NZV 1992, 372
35　BGHSt 31, 44

Kindsvater

rung, sondern allein hinsichtlich der Art und Weise, wie der Nachweis der Fahruntüchtigkeit als psychophysiologischer Zustand herabgesetzter Gesamtleistungsfähigkeit zu führen ist. Dabei stellt die Blutalkoholkonzentration das Wichtigste der Beweisanzeichen dar. Zusätzlich müssen weitere Tatsachen festgestellt werden, die als Beweisanzeichen geeignet sind, die Überzeugung von der Fahruntauglichkeit des Beschuldigten zu vermitteln. Von – wenn auch unterschiedlicher – Bedeutung sind dabei Umstände in der Person des Beschuldigten wie Krankheit oder Ermüdung, sodann äußere Bedingungen der Fahrt wie Straßen- und Witterungsverhältnisse und schließlich das konkrete äußere Verhalten des Beschuldigten (sog Ausfallerscheinungen), das durch die Aufnahme alkoholischer Getränke oder anderer berauschender Mittel (zB Drogen) mitverursacht sein muß.

Auch bei einer Blutalkoholkonzentration, die nahe an den Grenzwert der absoluten Fahruntüchtigkeit heranreicht und bei gleichzeitigem Vorliegen besonders ungünstiger objektiver und subjektiver Umstände muß ein erkennbares äußeres Verhalten des Beschuldigten festgestellt werden, das auf seine Fahruntauglichkeit hindeutet. Dabei sind die an eine konkrete Ausfallerscheinung zu stellenden Anforderungen um so geringen, je höher die Blutalkoholkonzentration und je ungünstiger die objektiven und subjektiven Bedingungen der Fahrt des Beschuldigten sind.

Als solche Ausfallerscheinungen kommen insbes in Betracht: auffällige, sei es regelwidrige, sei es besonders sorglose und leichtsinnige Fahrweise, ein unbesonnenes Verhalten bei Polizeikontrollen, aber auch ein sonstiges Verhalten, das alkoholbedingte Enthemmung und Kritiklosigkeit erkennen läßt.[36] Diese können schon ab 0,3 ‰ vorkommen und sind ab einer Blutalkoholkonzentration von 0,5 ‰ fast sicher zu erwarten.[37]

e) Schuldunfähigkeit – verminderte Schuldfähigkeit

Unter bestimmten Umständen kommt ein Ausschluß der Schuldfähigkeit (§ 20 StGB) oder eine erhebliche Verminderung der Schuldfähigkeit (§ 21 StGB) in Betracht. Feste Grenzwerte für deren Vorliegen gibt es nicht. Entscheidend sind die jeweiligen Umstände des Einzelfalles, wie zB die körperliche und seelische Verfassung des Beschuldigten zur Tatzeit, seine Stimmungslage, etwaige Erregung, der Grad der Ermüdung, Alkoholverträglichkeit und -gewöhnung, Trinkgeschwindigkeit sowie Zeit, Menge und Art der vorangegangenen Nahrungsaufnahme.[38] Ein wichtiges Indiz ist die Höhe der Blutalkoholkonzentration, wobei eine rein schematische Betrachtungsweise aber im Schwinden ist. Bei Blutalkoholkonzentrationen ab 3 ‰ liegt in der Regel Schuldunfähigkeit nahe;[39] einer für das Revisions-

23

---

36 BGHSt NJW 1982, 2612 mwN
37 BGHSt 13, 281
38 BGH NStZ 1991, 126; OLG Koblenz VRS 40, 44
39 Übersicht bei Tröndle/Fischer § 20 Rn 9 a ff

Kindsvater

gericht nachprüfbaren Prüfung bedarf es regelmäßig bei einer zur Tatzeit festgestellten Blutalkoholkonzentration von 2,5 ‰.[40]

Verminderte Schuldfähigkeit (§ 21 StGB) liegt bei einer Blutalkoholkonzentration ab 2,0 ‰ nahe, so daß in solchen Fällen stets eine entsprechende Prüfung erforderlich ist.[41] Die Verneinung der Voraussetzungen des § 21 StGB bedarf dann einer eingehenden Begründung.[42]

Der BGH hat sich nunmehr von einer überwiegend schematischen Betrachtungsweise abgewandt und sich für den prinzipiellen Vorrang psycho-diagnostischer Kriterien gegenüber einem starren Blutalkoholgrenzwert von 2 ‰ für die erheblich verminderte Schuldfähigkeit ausgesprochen.[43]

Die Grundsätze der »vorverlegten Schuld« (actio libera in causa) sind auf Tätigkeitsdelikte, also Straßenverkehrsgefährdung und Fahren ohne Fahrerlaubnis nicht mehr anwendbar.[44]

f) Vorsatz hinsichtlich Fahruntüchtigkeit

24 Über Vorsatz oder Fahrlässigkeit hinsichtlich der alkoholbedingten Fahruntüchtigkeit wird in der gerichtlichen Praxis oft heftig gestritten. Hauptgrund dafür ist, daß bei Verurteilung wegen Vorsatzes die Rechtsschutzversicherungen und die Berufsunfähigkeitszusatzversicherungen keinen Versicherungsschutz gewähren. Außerdem können an der Tat Beteiligte wegen Anstiftung oder Beihilfe nur bei einer Vorsatztat verurteilt werden. Bei Verurteilung des Fahrers wegen einer Fahrlässigkeitstat kommt für den Fahrzeughalter nur eine Ordnungswidrigkeit gem § 31 II StVZO in Betracht.

Jeder Fahrzeugführer muß vor Fahrtantritt, aber auch während der Fahrt, sorgfältig und gewissenhaft unter Berücksichtigung aller ihm bekannten Umstände seine Fahrsicherheit prüfen.[45]

Vorsatz liegt vor, wenn der Täter vorsätzlich ein Fahrzeug führt und sich ab Fahrtantritt seiner alkoholbedingten Fahruntüchtigkeit bewußt ist.[46] Bedingter Vorsatz genügt.[47] Die Höhe der Blutalkoholkonzentration ist ein wichtiges Indiz für den Vorsatz, zumal neben der meist deutlich spürbaren Alkoholwirkung idR das Wissen um die getrunkene erhebliche Alkoholmenge steht; doch kann selbst aus einer hohen Blutalkoholkonzen-

---

40 OLG Köln VRS 1969, 38; 40, 34; OLG Koblenz VRS 1974, 273; OLG Frankfurt NStZ 1996, 85
41 BGH NStZ 90, 384; NJW 1991, 852
42 BGH NJW 1989, 1044
43 BGH NStZ 1997, 383
44 BGH St 42, 235
45 Jagusch/Hentschel § 316 StGB Rn 23 mwN
46 Hierzu Salger DRiZ 1993, 311
47 BayObLG VRS 1964, 189

Kindsvater

tration allein nicht ohne weiteres auf Vorsatz geschlossen werden.[48] Einschlägige Vorstrafen und die Weiterfahrt nach einem Unfall, der auf alkoholbedingte Fahruntüchtigkeit zurückzuführen ist, können Kriterien für den Vorsatz sein.[49]

Wichtig für die Annahme des Vorsatzes ist die Tatsache, daß der Täter sein alkoholbedingtes Leistungsdefizit bemerken und dieses einer Fahruntüchtigkeit zuordnen mußte. Hier ist darauf hinzuweisen, daß gerade bei hohen Blutalkoholkonzentrationen aufgrund der mangelnden Kritikbereitschaft eine solche Zuordnungsfähigkeit erschwert ist.[50]

g) Fahrlässigkeit hinsichtlich Fahruntüchtigkeit

Fahrlässigkeit hinsichtlich der alkoholbedingten Fahruntüchtigkeit liegt bereits dann vor, wenn dem Täter auch nur Zweifel oder Bedenken hinsichtlich seiner Fahrtüchtigkeit aufkommen mußten.[51] Der Vorwurf der Fahrlässigkeit ist in der Regel schon aufgrund der Tatsache gerechtfertigt, daß der Kraftfahrer trotz Kenntnis vorangegangenen Alkoholgenusses das Fahrzeug geführt hat.[52]

h) Feststellung des Alkoholgehalts[53]

Zur Feststellung des Alkoholgehalts stehen folgende Meßverfahren zur Verfügung
- Atemalkoholprüfung
  - mittels ungeeichtem Alkomattestgerät
  - mittels Atemalkoholmeßgeräten, die von der Physikalisch-Technischen Prüfanstalt in Braunschweig zugelassen sind,
- Blutalkoholbestimmung (nach Blutentnahme nach § 81 a StPO),
- Urinalkoholbestimmung (nach freiwilliger Urinabgabe).

Das Atemalkoholtestverfahren mittels eines ungeeichten Alkomattestgerätes dient der Entscheidung, ob die Durchführung eines beweissicheren Atemalkoholmeßverfahrens oder eine Blutentnahme durchgeführt werden soll.

Wird eine Atemalkoholprüfung (Vortest oder Meßverfahren) abgelehnt oder das Testgerät nicht vorschriftsmäßig beatmet, ist bei Verdacht auf rechtserhebliche Alkoholbeeinflussung eine Blutentnahme anzuordnen.

25

---

48   Mühlhaus/Janiszewski § 316 StGB Rn 29; Jagusch/Hentschel § 316 StGB Rn 24
49   BayObLG DAR 1982, 251; 1983, 395
50   Rosskopf/Thumm/Wehner Kap 4 Rn 70
51   OLG Hamm, VRS 40, 447; BGH DAR 1952, 43
52   Jagusch/Hentschel § 316 StGB Rn 23 mwN
53   Vgl hierzu zB Gemeinsamer Erlaß des Innenministeriums und des Justizministeriums Baden-Württemberg vom 29.7.1998 (4103 b- III / 107)

Kindsvater

Die Alkoholkonzentrationsbestimmung aus der Atemluft für gerichtliche Zwecke im Strafverfahren scheidet nach der bisherigen Rechtsprechung nach wie vor aus. Dies beruht darauf, daß der Gesetzgeber für diesen Bereich keine gesetzlichen Bestimmungen für die Art und Weise der Festlegung einer relativen oder absoluten Fahruntüchtigkeit getroffen hat.

Soweit nur der Verdacht einer Ordnungswidrigkeit nach § 24 a I Nr. 1 oder I Nr. 2 StVG besteht, wurden die den Blutalkoholgrenzwerten von 0,5 ‰ bzw 0,8 ‰ entsprechenden Atemalkoholgrenzwerte von 0,25 Milligramm/Liter bzw 0,4 Milligramm/Liter Alkohol in der Atemluft gesetzlich gleichgestellt.

Bei Verdacht des Vorliegens von Straftaten ist die Feststellung der Alkoholbeeinflussung nur mit Hilfe der Blutalkoholkonzentration oder mit Hilfe anderer Beweismittel (Trinkmenge – Trinkzeit – Ausfallserscheinungen) zulässig.

Die Anordnung der Entnahme einer 2. Blutprobe kommt in Betracht, wenn Anhaltspunkte für die Annahme gegeben sind, daß der Beschuldigte oder Betroffene
– innerhalb einer Stunde vor der ersten Blutentnahme Alkohol zu sich genommen hat,
– sich auf Nachtrunk beruft oder
– die Angaben zur Alkoholaufnahme verweigert.

Die zweite Blutprobe darf frühestens 30 Minuten und sollte spätestens 40 Minuten nach der ersten Blutentnahme erfolgen, da aus gerichtsmedizinischer Sicht frühere und spätere Blutentnahmen nicht mehr aussagekräftig sind.

Die Zusammenhänge zwischen Blut- und Urinalkoholkonzentration sind schwer überschaubar, weshalb die Urinalkoholbestimmung keine generelle praktische Bedeutung hat. Die Asservierung von Urinproben ist jedoch bei Verdacht gleichzeitiger Arzneimittel- oder Drogeneinwirkung notwendig.[54]

i) Nachtrunk

26 Oft wird für den Zeitraum zwischen Tat und Blutentnahme Alkoholaufnahme behauptet. Ist ein solcher Nachtrunk nicht auszuschließen, ist dies für die strafrechtliche Beurteilung bedeutsam, da dann die Blutalkoholkonzentration unter Berücksichtigung (dh Abzug) des Nachtrunks zu ermitteln ist.

Die Angabe des Nachtrunks kann eine Schutzbehauptung sein. Sie bedarf daher häufig der Nachprüfung.

---

54 Schwerd S 116

Wesentliche Prüfkriterien sind die Kompatibilität der pharmakokinetischen Daten, des klinischen Zustands und des begleitstoffanalytischen Spektrums der Nachtrunkangaben.

Zur Klärung des Nachtrunks kann eine zweite Blutprobe dienen. Da unmittelbar nach vorliegendem Nachkonsum ein Anstieg der Blutalkoholkonzentration zu erwarten ist, wird die Blutalkoholkonzentration einer zweiten Blutprobe, deren Entnahme frühestens 30 Minuten und spätestens 40 Minuten nach der ersten Blutprobe erfolgen sollte, im Falle eines tatsächlich erfolgten Nachtrunks über der Blutalkoholkonzentration der zuerst entnommenen liegen. Liegt die Blutalkoholkonzentration tiefer als diejenige der Erstentnahme, so ist dieses Ergebnis ein Indiz für das Vorliegen der Eliminationsphase und damit gegen die Nachtrunkbehauptung.

Unter Zugrundelegung der gesamten Konsumangaben (Alkoholaufnahme vor und nach dem rechtserheblichen Zeitpunkt) kann mit Hilfe der Widmarkformel der Bereich der zu erwartenden Blutalkoholkonzentration für den Blutentnahmezeitpunkt bestimmt werden. Liegt die gemessene Blutalkoholkonzentration nicht in diesem Bereich, so ist die Richtigkeit der Konsumangaben widerlegt.

Häufig wird der Konsum unverhältnismäßig großer Mengen hochprozentiger Alkoholika innerhalb eines kurzen Zeitraum behauptet (niedrigprozentige Alkoholika eignen sich nicht für die Begründung hoher Blutalkoholwerte innerhalb kurzer Zeitintervalle). Bei Alkoholaufnahme der behaupteten Art kommt es zu einer vehementen Zunahme der Trunkenheitssymptomatik bis hin zu kollaptischen Erscheinungen, die von Zeugen, insbes Polizeibeamten und Ärzten beobachtet werden können. Werden solche zunehmenden Trunkenheitssymptome nicht beobachtet, spricht dies gegen die Nachtrunkbehauptung.

Durch eine Begleitstoffanalyse, durch die bestimmte (Fusel-) Alkohole nachweisbar sind, können Nachtrunkeinlassungen überprüft werden, dh es können die Grenzen für die Erwartungswerte der Konzentration der Begleitstoffe der nachgetrunkenen Alkoholart zum Zeitpunkt der Blutentnahme angegeben werden. Stimmt das erwartete Begleitstoffspektrum qualitativ und/oder quantitativ nicht mit dem in der Blutprobe gemessenen überein, so ist die Nachtrunkeinlassung als widerlegt zu betrachten.[55]

2. Andere berauschende Mittel – Drogen – Medikamente

Die Fahrunsicherheit iSd §§ 315 c I Nr. 1 a, 316 StGB kann auch durch andere berauschende Mittel als Alkohol bewirkt werden. Dazu gehören alle Mittel, die auf das zentrale Nervensystem wirken und in ihren Auswirkungen denen des Alkohols vergleichbar sind und zu einer Beeinträchtigung

---

55 Rosskopf/Thumm/Wehner Kap 4 Rn 1–19

des Hemmungsvermögens sowie der intellektuellen und motorischen Fähigkeiten führen.[56]

Andere, nicht berauschende Mittel, die zur Fahrunsicherheit führen, können strafrechtlich nur unter dem Gesichtspunkt »geistiger oder körperlicher Mängel« iSd § 315 c I Nr. 1 b StGB erfaßt werden, also nur bei konkreter Gefährdung.

Berauschende Mittel sind hauptsächlich Betäubungsmittel iSd BtMG (Rauschgifte aller Art wie Heroin, Kokain, Morphin, Opium, Marihuana, LSD, Haschisch, Amphetamin, Designer-Drogen usw), bei entsprechender Dosierung aber auch Schmerz-, Beruhigungs-, Schlaf- und Weckmittel sowie Psychopharmaka.

Aus medizinisch-toxikologischer Sicht wird die Fahrsicherheit nach Konsum von Rauschgiften bzw Drogen, insbes Heroin und Kokain, generell in Frage gestellt wegen der damit verbundenen und im Einzelfall nicht überschaubaren psycho-physischen Beeinträchtigungen.

Gesicherte Erfahrungswerte, die es erlauben, der Blutalkoholkonzentration von 1,1 ‰ entsprechend Grenzwerte der Blutwirkstoff-Konzentrationen für die Annahme »absoluter Fahruntüchtigkeit« zu bestimmen, liegen bisher nicht vor.

Der für die Erfüllung des geltenden § 316 StGB vorausgesetzte Nachweis der (relativen) Fahruntüchtigkeit kann bei der gegenwärtigen Gesetzeslage nur aufgrund des konkreten rauschmittelbedingten Leistungsbildes des Betreffenden im Einzelfall geführt werden; dazu bedarf es außer dem positiven Blut-Wirkstoffbefund regelmäßig weiterer aussagekräftiger Beweisanzeichen (wie bei der alkoholbedingten relativen Fahruntüchtigkeit).[57]

Der Gesetzgeber hat jedoch gem § 24 a II StVG das Führen von Kraftfahrzeugen »unter der Wirkung« bestimmter, in der Anlage besonders aufgeführter Rauschdrogen als Ordnungswidrigkeit mit Bußgeld und Fahrverbot bewehrt.

Wenn sich im Fall des Verdachts einer Verkehrsstraftat oder Ordnungswidrigkeit nach § 24 a II StVG Anhaltspunkte für die Einwirkung von Drogen oder Medikamenten ergeben, ist neben der Blutentnahme auf die Abgabe einer Urinprobe hinzuwirken. Eine solche Maßnahme ist jedoch nur mit Einwilligung der betroffenen Person möglich. Auch die (zwangsweise mögliche) Erhebung einer Haarprobe kommt in Betracht.

---

56 BGH VRS 1953, 356
57 BGH NJW 1999, 226

3. Krankheiten

Für die Verkehrssicherheit sind die Fahrfertigkeit (Erwerb in der Fahrschule und in der Praxis), die Fahrtauglichkeit (ausreichende psychophysische Leistungsfähigkeit, um auch bei Dauerbelastungen ein Kraftfahrzeug sicher führen zu können) und die Verkehrszuverlässigkeit (Verläßlichkeit, soziales Sicherheitsdenken) gleichermaßen von Bedeutung. Soweit diese drei Teilqualitäten gegeben sind, kann von der Voraussetzung zur sicheren Führung eines Kraftfahrzeugs und damit von Fahrtüchtigkeit gesprochen werden.

28

Als Leitsatz aus medizinischer Sicht gilt:
Wer unter nachfolgenden Krankheiten oder Körperbehinderungen leidet, ist zum Führen von Kraftfahrzeugen aller Klassen ungeeignet:

- Anfallsleiden (epileptische Anfälle oder andere anfallartig auftretende Bewußtseinsstörungen)

- Endogene Psychosen und psychotische Reaktionen, wenn ua das Realitätsurteil erheblich beeinträchtigt ist. Das kann beispielsweise bei Wahnstimmung, akut paranoiden Syndromen, manischer Kritiklosigkeit, Halluzinationen, Verworrenheit, schweren Antriebs- und Konzentrationsstörungen der Fall sein.

- Schwachsinn, in der Regel mit einem IQ unter 70.

- Schwerwiegende senile oder präsenile Hirnerkrankungen oder schwere altersbedingte Persönlichkeitsveränderungen.

- Hypertonie (diastolisch ständig über 140 mm Hg).

- Herzrhythmusstörungen (nach erfolgreicher Behandlung kann Fahrtüchtigkeit wieder gegeben sein).

- Diabetes mellitus mit Neigung zu schweren Stoffwechselentgleisungen mit Hypo- und Hyperglykämie.

- Niereninsuffizienz.

- Funktionsausfall oder Verlust von Gliedmaßen (bei Zusatzausrüstung des Fahrzeugs entsprechend den Richtlinien für Sicherheitsmaßnahmen für körperbehinderte Kraftfahrer kann Fahrtüchtigkeit – ggf unter Auflagen – gegeben sein).

- Beeinträchtigung des Sehvermögens (nach Brillenkorrektur kann Fahrtüchtigkeit bzw bedingte Fahrtüchtigkeit gegeben sein).

Dies sind diejenigen Erkrankungen, Leiden und Körperbehinderungen, denen sowohl hinsichtlich ihrer Häufigkeit als auch ihrer Auswirkungen auf die Verkehrssicherheit eine besondere Bedeutung beikommt.

Kindsvater

Eine Gesamtdarstellung findet sich in dem vom Gemeinsamen Beirat für Verkehrsmedizin beim Bundesminister für Verkehr erstellten Gutachten über »Krankheit und Verkehr« und im Gutachten des Bundesgesundheitsamtes über »Sehvermögen und Kraftverkehr«.[58]

4. Menschliche Wahrnehmungsfähigkeit

29 Für den Nachweis des unerlaubten Entfernens vom Unfallort ist der Nachweis der bewußten Wahrnehmung (Apperzeption) des Unfalls erforderlich.

Der Mensch hat 4 verschiedene Möglichkeiten, äußere Vorgänge wahrzunehmen:

- optisch mit den Augen
- akustisch mit dem Gehör
- taktil mit Hilfe des Tastsinns
- kinaesthetisch mit Hilfe der Wahrnehmung von Geschwindigkeitsänderungen.

Optisch ist der Kollisionspunkt für einen Unfallverursacher meist nicht wahrnehmbar.

Dasselbe gilt für die taktile Wahrnehmung.

Bei einem Unfall entstehen jedoch meist Kollisionsgeräusche und beim unfallverursachenden Fahrzeug durch die Kollision Geschwindigkeitsänderungen. Bedeutsam sind deshalb das akustische und das kinaesthetische Wahrnehmungssystem des Menschen.

Beim akustischen System kommt es wesentlich auf den Frequenzbereich eines Geräusches und auf den Schalldruck an. Hier wird in Zweifelsfällen die Hinzuziehung eines (medizinischen) Sachverständigen erforderlich sein.

Der Mensch verfügt über ein im Innenohr untergebrachtes sensibles Sinnesorgan für die Wahrnehmung von Geschwindigkeitsänderungen, also für Beschleunigungen und Verzögerungen.

Die Wahrnehmungsschwellen betragen für translatorische Beschleunigungen (geschlossene Augen) für die x-Achse (vorwärts / rückwärts) und die y-Achse (links / rechts) 0,02–0,2 m/s sowie für die z-Achse (aufwärts / abwärts) 0,04–0,12 m/s. Diese Wahrnehmungsschwellen wurden im Laboratorium mit Versuchspersonen bei gerichteter Aufmerksamkeit auf einen zu erwartenden Anstoß gewonnen. Im wirklichen Straßenverkehr müssen die Schwellenwerte höher liegen, weil ein Fahrer dort andere Informationen, überwiegend visuelle aufzunehmen und in Fahrhandlungen umzuset-

---

58 Schwerd S 100 f

zen hat. Deshalb wird im Verkehrsalltag erst nach Durchlaufen einer »Grauzone« mit unsicheren Wahrnehmungen eine Kollision erst ab 1,5-2 m/s kollisionsbedingter Beschleunigung oder Verzögerung sicher wahrgenommen.

5. Reaktionszeit und Bremsansprechzeit (Verzugszeit)[59]

Reaktionszeit ist die Zeitspanne, die vergeht vom Aufnehmen eines Eindrucks aus der Außenwelt durch die Sinnesorgane, das Verarbeiten im Gehirn zu einer Vorstellung, das Fassen eines Entschlusses zur Abwehr einer drohenden Gefahr und die Übertragung dieses Entschlusses auf die ihn ausführenden Muskeln.

30

Die Dauer der Reaktionszeit hängt von der persönlichen Veranlagung, vom jeweiligen körperlichen und seelischen Befinden des Einzelnen ab, wobei Ermüdung und Gemütserregungen verzögernd wirken. Sie ist umso länger, je weniger der Mensch auf das Ereignis gefaßt ist. Sie hängt auch von der Zahl der in Betracht kommenden Reaktionsweisen ab.

Die Reaktionszeit schwankt zwischen 0,6 sek und 1,5 sek.

Die Rechtsprechung berechnet die Reaktionszeit meistens zusammen mit der mechanisch bedingten Bremsansprechzeit, der Zeit der Kraftübertragung bis zum Ansprechen der Bremsen.

Reaktionszeit und Bremsansprechzeit (= Verzugszeit) betragen im allgemeinen 1 sek, bei einer einfachen Reaktion, auf die der Kraftfahrer gefaßt sein muß, 0,8 sek. Als kürzeste mögliche Verzugszeit wird 0,6 sek angesehen. Im allgemeinen kommt allerdings eine unter 0,8 sek liegende Verzugszeit nicht in Betracht.[60]

Die von der Rechtsprechung bisher angenommenen Reaktionszeiten werden von Verkehrswissenschaftlern zunehmend als zu kurz kritisiert.

Eine Schreckzeit wird dem Kraftfahrer nur unter besonderen Umständen, dh nur dann zugebilligt, wenn er von einem gefährlichen Ereignis überrascht wird,[61] zB bei plötzlichem Ausfall der Betriebsbremse oder Platzen eines Reifens. Die Zubilligung einer Schreckzeit setzt voraus, daß der Kraftfahrer durch den Schrecken an der sofortigen Gefahrenabwehr gehindert war, daß er nicht selbst durch vorangegangenes fehlerhaftes Verhalten (zB Unaufmerksamkeit, hohe Geschwindigkeit, mangelnde Wartung des Fahrzeugs) den Schrecken verschuldet hat, und daß er auf verkehrsgerechtes Verhalten des anderen vertrauen durfte. Eine Schreckzeit steht daher dem Kraftfahrer nicht zu, der die Gefahrenlage rechtzeitig erkennen und

---

59 Mühlhaus/Janiszewski § 1 StVO Rn 52 ff; Jagusch/Hentschel § 1 StVO Rn 29 f
60 BGHSt 38, 44, 104
61 BGH VRS 23, 275

Kindsvater

sich auf sie einstellen konnte, ebensowenig einem angetrunkenen Kraftfahrer.

Im Stadt- und Ortsverkehr ist die Zubilligung einer Schreckzeit meistens ausgeschlossen, da eine erhöhte Reaktionsbereitschaft verlangt wird.

6. Anhalteweg – Bremsweg – Bremswegberechnung

31 Der Anhalteweg ist die Wegstrecke, die der Kraftfahrzeugführer bei Abbremsung des Fahrzeugs vom Erkennen der Gefahr bis zum Stillstand des Fahrzeugs benötigt. Er setzt sich zusammen aus der zurückgelegten Wegstrecke in der Reaktions- und Bremsansprechzeit, zu der in dem Falle, in dem sie zugebilligt wird, die Schreckzeit hinzukommt, und dem Bremsweg.

Die Länge des Bremsweges ist in erster Linie abhängig von der Qualität der Bremsen sowie der Beschaffenheit der Reifen und der Fahrbahnoberfläche.

Die Auswertung von Bremsspuren ist ein zulässiges Beweismittel zur Ermittlung der Mindestgeschwindigkeit, die ein Fahrzeug vor einem Unfall hatte. Sie setzt die Feststellung der konkreten Bremsverzögerung voraus. Gem § 41 IV StVZO muß diese bei PKW und LKW mindestens 2,5 m/s betragen (technisch längst überholt).

Bei der Abbremsung von Kraftfahrzeugen ist zu unterscheiden zwischen Betriebsbremsungen und Not – oder Gefahrbremsungen. Eine Betriebsbremsung hinterläßt grundsätzlich keine Spuren auf der Fahrbahn.[62] Nach herrschender Meinung in der Wissenschaft treten Spuren nur während der Vollbremszeit von Notbremsungen auf, möglicherweise erst einige Zeit nach ihrem Beginn, nicht aber vor deren Beginn, also nicht während der Schwellzeit.[63] Die Vollverzögerung liegt im Normalfall (trockene Fahrbahn, ebene, saubere Straßenoberfläche aus Beton oder Asphalt) mit einer Wahrscheinlichkeit von weit über 90 % zwischen 7,5 und 8,5 m/s.[64] Die Rechtsprechung nimmt überwiegend auf trockenen Asphaltstraßen für PKWs mittlere Bremsverzögerungswerte von 6,0 bis 6,5 m/s an.[65]

Die Annahme einer beliebigen durchschnittlichen Bremsverzögerung ist unzulässig.[66]

Ein Anhaltspunkt für die Feststellung der Bremsverzögerung im konkreten Fall ist der Umstand, daß unterhalb einer Verzögerung von 5,0 m/s in der Regel keine Bremsspuren auf der Fahrbahn gezeichnet werden.[67]

---

62 Engels VGT 1988, 114
63 Engels VGT 1988, 116
64 Engels VGT 1988, 119
65 BGH VRS 34, 206; OLG Hamm VRS 31, 58; OLG Celle VRS 42, 42
66 OLG Hamburg, VRS 38, 313
67 DEKRA-Katalog Bremsverzögerungen

Kindsvater

Notbremsvorgänge von PKW mit ABV hinterlassen auf normal befahrenen Straßen im allgemeinen keine Regelspuren.[68] Die nachträgliche Bremswegberechnung setzt technische Kenntnisse eines Sachverständigen voraus.[69] Obwohl daher die Hinzuziehung eines Sachverständigen im Einzelfall erforderlich ist, muß der in Verkehrssachen tätige StA die Grundbegriffe der Bremswegberechnung kennen, zum einen, um selbst Grobberechnungen vornehmen zu können zur Entscheidungshilfe, ob ein Sachverständiger hinzugezogen werden soll, zum zweiten um entsprechende Sachverständigengutachten überhaupt verstehen zu können.

Zur Geschwindigkeitsrückrechnung auf Grund von Drift- und Schleuderspuren siehe Engels VGT 88, 121ff.

7. Sachverständige

Die Ermittlung des wahren Sachverhalts bei Verkehrsunfällen ist häufig ohne Hilfe von Sachverständigen nicht möglich. Nach Nr. 69 RiStBV soll ein Sachverständiger nur zugezogen werden, wenn sein Gutachten für die vollständige Aufklärung des Sachverhalts unentbehrlich ist.

32

Die Leitung der Sachverständigentätigkeit ist Aufgabe des Richters (§ 78 StPO), im Vorverfahren des StAs oder der Polizei, die den Sachverständigen zugezogen hat. Sie erfordert eine klare und eindeutige Auftragsbeschreibung, insbes die unmißverständliche Formulierung der von dem Sachverständigen zu beantwortenden Beweisfragen.

Die Anknüpfungstatsachen, von denen der Sachverständige ausgehen soll, sind ihm möglichst schon bei der Auftragserteilung mitzuteilen, sofern er sie nicht selbst als Befundtatsachen ermitteln soll.[70]

Wer einem Sachverständigen einen Gutachterauftrag erteilen will, muß zunächst klären, welche Beweisfragen der Sachverständige beantworten soll. Erst danach kann entschieden werden, aus welchem Fachgebiet der Sachverständige ausgewählt wird.

a) Tätigkeitsgebiete des Kfz-technischen und unfallanalytischen Sachverständigen

Analyse von Unfallabläufen
– Ermittlung der Geschwindigkeit von Unfallbeteiligten bei Kollision bzw bei Bremsbeginn
– Analyse komplexer Weg- Zeit- Zusammenhänge

33

---

68 Engels VGT 1988, 117;
69 BayObLG DAR 1956, 165; Engels VGT 1988, 113
70 Kl/M-G § 78 Rn 4

- Vermeidbarkeitsbetrachtung
- Darstellung des Unfallablaufs

Technische Fahrzeuguntersuchung hinsichtlich unfallursächlicher Mängel
- Erkennen, Darstellung und Dokumentation technischer Befunde
- Herstellen von Kausalzusammenhängen zwischen feststellbarem technischen Befund und den fahrdynamischen bzw kinematischen Besonderheiten des Unfallablaufs

Sonderuntersuchungen von Reifen hinsichtlich Ausfallursache
- festgestellter Reifendefekt Unfallursache oder Unfallfolge
- Ursache des festgestellten Reifendefekts (Herstellerfehler, Wartungsmangel, Montagefehler)

Lichttechnische Gutachten zu Fragen der Erkennbarkeit beim Dunkelheitsunfall

Untersuchung von Sicherheitsgurten und Schutzhelmen hinsichtlich des Anlege- bzw Tragezustands beim Unfallgeschehen

(bei der Frage, ob bei entsprechender Nutzung der Sicherungsmittel tatsächlich eingetretene Verletzungen vermieden worden wären, handelt es sich um eine interdisziplinäre Aufgabe von technischen und medizinischen Sachverständigen)

Untersuchung von Glühlampen hinsichtlich des Brennzustandes beim Unfallgeschehen (insbes Fahrtrichtungsanzeiger, aber auch Abblend- oder Fernlicht)

Untersuchung von Brandrückständen von Kraftfahrzeugen hinsichtlich Brandursache
- Feststellung brandfördernder Stoffe in Brandrückständen

Untersuchung von Schlüsseln- bzw Schlössern hinsichtlich Diebstahls- bzw Einbruchsmerkmalen

Gutachten zu verkehrskontrolltechnischen Maßnahmen
- Feststellung möglicher Fehlmessungen

Bei den genannten Tätigkeitsgebieten des Kfz-technischen Sachverständigen handelt es sich teilweise um Sondergutachtengebiete, die besonders geschultes Sachverständigenpersonal voraussetzen.

b) Tätigkeitsgebiete des medizinischen Sachverständigen

- Beurteilung der Fahrtauglichkeit von Kraftfahrern, die Alkohol, Drogen, Rauschmittel oder Medikamente genossen bzw eingenommen haben
- Beurteilung der Beeinträchtigung der Fahrtauglichkeit durch allgemeine Erkrankungen, Übermüdung oder körperliche Mängel

- Bemerkbarkeit von Unfallereignissen (optisch, akustisch, kinaesthetisch, taktil)
- Bewertung von Unfallspuren am Menschen §§ 81 a, 81 c, 87 StPO (Fahrer / Beifahrer; Sicherheitsgurt; Schutzhelm)
- Obduktion von Unfallopfern
- Feststellung der Kausalität von Unfallverletzungen für späteren Tod

Untersuchung von Personen hinsichtlich Schuldfähigkeit / verminderte Schuldfähigkeit

Bei bestimmten Fragestellungen, zB zur psychophysischen Leistungsfähigkeit, ist die Hinzuziehung von Sachverständigen für Psychologie, Psychiatrie und Neurologie geboten.

c) Mehrere Sachverständige in einem Verfahren und interdisziplinäre Zusammenarbeit

Relativ häufig sind Fälle, in denen mehrere Sachverständige innerhalb eines Verfahrens tätig werden, wobei aber jeder Sachverständige unter strenger Wahrung seiner Fachkompetenzbereiches zu eng umgrenzten Fragen Stellung nimmt.

Beispiel: der technische Sachverständige untersucht den Unfallablauf, Geschwindigkeit und Vermeidbarkeit, der Gerichtsmediziner untersucht Fragen des Alkoholisierungsgrades und die daraus resultierenden Einschränkungen des Unfallverursachers.

Die interdisziplinäre Zusammenarbeit von Sachverständigen ist möglich und uU erforderlich, wenn entsprechend des Unfallablaufs technische Zusammenhänge, Fahrzeugbewegungen, Kollisionsgeschwindigkeiten einerseits und Verhaltensweisen, Wahrnehmungen, Reaktionen, Verletzungsmuster bzw die Vermeidung bestimmter Verletzungen oder deren Plausibilität andererseits in engem Zusammenhang stehen.

Kindsvater

KAPITEL 2 – JUGENDSTRAFSACHEN

Überblick

I. Einleitung	1
II. Persönlicher Anwendungsbereich	2–5
1. Jugendliche	2–3
a) Begriff	2
b) Strafmündigkeit	3
2. Heranwachsende	4
3. Prozessuale Beschränkung nach § 154a StPO	5
III. Zuständigkeiten	6–17
1. Örtliche Zuständigkeit	6–10
a) Vormundschaftsrichter	7
b) Freiwilliger Aufenthalt	8
c) Vollstreckungsleiter	9
d) Rangverhältnis der Zuständigkeitsregelungen	10
2. Sachliche Zuständigkeit	11–17
a) Jugendrichter	11
b) Jugendschöffengericht	12
c) Jugendkammer	13
d) OLG/BayObLG	14
e) Staatsschutz-/Wirtschaftsstrafsachen	15
f) Gemeinsame Anklageerhebung mit Erwachsenen	16
g) Vorrang der gesonderten Anklageerhebung	17
IV. Sanktionen	18–34
1. Jugendliche	18–29
a) Erziehungsmaßregeln, § 9 JGG	18
b) Zuchtmittel, § 13 JGG	19–22
c) Jugendstrafe, § 17 JGG	23–26
d) Aussetzung der Verhängung einer Jugendstrafe, § 27 JGG	27
e) Einheitliche Ahndung, § 31 I JGG	28
f) Gleichzeitige Anordnung verschiedener Maßnahmen	29
2. Heranwachsende, auf die Jugendstrafrecht zur Anwendung kommt	30–32
3. Heranwachsende, auf die allgemeines Strafrecht zur Anwendung kommt	33
4. Während verschiedener Reifestufen begangene Straftaten, § 32 JGG	34

V.	**Verfahrensrechtliche Besonderheiten**................................	35–48
	1. Umfang der Ermittlungen	35
	2. Stellung des Erziehungsberechtigten, § 67 JGG	36
	3. Freiheitsentziehende Maßnahmen	37–40
	a) Vorläufige Erziehungsmaßnahmen...........................	37
	b) Untersuchungshaft	38
	c) Gutachten zur Feststellung der Entwicklung..................	39
	d) Einstweilige Unterbringung..................................	40
	4. Notwendige Verteidigung, § 68 JGG	41–43
	5. Rechtsmittel, § 55 JGG	44–47
	a) Zuchtmittel, Erziehungsmaßregeln, § 55 I JGG................	44
	b) Rechtsmittelausschluß, § 55 II JGG..........................	45
	c) Verschlechterungsverbot	46
	d) Rechtsmittel des gesetzlichen Vertreters	47
	6. Vollstreckung	48
VI.	**Abschluß der Ermittlungen**	49–54
	1. Einstellung des Ermittlungsverfahrens, § 45 JGG	49
	2. Sonstige Einstellungen nach der StPO...........................	50
	3. Vereinfachtes Jugendverfahren..................................	51
	4. Beschleunigtes Verfahren, §§ 417 ff StPO	52
	5. Strafbefehlsverfahren	53
	6. Anklageerhebung	54
VII.	**Mitteilungspflichten**	55

Literaturverzeichnis

Kopp, Ferdinand, Verwaltungsverfahrensgesetz, 5. Aufl. 1991

I. Einleitung

1   Die rasante Entwicklung, die der Mensch in der Jugendzeit macht, mit ihren schubweisen Veränderungen der Person, aber auch der Interessen- und Tätigkeitsschwerpunkte sowie der Umgebung, erfordert Verfahrens- und Sanktionsvorschriften, die der Strafjustiz flexible Möglichkeiten geben, auf diese Gegebenheiten und die zwischen der Tat und der Sanktionierung eintretenden Veränderungen einzugehen. Die hierfür erforderlichen Feststellungen zu treffen und die gebotenen Reaktionen anzuordnen, gibt das JGG mit dem Ziel der erzieherischen Einwirkung auf den Täter den Verfahrensbeteiligten auf.

II. Persönlicher Anwendungsbereich

1. Jugendliche

a) Begriff

Jugendliche sind Personen, die das 14., aber noch nicht das 18. Lebensjahr vollendet haben, § 1 II JGG. Nach § 1 I JGG gilt für ihre Verfehlungen, die nach anderen Vorschriften mit Strafe bedroht sind, das JGG.

2

b) Strafmündigkeit

Die Strafbarkeit setzt nicht allein die Vollendung des 14. Lebensjahrs voraus, sondern auch, daß der Jugendliche nach seiner sittlichen und geistigen Entwicklung die Reife hat, das Unrecht der Tat einzusehen und danach zu handeln, § 3 JGG. Die Strafmündigkeit betrifft andere entwicklungsbedingte Störungen als die §§ 20, 21 StGB. Die Probleme, die im Zweifel sachverständig zu klären sind, können sich jedoch überschneiden. Die mangelnde Reife iSd § 3 JGG kann der Schuldunfähigkeit nicht gleichgestellt werden und deswegen auch nicht zu einer Maßregel der Besserung und Sicherung gem §§ 7 JGG, 63 ff StGB führen. Das Ermittlungsverfahren ist gem § 170 II StPO einzustellen, wenn die mangelnde Reife festgestellt wird oder nicht ausgeschlossen werden kann. Nach Anklageerhebung ist das Verfahren gem § 47 I Nr. 4 JGG einzustellen oder der Angeklagte freizusprechen, was aber erzieherisch wenig sinnvoll sein dürfte. Eine Mitteilung an das BZR ist erforderlich, § 60 I Nr. 6 BZRG; MiStra 32. Die Anregung vormundschaftsgerichtlicher Maßnahmen ist möglich.[1]

3

2. Heranwachsende

Das JGG findet nach § 1 II JGG weiter Anwendung auf die zur Tatzeit Heranwachsenden (noch nicht 21jährigen), unabhängig vom Reifezustand.

4

3. Prozessuale Beschränkung nach § 154a StPO

Die Anwendung des JGG und die ihr folgende gerichtliche Zuständigkeit kann bei Dauerstraftaten nicht durch zeitliche Verfolgungsbeschränkungen gem § 154a StPO umgangen werden, da Gegenstand der Untersuchung die gesamte Tat iSd § 264 StPO ist.[2]

5

---

1   MiStra 31; Eisenberg § 3 Rn 58
2   BayObLGSt 1966, 119, 121

III. Zuständigkeiten

1. Örtliche Zuständigkeit

6 Die örtliche Zuständigkeit von Gericht und StA richtet sich bei Jugendlichen nach § 42 JGG, bei Heranwachsenden nach § 42 JGG iVm § 108 JGG. Die Gerichtsstände finden neben denen nach allgemeinem Verfahrensrecht oder nach besonderen Zuständigkeitsvorschriften Anwendung. Sie sollen jedenfalls im Bereich des § 42 II JGG auch vorgehen, wenn besondere Bestimmungen eine Verfahrenskonzentration begründen. Eine landesrechtliche Konzentration kann sich aufgrund § 33 III JGG ergeben. Eine Aufstellung der bestehenden Regelungen befindet sich im Schönfelder in Fn 2 zu § 33 JGG.

Im einzelnen sind folgende örtliche Zuständigkeiten vorgesehen:

a) Vormundschaftsrichter

7 Der Gerichtsstand, der unabhängig vom Vorhandensein von Verfahren dem des für den Jugendlichen zuständigen Vormundschaftsrichters entspricht, § 42 I Nr. 1 JGG.

b) Freiwilliger Aufenthalt

8 Der durch den freiwilligen Aufenthalt des Jugendlichen oder Heranwachsenden zur Zeit der Anklageerhebung begründete Gerichtsstand ergibt sich aus § 42 I Nr. 2 (§ 108 I) JGG. Nicht auf freiem Fuß sind insbes alle aufgrund auch vorläufiger richterlicher Anordnung in ihrer Freiheit und in der Wahl ihres Aufenthaltsorts beschränkte Personen.[3] Dies betrifft auch (vorläufige) Unterbringungen in Erziehungsheimen. Nach dem KJHG oder dem SGB VIII im Rahmen sonstiger Hilfen Untergebrachte und Soldaten befinden sich auf freiem Fuß.[4]

c) Vollstreckungsleiter

9 Der Gerichtsstand des Vollstreckungsleiters setzt die Verbüßung einer Jugendstrafe oder die Aussetzung eines Jugendstrafrestes zur Bewährung zur Zeit der Anklageerhebung voraus, § 42 I Nr. 3 (§ 108) JGG. Wird nach Aussetzung eines Jugendstrafrestes zur Bewährung am Tat- oder Aufenthaltsort Anklage erhoben, ist dem Vollstreckungsleiter eine Anklageabschrift zu übersenden (RL Nr. 2 zu § 42 JGG, MiStra 13 I, III).

---

3 BGHSt 13, 209, 211
4 Brunner/Dölling § 42 Rn 5; Eisenberg § 42 Rn 11

d) Rangverhältnis der Zuständigkeitsregelungen

Grundsätzlich genießen gem § 42 II JGG die Gerichtsstände des Vormundschaftsrichters und des Vollstreckungsleiters während der Verbüßung von Jugendstrafe jeweils Vorrang. Iü wird bei Jugendlichen und Heranwachsenden der Gerichtsstand des freiwilligen Aufenthalts Vorrang genießen, RL Nr. 1 zu § 42 JGG. Im Einzelfall – insbes bei Verkehrsstrafsachen oder der absehbaren Erforderlichkeit einer Beweisaufnahme mit Augenschein am Tatort oder einer größeren Anzahl am Tatort wohnender Zeugen – wird die Anklageerhebung am Tatortgericht angezeigt sein.[5]

2. Sachliche Zuständigkeit

a) Jugendrichter

Bei zu erwartender Anordnung von Erziehungsmaßregeln, Zuchtmitteln, Nebenstrafen und -folgen sowie Entzug der Fahrerlaubnis besteht die Zuständigkeit des Jugendrichters, § 39 I JGG. Der Strafbann reicht bis zu einem Jahr Jugendstrafe, § 39 II JGG. Die Anordnung der Unterbringung nach § 63 StGB ist nicht zulässig.

Gem § 108 I JGG gilt dies auch für den Heranwachsenden. Bei zu erwartender Anwendung von allgemeinem Strafrecht verweist § 108 II JGG auf § 25 GVG mit der Straferwartung bis zu 2 Jahren Freiheitsstrafe.

b) Jugendschöffengericht

Das Jugendschöffengericht ist beim Jugendlichen zuständig im Falle der Erwartung der Verhängung einer Jugendstrafe und/oder der Anordnung der Unterbringung im psychiatrischen Krankenhaus, §§ 39 II, 40 I JGG.

Beim Heranwachsenden ist die Rechtsfolgenkompetenz lediglich bei Anwendung von allgemeinem Strafrecht dahingehend eingeschränkt, daß der Strafbann 4 Jahre beträgt, § 108 III JGG, § 24 II GVG. Die Unterbringung im psychiatrischen Krankenhaus ist daneben möglich.[6]

c) Jugendkammer

Die erstinstanzliche Zuständigkeit der Jugendkammer ist bei unter § 74 II GVG fallenden Delikten unabhängig vom Alter oder Entwicklungsstand gegeben, §§ 41 I Nr. 1, 108 I JGG. Die Anklage zur Jugendkammer ist ebenfalls erforderlich, wenn beim Heranwachsenden Freiheitsstrafe von über 4 Jahren zu erwarten ist, § 108 III 2 JGG.

---

5 Brunner/Dölling § 42 Rn 4 mwN
6 OLG Stuttgart MDR 1988, 433; Brunner/Dölling § 108 Rn 2a; aA Eisenberg § 108 Rn 12

d) OLG/BayObLG

14 Im Bereich der unter § 120 GVG fallenden Tatbestände besteht auch für Jugendliche und Heranwachsende die Zuständigkeit der OLG/des BayObLG (§ 102 JGG).

e) Staatsschutz-/Wirtschaftsstrafsachen

15 In Strafsachen gegen Jugendliche oder Heranwachsende, die unter § 74a GVG (Staatsschutzsachen) oder § 74c GVG (Wirtschaftsstrafsachen) fallen, sind die Jugendgerichte nach den vorgenannten Grundsätzen zuständig.[7]

f) Gemeinsame Anklageerhebung mit Erwachsenen

16 Besonderheiten ergeben sich bei gleichzeitiger Anklageerhebung mit Erwachsenen:

(1) Die Zuständigkeit beim Amtsgericht richtet sich hinsichtlich des Erwachsenen nach den §§ 24, 25 GVG. Der Vorwurf eines Verbrechens oder die gegen den Erwachsenen bestehende Straferwartung kann die Anklageerhebung zum Jugendschöffengericht erfordern.

(2) Im Verhältnis zum Schwurgericht geht die Jugendkammer auch für den Erwachsenen vor. Dies gilt auch gegenüber den Zuständigkeiten gem §§ 74a und 74c GVG bei gemeinsamer Anklage mit einer der Schwurgerichtszuständigkeit unterfallenden Tat des Jugendlichen oder Heranwachsenden, weil auch unter Erwachsenen gem § 74e GVG das Schwurgericht Vorrang hätte.[8]

(3) Bei Taten, die bezüglich des Jugendlichen oder Heranwachsenden und der erwachsenen Mittäter unter §§ 74a, 74c GVG fallen, ist die Rechtslage genau umgekehrt: hier »zieht« die besondere Strafkammer durch den erwachsenen Täter den jugendlichen oder heranwachsenden Mittäter gem § 103 II 2 JGG nach.

g) Vorrang der gesonderten Anklageerhebung

17 Im Bereich der erstinstanziellen Kammerzuständigkeit dürfte deswegen eine gemeinschaftliche Anklage mit Erwachsenen regelmäßig nur aus besonderen sachlichen Gründen geboten sein (vgl RL Nr. 1 zu § 103 JGG). Insbes wenn es sich bei den erwachsenen Mittätern um die Eltern des Jugendlichen handelt, sollte von einer Verbindung grundsätzlich abgesehen werden, vgl RL Nr. 1 zu § 103 JGG.

---

7 Kl/M-G § 74 e GVG Rn2
8 Brunner/Dölling §§ 39-41 Rn 10

Erlbeck

IV. Sanktionen

1. Jugendliche

a) Erziehungsmaßregeln, § 9 JGG

Diese können sich gem § 10 JGG als Weisungen insbes auf den Aufenthalt, auf die Betreuung und Aufsicht durch eine bestimmte Person (Betreuungsweisung), soziale Trainingskurse, einen Täter- Opferausgleich, sonstige Gebote oder das Erbringen von Arbeitsleistungen beziehen. 18

Gem § 10 II JGG kann im Einverständnis mit dem Erziehungsberechtigten zu einer heilerzieherischen Betreuung oder Entziehungskur angewiesen werden.

Die Laufzeit der Weisungen ist zeitlich gem § 11 JGG eingeschränkt. Geringere praktische Bedeutung hat die Möglichkeit, dem Jugendlichen aufzugeben, Hilfe zur Erziehung in Anspruch zu nehmen, § 12 JGG.

b) Zuchtmittel, § 13 JGG

Diese Sanktionen sollen gem § 13 I JGG zur Anwendung kommen, wenn dem Jugendlichen die Verantwortung für sein strafrechtliches Tun nachdrücklich vorgehalten werden soll, jedoch Jugendstrafe noch nicht geboten ist. 19

Mögliche Zuchtmittel sind: die Verwarnung, die Erteilung von Auflagen und der Jugendarrest.

Durch die Verwarnung soll dem Täter mündlich oder schriftlich das Unrecht der Tat richterlich vorgehalten werden, § 14 JGG. 20

Im Rahmen der Zuchtmittel können dem Jugendlichen Auflagen, insbes auf Schadenswiedergutmachung, Erbringen von Arbeitsleistungen, Zahlung eines Geldbetrages oder Entschuldigung beim Verletzten gemacht werden, § 15 I JGG. Auflagen können nachträglich geändert werden, ihre Nichterfüllung kann mit Arrest sanktioniert werden, § 15 III JGG. 21

Schärfste Sanktion unter den Zuchtmitteln ist der Jugendarrest. Er wird gem § 16 JGG als Kurzarrest nach Tagen, als Freizeitarrest regelmäßig nach Wochenenden (bis zu 2) oder als Dauerarrest bis zu 4 Wochen verhängt. Die Vollstreckung richtet sich nach den §§ 86, 87 JGG. 22

c) Jugendstrafe, § 17 JGG

Jugendstrafe hat nach § 18 I JGG ein Mindestmaß von 6 Monaten, bei Jugendlichen ein Höchstmaß von 5 Jahren, wenn nach allgemeinem Strafrecht die Strafandrohung höher als 10 Jahre ist, einem Höchstmaß von 23

10 Jahren. Bei Anwendung von Jugendrecht auf Heranwachsende ist gem § 105 III JGG 10 Jahre die Höchstjugendstrafe.

Jugendstrafe ist zu verhängen, wenn die Tat schädliche Neigungen zeigt, die durch Zuchtmittel oder Weisungen erzieherisch nicht behoben werden können, oder sie wegen der Schwere der Schuld erforderlich ist, § 17 II JGG. Jugendstrafe soll in erster Linie der Erziehung dienen (RL Nr. 1 zu § 17 JGG).

24 Schädliche Neigungen liegen vor bei Anlage oder Erziehungsmängeln, die ohne längere geordnete umfassende Erziehung des Täters die Gefahr der Störung der Gemeinschaftsordnung durch weitere Straftaten begründen.[9] Die Beseitigung der Mängel durch längeren Strafvollzug muß sinnvoll erscheinen, um der Gewöhnung des Jugendlichen an Straftaten Abhilfe zu schaffen. Die Tat muß Ausdruck der festzustellenden Persönlichkeitsmängel sein. Schädliche Neigungen, deren Ausdruck schon eine Straftat sein kann, müssen zur Tatzeit vorgelegen haben und zur Zeit der Entscheidung die Begehung weiterer Straftaten befürchten lassen.[10] Es ist aufgrund eingehender Persönlichkeitserforschung festzustellen, daß andere Maßnahmen nicht mehr ausreichen.

25 Die Voraussetzung der schweren Schuld nach § 17 II JGG stellt gesetzlich allein auf das Schuldprinzip ab, jedoch fordert der BGH in ständiger Rechtsprechung, daß die Verhängung der Jugendstrafe aus erzieherischen Gründen zum Wohle des Jugendlichen erforderlich ist.[11] Dies wird in der Lit teilweise abgelehnt.[12] Maßgeblich für die erforderliche schwere Schuld ist die Einzeltatschuld unter Berücksichtigung der Motivation und des Grades der Schuldfähigkeit. Das Schwergewicht liegt mehr auf der persönlichen Beziehung des Täters zur Tat als auf deren äußerer Schwere.[13] Dementsprechend hat der Strafrahmen des allgemeinen Strafrechts ebenso wie der äußere Hergang untergeordnete Bedeutung. Mit zunehmenden Alter werden die Belange des Schuldausgleichs gewichtiger zu betrachten sein, insbes, wenn der Täter sich frei und eigenverantwortlich für das Unrecht entschieden hat.[14]

26 Jugendstrafe von nicht mehr als einem Jahr ist zur Bewährung auszusetzen, wenn die Erwartung besteht, daß die Verurteilung als Warnung dient und ohne Strafvollzug in Zukunft ein straffreier Lebenswandel erzielt wird (§ 21 I JGG). Eine Jugendstrafe von nicht mehr als 2 Jahren kann unter diesen Voraussetzungen zur Bewährung ausgesetzt werden, wenn nicht der Vollzug wegen der weiteren Entwicklung des Jugendlichen erforderlich ist. Die Aussetzung einer Jugendstrafe bis zu 2 Jahren ist demnach gesetzlich

---

9 BGHSt 11, 169; 16, 261, 262; BGH NStZ 1981, 250; Brunner/Dölling § 17 Rn 11
10 Eisenberg § 17 Rn 23; Brunner § 17 Rn 12 mwN
11 BGHSt 16, 261, 263; BGH StV 1993, 531; 1994, 602
12 Brunner/Dölling § 17 Rn 14; differenzierend Eisenberg § 17 Rn 34, 35 mwN
13 BGHSt 15, 224, 226
14 BGH NStZ 1982, 332

der Regelfall, es sei denn, daß bei Beachtung des Vorrangs milderer Mittel zur Einwirkung auf die Person des Angeklagten und auf seine weitere Entwicklung der Vollzug der Jugendstrafe notwendig erscheint.

Die Dauer der Bewährungszeit beträgt nach § 22 JGG zwischen 2 und 3 Jahren. Dem Verurteilten sollen Weisungen und Auflagen erteilt werden, § 23 JGG. Er ist nach § 24 JGG einem Bewährungshelfer zu unterstellen.

d) Aussetzung der Verhängung einer Jugendstrafe, § 27 JGG

Soweit nicht mit der erforderlichen Sicherheit festgestellt werden kann, ob schädliche Neigungen die Verhängung einer Jugendstrafe erfordern, kann nach § 27 JGG die Schuld festgestellt werden und die Entscheidung über die Verhängung einer Jugendstrafe zur Bewährung ausgesetzt werden. Gem §§ 30 I, 62 I JGG kann nachträglich durch Urteil eine Jugendstrafe, die nach § 21 JGG zur Bewährung ausgesetzt werden kann, verhängt werden. Neben der Schuldfeststellung nach § 27 JGG ist nach der hM die Verhängung eines Arrestes nicht möglich, auch wenn dies im Einzelfall erzieherisch sinnvoll erscheinen mag.[15]

27

e) Einheitliche Ahndung, § 31 I JGG

Mehrere Straftaten werden bei Anwendung von materiellem Jugendrecht nach dem JGG gem § 31 I JGG einheitlich geahndet. Soweit frühere Verurteilungen noch nicht vollständig vollstreckt sind, wird unter Einbeziehung des Urteils auf eine neue einheitliche Sanktion nach § 31 II JGG erkannt. Diese Entscheidung kann auch nachträglich ergehen, § 66 JGG. Der Jugendrichter kann aus erzieherischen Gründen nach § 31 III JGG von einer Einbeziehung absehen.

28

f) Gleichzeitige Anordnung verschiedener Maßnahmen

Erziehungsmaßregel[16] und Zuchtmittel[17] können nach § 8 I JGG nebeneinander angeordnet werden. Neben Jugendstrafe können nur Weisungen und Auflagen erteilt werden (§ 8 II 1 JGG).
Eine Koppelung von Entscheidungen nach § 27 JGG und Arrest ist nicht zulässig.[18] Jugendstrafe und Zuchtmittel werden gem § 5 III JGG nicht verhängt, wenn die Anordnung von Maßregeln der Besserung und Sicherung gem §§ 7 JGG, 63, 64 StGB die Ahndung entbehrlich machen.

29

Entzug der Fahrerlaubnis, Fahrverbot, Nebenstrafen und -folgen können mit dem Urteil gem § 8 III JGG verbunden sein, nicht jedoch die Neben-

---

15 Vgl sehr ausführlich Brunner/Dölling § 27 Rn 12–15
16 Vgl Rn 18
17 Vgl Rn 19–22
18 Vgl Rn 27

folge des § 45 StGB, § 6 JGG. Unzulässig sind gem § 7 JGG die Anordnung der Sicherungsverwahrung und des Berufsverbots.

2. Heranwachsende, auf die Jugendstrafrecht zur Anwendung kommt

30 Gem § 105 I JGG ist bei der Ahndung der Tat Jugendstrafrecht auf Heranwachsende anzuwenden, wenn

- bei Gesamtwürdigung der Person unter Berücksichtigung der Umweltbedingungen festgestellt wird, daß der Täter zur Tatzeit nach seiner Entwicklung einem Jugendlichen gleich stand oder
- es sich nach Art, Umständen oder Motiv der Tat um eine Jugendverfehlung handelt.

Während die erste Alternative auf den Entwicklungsstand des Täters auf dem geistigen und sittlichen Gebiet abstellt, muß die Tat bei der zweiten Alternative Verhaltensweisen zeigen, die bei Jugendlichen typisch sind. In unbehebbaren Zweifeln wird regelmäßig das flexiblere Jugendstrafrecht zur Anwendung kommen müssen. Eine gesetzliche Vermutung für die Anwendung von Jugendrecht besteht selbst dann nicht, wenn der Täter nicht eindeutig einem Erwachsenen gleichzustellen ist,[19] jedoch wird bei unbehebbaren Zweifeln regelmäßig das flexiblere Jugendstrafrecht zur Anwendung kommen.[20]

31 Die Vorschriften des Jugendstrafrechts sind dann mit folgenden Besonderheiten anzuwenden

- Höchstjugendstrafe 10 Jahre, § 105 II JGG
- Hilfe zur Erziehung nicht anwendbar, §§ 9 Nr. 2, 12 JGG.

32 Soweit bereits nicht vollstreckte Verurteilungen nach allgemeinem Strafrecht vorhanden sind, können diese in eine spätere Verurteilung nach Jugendrecht gem §§ 105 II, 31 II 1, III JGG[21] einbezogen werden. Dies kann auch nachträglich erfolgen, §§ 109 II, 66 JGG.

3. Heranwachsende, auf die allgemeines Strafrecht zur Anwendung kommt

33 Heranwachsende, bei denen die Voraussetzungen des § 105 I JGG nicht vorliegen, werden nach allgemeinem Strafrecht geahndet, wobei nach § 106 JGG insbes anstelle lebenslanger Freiheitsstrafe eine solche zwischen 10 und 15 Jahren tritt und Sicherungsverwahrung nicht angeordnet werden kann.

---

19 BGH StV 1999, 408, 409
20 Brunner/Dölling § 105 Rn 17
21 S. zu § 31 JGG Rn 27

4. Während verschiedener Reifestufen begangene Straftaten, § 32 JGG

Bei gleichzeitiger Aburteilung von Taten, die teilweise nach Jugend- und nach allgemeinem Strafrecht zu sanktionieren sind, wird nach dem Schwergewicht der Taten im Zeitpunkt der Entscheidung eine einheitliche Rechtswahl vorzunehmen sein, § 32 JGG. Erforderlich dazu ist die Ermittlung der Persönlichkeitsentwicklung, der Tathintergründe, die Prüfung, welche Taten nach Zahl und Gewicht das Übergewicht haben und worin ihre Wurzeln liegen. Das Gesetz geht im Zweifel vom allgemeinen Strafrecht aus.[22]

34

V. Verfahrensrechtliche Besonderheiten

1. Umfang der Ermittlungen

Gem § 43 JGG haben die Ermittlungen sich zusätzlich auf den Werdegang und den Entwicklungsstand des Täters zu beziehen. Zu diesem Zweck sollen gem RL Nr. 2 zu § 43 JGG Vorstrafenakten, Unterlagen aus Heimen, Vollzugsanstalten und Schulen beigezogen werden. Die Jugendgerichtshilfe (§ 38 JGG) soll baldmöglichst zur Verfahrensbeschleunigung eingebunden werden (RL Nr. 6 zu § 43 JGG). In Untersuchungshaftsachen ist dies in § 72a JGG ausdrücklich vorgeschrieben.

35

Ziel dieser Ermittlungsvorgaben ist zum einen die baldige Abklärung, ob die Verantwortlichkeit gem § 3 JGG gegeben ist, in welchem Reifestand sich der Beschuldigte befindet und die Beschleunigung des Verfahrensfortgangs, da sich aufgrund dieser Ermittlungen etwa ergeben kann, daß anstelle einer Anklage ein Absehen von der Verfolgung gem § 45 JGG in Betracht kommt. § 43 JGG ist gem § 109 I JGG auch bei Heranwachsenden anzuwenden. Das Fehlen derartiger Feststellungen kann die Aufklärungsrüge (§ 244 II StPO) begründen.[23] Da die Erforschung der Persönlichkeit den unmittelbaren Eindruck in der Hauptverhandlung voraussetzt, wird regelmäßig eine Hauptverhandlung ohne den Angeklagten trotz der Verweisung des § 50 JGG problematisch sein.[24]

2. Stellung des Erziehungsberechtigten, § 67 JGG

Soweit der jugendliche Beschuldigte oder Angeklagte Anwesenheits-, Anhörungs-, Antragsrechte oder Rechtsmittel hat, stehen diese auch dem

36

---
22 BGHSt 12, 129, 134; Brunner/Dölling § 32 Rn 3
23 Brunner/Dölling § 43 Rn 4 mwN
24 Vgl RL Nr. 1 zu § 50 JGG; Eisenberg NStZ 1999, 281, 285

gesetzlichen Vertreter zu (§ 67 I, III JGG), ebenso kann dieser gem § 67 III JGG einen Verteidiger beauftragen. Diese Rechte können durch das Gericht wegen des Verdachts der Tatbeteiligung gem § 67 IV JGG entzogen werden. In diesem Fall ist die Bestellung eines Pflichtverteidigers gesetzlich vorgesehen.[25]

3. Freiheitsentziehende Maßnahmen

a) Vorläufige Erziehungsmaßnahmen

37 Gem § 71 I JGG können bei Vorliegen des Verdachts einer Straftat vorläufige richterliche Anordnungen durch den Ermittlungsrichter über die Erziehung des Jugendlichen oder nach § 71 II JGG die einstweilige Unterbringung in einem Heim zur Abwendung einer weiteren Gefährdung seiner Entwicklung und der Begehung weiterer Straftaten angeordnet werden. Die Anhörung der Jugendgerichtshilfe wird wegen der Art der Maßnahmen regelmäßig erforderlich sein. Sie dienen der vorläufigen Sicherung des Erziehungszwecks. Ein dringender Tatverdacht ist nicht erforderlich. Die Anordnung der Heimunterbringung gem § 71 II JGG ist zu den Maßnahmen nach § 71 I JGG subsidiär, da sie den schwerwiegenderen Eingriff beinhaltet.

b) Untersuchungshaft

38 Die Anordnung der Untersuchungshaft ist bei Jugendlichen nur zulässig, wenn Maßnahmen nach § 71 JGG nicht ihren Zweck erreichen, § 72 I JGG.

An Jugendlichen, die jünger als 16 Jahre sind, darf Untersuchungshaft wegen Fluchtgefahr nur vollzogen werden, wenn sie sich dem Verfahren bereits entzogen haben, Anstalten dazu treffen oder keinen festen Wohnsitz haben, § 72 II JGG.

Bei Vorliegen der Möglichkeiten einer Anordnung nach § 71 JGG nach Erlaß des Haftbefehls soll die Heimunterbringung nachträglich angeordnet werden (RL Nr. 4 zu § 71 JGG). Die Haft ist gegenüber den Möglichkeiten des § 71 JGG nachrangig, da die Folgen des Haftvollzuges Entwicklungsstörungen befürchten lassen. Der Vollzug der Untersuchungshaft soll gem § 93 JGG möglichst in Jugendvollzugsanstalten oder -abteilungen erfolgen. Bei Vollzug vor dem 18. Lebensjahr ist die Bestellung eines Pflichtverteidigers geboten.[26]

---

25 S. Rn 42
26 S. Rn 43

c) Gutachten zur Feststellung der Entwicklung

In Verfahren, die schwerwiegende Straftaten zum Gegenstand haben, kann der jugendliche Täter nach § 73 I JGG bis zu 6 Wochen zur Vorbereitung eines Gutachtens über den Entwicklungsstand richterlich in einer geeigneten Anstalt untergebracht werden. Die Vorschrift gilt auch für Heranwachsende, § 109 I JGG. Das Verfahren ähnelt demjenigen nach § 81 StPO, es müssen ausreichende Anhaltspunkte für die Täterschaft vorliegen.[27] Ein Pflichtverteidiger ist zu bestellen, § 68 Nr. 3 JGG.

d) Einstweilige Unterbringung

Zulässig ist die Anordnung der einstweiligen Unterbringung gem § 126a StPO, wobei bei Jugendlichen ein Pflichtverteidiger zu bestellen ist.[28]

40

4. Notwendige Verteidigung, § 68 JGG

Jugendlichen und Heranwachsenden (über § 109 I JGG) ist nach §§ 68 Nr. 1 JGG, 140 StPO ein Pflichtverteidiger zu bestellen, wenn dies beim Erwachsenen der Fall wäre. Die Gründe des § 140 II StPO sind großzügig anzunehmen.[29] Die Rechtsprechung der OLG nimmt abhängig von den Umständen teilweise schon bei der Erwartung von einer Jugendstrafe von einem Jahr die Voraussetzung der Schwere der Tat an, wobei insbes Alter und Entwicklungsstand des Täters eine Rolle spielen. Die letztgenannten Umstände sind auch maßgeblich mitbestimmend für die Annahme der Schwierigkeit der Sach- und Rechtslage, insbes dann, wenn Akteneinsicht zur Verteidigung erforderlich erscheint, schwierige Rechtsfragen auftauchen oder die übrigen Angeklagten Verteidiger haben.[30]

41

Dem jugendlichen Beschuldigten ist nach § 68 Nr. 2 JGG auch dann ein Verteidiger zu bestellen, wenn die gesetzlichen Vertreter gem § 67 IV JGG, ausgeschlossen sind.[31]

42

Schließlich ist die Verteidigerbestellung beim Jugendlichen erforderlich,

43

– wenn eine Anordnung gem § 73 JGG[32] in Frage kommt, § 68 Nr. 3 JGG, oder
– gegen einen Jugendlichen Untersuchungshaft oder eine einstweilige Unterbringung gem § 126a StPO vor dem 18. Lebensjahr vollstreckt wird, § 68 Nr. 4 JGG.

---

27 Eisenberg § 73 Rn 8; Brunner/Dölling § 73 Rn 6
28 S. Rn 43
29 Brunner/Dölling § 68 Rn 20
30 Brunner/Dölling § 68 Rn 21; Eisenberg § 68 Rn 26 ff
31 S. Rn 36
32 Vgl Rn 39

Erlbeck

In diesem Fall ist kraft Gesetzes die Bestellung unverzüglich vorzunehmen. Über § 109 I JGG gilt § 68 Nr. 3 JGG auch für Heranwachsende.

5. Rechtsmittel, § 55 JGG

a) Zuchtmittel, Erziehungsmaßregeln, § 55 I JGG

44 Eine jugendrichterliche Verurteilung, mit der lediglich Erziehungsmaßregeln oder Zuchtmittel verhängt wurden, kann nicht wegen der Art der Maßnahme angefochten werden, § 55 I JGG. Der Angriff gegen den Schuldspruch ist davon nicht betroffen. Die Berufung gegen eine gesetzwidrige Maßnahme ist zulässig,[33] ebenso wie beim Heranwachsenden die Anwendung des falschen materiellen Rechts. Schließlich kann die StA mit dem Ziel der Verhängung einer Jugendstrafe oder eines Schuldspruchs nach § 27 JGG das Urteil angreifen.

b) Rechtsmittelausschluß, § 55 II JGG

45 Bei Anwendung materiellen Jugendstrafrechts hat nach § 55 II JGG (beim Heranwachsenden iVm § 109 II JGG) jeder Verfahrensbeteiligte grundsätzlich entweder das Rechtsmittel der Berufung oder der Revision. Der Heranwachsende, der erstinstanzlich nach allgemeinem Strafrecht abgeurteilt wurde, hat bei Anwendung von Jugendrecht in der Berufungsinstanz keine Revision, im umgekehrten Fall hat er sie. Ein Freispruch über zwei Instanzen kann mit der Revision der StA angefochten werden. Die ursprünglich wegen § 335 III StPO als Berufung behandelte Sprungrevision hindert die zulässige Revisionseinlegung nicht.[34]

c) Verschlechterungsverbot

46 Im Einzelfall kann sich auf die Berufung des Angeklagten ergeben, daß andere jugendrichterliche Maßnahmen geboten sind. Grundsätzlich gilt das Verschlechterungsverbot im Jugendstrafrecht auch, jedoch soll bei Berücksichtigung der gesetzgeberischen Wertungen eine flexible Reaktion möglich sein. In einer Gesamtschau sind die Sanktionen in ihrer konkreten Gestaltung zu vergleichen. Dementsprechend stehen sich Weisungen grundsätzlich gleich und sind auswechselbar. Das gleiche gilt für Auflagen. Dabei kommt zum Tragen, daß auch nach rechtskräftiger Anordnung diese nach §§ 11 II, 15 III 1 JGG auswechselbar sind. Jugendarrest als Freiheitsentzug belastet stärker als andere Zuchtmittel, jedoch weniger als Jugendstrafe oder eine Schuldfeststellung nach § 27 JGG.[35]

---

33 Brunner/Dölling § 55 Rn 11
34 OLG Celle MDR 1964, 527
35 Brunner/Dölling § 55 Rn 21 ff

Erlbeck

d) Rechtsmittel des gesetzlichen Vertreters

Neben dem angeklagten Jugendlichen ist der gesetzliche Vertreter nach § 67 III JGG anfechtungsberechtigt. Seine Berufung ist auch bei Rechtsmittelverzicht des jugendlichen Angeklagten wirksam und führt gem § 55 II 2 JGG zur Unzulässigkeit der Revision des Jugendlichen gegen das auf Berufung des gesetzlichen Vertreters ergangene Urteil. Eine Rücknahme des Rechtsmittels des gesetzlichen Vertreters ist nur mit Zustimmung des jugendlichen Angeklagten möglich, § 55 III JGG. 47

6. Vollstreckung

Die Vollstreckung von Urteilen, bei denen Jugendrecht zur Anwendung kam, ist Angelegenheit des Jugendrichters, § 82 JGG. 48

VI. Abschluß der Ermittlungen

1. Einstellung des Ermittlungsverfahrens, § 45 JGG

Die Anwendung des § 45 JGG wird in bezug auf die einschlägigen Formulare im Teil C[36] beschrieben. Ob daneben §§ 153, 153a StPO Anwendung finden können, ist umstritten.[37] In der Praxis wird darauf im Einzelfall jedoch aus den verschiedensten Gründen zurückzugreifen sein, etwa im Falle der Erhebung einer Sicherheit von Jugendlichen ohne festen Wohnsitz. 49

2. Sonstige Einstellungen nach der StPO

Bei den übrigen Möglichkeiten der Verfahrensbeendigung durch Einstellung ergibt sich aufgrund des Jugendgerichtsgesetzes keine Besonderheit mit der Ausnahme, daß eine Privatklageverweisung nach §§ 374, 376 StPO gegen jugendliche Beschuldigte wegen § 80 I JGG nicht möglich ist. 50

3. Vereinfachtes Jugendverfahren

Gegen jugendliche Täter kann nach §§ 76 ff JGG im vereinfachten Jugendverfahren Anklage zum Jugendrichter erhoben werden. 51

---

36 S. dort Rn 186–202
37 Vgl die anschauliche Übersicht bei Brunner/Dölling § 45 Rn 3

Dies soll erfolgen, wenn eine Einstellung nach § 45 JGG nicht mehr in Betracht kommt, die zu erwartende Sanktion sich auf Weisungen gem § 10 JGG,[38] Zuchtmittel,[39] Anordnungen nach §§ 44, 69 StGB bis zu 2 Jahren Dauer, Verfall oder Einziehung beschränken, § 76 JGG. Eine Sitzungsteilnahme der StA ist gem § 78 II JGG nicht notwendig.

Auch wenn diese Verfahrensweise sich bei Fällen mittlerer oder wiederholter leichterer Kriminalität anbietet, sollte davon Abstand genommen werden, wenn eine umfangreiche Beweisaufnahme zu erwarten ist, Probleme bei der Persönlichkeitserforschung bestehen oder eine Hauptverhandlung im förmlichen Verfahren einen größeren Effekt verspricht.[40] Ein Anschluß als Nebenkläger gem § 395 StPO ist bei jugendlichen Angeklagten unzulässig, § 80 III JGG.

Bei Heranwachsenden kommt die Erhebung eines Antrags gem §§ 76 ff JGG nicht in Betracht, § 109 I JGG.

4. Beschleunigtes Verfahren, §§ 417 ff StPO

52 Das beschleunigte Verfahren nach §§ 417 ff StPO kommt bei Jugendlichen nicht zur Anwendung, § 79 II JGG.

Gegen Heranwachsende kann unabhängig von der Rechtswahl iSd § 105 I JGG im beschleunigten Verfahren Anklage erhoben werden, da § 109 I, II JGG nicht auf § 79 II JGG verweisen.

5. Strafbefehlsverfahren

53 Der Erlaß eines Strafbefehls gegen Jugendliche ist nicht möglich, § 79 I JGG.

Gegen Heranwachsende kann ein Strafbefehlsantrag zum Jugendrichter gestellt werden, wenn von der Anwendung allgemeinen Strafrechts auszugehen ist, § 109 I JGG und RL Nr. 2 dazu. Die Verhängung einer Freiheitsstrafe ist nicht zulässig, § 109 III JGG. Kommt Jugendrecht zur Anwendung stehen §§ 105 II, 79 I JGG dem Erlaß des Strafbefehls entgegen.

6. Anklageerhebung

54 Die Anklage zum Jugendrichter oder Jugendschöffengericht, die beim Jugendlichen die Personalien des gesetzlichen Vertreters wegen § 67 JGG

---

38 S. Rn 18
39 S. Rn 19–22
40 Brunner/Dölling §§ 76–78 Rn 5, aA für das letztgenannte Kriterium Eisenberg §§ 76–78 Rn 5

benennen muß, entspricht den Anklagen im allgemeinen Strafrecht, jedoch soll gem § 46 JGG die Kenntnisnahme des wesentlichen Ergebnisses der Ermittlungen keine Nachteile für die Erziehung verursachen. Bei Jugendlichen ist der Anschluß eines Nebenklägers nach § 395 ff StPO unzulässig, § 80 III JGG.

VII. Mitteilungspflichten

Neben den sonstigen Mitteilungspflichten nach der MiStra kommen Mitteilungen nach Nr. 31 an den Vormundschaftsrichter und in geeigneten Fällen nach Nr. 33 an die Schule in Betracht. Nr. 34 MiStra sieht Mitteilungen an den gesetzlichen Vertreter insbes über die Einleitung des Verfahrens, die Verhaftung sowie die Anklageerhebung und nach MiStra 32 an die Jugendgerichtshilfe insbes über die Einleitung des Verfahrens, den Vollzug eines Haft- oder Unterbringungsbefehls und die Anklageerhebung vor. Im Einzelfall kann eine Mitteilung nach Nr. 35 II Nr. 5 MiStra veranlaßt sein.

55

Erlbeck

KAPITEL 3 – SEXUALDELIKTE

Überblick

I.	**Grundlagen**...	**1–6**
	1. Straftaten gegen die sexuelle Selbstbestimmung...............	1–3
	a) Begriff der sexuellen Handlung, § 184c StGB..............	1–2
	b) Besondere Handlungsmodalitäten.........................	3
	2. Geschützte Rechtsgüter.....................................	4–6
	a) Sexuelle Selbstbestimmung..............................	4
	b) Ungestörte sexuelle Entwicklung von Kindern	
	(bis zur Vollendung des 14. Lebensjahrs) und Jugendschutz	
	(bis zur Vollendung des 18. Lebensjahrs)..................	5
	c) Schutz der Sexualverfassung in Ehe und Familie, Art. 6 GG.....	6
II.	**Einzelne Tatbestände des Sexualstrafrechts**.................	**7–11**
	1. Sexueller Mißbrauch von Schutzbefohlenen und besonders anvertrauten Personen, §§ 174 – 174c StGB...................	7
	2. Sexueller Mißbrauch von Kindern, §§ 176 – 176b StGB..........	8
	3. Sexuelle Nötigung/Vergewaltigung, §§ 177, 178 StGB...........	9
	4. Sexuelle Sondertatbestände, §§ 179 – 184 StGB................	10
	5. Sexuelle Auffangtatbestände.................................	11
III.	**Besonderheiten im Ermittlungs- und Strafverfahren**...........	**12–21**
	1. Frühzeitige Beweisermittlung und Beweissicherung durch eine beschleunigte und koordinierte Zusammenarbeit zwischen Kriminalpolizei, StA und Ermittlungsrichter.....................	12
	2. Durchsuchung und Beschlagnahme von Beweismitteln...........	13
	3. Modelle zur effektiven Vernehmung von Opferzeugen...........	14
	4. Zusammenarbeit und Koordination mit Jugendamt und Vormundschaftsgericht.......................................	19
	5. Haftbefehl..	20
	6. Besondere Hinweise zur Vernehmung kindlicher Zeugen und Würdigung ihrer Aussage....................................	21

Meiler

I. Grundlagen

1. Straftaten gegen die sexuelle Selbstbestimmung

a) Begriff der sexuellen Handlung, § 184c StGB

1 Der Begriff der sexuellen Handlung bildet die Grundlage für die wegweisende Vorüberlegung zur Verfolgung von Sexualdelikten und ist deshalb besonders wichtig. Hierzu gehört grundsätzlich jede nach ihrem äußeren Erscheinungsbild und dem allgemeinen Verständnis sexualbezogene Handlung von einiger Erheblichkeit.

Bloße Takt- und Geschmacklosigkeiten, die aus der Gesamtschau aller Umstände und der Sicht des Opfers nicht als sexuell bedeutsam empfunden werden – zB das flüchtige Betasten des bekleideten Oberschenkels – fallen nicht darunter. Der Maßstab zur Beurteilung solcher Verhaltensweisen wird sich letzten Endes nach dem jeweils geschützten Rechtsgut zu richten haben. So ist der Zungenkuß gegenüber einem Kind ohne weiteres als sexuelle Handlung iSd § 176 I StGB zu werten, weil er als Störung in der sexuellen Entwicklung des Kindes wirkt. Im Hinblick auf die besondere Reichweite des geschützten Rechtsgutes enthält der sexuelle Mißbrauch von Kindern verschiedene Handlungen an, vor dem und durch das Kind.

2 Die einzelnen Tatmodalitäten sind für das Gewicht der sexuellen Handlung, aber auch die daraus resultierenden Rechtsfolgen maßgeblich. Im Einzelfall können die Abgrenzungen untereinander problematisch sein. Fordert der Täter das Kind über das Telefon oder das Internet zur Vornahme sexueller Handlungen an sich auf, entfällt nach wie vor die Strafbarkeit aus § 176 I StGB wegen der fehlenden unmittelbaren Nähe zwischen Täter und Opfer. Seit dem Inkrafttreten des 6. StRG kommt allerdings eine Bestrafung nach § 176 III Nr. 2 StGB in Betracht.[1] Die fernmündliche Anweisung, die auch über den Internetanschluß im chatroom erfolgen kann, genügt für die Annahme der Bestimmung des Kindes zur Vornahme sexueller Handlungen an seiner Person.

b) Besondere Handlungsmodalitäten

3 Über den allgemeinen sexuellen Handlungsbegriff mit der Umschreibung der sexualbezogenen Erheblichkeit hinaus sieht das Sexualstrafrecht besondere Modalitäten mit schwerer Auswirkung für Täter und Opfer vor. Die Nötigung zu sexuellen Handlungen mit Gewalt oder durch Drohung mit gegenwärtiger Gefahr für Leib oder Leben waren bereits tatbestandliche Elemente der §§ 177 I, 178 I StGB. An diesen Begriffen, die von der körperlichen Zwangseinwirkung auf das Opfer gekennzeichnet sind, hat sich

---

[1] Tröndle/Fischer § 176 Rn 2, 7; BGH StV 1999, 306, 307

durch die Neufassung nichts geändert.² Nach § 177 I Nr. 3 StGB liegt eine sexuelle Nötigung auch vor, wenn der Täter eine Lage ausnutzt, in der das Opfer seiner Einwirkung schutzlos ausgeliefert ist. Die neu eingefügte Variante steht gleichrangig neben der Gewaltanwendung und Drohung mit gegenwärtiger Gefahr für Leib oder Leben. Insoweit hat der Gesetzgeber eine tatbestandliche Lücke geschlossen. Nach seinem Willen sollen auch die Fälle erfaßt werden, in denen das Opfer die Tat aus Angst vor dem Täter ohne Gegenwehr über sich ergehen läßt, weil es sich in einer hilflosen Lage befindet und ihm Widerstand aussichtslos erscheint.³

2. Geschützte Rechtsgüter

a) Sexuelle Selbstbestimmung

Das Sexualstrafrecht ist in den §§ 174–184c StGB als 13. Abschnitt mit der Bezeichnung »Straftaten gegen die sexuelle Selbstbestimmung« abschließend geregelt. Die sexuelle Selbstbestimmung ist jedoch nur ein einzelner Aspekt und trotz der Abschnittsüberschrift nicht das alleinige Rechtsgut. Der Schutzzweck wechselt vielmehr und orientiert sich an der Art der jeweiligen Tatbestände. Davon geht wohl auch der Gesetzgeber aus, wie aus seinen Hinweisen in § 184c Nr. 1 StGB »auf das jeweils geschützte Rechtsgut« zu entnehmen ist.⁴ Mitunter vereinigt eine Vorschrift mehrere Rechtsgüter in sich wie zB beim sexuellen Mißbrauch von Schutzbefohlenen nach § 174 StGB oder in den Fällen der Verbreitung pornographischer Schriften gem § 184 StGB.

4

Die jeweiligen Rechtsgüter sind ein wichtiger Beurteilungsmaßstab für den StA und in Zweifelsfällen von ausschlaggebender Bedeutung für die Feststellung und Abgrenzung einzelner Tatbestände. Das Rechtsgut der sexuellen Selbstbestimmung setzt die Fähigkeit und die Freiheit des Opfers zur selbständigen Entscheidung und Bildung eines Abwehrwillens voraus. Daher ist es im Kernbereich Gegenstand der Regelung in den §§ 177, 179, 180a–181a StGB, die vor besonderen Gefahren und Einflußnahmen auf die sexuelle Willensfreiheit schützen sollen.

b) Ungestörte sexuelle Entwicklung von Kindern (bis zur Vollendung des 14. Lebensjahrs) und Jugendschutz (bis zur Vollendung des 18. Lebensjahrs)

Im Blickpunkt der Öffentlichkeit steht meist die ungestörte sexuelle Entwicklung von Kindern bis zur Vollendung des 14. Lebensjahrs auch innerhalb besonderer Abhängigkeitsverhältnisse im Sinne der §§ 174, 176–176b

5

---

2 BGH bei Miebach NStZ 1998, 186, 187
3 BT-Ds 13/7324, 2 u. 6
4 Tröndle/Fischer vor § 174 Rn 3

Meiler

StGB. Diese Vorschriften sollen zur Vermeidung vorzeitiger sexueller Erlebnisse und störender Eingriffe in die Gesamtentwicklung eines Kindes beitragen. Der sexuelle Mißbrauch von Kindern kommt in der Statistik der Sexualdelikte mit ca. 30 % am häufigsten vor.[5] Polizei und StA sind daher verpflichtet, solche an sie herangetragenen Fälle mit besonderer Sorgfalt und Umsicht zu verfolgen.

Dem unmittelbaren Jugendschutz bis zur Vollendung des 18. Lebensjahrs dienen in erster Linie der sexuelle Mißbrauch von Jugendlichen nach § 182 StGB und einzelne Tatbestände der Verbreitung pornographischer Schriften iSd § 184 I Nr. 1, 2, 3a, 5 StGB.

Darüber hinaus sollen andere tatbestandliche Varianten des § 184 StGB auch Heranwachsende bis zum Alter von 21 Jahren und junge Erwachsene vor schwerwiegenden Beeinträchtigungen in ihrer noch nicht abgeschlossenen seelischen Entwicklung und sozialen Orientierung bewahren sowie mittelbar dem sexuellen Mißbrauch von Kindern vorbeugen.[6]

c) Schutz der Sexualverfassung in Ehe und Familie, Art. 6 GG

6 Letztlich sind die Normen des Sexualstrafrechts im Lichte der Grundrechte auf Achtung der Menschenwürde, der freien Entfaltung der Persönlichkeit und der grundrechtlich geschützten Sexualverfassung in Ehe und Familie nach Art. 1, 2 und 6 GG zu betrachten. Mit einer sorgfältigen Aufklärung und Bearbeitung leisten die Strafverfolgungsorgane einen wesentlichen Beitrag zur Erhaltung dieser Wertordnung.

II. Einzelne Tatbestände des Sexualstrafrechts

1. Sexueller Mißbrauch von Schutzbefohlenen und besonders anvertrauten Personen, §§ 174–174c StGB

7 Der sexuelle Mißbrauch von Schutzbefohlenen iSd § 174 I StGB dient dem Schutz von Kindern und Jugendlichen im Alter bis 16 Jahren und bis 18 Jahren, die sich in verschiedenen Abhängigkeitsverhältnissen befinden. Die Voraussetzungen des § 174 I Nr. 1 StGB sind erfüllt, wenn das kindliche oder jugendliche Opfer im Alter bis zu 16 Jahren dem Täter tatsächlich zur Obhut anvertraut ist. Hieraus muß sich eine Verantwortung für das Wohl der auch nur zeitweilig überlassenen Person ergeben. Im Falle der häuslichen Lebensgemeinschaft mit einem Stief-Elternteil, der nicht unter

---

5   Tröndle/Fischer § 176 Rn 1
6   Tröndle/Fischer § 184 Rn 4

§ 174 I Nr. 3, 2. Alt StGB einzuordnen ist, kommt es für die Annahme eines Obhutsverhältnisses stets auf die konkrete Situation an.[7]

In der Praxis kommen überwiegend Fälle des sexuellen Mißbrauchs von Schutzbefohlenen durch die leiblichen Eltern – zumeist der Vater – § 174 I Nr. 3, 1. Alt StGB, Stief- oder Großeltern – § 174 I Nr. 1 StGB – sowie sonstige nahe Angehörige und Jugendbetreuer vor. Bei dem zuletzt erwähnten Täterkreis ist besonders zu ermitteln, ob und inwieweit diese Betreuer nur mit der Ausbildung oder darüber hinaus auch mit der zeitweiligen Gestaltung der Lebensführung zB im Rahmen eines Freizeit- oder Ferienlagers bzw eines längeren sportlichen Wettkampfes befaßt waren. Solche Feststellungen sind für die Umschreibung des engeren Anklagesatzes bedeutsam. Sie haben jedoch unter besonderen Voraussetzungen eine Auswirkung auf die spätere Strafzumessung, sofern dabei nicht gegen das Verbot der Doppelverwertung verstoßen wird.

Innerhalb des § 174 I StGB verdrängt die Nr. 3 die Nr. 1 und 2. Im Vergleich von Nr. 1 und 2 ist die tatbestandliche Variante der Nr. 2 wegen des erschwerenden Mißbrauchs einer mit dem Obhutsverhältnis verbundenen Abhängigkeit das speziellere Gesetz.[8] Für den Vorwurf des Mißbrauchs einer Abhängigkeit bedarf es in der Anklage besonderer tatsächlicher Hinweise. Voraussetzung ist, daß eine tatsächliche und/oder psychische Abhängigkeit zur Tatzeit aufgrund des gegenseitigen Verhältnisses vorlag und sich beide Teile dessen bewußt waren.[9]

Gelangt der Täter ausschließlich oder überwiegend wegen dieser Abhängigkeit zum Ziel, mißbraucht er das Verhältnis. Davon zu unterscheiden sind sexuelle Begegnungen, die nur zufällig und ohne Rücksicht auf die Sonderverbindung zustandekommen.

Das tatbestandliche Merkmal »anvertraut«, das wie bei § 174 I Nr. 1 StGB ein Über- oder Unterordnungsverhältnis voraussetzt, ist beim sexuellen Mißbrauch iSd § 174a StGB hervorzuheben. Der hierfür infrage kommende Täterkreis ist anders als beim Regelfall des § 174 I StGB häufig nur zur zeitlich begrenzten Betreuung verpflichtet. Daher sind in der Anklage die jeweiligen Aufgaben zB der JVA-Bediensteten oder Krankenpfleger im Detail anzuführen. Außerdem sind die näheren Umstände für den »Mißbrauch der Stellung« anzugeben. Je ausgeprägter die Abhängigkeit des Gefangenen oder sonst Untergebrachten vom Täter aufgrund der diesem obliegenden Aufgaben ist, um so weniger bedarf es in der Regel des Nachweises besonderer Umstände für den Mißbrauch der Stellung. So wird bei Angehörigen des Wachpersonals, denen die Beaufsichtigung der Gefangenen obliegt, regelmäßig die Feststellung genügen, daß die Amtsstellung und

---

7 Tröndle/Fischer § 174 Rn 2
8 BGH bei Miebach NStZ 1998, 131
9 BGHSt 33, 340, 344; BGH bei Miebach NStZ 1998, 130, 131

Meiler

deren Wahrnehmung dem Täter die Gelegenheit zur Vornahme sexueller Handlungen geboten hat.[10]

Zwischen dem sexuellen Mißbrauch von Gefangenen und dem sexuellen Mißbrauch unter Ausnutzung einer Amtsstellung nach §§ 174a, 174b StGB ist Tateinheit möglich, sofern der Mißbrauch zugleich in der durch ein Straf- oder Maßregelverfahren begründeten Abhängigkeit des Opfers zum Täter erfolgt.

Die Vorschrift des § 174c StGB regelt Sonderfälle des sexuellen Mißbrauchs. Das hierdurch geschützte Rechtsgut ist die sexuelle Selbstbestimmung von Personen, die wegen psychisch bedingter Einschränkungen ihrer Abwehrfähigkeit innerhalb therapeutischer Abhängigkeitsverhältnisse besonders der Gefahr sexueller Angriffe ausgesetzt sind.[11]

2. Sexueller Mißbrauch von Kindern, §§ 176 – 176b StGB

8   Der Strafzweck des § 176 StGB liegt in der Sicherung der ungestörten sexuellen Entwicklung eines Kindes. Beim sexuellen Mißbrauch wird regelmäßig die Entfaltung des jungen Menschen im seelischen Bereich nachhaltig beeinflußt.[12]

a) Der sexuelle Mißbrauch von Kindern wurde durch das 6. StRG um zwei Neuregelungen erweitert. Seit 1.4.1998 ersetzt der schwere sexuelle Mißbrauch von Kindern nach § 176a StGB die bis dahin gültige Norm für die Strafzumessung § 176 III StGB durch eine als Verbrechen eingestufte Qualifikation mit unterschiedlichen Strafrahmen. Die früheren Regelbeispiele des Beischlafs mit dem Kind und der körperlich schweren Mißhandlung wurden als qualifizierende Merkmale übernommen. Hinzu kamen zwei weitere Qualifikationstatbestände der gemeinschaftlichen Tatbegehung in § 176a I Nr. 2 StGB und der Tatwiederholung innerhalb der letzten 5 Jahre nach der rechtskräftigen Verurteilung in § 176a I Nr. 4 StGB.

Bei § 176b StGB handelt es sich um eine durch den Tod des mißbrauchten Kindes erfolgsqualifizierte Verbrechensnorm mit der Androhung von lebenslanger Freiheitsstrafe oder Freiheitsstrafe nicht unter 10 Jahren. Damit wollte der Gesetzgeber den Schutz der Allgemeinheit vor besonders schwerwiegenden Sexualstraftaten verbessern und die vorhandenen Defizite durch eine Erhöhung der Strafdrohungen beseitigen.[13]

b) Die erheblichen sexualbezogenen Handlungen werden in den Fällen des § 176 I und II StGB mit unmittelbarem Körperkontakt,[14] in den Fällen des

---

10   BGH NStZ 1999, 29, 30
11   Tröndle/Fischer § 174c Rn 2
12   BGH StV 1998, 657
13   BT-Ds 13/7559, 8, 9, 13, 13
14   BGH NStZ 1996, 130; Tröndle/Fischer § 176 Rn 3

§ 176 III Nr. 1 und 3 StGB ohne körperliche Berührung vorgenommen. Die unter § 176 III Nr. 2 StGB beschriebene Tatmodalität kann auch mit einer körperlichen Einwirkung verknüpft sein.

Als strafbare Handlung an einer Person oder durch eine Person unter 14 Jahren iSd § 176 I StGB kommen hauptsächlich in Betracht:
- Nachhaltiges Betasten und Streicheln der Brust und der Genitalien
- Lecken an der entblößten Brust und den Genitalien
- Führen des erregten Gliedes an die Scheide eines Mädchens, das noch nicht den Qualifikationstatbestand des § 176a III Nr. 1, 2. Alt StGB erfüllt.[15] Hiervon wird im Hinblick auf § 2 III StGB auch für Altfälle vor dem 1.4.1998 auszugehen sein, die unter weiteren erschwerenden Umständen der sexuellen Perversion dem Strafrahmen des § 176 III 2 Nr. 1 StGB aF zugeordnet werden können.[16]

c) Die Strafnorm des § 176 III Nr. 1 und 2 StGB wird durch sexuelle Handlungen des Täters oder kindlichen Opfers am eigenen Körper, insbes Manipulationen an Geschlechtsteilen, bei der männlichen erwachsenen Person häufig bis zum Samenerguß, verwirklicht.

In der Praxis nimmt die Bedeutung des § 176 III Nr. 3, 3. Variante StGB durch die erleichterten Möglichkeiten einer anonymen Verbindungsaufnahme über Telefon, Telefax oder Internet mit kindlichen Opfern zu. Für die Annahme eines pornographischen Inhalts der »entsprechenden Redensarten« kommt es darauf an, ob und inwieweit das vorhandene Beweismaterial auf eine Verherrlichung von sexuellen Ausschweifungen oder Perversitäten sowie obszöne Ausdrucksweisen, wie die Bezeichnung der äußeren Geschlechtsmerkmale mit »Schwanz« oder »Fotze«, schließen läßt.[17]

Lediglich sexualbezogene Unterhaltungen und Ausforschungen zur sexuellen Aufklärung eines Kindes genügen nicht.

d) Für sämtliche Fälle des § 176 StGB ist zumindest ein bedingter Vorsatz des Täters erforderlich. Daher muß er sich Gedanken gemacht und wenigstens mit der Möglichkeit gerechnet haben, daß das Handlungsopfer noch nicht 14 Jahre alt war.

Schweigt der Beschuldigte im Ermittlungsverfahren hierzu, sind die Feststellungen aus dem übrigen Ermittlungsergebnis in die Anklage aufzunehmen. Hieraus muß ersichtlich sein, daß das Opfer zur Tatzeit erkennbar nach Statur, äußerem Erscheinungsbild und Verhaltensweise jedenfalls noch nicht wie ein 14 Jahre altes Kind wirkte.[18]

---

15 BGH StV 1998, 381; Tröndle/Fischer § 176a Rn 4
16 Tröndle/Fischer § 176 Rn 15
17 BGH 23, 40,44; 29, 29; BGH NStZ 1991, 3162, 3163; Tröndle/Fischer § 176 Rn 11
18 BGH bei Miebach NStZ 1998, 131

Meiler

Insoweit empfiehlt sich ein entsprechender Aktenvermerk der vernehmenden Organe im Ermittlungsverfahren.

Das Kind braucht iü die sexuelle Bedeutung des Handlungsablaufs nicht zu verstehen.

e) Gem § 176a I Nr. 1, 1. Alt StGB ist der Vollzug des Beischlafs einer Person über 18 Jahren mit einem Kind mit Freiheitsstrafe nicht unter einem Jahr bedroht. Nach bisher umstrittener, in der Rechtsprechung des BGH jedoch vorherrschender Meinung genügt hierfür schon das Eindringen in den Scheidenvorhof. Diese Ansicht dürfte nunmehr mit dem Wortlaut und der Systematik des § 176a I Nr. 1 StGB nicht mehr vereinbar sein. Wie aus § 176a I Nr. 1, 2. Alt StGB zu entnehmen ist, sieht der Gesetzgeber auch für beischlafsähnliche sexuelle und mit dem Eindringen in den Körper verbundene Handlungen die gleiche Strafdrohung vor. Die qualifizierenden Merkmale in § 176a I Nr. 1 StGB stellen abweichend von den Regelbeispielen für besonders schwere Fälle der sexuellen Nötigung des § 177 II 2 Nr. 1 StGB ausschließlich auf das Eindringen in den Körper ab. Daher sind als beischlafsähnliche Handlungen iSd § 176a I Nr. 1, 2. Alt StGB insbes die orale und anale Penetration zu verstehen. Hiervon wird nicht nur das gewaltfreie Einführen des Penis erfaßt, sondern auch das anderer Körperglieder zB des Fingers in Körperöffnungen. Auch dies kann eine das kindliche Opfer besonders belastende und erniedrigende Handlung sein.[19]

Letztlich wird die Auswahl des zutreffenden Strafrahmens aus § 176a I Nr. 1, 2. Alt und III HS 1 StGB von der Gesamtschau aller Umstände abhängen. Beim Versuch der Qualifikation ohne das vollständige Eindringen in den Körper und der Vollendung des Grundtatbestandes ist eine Handlungseinheit nach §§ 176 I, 176a I Nr. 1, 22, 23 I, 52 I StGB möglich.[20]

3. Sexuelle Nötigung/Vergewaltigung, §§ 177, 178 StGB

9   a) Der Grundtatbestand der sexuellen Nötigung enthält in § 177 I Nr. 1-3 StGB einzelne und gleichartige Handlungsmodalitäten. Mit der zusätzlichen in § 177 I Nr. 3 StGB eingefügten sexuellen Nötigung unter Ausnutzung einer schutzlosen Lage des Opfers wollte der Gesetzgeber eine Strafbarkeitslücke schließen.[21]

Der früher nach § 177 I StGB selbständige Tatbestand der Vergewaltigung ist als Regelbeispiel des besonders schweren Falls der sexuellen Nötigung gem § 177 II 2 Nr. 1 StGB mit der Strafdrohung von 2 bis 15 Jahren bewehrt. Für die Strafzumessung kann in Ausnahmefällen mit weitaus

---

19 BT-Ds 13/7324, 6; 13/8587, 31, 32; 13/9064, 11 BGH NStZ 1996, 599; BGH bei Miebach NStZ 1997, 118 BGH StV 1998, 381 Ferner BGH StV 1999, 602, 603 – Oralverkehr am Kind
20 Tröndle/Fischer § 176a Rn 12
21 BGH StV 1999, 90, 91

überwiegenden Milderungsgründen ein Rückgriff in den Strafrahmen des § 177 I StGB erwogen werden. Darüber hinaus sind in § 177 III und IV StGB weitere Qualifikationstatbestände mit stufenweise erhöhten Strafrahmen vorgesehen. Die Annahme eines minder schweren Falls ist gem § 177 V StGB beim Grundtatbestand der sexuellen Nötigung – § 177 I StGB – und bei den Qualifikationen – § 177 III, IV StGB – möglich.

b) Die sexuelle Nötigung mit Gewalt ist ein Tatmittel zur Überwindung des erwarteten Widerstands. Auf das Maß der Kraftentfaltung kommt es nicht an. Das Festhalten des Opfers an den Handgelenken, das Wegdrücken der zur Abwehr vorgehaltenen Hände und das Auseinanderdrücken der Beine genügen. Hierbei muß jedoch das Opfer einen körperlichen Zwang empfinden. Außerdem ist eine finale Verknüpfung zwischen der gegen den Körper des Opfers gerichteten Gewalt und der sexuellen Handlung notwendig. Hieran fehlt es bei völlig überraschenden Angriffen, gegen die das Opfer keinen Abwehrwillen mehr bilden kann. Der ursächlich und zweckbestimmte Zusammenhang von Gewalt und sexueller Handlung ist sowohl in der Anklage wie im Strafurteil mit Tatsachen zu belegen.[22]

Allein die vom Täter erkannte Abneigung der Frau gegen den Beischlaf reicht nicht aus, wenn es nicht zum Einsatz von Gewalt als Nötigungsmittel kommt.[23] Grobe Zudringlichkeiten, wie der Versuch das Opfer zu »begrapschen«, oder die gewaltsame Entfernung der Kleidung ohne gleichzeitige Vornahme sexualbezogener Handlungen oder geschlechtlicher Erregung des Täters stellen noch keine sexuellen Handlungen am Körper des Opfers dar.[24]

c) Ebensowenig ist das Entkleiden eines Kindes »unter Festhalten« verbunden mit der Aufforderung sich auf ein Sofa zu legen, weil es »sonst Ärger kriegen« würde, ohne weitere Zwangsumstände als Anwendung von Gewalt oder Drohung mit gegenwärtiger Gefahr für Leib oder Leben iSd § 177 I Nr. 1 und 2 StGB anzusehen. Die Androhung von Schlägen und sei es auch nur in Form einer Ohrfeige kann allerdings aus der Gesamtschau aller Umstände die tatbestandlichen Voraussetzungen des § 177 I Nr. 2 StGB erfüllen.[25]

d) Durch das in § 177 I Nr. 3 StGB normierte Ausnutzen einer schutzlosen Lage werden die Fälle einer sexuellen Nötigung erfaßt, in denen weder Gewalt noch eine Drohung gegeben sind. Das Opfer läßt die Tat jedoch aus Angst vor dem Täter über sich ergehen, weil es sich in einer hilflosen Lage befindet und ihm Widerstand aussichtslos erscheint.[26]

---

22 BGH bei Miebach NStZ 1998, 133, 186; BGH StV 1999, 371, 372; Tröndle/Fischer § 177 Rn 6, 7
23 BGH bei Miebach NStZ 1998, 132
24 BGH StV 1997, 523, 524
25 BGH bei Miebach NStZ 1998, 187 BGH StV 1999, 208; NStZ 1999, 505, 506
26 BT-Ds 13/7324, 2, 6, 7 BGH StV 1999, 90 BGH NStZ 1999, 130, 131

Meiler

Eine hilflose Lage ist anzunehmen, wenn die Schutz- und Abwehrmöglichkeiten des Opfers in einem solchen Maße vermindert sind, daß es dem ungehemmten Einfluß des Täters preisgegeben ist. In derartigen Situationen stehen sich der meist körperlich überlegene Täter und das Opfer allein gegenüber, wobei das Opfer nicht mit fremder Hilfe rechnen kann. Davon wird in der Regel bei einsamen Tatorten, zB Parkplatz im Wald zur Nachtzeit, Fehlen von Fluchtwegen sowie Abwesenheit eingriffsbereiter Dritter und von vornherein erfolglosen Hilferufen oder Notsignalen auszugehen sein. Einer völligen Aufhebung jeglicher Verteidigungsmöglichkeit bedarf es allerdings nicht.[27]

Zur äußeren Schutzlosigkeit muß im Einzelfall noch die konkrete Chancen- und Wehrlosigkeit des Opfers hinzutreten. In der Anklage und im Strafurteil sind hierzu die näheren Umstände aus der Gesamtschau darzustellen. Insoweit kommt neben Furcht oder Schrecken auch die Schwächung des Opfers infolge Alkohol- und Betäubungsmittelkonsums in Betracht. Ist das Opfer rauschbedingt völlig widerstandsunfähig, liegt eventuell der Tatbestand des § 179 I Nr. 1, 3. Alt StGB vor.

e) Das Regelbeispiel § 177 II 2 Nr. 1, 1. Alt StGB stellt darauf ab, daß der Täter den Beischlaf durch vollständiges Eindringen des männlichen Gliedes in die Scheide der Frau selbst ausführt. Dies ergibt sich aus Wortlaut, Systematik und Entstehungsgeschichte zur Neufassung des § 177 II StGB.[28]

Als beischlafsähnlich iSd § 177 II 2 Nr. 1, 2. Alt StGB sind nach Sinn und Zweck namentlich die Handlungen zu werten, die mit dem Eindringen in den Körper verbunden sind und das Opfer besonders erniedrigen. Neben dem erzwungenen Oral- und Analverkehr kommt das gewaltsame Einführen eines Fingers oder von Gegenständen in die Scheide in Betracht. Nicht besonders erniedrigende und in den Körper eindringende Handlungen, wie der Zungenkuß gegenüber einer erwachsenen Person fallen nicht darunter.[29]

Die Vorschrift stellt durch ihren Wortlaut »insbesondere« anders als bei § 176a I Nr. 1, 2. Alt StGB nicht allein auf das Eindringen in den Körper ab. Daher können auch sonstige Handlungen aus dem Grundtatbestand des § 177 I StGB beischlafsähnlich iSd § 177 II Satz 2 Nr. 1, 2. Alt StGB sein, wenn sie das Opfer besonders erniedrigen und erkennbar zum bloßen Objekt sexueller Willkür herabwürdigen. Dies gilt zB für völlig ungewöhnliche, perverse und würdelose Sexualpraktiken etwa unter Einsatz von Tieren oder Anwendung masochistischer Methoden.

f) Erzwingt der Täter nach besonders erniedrigenden sexuellen Handlungen wie dem Oral- und Analverkehr oder Einführen eines Fingers in das

---

27 BGH NStZ RR 1998, 103, 105; BGH StV 1999, 90, 91; NStZ 1999, 130, 131; Tröndle/Fischer § 177 Rn 12, 13; Renzikowski NStZ 1999, 377, 379
28 BGH StV 1999, 372, 373; Tröndle/Fischer § 177 Rn 20
29 LG Augsburg NStZ 1999, 307, 308; Tröndle/Fischer § 177 Rn 20

Meiler

Genital innerhalb der natürlichen Handlungseinheit noch den Geschlechtsverkehr, kommt dies im Schuldspruch nicht zum Ausdruck. Die mehrfache Verwirklichung der Regelbeispiele kann allerdings straferhöhend berücksichtigt werden.

Ein Schuldvorwurf wegen vollendeter sexueller Nötigung und versuchter Vergewaltigung ist nach der Neufassung der §§ 177, 178 StGB nicht mehr möglich. Hierfür besteht auch kein kriminalpolitisches Bedürfnis. Es verbleibt vielmehr beim Schuldspruch der sexuellen Nötigung. Für die dem erhöhten Unrechtsgehalt angemessenen Rechtsfolgen steht der Strafrahmen des § 177 I StGB mit einer Freiheitsstrafe von 1 bis 15 Jahren ausreichend zur Verfügung.[30] Die gesetzgeberische Einordnung der Vergewaltigung als Regelbeispiel läßt den Schuldvorwurf einer versuchten Vergewaltigung nicht zu. Will der Täter den Beischlaf mit dem Opfer erzwingen und kommt es dabei schon zu sexuellen Handlungen iSd § 177 II StGB, ist er nach der Gesetzessystematik nur aus dem vollendeten Grunddelikt und nicht wegen Versuchs eines Regelbeispiels zu verurteilen.[31]

Werden sexuelle Nötigung und Vergewaltigung nacheinander jeweils vollendet am selben Opfer verübt, können sie Gegenstand eines einheitlichen Tatvorwurfs sein. Dies ist mit Wortlaut und Systematik des § 177 StGB vereinbar.

g) Waffe und anderes gefährliches oder sonstiges Werkzeug, Tatmittel iSd § 177 III und IV StGB:

Der Gesetzgeber hat die Vorschrift des § 177 StGB in Abs 3 und 4 neu gefaßt, um sie weitgehend im Bereich der Qualifikationstatbestände und der Strafdrohungen an inhaltlich sowie strukturell vergleichbare Regeln anzupassen. § 177 III Nr. 1 und 2 StGB entspricht mit der Androhung von Freiheitsstrafe nicht unter 3 Jahren den Qualifikationen des schweren Raubes nach § 250 I Nr. 1a und b StGB. Die verschärfte Strafdrohung von Freiheitsstrafe nicht unter 5 Jahren in § 177 IV Nr. 1 StGB ist mit der in § 250 II Nr. 1 StGB identisch.[32]

Durch die einheitlichen Begriffspaare »Waffe oder anderes gefährliches Werkzeug« sollen nach der Rechtsprechung des Bundesgerichtshofs alle Tatmittel in § 177 III Nr. 1 StGB erfaßt sein, die bereits ihrer Art nach objektiv geeignet sind, erhebliche Verletzungen zuzufügen.[33]

---

30 BGH StV 1998, 381, 382; 1999, 372, 373; Tröndle/Fischer § 177 Rn 38
31 BGH StV 1999, 372; teilw aA Tröndle/Fischer § 177 Rn 23a, wonach die weitgehende Annäherung des § 177 II Nr. 1 StGB an ein Tatbestandsmerkmal den Schuldvorwurf einer »versuchten Vergewaltigung« im Falle eines Scheiterns der mit Gewalt beabsichtigten Penetration nahelegt.
32 BT-Ds 13/9064, 12, 13; BGH StV 1999, 208, 209; Tröndle/Fischer § 177 Rn 24
33 BGH StV 1999, 208, 209 BGH StV 1999, 209, 210 zu § 250 I Nr. 1a, II Nr. 1 StGB, wonach die obj. Gefährlichkeit und Geeignetheit zur Verursachung erheblicher Verletzungen jedenfalls in der konkreten Anwendung gegeben sein muß. Ferner Boetticher/Sander NStZ 1999, 292 – 297 zu § 250 StGB

Dies trifft zB für geladene Schußwaffen und nach vorne schießende Gaspistolen, Baseballschläger, Messer, Schere und Totschläger zu, deren Einsatz zu erheblichen Schuß-, Schlag- und Stichverletzungen führen kann.

Der Täter führt eine Waffe oder ein anderes gefährliches Werkzeug iSd § 177 III Nr. 1 StGB bei sich, wenn er es zu irgendeinem Zeitpunkt der gesamten Tatbegehung einsatzbereit zur Verfügung hat. Dabei genügt der erste Zugriff auf das Mittel am Tatort. Auf den Willen zum Einsatz oder die Absicht der Verwendung kommt es nicht an.[34]

Fehlt es an der objektiven Gefährlichkeit des mitgeführten Tatmittels, richtet sich die Strafbarkeit nach § 177 III Nr. 2 StGB.

Demnach erfüllen sonstige ungefährliche Werkzeuge oder Mittel, die aus der Sicht des Täters zur Verhinderung oder Überwindung erwarteten Widerstandes dienen sollen, erst durch die konkrete Art ihrer Anwendung die Qualifikationsmerkmale des § 177 III Nr. 2 StGB.

Hierzu zählt insbes der Einsatz von Fesselungsmitteln sowie ungeladenen Schußwaffen, Schreckschußpistolen oder Scheinwaffen wie Spielzeugpistolen und Schußwaffen-Attrappen.[35]

Gem § 177 IV Nr. 1 StGB ist nur die konkrete Anwendung des nach § 177 III Nr. 1 StGB mitgeführten gefährlichen Tatmittels strafbar.

h) Vergewaltigung und weitere Handlungen innerhalb eines einheitlichen Lebensvorganges als prozessuale Tat iSd § 264 I StPO:

Grundsätzlich ist die Handlungseinheit mit allen strafbaren sexuellen Verhaltensweisen möglich. Körperverletzungen treten allerdings hinter den Qualifikationen § 177 III Nr. 3 und IV Nr. 2a StGB im Wege der Gesetzeseinheit zurück.

In der Praxis spielt nicht selten die Konkurrenz von Freiheitsberaubung sowie von Vergewaltigung und Menschenhandel eine wichtige Rolle. Die bewußte Ausnutzung der Freiheitsberaubung zur Erzwingung sexueller Handlungen ist eine Gewaltanwendung im Sinne der §§ 177 I Nr. 1, 178 StGB. Trotz teilweiser Identität der Handlungsmodalitäten stehen sexuelle Nötigung/Vergewaltigung und Freiheitsberaubung nach §§ 177 I Nr. 1, II 2 Nr. 1, 178, 239, 52 I StGB in Tateinheit, wenn die Freiheitsberaubung über das zur Verwirklichung der sexuellen Nötigung/Vergewaltigung Erforderliche hinausgeht. Dies trifft insbes für längerfristige Freiheitsentziehungen an entlegenen Orten zu.[36]

In regelmäßigen Zeitabständen schleusen organisierte Tätergruppen hauptsächlich Frauen aus Osteuropa mit gefälschten Ausweispapieren nach Deutschland ein und bringen sie in Bordelle, wo sie der Prostitution nach-

---
34 BGH StV 1999, 208, 209; NStZ 1999, 242, 243
35 BT-Ds 13/9064, 18
36 BGH NStZ 1999; 83; Tröndle/Fischer § 177 Rn 39, § 239 Rn 14

gehen müssen. Vor der Aufnahme oder Fortsetzung einer solchen Tätigkeit müssen sie sich häufig einem »Eignungstest« unterziehen. Hierbei werden die jungen Frauen meist mit Gewalt, Drohung mit gegenwärtiger Gefahr für Leib oder Leben sowie unter Ausnutzung ihrer schutzlosen Lage zum Oral- und Vaginalverkehr gezwungen. Der mit der Einschleusung verwirklichte Menschenhandel nach § 180b II Nr. 1 und 2 StGB kann mit der nachfolgenden im Bundesgebiet verübten Vergewaltigung iSd § 177 I Nr. 1–3, II Nr. 1 StGB einen einheitlichen und vom Verfolgungswillen der StA erfaßten Lebensvorgang bilden.[37]

Eine Anklage wegen Vergewaltigung mit Todesfolge nach § 178 StGB hat die zuverlässige Feststellung zu enthalten, daß der Tod des Opfers durch die Vergewaltigung verursacht wurde. Der Vergewaltigung haftet nicht typischerweise das Risiko eines tödlichen Ausganges an, das sich mit dem Todeseintritt realisiert. Daher genügt für diesen erfolgsqualifizierten Schuldvorwurf nicht schon die Tötung im Zusammenhang mit einer Vergewaltigung. Ebensowenig reicht es aus, daß der Täter nach einer Vergewaltigung die Fortdauer der Gewaltlage zur Tötung des Opfers mit einem weiteren Willensentschluß ausnutzt.[38]

Bei dieser Fallvariante kann der Anklagesatz neben der Vergewaltigung unter den Voraussetzungen der besonderen Merkmale des § 211 II StGB einen Mord als weiteren Vorwurf enthalten.

Im vorbereitenden Verfahren ist es zweckmäßig, den frühzeitig hinzugezogenen rechtsmedizinischen Sachverständigen auf die unterschiedlichen Zusammenhänge der möglichen Todesursachen hinzuweisen.

4. Sexuelle Sondertatbestände, §§ 179 – 184 StGB

a) Nach § 179 I Nr. 1, 3. Variante StGB kann der sexuelle Mißbrauch widerstandsunfähiger Personen unter Ausnutzung einer tiefgreifenden Bewußtseinsstörung des Opfers erfolgen. Hierunter fallen insbes eine hochgradige Alkoholisierung oder sonstige Rauschzustände. Für die Umschreibung dieser Voraussetzungen reicht der bloße Hinweis auf die Menge der eingenommenen Rauschmittel und die Blutalkoholkonzentration nicht aus. In der Anklage sind vielmehr auch die psychodiagnostischen Beurteilungsmerkmale und konkrete Ausfallserscheinungen anzuführen.[39]

10

---

37 BGH NStZ 1999, 311
38 BGH StV 1999, 373, 374
39 BGH bei Miebach NStZ 1998, 187; BGH NStZ RR 1998, 270; Tröndle/Fischer § 179 Rn 5

Meiler

Im Einzelfall kann die Abgrenzung zwischen § 177 I Nr. 3 und § 179 I Nr. 1 StGB schwierig sein. Die maßgeblichen Kriterien sind vom Gesetzgeber im Verfahren zum 33. StÄG nicht ausreichend erörtert worden. Nach dem Wortlaut ist bei § 177 I Nr. 3 StGB ohne Rücksicht auf die Verursachung die »schutzlose Lage« und damit der Bezug des Opfers zum Tatumfeld entscheidend, während § 179 I Nr. 1 StGB allein auf den »widerstandsunfähigen Zustand« des Tatopfers abstellt. Liegen beide Voraussetzungen vor, tritt § 179 I Nr. 1 StGB wohl hinter die Vorschrift des § 177 I Nr. 3 StGB zurück. Die Gesetzeseinheit beruht auf dem erhöhten Unrechtsgehalt des Angriffs auf ein schutzlos ausgeliefertes und zugleich rauschbedingt widerstandsunfähiges Opfer.[40]

b) Nach §§ 180b II Nr. 1, 181 I Nr. 2 und 3 StGB wird wegen schweren Menschenhandels bestraft, wer eine andere Person mit List, gegen ihren Willen, mit Gewalt, durch Drohung mit einem empfindlichen Übel oder gewerbsmäßig anwirbt, um sie in Kenntnis ihrer mit dem Aufenthalt in einem fremden Land verbundenen Hilflosigkeit zur Aufnahme oder Fortsetzung der Prostitution zu bestimmen. Meist kommt in diesen Fällen noch eine ausbeuterische oder dirigierende Zuhälterei nach § 181a I Nr. 1, 2 StGB hinzu.

Von einer »auslandsspezifischen Hilflosigkeit« ist nach der Rechtsprechung des BGH auszugehen, wenn das Opfer der deutschen Sprache nicht mächtig ist, über keine Barmittel verfügt oder für Unterkunft und Verpflegung auf den Täter angewiesen ist. Durch die regelmäßige Wegnahme des Passes wird die Hilflosigkeit noch verstärkt. In solchen Fällen sind die dem Täter völlig ausgelieferten Opfer häufig nicht imstande, von einer potentiellen und jederzeitigen Rückkehrmöglichkeit, zB mit dem Flugzeug oder Bahn, Gebrauch zu machen.

Der Begriff der Ausbeutung iSd § 181a I Nr. 1 StGB verlangt ein planmäßiges und eigensüchtiges Ausnutzen der Prostitution als Erwerbsquelle des Täters. Dadurch muß eine spürbare Verschlechterung der wirtschaftlichen Lage der Prostituierten ausgelöst werden.

Hierzu sind in der Anklage die nötigen Feststellungen zu treffen. Abgaben in Höhe von 50 % der Einnahmen deuten grundsätzlich auf eine Ausbeutung hin. Verringert sich der restliche Anteil der Prostituierten durch weitere Unkosten wie die Entrichtung einer Tagesmiete, verdichtet sich die Annahme der Ausbeutung iSd § 181a I Nr. 1 StGB.[41]

Menschenhandel, Vergewaltigung und Zuhälterei können im Einzelfall nach natürlicher Lebensauffassung einen einheitlichen Geschehensablauf iSd § 264 I StPO bilden, wenn der Täter ein aus dem Ausland eingeschleustes Opfer mit Gewalt oder Drohung mit gegenwärtiger Gefahr für Leib

---

[40] Tröndle/Fischer § 177 Rn 11, 39, § 179 Rn 17; Renzikowski NStZ 1999, 377, 385
[41] BGH bei Miebach NStZ 1998, 188; BGH NStZ 1999, 349, 350; Renzikowski NStZ 1999 377, 379, 380

oder Leben zur Duldung des Geschlechtsverkehrs gezwungen hat, um dessen Widerstand gegen die Prostitution zu brechen.[42]

c) Die Ausnutzung einer Zwangslage und der fehlenden Fähigkeit des Opfers zur sexuellen Selbstbestimmung sind besondere Merkmale beim sexuellen Mißbrauch von Jugendlichen gem § 182 StGB. Die Vorschrift dient dem Schutz Jugendlicher unter 16 Jahren vor störenden Eingriffen in ihre sexuelle Entwicklung. Hieraus ergeben sich die Auslegungshinweise für den Rechtsbegriff der »Zwangslage« des § 182 I Nr. 1 StGB. Sie ist durch eine ernste persönliche oder wirtschaftliche Bedrängnis des Opfers gekennzeichnet. Ferner müssen gewichtige Umstände vorliegen, denen die spezifische Gefahr anhaftet, sexuellen Übergriffen gegenüber Jugendlichen in einer Weise Vorschub zu leisten, daß sie sich ihnen nicht ohne weiteres entziehen können. Dies gilt insbes für die Ausnahmesituationen rauschmittelabhängiger, aus einem Heim oder dem Elternhaus entwichener sowie obdach- und berufsloser Jugendlicher.

Im Hinblick auf die gebotene einschränkende Auslegung der Vorschrift genügen jedoch nicht bloße Überraschungsmomente und willkommene Gelegenheiten aus der Neugier eines Jugendlichen auf erste sexuelle Erfahrungen in der Pubertätsphase. Somit hat die Zwangslage nur in Nötigungs- und nötigungsähnlichen Fällen strafbegründende Bedeutung.[43]

Nach § 182 II StGB sind die Vornahme und Duldung sexueller Handlungen einer Person über 21 Jahren gegenüber einer Person unter 16 Jahren bei Ausnutzung der fehlenden Fähigkeit des Opfers zur sexuellen Selbstbestimmung mit Strafe bedroht.

Die Fähigkeit zur sexuellen Eigenverantwortlichkeit hängt vom geistigen und seelischen Entwicklungszustand des jugendlichen Opfers ab. Nach dem Reifegrad einer Person muß der Jugendliche seine Veranlagung, die eventuell schon vorhandene sexuelle Ausrichtung sowie die Bedeutung und Tragweite der konkreten sexuellen Handlungen mit den etwa hieraus drohenden Gefahren erkennen können. Dies wird bei einem Kind unter 14 Jahren generell nicht anzunehmen sein.

In solchen Fällen deckt sich der Schutzzweck des § 182 II StGB völlig mit dem des § 176 I und II StGB, so daß zwischen diesen Vorschriften dann eine Gesetzeseinheit in Form der Spezialität bzw Konsumtion besteht.[44]

Als sexuelle Handlungen des § 182 I und II StGB kommen alle sexualbezogenen Verhaltensweisen einschließlich des Geschlechtsverkehrs und sonstiger mit dem Eindringen in den Körper verbundener Begehungsformen wie

---

42 BGH NStZ 1999, 311
43 BT-Ds 12/4584, 8 BGHSt 42, 399 ff; BGH StV 1997, 525, 526; Kusch/Mössle NJW 1994, 1504, 1506; Tröndle/Fischer § 182 Rn 5
44 BGH StV 1997, 129, 130; BayObLG NStZ 1995, 500, 5001; Tröndle/Fischer § 182 Rn 14

Meiler

Mund- und Analverkehr oder Einführen eines Fingers in Körperöffnungen in Betracht. Die Reichweite entspricht bei 14 und 15jährigen Jugendlichen den Schutzzwecken der §§ 176 I, 176a I Nr. 1 StGB. Die Intensität der sexuellen Handlungen wird sich auf die engere Strafzumessung auswirken.

d) Täter exhibitionistischer Handlungen iSd § 183 I StGB in der Regel durch Vorzeigen des entblößten Gliedes kann nur eine männliche Person beliebigen Alters sein, also auch ein Jugendlicher ab 14 Jahren. Hingegen kann jeder Opfer der Belästigung sein. Handelt es sich dabei um ein Kind unter 14 Jahren sind die speziellen Schutzvorschriften der §§ 174 II Nr. 1, 176 III Nr. 1 StGB vorrangig. Das Gesetz weist hierauf in § 183 IV Nr. 2 StGB ausdrücklich hin. Von einer Belästigung iSd § 183 I StGB ist auszugehen, wenn die exhibitionistische Verhaltensweise beim Opfer Unlust, Abscheu und Ekel hervor ruft oder dessen Schamgefühl erheblich beeinträchtigt. Neugier, Interesse, Verwunderung oder Gegenreaktionen des Opfers mit Verspottung des Täters stehen der Annahme der Belästigung entgegen.

e) Das Vorzeigen, die Herstellung und Verbreitung (kinder-) pornographischer Abbildungen nimmt im Zeitalter moderner Kommunikationstechniken neue Formen und Dimensionen an.

Als weltweites Medium dient das Internet zunehmend der Gewinnung, Zugänglichmachung und Verbreitung pornographischer Bilddateien nach §§ 11 III, 176 III Nr. 2 und 3; 184 I Nr. 1, 6 und 8, III Nr. 1, IV, V StGB.

Das Internet bietet immer mehr Menschen die Möglichkeit zum Empfang und zur Versendung elektronischer Post durch E-Mails, verschiedenartiger Dateiübertragung sowie zum Einwählen in ein umfassendes Informationssystem. Mittels E-Mail kann jeder Anschlußinhaber über den von einem Internet-Provider eingerichteten und ständig erreichbaren Mail-Server Schrifttexte, Bild-, Ton- und Videodateien an andere Netzteilnehmer versenden.

Die Zugänglichmachung und Verbreitung solcher Bilddateien mit sexuellem Mißbrauch von Kindern ist strafbar.

Der Begriff des »Zugänglichmachens« umfaßt grundsätzlich alle Möglichkeiten zur unmittelbaren sinnlichen Wahrnehmung des Bildmaterials. Daher genügt schon das Vorzeigen auf einem PC-Monitor diesen Anforderungen. Der Übertragung des Trägermediums oder Überspielung mit (Zwischen-) Speicherung auf einen Rechner bedarf es insoweit nicht.[45]

Beim Merkmal »Verbreiten« auf dem Wege des Internet ist zumindest ein einmaliger (körperlicher) Datenaustausch von einem Arbeitsspeicher über

---

45 Sieber JZ 1996, 494, 495; Derksen NJW 1997, 1878, 188; LG Aschaffenburg Urteil vom 5.2.1999 – KLs 102 Js 5784/98 JSchG; Tröndle/Fischer § 11 Rn 42a

die Netzanbindung zu einem weiteren Rechner mit dortiger Speicherung nötig. Dies geschieht meist in sog chatrooms (Unterhaltungsräume).

Der schlichte Abruf solcher Daten durch eine Einwählabfrage ohne (Zwischen-) Speicherung auf der Diskette oder dem Laufwerk des eigenen Rechners erfüllt noch nicht die Kriterien der Verbreitung bzw des Besitzes mit dem Ziel der Verbreitung iSd § 184 StGB. Ebensowenig genügt die Kopierung der aufgerufenen Daten auf einen anderen Speicher oder deren Ausdruck auf Papier. Die strafwürdige Verbreitung setzt die körperliche Übertragung, dh die Übergabe der Datensubstanz und nicht nur des Inhalts voraus. Dieser Weg der Übertragung muß durch die Ermittlungsorgane aus der Auswertung und Sichtung des Datenmaterials der beschlagnahmten – §§ 94, 98, 100, 102, 110 StPO – PC – Anlagen mit Hilfe eines updates und eines Backupbandes genau aufgezeigt und festgehalten werden. Ansonsten ist die Verurteilung eines Täters wegen Verbreitung pornographischer Schriften wenig wahrscheinlich.

Im Falle einer unaufgeforderten Zusendung pornographischer Schriften auf dem Postwege oder per E-Mail kann allerdings eine Strafbarkeit nach § 184 I Nr. 6 StGB vorliegen.

Die Strafbarkeit eines Providers oder Server-Administrators, die generell auch den Zugang auf strafrechtlich relevante Informationen im Internet ermöglichen, ist in § 5 TeledienstG geregelt. Hiernach ist er lediglich für eigene Inhalte, die er bewußt ins Netz gestellt hat, strafrechtlich verantwortlich. Für fremde Inhalte besteht nur eine sehr eingeschränkte bzw überhaupt keine Strafbarkeit des Providers.[46]

Die Fertigung und das Vorzeigen des Lichtbildes eines nackten Mädchens ist nicht im Sinne der §§ 176 III Nr. 2, 184 IV StGB strafbar. Die Abbildung eines in natürlicher Pose auf dem Bett liegenden Mädchens zeigt noch nicht dessen sexuellen Mißbrauch an. Auch der Besitz eines solchen Bildes in einem Photoalbum oder auf dem Datenspeicher einer PC-Anlage wird von § 184 V StGB nicht erfaßt.

Anders ist die Rechtslage zu beurteilen, wenn der Täter das Mädchen vorher aufgefordert hat, seine Beine zu spreizen, um die entblößte Scheide besonders zur Schau zu stellen. Denn dies beinhaltet bereits eine sexuelle Handlung, die den späteren Betrachter sexuell provozieren soll.[47]

Iü kommt es für die Strafbarkeit nach § 184 StGB darauf an, ob und inwieweit die Schriften oder Bilder als grobe, erkennbar anreißerische und stark aufreizende Darstellung einer herausfordernden Sexualität zu werten sind. Dies muß sich in der Anklage und im Strafurteil allein aus der Beschreibung in den wesentlichen Grundzügen über den objektiven Inhalt und die Art

---

46 Sieber JZ 1996, 494, 499 ff; Tröndle/Fischer § 184 Rn 38, 39 aE; ferner OLG Frankfurt NStZ 1999, 356 zu § 86a I Nr. 1 StGB
47 BGH StV 1998, 542, 543

der Darstellung ergeben, wobei im Einzelfall die Bezugnahme auf beigeheftete Bildanlagen möglich ist. Die bloße Hinlenkung des ersten Blicks auf Großaufnahmen von Genitalien sowie die Verherrlichung von Ausschweifungen und Perversitäten ohne Sinnzusammenhang mit anderen Lebensäußerungen können die Annahme strafbarer Pornographie rechtfertigen.

5. Sexuelle Auffangtatbestände

11 a) Ist dem Täter einer sexuellen Nötigung/Vergewaltigung aus der Gesamtschau aller Umstände nicht zweifelsfrei zu widerlegen, daß er letztlich auf das Einverständnis des Opfers vertraut hat, kann die Strafverfolgung nach § 177 StGB mangels Vorsatzes entfallen. Unter bestimmten Voraussetzungen, insbes bei nachhaltigen psychischen oder physischen Beeinträchtigungen des Tatopfers kann die Anklage auf den Vorwurf eines minder schweren Falles oder einer fahrlässigen Körperverletzung im Sinne der §§ 223 I, 229 StGB gestützt werden.[48]

b) Die Beleidigung mit sexuellem Hintergrund nach § 185 StGB ist jedoch kein eigentlicher »Auffangtatbestand«, wonach sexualbezogene Handlungen im Zweifel allein schon deshalb strafbar sind, weil sie einem Sexualdelikt nahekommen. Die Rechtsprechung des Bundesgerichtshofs beurteilt in solchen Fällen nicht die Verletzung des Schamgefühls als Beleidigung, sondern die in der Handlung indizierte bewußte Kundgabe des Täters, das Opfer besitze kein oder zu wenig Schamgefühl.

Der mitunter verfahrensgegenständliche flüchtige Griff unter den Rock oder an die Brust einer Frau ist regelmäßig als Beleidigung mit sexuellem Hintergrund zu werten. Dadurch erweckt der Täter offenkundig den Eindruck, er traue der Frau zu, daß sie sich einen solchen Angriff auf ihre Geschlechtsehre ohne weiteres gefallen lasse. Allerdings erfüllt die Handlung ebenso wie die entsprechende Redensart nur dann den Tatbestand der (sexuellen) Beleidigung, wenn in dem Täterverhalten nach den gesamten äußeren Umständen eine – von ihm gewollte – Herabsetzung des Opfers zum Ausdruck kommt.[49]

---

[48] BGH NStZ 1996, 188; Tröndle/Fischer § 177 Rn 18, 33, 34 – zu den Fällen »ambivalenter« Täter-Opfer-Beziehung im Grenzbereich des Vorsatzausschlusses
[49] BGHSt 36, 145, 1449, 150; BGH NStZ 1995, 129; LG Zweibrücken StV 1997, 522, 523 mit Anm Michel

… Sexualdelikte … Kapitel 3 … 277

III. Besonderheiten im Ermittlungs- und Strafverfahren

1. Frühzeitige Beweisermittlung und Beweissicherung durch eine beschleunigte und koordinierte Zusammenarbeit zwischen Kriminalpolizei, StA und Ermittlungsrichter

Die Vorteile einer frühzeitigen Beweisermittlung und Beweissicherung durch koordinierte Zusammenarbeit sind:

a) ein besonders hoher Wert für den eventuell hinzugezogenen Sachverständigen zur Beurteilung der Glaubwürdigkeit,

b) die Schonung der Opferzeugen gem RiStBV Nr. 19, 19a und 222 II.

12

2. Durchsuchung und Beschlagnahme von Beweismitteln

Diese zusätzlichen Maßnahmen kommen insbes bei der Verbreitung pornographischer Schriften im Sinne der §§ 11 III, 184 StGB in Betracht; für die Durchsicht des beschlagnahmten Materials und von Disketten gilt § 110 I und II StPO.

13

STAATSANWALTSCHAFT Regensburg
Zweigstelle Straubing

Az.:   Datum:

Ermittlungsverfahren
gegen

wegen
Verbreitung pornographischer Schriften

Verfügung

1. **Personendaten** und **Schuldvorwurf** überprüft. Änderung nicht veranlaßt.
2. ☐ Auskunft aus dem ○ BZR ○ VZR ○ AZR
   ☐ _____
   ☐ _____
3. Beschlußentwurf nach ○ Diktat ○ Textbaustein eri db 1
   ☒   4   -fach mit Gründen
   ☐ ____-fach ohne Gründe (z.B. für §§ 103, 100 a, 99 StPO, § 12 FAG, § 73 SGB X)
   ☐ Vollzugsauftrag
   ☐ Abgabenachricht
   fertigen
4. ☒ Abdruck dieser Verfügung und des Beschlußentwurfes z. ☒ HA ○ Fehlblatt
5. ☒ V.v., WV 1.8.1999
6. An das Amtsgericht Aschaffenburg ○ Ermittlungsrichter ____ ○ JugR ○ Rgbg ○ SR
   ○ KEH ○ Cham
   ☐ per Telefax
     - Beschlußentwurf/Beschlußentwürfe ○ mit Gründen ○ ohne Gründe
     - Abdruck dieser Verfügung

Meiler

- Blattsammlung: ○ Akte Bl.: _____
  ○ _____
- ○ Vollzugsauftrag
- ○ Abgabenachricht

☒ **urschriftlich mit Akten**

mit dem Antrag,

Beschluß/Beschlüsse gemäß beiliegendem/n Entwurf/Entwürfen zu erlassen und die Überstücke auszufertigen.

Es wird ersucht, sodann

☒ Beschlußausfertigung/en ___2___ -fach mit Gründen
_____ -fach ohne Gründe
○ per Telefax
⊗ mit anliegendem Vollzugsauftrag
an d. ie KPI - Aschaffenburg z. Hd. von KK'in Kafurke
(auswärtige Staatsanwaltschaft/Polizei/sonst. Behörde/Telefax-Nr.)
○ an die Staatsanwaltschaft Regensburg
zu übersenden.
☒ die Akten
⊗ hierher zurückzusenden
○ direkt mit Ausfertigungen - unter Abgabenachricht an d.

(auswärtige Staatsanwaltschaft/Polizei/sonst. Behörde/Telefax-Nr.)
mit der Bitte um Vollzug zu übersenden.

_____
(Unterschrift, Namenstempel)

Amtsgericht ○ Regensburg ○ Straubing ○ Kelheim   Datum:
- Ermittlungsrichter -
_____ Gs _____

Verfügung

1. Gs ein- und abtragen
2. Beiliegende/n Beschluß/Beschlüsse ausfertigen
3. ☒ Beschlußausfertigung/en ___2___ -fach mit Gründen
   _____ -fach ohne Gründe
   ○ **per Telefax**
   ⊗ mit anliegendem Vollzugsauftrag an
   d. ie KPI - Aschaffenburg z. Hd. KK'in Kafurke
   (auswärtige Staatsanwaltschaft/Polizei/sonst. Behörde/Telefax-Nr.)
   ○ die Staatsanwaltschaft Regensburg
   übersenden.
   ☐ Abgabenachricht und Beschlußausfertigung an Staatsanwaltschaft Regensburg und sodann mit Akten an
   d. _____
   (auswärtige Staatsanwaltschaft/Polizei/sonst. Behörde/Telefax-Nr.)
   mit der Bitte um Vollzug d. Beschlusses/Beschlüsse
   ☒ Mit Akten zurück an die Staatsanwaltschaft Regensburg

_____
Richter(in) am Amtsgericht

Meiler

**Amtsgericht
Aschaffenburg**

Geschäftsnummer:	Gs
Staatsanwaltschaft Aktenzeichen.:	Aschaffenburg

Aschaffenburg,

Ermittlungsverfahren gegen

wegen   Verbreitung pornogr. Schriften

Beschluß

Nach §§ 102, 105 Abs. 1, 162 Abs. 1 StPO wird gemäß § 33 Abs. 4 StPO ohne vorherige Anhörung die Durchsuchung der Person, der Wohnung mit Nebenräumen und der Fahrzeuge

der Beschuldigten
        geboren am   in
        wohnhaft: PLZ, Ort, Straße,
                          Staatsangehörige,
        Familienstand:

nach folgenden Gegenständen:

PC- Rechner und Festplatte(n) sowie Disketten mit kinderpornographischem Material

sowie deren Beschlagnahme nach §§ 94, 98 StPO angeordnet, sofern sie nicht freiwillig herausgegeben werden.

Gründe:

Aufgrund der bisherigen Ermittlungen besteht der Verdacht, daß der Beschuldigte am 9.5.1999 gegen 13.38 Uhr auf dem Wege des Internet unter dem Pseudonym bzw. AOL-Namen "secherie 2000" ein Bild empfangen und gespeichert hat, das den Geschlechtsverkehr eines Mädchens unter 14 Jahren darstellt.

Meiler

– 2 –

strafbar als Verbreitung pornographischer Schriften

gemäß §§ 11 Abs. 3, 184 Abs. 3 Nr. 3 StGB.

Die oben genannten Gegenstände können als Beweismittel von Bedeutung sein.

Die Beschlagnahme steht in angemessenem Verhältnis zur Schwere der Tat und zur Stärke des Tatverdachts und ist für die Ermittlungen notwendig. Es ist zu vermuten, daß die Durchsuchung zum Auffinden der Gegenstände führen wird.

Richter(in) am Amtsgericht

Amtsgericht
Aschaffenburg

Geschäftsnummer: Gs
(Bitte stets angeben)

Telefon-Nr.:   06021/398-0
Telefax-Nr.:   06021/398-400
Durchwahl-Nr.:
Sachbearbeiter:

Amtsgericht Aschaffenburg
Erthalstraße 3, 63739 Aschaffenburg

Aschaffenburg,

Amtsgericht – Aschaffenburg –
Erthalstraße 3

63739 Aschaffenburg

Staatsanwaltschaft Aschaffenburg
Aktenzeichen:

Ermittlungsverfahren   gegen
                             wegen   Verbreitung pornogr. Schriften

Meiler

> Mit ___ Beschlußausfertigung(en)
> ___ -fach mit Gründen
> ___ -fach ohne Gründe
>
> Entsprechend dem staatsanwaltschaftlichen Ersuchen werden die anliegenden Unterlagen zum Vollzug übersandt.
>
> Auf richterliche Anordnung

3. Modelle zur effektiven Vernehmung von Opferzeugen

Die frühzeitige Hinzuziehung eines Sachverständigen ist in der Regel bei

a) besonderer Eigenart der Täter-/Opfer-Beziehung (sozialer Nahraum),

b) schwierigen und/oder komplexen Sachverhalten,

c) Verhaltens- oder frühkindlicher Persönlichkeitsstörung nach Informationen durch Eltern, Jugendamt, Schule oder Kriminalpolizei und

d) kargen und nur andeutungsweisen Angaben des kindlichen Opfers, späterer Anzeige

veranlaßt (»Aschaffenburger Modell«).

Andere Vernehmungsmodelle (zB »Göttinger Modell«) sehen die Teilnahme des psychologischen Sachverständigen an der ersten richterlichen Vernehmung nur als Ausnahme im Einzelfall vor.

Die Vernehmung eines kindlichen oder jugendlichen Opferzeugen vor dem Ermittlungsrichter bietet sich immer an, falls kein Geständnis des Täters zu erwarten ist, um andere Interventionen zu vermeiden.

Zu weiteren Schutzmaßnahmen gehören:
- Zeugenbegleitprogramme
- Zeugenbetreuung im Justizgebäude unter Vermittlung der StA
- Ausstattung eines kindgerechten Zeugenzimmers.

Der Ablauf von ermittlungsrichterlichen Vernehmungen bei kindlichen und jugendlichen Zeugen per Videoaufzeichnung:
- Vorbereitung durch die Kriminalpolizei im Wege der informatorischen Befragung zum Kerngeschehen ohne ausführliche Schilderung von Randtatsachen,
- Sichtung nach konkreten Anhaltspunkten für eine verfolgbare Straftat im Sinne der §§ 174 ff StGB,
- Vorausbericht an die StA in Eilfällen per Telefax, ggf unter Beifügung eines Haftberichts,

Meiler

- bei hinreichend konkreten Anfangsverdacht Antrag der StA auf richterliche Vernehmung des kindlichen oder jugendlichen Opferzeugen unter 16 Jahren in Anwesenheit von
  - Kriminalbeamten oder Kriminalbeamtin
  - StA und benachrichtigten Verteidiger
  - Sachverständigen für die aussagepsychologische Begutachtung
  - Zeugenbeistand gem § 68b Nr. 1 und 2 StPO
- Unter Ausschluß des Beschuldigten gem §§ 58a I 2 Nr. 1 und 2 (Videoaufzeichnung bei verletzten Kindern/Jugendlichen unter 16 Jahren oder in der Hauptverhandlung nicht vernehmbare Opferzeugen), 168c II, III und V 1 und 2 StPO

16

STAATSANWALTSCHAFT
 # O R T #
#ZwSt#

Az.: ◄ Datum: ◄

Ermittlungsverfahren
gegen

wegen
sexuellen Mißbrauch von Schutzbefohlenen

Verfügung

1. **Personendaten** und **Schuldvorwurf** überprüft. Änderung nicht veranlaßt.
2. ☐ Auskunft für Besch. (Bl. _____) aus ○ BZR ○ VZR ○ AZR ○ per Telefax
   ☐
3. ☒ Abdruck dieser Verfügung z. ○ HA ○ Fehlblatt
4. ☒ Bl. 4-8, 17-22 d.A. ablichten und zum HA legen.
5. V.v., WV _____
6. U.m.A.
   ○ und _____
   an das Amtsgericht - Ermittlungsrichter- Aschaffenburg
   mit dem Antrag,
   ○ d. Besch. _____ (Bl. ____)
   ⊗ d. Zeugen/in xxxxxxxxxxxx geb. am xxxxxxx _____ (Bl. ____)
   richterlich zu vernehmen.
   a) unter Videoaufzeichnung – gem. § 58a I Nr. 1 StPO
   b) unter Hinzuziehung des SV Prof. Dr. Trott, Frohsinnstr. 26, Aschaffenburg
   Hinsichtlich des **Vernehmungsgegenstandes/Beweisthemas** verweise ich auf Bl.
   Bl. 4-8, 17-22, 29-34 d. A.
   Vorwürfe:
   a) sex. Mißbrauch von Kindern und Schutzbefohlenen durch Manipulationen am entblößten Glied von Jan. 93 bis 1.6.95 im Anwesen (Kinder- und Badezimmer) Friedhofstr. 3 von Aschaffenburg - 3 Vorfälle -
   b) Beleidigung mit sex. Hintergrund vom 24.8.98 gegen 16.30 Uhr in der Arztpraxis Brückenstr. 4 von Aschaffenburg durch einen Griff an den bekleideten Penis des Adoptivsohnes -
   § 185 StGB -

Meiler

> ⊗ Die **richterliche Vernehmung** ist im Hinblick auf ⊗ § 252 StPO ○ § 254 StPO **erforderlich**.
> ⊗ Ich beantrage,
>   ⊗ d. **Besch.** von der Vernehmung **auszuschließen** und ihn vom Vernehmungstermin **nicht zu benachrichtigen**, da die Anwesenheit d. Besch. und die Kenntnis des Vernehmungstermins den Zweck und den Erfolg der Untersuchung gefährden würden (§ 168 c Abs. 3, Abs. 5 S. 2 StPO).
>   ○ d. **Verteidiger/in** vom Vernehmungstermin **nicht zu benachrichtigen**, da die Kenntnis des Vernehmungstermins den Erfolg der Untersuchung gefährden würde (§ 168 c Abs. 5 S. 2 StPO).
> ○ Ich beantrage, d. **Zeugen/in** gemäß
>   ○ § 65 Nr. 1 StPO ○ § 65 Nr. 2 StPO ○ § 65 Nr. 3 StPO zu **vereidigen**.
>
> _____
> (Unterschrift, Namensstempel)

- Anregung an das AG – Vormundschaftsgericht – in Fällen des Rechts einer Zeugnisverweigerung zur Anordnung einer Ergänzungspflegschaft gem §§ 52 I Nr. 3 und II 1 und 2, 81c I und III 2 und 3 StPO; §§ 1909, 1915 I BGB.

> **STAATSANWALTSCHAFT**
> **# O R T #**
> #ZwSt#
>
> Az.: ⋖   Datum: ⋖
>
> Ermittlungsverfahren
> gegen
> xxxxxxxxxxxxx geb. am xxxxxxxxx
> wegen
> sexuellen Mißbrauchs von Schutzbefohlenen
>
> **Verfügung**
>
> 1. **Personendaten** und **Schuldvorwurf** überprüft. Änderung nicht veranlaßt.
> 2. ☐ Auskunft aus dem ○ BZR ○ VZR ○ AZR
>   ☐ _____
>   ☐ _____
>
> 3. Beschlußentwurf nach ○ Diktat ○ Textbaustein
>   ☒   3   -fach mit Gründen
>   ☒ Vollzugsauftrag
>   ☐ Abgabenachricht
>   fertigen
>
> 4. ☐ Abdruck dieser Verfügung und des Beschlußentwurfes z. ○ HA ○ Fehlblatt
> 5. ☐ V.v., WV _____
> 6. An das Amtsgericht - Vormundschaftsgericht - _____
>
>   ☒ per Telefax
>   - Beschlußentwurf mit Gründen
>   - Abdruck dieser Verfügung

Meiler

| - Blattsammlung: ○ Akte Bl.: _____ |
| ○ _____ |
| - ⊗ Vollzugsauftrag |
| - ○ Abgabenachricht |
| |
| ❑ urschriftlich mit Akten |
| |
| **mit dem Antrag,** |
| |
| Beschluß gemäß beiliegendem Entwurf zu erlassen und die Überstücke auszufertigen. |

Es wird ersucht, sodann

☒ Beschlußausfertigung ___3___ -fach mit Gründen
○ per Telefax
⊗ mit anliegendem Vollzugsauftrag
an d. Amtsgericht – Ermittlungsrichter – Aschaffenburg
(auswärtige Staatsanwaltschaft/Polizei/sonst. Behörde/Telefax-Nr.)
○ an die #eig. Behörde#
zu übersenden.
❑ die Akten
○ hierher zurückzusenden
○ direkt mit Ausfertigungen - unter Abgabenachricht an d.

(auswärtige Staatsanwaltschaft/Polizei/sonst. Behörde/Telefax-Nr.)
mit der Bitte um Vollzug zu übersenden.

_____
(Unterschrift, Namenstempel)

Amtsgericht ___Aschaffenburg___   Datum:
- Vormundschaftsgericht -
_____

Verfügung

1. In Register eintragen
2. Beiliegenden Beschluß ausfertigen
3. ☒ Beschlußausfertigung ___3___ -fach mit Gründen
   ○ **per Telefax**
   ⊗ mit anliegendem Vollzugsauftrag an
     d. as Amtsgericht – Ermittlungsrichter - Aschaffenburg
     (auswärtige Staatsanwaltschaft/Polizei/sonst. Behörde/Telefax-Nr.)
   ○ die #eig. Behörde#
   übersenden.
   ❑ Abgabenachricht und Beschlußausfertigung an #eig. Behörde#
   und sodann mit Akten an
   d. _____
   (auswärtige Staatsanwaltschaft/Polizei/sonst. Behörde/Telefax-Nr.)
   mit der Bitte um Vollzug des Beschlusses

   ❑ Mit Akten zurück an die #eig. Behörde#

_____
Richter(in) am Amtsgericht

Meiler

AMTSGERICHT
- Vormundschaftsgericht -

| Geschäftsnummer: | ◄ | Datum: | ◄ |

#eig. Behörde#
Az.: ◄

Ermittlungsverfahren
gegen
xxxxxxxxxxxxx geb. xxxxxxxxxxx
wegen
sexuellen Mißbrauchs von Schutzbefohlenen

Beschluß

Auf Antrag der #eig. Behörde# wird gemäß § 1909 BGB, § 50 a Abs. 3 Satz 1 FGG ohne Anhörung d. Sorgeberechtigten für d. Kind/er

Name - Vorname	Geburtsdatum	Anschrift
xxxxxxxxxx	xxxxxxx	xxxxxxxxxxx

Ergänzungspflegschaft angeordnet.

Die Ergänzungspflegschaft umfaßt folgende Wirkungskreise:

1. Zustimmung zur Untersuchung d. Kindes/er nach § 81 c StPO über etwaige Verletzungen;
2. Entbindung von der ärztlichen Schweigepflicht für die behandelnden Ärzte d. Kindes/er;
3. Ausübung des Zeugnisverweigerungsrechts gemäß § 52 StPO;
4. Zustimmung zur Mitwirkung d. Kindes/er bei der Erstattung eines aussagepsychologischen Sachverständigengutachtens zur Frage der Glaubwürdigkeit;
5. Die Aufenthaltsbestimmung in Bezug auf die oben angeführten Untersuchungshandlungen und Zeugenvernehmungen.

Gemäß § 1791 b BGB wird als Ergänzungspfleger das _____
bestellt. (zuständiges Jugendamt einsetzen)

Gründe:

Die #eig. Behörde# führt gegen _____
ein Ermittlungsverfahren wegen Verdachts d. _____ .

D. Besch. ist gesetzliche/r Vertreter/in d. Kinder/es <Namen einfügen wie oben>.

Zur Weiterführung der Ermittlungen sind die oben genannten Entscheidungen zur Beweissicherung erforderlich.

Da d. Besch. ○ wie auch der andere ○ Elternteil ○ Sorgeberechtigte gemäß § 52 Abs. 2 Satz 2 StPO gehindert ist, in den oben genannten Wirkungskreisen Entscheidungen zu treffen, war ein Ergänzungspfleger zu bestellen.

Von einer Anhörung der Eltern bzw. Sorgeberechtigten war wegen der Gefährdung des Untersuchungszwecks abzusehen. Aus den gleichen Gründen wird die Mitteilung des Beschlusses zunächst zurückgestellt.

_____
Richter(in) am Amtsgericht

Meiler

In der Regel kommt die Bestellung des Jugendamts mit dem Wirkungskreis zur Ausübung des Zeugnisverweigerungsrechts in Frage.
- Bestellung eines Pflichtverteidigers nach §§ 140 I Nr. 2, 141 I und IV StPO auf Anregung der StA.
- Anreise des kindlichen oder jugendlichen Opferzeugen mit Elternteil bzw/und Kriminalbeamten oder Betreuungsperson des Jugendamts (Zeugenbegleitung) zum Vernehmungsort im Justizgebäude.
- Vor der richterlichen Vernehmung:
  - kurze Vorstellung der bei der Vernehmung anwesenden Personen,
  - ca. 20 Minuten persönliche und alleinige Kontaktaufnahme des Sachverständigen mit dem Zeugen im Vernehmungsraum zur Erforschung der allgemeinen Zeugentüchtigkeit und Vermeidung unnötiger richterlicher Vernehmungen; fehlt von vorneherein die allgemeine Aussagefähigkeit, kann der Sachverständige schon das mündliche Gutachten erstatten. Dies kann bereits durch einen Aktenvermerk des Richters dokumentiert werden.
- Bei allgemeiner Zeugentüchtigkeit erstmalige ausführliche richterliche Befragung im »kindgerecht« ausgestalteten Vernehmungsraum
  - nach §§ 58a I 2 Nr. 1, 168c II und III, IV 1 und 2 StPO als Regelfall ohne Beschuldigten und ohne Übertragung in einen angrenzenden Nebenraum. Bei psychisch hochbelasteten Opferzeugen kann das Bewußtsein, daß der Täter die Aussage im Nebenraum mitverfolgt, zu weiteren Schwierigkeiten führen.
  - Anwesenheitsberechtigte sind:
    - Ermittlungsrichter, der die Vernehmung leitet,
    - Sachverständiger,
    - StA und Verteidiger; Kriminalbeamter und eventuell Zeugenbeistand ohne Elternteil (zur Vermeidung von suggestiven Beeinflussungen).
  - Die Befragung durch den Verteidiger genügt iSd Art. 6 III d MRK; ferner gibt die mehrfache Befragung durch verschiedene Personen iSd § 241a I und II 2 StPO einen wichtigen Aufschluß über die forensische Aussagetüchtigkeit kindlicher und jugendlicher Zeugen unter 16 Jahren.
  Eine spätere Ersetzung der Vernehmung durch Vorführung der Bild-Ton-Aufzeichnung gem § 255a II 1 StPO ist nur möglich, wenn der Angeklagte und sein Verteidiger Gelegenheit hatten, daran mitzuwirken. Darüber hinaus kann die Verwertung der Aufzeichnung im Einverständnis von StA, Verteidiger und Angeklagten gem § 251 II 1 StPO oder im Wege des Augenscheins und Vorhalts gegenüber den Zeugen erfolgen.[50]

---

50 BGH NStZ 1998, 312; Kl/M-G § 168c Rn 6, § 255 a Rn 2

- Video- und zweckmäßig zusätzliche Tonbandaufzeichnung für spätere Niederschrift[51] (Gleichlauf von 2 Geräten) dienen der vollständigen Beweissicherung.
- Die Akteneinsicht des Verteidigers in die Videoaufzeichnung nach § 58a II 2, § 147 I–IV StPO soll möglichst nur in den Räumen des Gerichts oder der StA gestattet werden, um die unzulässige Mehranfertigung von Kopien zu verhindern und die zuverlässige Vernichtung der Aufzeichnung nach Abschluß des Verfahrens zu garantieren (§§ 58a II 2, 100b VI StPO).[52]
- Ausnahmsweise ist eine getrennte Vernehmung und gleichzeitige Übertragung in den Nebenraum für den Beschuldigten nach §§ 58a I 2 Nr. 1 und 2, 168e StPO ratsam. Dabei ergeben sich jedoch Probleme in der Feststellung der dringenden Gefahr eines schwerwiegenden Nachteils für den Zeugen (vgl auch § 247a S 4 StPO) sowie hinsichtlich der nach § 255a II 1 StPO gebotenen Mitwirkung des Beschuldigten und seines Verteidigers an der ersten richterlichen Vernehmung. Nach § 255a II 2 StPO ist die ergänzende Vernehmung des Zeugen jedenfalls im Rahmen § 244 II StPO zulässig.
- Die Nachteile der getrennten Vernehmung mit gleichzeitiger Übertragung in den Nebenraum für die dort anwesenden Verfahrensbeteiligten resultieren hauptsächlich aus dem unbestimmten Rechtsbegriff des § 168e S 1 StPO der »dringenden Gefahr eines schwerwiegenden Nachteils für das Wohl des kindlichen Zeugen, wenn er in Gegenwart der Anwesenheitsberechtigten vernommen wird«. Die fehlerhafte Beurteilung durch die Ermittlungsorgane kann zur unzulässigen Beweiserhebung führen.
- Die Vernehmung des Zeugen obliegt dem Richter. Iü bleiben die Mitwirkungsbefugnisse der Anwesenheitsberechtigten (Beschuldigter, Verteidiger, StA und Sachverständiger) aus dem Nebenraum nach § 168e S 3 StPO unberührt. Zur näheren Ausgestaltung der effektiven Wahrnehmung prozessualer Rechte fehlt die Begründung im Gesetzentwurf.
- Nach Abschluß der richterlichen Vernehmung ist die Anbringung eines richterlichen Vermerks zum persönlichen Eindruck empfehlenswert.

Das Gutachten des Sachverständigen im vorbereitenden Verfahren beruht
- auf dem Eindruck der richterlichen Vernehmung oder auch
- auf einer zusätzlichen klinischen Nachuntersuchung in schwierigen Fällen.

---

51 §§ 168, 168a II 1 StPO; Kl/M-G § 58a Rn 9, § 168 a Rn 4
52 Nr. 189 III RiStBV

17 Zeugen, die noch keinen anwaltlichen Beistand haben, kann für die Dauer ihrer Vernehmung mit Zustimmung der StA ein Rechtsanwalt beigeordnet werden.

Voraussetzung hierfür ist, daß sie ihre Befugnisse bei der Vernehmung nicht selbst wahrnehmen können und nur durch einen anwaltschaftlichen Beistand ihren schutzwürdigen Interessen Rechnung getragen werden kann.

In bestimmten Fällen ist die Beiordnung des anwaltlichen Beistandes gem § 68b 2 StPO geboten.

Nach §§ 68b 3, 141 IV StPO ist der Vorsitzende des Gerichts, das für das Hauptverfahren zuständig oder bei dem das Verfahren anhängig ist, zuständig. Im vorbereitenden Verfahren kann diese Entscheidung nicht der Ermittlungsrichter treffen.

18 Die Bestellung eines Pflichtverteidigers richtet sich nach §§ 140 I Nr. 2, 141 I und 4, 255a II StPO; Art. 6 MRK.

4. Zusammenarbeit und Koordination mit Jugendamt und Vormundschaftsgericht

19 Bei der Zusammenarbeit mit dem Jugendamt ist zu denken an die Anregung zum einstweiligen Entzug des Aufenthaltsbestimmungsrecht bei sexuellem Mißbrauch innerhalb der Familie; beim Vormundschaftsgericht an die ausnahmsweise Anregung zur richterlichen Anordnung eines Kontaktverbots.[53]

5. Haftbefehl

20 Ein Haftbefehl setzt den dringenden Tatverdacht und die Haftgründe der Flucht- oder Verdunkelungsgefahr, insbes durch die Einwirkung auf Zeugen voraus. Insoweit ist die möglichst frühzeitige richterliche Aussage des Opferzeugen auch eine wesentliche Hilfe für die Entscheidung über den dringenden Tatverdacht.

6. Besondere Hinweise zur Vernehmung kindlicher Zeugen und Würdigung ihrer Aussage

21 Auch kindliche Zeugen sind gem § 52 III 1 StPO über ein ihnen zustehendes Recht zur Zeugnisverweigerung ausdrücklich zu belehren. Zeigt sich dabei, daß sie wegen mangelnder Verstandsreife keine genügende Vorstel-

---

53 Palandt-Diederichsen § 1666 Rn 33 f mwN; Schwab FamRZ 1999, 1317, 1323

lung von der Bedeutung dieses Rechts haben, hat sich der gesetzliche Vertreter oder im Falle des § 52 II 2 StPO der Ergänzungspfleger darüber zu erklären, ob er der Vernehmung zustimmt oder nicht. Gibt er die Zustimmung, bleibt es dem Kind immer noch überlassen, auszusagen oder nicht. Hierüber muß das Kind vom Ermittlungsrichter nochmals belehrt werden. Die Belehrung ist darauf zu erstrecken, daß es trotz der Zustimmung des gesetzlichen Vertreters oder Ergänzungspflegers nicht aussagen muß.[54]

Ein Kind ist auch dann zusätzlich zu belehren, wenn es die Bedeutung seines Zeugnisverweigerungsrechts wegen fehlender Verstandesreife nicht begreift. Doch kommt es ausnahmsweise allein auf die Zustimmung des gesetzlichen Vertreters/Ergänzungspflegers an, sofern sich nach der allgemeinen Belehrung über das Zeugnisverweigerungsrecht zuverlässig herausstellt, daß sie das Bewußtsein des Kindes überhaupt nicht erreicht.[55] Dies wird in der Regel bei Kindern im Alter bis zu 7 Jahren der Fall sein. Ein entsprechender richterlicher Vermerk hierzu ist zweckmäßig.

Gerade im Bereich kindlicher Opferzeugen von Sexualdelinquenz muß der vernehmende Richter genau unterscheiden, ob das Kind nichts mehr sagen will oder es bei weiter vorhandener Aussagebereitschaft aufgrund von Hemmungen nur nichts mehr sagen kann. Im ersten Fall darf auf die Entschließungsfreiheit des kindlichen Zeugen nicht eingewirkt werden. Andernfalls muß der Richter versuchen, im Rahmen der gesetzlichen Möglichkeiten die Vernehmung so kindgerecht zu gestalten, daß die erkennbaren Hemmungen überwunden werden.[56]

Bei der Würdigung belastender kindlicher Aussagen kommt der Entstehungsgeschichte des Schuldvorwurfs besondere Bedeutung zu. Dies gilt insbes in Fällen mehrfacher vorheriger Befragungen evtl vor dem Hintergrund personensorgerechtlicher Auseinandersetzungen und dabei möglicherweise geweckter Erwartungen zum Inhalt einer Aussage. Insoweit ist eine sorgfältige und auch kritische Überprüfung der Angaben veranlaßt.[57]

Hinzuziehung eines kinderpsychologischen/-psychiatrischen Sachverständigen zur ersten richterlichen Vernehmung eines Kindes: Eine suggestive Aufdeckungsarbeit ist von vorneherein für den weiteren Verlauf des Verfahrens schädlich. Sie kann zu schwerwiegenden Fehlentscheidungen führen.

Daher sollte stets auf die Anfertigung von Kinderzeichnungen und den Einsatz sog anatomisch-korrekter Puppen zu diagnostischen Zwecken im

---

54 BGHSt 21; 303, 306; BGH NStZ 1991, 295, 398; 1997, 77, 78 mit Anm Dölling zu § 81c III 1 und 3 StPO Kl/M-G § 52 Rn 28–30
55 BGH NJW 1991, 2432, 2433
56 BGH NStZ 1999, 94, 95
57 BGH NStZ 1995, 558; BGH StV 1997, 513, 514; Arntzen Psychologie der Zeugenaussage, 3. Aufl. 1993, 100 ff; 154 ff; Steller in Warnke/Trott/Remschmidt Forensische Kinder- und Jugendpsychiatrie 1997, 128–138

Meiler

Rahmen der Exploration verzichtet werden. Diese Hilfsmittel sind in der psychologischen Fachwelt äußerst umstritten und werden von der Rechtsprechung des BGH nicht als zuverlässige Grundlage für die Beurteilung der Glaubwürdigkeit kindlicher Aussagen anerkannt.

Der Sachverständige hat vielmehr sein Gutachten für das Gericht nachvollziehbar und unter Berücksichtigung der neuesten wissenschaftlichen Erkenntnisse zu erstatten. Aus seinen Erläuterungen muß auch transparent hervorgehen, worauf er seine Untersuchungsmethoden stützt und weshalb er sie im konkreten Fall angewandt hat.[58]

Anerkannte Merkmale zur Beurteilung der Glaubwürdigkeit (persönliche und sachliche Kompetenz):

- Bei der allgemeinen Glaubwürdigkeit geht es in erster Linie um die Erforschung der biologischen Persönlichkeitsentwicklung sowie der intellektuellen und forensischen Aussagefähigkeit des kindlichen Zeugen mit den Methoden der psychologischen Diagnostik.
- Die besondere Glaubwürdigkeit, die auch als Glaubhaftigkeit bezeichnet wird, orientiert sich an verschiedenen Realkennzeichen einer erlebnisbezogenen Schilderung.

Hierzu gehören nach der in der Literatur vorherrschenden Unterteilung von Steller und Köhnken 5 Gruppen:
- Allgemeine Merkmale der logischen Konsistenz und des quantitativen Detailreichtums im Gegensatz zur ungeordneten sprunghaften und wortkargen Darstellung,[59]
- spezielle Inhalte der räumlich/zeitlichen Verknüpfung und Schilderung von Interaktionen sowie eventueller Schwierigkeiten im tatsächlichen Handlungsablauf,
- inhaltliche Besonderheiten wie die Wiedergabe ausgefallener oder nebensächlicher Einzelheiten und Handlungselemente einschließlich dabei aufgetretener psychischer Vorgänge,
- motivationsbezogene Inhalte der spontanen Verbesserung der eigenen Aussage, des Eingeständnisses von Erinnerungslücken, der Selbstbelastung und Entlastung des Beschuldigten,
- deliktsspezifische Aussageelemente hinsichtlich der Beschreibung einer sexuellen Handlung ohne Phantasiesignale,[60]

Nach der Rechtsprechung des BGH muß das strafbare Verhalten, das Gegenstand des Verfahrens nach dem Verfolgungswillen der StA sein soll, in der Anklageschrift und im Eröffnungsbeschluß so genau wie möglich

---

58 BGH NStZ 1995, 585; NJW 1996, 206, 207; BGH StV 1998, 116, 117; BGH Urteil vom 30.7.1999 – 1 StR 618/98 StV 1999, 473; NJW 1999, 2746; Scholz/Endres NStZ 1995, 6; Endres Kriminalistik 1997, 490; Zschockelt NStZ 1996, 305; Kl/M-G § 244 Rn 74
59 BGH StV 1999, 470, 471
60 Steller in Warnke/Trott/Remschmidt, Forensische Kinder- und Jugendpsychiatrie 1997, 128, 132 – 138; Nack Kriminalistik 1995, 257

bezeichnet sein. Aus der Konkretisierung des Anklagevorwurfs muß zu ersehen sein, welche Tat gemeint ist. Bei einer Vielzahl sexueller Übergriffe gegenüber Kindern, die häufig nicht sofort aufgedeckt werden, reicht es für die Identifizierung des geschichtlichen Lebensvorgangs aus, daß die Anklage das Tatopfer, die Grundzüge der Art und Weise der Tatbegehung, einen bestimmten Tatzeitraum sowie die Höchstzahl der vorgeworfenen Straftaten innerhalb des Zeitrahmens enthält. Eine exakte Bestimmung der jeweiligen Tatzeit wird wegen des meist nur begrenzten Erinnerungsvermögens eines Kindes vielfach nicht möglich sein. Daher genügt in solchen Fällen die Angabe eines ungefähren und soweit wie möglich eng eingegrenzten Zeitrahmens.

Ist die Fassung der Anklageschrift von der Natur der Sache her hinsichtlich Tatzeit, Tatablauf und Anzahl der Vorfälle ungenau, hat das Gericht dem Angeklagten hierzu rechtliches Gehör zu gewähren, sobald sich die Möglichkeit der genaueren Beschreibung der Geschehensabläufe ergibt. Der Hinweis sollte in die Niederschrift über die Hauptverhandlung aufgenommen werden.

Eine unzureichende Konkretisierung der erhobenen Tatvorwürfe darf nicht dazu führen, daß ein Beschuldigter/Angeklagter in seinen Verteidigungsmöglichkeiten beschränkt wird.[61]

---

61 BGH bei Kusch NStZ 1997 Nr. 2; 26, 27; BGH NStZ 1998, 208, 209; BGH StV 1998; 469, 470; 1998, 580; BGH NStZ 1999 42, 43

KAPITEL 4 – AUSLÄNDERGESETZ / ASYLVERFAHRENSGESETZ

Überblick

I.	**Einführung**	1–2
	1. Problemstellung	1
	2. Gesetzliche Grundlagen	2
II.	**Die Straftaten nach dem Ausländergesetz**	3–167
	1. § 92 AuslG	3–129
	a) Täterkreis	3
	b) Die einzelnen Tatbestände des § 92 I AuslG	4–64
	aa) Unerlaubter Aufenthalt (§ 92 I Nr. 1 AuslG)	4–31
	bb) Aufenthalt ohne Paß und Ausweisersatz (§ 92 I Nr. 2 AuslG)	32–41
	cc) Zuwiderhandlung gegen eine vollziehbare Auflage oder eine vollziehbare Anordnung (§ 92 I Nr. 3 AuslG)	42–57
	dd) Weigerung, erkennungsdienstliche Maßnahmen zu dulden (§ 92 I Nr. 5 AuslG)	58
	ee) Unerlaubte Einreise (§ 92 I Nr. 6 AuslG)	59–64
	c) Die Tatbestände des § 92 II AuslG	65–84
	aa) Unerlaubte Einreise und unerlaubter Aufenthalt (§ 92 II Nr. 1 a und b AuslG)	65–76
	bb) Erschleichen von Aufenthaltsgenehmigung oder Duldung (§ 92 II Nr. 2 AuslG)	77–84
	d) Rechtsstellung der Flüchtlinge (§ 92 IV AuslG)	85
	e) Strafbarkeit nach § 92 AuslG iVm StGB	86–129
	aa) § 92 AuslG iVm § 281 StGB	86–102
	bb) § 92 AuslG iVm § 267 StGB	103–116
	cc) § 92 AuslG iVm § 273 StGB	117
	dd) § 92 AuslG iVm § 276 StGB	118–129
	2. § 92a AuslG	130–159
	a) § 92a I AuslG	130–140
	aa) Allgemeines	130–131
	bb) Anstiftung	132
	cc) Beihilfe	133
	dd) Handeln gegen Erhalt oder Versprechen eines Vermögensvorteils (§ 92a I Nr. 1 AuslG)	134–136
	ee) Wiederholtes Handeln oder Handeln zugunsten von mehreren Ausländern (§ 92a I Nr. 2 AuslG)	137–138
	ff) Versuch und Teilnahme	139–140
	b) § 92a II AuslG	141–143
	aa) Allgemeines	141
	bb) Gewerbsmäßiges Handeln (§ 92a II Nr. 1 AuslG)	142
	cc) Handeln als Mitglied einer Bande (§ 92a II Nr. 2 AuslG)	143
	c) Formular – Einschleusung von Ausländern – Beihilfe/Mittäterschaft – § 92a I und II AuslG	144–153

Titz

d) Straftaten im Ausland (§ 92a IV AuslG)	154–157
e) Strafrechtliche Nebenfolgen des § 92a AuslG	158–159
3. § 92b AuslG	160–167
a) Allgemeines	160
b) Tatbestandsvoraussetzungen	161–165
c) Strafrahmen	166–167

III. Die Straftaten nach dem AsylVfG 168-215

1. Anwendungsbereich	168–169
2. § 85 AsylVfG	170–201
a) Allgemeines	170–171
b) Nichtbefolgen der Zuweisungsanordnung (§ 85 Nr. 1 AsylVfG)	172–178
aa) Tatbestand	172–174
bb) Formular – Verstoß gegen die Zuweisungsentscheidung – §§ 50 VI, 85 Nr. 1 AsylVfG	175–178
c) Wiederholtes Zuwiderhandeln gegen eine Aufenthaltsbeschränkung (§ 85 Nr. 2 AsylVfG)	179–191
aa) Tatbestand	179–181
bb) Formular – räumlicher Verstoß – § 85 Nr. 2 AsylVfG – auch mit Ladendiebstahl – Einzeltat – Allein/Mittäter – §§ 242 I (248a, 25 II) StGB	182–187
cc) Formular – räumlicher Verstoß – § 85 Nr. 2 AsylVfG – mit FoFE – § 21 I Nr. 1/II Nr. 1 StVG	188–191
d) Verstoß gegen ein Erwerbstätigkeitsverbot (§ 85 Nr. 3 AsylVfG)	192–195
e) Verstoß gegen Wohnauflage (§ 85 Nr. 4 AsylVfG)	196–200
aa) Tatbestand	196–197
bb) Formular – Verstoß gegen Wohnungsauflage – §§ 60 II 1, 85 Nr. 4 AsylVfG	198–200
f) Verstoß gegen Erwerbstätigkeitsverbot gem § 61 I AsylVfG (§ 85 Nr. 5 AsylVfG)	201
3. § 84 AsylVfG	202–213
a) Allgemeines	202–203
b) Tathandlungen	204–213
4. § 84a AsylVfG	214–215

Literaturverzeichnis

Erbs, Georg/Kohlhaas, Max, Strafrechtliche Nebengesetze, Ausländerrecht, 1998
Fritz, Roland/Vormeier, Jürgen (Hrsg.), Gemeinschaftskommentar zum Ausländerrecht, 1999
Hailbronner, Kay, Ausländerrecht – Ein Handbuch, 1984
Kanein, Werner/Renner, Günter, Ausländerrecht – Kommentar, 1993
Kissrow, Winfried, Ausländerrecht einschließlich Asylrecht – Vorschriftensammlung, 1998
Kloesel, Arno/Christ, Rudolf/Häußer, Otto, Deutsches Ausländerrecht – Kommentar zum Ausländergesetz und zu den wichtigsten ausländerrechtlichen Vorschriften, 1998

Titz

I. Einführung

1. Problemstellung

Die mit der Zuwanderung und dem Aufenthalt von Ausländern in der Bundesrepublik Deutschland verbundenen Probleme sind zu einem Schwerpunkt in Politik, Verwaltung und Rechtsprechung geworden und die Bedeutung dieses Themas wird in den kommenden Jahren weiter steigen. Grund dafür ist in erster Linie die erhebliche Zunahme des Ausländeranteils in Deutschland in den letzten Jahren. Während sich in den 80er Jahren der Anteil der Ausländer im Bundesgebiet relativ stabil auf ca. 4,5 Millionen einpendelte (1980: 4,45 Mio., 1985: 4,38 Mio., 1987: 4,24 Mio., 1989: 4,84 Mio.), konnte man ab 1990 einen rasanten Anstieg der Ausländerzahlen verzeichnen. So lebten 1990 bereits 5,34 Mio. Ausländer im Bundesgebiet, 1994 waren es 6,99 Mio. und heute halten sich mehr als 7,2 Mio. Ausländer nicht nur vorübergehend im Bundesgebiet auf.[1]

1

Darüber hinaus kommen viele Millionen Ausländer jährlich zu einem kurzfristigen Aufenthalt nach Deutschland. Wegen ihrer geographischen Lage in der Mitte Europas ist die Bundesrepublik Deutschland ein wichtiges Ziel- und Transitland. Der Wegfall der europäischen Binnengrenzen, die Öffnung der Staaten des ehemaligen »Warschauer Pakts« nach Westen und die damit verbundenen politischen und wirtschaftlichen Kontakte geben dieser Entwicklung weiteren Auftrieb.

Daneben gibt es jedoch auch einen verstärkten Zustrom von Asylsuchenden; viele dieser Menschen suchen in der Bundesrepublik nicht nur Schutz vor politischer Verfolgung, sondern fliehen auch vor Hunger, Obdachlosigkeit, Bürgerkrieg und Gewalt in ihren Heimatländern. Der Bosnien-Krieg und – in jüngster Zeit – der Kosovo-Konflikt haben mit den damit verbundenen Flüchtlingsbewegungen zu einem deutlichen Anstieg der Asylbewerberzahlen in Deutschland geführt bzw werden dies in unmittelbarer Zukunft noch tun. Freilich ist auch die Zahl der Asylbewerber nicht zu vernachlässigen, die nach Deutschland kommen, weil sie hier lediglich eine Verbesserung der in ihrem Heimatland oftmals äußerst bescheidenen Lebensbedingungen erwarten. Die Hoffnungen dieser Menschen werden genährt durch die häufig haltlosen Versprechungen der Schlepperbanden, die den Menschen vorspiegeln, in Deutschland erwarte sie das oft beschworene »gelobte Land«; viele sind daher bereit, die Ersparnisse ganzer Großfamilien, nicht selten mehrere zehntausend Dollar, für die Schleusung eines oder zweier Familienmitglieder nach Deutschland zu bezahlen.

So steht das Strafrecht in einem schwierigen Spannungsfeld: Einerseits ist es erklärtes Ziel der Politik, die Bundesrepublik Deutschland innerhalb der

---

1 Zahlen zitiert nach Kloesel/Christ/Häußer Einl. Rn 3 und Kissrow S 1

Titz

Europäischen Union zu öffnen und die Integration der hier berechtigt lebenden Ausländer zu verbessern. Andererseits soll aber der Zuzug von Ausländern aus Nicht-EU-Staaten begrenzt werden und diese Begrenzung auch und gerade mit den Mitteln des Strafrechts durchgesetzt werden. Die Strafverfolgungsbehörden sehen sich daher der Kritik aus zweierlei Richtungen ausgesetzt. Von den Verfechtern einer liberalen Ausländerpolitik wird ihnen vorgeworfen, der effektiven Integration der Ausländer durch übertriebene Kriminalisierung des Ausländerrechts zuwider zu handeln. Andererseits wird von vielen Menschen beklagt, daß die innere Sicherheit gerade infolge der zahlreichen illegal eingereisten Ausländer nicht gewährleistet werden könne. Insbes zu einer wirksamen Bekämpfung des Schlepperunwesens seien die deutschen Strafverfolgungsbehörden nicht in der Lage.

2. Gesetzliche Grundlagen

2   Nach Inkrafttreten des Grundgesetzes am 23.5.1949 galten zunächst das Gesetz über das Paß-, Ausländerpolizei- und Meldewesen sowie über das Ausweiswesen vom 11.5.1937[2] und die Ausländerpolizeiverordnung vom 22.8.1938[3] als Bundesrecht fort (letztere allerdings nur, soweit sie nicht den Rechtsweg ausschloß[4]). Durch die gezielte Anwerbung von ausländischen Arbeitnehmern seit Mitte der 50er Jahre und den damit verbundenen Anstieg der ausländischen Bevölkerung in der Bundesrepublik Deutschland (im Jahr 1961 hielten sich 0,6 Mio. Ausländer im Bundesgebiet auf, 1970 bereits 2,6 Mio.[5]) erwiesen sich jedoch diese Regelungen als zunehmend weniger tragfähig.

Nach umfangreichen Vorbereitungen trat daher am 1.10.1965 das Ausländergesetz vom 28.4.1965[6] in Kraft. Darin war unter dem 5. Abschnitt in § 47 die einzige Strafvorschrift normiert. Diese lautete wie folgt:

§ 47
Straftaten

(1) Mit Gefängnis bis zu einem Jahr und mit Geldstrafe oder mit einer dieser Strafen wird ein Ausländer bestraft, der

1. in den Geltungsbereich dieses Gesetzes einreist, ohne den erforderlichen Paß, Paßersatz (§ 3) oder eine erforderliche Aufenthaltserlaubnis (§ 5 Abs. 2 oder 3) zu besitzen,
2. sich im Geltungsbereich dieses Gesetzes aufhält, ohne den erforderlichen Paß, Paßersatz (§ 3) oder eine erforderliche Aufenthaltserlaubnis (§ 5 Abs. 1), Aufenthaltsberechtigung (§ 8) oder Duldung (§ 17 Abs. 1) zu besitzen,

---

2   RGBl I 1937, 589
3   RGBl I 1938, 1053
4   Vgl BVerwGE 3, 58 und 235
5   Zum Zitat der Zahlen vgl Fn 1
6   BGBl I 1965, 353

3. sich den erkennungsdienstlichen Maßnahmen zur Feststellung der Person oder der Staatsangehörigkeit (§ 3 Abs. 1 Satz 3) entzieht,
4. eine Zuwiderhandlung gegen eine auf Grund des § 6 Abs. 2 erlassene vollziehbare Verfügung beharrlich wiederholt,
5. Bedingungen, Auflagen oder Beschränkungen der Aufenthaltserlaubnis (§ 7 Abs. 1, 3 und 4), der Befreiung (§ 7 Abs. 5), der Duldung (§ 17 Abs. 1) oder Auflagen der Aufenthaltsberechtigung (§ 8 Abs. 2) oder einer Anordnung der Ausländerbehörde über Reiseweg und Aufenthaltsort (§ 15 Abs. 2 Satz 2) zuwiderhandelt,
6. unrichtige oder unvollständige Angaben macht oder benutzt, um für sich oder einen anderen Urkunden für die Einreise oder den Aufenthalt im Geltungsbereich dieses Gesetzes zu beschaffen, oder der eine so beschaffte Urkunde wissentlich zur Täuschung im Rechtsverkehr gebraucht.

(2) Der Versuch ist in den Fällen des Absatzes 1 Nr. 5 strafbar.

(3) Handelt der Täter in den Fällen des Absatzes 1 Nr. 2 oder 5 fahrlässig, so ist die Strafe Geldstrafe oder Gefängnis bis zu einem Jahr.

(4) Artikel 31 Abs. 1 des Abkommens über die Rechtsstellung der Flüchtlinge bleibt unberührt.

Das Ausländergesetz 1965 wurde mehrfach angepaßt, vor allem im Zusammenhang mit dem asylrechtlichen Verfahren, blieb jedoch im wesentlichen 25 Jahre lang unverändert. Die notwendigen Korrekturen wurden überwiegend im Weg von Ländererlassen vorgenommen.

Seit Mitte der 80er Jahre entstanden Bestrebungen zur Einführung eines neuen Ausländerrechts. Auf der Grundlage zahlreicher Vorschläge, Stellungnahmen und Gesetzesentwürfe[7] trat am 1.1.1991 das Gesetz zur Neuregelung des Ausländerrechts vom 9.7.1990[8] in Kraft. Es enthielt in Art. 1 das neue Ausländergesetz. Als Strafvorschrift wurde in dieses Gesetz der neugeregelte § 92 in folgender Fassung aufgenommen:

§ 92
Strafvorschriften

(1) Mit Freiheitsstrafe bis zu einem Jahr oder mit Geldstrafe wird bestraft, wer

1. entgegen § 3 Abs. 1 Satz 1 sich ohne Aufenthaltsgenehmigung im Bundesgebiet aufhält und keine Duldung nach § 55 Abs. 1 besitzt,
2. entgegen § 4 Abs. 1 in Verbindung mit § 39 Abs. 1 sich ohne Paß und ohne Ausweisersatz im Bundesgebiet aufhält,
3. einer vollziehbaren Auflage nach § 14 Abs. 2 Satz 2 oder § 56 Abs. 3 Satz 3, jeweils auch in Verbindung mit § 44 Abs. 6, oder einer vollziehbaren Anordnung nach § 62 Abs. 2 zuwiderhandelt,
4. wiederholt einer vollziehbaren Anordnung nach § 37 zuwiderhandelt,
5. entgegen § 41 Abs. 4 eine erkennungsdienstliche Maßnahme nicht duldet,
6. entgegen § 58 Abs. 1 in das Bundesgebiet einreist,
7. unrichtige oder unvollständige Angaben macht oder benutzt, um für sich oder einen anderen eine Aufenthaltsgenehmigung oder Duldung zu beschaffen, oder

---

7 Vgl hierzu die Darstellung in Kanein/Renner, Rn 4 ff
8 BGBl I 1990, 1354

eine so beschaffte Urkunde wissentlich zur Täuschung im Rechtsverkehr gebraucht oder

8. im Bundesgebiet einer überwiegend aus Ausländern bestehenden Vereinigung oder Gruppe angehört, deren Bestehen, Zielsetzung oder Tätigkeit vor den Behörden geheimgehalten wird, um ihr Verbot abzuwenden.

(2) Mit Freiheitsstrafe bis zu drei Jahren oder mit Geldstrafe wird bestraft, wer einen Ausländer zu einer der in Absatz 1 Nr. 1 und 6 bezeichneten Handlungen anstiftet oder ihm dabei Beihilfe leistet und

1. dafür einen Vermögensvorteil erhält oder sich versprechen läßt oder
2. dabei wiederholt oder zugunsten von mehr als fünf Ausländern handelt.

(3) In den Fällen des Absatzes 2 ist der Versuch strafbar.

(4) Gegenstände, auf die sich eine Straftat nach Abs. 1 Nr. 7 bezieht, können eingezogen werden.

(5) Art. 31 Abs. 1 des Abkommens über die Rechtsstellung der Flüchtlinge bleibt unberührt.

§ 92 AuslG 1990 übernahm damit im wesentlichen die bis dahin geltenden Strafbestimmungen des § 47 I, V und VI AuslG 1965, sowie den durch das Gesetz zur Bekämpfung der illegalen Beschäftigung eingefügten § 47 a mit einigen Modifikationen. Entgegen der bisherigen Regelung des § 47 AuslG 1965 wurden in Abs 2 nunmehr erstmals die Anstiftung und Beihilfe zur unerlaubten Einreise und zum unerlaubten Aufenthalt unter bestimmten Voraussetzungen zur Qualifikation ausgebaut.

Durch das Gesetz zur Neuregelung des Asylverfahrens (AsylVfNG) vom 26.6.1992[9] wurde dem Abs 2 folgender Satz 2 angefügt:

»In besonders schweren Fällen ist die Strafe Freiheitsstrafe von sechs Monaten bis zu fünf Jahren. Ein besonders schwerer Fall liegt in der Regel vor, wenn der Täter gewerbsmäßig oder aus grobem Eigennutz handelt.«

Weitere Änderungen brachte das Verbrechensbekämpfungsgesetz vom 28.10.1994.[10] Neu eingefügt wurden hierdurch die §§ 92 a und b, die folgende Formulierung erhielten:

§ 92a
Einschleusen von Ausländern

(1) Mit Freiheitsstrafe bis zu fünf Jahren oder mit Geldstrafe wird bestraft, wer einen anderen zu einer der in § 92 Abs. 1 Nr. 1, 2 oder 6 oder Abs. 2 bezeichneten Handlungen anstiftet oder ihm dazu Hilfe leistet und

1. dafür einen Vermögensvorteil erhält oder sich versprechen läßt oder
2. wiederholt oder zugunsten von mehr als fünf Ausländern handelt.

(2) Mit Freiheitsstrafe von sechs Monaten bis zu zehn Jahren wird bestraft, wer in den Fällen des Absatzes 1

---

9   BGBl I 1992, 1126
10 BGBl I 1994, 3186

1. gewerbsmäßig oder
2. als Mitglied einer Bande, die sich zur fortgesetzten Begehung solcher Taten verbunden hat,

handelt.

(3) Der Versuch ist strafbar.

(4) Absatz 1 Nr. 1, Abs. 2 Nr. 1 und Absatz 3 sind auf Zuwiderhandlungen gegen Rechtsvorschriften über die Einreise und den Aufenthalt von Ausländern in das europäische Hoheitsgebiet einer der Vertragsstaaten des Schengener Übereinkommens vom 19. Juni 1990 anzuwenden, wenn

1. sie den in § 92 Abs. 1 Nr. 1 oder 6 oder Abs. 2 Nr. 1 bezeichneten Handlungen entsprechen und
2. der Täter einen Ausländer unterstützt, der nicht die Staatsangehörigkeit eines Mitgliedstaates der Europäischen Gemeinschaft oder eines anderen Vertragsstaates des Abkommens über den Europäischen Wirtschaftsraum besitzt.

(5) In den Fällen des Absatzes 2 Nr. 1, auch in Verbindung mit Absatz 4, ist § 73 d des Strafgesetzbuches anzuwenden. In den Fällen des Absatzes 2 Nr. 2 sind die §§ 43 a, 73 d des Strafgesetzbuches anzuwenden.

§ 92b
Gewerbs- und bandenmäßiges Einschleusen von Ausländern

(1) Mit Freiheitsstrafe von einem Jahr bis zu zehn Jahren wird bestraft, wer in den Fällen des § 92 a Abs. 1, auch in Verbindung mit Abs. 4, als Mitglied einer Bande, die sich zur fortgesetzten Begehung solcher Taten verbunden hat, gewerbsmäßig handelt.

(2) In minder schweren Fällen ist die Strafe Freiheitsstrafe von sechs Monaten bis zu fünf Jahren.

(3) Die §§ 43 a, 73 d des Strafgesetzbuches sind anzuwenden.

Letztmalig wurden durch das Gesetz zur Änderung ausländer- und asylverfahrensrechtlicher Vorschriften vom 29.10.1997[11] Verschärfungen eingefügt, indem in § 92 I Nr. 4 AuslG das Wort »wiederholt« gestrichen wurde, durch Einfügung des § 92 II a AuslG die Versuchsstrafbarkeit auch für die Fälle des § 92 I Nr. 6 und II Nr. 1 a AuslG begründet wurde und in § 92 a I Nr. 2 AuslG die Wörter »mehr als fünf« durch das Wort »mehrere« ersetzt wurde.

So wird deutlich, daß sich im Laufe der Jahre seit Inkrafttreten des AuslG 1965 das Schwergewicht der Zielrichtung der Straftatbestände entscheidend verändert hat. Sollte zunächst lediglich die materiell richtige Verwaltungsentscheidung gewährleistet werden, wird nun das Augenmerk vor allem auf die Bekämpfung des Schlepperunwesens gerichtet.[12] Dies ist angesichts des Wegfalls der Grenzkontrollen innerhalb der Europäischen Union und des damit verbundenen erheblichen Anstiegs an Schleusungen auch sachge-

---

11 BGBl I 1997, 2584
12 Gemeinschaftskommentar zum Ausländerrecht (im weiteren zitiert als GemKomm) Vorb zu §§ 92-93 Rn 3

recht. Die Erfahrung zeigt, daß nahezu alle Schleusungen – mit Ausnahme eines minimalen Anteils an sog Verwandtenschleusungen, bei denen die Illegalen von in Deutschland lebenden Verwandten in ihrer Heimat abgeholt und bis in das Bundesgebiet verbracht werden – von Schleuserbanden organisiert und geradezu generalstabsmäßig geplant sind. Für einen Preis von meist mehreren tausend US-Dollar pro Person erhalten die Ausländer ein »Komplett-Paket«, das den Transport vom Heimatland des Ausländers bis zu seinem Wunschort in Deutschland beinhaltet. Meist wird auch eine Erfolgsgarantie gegeben, dh, daß im Falle des Scheiterns eines ersten Schleusungsversuchs eine weitere Schleusung kostenlos durchgeführt wird. Angesichts derartig professionellen Vorgehens wird das Schleuserunwesen zu Recht als Erscheinungsform der Organisierten Kriminalität angesehen. Die Einführung des § 92 b AuslG durch das Verbrechensbekämpfungsgesetz vom 28.10.1994,[13] aber auch die Möglichkeiten der erweiterten Gewinnabschöpfung durch Anwendung der §§ 73 d und 43 a StGB (vgl § 92 a V, § 92 b III AuslG idF durch das Verbrechensbekämpfungsgesetz vom 28.10.1994) tragen dem Rechnung.

II. Die Straftaten nach dem Ausländergesetz

1. § 92 AuslG

a) Täterkreis

Tauglicher Täter iSv § 92 I und II AuslG kann nur ein Ausländer sein. Andere Personen sind allenfalls als Teilnehmer iSd §§ 26, 27 StGB strafbar.[14]

In § 2 AuslG werden jedoch die Personen aufgezählt, auf die, obwohl sie Ausländer iSv § 1 II AuslG sind – das AuslG und somit auch § 92 AuslG keine Anwendung findet. In der Praxis ist hier vor allem § 2 II AuslG von Bedeutung: Auf die Ausländer, die nach Europäischem Gemeinschaftsrecht Freizügigkeit genießen, findet das AuslG nur Anwendung, soweit das Europäische Gemeinschaftsrecht und das Aufenthaltsgesetz/EWG (AufenthG/EWG) keine abweichenden Bestimmungen enthalten (vgl dazu unten Rn 5).

---

13   Vgl Fn 10
14   GemKomm § 92 Rn 2; Kanein/Renner § 92 Rn 3; Erbs/Kohlhaas-Senge § 92 Rn 1 a

b) Die einzelnen Tatbestände des § 92 I AuslG

aa) Unerlaubter Aufenthalt (§ 92 I Nr. 1 AuslG)

– Objektiver Tatbestand

Gem § 3 I 1 AuslG brauchen Ausländer für die Einreise und den Aufenthalt im Bundesgebiet regelmäßig eine Aufenthaltsgenehmigung. Die verschiedenen Arten der Aufenthaltsgenehmigung regelt § 5 AuslG (Aufenthaltserlaubnis, §§ 15, 17 AuslG; Aufenthaltsberechtigung, § 27 AuslG; Aufenthaltsbewilligung, §§ 28, 29 AuslG). Darüber hinaus kann ein Ausländer, ohne im Besitz einer Aufenthaltsgenehmigung zu sein, im Bundesgebiet geduldet sein. Die Voraussetzungen für die Erteilung einer Duldung sind in § 55 II – IV AuslG normiert. Daneben gilt unter den Voraussetzungen des § 69 II und III AuslG der Aufenthalt eines Ausländers im Bundesgebiet als geduldet.

Verbleibt ein Ausländer nach der Einreise ohne Aufenthaltsgenehmigung und ohne Duldung im Bundesgebiet, macht er sich nach § 92 I Nr. 1 AuslG strafbar.

Dies gilt jedoch nicht, wenn der Ausländer von der Pflicht zur Aufenthaltsgenehmigung befreit ist. Eine Befreiung von dieser Pflicht gilt zum einen für die Staatsangehörigen der Mitgliedstaaten der Europäischen Union und deren Familienangehörige unter den Voraussetzungen des § 8 AufenthG/EWG. Sind die Voraussetzungen der §§ 1, 3–7a AufenthG/EWG erfüllt, wird Staatsangehörigen der EU-Mitgliedstaaten eine Aufenthaltserlaubnis-EG erteilt. Zu beachten ist insbes, daß solche Personen, wenn sie sich ohne die erforderliche Aufenthaltsgenehmigung oder Duldung im Bundesgebiet aufhalten, lediglich eine Ordnungswidrigkeit nach §12a I Nr. 2 AufenthG/EWG begehen. § 92 I Nr. 1 AuslG ist insofern nicht anwendbar (vgl § 2 II AuslG und oben Rn 3).

Weiterhin gelten Befreiungen von der Genehmigungspflicht nach § 3 I 2 AuslG iVm der Verordnung zur Durchführung des Ausländergesetzes (DVAuslG). Bei Wegfall der Voraussetzungen nach der DVAuslG entfällt auch diese Befreiung.

Hierzu folgende **Beispiele**:

Fall 1: Ein slowenischer Staatsangehöriger hält sich zu Besuchszwecken bei seiner in Deutschland lebenden Tochter auf. Entgegen seiner vorherigen Absicht reist er nicht nach drei Monaten in sein Heimatland zurück, sondern bleibt weiter im Bundesgebiet.

Fall 2: Ein kroatischer Staatsangehöriger hält sich zunächst als Tourist im Bundesgebiet auf, nimmt aber nach zweiwöchigem Aufenthalt entgegen seiner vorherigen Absicht eine Erwerbstätigkeit auf.

Titz

In beiden Fällen wird der Aufenthalt genehmigungspflichtig, da die Voraussetzungen der DVAuslG weggefallen sind. Da es jeweils an der erforderlichen Genehmigung fehlt, handelt es sich um unerlaubten Aufenthalt iSv § 92 I Nr. 1 AuslG. Dasselbe gilt, wenn eine erteilte Aufenthaltsgenehmigung erlischt (zB bei Ablauf des Schengen-Visums) oder widerrufen wird. Gem § 42 I AuslG tritt in diesen Fällen Ausreisepflicht ein. Der Ausländer ist jedoch erst dann gem § 92 I Nr. 1 AuslG strafbar, wenn die Ausreisepflicht gem § 42 II AuslG vollziehbar ist.[15]

7 Wenn ein Ausländer mit einer verwaltungsgerichtlichen Klage gegen eine aufenthaltsbeendende Maßnahme Erfolg hatte, so daß die Ausreisepflicht wegfällt, stellt sich die Frage, ob dadurch auch rückwirkend die Strafbarkeit nach § 92 I Nr. 1 AuslG entfällt. Dies soll nach Meinung des BGH[16] und einiger Obergerichte[17] nicht der Fall sein, da für die Beurteilung der Widerrechtlichkeit des Handelns stets die Verhältnisse zur Tatzeit maßgeblich seien. Nach Auffassung des OLG Frankfurt/Main[18] soll in diesen Fällen jedoch ein Strafaufhebungsgrund in Betracht kommen, da sich die Nichtbeachtung der behördlichen Anordnung (Ausreise) nur als ein »verwaltungsrechtlicher Ungehorsam« darstelle. Abzuwägen sei in diesen Fällen zwischen den Belangen der staatlichen Ordnung einerseits und den Belangen des von der Verwaltungsanordnung Betroffenen andererseits.

8 Lange Zeit war in Lit und Rechtsprechung die Frage umstritten, ob auch der Ausländer den Tatbestand des Abs 1 Nr. 1 verwirklicht, der zwar eine Duldung iSv § 55 I AuslG besitzt, jedoch deren räumlichen Geltungsbereich überschreitet (Duldungen sind in der Regel auf ein Bundesland beschränkt, § 56 III AuslG). Dies wurde zum Teil abgelehnt mit der Begründung, die Duldung gelte schon sinngemäß für das ganze Bundesgebiet und erlösche gem § 56 IV AuslG nur mit der Ausreise aus dem Bundesgebiet. Mit dem Verlassen des räumlichen Geltungsbereiches könne hingegen die Duldung nicht erlöschen.[19]

Demgegenüber wurde – maßgeblich auch durch das BayObLG[20] – vertreten, eine Duldung, die räumlich auf ein bestimmtes Bundesland beschränkt sei, gelte **nur** für dieses Bundesland. Durch Ausreise in ein anderes Bundesland komme nicht etwa die bestehende Duldung zum Erlöschen, sondern gelte für das Bundesland, für das sie erteilt wurde, fort. In dem Bundesland, in das sich der Ausländer begeben hat, habe sie hingegen nie bestanden, so daß sich die Frage des Erlöschens ohnehin nicht stelle.

---

15 Erbs/Kohlhaas-Senge § 92 Rn 2; GemKomm § 92 Rn 3
16 BGHSt 23, 86, 92; NJW 1982, 189
17 HansOLG Hamburg, NJW 1980, 1007, 1008
18 StV 1988, 301, 303 m Anm Wolf
19 OLG Celle MDR 1994, 716; LG Zweibrücken NStZ 1996, 396, 397
20 BayObLG BayVBl. 1995, 282

Titz

Dieser Meinungsstreit ist nunmehr durch das Urteil des BGH v. 5.11.1996[21] geklärt worden. Auch der BGH vertritt die Auffassung, mit Duldung iSv § 92 I Nr. 1 AuslG iVm § 55 I AuslG sei nur die Duldung des Aufenthalts in der (gesamten) Bundesrepublik Deutschland gemeint. Die Duldung hemme die Pflicht zur Ausreise aus der Bundesrepublik und entfalle nur dann, wenn der Ausländer das Bundesgebiet verlasse (§ 56 IV AuslG). Solange er sich jedoch innerhalb des Bundesgebiets – wenn auch möglicherweise außerhalb des räumlichen Geltungsbereichs seiner Duldung – aufhalte, besitze er eine Duldung und erfülle nicht den Tatbestand des § 92 I Nr. 1 AuslG. Die räumliche Beschränkung sei zwar gem § 56 III AuslG zwingend vorgeschrieben, gehöre aber dennoch nur zum Kreis der Bedingungen und Auflagen (also der Nebenbestimmungen), wie sich auch aus § 56 III 2 (»**Weitere** Bedingungen und Auflagen können angeordnet werden.«) ableiten lasse. § 92 I Nr. 1 AuslG stelle aber nur auf das gänzliche Fehlen der Duldung und nicht auf die Mißachtung einer Nebenbestimmung ab.

– Subjektiver Tatbestand

Nur das (mindestens bedingt) vorsätzliche Handeln des Ausländers ist unter Strafe gestellt. Fahrlässigkeit eröffnet hingegen den Ordnungswidrigkeiten-Tatbestand des § 93 I AuslG.

Die Unkenntnis der Rechtsvorschriften schließt Strafe nicht aus. Im Einzelfall wird an einen Verbotsirrtum zu denken sein (§ 17 StGB), der jedoch auch bei einem Ausländer in der Regel nicht unvermeidbar sein wird, da auch dem Ausländer zumutbar ist, sich durch Nachfrage bei den entsprechenden Behörden (innerhalb Deutschlands: Ausländerämter; in seinem Heimatstaat: Deutsches Konsulat) über die Rechtmäßigkeit seines Handelns zu informieren.

---

21 NStZ 1997, 444, 445

Titz

Formular – Unerlaubter Aufenthalt, auch nach Ablauf des Aufenthaltstitels – §§ 92 I Nr. 1, 3 I, 55 I AuslG

10

Az.:		AUSL.RECHTL. BESTIMMUNGEN - allg aus 5		
		unerl. Aufenthalt, auch nach Ablauf Aufenthaltstitel - §§ 92 Abs. 1 Nr. 1, 3 Abs. 1, 55 Abs. 1 AuslG		
❏ Strafbefehl		❏ Antrag beschl. Verf.	○ StrafR	○ SchöffG
❏ Anklageschrift ○ wes. E.d.E		❏ Antrag § 76 JGG	○ JugR	○ JugSchöffG
❏ § 153 a StPO ❏ HaftB		Gerichtsort:	ZwSt./Abt.:	
Besch. Bl.:	Vert. ○ Vollm. Bl.	○ Best Bl.:	○ Zust.bev. Bl.:	○ ges. Vertr. Bl.:

1.	Staatsangehörigkeit	
2.	Tatzeit	○ Am
		○
		(z.B. Seit ... bis; Zwischen ... und; ...)
3.	Tatort	
4.	Aufenthaltstitel a,	○ Aufenthaltsgenehmigung ○ Visum ○ Duldung
		○ frei bis 3 Monate ○ Ausreisefrist
	Tag Ablauf b,	
5.	ggf. Freitext	
	(z.B. wenn kein Aufenthalts-	
	titel oder Ergänzung zu 4)	

Text des Strafbefehls (wird als Anklage etc. entsprechend umgesetzt):

Sie sind *(1) Staatsangehörigkeit* Staatsangehörige/r.

(2) Tatzeit hielten Sie sich in *(3) Tatort* auf. Sie wußten, daß Sie für den Aufenthalt im Bundesgebiet erforderliche Genehmigung oder Duldung nicht besaßen.

(4) Ablauf eines Aufenthaltstitels

(4 a) Aufenthaltsgenehmigung
Die Ihnen erteilte Aufenthaltsgenehmigung war bis zum *(4 b) Tag Ablauf* befristet und war nicht verlängert worden.

(4 a) Visum
Die Ihnen durch Visum erteilte Aufenthaltsgenehmigung war bis zum *(4 b) Tag Ablauf* befristet und war nicht verlängert worden.

(4 a) Duldung
Die Ihnen erteilte Duldung war bis zum *(4 b) Tag Ablauf* befristet und war nicht verlängert worden.

(4 a) frei bis drei Monate
Der nach § 1 Abs. 1 Verordnung zur Durchführung des Ausländergesetzes genehmigungsfreie Aufenthalt von drei Monaten war am *(4 b) Tag Ablauf* abgelaufen.

(4 a) Ausreisefrist
Die von der Ausländerbehörde gesetzte Ausreisefrist war am *(4 b) Tag Ablauf* abgelaufen.

(5) ggf. Freitext

Sie werden daher beschuldigt,

sich im Bundesgebiet ohne die erforderliche Aufenthaltsgenehmigung oder Duldung aufgehalten zu haben,

strafbar als
unerlaubter Aufenthalt gemäß §§ 3 Abs. 1 Satz 1, 55 Abs. 1, 92 Abs. 1 Nr. 1 AuslG.

TV-StA allg aus 5 (07.00) ausl.rechtl. Bestimmungen

Beweismittel:				
1. ☐ Geständnis	ggf. Datum:		Bl.	
2. ☐ Zeugen	Name - Bl.			
○ m. Adresse				
3. Sachverständige(r)	Name - Bl.			
4. Urkunden	Auskunft ○ BZR ○ VZR ○ AZR ○ Gewerberegister			
	○ Strafantrag Bl.		○	
	○			
5. sonst. Beweismittel	○ Lichtbilder	○ Skizzen	○ Asservate	
	○			

Rechtsfolgen:				
☐ Einzelgeldstrafe	☐ Gesamtgeldstrafe	Anzahl TS:		Höhe TS:
	Einzelstrafen:			☐ Raten - Höhe:
☐ Einzelfreiheitsstrafe	☐ Gesamtfreiheitsstrafe	Dauer:		
	Einzelstrafen:			
☐ Verw. m. Strafvorbeh.		Anzahl TS:		Höhe TS:
☐ Bewährung:	Dauer:	Auflage(n) ○ nach Entwurf ○ Diktat		
☐ Nebenkl. notw. Ausl. / Name(n):				

Die Angabe der Staatsangehörigkeit unter **Ziffer 1** ist erforderlich, da nur bestimmte Ausländer eine Aufenthaltsgenehmigung iSv § 92 I Nr. 1 AuslG benötigen (vgl oben Rn 5). Insofern ist das Bestehen einer Aufenthaltsgenehmigungspflicht und somit auch die Staatsangehörigkeit Tatbestandsmerkmal.

11

In **Ziffer 2** muß die Tatzeit so genau wie möglich angegeben werden. Formulierungen wie »seit etwa einem Jahr« genügen nicht. Freilich wird die exakte Bestimmung der Aufenthaltsdauer des Beschuldigten oftmals schwer möglich sein. Keine Probleme stellt die Fallkonstellation dar, in der sich der Ausländer nach Ablauf seines Visums oder seiner Aufenthaltsgenehmigung weiterhin im Bundesgebiet aufhält. Der unerlaubte Aufenthalt dauert dann von dem Tag des Ablaufs bis zum Kontrolltag, es sei denn, der Ausländer wendet unwiderlegbar ein, er sei in der Zwischenzeit ausgereist und anschließend ohne Visum wieder eingereist. In diesem Fall wird ein Vergehen des unerlaubten Aufenthalts (vom Tag des Ablaufs des Visums bis zum Ausreisetag) in Tatmehrheit mit einem Vergehen der unerlaubten Einreise, diese in Tateinheit mit unerlaubtem Aufenthalt (Tag der Wiedereinreise bis zum Kontrolltag) vorliegen.

12

Ist ein Ausländer für einen Aufenthalt bis zu drei Monaten nicht genehmigungspflichtig (§ 1 DVAuslG iVm Anlage 1 zu DVAuslG), wird die Dauer des Aufenthalts und damit verbunden auch der Tatzeitraum des unerlaubten Aufenthalts zB aus dem Paßkontrollstempel (Datum der Einreise!) festzustellen sein. Fehlt dieser und kann die Dauer des Aufenthalts auch nicht anhand sonstiger Beweismittel (zB bei dem Ausländer aufgefundene Quittungen; Zeugen) festgestellt werden, wird man sich auf die Angaben des Ausländers zur Dauer seines Aufenthalts verlassen müssen.

13   Unter **Ziffer 3** sind der Ort bzw die Orte anzugeben, an denen sich der Ausländer während der Dauer des unerlaubten Aufenthalts aufhielt, soweit diese nachvollziehbar sind.

14   **Ziffer 4** sieht verschiedene Alternativen für die Aufenthaltstitel vor, die der Ausländer vor Ablauf seiner Genehmigung haben konnte (**Ziffer 4a**). In **Ziffer 4b** ist einzufügen, ab wann der Aufenthaltstitel abgelaufen war. Problematisch ist dabei insbes die Fallvariante, daß sich ein Ausländer drei Monate hier genehmigungsfrei aufhalten konnte (vgl oben Rn 12).

15   **Ziffer 5** ermöglicht es schließlich dem StA, ergänzende Ausführungen zu machen und dabei entweder auf die Einwendungen des Beschuldigten (zB Verbotsirrtum!) oder auf rechtliche oder tatsächliche Besonderheiten im Zusammenhang mit dem Aufenthaltstitel einzugehen.

Formular – Illegaler Aufenthalt infolge Arbeitsaufnahme bei Touristen – § 92 I Nr. 1 AuslG

16

Az.:			AUSL.RECHTL. BESTIMMUNGEN - allg aus 2		
			illeg. Aufenthalt infolge Arbeitsaufnahme bei Touristen - § 92 Abs. 1 Nr. 1 AuslG		
☐ Strafbefehl		☐ Antrag beschl. Verf.		○ StrafR	○ SchöffG
☐ Anklageschrift ○ wes. E.d.R		☐ Antrag § 76 JGG		○ JugR	○ JugSchöffG
☐ § 153 a StPO ☐ HaftB		Gerichtsort:		ZwSt./Abt.:	
Besch. Bl.:	Vert. ○ Vollm. Bl.	○ Best Bl.:	○ Zust.bev. Bl.:	○ ges. Vertr. Bl.:	

1.	Staatsangehörigkeit		
2.	Tattag		
	oder alternativ		
3.	Tatzeitraum	○ Zwischen und	
		○ nicht genau feststellb. Zeitraum:	
4.	Arbeitgeber	○ unbekannt ○ Name/Firma:	
5.	Ort Tätigkeit		
6.	Art Tätigkeit		
7.	Art Entlohnung	○ Kost/Logis u. Lohn konkret:	○ Lohnversprechen:
		○ Lohn konkret:	○ Lohn üblich
		○	
8.	kein Gesundh.zeugnis	○	

Text des Strafbefehls (wird als Anklage etc. entsprechend umgesetzt):

Sie sind *(1) Staatsangehörigkeit* Staatsangehörige/*r*.
Am *(2) Tattag*
oder
(3) Tatzeitraum
Zwischen *Datum* und *Datum*
(3) Tatzeitraum
Zu einem nicht mehr genau feststellbaren Zeitraum *(3) Tatzeitraum*
arbeiteten Sie bei
(4) Arbeitgeber
(4) wenn Arbeitgeber unbekannt
einem unbekannt gebliebenen Arbeitgeber
in *(5) Ort Tätigkeit* als *(6) Art Tätigkeit*.

(7) Art Entlohnung
Kost/Logis u. Lohn konkret
Für Ihre Beschäftigung erhielten Sie freie Unterkunft und Verpflegung sowie eine Entlohnung in Höhe von *(7) Betrag*.

Titz

Ausländergesetz / Asylverfahrensgesetz   Kapitel 4   307

> **Lohnversprechen**
> Für Ihre Beschäftigung wurde Ihnen eine Entlohnung in Höhe von *(7) Betrag* versprochen.
> **Lohn konkret**
> Zur Entlohnung erhielten Sie vom oben genannten Arbeitgeber *(7) Betrag*.
> **Lohn üblich**
> Für diese Tätigkeit ist eine Entlohnung zumindest üblich.
> **Art Entlohnung - Freitext**
>
> Wie Sie wußten, verfügten Sie nicht über die aufgrund Ihrer Erwerbstätigkeit erforderliche Aufenthaltsgenehmigung und auch nicht über eine Arbeitserlaubnis.
>
> **(8) wenn kein Gesundheitszeugnis**
> Ebensowenig waren Sie im Besitz eines erforderlichen Gesundheitszeugnisses nach dem Bundesseuchengesetz.
>
> Sie werden daher beschuldigt,
>
> sich im Bundesgebiet ohne die erforderliche Aufenthaltsgenehmigung oder Duldung aufgehalten zu haben,
>
> strafbar als
> unerlaubter Aufenthalt gemäß §§ 3 Abs. 1 Satz 1, 55 Abs. 1, 92 Abs. 1 Nr. 1 AuslG, §§ 1 Abs. 1, 12 Abs. 1 DVAuslG.
> Hinweis für Bearbeiter: Fehlende Arbeitserlaubnis oder fehlendes Gesundheitszeugnis sind verdrängte Ordnungswidrigkeiten (§ 21 OWiG), die nur bei Nichtbestrafung wegen der Straftat aufleben und bei der Strafzumessung Bedeutung haben können.
>
> TV-StA allg aus 2 (01.98)   ausl.rechtl. Bestimmungen

Beweismittel:			
1. ❑ Geständnis	ggf. Datum:		Bl.
2. ❑ Zeugen	Name - Bl.		
○ m. Adresse			
3. Sachverständige(r)	Name - Bl.		
4. Urkunden	Auskunft ○ BZR ○ VZR ○ AZR ○ Gewerberegister		
	○ Strafantrag Bl.	○	
	○		
5. sonst. Beweismittel	○ Lichtbilder	○ Skizzen	○ Asservate
	○		

Rechtsfolgen:			
❑ Einzelgeldstrafe	❑ Gesamtgeldstrafe	Anzahl TS:	Höhe TS:
	Einzelstrafen:		❑ Raten - Höhe:
❑ Einzelfreiheitsstrafe	❑ Gesamtfreiheitsstrafe	Dauer:	
	Einzelstrafen:		
❑ Verw. m. Strafvorbeh.		Anzahl TS:	Höhe TS:
❑ Bewährung:	Dauer:	Auflage(n) ○ nach Entwurf ○ Diktat	
❑ Nebenkl. notw. Ausl. / Name(n):			

Es ist hier von folgender Fallgestaltung auszugehen: 17

Ein Ausländer, der gem § 3 I 2 AuslG iVm § 1 DVAuslG iVm Anlage 1 zur DVAuslG von der Genehmigungspflicht befreit ist, reist als Tourist in das Bundesgebiet ein. Erst **nach** seiner Einreise faßt er den Entschluß, einer Erwerbstätigkeit nachzugehen. Er nimmt eine Arbeit an und geht dieser einige Zeit nach.

Gem § 1 I DVAuslG ist nur der Ausländer von der Genehmigungspflicht befreit, der – soweit die sonstigen Voraussetzungen auf ihn zutreffen – im Bundesgebiet keiner Erwerbstätigkeit nachgeht. Sobald der Ausländer daher eine Arbeit annimmt, benötigt er neben der Arbeitserlaubnis eine

Titz

Aufenthaltsgenehmigung. Während der Dauer der Erwerbstätigkeit hält er sich daher unerlaubt im Bundesgebiet auf.

Dies gilt jedoch nicht für Staatsangehörige von EU-Mitgliedstaaten (vgl insofern oben Rn 5). Für sie greifen uU die Ausnahmen des § 8 AufenthG/EWG ein. Selbst wenn dies nicht der Fall ist, begehen sie allenfalls eine Ordnungswidrigkeit gem § 12a AufenthG/EWG; § 92 I Nr. 1 AuslG gilt insofern nicht (vgl oben Rn 5).

18 Das Formblatt Rn 16 ist freilich nur für die Fälle anwendbar, in denen der Ausländer den Entschluß zur Arbeitsaufnahme erst faßt, nachdem er nach Deutschland eingereist ist. Reist er schon in der Absicht ein, hier einer Erwerbstätigkeit nachzugehen, braucht er schon für die Einreise eine Aufenthaltsgenehmigung. Hat er die Genehmigung bei der Einreise nicht, begeht er ein Vergehen der unerlaubten Einreise in Tateinheit mit unerlaubtem Aufenthalt.

19 § 92 I Nr. 1 AuslG ist ebenfalls nicht anwendbar, wenn sich der Ausländer mit einer Aufenthaltsgenehmigung im Bundesgebiet aufhält, jedoch gegen eine Auflage verstößt, die die Aufnahme einer Erwerbstätigkeit beschränkt oder verbietet. In diesem Fall liegt ggf ein Verstoß gegen § 92 I Nr. 3 AuslG vor (vgl unten Rn 42 ff).

20 Im Formblatt gehört unter **Ziffer 1** die Staatsangehörigkeit erneut zu den Tatbestandsmerkmalen und ist daher zwingend anzugeben.

21 **Ziffer 2** und **Ziffer 3** sehen alternative Diktatmöglichkeiten zur Bestimmung des Tatzeitpunkts vor. **Ziffer 2** ist zu verwenden, wenn der Ausländer nur an einem einzelnen Tag gearbeitet hat, **Ziffer 3**, wenn es sich um einen Tatzeitraum handelt. Die Alternative »nicht genau feststellbarer Zeitraum« wird jedoch in der Regel nicht zur Konkretisierung der Tat iSv § 200 I StPO ausreichen. Zumindest bestimmte Eckzeitpunkte (»mindestens von .... bis ....«; »von einem nicht mehr genau feststellbaren Zeitpunkt vor dem ... bis zum ...«; »in einem Zeitraum von ca. ... Wochen bis zum ...«) sollten jedenfalls angegeben werden. Dies kann ebenso wie im oben angeführten Fall (vgl Rn 12) Ermittlungsprobleme hervorrufen, wenn sonstige Beweismittel, wie zB Zeugen oder schriftliche Unterlagen (Arbeitsverträge!) nicht existieren. Im Zweifelsfall wird man sich auch hier auf die Angaben des Beschuldigten verlassen müssen.

22 In **Ziffer 4** ist der Arbeitgeber anzugeben. Ist dieser unbekannt geblieben, sieht das Formular die Alternative »unbekannt« vor. Besser wird in der Regel sein, die Erkenntnisse des Ermittlungsverfahrens so weit wie möglich einfließen zu lassen, selbst, wenn der Name des Arbeitgebers nicht bekannt ist. In Betracht kommen Formulierungen wie »auf verschiedenen Baustellen« oder »in einem griechischen Lokal«, die eine bessere Tatkonkretisierung ermöglichen.

23 **Ziffer 5** verlangt die Angabe des Tatorts. Hat der Beschuldigte an mehreren Orten gearbeitet, sind alle anzugeben. Bestehen keine Erkenntnisse über

die Arbeitsorte, zB weil nur das Geständnis des Beschuldigten vorliegt und dieser mangels Ortskenntnis keine Angaben machen kann oder dies nicht will, um seinen Arbeitgeber zu schützen, wird lediglich die Angabe »im Bundesgebiet« möglich sein.

Unter **Ziffer 6** muß die Art der Tätigkeit angegeben werden. Sollte keine konkrete Tätigkeitsbeschreibung vorliegen, ist an die Formulierungen »als Aushilfe« oder ähnliches zu denken. 24

Die Art der Entlohnung ist Gegenstand von **Ziffer 7**. Besondere Beachtung verdient die Alternative »Lohn üblich«. Sehr häufig werden sich nämlich Arbeitgeber und Arbeitnehmer dahingehend einlassen, daß eine Entlohnung weder vereinbart noch beabsichtigt war. Dieser Einwand ist jedoch wegen § 12 I DVAuslG, auf den § 1 I DVAuslG verweist, unbeachtlich, da – bei Vorliegen der sonstigen Voraussetzungen – als Erwerbstätigkeit auch jede Tätigkeit gilt, für die ein Entgelt zumindest üblich ist. Davon ausgenommen sind also lediglich Handreichungen, die der Höflichkeit oder Gefälligkeit entsprechen, wie zB zeitlich geringfügige Hilfe unter nahen Verwandten oder Nachbarn. 25

Ziffer 8 betrifft schließlich Fälle, in denen der Ausländer für seine Tätigkeit ein Gesundheitszeugnis iSd §§ 17, 18 BSeuchG benötigt. Es ist daher zu überprüfen, ob die vom Ausländer ausgeführte Tätigkeit von § 17 BSeuchG umfaßt wird. Dann wird in der Regel auch Ziffer 8 zu bejahen sein, da ein Ausländer, der ohne Aufenthaltsgenehmigung und Arbeitserlaubnis tätig ist, wohl in aller Regel nicht über ein Gesundheitszeugnis verfügen dürfte. Bedeutung hat das fehlende Gesundheitszeugnis nur für die Strafzumessung. Gem § 69 I Nr. 6 BSeuchG ist die Tätigkeit (nur) ohne Gesundheitszeugnis eine Ordnungswidrigkeit, die jedoch bei Vorliegen der Voraussetzungen des § 92 I Nr. 1 AuslG verdrängt wird (§ 21 OwiG) und somit nur über die Strafzumessung Bedeutung erlangen kann. 26

– Teilnahme

Allgemeines

Bei § 92 I Nr. 1 AuslG ist im Rahmen der Teilnahme vor allem an die Beihilfe zu denken. Allein in der Gewährung von Unterkunft und Verpflegung an einen illegal im Bundesgebiet befindlichen Ausländer lag jedoch nach der bisherigen Rechtsprechung grundsätzlich noch keine Beihilfe zu dessen unerlaubtem Aufenthalt.²² In zwei neueren Entscheidungen hat das BayObLG²³ diese Rechtsprechung modifiziert. Zwar stelle das Gewähren von Unterkunft und Verpflegung gegenüber einem Ausländer, der sich unerlaubt im Bundesgebiet aufhält, für sich alleine in objektiver Hinsicht noch keine Beihilfehandlung dar. Die Bewertung eines solchen Verhaltens als Beihilfehandlung iSv § 27 I StGB hänge davon ab, ob dadurch die Tat- 27

---

22 BGH NJW 1990, 2207, 2208
23 Beschlüsse vom 21.5.1999, 4 St RR 86/99, und vom 8.6.1999, 4 StR 73/99

Titz

bestandsverwirklichung ermöglicht, erleichtert, intensiviert oder abgesichert werde. Die Begehung der Haupttat müsse in ihrer konkreten Gestaltung objektiv gefördert oder erleichtert werden. Dies werde im Bereich des unerlaubten Aufenthalts regelmäßig nicht vorliegen, wenn der Haupttäter unter allen Umständen zur Fortsetzung seines illegalen Aufenthalts entschlossen sei.

Im Umkehrschluß muß daher aus dieser Entscheidung gefolgert werden, daß immer dann, wenn sich der Ausländer gerade durch die Gewährung von Unterkunft und Verpflegung zu einer Fortsetzung seines illegalen Aufenthalts veranlaßt bzw in seinem Entschluß zum illegalen Aufenthalt bestärkt fühlt, auch in diesem Fall die Verurteilung wegen Beihilfe zum illegalen Aufenthalt in Betracht kommt.

Diese Grundsätze sollen, wie das BayObLG in seinen genannten Entscheidungen[24] bekräftigt, auch für die Beschäftigung eines Ausländers ohne Aufenthaltsgenehmigung und Arbeitserlaubnis gelten. Auch im Fall der illegalen Beschäftigung wird daher konkret zu prüfen sein, ob der Ausländer seinen weiteren Aufenthalt von der Beschäftigung abhängig gemacht hat, oder ob er zur Fortsetzung des illegalen Aufenthalts bereits unter allen Umständen entschlossen war. In letzterem Fall wird keine Beihilfehandlung vorliegen.

Formular – Arbeitgeber – Beihilfe zum illegalen Aufenthalt infolge Arbeitsaufnahme bei Touristen – § 92 I Nr. 1 AuslG, § 27 StGB

28

Az.:				AUSL.RECHTL. BESTIMMUNGEN - allg aus 3		
Arbeitgeber - Beihilfe z. illeg. Aufenthalt infolge Arbeitsaufnahme bei Touristen - § 92 Abs. 1 Nr. 1 AuslG, § 27 StGB						
☐ Strafbefehl		☐ Antrag beschl. Verf.		◯ StrafR	◯ SchöffG	
☐ Anklageschrift ◯ wes. E.d.E		☐ Antrag § 76 JGG		◯ JugR	◯ JugSchöffG	◯ TZ Jug
☐ § 153 a StPO ☐ HaftB		Gerichtsort:		ZwSt./Abt.:		

Besch. Bl.:	Vert. ◯ Vollm. Bl.	◯ Best Bl.:	◯ ges. Vertr. Bl.:	◯ Zust.bev. Bl.:

1.	Art/Bezeichnung	◯ Inhaber ◯ Geschäftsführer der Firma				
	Arbeitgeber	◯				
2.	Ort Tätigkeit					
3.	Arbeitnehmer					
	Vor- und Zuname					
	Geschlecht m/w					
	Staatsangehörigkeit					
	Zeit Beschäftigung					
	(am ...; von ... bis ...)					
	Art Tätigkeit					
4.	Art Entlohnung	◯ Kost/Logis u. Lohn konkret:			◯ Lohnversprechen:	
	(bei mehreren	◯ Lohn pauschal:			◯ Lohn üblich	
	Arbeitnehmern					
	Gesamtsumme angeben)	◯				
5.	kein Gesundh.zeugnis	◯				

---

24 AaO, vgl Fn 23

Text des Strafbefehls (wird als Anklage etc. entsprechend umgesetzt):

Sie beschäftigten als *(1) Art/Bezeichnung Arbeitgeber* in *(2) Ort Tätigkeit*

(3) nur 1 Arbeitnehmer
den/die *(3) Staatsangehörigkeit* Staatsangehörige*(n)* *(3) Vor- u. Zuname (3) Zeit Beschäftigung* als *(3) Art Tätigkeit*.

(3) mehrere Arbeitnehmer
die nachgenannten Arbeitnehmer:
- den/die *(3) Staatsangehörigkeit* Staatsangehörige*(n)* *(3) Vor- u. Zuname (3) Zeit Beschäftigung* als *(3) Art Tätigkeit*.
- .... .

(4) Art Entlohnung
Kost/Logis u. Lohn konkret
Sie gewährten freie Unterkunft und Verpflegung sowie eine Entlohnung in Höhe von *wenn mehrere AN: insgesamt (4) Betrag*.
Lohnversprechen
Sie versprachen eine Entlohnung in Höhe von *wenn mehrere AN: insgesamt (4) Betrag*.
Lohn pauschal
Sie vereinbarten eine Pauschalentlohnung in Höhe von *wenn mehrere AN: insgesamt (4) Betrag*.
Lohn üblich
Für diese Tätigkeit ist eine Entlohnung zumindest üblich.
Art Entlohnung - Freitext

Wie Sie zumindest billigend in Kauf nahmen und *der/die* Beschäftigte*(n)* wußte*(n)*, verfügte*(n)* diese*(r)* nicht über die aufgrund der Erwerbstätigkeit erforderliche Aufenthaltsgenehmigung oder Duldung und auch nicht über eine Arbeitserlaubnis. Durch die Beschäftigung begünstigten Sie wissentlich den illegalen Aufenthalt *des/der* Genannten.

(5) kein Gesundheitszeugnis
Der/Die Beschäftigte*(n)* war*(en)* nicht im Besitz des erforderlichen Gesundheitszeugnisses nach dem Bundesseuchengesetz. Dies nahmen Sie zumindest billigend in Kauf.

TV-StA allg aus 3 (02.99)   Ausl.rechtl. Bestimmungen

Sie werden daher beschuldigt,

nur 1 Arbeitnehmer
einem anderen vorsätzlich Hilfe geleistet zu haben, sich im Bundesgebiet ohne die erforderliche Aufenthaltsgenehmigung oder Duldung aufzuhalten,

strafbar als
Beihilfe zum unerlaubten Aufenthalt gemäß §§ 3 Abs. 1 Satz 1, 55 Abs. 1, 92 Abs. 1 Nr. 1 AuslG, § 27 StGB.

mehrere Arbeitnehmer
durch eine Handlung
(3) Zahl Arbeitnehmer anderen vorsätzlich Hilfe geleistet zu haben, sich im Bundesgebiet ohne die erforderliche Aufenthaltsgenehmigung oder Duldung aufzuhalten,

strafbar als
Beihilfe zum unerlaubten Aufenthalt in *(3) Zahl Arbeitnehmer* tateinheitlichen Fällen gemäß §§ 3 Abs. 1 Satz 1, 55 Abs. 1, 92 Abs. 1 Nr. 1 AuslG, §§ 27, 52 StGB.

Beweismittel:			
1.	❏ Geständnis	ggf. Datum:	Bl.
2.	❏ Zeugen	Name - Bl.	
	❍ m. Adresse		
3.	Sachverständige(r)	Name - Bl.	
4.	Urkunden	Auskunft ❍ BZR ❍ VZR ❍ AZR ❍ Gewerberegister	
		❍ Strafantrag Bl. ❍	
		❍	
5.	sonst. Beweismittel	❍ Lichtbilder ❍ Skizzen ❍ Asservate	
		❍	

Titz

Rechtsfolgen:			
☐ Einzelgeldstrafe	☐ Gesamtgeldstrafe	Anzahl TS:	Höhe TS:
	Einzelstrafen:		☐ Raten - Höhe:
☐ Einzelfreiheitsstrafe	☐ Gesamtfreiheitsstrafe	Dauer:	
	Einzelstrafen:		
☐ Verw. m. Strafvorbeh.		Anzahl TS:	Höhe TS:
☐ Bewährung:	Dauer:	Auflage(n) ○ nach Entwurf ○ Diktat	
☐ Nebenkl. notw. Ausl. / Name(n):			

29 Unter **Ziffer 1** ist der Arbeitgeber zu konkretisieren. Handelt es sich um einen privaten Arbeitgeber, der Ausländer nicht in seinem Betrieb, sondern zB auf seiner privaten Baustelle einsetzt, kann dies ebenfalls durch Wahl des Freitexts und Formulierungen wie »als Bauherr des Anwesens X-Straße 1, München« ausgedrückt werden.

30 In **Ziffer 2** ist der Ort der Tätigkeit des Ausländers einzusetzen. Sollten mehrere Ausländer jeweils an verschiedenen Orten eingesetzt worden sein (häufig wird das zB bei einem Bauunternehmer der Fall sein, der auf mehreren Baustellen im ganzen Bundesgebiet Ausländer illegal beschäftigt), empfiehlt es sich, unter Ziffer 2 lediglich einzusetzen »im Bundesgebiet« und sodann in **Ziffer 3** unter der Rubrik »Art der Tätigkeit« auch den Ort einzufügen (zB »als Bauhelfer auf der Baustelle in München, X-Straße 1«).

31 Bzgl. **Ziffern 4 und 5** vgl die Ausführungen oben, Rn 25 und 26.

bb) Aufenthalt ohne Paß und Ausweisersatz (§ 92 I Nr. 2 AuslG)

– Allgemeines

32 Nach § 4 I AuslG müssen Ausländer, die in das Bundesgebiet einreisen oder sich darin aufhalten wollen, grundsätzlich einen gültigen Paß besitzen. In § 92 I Nr. 2 AuslG ist jedoch nur der **Aufenthalt** ohne Paß oder Ausweisersatz unter Strafe gestellt. Die **Einreise** ohne Paß wird von § 92 I Nr. 6 AuslG erfaßt.

33 Nicht strafbar ist der gem § 4 II Nr. 1 AuslG von der Paßpflicht befreite Ausländer ebenso wie derjenige, der über einen Paßersatz iSv § 4 II Nr. 2 AuslG bzw einen Ausweisersatz iSv § 39 I oder II AuslG verfügt. § 4 II Nr. 1 AuslG wird konkretisiert durch §§ 5 – 8 DVAuslG, die für bestimmte Ausländer eine Befreiung von der Paßpflicht vorsehen. Einführung und Gültigkeit von Paßersatzpapieren iSv § 4 II Nr. 2 AuslG sind in §§ 14 – 21 DVAuslG normiert.

34 Zu beachten ist jedenfalls, daß § 92 I Nr. 2 AuslG nur den Aufenthalt ohne jeglichen Paß oder Paßersatz unter Strafe stellt. Verfügt der Ausländer zwar über einen gültigen Paß im Bundesgebiet, verstößt er aber gegen seine ausweisrechtlichen Pflichten aus § 40 AuslG, liegt nur eine Ordnungswidrigkeit gem § 93 II Nr. 1 AuslG vor.

Ausländergesetz / Asylverfahrensgesetz Kapitel 4 313

Ebenso liegt eine Ordnungswidrigkeit vor, wenn das Fehlen des Passes auf Fahrlässigkeit beruht. Einschlägig ist dann § 93 I AuslG. 35

Formular – Einreise/Aufenthalt mit fehlendem Paß – Aufenthalt nach Paßablauf – § 92 I Nr. 2 AuslG

36

AUSL.RECHTL. BESTIMMUNGEN - allg aus 17
Einreise/Aufenthalt m. fehl. Paß - Aufenthalt nach Paßablauf - § 92 Abs. 1 Nr. 2 AuslG

Az.:

☐ Strafbefehl	☐ Antrag beschl. Verf.	○ StrafR ○ SchöffG
☐ Anklageschrift ○ wes. E.d.E	☐ Antrag § 76 JGG	○ JugR ○ JugSchöffG
☐ § 153 a StPO ☐ HaftB	Gerichtsort:	ZwSt./Abt.:

Besch. Bl.:   Vert. ○ Vollm. Bl.   ○ Best Bl.:   ○ Zust.bev. Bl.:   ○ ges. Vertr. Bl.:

1. Staatsangehörigkeit
2. Tattag, *ggf. Uhrzeit*   ○ Uhrzeit:
   oder alternativ
3. Tatzeitraum   zwischen   und
4. Einreise-   a, ○ über die Grenzübergangsstelle
   modalitäten   b, ○ außerhalb einer Grenzübergangsstelle im Bereich von
                    c, ○
5. Feststellung
   Umstände: a, ○ vorläufige Festnahme
                   b, ○ Kontrolle
                   c, ○ Ausreise Grenzübergang
                   d, ○
   Datum, *ggf. Uhrzeit*:   ○ Uhrzeit
   Ort:
6. Tatvarianten   a, ○ fehlender Paß bei Einreise
                   b, ○ Paßablauf nach Abreise
                       Datum:
                       aa, ○ inzwischen
                       bb, ○ am __ /__ /__ __ __

Text des Strafbefehls (wird als Anklage etc. entsprechend umgesetzt):

Sie sind *(1) Staatsangehörigkeit* Staatsangehörige/r.
Am *(2) Tattag ggf. gegen Uhrzeit*
oder alternativ
Zu einem nicht mehr genau feststellbaren Zeitpunkt *(3) Tatzeitraum*
reisten Sie
(4) Einreisemodalitäten
(4 a) - über die Grenzübergangsstelle *Ort*
(4 b) - außerhalb einer Grenzübergangsstelle im Bereich von *Ort*
(4 c) - Freitext
in die Bundesrepublik Deutschland ein und hielten sich hier bis
(5) Feststellung Umstände
(5 a) - zu Ihrer vorläufigen Festnahme am *Datum Feststellung ggf. gegen Uhrzeit* in *Ort Feststellung*
(5 b) - zu Ihrer Kontrolle am *Datum Feststellung ggf. gegen Uhrzeit* in *Ort Feststellung*
(5 c) - zu Ihrer Ausreise am *Datum Feststellung ggf. gegen Uhrzeit* über den Grenzübergang *Ort*
(5 d) - Freitext
auf.
(6 a) Tatvariante fehlender Paß bei Einreise:
Schon bei der Einreise besaßen Sie keinen gültigen Paß oder Ausweisersatz, was Sie wußten.
(6 b) Tatvariante Paßablauf nach Abreise:
Ihr bei der Einreise noch gültiger Paß war - wie Sie wußten - *(6 b aa) Datum inzwischen / am (6 b bb) Datum* abgelaufen.

TV-StA allg aus 17 (08.98)   ausl.rechtl. Bestimmungen

Titz

> Sie werden daher beschuldigt,
>
> **(6.a) Tatvariante fehlender Paß bei Einreise**
> entgegen § 58 Abs. 1 Nr. 2 Ausländergesetz in das Bundesgebiet eingereist zu sein und durch dieselbe Handlung sich hier ohne Paß und Ausweisersatz aufgehalten zu haben,
>
> strafbar als
> unerlaubte Einreise in Tateinheit mit unerlaubtem Aufenthalt ohne Paß gemäß §§ 4 Abs. 1, 39 Abs. 1, 92 Abs. 1 Nr. 2 und 6 AuslG, § 52 StGB.
>
> **(6.b) Tatvariante Paßablauf nach Abreise**
> sich ohne Paß und Ausweisersatz im Bundesgebiet aufgehalten zu haben,
>
> strafbar als
> unerlaubter Aufenthalt ohne Paß gemäß §§ 4 Abs. 1, 39 Abs. 1, 92 Abs. 1 Nr. 2 AuslG.

Beweismittel:			
1. ☐ Geständnis	ggf. Datum:		Bl.
2. ☐ Zeugen	Name - Bl.		
○ m. Adresse			
3. Sachverständige(r)	Name - Bl.		
4. Urkunden	Auskunft ○ BZR ○ VZR ○ AZR ○ Gewerberegister		
	○ Strafantrag Bl.		○
	○		
5. sonst. Beweismittel	○ Lichtbilder	○ Skizzen	○ Asservate
	○		

Rechtsfolgen:			
☐ Einzelgeldstrafe	☐ Gesamtgeldstrafe	Anzahl TS:	Höhe TS:
	Einzelstrafen:		☐ Raten - Höhe:
☐ Einzelfreiheitsstrafe	☐ Gesamtfreiheitsstrafe	Dauer:	
	Einzelstrafen:		
☐ Verw. m. Strafvorbeh.		Anzahl TS:	Höhe TS:
☐ Bewährung:	Dauer:	Auflage(n) ○ nach Entwurf ○ Diktat	
☐ Nebenkl. notw. Ausl. / Name(n):			

37 Auch bei diesem Formblatt ist unter **Ziffer 1** die Angabe der Staatsangehörigkeit zwingend erforderlich.

38 In **Ziffer 2** können der Einreisetag und die Uhrzeit der Einreise angegeben werden, soweit diese bekannt sind. Anderenfalls ermöglicht **Ziffer 3** die Angabe eines Tatzeitraums.

39 Ort und Art der Einreise sind in **Ziffer 4** zu konkretisieren.

40 In **Ziffer 5** werden Ausführungen zur Beendigung des Aufenthalts ohne Paß verlangt, insbes sind auch hier Datum und – soweit bekannt – Uhrzeit sowie der Ort der Kontrolle bzw Ausreise anzugeben.

41 Schließlich sieht **Ziffer 6** zwei Tatvarianten vor: Ist der Ausländer bereits ohne gültigen Paß in das Bundesgebiet eingereist, liegt unerlaubte Einreise in Tateinheit mit unerlaubtem Aufenthalt gem §§ 92 I Nr. 2 und 6 AuslG, 52 StGB vor (vgl zur unerlaubten Einreise iSv § 92 I Nr. 6 unten Rn 59 ff). Zu wählen ist dann die erste Alternative. War der Ausländer hingegen bei seiner Einreise im Besitz eines gültigen Passes, lief dieser jedoch nach seiner

Titz

Einreise in das Bundesgebiet ab, hat sich der Ausländer lediglich des unerlaubten Aufenthalts gem § 92 I Nr. 2 AuslG schuldig gemacht. Dieser Fall wird von der zweiten Alternative der Ziffer 6 umfaßt.

cc) Zuwiderhandlung gegen eine vollziehbare Auflage oder eine vollziehbare Anordnung (§ 92 I Nr. 3 AuslG)

– Zuwiderhandlung gegen eine Auflage nach §§ 14 II 2, 56 III 2 AuslG

Gem § 14 II 2 bzw § 56 III 2 AuslG können Aufenthaltsgenehmigungen und Duldungen mit Auflagen versehen werden, die die Aufnahme einer Erwerbstätigkeit einschränken oder verbieten. Auch der erstmalige Verstoß gegen diese Auflage stellt bereits eine Straftat iSv § 92 I Nr. 3 AuslG dar. Voraussetzung ist allerdings, daß die Auflage vollziehbar ist. Gem § 72 I AuslG haben Widerspruch und verwaltungsrechtliche Klage keine aufschiebende Wirkung, wenn die Erteilung oder Verlängerung einer Aufenthaltsgenehmigung abgelehnt wurden. In diesen Fällen ist Vollziehbarkeit daher sofort gegeben, ansonsten erst, wenn der Ausländer kein Rechtsmittel eingelegt oder den Rechtsweg erschöpft hat. Vollziehbarkeit ist auch im Fall einer Anordnung des Verwaltungsgerichts nach § 80 II Nr. 4 VwGO gegeben.

42

Zur Definition der Erwerbstätigkeit vgl oben Rn 25.

43

Ob eine Erwerbstätigkeit vorliegt oder die Arbeitsleistung nur auf Gefälligkeit beruht, ist im Einzelfall unter Berücksichtigung aller Umstände nach der Verkehrsanschauung zu prüfen. Die Ausübung der Prostitution ist jedenfalls Erwerbstätigkeit iSd Ausländerrechts.[25]

Es ist jedoch hinsichtlich der Strafbarkeit zwischen folgenden Fällen zu trennen:

44

Fall 1: Der kroatische Staatsangehörige A reist legal ohne Visum als Tourist in das Bundesgebiet ein und nimmt hier aufgrund eines erst in Deutschland gefaßten Entschlusses eine Erwerbstätigkeit auf.

In diesem Fall erlischt die Befreiung von der Genehmigungspflicht, die gem § 1 I DVAuslG iVm Anlage 1 zu DVAuslG bestanden hat, durch Aufnahme der Erwerbstätigkeit (vgl § 1 I Nr. 2 DVAuslG). A macht sich ab dem Moment seiner Arbeitsaufnahme strafbar gem § 92 I Nr. 1 AuslG.

Fall 2: Der irakische Staatsangehörige B besitzt eine Aufenthaltserlaubnis für das Bundesgebiet mit dem Zusatz »Arbeitsaufnahme nur mit gültiger Arbeitserlaubnis gestattet«. B nimmt eine Tätigkeit in Deutschland an, ohne die erforderliche Arbeitserlaubnis zu besitzen.

In diesem Fall handelt es sich nicht um eine Auflage iSv § 14 II 2 AuslG, sondern lediglich um einen deklaratorischen Zusatz ohne eigenständigen

---

25 BGH EzSt AuslG § 47 Nr. 1 zu § 47 I Nr. 2 AuslG aF

Titz

Regelungsgehalt. Denn grundsätzlich darf jeder Ausländer in Deutschland nur mit gültiger Arbeitserlaubnis eine Erwerbstätigkeit annehmen. Nichts anderes bestimmt jedoch der o.g. Zusatz. Da diesem somit kein eigenständiger Regelungscharakter zukommt, handelt es sich nicht um eine Auflage iSv § 14 II 2 AuslG.

Fall 3: Der äthiopische Staatsangehörige C ist im Besitz einer Aufenthaltserlaubnis für das Bundesgebiet, die den Zusatz trägt »Arbeitsaufnahme ist nicht gestattet«. Dennoch nimmt B eine Arbeit in Deutschland an.

Hier handelt es sich um eine Auflage iSv § 14 II 2 AuslG, da mit diesem Zusatz die Ausübung einer Erwerbstätigkeit verboten wird. Somit macht sich B gem § 92 I Nr. 3 AuslG strafbar.

– Zuwiderhandlung gegen eine Anordnung nach § 62 II AuslG

45 Dem Ausländer kann die Ausreise aus dem Bundesgebiet unter bestimmten Voraussetzungen untersagt werden. Reist er dennoch aus, verstößt er gegen die Anordnung nach § 62 II AuslG und macht sich – falls diese Anordnung vollziehbar ist (vgl hierzu Rn 42) – gem § 92 I Nr. 3 AuslG strafbar. Der Tatbestand ist bereits vollendet, wenn der Ausländer das Bundesgebiet verlassen hat. Der Versuch ist nicht strafbar,[26] für ihn wird jedoch in der Regel auch kein Anwendungsraum verbleiben.

– Subjektiver Tatbestand

46 Erforderlich ist wenigstens bedingter Vorsatz. Dies setzt freilich voraus, daß der Ausländer die Auflage bzw Anordnung kannte. Letzteres kann ausscheiden, wenn der Ausländer unbekannten Aufenthalts ist und daher die Auflage bzw Anordnung nur durch öffentliche Zustellung bekanntgemacht wurden. Soweit sich der Ausländer darauf beruft, er habe nicht gewußt, daß eine Zuwiderhandlung gegen eine Auflage bzw Anordnung strafbar ist, wird in der Regel allenfalls ein vermeidbarer Verbotsirrtum vorliegen, da eine Nachfrage bei der Behörde, die die Auflage bzw die Anordnung erlassen hat, jederzeit möglich ist, und sich auch der Ausländer aus einem fremden Kulturkreis sagen muß, daß eine behördliche Auflage zu befolgen ist und jede Nichtbeachtung strafbar sein kann.[27]

47 Handelt der Ausländer nicht vorsätzlich, kommt eine Ordnungswidrigkeit gem § 93 I AuslG in Betracht.

---

26 Erbs/Kohlhaas-Senge § 92 Rn 11
27 So auch GemKomm § 92 Rn 12

Titz

Ausländergesetz / Asylverfahrensgesetz   Kapitel 4   317

Formular – Auflagenverstoß durch Arbeitsaufnahme ohne Arbeitserlaubnis – § 92 I Nr. 3 AuslG, § 85 Nr. 3 AsylVfG

Az.:		AUSL.RECHTL. BESTIMMUNGEN - allg aus 6	48
Auflagenverstoß durch Arbeitsaufnahme ohne Arbeitserlaubnis gegen ausdrückliche Auflage - § 92 Abs. 1 Nr. 3 AuslG, § 85 Nr. 3 AsylVfG			

☐ Strafbefehl		☐ Antrag beschl. Verf.	☐ StrafR	☐ SchöffG	
☐ Anklageschrift	☐ wes. E.d.E	☐ Antrag § 76 JGG	☐ JugR	☐ JugSchöffG	☐ TZ Jug
☐ § 153 a StPO	☐ HaftB	Gerichtsort:	ZwSt./Abt.:		

Besch. Bl.:	Vert. ☐	Vollm. Bl.	☐ Best Bl.:	☐ Zust.bev. Bl.:	☐ ges. Vertr. Bl.:

1.	Status	Entw. ☐ Staatsangehörigkeit: oder ☐ Asylbewerber
2.	Art Aufenthaltstitel	☐ Aufenthaltsgenehmigung ☐ Duldung ☐ Aufenthaltsgestattung
3.	Inhalt Auflage	☐ selbständige oder vergleichbare unselbständige Erwerbstätigkeit ☐
4.	Tattag	
	oder alternativ	
5.	Tatzeitraum	☐ zwischen und ☐ nicht genau feststellb. Zeitraum:
6.	Arbeitgeber	☐ Name/Firma: ☐ unbekannt
7.	Ort Tätigkeit	
8.	Art Tätigkeit	
9.	Art Entlohnung	☐ Kost/Logis u. Lohn konkret: ☐ Lohnversprechen: ☐ Lohn konkret: ☐ Lohn üblich ☐
10.	kein Gesundh.zeugnis	☐

Text des Strafbefehls (wird als Anklage etc. entsprechend umgesetzt):

(1) Status - Ausländer allg.
Sie sind *(1) Staatsangehörigkeit* Staatsangehörige/r.
(1) Status - Asylbewerber
Sie sind Asylbewerber/in.

Wie Sie wußten, verfügten Sie über eine
(2) Art Aufenthaltstitel - Aufenthaltsgenehmigung Aufenthaltsgenehmigung,
(2) Art Aufenthaltstitel - Duldung Duldung,
(2) Art Aufenthaltstitel - Aufenthaltsgestattung Aufenthaltsgestattung,
die mit der Auflage versehen war, daß Ihnen
(3) Inhalt Auflage eine selbständige oder vergleichbare unselbständige Erwerbstätigkeit
(3) Inhalt Auflage Freitext
nicht gestattet war.

Gleichwohl arbeiteten Sie
am *(4) Tattag*
oder
(5) Tatzeitraum
zwischen *Datum* und *Datum*
(5) Tatzeitraum
zu einem nicht mehr genau feststellbaren Zeitraum *(4) Tatzeitraum*
bei
(6) Name/Firma - Arbeitgeber
(6) oder wenn Arbeitgeber unbekannt
einem unbekannt gebliebenen Arbeitgeber
in *(7) Ort Tätigkeit* als *(8) Art Tätigkeit.*

(9) Art Entlohnung
Kost/Logis u. Lohn konkret
Für Ihre Beschäftigung erhielten Sie freie Unterkunft und Verpflegung sowie eine Entlohnung in Höhe von *(8) Betrag*.
Lohnversprechen
Für Ihre Beschäftigung wurde Ihnen eine Entlohnung in Höhe von *(8) Betrag* versprochen.
Lohn konkret
Zur Entlohnung erhielten Sie vom oben genannten Arbeitgeber *(8) Betrag*.

TV-StA allg aus 6 (12.98)   ausl.rechtl. Bestimmungen

Titz

> **Lohn üblich**
> Für diese Tätigkeit ist eine Entlohnung zumindest üblich.
> **Art Entlohnung - Freitext**
>
> Wie Sie wußten, verfügten Sie nicht über die erforderliche Arbeitserlaubnis.
>
> **(10) kein Gesundheitszeugnis**
> Ebensowenig waren Sie im Besitz eines erforderlichen Gesundheitszeugnisses nach dem Bundesseuchengesetz.
>
> Sie werden daher beschuldigt,
>
> **(2) Art Aufenthaltstitel - Aufenthaltsgenehmigung**
> einer vollziehbaren Auflage nach § 14 Abs. 2 Satz 2 Ausländergesetz zuwidergehandelt zu haben,
>
> strafbar als
> Verstoß gegen eine Auflage nach dem Ausländergesetz gemäß §§ 14 Abs. 2 Satz 2, 92 Abs. 1 Nr. 3 AuslG.
>
> **(2) Art Aufenthaltstitel - Duldung**
> einer vollziehbaren Auflage nach § 56 Abs. 3 Satz 3 Ausländergesetz zuwidergehandelt zu haben,
>
> strafbar als
> Verstoß gegen eine Auflage nach dem Ausländergesetz gemäß §§ 56 Abs. 3 Satz 3, 92 Abs. 1 Nr. 3 AuslG.
>
> **(2) Art Aufenthaltstitel - Aufenthaltsgestattung**
> einer vollziehbaren Auflage nach § 60 Abs. 1 Asylverfahrensgesetz, mit der die Ausübung einer Erwerbstätigkeit beschränkt wird, zuwidergehandelt zu haben,
>
> strafbar als
> Verstoß gegen eine Auflage nach dem Asylverfahrensgesetz gemäß §§ 60 Abs. 1, 85 Nr. 3 AsylVfG.

Beweismittel:		
1. ❑ Geständnis	ggf. Datum:	Bl.
2. ❑ Zeugen	Name - Bl.	
○ m. Adresse		
3. Sachverständige(r)	Name - Bl.	
4. Urkunden	Auskunft ○ BZR ○ VZR ○ AZR ○ Gewerberegister	
	○ Strafantrag Bl. ○	
5. sonst. Beweismittel	○ Lichtbilder ○ Skizzen ○ Asservate	
	○	

Rechtsfolgen:			
❑ Einzelgeldstrafe	❑ Gesamtgeldstrafe	Anzahl TS:	Höhe TS:
	Einzelstrafen:		❑ Raten - Höhe:
❑ Einzelfreiheitsstrafe	❑ Gesamtfreiheitsstrafe	Dauer:	
	Einzelstrafen:		
❑ Verw. m. Strafvorbeh.		Anzahl TS:	Höhe TS:
❑ Bewährung:	Dauer:	Auflage(n) ○ nach Entwurf ○ Diktat	
❑ Nebenkl. notw. Ausl. / Name(n):			

49 Das Formblatt Rn 48 umfaßt sowohl den Verstoß gegen eine Auflage iSd AuslG als auch des AsylVfG. In letzterem Fall ist § 85 Nr. 3 AsylVfG die einschlägige Vorschrift (vgl hierzu unten Rn 192 ff).

50 **Ziffer 1** fordert wieder – wie die bereits erörterten Formblätter (vgl Rn 11, 20, 37) die Angabe der Staatsangehörigkeit; sofern eine Strafbarkeit nach § 85 Nr. 3 AsylVfG vorliegt, genügt jedoch die Angabe »Asylbewerber«.

51 In **Ziffer 2** muß die Art des Aufenthaltstitels eingefügt werden.

Ziffer 3 erfordert nach entsprechender Berichtigung des Formblatts nunmehr Angaben zum Inhalt der Auflage, gegen die der Täter verstoßen hat. Sofern nicht die ausdrücklich aufgeführte Auflage vorliegt, muß der Inhalt der Auflage durch die Wahl der Alternative »Freitext« genau wiedergegeben werden, um auf diese Weise darzustellen, inwiefern der Beschuldigte gegen die Auflage verstoßen hat. 52

Hinsichtlich der Angaben unter den **Ziffern 4 – 10** kann auf die Ausführungen unter Rn 21ff Bezug genommen werden. 53

Formular – Arbeitgeber – Beihilfe zum Auflagenverstoß durch Arbeitsaufnahme ohne Arbeitserlaubnis – § 92 I Nr. 3 AuslG, § 85 Nr. 3 AsylVfG, § 27 StGB

Az.:	AUSL.RECHTL. BESTIMMUNGEN - allg aus 7				54
Arbeitgeber - Beihilfe z. Auflagenverstoß durch Arbeitsaufnahme ohne Arbeitserlaubnis gegen ausdrückliche Auflage - § 92 Abs. 1 Nr. 3 AuslG, § 85 Nr. 3 AsylVfG, § 27 StGB					

☐ Strafbefehl	☐ Antrag beschl. Verf.	○ StrafR	○ SchöffG	
☐ Anklageschrift ○ wes. E.d.E	☐ Antrag § 76 JGG	○ JugR	○ JugSchöffG	○ TZ Jug
☐ § 153 a StPO ☐ HaftB	Gerichtsort:	ZwSt./Abt.:		

Besch. Bl.:	Vert. ○ Vollm. Bl.	○ Best Bl.:	○ Zust.bev. Bl.:	○ ges. Vertr. Bl.:

1.	Art/Bezeichnung Arbeitgeber	○ Inhaber ○ Geschäftsführer der Firma ○				
2.	Ort Tätigkeit					
3.	Arbeitnehmer	1	2	3	4	5
	Vor- und Zuname					
	Geschlecht m/w					
	Staatsangehörigkeit					
	alternativ Asylbewerber	○				
	Zeit Beschäftigung (am ...; von ... bis ...)					
	Art Tätigkeit					
4.	Art Entlohnung (bei mehreren Arbeitnehmern Gsamtsumme angeben)	○ Kost/Logis u. Lohn konkret: ○ Lohn pauschal: ○	○ Lohnversprechen: ○ Lohn üblich			
5.	Art Aufenthaltstitel	○ Aufenthaltsgenehmigung ○ Duldung ○ Aufenthaltsgestattung				
6.	Inhalt Auflage	○ selbständige oder vergleichbare unselbständige Erwerbstätigkeit				
7.	kein Gesundh.zeugnis	○				

Text des Strafbefehls (wird als Anklage etc. entsprechend umgesetzt):

Sie beschäftigten als *(1) Art/Bezeichnung Arbeitgeber* in *(2) Ort Tätigkeit*

(3) nur 1 Arbeitnehmer
den/die *(3) Staatsangehörigkeit* Staatsangehörige/n *(3) Vor- u. Zuname* *(3) Zeit Beschäftigung* als *(3) Art Tätigkeit*

(3) nur 1 Arbeitnehmer - Asylbewerber
den/die Asylbewerber/*in* *(3) Vor- u. Zuname* *(3) Zeit Beschäftigung* als *(3) Art Tätigkeit*

(3) mehrere Arbeitnehmer
die nachgenannten Arbeitnehmer:
- den/die *(3) Staatsangehörigkeit* Staatsangehörige/n *(3) Vor- u. Zuname* *(3) Zeit Beschäftigung* als *(3) Art Tätigkeit*
- ...

(3) mehrere Arbeitnehmer - Asylbewerber
die nachgenannten Arbeitnehmer:
- den/die Asylbewerber/*in* *(3) Vor- u. Zuname* *(3) Zeit Beschäftigung* als *(3) Art Tätigkeit*
- ...

Titz

```
(4) Art Entlohnung
Kost/Logis u. Lohn konkret
Sie gewährten freie Unterkunft und Verpflegung sowie eine Entlohnung in Höhe von wenn mehrere AN: insgesamt (4) Betrag.
Lohnversprechen
Sie versprachen eine Entlohnung in Höhe von wenn mehrere AN: insgesamt (4) Betrag.
Lohn pauschal
Sie vereinbarten eine Pauschalentlohnung in Höhe von wenn mehrere AN: insgesamt (4) Betrag.
Lohn üblich
Für diese Tätigkeit ist eine Entlohnung zumindest üblich.
Art Entlohnung - Freitext

TV-StA allg aus 7 (12.98)         ausl.rechtl. Bestimmungen
```

```
Wie Sie zumindest billigend in Kauf nahmen und der/die Beschäftigte/n wußte/n, verfügte/n diese/r über eine
(5) Art Aufenthaltstitel, die mit der Auflage versehen war, daß
(6) Inhalt Auflage eine selbständige oder vergleichbare unselbständige Erwerbstätigkeit
(6) Inhalt Auflage Freitext
nicht gestattet war. Eine gültige Arbeitserlaubnis hatte/n der/die Beschäftigte/n jedoch nicht. Sie wußten, daß Sie den/die Beschäftigte/n
bei diesem Verstoß unterstützten.
(7) kein Gesundheitszeugnis
Der/Die Beschäftigte/n war/en nicht im Besitz des erforderlichen Gesundheitszeugnisses nach dem Bundesseuchengesetz. Dies nahmen
Sie zumindest billigend in Kauf.

Sie werden daher beschuldigt,

A 1 - (3) nur 1 Arbeitnehmer und (5) Art Aufenthaltstitel - Aufenthaltsgenehmigung
einem anderen vorsätzlich Hilfe geleistet zu haben, einer vollziehbaren Auflage nach § 14 Abs. 2 Satz 2 Ausländergesetz
zuwiderzuhandeln,
strafbar als
Beihilfe zum Verstoß gegen eine Arbeitsauflage nach dem Ausländergesetz gemäß §§ 14 Abs. 2 Satz 2, 92 Abs. 1 Nr. 3 AuslG, § 27 StGB.

A 2 - (3) nur 1 Arbeitnehmer und (5) Art Aufenthaltstitel - Duldung
einem anderen vorsätzlich Hilfe geleistet zu haben, einer vollziehbaren Auflage nach § 56 Abs. 3 Satz 3 Ausländergesetz
zuwiderzuhandeln,
strafbar als
Beihilfe zum Verstoß gegen eine Arbeitsauflage nach dem Ausländergesetz gemäß §§ 56 Abs. 3 Satz 3, 92 Abs. 1 Nr. 3 AuslG, § 27 StGB.

A 3 - (3) nur 1 Arbeitnehmer und (5) Art Aufenthaltstitel - Aufenthaltsgestattung
einem anderen vorsätzlich Hilfe geleistet zu haben, einer vollziehbaren Auflage nach § 60 Abs. 1 Asylverfahrensgesetz, mit der die
Ausübung einer Erwerbstätigkeit beschränkt wird, zuwiderzuhandeln,
strafbar als
Beihilfe zum Verstoß gegen eine Arbeitsauflage nach dem Asylverfahrensgesetz gemäß §§ 60 Abs. 1, 85 Nr. 3 AsylVfG, § 27 StGB.

B 1 - (3) mehrere Arbeitnehmer und (5) Art Aufenthaltstitel - Aufenthaltsgenehmigung
durch eine Handlung
(3) Zahl Arbeitnehmer anderen vorsätzlich Hilfe geleistet zu haben, einer vollziehbaren Auflage nach § 14 Abs. 2 Satz 2 Ausländergesetz
zuwiderzuhandeln,
strafbar als
Beihilfe zum Verstoß gegen eine Arbeitsauflage nach dem Ausländergesetz in (3) Zahl Arbeitnehmer tateinheitlichen Fällen gemäß §§ 14
Abs. 2 Satz 2, 92 Abs. 1 Nr. 3 AuslG, §§ 27, 52 StGB.

B 2 - (3) mehrere Arbeitnehmer und (5) Art Aufenthaltstitel - Duldung
durch eine Handlung
(3) Zahl Arbeitnehmer anderen vorsätzlich Hilfe geleistet zu haben, einer vollziehbaren Auflage nach § 56 Abs. 3 Satz 3 Ausländergesetz
zuwiderzuhandeln,
strafbar als
Beihilfe zum Verstoß gegen eine Arbeitsauflage nach dem Ausländergesetz in (3) Zahl Arbeitnehmer tateinheitlichen Fällen gemäß §§ 56
Abs. 3 Satz 3, 92 Abs. 1 Nr. 3 AuslG, §§ 27, 52 StGB.

B 3 - (3) mehrere Arbeitnehmer und (5) Art Aufenthaltstitel - Aufenthaltsgestattung
durch eine Handlung
(3) Zahl Arbeitnehmer anderen vorsätzlich Hilfe geleistet zu haben, einer vollziehbaren Auflage nach § 60 Abs. 1 Asylverfahrensgesetz,
mit der die Ausübung einer Erwerbstätigkeit beschränkt wird, zuwiderzuhandeln,
strafbar als
Beihilfe zum Verstoß gegen eine Arbeitsauflage nach dem Asylverfahrensgesetz in (3) Zahl Arbeitnehmer tateinheitlichen Fällen gemäß
§§ 60 Abs. 1, 85 Nr. 3 AsylVfG, §§ 27, 52 StGB.

Hinweis für den Benutzer:
Dieser Mustertext ist bei mehreren Arbeitnehmern nur dann verwendbar, wenn alle Arbeitnehmer einen Aufenthaltstitel
gleicher Art besitzen !
Für Beweismittel und Rechtsfolgen bitte das Formular "Zusatzblatt Abschlußverfügung" verwenden.
```

55 Mit dem Formblatt Rn 54 soll der Arbeitgeber erfaßt werden, der in Kenntnis einer bestehenden Auflage einen Ausländer beschäftigt und somit dem Ausländer zu dessen Verstoß gegen § 92 I Nr. 3 AuslG Hilfe leistet. Die weitere Strafbarkeit des Arbeitgebers (zB nach § 266a StGB) bleibt davon unberührt.

Voraussetzung ist jedenfalls, daß der Arbeitgeber nachweislich wußte, daß der Ausländer durch die Aufnahme einer Tätigkeit gegen eine entsprechende Auflage in seiner Aufenthaltsgenehmigung verstößt. Dies wird jedoch in der Regel naheliegen, da sich der Arbeitgeber bei Einstellung eines Ausländers dessen aufenthaltsrechtliche Papiere zeigen lassen müßte. Tut er dies nicht, wird bedingter Vorsatz naheliegen.

Hinsichtlich der Ausfüllung des Formblatts Rn 54 kann auf die Ausführungen unter Rn 29 ff Bezug genommen werden. Zu beachten ist auch hier, daß nach Änderung des Formblatts nunmehr unter **Ziffer 6** der Inhalt der Auflage, gegen die der Ausländer durch Arbeitsaufnahme verstoßen hat, wiederzugeben ist.

dd) Weigerung, erkennungsdienstliche Maßnahmen zu dulden (§ 92 I Nr. 5 AuslG)

Unter den Voraussetzungen des § 41 II AuslG sind die zur Feststellung der Identität oder Staatsangehörigkeit des Ausländers erforderlichen Maßnahmen zu treffen. Zur Feststellung der Identität des Ausländers können dabei gem § 41 II AuslG die in § 81b StPO bezeichneten erkennungsdienstlichen Maßnahmen (Lichtbilder, Fingerabdrücke, Messungen) durchgeführt werden, wenn die Identität nicht in anderer Weise rechtzeitig bzw ohne Schwierigkeiten festgestellt werden kann. Abs 3 weitet schließlich die Möglichkeiten zur erkennungsdienstlichen Behandlung auf weitere Fälle aus. § 41 IV AuslG normiert diesbzgl. eine besondere Duldungspflicht.

Duldet der Ausländer die an ihm vorzunehmende erkennungsdienstliche Maßnahme nicht, ist er gem § 92 I Nr. 5 AuslG strafbar. Das gleiche gilt, wenn er nicht zum für die Durchführung der Maßnahmen vereinbarten bzw festgesetzten Termin erscheint und dadurch die Maßnahmen nicht nur unerheblich verzögert.[28] Der Versuch ist nicht strafbar (vgl § 92 IIa AuslG).

ee) Unerlaubte Einreise (§ 92 I Nr. 6 AuslG)

Gem § 58 I AuslG ist die Einreise eines Ausländers in das Bundesgebiet unerlaubt, wenn er die erforderliche Aufenthaltsgenehmigung (Nr. 1) oder den erforderlichen Paß (Nr. 2) nicht besitzt oder nach § 8 II AuslG nicht einreisen darf und keine Ausnahmeerlaubnis iSd § 9 III bzw § 9 IV AuslG besitzt. Reist ein Ausländer entgegen § 58 AuslG in das Bundesgebiet ein, hat er bereits mit dem Überschreiten der Hoheitsgrenze den Tatbestand der unerlaubten Einreise erfüllt.

An einer **zugelassenen Grenzübergangsstelle** ist jedoch gem § 59 II AuslG die Einreise erst vollendet, wenn der Ausländer die Grenze überschritten **und** die Grenzübergangsstelle passiert hat. Selbst wenn also die Grenzübergangsstelle bereits einige Meter auf deutschem Hoheitsgebiet liegt, hat der Ausländer den Tatbestand der unerlaubten Einreise erst nach Passieren der

---

28 GemKomm § 92 Rn 18

Grenzübergangsstelle verwirklicht. Wird er an der Grenzübergangsstelle kontrolliert und dabei von den Kontrollbeamten festgestellt, daß er nicht im Besitz der erforderlichen Aufenthaltsgenehmigung ist und deshalb nicht einreisen darf, liegt lediglich **versuchte** unerlaubte Einreise vor, die gem § 92 IIa AuslG ebenfalls strafbar ist.

61 Fraglich ist in diesem Zusammenhang freilich, wann der Ausländer bzgl. der unerlaubten Einreise das Versuchsstadium erreicht und bis zu welchem Zeitpunkt lediglich eine straflose Vorbereitungshandlung vorliegt. Hierbei wird wohl davon auszugehen sein, daß die unerlaubte Einreise erst versucht wird, wenn der Ausländer zur Kontrolle an die Grenzübergangsstelle fährt, um im unmittelbaren Geschehensfortgang in das Bundesgebiet einzureisen. Der Aufenthalt in größerer räumlicher und/oder zeitlicher Entfernung zum Grenzübergang (zB an einer nahegelegenen Raststätte) kann – selbst wenn der Ausländer beabsichtigt, anschließend in das Bundesgebiet weiterzureisen – nicht genügen.

62 Wenn der Ausländer nicht an einer zugelassenen Grenzübergangsstelle, sondern über die sog »grüne Grenze« einreist bzw wenn er eine mittlerweile aufgelassene Grenzübergangsstelle (zB zwischen Deutschland und Österreich) passiert, kommt eine versuchte unerlaubte Einreise nicht in Betracht, da in diesem Fall keine Kontrolle stattfindet und der Ausländer frühestens unmittelbar hinter der Grenze bzw Grenzkontrollstelle kontrolliert werden kann. In diesem Zeitpunkt ist aber die Einreise bereits vollendet.

63 Auch hier muß der Ausländer **mindestens bedingt vorsätzlich** handeln, dh er muß auch die Umstände, die seine Einreise iSv § 58 I AuslG unerlaubt machen, in seinen Vorsatz mit aufgenommen haben.

64 **Beihilfe zur unerlaubten Einreise** liegt vor, wenn der Gehilfe dem Ausländer bei der Grenzüberschreitung Hilfe leistet. Dies ist jedoch nicht nur gegeben, wenn der Gehilfe den Ausländer tatsächlich über die Grenze bringt. Zu denken ist vielmehr an jede Handlung, die dem Ausländer erleichtert, nach Deutschland zu kommen. Die Hilfeleistung muß weder ganz noch teilweise auf deutschem Staatsgebiet erfolgen. So kann bereits das Herstellen eines Kontaktes zu einem Schleuser im Ausland als Hilfeleistung ausreichen. Voraussetzung ist jedoch in jedem Fall, dem Gehilfen nachzuweisen, daß er wußte, daß der Ausländer nicht die erforderliche Aufenthaltsgenehmigung für das Bundesgebiet hatte, was in vielen Fällen schon aufgrund der gesamten Tatumstände geschlußfolgert werden kann.

Nach der jüngsten Gesetzesänderung und der damit verbundenen Verschärfung des § 92a AuslG ist Beihilfe iSd §§ 92 I Nr. 6 AuslG, 27 StGB nur einschlägig, sofern der Gehilfe nur zugunsten eines Auländers handelt. Sobald er mindestens zwei Ausländern Hilfe leistet, ist er gem § 92a I Nr. 2 AuslG wegen Einschleusens von Ausländern strafbar.

Titz

c) Die Tatbestände des § 92 II AuslG

aa) Unerlaubte Einreise und unerlaubter Aufenthalt (§ 92 II Nr. 1 a und b AuslG)

– Allgemeines

§ 92 II Nr. 1 AuslG umfaßt die Fälle, in denen der Ausländer aus dem Bundesgebiet ausgewiesen und/oder abgeschoben wurde. Die Ausweisung ist geregelt in den §§ 45 – 48 AuslG; zu beachten sind insbes die Ausweisungsgründe, die in §§ 46 und 47 AuslG normiert sind. Die Abschiebung, die die Durchsetzung der Ausreisepflicht darstellt, findet sich in §§ 49 – 57 AuslG. Ein Ausländer, der aus dem Bundesgebiet ausgewiesen und/oder abgeschoben wurde, darf grundsätzlich gem § 8 II 1 AuslG nicht erneut in das Bundesgebiet einreisen.

65

Ausgenommen sind die Fälle, in denen der Ausländer über eine Betretenserlaubnis gem § 9 III AuslG verfügt. Hat der Ausländer keine Betretenserlaubnis, erfüllt er durch die Einreise und den Aufenthalt in Deutschland den Tatbestand des § 92 II Nr. 1 a in Tateinheit mit § 92 II Nr. 1 b. Liegt eine Betretenserlaubnis vor, kann der Ausländer legal in das Bundesgebiet einreisen. Überschreitet er jedoch die zeitliche Beschränkung der Betretenserlaubnis, macht er sich erneut gem § 92 II Nr. 1 b strafbar.

66

Voraussetzung ist in jedem Fall, daß der Ausländer **vorsätzlich** handelte. Gerade die Kenntnis von der Ausweisungsverfügung kann oft zweifelhaft sein. In vielen Fällen wird eine solche Verfügung nämlich erlassen, die persönliche Zustellung mißlingt aber, weil der Ausländer unbekannten Aufenthalts ist (zB weil er in sein Heimatland zurückgekehrt ist). Es erfolgt dann die öffentliche Zustellung; diese entfaltet zwar verwaltungsrechtliche Wirksamkeit, davon getrennt ist aber die Frage zu beurteilen, ob der Ausländer zum Zeitpunkt der Einreise wußte, daß eine Ausweisungsverfügung gegen ihn existiert. Im Falle öffentlicher Zustellung wird das in der Regel nicht angenommen werden können, so daß eine Strafbarkeit nach § 92 II Nr. 1 a und b AuslG nicht in Betracht kommt, sondern lediglich – wenn Einreise und Aufenthalt auch ansonsten unerlaubt sind – ein Vergehen nach § 92 I Nr. 1 und 6 AuslG, 52 StGB.

67

Die Ausweisungsverfügung ist oftmals auf eine bestimmte Zeit (2–5 Jahre) befristet. Sollte dies der Fall sein, ist stets sorgfältig zu prüfen, ob diese Frist bereits abgelaufen ist und § 92 II Nr. 1 a und b AuslG daher nicht mehr einschlägig sind. Ggf kommt daher wiederum nur eine Strafbarkeit nach § 92 I Nr. 1 und 6 AuslG, 52 StGB in Betracht, wenn der Ausländer eine Aufenthaltsgenehmigung für die Einreise und den Aufenthalt im Bundesgebiet benötigte.

68

Hinzuweisen ist noch auf folgendes Problem, das sich in der Praxis häufig stellt: Gem § 50 I AuslG soll die Abschiebung schriftlich unter Bestimmung einer Ausreisefrist angedroht werden, was in der Regel auch geschieht.

69

Titz

Reist der Ausländer infolgedessen freiwillig aus dem Bundesgebiet aus, muß die Abschiebung nicht erfolgen; die Wirkungen des § 8 II AuslG treten dann nicht ein. In das Ausländerzentralregister (AZR) wird diese Androhung der Abschiebung aufgenommen. In vielen Fällen kommt es bereits dabei zu Fehlern, so daß eine erfolgte statt einer nur angedrohten Abschiebung in das AZR aufgenommen wird. Wird derselbe Ausländer später wieder von der Polizei im Bundesgebiet kontrolliert, müssen die Beamten daher von einer Straftat gem § 92 II Nr. 1 a und b AuslG ausgehen, obwohl möglicherweise lediglich eine Straftat nach § 92 I Nr. 1 und 6 AuslG, 52 StGB vorliegt, oder der Ausländer nicht strafbar ist, da er gem § 1 DVAuslG von der Genehmigungspflicht befreit war. Ebenso häufig sind die Fälle, in denen die korrekte Erfassung im AZR (Androhung der Abschiebung) fehlerhaft an die StA weitergegeben wird. Letzteres ist insbes im Zusammenhang mit Eilentscheidungen (Haftbefehlsantrag nach § 112 oder § 127 b StPO) von Bedeutung. Vor einer Entscheidung sollte daher in jedem Fall eine Auskunft der Ausländerbehörde erholt werden. Ist dies aus Zeitgründen (Abend, Wochenende) nicht möglich, muß die Auskunft zu Bürozeiten unverzüglich angefordert werden, um Fehlentscheidungen zu vermeiden.

70 Im Verhältnis zu § 92 I Nr. 1 und 6 AuslG ist § 92 II Nr. 1 a und b AuslG die speziellere Vorschrift.[29]

71 Der Versuch ist hinsichtlich Buchst. a strafbar (§ 92 IIa AuslG).

Formular – Einreise – Aufenthalt, auch bei Ausweisung/Abschiebung – auch ohne Paß – § 92 I Nr. 1, 2 und 6 AuslG, § 92 II Nr. 1 a und b AuslG

72

Az.:			AUSL.RECHTL. BESTIMMUNGEN - allg aus 1
Einreise - Aufenthalt, auch bei Ausweisung/Abschiebung - auch ohne Paß - § 92 Abs. 1 Nr. 1, 2 u. 6 AuslG, § 92 Abs. 2 Nr. 1 a u. b AuslG			

☐ Strafbefehl		☐ Antrag beschl. Verf.	○ StrafR	○ SchöffG
☐ Anklageschrift	○ wes. E.d.E	☐ Antrag § 76 JGG	○ JugR	○ JugSchöffG
☐ § 153 a StPO	☐ HaftB	Gerichtsort:	ZwSt./Abt.:	

Besch. Bl.:	Vert. ○ Vollm. Bl.	○ Best Bl.:	○ Zust.bev. Bl.:	○ ges. Vertr. Bl.:

1.	Staatsangehörigkeit		
2.	Tattag, *ggf. Uhrzeit*		○ Uhrzeit:
	oder alternativ		
3.	Tatzeitraum	zwischen	und
4.	Einreise-	a,	○ über die Grenzübergangsstelle
	modalitäten	b,	○ außerhalb einer Grenzübergangsstelle im Bereich von
		c,	○ über eine unbekannte Grenzübergangsstelle

---

29 GemKomm § 92 Rn 30

Titz

5.	Feststellung		
	Umstände:	a,	○ vorläufige Festnahme
		b,	○ Kontrolle
		c,	○ Ausreise Grenzübergang
		d,	○
	Datum, *ggf. Uhrzeit*:		○ Uhrzeit
	Ort:		
6.	Tatvarianten	a,	○ fehlende Aufenthaltsgenehmigung
		b,	○ Ausweisung Name Behörde:
			Datum Verfügung:
		c,	○ Abschiebung Datum:
		d,	○ *fehlender Paß (ggf. in Kombination mit 6 a – c)*

Text des Strafbefehls (wird als Anklage etc. entsprechend umgesetzt):

Sie sind *(1) Staatsangehörigkeit* Staatsangehörige/*r*.
Am *(2) Tattag ggf. gegen Uhrzeit*
oder alternativ
Zu einem nicht mehr genau feststellbaren Zeitpunkt *(3) Tatzeitraum*
reisten Sie
(4) Einreisemodalitäten
(4 a) - über die Grenzübergangsstelle *Ort*
(4 b) - außerhalb einer Grenzübergangsstelle im Bereich von *Ort*
(4 c) - *Freitext*
in die Bundesrepublik Deutschland ein und hielten sich hier bis
(5) Feststellung Umstände
(5 a) - zu Ihrer vorläufigen Festnahme am *Datum Feststellung ggf. gegen Uhrzeit* in *Ort Feststellung*
(5 b) - zu Ihrer Kontrolle am *Datum Feststellung ggf. gegen Uhrzeit* in *Ort Feststellung*
(5 c) - zu Ihrer Ausreise am *Datum Feststellung ggf. gegen Uhrzeit* über den Grenzübergang *Ort*
(5 d) - *Freitext*
auf.
(6 a) Tatvariante fehlende Aufenthaltsgenehmigung:
Die erforderliche Aufenthaltsgenehmigung bzw. Duldung für die Bundesrepublik Deutschland besaßen Sie, wie Sie wußten, nicht.
(6 b) Tatvariante Ausweisung:
Sie wußten, daß Sie aufgrund Verfügung der Ausländerbehörde *(6) Name Behörde* vom *(6) Datum Verfügung* ausgewiesen worden waren und auch keine besondere Betretenserlaubnis hatten.
(6 c) Tatvariante Abschiebung:
Sie wußten, daß Sie am *(6) Datum Abschiebung* aus dem Bundesgebiet abgeschoben worden waren und auch keine besondere Betretenserlaubnis hatten.
(6 d) zusätzlich bei Tatvariante ohne Paß:
Überdies hatten Sie keinen gültigen Paß oder Ausweisersatz, was Sie wußten.

TV-StA allg aus 1 (05.99)   ausl.rechtl. Bestimmungen

Sie werden daher beschuldigt,

(6 a) bei fehlender Aufenthaltsgenehmigung
entgegen § 58 Abs. 1 Ausländergesetz in das Bundesgebiet eingereist zu sein und durch dieselbe Handlung sich hier ohne die erforderliche Aufenthaltsgenehmigung oder Duldung aufgehalten zu haben,

strafbar als
unerlaubte Einreise in Tateinheit mit unerlaubtem Aufenthalt gemäß §§ 3 Abs. 1 Satz 1, 55 Abs. 1, 58 Abs. 1, 92 Abs. 1 Nr. 1 und 6 AuslG, § 52 StGB.

(6 a und d) bei fehlender Aufenthaltsgenehmigung und fehlendem Paß
entgegen § 58 Abs. 1 Ausländergesetz in das Bundesgebiet eingereist zu sein und durch dieselbe Handlung sich hier ohne die erforderliche Aufenthaltsgenehmigung oder Duldung und ohne Paß und Ausweisersatz aufgehalten zu haben,

strafbar als
unerlaubte Einreise in Tateinheit mit unerlaubtem Aufenthalt und unerlaubtem Aufenthalt ohne Paß gemäß §§ 3 Abs. 1 Satz 1, 4 Abs. 1, 39 Abs. 1, 55 Abs. 1, 58 Abs. 1, 92 Abs. 1 Nr. 1, 2 und 6 AuslG, § 52 StGB.

(6 b oder 6 c) bei Ausweisung/Abschiebung
entgegen § 8 Abs. 2 Satz 1 Ausländergesetz unerlaubt in das Bundesgebiet eingereist zu sein und durch dieselbe Handlung sich hier unerlaubt aufgehalten zu haben,

strafbar als
unerlaubte Einreise nach *Ausweisung/Abschiebung* in Tateinheit mit unerlaubtem Aufenthalt nach *Ausweisung/Abschiebung* gemäß §§ 8 Abs. 2 Satz 1, 92 Abs. 2 Nr. 1 a und b AuslG, § 52 StGB.

(6 b oder 6 c und 6 d) bei Ausweisung/Abschiebung und fehlendem Paß
entgegen § 8 Abs. 2 Satz 1 Ausländergesetz unerlaubt in das Bundesgebiet eingereist zu sein und durch dieselbe Handlung sich hier unerlaubt ohne Paß und Ausweisersatz aufgehalten zu haben,

strafbar als
unerlaubte Einreise nach *Ausweisung/Abschiebung* in Tateinheit mit unerlaubtem Aufenthalt nach *Ausweisung/Abschiebung* und unerlaubtem Aufenthalt ohne Paß gemäß §§ 4 Abs. 1, 8 Abs. 2 Satz 1, 39 Abs. 1, 92 Abs. 1 Nr. 2, Abs. 2 Nr. 1 a und b AuslG, § 52 StGB.

Titz

Beweismittel:			
1. ☐ Geständnis	ggf. Datum:		Bl.
2. ☐ Zeugen	Name - Bl.		
○ m. Adresse			
3. Sachverständige(r)	Name - Bl.		
4. Urkunden	Auskunft ○ BZR ○ VZR ○ AZR ○ Gewerberegister		
	○ Strafantrag Bl.		○
	○		
5. sonst. Beweismittel	○ Lichtbilder	○ Skizzen	○ Asservate
	○		

Rechtsfolgen:			
☐ Einzelgeldstrafe	☐ Gesamtgeldstrafe	Anzahl TS:	Höhe TS:
	Einzelstrafen:		☐ Raten - Höhe:
☐ Einzelfreiheitsstrafe	☐ Gesamtfreiheitsstrafe	Dauer:	
	Einzelstrafen:		
☐ Verw. m. Strafvorbeh.		Anzahl TS:	Höhe TS:
☐ Bewährung:	Dauer:	Auflage(n) ○ nach Entwurf ○ Diktat	
☐ Nebenkl. notw. Ausl. / Name(n):			

Dieses Formblatt ermöglicht, eine Vielzahl von verschiedenen Fallvarianten zu erfassen.

73 Bzgl. der Eintragungen unter **Ziffern 1 bis 3** vgl oben Rn 11 und 12.

74 In **Ziffer 4** müssen Ausführungen zu den Einreisemodalitäten gemacht werden. Die Alternative b »außerhalb einer Grenzübergangsstelle im Bereich von« hat neben der Konkretisierung der Tat Bedeutung für das Strafmaß, da die Einreise außerhalb einer zugelassenen Grenzübergangsstelle eine Ordnungswidrigkeit gem § 93 II Nr. 4 AuslG darstellt. Diese tritt zwar hinter die Straftat zurück (§ 21 OWiG), kann sich jedoch erhöhend auf das Strafmaß auswirken. Ort und Modalitäten der Einreise werden häufig unbekannt bleiben, weil Beweismittel dafür nicht vorhanden sind und der Beschuldigte sich an den Ort der Einreise nicht erinnern kann oder will. In solchen Fällen ist es unschädlich iSv § 200 StPO, lediglich Formulierungen wie »aus dem Ausland kommend« oder »an einem unbekannten Grenzübergang« zu verwenden.

75 **Ziffer 5** enthält die Angaben bzgl. der Beendigung des unerlaubten Aufenthalts. Dabei kann mit der Variante »Freitext« auch erfaßt werden, wenn sich der Ausländer nach unerlaubter Einreise zunächst einige Zeit unerlaubt im Bundesgebiet aufhält, ihm dann aber eine Aufenthaltsgenehmigung erteilt wird. Der Zeitpunkt der Beendigung des unerlaubten Aufenthalts ist so genau wie möglich anzugeben. Vor allem im Falle polizeilicher Kontrolle wird es neben der Angabe des Datums keine Schwierigkeiten machen, auch Uhrzeit und Ort der Kontrolle anzugeben.

Ziffer 6 ermöglicht es dem StA, die verschiedenen Tatvarianten der unerlaubten Einreise und des unerlaubten Aufenthalts zu erfassen. **Fall a** deckt die Fälle ab, in denen es »nur« an einer Aufenthaltsgenehmigung für das Bundesgebiet fehlt (§ 92 I Nr. 1 und 6 AuslG, § 52 StGB), **Fall b und c** erfassen den Ausländer, der trotz Ausweisung und/oder Abschiebung und ohne Betretenserlaubnis nach Deutschland einreist und sich hier aufhält (§ 92 II Nr. 1 a und b AuslG, § 52 StGB). Ausweisungs- und Abschiebungsverfügung sind entsprechend den Vorgaben des Formblattes genauer zu konkretisieren. **Fall d** ist schließlich zusätzlich anzugeben, wenn der Ausländer nicht über den erforderlichen Paß bzw Paßersatz verfügte (§ 92 I Nr. 2 AuslG). Letztere Variante kann allerdings nur **zusätzlich** zu **Fall a bis c** aufgenommen werden. Der Ausländer, der lediglich ohne gültigen Paß oder Paßersatz in das Bundesgebiet einreist und sich hier aufhält, dabei aber von der Genehmigungspflicht befreit ist oder eine gültige Aufenthaltsgenehmigung besitzt, kann daher mit dem Formblatt Rn 72 nicht erfaßt werden; anzuwenden ist das Formblatt Rn 36.

76

bb) Erschleichen von Aufenthaltsgenehmigung oder Duldung (§ 92 II Nr. 2 AuslG)

– Unrichtige oder unvollständige Angaben

Abs 2 Nr. 2 bezieht sich auf alle Angaben, die von den Ausländerbehörden, Auslandsvertretungen oder Grenzbehörden für die Entscheidung über die Erteilung einer Aufenthaltsgenehmigung oder Duldung üblicherweise benötigt werden. Im wesentlichen handelt es sich dabei um Angaben über Identität, Staatsangehörigkeit, vorhandene Ausweispapiere, Beruf, Ausbildung, Gesundheit sowie den Familienstand.

77

Besonders häufig sind Fälle, in denen der Antragsteller über seine Identität täuscht, um auf diese Weise zu verschleiern, daß er sich bereits einmal unter einem anderen Namen im Bundesgebiet aufgehalten hat. Gerade bei Antragstellern aus Kriegs- und Krisengebieten ist eine Überprüfung der Identität nur schwer möglich, da Auskünfte aus der Heimat des Antragstellers praktisch nicht eingeholt werden können. In diesem Zusammenhang gewinnt daher die Möglichkeit der Identitätsfeststellung nach § 41 AuslG (bzw § 16 AsylVfG) Bedeutung. Im Asylverfahren ist die erkennungsdienstliche Behandlung mittlerweile – von gewissen Ausnahmefällen abgesehen – vorgeschrieben, im allgemeinen Ausländerrecht ist sie unter bestimmten Voraussetzungen zumindest möglich. Auf diese Weise kann der wiederholten Einreise von Ausländern, die sich bereits früher unter anderem Namen im Bundesgebiet aufgehalten haben, effektiver beggnet werden. Vgl zur Strafbarkeit der Weigerung, erkennungsdienstliche Maßnahmen zu dulden, oben Rn 58.

78

Unrichtige Angaben iSv § 92 II Nr. 2 AuslG sind auch solche über eine zum Schein mit einer bzw einem Deutschen eingegangenen Ehe, wenn die Ehepartner von Anfang an nicht beabsichtigt haben, eine eheliche Lebens-

79

gemeinschaft herzustellen.³⁰ Der Vermittler einer Scheinehe kann wegen Beihilfe zu § 92 II Nr. 2 AuslG bestraft werden.³¹ Der Nachweis einer Scheinehe ist jedoch in der Praxis relativ schwierig.

80 Unvollständige Angaben sind ebenso zu bewerten wie unrichtige Angaben, soweit das gezielte Verschweigen wesentlicher Tatsachen geeignet sein kann, eine Aufenthaltsgenehmigung oder Duldung zu Unrecht zu erlangen. Im Zusammenhang mit dem Bosnien-Krieg gab es viele Fälle, in denen Antragsteller bei der Frage nach der Staatsangehörigkeit lediglich die bosnische angaben und verschwiegen, daß sie auch im Besitz der kroatischen Staatsangehörigkeit waren. Bei der Frage nach den Ausweispapieren gab der Antragsteller dann parallel dazu an, er habe nur einen alten jugoslawischen Reisepaß; die Existenz des für ihn ausgestellten kroatischen Reisepasses verschwieg er. Dies hatte folgenden Hintergrund: Ab einem bestimmten Stichtag im Jahr 1994 wurde kroatischen Staatsangehörigen im Bundesgebiet keine Duldung mehr erteilt, sondern nur noch Bosniern. In Kenntnis dessen gaben viele Antragsteller lediglich die bosnische Staatsangehörigkeit und die Existenz eines alten jugoslawischen Reisepasses zu, um auf diese Weise in den Besitz der Duldung zu kommen. In der Praxis warfen diese Fälle jedoch erhebliche Probleme auf, da sich die Antragsteller in der Regel darauf beriefen, nicht gewußt zu haben, daß sie beide Staatsangehörigkeiten und beide Pässe hätten angeben müssen. Tatsächlich konnte und kann in solchen Fällen eine Verurteilung gem § 92 II Nr. 2 AuslG nur in Betracht kommen, wenn feststeht, daß der Antragsteller bereits im Antrag nach sämtlichen Staatsangehörigkeiten und sämtlichen Pässen bzw Paßersatzpapieren gefragt wurde. Es ist daher erforderlich, zunächst die entsprechenden Antragsformulare von der Ausländerbehörde zu erholen. Befindet sich darin nur die Rubrik »Staatsangehörigkeit« bzw »Paß«, scheidet § 92 II Nr. 2 AuslG aus. In der Regel enthalten die Antragsformulare jedoch heute den ausdrücklichen Hinweis, daß bei Vorliegen mehrerer Staatsangehörigkeiten und Pässe alle anzugeben sind. Unter diesen Umständen kann sich ein Ausländer nicht darauf berufen, nichts von seiner Offenbarungspflicht gewußt zu haben.

81 Abs 2 Nr. 2 betrifft Aufenthaltsgenehmigungen in allen ihren Formen (§ 5 AuslG), einschließlich der Ausnahme-Visa nach § 58 II AuslG. Er gilt jedoch nicht für unrichtige oder unvollständige Angaben von Asylbewerbern im Asylverfahren, da die Bescheinigung über eine Aufenthaltsgestattung gem § 55 AsylVfG keine Urkunde iSv § 92 II Nr. 2 AuslG darstellt.³² Dies ergibt sich aus der Neufassung der asyl- und ausländerrechtlichen Vorschriften durch das Gesetz zur Neuregelung des Ausländerrechts vom 9.7.1990³³ und die darin streng getrennt verwendeten Rechtsbegriffe der

---

30 BayObLG NStZ 1983, 175; NStZ 1990, 187, 188 jeweils mwN
31 BayObLG NStZ 1990, 187, 188; OLG Frankfurt NStZ 1993, 394; OLG Karlsruhe MDR 1986, 520
32 BGH StV 1997, 26; OLG Köln NStZ 1991, 498
33 Vgl Fn 8

Titz

Duldung bzw Aufenthaltsgenehmigung einerseits und der Aufenthaltsgestattung andererseits.[34] Die Angaben eines Asylbewerbers im Asylverfahren zielen nicht primär auf die Erlangung einer Aufenthaltsgenehmigung ab, sondern auf die Anerkennung als Asylberechtigter. Die unbefristete Aufenthaltsgenehmigung nach § 68 I AsylVfG ist lediglich die automatische Folge einer Anerkennung als Asylberechtigter. Die einschlägigen Angaben des Ausländers sind aber bereits im Anerkennungsverfahren auf ihre Richtigkeit und Vollständigkeit zu prüfen. Das AsylVfG sieht keine strafrechtlichen Sanktionen für unrichtige und unvollständige Angaben im Asylverfahren durch den Asylbewerber selbst vor, sondern nur für die Verleitung dazu und die Unterstützung dabei durch andere (vgl §§ 84, 84a AsylVfG).[35]

– Gebrauch der Urkunde zur Täuschung im Rechtsverkehr

Der Täter macht Gebrauch, wenn er die Urkunde dem zu Täuschenden so zugänglich macht, daß dieser sie sinnlich wahrnehmen kann.[36] Er handelt zur Täuschung im Rechtsverkehr, wenn er zur Zeit der Täuschung den Willen hat, durch die Benutzung der Urkunde einen anderen zu einem rechtlich erheblichen Verhalten zu veranlassen.[37]

82

Nicht von Abs 2 Nr. 2 umfaßt ist die Täuschung im Rechtsverkehr mittels einer totalgefälschten oder verfälschten Aufenthaltsgenehmigung oder Duldung. In diesen Fällen liegt Urkundenfälschung gem § 267 I StGB vor.

83

– Konkurrenzen

Hat der Ausländer die Urkunde zunächst durch unrichtige oder unvollständige Angaben beschafft und macht er dann von ihr zur Täuschung im Rechtsverkehr Gebrauch, liegt nach den zu § 267 StGB entwickelten Grundsätzen nur eine Tat vor.[38]

84

Tateinheit ist möglich mit § 271 I StGB, wenn die dortigen Voraussetzungen (vor allem das Vorliegen einer öffentlichen Urkunde[39]) bejaht werden können.

d) Rechtsstellung der Flüchtlinge (§ 92 IV AuslG)

Abs 4 bestimmt, daß die Strafvorschrift des § 92 AuslG die Rechtsstellung ausländischer Flüchtlinge, soweit sie unter das Genfer Abkommen über die Rechtsstellung der Flüchtlinge vom 28.7.1951[40] fallen, unberührt läßt. Art. 31 des Abkommens sieht einen persönlichen Strafaufhebungsgrund

85

---

34 OLG Köln, aaO (Fn 30); GemKomm § 92 Rn 32
35 Klösel/Christ/Häußer § 92 Rn 59
36 BGHSt 36, 65; Tröndle/Fischer § 267 Rn 23 mwN
37 Tröndle/Fischer § 267 Rn 30 mwN
38 Tröndle/Fischer § 267 Rn 44 mwN
39 Tröndle/Fischer § 271 Rn 6
40 Verkündet mit Gesetz vom 1.9.1953, BGBl II 1953, 559

vor, wonach der Flüchtling trotz illegaler Einreise und illegalen Aufenthalts straffrei bleibt, wenn er unmittelbar aus dem Verfolgerstaat kommt (dh keine Einreise über ein sicheres Drittland), sich unverzüglich bei den deutschen Behörden meldet und Gründe für die Unrechtmäßigkeit von Einreise und Aufenthalt darlegt. Wenn ein Ausländer ohne ein an sich vorgeschriebenes Visum unkontrolliert, jedoch ohne Absicht der Umgehung der Grenzkontrolle einreist, kann er sich auch bei der für den Zielort zuständigen Stelle (§ 13 III AsylVfG) noch »unverzüglich« iSv Art. 31 I GK melden. Die Meldung gilt auch dann noch als unverzüglich, wenn der Ausländer zuvor seinen Rechtsbeistand aufsucht und sich von diesem beraten läßt, wobei nach den Umständen des Einzelfalles festzustellen ist, wieviel Zeit hierfür erforderlich ist.[41] Reist ein Ausländer jedoch über die »grüne Grenze«, also unter bewußter Umgehung der Grenzkontrollen ein, ist seine spätere Asylantragstellung keinesfalls mehr »unverzüglich« iSv Art. 31 I GK.[42]

e) **Strafbarkeit nach § 92 AuslG iVm StGB**

aa) **§ 92 AuslG iVm § 281 StGB**

– Allgemeines

86 Sehr häufig findet sich in der Praxis der Fall, daß ein Ausländer illegal in das Bundesgebiet einreist und sich hier aufhält und dabei einen Paß oder anderen amtlichen Ausweis mit sich führt, der nicht für ihn, sondern für eine andere Person ausgestellt ist. Der fremde Paß enthält entweder einen gültigen Aufenthaltstitel, oder der Inhaber des Passes ist von der Genehmigungspflicht befreit. Weist sich der Ausländer bei einer polizeilichen Kontrolle im Inland oder bei der Grenzkontrolle mit diesem fremden Paß aus, begeht er tatmehrheitlich[43] zu den im Raum stehenden ausländerrechtlichen Delikten einen Mißbrauch von Ausweispapieren iSv § 281 I StGB. Unter Ausweispapieren gem Abs 1 versteht man alle Urkunden, die von einer Behörde oder sonstigen Stelle, die Aufgaben der öffentlichen Verwaltung wahrnimmt, ausgestellt sind, um die Identität einer Person oder ihre persönlichen Verhältnisse nachzuweisen.[44] Darunter fallen vor allem Pässe oder Personalausweise, aber auch aufenthaltsrechtliche Papiere (vgl § 276a StGB), Geburtsurkunden[45] oder Führerscheine.[46] Abs 2 stellt daneben

---

41 BVerfG NVwZ 1987, 1068
42 Klösel/Christ/Häußer Art. 31 GK Rn 5 ff
43 Vgl allerdings zum Verhältnis unerlaubter Aufenthalt – Urkundenfälschung die Entscheidung des BayObLG vom 8.6.1999, hierzu unten Rn 115.
44 Tröndle/Fischer § 273 Rn 2
45 RGSt 12, 385
46 Der Führerschein beweist nicht nur, daß dem Inhaber nach Ablegen der Fahrprüfung die Fahrerlaubnis erteilt wurde (BGHSt 37, 209), sondern auch, daß der Inhaber mit der im Führerschein bezeichneten Person identisch ist (BGH NJW 1955, 840). Vgl zu diesem Problem Tröndle/Fischer § 271 Rn 10.

Titz

Zeugnisse und andere Urkunden, die im Verkehr als Ausweis verwendet werden, einem Ausweispapier gleich. Das können beispielsweise eine Versicherungskarte oder eine Lohnsteuerkarte, Waffenbesitz- oder Reisegewerbekarten sein.[47] Im ausländerrechtlichen Bereich werden in der Regel ein fremder Paß oder fremde aufenthaltsrechtliche Papiere von dem Beschuldigten verwendet werden.

Voraussetzung für die Anwendbarkeit des § 281 I StGB ist in jedem Fall, daß das vorgezeigte Ausweispapier echt ist. Ist es gefälscht, greift § 267 I StGB ein[48] (vgl unten Rn 103 ff). **87**

Gem § 281 I StGB ist auch derjenige strafbar, der einem anderen ein Ausweispapier, das nicht für diesen ausgestellt ist, zur Täuschung im Rechtsverkehr überläßt. Unter Überlassen versteht man das Übertragen des Besitzes zu eigener Verfügung.[49] Das Ausweispapier braucht jedoch nicht auf den Überlassenden zu lauten, sondern kann auch auf jeden beliebigen Dritten, nicht aber auf den, dem es überlassen wird, ausgestellt sein. Es handelt sich bei dieser Tatbestandsvariante um eine zum selbständigen Delikt erhobene Beihilfehandlung.[50] **88**

Voraussetzung für die Strafbarkeit des Ausweisüberlassers ist freilich, daß dieser vorsätzlich handelt. Daran fehlt es, wenn der Besitzer des Ausweises (dh der Inhaber oder derjenige, der einen fremden Ausweis verwahrt) nicht weiß, daß derjenige, dem er ihn überläßt, den Ausweis zur Täuschung im Rechtsverkehr gebrauchen will. **89**

Formular – Ausweismißbrauch – Vorlage Ausweispapier eines anderen – § 281 I 1 StGB

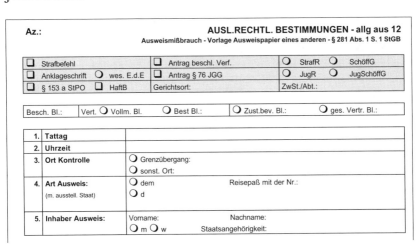

90

---

47 Tröndle/Fischer § 281 Rn 2
48 BGH NJW 1957, 472; Tröndle/Fischer, § 281 Rn 2
49 Tröndle/Fischer § 184 Rn 14
50 Tröndle/Fischer § 281 Rn 4

Text des Strafbefehls (wird als Anklage etc. entsprechend umgesetzt):

Am *(1) Tattag* gegen *(2) Uhrzeit*
(3) Ort Kontrolle - Grenzübergang kamen Sie zur Einreise an den Grenzübergang *(3) Name Grenzübergang*.
(3) Ort Kontrolle - sonst. Ort befanden Sie sich in *(3) Name sonst. Ort*.

Anläßlich einer amtlichen Kontrolle wiesen Sie sich mit
(4) Art Ausweis
- dem *ausstellender Staat* Reisepaß mit der Nr. *Reisepaßnummer*
- *Beschreibung sonst. Ausweis*
aus.
Dieses Ausweispapier war nicht für Sie, sondern für *den/die (5) Staatsangehörigkeit - Vorname - Name Inhaber Ausweis* ausgestellt. Durch die Vorlage dieses Dokuments wollten Sie über Ihre Identität täuschen.

Sie werden daher beschuldigt,

ein Ausweispapier, das für einen anderen ausgestellt ist, zur Täuschung im Rechtsverkehr gebraucht zu haben,

strafbar als
Mißbrauch von Ausweispapieren gemäß § 281 Abs. 1 Satz 1 StGB.

TV-StA allg aus 12 (01.98)   ausl.rechtl. Bestimmungen

Beweismittel:			
1. ❏ Geständnis	ggf. Datum:		Bl.
2. ❏ Zeugen	Name - Bl.		
○ m. Adresse			
3. Sachverständige(r)	Name - Bl.		
4. Urkunden	Auskunft ○ BZR ○ VZR ○ AZR ○ Gewerberegister		
	○ Strafantrag Bl.	○	
	○		
5. sonst. Beweismittel	○ Lichtbilder	○ Skizzen	○ Asservate
	○		

Rechtsfolgen:			
❏ Einzelgeldstrafe	❏ Gesamtgeldstrafe	Anzahl TS:	Höhe TS:
	Einzelstrafen:		❏ Raten - Höhe:
❏ Einzelfreiheitsstrafe	❏ Gesamtfreiheitsstrafe	Dauer:	
	Einzelstrafen:		
❏ Verw. m. Strafvorbeh.		Anzahl TS:	Höhe TS:
❏ Bewährung:	Dauer:	Auflage(n) ○ nach Entwurf ○ Diktat	
❏ Nebenkl. notw. Ausl. / Name(n):			

Titz

Das Formblatt Rn 90 erfaßt nur den Ausweismißbrauch durch einen **rechtmäßig** im Bundesgebiet befindlichen Ausländer anläßlich einer **polizeilichen Kontrolle**. Die genaue Angabe von Tattag und Uhrzeit der Vorlage unter **Ziffern 1 und 2** dürfte daher ohne Schwierigkeiten möglich sein. 91

Ziffer 3 sieht zwei Alternativen vor, je nachdem, ob die Ausweiskontrolle anläßlich des Grenzübertritts stattfand oder innerhalb des Bundesgebiets. In letzterem Fall ist der Ort der Kontrolle so genau wie möglich zu bezeichnen. 92

In **Ziffer 4** muß der vorgezeigte Ausweis (Art, Nummer, Ausstellungsland) spezifiziert werden, **Ziffer 5** verlangt Angaben zum rechtmäßigen Inhaber des Ausweises. 93

Formular – Überlassen von Ausweispapieren an anderen – auch Vorlage bei Kontrolle – § 281 I 1 StGB

94

Az.:		AUSL.RECHTL. BESTIMMUNGEN - allg aus 9	
		Überlassen v. Ausweispapieren an anderen - auch Vorlage bei Kontrolle - § 281 Abs. 1 S. 1 StGB	
☐ Strafbefehl	☐ Antrag beschl. Verf.	○ StrafR ○	SchöffG
☐ Anklageschrift ○ wes. E.d.E	☐ Antrag § 76 JGG	○ JugR ○	JugSchöffG
☐ § 153 a StPO ☐ HaftB	Gerichtsort:	ZwSt./Abt.:	
Besch. Bl.:	Vert. ○ Vollm. Bl. ○ Best Bl.:	○ Zust.bev. Bl.:	○ ges. Vertr. Bl.:

1.	Tattag	
	oder alternativ	
2.	Tatzeitraum	zwischen und
3.	Ort Überlassung	
4.	Art Ausweis	○ den Reisepaß mit der Nr.:
	(m. ausstell. Staat)	○ d
5.	Empfänger Ausweis	Vorname: Nachname:
		○ m ○ w Staatsangehörigkeit:
6.	Inhaber Ausweis	○ Besch.
		○ Dritte Person Vorname: Nachname:
		○ m ○ w Staatsangehörigkeit:
7.	tatsächl. Kontrolle?	○
	Datum:	
	Ort:	○ Grenzübergang
		○ in

Text des Strafbefehls (wird als Anklage etc. entsprechend umgesetzt):

Am *(1) Tattag*
oder
Zu einem nicht mehr genau feststellbaren Zeitpunkt *(2) Tatzeitraum*
überließen Sie *(3) Ort Überlassung*
(4) Art Ausweis
(4 a) – *den ausstellender Staat* Reisepaß mit der Nr. *Reisepaßnummer*
(4 b) – *Beschreibung sonst. Ausweis*
an *den/die (5) Staatsangehörigkeit - Vorname - Name Empfänger Ausweis*, um dieser Person bei einer Kontrolle die Täuschung über ihre Identität zu ermöglichen.
Das genannte Ausweispapier wurde am
(6) wenn Inhaber Ausweis Besch. für Sie
(6) wenn Inhaber Ausweis Dritte Person für *den/die (6) Staatsangehörigkeit - Vorname - Name Inhaber Ausweis*
ausgegeben.
(7) wenn tatsächliche Kontrolle
Dieses Ausweispapier wurde am *(7) Datum tats. Kontrolle* von *(5) Vorname - Name Empfänger Ausweis*
- am Grenzübergang *Grenzübergang tats. Kontrolle*
- sonst *Ort tats. Kontrolle*
vorgelegt.

Titz

```
Sie werden daher beschuldigt,

zur Täuschung im Rechtsverkehr einem anderen ein Ausweispapier überlassen zu haben, das nicht für diesen ausgestellt ist,

strafbar als
Mißbrauch von Ausweispapieren gemäß § 281 Abs. 1 Satz 1 StGB.




TV-StA allg aus 9 (01.98)      ausl.rechtl. Bestimmungen
```

Beweismittel:			
1. ☐ Geständnis	ggf. Datum:		Bl.
2. ☐ Zeugen	Name - Bl.		
○ m. Adresse			
3. Sachverständige(r)	Name - Bl.		
4. Urkunden	Auskunft ○ BZR ○ VZR ○ AZR ○ Gewerberegister		
	○ Strafantrag Bl.		○
	○		
5. sonst. Beweismittel	○ Lichtbilder	○ Skizzen	○ Asservate
	○		

Rechtsfolgen:			
☐ Einzelgeldstrafe	☐ Gesamtgeldstrafe	Anzahl TS:	Höhe TS:
	Einzelstrafen:		☐ Raten - Höhe:
☐ Einzelfreiheitsstrafe	☐ Gesamtfreiheitsstrafe	Dauer:	
	Einzelstrafen:		
☐ Verw. m. Strafvorbeh.		Anzahl TS:	Höhe TS:
☐ Bewährung:	Dauer:	Auflage(n) ○ nach Entwurf ○ Diktat	
☐ Nebenkl. notw. Ausl. / Name(n):			

95 In diesem Formular kann unter **Ziffer 1** der Tattag oder alternativ – falls der genaue Tag des Überlassens nicht feststeht – unter **Ziffer 2** ein Tatzeitraum angegeben werden. Ziffer 2 setzt allerdings voraus, daß ein Zeitraum des Überlassens eingegrenzt werden kann. Ist dies nicht der Fall, sollte unter Ziffer 1 eine Formulierung wie »zu einem nicht mehr genau feststellbaren Zeitpunkt vor dem ...« oder »Anfang Juni 1998« oder ähnliches gebraucht werden.

96 In **Ziffer 3** ist der Ort der Überlassung anzugeben, **Ziffer 4** verlangt Angaben zu der Art des überlassenen Ausweises.

97 Von besonderer Bedeutung sind die Angaben unter **Ziffer 5** zum Empfänger des Ausweises; dieser ist mit Vor- und Nachnamen sowie Staatsangehörigkeit zu spezifizieren.

98 **Ziffer 6** trägt der Tatsache Rechnung, daß Inhaber des überlassenen Ausweises nicht nur der Beschuldigte, sondern auch ein Dritter sein kann. In letzterem Fall ist der Inhaber ebenfalls namentlich und mit seiner Staatsan-

gehörigkeit zu nennen. Wenn ein Dritter Inhaber des Ausweises ist, ist uU daran zu denken, daß auch dieser gem § 281 I StGB strafbar sein kann, wenn er von der Überlassung und deren Zweck wußte.

Schließlich ist **Ziffer 7** zu bejahen, wenn der Ausweis nicht nur an den Nichtberechtigten überlassen wurde, sondern der Nichtberechtigte den Ausweis dann tatsächlich anläßlich einer polizeilichen Kontrolle vorzeigte. An der Tatbestandserfüllung ändert dies nichts, da der Überlassende sich bereits gem § 281 I StGB strafbar macht, wenn er den Ausweis in Kenntnis der beabsichtigten Verwendung an den Nichtberechtigten überläßt (s.o., Rn 88). Wird der Ausweis jedoch tatsächlich gebraucht, kann dies Auswirkungen auf die Strafzumessung haben. Fand eine Kontrolle statt, bei der der Nichtberechtigte den Ausweis vorzeigte, sind zusätzlich Datum und Ort der Kontrolle einzufügen. 99

Formular – illegale Einreise und Aufenthalt mit Ausweismißbrauch – auch ohne Paß – § 92 I Nr. 1, 2 und 6 AuslG, § 92 II Nr. 1 a u. b AuslG, § 281 I 1 StGB

100

Az.:		AUSL.RECHTL. BESTIMMUNGEN - allg aus 10			
illegale Einreise u. Aufenthalt mit Ausweismißbrauch - auch ohne Paß - § 92 Abs. 1 Nr. 1, 2 u. 6 AuslG, § 92 Abs. 2 Nr. 1 a u. b AuslG, § 281 Abs. 1 S. 1 StGB					
☐ Strafbefehl		☐ Antrag beschl. Verf.		○ StrafR	○ SchöffG
☐ Anklageschrift ○ wes. E.d.E		☐ Antrag § 76 JGG		○ JugR	○ JugSchöffG
☐ § 153 a StPO ☐ HaftB		Gerichtsort:		ZwSt./Abt.:	
Besch. Bl.:	Vert. ○ Vollm. Bl.	○ Best Bl.:	○ Zust.bev. Bl.:		○ ges. Vertr. Bl.:

1.	Staatsangehörigkeit		
2.	Tattag, *ggf. Uhrzeit*		Uhrzeit:
	oder alternativ		
3.	Tatzeitraum	zwischen	und
4.	Einreisemodalitäten a,	○ über die Grenzübergangsstelle	
	b,	○ außerhalb einer Grenzübergangsstelle im Bereich von	
	c,	○	
5.	Feststellung		
	Umstände: a,	○ vorläufige Festnahme	
	b,	○ Kontrolle	
	c,	○ Ausreise Grenzübergang	
	d,	○	
	Datum, *ggf. Uhrzeit*:		Uhrzeit:
	Ort:		
6.	Tatvarianten a,	○ fehlende Aufenthaltsgenehmigung	
	b,	○ Ausweisung	Name Behörde:
			Datum Verfügung:
	c,	○ Abschiebung	Datum:
	d,	○ fehlender Paß *(ggf. in Kombination mit 6 a – c)*	
7.	Ausweismißbrauch		
	a, Art Ausweis:	○ den	Reisepaß mit der Nr.:
	(m. ausstell. Staat)	○ d	
	b, Inhaber Ausweis:	Vorname:	Nachname:
		○ m ○ w	Staatangehörigkeit:

Titz

> Text des Strafbefehls (wird als Anklage etc. entsprechend umgesetzt):
>
> Sie sind *(1) Staatsangehörigkeit* Staatsangehörige/r.
> Am *(2) Tattag* - ggf. gegen *Uhrzeit*
> oder
> Zu einem nicht mehr genau feststellbaren Zeitpunkt *(3) Tatzeitraum*
> reisten Sie
> *(4) Einreisemodalitäten*
> *(4 a)* - über die Grenzübergangsstelle *Ort*
> *(4 b)* - außerhalb einer Grenzübergangsstelle im Bereich von *Ort*
> *(4 c)* - *Freitext*
> in die Bundesrepublik Deutschland ein und hielten sich hier bis
> *(5) Feststellung Umstände*
> *(5 a)* - zu Ihrer vorläufigen Festnahme am *Datum Feststellung - ggf. gegen Uhrzeit* in *Ort Feststellung*
> *(5 b)* - zu Ihrer Kontrolle am *Datum Feststellung - ggf. gegen Uhrzeit* in *Ort Feststellung*
> *(5 c)* - zu Ihrer Ausreise am *Datum Feststellung - ggf. gegen Uhrzeit* über den Grenzübergang *Ort*
> *(5 d)* - *Freitext*
> auf.
> *(6 a) Tatvariante fehlende Aufenthaltsgenehmigung*:
> Die erforderliche Aufenthaltsgenehmigung bzw. Duldung für die Bundesrepublik Deutschland besaßen Sie, wie Sie wußten, nicht.
> *(6 b) Tatvariante Ausweisung*:
> Sie wußten, daß Sie aufgrund Verfügung der Ausländerbehörde *(6) Name Behörde* vom *(6) Datum Verfügung* ausgewiesen worden waren und auch keine besondere Betretenserlaubnis hatten.
> TV-StA allg aus 10 (07.98)   ausl.rechtl. Bestimmungen

> *(6 c) Tatvariante Abschiebung*:
> Sie wußten, daß Sie am *(6) Datum Abschiebung* aus dem Bundesgebiet abgeschoben worden waren und auch keine besondere Betretenserlaubnis hatten.
> *(6 d) zusätzlich bei Tatvariante ohne Paß*:
> Überdies hatten Sie keinen gültigen Paß oder Ausweisersatz, was Sie wußten.
>
> Zudem wiesen Sie sich bei der Kontrolle am *(5) Datum Feststellung* mit
> *(7 a) Art Ausweis*
> - dem *(7 a) ausstellender Staat* Reisepaß mit der Nr. *(7 a) Reisepaßnummer*
> - *(7 a) Beschreibung sonst. Ausweis*
> aus.
> Dieses Ausweispapier war nicht für Sie, sondern für *den/die (7 b) Staatsangehörigkeit - Vorname - Name Inhaber Ausweis* ausgestellt. Durch die Vorlage dieses Dokuments wollten Sie über Ihre Identität täuschen.
>
> Sie werden daher beschuldigt,
>
> *(6 a) bei fehlender Aufenthaltsgenehmigung*
> entgegen § 58 Abs. 1 Ausländergesetz in das Bundesgebiet eingereist zu sein und durch dieselbe Handlung sich hier ohne die erforderliche Aufenthaltsgenehmigung oder Duldung aufgehalten und
> ein Ausweispapier, das für einen anderen ausgestellt ist, zur Täuschung im Rechtsverkehr gebraucht zu haben,
>
> strafbar als
> unerlaubte Einreise in Tateinheit mit unerlaubtem Aufenthalt und Mißbrauch von Ausweispapieren gemäß §§ 3 Abs. 1 Satz 1, 55 Abs. 1, Abs. 1, 92 Abs. 1 Nr. 1 und 6 AuslG, §§ 281 Abs. 1 Satz 1, 52, 53 StGB.
>
> *(6 a und d) bei fehlender Aufenthaltsgenehmigung und fehlendem Paß*
> entgegen § 58 Abs. 1 Ausländergesetz in das Bundesgebiet eingereist zu sein und durch dieselbe Handlung sich hier ohne die erforderliche Aufenthaltsgenehmigung oder Duldung und ohne Paß und Ausweisersatz aufgehalten und
> ein Ausweispapier, das für einen anderen ausgestellt ist, zur Täuschung im Rechtsverkehr gebraucht zu haben,
>
> strafbar als
> unerlaubte Einreise in Tateinheit mit unerlaubtem Aufenthalt und unerlaubtem Aufenthalt ohne Paß und Mißbrauch von Ausweispapieren gemäß §§ 3 Abs. 1 Satz 1, 4 Abs. 1, 39 Abs. 1, 55 Abs. 1, 58 Abs. 1, 92 Abs. 1 Nr. 1, 2 und 6 AuslG, §§ 281 Abs. 1 Satz 1, 52, 53 StGB.
>
> *(6 b oder 6 c) bei Ausweisung/Abschiebung*
> entgegen § 8 Abs. 2 Satz 1 Ausländergesetz unerlaubt in das Bundesgebiet eingereist zu sein und durch dieselbe Handlung sich hier unerlaubt aufgehalten und
> ein Ausweispapier, das für einen anderen ausgestellt ist, zur Täuschung im Rechtsverkehr gebraucht zu haben,
>
> strafbar als
> unerlaubte Einreise nach *Ausweisung/Abschiebung* in Tateinheit mit unerlaubtem Aufenthalt nach *Ausweisung/Abschiebung* und Mißbrauch von Ausweispapieren gemäß §§ 8 Abs. 2 Satz 1, 92 Abs. 2 Nr. 1 a und b AuslG, §§ 281 Abs. 1 Satz 1, 52, 53 StGB.
>
> *(6 b oder 6 c und 6 d) bei Ausweisung/Abschiebung und fehlendem Paß*
> entgegen § 8 Abs. 2 Satz 1 Ausländergesetz unerlaubt in das Bundesgebiet eingereist zu sein und durch dieselbe Handlung sich hier unerlaubt ohne Paß und Ausweisersatz aufgehalten und
> ein Ausweispapier, das für einen anderen ausgestellt ist, zur Täuschung im Rechtsverkehr gebraucht zu haben,
>
> strafbar als
> unerlaubte Einreise nach *Ausweisung/Abschiebung* in Tateinheit mit unerlaubtem Aufenthalt nach *Ausweisung/Abschiebung* und unerlaubtem Aufenthalt ohne Paß und Mißbrauch von Ausweispapieren gemäß §§ 4 Abs. 1, 8 Abs. 2 Satz 1, 39 Abs. 1, 92 Abs. 1 Nr. 2, Abs. 2 Nr. 1 a und b AuslG, §§ 281 Abs. 1 Satz 1, 52, 53 StGB.
>
> **Für Beweismittel und Rechtsfolgen bitte das Formular "Zusatzblatt Abschlußverfügung" verwenden.**

101   Bzgl. **Ziffern 1 – 6** gelten die Ausführungen zum Formblatt Rn 72 ff.

Titz

Ziffer 7 erfordert zusätzlich Angaben zum Ausweismißbrauch durch Einfügung der Art des Ausweises (Buchst. a) und des Ausweisinhabers (Buchst. b).

Zur weiteren Anwendbarkeit des Formblattes Rn 100 im Lichte des Beschlusses des BayObLG vom 8.6.1999[51] vgl unten Rn 115.

bb) § 92 AuslG iVm § 267 StGB

– Allgemeines

Mindestens ebenso häufig wie die Fälle, in denen sich ein Ausländer eines fremden echten Passes oder Paßersatzpapiers bedient, sind die Fälle von Urkundenfälschung: Ein Ausländer führt einen Ausweis mit sich, der verfälscht oder totalgefälscht ist und weist sich mit diesem anläßlich der polizeilichen Kontrolle aus.

Bei den **verfälschten** Ausweisen liegt am häufigsten eine Lichtbildwechslung vor, dh in einem von amtlicher Seite ausgestellten echten Ausweisdokument wird das Lichtbild des rechtmäßigen Paßinhabers entfernt und ein Lichtbild des Beschuldigten eingebracht. So kann der Beschuldigte zum einen über seine Identität täuschen, was zB von Bedeutung ist, wenn er unter seinen richtigen Personalien bereits aus Deutschland ausgewiesen oder abgeschoben wurde und keine Betretenserlaubnis gem § 9 III AuslG hat. Zum anderen ist so auch eine Täuschung über die Staatsangehörigkeit möglich, wenn der rechtmäßige Ausweisinhaber gem § 1 DVAuslG iVm Anlage 1 zur DVAuslG von der Genehmigungspflicht befreit ist, der Beschuldigte hingegen nicht.

Ein **totalgefälschtes** Ausweispapier kann entweder bereits auf nichtamtlichem Papier hergestellt werden oder es wird ein entwendetes Blankodokument verwendet, in das von nichtamtlicher Seite die Eintragungen vorgenommen und das Lichtbild des Beschuldigten angebracht wird.

Eine besonderes Problem stellen Fälle dar, in denen der Beschuldigte Manipulationen an seinem Ausweisdokument vorgenommen hat, indem er belastende Vermerke entfernte (zB durch Entfernen einer ganzen Seite oder durch Rasur). Die bisher in solchen Fällen bestehende Strafbarkeitslücke wurde durch den neugeschaffenen § 273 StGB im Rahmen des 6. Strafrechtsreformgesetzes (StRG) vom 26.1.1998[52] geschlossen. Vgl hierzu unten Rn 117.

Hat der kontrollierte Ausländer selbst die Ver- oder Totalfälschung vorgenommen und weist er sich später mit dem von ihm hergestellten oder verfälschten Dokument aus, liegt wiederum – wie im Fall der Vorlage eines Dokuments, das nicht der Beschuldigte, sondern ein Dritter gefälscht hat – nur ein Fall der Urkundenfälschung vor.[53] Anders sind die Fälle zu beurtei-

---

51 4 St RR 115/99
52 BGBl I 1998, 164
53 Vgl oben Fn 36

len, in denen der Beschuldigte kontrolliert wird, sich dabei aber nicht selbst mit dem gefälschten Dokument ausweist, sondern dieses bei seiner körperlichen Durchsuchung gefunden wird. Kann dem Beschuldigten in diesem Fall nachgewiesen werden, daß er selbst die Fälschung vorgenommen hat, bleibt es bei der Strafbarkeit gem § 267 I StGB. Ist dieser Nachweis nicht möglich, kommt nur eine Strafbarkeit gem § 276 StGB in Betracht (vgl hierzu unten Rn 118 ff).

108 Wenn der Ausländer anläßlich der polizeilichen Kontrolle den gefälschten Ausweis nicht selbst vorlegt, sondern durch einen Dritten an den Kontrollbeamten aushändigen läßt, ist der Dritte ebenso wie der Ausländer wegen Urkundenfälschung in Mittäterschaft gem §§ 267 I, 25 II StGB strafbar, wenn er von der Fälschung wußte. Ist dies hingegen nicht der Fall, kommt eine Strafbarkeit des Ausländers, für den der gefälschte Ausweis verwendet wird, nach den Grundsätzen der mittelbaren Täterschaft in Betracht.

Formular – Urkundenfälschung – Gebrauch verfälschter Ausweis – § 267 I StGB

109

Az.:			AUSL.RECHTL. BESTIMMUNGEN - allg aus 13
			Urkundenfälschung - Gebrauch verfälschter Ausweis - § 267 Abs. 1 StGB
☐ Strafbefehl	☐ Antrag beschl. Verf.		○ StrafR ○ SchöffG
☐ Anklageschrift ○ wes. E.d.E	☐ Antrag § 76 JGG		○ JugR ○ JugSchöffG
☐ § 153 a StPO ☐ HaftB	Gerichtsort:		ZwSt./Abt.:

Besch. Bl.:	Vert. ○ Vollm. Bl.	○ Best Bl.:	○ Zust.bev. Bl.:	○ ges. Vertr. Bl.:

1.	Tattag	
2.	Uhrzeit	
3.	Ort Kontrolle	○ Grenzübergang: ○ sonst. Ort:
4.	Art Ausweis: (m. ausstell. Staat)	○ dem Reisepaß mit der Nr.: ○ d
5.	Art Fälschung:	○ Vertauschen LiBi ○ sonst. Fälschung:
6.	Täuschung über:	○ Identität ○ sonst. Objekt Täuschung:

Text des Strafbefehls (wird als Anklage etc. entsprechend umgesetzt):

Am *(1) Tattag* gegen *(2) Uhrzeit*
(3) Ort Kontrolle - Grenzübergang kamen Sie zur Einreise an den Grenzübergang *(3) Name Grenzübergang*.
(3) Ort Kontrolle - sonst. Ort befanden sich in *(3) Name sonst. Ort*.

Anläßlich einer amtlichen Kontrolle wiesen Sie sich mit
(4) Art Ausweis
- dem *ausstellender Staat* Reisepaß mit der Nr. *Reisepaßnummer*
- *Beschreibung sonst. Ausweis*
aus.

(5) Art Fälschung - Vertauschen LiBi
Dieses Ausweispapier war nicht für Sie ausgestellt und das ursprüngliche Lichtbild war durch Ihr eigenes ersetzt.
(5) Art Fälschung - sonst.
Freitext sonst. Fälschung

Durch die Vorlage dieses Dokuments wollten Sie über
(6) Täuschung - Identität
Ihre Identität

(6) Täuschung - sonst.
Freitext sonst. Objekt Täuschung
täuschen.

Sie werden daher beschuldigt,

zur Täuschung im Rechtsverkehr eine unechte oder verfälschte Urkunde gebraucht zu haben,

strafbar als
Urkundenfälschung gemäß § 267 Abs. 1 StGB.

TV-StA allg aus 13 (01.98)   ausl.rechtl. Bestimmungen

Beweismittel:
1.	☐ Geständnis	ggf. Datum:	Bl.
2.	☐ Zeugen	Name - Bl.	
	○ m. Adresse		
3.	Sachverständige(r)	Name - Bl.	
4.	Urkunden	Auskunft ○ BZR ○ VZR ○ AZR ○ Gewerberegister	
		○ Strafantrag Bl. ○	
		○	
5.	sonst. Beweismittel	○ Lichtbilder ○ Skizzen ○ Asservate ○	

Rechtsfolgen:
☐ Einzelgeldstrafe	☐ Gesamtgeldstrafe	Anzahl TS:	Höhe TS:
	Einzelstrafen:		☐ Raten - Höhe:
☐ Einzelfreiheitsstrafe	☐ Gesamtfreiheitsstrafe	Dauer:	
	Einzelstrafen:		
☐ Verw. m. Strafvorbeh.		Anzahl TS:	Höhe TS:
☐ Bewährung:	Dauer:	Auflage(n) ○ nach Entwurf ○ Diktat	
☐ Nebenkl. notw. Ausl. / Name(n):			

Ebenso wie das Formblatt Rn 90 ist Rn 109 nur für einen sehr kleinen Ausschnitt der in Frage kommenden Fälle der Urkundenfälschung durch einen Ausländer anwendbar. Erfaßt ist nur der Fall, daß ein Ausländer, der sich legal im Bundesgebiet aufhält und den Ausweis nicht selbst verfälscht hat, diesen anläßlich einer polizeilichen Kontrolle selbst vorlegt. Auf sämtliche anderen Tatvarianten (der Ausländer hält sich auch unerlaubt im Bundesgebiet auf; er hat den Ausweis selbst gefälscht; er läßt den Ausweis durch einen Dritten vorlegen) findet das Formblatt keine Anwendung. 110

Die Eintragungen unter **Ziffern 1 bis 4** entsprechen denen des Formblatts Rn 90 ff. 111

Titz

112 In **Ziffer 5** ist die Art der vorgenommenen Fälschung anzugeben. Vorgegeben ist der Fall der Lichtbildwechslung. Alle anderen möglichen Ver- oder Totalfälschungen sind unter der Rubrik »sonstige Fälschung« als Freitext einzufügen. Insbes wenn es sich um eine auf einem entwendeten Blankoformular hergestellte Totalfälschung handelt, sollten an dieser Stelle Angaben über Ort und Zeit der Entwendung erfolgen.

113 Die Art der Täuschung muß in **Ziffer 6** ausgeführt werden. Wollte der Ausländer ausschließlich über seine Identität täuschen, kann die erste Variante gewählt werden, wollte er hingegen nur oder auch über andere Punkte täuschen, ist »sonst. Objekt Täuschung« mit einem Freitext auszufüllen.

Formular – illegale Einreise und Aufenthalt mit Urkundenfälschung – auch ohne Paß – § 92 I Nr. 1, 2 und 6 AuslG, § 92 II Nr. 1 a u. b AuslG, § 267 I StGB

114

Az.:		AUSL.RECHTL. BESTIMMUNGEN - allg aus 11
illegale Einreise u. Aufenthalt mit Urkundenfälschung - auch ohne Paß - § 92 Abs. 1 Nr. 1, 2 u. 6 AuslG, § 92 Abs. 2 Nr. 1 a u. b AuslG, § 267 Abs. 1 StGB		

☐ Strafbefehl	☐ Antrag beschl. Verf.	○ StrafR ○ SchöffG
☐ Anklageschrift ○ wes. E.d.E	☐ Antrag § 76 JGG	○ JugR ○ JugSchöffG
☐ § 153 a StPO ☐ HaftB	Gerichtsort:	ZwSt./Abt.:

Besch. Bl.:	Vert. ○ Vollm. Bl.	○ Best Bl.:	○ Zust.bev. Bl.:	○ ges. Vertr. Bl.:

1.	Staatsangehörigkeit	
2.	**Tattag**, ggf. Uhrzeit	Uhrzeit:
	oder alternativ	
3.	**Tatzeitraum**	zwischen und
4.	**Einreisemodalitäten** a,	○ über die Grenzübergangsstelle
	b,	○ außerhalb einer Grenzübergangsstelle im Bereich von
	c,	○
5.	**Feststellung**	
	Umstände: a,	○ vorläufige Festnahme
	b,	○ Kontrolle
	c,	○ Ausreise Grenzübergang
	d,	○
	Datum, ggf. Uhrzeit:	Uhrzeit:
	Ort:	
6.	**Tatvarianten** a,	○ fehlende Aufenthaltsgenehmigung
	b,	○ Ausweisung Name Behörde:
		Datum Verfügung:
	c,	○ Abschiebung Datum:
	d,	○ fehlender Paß (ggf. in Kombination mit 6 a – c)
7.	**Urkundenfälschung**	
	a, Art Ausweis:	○ den Reisepaß mit der Nr.:
	(m. ausstell. Staat)	○ d
	b, Art Fälschung:	○ Vertauschen LiBi ○ sonst. Fälschung:
	c, Täuschung über:	○ Identität ○ sonst. Täuschung:

Titz

Ausländergesetz / Asylverfahrensgesetz

Text des Strafbefehls (wird als Anklage etc. entsprechend umgesetzt):

Sie sind *(1) Staatsangehörigkeit* Staatsangehörige/r.
Am *(2) Tattag - ggf. gegen Uhrzeit*
oder
Zu einem nicht mehr genau feststellbaren Zeitpunkt *(3) Tatzeitraum*
reisten Sie
(4) Einreisemodalitäten
(4 a) - über die Grenzübergangsstelle *Ort*
(4 b) - außerhalb einer Grenzübergangsstelle im Bereich von *Ort*
(4 c) - *Freitext*
in die Bundesrepublik Deutschland ein und hielten sich hier bis
(5) Feststellung Umstände
(5 a) - zu Ihrer vorläufigen Festnahme am *Datum Feststellung - ggf. gegen Uhrzeit* in *Ort Feststellung*
(5 b) - zu Ihrer Kontrolle am *Datum Feststellung - ggf. gegen Uhrzeit* in *Ort Feststellung*
(5 c) - zu Ihrer Ausreise am *Datum Feststellung - ggf. gegen Uhrzeit* über den Grenzübergang *Ort*
(5 d) - *Freitext*
auf.

TV-StA allg aus 11 (07.98)   ausl.rechtl. Bestimmungen

(6 a) Tatvariante fehlende Aufenthaltsgenehmigung:
Die erforderliche Aufenthaltsgenehmigung bzw. Duldung für die Bundesrepublik Deutschland besaßen Sie, wie Sie wußten, nicht.
(6 b) Tatvariante Ausweisung:
Sie wußten, daß Sie aufgrund Verfügung der Ausländerbehörde *(6) Name Behörde* vom *(6) Datum Verfügung* ausgewiesen worden waren und auch keine besondere Betretenserlaubnis hatten.
(6 c) Tatvariante Abschiebung:
Sie wußten, daß Sie am *(6) Datum Abschiebung* aus dem Bundesgebiet abgeschoben worden waren und auch keine besondere Betretenserlaubnis hatten.
(6 d) zusätzlich bei Tatvariante ohne Paß:
Überdies hatten Sie keinen gültigen Paß oder Ausweisersatz, was Sie wußten.

Zudem wiesen Sie sich bei der Kontrolle am *(5) Datum Feststellung* mit
(7 a) Art Ausweis
- dem *(7 a) ausstellender Staat* Reisepaß mit der Nr. *(7 a) Reisepaßnummer*
- *(7 a) Beschreibung sonst. Ausweis*
aus.
(7 b) Art Fälschung - Vertauschen LiBi
Dieses Ausweispapier war nicht für Sie ausgestellt und das ursprüngliche Lichtbild war durch Ihr eigenes ersetzt.
(7 b) Art Fälschung - sonst.
Freitext sonst. Fälschung

Durch die Vorlage dieses Dokuments wollten Sie das Kontrollpersonal über
(7 c) Täuschung - Identität
Ihre Identität
(7 c) Täuschung - sonst.
Freitext sonst. Täuschung
täuschen.

Sie werden daher beschuldigt,

(6 a) bei fehlender Aufenthaltsgenehmigung
entgegen § 58 Abs. 1 Ausländergesetz in das Bundesgebiet eingereist zu sein und durch dieselbe Handlung sich hier ohne die erforderliche Aufenthaltsgenehmigung oder Duldung aufgehalten und
zur Täuschung im Rechtsverkehr eine unechte oder verfälschte Urkunde gebraucht zu haben,

strafbar als
unerlaubte Einreise in Tateinheit mit unerlaubtem Aufenthalt und Urkundenfälschung gemäß §§ 3 Abs. 1 Satz 1, 55 Abs. 1, 58 Abs. 1, 92 Abs. 1 Nr. 1 und 6 AuslG, §§ 267 Abs. 1, 52, 53 StGB.

(6 a und 6) bei fehlender Aufenthaltsgenehmigung und fehlendem Paß
entgegen § 58 Abs. 1 Ausländergesetz in das Bundesgebiet eingereist zu sein und durch dieselbe Handlung sich hier ohne die erforderliche Aufenthaltsgenehmigung oder Duldung und ohne Paß und Ausweisersatz aufgehalten und
zur Täuschung im Rechtsverkehr eine unechte oder verfälschte Urkunde gebraucht zu haben,

strafbar als
unerlaubte Einreise in Tateinheit mit unerlaubtem Aufenthalt und unerlaubtem Aufenthalt ohne Paß und Urkundenfälschung gemäß §§ 3 Abs. 1 Satz 1, 4 Abs. 1, 39 Abs. 1, 55 Abs. 1, 58 Abs. 1, 92 Abs. 1 Nr. 1, 2 und 6 AuslG, §§ 267 Abs. 1, 52, 53 StGB.

(6 b oder 6 c) bei Ausweisung/Abschiebung
entgegen § 8 Abs. 2 Satz 1 Ausländergesetz unerlaubt in das Bundesgebiet eingereist zu sein und durch dieselbe Handlung sich hier unerlaubt aufgehalten und
zur Täuschung im Rechtsverkehr eine unechte oder verfälschte Urkunde gebraucht zu haben,

strafbar als
unerlaubte Einreise nach *Ausweisung/Abschiebung* in Tateinheit mit unerlaubtem Aufenthalt nach *Ausweisung/Abschiebung* und Urkundenfälschung gemäß §§ 8 Abs. 2 Satz 1, 92 Abs. 2 Nr. 1 a und b AuslG, §§ 267 Abs. 1, 52, 53 StGB.

Titz

> **(6 b oder 6 c und 6 d) bei Ausweisung/Abschiebung und fehlendem Paß**
> entgegen § 8 Abs. 2 Satz 1 Ausländergesetz unerlaubt in das Bundesgebiet eingereist zu sein und durch dieselbe Handlung sich hier unerlaubt ohne Paß und Ausweisersatz aufgehalten und
> zur Täuschung im Rechtsverkehr eine unechte oder verfälschte Urkunde gebraucht zu haben,
>
> strafbar als
> unerlaubte Einreise nach *Ausweisung/Abschiebung* in Tateinheit mit unerlaubtem Aufenthalt nach *Ausweisung/Abschiebung* und unerlaubtem Aufenthalt ohne Paß und Urkundenfälschung gemäß §§ 4 Abs. 1, 8 Abs. 2 Satz 1, 39 Abs. 1, 92 Abs. 1 Nr. 2, Abs. 2 Nr. 1 a und b AuslG, §§ 267 Abs. 1, 52, 53 StGB).
>
> Für Beweismittel und Rechtsfolgen bitte das Formular "Zusatzblatt Abschlußverfügung" verwenden.

115 Das Formblatt Rn 114 erfaßte bislang eine Fülle von möglichen Tatkombinationen. Es konnte angewandt werden

– für den Ausländer, der **ohne die erforderliche Aufenthaltsgenehmigung** in das Bundesgebiet eingereist ist und sich hier aufgehalten hat und anläßlich einer Kontrolle einen ver- oder totalgefälschten Paß vorgezeigt hat (§§ 92 I Nr. 1 und 6 AuslG, 267 I, 52, 53 StGB);

– für den Ausländer, der ohne die erforderliche Aufenthaltsgenehmigung **und ohne Paß** in das Bundesgebiet eingereist ist und sich hier aufgehalten hat und anläßlich einer Kontrolle eine Urkundenfälschung begangen hat (§§ 92 I Nr. 1, 2 und 6 AuslG, 267 I, 52, 53 StGB);

– für den Ausländer, der **trotz Ausweisung und/oder Abschiebung** ohne Betretenserlaubnis in das Bundesgebiet eingereist ist und sich hier aufgehalten hat und anläßlich einer Kontrolle eine Urkundenfälschung begangen hat (§§ 92 II Nr. 1 a und b AuslG, 267 I, 52, 53 StGB);

– für den Ausländer, der trotz Ausweisung und/oder Abschiebung **und ohne Paß** in das Bundesgebiet eingereist ist und sich hier aufgehalten hat und anläßlich einer Kontrolle eine Urkundenfälschung begangen hat (§§ 92 II Nr. 1 a und b, I Nr. 2 AuslG, 267 I, 52, 53 StGB).

Durch die neueste Entscheidung des BayObLG zum Konkurrenzverhältnis zwischen illegalem Aufenthalt und Urkundenfälschung[54] ist allerdings fraglich, ob und inwieweit dieses Formblatt überhaupt noch Anwendung finden kann. Das BayObLG hat in der genannten Entscheidung klargestellt, daß immer dann, wenn das Vorzeigen einer ge- oder verfälschten Urkunde gleichzeitig der weiteren Aufrechterhaltung des unerlaubten Aufenthalts dient, unerlaubter Aufenthalt und Urkundenfälschung tateinheitlich zusammentreffen. Somit bleibt nur ein theoretischer Anwendungsbereich des Formblatts für die Fälle, in denen die Urkundenfälschung keinerlei Zusammenhang mit dem unerlaubten Aufenthalt hat. Denkbar wären hier beispielsweise Fälle, in denen der illegal in Deutschland aufhältige Ausländer neben echten Personalpapieren einen gefälschten Führerschein vorzeigt. Andererseits wird dann regelmäßig auch der Tatbestand des Fahrens ohne Fahrerlaubnis erfüllt sein, so daß das Formblatt wiederum nicht angewandt werden kann.

---

54 Beschluß vom 8.6.1999, vgl Fn 50

Titz

Zwar enthält die genannte Entscheidung keine ausdrücklichen Ausführungen zum Verhältnis des unerlaubten Aufenthalts zum Ausweismißbrauch, doch kann hier unter Anwendung der in der Entscheidung ausgeführten Grundsätze nichts anderes gelten. Auch Ausweismißbrauch und unerlaubter Aufenthalt sind daher tateinheitlich verwirklicht, wenn das Vorzeigen des fremden Ausweises gerade der Aufrechterhaltung des unerlaubten Aufenthalts dient. Somit ist wohl auch das oben unter Rn 100 ff dargestellte Formblatt in der Praxis kaum mehr anwendbar.

In seinem Aufbau entspricht das Formblatt Rn 114 in **Ziffer 1 bis 6** dem Formblatt Rn 100 ff. Lediglich unter **Ziffer 7** sind Angaben zur Urkundenfälschung (statt wie in Rn 100 zum Ausweismißbrauch) zu machen, wobei hier der verwendete Ausweis, die Art der Fälschung und das Ziel der Täuschung konkretisiert werden müssen. 116

cc) § 92 AuslG iVm § 273 StGB

Die Vorschrift wurde durch Art. 1 Nr. 68 des 6. StRG[55] neu eingeführt. Sie trägt dem kriminalpolitischen Bedürfnis nach der Schließung von Strafbarkeitslücken im Bereich der Manipulation von Ausweisdokumenten Rechnung. Entfernt der Täter nämlich aus einem amtlichen Ausweis eine Eintragung durch Rasur oder durch Entfernung der ganzen Seite, auf der sich die Eintragung (zB Paßkontrollstempel, der eine frühere Einreise belegen würde, oder Abschiebungsvermerk) befindet, kommt eine Strafbarkeit nach § 274 StGB nicht in Betracht, wenn der Täter Inhaber des Ausweises ist. Denn Voraussetzung für eine Strafbarkeit nach § 274 StGB ist, daß das Beweismittel dem Beschuldigten nicht oder nicht ausschließlich gehört, dh daß der Beschuldigte nicht das alleinige Verfügungsrecht hat.[56] Der Reisepaß gehört jedoch ausschließlich dem Inhaber.[57] Somit werden derartige Manipulationen nicht von § 274 StGB umfaßt. 117

Ebenso scheidet jedoch eine Strafbarkeit nach § 267 I StGB aus, wenn eine Verfälschung nur Eintragungen betrifft, die nicht vom Urkundenaussteller stammen (zB Entfernen von Grenzkontrollstempeln oder Abschiebungsvermerken).

§ 273 I StGB stellt nunmehr sowohl die in Abs 1 Nr. 1 StGB genannten Tathandlungen als auch (in Nr. 2) das Gebrauchen eines derartig veränderten Dokuments unter Strafe. Voraussetzung ist in jedem Fall, daß der Täter zur Täuschung im Rechtsverkehr handelt. Nimmt der Täter erst eine Veränderung iSd Nr. 1 vor und gebraucht das Dokument anschließend, liegt wiederum nur eine Tat vor.[58]

---

55 Fn 48
56 BayObLG NZV 1989, 81
57 BayObLG NJW 1990, 264; NJW 1997, 1592
58 Tröndle/Fischer § 273 Rn 9

dd) § 92 AuslG iVm § 276 StGB

– Allgemeines

118 § 276 StGB findet Anwendung, wenn der Täter einen unechten oder verfälschten amtlichen Ausweis (bzw die durch § 276a StGB gleichgestellten Papiere) im Bundesgebiet mit sich führt, sich mit diesem aber nicht ausweist (sonst § 267 I StGB), sondern der Ausweis bei ihm anläßlich einer Kontrolle gefunden wird.

Strafbar iSv § 276 I StGB sind folgende Varianten:

119 Unternehmen der Ein- oder Ausfuhr (Nr. 1)

Einfuhr ist jedes Verbringen über die Grenze, wobei Einführer jeder ist, der das Verbringen veranlaßt oder durchführt.[59] Unter **Ausfuhr** versteht man dementsprechend das Verbringen aus der Bundesrepublik über deren Grenzen in ein beliebiges fremdes Land.[60] Erforderlich ist nicht, daß der unechte oder verfälschte Ausweis tatsächlich ein- oder ausgeführt wird; es genügt, wenn die Ein- oder Ausfuhr unternommen wird. Diese Tathandlungen sind als Unternehmensdelikte ausgestaltet, um Strafbarkeitslücken und Beweisschwierigkeiten zu vermeiden.[61] **Unternehmen** der Ein- oder Ausfuhr bedeutet deren Versuch oder Vollendung bis zur Beendigung,[62] nicht darunter fällt allerdings die Vorbereitungshandlung.[63] Folglich steht bei diesen Tatvarianten der Versuch der vollendeten Tat gleich.

120 Sich oder einem anderen Verschaffen, Verwahren oder Überlassen (Nr. 2)

Der Täter **verschafft** die Sache sich oder einem anderen, wenn er sie in seinen oder eines anderen Besitz oder Verfügungsgewalt bringt.[64] Unter **Verwahren** versteht man das Halten im Gewahrsam des Täters.[65] Diese Tatvariante wird insbes dann in Betracht kommen, wenn nicht festgestellt werden kann, wie der Täter in den Besitz des falschen amtlichen Ausweises gekommen ist. Schließlich **überläßt** der Täter den falschen Ausweis einem anderen, wenn er ihm den Besitz zu eigener Verfügung überträgt.[66] Alle diese Tatvarianten können jedoch nur bejaht werden, wenn der Täter zur Täuschung im Rechtsverkehr handelt.

– Qualifikation, § 276 II StGB

121 § 276 II AuslG, der gegenüber Abs 1 eine Qualifikation darstellt, ist anzuwenden, wenn der Täter gewerbsmäßig oder als Mitglied einer Bande, die sich zur fortgesetzten Begehung von Straftaten nach Abs 1 verbunden hat,

---

59 BayObLG MDR 1970, 941
60 Tröndle/Fischer § 184 Rn 32
61 Tröndle/Fischer § 276 Rn 3; § 275 Rn 3a
62 RGSt 58, 226
63 BGHSt 5, 281
64 Tröndle/Fischer § 276 Rn 4
65 Tröndle/Fischer, aaO
66 Tröndle/Fischer § 184 Rn 13

handelt. Zur Definition von Gewerbs- und Bandenmäßigkeit vgl unten Rn 142 f.

Formular – Verschaffen falscher Ausweise/Papiere – § 276, § 276a StGB

Az.:		AUSL.RECHTL. BESTIMMUNGEN - allg aus 18		122
		Verschaffen falscher Ausweise/Papiere - § 276, § 276 a StGB		

☐ Strafbefehl		☐ Antrag beschl. Verf.	○ StrafR	○ SchöffG	
☐ Anklageschrift	○ wes. E.d.E	☐ Antrag § 76 JGG	○ JugR	○ JugSchöffG	○ TZ Jug
☐ § 153 a StPO	☐ HaftB	Gerichtsort:	ZwSt./Abt.:		

Besch. Bl.:	Vert. ○	Vollm. Bl.	○ Best Bl.:	○ ges. Vertr. Bl.:	○ Zust.bev. Bl.:

1.	Tattag, ggf. Uhrzeit	○ Uhrzeit:
	oder alternativ	
2.	Tatzeitraum	zwischen und
3.	Tatbegehung § 276 Abs. 1 Nr. 1	○ Einfuhr ○ versuchte Einfuhr ○ Ausfuhr ○ versuchte Ausfuhr
4.	Tatort zu 3. a, b, c,	○ über die Grenzübergangsstelle ○ außerhalb einer Grenzübergangsstelle im Bereich von ○
5.	Tatbegehung § 276 Abs. 1 Nr. 2	○ sich verschaffen ○ verwahren ○ verschaffen ○ überlassen
5 a.	Name Person (zu 5. Überlassen/Verschaffen)	
6.	Tatort zu 5.	
7.	Täuschungsabsicht	(Erläuterung zur Täuschungshandlung)
8.	Art Dokument: (m. ausstell. Staat)	○ den .... Reisepaß mit der Nr.: .... ○ den .... Personalausweis mit der Nr.: .... ○ den .... Führerschein mit der Nr.: .... ○ d
9.	Dokumente gemäß § 276 a StGB ? a, b,	○ Aufenthaltsgenehmigung ○ Duldung ○ (sonst. aufenth.rechtl. Papier) .... ○ Fahrzeugschein ○ Fahrzeugbrief ○ (sonst. Fahrzeugpapier) .... ausstellende Behörde für alle Dokumente:
10.	Art Fälschung:	○ unecht ○ verfälscht ○ falsche Beurkundung
11.	ggf. Erläuterung zur Fälschung	
12.	Qualifikation a, b,	○ gewerbsmäßig ○ als Mitglied einer Bande (nur Einfachauswahl)

Text des Strafbefehls (wird als Anklage etc. entsprechend umgesetzt):
Am *(1) Tattag ggf. gegen Uhrzeit oder alternativ* Zu einem nicht mehr genau feststellbaren Zeitpunkt *(2) Tatzeitraum*

(3) Tatbegehung § 276 Abs. 1 Nr. 1
(Einfuhr - Ausfuhr) - führten Sie
(versuchte Einfuhr - Ausfuhr) - versuchten Sie
das nachgenannte Dokument

(4) Tatort zu 3.
(4 a) - über die Grenzübergangsstelle *Ort*
(4 b) - außerhalb einer Grenzübergangsstelle im Bereich von *Ort*
(4 c) - *Freitext*
(3) Tatbegehung § 276 Abs. 1 Nr. 1
(Einfuhr) - in die Bundesrepublik Deutschland ein.
(versuchte Einfuhr) - in die Bundesrepublik Deutschland einzuführen.
(Ausfuhr) - aus der Bundesrepublik Deutschland aus.

TV-StA allg aus 18 (03.99)   ausl.rechtl. Bestimmungen

Titz

> *(versuchte Ausfuhr)* - aus der Bundesrepublik Deutschland auszuführen.
>
> **(5) Tatbegehung § 276 Abs. 1 Nr. 2**
> *(sich verschaffen)* - verschafften Sie sich
> *(verwahren)* - verwahrten Sie
> *(verschaffen)* - verschafften Sie *(5a) Name Person*
> *(überlassen)* - überließen Sie *(5a) Name Person*
>
> **(6) Tatort zu 5.**
>
> das nachgenannte Dokument in der Absicht, *(7) Täuschungsabsicht*.
>
> Es handelte sich um *(8) Art Dokument oder alternativ* ein/e/n *(9) Dokumente gemäß § 276 a StGB*
>
> Dieses Dokument
> **(10) Art Fälschung**
> *(unecht)* - war vorher in Wahrheit nicht von der angegebenen Stelle ausgestellt worden.
> *(verfälscht)* - war vorher unberechtigt verändert worden.
> *(falsche Beurkundung)* - enthielt objektiv unrichtige Angaben.
>
> **(11) ggf. Erläuterung zur Fälschung**
>
> Diese Umstände waren Ihnen bekannt.
>
> **(12) Qualifikation**
> Sie begingen die Tat
> *(12 a)* - in der Absicht, sich durch wiederholte Begehung derartiger Straftaten eine fortlaufende Einnahmequelle von einigem Umfang und einiger Dauer zu verschaffen.
> *(10 b)* - als Mitglied einer Gruppe, die sich zur fortgesetzten Begehung derartiger Straftaten verbunden hat.
>
> Sie werden daher beschuldigt,
>
> **(12) wenn Qualifikation**
> *(12 a)* gewerbsmäßig
> *(12 b)* als Mitglied einer Bande, die sich zur fortgesetzten Begehung derartiger Straftaten verbunden hat,
>
> **(3) wenn Tatbegehung § 276 Abs. 1 Nr. 1**
> es unternommen zu haben, ein/en
> **(10) Art Fälschung**
> *(unecht)* - *(8)* unechten amtlichen Ausweis - *alternativ (9 a)* unechtes aufenthaltsrechtliches Papier - *(9 b)* unechtes Fahrzeugpapier
> *(verfälscht)* - *(8)* verfälschten amtlichen Ausweis - *alternativ (9 a)* verfälschtes aufenthaltsrechtliches Papier - *(9 b)* verfälschtes Fahrzeugpapier
> *(falsche Beurkundung)* - *(8)* amtlichen Ausweis - *alternativ (9 a)* aufenthaltsrechtliches Papier - *(9 b)* Fahrzeugpapier, der/das eine falsche Beurkundung der in den §§ 271 und 348 Strafgesetzbuch bezeichneten Art enthielt,
> *(3) Einfuhr/versuchte Einfuhr* - einzuführen.
> *(3) Ausfuhr/versuchte Ausfuhr* - auszuführen.
>
> **(5) wenn Tatbegehung § 276 Abs. 1 Nr. 2**
> ein/en
> **(10) Art Fälschung**
> *(unecht)* - *(8)* unechten amtlichen Ausweis - *alternativ (9 a)* unechtes aufenthaltsrechtliches Papier - *(9 b)* unechtes Fahrzeugpapier
> *(verfälscht)* - *(8)* verfälschten amtlichen Ausweis - *alternativ (9 a)* verfälschtes aufenthaltsrechtliches Papier - *(9 b)* verfälschtes Fahrzeugpapier
> *(falsche Beurkundung)* - *(8)* amtlichen Ausweis - *alternativ (9 a)* unechtes aufenthaltsrechtliches Papier - *(9 b)* unechtes Fahrzeugpapier, der/das eine falsche Beurkundung der in den §§ 271 und 348 Strafgesetzbuch bezeichneten Art enthielt, in der Absicht, dessen Gebrauch zur Täuschung im Rechtsverkehr zu ermöglichen,
> *(5) sich verschaffen* - sich verschafft zu haben,
> *(5) verwahren* - verwahrt zu haben,
> *(5) verschaffen* - einem anderen verschafft zu haben,
> *(5) überlassen* - einem anderen überlassen zu haben,
>
> strafbar als
> - Verschaffen von falschen amtlichen Ausweisen gemäß
>   *(3)* § 276 Abs. 1 Nr. 1
>   *(5)* § 276 Abs. 1 Nr. 2
>
> - Verschaffen von falschen *(9 a)* aufenthaltsrechtlichen Papieren *(9 b)* Fahrzeugpapieren gemäß
>   *(3)* §§ 276 a Abs. 1, 276 Abs. 1 Nr. 1
>   *(5)* §§ 276 a Abs. 1, 276 Abs. 1 Nr. 2
>
> *(12) zusätzlich wenn Qualifikation:* , Abs. 2
> StGB
>
> Für Beweismittel und Rechtsfolgen bitte das Formular "Zusatzblatt Abschlußverfügung" verwenden.

Mit dem Formblatt Rn 122 können die verschiedenen Fallkonstellationen des § 276 I und II StGB abgedeckt werden.

123   In **Ziffer 1** sind – soweit bekannt – Tattag und Uhrzeit anzugeben. Sollte eine genaue Bestimmung nicht möglich sein, da gerade das Überlassen oder Verschaffen eines Ausweises, das bereits einige Zeit zurückliegt, zeitlich

Titz

nicht mehr exakt eingrenzbar sein wird, kann alternativ dazu unter **Ziffer 2** ein Zeitraum angegeben werden, innerhalb dessen die Tatbegehung erfolgte.

Ziffer 3 erfaßt Fälle des § 276 I Nr. 1 StGB, wobei genau zwischen Ein- bzw Ausfuhr, Versuch und Vollendung zu unterscheiden ist. Liegt eine Variante von Ziffer 3 vor, ist in **Ziffer 4** der entsprechende Tatort, an dem die Ein- oder Ausfuhr vorgenommen oder versucht wurde, anzugeben. 124

Falls hingegen ein Fall des § 276 I **Nr. 2** StGB vorliegt, sind Ziffern 3 und 4 zu überspringen und unter **Ziffer 5** die entsprechende Variante anzugeben. Falls der Ausweis einem anderen verschafft oder überlassen wurde, erfordert **Ziffer 5a** dessen namentliche Nennung. In **Ziffer 6** wird schließlich der Tatort zu diesen Tatvarianten eingefügt. 125

Unter **Ziffer 7** werden Erläuterungen zur Täuschungsabsicht gefordert. 126

Die Art des verwendeten Dokuments ist alternativ in **Ziffer 8 und 9** anzugeben. **Ziffer 8** ist einschlägig, wenn es sich um einen amtlichen Ausweis im engeren Sinne handelt, **Ziffer 9** bei Dokumenten iSv § 276a StGB. 127

Schließlich sind unter **Ziffer 10** Angaben zur Art der Fälschung zwingend erforderlich, die in **Ziffer 11** näher konkretisiert werden können. 128

Sollte eine Qualifikation iSd Absatzes 2 vorliegen, ist dies unter **Ziffer 12** zu berücksichtigen. 129

2. § 92a AuslG

a) § 92a I AuslG

aa) Allgemeines

§ 92a AuslG wurde ebenso wie § 92b AuslG durch das Verbrechensbekämpfungsgesetz vom 28.10.1994[67] eingeführt und zuletzt durch das Gesetz zur Änderung ausländer- und asylverfahrensrechtlicher Vorschriften vom 29.10.1997[68] weiter verschärft (vgl dazu oben Rn 2). § 92a und § 92b AuslG sollen durch Schaffung von Strafverschärfungen bzw Qualifikationstatbeständen und durch die Möglichkeit der Verhängung einer Vermögensstrafe bzw der Anordnung des erweiterten Verfalls dem organisierten Schlepperunwesen entgegenwirken.[69] 130

Gem § 92a I AuslG ist nur die Anstiftung oder Beihilfe zu einer der in § 92 I Nr. 1, 2 oder 6 oder II AuslG bezeichneten Handlungen unter erhöhte 131

---

67 Vgl oben Fn 10
68 Vgl oben Fn 11
69 BT-Ds 12/5683, 8 f zum Entwurf des Bundesrates für ein Gesetz zur Stärkung des Rechtsfriedens und zur Bekämpfung des Schlepperunwesens, der mit wenigen Änderungen in den Entwurf zum Verbrechensbekämpfungsgesetz übernommen wurde.

Strafe gestellt. Der Grund für diese Einschränkung liegt darin, daß diese Handlungen im Katalog des § 92 AuslG den höheren Unwertgehalt aufweisen und die typischerweise mit organisierter Schleppertätigkeit einhergehenden Verhaltensweisen darstellen. Der Gesetzgeber hat daher nur in diesen Fällen die Teilnahme unter § 92a AuslG zu besonderen Formen der Täterschaft verselbständigt; in ihnen werden abweichend von den Regelfällen der §§ 26 und 27 StGB Anstiftung und Beihilfe schwerer bestraft als die zitierten Straftaten nach § 92 I Nr. 1, 2 oder 6 oder II AuslG.

bb) Anstiftung

132 Unter Anstiftung versteht man die vorsätzliche Bestimmung eines anderen zu dessen vorsätzlich begangener rechtswidriger Tat (§ 26 StGB). Bestimmen des Täters zur Tat heißt, in ihm den Entschluß zur Tat durch irgendeine dafür ursächliche Anstiftungshandlung hervorzurufen.[70] Dies ist zwar möglich, wenn der Täter bereits ganz allgemein zu derartigen Taten bereit ist,[71] nicht aber, wenn der Täter zu der konkreten Tat fest entschlossen ist (sog omni modo facturus[72]). Auf die Fälle der Schleusung angewandt bedeutet dies, daß eine Anstiftung nur dann nicht vorliegen kann, wenn der Ausländer ohnehin fest zur Einreise und zum Aufenthalt im Bundesgebiet ohne Aufenthaltsgenehmigung bzw ohne Paß entschlossen ist. Trägt er sich allerdings nur mit dem Gedanken, ohne schon konkrete Pläne für Zeit und Modalitäten der Einreise zu haben, kann der Anstiftende bei Vorliegen der übrigen Voraussetzungen dennoch nach § 92a AuslG strafbar sein.

cc) Beihilfe

133 § 27 I StGB definiert die Beihilfe als vorsätzliche Hilfeleistung für einen anderen zu dessen vorsätzlich begangener rechtswidriger Tat. In Betracht kommt jede denkbare Hilfe, die dazu beiträgt, daß der Ausländer unerlaubt einreisen und/oder sich hier unerlaubt aufhalten kann. Zu beachten ist insbes, daß die Hilfe weder ganz noch teilweise auf deutschem Gebiet geleistet werden muß. Strafbar sind daher nicht nur Handlungen wie der Transport nach Deutschland oder an die deutsche Grenze. Auch die Aufnahme im Ausland und der Transport zu einer Zwischenstation im Ausland stellt eine Hilfeleistung dar, wenn diese Teil des Schleuserplans ist. Es ist dabei nicht Voraussetzung, daß die Einreise nach Deutschland zu der Hilfeleistung in unmittelbarem zeitlichen oder räumlichen Zusammenhang steht. Auch muß der Täter keine näheren Kenntnisse von den Einzelheiten der von ihm geförderten Vorgänge haben.[73] Es ist ausreichend, wenn der Täter weiß, daß die von ihm unterstützten Ausländer in das Bundesgebiet einreisen wollen und er durch seine Handlung dazu beiträgt. Hilfeleisten kann auch

---

70 BGHSt 9, 379; OLG Köln MDR 1962, 591
71 RGSt 37, 172; Tröndle/Fischer § 26 Rn 3 mwN
72 BGH wistra 1988, 108; Tröndle/Fischer § 26 mwN
73 OLG Zweibrücken OLGSt AuslG § 92a Nr. 1

Titz

im Zusammenhang mit der Organisation und Finanzierung eines Systems von Ausreise und Beherbergung ausländischer Frauen zum Zweck der Vermittlung an heiratswillige Deutsche gesehen werden.[74] Das OLG Zweibrücken[75] hat ein Hilfeleisten zur Förderung des Schleusungsvorgangs sogar bereits in der allgemeinen Bereitschaft eines Täters gesehen, entsprechende Schleusungen in Zukunft vorzunehmen.

dd) Handeln gegen Erhalt oder Versprechen eines Vermögensvorteils (§ 92a I Nr. 1 AuslG)

Unter Vermögensvorteil ist jede günstigere Gestaltung der Vermögenslage für den Täter zu verstehen. Die Höhe des Vermögensvorteils ist nicht ausschlaggebend. Es kommt auch nicht darauf an, von wem der Täter den Vermögensvorteil erhält oder sich versprechen läßt. Die Bezahlung muß nicht von dem geschleusten Ausländer erfolgen, sondern kann auch durch eine Organisation oder von einem Dritten vorgenommen werden.[76] Anders als bei den Tatbeständen des Betruges oder der Erpressung braucht der Vermögensvorteil nicht rechtswidrig zu sein.[77]

134

Tatbestandsmäßig iSv § 92a I AuslG ist auch bereits das Sichversprechenlassen eines Vermögensvorteils. Eine konkrete Summe muß dabei nicht vereinbart sein, es reicht aus, daß dem Täter vom Geschleusten, der Organisation oder einem Dritten die Zahlung eines unbestimmten Geldbetrages zugesichert wurde.

135

Allerdings muß zwischen der Teilnahmehandlung und dem Erhalten bzw Sichversprechenlassen des Vermögensvorteils ein kausaler und finaler Zusammenhang bestehen.[78] Dabei ist ausreichend, daß die Einschleusung des Ausländers als Mittel zur Erlangung des Vermögensvorteils dienen soll. Aus der Formulierung »dafür« ist zu folgern, daß dieser Zusammenhang ähnlich zu sehen ist wie der zwischen dem Handeln des Täters und der Vorteilsgewährung beim Tatbestand der Bestechlichkeit nach § 332 StGB, wobei die Anforderungen an die Bestimmtheit der zu entgeltenden Handlung nicht überspannt werden dürfen.[79]

136

ee) Wiederholtes Handeln oder Handeln zugunsten von mehreren Ausländern (§ 92a I Nr. 2 AuslG)

Wiederholt handelt der Täter, der mehr als einmal zu einer der genannten Handlungen anstiftet oder Hilfe leistet. Er muß aber wegen der ersten Tat nicht bereits rechtskräftig verurteilt sein, es reicht vielmehr, wenn sie im Zuge der Ermittlungen zu der weiteren Tat bekannt wird. Bei der ersten Tat

137

---

74 BGHSt 36, 124, 127
75 Vgl Fn 55
76 BGHSt 36, 124, 128
77 BGH, aaO (vgl Fn 58)
78 GemKomm § 92a Rn 7
79 BGH, aaO (Fn 58)

handelt es sich nur um Einschleusen iSv § 92a AuslG, wenn der Täter dabei gegen Erhalt oder Versprechen eines Vermögensvorteils oder zugunsten mehrerer Ausländer handelte. Hat er hingegen nur Beihilfe zur unerlaubten Einreise und zum unerlaubten Aufenthalt eines einzelnen Ausländers geleistet, ist er bei der ersten Tat lediglich gem §§ 92 I Nr. 1 und 6 AuslG, 27 I, 52 StGB strafbar, die zweite Tat stellt dann jedoch ein Einschleusen iSv § 92a I Nr. 2 AuslG dar, unabhängig davon, ob der Täter nun zugunsten eines oder mehrerer Ausländer handelt und ob er einen Vermögensvorteil erhalten hat oder ihm ein solcher versprochen wurde. Verwirklicht der Täter daneben noch andere Alternativen des § 92a I AuslG, liegt dennoch nur ein Fall des Einschleusens gem § 92a I AuslG vor.

138 Seit Inkrafttreten des Änderungsgesetzes vom 29.10.1997[80] ist ein Handeln zugunsten von mehr als fünf Ausländern nicht mehr erforderlich. Vielmehr reicht es aus, wenn die Teilnahmehandlung des Täters »mehreren« Ausländern zugute kommt. Fraglich ist, ob »mehrere« bereits erfüllt ist, wenn zugunsten von mehr als einer Person gehandelt wird. Aus den Gesetzesmaterialien ergeben sich hierzu keine Anhaltspunkte; dennoch muß diese Frage bejaht werden. Dies ergibt sich nicht nur aus dem Sprachgebrauch, sondern auch aus der Überlegung, daß Ziel der Gesetzesänderung eine Verschärfung der Schleusungsvorschriften war. Aus diesem Grund wurde die bestehende Formulierung »mehr als fünf« durch das Wort »mehrere« ersetzt. Hätte der Gesetzgeber beabsichtigt, weiterhin eine Mindestzahl festzulegen, wäre es nahegelegen, die Zahl »fünf« durch eine geringere Zahl zu ersetzen. Daß dieser Weg nicht beschritten wurde, sondern nun pauschal von »mehreren« die Rede ist, zeigt, daß der Gesetzgeber alle Fälle erfassen wollte, in denen zugunsten von mehr als einer Person gehandelt wird. Für diese Interpretation spricht nicht zuletzt auch die Verwendung des Begriffs »mehrere« in anderen Strafvorschriften wie beispielsweise § 25 II StGB. Auch hier ist nicht zweifelhaft, daß bereits zwei Personen »mehrere« iSd Gesetzes sind. Nichts anderes kann dann aber für § 92a I Nr. 2 AuslG gelten.[81] Es versteht sich von selbst, daß es bei der Beurteilung, ob ein Täter »mehrere« Personen geschleust hat, nicht darauf ankommen kann, ob es sich dabei um Erwachsene oder um Minderjährige handelt. Auch das Handeln zugunsten einer ausländischen Frau und deren Kind ist daher tatbestandsmäßig iSv § 92a I Nr. 2 AuslG[82].

---

80 Vgl oben Fn 11
81 Erbs/Kohlhaas-Senge § 92a Rn 7; GemKomm § 92a Rn 8
82 Zu beachten ist jedoch das Urteil des BayObLG vom 19.10.1999, 4 St RR 205/99, nach dem das Einschleusen eines erst 14 Monate alten Kleinkinds jedenfalls nicht strafbar ist, da das Kleinkind selbst keine eigene vorsätzliche und rechtswidrige unerlaubte Einreise verwirklichen kann. Eine Altersgrenze hat das BayObLG in dieser Entscheidung jedoch nicht festgelegt.

Titz

ff) Versuch und Teilnahme

Gem § 92a III AuslG ist der Versuch der Tat nach Abs 1 strafbar. 139

An einer Tat nach Abs 1 ist nach allgemeinen Grundsätzen wiederum Teilnahme möglich. Hierbei ist jedoch streng zu prüfen, ob der Teilnehmer durch seine Handlung nicht seinerseits den Tatbestand des § 92a I AuslG verwirklicht. Hierzu gelten die allgemeinen Regeln zur Abgrenzung zwischen Täterschaft und Teilnahme.[83] 140

b) § 92a II AuslG

aa) Allgemeines

§ 92a II AuslG stellt eine Qualifikationsnorm zu § 92a I AuslG dar. Abs 2 bedroht gewerbs- **oder** bandenmäßiges Handeln (das gewerbs- **und** bandenmäßige Handeln wird in § 92b AuslG als Verbrechen qualifiziert) mit Freiheitsstrafe von sechs Monaten bis zu zehn Jahren. Abs 2 stuft also das gewerbs- **oder** bandenmäßige Handeln noch als Vergehen ein (vgl § 12 II StGB). 141

bb) Gewerbsmäßiges Handeln (§ 92a II Nr. 1 AuslG)

Der Begriff der Gewerbsmäßigkeit findet sich in zahlreichen Vorschriften des StGB und der strafrechtlichen Nebengesetze (zB §§ 243 I Nr. 3, 253 IV, 260 I Nr. 1, 260a I StGB; §§ 29 III Nr. 1, 30 I Nr. 2 BtMG, § 52a II WaffG). Gewerbsmäßig handelt, wer sich aus wiederholter Tatbegehung eine nicht nur vorübergehende Einnahmequelle von einigem Umfang verschaffen möchte, ohne daß er daraus ein »kriminelles Gewerbe« zu machen braucht.[84] Unter diesen Voraussetzungen kann schon eine einmalige Gesetzesverletzung ausreichen,[85] dann muß dem Täter jedoch nachgewiesen werden, daß diese Tat nicht nur eine Einzeltat sein sollte, sondern nach seinen Vorstellungen die erste in einer Reihe gleichgelagerter Taten sein sollte. Gerade bei Schleusungen wird dies bei Fehlen entsprechender Zeugen- bzw Mitbeschuldigtenaussagen oder eines Geständnisses des Täters kaum möglich sein. Erforderlich ist in jedem Fall ein Gewinnstreben von gewisser Intensität,[86] ohne daß dies die einzige Existenzgrundlage des Täters geworden sein müßte. Gewerbsmäßigkeit setzt aber in jedem Fall voraus, daß der Tatbeteiligte sich selbst die Einnahmequelle verschaffen will.[87] 142

---

83 Tröndle/Fischer vor § 25 Rn 1a ff
84 St. Rspr, vgl zum Nachweis der Fundstellen Tröndle/Fischer vor § 52 Rn 43; zu § 92a II bzw § 92b AuslG entschieden in BGH NStZ 1998, 305, 306
85 BGH JR 1982, 260 m Anm Franzheim; BGH NStZ 1995, 85; Erbs/Kohlhaas-Senge § 92a Rn 11
86 BGHSt 29, 189
87 BGHR BtMG § 29 III Nr. 1 Gewerbsmäßigkeit 1

cc) Handeln als Mitglied einer Bande (§ 92a II Nr. 2 AuslG)

143 Auch der Begriff der »Bande« im Ausländerrecht lehnt sich an den in anderen Gesetzen an. Bande ist demnach eine lose Gruppe von Mitgliedern, die sich ausdrücklich oder stillschweigend[88] zur Begehung fortgesetzter, im einzelnen noch ungewisser Taten verbunden hat.[89]

Die Rechtsprechung läßt bereits eine Verbindung von zwei Personen genügen,[90] wenngleich dies in der Lit teilweise heftig kritisiert wird.[91] Besondere persönliche Beziehungen zwischen den Personen stehen der Annahme eines Zusammenschlusses zu einer Bande nicht entgegen.[92] Erforderlich ist nur der Bandenwille, der sich mindestens in einer vollendeten oder versuchten konkreten Bandentat realisiert haben muß.

Nach obiger Definition ist es nicht ausreichend, daß sich die Beteiligten nur zu einer einzelnen Handlung verbunden haben, da der Wille erforderlich ist, mehrere selbständige Taten zu begehen.[93] Die Streitfrage, ob auch der Zusammenschluß zu einer einzigen fortgesetzten Tat als ausreichend anzusehen ist, hat nach der Entscheidung des Großen Senats vom 3.5.1994,[94] mit der die Rechtsfigur der fortgesetzten Handlung weitestgehend aufgegeben wurde, entscheidend an Bedeutung verloren.

Erforderlich ist weiterhin eine Bandenabrede, die jedoch nicht ausdrücklich erfolgen muß. Es genügt eine stillschweigende Übereinkunft. Eine feste Organisationsform, in der jedem Mitglied eine bestimmte Rolle zugewiesen wird, ist nicht Voraussetzung,[95] liegt eine solche Struktur jedoch nachvollziehbar vor, ist dies starkes Indiz für eine »Bande« iSd Gesetzes.

Auch im Ausländerrecht gibt es keine sachlichen Gründe, die es rechtfertigen würden, den Begriff der »Bande« enger oder anders auszulegen, als in den sonstigen Rechtsgebieten.[96] Anders als beispielsweise in § 244 I Nr. 3 StGB verlangt § 92a II Nr. 2 AuslG nicht, daß der Täter »unter Mitwirkung eines anderen Bandenmitglieds« handelt. Somit ist § 92a II Nr. 2 AuslG auch dann anwendbar, wenn ein Bandenmitglied eine einzelne Tathandlung allein ausführt. Dies ist sachgerecht, da auch im Rahmen organisierter Schleusungen selten mehrere Mittäter gemeinsam die einzelnen Schleusungsschritte durchführen, sondern vielmehr zum Zweck der Risikoverringerung und der größeren Unauffälligkeit die Geschleusten »von einer Hand in die nächste« übergeben werden, pro Schleusungsstation jeweils aber nur

---

88 BGH MDR /D 1973, 555
89 Tröndle/Fischer § 244 Rn 11 mwN
90 St. Rspr, vgl statt vieler BGHSt 23, 239; BGH StV 1984, 245
91 Tröndle/Fischer § 244 Rn 11
92 BGH NJW 1998, 2914
93 BGHR BtMG § 30 I Nr. 1 Bande 3
94 BGHSt 40, 138 ff
95 BGHSt 38, 26, 31
96 In BGH NStZ 1998, 305, 306 wird der Bandenbegriff auch für §§ 92a bzw 92b AuslG entsprechend den hier dargelegten Grundsätzen angenommen.

Titz

ein Schleuser tätig wird. Die besondere Gefährlichkeit des bandenmäßigen Handelns im Rahmen von Schleusungen liegt – ebenso wie im Betäubungsmittelrecht – nicht in der gemeinsamen Anwesenheit am Tatort, sondern vielmehr in der sorgfältigen Planung und Vorbereitung, der zweckmäßigen Arbeitsteilung, umfassenden Absicherung und dem gegenseitigen Schutz.[97]

c) **Formular – Einschleusung von Ausländern – Beihilfe/Mittäterschaft – § 92a I und II AuslG**

Az.:		AUSL.RECHTL. BESTIMMUNGEN - allg aus 16		144
		Einschleusung von Ausländern - Beihilfe/Mittäterschaft - § 92 a Abs. 1 u. 2 AuslG		

☐ Strafbefehl		☐ Antrag beschl. Verf.		○ StrafR	○ SchöffG
☐ Anklageschrift	○ wes. E.d.E	☐ Antrag § 76 JGG		○ JugR	○ JugSchöffG
☐ § 153 a StPO	☐ HaftB	Gerichtsort:		ZwSt./Abt.:	

Besch. Bl.:	Vert. ○	Vollm. Bl.	○ Best Bl.:	○ Zust.bev. Bl.:	○ ges. Vertr. Bl.:

1.	Tattag, *ggf. Uhrzeit*		○ Uhrzeit:	
	oder alternativ			
2.	Tatzeitraum	zwischen	und	
3.	Name Mittäter			
4.	Tatort			
5.	Anzahl Personen			
6.	Staatsangehörigkeit/en			
7.	Bezugstat	a,	○ unerlaubte Einreise (§ 92 Abs. 1 Nr. 6 AuslG)	
		b,	○ unerlaubter Aufenthalt (§ 92 Abs. 1 Nr. 1 AuslG)	
		c,	○ unerlaubte Einreise und Aufenthalt (§ 92 Abs. 1 Nr. 1 AuslG)	
8.	Tathergang			
9.	Tatmodalitäten	a,	○ erhaltener Vermögensvorteil:	
		b,	○ versprochener Vermögensvorteil:	
		c,	○ wiederholte Begehung	
			ggf. Freitext:	(Mehrfachauswahl möglich)
10.	Qualifikation	a,	○ gewerbsmäßig	
		b,	○ als Mitglied einer Bande	(nur Einfachauswahl)
11.	ergänzende Sachverhaltsschilderung			
12.	Maßnahme FS		○ Entziehg. FE oder isol. Sperre ○ ausländ. FE ○ Fahrverbot	

Text des Strafbefehls (wird als Anklage etc. entsprechend umgesetzt):

Am *(1) Tattag ggf. gegen Uhrzeit*
oder alternativ
Zu einem nicht mehr genau feststellbaren Zeitpunkt *(2) Tatzeitraum*
unterstützten Sie
zusätzlich bei Mittäterschaft
in bewußtem und gewolltem Zusammenwirken mit *(3) Name Mittäter*
(4) Tatort
(5) Anzahl Personen Person/Personen *(6) Staatsangehörigkeit* Staatsangehörigkeit dabei,
(7) Bezugstat
(7. a) - unerlaubt in das Bundesgebiet einzureisen,
(7. b) - sich im Bundesgebiet unerlaubt aufzuhalten,

---

[97] BGH, aaO (Fn 76); GemKomm § 92a Rn 15

(7 c) - unerlaubt in das Bundesgebiet einzureisen und sich hier aufzuhalten,
indem Sie *(8) Tathergang*.
Ihnen war bekannt, daß diese *(5) Anzahl Personen* Person/Personen die hierfür erforderliche Genehmigung oder Duldung nicht hatte/hatten.
(9) Tatmodalitäten
(9 a) - Sie erhielten hierfür *(9 a) erhaltener Vermögensvorteil*
(9 b) - Ihnen wurde hierfür *(9 b) versprochener Vermögensvorteil* versprochen.
(9 c) - Bereits vorher hatten Sie eine derartige Tat begangen. *(9 c) ggf. Freitext*.

TV-StA allg aus 16 (02.99)   ausl.rechtl. Bestimmungen

---

zusätzlich wenn (5) Anzahl Personen > 1
Sie handelten zugunsten mehrerer Ausländer.
(10) Qualifikation
Sie begingen die Tat
(10 a) - in der Absicht, sich durch wiederholte Begehung derartiger Straftaten eine fortlaufende Einnahmequelle von einigem Umfang und einiger Dauer zu verschaffen.
(10 b) - als Mitglied einer Gruppe, die sich zur fortgesetzten Begehung derartiger Straftaten verbunden hat.
(11) ggf. ergänzende Sachverhaltsschilderung
(12) bei Entziehung der Fahrerlaubnis bzw. isolierter Sperrfrist:
Durch die Tat haben Sie sich als ungeeignet zum Führen von Kraftfahrzeugen erwiesen.

Sie werden daher beschuldigt,

(3) wenn Mittäterschaft gemeinschaftlich
(10) wenn Qualifikation
(10 a) gewerbsmäßig
(10 b) als Mitglied einer Bande, die sich zur fortgesetzten Begehung derartiger Straftaten verbunden hat,
(5) Anzahl Personen einem / *(5) Anzahl Personen* anderen dazu Hilfe geleistet zu haben,
(7) Bezugstat
(7 a) - entgegen § 58 Abs. 1 Nr. 1 AuslG in das Bundesgebiet einzureisen,
(7 b) - sich ohne Aufenthaltsgenehmigung und ohne Duldung im Bundesgebiet aufzuhalten,
(7 c) - entgegen § 58 Abs. 1 Nr. 1 Ausländergesetz in das Bundesgebiet einzureisen und sich ohne Aufenthaltsgenehmigung und ohne Duldung im Bundesgebiet aufzuhalten,
wobei Sie
(9) Tatmodalitäten
(9 a) - dafür einen Vermögensvorteil erhielten,
(9 b) - sich dafür einen Vermögensvorteil versprechen ließen,
(9 c) - wiederholt handelten.
zusätzlich wenn (5) Anzahl Personen > 1   zugunsten von mehreren Ausländern handelten,

strafbar als
Einschleusen von Ausländern gemäß §§
(8 a) 58 Abs. 1 Nr. 1, 92 Abs. 1 Nr. 6, 92 a Abs. 1 *(8 b)* 3 Abs. 1 Satz 1, 55 Abs. 1, 92 Abs. 1 Nr. 1, 92 a Abs. 1
(8 c) 3 Abs. 1 Satz 1, 55 Abs. 1, 58 Abs. 1 Nr. 1, 92 Abs. 1 Nr. 1 und 6, 92 a Abs. 1
(10 a und b) Nr. 1 *(10 c und d)* Nr. 2 *(10 a oder b und c oder d)* Nr. 1 und 2
(11 a), Abs. 2 Nr. 1 *(11 b)*, Abs. 2 Nr. 2
AuslG
(3) zusätzlich bei Mittäterschaft
, § 25 Abs. 2 StGB.
Angewendete Vorschriften zusätzlich   bei Entziehung Fahrerlaubnis und Sperre: §§ 69, 69 a StGB
bei Verhängung Fahrverbot: § 44 StGB
bei ausländischer Fahrerlaubnis: §§ 69, 69 a, 69 b StGB

Beweismittel:				
1.	☐ Geständnis	ggf. Datum:		Bl.
2.	☐ Zeugen	Name - Bl.		
	○ m. Adresse			
3.	Sachverständige(r)	Name - Bl.		
4.	Urkunden	Auskunft ○ BZR ○ VZR ○ AZR ○ Gewerberegister		
		○ Strafantrag Bl.	○	
		○		
5.	sonst. Beweismittel	○ Lichtbilder	○ Skizzen	○ Asservate
		○		

Rechtsfolgen:			
☐ Einzelgeldstrafe	☐ Gesamtgeldstrafe	Anzahl TS:	Höhe TS:
	Einzelstrafen:		☐ Raten - Höhe:
☐ Einzelfreiheitsstrafe	☐ Gesamtfreiheitsstrafe	Dauer:	
	Einzelstrafen:		
☐ Verw. m. Strafvorbeh.		Anzahl TS:	Höhe TS:
☐ Bewährung:	Dauer:	Auflage(n) ○ nach Entwurf ○ Diktat	
☐ Nebenkl. notw. Ausl. / Name(n):			

Titz

Unter **Ziffer 1 und 2** des Formblatts sind zunächst Angaben zu Tattag und 145
Uhrzeit (Ziffer 1) bzw alternativ zum Tatzeitraum (Ziffer 2), falls ein
genauer Tattag nicht bestimmbar ist, zu machen.

Handelt der Beschuldigte bei der konkreten Hilfeleistung nicht allein, son- 146
dern in bewußtem und gewolltem Zusammenwirken mit einem Dritten, ist
dieser Mittäter unter **Ziffer 3** anzugeben. Dabei ist jedoch im Falle der
Schleusung im Rahmen einer Schleuserorganisation nicht jedes Mitglied der
Organisation anzugeben, das an der Schleusung mitgewirkt hat, sondern
nur derjenige, der bei der konkreten Handlung, derer der Beschuldigte verdächtigt wird, mitgewirkt hat.

In **Ziffer 4** soll der Tatort angegeben werden, dh der Ort, an dem der 147
Beschuldigte die Hilfe geleistet hat. Dies wird zum Teil schwer möglich
sein, weil die Hilfeleistung oft nicht auf einen Ort beschränkt ist. Vielmehr
wird der Täter in vielen Fällen die Illegalen an einem Ort im Ausland aufnehmen und sie in das Bundesgebiet verbringen. In solchen Fällen kann
lediglich der Ausgangspunkt der Hilfeleistung (also zB der Ort, an dem der
Beschuldigte die Illegalen aufgenommen hat) angegeben werden. Man
könnte also beispielsweise formulieren: »... von Wien ausgehend ...«, um
klarzustellen, daß die Hilfeleistung nicht auf diesen Ort beschränkt war.

Unter **Ziffer 5** ist die Anzahl der geschleusten Personen, unter **Ziffer 6** 148
deren Staatsangehörigkeit anzugeben.

Ziffer 7 fordert Angaben zur Bezugstat, dh zu der Tat, zu der der Täter den 149
Illegalen Hilfe geleistet hat.

Die konkrete Hilfeleistung des Täters ist schließlich unter **Ziffer 8** so genau 150
wie möglich zu beschreiben.

In **Ziffer 9** erfolgt die genaue Auswahl der Tatalternative, dh die Bestim- 151
mung, ob der Täter gegen Erhalt oder Versprechen eines Vermögensvorteils oder wiederholt gehandelt hat. In letzterem Fall kommt die Benutzung
des Formblatts Rn 144 ohnehin nur in Betracht, wenn der Beschuldigte
wegen dieser Tat bereits verurteilt wurde. Ist die erste Tat hingegen noch
nicht abgeurteilt, wird sie im Rahmen der Anklage in der Regel als erster
Tatkomplex unter dem Gesichtspunkt des Einschleusens von Ausländern
oder der Beihilfe zur unerlaubten Einreise und zum unerlaubten Aufenthalt
geschildert werden, als zweiter Tatkomplex folgt dann die hier gegenständliche Tat. Dann kann das Formblatt Fn 144 jedoch in der Regel nicht angewandt werden. Wurde unter Ziffer 5 mehr als eine geschleuste Person angegeben, wird automatisch eingefügt, daß der Täter zugunsten mehrerer
Personen handelte.

Ziffer 10 sieht fakultativ Angaben zur gewerbs- oder bandenmäßigen Bege- 152
hung der Schleusung vor, falls eine solche vorliegt. Insbes zu diesen Varianten kann unter **Ziffer 11** ergänzend der Sachverhalt geschildert werden, aus
dem sich das gewerbs- oder bandenmäßige Handeln ergibt.

Titz

153 Soll eine führerscheinspezifische Maßnahme beantragt werden, ist dies unter **Ziffer 12** zu berücksichtigen. In Betracht kommt zum einen die Entziehung der deutschen Fahrerlaubnis bzw die Verhängung einer isolierten Sperre, falls der Beschuldigte keine Fahrerlaubnis besitzt, gem §§ 69, 69a StGB. Besitzt der Beschuldigte lediglich eine ausländische Fahrerlaubnis und kann diese nicht in Deutschland wirksam entzogen werden (vgl dazu unten Rn 159), ist daran zu denken, daß gem § 69b StGB die Fahrerlaubnis zumindest für den Bereich der Bundesrepublik Deutschland entzogen werden kann mit der Folge, daß der Verurteilte im Bundesgebiet kein fahrerlaubnispflichtiges Fahrzeug steuern darf. In diesem Fall ist die Alternative »ausländische Fahrerlaubnis« zu wählen. Schließlich kann gem § 44 StGB ein Fahrverbot verhängt werden.

d) Straftaten im Ausland (§ 92a IV AuslG)

154 Am 19.6.1990 wurde das Übereinkommen zur Durchführung des Übereinkommens von Schengen vom 14.6.1985 (Schengener Durchführungsübereinkommen – SDÜ) zwischen den Staaten der BENELUX-Wirtschaftsunion, der Bundesrepublik Deutschland und Frankreich geschlossen.[98] Art 27 I SDÜ enthält die Verpflichtung der Mitgliedstaaten, Sanktionen gegen jede Person vorzusehen, die zu Erwerbszwecken einem Drittausländer hilft oder zu helfen versucht, in das Hoheitsgebiet einer der Vertragsparteien unter Verletzung von deren Rechtsvorschriften einzureisen oder sich dort aufzuhalten. Dieser Verpflichtung trägt die Bundesrepublik Deutschland durch § 92a IV AuslG Rechnung.

155 Abs 4 stellt – mit einer komplizierten Formulierung – unter bestimmten Voraussetzungen auch das Einschleusen von Ausländern in einen Vertragsstaat des SDÜ in Deutschland unter Strafe, selbst wenn das Bundesgebiet nicht tangiert worden ist. Folgende Voraussetzungen müssen dabei erfüllt sein:

aa) Es handelt sich um eine Tat **zugunsten eines Ausländers, der nicht Staatsangehöriger eines Mitgliedstaates der Europäischen Union oder eines anderen Vertragsstaates des SDÜ ist.**

und

bb) Es handelt sich um eine **Einreise in das oder einen Aufenthalt im Hoheitsgebiet eines der Vertragsstaaten des SDÜ.**

und

cc) Die Einreise bzw der Aufenthalt des Ausländers im Hoheitsgebiet eines der Vertragsstaaten des SDÜ **entspricht den in § 92 I Nr. 1 oder 6 oder II Nr. 1 AuslG bezeichneten Handlungen.**

---

[98] Gesetz vom 15.7.1993, BGBl II 1993, 1010

und

dd) Die **Unterstützungshandlung** unterfällt § 92a I Nr. 1 oder § 92a II Nr. 1 AuslG.

Nicht unter § 92a IV AuslG fallen demnach   156

- Taten zugunsten von Staatsangehörigen der Europäischen Union oder eines SDÜ-Mitgliedsstaates,
- Schleusungen in Nicht-SDÜ-Mitgliedsstaaten,
- Unterstützungen von Ausländern, die ihrerseits keine den § 92 I Nr. 1, 6 oder II Nr. 1 AuslG entsprechende Handlung im ausländischen Staat vornehmen (dh dort nicht ohne Aufenthaltsgenehmigung einreisen oder sich dort aufhalten oder trotz Ausweisung oder Abschiebung in den fremden Staat einreisen bzw sich dort aufhalten),
- Unterstützungshandlungen, die nicht gegen Erhalt oder Versprechen eines Vermögensvorteils (§ 92a I Nr. 1 AuslG) oder gewerbsmäßig (§ 92a II Nr. 1 AuslG) erfolgen.

Die Anwendung des § 92a IV AuslG begegnet freilich zum Teil in der Lit[99]   157
vor dem Hintergrund der Grundsätze Bedenken, die der BGH im Rahmen von § 6 Nr. 5 StGB zur Einschränkung des sog Weltrechtsprinzips entwickelt hat.[100] Darin wird ausgeführt, daß es zur Ausdehnung der staatlichen Strafgewalt auf Auslandstaten ausländischer Straftäter eines legitimierenden Anknüpfungsgrundes bedürfe. Es fehle jedoch an eindeutigen völkerrechtlichen Maßstäben für das Gewicht solcher Gründe und das Ausmaß der durch sie bewirkten Normsetzungsbefugnis des nationalen Gesetzgebers. In den Fällen des § 92a IV AuslG geht es um die Anwendung deutschen Strafrechts auf Fälle, in denen der Täter nicht Deutscher ist, im Ausland lebt und die Tat ausschließlich im Ausland und ohne unmittelbare Beeinträchtigung der Interessen der Bundesrepublik Deutschland begangen worden ist. Letztlich kann jedoch kein Zweifel bestehen, daß aufgrund § 92a IV AuslG auch die darin genannten Straftaten in Deutschland verfolgt werden können und müssen. Entsprechend der vom BGH[101] genannten Grundsätze ist auch hier maßgeblich, daß sich die Vertragsstaaten des SDÜ nicht zuletzt im Interesse ihrer eigenen inneren Sicherheit zu einer Zusammenarbeit auf dem Gebiet der Bekämpfung der Schleuserkriminalität entschlossen haben. Effektivität ist jedoch nur gewährleistet, wenn in jedem Vertragsstaat Schleusungen in und durch andere Vertragsstaaten bestraft werden können. Ein Verstoß gegen Völkerrecht kann darin nicht gesehen werden.

---

99 GemKomm § 92a Rn 19
100 BGHSt 27, 30; BGHR StGB § 6 Nr. 5 Weltrechtsprinzip 1
101 AaO (Fn 93)

Titz

e) Strafrechtliche Nebenfolgen des § 92a AuslG

158 § 92a V AuslG erklärt hinsichtlich § 92a II AuslG die §§ 43a (Vermögensstrafe) und 73d StGB (erweiterter Verfall) für anwendbar. Nach § 73d StGB kann namentlich der Verfall von Fahrzeugen, die für die Schleppertätigkeit benutzt worden sind oder von Entgelt für diese Tätigkeit angeordnet werden. § 43a StGB macht es dem Gericht möglich, neben einer zeitigen Freiheitsstrafe von mehr als zwei Jahren auf Zahlung eines Geldbetrages zu erkennen, dessen Höhe durch den Wert des Vermögens des Täters begrenzt wird.

159 Daneben sollte jedoch stets die Möglichkeit im Auge behalten werden, daß dem Täter, der bei der Schleusung ein Fahrzeug führt, die Fahrerlaubnis gem §§ 69, 69a und 69b StGB – zumindest für den Bereich der Bundesrepublik Deutschland – entzogen werden kann. Jedenfalls bei Schleusungen größeren Ausmaßes sollte dies geprüft werden.

Bei der Entziehung der Fahrerlaubnis ist zu beachten, daß seit 1.1.1999 Personen, die einen von einer deutschen Behörde ausgestellten Führerschein besitzen, solchen Personen gleichgestellt sind, die einen ordentlichen Wohnsitz im Inland haben und deren ausländischer Führerschein von einer Behörde eines Mitgliedstaates der Europäischen Union oder eines anderen Vertragsstaates des Abkommens über den Europäischen Wirtschaftsraum ausgestellt ist. Dies bedeutet, daß bei der Entziehung der Fahrerlaubnis auch letztere Führerscheine eingezogen werden können (§§ 69 III 2, 69b II 1 StGB).

Eine Entziehung **lediglich für den Bereich der Bundesrepublik Deutschland** kommt daher nur noch in Betracht bei Personen, deren Führerschein zwar von einer Behörde eines Mitgliedstaates der Europäischen Union oder eines anderen Vertragsstaates des Abkommens über den Europäischen Wirtschaftsraum ausgestellt ist, die ihren ordentlichen Wohnsitz jedoch nicht im Inland haben und bei Personen, deren Führerschein von einem Staat ausgestellt ist, der weder Mitgliedstaat der Europäischen Union noch Vertragsstaat des Europäischen Wirtschaftsraumes ist.

3. § 92b AuslG

a) Allgemeines

160 Wie § 92a AuslG wurde auch diese Qualifikation durch Art. 2 Nr. 6 des Verbrechensbekämpfungsgesetzes vom 28.10.1994[102] in das Ausländergesetz aufgenommen und bildet mit dieser Vorschrift eine Einheit. Während die **entweder** gewerbs- **oder** bandenmäßige Begehung einer Schleusung lediglich die Qualifikation des § 92a II Nr. 1 oder 2 AuslG erfüllt, rechtfer-

---
102 Fn 10

tigt das erheblich gesteigerte Unrecht einer gewerbs- **und** bandenmäßigen Schleusung die Qualifikation dieser Tat als Verbrechen iSd § 92b AuslG.

b) Tatbestandsvoraussetzungen

Voraussetzung des § 92b AuslG ist zunächst, daß der Täter einen der Straftatbestände des § 92a I AuslG erfüllt, also zu einer Tat nach § 92 I Nr.1, 2 oder 6 oder § 92 II AuslG anstiftet oder Hilfe leistet und dabei entweder einen Vermögensvorteil erhält bzw sich versprechen läßt oder wiederholt oder zugunsten von mehreren Ausländern handelt. 161

Darüber hinaus muß der Täter gewerbsmäßig und gleichzeitig als Mitglied einer Bande gehandelt haben, die sich zur fortgesetzten Begehung solcher Taten verbunden hat. Vgl zu den Voraussetzungen des gewerbs- und bandenmäßigen Handelns oben Rn 142 f. 162

Durch den Verweis auf § 92a IV AuslG werden auch Auslandstaten erfaßt (vgl Rn 154 ff). 163

Da es sich bei § 92b AuslG um ein Verbrechen handelt (vgl § 12 I StGB), ist gem § 23 I StGB auch der Versuch strafbar. 164

§ 92b AuslG verdrängt als speziellere Vorschrift den § 92a I und II.[103] 165

c) Strafrahmen

Gem § 92b I AuslG reicht der Strafrahmen der vorgesehenen Freiheitsstrafe von einem Jahr bis zu zehn Jahren. Abs 2 sieht für minder schwere Fälle Freiheitsstrafe von sechs Monaten bis zu fünf Jahren vor. Der gemilderte Strafrahmen ist bei Tathandlungen als Mitglied einer Bande schon deshalb erforderlich, weil Abs 1 jedes Bandenmitglied unabhängig von seinem konkreten Tatbeitrag erfaßt. Bei nur untergeordneter Mitwirkung in der Organisation wird daher regelmäßig das Vorliegen eines minder schweren Falls zumindest zu prüfen sein.[104] Bemerkenswert ist jedoch, daß für den minder schweren Fall der gewerbs- **und** bandenmäßigen Schleusung ein geringerer Strafrahmen vorgesehen ist als für § 92a II AuslG (gewerbs- **oder** bandenmäßige Schleusung: Strafrahmen sechs Monate bis zehn Jahre). 166

Die Entscheidung, ob ein minder schwerer Fall vorliegt, erfordert eine Gesamtwürdigung durch den Tatrichter, für die alle Umstände heranzuziehen und zu würdigen sind, die für die Wertung der Tat und des Täters in Betracht kommen, egal, ob sie der Tat selbst innewohnen, sie begleiten, ihr vorausgehen oder nachfolgen.[105] Es ist daher zu beurteilen, ob das gesamte Tatbild einschließlich aller subjektiven Momente und der Täterpersönlichkeit vom Durchschnitt der erfahrungsgemäß gewöhnlich vorkommenden 167

---

103 Erbs/Kohlhaas-Senge § 92b Rn 7; GemKomm § 92b Rn 11
104 GemKomm § 92b Rn 10
105 St. Rspr, vgl statt vieler BGHR StGB vor § 1/ minder schwerer Fall Gesamtwürdigung 1

Titz

Fälle so erheblich nach unten abweicht, daß die Anwendung des Ausnahmestrafrahmens geboten scheint.[106] Im Urteil müssen grundsätzlich Ausführungen zum Vorliegen eines minder schweren Falls erfolgen, der Begründungsaufwand bemißt sich aber danach, ob sich die Anwendung des Ausnahmestrafrahmens aufdrängt, diese lediglich vertretbar erscheint oder sich als nur nicht ganz fernliegend darstellt.[107] Nur wenn die festgestellten Gesamtumstände das Vorliegen eines minder schweren Falls als völlig fernliegend erscheinen lassen, verlangt das sachliche Recht vom Tatrichter keine solche Auseinandersetzung im Urteil.[108]

III. Die Straftaten nach dem AsylVfG

1. Anwendungsbereich

168 Grundlage für die am 1.7.1993 in Kraft getretene Änderung des AsylVfG[109] ist die Änderung des Grundrechts auf Asyl im Grundgesetz, dh die Ablösung von Art. 16 II 2 GG durch den neuen Art. 16a GG.[110]

169 Der Anwendungsbereich des AsylVfG ergibt sich aus § 1 I AsylVfG: Danach ist es anwendbar auf Ausländer, die Schutz als politisch Verfolgte nach Art. 16a I GG oder Schutz vor Abschiebung oder einer sonstigen Rückführung in einen Staat beantragen, in dem ihnen die in § 51 I AuslG bezeichneten Gefahren (für Leben oder Freiheit aufgrund von Rasse, Religion, Staatsangehörigkeit, Zugehörigkeit zu einer bestimmten sozialen Gruppe oder politischer Überzeugung) drohen. Es gilt gem § 1 II AsylVfG nicht für heimatlose Ausländer iSd einschlägigen Gesetzes, ebensowenig für sog Kontingentflüchtlinge (Abs 2 Nr. 2). Dabei handelt es sich um Personen, die im Rahmen humanitärer Hilfsaktionen aufgrund eines Sichtvermerks oder einer Übernahmeerklärung oder als unter 16jährige ohne eines dieser Erfordernisse aufgenommen worden sind.

---

106 BGHR StGB vor § 1/minder schwerer Fall Gesamtwürdigung, fehlerfreie 1
107 BGHR StGB vor § 1/minder schwerer Fall Gesamtwürdigung 7
108 BGH, aaO (Fn 85)
109 BGBl I 1993, 1062
110 Art. 16a GG eingefügt durch Gesetz vom 28.6.1993, BGBl I 1993, 1002, in Kraft getreten am 30.6.1993.

2. § 85 AsylVfG

a) Allgemeines

Die Vorschrift ist im Zusammenhang mit den Bußgeld- und Strafvorschriften der §§ 92, 93 AuslG und § 12a AufenthG/EWG zu sehen. Soweit sie auch dort behandelte Tatbestände regelt, ist sie lex specialis; iü kommt Tateinheit vor allem mit Urkundsdelikten in Betracht. Die Vorschrift wurde geschaffen, um die besonderen Obliegenheiten der Asylbewerber durchzusetzen, die der ordnungsgemäßen und zügigen Durchführung des Asylverfahrens dienen. Auch sollte verhindert werden, daß die Asylanerkennung zu Unrecht erreicht wird.[111]

170

Da sich die Vorschrift nur auf Verstöße gegen Pflichten und Obliegenheiten von Asylbewerbern bezieht, können zum **Täterkreis** nur Ausländer in ihrer Eigenschaft als Asylbewerber zählen, nicht aber sonstige Ausländer und auch nicht Deutsche. Die den Straftaten zugrundeliegenden Pflichten treffen nicht nur Bewerber um die Anerkennung als Asylberechtigter, sondern auch Flüchtlinge, die lediglich eine Anerkennung nach § 3 AsylVfG iVm § 51 I AuslG anstreben; denn auch diese unterliegen den besonderen asylrechtlichen Verpflichtungen. Andere Personen sind nur als Teilnehmer an einer Straftat gem § 85 AsylVfG nach den Vorschriften der §§ 26, 27 StGB strafbar.

171

b) Nichtbefolgen der Zuweisungsanordnung (§ 85 Nr. 1 AsylVfG)

aa) Tatbestand

Aus der Anordnung im Zuweisungsbescheid (§§ 50 VI, 71a II 1 AsylVfG) ergibt sich die Verpflichtung des Asylbewerbers, sich unverzüglich an die in der Zuweisungsentscheidung angegebene Stelle zu begeben. Die Anordnung ist nur dann nicht zu beachten, wenn sie nichtig ist; sie ist außer in den Fällen des § 38 I und des § 73 AsylVfG sofort vollziehbar (§ 75 AsylVfG).

172

Erforderlich ist eine klare und unmißverständliche Aufforderung im Zuweisungsbescheid mit eindeutiger Zielangabe (Name und Anschrift der Stelle). Weitergehende Hinweise auf die Art und Weise der Weiterreiseverpflichtung sind nicht vorausgesetzt, um dem Zuweisungsbescheid Gültigkeit zu verleihen. Fehlen jedoch solche Hinweise, kann sich dies auf den Nachweis des Vorsatzes auswirken. Zu prüfen ist daher im Einzelfall, ob der Beschuldigte die Tatumstände, insbes seine Verpflichtung, sich unverzüglich an die in der Zuweisungsentscheidung angegebene Stelle zu begeben, kannte. Mangelnde Kenntnis der Strafvorschriften schließt Strafe nicht aus; in Betracht kommt allenfalls ein (wohl vermeidbarer) Verbotsirrtum (§ 17 StGB). Bedingter Vorsatz des Beschuldigten ist ausreichend.

173

---

111 BT-Ds 9/875, 26; BT-Ds 9/1630, 27

174 Nicht unverzüglich handelt, wer schuldhaft zögert (vgl § 121 BGB). Eine sofortige Reise zu der angegebenen Stelle ist nicht erforderlich, die Reise dorthin geht aber anderweitigen privaten Verpflichtungen grundsätzlich vor. Der objektive Tatbestand des § 85 Nr. 1 AsylVfG ist jedoch nicht erfüllt, wenn der Ausländer durch Krankheit oder Unfall an der Weiterreise gehindert ist,[112] oder wenn er zunächst eine dringende persönliche Angelegenheit wie die Konsultation eines Rechtsanwalts erledigt.

bb) Formular – Verstoß gegen die Zuweisungsentscheidung – §§ 50 VI, 85 Nr. 1 AsylVfG

175

Az.:				AUSL.RECHTL. BESTIMMUNGEN - allg aus 14
				Verstoß gegen Zuweisungsentscheidung - §§ 50 Abs. 6, 85 Nr. 1 AsylVfG

Besch. Bl.:	Vert. ○ Vollm. Bl.	○ Best Bl.:	○ Zust.bev. Bl.:	○ ges. Vertr. Bl.:
☐ Strafbefehl		☐ Antrag beschl. Verf.	○ StrafR	○ SchöffG
☐ Anklageschrift ○ wes. E.d.E		☐ Antrag § 76 JGG	○ JugR	○ JugSchöffG
☐ § 153 a StPO ☐ HaftB		Gerichtsort:	ZwSt./Abt.:	

1.	Datum Zuweisungs-entscheidung	
2.	zust. Landesbehörde	d
3.	zugewiesene Stelle	zu
4.	Datum Zustellung	
5.	Zeitpunkt tatsächl. Meldung	○ bis heute nicht ○ erst am

Text des Strafbefehls (wird als Anklage etc. entsprechend umgesetzt):

Sie sind Asylbewerber/*in*.
Mit Bescheid vom *(1) Datum Zuweisungsentscheidung* ordnete *d (2) zust. Landesbehörde* an, sich unverzüglich *(3) zugewiesene Stelle* zu begeben. Dieser Bescheid wurde Ihnen am *(4) Datum Zustellung* zugestellt.

Entgegen dieser Verpflichtung sprachen Sie
(5) Zeitpunkt tatsächl. Meldung
- bis heute nicht
- erst am *(5) Datum Meldung*
bei der zugewiesenen Stelle vor.

---

112 Hess VGH, EZAR 228 Nr. 6

Titz

Sie werden daher beschuldigt,

sich entgegen § 50 Abs. 6 Asylverfahrensgesetz nicht unverzüglich zu der angegebenen Stelle begeben zu haben,

strafbar als
Verstoß gegen die Zuweisungsentscheidung gemäß §§ 50 Abs. 6, 85 Nr. 1 AsylVfG.

TV-StA allg aus 14 (09.98) ausl.rechtl. Bestimmungen

Beweismittel:

1.	❏ Geständnis	ggf. Datum:		Bl.
2.	❏ Zeugen	Name - Bl.		
	○ m. Adresse			
3.	Sachverständige(r)	Name - Bl.		
4.	Urkunden	Auskunft ○ BZR ○ VZR ○ AZR ○ Gewerberegister		
		○ Strafantrag Bl.	○	
		○		
5.	sonst. Beweismittel	○ Lichtbilder	○ Skizzen	○ Asservate
		○		

Rechtsfolgen:

❏ Einzelgeldstrafe	❏ Gesamtgeldstrafe	Anzahl TS:	Höhe TS:
	Einzelstrafen:		❏ Raten - Höhe:
❏ Einzelfreiheitsstrafe	❏ Gesamtfreiheitsstrafe	Dauer:	
	Einzelstrafen:		
❏ Verw. m. Strafvorbeh.		Anzahl TS:	Höhe TS:
❏ Bewährung:	Dauer:	Auflage(n) ○ nach Entwurf ○ Diktat	
❏ Nebenkl. notw. Ausl. / Name(n):			

In **Ziffer 1** ist das Datum der Zuweisungsentscheidung aufzunehmen, **Ziffer 2** erfordert die Angabe der zuständigen Landesbehörde, die die Zuweisung vorgenommen hat, **Ziffer 3** die Stelle, der der Ausländer zugewiesen wurde.

Titz

177 Besonders wichtig ist das Datum der Zustellung des Zuweisungsbescheides unter **Ziffer 4**, da auf diese Weise nicht nur die Kenntnis des Ausländers vom Bescheid nachgewiesen werden kann, sondern auch festgestellt wird, ob er – wenn er zu irgendeinem Zeitpunkt der Zuweisung nachgekommen ist – unverzüglich iSd Gesetzes handelte.

178 Schließlich wird in **Ziffer 5** der Verstoß festgestellt, indem eingefügt wird, wann der Ausländer (verspätet) der Zuweisung nachkam. Hat er der Zuweisung bis zum Zeitpunkt der Beantragung des Strafbefehls oder der Erhebung der Anklage nicht Folge geleistet, kann auch diese Alternative gewählt werden.

c) Wiederholtes Zuwiderhandeln gegen eine Aufenthaltsbeschränkung (§ 85 Nr. 2 AsylVfG)

aa) Tatbestand

179 Gem § 56 I AsylVfG ist die Aufenthaltsgestattung des Asylbewerbers räumlich auf den Bezirk der Ausländerbehörde beschränkt, in dem die für die Aufnahme des Ausländers zuständige Aufnahmeeinrichtung liegt oder – soweit der Asylantrag gem § 14 II 1 AsylVfG beim Bundesamt zu stellen ist – auf den Bezirk, in dem der Ausländer sich aufhält. Ist der Asylbewerber verpflichtet, sich im Bezirk einer anderen Ausländerbehörde aufzuhalten, ist seine Aufenthaltsgestattung räumlich auf deren Bezirk beschränkt (§ 56 II AsylVfG). Diese räumliche Beschränkung nach § 56 I bzw II AsylVfG gilt gem § 71a III AsylVfG auch für Zweitanträge.

180 Dem Asylbewerber, der verpflichtet ist, in einer Aufnahmeeinrichtung zu wohnen, kann nach § 57 AsylVfG erlaubt werden, den Bereich der räumlichen Beschränkung seiner Aufenthaltsgestattung vorübergehend zu verlassen, wenn zwingende Gründe dies erfordern. Zur Wahrnehmung von Behörden- und Gerichtsterminen kann er den Bereich auch ohne Erlaubnis verlassen, er muß die Termine jedoch der Aufnahmeeinrichtung und dem Bundesamt anzeigen (§ 56 III AsylVfG). Parallel dazu ermöglicht § 58 AsylVfG die Erteilung einer entsprechenden Erlaubnis für den Ausländer, der nicht mehr verpflichtet ist, in einer Aufnahmeeinrichtung zu wohnen. In diesem Fall kann die Erlaubnis nicht nur bei Vorliegen zwingender Gründe, sondern allgemein erteilt werden, wenn die Versagung eine unbillige Härte darstellen würde (§ 58 I AsylVfG). Diese Ausweitung trägt dem Gedanken Rechnung, daß der Asylbewerber, der nicht mehr in einer Aufnahmeeinrichtung wohnen muß, in das tägliche Leben integriert werden soll, wozu auch eine erweiterte Bewegungsfreiheit innerhalb Deutschlands gehört.

181 Verläßt der Asylbewerber den Bereich seiner räumlichen Beschränkung ohne entsprechende Erlaubnis, verstößt dies – auch bei nur kurzfristigem Verlassen – gegen die Aufenthaltsbeschränkung. Ein Verstoß liegt ebenso vor, wenn der Ausländer zunächst eine Erlaubnis zum vorübergehenden

Verlassen des ihm zugewiesenen räumlichen Bereichs hat, jedoch erst verspätet oder gar nicht in das Gebiet der räumlichen Beschränkung zurückkehrt. Liegt ein erstmaliger Verstoß vor, handelt es sich dabei lediglich um eine Ordnungswidrigkeit iSv § 86 I AsylVfG. Erst bei wiederholtem Verstoß liegt eine Straftat gem § 85 Nr. 2 AsylVfG vor; dies gilt jedoch auch, wenn der frühere Verstoß nicht durch Bußgeld oder gerichtliche Entscheidung geahndet wurde.[113] Es kommt lediglich darauf an, daß der frühere Verstoß hätte geahndet werden können, selbst wenn dies tatsächlich nicht erfolgt ist.[114]

bb) Formular – räumlicher Verstoß – § 85 Nr. 2 AsylVfG – auch mit Ladendiebstahl – Einzeltat – Allein-/Mittäter – §§ 242 I (248a, 25 II) StGB

Az.:		AUSL.RECHTL. BESTIMMUNGEN - allg aus 4	182
Räumlicher Verstoß - § 85 Nr. 2 AsylVfG - auch mit Ladendiebstahl - Einzeltat - Allein-/Mittäter - §§ 242 Abs. 1, (248 a, 25 Abs. 2) StGB			

☐ Strafbefehl	☐ Antrag beschl. Verf.	○ StrafR ○ SchöffG
☐ Anklageschrift ○ wes. E.d.E	☐ Antrag § 76 JGG	○ JugR ○ JugSchöffG
☐ § 153 a StPO ☐ HaftB	Gerichtsort:	ZwSt./Abt.:

Besch. Bl.:	Vert. ○ Vollm. Bl. ○	Best Bl.: ○	Zust.bev. Bl.: ○	ges. Vertr. Bl.: ○

Text des Strafbefehls (wird als Anklage etc. entsprechend umgesetzt):

1.	Umfang räumliche Beschränkung	○ Landkreis: ○ Stadtgebiet:	○ und ○ Stadtgebiete:		
2.	Verlassensgenehmigg.	○			
	Einzeltaten AsylVfG:	1	2	3	4
3.	Tattag				
4.	Tatort				
5.	frühere Verstöße Datum/Daten				
	wenn Ladendiebstahl:				
6.	Tattag				
7.	Uhrzeit				
	oder alternativ				
8.	Tatzeitraum	zwischen		und	
9.	Name Mittäter				
10.	Name und Anschrift Geschäft - Bezeichnung Diebesgut	○ der Firma ○ d			
11.	Wert Diebesgut	DM			
12.	geringw. Sache ?	○			
13.	Strafantrag gestellt ?	○			

---

[113] OLG Karlsruhe NStZ 1988, 560; Kanein/Renner § 85 Rn 11
[114] Kanein/Renner, aaO

Text des Strafbefehls (wird als Anklage etc. entsprechend umgesetzt):

Sie sind Asylbewerber*(in)*. Wie Sie wußten, war Ihnen der Aufenthalt nur
(1) Umfang räumliche Beschränkung
im Landkreis *Name Landkreis*
im Gebiet der Stadt *Name Stadt*
im Landkreis *Name Landkreis* und im Gebiet der Stadt *Name Stadt*
in den Gebieten der Städte *Namen Stadtgebiete*
gestattet.
Gleichwohl hielten Sie sich, wie Sie wußten, ohne behördliche Erlaubnis
(bei Einzeltat)
am *(3) Tattag* außerhalb des zugewiesenen Bezirks in *(4) Tatort* auf.
(bei Tatmehrheit)
- am *(3) Tattag* in *(4) Tatort*
- am ...
jeweils außerhalb des zugewiesenen Bezirks auf.
(2) Verlassensgenehmigung
Es war Ihnen zwar erlaubt, den Ihnen zugewiesenen Bezirk nur zur Ausübung Ihrer Erwerbstätigkeit zu verlassen. *Zum genannten Zeitpunkt/Zu den genannten Zeitpunkten* arbeiteten Sie jedoch nicht und befanden sich auch nicht auf dem Weg zu Ihrem Arbeitsplatz bzw. von Ihrem Arbeitsplatz zu Ihrem Wohnort.
Sie hatten sich zuvor bereits am *(5) frühere Verstöße - Datum/Daten* außerhalb des Ihnen zugewiesenen Bezirks aufgehalten.

TV-StA allg aus 4 (07.98)　　ausl.rechtl. Bestimmungen

Am *(6) Tattag* gegen *(7) Uhrzeit* Uhr
oder
Zu einem nicht mehr genau feststellbaren Zeitpunkt *(8) Tatzeitraum*
entwendeten Sie

zusätzlich bei Mittäterschaft
in bewußtem und gewolltem Zusammenwirken mit *(9) Name Mittäter*

in den Geschäftsräumen *(10) Name und Anschrift Geschäft - Bezeichnung Diebesgut* im Wert von *(11) Wert Diebesgut* DM, um die Ware ohne Bezahlung für sich zu behalten.

(12 und 13) Wenn geringw. Sache und Strafantrag gestellt:
Strafantrag wurde form- und fristgerecht gestellt.

(12) Wenn geringw. Sache:
Die Staatsanwaltschaft hält wegen des besonderen öffentlichen Interesses an der Strafverfolgung ein Einschreiten von Amts wegen für geboten.

Sie werden daher beschuldigt,

nur AsylVfG - Einzeltat
wiederholt einer Aufenthaltsbeschränkung nach § 56 Asylverfahrensgesetz zuwidergehandelt zu haben,

strafbar als
wiederholter Verstoß gegen eine räumliche Beschränkung nach dem Asylverfahrensgesetz gemäß §§ 56, 85 Nr. 2 AsylVfG.

nur AsylVfG - Tatmehrheit
durch *Zahl Einzeltaten AsylVfG* selbständige Handlungen wiederholt einer Aufenthaltsbeschränkung nach § 56 Asylverfahrensgesetz zuwidergehandelt zu haben,

strafbar als
wiederholter Verstoß gegen eine räumliche Beschränkung nach dem Asylverfahrensgesetz in *Zahl Einzeltaten AsylVfG* Fällen gemäß §§ 56, 85 Nr. 2 AsylVfG, § 53 StGB.

AsylVfG - Einzeltat und Diebstahl - Alleintäter
wiederholt einer Aufenthaltsbeschränkung nach § 56 Asylverfahrensgesetz zuwidergehandelt zu haben, und
fremde bewegliche Sachen einem anderen in der Absicht weggenommen zu haben, die Sachen sich oder einem Dritten rechtswidrig zuzueignen,

strafbar als
wiederholter Verstoß gegen eine räumliche Beschränkung nach dem Asylverfahrensgesetz und Diebstahl gemäß §§ 56, 85 Nr. 2 AsylVfG, §§ 242 Abs. 1, 53 StGB.

AsylVfG - Einzeltat und Diebstahl - Mittäter
wiederholt einer Aufenthaltsbeschränkung nach § 56 Asylverfahrensgesetz zuwidergehandelt zu haben, und
gemeinschaftlich fremde bewegliche Sachen einem anderen in der Absicht weggenommen zu haben, die Sachen sich oder einem Dritten rechtswidrig zuzueignen,

strafbar als
wiederholter Verstoß gegen eine räumliche Beschränkung nach dem Asylverfahrensgesetz und Diebstahl gemäß §§ 56, 85 Nr. 2 AsylVfG, §§ 242 Abs. 1, 25 Abs. 2, 53 StGB.

AsylVfG - Tatmehrheit und Diebstahl - Alleintäter
durch *Zahl Einzeltaten AsylVfG* selbständige Handlungen wiederholt einer Aufenthaltsbeschränkung nach § 56 Asylverfahrensgesetz zuwidergehandelt zu haben,
fremde bewegliche Sachen einem anderen in der Absicht weggenommen zu haben, die Sachen sich oder einem Dritten rechtswidrig zuzueignen,

Titz

> strafbar als
> wiederholter Verstoß gegen eine räumliche Beschränkung nach dem Asylverfahrensgesetz in Zahl Einzeltaten AsylVfG Fällen und Diebstahl gemäß §§ 56, 85 Nr. 2 AsylVfG, §§ 242 Abs. 1, 53 StGB.
>
> **AsylVfG - Tatmehrheit und Diebstahl - Mittäter**
> durch Zahl Einzeltaten AsylVfG selbständige Handlungen wiederholt einer Aufenthaltsbeschränkung nach § 56 Asylverfahrensgesetz zuwidergehandelt zu haben,
> gemeinschaftlich fremde bewegliche Sachen einem anderen in der Absicht weggenommen zu haben, die Sachen sich oder einem Dritten rechtswidrig zuzueignen,
>
> strafbar als
> wiederholter Verstoß gegen eine räumliche Beschränkung nach dem Asylverfahrensgesetz in Zahl Einzeltaten AsylVfG Fällen und Diebstahl gemäß §§ 56, 85 Nr. 2 AsylVfG, §§ 242 Abs. 1, 25 Abs. 2, 53 StGB.
>
> **Angewendete Vorschriften zusätzlich**   bei Diebstahl geringwertiger Sachen: § 248 a StGB.
> **Für Beweismittel und Rechtsfolgen bitte das Formular "Zusatzblatt Abschlußverfügung" verwenden.**

Das Formblatt Rn 182 ist nicht nur auf die Fälle des »schlichten« wiederholten Zuwiderhandelns gegen eine räumliche Beschränkung anwendbar, sondern auch auf die Fälle, in denen der Ausländer darüber hinaus einen Diebstahl begeht. Es trägt damit der Erfahrung Rechnung, daß zahlreiche Verstöße gegen § 85 Nr. 2 AsylVfG gerade dadurch festgestellt werden, daß die Täter bei der Begehung einer anderen Straftat auf frischer Tat betroffen werden. Eine Kombination eines Verstoßes iSv § 85 Nr. 2 AsylVfG mit einem Vergehen des Fahrens ohne Fahrerlaubnis findet sich im Formblatt Rn 188 ff. 183

Unter **Ziffer 1** ist zunächst der Umfang der räumlichen Beschränkung anzugeben, dem der Beschuldigte aufgrund seiner Aufenthaltsgestattung unterlag. Die räumliche Beschränkung muß in der Aufenthaltsgestattung ausdrücklich angegeben sein, um dem Beschuldigten vorsätzliches Handeln nachweisen zu können. 184

Ziffer 2 ist anzuwenden, wenn der Beschuldigte im Besitz einer Verlassensgenehmigung war, jedoch erfaßt sie nur den Fall der Verlassensgenehmigung zur Ausübung einer Erwerbstätigkeit. Hatte der Ausländer eine andersgeartete Verlassensgenehmigung (zB zum Besuch von ebenfalls in Deutschland aufhältigen Verwandten), war diese aber abgelaufen, kann Ziffer 2 nicht bejaht werden, da der Textbaustein insofern nicht variabel ist. 185

In **Ziffer 3 und 4** werden alle Verstöße gegen die räumliche Beschränkung aufgezählt, die dem Ausländer zur Last gelegt werden. Dabei ist jedoch zu beachten, daß der erste Verstoß gegen die räumliche Beschränkung, der ja nur eine Ordnungswidrigkeit darstellt (vgl Rn 181), hier nicht aufzuzählen ist. Dieser ist vielmehr unter **Ziffer 5** zu konkretisieren, um darzustellen, daß es sich bei allen unter Ziffer 3 und 4 genannten Taten um **wiederholte** Verstöße iSv § 85 Nr. 2 AsylVfG handelt. 186

Die Angaben unter **Ziffern 6 bis 13** betreffen schließlich die Variante, daß tatmehrheitlich zu den Verstößen gegen das AsylVfG ein Ladendiebstahl vorliegt. 187

Titz

cc) Formular – räumlicher Verstoß – § 85 Nr. 2 AsylVfG – mit FoFE – § 21 I Nr. 1/II Nr. 1 StVG

188

Az.: AUSL.RECHTL. BESTIMMUNGEN - allg aus 8
Räumlicher Verstoß - § 85 Nr. 2 AsylVfG - mit FoFE - § 21 Abs. 1 Nr. 1/Abs. 2 Nr. 1 StVG

☐ Strafbefehl	☐ Antrag beschl. Verf.	○ StrafR	○ SchöffG
☐ Anklageschrift ○ wes. E.d.E	☐ Antrag § 76 JGG	○ JugR	○ JugSchöffG
☐ § 153 a StPO ☐ HaftB	Gerichtsort:	ZwSt./Abt.:	

Besch. Bl.:	Vert. ○ Vollm. Bl.	○ Best Bl.:	○ Zust.bev. Bl.:	○ ges. Vertr. Bl.:

1.	Umfang räumliche Beschränkung	○ Landkreis: ○ Stadtgebiet:	○ und ○ Stadtgebiete:
2.	*Verlassensgenehmigg.*	○	
3.	Tattag		
4.	Tatort		
5.	frühere Verstöße Datum/Daten		
	Fahren o. FE:		
6.	Uhrzeit		
7.	Fahrzeugart	○ Pkw ○ Lkw ○ Kom ○ Krad ○ Kkrad	
8.	Kennzeichen		
9.	Tatort - Fahrstrecke	auf	
10.	subj. Tatbestand	○ Fahrlässigkeit ○ Vorsatz	
11.	Konkurrenzen	○ Tateinheit, wenn Verlassen Bezirk u. FoF gleichzeitig ○ Tatmehrheit	

Text des Strafbefehls (wird als Anklage etc. entsprechend umgesetzt):

Sie sind Asylbewerber*(in)*. Wie Sie wußten, war Ihnen der Aufenthalt nur
(1) Umfang räumliche Beschränkung
im Landkreis *Name Landkreis*
im Gebiet der Stadt *Name Stadt*
im Landkreis *Name Landkreis* und im Gebiet der Stadt *Name Stadt*
in den Gebieten der Städte *Namen Stadtgebiete*
gestattet.
Gleichwohl hielten Sie sich, wie Sie wußten, ohne behördliche Erlaubnis am *(3) Tattag* außerhalb des zugewiesenen Bezirks in *(4) Tatort* auf.

(2) Verlassensgenehmigung
Es war Ihnen zwar erlaubt, den Ihnen zugewiesenen Bezirk zur Ausübung Ihrer Erwerbstätigkeit zu verlassen. Zum genannten Zeitpunkt arbeiteten Sie jedoch nicht und befanden sich auch nicht auf dem Weg zu Ihrem Arbeitsplatz bzw. von Ihrem Arbeitsplatz zu Ihrem Wohnort.

Sie hatten sich zuvor bereits am *(5) frühere Verstöße* außerhalb des Ihnen zugewiesenen Bezirks aufgehalten.

Außerdem fuhren Sie an diesem Tag gegen *(6) Uhrzeit* Uhr mit dem *(7) Art Fahrzeug*, *(8) Kennzeichen* auf *(9) Tatort/Fahrtstrecke* obwohl Sie,
(10) Vorsatz wie Sie wußten
(10) Fahrlässigkeit wie Sie hätten wissen können und müssen,
die erforderliche Fahrerlaubnis nicht hatten.

(11) Konkurrenzen - Tateinheit - Verlassen und FoFE gleichzeitig
Während dieser Fahrt verließen Sie auch den Ihnen zugewiesenen Bezirk.

Sie werden daher beschuldigt,

(11) Konkurrenzen - Tateinheit - Verlassen und FoFE gleichzeitig
wiederholt einer Aufenthaltsbeschränkung nach § 56 AsylVfG zuwidergehandelt und durch dieselbe Handlung *fahrlässig/vorsätzlich* ein Kraftfahrzeug geführt zu haben, obwohl Sie die dazu erforderliche Fahrerlaubnis nicht hatten,

strafbar als
wiederholter Verstoß gegen eine räumliche Beschränkung nach dem Asylverfahrensgesetz in Tateinheit mit *fahrlässigem/vorsätzlichem* Fahren ohne Fahrerlaubnis gemäß §§ 56, 85 Nr. 2 AsylVfG, § 21 *Abs. 2 Nr. 1/Abs. 1 Nr. 1* StVG, § 52 StGB.

TV-StA allg aus 8 (07.98)   ausl.rechtl. Bestimmungen

(11) Konkurrenzen - Tatmehrheit zwischen Verlassen und FoFE
wiederholt einer Aufenthaltsbeschränkung nach § 56 AsylVfG zuwidergehandelt, und *fahrlässig/vorsätzlich* ein Kraftfahrzeug geführt zu haben, obwohl Sie die dazu erforderliche Fahrerlaubnis nicht hatten,
strafbar als
wiederholter Verstoß gegen eine räumliche Beschränkung nach dem Asylverfahrensgesetz und *fahrlässigem/vorsätzlichem* Fahren ohne Fahrerlaubnis gemäß §§ 56, 85 Nr. 2 AsylVfG, § 21 *Abs. 2 Nr. 1/Abs. 1 Nr. 1* StVG, § 53 StGB.

Beweismittel:			
1. ❏ Geständnis	ggf. Datum:		Bl.
2. ❏ Zeugen	Name - Bl.		
○ m. Adresse			
3. Sachverständige(r)	Name - Bl.		
4. Urkunden	Auskunft ○ BZR ○ VZR ○ AZR ○ Gewerberegister		
	○ Strafantrag Bl.	○	
5. sonst. Beweismittel	○ Lichtbilder ○	○ Skizzen	○ Asservate

Rechtsfolgen:			
❏ Einzelgeldstrafe	❏ Gesamtgeldstrafe	Anzahl TS:	Höhe TS:
	Einzelstrafen:		❏ Raten - Höhe:
❏ Einzelfreiheitsstrafe	❏ Gesamtfreiheitsstrafe	Dauer:	
	Einzelstrafen:		
❏ Verw. m. Strafvorbeh.		Anzahl TS:	Höhe TS:
❏ Bewährung:	Dauer:	Auflage(n) ○ nach Entwurf ○ Diktat	
❏ Nebenkl. notw. Ausl. / Name(n):			

Anders als das Formblatt Rn 182 kann das Formblatt Rn 188 nur angewandt werden, wenn der Ausländer neben dem räumlichen Verstoß noch ein Vergehen des Fahrens ohne Fahrerlaubnis begangen hat. Die Angaben zum Fahren ohne Fahrerlaubnis sind nicht optional, sondern zwingend vorgeschrieben. Liegt daher nur ein Verstoß gegen § 85 Nr. 2 AsylVfG vor, kann lediglich das Formblatt Rn 182 verwendet werden. Auch können in Formblatt Rn 188 nicht mehrere tatmehrheitliche Vergehen des wiederholten Verstoßes gegen die räumliche Beschränkung verfolgt werden, sondern lediglich ein Einzelfall.

189

Neben den Angaben unter **Ziffern 1 bis 5**, betreffend den Verstoß gegen das AsylVfG (vgl Rn 184 ff), sind daher unter **Ziffern 6 bis 10** Ausführungen zum Fahren ohne Fahrerlaubnis erforderlich. Zu beachten ist dabei besonders **Ziffer 10**, da dieser bzgl. des Fahrens ohne Fahrerlaubnis sowohl die Tatvariante der vorsätzlichen, als auch die der fahrlässigen Begehung vorsieht. Je nach Auswahl unter diesem Punkt, wird dies vom Programm entsprechend umgesetzt.

190

Unter **Ziffer 11** muß angegeben werden, ob die beiden Delikte (§ 85 Nr. 2 AsylVfG – Fahren ohne Fahrerlaubnis) zueinander in Tateinheit oder Tatmehrheit stehen. Tateinheit kommt dabei in Betracht, wenn der Beschul-

191

digte bereits bei der Fahrt festgestellt wird, mit der er den Bereich seiner räumlichen Beschränkung als Fahrer eines fahrerlaubnispflichtigen Fahrzeugs verlassen hat, obwohl er nicht im Besitz der erforderlichen Fahrerlaubnis ist. Dies wird in der Praxis der Regelfall sein, ist aber nicht zwingend.

d) Verstoß gegen ein Erwerbstätigkeitsverbot (§ 85 Nr. 3 AsylVfG)

192 Auch eine Aufenthaltsgestattung kann mit Auflagen gem § 60 I AsylVfG versehen werden; darunter fallen auch Auflagen hinsichtlich der Ausübung einer Erwerbstätigkeit. Für Zweitanträge gilt § 71a III AsylVfG.

193 Zu beachten ist insbes, daß gem § 61 I AsylVfG der Asylbewerber für die Dauer der Pflicht, in einer Aufnahmeeinrichtung zu wohnen, ohnehin keine Erwerbstätigkeit ausüben darf. Insofern bedarf es keiner gesonderten Auflage. Ist dennoch eine entsprechende Regelung in der Aufenthaltsgestattung eines Asylbewerbers enthalten (»Die Aufnahme einer Erwerbstätigkeit ist nicht gestattet.«), stellt dies keine Auflage iSv § 60 I AsylVfG dar, sondern lediglich eine deklaratorische Bestimmung. Ein Verstoß gegen dieses Verbot erfüllt den Tatbestand des § 85 Nr. 5 AsylVfG, nicht aber den des § 85 Nr. 3 AsylVfG.

194 Ist der Ausländer andererseits bereits als Asylberechtigter anerkannt, oder hat ein Gericht das Bundesamt zur Anerkennung verpflichtet, auch wenn die Entscheidung noch nicht unanfechtbar ist, darf die Ausübung einer unselbständigen Erwerbstätigkeit nicht durch eine Auflage ausgeschlossen werden (§ 61 II AsylVfG).

195 Der Tatbestand des § 85 Nr. 3 AsylVfG setzt voraus, daß die Auflage **vollziehbar** ist. Gem § 75 AsylVfG ist dies selbst dann der Fall, wenn dagegen Klage erhoben wurde. Wird die aufschiebende Wirkung gem § 80 V VwGO durch das Gericht angeordnet, entfällt rückwirkend die Vollziehbarkeit. Davon wird aber die Strafbarkeit nicht berührt, weil es hierfür auf die Verhältnisse im Zeitpunkt der Tat ankommt.[115]

Iü gilt für den Verstoß gegen Auflagen iSv § 85 Nr. 3 AsylVfG das unter Rn 42 ff Gesagte. Anzuwenden ist das Formblatt Rn 48.

e) Verstoß gegen Wohnauflage (§ 85 Nr. 4 AsylVfG)

aa) Tatbestand

196 § 85 Nr. 4 AsylVfG stellt den Ausländer unter Strafe, der einer vollziehbaren Anordnung nach § 60 II 1, ggf iVm § 71a III AsylVfG (bei Zweitanträgen), nicht rechtzeitig nachkommt. Dabei handelt es sich um die Pflicht, innerhalb eines Landes im Bezirk einer Ausländerbehörde Wohnung zu nehmen (§ 60 II Nr. 1 AsylVfG) oder umzuziehen und in einer anderen

---

[115] Kanein/Renner § 85 Rn 13; vgl iü Fn 16–18

Gemeinde oder Unterkunft Wohnung zu nehmen (§ 60 II Nr. 2 AsylVfG) oder Aufenthalt und Wohnung in dem Bezirk einer anderen Ausländerbehörde zu nehmen (§ 60 II Nr. 3 AsylVfG). Die Wohnauflage berührt nicht das Recht des Ausländers, sich innerhalb des ihm zugewiesenen Aufenthaltsbezirks frei zu bewegen. Eine räumliche Beschränkung auf ein Hotelgrundstück oder eine Sammelunterkunft ist im Zweifel als Wohnauflage auszulegen, da eine derart enge räumliche Beschränkung wohl grundsätzlich den Verhältnismäßigkeitsgrundsatz verletzen würde.[116]

Auch die erste Zuwiderhandlung gegen eine Wohnauflage stellt bereits ein Vergehen gem § 85 Nr. 4 AsylVfG dar; anders als bei § 85 Nr. 2 AsylVfG ist also kein wiederholter Verstoß erforderlich.

197

bb) Formular – Verstoß gegen Wohnungsauflage – §§ 60 II 1, 85 Nr. 4 AsylVfG

198

Az.:		AUSL.RECHTL. BESTIMMUNGEN - allg aus 15			
		Verstoß gegen Wohnungsauflage - §§ 60 Abs. 2 S. 1, 85 Nr. 4 AsylVfG			
☐ Strafbefehl	☐ Antrag beschl. Verf.		○ StrafR	○ SchöffG	
☐ Anklageschrift ○ wes. E.d.E	☐ Antrag § 76 JGG		○ JugR	○ JugSchöffG	
☐ § 153 a StPO ☐ HaftB	Gerichtsort:		ZwSt./Abt.:		
Besch. Bl.:	Vert. ○ Vollm. Bl.	○ Best Bl.:	○ Zust.bev. Bl.:		○ ges. Vertr. Bl.:

1.	Bezeichnung/Ort Ausländeramt	
2.	Art Verpflichtung	
	a, Wohnung in Gemeinde	○ Name Gemeinde:
	b, Wohnung in Unterkunft	○ Name - Anschrift Unterkunft: d
	c, Umzug in Gemeinde	○ Name Gemeinde:
	d, Umzug in Unterkunft	○ Name - Anschrift Unterkunft: d
	e, Wohnung in and. Bezirk	○ Ort Ausländeramt: Name Gemeinde:
3.	Zeitpunkt tatsächl. Meldung	○ bis heute nicht ○ erst am

Text des Strafbefehls (wird als Anklage etc. entsprechend umgesetzt):

Sie sind Asylbewerber/*in*.
Obwohl Sie, wie Sie wußten, vom zuständigen Ausländeramt *(1) Bezeichnung/Ort Ausländeramt* verpflichtet worden waren,

(2 a) Art Verpflichtung - Gemeinde
in *(2 a) Name Gemeinde* zu wohnen,

(2 b) Art Verpflichtung - Unterkunft
in *(2 b) Name - Anschrift Unterkunft* zu wohnen,

(2 c) Art Verpflichtung - Umzug in Gemeinde
nach *(2 c) Name Gemeinde* umzuziehen und dort Wohnung zu nehmen,

(2 d) Art Verpflichtung - Umzug in Unterkunft
in *(2 d) Name - Anschrift Unterkunft* umzuziehen und dort Wohnung zu nehmen,

(2 e) Art Verpflichtung - Gemeinde in anderem Bezirk
im Bezirk der Ausländerbehörde in *(2 e) Ort Ausländerbehörde*, nämlich in *(2 e) Name Gemeinde* Aufenthalt und Wohnung zu nehmen,

kamen Sie dieser Verpflichtung

---

116 Kanein/Renner § 60 Rn 7

Titz

(3) Zeitpunkt tatsächl. Meldung
- bis heute nicht
- erst am **(3) Datum Meldung**

nach.

Sie werden daher beschuldigt,

einer vollziehbaren Anordnung nach § 60 Abs. 2 Satz 1 Asylverfahrensgesetz nicht rechtzeitig nachgekommen zu sein,

strafbar als
Verstoß gegen eine Wohnungsauflage nach dem Asylverfahrensgesetz gemäß §§ 60 Abs. 2 Satz 1, 85 Nr. 4 AsylVfG.

TV-StA allg aus 15 (01.98)   ausl.rechtl. Bestimmungen

Beweismittel:			
1. ☐ Geständnis	ggf. Datum:		Bl.
2. ☐ Zeugen	Name - Bl.		
○ m. Adresse			
3. Sachverständige(r)	Name - Bl.		
4. Urkunden	Auskunft ○ BZR ○ VZR ○ AZR ○ Gewerberegister		
	○ Strafantrag Bl.	○	
	○		
5. sonst. Beweismittel	○ Lichtbilder	○ Skizzen	○ Asservate
	○		

Rechtsfolgen:			
☐ Einzelgeldstrafe	☐ Gesamtgeldstrafe	Anzahl TS:	Höhe TS:
	Einzelstrafen:		☐ Raten - Höhe:
☐ Einzelfreiheitsstrafe	☐ Gesamtfreiheitsstrafe	Dauer:	
	Einzelstrafen:		
☐ Verw. m. Strafvorbeh.		Anzahl TS:	Höhe TS:
☐ Bewährung:	Dauer:	Auflage(n) ○ nach Entwurf ○ Diktat	
☐ Nebenkl. notw. Ausl. / Name(n):			

199 In **Ziffer 1** ist das Ausländeramt zu bezeichnen, das die Wohnauflage erlassen hat; **Ziffer 2** fordert Angaben zur Art der Wohnauflage. Dabei wird zum einen zwischen den verschiedenen Möglichkeiten des § 60 II Nr. 1 – 3 AsylVfG (vgl oben Rn 196) unterschieden, zum anderen aber auch nochmals zwischen der Verpflichtung, lediglich in einer bestimmten Gemeinde oder in einer konkret bezeichneten Unterkunft zu wohnen bzw dorthin umzuziehen.

200 **Ziffer 3** ermöglicht wieder die Unterscheidung, ob der Ausländer der Verpflichtung aus der Wohnauflage überhaupt nicht nachgekommen ist, oder ob er ihr lediglich verspätet Folge leistete.

Titz

f) Verstoß gegen Erwerbstätigkeitsverbot gem § 61 I AsylVfG (§ 85 Nr. 5 AsylVfG)

Während der Verpflichtung zum Wohnen in einer Aufnahmeeinrichtung ist dem Asylbewerber jede Arbeitsaufnahme verboten (§ 61 I AsylVfG). Da der Aufenthalt in einer Aufnahmeeinrichtung höchstens drei Monate dauert (§ 47 I AsylVfG), ist eine derartige Einschränkung verhältnismäßig. Sie verstößt weder gegen die Menschenwürde noch gegen die Asylrechtsgarantie, da die Erhaltung einer menschenwürdigen Existenz bereits durch die Sozialhilfe gesichert ist.[117] Verstößt der Ausländer vorsätzlich gegen dieses gesetzliche Verbot, liegt ein Vergehen gem § 85 Nr. 5 AsylVfG vor. Dies gilt auch, wenn das Verbot in der Aufenthaltsgestattung des Ausländers noch einmal ausdrücklich formuliert ist, da es sich dann nicht um eine selbständige Auflage iSv § 60 I AsylVfG handelt (vgl oben Rn 193). Ein ausdrücklicher Hinweis auf das Verbot der Erwerbstätigkeit in der Aufenthaltsgestattung hat daher während der Verpflichtung zum Aufenthalt in einer Aufnahmeeinrichtung lediglich zum Nachweis des Vorsatzes Bedeutung: Ist der Hinweis in der Aufenthaltsgestattung enthalten und nimmt der Asylbewerber dennoch eine Erwerbstätigkeit auf, kann er sich jedenfalls nicht darauf berufen, von dem Verbot nichts gewußt zu haben.

201

3. § 84 AsylVfG

a) Allgemeines

Die Vorschrift des § 84 AsylVfG soll unzutreffende Angaben im Asylverfahren verhindern und damit die Richtigkeit der Asylentscheidung gewährleisten helfen. Im Vergleich zu § 85 AsylVfG ist die Verleitung zur mißbräuchlichen Antragstellung mit wesentlich höherer Strafe (Freiheitsstrafe bis zu drei Jahren oder Geldstrafe) bedroht. Daran zeigt sich das kriminalpolitische Interesse an der strafrechtlichen Verfolgung und der Wert des geschützten Rechtsguts.

202

Täter des § 84 AsylVfG kann sowohl ein Deutscher, als auch ein Ausländer sein, jedoch nicht der Ausländer, der mit unzutreffenden Angaben seine Anerkennung als Asylberechtigter oder ausländischer Flüchtling erreichen will. Er kann sich hingegen nach den Vorschriften des StGB, zB gem § 271 I oder § 267 I, strafbar machen.[118] Rechtsanwälte und andere Personen, die mit der Beratung, Betreuung und Vertretung von Asylbewerbern befaßt sind, können ihrerseits gem § 84 AsylVfG strafbar sein.

203

---

117 BVerfG-A EZAR 221 Nr. 21; Kanein/Renner § 61 AsylVfG Rn 4
118 AA offenbar Kanein/Renner § 84 AsylVfG Rn 3 unter Berufung auf OLG Köln InfAuslR 1991, 63

Titz

b) Tathandlungen

204 Gem § 84 I AsylVfG ist strafbar, wer einen Ausländer verleitet oder dabei unterstützt, im Asylverfahren vor dem Bundesamt oder im gerichtlichen Verfahren unrichtige oder unvollständige Angaben zu machen, um so seine Anerkennung als Asylberechtigter oder die Feststellung der Voraussetzungen des § 51 I AuslG (Abschiebungsverbot) zu ermöglichen.

205 Eine Angabe ist **unrichtig**, wenn sie mit der Wahrheit nicht in Einklang steht. Unrichtig können schon die Personalien sein (zB ein Asylbewerber benutzt einen falschen Namen oder ein falsches Geburtsdatum), aber auch jede andere Angabe, die im Antrag auf Anerkennung als Asylberechtigter gemacht werden muß. Dazu zählt beispielsweise auch die bewußt wahrheitswidrige Beantwortung der Frage, ob der Asylbewerber bereits einmal im Bundesgebiet aufhältig war, oder die unrichtige Beschreibung des Reisewegs. **Unvollständig** sind die Angaben, wenn sie wesentliche Bestandteile des Sachverhalts auslassen. Maßstab für die Vollständigkeit sind die rechtlichen Anforderungen an ein asylrelevantes Vorbringen. Die diesbezüglichen Pflichten des Asylbewerbers ergeben sich vor allem aus den §§ 15 I und 25 I AsylVfG. Danach ist der Ausländer zur umfassenden Darlegung seines Verfolgungsschicksals und zur Vorlage von entsprechenden Unterlagen verpflichtet; folglich macht er unvollständige Angaben, wenn er Teile davon verschweigt oder es schlicht unterläßt, bestimmte Umstände vorzubringen oder Unterlagen vorzulegen.

206 **Verleiten** bedeutet Beeinflussen des Asylbewerbers dahingehend, daß zweckgerichtet unzutreffende, dh unrichtige oder unvollständige Angaben gemacht werden. Hierbei genügt jede Art von Willensbeeinflussung.[119] Erforderlich ist aber, daß der Asylbewerber noch nicht seinerseits zur Tat entschlossen ist, anderenfalls kommt nur ein Versuch in Betracht.[120] Die Tat ist vollendet, wenn der Asylbewerber die unrichtigen oder unvollständigen Angaben gemacht hat. Macht er sie entgegen dem Vorsatz des Verleitenden nicht, liegt lediglich Versuch vor.

207 **Unterstützen** ist bei jeder Handlung zu bejahen, die den zur Tat entschlossenen Asylbewerber bei seinem Vorhaben fördert oder bestärkt. Hierunter fällt jede Hilfe beim Vorbereiten oder Beschaffen falscher Behauptungen, Beweismittel oder Unterlagen, ebenso die Zusicherung späterer Hilfe nach Anerkennung des Asylbewerbers oder für den Fall des Mißerfolgs im Asylverfahren. Auch das Abfassen von Schriftsätzen kann schon eine Unterstützung darstellen.[121]

208 Bei der Verwirklichung des Tatbestands des § 84 I AsylVfG kommt es nicht darauf an, daß die unrichtigen oder unvollständigen Angaben überhaupt dazu geeignet sind, eine Anerkennung zu ermöglichen oder zu erleich-

---
119 Kanein/Renner § 84 AsylVfG Rn 6
120 Kanein/Renner, aaO
121 Kanein/Renner § 84 AsylVfG Rn 7

tern.[122] Es ist auch bedeutungslos, ob dem Asylbewerber ein Asylrecht zusteht oder nicht. Ebensowenig braucht das Ziel der Asyl- oder Flüchtlingsanerkennung erreicht zu werden. Für den äußeren Tatbestand genügen vielmehr das Verleiten zu oder das Unterstützen von unzutreffenden Angaben. Einen Gegenwert braucht der Täter für seine Tätigkeit weder zu erwarten noch zu erhalten (vgl aber unten Rn 207 f). Somit kann sich auch derjenige, der uneigennützig und aus Mitleid handelt, strafbar machen.

Ist der Tatbestand des § 84 I AsylVfG erfüllt, ist weiterhin zu prüfen, ob ein **besonders schwerer Fall iSd Abs 2** vorliegt. Dies ist – entsprechend den genannten Regelbeispielen – in der Regel zu bejahen, wenn der Beschuldigte gegen Erhalt oder Versprechen eines Vermögensvorteils (Nr. 1) oder wiederholt oder zugunsten von mehr als fünf Ausländern (Nr. 2) handelt. Die Formulierung der Regelbeispiele entspricht dem Tatbestand des § 92a I AuslG a.F.; die letzte Änderung des AuslG, bei der in § 92a I Nr. 2 die Worte »mehr als fünf« durch »mehrere« ersetzt wurde, wurde in § 84 II Nr. 2 AsylVfG nicht übernommen. Für die Erläuterung der Regelbeispiele kann daher auf die Ausführungen unter Rn 134 ff verwiesen werden. Freilich ist entsprechend dem Charakter des Abs 2 als Strafzumessungsvorschrift zu beachten, daß ein besonders schwerer Fall nicht immer bei Vorliegen der Regelbeispiele, andererseits aber auch nicht nur bei deren Vorliegen zu bejahen ist.[123]

209

Eine **Qualifikationsnorm** enthält hingegen **§ 84 III AsylVfG**. Der Täter, der gewerbsmäßig **oder** als Mitglied einer Bande handelt, die sich zur fortgesetzten Begehung solcher Taten verbunden hat, wird mit Freiheitsstrafe von sechs Monaten bis zu zehn Jahren bestraft. § 84 III AsylVfG stellt die Parallelvorschrift zu § 92a II AuslG dar. Die Begriffe Gewerbs- und Bandenmäßigkeit sind daher ebenso wie in § 92a II AuslG zu definieren. Vgl insofern Rn 142 f.

210

Fraglich ist, wie sich **Rechtsanwälte**, die einen Ausländer im Asylverfahren vertreten, strafbar machen können. Grundsätzlich sind sie dazu berufen und befugt, Behauptungen ihrer Mandanten an Behörden und Gerichte weiterzugeben. Selbst wenn sie die Unrichtigkeit oder Unvollständigkeit der Angaben des Asylbewerbers erkennen, können sie mit der schriftlichen oder mündlichen Weitergabe des Vorbringens an Behörden oder Gerichte den Tatbestand des § 84 I AsylVfG nicht erfüllen. Sie sind jedoch gehalten, jedenfalls das Gewicht der Angaben des Asylbewerbers nicht durch eigene Versicherungen der Glaubhaftigkeit zu verstärken. Überschreiten sie die Grenze der bloßen Weitergabe in Kenntnis der Unrichtigkeit oder Unvollständigkeit des Vorbringens, muß auch eine Strafbarkeit gem § 84 I AsylVfG in Erwägung gezogen werden. Dies gilt vor allem bei von einem Rechtsanwalt selbst erfundenen Behauptungen.

211

---

122 Kanein/Renner § 84 AsylVfG Rn 9
123 Tröndle/Fischer § 46 Rn 43 b ff

Titz

212 Gem § 84 VI AsylVfG bleibt derjenige, der die Tat nach Abs 1 zugunsten eines Angehörigen (§ 11 I Nr. 1 StGB) begeht, straffrei. Nach dem Willen des Gesetzgebers soll dieses »Angehörigenprivileg« dem Täter nur bei Taten iSd Abs 1, nicht aber bei gewerbs- oder bandenmäßigem Handeln gem Abs 3 zugutekommen. Das ist auch sachgerecht. Grund für die Straffreiheit iSd Abs 6 ist die psychische Ausnahmesituation, in der sich der Täter befindet, der zugunsten eines Angehörigen handeln will. Dies trifft dann nicht zu, wenn der Täter gewerbsmäßig oder als Mitglied einer Bande handelt, da die von ihm zugunsten eines Angehörigen verübte Tat in diesem Fall nur eine von mehreren (geplanten) Taten darstellt.

213 § 84 AsylVfG kann in Tateinheit stehen mit Delikten nach dem StGB. Verleitet oder unterstützt der Täter den Asylbewerber also beispielsweise bei unrichtigen oder unvollständigen Angaben, indem er ihm falsche oder fremde Ausweisdokumente zur Verfügung stellt, liegt tateinheitlich zum Vergehen nach § 84 I AsylVfG ein Vergehen nach § 267 I oder § 281 I StGB vor. Die Einschleusung von Ausländern, die in der Bundesrepublik Asyl beantragen wollen, ist auch nach §§ 84 bzw § 84a AsylVfG strafbar, jedoch nur als Teil des Tatbestandes der Verleitung zur mißbräuchlichen Asylantragstellung oder zu ihrer Unterstützung. §§ 84 bzw 84a AsylVfG haben also als zusätzliche Voraussetzung, daß der Ausländer hier tatsächlich Asyl beantragt. Nach § 92a bzw § 92b AuslG ist die Einschleusung von Ausländern hingegen unabhängig davon strafbar, ob später überhaupt eine Asylantragstellung erfolgt und ob diese mißbräuchlich ist oder nicht.

4. § 84a AsylVfG

214 In Anlehnung an § 92b AuslG erhebt § 84a AsylVfG die gewerbs- und bandenmäßige Verleitung zur mißbräuchlichen Asylantragstellung zum Verbrechen und bedroht sie mit Freiheitsstrafe von einem Jahr bis zu zehn Jahren.

215 Zu den Voraussetzungen des gewerbs- und bandenmäßigen Handelns vgl oben Rn 142 f, zum Verhältnis zu § 92b AuslG vgl Rn 213.

KAPITEL 5 – ILLEGALE BESCHÄFTIGUNG – SCHWARZARBEIT

Überblick

I.	Einführung	1
II.	Ausländerrechtliche Verstöße	2–3
	1. AuslG	2
	2. AsylVfg	3
III.	Beschäftigung ausländischer Staatsangehöriger ohne Arbeitserlaubnis	4–10
	1. Erforderlichkeit der Arbeitserlaubnis	4
	2. Grundtatbestand: § 404 II Nr.2 SGB III	5
	3. Beschäftigung von Ausländern ohne Genehmigung in größerem Umfang, § 407 I Nr.1 SGB III	6
	4. Beschäftigung zu ungünstigeren Arbeitsbedingungen, § 406 I Nr. 3 SGB III	7
	5. Beschäftigung ohne Genehmigung im Wiederholungsfall, § 407 I Nr. 2 SGB III	8
	6. Unerlaubte Vermittlung und Anwerbung, § 406 I Nr.1, 2 SGB III	9–10
	a) Vermittlung	9
	b) Anwerbung	10
IV.	Arbeitnehmerüberlassung	11–20
	1. Voraussetzungen der Arbeitnehmerüberlassung	11–17
	a) Arbeitnehmer	11–15
	b) gewerbsmäßige Überlassung	16
	c) Erlaubnispflicht	17
	2. Tatbestände	18–20
	a) Verleih nicht arbeitserlaubnispflichtiger Arbeitnehmer	18
	b) Verleih arbeitserlaubnispflichtiger Arbeitnehmer mit Erlaubnis	19
	c) Verleih arbeitserlaubnispflichtiger Arbeitnehmer ohne Erlaubnis	20
V.	Vorenthalten und Hinterziehen von Sozialversicherungsbeiträgen	21–33
	1. Einführung/Konkurrenzen	21
	2. Arbeitgeber und Arbeitnehmer	22–24
	3. Sozialversicherungsbeiträge	25–29
	a) Art	26
	b) Feststellung	27
	c) Nettolohnabrede und »Schwarzarbeit«	28
	d) Lohnzahlung	29
	4. Unterlassungsdelikt	30–31
	5. § 266 a V StGB	32

Erlbeck

6. Betrug im Zusammenhang mit Sozialversicherungsbeiträgen........	33
VI. Schwarzarbeitsgesetz	34
VII. Steuerhinterziehung..	35
VIII. Zuständigkeit und Mitteilungspflichten	36–37
1. Zuständigkeit..	36
2. Mitteilungspflichten	37

I. Einführung

1 Illegale Beschäftigung und Schwarzarbeit haben sich in den letzten Jahren aufgrund der Höhe der Lohnnebenkosten sowie des Konkurrenzdrucks der Gewerbetreibenden in konjunkturell schwierigen Zeiten zu einem nicht unerheblichen volkswirtschaftlichen Faktor gewandelt. Begünstigt wird dies durch eine dauerhafte Arbeitslosenzahl von über 3 Millionen mit einer entsprechenden Anzahl Langzeitarbeitsloser, die bei Arbeitssuchenden und Arbeitnehmern aus wirtschaftlichen Gründen zur Akzeptanz von Beschäftigungsbedingungen zweifelhafter Art führen. Schließlich erleichtert die Abschwächung von Grenzkontrollen Arbeitswilligen aus nicht-EU-Staaten den Zugang zum hiesigen Wirtschaftsraum. Im Folgenden werden die erfahrungsgemäß in Betracht kommenden Tatbestände und aktuellen Problemstellungen in diesem Bereich angesprochen.

II. Ausländerrechtliche Verstöße

1. AuslG

2 Der Arbeitgeber, der im Inland einen Ausländer ohne entsprechende Aufenthaltserlaubnis beschäftigt oder dazu im Ausland erwirbt, kann sich gem § 92 I Nr. 1 AuslG, §§ 26 oder 27 StGB strafbar machen.

Nachdem die Arbeitsleistung des illegal Beschäftigten einen Vermögensvorteil für den Arbeitgeber darstellt, den er dafür erhält oder sich versprechen läßt, ist jedoch regelmäßig eine Strafbarkeit nach § 92 a 1 Nr. 1 AuslG gegeben. Der erforderliche kausale und finale Zusammenhang besteht, weil die Handlungen der Anwerbung zur Beschäftigung und die Beschäftigung als Mittel zur Erlangung des Vermögensvorteils dienen sollen. Der BGH stellt in zwei Entscheidungen für die Tatbestandsmäßigkeit nicht auf die

Höhe der Unkosten ab,[1] was zur Annahme eines Vermögensvorteils unabhängig von der Höhe der Entlohnung führt. Jedenfalls bei in der Praxis regelmäßig fehlender Entlohnung (angebliche Gefälligkeit) oder untertariflicher oder sonst unüblich geringer Entlohnung ist ein Vermögensvorteil anzunehmen.

Für sich allein reicht die Feststellung der Beschäftigung eines Ausländers ohne entsprechende Aufenthaltserlaubnis für die Annahme der Strafbarkeit jedoch nicht aus. Objektiv bedarf es der Feststellung, daß der Ausländer gerade wegen der Beschäftigung sich hier aufhält und diese nicht anläßlich eines ohnehin beabsichtigten illegalen Aufenthalts ausübt.[2] Hinzu kommt, daß der Vorsatz sich nicht nur auf die Beschäftigung des Arbeitnehmers ohne Arbeitserlaubnis gem § 284 I SGB III, sondern auch auf die Förderung des illegalen Aufenthalts durch die Beschäftigung beziehen muß.[3] Jedenfalls bei der Beschäftigung von mit Wissen oder auf Veranlassung des Arbeitgebers im Ausland angeworbener Arbeitnehmer dürften diese Voraussetzungen vorliegen.

2. AsylVfG

Die Beschäftigung eines Ausländers oder Asylbewerbers, dem gem §§ 14 II 2, 56 III 3 AuslG oder § 60 I AsylVfg die Aufnahme einer Erwerbstätigkeit untersagt ist, kann nach allgemeinen Grundsätzen unter dem Gesichtspunkt der Beihilfe oder Anstiftung zu diesem Delikt für den Arbeitgeber strafbar sein. Voraussetzung ist, daß tatsächlich eine vollziehbare Auflage mit dem Inhalt des Verbots der Ausübung einer Erwerbstätigkeit vorliegt. Eine solche ist bei einer zusätzlichen selbständig erzwingbaren Anordnung der Verwaltungsbehörde mit eigenem Regelungsgehalt gegeben, nicht jedoch bei einem Hinweis auf die Rechtslage.[4] Deswegen kommt bei einem Zusatz »Erwerbstätigkeit nur mit Arbeitserlaubnis« eine Strafbarkeit nicht in Betracht, weil dies nur einen Hinweis auf § 284 I SGB III beinhaltet.[5] Auch hier muß sich der Vorsatz nicht nur auf die Beschäftigung einer billigen Arbeitskraft (ohne Arbeitserlaubnis gem § 284 SGB III) beziehen, sondern gerade auf diesen Umstand.

3

---

1 BGHSt 36, 124, 129; BGH NJW 1990, 2207, 2208
2 BGH NJW 1990 2207, 2208; BayObLG vom 8.6.1998, 4 StRR 73/98; 13.8.1998, 4 StRR 103/98 und 21.5.1999, 4 StRR 86/99
3 BayObLG, (Fn 2)
4 Kopp § 36 VwVfG, Rn 31
5 BayObLG StV 1999, 97

Erlbeck

III. Beschäftigung ausländischer Staatsangehöriger ohne Arbeitserlaubnis

1. Erforderlichkeit der Arbeitserlaubnis

4   Die Strafvorschriften des SGB III (bis 31.12.1997 AFG) befassen sich mit der Strafbarkeit der Beschäftigung ausländischer Arbeitnehmer ohne Arbeitserlaubnis. Das Erfordernis der Arbeitserlaubnis und der betroffene Personenkreis ergeben sich aus §§ 284 ff SGB III. Danach sind insbes nicht arbeitserlaubnispflichtig:

- Ausländer, denen nach dem Recht der Europäischen Gemeinschaft oder nach dem Abkommen über den Europäischen Wirtschaftsraum Freizügigkeit gewährt wird, § 284 I Nr. 1 SGB III,

- Ausländer, die eine unbefristete Aufenthaltserlaubnis oder eine Aufenthaltsberechtigung haben, § 284 I 2 Nr. 2 SGB III,

- andere Ausländer, wenn dies in zwischenstaatlichen Vereinbarungen, aufgrund eines Gesetzes oder durch Rechtsverordnung bestimmt ist, § 284 I 2 Nr. 3 SGB III.

Da insbes bei § 284 I 2 Nr. 3 SGB III der Kreis der betroffenen Personen laufenden Veränderungen unterliegt, empfiehlt sich in Zweifelsfällen die Nachfrage beim zuständigen Arbeitsamt.

Die Genehmigung ist vor der Aufnahme der Beschäftigung einzuholen (§ 284 II SGB III).

2. Grundtatbestand: § 404 II Nr. 2 SGB III

5   Der Grundtatbestand der Beschäftigung eines Ausländers ohne Arbeitserlaubnis stellt eine vorsätzlich oder fahrlässig begehbare Ordnungswidrigkeit dar, § 404 II Nr. 2 SGB III. Die Bundesanstalt für Arbeit sieht als Richtwert pro Arbeitnehmer bei einem fahrlässigen Erstverstoß bei einer Tätigkeit bis zu einem Monat DM 5.000 und bei Vorsatz das zwei- bis dreifache vor. Zuständig ist gem § 405 SGB III die Arbeitsverwaltung.

3. Beschäftigung von Ausländern ohne Genehmigung in größerem Umfang, § 407 I Nr. 1 SGB III

6   Auf Seiten des Arbeitgebers kann bei Beschäftigung von mehr als 5 Arbeitnehmern ohne Arbeitserlaubnis über mindestens 30 Kalendertage, die nicht

aufeinander folgen müssen,⁶ bei Vorsatz § 407 I Nr. 1 SGB III (§ 227 a II Nr. 1 AFG) zur Anwendung kommen.

4. Beschäftigung zu ungünstigeren Arbeitsbedingungen, § 406 I Nr. 3 SGB III

Gem § 406 I Nr. 3 SGB III (§ 227 a I AFG) ist die Beschäftigung eines Ausländers ohne Arbeitserlaubnis zu ungünstigeren Bedingungen strafbar. Solche liegen vor, wenn die Beschäftigungsbedingungen des ausländischen Arbeitnehmers ohne Erlaubnis im Vergleich zu den Arbeitsbedingungen deutscher Arbeitnehmer im selben Betrieb oder vergleichbaren Betrieben erheblich schlechter sind. Dies kann sich auf die verschiedensten Rechte und Pflichten aus dem Arbeitsverhältnis beziehen, insbes auf Entgelt, Arbeitsdauer, Urlaubsregelungen, Sozialversicherungsanmeldung ua, wobei die Schlechterstellung bei einer Arbeitsbedingung für die Tatbestandserfüllung ausreichend ist.⁷ Bezüglich der Lohnhöhe, der in der Praxis regelmäßig vorkommenden Fallgestaltung, wird ein auffälliges Mißverhältnis bei einer Abweichung von 20 % regelmäßig anzunehmen sein. Der Vergleichswert kann sich entweder aus der Entlohnung vergleichbarer Arbeitnehmer in vergleichbaren Betrieben oder im Vergleich zur tariflichen Entlohnung für die ausgeübte Tätigkeit festgestellt werden. Diese kann beim zuständigen Arbeitsamt erhoben werden. Bei einem Ausnutzen der Unerfahrenheit des Arbeitnehmers kann tateinheitlich Wucher, § 291 StGB, vorliegen.⁸

7

5. Beschäftigung ohne Genehmigung im Wiederholungsfall, § 407 I Nr. 2 SGB III

§ 407 I Nr. 2 SGB III (§ 227 a II Nr. 2 AFG) stellt die beharrliche Wiederholung der vorsätzlichen Ordnungswidrigkeit nach § 404 II Nr. 2 SGB III unter Strafe.

8

Dies setzt bereits zuvor begangene vorsätzliche Verstöße voraus, nicht zwingend jedoch deren Ahndung.⁹ Feststellungen dazu lassen sich bei der OWiG-Stelle des zuständigen Arbeitsamts treffen, aber auch aufgrund früherer Straf- oder Ermittlungsverfahren (insbes wegen Beihilfe zum unerlaubten Aufenthalt, weil die iSv § 264 StPO tateinheitlich begangenen Verstöße nicht zur gesonderten Ahndung geführt haben).

Die verfahrensgegenständliche Handlung muß als mindestens erster vorsätzlicher Wiederholungsfall Ausdruck einer besonderen Hartnäckigkeit

---

6   Ambs in Erbs/Kohlhaas § 407 SGB III Rn 11
7   AG Kehl AuR 1988, 185; Ambs (Fn 6) Rn 25
8   BGH StV 1998, 1
9   BGH NJW 1991, 2844, 2845; NStZ 1992, 594, 595; Schönke/Schröder-Lenkner § 184 a Rn 5

und Gleichgültigkeit gegenüber der Rechtsordnung sein.[10] Dies kann sich aus einer Gesamtschau der Umstände ergeben. Jedenfalls sind frühere Ahndungen oder von Verwaltungsbehörden ausgehende Beanstandungen dafür ein erhebliches Indiz.

6. Unerlaubte Vermittlung und Anwerbung, § 406 I Nr. 1,2 SGB III

a) Vermittlung

9 §§ 406 I Nr. 1, 292 II 1 SGB III (§ 227 I Nr. 1 AFG) stellen die ungenehmigte Vermittlung eines Arbeitnehmers ins Ausland außerhalb der Europäischen Gemeinschaft oder den Vertragsstaaten des Europäischen Wirtschaftsraums oder umgekehrt unter Strafe. Vermittlung ist die vor Abschluß des Arbeitsvertrages darauf gerichtete Tätigkeit eines Dritten, die nicht zum Erfolg geführt haben muß.[11]

b) Anwerbung

10 §§ 406 I Nr. 2, 302 I SGB III (§ 227 I Nr. 2 AFG) betreffen die Anwerbung der in a) angesprochenen Arbeitnehmer für solche Tätigkeiten, die Tathandlung ist erst gegeben, wenn die Tätigkeit des Werbers sich an bestimmte Personen richtet, die Annonce in einer Zeitung, Werbung im Rundfunk o.ä. genügt nicht, erst die Kontaktaufnahme eines Interessenten und weitergehende Tätigkeiten führen zur Annahme der Strafbarkeit wegen Anwerbung.[12]

IV. Arbeitnehmerüberlassung

1. Voraussetzungen der Arbeitnehmerüberlassung

a) Arbeitnehmer

11 Der Verleih von Arbeitnehmern iSd AÜG liegt vor,[13] wenn Arbeitnehmer des Verleihers einem anderen Betrieb zur dort eingebundenen Arbeitsleistung überlassen werden. Da Werk-, Geschäftsbesorgungs- und Dienst-(Verschaffungs-) Verträge auch Elemente eines drittbezogenen Personal-

---

10 Vgl BGH, (Fn 9)
11 Ambs (Fn 6) Rn 10
12 BVerfG NJW 1967, 976, 978
13 Vgl Durchführungsanweisung der BfA zum AÜG, RdErl 13/95; Ambs in Erbs/Kohlhaas § 1 AÜG Rn 4 ff

einsatzes beinhalten können, die nicht vom AÜG betroffen sind, werden derartige Verträge regelmäßig als Deckmantel für Arbeitnehmerüberlassungen verwandt. Maßgeblich ist die tatsächliche Abwicklung des Vertragsverhältnisses beim Widerspruch zur vertraglichen Gestaltung.

Im einzelnen kommen Arbeitnehmerüberlassungen insbes in Betracht

- beim Werkvertrag, wenn der Entleiher bezüglich des Ablaufs der Tätigkeit der Arbeitnehmer und nicht nur bezüglich des Ergebnisses insgesamt ein Weisungsrecht hat, die Arbeitnehmer in den Betriebs- und Produktionsablauf des Entleihers eingegliedert sind, dieser hinsichtlich der Personen der Arbeitnehmer Auswahlmöglichkeiten hat und die Vergütung des Entleihers nach Stückzahl oder Zeiteinheiten bemessen wird,[14]   12

- beim Subunternehmer, der Teile eines Gesamtwerks eigenständig herstellt, wenn er für seinen Arbeitnehmer nach Zeiteinheiten abrechnet, kein Bestimmungsrecht hinsichtlich Arbeitsbedingungen (Zeit, Pausen, Arbeitsablauf) hat und den Ablauf der Tätigkeit nicht organisieren kann oder der Entleiher hinsichtlich der Personen der Arbeitnehmer ein Auswahlrecht hat,[15]   13

- beim Dienst- (Verschaffungs-) vertrag, wenn der Entleiher hinsichtlich der Arbeitsbedingung (Zeit etc) ein Weisungsrecht hat,   14

- beim gemischten Vertrag (zB Verleih eines Kranes mit Fahrer), wenn nicht die Sachleistung Hauptleistungspflicht und der Personaleinsatz Nebenpflicht darstellt. Gegen eine Arbeitnehmerüberlassung spricht abgesehen vom wirtschaftlichen Schwerpunkt die Feststellung, daß der Personaleinsatz erfolgt, um die Sachleistungspflicht überhaupt erst zu ermöglichen.   15

b) gewerbsmäßige Überlassung

Für die Anwendung des AÜG ist weiterhin erforderlich, daß der Verleih gewerbsmäßig erfolgt. Es kommt nicht darauf an, ob der Verleih alleiniger oder hauptsächlicher Gegenstand des Unternehmens ist, erforderlich ist, daß die Arbeitnehmerüberlassung als Unternehmensgegenstand auf gewisse Dauer ausgelegt ist und (un-)mittelbare wirtschaftliche Vorteile erbringen soll (Gewinnerzielungsabsicht).[16]   16

---

14 Beachte aber die ARGE, § 1 I 2 AÜG
15 Vgl Fn 14
16 Vgl Durchführungsanweisung der BfA zum AÜG, RdErl. 13/95, Ambs in Erbs/Kohlhaas § 1 AÜG Rn 18 ff

c) Erlaubnispflicht

17 Insbes mit Ausnahme der in § 1a AÜG geregelten Fälle ist der Verleih von Arbeitnehmern unter diesen Voraussetzungen erlaubnispflichtig, § 1 AÜG.

2. Tatbestände

a) Verleih nicht arbeitserlaubnispflichtiger Arbeitnehmer

18 Soweit von § 284 I 1 SGB III nicht betroffene Arbeitnehmer verliehen werden,[17] kommen auf Seiten des Ent- oder Verleihers deswegen nur Ordnungswidrigkeiten in Betracht, für die die Zuständigkeit Bearbeitungsstellen zur Bekämpfung der illegalen Beschäftigung bei den Arbeitsämtern besteht.

b) Verleih arbeitserlaubnispflichtiger Arbeitnehmer mit Erlaubnis

19 Bei einem Verleih von Arbeitnehmern ohne nach § 284 I 1 SGB III erforderliche Erlaubnis durch einen Verleiher mit Erlaubnis nach § 1 AÜG, kommen beim Verleiher §§ 406 I Nr. 3, 407 SGB III[18] in Betracht und beim Entleiher § 15 a AÜG, wobei hinsichtlich der Tathandlungen auf die Hinweise s. Rn 5-8 Bezug genommen wird.[19] Der Erstverstoß stellt jeweils zunächst eine Ordnungswidrigkeit des Verleihers (§ 404 II Nr. 2 SGB III) oder des Entleihers (§ 16 I Nr. 2 AÜG) dar.

c) Verleih arbeitserlaubnispflichtiger Arbeitnehmer ohne Erlaubnis

20 Beim Verleih von Arbeitnehmern ohne nach § 284 I 1 SGB III erforderliche Erlaubnis durch einen Verleiher ohne Erlaubnis nach § 1 AÜG, kommen beim Verleiher § 15 AÜG und beim Entleiher §§ 406 I Nr. 3, 407 SGB III[20] in Betracht. Gem §§ 9 Nr. 1, 10 I AÜG sind die Verträge zwischen Ver- und Entleiher sowie zwischen Verleiher und Arbeitnehmer unwirksam mit der Konsequenz eines kraft Gesetzes zu den Bedingungen zwischen Verleiher und Arbeitnehmer entstehenden Arbeitsvertrages zwischen Entleiher und Arbeitnehmer. Dementsprechend ist der Entleiher als Beschäftiger iSv § 406 SBG III ff zu behandeln.

---

17 Vgl Rn 4
18 Vgl Rn 6-8
19 Vgl Rn 5-8
20 Vgl Rn 6-8

V. Vorenthalten und Hinterziehen von Sozialversicherungsbeiträgen

1. Einführung/Konkurrenzen

Mit den in I. bis III. aufgezeigten Verstößen gehen häufig Unregelmäßigkeiten bei der Abführung von Sozialversicherungsbeiträgen einher, wobei die Frage der Konkurrenzen Probleme aufwerfen kann. Die illegale Beschäftigung ausländischer Arbeitnehmer steht zur darauf bezogenen Tat des Vorenthaltens und Veruntreuens von Arbeitsentgelt oder des Betruges zum Nachteil der Sozialversicherung in Tatmehrheit, § 53 StGB.[21] Tateinheit im materiell rechtlichen Sinne wird dann gegeben sein, wenn die ungünstigen Arbeitsbedingungen iSd § 406 I Nr. 3 SGB III oder des § 15a AÜG gerade wegen der unterbliebenen Anmeldung zur Sozialversicherung vorliegen. Die Frage, ob die illegale Beschäftigung der Arbeitnehmer und das darauf bezogene Vorenthalten und Veruntreuen von Arbeitsentgelt eine Tat iSd § 264 StPO darstellt, ist umstritten.[22] Die prozessuale Tatmehrheit im Verhältnis zwischen § 266a I StGB und § 370 AO annehmenden Gerichtsentscheidungen[23] lassen auf Tatmehrheit iSd § 264 StPO insoweit schließen, da weder ein gewerberechtlich illegaler Gesamtplan noch ein zeitliches Zusammentreffen oder die Gleichzeitigkeit oder Identität von Vorbereitungshandlungen zur Annahme einer derartigen Verknüpfung genügen. Sowohl im Verhältnis zur Steuerhinterziehung als auch zum Vorenthalten von Sozialversicherungsbeiträgen kommt es grundsätzlich nicht darauf an, ob die beschäftigten Arbeitnehmer ansonsten illegal beschäftigt werden, zumal die geschützten Rechtsgüter jeweils unterschiedlich sind.[24]

21

2. Arbeitgeber und Arbeitnehmer

Arbeitgeber (§§ 28 I, 14 I StGB) iSd § 266a I StGB ist derjenige, der Arbeitnehmer beschäftigt, wobei ein zivilrechtlich unwirksames Arbeitsverhältnis (faktisches Arbeitsverhältnis) ausreicht.[25] Für die hier relevante sozialversicherungsrechtliche Vorfrage zur Abgrenzung von Selbständigen beinhaltet § 7 I, IV SGB IV eine Legaldefinition (seit 1.1.1999):

22

I) Beschäftigung ist die nichtselbständige Arbeit, insbesondere in einem Arbeitsverhältnis. Anhaltspunkte für eine Beschäftigung sind eine Tätigkeit nach Weisungen und eine Eingliederung in die Arbeitsorganisation des Weisungsgebers.

---

21 OLG Stuttgart NStZ 1982, 514
22 Dafür OLG Stuttgart NStZ 1982, 514, dagegen Müller NStZ 1985, 397, 398
23 BGHSt 35, 14; wistra 1988, 353; BayObLGSt 1985, 131; OLG Stuttgart MDR 1986, 693
24 Vgl Müller, (Fn 22)
25 LK-Gribbohm § 266a Rn 15

Erlbeck

IV) Bei einer erwerbsmäßig tätigen Person, die ihre Mitwirkungspflichten nach § 206 des Fünften Buches Sozialgesetzbuch oder nach § 196 I des sechsten Buches Sozialgesetzbuch nicht erfüllt, wird vermutet, dass sie beschäftigt ist, wenn mindestens drei der folgenden fünf Merkmale vorliegen:

1. Die Person beschäftigt im Zusammenhang mit ihrer Tätigkeit regelmäßig keinen versicherungspflichtigen Arbeitnehmer, dessen Arbeitsentgelt aus diesem Beschäftigungsverhältnis regelmäßig im Monat DM 630 übersteigt;
2. sie ist auf Dauer und im Wesentlichen nur für einen Auftraggeber tätig;
3. ihr Auftraggeber oder ein vergleichbarer Auftraggeber lässt entsprechende Tätigkeiten regelmäßig durch von ihm beschäftigte Arbeitnehmer verrichten;
4. ihre Tätigkeit lässt typische Merkmale unternehmerischen Handelns nicht erkennen;
5. ihre Tätigkeit entspricht dem äußeren Erscheinungsbild nach der Tätigkeit, die sie für denselben Auftraggeber zuvor auf Grund eines Beschäftigungsverhältnisses ausgeübt hatte.

Satz 1 gilt nicht für Handelsvertreter, die im Wesentlichen frei ihre Tätigkeit gestalten und über ihre Arbeitszeit bestimmen können. Die Vermutung kann widerlegt werden.

23 Für die Frage, ob eine Person Subunternehmer, Selbständiger oder Arbeitnehmer ist, müssen daneben und insbes für die Zeit vor dem 1.1.1999 folgende Kriterien herangezogen werden:

Persönliche Abhängigkeit, Eingliederung in den Betrieb, Weisungsrechte bezüglich Zeit, Dauer, Art und Ort der Tätigkeit, fehlender eigener Kapitaleinsatz, wirtschaftliche Abhängigkeit, vertragliche Bindung an ein Unternehmen, Fehlen eigener Betriebsmittel, Berichtspflichten und Ergebniskontrollen, fehlende Haftung im Außenverhältnis, Bezahlung wie Arbeitnehmer, »Selbständigkeit« bei Fehlen der Möglichkeit der Teilnahme am wirtschaftlichen Wettbewerb.[26] Maßgeblich ist der tatsächliche Vollzug des Vertragsverhältnisses beim Abweichen vom Vertragstext.

24 Bei einer Arbeitnehmerüberlassung entgegen § 1 AÜG ist der Verleiher trotz der Unwirksamkeit des Vertragsverhältnisses gem § 9 Nr. 1 AÜG insoweit iSd § 266 a I StGB neben dem Entleiher Arbeitgeber, als er den Leiharbeitnehmer entlohnt (§§ 10 III 1 AÜG, 28 e II 3,4 SGB IV).

3. Sozialversicherungsbeiträge

25 § 266 a I StGB bezieht sich auf die für den Arbeitnehmer vom Arbeitgeber abzuführenden Anteile zur Sozialversicherung, nicht auf Umlagen oder Säumniszuschläge.

---

26 BSGE SozRe 2200 § 1227 RVO Nr. 8, BSGE 45, 200; Brand ZSR 1996, 405

Erlbeck

a) Art

Gegenstand können dementsprechend nicht sein:

- Entlohnungen für geringfügig Beschäftigte, die regelmäßig weniger als 15 Wochenstunden gegen bis zu DM 630 pro Monat tätig sind, § 8 I Nr. 1 SGB IV.
- Vorübergehend bis zu zwei Monate oder 50 Tage im ganzen Kalenderjahr Beschäftigte, § 8 I Nr. 2 SGB IV.

Ab dem 1.4.1999 sind mehrere derartige Beschäftigungen und versicherungspflichtige Beschäftigungen zu addieren, § 8 II SGB IV. Für den Zeitraum davor waren mehrere Beschäftigungsverhältnisse iSd § 8 I SGB IV zu addieren. Der jeweilige Arbeitgeber haftet entsprechend der Lohnhöhe für den Beitrag.

Nach dem 1.4.1999 vereinbarte Beiträge des Arbeitnehmers zur Rentenversicherung (§ 6 II 2 SGB VI) stellen Beiträge iSd § 23 SGB IV dar, auf die § 266 a II StGB anzuwenden ist.

b) Feststellung

Die Verurteilung wegen § 266 a I StGB bedarf folgender Feststellungen:

Höhe der monatlich zum einzelnen Fälligkeitszeitpunkt abzuführenden Beiträge, was grundsätzlich die Feststellung der Anzahl, Beschäftigungszeiten und Löhne der Arbeitnehmer, sowie der Beitragssätze voraussetzt, da die Berechnungsgrundlagen und Berechnungen in den Urteilsgründen enthalten sein müssen[27]. Dies kann teilweise ausnahmsweise entbehrlich sein, wenn ein geschäftlich erfahrener Beschuldigter, der beurteilen kann, ob die Schadensberechnung des Sozialversicherungsträgers richtig ist, zu den Berechnungsgrundlagen und den Ergebnissen ein Geständnis ablegt.[28]

c) Nettolohnabrede und »Schwarzarbeit«

Werden aufgrund der Entlohnungshöhe oder Stundenzahl versicherungspflichtige Arbeitnehmer nicht angemeldet und erhalten sie den Lohn bar ausgezahlt, ist bei einer Abrede zwischen Arbeitnehmer und Arbeitgeber, dies sei der Nettolohn, von diesem auf den Bruttolohn hochzurechnen.[29] Soweit bei Fehlen einer derartigen Abrede zum Zweck der Einsparung der Beiträge Lohnzahlungen die Berechnungsgrundlage darstellen, wird der

---

27 BGH bei Holtz MDR 1992, 321; StV 1993, 364; OLG Frankfurt StV 1999, 32; LK-Gribbohm § 266a Rn 34
28 BayObLG vom 28.3.1996, 4 StRR 34/96
29 §14 II SGB IV, LK-Gribbohm § 266a Rn 40

Erlbeck

versprochene oder gezahlte Lohn als Bruttozahlung (mit Arbeitnehmerbeiträgen und Steuer) zugrunde zu legen sein.[30]

Gerade in diesen Fällen gestalten sich die Ermittlungen am schwierigsten. Regelmäßig ist nur eine dürftige Buchhaltung vorhanden. Möglichst zeitgleiche Durchsuchungen bei Arbeitgeber und den Arbeitnehmern nach Unterlagen über die Beschäftigung und die Entlohnung unter Beteiligung des SozVersTrägers ermöglichen im Einzelfall weitere Aufklärung, insbes wenn Arbeitnehmer als »Scheinselbständige« ein Gewerbe angemeldet, deswegen Rechnungen gestellt und Umsatzsteuer abgeführt haben. Oft hat der Betrieb keine Betriebsnummer, die das Arbeitsamt auch auf Ersuchen der StA ausreicht. Diese ist Voraussetzung für die Feststellung des zur Beitragsberechnung zuständigen Sozialversicherungsträgers, der häufig aufgrund der Ermittlungsergebnisse die Schadensbeträge nicht in der von der Rechtsprechung geforderten monatsabschnittlichen Weise errechnen kann. Soweit möglich, empfiehlt sich eine frühzeitige Beschränkung auf andere Tatbestände.

d) Lohnzahlung

29 Umstritten ist, ob die (ungekürzte) Zahlung des vereinbarten Lohns Voraussetzung der Strafbarkeit ist. Einerseits wird dies verneint, da § 23 II 2 SGB IV nicht an die tatsächliche Lohnzahlung anknüpfe,[31] andererseits setze der untreueähnliche Tatbestand ein Einbehalten nach Abzug vom Lohn voraus.[32]

4. Unterlassungsdelikt

30 Da der Vorwurf des § 266a I StGB auf das Unterlassen der Zahlung zum Fälligkeitszeitpunkt ausgerichtet ist, muß diese möglich und zumutbar sein.[33] Diese Voraussetzungen liegen auch vor, wenn die Unmöglichkeit im Fälligkeitszeitpunkt zwar gegeben ist, jedoch vorher zumindest bedingt vorsätzlich herbeigeführt wurde, etwa, weil der Arbeitgeber unter Mißachtung des Vorrangs der sozialversicherungsrechtlichen Forderung andere Gläubiger oder die Arbeitnehmer ungekürzt befriedigt.[34]

31 Zahlungen des Arbeitgebers, die nicht im Wege der zwangsweisen Beitreibung erfolgen, sind im Strafverfahren – anders als nach sozialversicherungs-

---

30 BGHSt 38, 285, 289; Tröndle/Fischer § 266 a Rn 11b; aA LK-Gribbohm § 266a Rn 43
31 KG NStZ 1991, 287; OLG Düsseldorf NJW RR 1993, 1448; Tröndle/ Fischer § 266a Rn 11
32 LK-Gribbohm § 266a Rn 30, Schönke/Schröder-Lenckner § 266a Rn 9
33 BGH NJW 1997, 133; OLG Frankfurt StrV 1999, 32; Tröndle/Fischer § 266a Rn 12; LK-Gribbohm § 266a Rn 56 je mwN; aA OLG Celle NStZ 1998, 303, 304 wegen § 279 BGB und der Möglichkeit des § 266 a V StGB
34 BGH NJW 1997, 1237, 1238

rechtlichen Bestimmungen – bei Fehlen einer Zweckbestimmung täterfreundlich zunächst auf den zur Zeit der Zahlung fällig werdenden Arbeitnehmeranteil zu verrechnen.[35]

5. § 266a V StGB

In der Praxis geringe Bedeutung hat § 266a V StGB wegen der kumulativ zu erfüllenden Voraussetzungen. 32

6. Betrug im Zusammenhang mit Sozialversicherungsbeiträgen

Soweit bezüglich der Sozialversicherungsbeiträge falsche Anmeldungen des Arbeitgebers, etwa 33

– geringere Löhne und Beiträge, als tatsächlich gezahlt,

– Geringverdiener gem § 8 I SGB IV anstelle versicherungspflichtiger Arbeitnehmer oder Lohnsplitting, etwa 4 Monate versicherungspflichtig beschäftigt, als Geringverdiener für 8 Monate gemeldet, oder ein versicherungspflichtiger Arbeitnehmer, der zusammen mit nichttätigen Angehörigen als Geringverdiener gemeldet wird,

vorliegen, kommt regelmäßig Betrug (bezogen auf die Beiträge des Arbeitnehmers und des Arbeitgebers mit Umlagen) in Betracht, da hier zum Nichtabführen der Sozialversicherungsbeiträge die Täuschung durch falsche Angaben hinzutritt. Strittig ist das Konkurrenzverhältnis.[36]

VI. Schwarzarbeitsgesetz

Schwarzarbeit im engeren Sinne des § 1 SchwArbG ist nur als Ordnungswidrigkeit ahnbar, wobei das Gesetz folgende Anknüpfungspunkte hat: 34

Der Betroffene muß gegen eine Anzeige- oder Meldepflicht im Sinne der Bestimmungen der Sozialgesetzbücher, §§ 8a AsylleistungsG, §§ 14, 55 GewO oder § 1 HandwO bei der Dienst- oder Werkleistung in erheblichem Umfang verstoßen haben (§ 1 I 2 SchwArbG). Nachbarschaftshilfe, Gefälligkeit und gegenseitige Selbsthilfe im Wohnungsbau scheiden aus

---

35 BGH wistra 1990, 353, Tröndle/Fischer § 266a Rn 11c
36 BGH NStZ 1984, 1317, LK-Gribbohm § 266a Rn 110 (Tateinheit); Schönke/Schröder-Lenckner § 266 a Rn 28, Tröndle/Fischer § 266a Rn 20 (Vorrang § 263)

Erlbeck

(§ 1 III SchwArbG). Ordnungswidrig handelt auch der Auftraggeber, § 2 SchwArbG.

Verfolgbar nach diesen Vorschriften ist nur die vorsätzliche Tatbegehung (§ 10 OwiG). Ggf kommt hinsichtlich des fahrlässig begangenen Verstoßes eine Ahndung nach den in § 1 SchwArbG in Bezug genommenen Vorschriften in Betracht.

Zur Ahndung sind die Leistungsträger der Sozialversicherung (§ 1 I Nr. 1 SchwArbG) und die Verwaltungsbehörden (§ 1 I Nr. 2 SchwArbG) berufen, § 6 SchwArbG.

VII. Steuerhinterziehung

35 Bei den in II. bis VI. angesprochenen Sachverhalten wird regelmäßig festzustellen sein, daß nicht nur Verstöße im Zusammenhang mit den dort erwähnten Vorschriften im Raum stehen, sondern zugleich steuerrechtliche Unregelmäßigkeiten gegeben sind.

Da Arbeitgeber gem §§ 38, 41a EStG bis zum 10. des Folgemonats dem Betriebsstättenfinanzamt eine Lohnsteueranmeldung einzureichen haben, was bei den angesprochenen Fallgestaltungen häufig nicht oder unrichtig ausgeführt wird, bestehen regelmäßig Anhaltspunkte für einen Verstoß gegen § 370 I Nr. 1, 2 AO. Beim Arbeitnehmer kommt dies, wenn er nicht in strafrechtlich relevanter Weise an diesem Tun des Arbeitgebers beteiligt ist, regelmäßig erst bei Abgabe einer unrichtigen Lohnsteuerjahreserklärung in Betracht.

Hinsichtlich der Konkurrenzen wird auf Rn 21 in diesem Kapitel verwiesen.

Soweit keine Zuständigkeit der iü zuständigen StA besteht, kommt die Abtrennung und Abgabe an die Bußgeld- und Strafsachenstelle (BuStrA) des örtlich zuständigen Finanzamts in Betracht (§ 386 IV AO).

VIII. Zuständigkeit und Mitteilungspflichten

1. Zuständigkeit

36 Zur örtlichen Zuständigkeit der StA besteht eine Vereinbarung der GenStAe vom Mai 1998, wonach Ermittlungsverfahren wegen illegaler Beschäftigung von Arbeitnehmern gem §§ 227, 227a AFG bzw §§ 406, 407

SGB III, 263, 266a StGB, 370 AO und der mit der illegalen Beschäftigung im Zusammenhang stehenden Straftaten gem §§ 15, 15a AÜG und gem §§ 92, 92a und 92b AuslG grundsätzlich von der für den Firmensitz des Arbeitgebers – dies kann auch der Verleiher sein – zuständigen StA geführt werden.

2. Mitteilungspflichten

Gesetzliche Mitteilungspflichten in den Fällen illegaler Beschäftigung/ Schwarzarbeit sind vorgesehen in 37

- § 308 IV, V SGB III – MiStra 47

- § 18 III, IV AÜG – MiStra 47

- § 3 III SchwArbG – MiStra 48

- MiStra 39

KAPITEL 6 – TODESERMITTLUNGSVERFAHREN UND KAPITALDELIKTE

Überblick

I. **Todesermittlungsverfahren** 1–14

    1. Vorbemerkungen 1
    2. Erkenntnisse über einen nicht natürlichen Todesfall 2–3
    3. Eilmaßnahmen 4
    4. Leichenöffnung 5–9
    5. Fallgruppen 10–14
       a) Verkehrsunfälle 10
       b) Betriebsunfälle 11
       c) Ärztliche Behandlungsfehler 12
       d) Freitod-Fälle 13
       e) Sterbehilfe-Fälle 14

II. **Kapitaldelikte** 15–26

    1. Vorbemerkungen 15–16
    2. Vernehmungen 17–18
    3. Beauftragung von Sachverständigen 19–21
    4. Aktenführung 22–24
    5. Anklage 25–26

I. Todesermittlungsverfahren

1. Vorbemerkungen

Die Bearbeitung von Todesermittlungsverfahren und insbes von Ermittlungsverfahren wegen Kapitaldelikten erfordert beim Sachbearbeiter einige Erfahrung und sollte nicht gerade einem Berufsanfänger anvertraut werden. Die Verfahren zählen aber zu den interessantesten, die die Strafjustiz zu bieten hat und bergen im Gegensatz zu vielen anderen Verfahren sowohl tatsächliche als auch rechtliche Probleme, deren Lösung mit einem sachgerechten Abschluß die aufgewendete Mühe in jedem Fall lohnt.

Die Sachbehandlung von Ermittlungsverfahren, die im Zusammenhang mit Todesfällen stehen, in manchen Behörden als »Leichensachen« bezeichnet, erfolgt grundsätzlich nach den auch für alle anderen Ermittlungen geltenden Grundsätzen und Vorschriften. Besonderheiten ergeben sich lediglich

1

im Hinblick auf die Notwendigkeit schnellstmöglicher Entscheidungen über das Vorgehen wegen der, nur begrenzte Zeit für die Ermittlungen zur Verfügung stehenden Leiche, und im Hinblick auf das Gebot der Rücksichtnahme auf Angehörige des Verstorbenen. Mit den zur Ermittlung des möglichen Fremdverschuldens am Tode des Verstorbenen zur Verfügung stehenden Möglichkeiten und den sich häufig bei ungeklärten Todesfällen ergebenden Fallgruppen beschäftigen sich die folgenden Ausführungen.

2. Erkenntnisse über einen nicht natürlichen Todesfall

2   Die Kenntnis über das Vorliegen eines Todesfalles, der zur Einleitung eines Ermittlungsverfahren Anlaß gibt[1], erhält der StA zumeist über die zuständige Kriminalpolizei, das Standesamt, von einem mit dem Todesfall befaßten Arzt (zB dem Leichenbeschauer oder einem Pathologen) oder auch von Angehörigen des Verstorbenen. Auch anonyme Hinweise geben nicht selten Veranlassung, Ermittlungen aufzunehmen.

Grundsätzlich obliegt es dem die Leichenschau durchführenden Arzt, auf der Todesbescheinigung zu vermerken, ob es sich um eine natürliche oder nicht natürliche Todesursache handelt, oder ob beides für ihn nicht feststellbar ist. Es liegt damit am Wissen, der Erfahrung, dem Gespür und dem Verantwortungsbewußtsein dieses Arztes, ob Ermittlungen über die Todesursache aufgenommen werden oder nicht. Vermerkt er eine natürliche Todesursache und werden nicht von Angehörigen oder anderen Personen Hinweise auf das Gegenteil gegeben, wird die Bestattungsgenehmigung vom zuständigen Standesamt erteilt und die Leiche je nach Art der Bestattung weiteren Ermittlungen vollständig entzogen oder diese werden erheblich erschwert.

3   In den meisten Fällen wird die Kriminalpolizei direkt vom Leichenbeschauer oder dem Standesbeamten verständigt, wenn kein natürlicher Tod festgestellt werden kann. Diese wird den zuständigen StA sofort wegen der Entscheidung über die Beschlagnahme der Leiche zum Zwecke weiterer Ermittlungen, insbes einer Leichenöffnung oder der Freigabe der Leiche zur Bestattung unterrichten.

3. Eilmaßnahmen

4   Weil es sich insoweit um eine Eilentscheidung handelt, werden entsprechende Sachverhalte sehr häufig an den staatsanwaltschaftlichen Bereitschaftsdienst (unter Umständen zur Nachtzeit und zumeist telefonisch) herangetragen. In solchen Fällen gilt der Grundsatz: wenn man sich nicht vollkommen sicher ist, daß Fremdverschulden auszuschließen ist, sollte

---

[1] Biereth Kriminalistik 1998, 407

zunächst einmal die Leiche beschlagnahmt und sodann eine Verständigung der Fachabteilung oder des Fachreferenten (zB für Verkehrs-, Brand- oder Schwurgerichtsdelikte) herbeigeführt werden, der dann die weitere Sachbehandlung übernimmt. Hierzu ist zumeist Zeit bis zum nächsten Morgen. Bei Schwurgerichtsdelikten, insbes vollendeten Tötungsdelikten, sollte sich der Bereitschaftsdienst oder der Schwurgerichtsreferent aber sofort persönlich zum Tatort begeben, um die Ermittlungen dort zu leiten und den ermittelnden Polizeibeamten für Entscheidungen unmittelbar zur Verfügung zu stehen. Dies sollte auch für schwerwiegende Unfälle mit Todesopfern gelten, sei es im Straßenverkehr oder in Betrieben.

4. Leichenöffnung

Den wesentlichsten, jedoch nicht den einzigen Ansatzpunkt für die Ermittlung der Todesursache und ggf eines Fremdverschuldens am Tode des Verstorbenen bietet die Leiche. Auf deren sofortige Beschlagnahme nach § 94 StPO ist daher in allen derartigen Fällen größter Wert zu legen. Nötigenfalls ist gem § 87 StPO eine Ausgrabung (Exhumierung) durchzuführen.

5

Die Anordnung für die umgehend durchzuführende Leichenöffnung (Obduktion) obliegt dem örtlich zuständigen Ermittlungsrichter, wegen der Eilbedürftigkeit wird sie in der Praxis jedoch zumeist gem § 87 IV 1 HS 2 StPO vom StA getroffen. Dies gilt grundsätzlich auch für die Ausgrabung einer Leiche; allerdings wird die Beurteilung der Eilbedürftigkeit wegen Gefährdung des Untersuchungserfolges durch Verzögerung je nach den zu treffenden Feststellungen und dem Zeitraum der Bestattung durchaus unterschiedlich vorzunehmen sein. Um die notwendigen Maßnahmen für die Leichenöffnung wie zB die Überführung zum Sektionsort vornehmen zu können, ist der Ort, an dem sich die Leiche befindet oder bestattet ist, festzustellen. Der StA steht nach § 87 II 5 StPO ein Teilnahmerecht an der von zwei Ärzten als Sachverständigen durchzuführenden Leichenöffnung zu. Hiervon sollte vom zuständigen Sachbearbeiter der StA in allen bedeutsamen Fällen, wozu in jedem Falle vorsätzliche Tötungsdelikte zählen, unbedingt Gebrauch gemacht werden. Nur durch seine Teilnahme an der Obduktion kann er sich einen unmittelbaren Eindruck von Verletzungen machen,[2] kann Fragen an die Obduzenten stellen, sich Feststellungen erklären lassen, auf die Aufklärung von Umständen hinwirken, die aus seiner Sicht für das Verfahren von Bedeutung sind und ohne umständliche Rückfragen sofort Anordnungen für die Vornahme weiterer (uU kostspieliger) Untersuchungen treffen. Im übrigen ist durch die Teilnahme des staatsanwaltschaftlichen oder zumindest des polizeilichen Sachbearbeiters sicherzustellen, daß die Obduzenten über die für ihre Untersuchungen

---

2   Zumal die technische Ausstattung der Polizeidienststellen auch heute noch nicht in allen Fällen die Gewähr für im Verfahren verwertbare Lichtbilder bietet.

bedeutsamen Ermittlungsergebnisse informiert werden. Nur bei Routinefällen sollte sich die StA durch ihre Hilfsbeamten bei der Leichenöffnung vertreten lassen.

6 Der Umfang der Leichenöffnung bestimmt sich in jedem Fall nach § 89 StPO.[3] Um den Obduzenten ein möglichst fundiertes und umfassendes Gutachten zu ermöglichen, sollten ihnen neben den Informationen über den aktuellen Ermittlungsstand alle für ihre Feststellungen bedeutsamen Gegenstände zur Verfügung gestellt werden. Dazu zählen die Patienten-Unterlagen von Kliniken und Arztpraxen in Fällen des Verdachts auf ärztliche Behandlungsfehler ebenso wie aufgefundene Medikamente bei ungeklärten Todesfällen oder mögliche Tatwaffen.

7 Bei Leichenöffnungen von Neugeborenen ist gem § 90 StPO stets festzustellen, ob das Kind nach oder während der Geburt gelebt hat. Bei unbekannten Neugeborenen ist bei der Leichenöffnung das Augenmerk daneben auf die Feststellung der Identität der Mutter zu richten und daher für eine DNA-Untersuchung geeignetes Material sicherzustellen.

8 Der anwesende StA sollte auch generell darauf achten, daß das bei der Sektion aufzunehmende Protokoll alle für das weitere Verfahren bedeutsamen Feststellungen enthält. Er hat das Protokoll auch neben den Obduzenten zu unterzeichnen.

Nach dem Abschluß der Obduktion hat der StA eine Entscheidung über die Freigabe der Leiche zur Bestattung zu treffen.

9 Soweit zB bei einem Unfallopfer, dessen Hirntod bereits festgestellt wurde, Organe in zulässiger Weise zum Zwecke einer Organspende entnommen werden sollen, ist sofort Rücksprache mit einem Rechtsmediziner zu halten, ob diese für die Feststellung der Todesursache bei einer beabsichtigten Leichenöffnung nach Beschlagnahme der Leiche benötigt werden. Der Rechtsmediziner sollte sodann zum Obduzenten bestimmt werden und bei der Organentnahme anwesend sein.

5. Fallgruppen

Wenn auch der Leichnam den zentralen Ermittlungsgegenstand für Todesursache und mögliches Fremdverschulden darstellt, dürfen daneben andere Ermittlungsansätze nicht vernachlässigt werden. Dazu zählt der Auffindeort der Leiche ebenso wie die Vernehmung von Zeugen. Bei alleinigem und eindeutigem Eigenverschulden des Verstorbenen an seinem Tode, bei Freitod wie bei fahrlässigem Verhalten sind die Ermittlungen allerdings einzustellen, weil eine Straftat nicht mehr in Betracht kommt.

---

3   S.a. Nr. 33 – 38 RiStBV

Auf die Besonderheiten einiger häufig auftretender Fallgruppen soll kurz gesondert eingegangen werden.

a) Verkehrsunfälle

Hier kommt die Anordnung und Durchführung einer Leichenöffnung dann in Betracht, wenn es weder (unbeteiligte) Zeugen gibt, noch durch das Gutachten eines technischen Sachverständigen die relevanten Fragen geklärt werden können. Dazu zählt die Frage nach der Gehrichtung eines Fußgängers ebenso wie zur Ermittlung der Anstoßkonstellation die der Art der Verletzungen bei einem Zweiradfahrer. Auch zur Feststellung, wer von mehreren Beteiligten Führer eines Kraftfahrzeuges war, kann die Leichenöffnung beitragen. Auch hier gilt aber der Grundsatz, daß nur diejenigen Ermittlungen durchgeführt werden sollten, die für die Fortführung eines Ermittlungsverfahrens von Bedeutung sein können. Die Entnahme von Leichenblut beispielsweise zur Feststellung einer alkohol- oder drogenbedingten Fahruntüchtigkeit des bei einem Verkehrsunfall alleinbeteiligten Kraftfahrers dient lediglich den Versicherungen und der Statistik und verursacht unnötige Kosten, da ein Strafverfahren wegen dessen Ableben nicht mehr stattfinden kann.

10

b) Betriebsunfälle

Gerade bei tödlich verlaufenen Betriebsunfällen gestalten sich die Ermittlungen häufig besonders schwierig, weil Fehler vertuscht werden und Arbeitnehmer es häufig aus Rücksichtnahme auf Arbeitskollegen oder Angst um ihren Arbeitsplatz nicht wagen, Fehlverhalten oder bekannte Verstöße gegen Arbeitsschutz-Bestimmungen zu offenbaren. Hier empfiehlt es sich, von Anfang an Sachverständige der Gewerbeaufsichtsämter oder des TÜV in die Ermittlungen einzubeziehen und bei erkennbaren Vertuschungs-Versuchen staatsanwaltschaftliche oder ermittlungsrichterliche Vernehmungen durchzuführen.

11

c) Ärztliche Behandlungsfehler

Sehr häufig werden von Hinterbliebenen eines Verstorbenen Anzeigen gegen behandelnde Ärzte wegen Behandlungsfehlern oder unterlassener Hilfeleistung erstattet. Neben dem verständlichen Schmerz über den tragischen Verlust sind es jedoch häufig auch rein zivilrechtliche Interessen, die zu derartigen Anzeigen führen. Zumeist ist es bei allen diesen Fällen unumgänglich, umfangreiche Ermittlungen zu führen. Dabei ist es häufig schon nicht immer einfach zu ermitteln, wer konkret welche Behandlung durchgeführt hat oder durchführen hätte müssen, wenn der Verstorbene sich in klinischer Behandlung oder in der Behandlung mehrerer Ärzte befunden hat. Schließlich muß aber auch festgestellt werden, ob eine zutreffende Dia-

12

gnose gestellt wurde, die durchgeführte Behandlung aus medizinischer Sicht sachgemäß war und fachlich einwandfrei erfolgte.

Während die Frage, ob eine zutreffende Diagnose gestellt wurde, sich zumeist allein durch die Obduktion klären läßt, ist die Beantwortung der übrigen Fragen ohne ein medizinisches Fachgutachten kaum möglich. In der Praxis gestaltet es sich häufig bereits sehr schwierig, einen geeigneten Sachverständigen zu finden, der neben seiner sonstigen beruflichen Belastung in der Lage und bereit ist, in absehbarer Zeit ein Gutachten vorzulegen. Die Institute für Rechtsmedizin der jeweiligen Universitäten oder die landgerichtsärztlichen Dienststellen können in manchen Fällen Sachverständige stellen, zumindest aber bei der Auswahl entsprechender Sachverständiger behilflich sein.

Bewährt hat sich auch bei vielen StAen die Einrichtung von Spezialreferaten für die Bearbeitung von Ermittlungsverfahren wegen Verdachts ärztlicher Behandlungsfehler.

d) Freitod-Fälle

13 Bei eindeutigen Fällen von Freitod, stellt sich häufig die Frage, ob man überhaupt eine Leichenöffnung durchführen soll. Fremdverschulden ist zwar zumeist auszuschließen, die näheren Umstände des Todes sind aber häufig unklar. Die Entscheidung, eine Obduktion durchzuführen oder dies zu unterlassen, kann hier nur von Fall zu Fall getroffen werden. Es kommt dabei auf die jeweiligen Umstände wie die Person des Verstorbenen, Art und Weise ihres Ablebens ebenso an, wie auf das Vorliegen eines Abschiedsbriefes oder das Bestehen von handfesten wirtschaftlichen oder persönlichen Interessen Dritter am Tode der betreffenden Person. Im Zweifel sollte man eine Obduktion anordnen. Gerade in kritischen Fällen kommt man später um die Anordnung einer Obduktion samt Exhumierung nicht herum, wenn von Angehörigen oder anderer Seite insistiert wird, es liege Fremdverschulden vor.

Auch bei Fällen des Doppel- oder Mehrfach-Freitodes sollten Obduktionen zur Klärung von Todesursache und Tatablauf durchgeführt werden, insbes wenn ein Beteiligter erst den oder die weiteren Betroffenen (zumeist Ehegatten oder Lebensgefährten) getötet hat. Unerläßlich ist die Obduktion, wenn einer der Beteiligten überlebt hat, weil sich hier in jedem Falle ein Ermittlungsverfahren wegen dessen möglichen Verschuldens am Tode des oder der anderen anschließt.

Vergleichbar ist die Fallgestaltung in den nicht seltenen und sehr spektakulären Fällen von sog Familientragödien, wenn ein Elternteil die restliche Familie gegen deren Willen tötet und dann seinen eigenen Tod herbeiführt. Hier sollten in jedem Falle zur genauen Klärung der Umstände der Taten Leichenöffnungen bei sämtlichen Verstorbenen durchgeführt werden, auch wenn von vorneherein feststeht, daß der Täter ebenfalls verstorben ist.

Neubeck

e) Sterbehilfe-Fälle

Sehr problematisch gestalten sich Freitod-Fälle, bei denen der Verstorbene zur Herbeiführung seines Todes die Hilfe eines Dritten, häufig in organisierter Weise in Anspruch genommen hat. Die in Deutschland insoweit außerordentlich unübersichtliche Rechtslage[4] läßt es in kaum einem derartigen Fall zu, eine sichere Prognose abzugeben, ob die Sterbehilfe einen Straftatbestand erfüllt hat oder nicht. Zuviele Umstände sind hierbei im Einzelfall zu klären, um diese Frage in der bei Todesfallermittlungen notwendigen Kürze der Zeit eindeutig zu beantworten. Es empfiehlt sich daher, in solchen Fällen zunächst eine Leichenöffnung zur genauen Klärung der Todesursache, insbes der verwendeten Substanz bei Vergiftungsfällen durchzuführen. Dies ist schon allein deswegen notwendig, weil eine Straftat nach dem Betäubungsmittel- oder Arzneimittelgesetz vorliegen kann[5], selbst wenn die eigentliche Sterbehilfe straflos gewesen sein sollte.

14

In jedem Falle ist bei den weiteren Ermittlungen auf die Klärung der Umstände wie freie Willensbestimmung des Verstorbenen bei der Abgabe seines Einverständnisses zum Sterben sowie Art und Weise der Verabreichung von tödlichen Substanzen hinzuwirken.

II. Kapitaldelikte

1. Vorbemerkungen

Die Sachbehandlung von Ermittlungsverfahren bei Kapitaldelikten[6] unterscheidet sich im Grundsatz nicht von der Führung anderer Ermittlungsverfahren. Es kann daher zunächst auf die Ausführungen unter I. Bezug genommen werden.

15

Besonderheiten ergeben sich jedoch daraus, daß es sich – soweit es einen Tatverdächtigen gibt – in aller Regel um Haftsachen handelt[7] und die Ermittlungen daher nicht nur im Hinblick auf den Beschleunigungsgrundsatz besonders zügig, sondern auch im Hinblick auf die Schwere des Tatvorwurfs und die damit zusammenhängende Strafdrohung besonders gründlich geführt werden müssen. Soweit kein Geständnis des Tatverdächtigen vorliegt und der Tatnachweis gar durch Indizien geführt werden muß, kann sich das Ermittlungsverfahren sehr aufwendig gestalten und vom sachbearbeitenden StA einen erheblichen Zeitaufwand verlangen. Gleich-

---

4 Zu dem zahlreichen Schrifttum vgl die Zusammenstellung bei Tröndle/Fischer Vor § 211 Rn 13
5 ZB nach § 30 I Nr. 3 BtMG
6 Aufzählung in § 74 II GVG
7 § 112 III StPO

Neubeck

wohl sollte er von Anfang an die polizeilichen Ermittlungen auf die Umstände lenken, die wesentlich sind, andererseits aber auch darauf hinwirken, daß entlastende Umstände nicht übersehen werden. Ein ständiger und persönlicher Kontakt mit dem polizeilichen Sachbearbeiter ist während des gesamten Ermittlungsverfahrens unverzichtbar.

16 In Kapitalsachen gilt der Grundsatz, daß im ersten Zugriff Versäumtes selten nachgeholt werden kann, in besonderem Maße. Auf die sorgfältige Tatortaufnahme wie auf die erste Vernehmung eines Tatverdächtigen ist daher größter Wert zu legen. Bei der Tatortaufnahme und der Spurensicherung kann man sich in aller Regel auf die Qualifikation der mit der Behandlung von Kapitaldelikten betrauten Kriminalbeamten verlassen. Gleichwohl ist es notwendig, in jedem Einzelfall von neuem zu überlegen, welche Feststellungen noch zu treffen und welche Ermittlungen noch zu führen sind, um einen lückenlosen Tatnachweis zu führen. Dabei ist insbes der StA gefordert, der aus seiner Erfahrung die zu erwartenden Einlassungen und Schutzbehauptungen besser abschätzen kann, als der im Prozeß nicht erfahrene Kriminalbeamte. Gleichermaßen fällt es in den Verantwortungsbereich des StAs, besonders auf die prozeßordnungsgemäße Gewinnung von Beweismitteln zu achten.

2. Vernehmungen

17 Bei den ersten Vernehmungen von Tatverdächtigen empfiehlt sich eine persönliche Teilnahme des StAs, zumindest bei der richterlichen Vernehmung anläßlich der Vorführung des Beschuldigten beim Haftrichter. Es geht dabei nicht nur darum, sich einen persönlichen Eindruck von dem Menschen zu verschaffen, von dessen Persönlichkeit man sich später zumeist durch einen Sachverständigen ein Bild verschaffen muß und den man im Normalfall erst vor der Schwurgerichtskammer in der Hauptverhandlung wiedersehen wird, sondern vor allem auch darum, darauf hinzuwirken, daß dessen Aussagen klar und unmißverständlich protokolliert werden und auf alle denkbaren Eventualitäten eingegangen wird. Gerade der subjektiven Tatseite wird nicht selten hierbei zu wenig Beachtung geschenkt. Ebenso werden Umstände, die zur Annahme eines Rücktritts vom Versuch führen können, an dieser Stelle nicht hinreichend aufgeklärt, weil man allzu froh ist, daß der Beschuldigte den äußeren Tatablauf einräumt. Nicht sorgfältig durchgeführte Vernehmungen oder nicht klar und eindeutig erfolgte Protokollierungen ermöglichen es später dem Beschuldigten, Einlassungen vorzubringen, die zur Annahme eines freiwilligen Rücktritts, zu einer Verurteilung wegen Totschlags statt wegen Mordes, der Annahme eines minderschweren Falles oder der verminderten Schuldfähigkeit führen.

Man sollte sich gerade bei Kapitaldelikten bei der ersten Vernehmung des Beschuldigten stets vor Augen halten, daß es unter Umständen die einzige Gelegenheit ist, von ihm eine unbefangene, vielleicht sogar überhaupt eine Aussage zu erhalten. Dementsprechend sorgfältig muß die Vernehmung vorbereitet und durchgeführt werden.

Hierzu gehört es beispielsweise, bei den geringsten Zweifeln an der hinreichenden Sprachkundigkeit eines Ausländers einen entsprechenden Dolmetscher beizuziehen und diesen, auch wenn er wegen ausreichender Sprachkenntnisse doch nicht benötigt wird, für Zweifelsfälle bereit zu halten. Auf jeden Fall sollte die Belehrung nach § 136 I StPO unbedingt in die Muttersprache des Beschuldigten übersetzt werden, um zu verhindern, daß die Aussage im Prozeß nicht verwertet werden kann, weil der Beschuldigte sich später nicht sicher widerlegbar darauf beruft, die Belehrung nicht hinreichend verstanden zu haben. Soweit der Dolmetscher die Einlassung des Beschuldigten übersetzt hat, sollte er das Protokoll auch unterzeichnen und jede Seite für die richtige Protokollierung auch paraphieren. 18

Benötigt der Beschuldigte eine Sehhilfe, die ihm bei der Festnahme häufig weggenommen wird, sollte darauf geachtet werden, daß er diese zur Vernehmung wieder ausgehändigt erhält. Die spätere Einlassung, nicht gewußt zu haben, was man als Geständnis unterschrieben habe und dies auch in dieser Form nicht gesagt zu haben, drängt sich für den Beschuldigten sonst geradezu auf.

Diese Überlegungen gelten natürlich in gleicher Weise für die Vernehmung von Zeugen, denen ein Zeugnisverweigerungsrecht zusteht.

3. Beauftragung von Sachverständigen

Immer mehr Bedeutung erlangen gerade in Schwurgerichtsverfahren die Gutachten verschiedenster Sachverständiger. Einerseits ist es natürlich verlockend, durch das Gutachten eines Sachverständigen eine sichere und objektive Beweisführung zu ermöglichen und sich nicht (nur) auf die oftmals unsicheren, teilweise widersprüchlichen und nicht immer objektiven Aussagen von Zeugen verlassen zu müssen. Andererseits sollte man (nicht nur aus fiskalischen Erwägungen) zunächst immer die Überlegung anstellen, was tatsächlich durch das Gutachten erwiesen werden kann und ob es dessen tatsächlich bedarf. Jede weitere Beauftragung eines Sachverständigen kostet Zeit und führt zu Verzögerungen des Verfahrens. Hinzu kommt, daß die Einholung von Sachverständigengutachten gerade wenn es um Feststellungen nicht im Kernbereich des Tatgeschehens geht, den Eindruck vermittelt, die StA sei sich ihrer Sache nicht sicher. Man sollte deshalb mit der Beauftragung eines Sachverständigen zurückhaltend sein, wenn der Beweiswert der von ihm zu behandelnden Beweisthemen eher gering ist. 19

20 Große Bedeutung hat natürlich in jedem Fall die Auswahl des jeweiligen Sachverständigen. Diese obliegt im Ermittlungsverfahren einzig und allein dem StA[8]. Gerade bei der Auswahl der in Kapitalsachen immer mehr an Bedeutung gewinnenden psychiatrischen Sachverständigen versuchen Verteidiger in zunehmendem Maße auf diese Auswahl Einfluß zu nehmen, indem sie bestimmte, ihnen genehme Sachverständige vorschlagen, den StA zu einer Verständigung auf einen bestimmten Sachverständigen drängen und damit drohen, den vom Sachbearbeiter beauftragten Sachverständigen nicht zu akzeptieren oder sogar abzulehnen. Hier kann man dem Schwurgerichtsreferenten nur raten, seine Auswahl nach rein sachlichen Kriterien, bezogen auf den konkreten Fall und ausgehend von der Sachkunde des jeweiligen Sachverständigen oder dessen Spezialgebiet in eigener Verantwortung zu treffen. Der Verteidiger kann zu der Auswahl Stellung nehmen[9] und in manchen Fällen empfiehlt es sich auch, die Auswahl mit ihm vorher zu besprechen. Sachverständige jedoch, die einem nicht bekannt sind, sollte man nicht auf bloßen Vorschlag des Verteidigers beauftragen.

In jedem Falle empfiehlt es sich, mit dem Sachverständigen den Gutachtensauftrag kurz zu besprechen und vor allem eine Zeit für die Vorlage des Gutachtens zu vereinbaren[10].

Bei der Beauftragung psychiatrischer Sachverständiger mit der Untersuchung des Beschuldigten zur Prüfung seiner Schuldfähigkeit[11] hat es sich bewährt, mit der Gutachtenserstattung bei in Haft befindlichen Beschuldigten die Leiter von Psychiatrischen Kliniken oder Abteilungen in Justizvollzugsanstalten zu beauftragen. Dies erfordert zum einen keine gesonderte Unterbringung des Beschuldigten ohne Unterbringungsanordnung,[12] vielmehr genügt seine Verschubung in die betreffende Justizvollzugsanstalt für die Dauer der Untersuchung. Zum anderen ist keine sonst unerläßliche aufwendige Bewachung des Gefangenen während der Untersuchung notwendig.

21 In vielen Fällen geben sich StA und Polizei mit den vorläufigen Gutachten der Obduzenten zur Todesursache und den Umständen des Ablebens des Tatopfers mit dem während der Leichenöffnung erstatteten vorläufigen Gutachten zufrieden und versäumen es, den Obduzenten die Ermittlungsakten nach Abschluß der Ermittlungen nochmals zuzuleiten mit dem Auftrag, ein abschließendes Gutachten hierzu abzugeben. Dies ist vor allem dann unerläßlich, wenn sich neue Umstände, wie neue Zeugenaussagen, veränderte Einlassungen oder neue Fakten ergeben haben. Die Obduzenten werden mit diesen dann erstmals in der Hauptverhandlung konfrontiert

---

8 § 161a I 1 StPO; § 73 I StPO bezieht sich nur auf das gerichtliche Verfahren, vgl Kl/M-G § 73 Rn 1
9 Nr. 70 I RiStBV
10 Nr. 70, 72 RiStBV
11 Gem §§ 20, 21 StGB
12 BGH NStZ 1995, 219

und müssen zuweilen sogar ihr vorläufiges Gutachten, von dem auch die Anklageschrift ausgegangen ist, revidieren. Derartige Situationen lassen sich durch den Auftrag, ein abschließendes Gutachten zu erholen, vermeiden.

4. Aktenführung

Bei der Anlage und Führung der im Normalfall gegenüber anderen Verfahren wesentlich umfangreicheren Ermittlungsakten hat es sich bewährt, eine Numerierung der Seiten erst nach Abschluß der polizeilichen Ermittlungen vorzunehmen. Auf diese Weise kann sichergestellt werden, daß durch die Anlage von einzelnen Rubriken (Beschuldigter, Zeugen, Gutachten, Berichte, Allgemeines) unabhängig von der Chronologie des Eingangs Übersichtlichkeit gewahrt werden kann. Schriftstücke, die bei der StA eingehen, während sich die Akten bei der Polizei zur Ermittlung befinden, können problemlos an der entsprechenden Stelle nachgeordnet werden, ohne eine bestehende Numerierung ändern zu müssen. Ein gut aufgebauter und übersichtlicher polizeilicher Abschlußbericht (Abschlußvermerk) kann dem StA die Fertigung der Abschlußverfügung, insbes einer Anklage zum Schwurgericht, erheblich erleichtern. Der Abschlußbericht sollte jedoch in jedem Falle zuvor mit dem polizeilichen Sachbearbeiter besprochen werden und keine rechtlichen Würdigungen enthalten, wohl aber die hierfür erforderlichen Fakten.

22

Die sofortige Anlegung von Zweit- und zumeist auch Drittakten ist nahezu in allen Fällen von Kapitaldelikten unerläßlich und sehr zu empfehlen. Häufig werden neben den eigentlichen Ermittlungsakten weitere Akten zur Antragstellung beim Ermittlungsrichter für richterliche Beschlüsse, Haftprüfungen oder zur Vorlage beim LG oder OLG für Beschwerdeentscheidungen oder zur Haftprüfung nach § 122 StPO bzw zur Gewährung von Akteneinsichten benötigt. Der mit Hilfe der modernen Bürotechnik im Rahmen bleibende Aufwand für die Anlage von Mehrfertigungen der Akten wird durch die Möglichkeit der zeitsparenden parallelen Vorlage der verschiedenen Akten mehr als gerechtfertigt. Im Notfall müssen – beispielsweise für Beschwerdevorlagen – Sonderhefte mit Kopien der entsprechenden Aktenteile angelegt werden.

23

Etwas schwieriger, als mit durchnumerierten Akten gestalten sich zwar Vorlagen an Land- oder OLG, mit Hilfe von Kennzeichnungen der entsprechenden Seiten in den jeweiligen Rubriken oder vorläufigen Bleistiftnumerierungen der jeweiligen Rubrik, läßt sich dem aber praktikabel beggenen. In jedem Falle jedoch überwiegen die Vorteile der Numerierung nach Abschluß der polizeilichen Ermittlung gegenüber einer Numerierung von Anfang an, weil die Übersichtlichkeit und die sachliche Gliederung ein einfacheres Arbeiten mit den Akten ermöglichen. Man sollte auch bedenken, daß die Akten auch für die Revisionsinstanz und im Falle einer mögli-

24

chen Zurückverweisung für jeden sich neu damit befassenden Bearbeiter übersichtlich bleiben müssen.

Ein gutes Inhaltsverzeichnis für die einzelnen Rubriken erleichtert die Handhabung noch mehr.

Spurenakten über nicht zum Beschuldigten führende Spuren sind nicht zu Bestandteilen der Akten zu machen. Der StA sollte sich aber über sämtliche Spurenakten Kenntnis verschaffen.[13]

5. Anklage

25 Die Anklage zur Schwurgerichtskammer unterscheidet sich im Grunde nicht von anderen Anklagen zum LG. Es gelten für sie dieselben Regeln wie für alle anderen Anklagen auch.[14] Natürlich erfordern es das Gewicht des Vorwurfs und die Bedeutung der Sache, daß das wesentliche Ergebnis der Ermittlungen[15] ausführlicher und genauer auf die Ermittlungen zur Tat und zu den Tatbeteiligten, zur Beweiswürdigung wie zur rechtlichen Würdigung eingeht. Der Anklagesatz selbst unterscheidet sich jedoch nicht im geringsten von dem Anklagesatz jeder anderen Anklage auch. Er hat die dem Angeschuldigten zur Last gelegte Tat so konkret, aber auch so knapp wie möglich zu schildern und dabei auch die subjektive Tatseite mit zu umfassen. Weitschweifige und ausschmückende Darstellungen sind auch bei Kapitaldelikten im Anklagesatz völlig fehl am Platz und sollten auch im wesentlichen Ermittlungsergebnis nicht zu finden sein. Vielfach werden Anklagen zum Schwurgericht diesen Anforderungen nicht gerecht und enthalten ausufernde Darstellungen und Abhandlungen.

Nicht auf den Umfang, sondern auf den Inhalt kommt es an. Wiedergaben eines umfangreichen und ausführlichen polizeilichen Schlußberichtes sind nicht erforderlich und auch für das Verfahren nicht hilfreich.

26 Unter keinen Umständen darf es jedoch übersehen werden, auf die Frage der besonderen Schwere der Schuld[16] in der Anklage einzugehen, wenn eine lebenslange Freiheitsstrafe zu erwarten ist bzw vom StA angestrebt wird.[17] Nachdem das Urteil der Schwurgerichtskammer im Tenor die Feststellung enthalten muß, wenn ein Fall der besonderen Schwere der Schuld festgestellt wird und die Gründe des Urteils sich damit auseinandersetzen müssen, ob ein solcher Fall gegeben ist,[18] muß sich auch die Anklageschrift kon-

---

13 Kl/M-G § 163 Rn 18 und 24
14 § 200 StPO; vgl auch Nr. 110 – 113 RiStBV
15 § 200 II StPO
16 § 57a I Nr. 2 StGB
17 Dies gilt nicht nur für Anklagen wegen Mordes, sondern für alle Fälle, in denen die Verurteilung zu lebenslanger Freiheitsstrafe in Betracht kommt BGH 1 StR 686/98; Kl/M-G § 260 Rn 33 mwN
18 BVerfGE 86, 288; BGH GrS 40, 360

Neubeck

sequenterweise in gleicher Weise damit befassen. Dh, der Anklagesatz muß in der Schilderung des Tatgeschehens diejenigen Umstände schildern, welche die Feststellung des Vorliegens der besonderen Schwere der Schuld tragen. In die Liste der angewendeten Vorschriften ist daher § 57a I Nr. 2 StGB aufzunehmen, wenn der StA bei seiner rechtlichen Würdigung des Sachverhalts und sämtlicher dabei zu berücksichtigender Umstände[19] zur Feststellung ihres Vorliegens gelangt.[20] Die vorgenommene rechtliche Bewertung der im Anklagesatz geschilderten Umstände ist bei der Begründung der rechtlichen Würdigung im wesentlichen Ergebnis der Ermittlungen darzulegen. Liegen aus der Sicht des StAs bei Anklageerhebung keine Umstände vor, die zur Feststellung der besonderen Schwere der Schuld führen, sollte dies auch an dieser Stelle der Anklageschrift erörtert werden. In Zweifelsfällen ist darauf hinzuweisen, daß die Klärung dieser Frage dem Ergebnis der Hauptverhandlung vorbehalten sein wird.

---

19 S. hierzu Tröndle/Fischer § 57a Rn 7 – 7c
20 Für das Urteil s. Kl/M-G § 260 Rn 58

KAPITEL 7 – WAFFENDELIKTE

Überblick

I.	**Grundlagen**...	**1–20**
	1. Waffendelikte in der staatsanwaltschaftlichen Praxis	1–5
	2. Rechtliche Grundlagen	6–13
	3. Waffentechnische Gutachten und Sachverständige................	14–18
	4. Aufbau der waffenrechtlichen Strafbestimmungen und Prüfungsreihenfolge...	19–20
II.	**Schußwaffen**...	**21–74**
	1. Allgemein	21–47
	a) Definition und Ausnahmen................................	22–24
	b) Gas- und Schreckschußwaffen.............................	25–30
	c) CO_2-, Luftdruck- und Federdruckwaffen.....................	31–38
	d) Perkussionswaffen.......................................	39–40
	e) Schußwaffenteile und Schalldämpfer	41–47
	2. Langwaffen...	48–63
	a) Vollautomatische Langwaffen..............................	49–51
	b) Halbautomatische Langwaffen	52–59
	c) Einschüssige Langwaffen und Handrepetierer................	60–61
	d) Sonderfall: Wildererwaffen................................	62–63
	3. Kurzwaffen...	64–72
	a) Vollautomatische Kurzwaffen..............................	64
	b) Halbautomatische Kurzwaffen	65–69
	c) Einschüssige Kurzwaffen..................................	70–72
	4. Sonderfall: Getarnte Schußwaffen	73–74
III.	**Munition**	**75–88**
	1. Allgemein	75–77
	2. Verbotene Munition...	78–81
	3. Kriegswaffenmunition	82–88
	a) Kriegswaffenmunition für tragbare Schußwaffen..............	82–87
	b) Kriegswaffenmunition für nicht tragbare Schußwaffen..........	88
IV.	**Hieb- und Stoßwaffen und sonstige Gegenstände**	**89–115**
	1. Allgemein	89–91
	2. Verbotene Gegenstände	92–110
	a) Allgemein	92–95
	b) Zielgeräte	96
	c) Getarnte Hieb- und Stoßwaffen............................	97–98
	d) Spring- und Fallmesser	99–100
	e) Stahlruten, Totschläger und Schlagringe.....................	101–104
	f) Nunchakus	105
	g) Molotow-Cocktails.......................................	106–108

Bezzel

	h) Schleudern	109–110
3.	Reizstoffsprühgeräte	111–113
4.	Handgranaten, Minen, Bomben	114–115

V. Tathandlungen 116–151

1.	Allgemein	116–117
2.	Besitz	118–124
	a) Sonderfall: Altbesitz	122–123
	b) Sonderfall: DDR-Altbesitz	124
3.	Erwerb und Überlassen	125–138
	a) Erwerb zur Weitergabe	132
	b) Waffenvertrieb im Marktverkehr und auf Volksfesten	133–135
	c) Waffenhandel	136–138
4.	Führen und Beförderung	139–146
	a) Führen bei öffentlichen Veranstaltungen	141–143
	b) Führen in Gaststätten	144–145
	c) Beförderung von Kriegswaffen	146
5.	Einfuhr	147–148
6.	Herstellung und Bearbeitung	149–151

VI. Verbots- und Genehmigungsnormen 152–187

1.	Allgemein	152–153
2.	Verbote	154–160
	a) Gegenstandsbezogene Verbote	154–155
	b) Tätigkeitsbezogene Verbote	156–157
	c) Personenbezogene Einzelfallverbote	158–160
3.	Genehmigungen	161–170
	a) Waffenbesitzkarte	161–163
	b) Munitionserwerbschein	164
	c) Waffenschein	165
	d) Handels- und Herstellungserlaubnis	166
	e) Europäischer Feuerwaffenpaß	167–169
	f) »Einfuhrgenehmigung«	170
4.	Ausnahmen vom Verbot bzw von der Genehmigungspflicht	171–186
	a) Erbenprivileg	173–176
	b) Fund	177–178
	c) Vorübergehender sicherer Erwerb	179–182
	d) Jägerprivileg	183–184
	e) Transport	185–186
5.	Konsequenzen für die Ermittlungstätigkeit	187

VII. Rechtsfolgen 188–199

1.	Allgemein	188–189
2.	Strafzumessungskriterien	190–191
3.	Schuldfähigkeit	192
4.	Einziehung	193–197
5.	Fahrerlaubnis- und Fahrzeugmaßnahmen	198
6.	Konsequenzen für die Ermittlungstätigkeit	199

VIII. Konkurrenzen und Strafklageverbrauch	200–208
1. Allgemein	200–201
2. Waffendelikte und sonstige Straftaten	202–203
3. Waffendelikte untereinander	204–207
4. Konsequenzen für die Ermittlungstätigkeit	208
IX. Irrtumsfragen	209–216
1. Allgemein	209–213
2. Tatbestands- und Verbotsirrtum	214–215
3. Konsequenzen für die Ermittlungstätigkeit	216
X. Exkurs: Europarecht	217–219
XI. Anhang: Formulare	220–222

Literaturverzeichnis

Dörflinger, Ernst E./ Gantschnigg, Martin/ Lorz, Jürgen/ Lorz, Manfred/ Ochojski, Manfred/ Stroh, Alfred, Handbuch des Waffenrechts in Wort und Bild, 1987
Steindorf, Joachim, Waffenrecht, 7. Aufl. 1999

I. Grundlagen

1. Waffendelikte in der staatsanwaltschaftlichen Praxis

Aufsehenerregende Fälle führen in regelmäßigen Abständen dazu, daß Waffendelikte Gegenstand der öffentlichen Diskussion werden. Sobald der Amoklauf eines Waffenliebhabers zu einem Blutbad führt, oder wenn in der Presse über die zunehmende Bewaffnung von Schülern berichtet wird, werden Stimmen laut, die eine Verschärfung des Waffenrechts und der danach möglichen Sanktionen fordern. Unmittelbar darauf ist in der Regel heftiger Protest von Seiten der Jäger- und Schützenverbände zu verzeichnen, die darauf hinweisen, daß eine Verschärfung nicht angezeigt sei, da Straftaten meist nur mit illegal besessenen Waffen begangen würden, ihre Mitglieder als legale Waffenbesitzer also nicht weiteren Einschränkungen und Reglementierungen unterworfen werden müßten.

1

Trotz dieses erheblichen öffentlichen Interesses führen Waffendelikte in der staatsanwaltschaftlichen Praxis jedoch oft nur ein Schattendasein. Dies liegt daran, daß es sich beim Waffenrecht um eine unübersichtliche Materie des Nebenstrafrechts handelt, und die sachgemäße Bearbeitung von Waffenfällen nicht nur juristische Kenntnisse voraussetzt, sondern auch gewisse Erfahrungen mit Waffen selbst. Die sachgerechte waffentechnische Einordnung von möglicherweise waffenrechtlich relevanten Gegenständen

2

Bezzel

steht am Beginn fast jedes Waffenfalles. In vielen Fällen ist es daher für den StA unabdingbar, sichergestellte Gegenstände selbst in Augenschein zu nehmen, um die weiteren Ermittlungen sachgerecht steuern zu können. Mit der häufig vorhandenen Unkenntnis bei Gericht und StA korrespondiert häufig Expertenwissen in rechtlicher und tatsächlicher Hinsicht auf Seiten der Beschuldigten. Für diese stellen Waffen oft ein zeitintensives Hobby dar, dem sie sich hingebungsvoll widmen und über das sie in jeder – auch strafrechtlicher – Hinsicht von ihren Verbänden und den zahlreichen Fachzeitschriften umfassend informiert werden. Angesichts dieser Schwierigkeiten nimmt es nicht Wunder, daß beim Zusammentreffen von Waffendelikten und anderen Straftaten die Waffendelikte häufig nach den §§ 154, 154 a StPO ausgeschieden werden.

3   Eine derartige Sachbehandlung wird aber der Bedeutung des Waffenrechtes für die innere Sicherheit nicht gerecht. Unabhängig vom skizzierten kriminalpolitischen Streit über Ursachen und Auswirkungen der Waffendelinquenz ist die tatsächliche Bedeutung von Waffendelikten statistisch feststellbar. Die beim BKA geführte bundesweite **Statistik** weist für 1997 insgesamt 13.774 Sicherstellungen von Schußwaffen und wesentlichen Waffenteilen, die Sicherstellung von 484.481 Stück Munition und von 89,475 kg Sprengstoff auf. Wegen Straftaten nach dem StGB erfolgten die Sicherstellungen von 2.499 Schußwaffen und von 65.234 Stück Munition. Als abhanden gekommen wurden für 1997 6.582 Schußwaffen und wesentliche Teile, 127.562 Schuß Munition und 370,590 kg Sprengstoff erfaßt. Da jedes Jahr mehr Schußwaffen und Munition sichergestellt werden, als im gleichen Zeitraum abhanden kommen, muß nach den Erkenntnissen des BKA mit einem ständigen Zustrom, beispielsweise in Form illegaler Einfuhren, gerechnet werden. Dies geschieht nach den Feststellungen des BKA in Form des sog »Ameisenhandels«, vermutlich aber auch durch organisierte Waffenimporte größeren Umfanges. Der Wegfall der Binnengrenzen schränkt nach den Beobachtungen des BKA systematische Kontrollen ein, Ausgleichsmaßnahmen greifen erst nach und nach.[1]

4   Die Zahlen der genannten BKA-Statistik dürften dabei den tatsächlichen Umfang der Waffenkriminalität nur andeutungsweise wiedergeben. Es ist bekannt, daß in vielen Fällen von den sachbearbeitenden Polizeidienststellen die vorgeschriebenen Waffen-Sprengstoff-Meldungen nach KP 27 nicht gemacht werden, insbes wenn – auch – Straftaten nach dem StGB vorliegen. Darüber hinaus ist die Dunkelziffer des illegalen Waffenbesitzes enorm. Polizeilicherseits wird davon ausgegangen, daß sich in Deutschland neben den etwa 10 Millionen legalen Schußwaffen weitere 10 Millionen Schußwaffen in illegalem Besitz befinden.[2]

5   Das Waffenrecht ist darüber hinaus durch eine besondere **Dynamik** gekennzeichnet, die die Sachbearbeitung erschwert. Die vorhandenen und

---

[1] BKA Waffen- und Sprengstoffbericht 1997
[2] BayLKA Kurzlagebild »Illegaler Waffenhandel« 1998

vielen Beschuldigten bekannten Grauzonen werden häufig von den Beschuldigten und der Waffenindustrie zur Verwirklichung der eigenen Interessen ausgenutzt. Neue waffentechnische Entwicklungen und Trends erschweren die Bearbeitung von Fällen zusätzlich. Die im Zusammenhang mit Gotcha-Waffen[3] und Soft-Air-Waffen[4] aufgetretenen Unsicherheiten sind weit verbreitet und teilweise noch nicht abschließend geklärt. Mit technischen Neuerungen, die neue rechtliche Probleme aufwerfen, wird auch weiterhin zu rechnen sein – eher als mit der seit langem überfälligen Novellierung des Waffenrechts, über die seit Jahren ergebnislos debattiert wird.

2. Rechtliche Grundlagen

Die für die Bearbeitung von Waffenfällen erforderlichen Normen finden sich in erster Linie im **WaffG** und dem **KWKG** mit **KWL**. Auf die in der Praxis nicht bedeutsamen **ABC-Waffen** soll hier nicht eingegangen werden. 6

Die **1. WaffV** ist von Bedeutung, weil sie in den §§ 1-8 den Anwendungsbereich des WaffG teils einschränkt, teils erweitert, und weil sie in den §§ 9-9 d Regelungen für den Erwerb und das Verbringen von Schußwaffen und Munition innerhalb der EU enthält.[5] 7

Die **3. WaffV** enthält technische Bestimmungen ohne unmittelbare strafrechtliche Relevanz. Ihre Anlage II enthält jedoch die Beschuß- und Prüfzeichen. 8

Die **WaffVwV** als interne Verwaltungsanweisung für die zuständigen Verwaltungsbehörden ist nicht von unmittelbarer strafrechtlicher Relevanz. Es handelt sich bei ihr nicht um eine Gesetzesnorm, sie gibt aber immerhin auf Erfahrung beruhende Richtlinien wieder, die ihrerseits Grundlage der Verwaltungspraxis sind und damit sowohl Handel und Gewerbe als auch die allgemeine Verkehrsauffassung maßgeblich beeinflussen.[6] Sie kann daher als Auslegungshilfe und Kurzkommentar bei der Fallbearbeitung hilfreich sein. 9

Gelegentlich gehen waffenrechtliche Sachverhalte mit Sachverhalten einher, die dem **SprenG** unterliegen. Auf den Straftatbestand nach § 40 SprengG sei daher der Vollständigkeit halber hingewiesen. 10

Probleme treten in der Praxis bei **Berührungen zwischen WaffG und KWKG** auf. Das KWKG und das WaffG sind nur schlecht aufeinander abgestimmt und verfolgen nicht unbedingt die selbe Zielrichtung. Als Aus- 11

---

3 S. hierzu unten Rn 34
4 S. hierzu unten Rn 35
5 S. hierzu unten Rn 217
6 BGH Beschluß vom 17.11.1988, 1 StR 588/88, BGHR, WaffG, § 37, Springmesser 1

führungsgesetz zu Art. 26 II GG sollte das KWKG ursprünglich in erster Linie die Vorbereitung und das Führen eines Angriffskrieges verhindern. Die Ansiedelung der Zuständigkeit für das KWKG im Bundeswirtschaftsministerium läßt freilich von vorneherein ein gewisses Spannungsfeld zwischen Rüstungskontrolle und Wirtschaftsförderung erwarten. Bekanntlich zählt die Bundesrepublik Deutschland alljährlich zur Spitzengruppe der rüstungsexportierenden Nationen. Die innere Sicherheit ist jedenfalls nicht Schutzrichtung des KWKG. Daß die Förderung der deutschen Rüstungsindustrie und der deutschen Exportwirtschaft sich nicht immer mit dem Schutz der inneren Sicherheit deckt, dürfte naheliegen. § 6 III WaffG versucht, WaffG und KWKG für den Bereich tragbarer Schußwaffen und dazugehöriger Munition derart zu verknüpfen, daß grundsätzlich das WaffG zur Anwendung kommt. Gerade im Bereich der sog KWKG-Munition[7] kommt es jedoch zu unbefriedigenden Ergebnissen.

12 Bei Waffendelikten bestehen entsprechende Mitteilungspflichten nach **MiStra 36, 36 a**.

13 Die **RiStBV** enthalten in Nr. 256 ebenfalls Hinweise.

3. Waffentechnische Gutachten und Sachverständige

14 Ohne waffentechnische Gutachten oder Sachverständige kann fast kein Waffendelikt zur Anklage gebracht werden. Dies trifft uneingeschränkt auf Schußwaffen zu. Der Einwand eines Beschuldigten, die maßgebliche Schußwaffe sei überhaupt nicht oder jedenfalls nicht voll- oder halbautomatisch funktionsfähig, ist sonst nicht zu widerlegen. Die durch die Begutachtung entstehende oft erhebliche Verfahrensverzögerung muß daher in den Fällen, in denen nicht ausnahmsweise gegenüber den überlasteten Gutachtern eine höhere Dringlichkeitsstufe begründet werden kann, hingenommen werden.

15 Normalerweise genügt eine **waffentechnische Untersuchung** durch den zuständigen **Schußwaffenerkennungsdienst** der Kriminalpolizei oder der Zollfahndung. Sofern deren technische Einrichtungen nicht zur Durchführung der Untersuchung an der Waffe ausreichen, oder falls weitergehende Untersuchungen (etwa im Hinblick auf entfernte Seriennummern oder Art und Weise von an der Waffe vorgenommenen Manipulationen) erforderlich sind, muß die Waffe von einem Sachverständigen des **Landeskriminalamtes** begutachtet werden.

16 Die bei dem sog **erkennungsdienstlichen Beschuß** anfallenden Munitionsteile werden dem Bundeskriminalamt zum Abgleich mit der **zentralen Tatortmunitionssammlung** übersandt. Dort wird überprüft, ob die Waffe zu einer im Schußwaffenerkennungsdienst erfaßten Straftat verwendet wurde.

---

7 S. hierzu unten Rn 82

Das Eintreffen dieses Gutachtens wird man im Regelfall in der Praxis jedoch nicht abwarten. In den allermeisten Fällen ist das Ergebnis der routinemäßigen Untersuchung negativ. Bei positivem Ergebnis ist die weitere Ermittlungstätigkeit beispielsweise wegen eines bewaffneten, bislang ungeklärten Raubüberfalles nicht durch die vorherige isolierte Verfolgung des Waffendeliktes gehindert, da insoweit kein Strafklageverbrauch besteht.[8]

Die Untersuchungsberichte des Schußwaffenerkennungsdienstes von Kriminalpolizei oder Zollfahndung sowie die Gutachten des Landeskriminalamtes und des Bundeskriminalamtes sind in gleicher Weise nach § 256 StPO verlesbare **Gutachten**. Die Vorladung des untersuchenden Beamten als Sachverständigen in die Hauptverhandlung ist im Regelfall nicht erforderlich.

Bereits bei der **Beauftragung** eines Gutachters ist darauf zu achten, daß dieser sich nur zu den waffentechnischen Fragen äußert. Speziell im Waffenrecht sind technische und rechtliche Fragen oft sehr eng miteinander verbunden. Die Gutachter sind auch in der Regel nicht nur waffentechnisch, sondern auch waffenrechtlich versiert. Die maßgeblichen rechtlichen Vorgaben und Wertungen sind jedoch Sache von StA und Gericht, die sich dieser Aufgabe nicht durch Beauftragung eines Sachverständigen entledigen können. Beispielsweise ist es eine von StA und Gericht zu beurteilende Rechtsfrage, ob die vorliegende Waffe, deren Funktionsfähigkeit und Einsatzmöglichkeit der Sachverständige aus technischer Sicht erläutert hat, iSv § 1 II KWKG (noch) zur Kriegsführung bestimmt und geeignet ist und damit als Kriegswaffe dem KWKG unterfällt, oder nicht.

4. Aufbau der waffenrechtlichen Strafbestimmungen und Prüfungsreihenfolge

Die waffenrechtlichen Strafbestimmungen zeigen einheitlich das gleiche **Aufbauschema**: Rechtsfolge – Verbots-/Genehmigungsnorm – waffenrechtlich relevanter Gegenstand – Tathandlung.

In der Praxis wird die Fallbearbeitung jedoch einer anderen **Prüfungsreihenfolge** vorgenommen, wobei die einzelnen Prüfungsschritte natürlich oft gedanklich zusammenfallen:

Erster Schritt ist stets der Versuch der genauen Einordnung eines möglicherweise waffenrechtlich relevanten Gegenstandes, ggf alternativ vorbehaltlich des waffentechnischen Gutachtens. Zweiter Schritt ist die waffenrechtliche Qualifizierung der vom Beschuldigten vorgenommenen Tathandlung. In einem dritten Schritt stellt sich dann die Frage nach den Verbots- bzw Genehmigungsnormen, gegen die vom Täter möglicherweise verstoßen wurde, und damit auch die Frage nach den zahlreichen Ausnah-

---
[8] S. hierzu unten Rn 202

men oder Befreiungen von den gefundenen Bestimmungen. Die Frage nach den in Betracht zu ziehenden Rechtsfolgen steht als vierter Schritt am Ende der Fallbearbeitung.

An diesem Prüfungsablauf ist die folgende Darstellung ausgerichtet.

II. Schußwaffen

1. Allgemein

21 Liegt ein möglicherweise waffenrechtlich relevanter Gegenstand vor, ist die erste zu stellende Frage die, ob es sich um eine Schußwaffe handelt oder nicht, und ob diese Schußwaffe überhaupt unter das Waffengesetz und die ergänzenden Normen fällt. Dies klingt trivial, in der Praxis ergeben sich manchmal jedoch bereits hier die ersten Probleme.

Ist Schußwaffeneigenschaft zu verneinen, folgt die Überprüfung, ob es sich um Munition oder Hieb- und Stoßwaffen bzw sonstige Gegenstände[9] handelt.

Bei Bejahung der Schußwaffeneigenschaft orientiert sich die weitere Prüfung im wesentlichen an der Länge der fraglichen Waffe sowie an ihrer Funktionsweise (vollautomatisch/halbautomatisch/einschüssig oder Handrepetierer). Stets ist hierbei bereits auf dieser Prüfungsstufe von der **Grundregel** auszugehen, daß der Besitz von Schußwaffen nicht »frei«, sondern erlaubnispflichtig ist.

a) Definition und Ausnahmen

22 Was eine Schußwaffe ist, ergibt sich unmittelbar aus § 1 I WaffG iVm Nr. 1 WaffVwV.

23 **Betäubungswaffen** (**Narkosegewehre**), also Geräte, die Injektionsgeschosse zum Betäuben von Tieren verschießen, sind daher keine Schußwaffen iSd WaffG. Es fehlt die erforderliche Zweckbestimmung zum Angriff, zur Verteidigung, zum Sport, Spiel oder zur Jagd, die § 1 I WaffG voraussetzt. Insbes sind derartige Geräte nicht zur Jagd bestimmt. Das Betäuben

---

9   Leider trägt das Waffengesetz selbst hier zur Begriffsverwirrung bei. Unter der Überschrift »Verbotene Gegenstände« sind in § 37 WaffG in gleicher Weise Schußwaffen der unterschiedlichsten Kategorien, Hieb- oder Stoßwaffen und weitere Gegenstände aufgelistet. Der Geltungsbereich einer der verbotene Gegenstände erfassenden Strafbestimmungen (§ 53 III Nr. 3 WaffG) wird über §§ 8, 42 a der 1. WaffV unter anderem auch auf bestimmte Munition ausgedehnt. Sinnvollerweise sollte man sich jedoch an der technischen Unterscheidung orientieren, die den Vorteil für sich hat, daß sie unmittelbar einleuchtend ist, während der Einordnung eines Gegenstandes unter die verbotenen Gegenstände eine gewisse Beliebigkeit anhaftet.

der Tiere dient nicht jagdlichen, sondern wissenschaftlichen oder tiermedizinischen Zwecken oder dazu, um das Schlachten von in Gehegen gehaltenem halbzahmen Wild, etwa Damwild, zu ermöglichen. Wird mit derartigen – tragbaren – Geräten jedoch Munition iSv § 2 WaffG verschossen, das Geschoß also durch eine Ladung angetrieben, stehen diese Geräte nach § 1 II WaffG Schußwaffen gleich. Wird das Geschoß auf andere Weise angetrieben, also etwa durch Luftdruck, CO_2-Druck oder durch Federdruck, gelten nach § 5 II der 1. WaffV die Vorschriften des WaffG für Schußwaffen für diese Geräte entsprechend, sofern die Geschosse nicht mittelbar durch Muskelkraft angetrieben werden. Ausgenommen sind daher etwa die eigens genannten **Armbrüste** sowie **Blasrohre**.

Der **Verlust der Schußwaffeneigenschaft** tritt gem § 1 III WaffG erst dann ein, wenn alle wesentlichen Teile so verändert sind, daß sie mit allgemein gebräuchlichen Werkzeugen, also den Werkzeugen, die jeder Heimwerker zu Hause hat, nicht wieder gebrauchsfähig gemacht werden können. Der Begriff der wesentlichen Teile wird in § 3 WaffG näher erläutert.[10] Ob die Schußwaffe in diesem Sinne unbrauchbar gemacht ist oder nicht, ist ohne entsprechendes Gutachten fast nie zu klären. Die Anforderungen an das Unbrauchbarmachen von Schußwaffen ergeben sich aus § 7 I der 1. WaffV.

24

b) Gas- und Schreckschußwaffen

Gas- und Schreckschußwaffen erfüllen nicht den Schußwaffenbegriff, da mit ihnen keine Geschosse durch einen Lauf getrieben werden. Die bei derartigen Waffen vorhandene Laufatrappe ist versperrt. Die Sperre läßt jedoch den Austritt von Verbrennungsgasen, Rückständen der Pulverladung und von Splittern der Kartuschenhülsen zu. Aufgesetzte oder aus nächster Nähe abgegebene Schüsse können daher trotz der Sperre erhebliche, unter Umständen auch tödliche, Verletzungen verursachen. Gem § 1 II WaffG stehen derartige Geräte, wenn sie – wie meist – tragbar sind, Schußwaffen gleich. Korrekterweise muß daher § 1 II WaffG in allen Fällen mit Gas- und Schreckschußwaffen mitzitiert werden.

25

Gas- und Schreckschußwaffen, die das Zulassungszeichen der Physikalisch-Technischen-Bundesanstalt nach § 22 WaffG iVm Anlage 1 Abbildung 2 zur 1. WaffV[11] tragen (**PTB-Zeichen im Kreis**[12]), sind für Erwach-

26

---

10 S. hierzu unten Rn 41
11 Das Prüfzeichen ist auch abgebildet in Anlage II zur 3. WaffV, Abbildung 4.
12 Das PTB-Zeichen im **Kreis** darf keinesfalls mit dem PTB-Zeichen im **Viereck** nach Anlage II zur 3. WaffV, Abbildung 3, verwechselt werden. Das PTB-Zeichen im Viereck nach § 21 WaffG betrifft die Bauartzulassung von bestimmten scharfen Handfeuerwaffen und Einsteckläufen. Dieses Zulassungszeichen ermöglicht im Rahmen der bei der Beantragung von waffenrechtlichen Erlaubnissen vorzunehmenden Prüfung den Verzicht auf den Nachweis eines entsprechenden Bedürfnisses, § 32 II Nr. 1 WaffG. Strafrechtlich ist das PTB-Zeichen im Viereck jedoch ohne Bedeutung. Entsprechend gekennzeichnete Waffen sind nicht »frei«.

sene gem § 2 IV Nr. 2 der 1. WaffV frei zu erwerben und zu besitzen und gem § 35 IV Nr. 1 WaffG frei zu führen. Das Erfordernis von Genehmigungen für andere Tathandlungen wird davon nicht berührt.

27 Der Erwerb derartiger Waffen durch **Jugendliche** stellt in aller Regel eine Ordnungswidrigkeit gem §§ 33 I, 55 I Nr. 16 WaffG dar. Die in § 33 I WaffG genannten Ausnahmefälle entsprechen denen für scharfe Waffen,[13] sie kommen in der Praxis im Zusammenhang mit Gas- und Schreckschußwaffen so gut wie nie vor.

In entsprechender Weise stellt auch das Überlassen derartiger Waffen an Minderjährige eine Ordnungswidrigkeit dar, §§ 34 I 2, 55 I Nr. 16 WaffG.

28 Sobald eine erlaubnisfreie Gas- und Schreckschußwaffe so bearbeitet wird, daß sie nicht mehr der Zulassung durch die Physikalisch-Technische-Bundesanstalt entspricht, unterfällt sie wie jede andere Schußwaffe den allgemeinen waffenrechtlichen Bestimmungen, wird also erlaubnispflichtig. Vorgenommene **Manipulationen** sind am ehesten daran zu erkennen, daß die Sperre in der Laufatrappe beseitigt ist. Bei derartigen »aufgebohrten« Waffen ist eine waffentechnische Untersuchung unerläßlich, ebenso wie bei den Gas- und Schreckschußwaffen, denen nachträglich ein echter Lauf oder eine echte Revolvertrommel eingesetzt wurde.

29 Gas- und Schreckschußwaffen **ohne das PTB-Zeichen im Kreis** unterliegen gleichfalls den allgemeinen waffenrechtlichen Bestimmungen. Lediglich ihre Einfuhr ist gegenüber der Einfuhr von scharfen Waffen als bloße Ordnungswidrigkeit nach §§ 22 I, 55 I Nr. 10 WaffG privilegiert, nicht aber andere damit einhergehende waffenrechtliche Tatbestände.

30 Siehe Formular im Anhang Rn 222.

c) CO_2-, Luftdruck- und Federdruckwaffen

31 CO_2-, Luftdruck- und Federdruckwaffen können nach § 2 IV Nr. 3 der 1. WaffV von Erwachsenen frei **erworben** und **besessen** werden, wenn die Geschoßenergie 7,5 Joule nicht übersteigt und die Waffen das entsprechende Kennzeichen nach § 13 II WaffG iVm Anlage 1 Abbildung 1 zur 1. WaffV tragen (**F im Fünfeck**), oder die Waffen vor dem 1. Januar 1970 in den Handel gebracht oder in der Zeit vom 1. Januar 1970 bis 2. April 1991 im Gebiet der DDR beziehungsweise dem Beitrittsgebiet hergestellt wurden. In Zweifelsfällen muß die Geschoßenergie durch eine entsprechende waffentechnische Untersuchung gemessen werden. Die waffentechnischen Sachverständigen verfügen auch über Erkenntnisse über Produktionsdaten und Herkunft der insoweit zu überprüfenden Waffe, bei der es sich meistens um eine Luftdruckwaffe handeln dürfte.

---

[13] S. hierzu unten Rn 173

Waffendelikte   Kapitel 7

Im Gegensatz zu den Gas- und Schreckschußwaffen mit PTB-Zeichen sind die vorgenannten Waffen – auch mit F-Zeichen! – nicht erlaubnisfrei zu **führen**.   32

Hinsichtlich des Erwerbs durch und des Überlassens an **Minderjährige** gelten die Ausführungen zu Gas- und Schreckschußwaffen mit PTB-Zeichen[14] entsprechend.   33

Zu den CO_2-, Luftdruck- und Federdruckwaffen zählen auch die sog **Gotcha-Waffen**.[15] Es handelt sich um Farbmarkierungswaffen, bei denen zumeist mittels einer CO_2-Gaskartusche Gelatinekugeln verschossen werden, die mit Farbstoffen gefüllt sind, beim Auftreffen zerplatzen und so einen Treffer beim »Gegner« markieren. Die oft futuristisch wirkenden Gotcha-Waffen und der martialische Aufzug der mit Gesichtsschutz maskierten und mit Tarnbekleidung ausgerüsteten »Gotcha-Krieger« darf nicht darüber hinwegtäuschen, daß diese Waffen der gleichen waffenrechtlichen Kategorie angehören wie etwa die altbekannten Luftgewehre. Auch die Geschoßenergie der Farbmarkierungskugeln ist der von Luftgewehrgeschossen vergleichbar.   34

Erhebliche Probleme werfen seit kurzer Zeit die sog **Soft-Air-Waffen** auf. Hierbei handelt es sich um Modellwaffen, die in der Regel aus Kunststoff hergestellt und scharfen Waffen täuschend ähnlich nachgebildet sind. Derzeit sind die Kaliber 7 mm, 6 mm und 5,5 mm gebräuchlich, wobei es für das Kaliber 6 mm nicht nur feste Kunststoffgeschosse gibt, sondern auch Farbmarkierungskugeln. Die Geschosse werden mittels Feder- oder Gasdruck verschossen, besitzen jedoch nur eine sehr geringe Energie. Bei Treffern auf unbekleideter Haut treten keine Verletzungen, allenfalls Hautrötungen, auf. Schwerwiegende Verletzungen sind nur bei Augentreffern zu erwarten. Aus waffentechnischer Sicht handelt es sich um Spielzeugwaffen gem § 1 I Nr. 1 der 1. WaffV, da die Geschoßenergie unter 0,5 Joule liegt. Die Befreiung von den Bestimmungen des WaffG nach § 1 I Nr. 1 der 1. WaffV gilt nach der genannten Norm jedoch nur, wenn aus den Waffen nur Geschosse nach § 2 III Nr. 1 WaffG verschossen werden können, also feste Körper. Farbmarkierungskugeln stellen jedoch keine festen Körper dar, sondern flüssige Stoffe in Umhüllungen, § 2 III Nr. 2 WaffG. Soft-Air-Waffen im **Kaliber 6 mm** unterfallen wegen der real bestehenden Möglichkeit, aus ihnen auch Farbmarkierungskugeln zu verschießen, nicht der genannten Befreiungsvorschrift.   35

Nach Ansicht des Bundesinnenministeriums[16] soll dies auch für die anderen Kaliber gelten, da die technische Entwicklung dazu geführt habe, daß praktisch für alle Schußwaffen eine neue Munition in Form von Farbmarkierungskugeln hergestellt werden könne. Diese Ansicht hat jedoch die   36

---

14 S. hierzu oben Rn 26
15 Die Bezeichnung kommt vom amerikanischen »I've got you – ich habe dich erwischt«.
16 IS 5-681 201/21 vom 2.6.1997

Bezzel

praktische Konsequenz, daß dann alle Soft-Air-Waffen nicht von den Bestimmungen des WaffG befreit wären, mit allen sich hieraus für die Veräußerer und Erwerber ergebenden strafrechtlichen Konsequenzen. Dies erscheint angesichts des Umstandes, daß es sich um harmloses Spielzeug handelt, nicht sachgerecht. Zu Recht hat daher das OVG Münster § 1 I Nr. 1 der 1. WaffV einschränkend dahingehend ausgelegt, daß die Befreiung nach der genannten Bestimmung bereits dann greift, wenn auf dem Markt tatsächlich keine Farbmarkierungskugeln des betreffenden Kalibers erhältlich sind,[17] also für die **Kaliber 7 mm und 5,5 mm**. Entgegenstehende Entscheidungen von Strafgerichten zu dieser Frage sind nicht bekannt. Nur die Soft-Air-Waffen im Kaliber 6 mm unterliegen daher nicht der für Spielzeugwaffen geltenden Befreiung von den Bestimmungen des WaffG.

37 In der Praxis liegt daher bei Soft-Air-Waffen in den Kalibern 5,5 mm und 7 mm kein nach dem WaffG strafbares Verhalten vor. Bei Waffen im Kaliber 6 mm wird angesichts des Umstandes, daß es sich de facto nur um eine harmlose Spielzeugwaffe handelt, die Annahme eines **Verbotsirrtums** gem § 17 StGB naheliegen, wobei in Anbetracht des noch nicht abgeschlossenen Meinungsstreites, des Umstandes, daß derartige Waffen bis zum Auftreten der Gotcha-Waffen unzweifelhaft als Spielzeugwaffen waffenrechtlich irrelevant waren, und der Tatsache, daß es sich bei den »Tätern« in der Regel um Kinder und Jugendliche handelt, die die Waffen guten Glaubens von aus ihrer Sicht kompetenter Seite – Waffen- oder Spielzeuggeschäft, Eltern – erhalten haben, von Unvermeidbarkeit dieses Irrtums auszugehen sein wird.

38 Siehe Formular im Anhang Rn 222.

d) Perkussionswaffen

39 Bei Perkussionswaffen handelt es sich um Vorderladerwaffen mit Zündhütchenzündung. **Einschüssige** Perkussionswaffen, deren Modell vor dem 1. Januar 1871 entwickelt worden ist, sind gem §§ 2 I Nr. 1 b, 4 Nr. 1 der 1. WaffV für Erwachsene frei zu erwerben und zu besitzen. Die Ausführungen zu Luftdruckwaffen mit F-Zeichen[18] gelten entsprechend. Hinsichtlich sonstiger Tathandlungen sind sie nicht privilegiert. **Mehrschüssige** Perkussionswaffen unterfallen den allgemeinen Regeln des Waffengesetzes.

40 In der Praxis findet sich oft im Zusammenhang mit derartigen Waffen bei Durchsuchungen das erforderliche **Schwarzpulver**. Hat der Täter keine sprengstoffrechtliche Erlaubnis, liegt ein Vergehen des vorsätzlichen unerlaubten Umgangs mit explosionsgefährlichen Stoffen gem §§ 1 I, 27 I, 40 I Nr. 4 SprengG vor.

---

17 Beschluß vom 2.3.1998, 20 B 2433/97
18 S. hierzu oben Rn 31

e) Schußwaffenteile und Schalldämpfer

Wesentliche Teile von Schußwaffen und **Schalldämpfer** stehen nach § 3 I WaffG den – vollständigen – Schußwaffen gleich. Dies gilt auch in strafrechtlicher Hinsicht. Was wesentlicher Teil einer Schußwaffe ist, ergibt sich unmittelbar aus § 3 II WaffG und bereitet in der Praxis keine Probleme. Die Frage der Funktionsfähigkeit muß hier in jedem Fall durch ein Gutachten überprüft werden, es sei denn, das Waffenteil wäre etwa infolge starker Korrosion offensichtlich nicht mehr funktionsfähig. Ein Gutachten ist auch erforderlich, um feststellen zu können, ob nach § 3 IV WaffG bei dem möglichen Schalldämpfer der Mündungsknall gedämpft wird, oder ob es sich um ein bloßes Rohr ohne waffenrechtliche Bedeutung handelt. 41

Wechsel- und **Austauschläufe** und **Wechseltrommeln** für in der Waffenbesitzkarte eingetragene Schußwaffen sind frei, wenn sie gleich oder kleiner dimensioniert sind als die eingetragenen Waffen, § 4 I der 1. WaffV. Ein Verstoß gegen die Anmeldepflicht nach § 4 II der 1. WaffV stellt lediglich eine Ordnungswidrigkeit nach § 43 I Nr. 5 der 1. WaffV dar. 42

Einsteckläufe sind nach § 28 III WaffG gleichfalls frei. 43

Kriegswaffenteile können ihrerseits selbst Kriegswaffeneigenschaft besitzen. Dies betrifft im Bereich der Infanteriewaffen Rohre und Verschlüsse für Maschinengewehre, Maschinenpistolen und vollautomatische Militärgewehre, Nr. 34, 35 KWL iVm Nr. 29 KWL. Nach dem OLG Stuttgart soll gem § 6 III WaffG bei tragbaren Schußwaffen jedoch auch für wesentliche Bestandteile iSv § 3 WaffG das Waffengesetz gelten, nicht das KWKG.[19] Dies überzeugt freilich nicht: § 6 III WaffG nimmt hinsichtlich tragbarer Kriegsschußwaffen auf das Verbot nach § 37 WaffG Bezug und bestimmt die Strafbarkeit bei Verstoß gegen dieses Verbot nach § 52 a WaffG. Es ist aber allgemein anerkannt, daß dem Verbot nur voll funktionsfähige Waffen unterfallen.[20] Eine derartige Funktionsfähigkeit als voll- oder halbautomatische Waffe ist bei einem Waffenteil begrifflich unmöglich. Straffreiheit im Zusammenhang mit Kriegswaffenteilen ist aber sicherlich nicht von § 6 III WaffG gewollt. Richtigerweise ist daher davon auszugehen, daß der Fall der wesentlichen Teile von tragbaren Kriegsschußwaffen in § 6 III WaffG überhaupt nicht geregelt ist, so daß es insoweit beim KWKG verbleibt.[21] Derartige Gegenstände unterfallen also den Verbrechenstatbeständen des 44

---

19 OLG Stuttgart NStZ 1982, 33
20 So auch OLG Stuttgart aaO, BayObLGSt 90, 12, 14
21 Auch das BayObLG Beschluß vom 6.2.1997, 4 St RR 6/97, S 5, hat ausdrücklich darauf verwiesen, daß das KWKG eine dem § 3 I WaffG entsprechende Bestimmung nicht enthält und nur entscheidend ist, ob der Gegenstand gattungsmäßig in der KWL erfaßt ist.

Bezzel

§ 22 a KWKG.²² Befinden sie sich in einer vollständigen Waffe, entfalten sie strafrechtlich gesehen kein Eigenleben mehr. Die komplette Waffe unterfällt, so sie – wie meist – tragbar ist, gem § 6 III WaffG dem Waffengesetze, hier § 52 a WaffG. Auch hier handelt es sich freilich um einen Verbrechenstatbestand mit dem gleichen Strafrahmen wie § 22 a KWKG.

45 Nur die dauerhafte **Funktionsunfähigkeit** eines in der Kriegswaffenliste aufgeführten Waffenteiles hebt dessen Kriegswaffeneigenschaft auf, die vorübergehende Unvollständigkeit reicht hierfür nicht aus.²³

46 Sonstige Waffenteile und Zubehör wie **Magazine, Holster, Schlagbolzen, Schaft** etc sind frei.

47 Daß **Spielzeugwaffen** und **Modellwaffen** (**Nachbildungen**) nach § 1 I Nr. 1 der 1. WaffV bzw § 7 II der 1. WaffV frei sind, wenn sie nicht mit allgemeingebräuchlichen Werkzeugen so umgebaut werden können, daß die Geschoßenergie gesteigert oder die Waffe scharf gemacht werden kann (§§ 1 III Nr. 1, 7 II der 1. WaffV), sei nur der Vollständigkeit halber erwähnt. **Nachbildungen** von **vollautomatischen Selbstladewaffen** und **unbrauchbar** gemachte **vollautomatische Selbstladewaffen**, die Kriegswaffen waren, und **Scheinkriegswaffen**²⁴ zählen nach § 37 I 1 Nr. 10, 11 WaffG zu den verbotenen Gegenständen. Der Umgang mit ihnen ist Ordnungswidrigkeit nach § 55 I Nr. 22 b WaffG.

2. Langwaffen

48 Eine weitere relevante waffenrechtliche Unterscheidung von Schußwaffen, die freilich in dieser Form im WaffG nicht auftaucht, ist die nach ihrer Länge, wobei Lang- und Kurzwaffen unterschieden werden. Soweit der Gesetzgeber bestimmte Längen von Schußwaffen eigens erwähnt, hat er sich von dem Gedanken leiten lassen, daß kürzere Waffen wegen der Möglichkeit des verdeckten Tragens grundsätzlich gefährlicher sind und eher für Straftaten Verwendung finden, als unhandliche, lange Waffen. Als maßgebliches Kriterium für eine Kurzwaffe läßt sich dem WaffG eine Länge von weniger als 60 cm entnehmen, vgl §§ 37 I 1 Nr. 1 b, 53 I 1 Nr. 3 a WaffG.

---

22 Im Ergebnis (Einstufung als Verbrechenstatbestand) ebenso Steindorf § 52 a WaffG Rn 5, der allerdings über § 3 I 1 WaffG auch die wesentlichen Bestandteile von vollautomatischen Selbstladewaffen unter § 52 a I Nr. 1 WaffG subsumiert und im Gegensatz zur Rspr (vgl vorstehend Fn 20) die Ansicht vertritt, es komme allein auf die Funktionsfähigkeit der einzelnen Teile an, nicht darauf, ob alle Bestandteile einer Schußwaffe vorhanden seien. Der BGH hat iü im Beschluß vom 17.6.98, 1 StR 245/98, die Verurteilung des Angeklagten (auch) wegen Besitzes eines MG-Verschlusses nach § 22 a I Nr. 6 a KWKG nicht beanstandet.
23 BayObLG (Fn 21) S 6
24 S. hierzu unten Rn 55

a) Vollautomatische Langwaffen

Vollautomatische Langwaffen zeichnen sich dadurch aus, daß durch einmalige Betätigung des Abzugs mehrere Schüsse abgegeben werden können. Aus ihnen können Feuerstöße oder Dauerfeuer abgegeben werden. 49

Derartige Waffen sind nach § 37 I 1 Nr. 1 d WaffG verboten. Sie unterfallen dem Verbrechenstatbestand des § 52 a I Nr. 1 WaffG. Dies gilt gem § 6 III WaffG auch für tragbare in der KWL aufgeführte Schußwaffen, also für **tragbare Maschinengewehre, Maschinenpistolen** und **Sturmgewehre**. **Nicht tragbare Maschinengewehre** unterfallen daher weiterhin als Kriegswaffen dem Verbrechenstatbestand nach § 22 a KWKG. 50

Ist eine vollautomatische Schußwaffe jedoch nicht mehr als solche **funktionsfähig**, kommt nicht mehr der Tatbestand des § 52 a I Nr. 1 WaffG zur Anwendung. Nur objektiv funktionsfähige vollautomatische Waffen werden hiervon erfaßt, die entsprechende Instandsetzbarkeit genügt insoweit – anders als bei sonstigen, nicht mit einer erhöhten Mindeststrafe sanktionierten sonstigen Schußwaffen[25] – nicht.[26] Unter Umständen liegt bei einer derartigen Waffe jedoch eine sog Scheinkriegswaffe[27] und damit der Verbrechenstatbestand nach § 37 I 1 Nr. 1 d WaffG iVm § 52 a I Nr. 1 WaffG vor. 51

b) Halbautomatische Langwaffen

Bei halbautomatischen Schußwaffen ist die Abgabe von aufeinanderfolgenden Einzelschüssen durch die bloße Betätigung des Abzugs möglich (Nr. 1.5 WaffVwV), es muß also nicht per Hand nachgeladen oder der Hahn nachgespannt werden. 52

Eine halbautomatische Mehrladewaffe **verliert** diese Eigenschaft nicht dadurch, daß Veränderungen vorgenommen werden, die ohne Schwierigkeiten mit gebräuchlichem Werkzeug wieder rückgängig gemacht werden können.[28] 53

Halbautomatische Langwaffen unterfallen mit Ausnahme der nachfolgend genannten Waffen keinen besonderen Strafbestimmungen, insbes wird beim Umgang mit ihnen keine erhöhte Mindeststrafe verwirklicht. 54

Einen in der Praxis äußerst problematischen Sonderfall der halbautomatischen Schußwaffen stellen die sog **Scheinkriegswaffen**[29] dar. Es handelt sich bei ihnen um halbautomatische Selbstladewaffen, die ihrer äußeren Form nach den Anschein einer vollautomatischen Kriegswaffe iSd KWKG hervorrufen (§ 37 I 1 Nr. 1 d WaffG). 55

---

25 S. hierzu oben Rn 24
26 BayObLGSt 90, 12, 14
27 S. hierzu unten Rn 55
28 BayObLGSt 89, 27
29 Die Bezeichnung ist nicht einheitlich, derartige Waffen werden auch als Anscheinswaffen oder Anscheinskriegswaffen bezeichnet.

Derartige Waffen – in der Regel Langwaffen – unterfallen dem Verbrechenstatbestand des § 52 a I Nr. 2 WaffG. Gesetzgeberischer Grund für die gegenüber normalen halbautomatischen Langwaffen (keine erhöhte Mindeststrafe!) massiv erhöhte Strafandrohung ist offensichtlich der Umstand, daß derartige Waffen von ihrer objektiven Gefährlichkeit her zwar nicht mit vollautomatischen Kriegswaffen zu vergleichen sind, dies aber nicht erkennbar ist.

56 Wann nun eine derartige halbautomatische Waffe als Scheinkriegswaffe anzusehen ist, richtet sich gem Nr. 37.2.4 WaffVwV nach dem **äußeren Erscheinungsbild** insgesamt, das Kaliber der Waffe ist absolut unerheblich. In der WaffVwV werden einige charakteristische äußere Merkmale vollautomatischer Kriegswaffen aufgelistet, die jedoch nicht alle erfüllt sein müssen. Relativ unproblematisch ist der seltene Fall, in dem eine zu überprüfende Waffe im Detail mit Ausnahme der vollautomatischen Funktionsweise einer tatsächlich existierenden Kriegswaffe, etwa einem gebräuchlichen Sturmgewehr, nachgebildet ist. Wesentlich schwieriger ist die Überprüfung, wenn die Waffe kein entsprechendes Pendant als Kriegswaffe besitzt, sondern lediglich mit einigen der in der WaffVwV genannten Merkmale versehen ist, um einen martialischeren Eindruck hervorzurufen.

57 Ob eine halbautomatische Waffe den Anschein einer vollautomatischen Kriegswaffe hervorruft oder nicht, ist jedoch eine Frage, die nicht vom waffentechnischen Sachverständigen zu entscheiden ist. Der BayVGH hat – konsequent dem Grund des Verbots derartiger Waffen und damit der erhöhten Strafdrohung folgend – festgestellt, daß maßgeblich der Gesamteindruck ist, den der potentiell mit der Waffe bedrohte **Laie** haben wird, denn dieser soll davor geschützt werden, nicht nur mit tatsächlich illegal besessenen Kriegswaffen bedroht zu werden, sondern auch mit solchen Waffen, die lediglich ihrer äußeren Form nach den Anschein einer vollautomatischen Selbstladekriegswaffe hervorrufen und dem Angegriffenen dadurch als ebenso gefährlich erscheinen müssen.[30] Abzustellen sei daher also auf die naheliegende Verwechslungsgefahr nicht nur beim Fachmann, sondern insbes beim bedrohten Laien.[31]

58 In der Praxis können daher Waffensachverständige insoweit keine Einordnung vornehmen, sondern nur aus ihren Sammlungen **Vergleichsstücke** von ähnlichen vollautomatischen Kriegswaffen präsentieren, die in der Hauptverhandlung eine Einordnung der zu überprüfenden Waffe als Scheinkriegswaffe durch das Gericht aus dessen Laienperspektive zulassen oder nicht. Eine erste Orientierung kann die – nicht abschließende! – Liste von vom BKA als verboten beurteilten Gegenständen[32] bieten.

---

30 BayVGH Urteil vom 30.4.1997, 21 B 96.171 und W 5 K 94.639 S 12
31 BayVGH (Fn 32) S 13
32 Abgedruckt bei Steindorf Anlage zur Dienstanweisung des BMFi S 882

Bezzel

Halbautomatische Langwaffen können grundsätzlich auch – echte – **Kriegswaffen** nach Nr. 29 d KWL darstellen, auch wenn mittlerweile zur Kriegsführung wohl nur noch vollautomatische Langwaffen Verwendung finden dürften. Strafrechtlich gesehen spielen halbautomatische militärische Gewehre jedoch keine Rolle: Wenn die Kriterien, die das Bundeswirtschaftsministerium zur Abgrenzung von zivilen halbautomatischen Gewehren entwickelt hat,[33] vorliegen, dann ist fast logisch zwingend davon auszugehen, daß die halbautomatische Kriegswaffe den äußeren Anschein einer vollautomatischen Kriegswaffe erweckt, strafrechtlich also als Scheinkriegswaffe mit den strafrechtlichen Konsequenzen zu behandeln ist.[34]

c) Einschüssige Langwaffen und Handrepetierer

Einschüssige Langwaffen und Handrepetierer unterfallen keinen besonderen Bestimmungen, der Umgang mit diesen Waffen ist nicht mit einer erhöhten Mindeststrafe bedroht. Dies gilt vor allem auch für die sog **Pump-Guns**, **Vorderschaftrepetierflinten**, bei denen durch Betätigung einer am Vorderschaft angebrachten Vorrichtung eine neue Patrone aus dem unter dem Lauf befindlichen Röhrenmagazin nachgeladen wird.

Siehe Formular im Anhang Rn 222.

d) Sonderfall: Wildererwaffen

Die sog Wildererwaffen stellen insoweit einen Sonderfall dar, als sie eigens unter der Liste der verbotenen Gegenstände Erwähnung im Waffengesetz gefunden haben. Es handelt sich um – meist kleinkalibrige – schnell oder in kurze Teile zerlegbare Waffen (§ 37 I 1 Nr. 1 a, b WaffG), die den verdeckten Transport im Rucksack und das unauffällige Verstecken ermöglichen. Indizien für die Verwendung einer Waffe zum Wildern können außer den genannten Merkmalen noch eine angebrachte Halterung für Scheinwerfer sowie ein Schalldämpfer sein.

Der Umgang mit derartigen Waffen ist in § 53 III Nr. 3 WaffG strafrechtlich – ohne erhöhte Mindeststrafe – erfaßt. Zur Unterscheidung zu sonstigen verbotenen Gegenständen oder sonstigen Schußwaffen empfiehlt sich als **Tenorierung** »vorsätzlicher Besitz etc einer verbotenen Schußwaffe«.

---

33 Das entsprechende Merkblatt vom 14.2.1979 ist abgedruckt bei Steindorf § 1 KWKG Anhang A S 732.
34 S. hierzu oben Rn 55

3. Kurzwaffen

a) Vollautomatische Kurzwaffen

64 Vollautomatische Kurzwaffen unterfallen stets dem Verbrechenstatbestand nach §§ 37 I 1 Nr. 1 d, 52a I Nr. 2 WaffG, ggf bei tragbaren Kriegswaffen[35] über die Verweisungsvorschrift des § 6 III WaffG.

b) Halbautomatische Kurzwaffen

65 Zu den halbautomatischen Selbstladekurzwaffen zählen **halbautomatische Pistolen** sowie **Revolver in double-action-Ausführung**. Double-action bedeutet, daß bei Betätigung des Abzugs die Revolvertrommel gedreht, damit eine neue Patrone vorgeladen und der Hahn gespannt wird, Nr. 1.5 WaffVwV. Als **Faustregel** kann man davon ausgehen, daß alle modernen Kurzwaffen halbautomatische Pistolen oder Revolver sind.

66 Wegen ihrer besonderen Gefährlichkeit sind halbautomatische Kurzwaffen grundsätzlich in § 53 I 1 Nr. 3 a WaffG einer erhöhten Mindeststrafe (6 Monate Freiheitsstrafe) unterworfen. Eine wichtige Ausnahme von diesem Grundsatz gilt für den sog Altbesitz.[36]

67 Siehe Formular im Anhang Rn 220.

68 Halbautomatische Kurzwaffen können keine **Kriegswaffen** sein, da Pistolen und Revolver in den Armeen nur zur Selbstverteidigung eingesetzt werden, nicht aber als Mittel der Kriegsführung zwischen Staaten.

69 Halbautomatische Kurzwaffen können jedoch ebenso wie halbautomatische Langwaffen **Scheinkriegswaffen** iSv §§ 37 I 1 Nr. 1, 52 a I Nr. 2 WaffG[37] darstellen. Dies ist allerdings nur dann anzunehmen, wenn die fragliche halbautomatische Waffe den Anschein einer Kleinst-Maschinenpistole erweckt.

c) Einschüssige Kurzwaffen

70 Zu den einschüssigen Kurzwaffen zählen **einschüssige Pistolen** und **Revolver in single-action-Ausführung,** dh Revolver, bei denen vor jeder Schußabgabe der Hahn extra gespannt werden muß. Der Umgang mit derartigen Kurzwaffen ist mit keiner erhöhten Mindeststrafe bedroht.

71 Siehe Formular im Anhang Rn 222.

72 **Signalpistolen** zählen gleichfalls zu den einschüssigen Kurzwaffen. Mit PTB-Zeichen im Kreis sind sie wie Gas- oder Schreckschußwaffen[38] frei zu erwerben und zu führen, §§ 2 IV Nr. 2 der 1. WaffV, 35 IV Nr. 1 WaffG.

---

[35] Insoweit kommen hier nur Kleinst-Maschinenpistolen in Betracht.
[36] S. hierzu unten Rn 122
[37] S. hierzu oben Rn 55
[38] S. hierzu oben Rn 26

4. Sonderfall: Getarnte Schußwaffen

Als getarnte Schußwaffen werden Schußwaffen bezeichnet, die ihrer Form nach einen anderen Gegenstand vortäuschen oder die mit Gegenständen des täglichen Gebrauchs verkleidet sind. Derartige Waffen sind in § 37 I 1 Nr. 1 c WaffG unter den verbotenen Gegenständen aufgelistet. Bei diesen Waffen ist es unerheblich, ob es sich um Lang- oder Kurzwaffen handelt.

Derartige Waffen wie **Schießkugelschreiber** oder **Schießstöcke** sind in erster Linie in den Kreisen von Zuhältern, Waffenbastlern oder Möchtegern-Agenten als Statussymbol beliebt. Ungefährlich sind sie keineswegs. Die Strafbarkeit richtet sich nach § 53 III Nr. 3 WaffG (keine erhöhte Mindeststrafe). Auch hier empfiehlt sich zur Kennzeichnung und Unterscheidung von sonstigen verbotenen Gegenständen und Schußwaffen als **Tenorierung** »vorsätzlicher Besitz etc einer verbotenen Schußwaffe«.

III. Munition

1. Allgemein

Was Munition iSd Waffengesetzes ist, ergibt sich unmittelbar aus § 2 I, II WaffG. Von Bedeutung ist insoweit in der Praxis nur, daß auch »**Platzpatronen**« als **Kartuschenmunition** gem § 2 I Nr. 2 WaffG dem Waffengesetz unterfallen und auch **pyrotechnische Munition** nach § 2 I Nr. 3 WaffG Munition iSd Waffengesetzes darstellt.

Der Erwerb von Munition für **erlaubnisfreie Schußwaffen** ist ebenfalls frei, § 29 III WaffG. Dies gilt auch für **pyrotechnische Munition**, die weder einen Treib- und pyrotechnischen Satz von mehr als 10 g noch einen Knallsatz erhält, § 2 VII der 1. WaffV.

Ansonsten kann als **Grundsatz** für Munition gelten, daß hier – im Gegensatz zu anderen waffenrechtlich relevanten Gegenständen – der Besitz frei ist und nur andere Tathandlungen im Zusammenhang mit Munition mit Strafe bedroht sind. Sind diese verjährt oder nicht nachweisbar, muß das Verfahren trotz des Auffindens von Munition eingestellt werden. Es stellt sich dann nur noch die Frage der Einziehung[39] sichergestellter Munition.

Die Ausnahmen vom genannten Grundsatz werden nachfolgend dargestellt.

---

39 S. hierzu unten Rn 197

2. Verbotene Munition

78 Revolver- und Pistolenmunition mit **Hohlspitzgeschossen** oder **Teilmantelgeschossen** mit Sollbruchstellen sind verboten, ebenso die bloßen Geschosse für derartige Munition, § 8 I 1 Nr. 2, III der 1. WaffV. Hintergrund ist, daß sich derartige Geschosse beim Auftreffen auf das Ziel aufpilzen oder zerlegen, so daß ein großer Teil der Geschoßenergie abgegeben wird und erhebliche Verletzungen entstehen können.[40]

79 Nicht zur genannten verbotenen Munition gehören Hohlspitzpatronen im Kaliber .22 l.f.B.[41] bzw .22 l.r.[42] Bei dieser Munition handelt es sich, wie sich bereits aus dem gleichbedeutenden Zusatz l.f.B. oder l.r. ergibt, um Gewehrmunition, auch wenn es Pistolen und Revolver im entsprechenden Kaliber gibt, aus denen diese Munition verschossen werden kann. Das genannte Verbot bezieht sich jedoch nur auf Pistolen- und Revolvermunition.

80 Die Strafbarkeit des Umganges mit verbotener Munition bestimmt sich gem §§ 8 I 1 Nr. 2, 42 a der 1. WaffV nach § 53 III Nr. 3 WaffG. Bereits der Besitz ist als Vergehen strafbar. **Tenorierungsvorschlag:** »vorsätzlicher Besitz etc von verbotener Munition«.

81 Die weitere gleichfalls in § 8 I 1 der 1. WaffV verbotene Munition beziehungsweise verbotenen Geschosse (**Nadelgeschosse**, Nr. 1, beziehungsweise Munition mit **Geschossen mit Treib- und Führungshülse**, Nr. 5) sind ohne praktische Relevanz.

3. Kriegswaffenmunition

a) Kriegswaffenmunition für tragbare Schußwaffen

82 Nach Nr. 50 KWL besitzt bestimmte Munition für in der Kriegswaffenliste aufgezählte Langwaffen selbst Kriegswaffeneigenschaft. Munition für Maschinenpistolen besitzt diese Eigenschaft in keinem Fall. Nach der schwer verständlich formulierten Bestimmung gilt als Kriegswaffe daher nur **Hartkernmunition**, **Leuchtspurmunition** und **Munition mit Spreng- oder Brandgeschossen**, wenn Patronenmunition des gleichen

---

40 Die fehlende Mann-Stop-Wirkung der nicht verbotenen Vollmantel-Geschosse ist freilich ein Problem, das oft bei polizeilichem Schußwaffengebrauch zum Tragen kommt. Vollmantel-Geschosse können leicht mehrere Personen durchschlagen und so unter Umständen noch völlig Unbeteiligte treffen, ohne daß der aufgrund des Treffers möglicherweise unter Schock stehende Angreifer, auf den geschossen wurde, tatsächlich gezwungen ist, seinen Angriff wegen des Treffers zu beenden. Die Polizei mit in der Öffentlichkeit dann so bezeichneten »Dum-Dum-Geschossen« zu bewaffnen dürfte jedoch politisch nicht durchzusetzen sein, einzelne Spezialeinheiten einmal ausgenommen.

41 l.f.B = lang für Büchse

42 l.r. = long rifle

Kalibers auch zivile Verwendung findet, sowie auch – äußerst selten – sonstige Munition für Infanterielangwaffen, wenn Patronenmunition gleichen Kalibers zivil nicht verwendet wird.[43] Die gängige Vollmantel-Weichkern-Munition für Sturmgewehre, beispielsweise in den Kalibern 7,62 x 51 mm NATO oder 7,62 x 39 mm Kalaschnikow, ist daher niemals Kriegswaffe. Eine farbige (rote, grüne oder schwarze) Markierung an der Geschoßspitze deutet hingegen immer darauf hin, daß es sich um eine Leuchtspurpatrone oder eine Patrone mit Hartkerngeschoß handeln kann.

Nach § 6 III WaffG gelten zwar für tragbare Schußwaffen und dazugehörige Munition, die unter das KWKG fallen, grundsätzlich die Strafbestimmungen des Waffengesetzes. Es ist mittlerweile aber höchstrichterlich entschieden, daß der **Besitz** dieser Munition im Gegensatz zum straffreien Besitz sonstiger Munition nach § 22 a I Nr. 6 KWKG als Verbrechen strafbar ist.[44] Nachdem der BGH inzwischen ausdrücklich entschieden hat, daß es (auch) hinsichtlich der **Einfuhr** derartiger Munition bei der Anwendung der Strafvorschriften des KWKG verbleibt,[45] ist davon auszugehen, daß hinsichtlich jeder im Zusammenhang mit KWKG-Munition begangenen Tathandlung das KWKG zur Anwendung kommen muß.

83

Dies hat erhebliche praktische Konsequenzen: Bei der Mitnahme auch nur einer einzigen Leuchtspurpatrone durch einen Wehrpflichtigen oder der Einfuhr einer einzigen derartigen Patrone aus einem der Kriegsgebiete auf dem Balkan ist wegen des Vorliegens eines Verbrechenstatbestandes eine Sachbehandlung nach §§ 153, 153 a StPO nicht möglich, sondern es muß Anklage zum Schöffengericht erhoben werden. Gerade im Fall der Einfuhr wird man bei Ausländern ohne Wohnsitz im Bundesgebiet nicht umhinkommen, Haftbefehlsantrag zu stellen. Angesichts des Umstandes, daß bei einer einzigen Patrone fast zwingend von einem minderschweren Fall nach § 22 III KWKG mit einer Straferwartung von einigen wenigen Tagessätzen Geldstrafe auszugehen sein wird, ist dies ein unbefriedigendes Ergebnis. Nur dann, wenn aufgrund der Tatumstände kein vorsätzliches, sondern nur fahrlässiges Handeln anzunehmen sein wird,[46] lassen sich die genannten Konsequenzen vermeiden, da dann nach § 22 IV KWKG nur ein Vergehenstatbestand ohne erhöhte Mindeststrafe vorliegt.

84

Im Zusammenhang mit gattungsmäßig als KWKG-Munition anzusehender Munition, insbes im Zusammenhang mit Leuchtspurpatronen, stellt sich immer die Frage, ob die vorliegende Munition – noch – Kriegswaffeneigenschaft besitzt oder diese Eigenschaft bereits verloren hat, weil sie nicht mehr iSv § 1 II KWKG als Mittel der Gewaltanwendung bei bewaffneten

85

---

43 Dies trifft zum Beispiel für den seltenen Fall der für das – bei der Bundeswehr dann doch nicht eingeführte – Sturmgewehr G 11 entwickelten Munition Kaliber 4,7 mm hülsenlos zu.
44 Grundlegend OLG Karlsruhe NJW 1992, 1057, diesem folgend BGH NStZ 1997, 552.
45 BGH NStZ 1996, 553
46 S. hierzu unten Rn 214

Auseinandersetzungen zwischen Staaten dienen kann. Ist eine in der KWL aufgeführte Kriegswaffe nicht mehr funktionsfähig, stellt sie keine Kriegswaffe iSd KWKG mehr dar.[47] Die technische **Faustregel**, daß Leuchtspurmunition bis zu einem Alter von 10 Jahren mit hoher Wahrscheinlichkeit funktionsfähig ist, wohingegen ab einem Alter von 20 Jahren mit hoher Wahrscheinlichkeit von Funktionsunfähigkeit ausgegangen werden muß, kann nur als Anhaltspunkt dienen und ggf die Entscheidung erleichtern, ob hinsichtlich einzelner KWKG-Patronen bei weiteren Tatvorwürfen im Verfahren ein Absehen von der Strafverfolgung gem §§ 154, 154 a StPO angebracht ist. Oft kommt es jedoch insoweit auf eine eindeutige Aussage an, so daß ein Operieren mit Wahrscheinlichkeiten für das Strafverfahren nicht ergiebig ist.

86 Bei der erforderlichen Überprüfung der Funktionsfähigkeit läßt sich eine **Einzelüberprüfung** jeder einzelnen Patrone nicht umgehen. Diese muß die Funktionsfähigkeit der Patrone allgemein, dh im Hinblick darauf, daß die Patrone bestimmungsgemäß in der für sie vorgesehenen Waffe ohne Gefährdung des Schützen zündet und das Geschoß den Lauf verläßt, und im Hinblick auf die spezielle die Kriegswaffeneigenschaft ausmachende Eigenschaft umfassen.[48] In der Praxis bedeutet dies, daß jede in Betracht kommende Patrone einzeln verschossen und – bei Leuchtspurmunition – das Verhalten des Leuchtspursatzes dokumentiert werden muß, dh ob der Leuchtspursatz überhaupt zündet und wann dies ggf erfolgt. In gleicher Weise muß diese Überprüfung bei Munition mit Brand- oder Sprenggeschossen erfolgen. Bei Hartkernmunition erfolgt die Überprüfung der Kernhärte zweckmäßigerweise vor dem Verschießen, beispielsweise durch indirekte Messung durch Ansägen der Geschosse mit einer Säge mit definiertem Härtegrad.[49] Diese Überprüfung ist Aufgabe des Sachverständigen, die Beurteilung, ob die Munition mit den festgestellten Eigenschaften dann zur Kriegsführung geeignet ist, ist jedoch eine von StA und Gericht zu entscheidende Rechtsfrage.[50]

87 **Gewehrgranaten** sind in Nr. 53 KWL eigens aufgeführt. Ob es sich hierbei um Munition handelt, die der Gesetzgeber bei Schaffung des § 6 III WaffG

---

47 OLG Karlsruhe NJW 1992, 1057; BayObLGSt 90, 12, 14
48 Vgl insoweit BayObLG Urteil vom 16. Juli 1985 RReg 4 St 110/85 S 8, und BGH NStZ 1997 552
49 Nach Erlaß des Bundesministers für Wirtschaft vom 4.12.1989, IVB4-101703, wird nur Hartkernmunition mit einer Kernhärte von mehr als 421 HV vom KWKG erfaßt.
50 Dies betrifft zB die Frage, welche Anforderungen bei Leuchtspurmunition an den Leuchtbeginn gestellt werden, um die Munition als zur Kriegsführung geeignet erscheinen zu lassen. Die Bundeswehr fordert Leuchtbeginn innerhalb von 25-100 m vor der Mündung, in der NATO wird Leuchtbeginn innerhalb einer Distanz von 13-140 m vor der Mündung verlangt. Ob Leuchtspurmunition mit Leuchtbeginn außerhalb dieser Distanzen taktisch völlig ungeeignet ist, weil entweder der Standpunkt des Schützen verraten wird oder er die Flugbahn nicht mehr verfolgen kann, ist eine Rechtsfrage.

Bezzel

im Blick hatte, oder nicht, ist jedoch unerheblich. Auch wenn Gewehrgranaten – ggf mittels eines Aufsatzes – aus tragbaren Schußwaffen verschossen werden können, unterfallen sie nach der vorgenannten Rechtsprechung dem KWKG.

b) Kriegswaffenmunition für nicht tragbare Schußwaffen

Kriegswaffenmunition für nicht tragbare Schußwaffen, also Granaten für Maschinenkanonen, Kanonen etc und Munition für überschwere Maschinengewehre, unterfällt nach § 6 III WaffG nie dem Waffengesetz, sondern dem KWKG. Dies gilt hinsichtlich Kanonen und Panzerabwehrwaffen auch für einzelne Geschosse und Treibladungen. Derartige Gegenstände sind aufgeführt in Nr. 49, 51 – 55 KWL sowie in Nr. 50 KWL hinsichtlich der Munition für überschwere Maschinengewehre. Die Problematik der Funktionsfähigkeit ist die selbe wie bei Kriegswaffenmunition für tragbare Schußwaffen.[51]

88

IV. Hieb- und Stoßwaffen und sonstige Gegenstände

1. Allgemein

Hieb- und Stoßwaffen und die sonstigen dem Waffenrecht unterliegenden Gegenstände sind zwar im Vergleich mit Schußwaffen grundsätzlich weniger gefährlich und allgemein von geringerer strafrechtlicher Wertigkeit, sie werfen in der Praxis aber nicht weniger rechtliche Probleme auf.

89

Die **Definition** von Hieb- und Stoßwaffen ergibt sich unmittelbar aus § 1 VII WaffG. Erforderlich ist auch hier eine Zweckbestimmung, nämlich die zum Beibringen von Verletzungen. Übliche **Taschenmesser** sind daher keine Hieb- und Stoßwaffen, da sie zwar auch zum Beibringen von Verletzungen benützt werden können, ihrer Natur nach aber nicht dazu, sondern als Hilfsmittel für kleinere Reparaturen in allen Lebenslagen oder bei der Brotzeit bestimmt sind.

90

Von Bedeutung ist, daß die Waffeneigenschaft nicht vorliegt oder verlorengeht, wenn derartige Gegenstände nur abgestumpfte Spitzen oder stumpfe Schneiden aufweisen, Nr. 1.9 WaffVwV. **Brieföffner** und **Zierschwerter** sind daher keine Hieb- und Stoßwaffen.

91

---

51 S. hierzu oben Rn 85

2. Verbotene Gegenstände

a) Allgemein

92 In § 37 WaffG sind unter der Überschrift »Verbotene Gegenstände« relativ unsystematisch zahlreiche Gegenstände aufgelistet. Soweit hier Schußwaffen erfaßt sind, wurden sie bereits vorstehend abgehandelt.[52] Im Nachfolgenden sollen daher nur die sonstigen verbotenen Gegenstände erwähnt werden.

93 Gerade bei angeblichen verbotenen Gegenständen hat es sich bewährt, die sichergestellten Gegenstände in Augenschein zu nehmen. Manches zeitaufwendige Gutachten läßt sich so ersparen, weil sichergestellte Gegenstände oft nicht iSv § 37 WaffG verboten sind.

94 Die maßgebliche **Strafbestimmung** ist – abgesehen von Molotow-Cocktails – stets § 53 III Nr. 3 WaffG.

95 Siehe Formular im Anhang Rn 221.

b) Zielgeräte

96 Bestimmte Zielgeräte, die sich in erster Linie zum Wildern eignen, sind in § 37 I 1 Nr. 2 und 3 WaffG verboten. Neben **Zielscheinwerfern**, **Nachtzielgeräten** mit Bildwandler oder elektronischer Verstärkung und **Infrarotstrahlern** betrifft das Verbot in erster Linie **Laserzielgeräte**.

c) Getarnte Hieb- und Stoßwaffen

97 Ebenso wie getarnte Schußwaffen[53] sind getarnte Hieb- und Stoßwaffen gem § 37 I 1 Nr. 4 WaffG verboten. In der Praxis werden wegen dieses Verbotes in erster Linie **Stockdegen**, als Schlüsselanhänger fungierende Messerklingen, Gegenstände mit verborgenen Messerklingen wie zB **Kugelschreibermesser** oder ähnliche Gegenstände sichergestellt. Da derartige Gegenstände oft als Souvenir aus dem Ausland mitgebracht werden und nur reinen Zierzwecken dienen, ist es in der Regel angebracht zu überprüfen, ob überhaupt – noch – Hieb- und Stoßwaffeneigenschaft vorliegt.[54] Bei Schlüsselanhängern der genannten Art oder Gegenständen mit verborgenen Messerklingen ist meistens wegen der geringen Klingenlänge die Waffeneigenschaft zu verneinen, es handelt sich um nichts anderes als **Taschenmesser**.[55]

98 **Elektroschock-Geräte**, die nach § 1 VII 2 WaffG den Hieb- und Stoßwaffen gleichstehen, sollen nach verbreiteter Ansicht in der Ausführung als

---

52 S. hierzu oben Rn 49, 55, 62, 64, 69, 73
53 S. hierzu oben Rn 73
54 S. hierzu oben Rn 90
55 Vgl BayObLG NJW 1994, 335

Elektroschock-Stab[56] unter das genannte Verbot fallen. Die Geräte, bei denen dies diskutiert wird, ähneln aber bei unbefangener Betrachtungsweise weniger einem Taschenschirm (Knirps) als vielmehr einem Schlagstock und damit tatsächlich einer Hieb- und Stoßwaffe, so daß kein Verbot anzunehmen ist. Auch hier hilft im Zweifelsfall die Inaugenscheinnahme des Gegenstandes weiter. Nachdem lange Zeit derartige Gegenstände von seriösen Waffenhändlern unbeanstandet verkauft wurden, liegt in jedem Fall die Annahme eines unvermeidbaren Verbotsirrtums nahe.

d) Spring- und Fallmesser

Spring- und Fallmesser sind gem § 37 I 1 Nr. 5 WaffG verboten, allerdings nur, wenn das Messer nicht nach Größe, Länge und Schärfe der Spitze als **Taschenmesser** anzusehen ist, § 37 I 2 WaffG. Wann ein Messer nicht mehr als Taschenmesser anzusehen ist, bestimmt sich nach Nr. 37.2.6 WaffVwV. Alternativ reicht hierfür, daß die Klinge länger als 8,5 cm oder zweiseitig geschliffen ist, oder daß sie keinen durchgehenden sich zur Schneide hin verjüngenden Rücken aufweist oder in der Mitte schmaler als 14 % ihrer Länge ist. Diese Voraussetzungen lassen sich ohne weiteres bei Inaugenscheinnahme des Messers überprüfen. Gelegentlich auftauchende Springmesser in Gestalt von Füllfederhaltern etwa sind daher bereits aufgrund der Formgebung und Größe der Klingen ohne weiteres als nicht verboten einzustufen.

99

Butterfly-Messer unterfallen nicht dem Verbot des § 37 I 1 Nr. 4 oder Nr. 5 WaffG. Gleiches gilt für **Überlebens-Messer** gleich welcher Dimensionierung.

100

e) Stahlruten, Totschläger und Schlagringe

Stahlruten, Totschläger und Schlagringe sind in § 37 I 1 Nr. 6 WaffG verboten. Wichtig ist, daß nicht jeder Gegenstand, mit dem man einen anderen Menschen totschlagen kann, einen Totschläger im waffenrechtlichen Sinn darstellt. **Totschläger** sind leicht verborgen zu tragende biegsame Hiebwaffen, die am Ende zur Erhöhung der Schlagenergie beschwert sind. **Stahlruten** sind zusammenschiebbare elastische Stahlspiralen mit einem Metallknopf am Ende. **Keulen** jeder Art und **Teleskopschlagstöcke** sind daher weder Stahlruten noch Totschläger.

101

Schlagringe zeichnen sich dadurch aus, daß an der über den Fingern liegenden Schlagleiste mehr oder weniger ausgeprägte Spitzen vorhanden sind, die dazu befähigen, die Aufschlagenergie zu erhöhen. **Nietenarmbänder** können daher Schlagringe im waffenrechtlichen Sinne darstellen, wenn sie so gestaltet sind, daß sich nach dem Anlegen außen am Fingeransatz auf einem geschlossenen Lederring Spitznieten befinden, so daß darauf zu

102

---

56 Zum Beispiel »IMS Paralayser« oder »Paralayser Electronic«

schließen ist, daß es sich nicht um bloße Schmuckstücke, sondern um Hiebwaffen handeln soll.[57]

103 **Schlagringmesser**, also Messer mit im Griff integriertem Schlagring, unterfallen dem Verbot. Das Verbot wird nicht dadurch gegenstandslos, daß an dem Schlagring zusätzlich noch eine Messerklinge angebracht ist.

104 **Wurfsterne** sind – unabhängig davon, ob die Spitzen scharf geschliffen sind oder nicht – keine verbotenen Gegenstände iSv § 37 WaffG. Ihr Mitführen ist nicht nach dem Waffengesetz, sondern allenfalls nach §§ 24, 27 VersammlG von strafrechtlicher Relevanz.

f) Nunchakus

105 **Nunchakus** (Würgehölzer) sind gem § 8 I Nr. 3 der 1. WaffV verboten, selbst wenn sie in manchen fernöstlichen Kampfsportarten als Sport- und Trainingsgeräte Verwendung finden. Über § 42 a Nr. 3 der 1. WaffV findet die Strafbestimmung des § 53 III Nr. 3 WaffG Anwendung.

g) Molotow-Cocktails

106 Die in § 37 I 1 Nr. 7 WaffG verbotenen **Molotow-Cocktails** fallen in mehrfacher Hinsicht aus den sonstigen verbotenen Gegenständen heraus. Zum einen erscheint der Umgang mit ihnen eher dem Regelungsbereich des SprengG anzugehören. Zum anderen ist der Umgang in § 53 I 1 Nr. 4 WaffG mit einer erhöhten Mindeststrafe bedroht.

107 Von erheblicher praktischer Bedeutung ist, daß bereits die versuchte Herstellung gem § 53 I 1 Nr. 4, II WaffG unter Strafe gestellt ist. Die Einschaltung eines Sachverständigen ist in jedem Fall unumgänglich.

108 Eigens verboten sind nach § 37 I 3 WaffG bereits der Herstellung von Molotow-Cocktails dienende Vorbereitungshandlungen. Im Falle der Anleitung zur Herstellung muß sich der Täter jedoch den Inhalt eines von ihm verbreiteten Textes selbst zu eigen machen.[58] Auch hier existiert in § 53 I 1 Nr. 5 WaffG ein spezieller Straftatbestand mit erhöhter Mindeststrafe.

h) Schleudern

109 **Schleudern** (**Zwillen**) sowie deren wesentliche Teile sind unter bestimmten Voraussetzungen ebenfalls in § 8 I Nr. 4 der 1. WaffV verboten. (Nur) Schleudern unterfallen gem § 42 a Nr. 4 der 1. WaffV der Strafbestimmung des § 53 III Nr. 3 WaffG. Als **Faustregel** kann gelten, daß Armstützen und Stabilisatoren einen ersten Anhaltspunkt dafür bieten, daß die fragliche Schleuder als Präzisionsschleuder (Definition: § 8 IV der 1. WaffV) unter

---

57 BayObLG NStZ 1987, 29
58 BayObLGSt 97, 151

das Verbot fallen kann. Ob die Schleuder die im Verbot geforderte Kraft aufweist, kann nur durch Gutachten festgestellt werden.

Eine **Armbrust** ist keine Schleuder iSd Verbotes. Der Umgang mit ihr ist waffenrechtlich ohne Belang. Für Armbrüste mit Lauf ergibt sich dies aus § 1 I Nr. 2 der 1. WaffV, für Armbrüste ohne Lauf aus § 5 II der 1. WaffV. Entsprechendes gilt für **Jagd- und Sportbogen**. 110

3. Reizstoffsprühgeräte

Reizstoffsprühgeräte unterfallen gem § 5 I Nr. 2 a der 1 WaffV den Bestimmungen für erlaubnispflichtige Schußwaffen, wenn sie zum Angriff oder zur Verteidigung bestimmt sind und in einer Entfernung von mehr als 2 m eine Wirkung erzielen, die angriffsunfähig macht. In der Praxis trifft dies vor allem für die bei der Polizei verwendeten Reizstoffsprühgeräte mit CN- oder CS-Gas zu. Übliche Sprays zum Mitführen in Handtaschen oder dergleichen weisen diese Reichweite nicht auf. 111

Die gebräuchlichen Spraydosen geringer Reichweite sind waffenrechtlich ohne Bedeutung, wenn sie das BKA-Prüfzeichen nach Nr. 15.1 WaffVwV (liegende Raute) aufweisen. Ohne dieses Zeichen kann es sich um verbotene Gegenstände nach § 37 I 1 Nr. 9 WaffG handeln, es muß aber nicht der Fall sein. Der Umgang mit derartigen verbotenen Gegenständen stellt jedoch nach § 55 I Nr. 22 a WaffG lediglich eine Ordnungswidrigkeit dar. 112

Tierabwehrsprays unterfallen nicht dem Waffengesetz, da ein Tier nicht iSv § 5 I Nr. 2 a der 1. WaffV angreifen und die Verteidigung im Sinne dieser Bestimmung einen von menschlichem Willen getragenen Angriff voraussetzt. Von Bedeutung ist dies insbes für die weitverbreiteten **Pfeffersprays** (**OC-Sprays**), die oft eine größere Reichweite als 2 m aufweisen. Sind derartige Geräte ausschließlich zum Zweck der Tierabwehr hergestellt und dementsprechend gekennzeichnet, ist das Waffengesetz daher nicht anwendbar. Anders ist die Rechtslage nur bei den Geräten, die durch Überkleben mit Etiketten einer anderen als der ursprünglich gewollten Verwendung zugeführt werden sollen.[59] Daß Tierabwehrsprays der genannten Art in Notwehrlagen natürlich auch gegen den Angreifer eingesetzt werden können, ändert an ihrer nach außen dokumentierten Zweckbestimmung nichts. 113

4. Handgranaten, Minen, Bomben

Handgranaten, Minen, Bomben und deren Zünder sind als Kriegswaffen in Nr. 46, 43, 44, 57 KWL genannt. Bei Minen hat auch die Sprengladung als solche Kriegswaffeneigenschaft (Nr. 48 KWL), im Gegensatz zu Handgranaten, bei denen der Spreng-Splitterkörper isoliert nur dem SprengG 114

---

59 BKA Schreiben vom 9.5.1995, ZV 27 – 5166.00

unterfällt. Auch sonstige **Pioniersprengkörper** zählen nach Nr. 47 KWL zu den Kriegswaffen. Der Umgang unterfällt dem Verbrechenstatbestand nach § 22 a KWKG.

115 Selbstgefertigte »Bomben« sind im Regelfall nicht zur Kriegsführung bestimmt und geeignet. Sie unterfallen als sog »**unkonventionelle Spreng- und Brandvorrichtungen**« dem SprengG, der Vergehenstatbestand des unerlaubten Umgangs mit explosionsgefährlichen Stoffen nach §§ 1 I, 27 I, 40 I Nr. 4 SprengG ist im Normalfall einschlägig.

V. Tathandlungen

1. Allgemein

116 An die technische Einordnung des verfahrensgegenständlichen waffenrechtlich relevanten Gegenstandes schließt sich die Frage der vom Beschuldigten vorgenommenen Tathandlung(en) an.

117 Die meisten Tathandlungen können vorsätzlich oder fahrlässig vorgenommen werden, vgl §§ 52 a IV, 53 IV WaffG, 22a IV KWKG. Ausgenommen sind lediglich Tathandlungen mit erhöhten subjektiven Anforderungen (§ 22 a I Nr. 5 KWKG, in der Praxis ohne Bedeutung) bzw mit überschießender Absicht (§ 53 I 1 Nr. 3 WaffG[60]). In der Praxis ist fahrlässige Begehungsweise jedoch die absolute Ausnahme.

2. Besitz

118 Wesentliche Tathandlung ist stets das Ausüben der tatsächlichen Gewalt über den betreffenden Gegenstand. Diese Tathandlung wird üblicherweise verkürzt als Besitz bezeichnet. Eine derartige Kurzfassung des waffenrechtlichen Terminus »Ausüben der tatsächlichen Gewalt« ist zur Verschlankung des Entscheidungstenors und zur Erhöhung der Verständlichkeit zulässig.

119 Maßgebliches Kriterium für den Besitz im waffenrechtlichen Sinne, dh das Ausüben der tatsächlichen Gewalt, ist die Möglichkeit, über den Gegenstand nach eigenem Willen zu verfügen, Nr. 4.1 WaffVwV.

120 Wichtig ist im Zusammenhang mit der Tathandlung des Besitzes, daß neben der objektiven Ausübung der tatsächlichen Gewalt als subjektives Element ein entsprechender **Besitzwille** erforderlich ist.[61] Wer zum Bei-

---

60 S. hierzu unten Rn 132
61 BGHSt 28, 294, 295

spiel als Rechtsanwalt von einem Mandanten eine Waffe entgegennimmt, um sie unverzüglich der Polizei oder der Verwaltungsbehörde zukommen zu lassen, und dies dann auch tatsächlich unternimmt, hat mangels Besitzwillens den Tatbestand des Besitzes nicht erfüllt. Die genannte Verfahrensweise ist wegen der anwaltlichen Schweigepflicht und des anwaltlichen Zeugnisverweigerungsrechtes praktisch die einzige, mit der ein illegaler Waffenbesitzer Waffen in sichere Hände abliefern kann, ohne sich der Gefahr der Strafverfolgung auszusetzen. Zur eigenen Absicherung empfiehlt sich für den Anwalt, nach Erhalt der Waffe diesen Umstand telephonisch den zuständigen Behörden mitzuteilen, damit die Waffe unverzüglich aus der Kanzlei abgeholt werden kann.

Bedeutsam ist, daß der unerlaubte Besitz von Schußwaffen je nach Art der Schußwaffe **abgestuft bestraft** wird: Bei vollautomatischen Schußwaffen und Scheinkriegswaffen als Verbrechen mit einer Mindestfreiheitsstrafe von 1 Jahr (§ 52 a I WaffG), bei halbautomatischen Selbstladekurzwaffen als Vergehen mit einer erhöhten Mindeststrafe von 6 Monaten Freiheitsstrafe (§ 53 I 1 Nr. 3 a, a WaffG) und bei sonstigen Schußwaffen ohne erhöhte Mindeststrafe mit Geldstrafe oder Freiheitsstrafe bis zu 3 Jahren (§ 53 III Nr. 1 a WaffG).[62]

121

a) Sonderfall: Altbesitz

Einen Sonderfall stellt der sog Altbesitz dar. Es handelt sich hierbei um Waffen, die bereits zur Geltung des alten Waffenrechtes im Besitz des jetzigen Besitzers waren. Diese Waffen hätten nach § 59 I WaffG bis zum 30. Juni 1976 bei der Verwaltungsbehörde angemeldet werden müssen. Der Besitz nichtangemeldeter Schußwaffen nach Ablauf der Meldefrist ist in § 53 III Nr. 7 WaffG gesondert unter Strafe gestellt. Die erhebliche praktische Bedeutung dieser Bestimmung liegt darin, daß es sich hierbei um eine Spezialbestimmung handelt, die den anderen Bestimmungen, mit denen illegaler Waffenbesitz unter Strafe gestellt wird, vorgeht.[63] Auch der Besitz von halbautomatischen Selbstladekurzwaffen, der ansonsten gem § 53 I 1 Nr. 3 a, a WaffG mit einer sechsmonatigen Mindestfreiheitsstrafe bedroht wird, ist als Altbesitz nur nach dem nicht erhöhten Strafrahmen zu ahnden.

122

Die Privilegierung des Altbesitzes gilt jedoch nicht für die in § 37 WaffG genannten absolut **verbotenen Gegenstände**. § 58 WaffG trifft insoweit gegenüber § 59 WaffG eine gesonderte Regelung. Hiernach hätte Anmeldung des verbotenen Gegenstandes bis zum 30. Juni 1976 oder seine Unbrauchbarmachung oder Abgabe an einen Berechtigten innerhalb dieser Frist die Unwirksamkeit des Verbotes zur Folge gehabt.

123

---

62 S. hierzu unten Rn 188
63 BGH NStZ 1985, 414

b) Sonderfall: DDR-Altbesitz

124 Für Altbesitz von Schußwaffen auf dem Gebiet der ehemaligen DDR und Westberlins gelten nach §§ 59 b, c WaffG ähnliche Regelungen wie bei der Änderung des Waffengesetzes im Gebiet der alten Bundesrepublik. Auch hier ist der Besitz von Schußwaffen nach Ablauf der Meldefrist in § 53 III Nr. 8 WaffG speziell unter Strafe gestellt. Die Ausführungen zum (sonstigen) Altbesitz[64] gelten entsprechend.

3. Erwerb und Überlassen

125 Erwerb und Überlassen sind das Erlangen beziehungsweise Einräumen des Besitzes an einem waffenrechtlich relevanten Gegenstand. Auf die Definition in § 4 I, II WaffG wird verwiesen. Die Frage des zugrundeliegenden schuldrechtlichen Vertrages ist ebenso ohne Bedeutung wie die Frage des Eigentumsüberganges, Nr. 4.1 WaffVwV.

126 Im Falle des Erwerbs von nach dem WaffG erlaubnispflichtigen Schußwaffen, von in der KWL aufgeführten Schußwaffen, Sprengstoff enthaltenden Kriegswaffen und Sprengstoff durch **Diebstahl** liegt tateinheitlich zu den waffen- oder sprengstoffrechtlichen Verstößen ein Vergehen nach §§ 242, 243 I 2 Nr. 7 StGB vor.

127 Der **Erwerb** ist der erste Akt des Besitzes. Bereits für den Erwerb ist daher ein entsprechender Erwerbs- und Besitzwille erforderlich.

128 Das Überlassen bzw der Erwerb einer Waffe müssen nicht von **Dauer** sein. Auch die kurzzeitige Übergabe einer Waffe an einen anderen genügt, wenn dieser die tatsächliche Möglichkeit hat, nach eigenem Willen über die Waffe zu verfügen. Bereits die kurzzeitige Aushändigung einer Waffe an einen anderen, um sie auszuprobieren, stellt sich daher als Überlassen bzw Erwerb dar. Dies folgt auch aus einem Gegenschluß zu § 28 IV Nr. 6 WaffG, der für den Fall der Übergabe einer Schußwaffe auf einer Schießstätte zum vorübergehenden Schießen ausnahmsweise keine Erlaubnis verlangt, also den grundsätzlich erlaubnispflichtigen Tatbestand des Erwerbs und Überlassens voraussetzt.[65]

129 Probleme bereiten in der Praxis die Fälle des **Abhandenkommens** von Schußwaffen oder Munition oder des unbefugten Ansichnehmens dieser Gegenstände durch Dritte. Überlassen iSv § 4 II WaffG ist bereits dann anzunehmen, wenn der Überlassende – ohne seine eigene tatsächliche Gewalt aufzugeben – einer anderen Person die Möglichkeit einräumt, sich selbständig der Waffen zu bedienen.[66] Nach § 42 I 1, 2 WaffG ist jeder Besitzer von Schußwaffen und Munition verpflichtet, diese Gegenstände

---

64 S. hierzu oben Rn 122
65 BayObLG NJW 1977, 1737, 1738
66 BVerwG NJW 1979, 1564

gegen Abhandenkommen und dagegen, daß Dritte sie unbefugt an sich nehmen, zu sichern. Die Anforderungen an die Sicherungsvorkehrungen ergeben sich aus Nr. 42 WaffVwV, insbes aus Nr. 42.4 WaffVwV. Danach müssen Kurzwaffen grundsätzlich besonders eingeschlossen, Langwaffen grundsätzlich eingeschlossen oder angeschlossen werden. Ein Verstoß gegen die Verpflichtung aus § 42 I WaffG stellt gem § 55 I Nr. 23 WaffG eine Ordnungswidrigkeit dar. Verstößt der Besitzer gegen seine Pflicht zur ordnungsgemäßen sicheren Verwahrung, erlangt daher ein Nichtberechtigter den Besitz einer Schußwaffe oder von Munition und hätte der Besitzer dies vorhersehen und – wie meist möglich – vermeiden können, liegt ein Vergehen des fahrlässigen unerlaubten Überlassens von Schußwaffen oder Munition durch Unterlassen der erforderlichen Sicherungsvorkehrungen gem §§ 34 I 1, 53 III Nr. 2, IV WaffG, 13 StGB vor. Entsprechendes gilt für Kriegswaffen, vollautomatische Selbstladewaffen und Scheinkriegswaffen, §§ 22 a I Nr. 2, IV KWKG, 52 a I, IV WaffG.

In der Praxis wird man derartige Vergehen vor allem in den Fällen anzunehmen haben, in denen Kinder des Besitzers sich an dessen Waffen vergreifen können, weil sie nicht ordnungsgemäß verwahrt sind. Angesichts der bekannten Faszination, die Waffen auf Kinder und Jugendliche ausüben, und angesichts der alljährlichen bis zu tödlichen Verletzungen führenden Unfälle durch mit Waffen spielende Kinder sind hier an den Waffenbesitzer erhöhte Sorgfaltsanforderungen zu stellen. Das bloße Vertrauen »Mein Kind tut so etwas nicht« ersetzt die ordnungsgemäße Verwahrung nicht und kann den Fahrlässigkeitsvorwurf nicht beseitigen.

130

Keinen Fahrlässigkeitsvorwurf wird man hingegen in den Fällen machen können, in denen während der kurzzeitigen Abwesenheit des Waffenbesitzers dessen nicht eigens versperrte oder angeschlossene (beispielsweise in der unverschlossenen Schublade des Nachttisches verwahrte) Waffe bei einem Wohnungseinbruch aus der verschlossenen Wohnung gestohlen wird. Hiermit muß der Waffenbesitzer in aller Regel nicht rechnen. Es verbleibt daher nur beim Vorwurf der Ordnungswidrigkeit.

131

a) Erwerb zur Weitergabe

Der Erwerb von erlaubnispflichtigen Schußwaffen und Munition zum Zweck der Weitergabe an Nichtberechtigte ist als qualifizierter Erwerbstatbestand in § 53 I Nr. 3 WaffG eigens aufgeführt und mit einer sechsmonatigen Mindeststrafe bedroht. Große praktische Bedeutung hat dieser Tatbestand jedoch nicht, da in aller Regel gleichzeitig andere waffenrechtliche Tatbestände erfüllt sein werden und der Nachweis der entsprechenden Absicht meist nicht möglich ist.

132

b) Waffenvertrieb im Marktverkehr und auf Volksfesten

133 Der Vertrieb und das Überlassen von Waffen im Marktverkehr, im Reisegewerbe sowie auf Volksfesten und ähnlichen Veranstaltungen ist nach § 38 I WaffG verboten, die Verwaltungsbehörde kann nach § 38 II WaffG allerdings Ausnahmen zulassen. Zum Vertrieb gehören nach der Legaldefinition in § 7 I Nr. 2 WaffG bereits das eigentliche Überlassen vorbereitende Tätigkeiten wie die Entgegennahme von Bestellungen.

134 Bei **erlaubnispflichtigen** Schußwaffen und Munition ist ein Verstoß gegen das Verbot nach § 53 I 1 Nr. 6 WaffG mit einer sechsmonatigen Mindestfreiheitsstrafe bedroht, bei **erlaubnisfreien** Schußwaffen und Munition sowie bei **Hieb- oder Stoßwaffen** ist gem § 53 III Nr. 4 WaffG keine erhöhte Mindeststrafe verwirkt.

135 Praktische strafrechtliche Bedeutung hat das Verbot hauptsächlich im Zusammenhang mit **Flohmärkten**, auf denen öfters Luftdruckwaffen, Bajonette, Säbel oder ähnliche Gegenstände angeboten werden. Das Verbot betrifft jedoch nur nach § 69 GewO festgesetzte Flohmärkte, nicht private Flohmärkte.[67]

c) Waffenhandel

136 Von Waffenhandel im strafrechtlichen Sinne kann, wie sich aus der Legaldefinition des § 7 I Nr. 2 WaffG ergibt, nur bei gewerbsmäßiger Tätigkeit oder selbständiger Tätigkeit im Rahmen einer wirtschaftlichen Unternehmung gesprochen werden. Illegaler Handel mit Schußwaffen oder Munition ist in § 53 I 1 Nr. 1 b WaffG unter Strafe gestellt.

137 Für den Begriff der **Gewerbsmäßigkeit** gelten nach Nr. 7.1 WaffVwV die allgemeinen gewerberechtlichen Grundsätze. Gewerbsmäßigkeit ist daher nur bei selbständiger, für eine gewisse Dauer mit der Absicht auf Gewinnerzielung vorgenommener Tätigkeit anzunehmen. Soweit der BGH entschieden hat, die Gewerbsmäßigkeit der Abgabe von Waffenhandelsgeboten, die ein Täter im Rahmen der gewerbsmäßigen Handelstätigkeit seiner Firma abgibt, werde nicht dadurch in Frage gestellt, daß sich dieser Geschäftsvorgang auf eine andere, dem üblichen Sortiment nicht entsprechende Ware bezieht,[68] ist dies nicht überzeugend. Der Obsthändler, der neben Bananen auch einmal ein Gewehr verkauft, ist noch kein gewerbsmäßiger Waffenhändler.

---

[67] BayObLGSt 93, 104
[68] BGH NJW 1994, 2102, 2103, insoweit nicht abgedruckt in BGHSt 40, 94

Die Erlaubnispflicht des § 7 I Nr. 2 WaffG erfaßt auch eine im Inland entfaltete Waffenhandelstätigkeit, die darauf gerichtet ist, **im Ausland befindliche Schußwaffen und Munition** ohne Inlandsberührung an einen Drittstaat zu liefern.[69] Für Kriegswaffen ist dies ausdrücklich in § 4 a KWKG geregelt. Die unerlaubte Vermittlung von im Ausland befindlichen **Kriegswaffen** oder der Abschluß eines entsprechenden Vertrages sind in § 22 a I Nr. 7 KWKG unter Strafe gestellt.

138

4. Führen und Beförderung

Der waffenrechtliche Begriff des Führens unterscheidet sich vom allgemein strafrechtlichen Begriff des Führens einer Schußwaffe, wie er etwa in den §§ 244, 250 StGB Verwendung findet. Während nach den genannten Bestimmungen erforderlich ist, daß der Täter die Waffe bewußt gebrauchsbereit bei sich hat, liegt Führen im waffenrechtlichen Sinne gem § 4 IV WaffG (bereits) dann vor, wenn der Täter die tatsächliche Gewalt über die Waffe außerhalb seiner Wohnung, Geschäftsräume oder seines befriedeten Besitztums ausübt. Die Örtlichkeiten entsprechen nach Nr. 4.2 WaffVwV den gleichlautenden in § 123 StGB.

139

Das **Schießen** ist ein vom Führen getrennter selbständiger waffenrechtlicher Begriff. Strafrechtlich gesehen ist es – außer bei der Strafzumessung – unerheblich, ob mit der Waffe geschossen wurde oder nicht. Unerlaubtes Schießen stellt nur eine Ordnungswidrigkeit dar, §§ 45 I, 55 I Nr. 25 WaffG. Das sog **Hochzeitsschießen** mit gasgefüllten Luftballons oder Rohren erfüllt mangels Vorliegens von Schußwaffen oder Böllern keinen waffenrechtlichen Tatbestand, bei Milchkannen liegen hingegen Böller iSv § 45 I WaffG vor. Sprengstoffrechtliche Tatbestände werden nicht verwirklicht, weil Gase nach § 1 I SprengG keine explosionsgefährlichen Stoffe iSd SprengG darstellen. Es verbleiben Ordnungswidrigkeiten immissionsschutzrechtlicher Art.

140

a) Führen bei öffentlichen Veranstaltungen

Das Führen von Schuß-, Hieb- oder Stoßwaffen bei öffentlichen Veranstaltungen ist in § 39 I WaffG mit einem eigenen Verbot, von dem die Verwaltungsbehörde nach § 39 II WaffG eine Ausnahme zulassen kann und das nach § 39 VI WaffG in selten vorkommenden Ausnahmefällen nicht gilt, belegt. Ein Verstoß gegen das genannte Verbot ist nach § 53 III Nr. 5 WaffG als Vergehen unter Strafandrohung gestellt.

141

Entscheidend in der Praxis ist zum einen, daß das Verbot auch für grundsätzlich erlaubnisfreie Gegenstände gilt, also insbes für Gas- oder Schreck-

142

---

69 BGH Beschluß vom 18.10.95, 3 StR 414/95, BGHR, WaffG, § 7, Erlaubnis 1, Auslandsgeschäft

schußwaffen mit PTB-Zeichen, aber auch für Bajonette, Säbel und ähnliche Waffen.

143 Schwierigkeiten macht andererseits oft die Beantwortung der Frage, ob eine öffentliche Veranstaltung vorliegt oder nicht. Unter öffentlicher Veranstaltung iSd Verbotes sind nicht nur die in § 39 I WaffG beispielhaft genannten **Volksfeste** zu verstehen, sondern alle planmäßigen, zeitlich eingegrenzten, aus dem Alltag herausgehobenen Ereignisse, welche nicht nach der Zahl der anwesenden Personen, sondern nach ihrem außeralltäglichen Charakter und jeweils spezifischen Zweck vom bloßen gemeinsamen Verweilen an einem Ort abgegrenzt und in der Regel jedermann zugänglich ein Ablaufprogramm haben.[70] Als **Faustregel** kann daher gelten: Dauerhafte Einrichtungen wie zum Beispiel **Tierparks** fallen mangels zeitlicher Begrenzung nicht unter den Begriff der öffentlichen Veranstaltung, bei **Discotheken** oder ähnlichen Einrichtungen kommt es darauf an, ob nur »normaler« Betrieb stattfindet (dann keine öffentliche Veranstaltung), oder ob der Betrieb darüber hinausgeht, etwa durch Auftritt einer Live-Band oder Durchführung einer Miß-Wahl (dann öffentliche Veranstaltung).[71]

b) Führen in Gaststätten

144 Das Führen von Schußwaffen in Gaststätten, Kantinen oder Betriebsunterkünften ist in § 53 I 1 Nr. 7 WaffG als eigene Tathandlung gesondert unter Strafe gestellt. Große praktische Bedeutung hat diese Strafbestimmung jedoch nicht, denn sie betrifft ohnehin nur illegal erworbene oder eingeführte bzw 1976 nicht angemeldete Schußwaffen, so daß in der Regel stets andere waffenrechtliche Straftatbestände auch verwirklicht sein werden. Illegal eingeführte oder erworbene und nicht angemeldete Schußwaffen werden normalerweise auch illegal besessen, da ansonsten die illegale Herkunft aufgedeckt werden müßte.

145 Einzig im Hinblick darauf, daß das Waffengesetz hier mit sechs Monaten Freiheitsstrafe eine erhöhte Mindeststrafe vorsieht, sollte man die Bestimmung nicht ganz aus dem Auge verlieren.

c) Beförderung von Kriegswaffen

146 Das KWKG kennt den Begriff des Führens nicht. Als Tathandlung kommt insoweit die Beförderung von Kriegswaffen außerhalb eines abgeschlossenen Geländes nach §§ 3, 22 a I Nr. 4 KWKG in Betracht. Die Beförderung durch Seeschiffe oder Flugzeuge (§§ 4, 22 a I Nr. 5 KWKG) ist nicht von praktischer Bedeutung.

---

70 BGHSt 37, 330, 331
71 BGHSt 37, 330, 332

5. Einfuhr

Der Begriff der Einfuhr ist im Waffengesetz nicht näher definiert. Aus § 27 WaffG ergibt sich jedoch, daß darunter jedes Verbringen des waffenrechtlich relevanten Gegenstandes in das Bundesgebiet anzusehen ist. 147

Die Tathandlung der Einfuhr ist in erster Linie im Zusammenhang mit erlaubnispflichtigen Schußwaffen und Munition von Bedeutung, da hierauf unabhängig von der Art der Schußwaffe gem § 53 I 1 Nr. 2 WaffG eine sechsmonatige Mindeststrafe steht, selbst wenn es sich um eine Schußwaffe handelt, deren unerlaubter Besitz nicht mit einer erhöhten Mindeststrafe bedroht ist. Bei sonstigen waffenrechtlich relevanten Gegenständen ergeben sich keine Besonderheiten gegenüber anderen Tathandlungen. 148

6. Herstellung und Bearbeitung

Waffenrechtlich relevante Gegenstände jeder Art werden oft auch von den technisch versierten Tätern selbst hergestellt oder bearbeitet. Herstellen von Schußwaffen liegt bereits beim Zusammensetzen fertiger wesentlicher Teile vor, Nr. 7.4 WaffVwV. Die Vornahme geringfügiger Änderungen erfüllt den Begriff der Bearbeitung oder Instandsetzung noch nicht, vgl insoweit für Schußwaffen § 7 II WaffG und Nr. 7.4 WaffVwV. Als schutzzweckorientierte **Faustregel** kann gelten, daß nur solche Tätigkeiten erfaßt sind, die geeignet sind, den Charakter der Waffe zu ändern. 149

Die **gewerbsmäßige** Herstellung, Bearbeitung oder Instandsetzung von Schußwaffen oder Munition ist nach der Legaldefinition des § 7 I Nr. 1 WaffG **Waffenherstellung**. Illegale Waffenherstellung ist in § 53 I 1 Nr. 1 WaffG unter Strafe gestellt. 150

Die **nichtgewerbsmäßige** Herstellung von Schußwaffen ist nach § 41 I WaffG erlaubnispflichtig. Ein Verstoß erfüllt den Tatbestand des § 53 III Nr. 3 c WaffG. 151

VI. Verbots- und Genehmigungsnormen

1. Allgemein

Das Waffenrecht enthält Normen, die den Umgang mit waffenrechtlich relevanten Gegenständen entweder verbieten oder aber von einer Genehmigung abhängig machen. Dementsprechend lauten die Formulierungen in den Strafbestimmungen so, daß bestraft wird, wer eine bestimmte Handlung mit einem bestimmten Gegenstand »entgegen §...« oder aber »ohne die erforderliche Genehmigung« vornimmt. 152

Bezzel

153 Steindorf unterscheidet daher, ausgehend von der Gefährlichkeit des Verhaltens, zwischen repressiven Verboten und präventiven Verboten mit Befreiungsvorbehalt.[72] Diese Differenzierung ist jedoch in der Praxis nicht in dieser Form nachzuvollziehen. Ob der Täter gegen ein Verbot, das stets auch die Möglichkeit der Ausnahme enthält, verstößt, oder ob er eine genehmigungspflichtige Handlung ohne die Genehmigung, die ihm unter Umständen nicht zu erteilen wäre, vornimmt, läuft letztlich auf dasselbe hinaus: Handeln ohne rechtliches Dürfen. Dies gilt um so mehr, als davon auszugehen ist und auch in der Bevölkerung allgemein bekannt sein dürfte, daß der Umgang mit Waffen jedenfalls in Deutschland grundsätzlich reglementiert ist. Die Formulierung einer Strafbestimmung als Verstoß gegen ein Verbot oder als Handeln ohne Genehmigung hat daher letztlich in der praktischen Fallbearbeitung – abgesehen von der Irrtumsproblematik[73] – keine Konsequenz.

2. Verbote

a) Gegenstandsbezogene Verbote

154 Bestimmte Gegenstände sind als solche verboten. Auf die §§ 37 WaffG, 8 der 1. WaffV wird verwiesen. Die jeweiligen Gegenstände wurden bereits oben im Rahmen ihrer technischen Einordnung behandelt.[74]

155 Auf die Möglichkeit der **Ausnahmegenehmigung** durch das BKA nach § 37 III WaffG sei nur der Vollständigkeit halber hingewiesen.

b) Tätigkeitsbezogene Verbote

156 Bestimmte Verbote sind auf eine bestimmte Tätigkeit bezogen. Auf §§ 38, 39 WaffG wird verwiesen. Die jeweiligen Tätigkeitsverbote wurden bereits oben ihm Rahmen der Darstellung der Tathandlungen behandelt.[75]

157 Auch hier besteht die Möglichkeit der Erteilung einer **Ausnahmegenehmigung** durch die Verwaltungsbehörde, §§ 38 II, 39 II WaffG.

c) Personenbezogene Einzelfallverbote

158 Nach § 40 I WaffG kann die Verwaltungsbehörde im Einzelfall ein **absolutes Waffen- und Munitionsbesitzverbot** erlassen. Dieses Verbot umfaßt insbes auch erlaubnisfreie Schußwaffen nebst dazugehöriger Munition. Es wird nach § 11 I Nr. 5 a BZRG im BZR niedergelegt.

---

72 Steindorf vor § 52 a WaffG Rn 2 ff
73 S. hierzu unten Rn 209
74 S. hierzu oben Rn 49, 55, 62, 64, 69, 73, 78, 92
75 S. hierzu oben Rn 133, 141

Um der Verwaltungsbehörde die Möglichkeit zu geben, frühzeitig ein entsprechendes Verbot zu erlassen, sind ihr nach MiStra 36, 36 a entsprechende Mitteilungen bei waffenrechtlichen Straftaten oder bei Straftaten von Personen, die im Besitz waffenrechtlicher Erlaubnisse sind, zu machen. Das Verbot setzt jedoch keinen Verstoß gegen waffenrechtliche Bestimmungen voraus. Entsprechend dem präventiven Schutzzweck des Verbotes reicht es aus, wenn sich aus einer anderen Tat eine rohe oder gewalttätige Gesinnung des Täters ergibt, vgl Nr. 40.2 WaffVwV.

159

Ein Verstoß gegen ein **vollziehbares** Waffen- und Munitionsbesitzverbot ist in § 53 III Nr. 6 WaffG gesondert unter Strafe gestellt. In aller Regel wird die Verwaltungsbehörde einen entsprechenden Bescheid mit der Anordnung des Sofortvollzuges versehen. Um zu vermeiden, daß ein Verbotsadressat, von dem bekannt ist, daß er Waffen besitzt, diese versteckt oder an andere unberechtigt abgibt, hat sich bewährt, den entsprechenden Bescheid unmittelbar durch die Polizei zustellen zu lassen und die Polizei dann gleichzeitig mit der Sicherstellung gem § 40 II WaffG zu beauftragen.

160

3. Genehmigungen

a) Waffenbesitzkarte

Die Waffenbesitzkarte nach § 28 WaffG ist die waffenrechtliche Grundgenehmigung. Sie berechtigt zum Erwerb und Besitz von – nicht nach § 37 WaffG verbotenen – Schußwaffen. Sportschützen, Waffensammler und Gutachter erhalten nach § 28 II WaffG spezielle Waffenbesitzkarten, die allgemein zum Erwerb einer unbegrenzten Anzahl von bestimmten Schußwaffen berechtigen. In der praktischen Fallbearbeitung kommt es nur darauf an, ob eine entsprechende Waffenbesitzkarte für die gegenständliche Waffe vorliegt, oder nicht.

161

Im Zusammenhang mit Waffenbesitzkarten nach § 28 II WaffG ist in der Praxis jedoch bei **Sportschützen** von Bedeutung, daß es sich bei umgebauten Mehrladern nur dann um von Inhabern einer Sportschützen-Waffenbesitzkarte unbegrenzt zu erwerbende Einzelladerlangwaffen handelt, wenn die Waffen nicht mit gebräuchlichen Werkzeugen zu Mehrladern rückgebaut werden können.[76]

162

Der Besitz von in die Waffenbesitzkarte eingetragenen Schußwaffen nach **Widerruf** der Waffenbesitzkarte und behördlicher Anordnung der Unbrauchbarmachung oder Veräußerung stellt nach §§ 48 II 1, 55 I Nr. 2 WaffG unabhängig von seiner Dauer lediglich eine Ordnungswidrigkeit dar. Reagiert der Waffenbesitzer längere Zeit auf entsprechende Aufforderungen der Verwaltungsbehörde nicht, besteht jedoch der hinreichende

163

---

76 BayObLGSt 89, 27

Verdacht, daß er die Waffen unerlaubt weiterveräußert und damit eine Straftat begangen hat.

b) Munitionserwerbschein

164 Der Munitionserwerbschein nach § 29 WaffG ist das Gegenstück zur Waffenbesitzkarte. Von Bedeutung ist insoweit lediglich, daß die Munitionserwerbsberechtigung auch gem § 29 IV WaffG direkt in die Waffenbesitzkarte eingetragen werden kann.

c) Waffenschein

165 Der Waffenschein gem § 35 WaffG berechtigt zum Führen der darin eingetragenen Waffen.

d) Handels- und Herstellungserlaubnis

166 Die Handels- und Herstellungserlaubnis nach § 7 WaffG berechtigt zur Vornahme der in der genannten Bestimmung aufgezählten Handlungen. Die Handelserlaubnis deckt den Erwerb und Besitz der entsprechenden Gegenstände mit ab, die Herstellungserlaubnis den Erwerb und Besitz der zur Herstellung benötigten Waffenteile, ohne daß es einer eigenen Waffenbesitzkarte nach § 28 WaffG bedürfte, § 7 III 1 WaffG.

e) Europäischer Feuerwaffenpaß

167 Von erheblicher praktischer Bedeutung ist der Europäische Feuerwaffenpaß.[77] Er berechtigt nach § 9c I der 1. WaffV bei vorheriger Einwilligung der Verwaltungsbehörde zum **besuchsweisen** Mitbringen der eingetragenen Waffen nebst dafür bestimmter Munition.

168 Diese Einwilligung ist nach § 9c II der 1. WaffV nicht erforderlich, wenn **Jäger** oder **Sportschützen** besuchsweise bis zu drei der dort genannten Waffen aus dem Ausland mitbringen. Das dauerhafte Verbringen der Waffen nach Deutschland und der dauerhafte Besitz sind hiervon jedoch nicht erfaßt, gemeint sind etwa Fälle der Durchreise von Jägern, des Besuchs einer Jagdpartie oder der Teilnahme an einem Schießwettbewerb.

169 Wie in den Fällen zu verfahren sein wird, in denen sich der Beschuldigte unter Vorspiegelung eines ausländischen Wohnsitzes dort einen Europäischen Feuerwaffenpaß erschlichen hat, um mit dessen Hilfe Waffen nach Deutschland zu bringen, ist noch nicht geklärt.

---

77 Ein Muster ist abgedruckt bei Steindorf Anlage 26 zur WaffVwV S 695

Bezzel

f) »Einfuhrgenehmigung«

Eine gesonderte »Einfuhrgenehmigung« für nicht verbotene, erwerbserlaubnispflichtige Schußwaffen und Munition sieht das WaffG nicht vor. Die Berechtigung zur Einfuhr folgt aus der Berechtigung zum Erwerb und Besitz, § 27 I WaffG.

4. Ausnahmen vom Verbot bzw von der Genehmigungspflicht

Neben der Möglichkeit von Ausnahmegenehmigungen sind in der strafrechtlichen Praxis die schon vom Gesetz vorgesehenen Ausnahmen vom Verbot bzw von der bestehenden Genehmigungspflicht von Bedeutung. Oft entscheidet sich hieran, ob das Handeln des Beschuldigten strafbar war oder nicht. Bei entsprechenden Anhaltspunkten muß daher gem § 160 II StPO von Amts wegen überprüft werden, ob eine Ausnahme vorliegt.

Die entsprechenden Ausnahmen ergeben sich unmittelbar aus den jeweiligen Verbots- bzw Genehmigungsnormen. Daß der Schußwaffenerwerb auf einer **Schießstätte** zum vorübergehenden Schießen frei ist (§ 28 IV Nr. 6 WaffG), ist dabei so unproblematisch wie der Umstand, daß die Zustimmung des **Hausrechtsinhabers** vom Erfordernis eines Waffenscheines befreit (§ 35 IV Nr. 2 WaffG). Im folgenden sollen daher nur die in der Praxis bedeutsamen Ausnahmen dargestellt werden.

a) Erbenprivileg

Der Erwerb von Schußwaffen und Munition von Todes wegen ist nach §§ 28 IV Nr. 1, 29 II Nr. 2 WaffG von Gesetzes wegen erlaubnisfrei. Der Erwerber von Schußwaffen ist lediglich nach § 28 V WaffG verpflichtet, innerhalb eines Monats die Ausstellung einer Waffenbesitzkarte oder die Eintragung in eine bereits vorhandene Waffenbesitzkarte zu beantragen. Den Erwerber von Munition treffen keinerlei Verpflichtungen.

Ein Verstoß des Erwerbers gegen seine genannte Verpflichtung stellt lediglich eine Ordnungswidrigkeit nach § 55 I Nr. 15 WaffG dar. Dies ist unabhängig davon, wie lange die Waffe schon besessen wird, und ob der vorherige Besitzer eine Waffenbesitzkarte hierfür hatte oder nicht. Der Besitz der Waffe ist jedoch nicht strafbar.

Diese Rechtslage lädt natürlich geradezu dazu ein, nicht registrierte Waffen auf die Art und Weise zu »waschen«, daß man sie als geerbt gegenüber der Verwaltungsbehörde oder auch gegenüber den Strafverfolgungsbehörden bezeichnet. Die Einlassung, die Waffe geerbt zu haben, zählt so auch zum Standartrepertoire der einigermaßen waffenrechtlich bewanderten Beschuldigten. Zur Überprüfung sind daher oft erbrechtliche Ermittlungen über die Nachlaßgerichte unumgänglich. Entgegen einer weitverbreiteten

Ansicht kommt nämlich in den Genuß des Erbenprivilegs nur, wer die Waffe auch im zivilrechtlichen Sinne von Todes wegen erworben hat. Nicht unter das Erbenprivileg einzuordnen sind daher insbes die Fälle des **Vermächtnisses**, der **Schenkung unter Lebenden** oder des Erwerbs im Zusammenhang mit einer **Hofübergabe**.

176 Eine Besonderheit gilt hinsichtlich der in § 37 WaffG genannten **verbotenen Gegenstände**. Auch hier ist der Erbe grundsätzlich privilegiert, allerdings nach § 37 IV Nr. 1 WaffG nur insoweit, als das Verbot nicht wirksam wird, wenn der Erbe den erworbenen Gegenstand unverzüglich unbrauchbar macht, einem Berechtigten überläßt oder einen Antrag auf Ausnahmegenehmigung durch das Bundeskriminalamt stellt.

b) Fund

177 Auch der Finder ist nach §§ 28 IV Nr. 2, 29 II Nr. 2 WaffG von der Waffenbesitzkarten- bzw Munitionserwerbsscheinpflicht bei unverzüglicher Ablieferung befreit. Ist diese Frist verstrichen, beginnt der strafbare unerlaubte Besitz der Waffe.[78] Auch die Finderprivilegierung ermöglicht in gleicher Weise wie das Erbenprivileg das »Waschen« von illegalen Waffen.

178 Im Fall von nach § 37 WaffG absolut **verbotenen Gegenständen** wird ebenfalls nach unverzüglicher Ablieferung das Verbot nicht wirksam, § 37 IV Nr. 2 WaffG.

c) Vorübergehender sicherer Erwerb

179 Große Schwierigkeiten bereitet in der Praxis die Privilegierung im Falle des vorübergehenden sicheren Erwerbs[79] nach §§ 28 IV Nr. 3, 29 II Nr. 2 WaffG. Relativ leicht zu überprüfen ist noch die Voraussetzung, daß die Waffe von einem – waffenrechtlich – Berechtigten stammen muß. Auch den Erwerbszweck der sicheren Verwahrung wird man nur in Ausnahmefällen verneinen könne.

180 Die meisten Probleme wirft jedoch die Frage auf, welcher **Zeitraum** mit der gesetzlichen Formulierung »vorübergehend« abgedeckt ist. Nach Nr. 28.4.2 WaffVwV soll sich dieser Zeitraum nach den Umständen des Einzelfalles bestimmen. Gesichert ist auch, daß eine dauernde Fremdverwahrung nicht mehr von der Genehmigungsfreiheit umfaßt ist.

181 Ausgehend davon, daß die Ausnahmebestimmung einerseits den Interessen des Waffenbesitzers insoweit Rechnung tragen will, als er nicht für jeden Fall der kurzzeitigen Abwesenheit seine Waffen in einem Banksafe depo-

---

78 Bloßer Besitz von nicht verbotener Munition ist nicht strafbar, siehe oben Rn 77
79 Zutreffenderweise müßte es eigentlich »vorübergehender sicherer Besitz« heißen, nachdem der Erwerbsvorgang als solcher seiner Natur nach nicht vorübergehend sein kann, sondern sofort abgeschlossen ist. Das WaffG spricht jedoch nur vom vorübergehenden Erwerb.

nieren muß oder derjenige, der die Waffen sicher aufbewahrt sich eigens um eine Waffenbesitzkarte bemühen muß, daß aber andererseits ein erhebliches öffentliches Sicherheitsinteresse daran besteht, daß der Verbleib von Waffen kontrolliert ist und daher das grundsätzliche Erfordernis einer Waffenbesitzkarte und der damit verbundenen behördlichen Überprüfung nicht unterlaufen wird, wird man die maßgebliche Frist nicht übermäßig lang anzusetzen haben. Entscheidend wird zur Vermeidung von Mißbrauch weiterhin sein, daß bereits zum Zeitpunkt des Erwerbs der Waffe durch die Person, die diese dann vorübergehend sicher verwahren soll, von außen objektiv erkennbar ist, wie lange dieser Zustand andauern wird.

Nicht mehr als vorübergehend werden daher etwa Fälle anzusehen sein, in denen im Rahmen eines langjährigen massiven Familienstreites mit nicht absehbarem Ende ein Familienmitglied eine in der Familie vorhandene Waffe an sich nimmt und verwahrt, »bis sich die Lage beruhigt hat«, oder in denen sich der Inhaber einer in Konkurs gegangenen Firma, der auch im Rahmen mehrerer Strafverfahren gesucht wird, nach Südafrika absetzt, vorher aber seine Waffensammlung bei einem Freund deponiert. Wegen der langen Dauer wird auch ein viermonatiger Auslandsurlaub des Waffenbesitzers dazu führen, daß seitens desjenigen, der für ihn die Waffen verwahrt, nicht mehr vorübergehende, sondern dauerhafte Fremdverwahrung anzunehmen ist. In all diesen Fällen wird man von den Beteiligten verlangen können, daß die Waffen entweder in einem angemieteten Banksafe verwahrt werden, oder daß derjenige, der die Waffen aufbewahren soll, sich selbst um eine entsprechende Waffenbesitzkarte bemüht. **182**

d) Jägerprivileg

Inhaber eines Jagdscheines sind in dreifacher Weise privilegiert: **183**

Nach §§ 28 IV Nr. 7, 29 II Nr. 1 WaffG benötigen sie für den **Erwerb** von bis zu zwei Langwaffen und dazugehöriger Munition keine Waffenbesitzkarte und keinen Munitionserwerbschein, sofern es sich bei diesen Waffen nicht um Selbstladewaffen handelt, deren Magazin mehr als zwei Patronen aufnehmen kann. Der Jagdschein berechtigt dann gem § 27 I WaffG auch zur **Einfuhr** der entsprechenden Waffen nebst Munition.

Im Zusammenhang mit der befugten Jagdausübung, dem Jagdschutz oder Forstschutz können nach § 35 II Nr. 2 a WaffG Schußwaffen ohne Waffenschein **geführt** werden. Dies betrifft nicht nur die Jagdausübung als solche, sondern auch den Hin- und Rückweg. Der Besuch eines Geschäftes auf dem Weg zur Jagd, um dort noch Verpflegung einzukaufen, ist dabei ebenso umfaßt wie der kurzzeitige Aufenthalt in einer Gastwirtschaft oder auf einem Amt auf dem Rückweg. Erst bei stundenlangem Aufenthalt in einer Gastwirtschaft wird man davon auszugehen haben, daß das Waffenführen nicht mehr im Zusammenhang mit der Jagdausübung steht. Ob die Waffe hierbei geladen ist oder nicht, ist hierbei völlig unerheblich. **184**

e) Transport

185 Der Transport von Schußwaffen ist vom Waffengesetz unter bestimmten Voraussetzungen erleichtert. Nach § 28 IV Nr. 3 WaffG ist der Erwerb von einem waffenrechtlich Berechtigten zum Zweck der nicht gewerbsmäßigen Beförderung an einen Berechtigten ohne Waffenbesitzkarte möglich. Dies gilt entsprechend auch für den Erwerb von Munition, § 29 II Nr. 2 WaffG.

186 Bedeutsamer ist, daß nach § 35 IV Nr. 2 c WaffG kein Waffenschein benötigt wird, wenn die Schußwaffen nicht schußbereit und nicht zugriffsbereit von einem Ort an einen anderen transportiert werden und an beiden Orten kein Waffenschein erforderlich ist. Dies betrifft in erster Linie die Fälle des Waffentransportes von der eigenen Wohnung zum befriedeten Besitztum eines anderen, der mit dem Waffenführen einverstanden ist, vgl auch § 35 IV Nr. 2 b WaffG. Nicht schußbereit und nicht zugriffsbereit sind nur Waffen, die nicht geladen sind und die nicht mit wenigen schnellen Griffen in Anschlag gebracht werden können, Nr. 35.6.1 und Nr. 35.6.2 WaffVwV. Auch der Transport der ungeladenen Flinte, die im Pkw auf der Rückbank liegt, ist daher nicht mehr waffenscheinfrei.

5. Konsequenzen für die Ermittlungstätigkeit

187 Für die Ermittlungstätigkeit ergeben sich aus den genannten Ausnahmen wichtige Konsequenzen:

In erster Linie ist darauf zu achten, daß möglichst schon beim ersten Zugriff vom Beschuldigten genau erfragt wird, wann, von wem und unter welchen Umständen die Waffe erworben wurde. Ist der Beschuldigte zu derartigen Angaben nicht bereit oder begegnen seine Angaben Zweifeln, sollte stets eine **Verkaufswegfeststellung** versucht werden. Diese wird für das Ausland über das Bundeskriminalamt betrieben, für das Inland je nach Bundesland über das jeweilige Landeskriminalamt oder die sachbearbeitende Polizeidienststelle. Auf diesem Weg lassen sich oft wichtige Informationen über die Herkunft der Waffe gewinnen und Einlassungen des Beschuldigten über den Erwerb überprüfen.

VII. Rechtsfolgen

1. Allgemein

188 Das Waffenrecht ist von seinen Sanktionen her dreistufig aufgebaut:
- Verbrechenstatbestände, §§ 52 a WaffG, 22 a KWKG, mit fünfjähriger Höchstfreiheitsstrafe und der Möglichkeit des besonders schweren Fal-

les mit zehnjähriger Höchstfreiheitsstrafe, §§ 52 a II WaffG, 22 a II KWKG, und des minder schweren Falles ohne erhöhte Mindeststrafe, §§ 52 a III WaffG, 22 a III KWKG

– Vergehenstatbestände mit erhöhter Mindeststrafe, § 53 I 1 WaffG, mit der Möglichkeit des minder schweren Falles ohne erhöhte Mindeststrafe gem § 53 I 2 WaffG

– Vergehenstatbestände ohne erhöhte Mindeststrafe, § 53 III WaffG.

Bei der Frage, ob ein besonders schwerer Fall oder ein minder schwerer Fall vorliegt, haben die Gerichte im Rahmen der vorzunehmenden umfassenden Gesamtwürdigung einen weiten Ermessensspielraum. Speziell waffenrechtlich liegt nach der ausdrücklichen gesetzlichen Bestimmung in der Regel bei gewerbs- oder bandenmäßiger Begehungsweise ein besonders schwerer Fall nach §§ 22 a II KWKG, 52 a II WaffG vor. Die Gewerbsmäßigkeit muß sich dabei auf Kriegswaffen oder die in § 52 a WaffG genannten Waffen beziehen,[80] andere Waffen sind insoweit nicht relevant.   189

2. Strafzumessungskriterien

Neben den allgemeinen Strafzumessungkriterien nach § 46 StGB sind waffenrechtlich speziell einige Gesichtspunkte im Rahmen der Strafzumessung von Bedeutung.   190

Dem Sicherungszweck des Waffengesetzes entsprechend sind alle Umstände von Bedeutung, aus denen sich eine Erhöhung oder Reduzierung der vom Gesetzgeber bereits bei Schaffung des jeweiligen Tatbestandes vorausgesetzten Gefährlichkeit ergibt. Fehlerhaft wäre es daher, die allgemeine Gefährlichkeit vollautomatischer Waffen strafschärfend zu berücksichtigen, denn diese Gefährlichkeit ist bereits Grund für die Einstufung als Verbrechenstatbestand nach § 52 a WaffG. Bei Kriegswaffen ist es aber zulässig, angesichts der Vielzahl denkbarer Tatmodalitäten die besondere Gefährlichkeit der konkreten Kriegswaffe (hier: Handgranate mit Stahlkugeln im Splitterkörper) zu berücksichtigen.[81]

Berücksichtigt werden können darüber hinaus stets Anzahl von Waffen und Munition, die Umstände ihrer Aufbewahrung, die besondere Gefährdung Dritter, etwa durch Aufbewahrung zusammen mit explosionsgefährlichen Stoffen sowie entscheidend die Kooperation und ggf geleistete weitere Aufklärungshilfe bei den Ermittlungen.   191

---

80 Steindorf § 52 a WaffG Rn 8 mwN
81 BayObLGSt 96, 167

3. Schuldfähigkeit

192 Viele Waffensammler machen auf Personen, die keine Waffenliebhaber sind, den Eindruck, als ob sie derart fanatisch seien, daß ihre **Schuldfähigkeit** eingeschränkt sein könnte. Das Vorliegen von iSv § 21 StGB erheblich verminderter Schuldfähigkeit unter dem Gesichtspunkt der nicht stoffgebundenen Sucht ist aber nur in ganz extremen Ausnahmefällen zu bejahen oder jedenfalls nicht auszuschließen, wenn die Persönlichkeit des Täters gleichsam völlig »entkernt« ist, mit schwerwiegenden sozialen Schädigungsfolgen (Verschuldung, Belastung der Partnerschaft, Arbeitsplatzprobleme), und gewissermaßen nur noch aus Waffenleidenschaft besteht.[82]

4. Einziehung

193 Die Einziehung ist in § 56 WaffG und § 24 KWKG als Nebenfolge ausdrücklich erwähnt. Während im Zusammenhang mit der Einziehung von Kriegswaffen und verbotenen Gegenständen in der Praxis kaum Probleme auftauchen, wirft die Einziehung sonstiger waffenrechtlicher Gegenstände oft erhebliche Schwierigkeiten auf. Viele Täter akzeptieren eine Strafe, kämpfen aber mit allen Mitteln um ihre Waffen, nicht nur, weil diese oft einen erheblichen Vermögenswert verkörpern, sondern weil sie sich aus emotionalen Gründen nicht von ihnen trennen können.

194 Das Waffengesetz unterscheidet zwar in § 56 WaffG zwischen den Straftatbeständen, bei denen die Einziehung obligatorisch ist (§ 56 I WaffG) und den Tatbeständen mit lediglich fakultativer Einziehung (§ 56 II WaffG), der BGH hat diese klare gesetzliche Grundentscheidung jedoch insoweit relativiert, als er entschieden hat, daß auch in den Fällen der obligatorischen Einziehung die **Verhältnismäßigkeit** der Einziehung gem § 74 b StGB zu beachten ist.[83] Eine spezielle Ausprägung des Verhältnismäßigkeitsgrundsatzes enthält § 56 IV WaffG mit der Möglichkeit, eine Erlaubnis zu beantragen oder die Gegenstände einem Berechtigten zu überlassen. Auch die Unbrauchbarmachung gem § 74 II 2 Nr. 2 StGB kommt hier in Betracht.

195 In den Fällen der obligatorischen Einziehung wird eine Verhältnismäßigkeitsprüfung jedoch angesichts der klaren gesetzlichen Grundentscheidung, die den Schutz der Allgemeinheit bezweckt, nur in den seltensten Fällen dazu führen, daß von einer Einziehung abzusehen sein wird. Der Wert der eingezogenen Waffe muß schließlich bereits bei der Strafzumessung als solcher berücksichtigt werden. In Betracht kommt ein Absehen von der Einziehung hier vor allem bei gegenüber dem Normalfall außergewöhnlich großem Affektionsinteresse des Täters bei nur geringfügiger

---

82 Ausgehend vom pathologischen Spielen grundlegend hierzu A. Möller/I. Bier-Weiß Rechtsmedizin 1997, 53
83 BGH NStZ 1981, 104

Berührung der Sicherheitsinteressen, zB bei der bloßen Durchfuhr einer ungeladenen Jagdwaffe, bei der es sich um das selbst gefertigte Gesellenstück des Täters handelt. Als nicht ausreichend kann der Umstand angesehen werden, daß der Täter im Ausland die dort erforderliche waffenrechtliche Genehmigung besitzt. Das Waffenrecht ist rein national an den deutschen Sicherheitsinteressen ausgerichtet. Vorgänge und Maßstäbe im Ausland können daher insoweit keine Rolle spielen. Es leuchtet beispielsweise ein, daß der Umstand, daß es in vielen Gegenden der Welt absolut üblich und gesellschaftlich wie gesetzlich akzeptiert ist, sich mit Kalaschnikow-Sturmgewehren zu bewaffnen, in Deutschland insoweit keine Relevanz haben kann.

Die formlose **Zustimmung** des Beschuldigten zur Einziehung macht einen richterlichen Ausspruch darüber entbehrlich. Auf sie sollte daher in jedem Stadium des Verfahrens hingewirkt werden. Bei der Zustimmung handelt es sich um eine Erklärung, die den Verzicht auf etwa bestehende Herausgabeansprüche enthält, und die unwiderruflich ist.[84] Zur Vermeidung von Schwierigkeiten empfiehlt es sich, gerade auch bei Ausländern die Zustimmung ggf unter Heranziehung eines Dolmetschers schriftlich einzuholen, auf die Entschädigungsfreiheit hinzuweisen und klarzustellen, daß die Einziehung etwas anderes ist als die Sicherstellung oder Beschlagnahme.

196

Im Zusammenhang mit sichergestellter **Munition**, bei der der Erwerb nicht ausschließbar verjährt ist – der bloße Besitz ist in der Regel nicht strafbar[85] – erfolgt die Einziehung über §§ 56 WaffG, 74 II, 76 a II 1 Nr. 1 StGB, ggf durch ein objektives Einziehungsverfahren nach § 440 StPO.

197

5. Fahrerlaubnis- und Fahrzeugmaßnahmen

Bei Transport erheblicher Mengen von Waffen oder Kriegswaffen ist stets an die Möglichkeit zu denken, das Fahrzeug des Täters als Tatmittel einzuziehen und nach §§ 69, 69 a StGB die Fahrerlaubnis zu entziehen und den Führerschein einzuziehen. Die charakterliche Ungeeignetheit des Täters zum Führen von Kraftfahrzeugen wird vor allem dann anzunehmen sein, wenn der Transport Dritte gefährdet hat oder wenn der Täter seine Fahrerlaubnis zur Begehung eines schwerwiegenden Verbrechens mißbraucht hat. Der Transport von einigen wenigen Leuchtspurpatronen etwa reicht insoweit nicht aus.

198

---

84 BayObLG NStZ-RR 1997, 51
85 S. hierzu oben Rn 77

6. Konsequenzen für die Ermittlungstätigkeit

199 Im Hinblick auf die möglichen Rechtsfolgen ist es wichtig, daß gerade **Durchsuchungen** genau dokumentiert werden. Ein Durchsuchungsbericht, der nur die aufgefundenen Gegenstände auflistet, ist insoweit unbrauchbar. Sämtliche Details, aus denen sich eine Erhöhung oder Verringerung der jeder Waffe potentiell innewohnenden Gefahr ergibt, müssen festgehalten sein. Der Ladezustand der Waffe und der genaue Verwahrungsort zählen insoweit zu den Mindestinhalten, besonders vor dem Hintergrund der Zugriffsmöglichkeit von Kindern. Bedeutsam sind auch eventuelle Schußspuren sowie der Hinweis auf aufgefundene Munition, die nicht zu den sichergestellten Waffen paßt.

VIII. Konkurrenzen und Strafklageverbrauch

1. Allgemein

200 Im Bereich der Konkurrenzen ist vieles im Fluß. In der Praxis hat sich de facto – auch außerhalb des Waffenrechtes – die Einheitsstrafe durchgesetzt, nicht zuletzt als Reaktion auf den Beschluß des BGH zur Abschaffung der fortgesetzten Handlung.[86] Die Festsetzung von Einzelstrafen dient oft letztlich nur der Urteilskosmetik zur pro-forma-Begründung der Gesamtstrafe.

201 Das speziell waffenrechtliche Konkurrenzproblem liegt in dem Umstand begründet, daß in aller Regel Besitz als Dauerdelikt vorliegt.

2. Waffendelikte und sonstige Straftaten

202 Beim Zusammentreffen von Waffendelikten und sonstigen Straftaten liegt grundsätzlich Tateinheit vor, wenn die Waffe zur Begehung der sonstigen Straftat eingesetzt wurde. Wird jedoch eine Waffe aus dem Besitz des Täters von diesem aufgrund eines neu gefaßten Entschlusses zu einem Banküberfall oder sonstigem Verbrechen verwendet, wird damit ein Einschnitt vorgenommen, der die Verwirklichung des Verbrechenstatbestandes nicht nur sachlich-rechtlich von der waffenrechtlichen Dauerstraftat ablöst, sondern diese Tat auch prozessual als selbständiges historisches Geschehen erscheinen läßt, die ihrerseits wieder in Tateinheit mit einem Verstoß gegen das Waffengesetz stehen kann.[87]

---

86 BGHSt 40, 138
87 BGHSt 36, 151, 154

Hinsichtlich weiterer Einzelfallentscheidungen wird auf die Zusammenstellung bei Steindorf[88] verwiesen. 203

3. Waffendelikte untereinander

Im Falle von **Kriegswaffen** ist der Besitz gegenüber sonstigen Tathandlungen nach der eindeutigen gesetzlichen Formulierung (»sonst die tatsächliche Gewalt ausübt«) subsidiär. 204

Im Falle des unerlaubten **Waffenhandels** nach §§ 7 I Nr. 2, 53 I 1 Nr. 1 b WaffG sind alle mit dem Waffenhandel zusammenhängenden und von der – fehlenden – Waffenhandelserlaubnis mitumfaßten Tathandlungen ebenfalls subsidiär. 205

Ansonsten gilt, daß der Besitz einer Waffe alle mit dieser Waffe während des Besitzes vorgenommenen waffenrechtlichen Tathandlungen zu Tateinheit verbindet. Gleiches gilt für mehrere Waffen, auch hier werden die einzelnen Tatbestände durch das Bindeglied des zeitgleichen Besitzes mehrerer Waffen zu einer **tateinheitlichen waffenrechtlichen Dauerstraftat** verbunden. 206

Diese Tateinheit wird auch nicht durch die Sicherstellung einzelner Waffen oder die Inhaftierung des Beschuldigten unterbrochen. Die einzige **Zäsur** bildet insoweit die Aburteilung hinsichtlich wenigstens einer der zahlreichen illegal besessenen Waffen. Diese Aburteilung umfaßt den gesamten tateinheitlichen Waffenbestand des Beschuldigten, auch wenn er dem Gericht nicht bekannt war. Hinsichtlich der übrigen Waffen liegt also, unabhängig von ihrer waffenrechtlichen Einordnung, für den Besitz bis zum Zeitpunkt des Urteils **Strafklageverbrauch** vor.[89] In letzter Konsequenz führt dies dazu, daß beispielsweise die Verurteilung wegen Besitzes eines Nunchakus mit einer Geldstrafe von 10 Tagessätzen zu Strafklageverbrauch hinsichtlich eines riesigen Waffenarsenals von halb- und vollautomatischen Schußwaffen und Kriegswaffen führen kann.[90] 207

4. Konsequenzen für die Ermittlungstätigkeit

Aus dem Vorstehenden folgt als Konsequenz für die Ermittlungstätigkeit, daß die im Waffenrecht meist unumgänglichen **Durchsuchungen** nicht gründlich genug durchgeführt werden können. Durchsuchungsprotokolle, in denen als Durchsuchungsdauer für die Durchsuchung eines Bauernhofes 208

---

88 Steindorf § 53 WaffG Rn 39 ff
89 BGH NStZ 1997, 446
90 Der 3. Strafsenat des BGH hat deshalb auch im Beschluß vom 12.12.97, 3 StR 383/97, BGHR, WaffG, § 53, Konkurrenzen 6, Waffenlager, Bedenken an der genannten Rspr anklingen lassen, ohne jedoch insoweit entscheiden zu müssen.

15 Minuten angegeben sind, sollten nicht vorkommen. Wichtig ist auch für die durchsuchenden Beamten, daß sie sich nicht damit zufrieden geben dürfen, daß der Beschuldigte freiwillig einen einzigen waffenrechtlich bedeutsamen Gegenstand herausgibt.

IX. Irrtumsfragen

1. Allgemein

209 Die entscheidenden Probleme im Zusammenhang mit Irrtumsfragen ergeben sich in logischer Konsequenz daraus, ob und welche Unterscheidung im Zusammenhang mit waffenrechtlichen Verboten oder Genehmigungen vorgenommen wird.[91] An der Frage, wie ein Irrtum des Beschuldigten über das Erfordernis oder die Reichweite waffenrechtlicher Genehmigungen oder Verbote zu behandeln ist, scheiden sich daher die Geister.

210 Höchstrichterlich geklärt ist jedenfalls die Frage im Zusammenhang mit **Kriegswaffen**. Aufgrund seiner besonderen Gefährlichkeit stellt der Umgang mit Kriegswaffen schweres Unrecht dar. Die Einordnung als Verbrechen steht einer Annahme als sozialadäquates Verhalten, das seinen typischen Unrechtsgehalt erst aus dem Fehlen einer behördlichen Genehmigung herleite, entgegen. Ein Irrtum über die behördliche Genehmigung im Zusammenhang mit dem Umgang mit Kriegswaffen stellt daher einen Verbotsirrtum dar.[92]

211 Auch im Zusammenhang mit den in § 52 a WaffG genannten Waffen (**vollautomatischen Selbstladewaffen** und **Scheinkriegswaffen**) besteht Einigkeit, daß der Umgang mit diesen Waffen an sich wegen seiner Gefährlichkeit als ahndungswürdiges Unrecht eingestuft werden muß,[93] mit der Folge, daß ebenso wie bei Kriegswaffen bei Fehlvorstellungen des Täters über den Verstoß gegen § 37 WaffG von einem Verbotsirrtum auszugehen ist.[94]

212 Bei den sonstigen im Waffengesetz **verbotenen Gegenständen** (§ 37 WaffG) und **Tathandlungen** (§§ 38, 39 WaffG) soll es sich auch nach Steindorf um repressive Verbote handeln[95] mit der Konsequenz, daß bei entsprechendem Irrtum des Täters von einem Verbotsirrtum auszugehen ist.

---

91 S. hierzu oben Rn 152
92 BGH NStZ 1993, 594, 595
93 Steindorf vor § 52 a WaffG Rn 7
94 So zu Scheinkriegswaffen BayOLG Beschluß vom 13.3.1997, 4St RR 26/97, S 7 (insoweit nicht abgedruckt in BayObLGSt 97, 59)
95 Steindorf vor § 52 a WaffG Rn 28

Hinsichtlich der sonstigen waffenrechtlichen Strafbestimmungen, die **erlaubnisfähige Gegenstände** und Tathandlungen betreffen, geht Steindorf konsequent[96] davon aus, daß das Merkmal »ohne die erforderliche Erlaubnis« als wesentlicher das Unwerturteil über das Verhalten erst schaffender Umstand zum gesetzlichen Tatbestand gehöre, so daß ein entsprechender Irrtum einen Tatbestandsirrtum darstelle.[97] Dem kann jedoch nicht gefolgt werden. Bereits der Ansatz, nach der Gefährlichkeit des Verhaltens zu unterscheiden, ist nicht konsequent durchgehalten. Der Umgang mit einem nach § 37 I 1 Nr. 4 WaffG verbotenen Stockdegen oder einer als Kriegswaffe einzuordnenden Leuchtspurpatrone, bei denen ein repressives Verbot bejaht wird, ist mit Sicherheit weniger für die Allgemeinheit gefährlich als etwa der illegale Besitz einer halbautomatischen Pistole nach §§ 28 I 1, 53 I 1 Nr. 3 a, a WaffG, für die lediglich ein präventives Verbot mit Befreiungsvorbehalt gelten soll. Es dürfte auch sozial akzeptiert sein, daß der Umgang mit sämtlichen ernstzunehmenden Waffen in einem dicht besiedelten und sicheren Land wie der Bundesrepublik Deutschland staatlich reglementiert ist. Es ist daher auch im Zusammenhang von nicht verbotenen, sondern grundsätzlich genehmigungsfähigen Waffen bei entsprechenden Fehlvorstellungen des Täters (nur) von einem Verbotsirrtum auszugehen.[98]

213

2. Tatbestands- und Verbotsirrtum

Ein Tatbestandsirrtum wird demnach nur dann anzunehmen sein, wenn sich der Irrtum des Beschuldigten nicht auf eine waffenrechtliche Frage bezieht, sondern einen im Tatsächlichen liegenden Umstand. So liegt ein Tatbestandsirrtum etwa vor, wenn der Täter, der eine Waffe im Fahrzeug führt, irrig meint, er habe diese zu Hause gelassen.

214

Verbotsirrtum ist in der Praxis in erster Linie in den Fällen anzunehmen, in denen der Beschuldigte die Reichweite eines Verbotes oder eines Genehmigungserfordernisses falsch beurteilt, er etwa der Ansicht ist, für den Umgang mit einem Gegenstand keiner Genehmigung zu bedürfen, oder meint, seine ausländische waffenrechtliche Erlaubnis berechtige ihn, insbes im Rahmen der EU, seine Waffen nach oder durch Deutschland zu verbringen.

215

3. Konsequenzen für die Ermittlungstätigkeit

Viele Irrtumsfragen werden in der Praxis auf der Ebene des Tatsächlichen gelöst. Einem waffenrechtlich versierten Täter wird ein vorgetragener Irr-

216

---

96 S. hierzu oben Rn 153
97 Steindorf § 53 WaffG Rn 26
98 OLG Karlsruhe NJW 1992, 1057

tum kaum abzunehmen sein. Insbes muß sich der Inhaber einer Waffenbesitzkarte vorhalten lassen, daß er zur Erlangung dieser Genehmigungen nach § 31 WaffG seine Sachkunde waffentechnischer und waffenrechtlicher Art nachweise mußte. Gleiches gilt für Inhaber einer Waffenhandelserlaubnis nach § 7 I Nr. 2 WaffG, die nach §§ 8 II, 9 WaffG Fachkunde nachweisen mußten. Bei **Durchsuchungen** ist stets ein Augenmerk darauf zu richten, ob der Beschuldigte die gängigen Fachzeitschriften hält, in denen stets umfassend über waffenrechtliche Fragen informiert wird. Auch die jahrelange Mitgliedschaft in Schützen- oder Reservistenvereinen kann dazu führen, daß ein vorgetragener Irrtum nicht glaubhaft ist.

X. Exkurs: Europarecht

217 Auch das Europarecht beginnt, das nationale deutsche Waffenrecht zu überlagern. Die Einflüsse sind aber noch eher gering. In Umsetzung der **Waffenrichtlinie** der EG 91/477/EWG vom 18.6.1991 wurden in der 1. WaffV die §§ 9 – 9 c eingefügt. Von strafrechtlicher Relevanz ist jedoch allein § 9 c der 1. WaffV. Daß für das Verbringen von Schußwaffen und Munition aus einem EU-Staat nach Deutschland gem § 9a II der 1. WaffV eine vorherige Einwilligung durch die Verwaltungsbehörde erforderlich ist, bedarf als Selbstverständlichkeit keiner Erörterung.

218 Die in der Praxis bedeutsamste europarechtliche Regelung ist der **Europäische Feuerwaffenpaß**.[99]

219 Das **Schengener Durchführungsübereinkommen** enthält zwar in den Art. 77 – 91 Regelungen über Feuerwaffen und Munition. Die strengeren Regelungen der obengenannten EG-Richtlinie verdrängen jedoch gem Art. 134 SDÜ die Bestimmungen des Schengener Durchführungsübereinkommens, ausgenommen Waffensammler und mit Waffen befaßte kulturelle und historische Einrichtungen, die in Art. 2 II EG-Waffenrichtlinie vom Geltungsbereich der Richtlinie ausgenommen sind. In der strafrechtlichen Praxis hat das Schengener Durchführungsübereinkommen daher keine Bedeutung.

---

99 S. hierzu oben Rn 167

XI. Anhang: Formulare

Az.:   **WAFFENGESETZ - allg waff 1**   **220**
vorsätzlicher Besitz/Führen halbautomatischer Waffe - Lauflänge unter 60 cm

☐ Strafbefehl	☐ Antrag beschl. Verf.	○ StrafR	○ SchöffG
☐ Anklageschrift ○ wes. E.d.E	☐ Antrag § 76 JGG	○ JugR	○ JugSchöffG
☐ § 153 a StPO ☐ HaftB	Gerichtsort:	ZwSt./Abt.:	

Besch. Bl.:	Vert. ○ Vollm. Bl.	○ Best Bl.:	○ Zust.bev. Bl.:	○ ges. Vertr. Bl.:

1.	Tattag	
2.	Tatzeit	
3.	Tatalternative	○ Besitz ○ Führen ○ Besitz und Führen (Tateinheit)
4.	Tatort	
5.	Bezeichnung Waffe	
6.	ggf. weiterer Sachverhalt (Freitext)	
7.	Minderschwerer Fall ?	○
8.	Einziehung ?	○

Text des Strafbefehls (wird als Anklage etc. entsprechend umgesetzt):

Am *(1) Tattag* gegen *(2) Tatzeit* Uhr
(3) Tatalternative - Besitz   hatten
(3) Tatalternative - Führen   führten
Sie in *(4) Tatort*, wie Sie wußten, ohne die erforderliche waffenrechtliche Erlaubnis *(5) Bezeichnung Waffe*
(3) Tatalternative Besitz   in Besitz,
(3) Tatalternative Führen   mit sich,
(3) Tatalternative Besitz und Führen   in Besitz und führten die Waffe mit sich.

(6) ggf. weiterer Sachverhalt

Sie werden daher beschuldigt,

vorsätzlich
(3) Tatalternative - Besitz
entgegen § 28 Abs. 1 Satz 1 Waffengesetz die tatsächliche Gewalt über eine halbautomatische Selbstladewaffe mit einer Länge von nicht mehr als 60 cm ausgeübt zu haben,

strafbar als
vorsätzlicher unerlaubter Besitz einer halbautomatischen Selbstladekurzwaffe gemäß §§ 28 Abs. 1 Satz 1, 53 Abs. 1 Satz 1 Ziffer 3 a Buchstabe a *(7) wenn minder schwerer Fall, Satz 2* WaffG.

(3) Tatalternative - Führen
entgegen § 35 Abs. 1 Satz 1 Waffengesetz eine halbautomatische Selbstladewaffe mit einer Länge von nicht mehr als 60 cm geführt zu haben,

strafbar als
vorsätzliches unerlaubtes Führen einer halbautomatischen Selbstladekurzwaffe gemäß §§ 35 Abs. 1 Satz 1, 53 Abs. 1 Satz 1 Ziffer 3 a Buchstabe b *(7) wenn minder schwerer Fall, Satz 2* WaffG.

(3) Tatalternative - Besitz und Führen
entgegen § 28 Abs. 1 Satz 1 Waffengesetz die tatsächliche Gewalt über eine halbautomatische Selbstladewaffe mit einer Länge von nicht mehr als 60 cm ausgeübt und durch dieselbe Handlung diese entgegen § 35 Abs. 1 Satz 1 Waffengesetz geführt zu haben,

strafbar als
vorsätzlicher unerlaubter Besitz in Tateinheit mit vorsätzlichem unerlaubtem Führen einer halbautomatischen Selbstladekurzwaffe gemäß §§ 28 Abs. 1 Satz 1, 35 Abs. 1 Satz 1, 53 Abs. 1 Satz 1 Ziffer 3 a Buchstaben a und b *(7) wenn minder schwerer Fall, Satz 2* WaffG, 52 StGB.

(8) wenn Einziehung - Besitz bzw. Besitz und Führen
Die im Tatvorwurf bezeichnete Schußwaffe wird eingezogen, § 56 Abs. 1 WaffG.
(8) wenn Einziehung - Führen
Die im Tatvorwurf bezeichnete Schußwaffe wird eingezogen, § 56 Abs. 2 WaffG.

TV-StA allg waff 1 (07.98)   Waffengesetz

Beweismittel:

1.	☐ Geständnis	ggf. Datum:		Bl.
2.	☐ Zeugen	Name - Bl.		
	○ m. Adresse			
3.	Sachverständige(r)	Name - Bl.		
4.	Urkunden	Auskunft ○ BZR ○ VZR ○ AZR ○ Gewerberegister		
		○ Strafantrag Bl.		○
		○		
5.	sonst. Beweismittel	○ Lichtbilder	○ Skizzen	○ Asservate
		○		

Rechtsfolgen:

☐ Einzelgeldstrafe	☐ Gesamtgeldstrafe	Anzahl TS:	Höhe TS:
	Einzelstrafen:		☐ Raten - Höhe:
☐ Einzelfreiheitsstrafe	☐ Gesamtfreiheitsstrafe	Dauer:	
	Einzelstrafen:		
☐ Verw. m. Strafvorbeh.		Anzahl TS:	Höhe TS:
☐ Bewährung:	Dauer:	Auflage(n) ○ nach Entwurf ○ Diktat	
☐ Nebenkl. notw. Ausl. / Name(n):			

Bezzel

Waffendelikte

Az.:

WAFFENGESETZ - allg waff 2
vorsätzlicher Besitz verbotener Gegenstände - einschl. Nunchaku

221

☐ Strafbefehl	☐ Antrag beschl. Verf.	○ StrafR ○ SchöffG
☐ Anklageschrift ○ wes. E.d.E	☐ Antrag § 76 JGG	○ JugR ○ JugSchöffG
☐ § 153 a StPO ☐ HaftB	Gerichtsort:	ZwSt./Abt.:

Besch. Bl.:   Vert. ○ Vollm. Bl.   ○ Best Bl.:   ○ Zust.bev. Bl.:   ○ ges. Vertr. Bl.:

1.	Tattag	
2.	Tatzeit	
3.	Tatort	
4.	Verbotener Gegenstand	○ Springmesser ○ Fallmesser ○ Nunchaku ○ Totschläger ○ Schlagring ○ Stahlrute ○ sonst. Ggst.:
5.	ggf. nähere Bezeichnung	
6.	Strafvorschrift	§ 37 Abs. 1 Nr.:
7.	ggf. weiterer Sachverhalt (Freitext)	
8.	Tatalternative	○ verbot. Ggst. ○ Nunchaku
9.	Einziehung ?	○

Text des Strafbefehls (wird als Anklage etc. entsprechend umgesetzt):

Am *(1) Tattag* gegen *(2) Tatzeit* Uhr hatten Sie in *(3) Tatort*, wie Sie wußten,
(4) verbotener Gegenstand (5) ggf. nähere Bezeichnung in Besitz.

(7) ggf. weiterer Sachverhalt.

Hierbei handelte es sich um einen nach dem Waffenrecht verbotenen Gegenstand.

Sie werden daher beschuldigt,

(8) Tatalternative - verbotener Gegenstand
entgegen § 37 Abs. 1 Nr. *(6) Strafvorschrift Nr. § 37 WaffG* Waffengesetz die tatsächliche Gewalt über einen dort bezeichneten Gegenstand ausgeübt zu haben,

strafbar als
vorsätzlicher unerlaubter Besitz eines verbotenen Gegenstands gemäß §§ 37 Abs. 1 Nr. *(6) Strafvorschrift Nr. § 37 WaffG*, 53 Abs. 3 Nr. 3 WaffG.

(8) Tatalternative - Nunchaku
die tatsächliche Gewalt über einen Gegenstand ausgeübt zu haben, der nach seiner Beschaffenheit und Handhabung dazu bestimmt ist, durch Würgen die Gesundheit zu beschädigen,

strafbar als
vorsätzlicher Besitz eines verbotenen Gegenstands gemäß § 53 Abs. 3 Nr. 3 WaffG, §§ 8 Abs. 1 Satz 1 Nr. 3, 42 a Nr. 3 der 1. WaffVO.

(9) wenn Einziehung
Der im Tatvorwurf bezeichnete Gegenstand wird gemäß § 56 Abs. 2 WaffG eingezogen.

TV-StA allg waff 2 (01.98)   Waffengesetz

Beweismittel:				
1.	☐ Geständnis	ggf. Datum:		Bl.
2.	☐ Zeugen	Name - Bl.		
	○ m. Adresse			
3.	Sachverständige(r)	Name - Bl.		
4.	Urkunden	Auskunft ○ BZR ○ VZR ○ AZR ○ Gewerberegister		
		○ Strafantrag Bl. ○		
		○		
5.	sonst. Beweismittel	○ Lichtbilder ○ Skizzen ○ Asservate		
		○		

Rechtsfolgen:			
☐ Einzelgeldstrafe	☐ Gesamtgeldstrafe	Anzahl TS:	Höhe TS:
	Einzelstrafen:		☐ Raten - Höhe:
☐ Einzelfreiheitsstrafe	☐ Gesamtfreiheitsstrafe	Dauer:	
	Einzelstrafen:		
☐ Verw. m. Strafvorbeh.		Anzahl TS:	Höhe TS:
☐ Bewährung:	Dauer:	Auflage(n) ○ nach Entwurf ○ Diktat	
☐ Nebenkl. notw. Ausl. / Name(n):			

Bezzel

WAFFENGESETZ - allg waff 3
vorsätzlicher Besitz/Führen einer Schuß-/Schreckschuß-/Luftdruckwaffe

Az.:

☐ Strafbefehl	☐ Antrag beschl. Verf.	○ StrafR	○ SchöffG
☐ Anklageschrift ○ wes. E.d.E	☐ Antrag § 76 JGG	○ JugR	○ JugSchöffG
☐ § 153 a StPO ☐ HaftB	Gerichtsort:	ZwSt./Abt.:	

Besch. Bl.:	Vert. ○ Vollm. Bl.	○ Best Bl.:	○ Zust.bev. Bl.:	○ ges. Vertr. Bl.:

1.	Tattag	
2.	Tatzeit	
3.	Tatalternative	○ Besitz ○ Führen ○ Besitz und Führen (Tateinheit)
4.	Tatort	
5.	Art Waffe a,	○ Schreckschußwaffe ○ Reizstoffwaffe ○ Signalwaffe
	b,	○ Luftdruckwaffe ○ CO_2-Waffe
	c,	○ sonst. Schußwaffe:
6.	ggf. nähere Bezeichnung	
7.	ggf. weiterer Sachverhalt (Freitext)	
8.	Einziehung ?	○

Text des Strafbefehls (wird als Anklage etc. entsprechend umgesetzt):

Am *(1) Tattag* gegen *(2) Tatzeit* Uhr

(3) Tatalternative - Besitz   hatten
(3) Tatalternative - Führen   führten

Sie in *(4) Tatort*, wie Sie wußten, ohne die erforderliche waffenrechtliche Erlaubnis

(5 a) Art Waffe (6) ggf. nähere Bezeichnung, die nicht das erforderliche Zulassungszeichen nach § 22 Waffengesetz trug (PTB-Zeichen im Kreis)
(5 b) Art Waffe (6) ggf. nähere Bezeichnung, die nicht das erforderliche Kennzeichen nach § 13 Abs. 2 Waffengesetz trug (F-Zeichen im Fünfeck)
(5 c) Art Waffe - sonstige Schußwaffe (6) ggf. nähere Bezeichnung

(3) Tatalternative Besitz   in Besitz,
(3) Tatalternative Führen mit sich,
(3) Tatalternative Besitz und Führen   in Besitz und führten die Waffe mit sich.

(7) ggf. weiterer Sachverhalt

Sie werden daher beschuldigt,

(3) Tatalternative - Besitz
entgegen § 28 Abs. 1 Satz 1 Waffengesetz die tatsächliche Gewalt über eine Schußwaffe ausgeübt zu haben,

strafbar als
vorsätzlicher unerlaubter Besitz einer Schußwaffe gemäß §§ 28 Abs. 1 Satz 1, 53 Abs. 3 Nr. 1 a WaffG.

(3) Tatalternative - Führen
entgegen § 35 Abs. 1 Satz 1 Waffengesetz eine Schußwaffe geführt zu haben,

strafbar als
vorsätzliches unerlaubtes Führen einer Schußwaffe gemäß §§ 35 Abs. 1 Satz 1, 53 Abs. 3 Nr. 1 b WaffG.

(3) Tatalternative - Besitz und Führen
entgegen § 28 Abs. 1 Satz 1 Waffengesetz die tatsächliche Gewalt über eine Schußwaffe ausgeübt und durch dieselbe Handlung diese entgegen § 35 Abs. 1 Satz 1 Waffengesetz geführt zu haben,

strafbar als
vorsätzlicher unerlaubter Besitz in Tateinheit mit vorsätzlichem unerlaubten Führen einer Schußwaffe gemäß §§ 28 Abs. 1 Satz 1, 35 Abs. 1

TV-StA allg waff 3 (07.98)   Waffengesetz

Satz 1, 53 Abs. 3 Nr. 1 a und 1 b WaffG, § 52 StGB.

(8) wenn Einziehung - Besitz bzw. Besitz und Führen
Die im Tatvorwurf bezeichnete Schußwaffe wird eingezogen, § 56 Abs. 1 WaffG.
(8) wenn Einziehung - Führen
Die im Tatvorwurf bezeichnete Schußwaffe wird eingezogen, § 56 Abs. 2 WaffG.

Beweismittel:			
1.	☐ Geständnis	ggf. Datum:	Bl.
2.	☐ Zeugen	Name - Bl.	
	○ m. Adresse		
3.	Sachverständige(r)	Name - Bl.	
4.	Urkunden	Auskunft ○ BZR ○ VZR ○ AZR ○ Gewerberegister	
		○ Strafantrag Bl. ○	
		○	
5.	sonst. Beweismittel	○ Lichtbilder ○ Skizzen ○ Asservate	
		○	

Rechtsfolgen:			
☐ Einzelgeldstrafe	☐ Gesamtgeldstrafe	Anzahl TS:	Höhe TS:
	Einzelstrafen:		☐ Raten - Höhe:
☐ Einzelfreiheitsstrafe	☐ Gesamtfreiheitsstrafe	Dauer:	
	Einzelstrafen:		
☐ Verw. m. Strafvorbeh.		Anzahl TS:	Höhe TS:
☐ Bewährung:	Dauer:	Auflage(n) ○ nach Entwurf ○ Diktat	
☐ Nebenkl. notw. Ausl. / Name(n):			

KAPITEL 8 – BETÄUBUNGSMITTELVERFAHREN

Überblick

I.	**Vorbemerkungen**	1–10
	1. Rechtliche Grundlagen	1
	2. Politischer und sozialer Hintergrund	2–5
	a) Drogenproblematik in der öffentlichen Diskussion	2–3
	b) Ziele des Betäubungsmittelstrafrechts	4–5
	aa) Strafzweck	4
	bb) Strafloser Konsum	5
	3. Bedeutung der Verfahren, Schadenspotential, Organisation bei der StA	6–8
	4. Informationsmöglichkeiten	9–10
II.	**Besondere Probleme**	11–23
	1. Drogenbezogene Probleme	11–15
	a) Einteilung der Betäubungsmittel	11–14
	aa) Zur Systematik der Anlagen I bis III zu § 1 BtMG	12
	bb) Sonstige Unterscheidungen	13–14
	b) Drogen außerhalb der »Positivliste«	15
	2. Betäubungsmittelrechtliche Mengenbegriffe, Wirkstoffgehalt	16–23
	a) Die »klassischen« Mengenangaben	16
	b) Definition der Mengen	17–20
	aa) Nicht gebrauchsfähige Menge	17
	bb) Geringe Menge	18
	cc) Nicht geringe Menge	19–20
	c) Feststellung des Wirkstoffgehalts	21–23
	aa) Mehrere Arten von Betäubungsmitteln	21
	bb) Bestimmung des Wirkstoffgehalts bzw der Qualität bei sichergestellten Betäubungsmitteln	22
	cc) Bestimmung des Wirkstoffgehalts bzw der Qualität bei nicht sichergestellten Betäubungsmitteln	23
III.	**Besonderheiten im Verfahren**	24–45
	1. Besondere Eingriffsmaßnahmen und Ermittlungsmethoden	24–27
	a) Lockspitzel (agent provocateur), polizeilich überwachte Scheingeschäfte	25
	b) Verdeckte Ermittler und nicht offen ermittelnde Polizeibeamte (noeP)	26
	c) Informanten und Vertrauenspersonen	27
	2. Entziehung der Fahrerlaubnis bei Straftaten im Zusammenhang mit Betäubungsmitteln	28–29
	a) Benutzung eines Kraftfahrzeugs für ein Btm-Geschäft	28
	b) Fahruntüchtigkeit infolge des Konsums von Betäubungsmitteln	29
	3. Absehen von Strafe und Einstellung im Betäubungsmittelverfahren	30–34
	a) Einstellung gem §§ 153, 153a StPO	30
	b) Absehen von der Bestrafung gem § 29 V BtMG	31

Böhm

	c) Einstellung des Verfahrens gem § 31a BtMG.............................	32–34
4.	Strafbefehl und Anklage im Betäubungsmittelverfahren	35–41
	a) Formular	35
	b) Besondere Anforderungen an Anklage und Strafbefehl	36–41
	aa) Konkretisierung der Tat(en) nach Zahl, Tatzeit, Tatort und Ausführungsart...	36
	bb) Mindestzahl innerhalb eines bestimmten Tatzeitraumes	37
	cc) Weitere Konkretisierung..	38–39
	dd) Bewertungseinheit..	40–41
5.	Einzelprobleme..	42–45
	a) Wichtige Qualifizierungstatbestände	42–43
	aa) Schußwaffen und sonstige Gegenstände iSv § 30 II Nr. 2 BtMG	42
	bb) Bande, §§ 30 I Nr. 1 und 30 a I BtMG....................	43
	b) Anwendung der §§ 20, 21 StGB bei Betäubungsmittelkonsumenten	44–45

Literaturverzeichnis

Körner, Harald Hans, Betäubungsmittelgesetz, 4. Aufl. 1994
Weber, Klaus, Betäubungsmittelgesetz, 1999

I. Vorbemerkungen

1. Rechtliche Grundlagen

1 Gesetz über den Verkehr mit Betäubungsmitteln (Betäubungsmittelgesetz – BtMG); Arzneimittelgesetz (AMG); § 24a II StVG mit Anlage; Nr. 29a, 257, 256 II RiStBV; Anlage D zur RiStBV Richtlinien über die Inanspruchnahme von Informanten sowie über den Einsatz von Vertrauenspersonen (V-Personen) und verdeckten Ermittlern im Rahmen der Strafverfolgung; organisationsrechtliche[1] Bestimmungen; MiStra Nr. 50, 35 II Nr. 4 iVm § 25 I Nr. 4 JArbSchG

2. Politischer und sozialer Hintergrund

a) Drogenproblematik in der öffentlichen Diskussion

2 Das Betäubungsmittelstrafrecht ist eine staatliche Reaktion auf die mit dem Mißbrauch verbotener Stoffe verbundene Suchtgefahr. Die Bekämpfung der Suchtkrankheiten ist somit das Ziel des Betäubungsmittelstraf-

---

1 Vgl für Bayern: Bekanntmachung des Bayerischen Staatsministeriums der Justiz vom 18.4.1975, Anordnung über Organisation und Dienstbetrieb der Staatsanwaltschaft (OrgStA)

rechts.[2] Die zT sehr heftig geführte Diskussion über die Frage, wie man Suchtkrankheiten am besten bekämpfen kann, berührt auch die Arbeit der damit befaßten StAe.

Die Freigabe »weicher Drogen«,[3] die kontrollierte Abgabe »harter Drogen« an schwer(st)abhängige Suchtkranke sowie die Einrichtung von Fixerstuben sind noch nicht realisierte Forderungen, deren Erfüllung aber ständig als Schritt zu einer besseren Problemlösung und als Alternative zu strafrechtlichen Sanktionen propagiert wird.

Der Diskussion wird zudem häufig unwidersprochen und kritiklos zugrunde gelegt, daß die Arbeit der Strafverfolgungsbehörden sinnlos sei, da der Konsum verbotener Drogen ständig steige und nicht mehr kontrolliert werden könne. Die Aussage, daß eine restriktive Drogenpolitik, die auch vor strafrechtlichen Sanktionen nicht zurückschreckt, gescheitert ist oder scheitern muß, ist aber eine unbewiesene Behauptung. Niemand ist in der Lage, festzustellen, welche Folgen eingetreten wären, wenn man von einer Strafverfolgung weitgehend abgesehen hätte. Von einem Erfolg muß vielmehr auch dann gesprochen werden, wenn es gelingt, neue Konsumenten gerade aus dem Kreis der Jugendlichen und Heranwachsenden abzuschrecken, was insbes dann möglich ist, wenn eine offene, allen leicht zugängliche Szene durch polizeiliche Maßnahmen zurückgedrängt wird.

Absolute Drogenfreiheit ist selbstverständlich nicht erreichbar. Aber es wird schließlich auch niemand daran denken, die Verfolgung der Steuerhinterziehung oder massenhaft vorkommender Straftaten im Straßenverkehr abzuschaffen, nur weil trotz jahrelanger Strafverfolgung kein Rückgang der Delikte zu verzeichnen ist.

Den Schwierigkeiten, die sich aus einer Drogenabhängigkeit der Beschuldigten ergeben, kann zudem durch einen effektiven Einsatz der Möglichkeiten des Strafrechts, wie zB des § 64 StGB bzw § 35 BtMG Rechnung getragen werden. Für die Bewältigung der Bagatellkriminalität im Bereich des Betäubungsmittelstrafrechts steht mit den §§ 29 V, 31a BtMG ein effektives Instrumentarium zur Verfügung. Die Entscheidung des BVerfG vom 9.3.1994[4] weist zu Recht auf diese Möglichkeiten hin und spricht sich gegen eine Freigabe bestimmter Drogen aus.

3

---

2   BVerfG StV 1994, 295 »...den Zweck, die menschliche Gesundheit sowohl des Einzelnen wie der Bevölkerung im ganzen vor den von BtM ausgehenden Gefahren zu schützen und die Bevölkerung, vor allem Jugendliche, vor Abhängigkeit von Betäubungsmittel zu bewahren....«
3   Zum Begriff vgl Rn 20
4   BVerfG StV 1994, 295

b) Ziele des Betäubungsmittelstrafrechts

aa) Strafzweck

4 Die von Betäubungsmitteln ausgehenden Gefahren sollen beim Verbraucher nicht allein wegen des Konsums bekämpft werden. Alle Tatbestandsalternativen des § 29 BtMG zielen vielmehr darauf ab zu verhindern, daß Betäubungsmittel in Umlauf sind.

bb) Strafloser Konsum

5 Der bloße Konsum ist nicht unter Strafe gestellt. Ein strafrechtlich relevanter Erwerb iSv § 29 I Nr. 1 BtMG liegt erst dann vor, wenn der Beschuldigte selbst Verfügungsgewalt erlangt hat und das Rauschgift nicht nur zum sofortigen Verbrauch an Ort und Stelle übernimmt. Bei einer »Raucherrunde« macht sich jedoch derjenige, der einen in der Runde zum Zwecke des gemeinsamen Konsums kreisenden Joint, nach einem Zug an einen Dritten weitergibt wegen Überlassens zum unmittelbaren Verbrauch strafbar nach § 29 I Nr. 6b BtMG. Dies gilt auch dann, wenn der Joint an denjenigen zurückgegeben wird, der das Rauschgift zur Verfügung gestellt hat und dieser vereinbarungsgemäß den Joint seinerseits wiederum an Dritte weitergibt.[5]

3. Bedeutung der Verfahren, Schadenspotential, Organisation bei der StA

6 Die Statistik[6] weist seit Jahren einen Anstieg der Rauschgiftdelikte aus. Die erfaßten Rauschgiftdelikte stiegen im Bundesgebiet um 5,6 % von 205099 im Jahr 1997 auf 216682 im Jahr 1998.[7] In Bayern stieg die Zahl bekannt gewordener Straftaten aus diesem Bereich von 9360 Fällen im Jahre 1987 auf 30685 im Jahr 1997. In den bayerischen Justizvollzugsanstalten verbüßten im Jahr 1997 1038 Personen Freiheitsstrafen, die nach dem BtMG verhängt wurden, bei einer Gesamtzahl von 6946 inhaftierter Personen.[8] Auch die Zahl der Drogentoten bewegt sich seit Jahren auf hohem Niveau.[9]

7 Anhand dieser Zahlen läßt sich der durch Drogenmißbrauch verursachte wirtschaftliche Schaden (Arbeitsunfähigkeit, Aufwendungen für ärztliche Versorgung und Therapien, drogenbedingte Verkehrsunfälle ua) in etwa abschätzen. Nicht erfaßt werden können aber die persönlichen Einbußen,

---

5 BayObLG NStZ-RR 1998, 149
6 Interessante Statistiken findet man unter der Internetadresse des BKA www.bka.de
7 BKA – Statistik Polizeiliche Kriminalstatistik 1998, 216 ff
8 Strafvollzugsstatistik in Bayern 1997, Statistische Berichte des Bayerischen Landesamts für Statistik und Datenverarbeitung
9 Bundesweit stieg die Zahl der Rauschgift-Todesfälle von 1501 im Jahr 1997 auf 1674 im Jahr 1998 (11,5 %) und auf 1723 im Jahre 1999 (7,3 %). In Bayern sank die Zahl der Drogentoten von 313 (1998) auf 257 (1999)

die Drogenabhängige hinnehmen müssen, wie Arbeitslosigkeit, Verlust familiärer Beziehungen, sozialer Abstieg, psychische und körperliche Leiden bis hin zu tragischen Suizidfällen.

Die Tätigkeit des StAs in Betäubungsmittelverfahren zeichnet sich durch rechtliche und tatsächliche Besonderheiten aus. So erhöht sich zB die Verweildauer einer erheblichen Zahl der Verfahren im Referat aufgrund langwieriger Ermittlungen (Wohnungsdurchsuchungen, Telefonüberwachung ua). Die Zusammenarbeit mit der Polizei gestaltet sich gerade in Ermittlungsverfahren, die Betäubungsmittelverstöße betreffen, sehr eng. Neben rechtlichen Spezialkenntnissen ist auch ein fundiertes Wissen über drogenspezifische Probleme erforderlich. Dem wird durch organisationsrechtliche Bestimmungen Rechnung getragen, wonach wegen der erforderlichen besonderen Kenntnisse und Erfahrungen die Rauschgiftstrafsachen in der Regel in der Hand bestimmter Sachbearbeiter vereinigt werden sollen.[10]

8

4. Informationsmöglichkeiten

Eine erschöpfende und übersichtliche Darstellung aller relevanten Probleme enthält der Kommentar zum Betäubungsmittelgesetz[11] von Körner, der allerdings zuletzt 1994 in 4. Auflage erschienen ist und damit nicht mehr den aktuellsten Stand der Gesetzgebung und Rechtsprechung wiedergeben kann. Als aktuelles Nachschlagewerk ist daher der Kommentar zum Betäubungsmittelgesetz von Klaus Weber zu empfehlen, der 1999 erschienen ist.

9

Auch über das Internet[12] bieten sich interessante Ermittlungs- und Erkenntnismöglichkeiten an. Die weitreichenden und nahezu unkontrollierbaren Möglichkeiten werden im verstärkten Umfang aber auch zu Straftaten benutzt (Anleitung zur Herstellung synthetischer Drogen, Vertrieb von Substanzen und technischer Hilfsmittel ua).

10

II. Besondere Probleme

1. Drogenbezogene Probleme

a) Einteilung der Betäubungsmittel

Der Gesetzgeber hat sich für das Prinzip der »Positivliste« entschieden und es über § 1 I und II BtMG der Bundesregierung überlassen, im Wege der

11

---

10 Vgl für Bayern III 9 Nr. 6 der Anordnung über Organisation und Dienstbetrieb der Staatsanwaltschaft (OrgStA)
11 Zum Arzneimittelgesetz vgl Erbs-Kohlhaas Strafrechtliche Nebengesetze
12 Vgl dazu Teil A, Kap 6; zB http://www.drogeninfo.de

Rechtsverordnung die in den Anlagen I – III aufgeführten Stoffe und Zubereitungen zu ändern oder zu ergänzen. Die Anlagen I, II u. III wurden zuletzt geändert durch Verordnung vom 20.1.1998 und vom 24.9.1999.[13] In dringenden Fällen kann der Bundesminister für Gesundheit nach § 1 III BtMG durch Rechtsverordnung kurzfristig weitere Stoffe und Zubereitungen in die Anlagen I bis III aufnehmen. Nach Ablauf eines Jahres tritt eine derartige Verordnung aber außer Kraft.

aa) Zur Systematik der Anlagen I bis III zu § 1 BtMG

Anlagen zu § 1 I BtMG		
Anlage I[14]	Anlage II[15]	Anlage III[16]
Nicht verkehrsfähige Betäubungsmittel	Verkehrsfähige, aber nicht verschreibungsfähige Betäubungsmittel	Verkehrsfähige und verschreibungsfähige Betäubungsmittel
Das Bundesinstitut für Arzneimittel und Medizinprodukte darf gem § 3 II BtMG nur ausnahmsweise bei Vorliegen bestimmter Voraussetzungen eine Erlaubnis erteilen.	Das Bundesinstitut für Arzneimittel und Medizinprodukte darf gem § 3 I BtMG eine Erlaubnis zum Umgang mit den Betäubungsmitteln erteilen.	
Ausnahme von der Erlaubnispflicht nur gem § 4 BtMG in eng definierten Ausnahmefällen.		
	Betäubungsmittel, die gem § 13 I 3 BtMG nicht verschrieben, verabreicht oder einem anderen zum unmittelbaren Verbrauch überlassen werden dürfen.	Betäubungsmittel, die von Ärzten, Zahnärzten und Tierärzten unter den Voraussetzungen des § 13 I 1 und 2 BtMG verschrieben werden dürfen.

---

13 BGBl I S 74, BGBl I S 1935
14 Körner § 1 Rn 8 ff; Weber § 1 Rn 86 ff
15 Körner § 1 Rn 10 ff; Weber § 1 Rn 195 ff
16 Körner § 1 Rn 13 ff; Weber § 1 Rn 206 ff

Ein Einsatz zu therapeutischen Zwecken ist nicht gestattet.	Es handelt sich vorwiegend um Grundstoffe, die in der pharmazeutischen Produktion Verwendung finden.	
Für Zubereitungen gilt Anlage I vierter Gedankenstrich	Für Zubereitungen gilt Anlage II vierter Gedankenstrich	Für Zubereitungen gilt Anlage III zweiter Gedankenstrich
Beispiele		
Cannabis	Cocastrauch	Amphetamin (Speed)
Heroin	Mohnstrohkonzentrat	Cocain
LSD		Dihydrocodein
Cannabissamen Psilocybinpilze[17]		Methadon
Ecstasy (Amphetaminderivate)		Polamidon

bb) Sonstige Unterscheidungen

– Weiche und harte Drogen[18]

Die Unterscheidung zwischen weichen und harten Drogen sieht das Gesetz nicht vor. Auch das BVerfG[19] hat die generelle Strafbarkeit bei Cannabisprodukten, den klassischen »weichen Drogen«, bejaht und spricht von nicht unbeträchtlichen Gefahren und Risiken, die eine Strafbarkeit rechtfertigen. Die Bezeichnung »weiche Droge« sollte tunlichst vermieden werden, da sonst der Eindruck entstehen könnte, es handle sich um Drogen, die ohne Risiko konsumiert werden können. Die unterschiedliche Gefährlichkeit kann daher nur bei der Frage einer Verfahrenseinstellung oder bei der Strafzumessung eine Rolle spielen.

13

– Pflanzen und Pflanzenteile (zB Cannabissamen und Psilocybinpilze)

Die Anlage I[20] schränkt die Strafbarkeit bei Cannabissamen auf die Fälle ein, in denen der Samen »zum unerlaubten Anbau bestimmt ist«.[21] Beschul-

14

---

17 Vgl Rn 21
18 Vgl Weber Rn 78 ff
19 BVerfG StV 1994, 295
20 In der Fassung der 10. BtMÄndVO
21 Anlage I Cannabis (Marihuana) a)

digte lassen sich gerne dahingehend ein, daß es sich nur um »Vogelfutter« oder »Müslizutaten« handle. In der Regel lassen sich jedoch aufgrund der äußeren Umstände, wie etwa Preisgestaltung, Verpackungsform[22], Konsumverhalten ua, sichere Rückschlüsse auf die Anbauabsicht ziehen. Der Erwerb erfolgt zudem häufig in Geschäften, die sich auf den speziellen Bedarf der Haschisch- und Marihuanakonsumenten eingerichtet haben. Das gleiche gilt für die Psilocybinpilze, die als Pflanzen nur dann dem Betäubungsmittelstrafrecht unterliegen, »wenn sie als Betäubungsmittel mißbräuchlich verwendet werden sollen«.[23] In den einschlägigen Geschäften werden zB »Duftkissen« zu horrenden Preisen verkauft, in denen sich ua Psilocybinpilze befinden. Auch hier gehen die Verkäufer wohl von einer mißbräuchlichen Verwendung aus und können eine Strafbarkeit nicht verhindern, wenn sie ihren Kunden vorformulierte Erklärungen unterschreiben lassen, in denen sich diese verpflichten, die Psilocybinpilze nicht zu konsumieren, zumal es ökonomisch völlig sinnlos ist, Duftkissen mit den nicht besonders gut riechenden Psilocybinpilzen zu füllen.

b) Drogen außerhalb der »Positivliste«

15   Drogen, die (noch) nicht in die »Positivlisten« der Anlagen I, II und III aufgenommen wurden, können als Arzneimittel eingestuft werden, soweit sie der Definition des § 2 I AMG entsprechen. Nach § 2 I Nr. 5 AMG gehören dazu auch »...Stoffe..., die dazu bestimmt sind, durch Anwendung am oder im menschlichen....Körper die Beschaffenheit, den Zustand oder seelische Zustände zu beeinflussen«. Bei neuentwickelten »Designer-Drogen« wird die geforderte objektive Eignung, aber auch die subjektive Zweckbestimmung des Stoffes auf der Hand liegen, so daß die Straftatbestände der §§ 95 I Nr. 1 und 96 Nr. 4 AMG zu prüfen sind.[24]

2. Betäubungsmittelrechtliche Mengenbegriffe, Wirkstoffgehalt

a) Die »klassischen« Mengenangaben

16   Das BtMG und die Rechtsprechung knüpfen an die jeweilige Menge unterschiedliche Rechtsfolgen. Im einzelnen werden folgende Einteilungen vorgenommen:

---

22 So werden zB Verpackungen mit folgenden Negativanweisungen angeboten: »nicht 2 cm tief in die Erde einbauen, nicht festtreten, nicht gießen.......«. Sinn und Zweck dieser Ausführungen dürften so klar sein, daß der Vorsatz des Händlers bzgl der Anbaubestimmung sicher geführt werden kann.
23 Anlage I fünfter Gedankenstrich
24 BGH NStZ 1998, 258

Nicht geringe Menge	§ 29a I Nr. 2 BtMG § 30 I Nr. 4 BtMG, § 30a I und II Nr. 2 BtMG	Die Einordnung bestimmt sich nach dem Wirkstoffgehalt der zurechenbaren Betäubungsmittel
Geringe Menge	§ 29 V BtMG, § 31a I BtMG	
Normale Menge	Weder nicht geringe Menge noch geringe Menge	
Nicht mehr gebrauchsfähige Menge	Von der Rechtsprechung entwickelte Bagatellgrenze	Menge, die für sich allein nicht konsumiert werden kann bzw über die mangels Masse nicht verfügt werden kann
Konsumeinheit	Von der Rechtsprechung entwickelte Einheit, die als rechnerische Größe zur Bestimmung der »nicht geringen« bzw »geringen« Menge dient	Menge, die zur Erzielung eines Rausches bei einem drogenunerfahrenen Erstkonsumenten erforderlich ist
Äußerst gefährliche Dosis		Toxische Dosis bei deren Konsum mit schweren gesundheitlichen Schäden bis hin zum Tod gerechnet werden muß
Letale Dosis		

b) **Definition der Mengen**

aa) **Nicht gebrauchsfähige Menge**

Häufig werden bei Wohnungsdurchsuchungen Rauschgiftutensilien wie Pfeifen, Spritzen, Teelöffel, Plastiktütchen gefunden, an denen Betäubungsmittelanhaftungen festgestellt werden können, die jedoch für sich genommen zum menschlichen Konsum nicht mehr geeignet sind. Ein strafbarer Besitz oder gar ein Veräußern liegt bei diesen »Spuren« nicht vor. Derartige Restbestände kommen daher nur als Beweismittel in Betracht.[25]

17

bb) **Geringe Menge**

Die Rechtsprechung geht überwiegend davon aus, daß eine geringe Menge eines Betäubungsmittels iSv § 29 V BtMG nur vorliegt, wenn sie drei Konsumeinheiten eines »Drogenprobierers« nicht übersteigt. Davon geht auch

18

---

25 BayObLG StV 1986, 145; OLG Düsseldorf NStZ 1992, 443; LG Berlin NStZ 1985, 128

die Entscheidung des BVerfG vom 9.3.1994[26] aus. Mehr als 6 g Haschisch sind demnach keine geringe Menge.[27] Bei Heroin zieht die Rechtsprechung die Grenze bei 0,03 g Heroinhydrochlorid und für Kokain bei 0,3 g Kokainhydrochlorid.[28]

Bundeseinheitliche Richtlinien[29] für den staatsanwaltschaftlichen Bereich oder gesicherte Bewertungen gibt es derzeit nicht. Teilweise werden sogar 10 bis 30 Gramm Haschisch noch als geringe Menge eingestuft.[30] Auch wenn es der Logik zu widersprechen scheint, so liegt nicht immer eine »nicht geringe Menge« vor, wenn keine »geringe Menge« vorliegt.

cc) Nicht geringe Menge

– Bedeutung für das Verfahren

19 Die nicht geringe Menge[31] ist im Betäubungsmittelstrafrecht von erheblicher Bedeutung. § 29a I Nr. 2 BtMG erhöht die Mindeststrafe auf ein Jahr, wenn der Beschuldigte mit Betäubungsmitteln in nicht geringer Menge unerlaubt Handel treibt, sie in nicht geringer Menge herstellt oder abgibt oder sie besitzt und gem § 30 I Nr. 4 BtMG sogar auf zwei Jahre, wenn Betäubungsmittel in nicht geringer Menge unerlaubt eingeführt werden. Bei bandenmäßiger Begehung bzw beim Mitführen einer Schußwaffe oder sonstiger Gegenstände, die ihrer Art nach zur Verletzung von Personen geeignet und bestimmt sind, erhöht sich die Mindeststrafe gem § 30a I und II Nr. 2 BtMG auf fünf Jahre, wenn es um Betäubungsmittel in nicht geringer Menge geht. Außerdem handelt es sich dann durchgehend um Katalogstraftaten des § 100a I Nr. 4 StPO, so daß Telefonüberwachungsmaßnahmen und andere schwerwiegende Eingriffsmaßnahmen[32] zur Anwendung kommen können. Auch bilden diese Straftatbestände einen besonderen Haftgrund nach § 112a I Nr. 2 StPO.

– Konkretisierung der nicht geringen Menge

20 Der Begriff der nicht geringen Menge muß im Lichte des Strafzwecks gesehen werden. Entscheidend ist demnach nicht die Selbstgefährdung, sondern die Gefährdung anderer. Die maßgebende Rechengröße muß gewährleisten, daß die Menge über den Vorrat für den Eigenverbrauch deutlich hinausgeht und die Gefahr indiziert, daß eine Vielzahl von Menschen gefährdet werden kann.

---

26 BVerfG StV 1994, 295
27 BayObLG StV 1995, 529; Körner StV 1995, 531
28 BayObLG Beschluß vom 18.5.1999 4St RR 104/99, aA bzgl Heroin (0,15 g Heroinhydrochlorid) noch BayObLG StV 1998, 590; NStZ-RR 1999, 59; vgl auch OLG Stuttgart NStZ-RR 1998, 214 und Weber § 29 Rn 1030 ff
29 Eine einheitliche Praxis wird aber vom BVerfG StV 1994, 295 eingefordert.
30 Eine Übersicht zur Einstellungspraxis gem § 29 V BtMG in den verschiedenen Bundesländern findet man unter der Internetadresse www.drogeninfo.de/files/einstellung.html
31 Eingehend Cassardt NStZ 1995, 257
32 Vgl Teil A, Kap 1

Böhm

Ausgangspunkt ist nicht die tatsächliche Menge des Betäubungsmittels, sondern der darin enthaltene Wirkstoffgehalt. Anhand dieser Größe ist sodann eine Einzelmenge anzugeben, die als äußerst gefährliche Dosis für ungewohnte Erstkonsumenten gelten kann. Soweit aufgrund der Wirkungsweise des Betäubungsmittels eine letale oder äußerst gefährliche Dosis nicht festgestellt werden kann, muß eine durchschnittliche Konsumeinheit bestimmt werden.

Der BGH[33] hat in seiner grundlegenden Entscheidung zur nicht geringen Menge bei Heroin festgestellt, daß 50 mg eine letale Dosis darstellen können. Die nicht geringe Menge beginne bei 30 äußerst gefährlichen bzw letalen Einheiten, so daß 1,5 g Heroinhydrochlorid als nicht geringe Menge anzusehen seien. Aus dieser Menge lassen sich 150 durchschnittliche Konsumeinheiten herstellen. Bei Cannabisprodukten läßt sich eine äußerst gefährliche Dosis nicht feststellen, so daß auf durchschnittliche Konsumeinheiten von 15 mg THC abzustellen ist. Für diese gilt wiederum die Maßzahl 500, so daß die nicht geringe Menge bei 7,5 g THC beginnt. System der zweigliedrigen Bestimmung der nicht geringen Menge anhand der gängigen Betäubungsmittel[34]

Betäubungsmittel	Äußerst gefährliche Dosis	Konsumeinheit	Maßzahl	Grenzwert	Fundstelle
Cannabis[35]		15 mg THC	500	7,5 g Tetrahydrocannabinol	BGH StV 1984, 466
Heroin	50 mg Heroinhydrochlorid	10 mg Heroinhydrochlorid	30 bzw 150	1,5 g Heroinhydrochlorid	BGH StV 1984, 27
Kokain	Aufgrund unterschiedlicher Werte je nach Konsumform hat der BGH keine bestimmten Werte festgestellt			5 g[36] Kokainhydrochlorid[37]	BGH NJW 1985, 2771

---

33 BGH StV 1984, 27
34 Vollständige Darstellung bei Cassardt NStZ 1995, 257; Körner § 29a Rn 48 ff; Weber § 29a Rn 75 ff
35 Marihuana (Cannabiskraut), Haschisch (Cannabisharz), Haschischöl (Cannabisharzextrakt)
36 Diese Menge setzt sich zusammen aus 3 g für den Eigenverbrauch und einer Menge von 2 g, bei der eine erhebliche Gefahr der Weitergabe besteht (BGH NStZ 1988, 28).
37 Zu unterscheiden ist jeweils zwischen Kokainbase und Kokainhydrochlorid. Die Menge an festgestellter Kokainbase ist mit 1,11 zu multiplizieren, um den entsprechenden Wert an Kokainhydrochlorid zu berechnen (umgekehrt sind 89,3 % anzusetzen).

Betäu-bungs-mittel	Äußerst gefährli-che Dosis	Konsum-einheit	Maßzahl	Grenz-wert	Fundstelle
Ecstasy		120 mg MDE-Base	250	30 g MDE[38]-Base[39]	BGH NStZ 1997, 132
LSD		50 μg[40] LSD	120	6 mg LSD	
Amphe-tamin	Der BGH hat hier keine bestimmten Werte festgestellt. Zugrunde gelegt wird eine mittlere Gefährlichkeit der Droge[41]			10 g Amphe-tamin-Base	BGH StV 1985, 280

c) Feststellung des Wirkstoffgehalts

aa) Mehrere Arten von Betäubungsmitteln

21 Wird festgestellt, daß ein Beschuldigter gleichzeitig mit verschiedenen Betäubungsmitteln gehandelt hat, so müssen die Teilmengen addiert werden. Das Gesetz stellt generell auf den Umgang mit »Betäubungsmitteln in nicht geringer Menge« ab, so daß dem höheren Unrechtsgehalt bei Teilmengen verschiedener Betäubungsmittel oder bei einem Gemisch durch eine entsprechende Addition Rechnung getragen werden muß. Dabei bietet es sich an, den Anteil des einzelnen Betäubungsmittels festzustellen im Verhältnis zur jeweils nicht geringen Menge und dann eine Addition durchzuführen. Besitzt zB ein Rauschgifthändler 14 Gramm Heroin mit einem Wirkstoffgehalt von 1 g Heroinhydrochlorid, so entspricht dies einem 2/3 Anteil an einer nicht geringen Menge. Befanden sich in seinem Vorrat noch zusätzlich 20 Gramm Kokain mit einem Wirkstoffgehalt von insgesamt vier Gramm Kokainhydrochlorid, so kann zusätzlich ein Anteil in Höhe von 4/5 hinzugerechnet werden, so daß die nicht geringe Menge überschritten ist.[42]

---

38 Wirkstoff gem Anlage I zu § 1 BtMG Methylendioxyethylamphetamin (MDE/MDEA)
39 Dem entspricht 35 g MDE-Hydrochlorid
40 50 Mikrogramm Lysergsäurediätylamid
41 Festgestellt wurde lediglich, daß eine hohe Dosis für den nicht Amphetamingewohnten bei 50 mg beginnt.
42 Cassardt NStZ 1997, 135, 136

bb) Bestimmung des Wirkstoffgehalts bzw der Qualität bei sichergestellten Betäubungsmitteln

Bei einem sichergestellten Betäubungsmittel muß der Wirkstoffgehalt grundsätzlich durch einen Sachverständigen festgestellt werden. Der sog »Schnelltest« genügt nicht, da allenfalls eine Wahrscheinlichkeit von 90 % erreicht wird und der genaue Wirkstoffgehalt auf diese Weise nicht ermittelt werden kann.

22

Die Erholung eines Gutachtens ist aber mit einem nicht unerheblichen Zeit- und Kostenaufwand verbunden, so daß sich im Einzelfall die Frage stellt, ob man von einem Gutachten absehen und zugunsten des Beschuldigten von einer schlechten Qualität ausgehen kann. Kommt aufgrund der sichergestellten Menge und den übrigen Umständen nur eine Einstellung in Betracht oder räumt der Beschuldigte bei einer Menge, die sicher unter der nicht geringen Menge und eindeutig über der geringen Menge liegt, ein, daß es sich um gute oder durchschnittliche Qualität gehandelt hat, wird man im Hinblick auf das Beschleunigungsgebot und die im Raum stehende Kostenbelastung von einer Begutachtung absehen können[43]. In allen übrigen Fällen verbleibt es bei der Notwendigkeit eines Gutachtens.

cc) Bestimmung des Wirkstoffgehalts bzw der Qualität bei nicht sichergestellten Betäubungsmitteln

In diesen Fällen muß versucht werden, anhand von Indizien die Qualität der Betäubungsmittel möglichst genau einzugrenzen.

23

Beispiele für derartige Indizien:

- Originalverpackte Importware
- Preisgestaltung
- Langfristige Versorgung einer Vielzahl von drogenerfahrenen Konsumenten ohne Reklamationen
- Nachgewiesenes[44] Strecken der Ware
- Beschreibung der Wirkung des Betäubungsmittels durch den Beschuldigten oder Zeugen
- Aussehen des Betäubungsmittels[45] ua.

Bei der Frage, wie bestimmte Qualitätsbeschreibungen zu beurteilen sind und welche Qualitäten in der Regel auf dem Markt gehandelt werden, soll-

---

43 Nach BGH StV 1990, 395 darf von genaueren Feststellungen zur Qualität des Betäubungsmittel abgesehen werden, wenn ausgeschlossen ist, daß eine genauere Angabe des Wirkstoffgehalts das Strafmaß zugunsten des Angeklagten beeinflussen kann.
44 Nach BGH StV 1996, 548 genügt allein die Feststellung, daß der Angeklagte im Besitz von Streckmittel war nicht, um eine höhere Qualität nachzuweisen.
45 Wird Amphetamin als besonders klebrige Masse beschrieben, handelt es sich idR um gute Qualität.

Böhm

ten auch die statistischen Erhebungen zur Häufigkeit der Wirkstoffgehalte herangezogen werden[46].

Soweit es nur um die Strafzumessung geht, wird es genügen, anhand dieser Feststellungen den Schluß zu ziehen, daß es sich um mindere, durchschnittliche oder gute Qualität gehandelt hat. Geht es um die Feststellung der nicht geringen Menge muß darüber hinaus konkret bestimmt werden, daß mindestens ein Wirkstoffgehalt in bestimmter Höhe vorlag. Dabei ist nach dem Grundsatz »in dubio pro reo« von der jeweils für den Beschuldigten günstigsten Qualität auszugehen.

III. Besonderheiten im Verfahren

1. Besondere Eingriffsmaßnahmen und Ermittlungsmethoden

24   Konsumenten und Dealer von Betäubungsmitteln schotten sich gegenüber Personen, die in der Szene nicht bekannt sind, ab. Häufig fehlen auch Zeugen, da es sich um ein sog »opferloses Delikt« handelt. Die Ermittlungsbehörden sind deshalb in verstärktem Umfang auf Eingriffsmaßnahmen, wie Wohnungsdurchsuchungen, Telefonüberwachungen, Postkontrolle, Einsatz von verdeckten Ermittlern und nicht offen ermittelnden Polizeibeamten und Maßnahmen nach § 100c StPO angewiesen. Zeugen und Beschuldigte sind oft nur bereit, Angaben zu machen, wenn diese vertraulich behandelt werden, so daß die Zusicherung der Vertraulichkeit für Informanten und Vertrauenspersonen erforderlich ist.

Bezüglich der üblichen Eingriffsmaßnahmen wird auf Teil A, Kap 1 verwiesen.

a) Lockspitzel (agent provocateur), polizeilich überwachte Scheingeschäfte

25   Die Förderung der Tat des Beschuldigten etwa durch V-Personen[47] ist zulässig, sofern nicht die Grenzen rechtsstaatlicher Grundsätze überschrit-

---

46   Statistisches Auswertungsprogramm Rauschgift (SAR) der Landeskriminalämter und des Bundeskriminalamtes, abgedruckt bei Weber Anhang E, Häufigkeit der Wirkstoffgehalte

47   V-Personen sind Personen, die ohne einer Strafverfolgungsbehörde anzugehören, bereit sind, diese bei der Aufklärung von Straftaten auf längere Zeit vertraulich zu unterstützen und deren Identität grundsätzlich geheim gehalten wird. Informant ist eine Person, die im Einzelfall bereit ist, gegen Zusicherung der Vertraulichkeit der Strafverfolgungsbehörde Informationen zu geben, (Definition gem I 2. der Richtlinien über die Inanspruchnahme von Informanten sowie über den Einsatz von Vertrauens-personen (V-Personen) und verdeckten Ermittlern im Rahmen der Strafverfolgung, Anlage D zur RiStBV).

Böhm

ten werden. Dies ist selbstverständlich dann der Fall, wenn der Beschuldigte durch den Provokateur eingeschüchtert oder massiv bedroht wird. Das tatprovozierende Verhalten darf bei einer Gesamtschau der Tat kein solches Übergewicht erhalten, daß der eigene Beitrag des Täters völlig in den Hintergrund tritt[48] und der Beschuldigte zum bloßen Objekt staatlichen Handelns degradiert wird. Die Frage, ob die Provokation zur Tat zulässig war oder nicht, spielte aber nach der bisherigen Rechtsprechung nur eine Rolle bei der dem Angeklagten zuzugestehenden Strafmilderung[49], die natürlich bei unzulässiger Einwirkung entsprechend höher anzusetzen ist, als bei einem offensichtlich zur Tat bereiten Dealer, gegen den bereits Verdachtsmomente bestanden und der den Scheinaufkäufer im Rahmen seiner üblichen Geschäfte bedient hat.

Ein Verfahrenshindernis wurde jedoch vom BGH bisher immer abgelehnt. Diese strikte Strafzumessungslösung wird im Hinblick auf die Entscheidung des EGMR vom 9.6.1998[50] möglicherweise zu revidieren sein. Der Europäische Gerichtshof stellte einen Verstoß gegen Art. 6 EMRK fest und sieht es als Verletzung des Gebots des »fair trial« an, wenn ein Fall unzulässiger Tatprovokation vorliegt. Allerdings ist hervorzuheben, daß im gegenständlichen Fall (a) ein bislang völlig Unverdächtiger zur Tat verleitet wurde und (b) kein Tatexzeß vorlag, da sich der Beschuldigte an die polizeilichen Vorgaben gehalten hat, und (c) darüber hinaus der Täter sich das Heroin zunächst von einer dritten Person beschaffen mußte. Inwieweit eine abweichende Beurteilung vom bisherigen Lösungsansatz nur bei Vorliegen der Voraussetzungen a, b und c geboten ist, läßt sich noch nicht abschätzen. Der vom Europäischen Gerichtshof entschiedene Fall dürfte bei den Ermittlungsverfahren in Deutschland eher die Ausnahme sein, da beim Scheinkauf in der Regel bereits ein Anfangsverdacht vorliegt.

b) Verdeckte Ermittler und nicht offen ermittelnde Polizeibeamte (noeP)[51]

Verdeckte Ermittler sind Beamte des Polizeidienstes, die unter einer ihnen verliehenen, auf Dauer angelegten, veränderten Identität (Legende) ermitteln.[52] Davon abzugrenzen sind Polizeibeamte, die zwar verdeckt operieren, dabei aber keine auf Dauer angelegte »Legende« verwenden und nur gelegentliche Ermittlungshandlungen, wie etwa einen Scheinkauf, vornehmen. Bei der im Einzelfall oft schwierigen Abgrenzung muß unter Würdigung aller Umstände festgestellt werden, ob der Ermittlungsauftrag über wenige, konkret bestimmte Ermittlungshandlungen hinausgeht, ob die

---

48 BGH NStZ 1984, 555; StV 1992, 462; StV 1994, 369
49 BGH StV 1992, 462
50 EGMR StV 1999,127 mit Anm von Kempf; Kinzig StV 1999, 288
51 Vgl Anl D II zur RiStBV Richtlinien über die Inanspruchnahme von Informanten sowie über den Einsatz von Vertrauenspersonen (V-Personen) und verdeckten Ermittlern im Rahmen der Strafverfolgung
52 Legaldefinition des § 110a II StPO

Täuschung über die Identität gegenüber einer unbestimmten Vielzahl von Personen erforderlich werden wird und ob es sich absehen läßt, daß es zum Schutz des Beamten erforderlich werden wird diesen dem Gericht nicht oder nur eingeschränkt als Zeuge zur Verfügung zu stellen.[53]

Steht fest, daß der Polizeibeamte dem Beschuldigten nur als sog noeP gegenübergetreten ist, kann die Einhaltung der formellen Voraussetzungen der §§ 110a bis c StPO nicht unmittelbar aus dem Gesetz hergeleitet werden. Der BGH[54] hat nunmehr die Frage, ob ein noeP eine Wohnung mit Zustimmung des Beschuldigten, der die wahre Identität nicht kennt, betreten darf, problematisiert (aber nicht entschieden) und die Möglichkeit dargelegt, daß es sich entweder um einen Eingriff in das Grundrecht der Unverletzlichkeit der Wohnung gem Art. 13 GG handeln könnte oder aber der gesetzgeberischen Wertentscheidung der §§ 110 b und c StPO zu entnehmen sei, daß die dort genannten formellen Voraussetzungen erfüllt sein müssen. Eine derartige Gleichstellung würde aber der gesetzgeberischen Wertung widersprechen, die von einem genau definierten »verdeckten Ermittler« ausgeht und nur für diesen entsprechende gesetzliche Vorbehalte geregelt hat.

c) Informanten und Vertrauenspersonen

27   Der Einsatz von Informanten und Vertrauenspersonen[55] ist gesetzlich nicht geregelt. Zu den Voraussetzungen für Einsatz, Verfahren, Umfang und Folgen der Zusicherung der Vertraulichkeit sind von den StAen die als Verwaltungsvorschriften ergangenen Richtlinien[56] zu beachten. Eine entsprechende Anwendung der für die verdeckten Ermittler geltenden Regelungen kommt nicht in Betracht. Der Gesetzgeber hat insoweit eine spezielle Regelung zum Schutz der Polizeibeamten geschaffen, die im Gegensatz zu Privatpersonen eine völlig andere Verfahrensstellung haben. Es ist daher davon auszugehen, daß der Gesetzgeber bewußt davon abgesehen hat, für Informanten und Vertrauenspersonen eine gesetzliche Regelung zu schaffen[57], so daß keine Gesetzeslücke vorliegt.

Das Gericht muß im Rahmen seiner Aufklärungspflicht darauf hinwirken, daß die V-Person oder der verdeckte Ermittler als unmittelbare Zeugen zur Verfügung stehen. Ein Verstoß gegen § 244 II StPO liegt jedoch dann nicht vor, wenn eine entsprechend § 96 StPO ergangene »Sperrerklärung« des Innenministeriums vorliegt[58] und weitere Ermittlungen zur Person der

---

53   BGH NStZ 1997, 448; StV 1995, 282; 506 (LS) m Anm Weßlau
54   BGH NStZ 1997, 448
55   Zur Definition vgl Fn 47
56   Nachweise bei Fn 51
57   BGH StV 1995, 228
58   Zur Zuständigkeit des Innenministers BGH NStZ 1995, 604. Auch bei Vorliegen einer Sperrerklärung dürfen Anhaltspunkte zur Person, die sich aus den Akten ergeben, nicht unbeachtet bleiben, BGH NStZ 1993, 248

Zeugen nicht möglich sind. Die Anfechtbarkeit der Sperrerklärung ergibt sich aus § 23 EGGVG.[59]

Ist der unmittelbare Zeuge gesperrt und somit für das Gericht unerreichbar, können seine Aussagen über einen Zeugen vom Hörensagen (zB V-Mann-Führer) in das Verfahren eingebracht werden. Dem Angeklagten entstehende Nachteile werden dadurch ausgeglichen, daß eine Verurteilung nur dann möglich ist, wenn die Angaben des »Zeugen vom Hörensagen« durch andere wichtige Beweisanzeichen bestätigt werden.[60]

2. Entziehung der Fahrerlaubnis bei Straftaten im Zusammenhang mit Betäubungsmitteln

a) Benutzung eines Kraftfahrzeugs für ein Btm-Geschäft

Das Führen eines Kraftfahrzeugs zur Durchführung von Rauschgiftgeschäften stellt ein schwerwiegendes Fehlverhalten dar und läßt in aller Regel den Schluß zu, daß der Beschuldigte die erforderliche charakterliche Zuverlässigkeit zum Führen eines Kraftfahrzeuges nicht besitzt. Etwas anderes kann nur ausnahmsweise unter ganz besonderen Umständen gelten[61]. Eine Entziehung der Fahrerlaubnis kommt daher grundsätzlich bei jedem strafbaren Umgang mit Betäubungsmitteln und gleichzeitiger Benutzung eines Kraftfahrzeuges in Betracht, und zwar auch dann, wenn das Betäubungsmittel ausschließlich zum Eigenverbrauch des Täters bestimmt ist.[62]

28

Diese Indizwirkung für einen besonderen charakterlichen Eignungsmangel des Beschuldigten hat aber nicht die Wirkungen der Regelbeispiele des § 69 II StGB, so daß es einer Gesamtwürdigung der Täterpersönlichkeit bedarf.[63]

Allerdings genügt die Feststellung der charakterlichen Unzuverlässigkeit, die sich nur auf den Tatzeitpunkt bezieht, nicht. Es muß vielmehr vom Gericht begründet festgestellt werden, daß diese Ungeeignetheit noch im Zeitpunkt der Verurteilung fortbesteht. Dies ist nur dann der Fall, wenn weitere Verletzungen der Kraftfahrerpflichten zu erwarten sind und bei einer fortdauernden Teilnahme am Straßenverkehr mit weiteren Straftaten zu rechnen ist[64]. Dabei soll nach der Rechtsprechung des BGH[65] insbes geprüft werden, ob sich der Täter aus der Drogenszene gelöst hat und seine gegenwärtigen Lebensverhältnisse eine Gewähr dafür bieten, daß er keine

---

59 BayVerwG München NStZ 1992, 452; OLG Celle NStZ 1991, 145
60 BGH StV 1995, 228; 1994, 637 und 638
61 BGH NStZ 1992, 586
62 OLG Düsseldorf NStZ 1997, 494 bei Einfuhr von 444,1 g Haschisch mit 32 g THC
63 BGH NStZ-RR 1998, 43; 1997, 197; OLG Düsseldorf NStZ 1997, 494
64 BGH StV 1999, 18
65 BGH StV 1999, 18, 19

weiteren gefährlichen Straftaten im Zusammenhang mit der Teilnahme am Straßenverkehr begeht.

b) Fahruntüchtigkeit infolge des Konsums von Betäubungsmitteln

29 Betäubungsmittel werden konsumiert, um das Bewußtsein »positiv« zu beeinflussen, insbes durch Erreichen eines berauschten Zustands. Damit ist natürlich die Beeinträchtigung zahlreicher kognitiver Funktionen verbunden, so daß auch die Fahrtüchtigkeit in Frage steht.[66] Der Konsum von Betäubungsmittel kann zwar durch Urin-, Blutproben und Haaranalysen idR sicher nachgewiesen werden. Grenzwerte, die bei den verschiedenen Betäubungsmitteln, eine absolute Fahruntüchtigkeit begründen könnten, wie bei der Blutalkoholuntersuchung, gibt es jedoch nicht, so daß in jedem Einzelfall nach weiteren aussagekräftigen Beweisanzeichen gesucht werden muß.[67]

Der bloße Nachweis der Substanzen Cannabis (Tetrahydrocannabinol), Heroin bzw Morphin (Morphin), Kokain (Benzoylecgonin), Amphetamin, Designer-Amphetamin (MDE, MDEA) im Blut genügt aber für den Nachweis einer Ordnungswidrigkeit gem § 24a II 2 StVG.

3. Absehen von Strafe und Einstellung im Betäubungsmittelverfahren

a) Einstellung gem §§ 153, 153a StPO[68]

30 Auch im Betäubungsmittelverfahren ist Raum für eine Einstellung wegen Geringfügigkeit uU nach Erfüllung von Auflagen. Besonders genau ist allerdings im Hinblick auf den Schutzzweck des Betäubungsmittelstrafrechts zu prüfen, ob tatsächlich kein öffentliches Interesse an der Strafverfolgung besteht oder dieses durch angemessene Auflagen beseitigt werden kann. Im Zweifel wird man daher auf § 29 V BtMG oder § 31a BtMG zurückgreifen, die speziell auf das Betäubungsmittelstrafrecht zugeschnitten sind.

b) Absehen von der Bestrafung gem § 29 V BtMG

31 Das Gericht kann unter den Voraussetzungen des § 29 V BtMG von der Bestrafung absehen, wenn der Täter die Betäubungsmittel lediglich zum

---

66 Zur Fahrtüchtigkeit bei Cannabiskonsum Dr. Becker in Deutsches Ärzteblatt 1996, Heft 13, veröffentlicht unter www.drogeninfo.de/files/cannabiskfz.html
67 BGH NJW 1999, 226; OLG Düsseldorf StV 1999, 22; kritisch zu dieser Rspr Schreiber NJW 1999, 1770
68 Vgl Teil C Einstellungsverfügung Rn 78 ff

Böhm

Eigenverbrauch in geringer Menge[69] anbaut, herstellt, einführt, ausführt, durchführt, erwirbt, sich in sonstiger Weise verschafft oder besitzt.

Die StA kann bereits im Ermittlungsverfahren gem § 153b I StPO iVm § 29 V BtMG von der Erhebung der öffentlichen Klage absehen. Erforderlich ist aber gem § 153b I StPO die Zustimmung des Gerichts. Umgekehrt kann das Gericht nach Erhebung der Klage auch nur mit Zustimmung der StA das Verfahren gem § 153b II StPO einstellen. Verweigert die StA die Zustimmung, so ist der Angeklagte schuldig zu sprechen und im Urteilstenor zum Ausdruck zu bringen, daß von Strafe abgesehen wird (§ 260 IV StPO).

Diese Vorschrift privilegiert in erster Linie Probierer und Gelegenheitskonsumenten[70]. Vorbestrafte, »politoxikomane Rauschgiftsüchtige« oder rücksichtslose Dealer gehören dagegen nicht zur Zielgruppe dieser Norm[71].

c) Einstellung des Verfahrens gem § 31a BtMG[72]

In der Praxis erfolgen die Einstellungen überwiegend gem § 31a BtMG. Auch hier gilt, daß kein Raum für eine Einstellung besteht bei Dauerkonsumenten, die wiederholt auffällig geworden sind. Im einzelnen läßt sich folgendes Prüfungsschema darstellen:

32

33

Gesetzliche Voraussetzungen des § 31a BtMG		
1. Vergehen nach § 29 I, II oder IV BtMG		
2. Die StA kann von der Verfolgung absehen	Ermessensvorschrift. Grenze ist das »Übermaßverbot«	Wiederholungstäter, politoxikomane Suchtkranke können ausgeschieden werden
3. Geringe Schuld		Bei Fremdgefährdung (s Rn 34) kann es an der geringen Schuld fehlen oder das öffentliche Interesse zu bejahen sein
4. Kein öffentliches Interesse an der Strafverfolgung		
5. Eigenverbrauch		
6. Geringe Menge		Vgl Rn 18

---

69 Vgl Rn 20 ff
70 BVerfG NStZ 1997, 498
71 BayObLG NStZ 1994, 496
72 Vgl Teil C Einstellungsverfügung Rn 177 ff

7. Betäubungsmittel anbaut, herstellt, einführt, ausführt, durchführt, erwirbt, sich in sonstiger Weise verschafft oder besitzt.		

34 Auf die Möglichkeit einer Fremdgefährdung, die einer Anwendung des § 31a BtMG auch entgegenstehen kann, hat das BVerfG ausdrücklich hingewiesen. Beispielhaft werden hervorgehoben:

aa) die Begehung an Tatorten, die dem Aufenthalt einer Vielzahl von Personen dienen, wie etwa Schulen, Jugendheime, Kasernen und ähnliche Einrichtungen. Hier wird man auch noch die Justizvollzugsanstalten[73] erwähnen müssen, wobei es sich bei diesem Täterkreis um Vorbestrafte handelt, so daß man schon deswegen an der geringen Schuld zweifeln muß. Zudem können sich diese Personen dem Anreiz angebotener Rauschmittel nicht so ohne weiteres entziehen und sind aufgrund der naturgemäß eingeschränkten Möglichkeiten auch sehr anfällig für eine derartige Abwechslung. Eine nachhaltige präventive Drogenberatung, aber auch eine konsequente Strafverfolgung in diesem Bereich sind daher geboten[74].

Generell wird man sagen müssen, daß jede der genannten Tathandlungen, die nach außen erkennbar sind und damit die Gefahr begründen, daß Außenstehende den Rauschgiftkonsum als etwas Selbstverständliches erleben, nicht nach § 31a oder § 29 V BtMG behandelt werden dürfen.

Ferner wird auf die Gefahr der Nachahmung hingewiesen bei Straftaten, die von Erziehern, Lehrern oder Amtsträgern, die mit dem Vollzug des BtMG betraut sind[75], begangen werden.

Umstände, die den Schluß auf geplante weitere Btm-Straftaten oder bevorstehende rauschbedingte Straftaten zulassen, sollten ebenfalls Anlaß dafür sein, dem Täter das Privileg für Gelegenheitskonsumenten nicht zuzugestehen. Dies ist zB der Fall beim Haschischkonsum des Fahrers in einem geparkten PKW, wenn man von einer geplanten Heimfahrt ausgehen muß, oder bei konspirativen Treffen mit bekannten Betäubungsmittelstraftätern.

---

73 Zur Problematik Drogen in Justizvollzugsanstalten Brakhoff Drogenarbeit im Justizvollzug, Lambertus Verlag 1988; Böhm/Möbius Drogenkonsum in bayerischen Justizvollzugsanstalten ZfStrVo 1990, 94
74 OLG Zweibrücken NStZ 1995, 193
75 BVerfG StV 1994, 295, 301

4. Strafbefehl und Anklage im Betäubungsmittelverfahren

a) Formular

Eine formularmäßige Erfassung aller möglichen Tatvarianten ist im Betäubungsmittelstrafrecht sehr schwierig, da es eine Vielzahl von Tathandlungen gibt. § 29 BtMG regelt zB unerlaubten Anbau, Herstellen, Handel treiben, Einfuhr, Ausfuhr, Veräußerung, Abgabe, sonstiges in den Verkehr bringen, Erwerb, das sich in sonstiger Weise Verschaffen, Besitz, Verschreiben, Verabreichen, zum unmittelbaren Verbrauch Überlassen ua. Eine umfassende Umsetzung in ein praktikables Formblatt ist daher weder möglich noch sinnvoll. Deswegen beschränkt sich das folgende Formblatt auf die gängigen Tathandlungen.

35

Az.:			BETÄUBUNGSMITTELGESETZ - allg btmg 1 §§ 1 Abs. 1 Nr. 1, 2 Abs. 1, 3 Abs. 1, 29 Abs. 1 Nr. 1/3 BtMG	
☐ Strafbefehl		☐ Antrag beschl. Verf.	○ StrafR	○ SchöffG
☐ Anklageschrift ○ wes. E.d.E		☐ Antrag § 76 JGG	○ JugR	○ JugSchöffG ○ TZ Jug
☐ § 153 a StPO ☐ HaftB		Gerichtsort:	ZwSt./Abt.:	

Besch. Bl.:	Vert. ○ Vollm. Bl.	○ Best Bl.:	○ ges. Vertr. Bl.:	○ Zust.bev. Bl.:

1.	Tattag und -zeit	○ Zu einem nicht mehr genau feststellbaren Zeitpunkt in dem Zeitraum ○
2.	Tatort	
3.	Art und Menge Btm (auch kumulativ)	○ Haschisch - Menge: ○ Cannabispflanzen - Menge: ○ Marihuana - Menge: ○ Heroingemisch - Menge: ○ Kokaingemisch - Menge: ○ Amphetamingemisch - Menge: ○ Ecstasy-Tabl. - Anzahl: ○ LSD-Trips - Anzahl: ○ Bezeichg. sonst. Btm - Menge:
4.	Tatalternativen	○ Verkauf ○ unentgeltl. Abgabe ○ Ankauf ○ unentgeltl. Erwerb ○ Aufbewahren ○ Mitsichführen ○ Einfuhr ○ Anbau
5.	Gewinnerz.absicht ?	○
6.	Person Abgeber/ Abnehmer	
7.	Preis (bei An-/Verkauf)	
8.	Einziehung ?	○ wie Tatgegenstand ○ wie Tatgegenstand sowie ○
	Verfall ?	○

Text des Strafbefehls (wird als Anklage etc. entsprechend umgesetzt):

(1) Tattag und -zeit

(4) Tatalternativen
Verkauf   verkauften und übergaben Sie an *(6) Person Abnehmer*
unentgeltl. Abgabe   übergaben Sie an *(6) Person Abnehmer*
Ankauf   kauften und übernahmen Sie von *(6) Person Abgeber*
unentgeltl. Erwerb   übernahmen Sie von *(6) Person Abgeber*
Aufbewahren   bewahrten Sie
Mitsichführen   führten Sie
Einfuhr   verbrachten Sie
Anbau   zogen Sie

Böhm

(2) Tatort
(3) Art und Menge Btm
(7) ggf. bei An-/Verkauf: zum Preis von *(7) Preis*

(4) Tatalternativen
Aufbewahren	wissentlich und willentlich auf.
Mitsichführen	wissentlich und willentlich mit sich.
Einfuhr	in das Bundesgebiet ein.
Anbau	auf.

(5) Gewinnerzielungsabsicht bei Verkauf
Hierdurch wollten Sie Gewinn erzielen.
(5) Gewinnerzielungsabsicht bei Ankauf, unentgeltl. Erwerb, Aufbewahren, Mitsichführen, Einfuhr, Anbau

TV-StA allg btmg 1 (08.00)   Betäubungsmittelgesetz

Dabei planten Sie, durch einen späteren Verkauf Gewinn zu erzielen.

Wie Sie wußten, besaßen Sie nicht die für den Umgang mit Betäubungsmitteln erforderliche Erlaubnis.
Sie werden daher beschuldigt,

alle Varianten bei Gewinnerzielungsabsicht   vorsätzlich unerlaubt mit Betäubungsmitteln Handel getrieben zu haben,
strafbar als
vorsätzliches unerlaubtes Handeltreiben mit Betäubungsmitteln

Verkauf ohne Gewinnerzielungsabsicht   vorsätzlich unerlaubt Betäubungsmittel veräußert zu haben,
strafbar als
vorsätzliche unerlaubte Veräußerung von Betäubungsmitteln

unentgeltliche Abgabe   vorsätzlich unerlaubt Betäubungsmittel abgegeben zu haben,
strafbar als
vorsätzliche unerlaubte Abgabe von Betäubungsmitteln

Ankauf und unentgeltlicher Erwerb ohne Gewinnerzielungsabsicht   vorsätzlich unerlaubt Betäubungsmittel erworben zu haben,
strafbar als
vorsätzlicher unerlaubter Erwerb von Betäubungsmitteln

Aufbewahren und Mitsichführen ohne Gewinnerzielungsabsicht   Betäubungsmittel besessen zu haben, ohne zugleich im Besitz einer schriftlichen Erlaubnis für den Erwerb gewesen zu sein,
strafbar als
unerlaubter Besitz von Betäubungsmitteln

Einfuhr ohne Gewinnerzielungsabsicht   vorsätzlich unerlaubt Betäubungsmittel eingeführt zu haben,
strafbar als
vorsätzliche unerlaubte Einfuhr von Betäubungsmitteln

Anbau ohne Gewinnerzielungsabsicht   vorsätzlich unerlaubt Betäubungsmittel angebaut zu haben,
strafbar als
vorsätzlicher unerlaubter Anbau von Betäubungsmitteln

gemäß §§ 1 Abs. 1, 3 Abs. 1 Nr. 1, 29 Abs. 1 Nr. 1*/Nr. 3 (bei Aufbewahren, Mitsichführen)* BtMG.

Beweismittel:

1.	☐ Geständnis	ggf. Datum:	Bl.
2.	☐ Zeugen	Name - Bl.	
	○ m. Adresse		
3.	Sachverständige(r)	Name - Bl.	
4.	Urkunden	Auskunft ○ BZR ○ VZR ○ AZR ○ Gewerberegister	
		○ Strafantrag Bl. ○	
		○	
5.	sonst. Beweismittel	○ Lichtbilder ○ Skizzen ○ Asservate	
		○	

Böhm

Rechtsfolgen:			
☐ Einzelgeldstrafe	☐ Gesamtgeldstrafe	Anzahl TS:	Höhe TS:
	Einzelstrafen:		☐ Raten - Höhe:
☐ Einzelfreiheitsstrafe	☐ Gesamtfreiheitsstrafe	Dauer:	
	Einzelstrafen:		
☐ Verw. m. Strafvorbeh.		Anzahl TS:	Höhe TS:
☐ Bewährung:	Dauer:	Auflage(n) ○ nach Entwurf ○ Diktat	
☐ Nebenkl. notw. Ausl. / Name(n):			

b) Besondere Anforderungen an Anklage und Strafbefehl

aa) Konkretisierung der Tat(en) nach Zahl, Tatzeit, Tatort und Ausführungsart[76]

In der Praxis kommt es häufig zu umfassenden, pauschalen Geständnissen, Lebensbeichten von Beschuldigten oder Zeugenaussagen, die aber nur vage und unbestimmt sind. Dabei ist es durchaus nachvollziehbar, daß die Beteiligten nicht in der Lage sind, die Einzelgeschäfte auch nur annähernd zu konkretisieren. Kann letztlich weder ein bestimmter Zeitraum noch eine Mindestzahl oder eine konkrete Einzeltat ermittelt werden, muß das Verfahren gem § 170 II StPO mangels einer darstellbaren prozessualen Tat eingestellt werden.[77]

36

Gleichartige Serienstraftaten müssen also grundsätzlich wie Einzelstraftaten konkretisiert und individualisiert werden.

bb) Mindestzahl innerhalb eines bestimmten Tatzeitraumes

Allerdings kann, wenn die Häufigkeit der Tatbestandsverwirklichung nicht sicher ermittelt werden kann, in Anwendung des Zweifelssatzes eine Mindestzahl bestimmt werden[78]. Dabei können auch pauschale Angaben, wie etwa »zweimal pro Woche« auf den festzustellenden Zeitraum hochgerechnet werden.

37

Steht nur ein Gesamterfolg fest, wie etwa Handeltreiben mit 30 Gramm Heroin in einem Zeitraum von zwei Monaten, aber nicht die Zahl der Einzelakte, und liegt auch keine Bewertungseinheit vor, so muß zugunsten des Beschuldigten von einer Tathandlung ausgegangen werden. Für die Frage, ob eine nicht geringe Menge vorlag, ist aber wiederum zugunsten des Beschuldigten davon auszugehen, daß dies nicht der Fall war.[79]

---

76 Vgl Körner Zur Praxis des Betäubungsmittelstrafrechts nach Wegfall der fortgesetzten Tat in Kriminologie und Praxis Bd 25, 62 ff
77 Der Beschuldigte gibt zB nur an, daß er in den letzten Jahren gelegentlich Haschisch in Kleinstmengen erworben und konsumiert hat, und läßt sich auf weitere Angaben nicht ein.
78 BGHGSt StV 1994, 310
79 Vgl Körner Zur Praxis des Betäubungsmittelstrafrechts nach Wegfall der fortgesetzten Tat in Kriminologie und Praxis Bd 25, 67

cc) Weitere Konkretisierung

38 Nach Ansicht des BGH kann die Feststellung der einzelnen Taten im Grundsatz dergestalt geschehen, daß sich das Gericht, »unter tunlicher Konkretisierung der einzelnen Handlungsabläufe, die Überzeugung verschafft, es sei in gewissen Zeiträumen zu einer Mindestzahl solcher Handlungen gekommen.«[80]

Eine Mindestzahl von Einzeltaten, die nicht näher individualisierbar sind, genügt dann, wenn die sichere Überzeugung des Tatrichters von der Begehung (mindestens) aller dieser Taten vorliegt.[81]

Dies gilt allerdings nur für nicht näher bestimmbare Massenvorgänge. Bei gewichtigen Straftaten müssen die Angaben so detailliert wie möglich erfolgen.

39 Darstellung der wichtigsten Punkte zur Konkretisierung der Tat

Punkte zur Konkretisierung der Tat	
1. Tatzeit aller Taten	Zumindest Angabe eines Tatzeitraums von....bis
2. Mindestzahl	Ansonsten muß zugunsten des Beschuldigten von einer Tat ausgegangen werden
3. Tatort	Wohnung(en), Ortsteil, Treffpunkte etc.
4. Abnehmer/Verkäufer	Spitznamen, pauschale Bezeichnung, individualisierbare Beschreibung
5. Gegenstand der Taten	ZB Haschisch im Grammbereich, Ecstasy-Tabletten jeweils mindestens 10 Stück zu einem Preis in Höhe von...

dd) Bewertungseinheit

40 Eine weitere Erleichterung bei der rechtlichen Würdigung einer Vielzahl von Fällen ergibt sich aus der Rechtsprechung zur sog »Bewertungseinheit« beim Absatz von Betäubungsmitteln. Der unerlaubte Umgang mit Betäubungsmitteln verbindet die im Rahmen ein und desselben Güterumsatzes aufeinanderfolgenden Teilakte zu einer einzigen Tat des unerlaubten Handeltreibens, Veräußerns oder Abgebens iS einer Bewertungseinheit.

---

80 BGH NStZ 1995, 78
81 BGH NStZ 1994, 502

Hierzu einige von der Rechtsprechung entwickelte Grundsätze: 41

- Es muß ein Absatzdelikt[82] (Handeltreiben, Veräußern, Abgeben) vorliegen. Beschaffungstaten zum Zweck des Eigenkonsums scheiden daher aus.
- Es muß positiv feststehen, daß die Einzelverkäufe aus einem Vorrat stammen. Der Grundsatz »in dubio pro reo« gilt nicht.[83] Wenn aber der Erwerb einer etwas größeren Betäubungsmittelmenge in engem zeitlichen und örtlichen Zusammenhang mit dem Weiterverkauf oder der Abgabe in der Größenordnung einzelner Konsumeinheiten an Endverbraucher steht, spricht so viel für den unerlaubten Handel oder die unerlaubte Abgabe aus der kurz zuvor erworbenen Rauschgiftmenge, daß in einem solchen Fall von einer Tat des unerlaubten Handeltreibens (oder der Abgabe) mit der anfangs erworbenen Gesamtmenge auszugehen ist.[84]
- Der bloße gleichzeitige Besitz von Betäubungsmitteln hat nicht die Kraft, mehrere selbständige Fälle des unerlaubten Handeltreibens zur Tateinheit zu verklammern[85].
- Es muß sich um ein und denselben Güterumsatz handeln. Das Auffüllen eines Restbestandes mit einer neuen Lieferung fällt nicht mehr unter die ursprüngliche Bewertungseinheit. Die Bewertungseinheit kann auch verschiedene Betäubungsmittel umfassen, die bei einem Lieferanten bezogen wurden[86]. Wird eine bereits vorhandene Teilmenge mit einer später erworbenen Menge vermischt und gestreckt, um ein größeres Geschäft zu ermöglichen, ist von einer Bewertungseinheit auszugehen[87].
- Die Zusage der Lieferung einer Gesamtmenge in Einzellieferungen faßt die Teilakte zusammen.[88]
- Wird die zum Verkauf erworbene Ware umgetauscht, werden beide Mengen zusammengefaßt.[89]
- Die (gewaltsame) Wiederbeschaffung des dem Händler gestohlenen Rauschgifts begründet keine Einheit für die Verkäufe aus der ursprünglich beschafften Menge und der nunmehr wiederbeschafften Teilmenge.[90]

---

82 BGH StV 1997, 470
83 BGH NStZ 1997, 137
84 BGH NStZ-RR 1999, 218
85 BGH NStZ 1982, 512; 1996, 604
86 BGH StV 1999, 431
87 BGH NStZ-RR 1999, 250
88 BGH StV 1997, 471
89 BGH StV 1986, 342, wobei allerdings noch eine »fortgesetzte Handlung« angenommen wurde
90 BGH NStZ 1998, 251

Böhm

– Bei tatmehrheitlich angeklagten Delikten ist der Angeklagte teilweise freizusprechen,[91] wenn das Gericht im Urteil von einer Bewertungseinheit ausgeht.

5. Einzelprobleme

a) Wichtige Qualifizierungstatbestände

aa) Schußwaffen und sonstige Gegenstände iSv § 30 II Nr. 2 BtMG

42 Das mit sich Führen einer Schußwaffe oder sonstiger Gegenstände, die ihrer Art nach zur Verletzung von Personen geeignet und bestimmt sind, wird gem § 30 II Nr. 2 BtMG beim Handeltreiben, Einführen, Ausführen oder sich Verschaffen von Betäubungsmitteln in nicht geringer Menge mit einer Mindeststrafe von fünf Jahren geahndet. Bei Schußwaffen genügt es, wenn der Täter sie, sei es auch nur bei einem Teilakt des Handeltreibens, wie dem Portionieren der Ware, bewußt gebrauchsbereit hat und sie jederzeit benutzen kann.[92]

Handelt es sich nicht um eine Schußwaffe, sondern um »sonstige Gegenstände«, so muß die durch den Beschuldigten erfolgte Zweckbestimmung geprüft werden. Bei einer Waffe im technischen Sinn (vgl § 1 VII WaffG und Teil B, Kap 7) liegt es allerdings nahe, daß sie zur Verletzung von Personen eingesetzt werden soll. Einer ausdrücklichen Erörterung in den Urteilsgründen bedarf es dann nicht.[93] Eine Verwendungsabsicht bei der konkreten Straftat ist aber nicht erforderlich, da es sich um einen qualifizierten abstrakten Gefährdungstatbestand handelt.[94]

bb) Bande[95], §§ 30 I Nr. 1 und 30a I[96] BtMG

43 Erhebliche Strafschärfungen sieht das Gesetz für den Fall vor, daß mehrere Personen sich zu einer Bande zusammenschließen, um Rauschgiftgeschäfte effektiver abwickeln zu können.

Mit Freiheitsstrafe nicht unter zwei Jahren wird gem § 30 I Nr. 1 BtMG bestraft, wer Betäubungsmittel unerlaubt anbaut, herstellt oder mit ihnen Handel treibt (§ 29 I 1 Nr. 1 BtMG) und dabei als Mitglied einer Bande handelt, die sich zur fortgesetzten Begehung solcher Taten verbunden hat. Nicht unter fünf Jahren wird schließlich bestraft, wer Betäubungsmittel in

---

91 BGH NStZ 1997, 90; abw BGH NStZ 1997, 344
92 BGH NStZ 1997, 344; Lenckner NStZ 1998, 257
93 BGH NStZ-RR 1997, 50
94 BGH NStZ 1997, 344 »Gefährlichkeit ist hier nicht Merkmal des Tatbestandes, sondern gesetzgeberischer Grund der Strafdrohung«
95 Endriß StV 1999, 445 »verflixte Bande« (zum Bandenbegriff im Betäubungsmittelstrafrecht)
96 Zur Verfassungsmäßigkeit BVerfG StV 1997, 407

nicht geringer Menge unerlaubt anbaut, herstellt, mit ihnen Handel treibt, sie ein- oder ausführt (§ 29 I 1 Nr. 1 BtMG) und dabei als Mitglied einer Bande handelt, die sich zur fortgesetzten Begehung solcher Taten verbunden hat.

Bei einer derart hohen Strafandrohung werden natürlich die Voraussetzungen für die Annahme einer Bande sehr eng ausgelegt und genau geprüft. Eine Bande kann grundsätzlich auch aus zwei Personen bestehen.[97] Allerdings müssen bei dieser Minimalgruppe im Rahmen der Feststellung des bandenmäßigen Zusammenschlusses in Abgrenzung zur bloßen Mittäterschaft[98] höhere Anforderungen gestellt werden.

Die Besonderheit der Bande, die den Zusammenschluß über das normale gemeinschaftliche Handeln hinaus qualifiziert, besteht darin, daß sich die Bandenmitglieder mit ausdrücklichem oder schlüssig bekundetem Willen zusammengeschlossen haben, um künftig für eine gewisse Dauer selbständige, im einzelnen noch ungewisse Straftaten der in den §§ 30 I Nr. 1, 30a I BtMG genannten Art zu begehen.[99] Im Gegensatz zum Bandendiebstahl ist es aber nicht erforderlich, daß die Tat unter Mitwirkung eines anderen Bandenmitgliedes begangen wurde.

Die Anforderungen im Hinblick auf diese Willensbildung werden von den Gerichten wegen der enormen Strafandrohung sehr hoch angesiedelt. Es bleibt allerdings festzustellen, daß keine straffe Organisation, keine besondere Gefährlichkeit oder gar mafiaähnliche Strukturen erforderlich sind.[100] Wichtig ist nur, daß sich die Täter über ihr individuelles Interesse hinaus zumindest auch im übergeordneten Interesse für die »Bande« engagieren. Dies muß im Einzelfall anhand der festgestellten Verhaltensmuster überprüft werden, wobei die Rechtsprechung Indizien entwickelt hat, die für das Vorliegen einer Bande sprechen. Dazu zählen gemeinsame Planung und Vorbereitung, zweckmäßige Arbeitsteilung, Buchführung, gemeinsame Kasse, ständige Erreichbarkeit für Kunden durch abwechselnde Präsenz, gemeinsamer »Bunker«,[101] gegenseitiger Schutz, allgemeine Nutzung von Rauschgiftutensilien (Waagen, Streckmittel, Verpackungsmaterial ua), Transportfahrzeugen und moderner Kommunikationsmöglichkeiten, geschäftsmäßige Abwicklung bei An- und Verkauf von der Werbung bis hin zur Forderungseinziehung und zur gemeinsamen Anlage von Gewinnen.[102]

---

97 BGHSt 38, 20
98 BGH StV 1999, 434
99 BGH NStZ-RR 1999, 152
100 BGHSt 38, 26
101 Versteck für Drogen
102 BGH StV 1999, 434, 435; 1998, 599

Böhm

b) Anwendung der §§ 20, 21 StGB bei Betäubungsmittelkonsumenten

44 Drogen beeinflussen in unterschiedlicher Art und Weise das Verhalten der Menschen. Wie beim Alkohol wird sich bei den Betäubungsmittelverfahren und in den Fällen der suchtbedingten Beschaffungskriminalität die Frage stellen, ob die

45 Schuldfähigkeit des Angeklagten beschränkt oder gar aufgehoben war. Der StA wird in derartigen Fällen frühzeitig die erforderlichen Beweismittel (Blut-, Haar-, Urinanalyse[103]) sichern und ein Sachverständigengutachten zur Frage der Schuldfähigkeit erholen, wobei in geeigneten Fällen auch die Voraussetzungen einer Unterbringung gem § 64 StGB zu prüfen sind.

Häufig kommen die Sachverständigen bei nachgewiesener Abhängigkeit von Betäubungsmitteln vorschnell zu dem Ergebnis, daß im Tatzeitpunkt eine erhebliche Verminderung der Schuldfähigkeit zumindest nicht ausgeschlossen werden kann und somit die Voraussetzungen des § 21 StGB vorliegen. Nach der st. Rechtsprechung des Bundesgerichtshofes ist dieser Schluß bei Rauschgiftsüchtigen aber nur ausnahmsweise zulässig und zwar,

– wenn langjähriger Betäubungsmittelkonsum zu schweren Persönlichkeitsveränderungen[104] geführt hat
   oder
– der Täter unter starken Entzugserscheinungen leidet und durch sie dazu getrieben wird, sich mittels einer Straftat Drogen zu verschaffen
   oder
– wenn er das Delikt im Zustand eines akuten Rausches begangen hat.[105]

Liegen diese Voraussetzungen nicht vor, kann die enthemmende Wirkung der Betäubungsmittel nur bei der Strafzumessung berücksichtigt werden.

---

103 Zu den Vor- und Nachteilen der verschiedenen Drogenanalysen Schütz StV 1999, 452
104 BayObLG NJW 1999, 1794 nur bei einer drastischen Herabsetzung der Hemmschwellen, deutlicher Kritikschwäche, leichter Beeinflußbarkeit infolge eines Verfalls der sittlichen und moralischen Verhaltensnormen der früheren Persönlichkeit
105 BGH NStZ 1998, 258

Böhm

KAPITEL 9 – FINANZERMITTLUNGEN; VERFALL UND EINZIEHUNG

Überblick

I. Zur gesetzlichen Systematik	1–4
II. Der tatbezogene Gegenstand	5–17
1. Begriff des Gegenstands	5–6
2. Tatbezogenheit	7–12
a) Erlangtes	7–9
b) Tatprodukt	10
c) Tatmittel	11
d) Beziehungsgegenstand	12
3. Identität	13–17
III. Die Verfallsvorschriften	18–36
1. Der Verfall	18–19
2. Der erweiterte Verfall	20–23
a) Anknüpfungs- und Erwerbstat	20–21
b) Zeitpunkt der Erwerbstat	22
c) Rechtsinhaberschaft Dritter	23
3. Der Verfall von Wertersatz	24–27
a) anfängliche Unmöglichkeit	24
b) nachträgliche Unmöglichkeit	25
c) Absehen vom Surrogatverfall	26
d) ergänzender Wertersatzverfall	27
4. Der erweiterte Verfall von Wertersatz	28
5. Ausschluß des Verfalls (§ 73 I 2 StGB)	29–33
a) Inhalt der Vorschrift	29–31
b) Geltungsbereich	32
c) Fundsachen	33
6. Die Verfallsanordnung	34–36
a) zwingendes Recht	34
b) Sanktionscharakter	35
c) selbständige Verfallsanordnung	36
IV. Die Einziehungsvorschriften	37–46
1. Die Einziehung	37–41
a) Die Einziehung als Strafe	37
b) Die Einziehung zur Sicherung	38
c) Spezialgesetzliche Regelungen	39
d) Beziehungsgegenstände	40
e) Konkurrenz von Einziehungsgründen	41
2. Die erweiterte Einziehung	42
3. Die Einziehung von Wertersatz	43

Mayer

4.	Dritteinziehung	44
5.	selbständige Einziehungsanordnung	45
6.	Die Einziehung von Schriften	46

V. Sicherungsmaßnahmen 47–78

1.	Die Beschlagnahme	47–61
	a) Wirkung und Voraussetzungen	47–51
	b) bewegliche Sachen	52–54
	c) Grundstücke, grundstücksgleiche Rechte	55–56
	d) Forderungen, forderungsgleiche Rechte	57–61
2.	Der dingliche Arrest	62–71
	a) Die Arrestanordnung	62–65
	b) Pfändung beweglicher Sachen	66–68
	c) Grundstücke, grundstücksgleiche Rechte	69
	d) Forderungen, forderungsgleiche Rechte	70–71
3.	Die Rückgewinnungshilfe	72–78
	a) Wirkung	72–75
	b) Voraussetzungen	76–77
	c) Sonderfall § 111k StPO	78

I. Zur gesetzlichen Systematik

1 Als »Finanzermittlungen« bezeichnet man meist diejenige Ermittlungstätigkeit im Strafverfahren, die dem kriminalpolitischen Ziel der **Abschöpfung von Vermögensvorteilen aus Straftaten** dient und sich somit auf die Rechtsfolge des Verfalls (§§ 73, 73a, 73d StGB) und deren Sicherung (§§ 111b ff StPO) bezieht. Ein Rechtsinstitut, das ebenfalls den strafprozessualen Zugriff auf Vermögensgegenstände erlaubt, aber andere Zwecke – **Sanktion** oder **Gefahrenabwehr** - verfolgt, ist die Einziehung (§§ 74, 74a, 74c StGB). Materiellrechtlich unterscheiden beide Institute nochmals nach Zugriffsobjekten und erhalten so parallele Strukturen, die in die §§ 111b ff StPO hineinwirken:

2 Ist ein konkreter, nach Maßgabe der gesetzlichen Bestimmungen tatbezogener Gegenstand **(noch) vorhanden,** unterliegt er dem Verfall (§§ 73 I, II, 73d I StGB) bzw der Einziehung (§§ 74 I, IV, 74a StGB). Mit Rechtskraft der richterlichen Anordnung geht die Rechtsinhaberschaft auf den Fiskus über (§§ 73e I, 74e I StGB), der den Gegenstand für sich verwertet (vgl § 459g I StPO). Die Sicherung gegen zwischenzeitliche Verfügungen über den Gegenstand erfolgt nach §§ 111b I, 111c StPO durch dessen **Beschlagnahme.**

3 Soweit ein tatbezogener Gegenstand **nicht (mehr) feststellbar** ist oder alleine **nicht zureicht,** kommt Verfall von Wertersatz (§§ 73a, 73d II StGB) bzw Einziehung von Wertersatz (§ 74c StGB) in Betracht. Die richterliche Anordnung verpflichtet den Betroffenen zu einer Geldzahlung und wird

von der StA nach den Vorschriften der Justizbeitreibungsordnung vollstreckt (§§ 459g II, 459 StPO). Die Sicherung künftigen Vollstreckungserfolgs gegen Verfügungen des Betroffenen über sein Vermögen bedarf nach §§ 111b II, 111d StPO des **dinglichen Arrests**.

Verfall und Einziehung eines tatbezogenen Gegenstands haben Vorrang. Eine Ausnahme gilt bei den nach § 73 II 2 StGB dem Verfall unterliegenden Ersatzgegenständen (Surrogaten, § 73a S 1, Var. 3 StGB). 4

II. Der tatbezogene Gegenstand

1. Begriff des Gegenstands

Der in §§ 73 ff StGB verwendete Begriff **Gegenstand** nimmt auf das Zivilrecht Bezug und umfaßt alles, was Objekt von Rechten sein kann, also neben beweglichen Sachen und Grundstücken (körperliche Gegenstände, § 90 BGB) auch vermögenswerte Rechte[1]. Zu letzteren gehören auf Geld- oder Sachleistungen gerichtete Forderungen sowie dingliche Rechte wie Pfandrecht, Hypothek und Grundschuld. Sonstige Rechte kommen, da Vermögenswert Verwertbarkeit voraussetzt, dann als Gegenstände in Betracht, wenn sie nach §§ 857 ff ZPO der Pfändung unterlägen[2] (zB Gesellschaftsanteile und Miteigentum nach Bruchteilen). Kein Gegenstand ist so der **Sachbesitz**[3], der von den ihm entspringenden **Gebrauchsvorteilen** und faktischen Verfügungsmöglichkeiten zu unterscheiden ist. Diese haben zwar Vermögenswert, sind aber keine Rechte und können, wie regelmäßig **ersparte Aufwendungen**, nur den Zugriff auf Wertersatz auslösen (§ 73a StGB). Verschafft sich der Täter beispielsweise einen Pkw, ohne hieran Eigentum erwerben zu können, hat er zwar die vermögenswerten Gebrauchsvorteile, jedoch keinen Gegenstand erlangt. 5

Unabdingbar ist die Klärung der **Rechtsinhaberschaft** am Gegenstand, welche zugleich zum Betroffenen führt, also zu demjenigen, der seines Eigentums bzw Rechts durch Übergang auf den Fiskus verlustig ginge. Ist der Betroffene nicht der Täter oder Teilnehmer, handelt es sich um eine besonderen Voraussetzungen folgende **Maßnahme gegen Dritte**. Die gesetzlichen Begriffe sind »gehören« für das Eigentum an Sachen und »zustehen« für die Inhaberschaft an Rechten (vgl §§ 73 IV, 74 II Nr. 1, 74a, 74c I StGB). Beim Verfall können sich die Rechtsverhältnisse überdies bereits auf die Charakterisierung des Gegenstands als »erlangt« auswirken (Rn 7, 8). 6

---

1 Palandt-Heinrichs vor § 90 Rn 2
2 Vgl hierzu Zöller-Stöber § 857 Rn 2, 5 ff
3 Tröndle/Fischer § 74 Rn 3

2. Tatbezogenheit

a) Erlangtes

7 Für die Tat oder aus ihr **Erlangtes** unterliegt nach §§ 73, 73d StGB dem Verfall. Kennzeichnend für (positiv) Erlangtes ist der abgeleitete Erwerb, also eine (unmittelbar) durch die Straftat veranlaßte, nicht notwendig einverständliche Vermögensverschiebung zugunsten des Täters oder Teilnehmers und zulasten eines Dritten. Vielfach wird indessen der Übergang des Eigentums an der Sache oder der Inhaberschaft am Recht daran scheitern, daß nach §§ 134, 138 BGB (auch) das Verfügungsgeschäft nichtig ist[4] oder daß der Täter von vornherein in Eigenmacht handelte, so daß anstelle des Gegenstands lediglich der Besitz bzw die tatsächliche Verfügungsmöglichkeit erlangt ist (Rn 5). Hat sich der Dritte des Gegenstands auf diese Weise ohne Rechtswirkung, aber willentlich und in Kenntnis der Tatumstände begeben, handelt es sich um **Gewährtes**, das nach § 73 IV StGB dem Drittverfall unterliegt. Erlangt ist auch, was der Täter oder Teilnehmer an sonst notwendigen Aufwendungen erspart hat (zB bei § 326 StGB). Indes werden ersparte Aufwendungen nicht von vornherein in einem bestimmten Gegenstand bestehen und deshalb nur für § 73a StGB Bedeutung gewinnen.[5] Dem unmittelbar Erlangten sind nach § 73 II 1 StGB die hieraus gezogenen **Nutzungen** (§§ 99, 100 BGB) gleichgestellt.

8 Der Bezug zum Zivilrecht zeigt sich auch in einer anderen Erweiterung der Tatbezogenheit. Handelt der Täter oder Teilnehmer rechtsgeschäftlich namens und für Rechnung eines Dritten, so kann er nichts iSd § 73 I StGB erlangen, weil die Rechtswirkungen nach § 164 BGB den Dritten treffen. Solches **Dritterlangte** unterliegt nach der Vertreterklausel des § 73 III StGB dem Drittverfall;[6] bei Nichtigkeit des Verfügungsgeschäfts gilt auch hier § 73 IV StGB. Andererseits ist Vertretung keine unabdingbare Voraussetzung für § 73 III StGB; es genügt auch faktisches Handeln im Interesse des Dritten, das diesem regelmäßig aber nur gegenständlich nicht faßbare Vermögensvorteile verschaffen wird (§ 73a StGB). Ob der Dritte von der Straftat weiß, ist unerheblich, jedoch muß das Handeln des Täters oder Teilnehmers zumindest in seinem Einflußbereich liegen (zB ersparte Aufwendungen des Betriebsinhabers bei § 326 StGB, begangen durch einen Angestellten). Ebenfalls von § 73 III StGB erfaßt wird die Verschiebung des Erlangten, wenn der Dritte den Vermögensvorteil unentgeltlich oder aufgrund eines bemakelten Rechtsgeschäfts erwirbt.

9 Es gilt das **Bruttoprinzip**. Erlangt bzw gewährt ist alles, was dem Täter, Teilnehmer oder Dritten in irgendeiner Phase des Tatgeschehens zugeflossen ist. Gewinnmindernde Unkosten, Aufwendungen und Gegenleistun-

---

[4] Zum Kaufgeld beim Handeltreiben mit Betäubungsmitteln BGHSt 31, 145, 148
[5] Tröndle/Fischer § 73a Rn 2
[6] Zum folgenden grundlegend BGH NJW 2000, 297

gen haben auch dann außer Betracht zu bleiben, wenn der Zufluß nicht in einem Gegenstand, sondern in gegenständlich nicht faßbaren Vermögensvorteilen besteht.[7] Umfang und Wert des Erlangten können **geschätzt** werden (§ 73b StGB).[8]

b) Tatprodukt

Gegenstände, die durch eine Straftat hervorgebracht wurden (**Tatprodukte**), unterliegen nach §§ 74, 74a StGB der Einziehung. Sie fließen dem Täter oder Teilnehmer nicht wie Erlangtes aus dem Vermögen eines Dritten zu, sondern entstehen originär durch den strafbaren Herstellungsakt (zB nachgemachtes Geld, § 146 I Nr. 1 StGB, die gefälschte Urkunde, § 267 StGB).

10

c) Tatmittel

Nach §§ 74, 74a StGB können auch Gegenstände eingezogen werden, die zur Begehung oder Vorbereitung einer Straftat gebraucht worden oder bestimmt gewesen sind (**Tatmittel** oder **-werkzeuge**). Der Gegenstand muß nach der Vorstellung des Täters das eigentliche, in irgendeinem Stadium von der Vorbereitung bis zur Beendigung einzusetzende Mittel zur Tatbegehung sein.[9] Tatmittel ist auch das zur weiteren Begehung der Tat bereitgestellte Geld,[10] so das noch nicht übergebene Kaufgeld für Betäubungsmittel.[11]

11

d) Beziehungsgegenstand

Einen **Beziehungsgegenstand** oder notwendigen Tatgegenstand umschreibt bereits der gesetzliche Tatbestand dergestalt als Merkmal, daß er es unmittelbar unter Strafe stellt, mit ihm in bestimmter Weise zu verfahren. Vom Tatmittel unterscheidet er sich dadurch, daß sein Gebrauch nicht der Verwirklichung weitergehender tatbestandlicher Ziele dient, sondern, wenn auch nur bei Hinzutreten weiterer Umstände, bereits als solcher strafbar ist.[12] So ist Beziehungsgegenstand das eingeführte Betäubungsmittel in § 29 I Nr. 1 BtMG oder die geführte Waffe in § 53 III Nr. 5 WaffG. Steht der Erwerb des Gegenstands unter Strafe, etwa wiederum bei § 29 I Nr. 1 BtMG oder bei § 53 I Nr. 3a WaffG, so ist er auch nicht Erlangtes iSv § 73 I StGB; entsprechend müssen ersparte Aufwendungen behandelt werden, wenn unmittelbar die Nichtleistung strafbar ist (so § 170 StGB). Der Zugriff auf Beziehungsgegenstände bedarf deshalb einer spezialgesetzli-

12

---

7 BGH NStZ 1994, 123; 95, 495
8 Hierzu Tröndle/Fischer § 73b Rn 6
9 Tröndle/Fischer § 74 Rn 7
10 Tröndle/Fischer § 74 Rn 8
11 BGH bei Detter, NStZ 1989, 472
12 Vgl im einzelnen Schönke/Schröder-Eser § 74 Rn 10, 12a f

Mayer

chen Grundlage. Etwa unterliegen »Gegenstände, auf die sich die Tat bezieht,« nach §§ 21 III, 22a II StVG, 33 II BtMG, 56 I Nr. 1 WaffG der Einziehung. Fehlt eine solche Regelung und setzt die Tatbegehung den Gegenstand notwendigerweise voraus, ist kein Rückgriff auf §§ 73, 74 ff StGB möglich.[13] So kann der benutzte Pkw bei §§ 315c, 316 StGB als notwendiger Tatgegenstand nicht eingezogen werden, während §§ 142, 315b StGB auch ohne Fahrzeug begangen werden können, so daß dieses als Tatmittel in Betracht kommt.[14] Unterschiedliche Eigenschaft kann der Gegenstand beim Zusammentreffen konkurrierender Tatbestände haben (die unerlaubt geführte Waffe wird zur Begehung einer anderen Straftat eingesetzt).

3. Identität

13   Der zur Zeit der Entscheidung vorhandene muß mit dem tatbezogenen Gegenstand rechtlich – nicht nur wirtschaftlich – **identisch** sein. Ist der ursprüngliche Gegenstand aus dem Vermögen des Tatbeteiligten ausgeschieden, können gegen ihn grundsätzlich nur noch Wertersatzansprüche bestehen (Rn 3).

14   Ausnahmen gelten für **Surrogate**. Bei Notveräußerung eines zur Sicherung von Verfall oder Einziehung beschlagnahmten Gegenstands ist nach § 111 II 2 StPO der Erlös für verfallen zu erklären bzw einzuziehen[15] (dingliche Surrogation wie bei § 979 II BGB). Dasselbe gilt für den erlegten Betrag nach Rückgabe (§ 111c VI 2 StPO). An die Stelle von **Verfallsgegenständen** (nicht Einziehungsgegenständen) können nach § 73 II 2 StGB Surrogate treten. Solche sind zunächst die in § 818 I BGB angesprochenen Gegenstände, also als Ersatz bzw Ersatzanspruch für Zerstörung, Beschädigung oder Entziehung des erlangten Gegenstands (zB Schadenersatzleistungen oder -ansprüche) oder aufgrund eines erlangten Rechts (zB durch Forderungseinzug) Erworbenes. Weiter sind die bei Verfügungen über den Gegenstand erworbenen Gegenleistungen und -ansprüche erfaßt (rechtsgeschäftliche Surrogate wie bei § 281 BGB). Zur ersten Gruppe gehört auch der bei Verbindung und Vermischung an die Stelle des Eigentums tretende Miteigentumsanteil (§§ 947, 948 BGB). Soweit gesetzlich nichts anderes bestimmt ist (§ 947 BGB), hat die Surrogation keine dingliche Wirkung, so daß es in den Fällen des § 73 IV StGB zum Wechsel des Betroffenen kommen kann, wenn der Gewährende seine Rechtsposition endgültig verliert und der Täter oder Teilnehmer das Surrogat wirksam erworben hat (zB Kauf eines Pkw für Einnahmen aus einem Drogengeschäft). Da sich nur die tatsächlich gewollte Vermögensverschiebung vollendet, findet § 73 IV

---

13   Str für individuell gefährliche Beziehungsgegenstände, vgl Tröndle/Fischer § 74 Rn 16 aE
14   Tröndle/Fischer § 74 Rn 10; § 315b Rn 11
15   Kl/M-G § 111c Rn 14; § 111l Rn 3

Mayer

StGB keine Anwendung mehr; es haftet der Täter oder Teilnehmer nach § 73 I 1, II 2 StGB (Rn 25).

Wird beschlagnahmtes Bargeld bei der Gerichtskasse **eingezahlt**, so tritt an die Stelle des Eigentums ein gleichermaßen sicherer Anspruch auf einen Geldbetrag entsprechender Höhe, so daß die Identität nach der Verkehrsanschauung gewahrt sein soll.[16] Der Anspruch könnte also, ohne daß es auf die Frage der Surrogation ankäme, eingezogen oder für verfallen erklärt werden. Ein Übergang zum dinglichen Arrest wäre auch dann entbehrlich, wenn die beschlagnahmten Scheine nicht gesondert verwahrt werden. 15

Bedeutung gewinnt das Erfordernis der Identität auch beim **BtM-Handel**. Das übergebene Kaufgeld ist nach § 73 IV StGB gewährt (Rn 7). Des ihm verbliebenen Eigentums geht der Käufer nach §§ 947, 948 BGB verlustig, wenn der Verkäufer das Geld mit anderem vermischt; der Käufer erwirbt einen rechtlich hiermit nicht identischen Miteigentumsanteil an der Gesamtsumme. Dieser unterläge nach § 73 II 2 iVm IV StGB als Surrogat ebenfalls dem Verfall. Die Schwierigkeiten der Verwertung (§§ 749, 752 BGB) legen es jedoch nahe, statt dessen gegenüber dem Verkäufer wegen der von den Beteiligten als endgültig gewollten und faktisch auch eingetretenen Vermögensmehrung den Verfall von Wertsatz anzuordnen (§ 73a StGB). Die verhältnismäßig aufwendige Sicherung durch dinglichen Arrest dadurch zu umgehen, daß ein dem Kaufgeld entsprechender Teilbetrag aus der beim Verkäufer vorgefundenen Gesamtsumme beschlagnahmt (und sodann für verfallen erklärt) wird,[17] dürfte der Rechtslage nicht entsprechen. Als Gegenstand im Rechtssinne hat der Verkäufer einen herausgegriffenen Teilbetrag weder erlangt noch als Surrogat erworben. 16

Beim polizeilich veranlaßten **Scheinkauf** wird die Rechtsfolge der Vermischung vermieden, wenn durch Markierung oder Registrierung der zu übergebenden Scheine deren jederzeitige Aussonderbarkeit gewährleistet ist.[18] Bleibt das übergebene Kaufgeld im Fiskaleigentum, scheidet dessen Verfall als Gewährtes (§ 74 IV StGB) begrifflich aus. Kommt es aber zum Eigentumsverlust, so wird gegen den Täter nach dem Wortlaut des Gesetzes Verfall von Wertsatz angeordnet werden müssen; eine diesen ausschließende Verletzteneigenschaft des Fiskus (§ 73 I 2 StGB; Rn 29) läßt sich nicht begründen. 17

---

16 BGH NStZ 1993, 538
17 So Kl/M-G § 111b Rn 6; KMR-Müller § 111b Rn 8
18 BGH NStZ 1995, 540

III. Die Verfallsvorschriften

1. Der Verfall

18 Der Verfall knüpft an eine **rechtswidrige Tat** an (§ 73 I 1 StGB), die Vorsatz- oder Fahrlässigkeitsdelikt sein kann. Schuldhaftes Handeln ist nicht erforderlich, bei Vorsatzdelikten jedoch mindestens natürlicher Vorsatz.[19]

19 Bei **Dritterlangtem** (§ 73 III StGB, Rn 8) richtet sich die Anordnung gegen den Dritten; er ist Verfallsbeteiligter nach § 442 II 1 StPO. Bei **Gewährtem** (§ 73 IV StGB, Rn 7) verbleibt es bei der Anordnung gegen den Täter oder Teilnehmer, der Dritte ist aber Verfallsbeteiligter nach §§ 442 I, 431 I Nr. 1 StPO.[20]

2. Der erweiterte Verfall

a) Anknüpfungs- und Erwerbstat

20 Der **erweiterte Verfall** bedarf einer Anknüpfungstat – also einer rechtswidrigen Tat (Rn 18) – nach einer Norm, die auf § 73d StGB **verweist** (»§ 73d ist anzuwenden«). Erweiterung bedeutet, daß in dem Verfahren wegen der Anknüpfungstat auch Gegenstände dem Verfall unterliegen, die der Täter oder Teilnehmer aus anderen Taten (**Erwerbstaten**) erlangt hat. Vorrangig ist § 73 StGB; § 73d StGB kommt nur zum Zuge, wenn sich die Erwerbstaten auch unter Ausschöpfung aller prozessualen Mittel nicht mehr in der für eine Aburteilung erforderlichen Weise konkretisieren lassen.[21] Nach § 154 StPO ausgeschiedene Taten können also keine Erwerbstaten sein.

21 Nach dem Gesetzeswortlaut müssen »Umstände die Annahme rechtfertigen«, daß die Gegenstände aus Erwerbstaten herrühren. Dies ist verfassungskonform dahin auszulegen, daß der Richter aufgrund erschöpfender Beweiserhebung und Beweiswürdigung die **uneingeschränkte Überzeugung** gewonnen haben muß, die Gegenstände seien für oder aus rechtswidrigen Taten erlangt (ohne diese selbst im einzelnen feststellen zu müssen).[22] Einen Erfahrungssatz, daß bei legalem Erwerb anders als bei illegalem die Erwerbsgründe ohne weiteres zutage treten, gibt es nicht. Zu fordern sind deshalb positive Indizien für weitere gewinnorientierte Taten. Zulässig ist es, aus Art, Umständen und Begehungsweise der Anknüpfungstat auf weitere Taten zu schließen.[23]

---

19 Tröndle/Fischer § 73 Rn 2, § 11 Rn 33
20 Tröndle/Fischer, § 73 Rn 13, 14
21 Schönke/Schröder-Eser § 73d Rn 4
22 BGHSt 40, 371, 373
23 BGH aaO

b) Zeitpunkt der Erwerbstat

Zeitlich kann auf eine Konkretisierung der Erwerbstat nicht ganz verzichtet werden. Zum einen scheidet der erweiterte Verfall von Gegenständen aus, die aus Taten vor dem Inkrafttreten des OrgKG am 22.9.1992 herrühren.[24] Zum anderen ist der Fall streitig, daß die Erwerbstat infolge **Verjährung** nicht mehr verfolgt werden könnte (analoge Anwendung des § 76a II Nr. 1 StGB?);[25] wäre jedenfalls diese allein Verfahrensgegenstand, schiede die selbständige Anordnung aus (Rn 36).

22

c) Rechtsinhaberschaft Dritter

Verbliebene **Rechtspositionen eines Dritten** werden durch eine Drittverfallsklausel (§ 73d I 2 StGB) überwunden, die indes nach dem Wortlaut über Gewährtes (§ 73 IV StGB) hinaus alle in der Rechtsinhaberschaft eines Dritten verbliebene Gegenstände erfaßt, also auch solche, deren Besitz sich der Täter oder Teilnehmer eigenmächtig verschafft hat (vgl Rn 32). Auf Dritterlangtes (§ 73 III StGB) ist § 73d StGB nicht anwendbar; erweiterter Verfall beschränkt sich auf Gegenstände des Beteiligten der Anknüpfungstat.

23

3. Der Verfall von Wertersatz

a) anfängliche Unmöglichkeit

Verfall von Wertersatz tritt ein bei **anfänglicher Unmöglichkeit**, auf einen Gegenstand zuzugreifen, § 73a S 1 Var. 1 StGB, weil dem Tatbeteiligten als Erlangtes oder Nutzung nach § 73 I, II S 1 StGB nur gegenständlich nicht faßbare Vermögenswerte zugeflossen sind (so ersparte Aufwendungen und aus dem Sachbesitz fließende Gebrauchsvorteile, Rn 5, 7). Ob das Zugeflossene Vermögenswert oder lediglich ideellen Wert hat, beurteilt sich nach wirtschaftlicher Anschauung. Wurde der Vorteil einem Dritten verschafft, gilt § 73 III StGB.

24

b) nachträgliche Unmöglichkeit

Verfall von Wertersatz ist nach § 73a S 1 Var. 2 StGB anzuordnen bei **nachträglicher Unmöglichkeit**, wenn also ein erlangter Gegenstand (ohne Erwerb eines Surrogats) unterging oder veräußert, zB verschenkt wurde. Auch auf bloße Unauffindbarkeit wird § 73a StGB angewandt.[26] Dritterlangtes ist über § 73 III StGB einbezogen. Hat dagegen im Falle des § 73 IV StGB der Dritte durch das nachträgliche Ereignis die ihm verbliebene Rechtsinhaberschaft verloren (vgl Rn 7, 14), trat lediglich das von vornher-

25

---

24 BGHSt 41, 278, 284
25 Vgl Tröndle/Fischer § 73d Rn 6b, § 76a Rn 7a
26 Tröndle/Fischer § 73a Rn 3

Mayer

ein beabsichtigte Ergebnis ein; es verbleibt bei einer Anordnung gegenüber dem Empfänger.

c) Absehen vom Surrogatverfall

26 Nach § 73a S 1 Var. 3 StGB ist der Verfall von Wertersatz anzuordnen, wenn nach § 73 II 2 StGB vom **Surrogatverfall abgesehen** wird (Rn 14).

d) ergänzender Wertersatzverfall

27 **Ergänzend** zum Verfall tritt nach § 73a S 2 StGB Wertersatzverfall bei Verschlechterung des Gegenstands oder bei Geringerwertigkeit eines Surrogats.

4. Der erweiterte Verfall von Wertersatz

28 Die Verweisung von § 73d II auf § 73a StGB eröffnet einen **erweiterten Verfall von Wertersatz**, indes nur unter Einschränkungen. Bei den sich ergänzenden §§ 73, 73a StGB ist es im wirtschaftlichen Ergebnis gleichgültig, ob das Erlangte ein Gegenstand oder ein gegenständlich nicht faßbarer Vermögensvorteil ist und wie sich das rechtliche Schicksal eines Gegenstands entwickelt. Dagegen unterliegen dem erweiterten Verfall nach § 73d I StGB a priori nur Gegenstände, dazu über Abs 1 S 3 Nutzungen und Surrogate. Eine § 73a S 1 StGB entsprechende Regelung für die **anfängliche** Unmöglichkeit (Rn 24) fehlt. Für die **nachträgliche** Unmöglichkeit (Rn 25) verweist § 73d II nur insoweit auf § 73a StGB, als der »Verfall eines bestimmten Gegenstands nach der Tat ... unmöglich geworden« ist. Diese zäsurbildende Tat ist die Anknüpfungstat.[27] Also scheidet erweiterter Verfall von Wertersatz aus, wenn der Täter oder Teilnehmer von Anfang an nur gegenständlich nicht faßbare Vermögensvorteile erlangt hat. Sind erlangte Gegenstände bereits vor der Anknüpfungstat aus seinem Vermögen ausgeschieden (zB infolge Vermischung oder Veräußerung), so greift § 73d StGB nur bei Vorhandensein gegenständlicher Surrogate. Auch ist der Übergang vom Surrogatsverfall zum Wertersatzverfall (§§ 73 II 2, 73a S 1, Var. 3, StGB) nach dem Wortlaut von § 73d I 3, II StGB ausgeschlossen.

5. Ausschluß des Verfalls (§ 73 I 2 StGB)

a) Inhalt der Vorschrift

29 Der Begriff des **Verletzten** ist aus dem Funktionszusammenhang der jeweiligen Regelung abzuleiten.[28] Nach dem Wortsinn der §§ 73 I 2 StGB,

---

[27] Schönke/Schröder-Eser § 73d Rn 17; Tröndle/Fischer § 73d Rn 10
[28] Kl/M-G vor § 406d Rn 2

111b ff StPO – wie der §§ 403 ff, 406d ff und grundsätzlich auch des § 172 StPO – wird Verletzter nur eine Person sein können, deren Rechte unmittelbar durch die Straftat verletzt sind,[29] deren Individualinteresse das übertretene Strafgesetz schützen soll[30] und die den in Frage stehenden Anspruch unmittelbar aus der Straftat erworben hat.[31] Geht der erworbene Anspruch durch Abtretung oder kraft Gesetzes auf einen **Dritten** über, wird dieser nicht Verletzter. Indes will § 73 I 2 StGB Anspruchskonkurrenzen auflösen und die mehrfache Inanspruchnahme des Tatbeteiligten ausschließen,[32] weshalb der Wortlaut nicht auf die Rechtsinhaberschaft im Zeitpunkt der Anordnung abstellt, sondern darauf, ob dem Verletzten aus der Tat ein Anspruch »erwachsen« ist. Auch bei gesetzlichem Forderungsübergang auf den Versicherer (§ 67 I 1 VVG) ist deshalb der Verfall ausgeschlossen.[33]

Ansprüche sind nur solche, die wie der konkurrierende staatliche Verfallsanspruch auf **Rückgewähr** des Erlangten, der Nutzungen und der Surrogate bzw auf Ersatz hierfür gerichtet sind.[34] Nicht berücksichtigt werden mittelbare Schäden wie entgangener Gewinn bei vereitelten Weiterverkauf, ebensowenig die bei Gelegenheit der Tat angerichteten Sachschäden. 30

Unerheblich ist, ob ein Verletzter überhaupt identifiziert ist und ob er seinen Anspruch **geltend macht**. Bereits die rechtliche Existenz eines Anspruchs schließt den Verfall aus.[35] 31

b) Geltungsbereich

§ 73 I 2 StGB gilt auch für den **Verfall von Wertersatz**. Noch ungeklärt ist, ob die Vorschrift den **erweiterten Verfall** ausschließt.[36] Da es auch sonst nur auf die rechtliche Existenz eines Anspruchs ankommt (Rn 31), stünde die mangelnde Konkretisierbarkeit der Erwerbstaten dem nicht entgegen. Allerdings sind die schließlich in das OrgKG aufgenommenen Verweisungsnormen überwiegend Tatbestände der gegen fremdes Eigentum und Vermögen gerichteten Kriminalität (Diebstahl, §§ 244 III, 244a III; Hehlerei, §§ 260 III, 260a III; Betrug, §§ 263 VII, 263a II StGB). Geht man davon aus, daß die Erwerbstaten regelmäßig demselben Deliktstypus angehören wie die Anknüpfungstat, so würde § 73 I 2 StGB den erweiterten Verfall der gesetzlichen Intention entgegen seines wesentlichen Anwendungsbereichs berauben. Gegen die Heranziehung von § 73 I 2 StGB spricht auch der Wortlaut von § 73d I 2 im Vergleich zu § 73 IV StGB (Rn 23). Die Ver- 32

---

29 Kl/M-G § 172 Rn 9
30 Schönke/Schröder-Eser § 73 Rn 26; BGH NJW 1989, 2139; NStZ 1999, 560
31 Kl/M-G § 111g Rn 2; § 403 Rn 4; KK-Engelhardt § 403 Rn 5,6; OLG Karlsruhe MDR 1984, 336
32 Tröndle/Fischer § 73 Rn 4
33 Tröndle/Fischer § 73 Rn 6, 7; OLG Düsseldorf NStZ 86, 222
34 Tröndle/Fischer § 73 Rn 5
35 BGH NStZ 1984, 409; 1996, 332; BGHR § 73 StGB Anspruch 2; Tatbeute 1
36 Vgl Tröndle/Fischer § 73 Rn 4

Mayer

fallsanordnung ginge zwar rechtlich zulasten des (nicht mehr zu identifizierenden) Verletzten, könnte aber seinen wirtschaftlich bereits endgültig eingetretenen Schaden ohnehin nicht weiter vertiefen.

c) Fundsachen

33 Zu einem ähnlichen wirtschaftlichen Ergebnis führt die Behandlung von Gegenständen, deren Herkunft aus Taten gegen fremdes Eigentum oder Vermögen feststeht, ohne daß § 73d StGB griffe. Sie sind ebenso wie ihre Surrogate nach §§ 983, 979 BGB als **Fundsachen** zu behandeln, wenn der Verletzte nicht bekannt ist,[37] so die bestimmten Taten und Geschädigten nicht mehr zuzuordnenden Sachen aus einem Diebeslager. Unerheblich soll bleiben, daß der Täter (etwa bei betrügerisch erlangten Geldüberweisungen) Rechtsinhaber ist. Eine Pflicht, den Verletzten zu ermitteln, besteht strafprozessual nur im Rahmen der allgemeinen Bestimmungen der StPO, so daß der Gegenstand (anders als beim erweiterten Verfall, Rn 20) auch aus nach § 154 StPO ausgeschiedenen Taten herrühren kann. Zumutbare Nachforschungen vor Maßnahmen nach §§ 979 ff BGB sind uU aber Amtspflicht der verwahrenden Behörde. Wird der Berechtigte ermittelt, gilt § 111k StPO.

6. Die Verfallsanordnung

a) zwingendes Recht

34 Verfallsanordnungen nach §§ 73, 73a und 73d StGB sind grundsätzlich **zwingend**. Bezüglich der oft nur schwierig zu ermittelnden und zu verwertenden Surrogate beseitigt die Ermessensvorschrift des § 73 II 2 StGB lediglich den Vorrang des Zugriffs auf den Gegenstand (Rn 4); wird nach pflichtgemäßem Ermessen davon abgesehen, auf ein Surrogat zuzugreifen, ist Wertersatzverfall anzuordnen (§ 73a S 1 StGB). Die materielle **Härtevorschrift** (§ 73c StGB) lockert den Grundsatz,[38] die Möglichkeiten prozessualer **Beschränkung** (§§ 430, 442 I StPO) führen ihn in die Nähe einer Ermessensentscheidung.[39]

b) Sanktionscharakter

35 Das Bruttoprinzip (Rn 9) kann das Vermögen des Betroffenen über die Gewinnabschöpfung hinaus auf einen Stand beschneiden, der unter dem vor der Tat liegt. Deutlich wird dies bei ersparten Aufwendungen (der Aufwand für legale Abfallbeseitigung hätte DM 100.000 betragen, für die illegale wendet der Täter, ein ohne Wissen des Betriebsinhabers handelnder

---

37 BGH NStZ 1984, 409; bei Detter NStZ 1995, 219; BGHR aaO (Fn 35)
38 Hierzu BGH NStZ 1995, 495 u Tröndle/Fischer § 73c Rn 2, 3
39 Ausführlich KK-Boujong § 430 Rn 1 ff

Angestellter, einem Gehilfen aus dem verfügbaren Etat DM 75.000 zu). Der naheliegenden Auffassung, daß die Abschöpfung über den Nettowert des Erlangten hinaus (so wären gegenüber dem Betriebsinhaber, wenn nicht § 73c StGB greift, DM 100.000 für verfallen zu erklären bei einem betrieblichen Gewinn von lediglich DM 25.000) dem Betroffenen ein zusätzliches Übel zufügt und damit **strafähnliche Wirkung** hat,[40] ist der BGH allerdings nicht gefolgt.[41] Soweit er darauf verweist, der Täter habe bei zahlreichen Deliktsformen – wie im entschiedenen Fall des Drogenhandels – überhaupt keine nennenswerten Aufwendungen, bewegt sich allerdings der Verfall ohnehin nur im Nettobereich. Soweit Vermögensgegenstände, die der Täter zur Begehung von Straftaten aufzuwenden beabsichtigte, bei entsprechend zeitnahem Zugriff der Strafverfolgungsbehörden bereits der Einziehung als Tatmittel unterlegen hätten (Rn 11), läge eine Maßnahme mit Strafcharakter vor, solange sich nicht die individuelle Gefährlichkeit eines bestimmten Geldbetrags begründen läßt (vgl Rn 37, 38).

Nimmt man Strafcharakter der den Nettogewinn übersteigende Verfallsanordnung an, gilt das **Schuldprinzip**. Sie ist nicht schon auf der Grundlage rechtswidrigen Handelns möglich, sondern nur auf der einer schuldhaft begangenen strafbaren Tat. Drittverfall nach § 73 III StGB setzt voraus, daß dem Dritten die Folgen des tatbestandlichen Handelns unmittelbar zuzurechnen sind, daß also der Täter oder Teilnehmer eine Organstellung iSd § 75 StGB hatte. Weiter wird die Anordnung Teil des Strafausspruchs und hat mit der Hauptstrafe **Tat- und Schuldangemessenheit** zu wahren.[42]

c) selbständige Verfallsanordnung

Die **selbständige Verfallsanordnung** – im subjektiven Verfahren oder im objektiven Verfahren nach §§ 442 I, 440 StPO – läßt § 76a I, III StGB zu, wenn aus **tatsächlichen** Gründen keine bestimmte Person verfolgt oder verurteilt werden kann oder wenn das Verfahren nach einer **Ermessensvorschrift** eingestellt bzw von Strafe abgesehen wurde. Der Verfolgung oder Verurteilung entgegenstehende **rechtliche** Gründe (Abs 2 Nr. 2) ermöglichen ein selbständiges Verfahren nur insoweit, als der Verfall gerade keine schuldhafte Tat voraussetzt.[43] Gefährlichkeit des Erlangten wird kaum vorliegen, so daß § 76a II StGB ü für den Verfall keine Bedeutung gewinnt;[44] aus **verjährten** Taten Erlangtes kann deshalb nicht verfallen (für verjährte Erwerbstaten des erweiterten Verfalls vgl aber Rn 22).

36

---

40 Schönke/Schröder-Eser vor § 73 Rn 19; Tröndle/Fischer § 73 Rn 1c
41 BGH NJW 1995, 2235
42 Vgl Tröndle/Fischer § 74b Rn 2
43 Tröndle/Fischer § 76a Rn 10
44 Tröndle/Fischer aaO

IV. Die Einziehungsvorschriften

1. Die Einziehung

a) Die Einziehung als Strafe

37 Der erste Grundfall der Einziehung von Tatmitteln und Tatprodukten ist nach § 74 I iVm II Nr. 1 StGB eine Maßnahme mit **Strafcharakter** (zu den Folgen vgl Rn 35). Anknüpfungstat ist eine **vorsätzliche Straftat**. Rechtswidrigkeit, Schuld – zumindest eingeschränkte Schuldfähigkeit – und die anderen Voraussetzungen der Strafbarkeit einschließlich der Prozessvoraussetzungen müssen vorliegen. Soweit bereits strafbar, reichen Versuch und Vorbereitungshandlung aus.[45] Eingezogen werden kann nur ein Gegenstand, der dem Täter oder Teilnehmer zur Zeit der Entscheidung **gehört** bzw **zusteht**, es sei denn, das tatbestandliche Handeln kann dem Dritten über **organschaftliche Vertretung** (§ 75 StGB) unmittelbar zugerechnet werden. Das eingeräumte Ermessen trägt, wie § 74b I StGB, dem Erfordernis der Tat- und Schuldangemessenheit Rechnung.[46]

b) Die Einziehung zur Sicherung

38 Den zweiten Grundfall bildet die Einziehung mit **Sicherungscharakter** nach § 74 I, II Nr. 2, III StGB. Sie dient der Gefahrenabwehr und hat nicht Schuldangemessenheit, sondern den allgemeinen Grundsatz der Verhältnismäßigkeit zu wahren.[47] Der in § 74 I StGB eröffnete Spielraum, nach Ermessen von der Einziehung abzusehen, wird durch Gesichtspunkte der Gefahrenabwehr begrenzt.[48] Voraussetzung ist die **Gefährlichkeit** des Gegenstands. Bei genereller Gefährlichkeit (Abs 2 Nr. 2, 1. Alt) gefährdet der Gegenstand nach Art und Umständen die Allgemeinheit, bei individueller Gefährlichkeit (2. Alt) besteht die konkrete Gefahr, daß der Gegenstand irgendeiner Person zur Begehung weiterer rechtswidriger Taten dienen werde. Für die Einziehung solcher Gegenstände lockert § 74 III StGB das Erfordernis des individuellen Verschuldens. Die Vorsatztat als Anknüpfungstat (§ 74 I StGB) braucht nicht mehr strafbar zu sein, vielmehr reicht eine mit natürlichem Vorsatz begangene rechtswidrige Tat (vgl Rn 18). Des weiteren verzichtet § 74 II Nr. 2 StGB, wie sich aus dem Zusammenspiel mit Nr. 1 ergibt, auf das Erfordernis der Rechtsinhaberschaft. Der Gegenstand kann auch einem Dritten gehören oder zustehen; in diesem Fall handelt es sich um eine **Dritteinziehung**. § 75 StGB ist inso-

---

[45] Schönke/Schröder-Eser § 74 Rn 3, 4; Tröndle/Fischer § 74 Rn 2, 11
[46] Tröndle/Fischer § 74 Rn 17; § 74b Rn 2
[47] Tröndle/Fischer § 74b Rn 3
[48] Schönke/Schröder-Eser § 74 Rn 41

weit ohne Bedeutung.[49] Ist Geld Tatmittel (Rn 11), kommt die Sicherungseinziehung nach § 74 II Nr. 2, 2. Alt, StGB dann in Betracht, wenn die konkrete Gefahr besteht, es werde auch künftig zur Begehung rechtswidriger Taten eingesetzt.[50] Nur zur Sicherung kann das Mittel der nach § 323a StGB im Rausch begangenen Tat eingezogen werden.[51]

c) Spezialgesetzliche Regelungen

Spezialgesetze können § 74 I StGB modifizieren. Gelegentlich reichen **Fahrlässigkeitstaten**. Oft wird der Wortlaut mit der Abweichung wiederholt, daß die Gegenstände eingezogen »werden«, die Anordnung somit **zwingend** vorgeschrieben. Als Bindeglied bleibt § 74 IV StGB: soweit nichts anderes bestimmt ist, gilt § 74 II iVm III StGB, so daß die Einziehung mit Strafcharakter die strafbare Tat und die Rechtsinhaberschaft des Täters oder Teilnehmers voraussetzt, die mit Sicherungscharakter nur die rechtswidrige Tat, aber eine Gefährlichkeit des Gegenstands. Ob der spezialgesetzliche Einziehungstatbestand den Straf- oder den Sicherungsgedanken in den Vordergrund stellt oder beide Gründe nebeneinander zuläßt, ist durch Auslegung zu ermitteln.

39

d) Beziehungsgegenstände

Eröffnen Spezialgesetze die Einziehung von **Beziehungsgegenständen** (Rn 12), gilt gleichermaßen § 74 IV StGB.

40

e) Konkurrenz von Einziehungsgründen

Die Voraussetzungen der Einziehung als Strafe und zur Gefahrenabwehr liegen gleichzeitig vor, wenn bei strafbarer Tat ein gefährlicher Gegenstand dem Tatbeteiligten gehört bzw zusteht. Welcher Maßnahme – die Sicherungseinziehung eröffnet weitergehende Möglichkeiten – der Vorrang zukommt, ist unter Berücksichtigung der konkreten Umstände zu entscheiden.[52]

41

2. Die erweiterte Einziehung

Erweiterter Verfall und **erweiterte Einziehung** nach § 74a StGB haben außer der Notwendigkeit einer Verweisungsnorm keine Gemeinsamkeit. Erweitert ist hier die Möglichkeit von Maßnahmen gegen **Dritte**. Liegen die Voraussetzungen einer Sicherungseinziehung nach § 74 II Nr. 2 StGB vor, bleibt die erweiterte Einziehung schon deshalb bedeutungslos, weil

42

---

49 Schönke/Schröder-Eser § 75 Rn 1
50 BGH NStZ 1985, 262
51 BGHSt 31, 80
52 Schönke/Schröder-Eser vor § 73 Rn 17; § 74 Rn 42

Mayer

gleichgültig ist, ob der Täter, der Teilnehmer oder ein Dritter zur Zeit der Tat oder im Zeitpunkt der Entscheidung Rechtsinhaber war bzw ist[53] (Rn 38). Die erweiterte Einziehung erfaßt also die Fälle, in denen eine Einziehung mit Strafcharakter nach § 74 II Nr. 1 StGB nur daran scheitert, daß der Täter oder Teilnehmer entweder von Anfang an nicht Rechtsinhaber war oder den Gegenstand nachträglich veräußerte. Im ersten Fall kann nach Nr. 1 der leichtfertige Rechtsinhaber, quasi der unechte Tatgehilfe, in Anspruch genommen werden, im zweiten Fall nach Nr. 2 der verwerflich handelnde Erwerber.[54]

3. Die Einziehung von Wertersatz

43 Die **Einziehung von Wertersatz** nach § 74c StGB setzt einen Einziehungsgegenstand iSd § 74 StGB, auch iVm Abs 4, voraus, der dem Täter oder Teilnehmer zur Zeit der Tat gehörte oder zustand. Wertersatz wird eingezogen, wenn er die Einziehung auf irgendeine Weise vereitelt hat. Eine **erweiterte** Einziehung von Wertersatz gibt es nicht. Die erweiterte Einziehung nach § 74a StGB ist eine Dritteinziehung, § 74c I StGB läßt die Einziehung von Wertersatz aber nur gegenüber dem Täter oder Teilnehmer zu. Ist es noch möglich, über § 74a Nr. 2 StGB die Einziehung des Gegenstands gegenüber dem Erwerber zu betreiben, scheidet die Einziehung von Wertersatz nach § 74c StGB gegenüber dem Tatbeteiligten aus. Vereitelt der Erwerber, bleibt es bei der Einziehung von Wertersatz gegenüber dem verfügenden Tatbeteiligten.[55]

4. Dritteinziehung

44 In den Fällen der Dritteinziehung aus Sicherungsgründen nach § 74 II Nr. 2, III StGB ist die **Entschädigungspflicht** (§ 74f I StGB) zu beachten. Sie besteht dann nicht, wenn Umstände entsprechend den Kriterien der erweiterten Einziehung vorliegen (Abs 2 Nr. 1 u. 2) oder wenn es aufgrund anderer öffentlich-rechtlicher Vorschriften zulässig wäre, dem Dritten den Gegenstand auf Dauer entschädigungslos zu entziehen (Nr. 3). Die Anordnung richtet sich gegen den Dritten; er ist Einziehungsbeteiligter nach § 431 I Nr. 1 StPO.

---

53 Schönke/Schröder-Eser § 74b Rn 14
54 Schönke/Schröder-Eser § 74a Rn 8; Tröndle/Fischer § 74a Rn 6
55 Tröndle/Fischer § 74c Rn 2, 3

Mayer

5. selbständige Einziehungsanordnung

Die selbständige Anordnung der Einziehung mit **Strafcharakter** (Rn 37) bedarf einer strafbare Tat, die aus tatsächlichen Gründen nicht verfolgt werden kann (§ 76a I StGB) oder hinsichtlich der nach Abs 3 verfahren wird. Hat die Einziehung **Sicherungscharakter** (Rn 38), ist die selbständige Anordnung nach Abs 2 auch bei Verfolgungsverjährung und (bestimmten) anderen rechtlichen Verfolgungshindernissen möglich. Für ein objektives Verfahren gilt § 440 StPO.

45

6. Die Einziehung von Schriften

Für die Einziehung von **Schriften** iSv § 11 III StGB und zu ihrer Herstellung gebrauchten oder bestimmten **Vorrichtungen** gilt die **Sonderregelung**[56] des § 74d StGB. Es muß mindestens ein Stück durch eine rechtswidrige Tat verbreitet, zur Verbreitung bestimmt (Abs 1 S 1) oder zugänglich gemacht (Abs 4) worden sein. Die Vorschrift hat Sicherungscharakter:

46

Würde jede vorsätzliche Verbreitung in Kenntnis des Inhalts **ohne weiteres**[57] den Tatbestand eines Strafgesetzes verwirklichen (Abs 1 S 1), so ist nach Abs 2 die Einziehung der Stücke zulässig, die sich im Besitz der bei der Verbreitung oder deren Vorbereitung mitwirkenden Personen befinden, die öffentlich ausgelegt sind oder die sich auf dem Versand befinden.

Müßten hierzu **weitere Umstände**[58] hinzutreten (Abs 3 S 1), so ist nach S 2 Nr. 1 nur die Einziehung der Stücke zulässig, die sich im Besitz des Täters, Teilnehmers, einer für sie handelnden Person oder einer von den Genannten zur Verbreitung bestimmten Person befinden. **Zusätzlich** muß die Maßnahme erforderlich sein, um ein gesetzwidriges Verbreiten durch diese Personen zu verhindern.

V. Sicherungsmaßnahmen

1. Die Beschlagnahme

a) Wirkung und Voraussetzungen

Ein dem Verfall oder der Einziehung unterliegender Gegenstand kann nach § 111b I StPO durch **Beschlagnahme** sichergestellt werden. Diese führt zu

47

---

56 Tröndle/Fischer § 74d Rn 1a; zum Verfahren dort Rn 15
57 ZB §§ 86a, 111, 130 II, 131, 184 III, 185 ff StGB
58 ZB Eignung oder bestimmte Vertriebswege, §§ 126, 130a II Nr. 1, 184 Abs 1 StGB

Mayer

einem **relativen Veräußerungsverbot** (§§ 111c V StPO iVm 135, 136 BGB), so daß Verfügungen des Rechtsinhabers und Zwangsvollstreckungsmaßnahmen Dritter gegenüber dem durch § 111b I StPO geschützten Fiskus unwirksam bleiben. Zu überwinden ist es nur durch gutgläubigen Erwerb eines Dritten (§ 135 II BGB), also nur, wenn eine bewegliche Sache dem Betroffenen belassen wird (§§ 932 ff, 1207 BGB; wird die Sache zur Sicherung der Verwertung verwahrt, ist der Betroffene nicht mittelbarer Besitzer iSv §§ 868, 934, 931 BGB[59]). Bei Grundstücken schließt § 111c II StPO guten Glauben aus. Die **tatsächliche** Sicherung beweglicher Sachen bewirkt § 111c I StPO; Lockerungen erlaubt, wenn die Sache nicht gefährlich ist, Abs 6 S 1 Nr. 2, S 3.

48 Nur die **förmliche** Beschlagnahme zur Sicherung von Einziehung oder Verfall führt zum Veräußerungsverbot. Die Sicherstellung oder Beschlagnahme beweglicher Sachen einschließlich Bargeld als **Beweisgegenstand** (§ 94 StPO) begründet zwar ebenfalls den strafrechtlichen Schutz nach § 136 StGB, vermag aber – da die Rechtsverhältnisse an der Sache deren Beweisbedeutung nicht berühren – nur die tatsächliche Sicherung, nicht ein Veräußerungsverbot zu bewirken.[60] Beweisgegenstände können daher nach § 931 BGB durch Abtretung des gegen den Verwahrer (künftig, spätestens mit rechtskräftigem Verfahrensabschluß) bestehenden Herausgabeanspruchs veräußert werden. Soweit gesetzlich ein **absolutes Veräußerungsverbot** nach § 134 BGB besteht, das dingliche Verfügungen – jedenfalls des Betroffenen – ohnehin nichtig macht, ist die tatsächliche Sicherung ausreichend (zB Betäubungsmittel).

Nach §§ 73e II, 74e III StGB hat auch die (nicht rechtskräftige) Anordnung von Verfall oder Einziehung die Wirkung eines relativen Veräußerungsverbots; ein absolutes Veräußerungsverbot bleibt hiervon unberührt.[61]

49 § 111b I StPO fordert den **(einfachen) Verdacht** der erforderlichen Anknüpfungstat und der Tatbezogenheit des Gegenstands; Beschuldigter bzw Betroffener brauchen aber noch nicht identifiziert zu sein. Liegt nicht (hinsichtlich beider Komponenten) **dringender Verdacht** vor, ist die Beschlagnahme – mit einmaliger Verlängerungsmöglichkeit um drei Monate – nach sechs Monaten aufzuheben (Abs 3). Für **Schriften** gelten die Fristen des § 111n II StPO.

Bei Verdacht einer Anknüpfungstat kann gem §§ 111b IV, 102 ff StPO nach tatbezogenen Gegenständen und hierauf bezogenen Beweismitteln (zB zur Geltendmachung eines Rechts erforderlichen Beweisurkunden) **durchsucht** werden; solche Gegenstände können auch Zufallsfunde (§ 108 StPO) sein.

---

59   OLG München NJW 1982, 2330; offen bei BGH NStZ 1985, 262; wegen der Rückgabepflicht anders bei § 94 StPO, BGH NJW 1993, 935, 936
60   Kl/M-G § 94 Rn 17
61   Tröndle/Fischer § 74e Rn 2

Mayer

Als vorläufige Maßnahme setzt die Beschlagnahme ein **Sicherungsbedürf-** 50
nis voraus. Aufgrund konkreter Tatsachen muß zu besorgen sein, daß bei
einem Zuwarten bis zur rechtskräftigen Anordnung des Verfalls oder der
Einziehung deren Vollstreckung vereitelt oder zumindest wesentlich
erschwert wäre. Sie hat weiter den Grundsatz der **Verhältnismäßigkeit** zu
beachten. Für **Schriften** und Herstellungsmittel gilt § 111m StPO.

Zunächst verwirrend ist das Nebeneinander der Begriffe **Anordnung** 51
(§ 111e StPO), **Durchführung** (§ 111f I StPO) und **Bewirken** (§ 111c
StPO) der Beschlagnahme. Bewirken und Durchführung sind Maßnahmen
zur Vollstreckung einer Beschlagnahmeanordnung, mit Bewirken werden
dabei die für das Wirksamwerden der Beschlagnahme notwendigen Handlungen umschrieben. Da die Vollstreckung nach § 111c StPO nicht nur
Real- sondern auch Rechtsakte erfordern kann, ist neben der **Anordnungskompetenz** (§ 111e StPO) die **Vollstreckungskompetenz** besonders –
über § 36 II 1 StPO hinaus – geregelt (§ 111f StPO).

Soweit die Vollstreckungskompetenz bei Gericht oder StA liegt, sind die
Geschäfte dem **Rechtspfleger** übertragen (§§ 22 Nr. 1, 31 I Nr. 1 RPflG für
Eintragungsersuchen, § 31 I Nr. 2 RPflG iü). Ein Tätigwerden des Richters
bzw StAs ist unschädlich (§§ 6, 8 I, 31 VI 2 RPflG). Dasselbe gilt, wenn
anstelle der StA das zur Anordnung zuständige Gericht selbst vollstreckt;
über § 22 Nr. 1 RPflG hinaus dürfte es dann aber an einer Übertragung fehlen.

b) bewegliche Sachen

Die **Anordnungskompetenz** liegt beim Richter, bei Gefahr im Verzug 52
auch bei der StA und deren Hilfsbeamten (§ 111e I StPO). Die nichtrichterliche Anordnung bedarf abweichend von § 98 II 1 StPO keiner Bestätigung;
der Betroffene kann jederzeit die richterliche Entscheidung beantragen
(Abs 2 S 2, 3). Für **Schriften** gilt die Anordnungskompetenz des § 111n I
StPO.

Die **Vollstreckungskompetenz** haben die StA und deren Hilfsbeamte
(§ 111f I StPO). Veranlassen sie willentlich die Vollstreckung, können mit
der Ausführung (Rn 53) auch andere Polizeibeamte beauftragt werden.[62]

Bewirkt wird die Beschlagnahme nach § 111c I StPO durch die Realakte 53
der Ingewahrsamnahme oder, falls eine solche auf Schwierigkeiten stößt,
der Siegelung oder Kenntlichmachung in anderer Weise. Geld, Kostbarkeiten und Wertpapiere dürfen in entsprechender Anwendung von § 808 II 1
ZPO nicht im Gewahrsam des Betroffenen belassen werden. Eine Rückgabe gegen Erlegung des Wertes (Abs 6 S 1 Nr. 1) hebt die Beschlagnahme
der Sache auf, beschlagnahmt ist nun der erlegte Betrag (S 2; Rn 14). Die
Rückgabe zur Nutzung (S 1 Nr. 2, S 3) läßt die Beschlagnahme unberührt.

---

62 Kl/M-G § 111f Rn 2

54 Wie bewegliche Sachen werden **Schiffe und Luftfahrzeuge** beschlagnahmt (§ 111c IV 1 StPO). Die nach S 2 und 3 vorgesehene Eintragung ist keine Voraussetzung für die Wirksamkeit der Beschlagnahme. Die Zuständigkeit für Eintragungsersuchen richtet sich nach § 111f II 1 StPO (Rn 55).

c) Grundstücke, grundstücksgleiche Rechte

55 Die **Anordnungskompetenz** bei Grundstücken und grundstücksgleichen Rechten (§ 864 ZPO) hat der Richter, bei Gefahr im Verzug auch die StA (§ 111e I 1 StPO). Hat die StA die Beschlagnahme angeordnet, muß sie innerhalb einer Woche nach der Anordnung[63] die richterliche Bestätigung beantragen (Abs 2 S 1). Wie bei § 98 II 1 StPO macht eine Fristüberschreitung die Beschlagnahme nicht unwirksam. Die **Vollstreckungskompetenz** bezieht sich auf die Stellung der Eintragungsersuchen (Rn 56) an das Grundbuchamt und folgt der Anordnung (§ 111f II 1 StPO).

56 **Bewirkt** wird die Beschlagnahme durch Eintragung eines Beschlagnahmevermerks in das Grundbuch (§ 111c II 1 StPO). Der Umfang der Beschlagnahme ergibt sich aus S 2 iVm 20 II, 21 ZVG.

d) Forderungen, forderungsgleiche Rechte

57 Bei Forderungen und forderungsgleichen Rechten (§ 857 ZPO) gilt für **Anordnungskompetenz** und richterliche Bestätigung Rn 55 entsprechend. Bei Geldforderungen, insbes bei Bankguthaben, liegt wegen der leichten Veräußerlichkeit (§ 398 BGB) Gefahr im Verzug häufig nahe.

Die **Vollstreckungskompetenz** hat die StA (§ 111f II 1 StPO). Da Beschlagnahmeanordnung und Pfändung (Rn 58) gleichermaßen den Gegenstand bezeichnen müssen, erscheint indes die Verbindung beider sinnvoll.

58 **Bewirkt** wird die Beschlagnahme durch Pfändung (§ 111c III StPO). Die Pfändung einer **Geldforderung** besteht in einem Zahlungsverbot gegenüber dem Drittschuldner und einem Verfügungsverbot gegenüber dem Schuldner (§§ 111c III 2 StPO, 829 I 1, 2 ZPO). Bewirkt ist sie mit der Zustellung der Anordnung an den Drittschuldner (§ 829 II 1, III ZPO); die Zustellung nach Abs 2 S 2 an den Schuldner erhält diesem lediglich die Möglichkeit von Einwendungen.[64] Die Rechtswirkung der Pfändung erschöpft sich in der (auch nach § 829 I ZPO mit der Folge eines relativen Veräußerungsverbots eintretenden) Verstrickung; § 835 ZPO scheidet bei einer nur zur Sicherung zulässigen Pfändung aus.[65]

Entsprechend zu pfänden sind **andere Forderungen** und **sonstige Vermögensrechte**; ergänzend gelten §§ 846 ff bzw 857 ff ZPO. Ist bei Rechten kein Drittschuldner vorhanden, wird die Pfändung durch Zustellung des

---

63 Kl/M-G § 111e Rn 7
64 Zöller § 829 Rn 15
65 Zöller § 829 Rn 16, § 804 Rn 1; KK-Nack, § 111c Rn 5

Mayer

Verfügungsverbots an den Schuldner bewirkt (§ 857 II ZPO). Drittschuldner ist der, dessen Leistung zur Ausübung des gepfändeten Rechts erforderlich ist oder dessen Rechtsstellung von der Pfändung berührt wird.[66]

Die sinngemäße Geltung der Vorschriften der ZPO (§ 111c III 2 StPO) wirft die Frage auf, wer die **Zustellung** zu bewirken hat. Nach § 829 II 1 ZPO betreibt sie der Gläubiger als Partei, so daß es eines Auftrags an den Gerichtsvollzieher bedarf (§ 166 I ZPO), der gem § 829 II 2 ZPO auch dem Schuldner zustellt. Demgegenüber legt § 111f I 1 StPO die Durchführung der Beschlagnahme insgesamt in die Hand der StA; die Strafverfolgungsbehörden, die von Amts wegen den zu erwartenden Rechtsfolgenausspruch sichern, sind letztlich auch nicht Partei einer Zwangsvollstreckungssache. Dies spricht dafür, über § 37 StPO die Vorschriften der Zustellung von Amts wegen (§§ 208 ff ZPO) anzuwenden[67] und insbes die Übergabe durch einen Justizwachtmeister oder einen Beamten der Justizvollzugsanstalt sowie die Aufgabe zur Post (mit Zustellungsurkunde) zuzulassen.

59

Mit der Pfändungsanordnung ist der Drittschuldner nach § 111c III 3 StPO zur Abgabe einer **Drittschuldnererklärung** (§ 840 I StPO) aufzufordern. Die Form des § 840 II 1 ZPO – mit der Folge notwendiger Zustellung durch den Gerichtsvollzieher bzw Vollziehungsbeamten[68] – schreibt die Vorschrift nicht vor. Ebensowenig treffen den Drittschuldner die haftungsrechtlichen Folgen des § 840 II 2 ZPO. Materiell bleibt die Aufforderung eine strafprozessuale Ermittlungshandlung bezogen auf die Rechtsfolge von Einziehung oder Verfall.

60

Vorpfändung (§ 845 ZPO) scheidet aus, da die Beschlagnahmeanordnung auf die Sicherung von Einziehung oder Verfall eines Gegenstands – nicht einer Geldleistung – gerichtet und deshalb kein vollstreckbarer Schuldtitel ist.[69]

61

2. Der dingliche Arrest

a) Die Arrestanordnung

Wegen des Verfalls oder der Einziehung von Wertersatz kann nach § 111b II StPO der **dingliche Arrest** angeordnet werden. Zum notwendigen **Verdacht** einmal der Anknüpfungstat, zum anderen der den Wertersatzanspruch begründenden Umstände gilt Rn 49 entsprechend. Ebenso müssen **Sicherungsbedürfnis** und **Verhältnismäßigkeit** gegeben sein (Rn 50). Bereits aus der Verweisung in § 111d II StPO auf den Arrestgrund des § 917 ZPO ergibt sich, daß die Maßnahme dann ausscheidet, wenn der Fortbe-

62

---

66 Zöller § 857 Rn 4, zu Gesellschaftsanteilen § 859 Rn 3, 7, 13
67 LR-Schäfer § 111c Rn 8; Kl/M-G § 111c Rn 8
68 Zöller § 840 Rn 3; vgl Wetterich/Hamann Rn 250
69 SJ-Brehm § 845 Rn 2; Baumbach/Lauterbach/Hartmann § 845 Rn 1

63 Die **Anordnungskompetenz** hat der Richter, bei Gefahr im Verzug die StA, die innerhalb einer Woche die richterliche Bestätigung beantragt (§ 111e I 1 StPO; vgl Rn 55). Form und Inhalt der **Arrestanordnung** ergeben sich aus §§ 111d II StPO, 920 I, 923 ZPO. Sie bedarf der Schriftform[70] und muß den Wertersatzanspruch beziffern sowie Ausführungen zum Verdacht der Anknüpfungstat, zur Entstehung des Wertersatzanspruchs und zum Arrestgrund enthalten. Ein Geldbetrag ist festzusetzen, durch dessen Hinterlegung die Vollziehung des Arrests gehemmt und der Betroffene zu dem Antrag auf Aufhebung des vollzogenen Arrests (§ 934 I ZPO) berechtigt wird. Kosten sind dabei nur zu berücksichtigen, wenn ein Urteil vorliegt (§ 111d I StPO).

64 Die **Bekanntgabe** der Arrestanordnung an den Betroffenen kann abweichend von den Vorschriften der ZPO nach § 36 II 1 StPO formlos gelegentlich der Vollziehung erfolgen.[71] Die Vollziehung bedarf anders als bei §§ 750 I 1, 929 III ZPO keiner förmlichen Zustellung der Anordnung. Statt einer Ausfertigung[72] (§§ 724, 929 I ZPO) kann auch eine Kopie o. ä. ausgehändigt werden. Den Vollstreckungstitel (§ 724 ZPO) ersetzt bei Vollstreckung öffentlich – rechtlicher Geldforderungen ohnehin der Auftrag der VollstrB.[73]

65 Die **Vollziehung** der Arrestanordnung erfolgt nach §§ 111d II StPO iVm 928, 930 – 932 ZPO. Für die **Vollstreckungskompetenz** gilt § 111f III iVm II StPO. Bei Zuständigkeit von Gericht und StA sind die Geschäfte dem Rechtspfleger übertragen (§§ 20 Nr. 16, 22 Nr. 2, 31 I Nr. 2 RPflG; vgl Rn 51).

b) Pfändung beweglicher Sachen

66 In **bewegliche Sachen** wird der Arrest nach §§ 930 I 1, 2, 808 ff ZPO durch Pfändung vollzogen. Soweit diese gem §§ 753 I, 808 I ZPO Aufgabe des Gerichtsvollziehers ist, sind §§ 111f III 1 StPO iVm 2 I 1 JBeitrO zu beachten. In Anlehnung an die Zuständigkeit zur Vollstreckung des endgültigen Erkenntnisses (§§ 451 I, 459, 459g II StPO, 1 I Nr. 2a JBeitrO) obliegt die Vollziehung der StA als VollstrB (bei Sicherung allein von Kosten nach §§ 111d I StPO, 1 I Nr. 4 JBeitrO der Gerichtskasse)[74]. Geschäfte des Gerichtsvollziehers übernimmt der **Vollziehungsbeamte** (§ 6 III JBeitrO), dem somit die StA einen Pfändungsauftrag zu erteilen hat.[75] Den Vollziehungsbeamten bestimmen die aufgrund § 154 GVG erlassenen Dienstord-

---

70 KK-Nack § 111d Rn 7, 8; zumindest als Aktenvermerk: LR-Schäfer § 111e Rn 11
71 LR-Schäfer § 111d Rn 22, § 111e Rn 12; Kl/M-G § 111d Rn 11
72 Zu deren Form Zöller § 170 Rn 3 ff
73 Vgl Wetterich/Hamann Rn 248 Anm 23
74 KK – Nack § 111f Rn 3, Kl/M-G § 111f Rn 7 ff
75 Kl/M-G § 111f Rn 8

nungen. Anstelle des in der JVDO vorgesehenen, aber nicht durchweg zur Verfügung stehenden Vollziehungsbeamten der Justiz kann nach der Geschäftsanweisung für Gerichtsvollzieher (GVGA) auch letzterer tätig werden.[76]

Soweit Sonderregelungen fehlen, gelten für die Pfändung die allgemeinen Bestimmungen des 8. Buches der ZPO (§§ 111d II iVm 930 I 2 ZPO). Ein **Recht zur Inbesitznahme** beweglicher Sachen einschließlich Bargeld entsteht danach erst, wenn diese in Vollziehung des dinglichen Arrests gepfändet werden. Eine **Durchsuchung** nach pfändbarer Habe ist nur im Rahmen der §§ 758, 758a ZPO zulässig; § 111b IV StPO hat beim dinglichen Arrest keine Bedeutung.[77] Sicherungsmaßnahmen anläßlich des ersten Zugriffs setzen also eine schriftliche Arrestanordnung und die Mitwirkung des Vollziehungsbeamten voraus. §§ 811 ff ZPO sind zu beachten. Bei **Aufhebung** der Arrestanordnung sind die dem Vollzug dienenden Maßnahmen nach §§ 928, 775 Nr. 1, 794 I Nr. 3, 776 ZPO ebenfalls aufzuheben; die gepfändete Sache ist freizugeben.

67

Nach §§ 931 ZPO, 111f III 2, 3 StPO richtet sich die Pfändung **eingetragener Schiffe und Schiffsbauwerke**. Für die Anordnung und den Auftrag an den Vollziehungsbeamten ist das Gericht zuständig, bei Gefahr im Verzug die StA. Für **Luftfahrzeuge** verbleibt es bei Rn 65. Eintragungsersuchen werden in beiden Fällen nach § 111f II 1 StPO erledigt; die Zuständigkeit folgt der auf Beschlagnahme gerichteten (Rn 73) Pfändungsanordnung.[78]

68

c) **Grundstücke, grundstücksgleiche Rechte**

Die Vollziehung in **Grundstücke und grundstücksgleiche Rechte** (§ 864 ZPO) erfolgt nach §§ 928, 932 ZPO durch Eintragung einer Sicherungshypothek. Für das Eintragungsersuchen gilt § 111f III 2, II 1 StPO (Rn 68). Bei **Aufhebung** der Arrestanordnung wird die Sicherungshypothek nach §§ 932 II, 868 ZPO zur Eigentümergrundschuld.

69

d) **Forderungen, forderungsgleiche Rechte**

Forderungen und forderungsgleiche Rechte werden nach § 111f III 3 StPO in Abweichung von § 828 ZPO durch das Gericht, bei Gefahr im Verzug durch die StA gepfändet. Der richterlichen Bestätigung bedarf es nicht. Zur **Pfändungsanordnung** wird auf Rn 58 verwiesen; bei Eilbedürftigkeit empfiehlt sich die Verbindung mit der Arrestanordnung.

70

Wie bei der Pfändung zum Zwecke der Beschlagnahme (Rn 59, 60) ergeben sich Modifikationen bei der Anwendung von §§ 828 ff ZPO. Zwar handelt es sich hier anders als dort um eine eigentliche Vollstreckungsmaßnahme

71

---

76 Ie Wetterich/Hamann Rn 248
77 Vgl KK-Nack § 111b Rn 15
78 AA Kl/M-G § 111f Rn 10 ff: Arrestanordnung

wegen einer Geldforderung, jedoch muß das Verfahren der Vollstreckungspflicht von Gericht bzw StA (§ 111f III 3 StPO) und dem öffentlich – rechtlichen Charakter der Forderung Rechnung tragen. Die Forderungspfändung in Vollziehung eines Arrests anderen Regeln zu unterwerfen als die zur Vollstreckung einer endgültigen und rechtskräftigen Anordnung von Wertersatzmaßnahmen[79] wäre sinnwidrig.

Die **Zustellung der Pfändungsanordnung** an den Drittschuldner (§ 829 II 1, III ZPO) und an den Schuldner (§§ 829 II 2, 857 II ZPO) ist deshalb von Amts wegen zu bewirken (Rn 59). Die Aufforderung zur Abgabe der **Drittschuldnererklärung** (§ 840 I ZPO) kann abweichend von § 840 II 1 ZPO mit der Pfändungsanordnung verbunden werden (vgl § 6 II 3 JBeitrO). Eine wirksame Aufforderung setzt allerdings Zustellung durch einen zur Entgegennahme befugten Beamten voraus, also durch den Gerichtsvollzieher bzw Vollziehungsbeamten (s. Rn 60). Grundlage für dessen Tätigwerden ist der Auftrag des Gerichts bzw der StA; der Zustellung der Arrestanordnung als Titel bedarf es nicht (Rn 64).

3. Die Rückgewinnungshilfe

a) Wirkung

72 § 111b V StPO läßt Beschlagnahme und dinglichen Arrest auch zu, soweit nach § 73 I 2 StGB Verfall und – in logischer Ergänzung des Wortlauts – Verfall von Wertersatz **ausgeschlossen** sind. Die Maßnahmen entfalten ihre sichernde Wirkung dann auch zugunsten des Verletzten:

73 Bei der **Beschlagnahme** erweitert § 111g III StPO das relative Veräußerungsverbot dahin, daß Verfügungen des Rechtsinhabers und Zwangsvollstreckungsmaßnahmen Dritter (§ 135 I 2 BGB) auch dem Verletzten gegenüber unwirksam sind. Gleichzeitig nimmt § 111g I StPO das zugunsten des Fiskus bestehende Veräußerungsverbot im Verhältnis zum Verletzten zurück. Vollstreckungsmaßnahmen des Verletzten sind damit dem Fiskus gegenüber wirksam, solche Dritter beiden gegenüber relativ unwirksam. Der Dritte kann zwar in den Gegenstand vollstrecken, kommt aber erst nach dem Zugriff des Verletzten und nach Realisierung etwa überschießender Verfallsansprüche zum Zuge. Wegen des Rangvorteils des Verletzten muß im Zulassungsverfahren nach § 111g II StPO überprüft werden, ob der titulierte Anspruch ein solcher auf Rückgewähr des Erlangten ist.

74 Beim **dinglichen Arrest** regelt § 111h StPO das Verhältnis zum Verletzten nur für den Fall der Eintragung einer **Sicherungshypothek**. Der Verletzte kann verlangen, daß die zugunsten des Fiskus eingetragene Sicherungshypothek im Rang hinter seinem Recht zurücktritt. Auch hierbei ist das gerichtliche Zulassungsverfahren zu durchlaufen. Beim Vollzug in **beweg-**

---

79 Hierzu Wetterich/Hamann Rn 400, 250

liches Vermögen gilt § 111g StPO entsprechend; die Pfändung führt nach §§ 803, 804 ZPO ebenfalls zu Beschlagnahme und relativem Veräußerungsverbot[80] zugunsten des Fiskus.

Sieht das Urteil – nach § 73 I 2 StGB zwingend – von einer Verfallsanordnung ab, werden Beschlagnahme und dinglicher Arrest mit Eintritt der Rechtskraft gegenstandslos, sofern sie nicht nach § 111i StPO verlängert werden (die Vorschrift gilt über den ungenauen Wortlaut hinaus auch für den dinglichen Arrest). Ein vor Rechtskraft bzw Fristablauf erworbener Rang bleibt dem Verletzten erhalten.

75

b) Voraussetzungen

Von § 111b V StPO im Sinne einer Rückgewährhilfe für den Verletzten Gebrauch zu machen liegt im **Ermessen** der Strafverfolgungsbehörde,[81] da die Verfolgung der aus der Tat erwachsenen zivilrechtlichen Ansprüche grundsätzlich auch dessen eigene Obliegenheit ist. Im Einzelfall kann sich das Ermessen jedoch auf Null reduzieren, so daß die Rückgewährhilfe zur Amtspflicht gegenüber dem Verletzten wird, insbes dann, wenn die Strafverfolgungsbehörden es anders als er selbst in der Hand haben, durch zumutbare Maßnahmen den endgültigen Verlust der entzogenen Sache oder des erwachsenen Anspruchs abzuwenden.[82]

76

Zugunsten eines **Rechtsnachfolgers**, zB des Schadensversicherers (Rn 29), durch dessen Eintritt der Verletzte regelmäßig eigene Ansprüche verliert,[83] können §§ 111g, 111h StPO ihre rangwahrende Wirkung nur entfalten, wenn sie als mit der Forderung für den Fall der Zwangsvollstreckung verbundene Vorzugsrechte iSv §§ 412, 401 II BGB zu begreifen sind.[84] Einen derart engen Bezug der Vorrechte zur Forderung mit dem Ziel der Begünstigung auch jedweden künftigen Rechtsinhabers stellen die Vorschriften indes nicht her. Bereits der Wortlaut bindet sie an die Person des Verletzten; ebenso kann der für die Bevorzugung gegenüber anderen Gläubigern zu findende sachliche Grund nur im Gedanken des Opferschutzes liegen.[85] Die gegenteilige Auffassung müßte schließlich auch die gleichermaßen erleichterter Rechtsverfolgung dienenden Informationsrechte und Rechte im Adhäsionsverfahren (§§ 403 ff, 406d ff StPO) als Hilfsrechte[86] anerkennen.

77

---

80 Zöller § 803 Rn 2, § 804 Rn 1; vgl auch BGHSt 29, 13
81 Kl/M-G § 111 b Rn 6
82 BGH NJW 1996, 2273
83 Prölls/Martin, VVG, § 67 Rn 22, 28; eine Rückabtretung bleibt möglich.
84 OLG Schleswig NStZ 1994, 99; KK-Nack, § 111g Rn 2
85 So OLG Karlsruhe MDR 1984, 336; LR-Schäfer §§ 111g Rn 1, 111b Rn 48; Kl/M-G § 111g Rn 1, 2
86 Palandt-Heinrichs § 401 Rn 4

c) **Sonderfall § 111 k StPO**

78 Wurde dem Verletzten (ohne Verlust des Eigentums) eine bewegliche Sache entzogen, wäre deren Verfall nicht erst nach § 73 I 2 StGB, sondern bereits als Drittverfall unzulässig. Gleichermaßen geht das Interesse des Verletzten – statt auf Zwangsvollstreckung in die Sache (§ 111g StPO) – auf Wiedererlangung des Besitzes. Rechtsgrundlage für die Beschlagnahme ist hier § 111k StPO, dessen Wortlaut Maßnahmen nach § 111c StPO zuläßt, wenn zur Rückgewähr die tatsächliche Herausgabe genügt. Wenngleich auch Verlust durch Betrug erfaßt sein soll,[87] bleibt die Anwendbarkeit bei Eigentumsverlust fraglich.

---

87 Kl/M-G § 111k Rn 7

TEIL C

EINSTELLUNGSVERFÜGUNG

Überblick

I.	**Grundlagen**...	**1–24**
	1. Die das Ermittlungsverfahren abschließenden Entscheidungsmöglichkeiten	1–3
	2. Bescheid an Beschuldigten und Anzeigeerstatter bei staatsanwaltlichen Verfahrenseinstellungen	4–9
	3. Einstellungsverfügung und Entschädigung für Strafverfolgungsmaßnahmen	10–11
	4. Behandlung mißbräuchlicher Strafanzeigen.....................	12–21
	5. Hinweise zur Erläuterung der einzelnen Einstellungsverfügungen...	22–24
II.	**Die einzelnen Einstellungsarten**.............................	**25–217**
	1. Einstellung gem § 170 II StPO	25–55
	a) Allgemeines	25–31
	aa) Rechtliche Grundlagen.............................	25
	bb) Anwendungsbereich...............................	26
	cc) Voraussetzungen.................................	27
	dd) Wiederaufnahme.................................	28
	ee) Sonstiges	29–31
	b) Formular – Einstellung gem § 170 II StPO – allgemein..........	32–47
	c) Formular – Einstellung gem § 170 II StPO iVm §§ 43, 47 OWiG – Straßenverkehr und allgemein..........................	48–52
	d) Formular – Einstellung gem § 170 II StPO iVm §§ 43, 47 OWiG – Straßenverkehr – fahrlässige Körperverletzung	53–55
	2. Absehen von der Einleitung eines Ermittlungsverfahrens gem § 152 II StPO	56–63
	a) Allgemeines	56–60
	aa) Rechtliche Grundlagen.............................	56
	bb) Anwendungsbereich...............................	57
	cc) Voraussetzungen.................................	58
	dd) Wiederaufnahme.................................	59
	ee) Sonstiges	60
	b) Formular – Absehen von der Einleitung eines Ermittlungsverfahrens gem § 152 II StPO..	61–63

Vordermayer

3. Verweisung auf den Privatklageweg gem §§ 374, 376 StPO 64–77
   a) Allgemeines 64–71
      aa) Rechtliche Grundlagen 64
      bb) Anwendungsbereich 65
      cc) Voraussetzungen 66–67
      dd) Wiederaufnahme 68
      ee) Sonstiges 69–71
   b) Formular – Verweisung auf den Privatklageweg
      gem §§ 374, 376 StPO – allgemein 72–74
   c) Formular – Verweisung auf den Privatklageweg gem §§ 374, 376
      StPO – Straßenverkehr – fahrlässige Körperverletzung 75–77
4. Einstellung gem § 153 I StPO 78–95
   a) Allgemeines 78–84
      aa) Rechtliche Grundlagen 78
      bb) Anwendungsbereich 79
      cc) Voraussetzungen 80–82
      dd) Wiederaufnahme 83
      ee) Sonstiges 84
   b) Formular – Einstellung gem § 153 I StPO – ohne gerichtliche
      Zustimmung 85–91
   c) Formular – Einstellung gem § 153 I StPO – mit gerichtlicher
      Zustimmung 92–95
5. Einstellung gem § 153 a I StPO 96–125
   a) Allgemeines 96–105
      aa) Rechtliche Grundlagen 96
      bb) Anwendungsbereich 97–100
      cc) Voraussetzungen 101–102
      dd) Wiederaufnahme 103
      ee) Sonstiges 104–105
   b) Formular – Einstellung gem § 153 a I StPO – ohne gerichtliche
      Zustimmung – allgemein 106–110
   c) Formular – Einstellung gem § 153 a I StPO – ohne gerichtliche
      Zustimmung – Ladendiebstahl 111–113
   d) Formular – Einstellung gem § 153 a I StPO – ohne gerichtliche
      Zustimmung – bei geleisteter Sicherheit 114–115
   e) Formular – Einstellung gem § 153 a I StPO – mit gerichtlicher
      Zustimmung – allgemein 116–117
   f) Formular – Einstellung gem § 153 a I StPO – mit gerichtlicher
      Zustimmung – Unterhaltspflichtverletzung 118–119
   g) Formular – Einstellung gem § 153 a I StPO – mit gerichtlicher
      Zustimmung – bei geleisteter Sicherheit 120–121
   h) Formular – Ratenzahlung/Stundung bei Einstellung
      gem § 153 a I StPO 122–123
   i) Formular – Vorläufige/endgültige Abtragung bei Einstellung
      gem § 153 a I StPO 124–125
6. Absehen von der Verfolgung gem § 154 I StPO 126–144
   a) Allgemeines 126–133
      aa) Rechtliche Grundlagen 126
      bb) Anwendungsbereich 127–129
      cc) Voraussetzungen 130–131
      dd) Wiederaufnahme 132
      ee) Sonstiges 133
   b) Formular – Absehen von der Verfolgung gem § 154 I StPO ... 134–140
   c) Formular – Überprüfung Ausgang Bezugsverfahren/
      Wiederaufnahme Grundverfahren 141–144

Vordermayer

7. Absehen von der Erhebung der öffentlichen Klage gem § 154 b III StPO	**145–151**
a) Allgemeines	**145–149**
aa) Rechtliche Grundlagen...............................	145
bb) Anwendungsbereich..................................	146
cc) Voraussetzungen.....................................	147
dd) Wiederaufnahme.....................................	148
ee) Sonstiges	149
b) Formular – Absehen von der Erhebung der öffentlichen Klage gem § 154 b III StPO	**150–151**
8. Einstellung gem § 154 d StPO................................	**152–166**
a) Allgemeines	**152–159**
aa) Rechtliche Grundlagen...............................	152
bb) Anwendungsbereich..................................	153–154
cc) Voraussetzungen.....................................	155–156
dd) Wiederaufnahme.....................................	157
ee) Sonstiges	158–159
b) Formular – Vorläufige Einstellung gem § 154 d S 1 StPO........	**160–161**
c) Formular – Endgültige Einstellung gem § 154 d S 3 StPO	**162–163**
d) Formular – Wiederaufnahme bei vorläufiger Einstellung gem § 154 d S 1 StPO	**164–166**
9. Vorläufige Einstellung gem § 154 e I StPO......................	**167–176**
a) Allgemeines	**167–172**
aa) Rechtliche Grundlagen...............................	167
bb) Anwendungsbereich..................................	168
cc) Voraussetzungen.....................................	169
dd) Wiederaufnahme.....................................	170
ee) Sonstiges	171–172
b) Formular – Vorläufige Einstellung gem § 154 e I StPO..........	**173–176**
10. Absehen von der Verfolgung gem § 31 a I BtMG	**177–185**
a) Allgemeines	**177–182**
aa) Rechtliche Grundlagen...............................	177
bb) Anwendungsbereich..................................	178
cc) Voraussetzungen.....................................	179–180
dd) Wiederaufnahme.....................................	181
ee) Sonstiges	182
b) Formular – Absehen von der Verfolgung gem § 31 a I BtMG	**183–185**
11. Absehen von der Verfolgung gem § 45 JGG	**186–202**
a) Allgemeines	**186–192**
aa) Rechtliche Grundlagen...............................	186
bb) Anwendungsbereich..................................	187
cc) Voraussetzungen.....................................	188–190
dd) Wiederaufnahme.....................................	191
ee) Sonstiges	192
b) Formular – Absehen von der Verfolgung gem § 45 I JGG	**193–194**
c) Formular – Absehen von der Verfolgung gem § 45 II JGG	**195–196**
d) Formular – Vorläufiges Absehen von der Verfolgung gem § 45 II JGG	**197–198**
e) Formular – Absehen von der Verfolgung gem § 45 III 1 JGG	**199–200**
f) Formular – Absehen von der Verfolgung gem § 45 III 2 JGG	**201–202**

Vordermayer

12. Einstellung gem § 205 StPO (analog) einschließlich der Anordnung
    der nationalen und internationalen Fahndung 203–215
    a) Allgemeines 203–209
       aa) Rechtliche Grundlagen 203
       bb) Anwendungsbereich 204–205
       cc) Voraussetzungen 206
       dd) Wiederaufnahme 207
       ee) Sonstiges 208–209
    b) Formular – Einstellung gem § 205 StPO (analog) einschließlich der
       Anordnung der nationalen und internationalen Fahndung 210–215
13. Wiederaufnahme des Ermittlungsverfahrens 216–217

I. Grundlagen

1. Die das Ermittlungsverfahren abschließenden Entscheidungsmöglichkeiten

1 Hat der StA seine Ermittlungen abgeschlossen oder sind solche bei der gegebenen Fallkonstellation nicht mehr notwendig, bestehen für ihn nur zwei Möglichkeiten. Bieten die Ermittlungen genügend Anlaß zur Erhebung der öffentlichen Klage, so erhebt er sie durch Einreichung einer Anklageschrift bei dem zuständigen Gericht (§ 170 I StPO). Andernfalls stellt er das Verfahren ein (§ 170 II 1 StPO).

2 Nur mit den verschiedenen, in der Praxis am häufigsten vorkommenden Einstellungsmöglichkeiten befaßt sich das folgende Kapitel. Seine Bedeutung erschließt sich daraus, daß mit regionalen und behördenspezifischen Abweichungen in aller Regel über zwei Drittel aller bei den StAen anhängigen Ermittlungsverfahren eingestellt und – unter Berücksichtigung von nur wenige Prozente ausmachende Verfahrensabgaben an andere, zuständige StAen – »nur« gut ein Viertel aller Verfahren zur »Anklage« gebracht werden.[1]

3 Nur bei oberflächlicher und unkundiger Betrachtungsweise kann aus diesen Erledigungsquoten der Schluß gezogen werden, hervorragende Ermittlungsarbeit der Polizei würde durch die StAen nur ungenügend umgesetzt. Natürlich muß der StA seinem gesetzlichen Auftrag entsprechend, nicht nur die den Beschuldigten belastenden, sondern auch diesen entlastende Umstände ermitteln und berücksichtigen (§ 160 II StPO). Dies führt unter Einschluß nicht selten haltloser Privatanzeigen zu einer nicht unerheblichen Anzahl von Einstellungen mangels hinreichenden Tatverdachts (§ 170 II StPO) oder zur Ablehnung der Einleitung eines Ermittlungsverfahrens mangels Anfangsverdachts (§ 152 II StPO). Die weitaus überwiegende

---

[1] Einzelheiten zu statistischen Erhebungen über die Erledigungsarten bei staatsanwaltschaftlichen Ermittlungsverfahren in DRiZ 1998, 365

Vordermayer

Anzahl von Verfahren stellt der StA aber zB bei geringem Verschulden (§ 153 I StPO) und zum Teil unter Auferlegung nicht unerheblicher »Geldbußen« (§ 153 a I StPO) oder im Interesse einer beschleunigten und effektiven Strafverfolgung (§§ 154 I, 154 a I StPO) nach Bestimmungen ein, deren pflichtgemäße Anwendung ihm die Strafprozeßordnung aus allgemeinen Gerechtigkeitserwägungen gebietet. Dabei ist zu berücksichtigen, daß der Gesetzgeber durch das am 1.3.1993 in Kraft getretene Gesetz zur Entlastung der Rechtspflege[2] bewußt die Möglichkeiten der StA erweitert hat, Verfahren wegen Geringfügigkeit und gegen Auflagen gem den §§ 153 I, 153 a I StPO einzustellen. Zum einen ist bei beiden Einstellungsarten gem § 153 I 2 StPO bzw § 153 a I 6 StPO iVm § 153 I 2 StPO das Erfordernis gerichtlicher Zustimmung bei allen Vergehen beseitigt worden, deren Folgen gering und die nicht mit einer im Mindestmaß erhöhten Strafe bedroht sind; außerdem ist die bisherige Beschränkung zustimmungsloser Einstellung auf Vermögensdelikte aufgehoben worden. Zum andern ist der Anwendungsbereich des § 153 a I StPO erheblich erweitert worden, indem das bisherige Erfordernis der »geringen Schuld« durch die »nicht entgegenstehende Schwere der Schuld« ersetzt worden ist.

2. Bescheid an Beschuldigten und Anzeigeerstatter bei staatsanwaltlichen Verfahrenseinstellungen

Die Verbescheidung des Beschuldigten und des Anzeigeerstatters bei staatsanwaltschaftlichen Einstellungsverfügungen sowie die dabei zu wählende Art der Bekanntgabe des Bescheides sind in den §§ 170, 171 StPO und Nr. 91 RiStBV geregelt.

4

Gem § 170 II 2 StPO hat die StA den **Beschuldigten** von einer Verfahrenseinstellung – unabhängig davon nach welcher Bestimmung diese erfolgt[3] – in Kenntnis zu setzen, wenn er als solcher vernommen worden ist oder ein Haftbefehl gegen ihn erlassen war. Gleiches gilt für den Fall, daß er um einen Bescheid gebeten hat oder wenn ein besonderes Interesse an der Bekanntgabe ersichtlich ist, zB weil gegen den Beschuldigten Ermittlungsmaßnahmen vollzogen worden sind. Die Mitteilung an den Beschuldigten ergeht grundsätzlich ohne Gründe. Etwas anderes gilt nur, wenn der Beschuldigte ausdrücklich um Mitteilung der Einstellungsgründe gebeten hat oder wenn sich herausstellt, daß er unschuldig ist oder gegen ihn kein begründeter Verdacht mehr besteht (Nr. 88 RiStBV).

5

Gem Nr. 91 I 1 RiStBV wird die Einstellungsverfügung dem **Beschuldigten** grundsätzlich formlos durch einfachen Brief bekanntgegeben. Die Mitteilung über die Einstellung wird dem Beschuldigten allerdings nach Nr. 91 I 2 RiStBV zugestellt, wenn gegen ihn eine Strafverfolgungsmaßnahme iSv

6

---
2 BGBl I 1993, 50
3 HK-Krehl § 171 Rn 2 mwN

Vordermayer

§ 2 StrEG vollzogen worden ist. Erhebliche Kosten für seine Behörde kann der StA im häufigen Falle der Einstellung eines Verfahrens wegen Strafunmündigkeit einsparen, wenn er hier auf eine Einstellungsmitteilung an die Erziehungsberechtigten verzichtet. Dies setzt allerdings voraus, daß der einzelne Polizeibeamte nach einer generellen Vereinbarung zwischen StA und Polizei anläßlich der Anhörung des Kindes den Erziehungsberechtigten erläutert, daß das Verfahren von seiten der StA wegen Strafunmündigkeit eingestellt werden wird und eine gesonderte Mitteilung darüber nicht mehr erfolgt.

7   Der **Antragsteller**, dh der Anzeigeerstatter, der gem §§ 171, 158 I StPO einen Antrag auf Erhebung der öffentlichen Klage stellt und nicht nur eine Anregung geben wollte,[4] ist unter Angabe der Gründe zu verbescheiden (§ 171 S 1 StPO). Gem § 171 S 2 StPO ist der Antragsteller, der zugleich der Verletzte ist, über die Möglichkeit der Anfechtung und die dafür vorgesehene Frist (§ 172 I StPO) zu belehren. Dies gilt gem § 172 II 3 StPO aber dann nicht, wenn das Verfahren ausschließlich eine Straftat zum Gegenstand hat, die vom Verletzten im Wege der Privatklage[5] verfolgt werden kann, oder wenn die StA nach §§ 153 I, 153 a I 1, 6, 153 b I StPO von der Verfolgung der Tat abgesehen hat oder einer der Fälle der §§ 153 c bis 154 I StPO sowie der §§ 154 b und 154 c StPO vorliegt.

8   Gem Nr. 91 II 2 RiStBV soll dem **Antragsteller**, der zugleich der Verletzte ist, die Einstellungsmitteilung förmlich zugestellt werden, wenn ihm die Beschwerde nach § 172 StPO zusteht (vgl oben Rn 7), mit einer solchen zu rechnen ist und es geboten erscheint, hierdurch den Nachweis für den Ablauf der Beschwerdefrist zu führen. In allen anderen Fällen soll der StA nach Nr. 91 II 1 RiStBV eine einfachere Form der Bekanntgabe (zB einfachen Brief) anordnen. Die Praxis wählte auch vor der diesbezüglichen Neufassung der RiStBV zum 1.6.1999 seit langem die Bekanntgabe mittels einfachen Briefs, der lediglich postalische Kosten in Höhe von derzeit DM 1,10 verursacht, wohingegen eine Zustellung momentan mit DM 11,00 zu Buche schlägt. Dieser Weg ist auch nicht zu beanstanden, da er zum einen nunmehr von Nr. 91 II 1 RiStBV gedeckt ist und zum anderen eine förmliche Zustellung gesetzlich nicht vorgeschrieben ist.[6] Zwar ist die erörterte Verfahrensweise mit dem Risiko verbunden, daß bei einem Klageerzwingungsantrag an das OLG eine Sachentscheidung deshalb getroffen werden muß, weil die Verspätung der förmlichen Einstellungsbeschwerde nicht nachzuweisen ist. Dieser Gefahr kann aber bei Bedarf – wie ausgeführt – dadurch begegnet werden, daß in den wenigen Fällen, in denen ein Antrag an das OLG zu erwarten ist, ausnahmsweise förmlich zugestellt wird.

---

4   Kl/M-G § 171 Rn 2
5   Zur Aufzählung der einzelnen Privatklagedelikte vgl § 374 I Nr. 1 bis 8 StPO
6   Kl/M-G § 171 Rn 5 mwN

Vordermayer

Verletzter iSd §§ 171 S 2, 172 I 1, II 3 StPO ist, wer durch die behauptete Tat – ihre tatsächliche Begehung unterstellt – unmittelbar in einem Rechtsgut verletzt ist.[7] Da das Klageerzwingungsverfahren in der Strafprozeßordnung ebenso wie der Straftatbestand der Strafvereitelung im Amt (§ 258 a StGB) im materiellen Strafrecht das in den §§ 152 II, 160 I StPO verankerte Legalitätsprinzip absichert, ist der Begriff des Verletzten weit auszulegen.[8] Allerdings reicht ein generelles Betroffensein eines jeden Staatsbürgers nicht aus; vielmehr ist es notwendig, daß die ein Rechtsgut schützende Norm zumindest auch dem Schutz des Verletzten iSd § 171 S 2 StPO dient.[9] Auch Behörden, öffentlich-rechtliche Körperschaften und Anstalten sowie privatrechtliche Vereinigungen und Verbände können Verletzte sein.[10]

3. Einstellungsverfügung und Entschädigung für Strafverfolgungsmaßnahmen

Nicht unerhebliche Probleme bereitet insbes dem »jungen« StA die sachgerechte Bearbeitung von Vorgängen nach dem StrEG. Deshalb ist diesem wichtigen Bereich auch ein eigenes Kapitel gewidmet (unten Teil D 6. Kap Rn 1 ff). Um jedoch für den Fall einer Verfahrenseinstellung durch den StA eine falsche Weichenstellung für das Grund- und Betragsverfahren nach dem StrEG zu vermeiden, sei auf einige grundlegende Dinge im Zusammenhang mit der diesbezüglichen Belehrung des Beschuldigten hingewiesen.

Während die Einstellungsverfügung gem Nr. 91 I 1 RiStBV dem Beschuldigten grundsätzlich formlos durch einfachen Brief bekanntgegeben wird, hat dies nach dem Vollzug von Strafverfolgungsmaßnahmen iSd § 2 StrEG durch Zustellung zu geschehen (Nr. 91 I 2 RiStBV). Im Rahmen der Zustellung der Einstellungsmitteilung ist der Beschuldigte nach Nr. 91 I 3 RiStBV gem § 9 I 5 StrEG über das ihm aus dieser Vorschrift zustehende Antragsrecht, die Frist und das zuständige Gericht zu belehren. Besonderes Augenmerk sollte dabei auf die genaue Bezeichnung der Art und die Dauer der entschädigungsfähigen vollzogenen Strafverfolgungsmaßname gelegt werden. In den nachfolgend erläuterten Einstellungsverfügungen ist unter der Ziffer, die sich mit der Mitteilung der Einstellung an den Beschuldigten befaßt, jeweils eine entsprechende Abfrage vorgesehen, wenn dieses Problem nach den Erfahrungen der Praxis relevant werden könnte. Diese Daten können sodann in der Serviceeinheit zusammen mit dem ebenfalls anzugebenden zuständigen Gericht in den entsprechenden Belehrungsvordruck oder -textbaustein aufgenommen werden.

---

7 Kl/M-G § 172 Rn 9 mwN
8 Kl/M-G § 172 Rn 10
9 So auch Peglau JA 1999, 52 mwN
10 Kl/M-G § 172 Rn 10 f, Pfeiffer § 172 Rn 3

Vordermayer

4. Behandlung mißbräuchlicher Strafanzeigen

12 Jeder StA kennt sie: Anzeigen, denen oft schon von der äußeren Form her anzusehen ist, daß sie völlig unbegründet erhoben worden sind. Solbach[11] und Kröpil[12] kommt das Verdienst zu, eine Charakterisierung dieser – wie sie ausführen – teilweise rechtsmißbräuchlich erstatteten Anzeigen vorgenommen zu haben.

13 Demnach gibt es

- Anzeigen mit im Wesentlichen **grob beleidigendem Inhalt,** hinter dem ins Gewicht fallendes, in sachlicher Form gehaltenes Vorbringen weit zurücktritt,

- Anzeigen von **handlungsunfähigen Personen,** die wegen festgestellter Geisteskrankheit oder starkem Verfolgungswahn bedauerlicherweise nicht mehr in der Lage sind, ihre Gedanken zu ordnen oder die Realität zu erkennen,

- **wiederholende Anzeigen,** die eine schon einmal erstattete Anzeige, auf die der Anzeigeerstatter einen begründeten Einstellungsbescheid und einen Bescheid des vorgesetzten Beamten der StA über seine gegen die Einstellung gerichtete Beschwerde erhalten hat, ohne neuen Sachvortrag wiederholen,

- **Kettenanzeigen,** in denen der abgewiesene Anzeigende seine Vorwürfe mit Anzeigen und häufig parallel erhobenen Dienstaufsichtsbeschwerden gegen die sachbearbeitenden StAe und weiter gegen die Referenten, die wiederum die neuen Anzeigen zurückweisen, fortsetzt,

- **pauschale Anzeigen** gegen eine Vielzahl von Personen ohne nähere Konkretisierung des Vorwurfs,

- Fälle, in denen der Anzeigende – eingestandener- oder bewiesenermaßen – die Arbeit der **Strafverfolgungsbehörden,** jedenfalls teilweise **lahmlegen** will und deshalb unter Angabe von Tatsachen sachlich gehaltene Vorwürfe gegen eine Vielzahl von Personen erhebt und

- Anzeigen zur **Vorbereitung oder Vermeidung einer zivilrechtlichen oder sonstigen Klage,** die nur das Ziel haben, Beweismittel auf Staatskosten zu erlangen.

14 Während Solbach[13] eine Problemlösung für den StA, dessen Arbeitskraft zur Bekämpfung der Kriminalität und damit zum Schutze der Rechte der Bürger freigesetzt werden soll, weitgehend über die der Strafprozeßordnung fremde Einordnung der genannten Strafanzeigen als unzulässig,

---

11 Solbach DRiZ 1979, 181 ff
12 Kröpil JA 1977, 783 ff
13 Solbach aaO

ungültig, unwirksam und rechtsmißbräuchlich sucht, hält Kröpil[14] eine gesetzliche Regelung prozessualen Mißbrauchs und dessen Folgen für notwendig. Indes erscheint eine den StA zufriedenstellende Lösung der erörterten Beispielsfälle auch ohne diese Denkansätze möglich.

Unstreitig[15] ist, daß der StA in all den genannten Fällen seiner Verpflichtung aus dem Legalitätsprinzip (§§ 152 II, 160 I StPO) entsprechend prüfen wird, ob zureichende tatsächliche Anhaltspunkte für verfolgbare Straftaten vorliegen. Die Gründe der diesbezüglichen Einstellungsverfügungen nach § 152 II StPO (unten Rn 56 ff) oder § 170 II StPO (unten Rn 25 ff) können allerdings in der gebotenen Kürze, tunlichst ohne abwertende Äußerungen, niedergelegt werden. Allerdings ist auf entsprechende Beschwerde bei der Vorlage der Akten an den GenStA ggf näher zu begründen, warum keine Abhilfeentscheidung erfolgte (vgl unten Teil D 7. Kap Rn 69 ff).

15

Die entscheidende Frage ist, ob und ggf wie der Anzeigeerstatter in den genannten Fällen zu verbescheiden ist (vgl dazu auch oben Rn 7 f). Dies deshalb, weil hier nicht selten ein Bescheid eine Flut weiterer haltloser Anzeigen und Dienstaufsichtsbeschwerden zur Folge hat, die nicht nur den StA, sondern auch seinen Unterstützungsbereich zeitlich erheblich bindet. Obwohl vor einer übergroßen Schematisierung gerade in dem hier in Frage stehenden Bereich zu warnen ist, kann in den eingangs bezeichneten Fällen in der Regel wie folgt verfahren werden:

16

Anzeigen mit **grob beleidigendem Inhalt** werden nicht[16] verbeschieden. Zwar spricht sich der Großteil der Kommentarliteratur[17] unter Berufung auf OLG Karlsruhe[18] dafür aus, dem Anzeigeerstatter mitzuteilen, seine Anzeige sei wegen des beleidigenden Inhalts unzulässig. Dies erscheint jedoch entbehrlich, nachdem auch in den nachfolgenden Fällen eine Verbescheidung des Anzeigeerstatters zum Teil von den gleichen Autoren generell abgelehnt wird.

17

Anzeigen **handlungsunfähiger Personen**,[19] sei es daß diese erkennbar unter Wahnvorstellungen leiden, sei es daß diese geschäftsunfähig sind, werden ebenso wenig verbeschieden wie **wiederholende Anzeigen**.[20] Nichts anderes kann für **Kettenanzeigen** gelten, da auch hier immer wieder derselbe Grundsachverhalt angegriffen wird. Auch Antragsteller, die mit sachlich gehaltenen und substantiierten Anzeigen in besonders großem Umfang oder besonders großer Zahl nachweislich nur die Arbeit der Strafverfolgungsbehörde lahmlegen wollen, verwirken dadurch ihr Recht auf einen Bescheid.[21]

18

---

14   Kröpil aaO
15   Vgl zB LR-Rieß § 171 Rn 9
16   So auch KMR-Plöd § 171 Rn 8
17   KK-Wache/Schmid § 171 Rn 7; LR-Rieß § 171 Rn 9; Pfeiffer § 171 Rn 1
18   OLG Karlsruhe NJW 1973, 1658 f
19   LR-Rieß § 171 Rn 9
20   KK-Wache/Schmid § 171 Rn 7; HK-Krehl § 171 Rn 3; LR-Rieß § 171 Rn 4 und 9
21   KK-Wache/Schmid § 171 Rn 7

19 Anerkannt ist schließlich, daß in Fällen **hartnäckiger** und **uneinsichtiger Querulanz** der Anzeigeerstatter keinen Bescheid erhält.[22] Ob eine derartige Konstellation vorliegt, ist auch bei den vorerörterten **pauschalen Anzeigen** stets zu prüfen.

20 All den genannten Fällen ist gemeinsam, daß der Anzeigeerstatter keinen Bescheid erhalten muß. Ob es zweckmäßig ist, ihn im Einzelfall doch zu verbescheiden – ggf mit dem Hinweis, daß aus den zu benennenden Gründen im Falle erneuter Anzeigeerstattung nicht mehr mit einer Verbescheidung gerechnet werden kann – muß dem Einzelfall und dem Geschick und Einfühlungsvermögen des StAs überlassen bleiben. Nichts anderes gilt für die Beanwortung der Frage, ob es nicht in Ausnahmefällen geboten sein kann, einem erkennbar verzweifelten Anzeigeerstatter persönlich zu erläutern, warum im Einzelfall nur eine Verfahrenseinstellung in Betracht kommt.

21 Bei den Fällen, in welchen Anzeigen ersichtlich nur zur **Vorbereitung oder Vermeidung einer Klage** aus dem zivil-, verwaltungs-, sozial- oder arbeitsrechtlichem Bereich erstattet werden, geht es nicht darum, ob ein Einstellungsbescheid zu erteilen ist oder nicht, sondern darum, zu erkennen, daß möglicherweise eine Verfahrenseinstellung nach § 154 d StPO (unten Rn 152 ff) in Betracht kommt.

5. Hinweise zur Erläuterung der einzelnen Einstellungsverfügungen

22 Die im Folgenden unter II erläuterten Einstellungsverfügungen, beginnend mit dem Formular Rn 32 und endend mit dem Baustein Rn 210, beinhalten die in der täglichen Arbeit des StAs am häufigsten vorkommenden Einstellungsarten. Ihnen allen ist gemeinsam, daß sie in der vorliegenden ersten Version als Formulare zur Verfügung stehen, die entweder handschriftlich, durch Diktat oder durch Textbausteine zu ergänzen sind. Lediglich der Tenor und die Gründe der jeweiligen Einstellungsverfügung werden bei dem Textverarbeitungsprogramm TV-StA zusammen mit den EDV-mäßig aufbereiteten Mitteilungen an die jeweiligen Empfänger als Text ausgedruckt. In einer späteren Ausbaustufe dieses Textverarbeitungsprogramms ist angedacht, daß neben den genannten Textausdrucken in einer Art Reinschrift nur mehr diejenigen Ziffern der Verfügung zum Ausdruck kommen, die konkret bearbeitet worden sind.

23 Sämtliche Einstellungsverfügungen sind nach einem einheitlichen Schema aufgebaut, das nach einer kurzen Eingewöhnungszeit die tägliche Massenarbeit des StAs erheblich erleichtern kann.

---

22 Kl/M-G § 171 Rn 2; KK-Wache/Schmid § 171 Rn 7; HK-Krehl § 171 Rn 3; LR-Rieß § 171 Rn 9; Pfeiffer § 171 Rn 1; KMR-Plöd § 171 Rn 8

Der Aufbau der für den StA im Wesentlichen schon aus sich heraus verständlichen Einstellungsverfügungen wird im Folgenden beispielhaft anhand des Einstellungsformulars Rn 32 erläutert. Bei den weiteren Formblättern wird nur noch auf Besonderheiten eingegangen. Dabei werden jeder Einstellungsart allgemeine Ausführungen zu den rechtlichen Grundlagen, dem Anwendungsbereich, den Voraussetzungen der entsprechenden Einstellungsnorm und zu eventuellen Problemen im Zusammenhang mit der Wiederaufnahme eines eingestellten Verfahrens vorangestellt, bevor das jeweilige Einstellungsformular vorgestellt und im Anschluß daran soweit nötig besprochen wird.

II. Die einzelnen Einstellungsarten

1. Einstellung gem § 170 II StPO

a) Allgemeines

aa) Rechtliche Grundlagen

§§ 170, 171, 172 StPO, §§ 43, 47 OWiG, § 9 I StrEG, Nr. 88, 89, 90, 91, 92, 105, 211 RiStBV, RiStBV Anl C Teil I

bb) Anwendungsbereich

Die Einstellung eines Ermittlungsverfahrens gem § 170 II 1 StPO kann aus **tatsächlichen, materiellrechtlichen oder prozessualen** Gründen geboten sein, je nachdem, ob die Ermittlungen zB die Unschuld des Beschuldigten, die Nichtnachweisbarkeit bzw Straflosigkeit der ihm zur Last gelegten Tat oder das Bestehen eines Verfahrenshindernisses ergeben haben.

cc) Voraussetzungen

Gem § 170 II 1 StPO iVm § 170 I StPO ist das Verfahren immer dann einzustellen, wenn die **Ermittlungen nicht genügend Anlaß zur Erhebung der öffentlichen Klage bieten**. Letzeres kann der Fall sein, weil entweder der StA bei vorhandenem Tatverdacht eine Verfahrenseinstellung nach dem Opportunitätsprinzip (§§ 153 ff StPO) wählt oder aus den vorgenannten Gründen kein hinreichender Tatverdacht besteht (§ 203 StPO). Ein hinreichender Tatverdacht ist dabei immer zu bejahen, wenn bei »vorläufiger Tatbewertung«[23] die Verurteilung des Beschuldigten mit Wahrscheinlichkeit zu erwarten ist.[24]

---

23 BGH 23, 304, 306
24 Kl/M-G § 170 Rn 1

dd) Wiederaufnahme

28 Die Wiederaufnahme eines gem § 170 II StPO eingestellten Ermittlungsverfahrens ist jederzeit möglich.[25] Ein Strafklageverbrauch tritt nicht ein.

ee) Sonstiges

29 Der Aufbau der Gründe einer Einstellungsverfügung gem § 170 II StPO sollte in aller Regel mit einer kurzen Schilderung des dem Beschuldigten zur Last liegenden Sachverhalts beginnen, bevor ggf das Ergebnis der durchgeführten Ermittlungen dargelegt und sodann ausgeführt wird, warum der notwendige hinreichende Tatverdacht zu verneinen ist.

30 Der Umfang der Einstellungsgründe[26] kann bei Amtsanzeigen oder von der StA selbst eingeleiteten Ermittlungen nach sorgfältiger Prüfung der Sach- und Rechtslage, der Arbeitsbelastung der Anklagebehörden entsprechend, knapp gehalten werden. Liegt allerdings eine Privatanzeige vor und ist ggf sogar damit zu rechnen, daß der Anzeigeerstatter im Rahmen einer Vorschaltbeschwerde gem §§ 171, 172 StPO das Klageerzwingungsverfahren vorbereiten oder sich mit einer Aufsichtsbeschwerde an den GenStA wenden will, sollten die Einstellungsgründe so vollständig und übersichtlich dargestellt sein, daß diese nicht nur der Anzeigeerstatter bei gutem Willen nachvollziehen, sondern der zuständige Referent des GenStAs seine Entscheidung auch darauf aufbauen kann. Der häufig gewählte Weg einer zunächst lückenhaft begründeten Verfahrenseinstellung führt anläßlich der Vorbereitung der Beschwerdevorlage nicht selten dazu, daß die Ermittlungen wiederaufgenommen werden müssen, weil erst jetzt evident wird, daß entscheidungsrelevante Tatsachen noch der näheren Abklärung durch weitere Ermittlungen bedürfen.

31 Bei Anzeigen bekanntermaßen uneinsichtiger Petenten oder in sonstigen Fällen mißbräuchlicher Strafanzeigen (oben Rn 12 ff) sollte sich der StA allerdings nicht scheuen, die Gründe der Einstellung in der gebotenen Kürze ohne abwertende Ausführungen niederzulegen. Eine andere Frage ist es, ob und ggf wie der Anzeigeerstatter in diesen Fällen zu verbescheiden ist (oben Rn 16 ff).

---

25 Kl/M-G § 170 Rn 9
26 Zum Inhalt der Einstellungsgründe vgl auch Nr. 89 II und IV RiStBV

Einstellungsverfügung — Teil C — 529

b) Formular – Einstellung gem § 170 II StPO – allgemein

32

STAATSANWALTSCHAFT
#ORT#
#ZwSt#

Az.:   Datum: 02.08.00   ein 170 1

Ermittlungsverfahren
gegen   Antragst.:

wegen   Anzeige vom

Verfügung

1. **Personendaten** und **Schuldvorwurf** überprüft. Änderung nicht veranlaßt.
2. Das Ermittlungsverfahren wird
   ○ hinsichtlich _____
   (Tatvorwurf bei Teileinstellung)
   gemäß § 170 Abs. 2 StPO eingestellt.

Gründe:

○ Diktat/Entwurf ○ nach Textbaustein: _____
○ _____

○ Strafantrag wurde nicht gestellt.
○ Im Hinblick auf die Gesamtumstände besteht kein Anlaß, das besondere öffentliche Interesse an der Strafverfolgung von Amts wegen zu bejahen.
○ _____

○ Etwaige zivilrechtliche Ansprüche werden durch diese Entscheidung nicht berührt.

TV-StA   R   ein 170 1   (08.00)   § 170 Abs. 2 StPO allgemein

3. **Anhörung nach Nr. 90 Abs. 1 RiStBV** ○ nicht erforderlich ○ ist erfolgt (Bl. _____)
4. ❏ **AL** _____ **z.K.**
5. **Mitteilung von Ziff. 2** ○ ohne ○ mit Gründe/n; Zusatz Nr. 88 S. 2 RiStBV: ○ "unschuldig" ○ "k. begr. Verd."
   ❏ **an Besch.** ❏ an ges. Vertr. ○ über ZBev. _____ (Bl. _____)
   ○ formlos
   ○ zustellen mit Belehrung gem. § 9 Abs. 1 StrEG
   Art und Zeitraum der Strafverfolgungsmaßnahme(n)/zuständiges Gericht: _____

   ❏ **an Verteidiger(in)** _____ (Bl. _____)
   ○ formlos
   ○ zustellen mit Belehrung gem. § 9 Abs. 1 StrEG
   Art und Zeitraum der Strafverfolgungsmaßnahme(n)/zuständiges Gericht: _____

   ❏ **Mitteilung an Besch.** _____ unterbleibt, weil _____ (Bl. _____)
6. **Mitteilung von Ziff. 2 mit Gründen an:**
   ❏ **Antragst.** _____ (Bl. _____)
   ❏ **Vertreter(in) d. Antragst.** _____ (Bl. _____)
   ○ formlos ohne Beschwerdebelehrung
   ○ formlos mit Beschwerdebelehrung
   ○ zustellen mit Beschwerdebelehrung
       ○ mit Zusatz: Die beigefügte Beschwerdebelehrung bezieht sich nicht auf die Einstellung
         des Verfahrens wegen _____

   ❏ **Mitteilung an Antragst.** _____ unterbleibt, weil ○ Amtsanzeige ○ Verzicht
   ○ mangelndes Strafinteresse ○ _____ (Bl. _____)
7. ❏ **Ausdruck von Ziff. 2 z.A.**
8. **Abtragen**
   ❏ ZK 30 (G), Einstellung wegen Schuldunfähigkeit (§ 20 StGB)
   ❏ ZK 31 (H), Einstellung nach § 170 Abs. 2 StPO,
   ○ (H1) weil Täterschaft, Tat oder Tatumstände nicht nachweisbar sind
   ○ (H2) weil die Tat unter keinen Straftatbestand fällt
   ○ 59 (H3) wegen erwiesener Unschuld
   ○ (H4) weil Verschulden fehlt oder nicht nachweisbar ist
   ○ (H5) weil ein Rechtfertigungsgrund vorliegt (nicht § 20 StGB)
   ○ (H6) weil ein Schuldausschließungsgrund vorliegt (nicht § 20 StGB)

Das Verfahren betrifft eine	organisiert	
	ja	nein
Straßenverkehrsstrafsache	A	B
besondere Wirtschaftsstrafsache	C	D
Betäubungsmittelstrafsache	E	F
Umweltstrafsache	G	H
Strafsache gg. sex. Selbstbest.	I	K
Keine d. vorgenannt. Strafsachen	Y	Z
Jugendschutzsache		

9. ❏ **Mitteilung an Ausländerbehörde** gem. § 76 Abs. 4 AuslG
   ❏ **Formblatt an Polizei** ○ mit Gründen (z.B. Nr. 88 Satz 2 RiStBV) / _____
   ❏ **MiStra Nr.** _____ an _____
   ❏ **Mitteilung an BZR** gem. § 11 BZRG **(bei § 20 StGB)**
10. ❏ Beiakten trennen
    ❏ Asservate gem. gesonderter Verfügung abwickeln
    ❏ Weitere Verfügung gesondert
    ❏ Akteneinsicht (Bl. _____) für _____ Tage genehmigt
    ❏ _____
11. ❏ WV _____
    ❏ Weglegen

_____
(Böhm Staatsanwalt als Gruppenleiter)

33 Der »Kopf« der Einstellungsverfügung, der neben der zuständigen StA Leerfelder für das einzutragende Aktenzeichen und das Datum enthält, befaßt sich durch eine graphische Aufbereitung mit dem Adressaten des Ermittlungsverfahrens, der ihm zur Last gelegten Straftat, dem Antragsteller und dem Datum der Anzeige, die handschriftlich eingefügt werden soll-

ten. Allerdings kann diese Arbeit teilweise dadurch erleichtert werden, daß bei Verwendung des Textprogrammes TV-StA anstelle handschriftlicher Einfügungen neben dem markierten Pfeil der durch vielfach vorhandene automatisierte Geschäftsstellenprogramme zur Verfügung gestellte »Barcode« mit dem darin enthaltenen Aktenzeichen, dem Namen des Beschuldigten und dem strafrechtlichen Schuldvorwurf aufgeklebt wird.

Die Angabe des Antragstellers und des Datums der Anzeige erleichtert der Schreibkraft die Arbeit erheblich und erspart ihr unnötiges Blättern in den Akten, nachdem der StA diese Daten ohnehin zur Auswahl des richtigen Empfängers einer Einstellungsmitteilung in der Akte feststellen muß. Zu beachten ist dabei, daß Antragsteller nicht nur diejenige Person ist, die einen eventuellen Strafantrag gestellt hat, sondern auch derjenige, der iSd § 171 StPO einen Antrag auf Erhebung der öffentlichen Klage durch Anzeigeerstattung gem § 158 I StPO stellt.   34

Ziffer 1 der Verfügung trägt dem Umstand Rechnung, daß eine funktionierende und arbeitserleichternde Textverarbeitung mit Zugriff auf eine Datenbank auf eine richtige Erfassung der einzugebenden Daten und deren ständige Pflege angewiesen ist. Der Schuldvorwurf ist dabei vor allem zu korrigieren, wenn er in der Öffentlichkeit eine erheblich andere Bewertung erfährt oder sich sonst wesentlich verändert. Nur so kann durch Erzeugung und Anbringung eines neuen »Barcodes« auf dem Aktendeckel verhindert werden, daß bei Aktenversendung oder im Rahmen eines Sitzungsaushanges anläßlich einer Hauptverhandlung der Beschuldigte durch unzutreffende Schuldvorwürfe bloßgestellt wird.   35

Ziffer 2 der Verfügung enthält den Tenor der Einstellung mit der ggf auswählbaren Möglichkeit einer Teileinstellung in Bezug auf einzelne Schuldvorwürfe.   36

Die Gründe der Einstellungsverfügung können entweder handschriftlich niedergelegt oder diktiert werden. Insbes im Verkehrsbereich gibt es aber auch eine Vielzahl bereits vorformulierter, immer wiederkehrender Gründe für eine Verfahrenseinstellung (Formular Rn 49), bei denen im entsprechenden Formular lediglich noch die Nummer des Textbausteines anzugeben ist. Die vorformulierten Einstellungsgründe können dem Bedarf der StAen entsprechend über den Bereich des Verkehrsstrafrechtes hinaus ausgedehnt werden, um so die Arbeit des StAs zusätzlich zu erleichtern. Nach dem Freitext werden als weitere Auswahlmöglichkeiten Formulierungen angeboten, die in der Praxis immer wiederkehren.   37

Zusammenfassend kann also festgehalten werden, daß sich die Vorderseite des Einstellungsformulares Rn 32 neben dem »Kopf« der Einstellungsverfügung im Wesentlichen mit der Überprüfung der notwendigen Verfahrensdaten sowie dem Tenor und den Gründen der Einstellung befaßt. Außerdem findet sich rechts oben der jeweilige Name des Formulars bzw Bausteins (hier zB: »ein 170 1«) wieder.   38

Vordermayer

39 Die zweite Seite des genannten Formulars behandelt in **Ziffer 3** die häufig übersehene Problematik einer Anhörung nach Nr. 90 I RiStBV, die durch Zusendung eines Entwurfes der beabsichtigten Entscheidung, ein gesondertes Anschreiben, aber auch fernmündlich unter anschließender Niederlegung eines Aktenvermerkes, erfolgen kann.

40 **Ziffer 4** eröffnet die Möglichkeit, je nach Übung an der Behörde, die Vorlage an den Abteilungsleiter zu verfügen.

41 **Ziffer 5** des Formulars befaßt sich einzig und allein mit der Mitteilung (oben Rn 5 f) der Einstellung an den Beschuldigten[27] bzw dessen Verteidiger durch Zustellung oder in formloser Art und Weise und zwar mit oder ohne Belehrung gem § 9 I StrEG. Außerdem ist für die diesbezüglichen Fälle auch die Bekanntgabe über den gesetzlichen Vertreter oder den Zustellungsbevollmächtigten berücksichtigt. Schließlich ist als letzte Möglichkeit in diesem Block auch vorgesehen, bei Vorliegen der entsprechenden Voraussetzungen von der Mitteilung der Einstellung an den Beschuldigten abzusehen. Dies kann die Arbeit der Schreibkraft erheblich erleichtern und dient zugleich der Kostenersparnis.

42 **Ziffer 6** des Formulars widmet sich der Verbescheidung (oben Rn 7 f) des Antragstellers[28] oder dessen Vertreters. Von besonderer Bedeutung bei der Bearbeitung ist hier die Ankreuzmöglichkeit des Zusatzes »Die beigefügte Beschwerdebelehrung bezieht sich nicht auf die Einstellung des Verfahrens wegen ....«, weil hierdurch für den Antragsteller deutlich zum Ausdruck gebracht wird, daß insoweit das Klageerzwingungsverfahren nicht eröffnet ist (vgl insoweit § 172 I 1 und II 3 StPO und oben Rn 7). Um der Schreibkraft auch im Rahmen dieses Einstellungsblockes Arbeit und der Staatskasse Kosten zu ersparen, ist wiederum die Möglichkeit vorgesehen, in bestimmten Fällen von der Mitteilung der Verfahrenseinstellung an den Antragsteller abzusehen.

43 **Ziffer 7** des Formulars ermöglicht es in Form einer Leseabschrift oder eines Diktatausdrucks den Tenor und die Gründe der Einstellungsverfügung zur Akte zu bringen.

44 **Ziffer 8** der Einstellungsverfügung befaßt sich mit der Abtragung des Verfahrens. An dieser Stelle wird bei jeder Einstellungsverfügung dem StA aufgezeigt, welche statistischen Erledigungsarten und Verfahrensbetreffe vom entsprechenden EDV-System, hier dem Geschäftsstellenprogramm SIJUS-STRAF-STA, anwählbar sind. Beide sind vom zuständigen StA durch Ankreuzen für die Geschäftsstellenverwalter auszuwählen, da diese bei der Vielzahl der von den Justizverwaltungen vorgegebenen Erledigungsarten und Verfahrensbetreffen häufig nicht mehr in der Lage sind, die richtige Entscheidung ohne Unterstützung des StAs zu treffen.

---

27 Zur Form der Mitteilung vgl Nr. 91 I RiStBV
28 Zur Form der Mitteilung, die aus Kostengründen in der Praxis in aller Regel mit einfachem Brief erfolgt, vgl Nr. 91 II RiStBV

Vordermayer

| Einstellungsverfügung | Teil C 533 |

Ziffer 9 der Einstellungsverfügung weist auf wichtige, dem StA obliegende Mitteilungspflichten hin.   45

Ziffer 10 erinnert den StA an unerledigte Akteneinsichtsgesuche,[29] die wichtige Bereinigung der Asservate[30] und die notwendige Rücksendung nicht mehr benötigter Beiakten an die abgebende Stelle.   46

In Ziffer 11 verfügt der Referent die Weglage der Akten oder bei Bedarf deren Wiedervorlage zur weiteren Veranlassung.   47

c)   **Formular – Einstellung gem § 170 II StPO iVm §§ 43, 47 OWiG – Straßenverkehr und allgemein**

48

STAATSANWALTSCHAFT
 # ORT #
#ZwSt#

Az.:   ⊰   Datum: ⊰   ein 170 2

Ermittlungsverfahren
gegen | Antragst.:

wegen | Anzeige vom

Verfügung

1. **Personendaten** und **Schuldvorwurf** überprüft. Änderung nicht veranlaßt.
2. Das Ermittlungsverfahren wird
   ○ hinsichtlich _____
                           (Tatvorwurf bei Teileinstellung)
   gemäß § 170 Abs. 2 StPO eingestellt.
   ❑ Die Sache wird zur Verfolgung der Ordnungswidrigkeiten an die Verwaltungsbehörde abgegeben, § 43 OWiG.
   ❑ Von der Verfolgung der Ordnungswidrigkeiten wird nach § 47 OWiG abgesehen.

                  Gründe:

○ Diktat/Entwurf ○ nach Textbaustein **ein** _____ (s. Zusatzblatt ein 170 2z)
                     Texteinfügungen Bausteinvariablen : _____

○ _____

○ Etwaige zivilrechtliche Ansprüche werden durch diese Entscheidung nicht berührt.
○ Ordnungswidrigkeiten werden von Amts wegen von der Verwaltungsbehörde weiterverfolgt.

---

29   Vgl dazu auch Nr. 182ff RiStBV
30   Vgl dazu auch Nr. 5a, 74ff RiStBV

○ Von der Verfolgung der Ordnungswidrigkeiten wurde abgesehen, weil
  ○ im Falle der Abgabe des Verfahrens an die Verwaltungsbehörde gem. § 43 OWiG zur weiteren Sachaufklärung noch Ermittlungen erforderlich wären, die außer Verhältnis zur Bedeutung der Sache stünden.
  ○ angesichts des Grades des Verschuldens und/oder des Eigenschadens d. Besch. eine Ahndung nicht geboten ist.
  ○ _____

3. ❏ **Anhörung nach Nr. 90 Abs. 1 RiStBV** nicht erforderlich/ist erfolgt (Bl. ____)
4. ❏ **AL ____ z.K.**

TV-StA   #StA# ein 170 2   (08.00)   § 170 Abs. 2 StPO i.V.m. §§ 43, 47 OWiG

5. **Mitteilung von Ziff. 2** ○ ohne ○ mit Gründe/n; Zusatz Nr. 88 S. 2 RiStBV: ○ "unschuldig" ○ "k. begr. Verd."
   ❏ **an Besch.** ❏ an ges. Vertr. ○ über ZBev. _____ (Bl. ____)
      ○ formlos
      ○ zustellen mit Belehrung gem. § 9 Abs. 1 StrEG
      Art und Zeitraum der Strafverfolgungsmaßnahme(n)/zuständiges Gericht:
      _____
   ❏ **an Verteidiger(in)** _____ (Bl. ____)
      ○ formlos
      ○ zustellen mit Belehrung gem. § 9 Abs. 1 StrEG
      Art und Zeitraum der Strafverfolgungsmaßnahme(n)/zuständiges Gericht:
      _____
   ❏ **Mitteilung an Besch.** _____ **unterbleibt**, weil _____ (Bl. ____)

6. **Mitteilung von Ziff. 2** mit Gründen an:
   ❏ **Antragst.** _____ (Bl. ____)
   ❏ **Vertreter(in) d. Antragst.** _____ (Bl. ____)
      ○ formlos ohne Beschwerdebelehrung
      ○ formlos mit Beschwerdebelehrung
      ○ zustellen mit Beschwerdebelehrung
         ○ mit Zusatz: Die beigefügte Beschwerdebelehrung bezieht sich nicht auf die Einstellung des Verfahrens wegen _____
   ❏ **Mitteilung an Antragst.** _____ **unterbleibt**, weil ○ Amtsanzeige ○ Verzicht
      ○ mangelndes Strafinteresse ○ _____ (Bl. ____)

7. ❏ **Ausdruck von Ziff. 2 z.A.**
8. **Abtragen**
   ❏ ZK 30 (G), Einstellung wegen Schuldunfähigkeit (§ 20 StGB)
   ❏ ZK 31 (H), Einstellung nach § 170 Abs. 2 StPO,
      ○ (H1) weil Täterschaft, Tat oder Tatumstände nicht nachweisbar sind
      ○ (H2) weil die Tat unter keinen Straftatbestand fällt
      ○ 59 (H3) wegen erwiesener Unschuld
      ○ (H4) weil Verschulden fehlt oder nicht nachweisbar ist
      ○ (H5) weil ein Rechtfertigungsgrund vorliegt (nicht § 20 StGB)
      ○ (H6) weil ein Schuldausschließungsgrund vorliegt (nicht § 20 StGB)
   ❏ ZK 35 (K), Abgabe an Verwaltungsbehörde als OWi

Das Verfahren betrifft eine	organisiert	
	ja	nein
Straßenverkehrsstrafsache	A	B
besondere Wirtschaftsstrafsache	C	D
Betäubungsmittelstrafsache	E	F
Umweltstrafsache	G	H
Strafsache gg. sex. Selbstbest.	I	K
Keine d. vorgenannt. Strafsachen	Y	Z

| Jugendschutzsache | | |

9. ❏ **Mitteilung an Ausländerbehörde** gem. § 76 Abs. 4 AuslG
   ❏ **Formblatt an Polizei** ○ mit Gründen (z.B. Nr. 88 Satz 2 RiStBV) / _____
   ❏ **MiStra Nr.** ____ an _____
   ❏ **Mitteilung an BZR** gem. § 11 BZRG **(bei § 20 StGB)**

10. ❏ Beiakten trennen
    ❏ Asservate gem. gesonderter Verfügung abwickeln
    ❏ Weitere Verfügung gesondert ❏ _____
    ❏ Akteneinsicht (Bl. ____) für ____ Tage genehmigt
11. ❏ **WV** _____
12. ❏ **Mit Akten an** _____ (zuständige Verwaltungsbehörde)
    gem. § 43 OWiG zur Verfolgung der Ordnungswidrigkeit(en) in eigener Zuständigkeit.
    ○ Auf das noch nicht erledigte Akteneinsichtsgesuch (Bl. ____) weise ich hin.
13. ❏ **Weglegen**

(Unterschrift, Namensstempel)

Vordermayer

Einstellungsverfügung

Teil C 535

49

STAATSANWALTSCHAFT
O R T
#ZwSt#

ZUSATZBLATT TEXTBAUSTEINE
Einstellungsgründe Straßenverkehr

ein 1   Ablesefehler
Es ist von einem Ablesefehler auszugehen. Das Kennzeichen <u><Kennzeichen></u> kann nicht, wie angezeigt, einem <u><Typ Kfz></u> zugeordnet werden. Die Ermittlungen ergaben, daß das genannte Kennzeichen für einen <u><Typ Kfz alt.></u> ausgegeben ist. Tatsächliche Anhaltspunkte für weitere Ermittlungen fehlen.

ein 2   Kennzeichenanzeige
D. Besch., d. Halter(in) des Fahrzeugs mit dem amtlichen Kennzeichen <u><Kennzeichen></u> ist, hat sich zur Sache nicht geäußert bzw. eine Täterschaft bestritten. D. Fahrer(in) konnte nicht identifiziert werden.
Bei Kennzeichenanzeigen kann die Haltereigenschaft d. Besch. für sich allein, auch wenn es sich um ein privat genutztes Fahrzeug handelt, nicht den Schluß auf seine/ihre Täterschaft rechtfertigen, sondern nur in Verbindung mit weiteren Beweisanzeichen. Zusätzliche Beweisanzeichen für die Täterschaft d. Besch. konnten nicht ermittelt werden.

ein 3   Aussage gegen Aussage
Aufgrund der sich widersprechenden Angaben der Beteiligten läßt sich nicht feststellen, wie sich der Vorgang tatsächlich zugetragen hat. Es steht letztlich Aussage gegen Aussage, ohne daß einer der Aussagen von vornherein ein erhöhter Beweiswert zukommt und ohne daß unbeteiligte Zeugen zur Verfügung stehen, die mit ihren Angaben ausreichenden Aufschluß über das tatsächliche Geschehen geben könnten; andere objektive Beweismittel sind nicht vorhanden. Unter diesen Umständen ist für die Erhebung einer öffentlichen Klage kein Raum.

ein 4   Nötigung - keine konkreten Feststellungen
Die Rechtsprechung stellt bei längerem dichten Auffahren bei der Prüfung des Tatbestands der Nötigung auf die Dauer der Zwangseinwirkung und deren Intensität ab, wobei den Faktoren Abstandsgröße, Gebrauch der Lichthupe oder des Signalhorns, Geschwindigkeit, Dauer der bedrängenden Fahrweise und Unmöglichkeit des Ausweichens auf die rechte Fahrbahnspur besondere Bedeutung zukommen. Aufgrund der Angaben d. Anzeigeerstatters/in können keine konkreten Feststellungen zu den oben genannten Umständen getroffen werden. Die Tat kann daher nur unter dem Gesichtspunkt von Verkehrsordnungswidrigkeiten verfolgt werden.

ein 5   Nötigung - kurzfristiges Bedrängen
Nach dem Vorbringen d. Anzeigeerstatters/in liegt nur ein kurzfristiges Bedrängen vor, also kein sittlich besonders zu mißbilligendes und schweres Unrecht, wie es die Nötigung regelmäßig voraussetzt. Die Rechtsprechung stellt bei Gewaltanwendung im Sinne der Nötigung nach § 240 StGB durch Dichtauffahren auf eine längere Dauer der Zwangseinwirkung und deren Intensität ab. Die Tat kann daher nur unter dem rechtlichen Gesichtspunkt von Verkehrsordnungswidrigkeiten verfolgt werden.

ein 6   Nötigung - reines Auffahren
Nach dem Vorbringen d. Anzeigeerstatters/in ist d. Beschuldigte nur dicht aufgefahren, ohne Licht- oder Schallzeichen zu geben oder den linken Fahrtrichtungsanzeiger zu betätigen. Darin ist kein hinreichender Beweis dafür erbracht, daß er/sie den Vorausfahrenden durch die bedrängende Fahrweise zum Räumen der linken Fahrspur nötigen wollte. Zum Nachweis der Überholabsicht im Zusammenhang mit dichtem Auffahren ist erforderlich, daß die Überholabsicht durch Betätigen der Lichthupe, Abgabe von Schallzeichen oder in anderer Weise angezeigt wird. Die Tat kann daher nur als Ordnungswidrigkeit nach § 4 Abs. 1 StVO (Nichteinhalten des erforderlichen Sicherheitsabstandes) verfolgt werden.

ein 7   Fälschung technischer Aufzeichnungen - technischer Defekt
Der Beschuldigte hat als Führer eines Fahrzeugs, dessen Kontrollgerät infolge Verschleisses, geräteimmanenter Mängel oder Unfalls defekt war, nur die fehlerhafte, nicht auf Manipulation beruhende Arbeitsweise des Kontrollgerätes ausgenutzt. Er hat lediglich die Entstörung eines nicht durch menschlichen Eingriff gestörten Aufzeichnungsvorgangs unterlassen und hat somit weder eine unechte technische Aufzeichnung hergestellt noch eine solche verfälscht. Der Beschuldigte hat jedoch eine Ordnungswidrigkeit nach § 7 c Fahrpersonalgesetz begangen.

ein 8   Fälschung technischer Aufzeichnungen - nicht bekannte Manipulation
Die festgestellte unrichtige Aufzeichnung ist zwar die Folge einer auf Beeinflussung des Aufzeichnungsergebnisses abzielenden und es tatsächlich beeinflussenden Manipulation. Ein Nachweis dafür, daß der Beschuldigte die Manipulation selbst vornahm oder bei der Vorlage der Diagrammscheibe(n) zu Kontrollzwecken wußte, daß die unrichtigen Aufzeichnungen des Kontrollgeräts durch die Manipulation eines Dritten verursacht sind oder daß er zumindest mit einem die Aufzeichnung beeinflussenden Eingriff rechnete und sich damit abfand, ist nicht zu erbringen.

ein 9   Fälschung technischer Aufzeichnung - Abschalten des Kontrollgeräts
Der Beschuldigte hat zwar durch - zeitweiliges - Abschalten des Kontrollgeräts eine kontinuierliche Aufzeichnung verhindert. Die Verhinderung technischer Aufzeichnung durch Abschalten des Geräts stellt jedoch keine störende Einwirkung auf den Aufzeichnungsvorgang im Sinne des § 268 Abs. 3 StGB dar. Nur wenn das Kontrollgerät in Betrieb ist, kann in seine selbständige Arbeitsweise eingegriffen werden. Mit dem bloßen Abschalten des Kontrollgeräts beging der Beschuldigte lediglich eine Ordnungswidrigkeit nach § 7 c Fahrpersonalgesetz.

TV-StA   #StA#   ein 170 2z   (08.00)   Textbausteine Einstellungsgründe - Straßenverkehr

Vordermayer

ein 10 Fälschung technischer Aufzeichnungen - Benutzung von zwei Tachoscheiben
Der Beschuldigte hat in das für den Betrieb durch zwei Personen bestimmte Kontrollgerät zur Täuschung über Lenkzeiten eine zweite Diagrammscheibe eingelegt. Da nur eine unrichtige Bedienung des Kontrollgeräts vorliegt, liegen die Voraussetzungen der §§ 267, 268 StGB nicht vor. Es besteht jedoch der Verdacht einer Ordnungswidrigkeit nach § 7 c Fahrpersonalgesetz.

ein 11 Gefährdung des Straßenverkehrs
Eine Strafverfolgung wegen Straßenverkehrsgefährdung käme nur dann in Betracht, wenn sich d. Beschuldigte grob verkehrswidrig und rücksichtslos verhalten hätte. Das Fahrverhalten d. Beschuldigten ist zwar als grob verkehrswidrig zu bewerten. Rücksichtslosigkeit i. S. d. § 315 c Abs. 1 Ziff. 2 StGB ist jedoch im Hinblick auf die Gesamtumstände nicht mit der für eine Anklageerhebung erforderlichen Sicherheit nachzuweisen.

ein 12 Gefährdung des Straßenverkehrs - keine konkrete Gefährdung
Das vom Anzeigeerstatter geschilderte Verkehrsverhalten d. Beschuldigten stellt mangels konkreter Gefährdung von Personen oder Sachen von bedeutendem Wert kein Vergehen der Straßenverkehrsgefährdung, sondern ein ordnungswidriges Verhalten dar.

ein 13 Unerlaubtes Entfernen vom Unfallort - kein Schaden
Ein Vergehen des unerlaubten Entfernens vom Unfallort liegt nicht vor, da am Pkw d. Beteiligten ein Schaden in Höhe von lediglich nur <Schaden> DM entstanden ist. Bei dieser Schadenshöhe liegt kein Verkehrsunfall i. S. d. § 142 StGB vor.

ein 14 Unerlaubtes Entfernen vom Unfallort - Unfall nicht bemerkt
D. Beschuldigte gibt an, den Unfall nicht bemerkt zu haben. Dies kann widerlegt werden. Der Schaden war gering. Aufgrund der konkreten Verkehrssituation war der Anstoß nur schwer wahrnehmbar.

ein 15 Unerlaubtes Entfernen vom Unfallort - Schaden nicht festgestellt
D. Beschuldigte gibt an, einen Anstoß bemerkt, jedoch bei der Überprüfung keinen Schaden festgestellt zu haben. Dies ist angesichts des nur schwer erkennbaren Schadens nicht zu widerlegen.

ein 16 Pflichtversicherungsgesetz - Nachweis für Benutzung auf öffentlichem Verkehrsgrund fehlt
D. Beschuldigten ist nicht nachzuweisen, daß das Fahrzeug nach Ablauf bzw. Beendigung des Versicherungsvertrages noch auf öffentlichem Verkehrsgrund benutzt wurde.

ein 17 Pflichtversicherungsgesetz - fehlende Haltereigenschaft
D. Beschuldigte ist nicht Halter des Fahrzeugs. Anhaltspunkte dafür, daß d. Beschuldigte Kenntnis vom fehlenden Versicherungsschutz hatte, sind nicht vorhanden.

ein 18 Pflichtversicherungsgesetz - kein Nachweis des Zugangs der Kündigung
D. Beschuldigten ist nicht nachzuweisen, daß er/sie die Kündigung, die mit einfachem Brief versandt wurde, erhielt. Der Beweis für den Zugang der Kündigungserklärung kann nicht durch den Nachweis der Aufgabe zur Post geführt werden.

ein 19 Pflichtversicherungsgesetz - Haftpflichtversicherung besteht
Für das Fahrzeug bestand eine gültige Haftpflichtversicherung. Durch den Verkauf des Fahrzeugs ist der Versicherungsvertrag nicht erloschen, sondern auf den Erwerber übergegangen. Eine Kündigung des Veräußerers nach Eigentumsübergang beendet nicht das Versicherungsverhältnis.

ein 20 Zulassen des Fahrens ohne Fahrerlaubnis - Wirtschaftlicher Halter ist eine andere Person
D. Beschuldigte ist zwar formell Halter des oben genannten Fahrzeugs, da dieses auf sie/ihn zugelassen ist und auch die Versicherung auf ihren/seinen Namen abgeschlossen wurde. Wirtschaftlicher Halter und regelmäßiger Benutzer ist jedoch eine andere Person.

ein 21 Zulassen des Fahrens ohne Fahrerlaubnis - Zugang zu Fahrzeugschlüsseln ermöglicht
D. Beschuldigte ist zwar Halter des Fahrzeugs. Ihr/Ihm ist nicht nachzuweisen, von der Inbetriebnahme des Fahrzeugs Kenntnis gehabt zu haben. Eine allgemeine Verpflichtung zu verhindern, daß Personen, die nicht im Besitz einer Fahrerlaubnis sind, Zugang zu den Fahrzeugschlüsseln haben, besteht nicht.

ein 22 Zulassen des Fahrens ohne Fahrerlaubnis - Besch. nicht Halter des Fahrzeugs
D. Beschuldigte war zum Tatzeitpunkt nicht mehr Halter. Durch den Verkauf des Fahrzeugs ging das Eigentum und damit auch die Haltereigenschaft auf den Käufer über. Beihilfe zum Fahren ohne Fahrerlaubnis kommt nicht in Betracht, weil d. Beschuldigten nur Fahrlässigkeit hinsichtlich der Kenntnis von der fehlenden Fahrerlaubnis vorzuwerfen ist.

ein 23 Trunkenheit im Verkehr
Eine absolute Fahruntüchtigkeit ist d. Beschuldigten nicht nachzuweisen. Mangels deutlicher verwertbarer Ausfallerscheinungen kann auch eine relative Fahruntüchtigkeit nicht festgestellt werden.

50   Die mit dem Formular Rn 48 abgehandelte Einstellungsverfügung weist im Vergleich zu dem Formular Rn 32 die Besonderheit auf, daß sie vor allem im Straßenverkehrsbereich, aber auch bei zahlreichen Nebengesetzen, wie zB dem Arzneimittel- oder Lebensmittelgesetz, zur Anwendung kommt und die Möglichkeit enthält, die Sache zur Verfolgung der Ordnungswidrigkeiten gem § 43 OWiG an die Verwaltungsbehörde abzugeben oder von der Verfolgung der Ordnungswidrigkeit nach § 47 OWiG abzusehen. Die diesbezüglichen Auswahlmöglichkeiten finden sich im Tenor der Einstellungsverfügung (**Ziffer 2**). Sie korrespondieren mit den entsprechenden Textvorlagen in den Gründen unmittelbar vor **Ziffer 3** der Einstellungsverfügung.

| Einstellungsverfügung | Teil C 537 |

51 Als weitere Besonderheit ist zu erwähnen, daß die Gründe der Einstellungsverfügung nicht nur handschriftlich niedergelegt oder diktiert, sondern auch die diesbezüglichen Textbausteine des Formulars Rn 49 als im EDV- System abgespeicherte oder durch Formblatt vorgehaltene Texte durch deren bloße Benennung (zB »ein 1«) verwendet werden können. Dabei genügt es bei den Textbausteinen mit Variablen (vgl zB die Bausteine »ein 1«, »ein 2« und »ein 13« des genannten Formulars), wenn beim Freitext in den Gründen der Einstellungsverfügung lediglich die Bausteinvariablen eingefügt werden.

52 Iü weist das Formblatt Rn 48 zu dem Vordruck Rn 32 nur noch die Besonderheit auf, daß unter **Ziffer 12** der Verfügung die Akten ggf der zuständigen Verwaltungsbehörde zugeleitet werden können, bei Bedarf unter Hinweis auf ein noch nicht erledigtes Akteneinsichtsgesuch.

d) Formular – Einstellung gem § 170 II StPO iVm §§ 43, 47 OWiG
– Straßenverkehr – fahrlässige Körperverletzung

53

<pre>
                              STAATSANWALTSCHAFT
                                  # O R T #
                                   #ZwSt#
_____

Az.:   ⊰   Datum: ⊰   ein 170 3
Ermittlungsverfahren
gegen   Antragst.:

wegen   Anzeige vom

                              V e r f ü g u n g
  1.   **Personendaten** und **Schuldvorwurf** überprüft. Änderung nicht veranlaßt.
  2.   Das Ermittlungsverfahren wird
       ○ hinsichtlich _____
                              (Tatvorwurf bei Teileinstellung)
       gemäß § 170 Abs. 2 StPO eingestellt.
       ❏ Die Sache wird zur Verfolgung der Ordnungswidrigkeiten an die Verwaltungsbehörde
         abgegeben, § 43 OWiG.
       ❏ Von der Verfolgung der Ordnungswidrigkeiten wird nach § 47 OWiG abgesehen.
                              Gründe:
       ○ D. Besch. ist verdächtig, am _____ um _____ Uhr auf _____
         _____ bei einem
         Verkehrsunfall schuldhaft die Körperverletzung von (Name/n Verletzte/r) _____
         _____ verursacht zu haben.
         Strafantrag wegen Körperverletzung wurde nicht gestellt. Im Hinblick auf die Gesamtumstände
         besteht kein besonderes öffentliches Interesse an der Strafverfolgung. Ein Einschreiten von Amts
         wegen ist nicht geboten.
         (ggf. weitere Begründung) _____
         _____
         _____

       ○ Ordnungswidrigkeiten werden von Amts wegen von der Verwaltungsbehörde weiterverfolgt.
</pre>

Vordermayer

○ Von der Verfolgung der Verkehrsordnungswidrigkeiten wurde gemäß § 47 OWiG abgesehen, weil
  ○ im Falle der Abgabe des Verfahrens an die Verwaltungsbehörde gemäß § 43 OWiG zur weiteren Sachaufklärung noch Ermittlungen erforderlich wären, die außer Verhältnis zur Bedeutung der Sache stünden.
  ○ angesichts des Grades des Verschuldens und des Eigenschadens d. Besch. eine Ahndung nicht geboten ist.
  ○ _____
     _____

○ Für den Fall rechtzeitiger Strafantragstellung bleibt es d. Verletzte(n) unbenommen, Privatklage zu erheben.
○ Etwaige zivilrechtliche Ansprüche werden durch diese Entscheidung nicht berührt.

TV-StA #StA# ein 170 3   (08.00)   § 170 Abs. 2 StPO - Straßenverkehr - fahrl. Körperverl. i.V.m. §§ 43, 47 OWiG

3. ❑ **Anhörung nach Nr. 90 Abs. 1 RiStBV** nicht erforderlich/ist erfolgt (Bl. ___)
4. ❑ **AL** ___ z.K.
5. **Mitteilung von Ziff.** ohne Gründe
   ❑ **an Besch.** ❑ an ges. Vertr. ○ über ZBev. _____ (Bl. ___)
   ○ formlos
   ○ zustellen mit Belehrung gem. § 9 Abs. 1 StrEG
   Art und Zeitraum der Strafverfolgungsmaßnahme(n)/zuständiges Gericht:
   _____
   ❑ **an Verteidiger(in)** _____ (Bl. ___)
   ○ formlos
   ○ zustellen mit Belehrung gem. § 9 Abs. 1 StrEG
   Art und Zeitraum der Strafverfolgungsmaßnahme(n)/zuständiges Gericht:
   _____
   ❑ **Mitteilung an Besch.** _____ unterbleibt, weil _____ (Bl. ___)
6. **Mitteilung von Ziff. 2 mit Gründen an:**
   ❑ **Antragst.** _____ (Bl. ___)
   ❑ **Vertreter(in) d. Antragst.** _____ (Bl. ___)
   ❑ **Mitteilung an Antragst.** _____ unterbleibt, weil ○ Amtsanzeige ○ Verzicht
      ○ mangelndes Strafinteresse ○ _____ (Bl. ___)
7. ❑ **Ausdruck von Ziff. 2 z.A.**
8. **Abtragen**
   ❑ ZK 31 (H), Einst. nach § 170 Abs. 2 StPO
   ❑ ZK 35 (K), Abgabe an Verwaltungsbehörde als OWi

Das Verfahren betrifft eine	organisiert	
	ja	nein
Straßenverkehrsstrafsache	A	B
besondere Wirtschaftsstrafsache	C	D
Betäubungsmittelstrafsache	E	F
Umweltstrafsache	G	H
Strafsache gg. sex. Selbstbest.	I	K
Keine d. vorgenannt. Strafsachen	Y	Z
Jugendschutzsache		

9. ❑ **Mitteilung an Ausländerbehörde** gem. § 76 Abs. 4 AuslG
   ❑ **Formblatt an Polizei/** _____
   ❑ **MiStra Nr.** _____ an _____
10. ❑ **Beiakten trennen**
    ❑ **Asservate** gem. gesonderter Verfügung abwickeln
    ❑ **Weitere Verfügung** gesondert
    ❑ **Akteneinsicht** (Bl. ___) für ___ Tage genehmigt
    ❑ _____

Vordermayer

| Einstellungsverfügung | Teil C 539 |

```
11.  ❏ WV _____
12.  ❏ Mit Akten
         an _____ (zuständige Verwaltungsbehörde)
         gemäß § 43 OWiG zur Verfolgung der Ordnungswidrigkeit(en) in eigener Zuständigkeit.
         ❍ Auf das noch nicht erledigte Akteneinsichtsgesuch (Bl. ____ ) weise ich hin.

13.  ❏ Weglegen




     _____
     (Unterschrift, Namensstempel)
```

Die Einstellungsverfügung Rn 53 behandelt die Verfahrenseinstellung gem § 170 II StPO im Straßenverkehrsbereich und zwar bei Vorliegen der sonstigen dort genannten Voraussetzungen für den Fall, daß ein **Strafantrag wegen Körperverletzung nicht gestellt** wurde. Die Einstellung des Verfahrens gem § 170 II StPO kann hier wiederum mit einer Sachbehandlung gem den §§ 43, 47 OWiG verbunden werden. Darüber hinaus enthalten die Gründe der Einstellungsverfügung zahlreiche Formulierungsvorschläge für in diesem Arbeitsbereich immer wiederkehrende Sachverhaltsgestaltungen und rechtliche Hinweise. 54

Hat der Verletzte hingegen **Strafantrag gestellt** und verneint die StA ein öffentliches Interesse an der Durchführung eines Strafverfahrens, liegt der Fall einer möglichen Privatklageverweisung vor (Formular Rn 75). 55

2. Absehen von der Einleitung eines Ermittlungsverfahrens gem § 152 II StPO

a) Allgemeines

aa) Rechtliche Grundlagen

§§ 152, 170, 171, 172 StPO, §§ 43, 47 OWiG, § 9 I StrEG, Nr. 88, 89, 90, 91, 92, 105, 211 RiStBV, RiStBV Anl C Teil I 56

bb) Anwendungsbereich

Der Anwendungsbereich des § 152 II StPO unterscheidet sich von dem des § 170 II StPO durch unterschiedliche Anforderungen an den Tatverdacht. Ist ein Ermittlungsverfahren gem § 170 II StPO dann einzustellen, wenn kein hinreichender Tatverdacht besteht (§ 203 StPO), so ist bereits von der Einleitung eines Ermittlungsverfahrens abzusehen (§ 152 II StPO), wenn keine zureichenden tatsächlichen Anhaltspunkte für verfolgbare Straftaten vorliegen. Demgemäß ist eine Einstellung des Verfahrens nach § 170 II StPO immer dann veranlaßt, wenn die Schwelle der Bejahung des Anfangsverdachts iSd § 152 II StPO durch staatsanwaltschaftliche oder polizeiliche Ermittlungshandlungen wie zB Zeugen- und Beschuldigtenvernehmungen, 57

Durchsuchungen oder ähnliches überschritten ist. Dabei ist zu beachten, daß eine Sachbehandlung nach § 152 II StPO nicht nur im Rahmen von sog »AR-Verfahren«, sondern auch im Bereich von »Js-Verfahren« erfolgen kann, da in dieses Register alle Anzeigen gegen eine bestimmte Person,[31] seien sie auch noch so unsinnig, einzutragen sind.

cc) Voraussetzungen

58 Gem § 152 II StPO ist von der Einleitung eines Ermittlungsverfahrens dann abzusehen, wenn **keine zureichenden tatsächlichen Anhaltspunkte für verfolgbare Straftaten** vorliegen, es mithin an dem nach dieser Bestimmung erforderlichem Anfangsverdacht fehlt. Letzterer muß es nach den kriminalistischen Erfahrungen als möglich erscheinen lassen, daß eine verfolgbare Straftat vorliegt. Dazu genügen auch entfernte Indizien. Bloße Vermutungen rechtfertigen es allerdings nicht, jemandem eine Tat zur Last zu legen.[32]

dd) Wiederaufnahme

59 Wie bei einer Verfahrenseinstellung gem § 170 II StPO können auch bei einer Sachbehandlung nach § 152 II StPO die Ermittlungen jederzeit wiederaufgenommen werden, dh auch hier tritt ein Strafklageverbrauch nicht ein.

ee) Sonstiges

60 Die Frage, ob § 152 StPO – wie hier bejaht[33] und der Praxis der wohl überwiegenden Anzahl der StAen entsprechend – ebenso wie § 170 II StPO die Möglichkeit der Verfahrensbeendigung gibt, oder ob dies nur iVm der letztgenannten Norm der Fall ist,[34] ist nicht eindeutig geklärt. Sie ist in der Praxis aber auch ohne Bedeutung, da unstreitig ist, daß in jedem Fall die §§ 171 ff StPO zur Anwendung kommen.

---

31 Vgl zB § 47 I b) der bayerischen Aktenordnung (AktO) für die Geschäftsstellen der Gerichte der ordentlichen Gerichtsbarkeit und der StA
32 Kl/M-G § 152 Rn 4 mwN
33 So wohl auch HK-Krehl § 171 Rn 1
34 So Joachimski S 80, Fn 33

Vordermayer

b) Formular – Absehen von der Einleitung eines Ermittlungsverfahrens gem § 152 II StPO

STAATSANWALTSCHAFT
 # O R T #
#ZwSt#

Az.:   Datum: ein 152 1

☐ Ermittlungsverfahren ☐ Strafanzeige   ☐ Anzeigensache ☐ _____
gegen   Antragst.:

wegen   Anzeige vom

Verfügung

1. **Personendaten** und **Schuldvorwurf** überprüft. Änderung nicht veranlaßt.
2. ☐ Von der Einleitung eines Ermittlungsverfahrens
   wird gemäß § 152 Abs. 2 StPO abgesehen.
   ☐ Der Strafanzeige d. _____ vom _____
   wird gemäß § 152 Abs. 2 StPO keine Folge gegeben.

Gründe:

○ D. Besch. war zur Tatzeit noch nicht 14 Jahre alt und damit schuldunfähig (§ 19 StGB).
○ D. Betroffene war zur Tatzeit noch nicht 14 Jahre alt und damit nicht verantwortlich (§§ 12 Abs. 1, 46 Abs. 1 OWiG).
○ Es fehlt an dem für die Strafverfolgung zwingend erforderlichen Strafantrag.
○ Gemäß § 152 Abs. 2 StPO ist ein Ermittlungsverfahren wegen verfolgbarer Straftaten nur dann einzuleiten, wenn hierfür zureichende tatsächliche Anhaltspunkte vorliegen. Diese müssen es nach den kriminalistischen Erfahrungen als möglich erscheinen lassen, daß eine verfolgbare Straftat vorliegt.
○ Bloße Vermutungen rechtfertigen es nicht, jemandem eine Tat zur Last zu legen.
○ Diktat/Entwurf
○ _____

_____
_____
_____
_____

○ Etwaige zivilrechtliche Ansprüche werden durch diese Entscheidung nicht berührt.

TV-StA #StA# ein 152 1   (08.00) § 152 Abs. 2 StPO allgemein - auch Strafunmündigkeit

Vordermayer

3. ❑ **Anhörung nach Nr. 90 Abs. 1 RiStBV** nicht erforderlich/ist erfolgt (Bl. _____)
4. ❑ **AL** _____ **z.K.**
5. **Mitteilung von Ziff. 2** ❍ ohne ❍ mit Gründe/n; Zusatz Nr. 88 S. 2 RiStBV: ❍ "unschuldig" ❍ "k. begr. Verd."
    an ❍ Besch. _____ (Bl. _____)
        ❍ gesetzl. Vertreter d. Besch. _____ (Bl. _____)
        ❍ über ZBev. _____ (Bl. _____)
        ❍ Verteidiger(in) _____ (Bl. _____)
    ❑ **Mitteilung an Besch.** _____
    unterbleibt,
        ❍ weil keine Kenntnis von der Strafanzeige (Bl. _____)
        ❍ weil _____ (Bl. _____)
6. **Mitteilung von Ziff. 2** mit Gründen an:
    ❑ Antragst. _____ (Bl. _____)
    ❑ Vertreter(in) d. Antragst. _____ (Bl. _____)
    ❑ formlos **ohne Beschwerdebelehrung**
    ❑ formlos **mit Beschwerdebelehrung**
    ❑ **zustellen mit Beschwerdebelehrung**
        ❍ mit Zusatz: Die beigefügte Beschwerdebelehrung bezieht sich nicht auf die Einstellung des Verfahrens wegen _____
    ❑ **Mitteilung an Antragst.** _____ **unterbleibt**, weil ❍ Amtsanzeige ❍ Verzicht
        ❍ mangelndes Strafinteresse ❍ _____ (Bl. _____)
7. ❑ **MiStra Nr. 32** an ❍ Stadtjugendamt ❍ Kreisjugendamt _____
8. ❑ **Ausdruck von Ziff. 2 z.A.**
9. **Abtragen**
    ❑ ZK 31 (H6), Einstellung nach § 170 Abs. 2 StPO, weil ein Schuldausschließungsgrund vorliegt (§ 19 StGB)
    ❑ ZK 31 (H), Einstellung nach § 170 Abs. 2 StPO,
        ❍ (H2) weil die Tat unter keinen Straftatbestand fällt
        ❍ (H4) weil Verschulden fehlt
        ❍ (H5) weil ein Rechtfertigungsgrund vorliegt (nicht § 20 StGB)
        ❍ (H6) weil ein Schuldausschließungsgrund vorliegt (nicht § 20 StGB)
10. ❑ **Formblatt an Polizei** ❍ mit Gründen (z.B. Nr. 88 Satz 2 RiStBV) / _____
11. ❑ Beiakten trennen
    ❑ Asservate gem. gesonderter Verfügung abwickeln
    ❑ Weitere Verfügung gesondert
    ❑ Akteneinsicht (Bl. _____) für _____ Tage genehmigt
    ❑ _____
12. ❑ **WV** _____
    ❑ **Weglegen**

Das Verfahren betrifft eine	organisiert	
	ja	nein
Straßenverkehrsstrafsache	A	B
besondere Wirtschaftsstrafsache	C	D
Betäubungsmittelstrafsache	E	F
Umweltstrafsache	G	H
Strafsache gg. sex. Selbstbest.	I	K
Keine d. vorgenannt. Strafsachen	Y	Z
Jugendschutzsache		

(Unterschrift, Namensstempel)

62   Der Tenor der vorliegenden Verfügung sieht unter **Ziffer 2** zwei Auswahlmöglichkeiten vor, wobei sich die zweite vor allem für die Fälle häufiger, offensichtlich haltloser und teilweise querulatorischer Anzeigen gegen Polizeibeamte und andere Amtsträger anbietet.

63   Den Gründen ist zu entnehmen, daß unter der Vorschrift des § 152 II StPO auch der Fall abgehandelt ist, in welchem ein Beschuldigter oder Betroffener zur Tatzeit noch nicht 14 Jahre alt war. Dies deshalb, weil gegen eine strafunmündige Person schlechterdings »zureichende tatsächliche Anhaltspunkte« für verfolgbare Straftaten iSd § 152 II StPO nicht vor-

Vordermayer

liegen können.[35] Darüber hinaus ist neben der Einarbeitung des fehlenden Strafantrags vor allem versucht worden in den Gründen der Verfügung durch Formulierungshilfen auf eine richtige Sachbehandlung gem § 152 II StPO hinzuführen.

3. Verweisung auf den Privatklageweg gem §§ 374, 376 StPO

a) Allgemeines

aa) Rechtliche Grundlagen

§§ 374, 376 StPO, § 80 I, II JGG, Nr. 86, 87, 172, 229, 232, 233 RiStBV 64

bb) Anwendungsbereich

Bei den in § 374 I StPO abschließend aufgezählten Straftatbeständen leichterer Art ist für den Verletzten die Verfolgung im Wege der Privatklage möglich, ohne daß es einer vorgängigen Anrufung der StA bedarf. Lediglich gegen zur Tatzeit[36] Jugendliche kann Privatklage nicht erhoben werden (§ 80 I 1 JGG). 65

cc) Voraussetzungen

Gem § 376 StPO wird von der StA die öffentliche Klage bei den in § 374 I StPO bezeichneten Privatklagedelikten nur erhoben, wenn dies im öffentlichen Interesse liegt. Ansonsten verweist die StA – wie sich aus Nr. 87 I 1 RiStBV ergibt – den verletzten Anzeigeerstatter auf den Privatklageweg. Rechtlich gesehen handelt es sich aber auch hier um eine Verfahrenseinstellung gem § 170 II StPO (oben Rn 25 ff) bei der lediglich die Tenorierung der Einstellungsverfügung den rechtlichen Besonderheiten des Privatklageverfahrens angepaßt ist. 66

Unter welchen Voraussetzungen durch die StA in der Regel ein öffentliches Interesse iSd § 376 StPO zu bejahen sein wird, ist allgemein in Nr. 86 II RiStBV niedergelegt. Für Beleidigungs- und Körperverletzungsdelikte finden sich weitere wertvolle Hinweise in Nr. 229, 232 und 233 RiStBV. Gerade für den Bereich der Körperverletzung im Straßenverkehr gibt es zudem zum Teil länderspezifische Dienstanweisungen und Richtlinien für den StA auf Behördenleiter-, GenStA- und Ministeriumsebene. 67

---

35 So auch Rautenberg, Richtlinien für die Prüfung eines Anfangsverdachts wegen einer Straftat, JMBl für das Land Brandenburg 1998, 106 ff, 108
36 Kl/M-G vor § 374 Rn 3

dd) Wiederaufnahme

68 Wie sich aus § 377 II 1 StPO ergibt, kann der StA nach erfolgter Privatklageverweisung in jeder Lage der Sache bis zum Eintritt der Rechtskraft des Urteils im Privatklageverfahren die Verfolgung (wieder) übernehmen.

ee) Sonstiges

69 Probleme bereitet in der Praxis häufig die richtige Sachbehandlung beim Zusammentreffen von einzustellenden Privatklage- und Offizialdelikten, wenn das Privatklagedelikt eingestellt werden soll, weil ein öffentliches Interesse iSd § 376 StPO nicht besteht.

70 Stellen diese Delikte dabei zugleich mehrere prozessuale Taten iSd § 264 StPO dar, erfolgt die Sachbehandlung durch Verwendung eines der beiden nachbenannten Formulare Rn 72 bzw Rn 75 hinsichtlich der Privatklagedelikte und durch Benutzung einer der drei Einstellungsverfügungen nach § 170 II StPO (oben Rn 25 ff) in Bezug auf die Offizialdelikte. Hinsichtlich der Belehrung des Antragstellers gibt es dabei keine Besonderheiten.

71 Schwieriger und strittig[37] ist die Sachbehandlung, wenn die vorgenannten Delikte eine prozessuale Tat iSd § 264 StPO darstellen. Richtigerweise sollte diesen Einstellungsverfügungen das passende Formular für eine Verfahrenseinstellung nach § 170 II StPO zugrundegelegt werden. Es handelt sich insoweit nämlich insgesamt um eine Verfahrenseinstellung gem § 170 II 1 StPO, bei der in Bezug auf das Privatklagedelikt bei Verneinung des öffentlichen Interesses iSd § 376 StPO die diesbezügliche Verfahrensvoraussetzung[38] und in Bezug auf das Offizialdelikt möglicherweise der notwendige Tatverdacht fehlt. Gegen diese Verfahrenseinstellung steht dem Antragsteller dann insgesamt das Klageerzwingungsverfahren zu, da dieses gem § 172 II 3 StPO nur ausgeschlossen ist, wenn das Verfahren **ausschließlich** eine Straftat zum Gegenstand hat, die vom Verletzten im Wege der Privatklage verfolgt werden kann.[39] Demnach ist der Antragsteller beim Zusammentreffen von Privatklage- und Offizialdelikten in einer Tat einheitlich und uneingeschränkt zu belehren. Nur so wird dem Umstand Rechnung getragen, daß Gegenstand des Klageerzwingungsverfahrens die dem Beschuldigten vom Antragsteller zur Last gelegte Tat im prozessualen Sinne in jeglicher rechtlicher Ausgestaltung ist.

---

37 Zum Meinungsstand vgl Kl/M-G § 172 Rn 2, § 374 Rn 3 und § 376 Rn 9 – 11
38 Kl/M-G § 170 Rn 7
39 So wohl auch Kl/M-G § 374 Rn 3 und mit überzeugender Begründung Solbach DRiZ 1977, 181 f und Proppe/Solbach JA-Sonderheft 3, 3. Aufl., 119 ff, insbes S 127 und S 136

Einstellungsverfügung   Teil C   545

b) **Formular – Verweisung auf den Privatklageweg gem §§ 374, 376 StPO – allgemein**

72

	STAATSANWALTSCHAFT
	# O R T #
	#ZwSt#

Az.:	◄	Datum:	◄	ein 374 1
Ermittlungsverfahren gegen		Antragst.:		
wegen		Anzeige vom		

Verfügung

1. **Personendaten** und **Schuldvorwurf** überprüft. Änderung nicht veranlaßt.
2. Der Anzeige wird
   ○ hinsichtlich _____
   (Tatvorwurf bei teilw. Entscheidung)
   mangels öffentlichen Interesses keine Folge gegeben, §§ 374, 376 StPO.
   ○ Die Sache wird zur Verfolgung der Ordnungswidrigkeit(en) an die Verwaltungsbehörde abgegeben, § 43 OWiG.

Gründe:

Bei dem von d. Antragsteller(in) geschilderten Sachverhalt kommt nur ein Privatklagedelikt in Betracht (§ 374 StPO). Die öffentliche Klage wird in diesen Fällen von der Staatsanwaltschaft nur dann erhoben, wenn dies im öffentlichen Interesse liegt (§ 376 StPO). Da der Rechtsfrieden über den Lebenskreis d. Verletzten hinaus nicht gestört ist und die Strafverfolgung kein gegenwärtiges Anliegen der Allgemeinheit darstellt, ist im vorliegenden Fall eine Mitwirkung der Staatsanwaltschaft nicht geboten.

❏ Diktat/Entwurf
❏ _____
_____
_____

❏ Die angezeigte **Beleidigung** stellt keine wesentliche Ehrkränkung dar.
Die beleidigenden Äußerungen sind bei Streitigkeiten unter
○ Hausbewohnern ○ Arbeitskollegen ○ Bekannten
○ _____
gefallen.
❏ Die angezeigte **Körperverletzung** hat zu keinen erheblichen Verletzungen geführt. Anhaltspunkte für Roheit liegen nicht vor. Eine gefährliche Tatausführung ist nicht ersichtlich. Niedrige Beweggründe liegen der Tat nicht zugrunde.
❏ D. Beschuldigte hat sich bisher **straffrei** geführt und ist wegen einer **gleichartigen Tat** bisher nicht in Erscheinung getreten.
❏ Die angezeigte Tat steht im Zusammenhang mit einer **alkoholbedingten Enthemmung** d. Beschuldigten.
❏ Soweit **Gegenanzeige** erstattet wurde, erfolgte ebenfalls Verweisung auf den Privatklageweg.
❏ _____

TV-StA   #StA#   ein 374 1   (08.00)   §§ 374, 376 StPO - Verweisung auf Privatklageweg

Vordermayer

Es steht d. Antragsteller(in) frei, durch Erhebung einer Privatklage (§ 381 StPO) vor dem zuständigen Amtsgericht die beantragte Bestrafung d. Täters/Täterin selbst zu bewirken. Erfolgsaussichten einer Privatklage, die im vorliegenden Fall auch zumutbar ist, sowie etwaige zivilrechtliche Ansprüche werden durch diesen Bescheid nicht berührt.

3. ❑ **Anhörung nach Nr. 90 Abs. 1 RiStBV** nicht erforderlich/ist erfolgt (Bl. ____)
4. ❑ **AL** ____ z.K.
5. ❑ **Mitteilung von Ziff. 2** ohne Gründe an:
   - ○ Besch. ○ über ZBev. _____ (Bl. ____)
   - ○ Verteidiger(in) _____ (Bl. ____)
   - ❑ Mitteilung an Besch. _____ unterbleibt, weil _____ (Bl. ____)
6. ❑ **Mitteilung von Ziff. 2** mit Gründen an:
   - ○ Antragst. _____ (Bl. ____)
   - ○ Vertreter(in) d. Antragst. _____ (Bl. ____)
   - ❑ Mitteilung an Antragst. _____ unterbleibt, weil ○ Amtsanzeige ○ Verzicht
   - ○ mangelndes Strafinteresse ○ _____ (Bl. ____)
7. ❑ **Ausdruck von Ziff. 2 z.A.**
8. **Abtragen**
   - ❑ ZK 34 (J), Verweisung auf den Weg der Privatklage
   - ❑ ZK 35 (K), Abgabe an Verwaltungsbehörde als OWi

Das Verfahren betrifft eine	organisiert	
	ja	nein
Straßenverkehrsstrafsache	A	B
besondere Wirtschaftsstrafsache	C	D
Betäubungsmittelstrafsache	E	F
Umweltstrafsache	G	H
Strafsache gg. sex. Selbstbest.	I	K
Keine d. vorgenannt. Strafsachen	Y	Z
Jugendschutzsache		

9. ❑ **Mitteilung an Ausländerbehörde** gem. § 76 Abs. 4 AuslG
   - ❑ **Formblatt an Polizei/** _____
   - ❑ **MiStra** Nr. _____ an _____
10. ❑ Beiakten trennen
    - ❑ Asservate gem. gesonderter Verfügung abwickeln
    - ❑ Weitere Verfügung gesondert
    - ❑ Akteneinsicht (Bl. ____) für ____ Tage genehmigt
    - ❑ _____
    - _____
11. ❑ **WV** _____
12. ❑ **Mit Akten an** _____ (zuständige Verwaltungsbehörde)
    gem. § 43 OWiG zur Verfolgung der Ordnungswidrigkeit(en) in eigener Zuständigkeit.
    - ○ Auf das noch nicht erledigte Akteneinsichtsgesuch (Bl. ____) weise ich hin.
13. ❑ **Weglegen**

_____
(Unterschrift, Namensstempel)

73 Diese Einstellungsverfügung befaßt sich im Bereich der Privatklagedelikte vorwiegend mit den häufig angezeigten Vergehen der Beleidigung und der vorsätzlichen oder fahrlässigen Körperverletzung; sie kann aber durch entsprechende Ergänzung auch bei den sonstigen in § 374 I StPO genannten Straftatbeständen Verwendung finden und mit einer Sachbehandlung nach § 43 OWiG kombiniert werden. Auch hier wurde versucht, durch Aufnahme entsprechend auszuwählender Sachverhaltsvarianten die tägliche Arbeit des StAs möglichst zu vereinfachen und Zeit für schwierige Dezernatsarbeit abseits der »Massendelikte« zu schaffen.

74 Zu beachten ist, daß der Antragsteller unter **Ziffer 6** der Verfügung keine Beschwerdebelehrung erhält, da insoweit das Klageerzwingungsverfahren gem § 172 II 3 StPO nicht eröffnet ist.

Einstellungsverfügung Teil C 547

c) **Formular – Verweisung auf den Privatklageweg gem. §§ 374, 376 StPO – Straßenverkehr – fahrlässige Körperverletzung**

75

	STAATSANWALTSCHAFT # O R T # #ZwSt#	
Az.:	Datum:	ein 374 2
Ermittlungsverfahren gegen	Antragst.:	
wegen	Anzeige vom	

Verfügung

1. **Personendaten** und **Schuldvorwurf** überprüft. Änderung nicht veranlaßt.
2. Der Anzeige wegen fahrlässiger Körperverletzung wird mangels öffentlichen Interesses an der Strafverfolgung keine Folge gegeben (§§ 374, 376 StPO).
   ❑ Die Sache wird zur Verfolgung der Ordnungswidrigkeiten an die Verwaltungsbehörde abgegeben, § 43 OWiG.
   ❑ Von der Verfolgung der Ordnungswidrigkeiten wird nach § 47 OWiG abgesehen.

Gründe:

○ D. Besch. ist verdächtig, am _____ um _____ Uhr auf _____
_____ bei einem
Verkehrsunfall schuldhaft die Körperverletzung von (Name/n Verletzte/r) _____
_____ verursacht zu haben.
Fahrlässige Körperverletzung ist ein sog. Privatklagedelikt, das von der Staatsanwaltschaft nur dann verfolgt wird, wenn ein öffentliches Interesse an der Durchführung eines Strafverfahrens besteht.
Daran fehlt es im vorliegenden Fall schon deshalb, weil das Fehlverhalten d. Besch. nicht als grober Verkehrsverstoß anzusehen ist und d. Antragst. keine schwerwiegenden Verletzungen, die Dauerfolgen nach sich ziehen werden, davongetragen hat.
(ggf. weitere Begründung) _____
_____

_____
_____

○ Der Verkehrsverstoß d. Besch. wird daher von Amts wegen von der dafür zuständigen Verwaltungsbehörde als Verkehrsordnungswidrigkeit weiterverfolgt.
○ Von der Verfolgung der Verkehrsordnungswidrigkeiten wurde gemäß § 47 OWiG abgesehen, weil
  ○ im Falle der Abgabe des Verfahrens an die Verwaltungsbehörde gemäß § 43 OWiG zur weiteren Sachaufklärung noch Ermittlungen erforderlich wären, die außer Verhältnis zur Bedeutung der Sache stünden.
  ○ angesichts des Grades des Verschuldens und des Eigenschadens d. Besch. eine Ahndung nicht geboten ist.
○ _____
_____
_____

Es steht d. Antragst. frei, durch Erhebung einer Privatklage (§ 381 StPO) vor dem zuständigen Amtsgericht die beantragte Bestrafung d. Besch. selbst zu bewirken. Erfolgsaussichten einer Privatklage, die im vorliegenden Fall auch zumutbar ist, sowie zivilrechtliche Ansprüche werden durch diesen Bescheid nicht berührt.

TV-StA #StA# ein 374 2 (08.00) §§ 374, 376 StPO - Straßenverkehr - fahrl. Körperverl. i.V.m. §§ 43, 47 OWiG

Vordermayer

```
 3. ❏ Anhörung nach Nr. 90 Abs. 1 RiStBV nicht erforderlich/ist erfolgt (Bl. _____)
 4. ❏ AL _____ z.K.
 5.   Mitteilung von Ziff. 2 ohne Gründe:
      ❏ an Besch. ○ über ZBev. _____ (Bl. _____)
      ❏ an Verteidiger(in) _____ (Bl. _____)
      ❏ Mitteilung an Besch. _____ unterbleibt, weil _____ (Bl. _____)
 6.   Mitteilung von Ziff. 2 mit Gründen an:
      ❏ Antragst. _____ (Bl. _____)
      ❏ Vertreter(in) d. Antragst. _____ (Bl. _____)
      ❏ Mitteilung an Antragst. _____ unterbleibt, weil ○ Amtsanzeige ○ Verzicht
      ○ mangelndes Strafinteresse ○ _____ (Bl. _____)
 7. ❏ Ausdruck von Ziff. 2 z.A.
 8.   Abtragen
```

Das Verfahren betrifft eine	organisiert	
	ja	nein
Straßenverkehrsstrafsache	A	B
besondere Wirtschaftsstrafsache	C	D
Betäubungsmittelstrafsache	E	F
Umweltstrafsache	G	H
Strafsache gg. sex. Selbstbest.	I	K
Keine d. vorgenannt. Strafsachen	Y	Z
Jugendschutzsache		

```
      ❏ ZK 34 (J),  Verweisung auf den Weg der Privatklage
      ❏ ZK 35 (K),  Abgabe an Verwaltungsbehörde als Owi
 9. ❏ Mitteilung an Ausländerbehörde gem. § 76 Abs. 4 AuslG
      ❏ Formblatt an Polizei/_____
      ❏ MiStra Nr. _____ an _____
10. ❏ Beiakten trennen
      ❏ Asservate gem. gesonderter Verfügung abwickeln
      ❏ Weitere Verfügung gesondert
      ❏ Akteneinsicht (Bl. _____) für _____ Tage genehmigt
      ❏ _____
11. ❏ WV _____
12. ❏ Mit Akten
      an _____ (zuständige Verwaltungsbehörde)
      gem. § 43 OWiG zur Verfolgung der Ordnungswidrigkeit(en) in eigener Zuständigkeit.
      ○ Auf das noch nicht erledigte Akteneinsichtsgesuch (Bl. _____) weise ich hin.
13. ❏ Weglegen
```

(Unterschrift, Namensstempel)

76 Das diesbezügliche Formular stellt das Pendant zur Einstellungsverfügung Rn 72 dar und zwar mit der Besonderheit, daß dieses Mal die Fälle der fahrlässigen Körperverletzung im Straßenverkehr erfaßt sind. Die Einstellungsverfügung kann mit einer Sachbehandlung gem den §§ 43, 47 OWiG verbunden werden und kommt zur Anwendung, wenn zwar der Verletzte Strafantrag gestellt hat, die StA ein öffentliches Interesse iSd § 376 StPO aber verneint.

77 Hat der Verletzte keinen Strafantrag gestellt und verneint die StA das besondere öffentliche Interesse iSd § 230 I 1 StGB liegt der Fall einer Einstellung nach § 170 II StPO vor (Formular Rn 53).

Vordermayer

4. Einstellung gem § 153 I StPO

a) Allgemeines

aa) Rechtliche Grundlagen

§ 153 StPO, Nr. 93, 211 RiStBV 78

bb) Anwendungsbereich

Die Vorschrift des § 153 I StPO zielt auf eine vereinfachte Erledigung im 79
Bereich der Bagatellkriminalität[40] ab. Ihr Anwendungsbereich wurde durch
das Gesetz zur Entlastung der Rechtspflege vom 11.1.1993[41] für die StA
durch eine Verkürzung des Verfahrensganges in der Weise erleichtert, daß
die Zustimmung des Gerichts gem § 153 I 2 StPO bei Vergehen entbehrlich
ist, die nicht mit einer im Mindestmaß erhöhten Strafe bedroht und deren
Folgen gering[42] sind. Darüber hinaus ist die Beschränkung zustimmungsloser Einstellung auf Vermögensdelikte weggefallen.

cc) Voraussetzungen

Neben der im Einzelfall erforderlichen **Zustimmung des Gerichts** (oben 80
Rn 3) ist für eine Verfahrenseinstellung durch die StA gem § 153 I StPO
weiter Voraussetzung, daß das Verfahren ein **Vergehen** (§ 12 II StGB) zum
Gegenstand hat, die **Schuld des Täters als gering anzusehen wäre** und
kein öffentliches Interesse an der Verfolgung besteht.

Aus der Formulierung »die Schuld des Täters als gering anzusehen wäre« 81
folgt, daß die Anwendung des § 153 I StPO nicht voraussetzt, daß die
Schuld nachgewiesen ist. Vielmehr reicht es aus, daß für sie eine gewisse
Wahrscheinlichkeit besteht, was bei einer Einstellungsreife gem den §§ 152
II, 170 II StPO nie der Fall sein kann. Gering ist die Schuld, wenn sie bei
einem Vergleich mit Straftaten gleicher Art nicht unerheblich unter dem
Durchschnitt liegt.[43]

Trotz des Vorliegens geringer Schuld in vorstehendem Sinne verbietet sich 82
für den StA eine Verfahrenseinstellung gem § 153 I StPO, wenn aus
gewichtigen Gründen,[44] zB der Spezial- und/oder der Generalprävention,
ein öffentliches Interesse an der Verfolgung besteht.

---

40 So auch Böttcher/Mayer NStZ 1993, 153 ff, 154 und Kl/M-G § 153 Rn 16
41 BGBl I 1993, 50
42 Zum Merkmal der geringen Tatfolgen und dafür, daß im Bereich der Vermögensdelikte die gedankliche Verknüpfung zu § 248 a StGB erhalten bleiben soll vgl Böttcher/Mayer aaO und Kl/M-G § 153 Rn 16 – 18
43 Zum Problembereich der geringen Schuld so auch Kl/M-G § 153 Rn 2 bis 4 mwN
44 Vgl dazu Kl/M-G § 153 Rn 7 mwN

Vordermayer

dd) Wiederaufnahme

83 Die staatsanwaltschaftliche Einstellung gem § 153 I StPO verbraucht die Strafklage nicht,[45] so daß eine Wiederaufnahme des Verfahrens jederzeit möglich ist.

ee) Sonstiges

84 Dem § 153 I StPO ähnliche Vorschriften, zT unter Verweis auf diese Bestimmung, finden sich in § 31 a I BtMG, § 398 AO und § 45 I JGG.

b) Formular – Einstellung gem § 153 I StPO – ohne gerichtliche Zustimmung

85

STAATSANWALTSCHAFT
 # O R T #
#ZwSt#

| Az.: | ◄ | Datum: | ◄ | ein 153 1o |

Ermittlungsverfahren

gegen	Antragst.:
wegen	Anzeige vom

V e r f ü g u n g

1. **Personendaten** und **Schuldvorwurf** überprüft. Änderung nicht veranlaßt.
2. ❑ Das Verfahren wird gemäß § 153 Abs. 1 StPO **eingestellt**.
   ❑ Das Verfahren wird **wiederaufgenommen und** gemäß § 153 Abs. 1 StPO **eingestellt**.
   ❑ Es wird zur Verfolgung der **Ordnungswidrigkeiten** an die Verwaltungsbehörde **abgegeben, § 43 OWiG**.
   ❑ Hinsichtlich der **Ordnungswidrigkeiten** wird es nach **§ 47 Abs. 1 OWiG** eingestellt.

Gründe:

Ein öffentliches Interesse an der Strafverfolgung ist nicht gegeben. Die Schuld wäre als gering anzusehen.

○ Der Schaden ist gering.
○ Ein bleibender Schaden ist nicht entstanden.
○ Der Schaden wurde bereits wiedergutgemacht.
○ Angesichts des hohen Lebensalters d. Beschuldigten und des straflosen Vorlebens ist davon auszugehen, daß bereits die Einleitung eines Ermittlungsverfahrens von der Begehung weiterer Straftaten abhalten wird.
○ Die Tat liegt schon sehr lange zurück (Tatzeit: _____).
○ D. Beschuldigte hat sich nur kurze Zeit unerlaubt im Gebiet der Bundesrepublik Deutschland aufgehalten und das Bundesgebiet bereits wieder verlassen.
○ D. Beschuldigte ist Ausländer und hat offensichtlich das Bundesgebiet nach Entdeckung der Tat wieder verlassen (Rechtsgedanke des § 154 b Abs. 3 StPO).

---

45 So auch Kl/M-G § 153 Rn 37 mwN; dagegen ist (vgl – auch zum Stand der verschiedenen Meinungen – Kl/M-G § 153 Rn 38) nach einer richterlichen Einstellung gem § 153 II StPO bei nunmehriger Qualifizierung der Tat als Verbrechen oder bei Vorliegen neuer Tatsachen und Beweismittel, die zu einer Änderung der rechtlichen Beurteilung der Tat führen, eine Wiederaufnahme des Verfahrens möglich.

Vordermayer

Einstellungsverfügung   Teil C   551

- ○ Der Aufenthalt d. Beschuldigten konnte nicht ermittelt werden.
  Weitere erfolgversprechende Fahndungsmaßnahmen sind nicht verhältnismäßig.
- ○ Diktat/Entwurf
- ○ _____
  _____
  _____
  _____
  _____
  _____
  _____
  _____

- ○ Etwaige zivilrechtliche Ansprüche werden von dieser Entscheidung nicht berührt.

TV-StA   #StA#   ein 153 1o   (08.00)   § 153 Abs. 1 StPO ohne Zustimmung des Gerichts

3. Die **Zustimmung des Gerichts ist entbehrlich**, da die Tat (Vergehen) nicht mit einer im Mindestmaß erhöhten Strafe bedroht ist und ihre Folgen gering sind (§ 153 Abs. 1 Satz 2 StPO).
4. ❏ **Anhörung nach Nr. 93 Abs. 1 RiStBV** nicht erforderlich/ist erfolgt (Bl. _____)
5. ❏ **AL** _____ **z.K.**
   Schadenshöhe: _____ DM (Bl. _____)
6. ❏ **Neue Zählkarte anlegen** (Wiederaufnahme des Ermittlungsverfahrens)
7. **Abtragen**
   ❏ ZK 27 (x)   Einstellung gem. § 153 Abs. 1 StPO
                 wegen Geringfügigkeit
   ❏ ZK 35 (K)   Abgabe an Verwaltungsbehörde als Owi

Das Verfahren betrifft eine	organisiert	
	ja	nein
Straßenverkehrsstrafsache	A	B
besondere Wirtschaftsstrafsache	C	D
Betäubungsmittelstrafsache	E	F
Umweltstrafsache	G	H
Strafsache gg. sex. Selbstbest.	I	K
Keine d. vorgenannt. Strafsachen	Y	Z
Jugendschutzsache		

8. ❏ **Mitteilung von Ziff. 2 ohne Gründe** an:
   ○ Besch. (Bl. _____)
   ○ ges. Vertr. d. Besch. (Bl. _____)
     ○ über ZBev. (Bl. _____)
   ○ **Verteidiger(in)** (Bl. _____)
   ❏ **Mitteilung an Besch. unterbleibt**, weil _____ (Bl. _____)
9. ❏ **Mitteilung von Ziff. 2 mit Gründen** an:
   ○ Antragst. (Bl. _____)
   ○ Vertreter(in) d. Antragst. (Bl. _____)
   ❏ **Mitteilung an Antragst. unterbleibt**, weil ○ Amtsanzeige ○ Verzicht
   ○ mangelndes Strafinteresse ○ _____ (Bl. _____)
10. ❏ **Ausdruck von Ziff. 2 z.A.**
11. ❏ **Mitteilung an Ausländerbehörde** gem. § 76 Abs. 4 AuslG
    ❏ **Formblatt an Polizei/** _____
    ❏ **MiStra** Nr. _____ an _____
12. ❏ **Beiakten trennen**
    ❏ Asservate gem. gesonderter Verfügung abwickeln
    ❏ Weitere Verfügung gesondert
    ❏ Akteneinsicht (Bl. _____) für _____ Tage genehmigt
13. ❏ **Weglegen**
    ❏ Mit Akten
    an _____ (zuständige Verwaltungsbehörde)
    gem. § 43 OWiG zur Verfolgung der Ordnungswidrigkeit(en) in eigener Zuständigkeit.
    ○ Auf das noch nicht erledigte Akteneinsichtsgesuch (Bl. _____) weise ich hin.

_____
(Unterschrift, Namensstempel)

Vordermayer

86 Die Einstellungsverfügung Rn 85 selbst befaßt sich mit der Einstellung eines Verfahrens gem § 153 I StPO ohne gerichtliche Zustimmung.

87 Dem vorgeschlagenen Tenor unter **Ziffer 2** ist zu entnehmen, daß auch hier der Fall einer gleichzeitigen Sachbehandlung nach den §§ 43, 47 OWiG vorgesehen ist.

88 Darüber hinaus ermöglicht der Tenor die Einstellung von wegen unbekannten Aufenthalts des Beschuldigten gem § 205 StPO analog eingestellten Verfahren nunmehr nach § 153 I StPO, wenn der erfolgte Zeitablauf oder sonstige besondere Umstände dies nahelegen. Dieses Formblatt kann also bei Vorliegen der behördenspezifischen Voraussetzungen besonders auch dann zur Anwendung kommen, wenn es darum geht, in regelmäßigen Abständen zu überprüfen, ob nicht ursprünglich entsprechend § 205 StPO eingestellte Verfahren einer anderen, endgültigen Erledigung zugeführt werden sollten.

89 In den Gründen des Einstellungsformulares finden sich besonders häufig vorkommende Sachverhaltsgestaltungen, die wahlweise durch entsprechendes Ankreuzen auch untereinander kombiniert werden können.

90 Die **Ziffer 3** der Einstellungsverfügung weist darauf hin, daß unter bestimmten Voraussetzungen eine gerichtliche Zustimmung zur Einstellung erforderlich ist und daß sich diese Erledigungsmöglichkeit dem Wortlaut des Gesetzes entsprechend nur bei Vergehen, nicht aber bei Verbrechen anbietet.

91 Unter **Ziffer 5** wurde zur Eigenkontrolle, aber auch für die Überprüfung durch den Abteilungsleiter ein Freitext für die Höhe des Schadens eines eventuellen Ladendiebstahls oder Betrugs und die diesbezügliche Aktenfundstelle vorgesehen.

Einstellungsverfügung Teil C 553

c) **Formular – Einstellung gem § 153 I StPO – mit gerichtlicher Zustimmung**

92

	STAATSANWALTSCHAFT
	# O R T #
	#ZwSt#

Az.: ◄ Datum: ◄

Ermittlungsverfahren
gegen

Antragst.:

wegen

Anzeige vom

Verfügung

1.1 **Personendaten** und **Schuldvorwurf** überprüft. Änderung nicht veranlaßt.
1.2 ❏ **Anhörung** nach Nr. 93 Abs. 1 RiStBV nicht erforderlich/ist erfolgt (Bl. _____)
1.3 **AL** _____ **z.K.**

1.4 **V.v., WV** _____

1.5 **U.m.A. an das Amtsgericht** _____

D. Beschuldigten liegt die unter 3.1 bezeichnete Tat zur Last.
Ich beabsichtige, gem. § 153 Abs. 1 StPO von der Erhebung der öffentlichen Klage gegen d. Besch. vorläufig abzusehen und bitte um Zustimmung.

_____
(Unterschrift, Namensstempel)

Amtsgericht _____ Datum: ◄

_____ **Gs** _____

2.1 Eintragen Gs
2.2 Zustimmung wird
   ❏ erteilt ❏ nicht erteilt
2.3 Gs abtragen
2.4 U.m.A. an die #eig. Behörde# zurück

_____
Richter(in) am Amtsgericht

TV-StA #StA# ein 153 1m (11.98) § 153 Abs. 1 StPO mit gerichtlicher Zustimmung

Vordermayer

3.1 Das Verfahren wird gemäß § 153 Abs. 1 StPO mit Zustimmung des Gerichts eingestellt.
○ Es wird zur Verfolgung der Ordnungswidrigkeit(en) an die Verwaltungsbehörde abgegeben, § 43 OWiG.
○ Hinsichtlich der Ordnungswidrigkeit(en) wird es nach § 47 Abs. 1 OWiG eingestellt.

Gründe:

Ein öffentliches Interesse an der Strafverfolgung ist nicht gegeben. Die Schuld wäre als gering anzusehen.
○ Diktat/Entwurf ○ _____

○ Etwaige zivilrechtliche Ansprüche werden von dieser Einstellung nicht berührt.

3.2 **Abtragen** ○ ZK 27 (x) Geringfügigkeit
○ ZK 35 (K) Abgabe an Verwaltungsbehörde

Das Verfahren betrifft eine	organisiert	
	ja	nein
Straßenverkehrsstrafsache	A	B
besondere Wirtschaftsstrafsache	C	D
Betäubungsmittelstrafsache	E	F
Umweltstrafsache	G	H
Strafsache gg. sex. Selbstbest.	I	K
Keine d. vorgenannt. Strafsachen	Y	Z
Jugendschutzsache		

3.3 ☐ **Mitteilung von Ziff. 3.1 ohne Gründe an:**
○ Besch. ○ über ZBev. (Bl. _____)
○ Verteidiger(in) (Bl. _____)
☐ **Mitteilung an Besch. unterbleibt, weil** _____ (Bl. _____)

3.4 ☐ **Mitteilung von Ziff. 3.1 mit Gründen an:**
○ Antragst. (Bl. _____)
○ Vertreter(in) d. Antragst. (Bl. _____)
☐ **Mitteilung an Antragst. unterbleibt, weil** ○ Amtsanzeige ○ Verzicht
○ mangelndes Strafinteresse ○ _____ (Bl. _____)

3.5 **Ausdruck von Ziff. 3.1 z.A.**

3.6 ☐ **Mitteilung an Ausländerbehörde** gem. § 76 Abs. 4 AuslG
☐ **Formblatt an Polizei/** _____
☐ **MiStra Nr.** _____ an _____

3.7 ☐ Beiakten trennen
☐ Asservate gem. gesonderter Verfügung abwickeln
☐ Weitere Verfügung gesondert
☐ Akteneinsicht (Bl. _____) für _____ Tage genehmigt
☐ _____

3.8 ☐ **Weglegen**
☐ Mit Akten an _____ (zuständige Verwaltungsbehörde)
gem. § 43 OWiG zur Verfolgung der Ordnungswidrigkeit(en) in eigener Zuständigkeit.
○ Auf das noch nicht erledigte Akteneinsichtsgesuch (Bl. _____) weise ich hin.

(Datum)   (Unterschrift, Namensstempel)

93 Dieses Formblatt betrifft die Verfahrenseinstellung gem § 153 I StPO mit gerichtlicher Zustimmung.

94 Die Besonderheit des Verfahrensablaufes ergibt sich aus **Ziffer 1.5** des Formulars, mit welcher die Akten dem Gericht zur Zustimmung unter Hinweis auf die auf der Rückseite des Formblattes angegebenen Gründe zugeleitet werden.

Iü sind der Aufbau des Tenors und der Gründe der Einstellungsverfügung unter **Ziffer 3.**1 ebenso wie die sonstigen Abläufe unter **Ziffer 3.**2 ff dem Schema der bereits erörterten Einstellungsformulare angepaßt.

5. Einstellung gem § 153 a I StPO

a) Allgemeines

aa) Rechtliche Grundlagen

§ 153 a StPO, Nr. 93, 93a, 211 RiStBV

bb) Anwendungsbereich

Die folgenden acht Formulare, beginnend mit Rn 106 und endend mit Rn 124 befassen sich mit den, dem Opportunitätsprinzip unterliegenden staatsanwaltschaftlichen Verfahrenseinstellungen gem § 153 a I StPO. Der Aufbau des jeweiligen Formblattes ist dabei wiederum davon abhängig, ob die Verfahrenseinstellung gem § 153 a I 6 StPO iVm § 153 I 2 StPO der Zustimmung des Gerichts bedarf oder nicht.

Hierbei ist zum einen zu beachten, daß durch das Gesetz zur Entlastung der Rechtspflege vom 11.1.1993[46] die gerichtliche Zustimmung zur staatsanwaltschaftlichen Sachbehandlung gem den vorgenannten Bestimmungen nur noch selten erforderlich ist[47] und zum anderen der Anwendungsbereich des § 153 a I StPO durch die Aufgabe der früheren Einstellungsvoraussetzung »geringe Schuld« und deren Ersetzung durch die Formulierung »die Schwere der Schuld nicht entgegensteht« – wenn auch behutsam – von der leichten bis zum Bereich der mittleren Kriminalität[48] ausgedehnt worden ist.

Nachdem der Gesetzgeber durch Erweiterung des Anwendungsbereiches gerade der Vorschrift des § 153 a StPO auch der Personalknappheit im Bereich der Justiz Rechnung tragen wollte, wurde versucht durch eine gesonderte Erfassung der besonders häufig vorkommenden Ladendiebstähle (Formblatt Rn 111) und der atypisch zu behandelnden Unterhaltspflichtverletzung (Formblatt Rn 118) weitere Erleichterungen für den StA und dessen Unterstützungsbereich zu schaffen.

---

46 BGBl I 1993, 50
47 S.o. Rn 3, vgl aber auch die seit 1. 1. 1999 geltende Neufassung des § 153 a I 6 StPO, wonach die Zustimmung des Gerichts bei der Auferlegung der Teilnahme an einem Aufbauseminar iSd § 153 a I 1 Nr. 5 StPO erforderlich ist
48 Vgl Böttcher/Mayer NStZ 1993, 153 ff, 154 und Kl/M-G § 153 a Rn 2

Vordermayer

100 Das gleiche gilt für das Angebot einer speziellen Verfügung zur Ratenzahlung und Stundung für eine nach § 153 a I StPO angebotene Geldauflage (Formblatt Rn 122) bzw die formularmäßige Berücksichtigung des Falles, daß ein Beschuldigter bereits eine Sicherheit geleistet hat (Formblätter Rn 120 und Rn 114), die mit einer vorgeschlagenen Geldauflage verrechnet werden kann.

cc) Voraussetzungen

101 Für eine staatsanwaltschaftliche Verfahrenseinstellung gem § 153 a I StPO ist neben der **Zustimmung des Beschuldigten** und im Einzelfall **der des Gerichts** (oben Rn 3) Voraussetzung, daß das Verfahren ein **Vergehen** (§ 12 II StGB) zum Gegenstand hat. Außerdem müssen die nach § 153 a I 1 Nr. 1 bis 5 zulässigen Auflagen und Weisungen geeignet sein, das öffentliche Interesse[49] an der Strafverfolgung zu beseitigen. Zudem darf dieser Sachbehandlung die Schwere der Schuld nicht entgegenstehen.[50]

102 Der Tatverdacht nach § 153 a StPO erfordert einen höheren Grad als bei der folgenlosen Einstellung nach § 153 StPO. Es muß nach dem Verfahrensstand mit hoher Wahrscheinlichkeit von einer Verurteilung ausgegangen werden können. Denn nur dann kann dem Beschuldigten die Übernahme besonderer Pflichten zugemutet werden.[51]

dd) Wiederaufnahme

103 Wie sich aus § 153 a I 4 StPO ergibt, tritt für den Fall, daß der Beschuldigte die Auflagen und Weisungen erfüllt, ein partieller Strafklageverbrauch ein, der es verbietet die Tat als **Vergehen** (nicht aber, wenn sich die Tat später als Verbrechen darstellt) weiter zu verfolgen.

ee) Sonstiges

104 Die Einstellung eines Verfahrens gem § 153 a I StPO begründet wegen der Unschuldsvermutung für Gerichte und Verwaltungsbehörden trotz der Zustimmung des Beschuldigten keinen Schuldnachweis.[52] Sie führt, wie in der Regel bei staatsanwaltlichen Verfahrenseinstellungen, auch hier zu keinem Eintrag im BZR,[53] sehr wohl aber bei den schon bestehenden zentralen staatsanwaltschaftlichen Registern einzelner Bundesländer und bei dem zu schaffenden länderübergreifenden staatsanwaltschaftlichen Verfahrensregister.[54]

---

49 Zum Begriff des öffentlichen Interesses s.o. Rn 82 und Kl/M-G § 153 a Rn 6
50 Dazu, daß die Neufassung des § 153 a StPO die behutsame Anwendung bis zum Bereich der mittleren Kriminalität eröffnet s.o. Rn 98; zum Begriff der Schwere der Schuld vgl Kl/M-G § 153 a Rn 7
51 Pfeiffer § 153 a Rn 2
52 BVerfG MDR 1991, 891f
53 Vgl aber § 11 I Nr. 1 BZRG, wonach bei staatsanwaltlicher Verfahrenseinstellung wegen Schuldunfähigkeit eine Eintragung zu erfolgen hat
54 Vgl §§ 474 ff StPO

Vordermayer

Hinsichtlich der Verjährung ist zu beachten, daß diese während des Laufes der für die Erfüllung der Auflagen und Weisungen gesetzten Frist ruht (§153 a III StPO).

b) **Formular – Einstellung gem § 153 a I StPO – ohne gerichtliche Zustimmung – allgemein**

STAATSANWALTSCHAFT
 # O R T #
#ZwSt#

Az.: ≺ Datum: ≺ ein 153a 1o

Ermittlungsverfahren
gegen

wegen

Verfügung

1.1 ❑ **Auskunft** aus dem ○ Bundeszentralregister
 ○ Verkehrszentralregister
 ○ _____

1.2 ❑ Neue Vorgangsliste
 ❑ **Anfrage** an die StA _____
 nach vorangegangener Sachbehandlung gem. § 153 a StPO

1.3 WV _____

(Unterschrift, Namensstempel)

2.1 **Personendaten** und **Schuldvorwurf** überprüft. Änderung nicht veranlaßt.

2.2 **Die Ermittlungen sind abgeschlossen.**

D. Beschuldigten liegt die unter 2.5 bezeichnete Tat zur Last.
Die dort genannten Auflagen sind geeignet, das öffentliche Interesse an der Strafverfolgung zu beseitigen.
Die Schwere der Schuld steht einer Einstellung nicht entgegen.
Einer Zustimmung des Gerichts bedarf es wegen §§ 153 a Abs. 1 Satz 6, 153 Abs. 1 Satz 2 StPO nicht.

Vordermayer

2.3 ☐ **Anhörung nach Nr. 93 Abs. 1 RiStBV** nicht erforderlich/ist erfolgt (Bl. _____)

2.4 ☐ **AL** _____ **z.K.**

TV-StA   R   ein 153a 1o   (08.00)   § 153 a Abs. 1 StPO ohne gerichtliche Zustimmung

2.5 **Schreiben an Besch.** _____ (Bl. _____) ○ über ZBev (Bl. _____)
unter Beigabe des Vordrucks Zustimmungserklärung
Sehr geehrte(r) <Anrede>,
die Staatsanwaltschaft legt Ihnen zur Last:
○ Diktat/Entwurf ○ Nach Textbaustein: _____
○ _____
_____
_____
_____
_____

strafbar als _____
gemäß § _____ .

Die Staatsanwaltschaft beabsichtigt,
○ unter der Voraussetzung, daß Sie mit der formlosen **Einziehung** der sichergestellten
Gegenstände (Bezeichnung _____)
einverstanden sind,
gemäß § 153 a Abs. 1 StPO von der Erhebung der öffentlichen Klage abzusehen, wenn Sie
1. der vereinfachten Verfahrenserledigung **bis zum** _____ unter Verwendung des
anliegenden Formblattes zustimmen und
2. **folgende Auflage(n) bis zum** _____ erfüllen:
○ Zahlung eines Geldbetrages in Höhe von
○ _____ DM zugunsten der Staatskasse
○ _____ DM zugunsten _____
(Listen-Nr. _____) auf das Konto Nr.: _____
bei der _____ (BLZ _____)
unter ausdrücklicher Angabe der folgenden <Referenznummer>.
○ Ein Überweisungsträger liegt bei.
○ Zahlung eines Geldbetrages in Höhe von _____ DM an d. Verletzte(n)
_____
(ggf. Wiederholung Betrag u. Name bei mehreren Geschädigten)
zur Wiedergutmachung des durch die Tat verursachten Schadens.
D.Verletzten wird dadurch nicht die Möglichkeit genommen, einen nach seiner Meinung
entstandenen weitergehenden Schaden ersetzt zu verlangen.

Wenn Sie fristgemäß dieser vorgesehenen Beendigung des Verfahrens zustimmen und die Auflage fristgemäß und vollständig erfüllen sowie den Nachweis hierüber unverzüglich gegenüber der Staatsanwaltschaft erbringen, wird das Verfahren ohne weitere Mitteilung an Sie eingestellt. Eine nachgewiesene, fristgemäße Erfüllung der Auflage gilt als Zustimmung. Es erfolgt dann weder ein Eintrag im Bundeszentralregister noch im Verkehrszentralregister in Flensburg. Sie gelten als nicht vorbestraft und der Vorfall wird nicht in ein Führungszeugnis aufgenommen. Bei Erfüllung der Auflage kann die Tat nicht mehr als Vergehen verfolgt werden. Falls Sie mit der Sachbehandlung nicht einverstanden sind, wird ohne weitere Benachrichtigung die öffentliche Klage erhoben.
Bitte beachten Sie besonders, daß nicht vorgesehen ist,
- die für die Abgabe Ihres Einverständnisses gesetzte Frist zu verlängern,
- Sie zur Erfüllung der Auflage zu mahnen,
- zu prüfen, aus welchen Gründen Sie die Auflage nicht oder nicht rechtzeitig erfüllt haben,
- im Fall der Nichterfüllung der Auflage die vorgesehene Sachbehandlung nach § 153 a Abs. 1 StPO ausdrücklich zu widerrufen.
Wenn Sie also der Auflage nicht oder nicht rechtzeitig erfüllen, erhebt die Staatsanwaltschaft ohne weitere Nachricht die öffentliche Klage gegen Sie. Von Ihnen etwa bereits entrichtete Teilbeträge werden in diesem Fall nicht zurückerstattet.
Hochachtungsvoll

Vordermayer

2.6	❏ **Ausdruck von 2.5 z.A.**
2.7	Mitt. der Auflage/n an Zahlungsempfänger (nicht bei Staatskasse) mit Zahlungsbestätigung
2.8	❏ **Abschrift von 2.5 an Verteidiger(in)** (Bl. _____)
2.9	❏ Akteneinsicht (Bl. _____) für _____ Tage genehmigt
2.10	**WV** _____ (Zustimmung/Zahlung ?)

_____   _____
 (Datum)   (Unterschrift, Namenstempel)

Der Aufbau der Einstellungsverfügung nach § 153 a I StPO ohne gerichtliche Zustimmung lehnt sich ebenso wie der Aufbau bei der entsprechenden Verfahrenseinstellung mit gerichtlicher Zustimmung an die Vorgaben im Rahmen der vielfach vorhandenen sog »StP-Reihe« an. Dies gilt insbes für die Vorderseite des Formblattes Rn 106. **107**

Auf der Rückseite des Formulars werden bei dem Textverarbeitungsprogramm TV-StA unter **Ziffer 2.5** teilweise neue Wege beschritten. So kann der dem Beschuldigten zur Last liegende Sachverhalt nicht nur diktiert oder handschriftlich entworfen, sondern auch einem der zahlreich zur Verfügung stehenden Textbausteine und Formulare aus dem Bereich der allgemeinen Straftaten, des Waffengesetzes (unten Teil B 7. Kap Rn 220 ff), des Betäubungsmittelgesetzes (unten Teil B 8. Kap Rn 35), der Straftaten gegen ausländerrechtliche Bestimmungen (unten Teil B 4. Kap Rn 10 ff) und des Straßenverkehrs entnommen werden. Die Besonderheit dieser Textbausteine liegt darin, daß sie nach kurzer Ergänzung der Leerfelder nicht nur für Strafbefehle und Anklagen, sondern – bei Vorliegen der entsprechenden, vom Textverarbeitungssystem TV-StA gebotenen Voraussetzungen – unter jeweiliger EDV-mäßiger Umsetzung auch als Vorgaben für Haftbefehle und zB die vorliegende Einstellungsverfügung nach § 153 a I StPO verwendet werden können. Im Extremfall bedeutet dies, daß unter Zugrundelegung eines einzigen Textbausteines oder Formulars für den dem Beschuldigten zur Last liegenden Sachverhalt zunächst eine Einstellung des Verfahrens nach § 153 a I StPO erfolglos angeboten, sodann mit dem gleichen Baustein ohne erneute Arbeit der entsprechende Strafbefehl und ggf nach erfolgter Hauptverhandlung bei Bedarf ohne weitere Arbeitsschritte ein entsprechender Haftbefehl beantragt werden kann. **108**

Nach dem Freitext unter **Ziffer 2.5** des Einstellungsformulars besteht die Möglichkeit dem Beschuldigten zu verdeutlichen, daß die StA die angebotene Sachbehandlung nur unter der Voraussetzung beabsichtigt, daß sich der Beschuldigte mit der formlosen Einziehung der im einzelnen zu benennenden Gegenstände einverstanden erklärt hat. Dabei ist sorgfältig zu prüfen, ob nicht besondere Umstände, wie zB der Wert des in Frage stehenden Asservats, das ausdrückliche Einverständnis des Beschuldigten zu dieser Verfahrensweise erfordern. **109**

Als Auflage sieht das Formblatt neben der Zahlung eines Geldbetrages zugunsten der Staatskasse oder eines anderen Zuwendungsempfängers **110** auch die Zahlung eines Geldbetrages an den Verletzten zur Wiedergutmachung des durch die Tat verursachten Schadens vor. Für den Fall der Zuweisung eines Geldbetrages an eine gemeinnützige Einrichtung würde es sich dabei empfehlen von dem Angebot Gebrauch zu machen, für die Schreibkanzlei oder Serviceeinheit nur noch die Nummer der behördlicherseits zu erstellenden Liste für den begünstigten Auflagenempfänger anzugeben mit der Folge, daß die diesbezügliche Anschrift nebst Kontonummer EDV-gesteuert automatisch in den zu erstellenden Text übernommen wird.

c) Formular – Einstellung gem § 153 a I StPO – ohne gerichtliche Zustimmung – Ladendiebstahl

111

STAATSANWALTSCHAFT
 # O R T #
#ZwSt#

Az.:　　　　　　Datum:　　　　　　ein 153a 1o Diebst

Ermittlungsverfahren
gegen

wegen

Verfügung

1.1 ❑ **Auskunft** aus dem　　○ Bundeszentralregister
　　　　　　　　　　　　　　○ Verkehrszentralregister
　　　　　　　　　　　　　　○ _____

1.2 ❑ **Neue Vorgangsliste**
　　　❑ **Anfrage** an die StA _____
　　　nach vorangegangener Sachbehandlung gem. § 153 a StPO

1.3　WV _____

_____
(Unterschrift, Namensstempel)

2.1 **Personendaten** und **Schuldvorwurf** überprüft. Änderung nicht veranlaßt.

2.2 **Die Ermittlungen sind abgeschlossen.**

D. Beschuldigten liegt die unter 2.5 bezeichnete Tat zur Last.
Die dort genannten Auflagen sind geeignet, das öffentliche Interesse an der Strafverfolgung zu beseitigen.
Die Schwere der Schuld steht einer Einstellung nicht entgegen.
Einer Zustimmung des Gerichts bedarf es wegen §§ 153 a Abs. 1 Satz 6,
153 Abs. 1 Satz 2 StPO nicht.

2.3 ❑ **Anhörung** nach Nr. 93 Abs. 1 RiStBV nicht erforderlich/ist erfolgt (Bl. _____)

Vordermayer

Einstellungsverfügung   Teil C   561

2.4 ❏ **AL** _____ **z.K.**

TV-StA #StA# ein 153a 1o Diebst   (12.98) § 153 a Abs. 1 StPO ohne gerichtliche Zustimmung - Ladendiebstahl

2.5 **Schreiben an Besch.** _____ (Bl. _____) ❍ über ZBev (Bl. _____)
    unter Beigabe des Vordrucks Zustimmungserklärung
    Sehr geehrte(r) <Anrede>,
    die Staatsanwaltschaft legt Ihnen zur Last:
    Nach Textbaustein: **allg die 1**
    1. **Tattag:** _____   2. **Tatzeit:** _____
    3. **ggf. Tatzeitraum:** _____
    5. **Name und Anschrift Geschäft - Bezeichnung Diebesgut:** _____
       _____
       _____
       _____

    6. **Wert Diebesgut:** _____
    7. **Geringw. Sache ?** ❍
    8. **Strafantrag gestellt ?** ❍
    Die Staatsanwaltschaft beabsichtigt,
    ❍ unter der Voraussetzung, daß Sie mit der formlosen **Einziehung** der sichergestellten
       Gegenstände (Bezeichnung _____)
       einverstanden sind,
    gemäß § 153 a Abs. 1 StPO von der Erhebung der öffentlichen Klage abzusehen, wenn Sie
    1. der vereinfachten Verfahrenserledigung **bis zum** _____ unter Verwendung des
       anliegenden Formblattes zustimmen und
    2. **folgende Auflage(n) bis zum** _____ erfüllen:
       ❍ Zahlung eines Geldbetrages in Höhe von
         ❍ _____ DM zugunsten der Staatskasse
         ❍ _____ DM zugunsten _____
           (Listen-Nr. _____) auf das Konto Nr.: _____
           bei der _____ (BLZ _____)
           unter ausdrücklicher Angabe der folgenden <Referenznummer>.
         ❍ Ein Überweisungsträger liegt bei.
       ❍ Zahlung eines Geldbetrages in Höhe von _____ DM an d. Verletzte(n)
         _____

                    (ggf. Wiederholung Betrag u. Name bei mehreren Geschädigten)
         zur Wiedergutmachung des durch die Tat verursachten Schadens.
    D.Verletzten wird dadurch nicht die Möglichkeit genommen, einen nach seiner Meinung
    entstandenen weitergehenden Schaden ersetzt zu verlangen.

    Wenn Sie fristgemäß dieser vorgesehenen Beendigung des Verfahrens zustimmen und die Auflage fristgemäß und vollständig erfüllen sowie den Nachweis hierüber unverzüglich gegenüber
    der Staatsanwaltschaft erbringen, wird das Verfahren ohne weitere Mitteilung an Sie eingestellt. Die nachgewiesene, fristgemäße Erfüllung der Auflage gilt als Zustimmung. Es erfolgt dann
    weder ein Eintrag im Bundeszentralregister noch im Verkehrszentralregister in Flensburg. Sie gelten als nicht vorbestraft und der Vorfall wird nicht in ein Führungszeugnis aufgenommen.
    Bei Erfüllung der Auflage kann die Tat nicht mehr als Vergehen verfolgt werden. Falls Sie mit der Sachbehandlung nicht einverstanden sind, wird ohne weitere Benachrichtigung die
    öffentliche Klage erhoben.
    Bitte beachten Sie besonders, daß nicht vorgesehen ist,
    - die für die Abgabe Ihres Einverständnisses gesetzte Frist zu verlängern,
    - Sie zur Erfüllung der Auflage zu mahnen,
    - zu prüfen, aus welchen Gründen Sie die Auflage nicht oder nicht rechtzeitig erfüllt haben,
    - im Fall der Nichterfüllung der Auflage die vorgesehene Sachbehandlung nach § 153 a Abs. 1 StPO ausdrücklich zu widerrufen.
    Wenn Sie also der Auflage nicht oder nicht rechtzeitig nachkommen, erhebt die Staatsanwaltschaft ohne weitere Nachricht die öffentliche Klage gegen Sie. Von Ihnen etwa bereits entrichtete
    Teilbeträge werden in diesem Fall nicht zurückerstattet.
    Hochachtungsvoll

2.6 ❏ **Ausdruck von 2.5 z.A.**
2.7 Mitt. der Auflage/n an Zahlungsempfänger (nicht bei Staatskasse) mit Zahlungsbestätigung
2.8 ❏ **Abschrift von 2.5 an Verteidiger(in)** (Bl. _____)
2.9 ❏ **Akteneinsicht** (Bl. _____) für _____ Tage genehmigt
2.10 **WV** _____ (Zustimmung/Zahlung ?)

    _____   _____
       (Datum)   (Unterschrift, Namensstempel)

Vordermayer

112

Az.:				LADENDIEBSTAHL - allg die 1
			Einzeltat - Allein-/Mittäter - §§ 242 Abs. 1, (248 a, 25 Abs. 2) StGB	

☐ Strafbefehl	☐ Antrag beschl. Verf.	○ StrafR	○ SchöffG
☐ Anklageschrift ○ wes. E.d.E	☐ Antrag § 76 JGG	○ JugR	○ JugSchöffG
☐ § 153 a StPO ☐ HaftB	Gerichtsort:	ZwSt./Abt.:	

Besch. Bl.:	Vert. ○ Vollm. Bl.	○ Best Bl.:	○ Zust.bev. Bl.:	○ ges. Vertr. Bl.:

1.	Tattag	
2.	Tatzeit	
	oder alternativ	
3.	Tatzeitraum	zwischen und
4.	Name Mittäter	
5.	Name und Anschrift Geschäft - Bezeichnung Diebesgut	○ der Firma ○ d
6.	Wert Diebesgut	DM
7.	*geringw. Sache ?*	○
8.	*Strafantrag gestellt ?*	○

Text des Strafbefehls (wird als Anklage etc. entsprechend umgesetzt):

Am *(1) Tattag* gegen *(2) Tatzeit* Uhr
oder
Zu einem nicht mehr genau feststellbaren Zeitpunkt *(3) Tatzeitraum*
entwendeten Sie

zusätzlich bei Mittäterschaft
in bewußtem und gewolltem Zusammenwirken mit *(4) Name Mittäter*

in den Geschäftsräumen *(5) Name und Anschrift Geschäft - Bezeichnung Diebesgut* im Wert von *(6) Wert Diebesgut* DM, um die Ware ohne Bezahlung für sich zu behalten.

(7 und 8) Wenn geringw. Sache und Strafantrag gestellt:
Strafantrag wurde form- und fristgerecht gestellt.

(7) Wenn geringw. Sache:
Die Staatsanwaltschaft hält wegen des besonderen öffentlichen Interesses an der Strafverfolgung ein Einschreiten von Amts wegen für geboten.

Sie werden daher beschuldigt,

bei Alleintäterschaft:
fremde bewegliche Sachen einem anderen in der Absicht weggenommen zu haben, die Sachen sich oder einem Dritten rechtswidrig zuzueignen,

strafbar als
Diebstahl gemäß § 242 Abs. 1 StGB.

bei Mittäterschaft:
gemeinschaftlich fremde bewegliche Sachen einem anderen in der Absicht weggenommen zu haben, die Sachen sich oder einem Dritten rechtswidrig zuzueignen,

strafbar als
Diebstahl gemäß §§ 242 Abs. 1, 25 Abs. 2 StGB.

Angewendete Vorschriften zusätzlich   bei Diebstahl geringwertiger Sachen: § 248 a StGB

TV-StA allg die 1 (08.00)   Ladendiebstahl

Beweismittel:				
1. ☐ Geständnis	ggf. Datum:		Bl.	
2. ☐ Zeugen	Name - Bl.			
○ m. Adresse				
3. Sachverständige(r)	Name - Bl.			
4. Urkunden	Auskunft ○ BZR ○ VZR ○ AZR ○ Gewerberegister			
	○ Strafantrag Bl.		○	
	○			
5. sonst. Beweismittel	○ Lichtbilder	○ Skizzen	○ Asservate	
	○			

Rechtsfolgen:			
☐ Einzelgeldstrafe	☐ Gesamtgeldstrafe	Anzahl TS:	Höhe TS:
	Einzelstrafen:		☐ Raten - Höhe:
☐ Einzelfreiheitsstrafe	☐ Gesamtfreiheitsstrafe	Dauer:	
	Einzelstrafen:		
☐ Verw. m. Strafvorbeh.		Anzahl TS:	Höhe TS:
☐ Bewährung:	Dauer:	Auflage(n) ○ nach Entwurf ○ Diktat	
☐ Nebenkl. notw. Ausl. / Name(n):			

Das Formular Rn 111 für eine Einstellungsverfügung nach § 153 a I StPO bei begangenem Ladendiebstahl wurde lediglich unter **Ziffer 2.5** in bezug auf den Schuldvorwurf dem hier vorhandenen Textbaustein Rn 112 angepaßt und zwar in der Weise, daß die diesbezüglichen Variablen des Textbausteines wie zB Tattag und Tatzeit bereits in das Formblatt mitaufgenommen wurden. Es ist daher anders als bei den übrigen Verfahrenseinstellungen nach § 153 a I StPO, denen einer der angebotenen Textbausteine zugrunde gelegt werden soll, nicht mehr erforderlich, das entsprechende Textbausteinformular beizuheften. Iü kann auch bei diesen Textbausteinen nach Rücksprache mit der Schreibkraft dazu übergegangen werden, neben der Einfügung des Bausteinnamens nur noch den dem Beschuldigten zur Last liegenden Sachverhalt durch Angabe und Ergänzung der entsprechenden Ziffern der Textbausteinvariablen zu komplettieren.

d) **Formular – Einstellung gem § 153 a I StPO – ohne gerichtliche Zustimmung – bei geleisteter Sicherheit**

114

STAATSANWALTSCHAFT
O R T
#ZwSt#

Az.:   ◁   Datum: ◁   ein 153a 2o

Ermittlungsverfahren
gegen | Antragst.:

wegen | Anzeige vom

Verfügung

1.1 ☐ **Auskunft** aus dem ○ Bundeszentralregister
                            ○ Verkehrszentralregister
                            ○ _____
1.2 ☐ Neue Vorgangsliste
    ☐ **Anfrage** an die StA _____
    nach vorangegangener Sachbehandlung gem. § 153 a StPO
1.3 WV _____

_____
(Unterschrift, Namensstempel)

2.1 **Personendaten** und **Schuldvorwurf** überprüft. Änderung nicht veranlaßt.
2.2 **Die Ermittlungen sind abgeschlossen.**
    D. Beschuldigten liegt zur Last,
    ○ Diktat/Entwurf ○ nach Textbaustein _____
    ○ _____
    _____
    _____
    _____
    _____

○ die sich aus Bl. ____ ergebende(n) Straftat(en) begangen zu haben.
D. Besch. hat am ____ (Bl. ____) eine Sicherheit i.H.v. DM ____ geleistet.
Eine Auflage in Höhe der geleisteten Sicherheit ist geeignet, das öffentliche Interesse an der Strafverfolgung zu beseitigen. Die Schwere der Schuld steht einer Einstellung nicht entgegen. Einer Zustimmung des Gerichts bedarf es wegen §§ 153 a Abs. 1 Satz 6, 153 Abs. 1 Satz 2 StPO nicht.
○ Zustimmung d. Besch. zur Einstellung des Verfahrens und zur Verrechnung der geleisteten Sicherheit ist erteilt (Bl. ____)
○ D. Besch. hat sich damit einverstanden erklärt, daß die Sicherheitsleistung mit einer Geldstrafe bzw. Geldauflage verrechnet werden kann (Bl. ____). Aufgrund dieser Erklärung kann unterstellt werden, daß d. Besch. auch mit einer Verfahrenseinstellung nach § 153 a Abs. 1 StPO einverstanden ist. Die Verfahrenseinstellung stellt nämlich gegenüber einem durchzuführenden Strafverfahren eine erhebliche Vergünstigung dar.

TV-StA   #StA# ein 153a 2o   (08.00)   § 153 a Abs. 1 StPO - Sicherheitsleistung - ohne gerichtliche Zustimmung

Einstellungsverfügung

2.3	☐ **Anhörung nach Nr. 93 Abs. 1 RiStBV** nicht erforderlich/ist erfolgt (Bl. ____)
2.4	**AL** ____ **z.K.**
2.5	Die von d. Besch. geleistete **Sicherheit wird zu Gunsten der Staatskasse** mit der festgesetzten Auflage **verrechnet**. Damit ist das öffentliche Interesse an der Strafverfolgung beseitigt.
2.6	**Das Verfahren wird gemäß § 153 a Abs. 1 StPO endgültig eingestellt**. Die Tat kann als Vergehen nicht mehr verfolgt werden.
2.7	**Abtragen** ZK 16 (o) Einstellung gem. § 153 a StPO (Geldbetrag)
2.8	**Kostenbeamten zur Verrechnung der Sicherheitsleistung mit der Geldauflage**
2.9	**Mitteilung von Ziff. 2.6 an Besch. unterbleibt**, da Einverständnis mit der Einstellung vorliegt.

Das Verfahren betrifft eine	organisiert	
	ja	nein
Straßenverkehrsstrafsache	A	B
besondere Wirtschaftsstrafsache	C	D
Betäubungsmittelstrafsache	E	F
Umweltstrafsache	G	H
Strafsache gg. sex. Selbstbest.	I	K
Keine d. vorgenannt. Strafsachen	Y	Z

2.10	☐ **Mitteilung von Ziff. 2.6 an:**
	○ Antragst. (Bl. ____)
	○ Vertreter(in) d. Antragst. (Bl. ____)
	☐ **Mitteilung an Antragst.** unterbleibt, weil ○ Amtsanzeige ○ Verzicht
	○ mangelndes Strafinteresse ○ _____ (Bl. ____)
2.11	☐ **Ausdruck von Ziff. 2.2 z.A.**
2.12	☐ **Mitteilung an Ausländerbehörde gem. § 76 Abs. 4 AuslG**
	☐ Formblatt an Polizei/ _____
	☐ MiStra Nr. ____ an _____
	☐ Beiakten trennen
	☐ Asservate gem. gesonderter Verfügung abwickeln
	☐ Weitere Verfügung gesondert
	☐ Akteneinsicht (Bl. ____) für ____ Tage genehmigt
	☐ _____
2.13	☐ **WV** _____
	☐ **Weglegen**

(Datum)   (Unterschrift, Namensstempel)

Jugendschutzsache ☐

Die Besonderheit dieser Einstellungsverfügung nach § 153 a I StPO ohne gerichtliche Zustimmung besteht darin, daß der Beschuldigte bereits eine Sicherheit geleistet hat, die mit der verhängten Geldauflage zu verrechnen ist.

115

Vordermayer

e) Formular – Einstellung gem § 153 a I StPO – mit gerichtlicher Zustimmung – allgemein

116

	STAATSANWALTSCHAFT
	# O R T #
	#ZwSt#

Az.:	◁	Datum:	◁

Ermittlungsverfahren	
gegen	Antragst.:
wegen	Anzeige vom

Verfügung

1.1 ☐ **Auskunft** aus dem   ○ Bundeszentralregister
      ○ Verkehrszentralregister
      ○ _____

1.2 ☐ Neue Vorgangsliste
    ☐ **Anfrage** an die StA _____
    nach vorangegangener Sachbehandlung gem. § 153 a StPO
1.3 WV _____

_____
(Unterschrift, Namensstempel)

2.1 **Personendaten** und **Schuldvorwurf** überprüft. Änderung nicht veranlaßt.
2.2 **Die Ermittlungen sind abgeschlossen.**
    D. Beschuldigten liegt die unter 4.1 bezeichnete Tat zur Last. Die dort genannten Auflagen sind geeignet, das öffentliche Interesse an der Strafverfolgung zu beseitigen. Die Schwere der Schuld steht einer Einstellung nicht entgegen.
2.3 ☐ **Anhörung** nach Nr. 93 Abs. 1 RiStBV nicht erforderlich/ist erfolgt (Bl. ____)
2.4 AL ____ z.K.
2.5 V.v., WV _____
2.6 **U.m.A. an das Amtsgericht** _____
    Ich beabsichtige, gem. § 153 a Abs. 1 StPO von der Erhebung der öffentlichen Klage gegen d. Besch. _____ vorläufig abzusehen und bitte um Zustimmung.

_____   _____
(Datum)   (Unterschrift, Namensstempel)

Amtsgericht _____   Datum: ◁
_____ Gs _____

3.1 Eintragen   Gs
3.2 Zustimmung wird
    ☐ erteilt   ☐ nicht erteilt
3.3 Gs abtragen
3.4 U.m.A. an die #eig. Behörde# zurück

_____
Richter(in) am Amtsgericht
TV-StA #StA# ein 153a 1m   (08.00)   § 153 a Abs. 1 StPO mit gerichtlicher Zustimmung

Vordermayer

Einstellungsverfügung

4.1 Schreiben an Besch. _____ (Bl. ____) ○ über ZBev (Bl. ____)
unter Beigabe des Vordrucks Zustimmungserklärung
Sehr geehrte(r) <Anrede>,
die Staatsanwaltschaft legt Ihnen zur Last:
○ Diktat/Entwurf ○ Nach Textbaustein: _____
○ _____
_____
_____
_____
_____

strafbar als _____
gemäß § _____ .

Die Staatsanwaltschaft beabsichtigt,
○ unter der Voraussetzung, daß Sie mit der formlosen **Einziehung** der sichergestellten
Gegenstände (Bezeichnung _____)
einverstanden sind,
gemäß § 153 a Abs. 1 StPO von der Erhebung der öffentlichen Klage abzusehen, wenn Sie
1. der vereinfachten Verfahrenserledigung **bis zum** _____ unter Verwendung des
anliegenden Formblattes zustimmen und
2. **folgende Auflage(n) bis zum** _____ erfüllen:
   ○ Zahlung eines Geldbetrages in Höhe von
      ○ _____ DM zugunsten der Staatskasse
      ○ _____ DM zugunsten _____
         (Listen-Nr. ____) auf das Konto Nr.: _____
         bei der _____ (BLZ _____)
         unter ausdrücklicher Angabe der folgenden <Referenznummer>.
         ○ Ein Überweisungsträger liegt bei.
   ○ Zahlung eines Geldbetrages in Höhe von _____ DM an d. Verletzte(n)
      _____
      (ggf. Wiederholung Betrag u. Name bei mehreren Geschädigten)
   zur Wiedergutmachung des durch die Tat verursachten Schadens.
   D.Verletzten wird dadurch nicht die Möglichkeit genommen, einen nach seiner Meinung
   entstandenen weitergehenden Schaden ersetzt zu verlangen.

Wenn Sie fristgemäß dieser vorgesehenen Beendigung des Verfahrens zustimmen und die Auflage fristgemäß und vollständig erfüllen sowie den Nachweis hierüber unverzüglich gegenüber der Staatsanwaltschaft erbringen, wird das Verfahren ohne weitere Mitteilung an Sie eingestellt. Eine nachgewiesene, fristgemäße Erfüllung der Auflage gilt als Zustimmung. Es erfolgt dann weder ein Eintrag im Bundeszentralregister noch im Verkehrszentralregister in Flensburg. Sie gelten als nicht vorbestraft und der Vorfall wird nicht in ein Führungszeugnis aufgenommen. Bei Erfüllung der Auflage kann die Tat nicht mehr als Vergehen verfolgt werden. Falls Sie mit der Sachbehandlung nicht einverstanden sind, wird ohne weitere Benachrichtigung die öffentliche Klage erhoben.
Bitte beachten Sie besonders, daß nicht vorgesehen ist,
- die für die Abgabe Ihres Einverständnisses gesetzte Frist zu verlängern,
- Sie zur Erfüllung der Auflage zu mahnen,
- zu prüfen, aus welchen Gründen Sie die Auflage nicht oder nicht rechtzeitig erfüllt haben,
- im Fall der Nichterfüllung der Auflage die vorgesehene Sachbehandlung nach § 153 a Abs. 1 StPO ausdrücklich zu widerrufen.
Wenn Sie also die Auflage nicht oder nicht rechtzeitig erfüllen, erhebt die Staatsanwaltschaft ohne weitere Nachricht die öffentliche Klage gegen Sie. Von Ihnen etwa bereits entrichtete Teilbeträge werden in diesem Fall nicht zurückerstattet.
Hochachtungsvoll

4.2 ☐ **Abschrift von 4.1 an Verteidiger(in)** (Bl. ____)
4.3 ☐ **Ausdruck von 4.1 z.A.**
4.4 Mitt. der Auflage/n an Zahlungsempfänger (nicht bei Staatskasse) mit Zahlungsbestätigung
4.5 ☐ Akteneinsicht (Bl. ____) für ____ Tage genehmigt
4.6 **WV** _____ (Zustimmung/Zahlung ?)

_____   _____
  (Datum)   (Unterschrift, Namensstempel)

Der besondere Verfahrensablauf dieser Einstellungsverfügung, der durch die Notwendigkeit der Zustimmung des Gerichtes bedingt ist, erklärt sich aus der Erforderlichkeit der Zuleitung der Akten an das Gericht. Iü ist unter **Ziffer 4.1** der Verfügung bei Zuleitung der Akten an das Gericht bereits der der späteren Verfahrenseinstellung zugrunde liegende Sachverhalt durch entsprechenden handschriftlichen Entwurf, gesondertes Diktat oder Verwendung des entsprechenden Textbausteines anzugeben.

f) **Formular – Einstellung gem § 153 a I StPO – mit gerichtlicher Zustimmung – Unterhaltspflichtverletzung**

118

STAATSANWALTSCHAFT
O R T
#ZwSt#

Az.:   Datum:

Ermittlungsverfahren
gegen   Antragst.:
wegen   Anzeige vom

Verfügung

1.1 ☐ **Auskunft** aus dem ◯ Bundeszentralregister
                            ◯ Verkehrszentralregister
                            ◯ _____
1.2 ☐ Neue Vorgangsliste
    ☐ **Anfrage** an die StA _____
    nach vorangegangener Sachbehandlung gem. § 153 a StPO
1.3 WV _____

(Unterschrift, Namensstempel)

2.1 **Personendaten** und **Schuldvorwurf** überprüft. Änderung nicht veranlaßt.
2.2 **Die Ermittlungen sind abgeschlossen.**
    D. Beschuldigten liegt die unter 4.1 bezeichnete Tat zur Last. Die dort genannten Auflagen sind geeignet, das öffentliche Interesse an der Strafverfolgung zu beseitigen. Die Schwere der Schuld steht einer Einstellung nicht entgegen.
2.3 ☐ **Anhörung nach Nr. 93 Abs. 1 RiStBV** nicht erforderlich/ist erfolgt (Bl. ____)
2.4 AL ____ z.K.
2.5 V.v., WV _____
2.6 **U.m.A. an das Amtsgericht** _____
    Ich beabsichtige, gem. § 153 a Abs. 1 StPO von der Erhebung der öffentlichen Klage gegen d. Besch. _____ vorläufig abzusehen und bitte um Zustimmung.

(Datum)   (Unterschrift, Namensstempel)

Amtsgericht _____   Datum:
____ Gs _____

3.1 Eintragen   Gs
3.2 Zustimmung wird
    ☐ erteilt ☐ nicht erteilt

Vordermayer

Einstellungsverfügung   Teil C   569

3.3   Gs abtragen
3.4   U.m.A. an die #eig. Behörde# zurück

	Richter(in) am Amtsgericht
TV-StA	#StA# ein 153a 1u (08.00) § 153 a Abs. 1 StPO - Verf. d. Unterhaltspflicht - mit gerichtlicher Zustimmung

4.1   **Schreiben an Besch.** _____ (Bl. ____) ❍ über ZBev (Bl. ____)
      unter Beigabe des Vordrucks Zustimmungserklärung
      Sehr geehrte(r) <Anrede>,
      die Staatsanwaltschaft legt Ihnen zur Last:
      ❍ Sie sind gegenüber _____,
         wohnhaft in _____,
         gesetzlich zum Unterhalt verpflichtet. Obwohl Sie diese Pflicht kannten und aufgrund Ihrer
         wirtschaftlichen Verhältnisse, wenigstens aber bei zumutbarem Einsatz Ihrer Arbeitskraft, zur
         zumindest teilweisen Unterhaltszahlung in der Lage gewesen wären, kamen Sie im Zeitraum
         _____
         Ihrer Unterhaltspflicht ❍ nicht ❍ nicht ausreichend nach. Hierdurch war der Lebensbedarf
         d. Unterhaltsberechtigten gefährdet bzw. wäre ohne die Hilfe anderer gefährdet gewesen.
      ❍ Diktat/Entwurf ❍ Nach Textbaustein _____
      ❍ _____

      ❍ (Vergehen der Verletzung der Unterhaltspflicht nach § 170 StGB)
      ❍ (Vergehen der Verletzung der Unterhaltspflicht in ____ Fällen nach §§ 170, ____ StGB)
      Die Staatsanwaltschaft beabsichtigt,
      gemäß § 153 a Abs. 1 StPO von der Erhebung der öffentlichen Klage abzusehen, wenn Sie
      1. der vereinfachten Verfahrenserledigung bis zum _____ unter Verwendung des
         anliegenden Formblattes zustimmen und
      2. folgende Auflage(n) erfüllen:
         Zahlung eines Geldbetrages in Höhe von monatlich ❍ DM ❍ EUR _____ auf den
         geschuldeten Unterhalt an _____ für die Zeit
         von _____ bis _____,
         zahlbar bis spätestens zum 10. eines jeden Monats.
         ❍ Die Zahlungen sind der Staatsanwaltschaft wie folgt nachzuweisen: _____

         Diese Zahlung wird auf den gesetzlichen laufenden und rückständigen Unterhalt angerechnet. Die Zahlung des oben genannten Betrages führt lediglich zur Beendigung des
         Ermittlungsverfahrens und hindert nur die Bestrafung für die oben angeführte Tat. Ihre Unterhaltsverpflichtung kann tatsächlich höher sein als die erteilte Auflage.
         Sollten Sie künftig die gesetzlichen Unterhaltsverpflichtungen, die die Auflage überschreiten, schuldhaft nicht nachkommen, würden Sie sich erneut wegen
         Unterhaltspflichtverletzung strafbar machen. Dann ist mit einer Einstellung des Verfahrens nicht mehr zu rechnen. Das Gericht hat dieser Sachbehandlung bereits zugestimmt.
         Wenn auch Sie fristgemäß dieser vorgeschlagenen Beendigung des Verfahrens zustimmen und die Auflage fristgemäß und vollständig erfüllen sowie den Nachweis hierüber
         unverzüglich gegenüber der Staatsanwaltschaft erbringen, wird das Verfahren ohne weitere Mitteilung an Sie eingestellt. Eine nachgewiesene, fristgemäße Erfüllung der Auflage
         gilt als Zustimmung. Es erfolgt dann auch kein Eintrag im Bundeszentralregister. Sie gelten als nicht vorbestraft und der Vorfall wird nicht in ein Führungszeugnis aufgenommen.
         Bei Nichterfüllung der Auflage kann die Tat nicht mehr als Vergehen verfolgt werden. Die Zustimmung beinhaltet auch die Befugnis der Staatsanwaltschaft, beim Zahlungsempfänger
         die Erfüllung der Auflage zu überprüfen.
         Falls Sie mit der Sachbehandlung nicht einverstanden sind, wird ohne weitere Benachrichtigung die öffentliche Klage erhoben.
         Bitte beachten Sie besonders, daß nicht vorgesehen ist,
         - die für die Abgabe Ihres Einverständnisses gesetzte Frist zu verlängern,
         - Sie zur Erfüllung der Auflage zu mahnen,
         - zu prüfen, aus welchen Gründen Sie die Auflage nicht oder nicht rechtzeitig erfüllt haben,
         In Fall der Nichterfüllung der Auflage rechtzeitig erfüllen, erhebt die Staatsanwaltschaft ohne weitere Nachricht die öffentliche Klage gegen Sie. Von Ihnen etwa bereits
         entrichtete Teilbeträge werden in diesem Fall nicht zurückgezahlt.
         Hochachtungsvoll

4.2   ☐ **Abschrift von 4.1 an Verteidiger(in)** (Bl. ____)
4.3   ☐ **Ausdruck von 4.1 z.A.**
4.3   ☐ **Akteneinsicht** (Bl. ____) für ____ Tage genehmigt
4.4   **WV** _____ (Zustimmung/Zahlung ?)

_____   _____
(Datum)   (Unterschrift, Namensstempel)

Diese Einstellungsverfügung befaßt sich mit einem oder mehreren dem   119
Beschuldigten tateinheitlich oder tatmehrheitlich zur Last liegenden Vergehen der Unterhaltspflichtverletzung. Die Entwicklung eines eigenen Form-

Vordermayer

blattes war wegen der Notwendigkeit einer deliktsspezifischen Belehrung des Beschuldigten geboten. Da hier die durch die Tat verursachten Folgen in der Regel nicht gering sind (vgl § 153 a I 6 StPO iVm § 153 I 2 StPO), bedarf die diesbezügliche staatsanwaltliche Einstellung der Zustimmung des Gerichts.

g) Formular – Einstellung gem § 153 a I StPO – mit gerichtlicher Zustimmung – bei geleisteter Sicherheit

120

                            STAATSANWALTSCHAFT
                                  # O R T #
                                     #ZwSt#

Az.: _____ ≺ Datum: _____ ≺ ein 153a 2m

Ermittlungsverfahren
gegen _____ | Antragst.: _____

wegen _____ | Anzeige vom _____

                     V e r f ü g u n g

1.1 ☐ **Auskunft** aus dem   ○ Bundeszentralregister
                          ○ Verkehrszentralregister
                          ○ _____

1.2 ☐ Neue Vorgangsliste
    ☐ **Anfrage** an die StA _____
       nach vorangegangener Sachbehandlung gem. § 153 a StPO
1.3   WV _____

      (Unterschrift, Namensstempel)

2.1   **Personendaten** und **Schuldvorwurf** überprüft. Änderung nicht veranlaßt.
2.2   **Die Ermittlungen sind abgeschlossen.**
      D. Beschuldigten liegt zur Last,
      ○ Diktat/Entwurf ○ nach Textbaustein _____
      ○ _____

      ○ die sich aus Bl. _____ ergebende(n) Straftat(en) begangen zu haben.
      D. Besch. hat am _____ (Bl. _____) eine Sicherheit i.H.v. DM _____ geleistet.
      Eine Auflage in Höhe der geleisteten Sicherheit ist geeignet, das öffentliche Interesse an der Strafverfolgung zu beseitigen. Die Schwere der Schuld steht einer Einstellung nicht entgegen.
2.3   ☐ **Anhörung** nach Nr. 93 Abs. 1 RiStBV nicht erforderlich/ist erfolgt (Bl. _____)
2.4   AL _____ z.K.
2.5   V.v., WV _____

Vordermayer

Einstellungsverfügung Teil C 571

2.6 U.m.A. an das Amtsgericht _____
    Ich beabsichtige, gem. § 153 a Abs. 1 StPO von der Erhebung der öffentlichen Klage gegen d.
    Besch. _____ vorläufig abzusehen und bitte um Zustimmung.

_____   _____
(Datum)   (Unterschrift, Namenstempel)

TV-StA #StA# ein 153a 2m   (08.00) § 153 a Abs. 1 StPO - Sicherheitsleistung - mit gerichtlicher Zustimmung

Amtsgericht _____   Datum: _____   ◁
_____ Gs _____

3.1 Eintragen Gs
3.2 Zustimmung wird
     ❏ erteilt   ❏ nicht erteilt
3.3 Gs abtragen
3.4 U.m.A. an die #eig. Behörde# zurück

_____
Richter(in) am Amtsgericht

4.1 Vermerk:
     ❏ **Zustimmung** d. Besch. zur Einstellung des Verfahrens und zur Verrechnung der
        geleisteten Sicherheit ist **erteilt** (Bl. _____)
     ❏ D. Besch. hat sich damit **einverstanden** erklärt, daß die **Sicherheitsleistung** mit einer
        Geldstrafe bzw. Geldauflage **verrechnet** werden kann (Bl. _____). Aufgrund dieser
        Erklärung kann unterstellt werden, daß d. Besch. auch mit einer Verfahrenseinstellung
        nach § 153 a Abs. 1 StPO einverstanden ist. Die Verfahrenseinstellung stellt nämlich
        gegenüber einem durchzuführenden Strafverfahren eine erhebliche Vergünstigung dar.
4.2 Die von d. Besch. geleistete **Sicherheit** wird zugunsten der **Staatskasse** mit der festgesetzten
     Auflage **verrechnet**. Damit ist das öffentliche Interesse an der Strafverfolgung beseitigt.
4.3 Das Verfahren wird gem. § 153 a Abs. 1 StPO mit Zustimmung des Gerichts endgültig eingestellt.
     Die Tat kann als Vergehen nicht mehr verfolgt werden.
4.4 Abtragen
     ZK 16 (o) Einstellung gem. § 153 a StPO (Geldbetrag)
4.5 **Kostenbeamten zur Verrechnung der Sicherheits-
     leistung mit der Auflage**
4.6 **Mitteilung von Ziff. 4.3 an Besch.** unterbleibt, da
     Einverständnis mit der Einstellung vorliegt.
4.7 ❏ **Mitteilung von Ziff. 4.3 an:**
     ○ Antragst. (Bl. _____)
     ○ Vertreter(in) d. Antragst. (Bl. _____)
     ❏ Mitteilung an Antragst. unterbleibt, weil ○ Amtsanzeige ○ Verzicht
        ○ mangelndes Strafinteresse ○ _____ (Bl. _____)
4.8 **Ausdruck von Ziff. 2.2 z.A.**
4.9 ❏ **Mitteilung an Ausländerbehörde** gem. § 76 Abs. 4 AuslG
     ❏ Formblatt an Polizei/ _____
     ❏ MiStra Nr. _____ an _____
     ❏ Beiakten trennen
     ❏ Asservate gem. gesonderter Verfügung abwickeln
     ❏ Weitere Verfügung gesondert
     ❏ Akteneinsicht (Bl. _____) für _____ Tage genehmigt

Das Verfahren betrifft eine	organisiert	
	ja	nein
Straßenverkehrsstrafsache	A	B
besondere Wirtschaftsstrafsache	C	D
Betäubungsmittelstrafsache	E	F
Umweltstrafsache	G	H
Strafsache gg. sex. Selbstbest.	I	K
Keine d. vorgenannt. Strafsachen	Y	Z

Jugendschutzsache	

Vordermayer

```
4.10  ❑ WV_____
      ❑ Weglegen


      _____
         (Datum)         (Unterschrift, Namenstempel)
```

121   Die Besonderheit dieser Einstellungsverfügung nach § 153 a I StPO mit gerichtlicher Zustimmung besteht darin, daß der Beschuldigte bereits eine Sicherheit geleistet hat, die mit der verhängten Geldauflage zu verrechnen ist.

h) Formular – Ratenzahlung/Stundung bei Einstellung gem § 153 a I StPO

122

```
                                    STAATSANWALTSCHAFT
                                         # O R T #
                                           #ZwSt#

Az.:                  ◀    Datum:              ◀
Ermittlungsverfahren
gegen
_____
wegen
_____


                         V e r m e r k
_____
_____
_____
_____
_____


                         V e r f ü g u n g
 1.  Personendaten und Schuldvorwurf überprüft. Änderung nicht veranlaßt.
 2.  ❑ Die beantragte ○ Ratenzahlung ○ Stundung kommt nicht in Betracht, da
        ○ § 153 a StPO auf eine rasche und vereinfachte Erledigung des Verfahrens abzielt.
        ○ sie mit der gesetzlichen Höchstfrist von sechs Monaten für eine Erfüllung
          gemäß § 153 a Abs. 1 Satz 2 StPO unvereinbar ist.
        ○ sie mit der gesetzlichen Höchstfrist von zwölf Monaten für eine Erfüllung bei
          Unterhaltspflichten gemäß § 153 a Abs. 1 Satz 2 StPO unvereinbar ist.
 3.  ❑ Wegen der dargelegten eingeschränkten Leistungsfähigkeit
        ○ verlängere ich die Frist zur Bezahlung der Geldauflage bis zum _____ .
        ○ ermäßige ich die Geldauflage auf _____ DM.
          Zur Bezahlung dieser Geldbuße setze ich eine Frist bis zum _____ .
 4.  Mitteilung von ○ Ziff. 2 ○ Ziff. 3 ○ Ziff. 2 und Ziff. 3 an
        ○ Besch. (Bl. _____ ) ○ über ZBev (Bl. _____ )
        ○ Verteidiger(in) (Bl. _____ )
```

Einstellungsverfügung   Teil C   573

---

5. ❑ **Mitteilung von Ziff. 3 an Leistungsempfänger** (Bl. _____)

6. **WV** _____

(Unterschrift, Namensstempel)

TV-StA #StA# ein 153a 3   (08.00)   § 153 a Abs. 1 StPO - Ratenzahlung, Stundung

---

Das Formular Rn 122 dient der Vermeidung unnötigen Aktenumlaufs in   123
Geschäftsstellen und Referat des StAs unter Berücksichtigung berechtigter
Anliegen des Beschuldigten bei beantragter Ratenzahlung oder Stundung.
Dabei ist zu beachten, daß die durch ein entsprechendes Schreiben an den
Beschuldigten unter den **Ziffern 2** und **3** der Verfügung angebotenen Auswahlmöglichkeiten miteinander kombiniert werden können und, daß in der
Regel einem Stundungs- oder Ratenzahlungsgesuch des Beschuldigten
auch mit der viel verfahrensökonomischeren Verlängerung der Zahlungsfrist oder – bei Anlaß – Ermäßigung der Geldauflage entgegengekommen
werden kann.

i) **Formular – Vorläufige/endgültige Abtragung bei Einstellung gem § 153 a I StPO**

124

STAATSANWALTSCHAFT
 # O R T #
#ZwSt#

Az.:   ◄   Datum: ◄   ein 153a 4
Ermittlungsverfahren
gegen | Antragst.:
wegen | Anzeige vom

Verfügung
(bei ausdrücklicher Zustimmungserklärung)

1. Vermerk: **Zustimmung ist erteilt** (Bl. _____)

2. Das Verfahren wird nach § 153 Abs. 1 StPO **vorläufig** eingestellt.

3. ❑ **Mitteilung der Auflage/n an Unterhaltsberechtigten**
   unter Beigabe einer Zahlungsbestätigung
   absenden

Vordermayer

4. **Abtragen**
   Einstellung gem. § 153 a StPO
   ❑ ZK 16 (o) Geldbetrag
   ❑ ZK 18 (q) Schadenswiedergutmachung
   ❑ ZK 19 (r) Unterhaltspflicht
   ❑ ZK 41 (s) mehrere Auflagen oder Weisungen

Das Verfahren betrifft eine	organisiert	
	ja	nein
Straßenverkehrsstrafsache	A	B
besondere Wirtschaftsstrafsache	C	D
Betäubungsmittelstrafsache	E	F
Umweltstrafsache	G	H
Strafsache gg. sex. Selbstbest.	I	K
Keine d. vorgenannt. Strafsachen	Y	Z

5. ❑ Weitere Verfügung gesondert
   ❑ _____
   ❑ _____

Jugendschutzsache	

6. **WV mit Zahlungsbestätigung**, sp. _____

_____
(Unterschrift, Namensstempel)

TV-StA   #StA#   ein 153a 4   (01.99)   § 153 a Abs. 1 StPO - vorläufige/endgültige Einstellung

Verfügung
(bei Auflagenerfüllung nach bzw. ohne ausdrückliche/r Zustimmungserklärung)

1. Vermerk: **Besch. hat die Auflage(n) erfüllt** (Bl. _____)

2. **Das Verfahren wird gemäß § 153 a Abs. 1 StPO endgültig eingestellt.**
   D. Beschuldigte hat die Auflage fristgerecht erfüllt. Damit ist das öffentliche Interesse an der Strafverfolgung beseitigt und die Tat kann als Vergehen nicht weiter verfolgt werden.

3. **Abtragen**
   Einstellung gem. § 153 a StPO
   ❑ ZK 16 (o) Geldbetrag
   ❑ ZK 18 (q) Schadenswiedergutmachung
   ❑ ZK 19 (r) Unterhaltspflicht
   ❑ ZK 41 (s) mehrere Auflagen oder Weisungen

Das Verfahren betrifft eine	organisiert	
	ja	nein
Straßenverkehrsstrafsache	A	B
besondere Wirtschaftsstrafsache	C	D
Betäubungsmittelstrafsache	E	F
Umweltstrafsache	G	H
Strafsache gg. sex. Selbstbest.	I	K
Keine d. vorgenannt. Strafsachen	Y	Z

Jugendschutzsache	

4. ❑ **Mitteilung von Ziff. 2 mit Gründen an:**
   ○ Antragst. (Bl. _____)
   ○ Vertreter(in) d. Antragst. (Bl. _____)
   ○ Unterhaltsberechtigten (Bl. _____)
   ○ Vertreter(in) d. Unterhaltsberechtigten (Bl. _____)
   ❑ **Mitteilung an Antragst. unterbleibt**, weil ○ Amtsanzeige ○ Verzicht
      ○ mangelndes Strafinteresse ○ _____ (Bl. _____)

Vordermayer

Einstellungsverfügung   Teil C 575

```
   5.  ☐  Mitteilung an Ausländerbehörde gem. § 76 Abs. 4 AuslG
       ☐  Formblatt an Polizei/ _____
       ☐  MiStra Nr. _____ an _____
       ☐          _____

   6.  ☐  Beiakten trennen
       ☐  Asservate gem. gesonderter Verfügung abwickeln
       ☐  Weitere Verfügung gesondert
       ☐
       ☐  _____
       ☐  Akteneinsicht (Bl. _____ ) für _____ Tage genehmigt

   7.  ☐  WV _____
       ☐  Weglegen



        _____        _____
           (Datum)              (Unterschrift, Namensstempel)
```

Das Formular Rn 124 besteht aus zwei Verfügungen auf einer Vorder- und **125**
einer Rückseite. Beide Verfügungen unterscheiden sich dadurch (vgl auch
den in Klammern gesetzten Text unter der Überschrift »Verfügung«), daß
sich die Vorderseite des Formblattes mit dem Fall befaßt, daß der Beschuldigte zur Sachbehandlung nach § 153 a I StPO seine ausdrückliche Zustimmung erklärt hat, wohingegen die Verfügung auf der Rückseite den Fall im
Auge hat, daß der Beschuldigte die Auflage nach bzw ohne ausdrückliche
Zustimmungserklärung erfüllt. Während bei ersterem Fall unter **Ziffer 2**
der Verfügung das Verfahren zunächst vorläufig einzustellen ist, geschieht
dies im zweiten Fall unter **Ziffer 2** der Verfügung (vgl die Rückseite des
Formulars) bereits endgültig.

6. Absehen von der Verfolgung gem § 154 I StPO

a) Allgemeines

aa) Rechtliche Grundlagen

§ 154 StPO, Nr. 5, 5a, 101 RiStBV   **126**

bb) Anwendungsbereich

Die Bestimmung des § 154 I StPO gibt der StA im Rahmen ihrer Sachlei- **127**
tungsbefugnis (§ 152 I GVG, § 161 S 2 StPO) insbes in großen und umfangreichen Verfahren die Möglichkeit im Interesse einer effektiven Strafverfolgung den Prozeßstoff so zu beschränken, daß der Beschuldigte seiner Strafe
in möglichst engem zeitlichen Zusammenhang mit der Tat zugeführt wird.
Diese Art der Verfahrensbeschleunigung durch Ausscheiden unwesentlicher Nebenstraftaten, die Nr. 5 f RiStBV dem StA aufgibt, fordert von
Beginn der Ermittlungen an einen engen Kontakt des Referenten mit den
sachbearbeitenden Ermittlungsbeamten der Polizei. Denn erst nachdem

Vordermayer

sich der StA entsprechend sachkundig gemacht hat, wird es ihm möglich sein, im Benehmen mit den ermittelnden Beamten die Strafverfolgung auf das Wesentliche zu beschränken. Nur so kann es vermieden werden, daß wertvolle Arbeitskraft zur Aufklärung von Sachverhalten vergeudet wird, bei denen nach sorgfältiger Prüfung von Anfang an unschwer erkennbar gewesen wäre, daß es im Laufe des Ermittlungs- oder Strafverfahrens ohnehin zu einer Verfahrenseinstellung gem § 154 StPO kommen wird. Der Pflicht des StAs, in geeigneten Fällen von Anfang an für eine Beschränkung des Prozeßstoffes Sorge zu tragen, steht naturgemäß – die ggf anzumahnende – Informationspflicht der Ermittlungsbehörden gegenüber.

128 Das gleiche Ziel wie die Vorschrift des § 154 StPO verfolgt auch § 154 a StPO. Ihr Unterschied liegt zum einen darin, daß sich § 154 StPO auf mehrere prozessuale Taten iSd § 264 StPO bezieht, wohingegen es bei § 154 a StPO um eine derartige Tat geht. Zum anderen handelt es sich bei § 154 I StPO um eine echte Einstellungsverfügung, während bei § 154 a StPO die Beschränkung der Strafverfolgung gem Nr. 101 a III RiStBV lediglich aktenkundig zu machen und ggf in der Anklageschrift zu erwähnen ist.

129 § 154 StPO findet nach der Rechtsprechung, insbes wenn die Voraussetzungen für eine Verfahrenseinstellung nach den §§ 153 c, 154 b StPO nicht vorliegen, auch bei ausländischen Verfahren und Verurteilungen Anwendung.[55] Für diese Meinung spricht nicht nur der Wortlaut des § 154 StPO, der nicht danach unterscheidet, ob es sich bei dem Bezugsverfahren um ein deutsches oder ein ausländisches handelt, sondern auch der erkennbare Wille der nationalen Regierungen durch überstaatliche Vereinbarungen und Abkommen dazu beizutragen, die effektive Bekämpfung länderübergreifend begangener Straftaten als gemeinsame Aufgabe zu verstehen.

cc) **Voraussetzungen**

130 Voraussetzung für ein Absehen von der Verfolgung einer Tat gem § 154 I Nr. 1 StPO ist, daß die zu erwartende Sanktion im Ausgangsverfahren neben der, die im Bezugsverfahren bereits rechtskräftig verhängt worden oder zu erwarten ist, nicht beträchtlich ins Gewicht fällt. Im Unterschied dazu läßt es § 154 I Nr. 2 StPO genügen, wenn ein Urteil im Ausgangsverfahren in angemessener Frist nicht zu erwarten ist und die vorerwähnte Sanktion im Bezugsverfahren zur Einwirkung auf den Täter und zur Verteidigung der Rechtsordnung ausreichend erscheint. Hauptanwendungsfall in der staatsanwaltschaftlichen Praxis ist das Absehen von der Verfolgung gem § 154 I Nr. 1 StPO.

131 Von der Möglichkeit einer Sachbehandlung nach § 154 I StPO sollte aus den geschilderten Gründen (oben Rn 127) in großen und umfangreichen Verfahren in dem gebotenen Umfang tunlichst Gebrauch gemacht werden.

---

55 So im Ergebnis auch LG Bonn NJW 73, 1566f, LG Essen StV 92, 223 und LG Aachen NStZ 93, 505f; aA Kl/M-G § 154 Rn 1 mwN

Vordermayer

Geht es allerdings nicht um eine Beschränkung des Prozeßstoffs, sondern darum, von der Verfolgung einer Tat des Beschuldigten insgesamt gem § 154 I StPO abzusehen, bedarf die Verfahrenseinstellung besonders sorgfältiger Prüfung. So sollte Raum für eine derartige Sachbehandlung – weil sie in der Öffentlichkeit auf Unverständnis stoßen würde – grundsätzlich nicht sein, wenn der Beschuldigte die Tat/en im Ausgangsverfahren während oder nach rechtskräftigem Abschluß des Bezugsverfahrens begangen hat.

dd) Wiederaufnahme

Die Wiederaufnahme eines Verfahrens in Bezug auf das der StA gem § 154 I StPO von der Verfolgung abgesehen hat, ist jederzeit möglich;[56] ein Strafklageverbrauch tritt also nicht ein.

132

ee) Sonstiges

Wie sich aus § 154 III und IV StPO ergibt, ruht die Verjährung während der Verfahrenseinstellung gem § 154 I StPO nicht. Der StA tut also gut daran, falls das Bezugsverfahren noch nicht rechtskräftig abgeschlossen ist, dessen Fortgang und den Zeitpunkt der Verjährung im Ausgangsverfahren durch regelmäßige Wiedervorlagen und Sachstandsanfragen zu überwachen.

133

b) Formular – Absehen von der Verfolgung gem § 154 I StPO

134

```
                    STAATSANWALTSCHAFT
                        # O R T #
                          #ZwSt#

Az.:              ⊰   Datum:              ⊰   ein 154 1
Ermittlungsverfahren
gegen                 Antragst.:

wegen                 Anzeige vom

                        Vermerk
    Feststellung aus
    ❏  d.  Akten Az.: _____
       d.  ○ Staatsanwaltschaft ○ AG ○ LG _____ (Bl. ____ ) :
    ❏  d.  BZR-Auskunft, Eintragung Ziff. _____ :
       ○   D. Besch. wird wegen _____
           _____ verfolgt.
       ○   Gegen d. Besch. wurde durch
           ○ Urteil ○ Strafbefehl ○ Gesamtstrafenbeschluß d.
           ○ AG ○ LG _____ , Az.: _____ vom _____
           wegen _____ eine
           ○ Geldstrafe ○ Gesamtgeldstrafe von ____ Tagessätzen zu je ____ DM
           ○ Freiheitsstrafe ○ Gesamtfreiheitsstrafe von _____
```

---

56 Kl/M-G § 154 Rn 21a

○ Jugendstrafe von _____
○ _____
verhängt. Die Entscheidung ist ○ rechtskräftig ○ noch nicht rechtskräftig.

Verfügung

1. **Personendaten** und **Schuldvorwurf** überprüft. Änderung nicht veranlaßt.
2. Von der Verfolgung wird
   ○ hinsichtlich _____
   (Tatvorwurf bei teilw. Absehen)
   gemäß § 154 Abs. 1 StPO abgesehen.

Gründe:

☐ D.Besch. <u>hat</u> ○ im anhängigen ○ in einem anderen anhängigen Verfahren wegen einer anderen Tat eine Strafe/Maßregel der Besserung und Sicherung/Ahndung <u>zu erwarten</u>. Die Strafe/Maßregel der Besserung und Sicherung/Ahndung, die wegen der angezeigten Tat verhängt werden könnte, fiele daneben voraussichtlich nicht beträchtlich ins Gewicht.

☐ Gegen d. Besch. <u>wurde</u> wegen einer anderen Tat eine Strafe/Maßregel der Besserung und Sicherung/Ahndung <u>ausgesprochen</u>, neben der die Strafe/Maßregel der Besserung und Sicherung/Ahndung, die wegen der nunmehr angezeigten Tat verhängt werden könnte, nicht beträchtlich ins Gewicht fiele.

☐ Wegen der angezeigten Tat ist ein <u>Urteil in angemessener Frist nicht zu erwarten</u>. Darüber hinaus <u>wird</u> d. Besch. in einem anderen Verfahren wegen einer anderen Tat voraussichtlich mit einer Strafe/Maßregel der Besserung und Sicherung/Ahndung <u>belegt werden</u>. Dies wird zur Einwirkung auf d. Besch. und zur Verteidigung der Rechtsordnung ausreichen.

☐ Wegen der angezeigten Tat ist ein <u>Urteil in angemessener Frist nicht zu erwarten</u>. Darüber hinaus <u>wurde</u> d. Besch. in einem anderen Verfahren wegen einer anderen Tat mit einer Strafe/Maßregel der Besserung und Sicherung/Ahndung <u>belegt</u>. Dies wird zur Einwirkung auf d. Besch. und zur Verteidigung der Rechtsordnung ausreichen.

TV-StA   R   ein 154 1   (07.99)   § 154 Abs. 1 StPO - Absehen v. d. Verfolgung - vorläufig

3. Anhörung nach Nr. 90 Abs. 1 RiStBV ○ nicht erforderlich ○ ist erfolgt (Bl. _____)
4. AL _____ z.K.
   Gegenstand d. anhängigen Verfahrens: _____
   _____
   _____ (Bl. _____)

5. ☐ **Mitteilung von Ziff. 2** ohne Gründe an:
   ○ Besch. ○ ges. Vertr. ○ über ZBev. _____ (Bl. _____)
   ○ Verteidiger(in) _____ (Bl. _____)
   ☐ Mitteilung an Besch. _____ unterbleibt, weil _____ (Bl. _____)
6. ☐ **Mitteilung von Ziff. 2** mit Gründen an:
   ○ Antragst. _____ (Bl. _____)
   ○ Vertreter(in) d. Antragst. _____ (Bl. _____)
   ☐ Mitteilung an Antragst. _____ unterbleibt, weil ○ Amtsanzeige ○ Verzicht
   ○ mangelndes Strafinteresse ○ _____ (Bl. _____)
7. ☐ Ausdruck von Ziff. 2 z.A.
8. **Abtragen** ZK 26 (A) unwesentliche Nebenstraftat

Das Verfahren betrifft eine	organisiert	
	ja	nein
Straßenverkehrsstrafsache	A	B
besondere Wirtschaftsstrafsache	C	D
Betäubungsmittelstrafsache	E	F
Umweltstrafsache	G	H
Strafsache gg. sex. Selbstbest.	I	K
Keine d. vorgenannt. Strafsachen	Y	Z

Jugendschutzsache	

9. ☐ Mitteilung an Ausländerbehörde
   gem. § 76 Abs. 4 AuslG
   ☐ Formblatt an Polizei/ _____
   ☐ MiStra Nr. _____ an _____

Vordermayer

```
10.  ❑ Beiakten trennen
     ❑ Asservate gem. gesonderter Verfügung abwickeln
     ❑ Weitere Verfügung gesondert
     ❑ Akteneinsicht (Bl. _____ ) für _____ Tage genehmigt
     ❑ Ablichtungen zur Akte aus Bezugsverfahren Bl. _____
     ❑ _____

11.  ❑ **V.v.; u.m.A. an** _____
       m.d.B. um Kenntnisnahme und
       Beinahme zum dortigen Verfahren, Az.: _____
       ○ Ablichtung dieser Verfügung
         zum ○ HA  ○ HA des Bezugsverfahrens, Az.: _____ Js _____

     ❑ Verfahren beinehmen zur ○ Akte  ○ HA
       des Bezugsverfahrens, Az.: _____ Js _____

     ❑ **WV** _____ (Ausgang des Bezugsverfahrens)
     ❑ **Weglegen**


_____
(Unterschrift, Namensstempel)
```

Sowohl das Formblatt Rn 134 als auch das Formblatt Rn 141 enthalten einen Verfügungsteil und einen davor stehenden »Vermerk«, der sich mit den Daten des Bezugsverfahrens im Hinblick auf das die Sachbehandlung nach § 154 I StPO erfolgt, befaßt. **135**

Im Rahmen des Formblattes Rn 134 sind unter der Überschrift »Vermerk« zunächst die Fundstellen (Akte/BZR-Auskunft) festzuhalten, aus denen die Informationen über das Bezugsverfahren gewonnen worden sind. **136**

Sodann besteht zur eigenen Kontrolle durch den StA und zur Arbeitserleichterung für den Abteilungsleiter die Möglichkeit, zu vermerken, woraus sich die getroffenen Feststellungen ergeben und wie der derzeitige Sachstand des Bezugsverfahrens ist. **137**

Sollte ausnahmsweise die Rechtskraft des Bezugsverfahrens bereits feststehen, ist lediglich noch die anschließende Verfügung zu treffen und nach Abarbeitung der **Ziffern 1 bis 10** des Formblatts abschließend zu entscheiden, was mit dem gegenständlichen Verfahren geschehen soll (vgl **Ziffer 11** der Verfügung). In aller Regel wird dies die Weglegung sein. **138**

Sollte eine rechtskräftige Entscheidung des Bezugsverfahrens noch nicht vorliegen, ist unter **Ziffer 11** die Wiedervorlage zum Zeitpunkt des erwarteten Ausgangs des Bezugsverfahrens anzuordnen. Nach erfolgter Wiedervorlage und zwischenzeitlichem Eintritt der Rechtskraft des Bezugsverfahrens ist sodann gem Formblatt Rn 141 zu verfahren. **139**

Ziffer 2 des Formulars Rn 134 enthält den Tenor der Einstellungsverfügung und deren Gründe mit den von § 154 I StPO angebotenen Alternativen. Dabei ist zu beachten, daß beim Einsatz der Textverarbeitung TV-StA die EDV-gesteuerte Programmierung für den Ausdruck der Gründe der Ein- **140**

Vordermayer

stellungsverfügung eine isolierte Kennzeichnung der zutreffenden Sanktion (»Strafe/Maßregel der Besserung und Sicherung/Ahndung«) nicht vorsieht und der diesbezügliche Volltext des Formulars (»Strafe/Maßregel der Besserung und Sicherung/Ahndung«) daher zumindest beim derzeitigen Stand der EDV-Steuerung nicht abgeändert werden sollte.

c) **Formular – Überprüfung Ausgang Bezugsverfahren/Wiederaufnahme Grundverfahren**

141

<pre>
                                          STAATSANWALTSCHAFT
                                              # O R T #
                                                #ZwSt#

Az.:   ⋖   Datum: ⋖   ein 154 2
Ermittlungsverfahren
gegen   Antragst.:

wegen   Anzeige vom

                         Vermerk
  1. ❑ D. Besch. wurde
         ○ durch Urteil ○ durch Strafbefehl d. ○ AG ○ LG _____
         vom _____ wegen _____ zur
         ○ Geldstrafe von _____ Tagessätzen zu je _____ DM
         ○ Freiheitsstrafe von _____
         ○ Jugendstrafe von _____
         ○ _____
         verurteilt (Bl. _____).
         Die Entscheidung ist rechtskräftig.
  2. ❑ Das Verfahren _____ Js _____ der StA _____ endete durch
         ○ Einstellung gem. § _____ am _____ (Bl. ____)
         ○ rechtskr. Freispruch des AG/LG _____ vom _____ (Bl. ____)

                         Verfügung
  1.   **Personendaten** und **Schuldvorwurf** überprüft. Änderung nicht veranlaßt.
  2. ❑ Ein Anlaß zur Wiederaufnahme des Verfahrens besteht nicht.
  3.   Das Verfahren wird wiederaufgenommen.
  4. ❑ **AL** _____ **z.K.**
  5. ❑ **Mitteilung von Ziff. 3 an:**
         ○ **Besch.** ○ ges. Vertr. ○ über ZBev. _____ (Bl. ____)
         ○ **Verteidiger(in)** _____ (Bl. ____)
         ❑ **Mitteilung an Besch.** _____ unterbleibt, weil _____ (Bl. ____)
  6. ❑ **Mitteilung von Ziff. 3 an:**
         ○ **Antragst.** _____ (Bl. ____)
         ○ **Vertreter(in) d. Antragst.** _____ (Bl. ____)
         ❑ **Mitteilung an Antragst.** _____ unterbleibt, weil ○ Amtsanzeige ○ Verzicht
         ○ mangelndes Strafinteresse ○ _____ (Bl. ____)
  7. ❑ **Mitteilung von Ziff. 3 an Ausländerbehörde** gem. § 76 Abs. 4 AuslG
  8. ❑ **Neue Zählkarte** anlegen (Wiederaufnahme des Ermittlungsverfahrens)
  9. ❑ Beiakten trennen
      ❑ Asservate gem. gesonderter Verfügung abwickeln
      ❑ Weitere Verfügung gesondert
      ❑ Akteneinsicht (Bl. _____) für _____ Tage genehmigt
      ❑ _____
</pre>

Vordermayer

| Einstellungsverfügung | Teil C 581 |

---

10. ❏ WV
    ❏ Weglegen

(Unterschrift, Namensstempel)

TV-StA #StA# ein 154 2   (08.00) § 154 Abs. 1 StPO - Absehen v. d. Verfolgung - endgültig/Wiederaufnahme

---

Das Formular Rn 141 betrifft zum einen den Fall, daß ein Verfahren durch »vorläufiges« Absehen von der Verfolgung gem Formblatt Rn 134 erledigt wurde und nunmehr nach Überprüfung eine rechtskräftige Entscheidung hinsichtlich des Bezugsverfahrens in »ausreichender« Höhe vorliegt. In diesem Fall sind lediglich die **Ziffern 1 und 2** der Verfügung einschlägig. Sodann sind die **Ziffern 9 und 10** des Formulars abzuarbeiten. 142

Endete das Bezugsverfahren mit einem rechtskräftigen Freispruch oder einer der Höhe nach nicht »ausreichenden« Ahndung, ist das Verfahren gem **Ziffer 3** der Verfügung wiederaufzunehmen und nach Abarbeitung der **Ziffern 4 bis 8** durch Anklageerhebung oder durch eine andere Einstellungsart der Erledigung zuzuführen. 143

An dieser Stelle sei erwähnt, daß auch im Rahmen einer Anklageerhebung eine Sachbehandlung nach den vorerörterten Formularen Rn 134 und Rn 141 zu erfolgen hat, wenn eine Einstellungsmitteilung an den Beschuldigten und/oder den Anzeigeerstatter gefertigt werden soll. Lediglich für den Fall, daß beide Mitteilungen entbehrlich sind, ist eine verkürzte Sachbehandlung nach § 154 I 1 StPO im Rahmen der diesbezüglichen Abschlußverfügung möglich und zur Arbeitserleichterung für die Schreibkraft und die Geschäftsstelle geboten. 144

7. Absehen von der Erhebung der öffentlichen Klage gem § 154 b III StPO

a) Allgemeines

aa) Rechtliche Grundlagen

§ 154 b StPO 145

bb) Anwendungsbereich

Während § 154 b StPO in den Absätzen 1 und 2 der StA die Möglichkeit eröffnet von der Erhebung der öffentlichen Klage abzusehen, wenn der Beschuldigte wegen der gleichen (§ 154 b I StPO) oder einer anderen Tat (§ 154 b II StPO) einer ausländischen Regierung ausgeliefert wird, befaßt sich der in der Praxis bedeutsamere Absatz 3 mit der Ausweisung des Beschuldigten aus der Bundesrepublik Deutschland. Die staatsanwaltschaftliche Praxis wendet die Vorschrift des § 154 b III StPO überwiegend 146

Vordermayer

entsprechend an in den Fällen der Abschiebung[57], der Zurückweisung und der Zurückschiebung.

cc) Voraussetzungen

147 Voraussetzung der direkten Anwendung des § 154 b III StPO ist die **Ausweisung** des Beschuldigten, wohingegen Abschiebung, Zurückweisung und Zurückschiebung von der analogen Anwendung erfaßt werden.

dd) Wiederaufnahme

148 Die staatsanwaltliche Verfahrenseinstellung gem § 154 b III StPO führt zu keinem Strafklageverbrauch, dh eine Wiederaufnahme der Ermittlungen ist jederzeit möglich.[58]

ee) Sonstiges

149 Die Verjährung ruht während der Verfahrenseinstellung gem § 154 b III StPO nicht.[59]

b) Formular – Absehen von der Erhebung der öffentlichen Klage gem § 154 b III StPO

150

STAATSANWALTSCHAFT
 # O R T #
#ZwSt#

Az.:		Datum:		ein 154b 1
Ermittlungsverfahren gegen		Antragst.:		
wegen		Anzeige vom		

V e r f ü g u n g

1. **Personendaten** und **Schuldvorwurf** überprüft. Änderung nicht veranlaßt.
2. Von der Erhebung der öffentlichen Klage wird
   ○ gemäß § 154 b Abs. 3 StPO
   ○ entsprechend § 154 b Abs. 3 StPO
   abgesehen.

Gründe:

Gemäß § 154 b Abs. 3 StPO kann von der Erhebung der öffentlichen Klage abgesehen werden, wenn d. Beschuldigte ausgewiesen wird.
D. Beschuldigte
○ ist ausgewiesen worden. (direkte Anwendung § 154 b Abs. 3 StPO)
○ ist abgeschoben worden. Die Abschiebung steht nach Sinn und Zweck des § 154 b Abs. 3 StPO der Ausweisung gleich. (entsprechende Anwendung § 154 b Abs. 3 StPO)

---

57 So auch Kl/M-G § 154 b Rn 1
58 Kl/M-G § 154 b Rn 2
59 Kl/M-G § 154 b Rn 2

Einstellungsverfügung

○ ist zurückgewiesen worden. Die Zurückweisung steht nach Sinn und Zweck des § 154 b Abs. 3 StPO der Ausweisung gleich. (entsprechende Anwendung § 154 b Abs. 3 StPO)
○ ist zurückgeschoben worden. Die Zurückschiebung steht nach Sinn und Zweck des § 154 b Abs. 3 StPO der Ausweisung gleich. (entsprechende Anwendung § 154 b Abs. 3 StPO)
○ hat das Bundesgebiet verlassen. Mit einer Wiedereinreise ist nicht zu rechnen. Dies ist nach Sinn und Zweck des § 154 b Abs. 3 StPO der Ausweisung gleichzustellen.
(entsprechende Anwendung § 154 b Abs. 3 StPO)
○ Die Schuld ist nicht so erheblich, daß eine Strafverfolgung im Ausland oder weitere Fahndungsmaßnahmen für den Fall der Wiedereinreise angezeigt sind.

○ Diktat/Entwurf
○ _____

TV-StA   #StA#   ein 154b 1   (11.98)   § 154 b Abs. 3 StPO

3. AL _____ z.K.
4. ❏ Mitteilung von Ziff. 2 ohne Gründe an:
   ○ Besch. ○ ges. Vertr. ○ über ZBev. _____ (Bl. ____)
   ○ Verteidiger(in) _____ (Bl. ____)
   ❏ Mitteilung an Besch. _____ unterbleibt, weil _____ (Bl. ____)
5. ❏ Mitteilung von Ziff. 2 mit Gründen an:
   ○ Antragst. _____ (Bl. ____)
   ○ Vertreter(in) d. Antragst. _____ (Bl. ____)
   ❏ Mitteilung an Antragst. _____ unterbleibt, weil ○ Amtsanzeige ○ Verzicht
   ○ mangelndes Strafinteresse ○ _____ (Bl. ____)
6. ❏ Ausdruck von Ziff. 2 z.A.
7. Abtragen
   Einstellung gem. § 154 b Abs. 3 StPO
   ZK 21 (B) Ausweisung/Abschiebung

Das Verfahren betrifft eine	organisiert	
	ja	nein
Straßenverkehrsstrafsache	A	B
besondere Wirtschaftsstrafsache	C	D
Betäubungsmittelstrafsache	E	F
Umweltstrafsache	G	H
Strafsache gg. sex. Selbstbest.	I	K
Keine d. vorgenannt. Strafsachen	Y	Z

Jugendschutzsache	

8. ❏ Mitteilung an Ausländerbehörde gem. § 76 Abs. 4 AuslG
   ❏ Formblatt an Polizei/ _____
   ❏ MiStra Nr. _____ an _____
9. ❏ Beiakten trennen
   ❏ Asservate gem. gesonderter Verfügung abwickeln
   ❏ Weitere Verfügung gesondert
   ❏ Akteneinsicht (Bl. ____) für ____ Tage genehmigt
   ❏ _____

Vordermayer

```
10. ❏ WV_____
    ❏ Weglegen


    _____
    (Unterschrift, Namenstempel)
```

151 Die Besonderheiten der diesbezüglichen Einstellungsverfügung ergeben sich aus dem Tenor und den Gründen der Ziffer 2. Beide sehen die direkte Anwendung des § 154 b III StPO für den Fall vor, daß der Beschuldigte aus dem Geltungsbereich der Strafprozeßordnung ausgewiesen worden ist. Der analogen Anwendung des § 154 b III StPO wird – den unterschiedlichen Übungen bei den einzelnen StAen entsprechend – ebenfalls im Tenor und den Gründen der Einstellungsverfügung Rechnung getragen.

8. Einstellung gem § 154 d StPO

a) Allgemeines

aa) Rechtliche Grundlagen

152 § 154 d StPO

bb) Anwendungsbereich

153 In der staatsanwaltschaftlichen Praxis hat § 154 d StPO in dem Maße an Bedeutung gewonnnen, als sich Strafanzeigen von Anzeigeerstattern mit und ohne anwaltschaftliche Vertretung gehäuft haben, die schon auf den ersten Blick einzig und allein den Zweck haben einen risikoträchtigen und kostenintensiven Zivilprozeß auf Kosten der Staatskasse und somit der Allgemeinheit vorzubereiten oder zu vermeiden. Dieses Ansinnen einzelner Anzeigeerstatter darf nicht zur Bindung wertvoller Arbeitszeit des StAs zu Lasten seiner strafverfolgenden Tätigkeit führen. Die StA soll nämlich nicht durch Strafanzeigen gezwungen werden, über komplizierte Vorgänge, die in erster Linie zivil- oder verwaltungsrechtliche Bedeutung haben, schwierige Beweiserhebungen durchzuführen, wenn es dem Anzeigenden darauf ankommt, das Strafverfahren als Druckmittel auf einen Gegner oder zur Vorbereitung eines anderen Verfahrens zu benutzen.[60]

154 Zu beachten ist, daß § 154 d StPO nur bei Vergehen (§ 12 II StGB), nicht aber bei Verbrechen zur Anwendung kommt. Außerdem gilt die Vorschrift über den Wortlaut hinaus nicht nur bei zivil- oder verwaltungsrechtlichen,

---

[60] Kl/M-G § 154 d Rn 1 und ähnlich Pfeiffer § 154 d Rn 1, der die Anwendbarkeit des § 154 d StPO für den Fall erörtert, daß sich bei umfangreichen Betrugsanzeigen Ansprüche und Gegenansprüche gegenüberstehen

sondern entsprechend auch bei arbeits- und sozialgerichtlichen Vorfragen[61] oder für den Fall, daß ein entsprechendes Verfahren bereits anhängig und eine Fristsetzung zur Klageerhebung somit entbehrlich ist.[62]

cc) Voraussetzungen

Voraussetzung für die **vorläufige Einstellung** und Fristsetzung gem § 154 d S 1 StPO ist die Abhängigkeit der Erhebung der öffentlichen Klage wegen eines Vergehens von der Beurteilung einer zivil- oder verwaltungsrechtlichen (direkte Anwendung) bzw arbeits- oder sozialgerichtlichen (entsprechende Anwendung) Vorfrage.   **155**

Die **endgültige Einstellung** gem § 154 d S 3 StPO setzt den fruchtlosen Ablauf der nach § 154 d S 1 StPO gesetzten Frist voraus.   **156**

dd) Wiederaufnahme

Ein Strafklageverbrauch tritt weder durch die vorläufige Einstellung des Verfahrens gem § 154 d S 1 StPO noch durch die endgültige nach § 154 d S 3 StPO ein.[63]   **157**

ee) Sonstiges

Die Verjährung ruht während der Verfahrenseinstellung gem § 154 d S 1, 3 StPO nicht.[64]   **158**

Das Klageerzwingungsverfahren, das in § 172 II 3 StPO nicht ausgeschlossen wird, ist nicht schon gegen die Fristsetzung nach § 154 d S 1 StPO, sondern erst gegen die endgültige Einstellung gem § 154 d S 3 StPO zulässig.[65]   **159**

---

61 Kl/M-G § 154 d Rn 3
62 LR-Rieß § 154 d Rn 13
63 LR-Rieß § 154 d Rn 12, 14 und 18
64 LR-Rieß § 154 d Rn 13 und 18
65 Pfeiffer § 154 d Rn 3

b) Formular – Vorläufige Einstellung gem § 154 d S 1 StPO

160

> **STAATSANWALTSCHAFT**
> **# O R T #**
> #ZwSt#
>
> Az.:   ◄   Datum: ◄   ein 154d 1
>
> Ermittlungsverfahren
> gegen   Antragst.:
>
> wegen   Anzeige vom
>
> **Verfügung**
> 1. **Personendaten** und **Schuldvorwurf** überprüft. Änderung nicht veranlaßt.
> 2. Von der Erhebung der öffentlichen Klage wird
>   ○ gemäß ○ entsprechend § 154 d Satz 1 StPO vorläufig abgesehen.
>
> **Gründe**
>
> Die Entscheidung darüber, ob gegen d. Besch. wegen eines **Vergehens** die öffentliche Klage zu erheben ist, hängt von der Beurteilung der nach
> ○ bürgerlichem Recht   ○ Verwaltungsrecht (direkte Anwendung § 154 d Satz 1 StPO)
> ○ Arbeitsrecht   ○ Sozialrecht (entsprechende Anwendung § 154 d Satz 1 StPO)
> zu entscheidenden Frage ab.
> ○ (Diktat/Entwurf)
> ○ _____
> _____
> _____
> _____
> _____
> _____
>
> Die Staatsanwaltschaft hat daher von der gesetzlichen Möglichkeit Gebrauch gemacht, von der Erhebung der öffentlichen Klage vorläufig
> ○ gemäß ○ entsprechend § 154 d StPO abzusehen.
>
> ○ Zur gerichtlichen Entscheidung der genannten Vorfrage wird hiermit eine Frist bis zum _____ gesetzt. Wird der Staatsanwaltschaft innerhalb dieser Frist die Klageerhebung unter Angabe des Prozeßgerichts und des Aktenzeichens nicht nachgewiesen, kann das Verfahren endgültig eingestellt werden.
>
> ○ Es ist bereits b. _____ unter dem Az. _____
>   ein Verfahren anhängig, dessen Ausgang abgewartet wird.
>
> ○ D. Antragst. wird aufgegeben, der Staatsanwaltschaft bis zum _____
>   ○ d. Gericht/Behörde
>   ○ d. Aktenzeichen
>   ○ d. Verfahrensstand
>   ○ d. Ausgang d. Verfahrens
>   mitzuteilen. Bei Nichteinhaltung dieser Frist kann das Verfahren endgültig eingestellt werden.
>
> TV-StA #StA# ein 154d 1   (10.98)   § 154 d Satz 1 StPO - vorläufige Einstellung

Vordermayer

Einstellungsverfügung

3. ❏ Anhörung nach Nr. 90 Abs. 1 RiStBV nicht erforderlich/ist erfolgt (Bl. _____)
4. ❏ AL _____ z.K.
5. ❏ Mitteilung von Ziff. 2 ohne Gründe an:
   ○ Besch. ○ ges. Vertr. ○ über ZBev. _____ (Bl. _____)
   ○ Verteidiger(in) _____ (Bl. _____)
   ❏ Mitteilung an Besch. _____ unterbleibt, weil _____ (Bl. _____)
6. ❏ Mitteilung von Ziff. 2 mit Gründen an:
   ○ Antragst. _____ (Bl. _____)
   ○ Vertreter(in) d. Antragst. _____ (Bl. _____)
   ❏ Mitteilung an Antragst. _____ unterbleibt, weil ○ Amtsanzeige ○ Verzicht
   ○ mangelndes Strafinteresse ○ _____ (Bl. _____)
7. ❏ Ausdruck von Ziff. 2 z.A.
8. Abtragen
   ZK 24 (D)   Absehen von der Verfolgung
               zur Entscheidung einer Vorfrage

Das Verfahren betrifft eine	organisiert	
	ja	nein
Straßenverkehrsstrafsache	A	B
besondere Wirtschaftsstrafsache	C	D
Betäubungsmittelstrafsache	E	F
Umweltstrafsache	G	H
Strafsache gg. sex. Selbstbest.	I	K
Keine d. vorgenannt. Strafsachen	Y	Z

Jugendschutzsache	

9. ❏ Beiakten trennen
   ❏ Weitere Verfügung gesondert
   ❏ Akteneinsicht (Bl. _____) für _____ Tage genehmigt
   ❏
10. ❏ WV _____

(Unterschrift, Namensstempel)

Dieses Formular dient der vereinfachten Möglichkeit des vorläufigen Absehens von der Erhebung der öffentlichen Klage in den Fällen, in denen die Beurteilung einer Frage nach bürgerlichem Recht oder nach Verwaltungsrecht (direkte Anwendung) bzw nach Arbeits- oder Sozialrecht (entsprechende Anwendung) vorgreiflich ist. In den Gründen trifft der StA zunächst die Entscheidung, welchem Rechtsgebiet die vorgreifliche Frage entstammt und worum es sich dabei handelt. Im weiteren Verlauf der Abarbeitung des Formulares setzt er dann die in § 154 d S 1 StPO angesprochene Frist zur Klageerhebung oder stellt ggf fest, daß bereits ein Verfahren, dessen Ausgang abgewartet wird, anhängig ist. Schließlich sehen die Einstellungsgründe zur besseren Kontrolle des vorgreiflichen Verfahrens noch bestimmte Mitteilungspflichten vor, die sich an den Anzeigeerstatter richten.

Vordermayer

c) Formular – Endgültige Einstellung gem § 154 d S 3 StPO

STAATSANWALTSCHAFT
 # O R T #
#ZwSt#

Az.:   Datum:

Ermittlungsverfahren
gegen   Antragst.:

wegen   Anzeige vom

Verfügung

1. **Personendaten** und **Schuldvorwurf** überprüft. Änderung nicht veranlaßt.
2. Das Ermittlungsverfahren wird gemäß § 154 d Satz 3 StPO endgültig eingestellt.

Gründe:

○ D. Antragst. war von der Staatsanwaltschaft aufgegeben worden, die entscheidungserhebliche Vorfrage durch Klageerhebung klären zu lassen. Die insoweit gesetzte Frist ist nunmehr abgelaufen, ohne daß die Klageerhebung unter Angabe des Aktenzeichens mitgeteilt worden wäre. Ohne Klärung dieser Vorfrage kann d. Besch. eine strafbare Handlung nicht mit einer zur Anklageerhebung ausreichenden Sicherheit nachgewiesen werden.

○ (Diktat/Entwurf)
○ _____

○ Etwaige zivilrechtliche Ansprüche werden durch diese Entscheidung nicht berührt.

TV-StA   #StA# ein 154d 2   (08.00)   § 154 d Satz 3 StPO - endgültige Einstellung

Einstellungsverfügung

3. ❏ **Anhörung nach Nr. 90 Abs. 1 RiStBV** nicht erforderlich/ist erfolgt (Bl. _____)
4. ❏ **AL** _____ **z.K.**
5. **Mitteilung von Ziff. 2** ohne Gründe:
   ❏ **an Besch.** ○ ges. Vertr. ○ über ZBev. _____ (Bl. _____)
   ○ formlos
   ○ zustellen mit Belehrung gem. § 9 Abs. 1 StrEG
   Art und Zeitraum der Strafverfolgungsmaßnahme(n)/zuständiges Gericht:
   _____

   ❏ **an Verteidiger(in)** _____ (Bl. _____)
   ○ formlos
   ○ zustellen mit Belehrung gem. § 9 Abs. 1 StrEG
   Art und Zeitraum der Strafverfolgungsmaßnahme(n)/zuständiges Gericht:
   _____

   ❏ **Mitteilung an Besch.** _____ unterbleibt, weil _____ (Bl. _____)
6. **Mitteilung von Ziff. 2** mit Gründen an:
   ❏ **Antragst.** _____ (Bl. _____)
   ❏ **Vertreter(in) d. Antragst.** _____ (Bl. _____)
   ○ formlos ohne Beschwerdebelehrung
   ○ formlos mit Beschwerdebelehrung
   ○ zustellen mit Beschwerdebelehrung
      ○ mit Zusatz: Die beigefügte Beschwerdebelehrung bezieht sich nicht auf die Einstellung des Verfahrens wegen _____
   ❏ **Mitteilung an Antragst.** _____ unterbleibt, weil ○ Amtsanzeige ○ Verzicht
   ○ mangelndes Strafinteresse ○ _____ (Bl. _____)
7. ❏ **Ausdruck von Ziff. 2 z.A.**
8. ❏ **Mitteilung an Ausländerbehörde gem. § 76 Abs. 4 AuslG**
   ❏ **Formblatt an Polizei/** _____
   ❏ **MiStra Nr.** _____ an _____
   ❏ _____
9. ❏ Beiakten trennen
   ❏ Asservate gem. gesonderter Verfügung abwickeln
   ❏ Weitere Verfügung gesondert
   ❏ Akteneinsicht (Bl. _____) für _____ Tage genehmigt
   ❏ _____
10. ❏ **WV** _____
    ❏ **Weglegen**

_____
(Unterschrift, Namensstempel)

Das Formular Rn 162 ermöglicht dem StA die endgültige Einstellung eines Ermittlungsverfahrens gem § 154 d S 3 StPO für den Fall, daß der Antragsteller die entscheidungserhebliche Vorfrage nicht fristgemäß hat klären lassen.

d) **Formular – Wiederaufnahme bei vorläufiger Einstellung gem § 154 d S 1 StPO**

164

STAATSANWALTSCHAFT
O R T
#ZwSt#

Az.:		Datum:	
Ermittlungsverfahren gegen		Antragst.:	
wegen		Anzeige vom	

V e r m e r k

D. Antragst. war von der Staatsanwaltschaft mit Verfügung vom _____ (Bl. _____)
gemäß § 154 d Satz 1 StPO aufgegeben worden, die entscheidungserhebliche Vorfrage durch Klageerhebung klären zu lassen. Die Klärung ist nunmehr durch

_____
_____
_____
_____
_____
_____

erfolgt.

V e r f ü g u n g

1. **Das Verfahren wird wiederaufgenommen.**
2. ❏ **Mitteilung von Ziff. 1 an:**
   - ○ Antragst. _____ (Bl. _____)
   - ○ Vertreter(in) d. Antragst. _____ (Bl. _____)
   - ❏ Mitteilung an Antragst. _____ **unterbleibt**, weil ○ Amtsanzeige ○ Verzicht
   - ○ mangelndes Strafinteresse ○ _____ (Bl. _____)
3. ❏ **Neue Zählkarte anlegen** (Wiederaufnahme des Ermittlungsverfahrens)
4. ❏ **AL _____ z.K.**
5. ❏ Beiakten trennen
   ❏ Akteneinsicht (Bl. _____) für _____ Tage genehmigt
   ❏ _____

6. ❏ **WV** _____
   ❏ Weitere Verfügung gesondert
   ❏ _____

_____
(Unterschrift, Namensstempel)

TV-StA   #StA#   ein 154d 3   (08.00)   § 154 d StPO - Wiederaufnahme

Im Rahmen des Formulars Rn 164 legt der StA durch einen entsprechenden »Vermerk« nieder, daß die von ihm aufgegebene Klärung der entscheidungserheblichen Vorfrage zwischenzeitlich erfolgt ist. 165

Im Verfügungsteil ist für diesen Fall das Verfahren unter Fertigung der entsprechenden Mitteilungen wiederaufzunehmen und durch Anklageerhebung oder eine andere Einstellungsart zum Abschluß zu bringen. 166

9. Vorläufige Einstellung gem § 154 e I StPO

a) Allgemeines

aa) Rechtliche Grundlagen

§ 154 e StPO, Nr. 103 RiStBV, §§ 164, 185 – 188 StGB 167

bb) Anwendungsbereich

Mit der Sollvorschrift des § 154 e StPO soll das Nebeneinander zweier paralleler Ahndungsverfahren soweit als möglich verhindert[66] und somit der Gefahr sich widersprechender Entscheidungen über den selben Sachverhalt begegnet werden. Vorrang soll dabei das wegen der angezeigten oder behaupteten Tag anhängige Bezugsverfahren haben, weil es sich mit dem der falschen Verdächtigung oder Beleidigung zugrundeliegenden Sachverhalt befaßt und sein Ergebnis möglicherweise Einfluß auf die Entscheidung im Grundverfahren haben kann.[67] 168

cc) Voraussetzungen

Die vorläufige Einstellung eines Verfahrens wegen falscher Verdächtigung oder Beleidigung (§§ 164, 185 bis 188 StGB) gem § 154 e I StPO setzt voraus, daß wegen der angezeigten oder behaupteten Handlung ein Straf- oder Disziplinarverfahren anhängig ist. 169

dd) Wiederaufnahme

Der Widerruf der Einstellungsverfügung, dh eine Wiederaufnahme der Ermittlungen zB wegen drohenden Beweisverlustes ist bis zum Eintritt der Verjährung (unten Rn 171) möglich.[68] 170

---

66 Kl/M-G § 154 e Rn 5
67 Kl/M-G § 154 e Rn 1
68 Kl/M-G § 154 e Rn 9

Vordermayer

ee) Sonstiges

171 Ab dem Zeitpunkt der aktenmäßigen vorübergehenden Einstellung nach § 154 e I StPO bis zum – ggf rechtskräftigen – Abschluß des Bezugsverfahrens ruht die Verjährung gem § 154 e III StPO. Die Wiederaufnahme der Ermittlungen durch die StA (oben Rn 170) beendet allerdings diese verjährungshemmende Wirkung.[69]

172 Gegen die vorläufige Einstellung des Ermittlungsverfahrens gem § 154 e I StPO ist lediglich die Dienstaufsichtsbeschwerde zulässig. Das Klageerzwingungsverfahren ist – wie generell bei vorläufigen Einstellungen – ausgeschlossen.[70]

b) Formular – Vorläufige Einstellung gem § 154 e I StPO

173

STAATSANWALTSCHAFT
 # O R T #
#ZwSt#

Az.:	≺	Datum:	≺	ein 154e 1
Ermittlungsverfahren gegen		Antragst.:		
wegen		Anzeige vom		

Verfügung

1. **Personendaten** und **Schuldvorwurf** überprüft. Änderung nicht veranlaßt.
2. Das Ermittlungsverfahren wird gemäß § 154 e Abs. 1 StPO vorläufig eingestellt.

Gründe:

Gegen d. Besch. werden im vorliegenden Verfahren Ermittlungen wegen
❏ falscher Verdächtigung (§ 164 StGB)
❏ Beleidigung (§§ 185-188 StGB)
geführt.
Wegen der angezeigten oder behaupteten Handlung ist unter dem Az. _____
❏ bei d. ❍ StA ❍ AG ❍ LG in _____
ein Verfahren
gegen _____
wegen _____
anhängig.
❏ bei _____
ein Disziplinarverfahren gegen _____
anhängig.

---

69 Kl/M-G § 154 e Rn 14
70 Kl/M-G § 154 e Rn 15, Pfeiffer § 154 e Rn 4 und 7

Nachdem der Ausgang des vorgenannten Verfahrens für dieses Verfahren von Bedeutung ist, hat die Staatsanwaltschaft von der gesetzlichen Möglichkeit Gebrauch gemacht, das Verfahren vorläufig einzustellen. Nach Abschluß des Bezugsverfahrens wird das vorliegende Verfahren von Amts wegen wiederaufgenommen werden.

TV-StA #StA# ein 154e 1   (03.98) § 154 e Abs. 1 StPO

3. ❏ **Anhörung nach Nr. 90 Abs. 1 RiStBV** nicht erforderlich/ist erfolgt (Bl. _____)
4. ❏ **AL** _____ z.K.
5. **Abtragen**
   ZK 43 (E)   Absehen von der Erhebung der
               öffentlichen Klage bei/wegen
               falscher Verdächtigung/Beleidigung

Das Verfahren betrifft eine	organisiert	
	ja	nein
Straßenverkehrsstrafsache	A	B
besondere Wirtschaftsstrafsache	C	D
Betäubungsmittelstrafsache	E	F
Umweltstrafsache	G	H
Strafsache gg. sex. Selbstbest.	I	K
Keine d. vorgenannt. Strafsachen	Y	Z
Jugendschutzsache		

6. ❏ **Mitteilung von Ziff. 2 mit Gründen an:**
   ○ Antragst. _____ (Bl. _____)
   ○ Vertreter(in) d. Antragst. _____ (Bl. _____)
   ❏ **Mitteilung an Antragst.** _____ unterbleibt, weil ○ Amtsanzeige ○ Verzicht
   ○ mangelndes Strafinteresse ○ _____ (Bl. _____)
7. ❏ **Ausdruck von Ziff. 2 z.A.**
8. ❏ Beiakten trennen
   ❏ Weitere Verfügung gesondert
   ❏ Akteneinsicht (Bl. _____) für _____ Tage genehmigt
9. ❏ Verfahren bei Akte/HA des Bezugsverfahrens Az. _____
   unterbinden
   ❏ _____
10. **WV** _____

(Unterschrift, Namensstempel)

Dieses Formular soll durch entsprechende Auswahlmöglichkeiten in den Gründen der Verfügung die Arbeit in den Fällen erleichtern, in denen von der Erhebung der öffentlichen Klage wegen einer falschen Verdächtigung oder Beleidigung abgesehen wird, solange wegen der angezeigten oder behaupteten Handlung ein Straf- oder Disziplinarverfahren anhängig ist.

Vordermayer

175 Unter **Ziffer 6** der Verfügung ist gem Nr. 103 RiStBV die Mitteilung der vorläufigen Verfahrenseinstellung an den Anzeigeerstatter oder dessen Vertreter vorgesehen.

176 Im Rahmen der Wiedervorlage unter **Ziffer 11** kontrolliert der StA den Fort- bzw Ausgang des Bezugsverfahrens.

10. Absehen von der Verfolgung gem § 31 a I BtMG

a) Allgemeines[71]

aa) Rechtliche Grundlagen

177 § 31 a BtMG, allgemeine Weisungen in den Ländern zum Vollzug von § 31 a BtMG

bb) Anwendungsbereich

178 Mit der am 9.9.1992[72] in Kraft getretenen Vorschrift des § 31 a BtMG hat der Gesetzgeber neben einer Privilegierung des Drogenkonsumenten und einer Vereinheitlichung der Einstellungspraxis auch eine Entlastung der Strafverfolgungsorgane von der Verfolgung konsumbezogener Kleinkriminalität zur Konzentration der Ermittlungsressourcen auf die Bekämpfung der mittleren und schwereren Kriminalität, insbes des professionellen Drogenhandels, bezwecken wollen.[73]

cc) Voraussetzungen

179 Falls der Beschuldigte Betäubungsmittel lediglich zum Eigenverbrauch in geringer Menge angebaut, hergestellt, eingeführt, ausgeführt, durchgeführt, erworben, sich in sonstiger Weise verschafft oder besessen hat, kann die StA bei Vergehen (§ 12 II StGB) nach § 29 I, II oder IV BtMG von der Verfolgung absehen, wenn die Schuld des Täters als gering anzusehen wäre und kein öffentliches Interesse an der Strafverfolgung besteht.

180 Hinweise zur Auslegung und Anwendung des § 31 a BtMG finden sich für den einzelnen StA in Richtlinien der zuständigen Justizministerien, GenStAe und Leitenden Oberstaatsanwälte der jeweiligen Bundesländer.[74]

---

71 Zur speziellen Problematik der Betäubungsmittelstrafsachen vgl oben Teil B 8. Kap Rn 1 ff
72 BGBl I 1992, 1593
73 Vgl Aulinger, Rechtsgleichheit und Rechtswirklichkeit bei der Strafverfolgung von Drogenkonsumenten, Schriftenreihe des Bundesministeriums für Gesundheit, Band 89 1997, 10 mwN
74 Vgl Aulinger, aaO, S 100 ff und Anhang 1

Vordermayer

dd) Wiederaufnahme

Die Einstellungsverfügung gem § 31 a BtMG führt zu keinem Strafklageverbrauch, so daß später wegen desselben Sachverhaltes noch Anklage erhoben werden kann.[75]

181

ee) Sonstiges

§ 31 a BtMG geht als lex specialis der Vorschrift des § 153 StPO vor.[76]

182

b) Formular – Absehen von der Verfolgung gem § 31 a I BtMG

183

STAATSANWALTSCHAFT
 # O R T #
#ZwSt#

Az.: ≺ Datum: ≺ ein btmg 1

Ermittlungsverfahren
gegen _____

wegen _____

Verfügung

1. **Personendaten** und **Schuldvorwurf** überprüft. Änderung nicht veranlaßt.
2. Von der Verfolgung wird gemäß **§ 31 a Abs. 1 BtMG** abgesehen.

Gründe:

D. Besch. liegt der Umgang mit lediglich einer geringen Menge an Cannabisprodukten (_____ Gramm Haschisch, Bl. _____ ; _____ Gramm Marihuana; Bl. _____) zur Last. Diese Betäubungsmittel waren offenbar nur zum gelegentlichen Eigenverbrauch vorgesehen. Anhaltspunkte für eine Fremdgefährdung liegen nicht vor. Die Schuld d. Besch. ist als gering anzusehen. Ein öffentliches Interesse an der Strafverfolgung besteht daher nicht.

TV-StA #StA# ein btmg 1   (02.99)   § 31 a Abs. 1 BtMG

---

75 Joachimski § 31 a BtMG Rn 4
76 Körner § 31 a BtMG Rn 55

3. ☐ AL _____ z.K.
4. **Mitteilung von Ziff. 2** ohne Gründe an:
   ☐ Besch. (Bl. _____)
   ☐ ges. Vertr. (Bl. _____)
   ○ über ZBev. (Bl. _____)
   ☐ Verteidiger(in) (Bl. _____)
   ☐ mit folgendem Zusatz: Sollte binnen zwei Wochen nach Erhalt dieses Schreibens der Staatsanwaltschaft keine gegenteilige Stellungnahme vorliegen, wird davon ausgegangen, daß Sie/Ihre Mandantschaft mit der formlosen Einziehung der sichergestellten Gegenstände einverstanden sind/ist, da ansonsten ggf. das für Sie/Ihre Mandantschaft kostenpflichtige förmliche Einziehungsverfahren durchgeführt werden müßte.
   ☐ mit folgendem Zusatz: Bei Wiederholung müssen Sie/muß Ihre Mandantschaft mit Strafverfolgung rechnen.
   ☐ unterbleibt, weil _____ (Bl. _____)
5. **Abtragen**
   ZK 40 (F) Absehen von der Verfolgung

Das Verfahren betrifft eine	organisiert	
	ja	nein
Straßenverkehrsstrafsache	A	B
besondere Wirtschaftsstrafsache	C	D
Betäubungsmittelstrafsache	E	F
Umweltstrafsache	G	H
Strafsache gg. sex. Selbstbest.	I	K
Keine d. vorgenannt. Strafsachen	Y	Z

Jugendschutzsache	

6. ☐ **Mitteilung an Ausländerbehörde** gem. § 76 Abs. 4 AuslG
   ☐ **Formblatt an Polizei/** _____
   ☐ **MiStra Nr.** _____ an _____
7. ☐ Beiakten trennen
   ☐ Asservate gem. gesonderter Verfügung abwickeln
   ☐ Weitere Verfügung gesondert
   ☐ Akteneinsicht (Bl. _____) für _____ Tage genehmigt
   ☐ _____

8. ☐ **WV** _____
   ☐ **Weglegen**

(Unterschrift, Namensstempel)

184 Diese Verfügung befaßt sich mit dem Absehen von der Verfolgung gem § 31 a I BtMG und wendet sich an die diesbezüglichen Spezialdezernenten. Die Gründe sehen der Praxis in den Bundesländern Baden-Württemberg, Bayern und Sachsen folgend eine entsprechende Sachbearbeitung nur bei geringen Mengen weicher Drogen und einer fehlenden Fremdgefährdung vor.

185 Die Einstellungsmitteilung an den Beschuldigten unter **Ziffer 4** der Verfügung ist, den Wünschen zahlreicher Betäubungsmitteldezernenten entsprechend, um zwei wichtige Zusätze ergänzbar.

11. Absehen von der Verfolgung gem § 45 JGG

a) Allgemeines[77]

aa) Rechtliche Grundlagen

§ 45 I, II, III JGG, § 153 StPO 186

bb) Anwendungsbereich

Die gesamte Vorschrift des § 45 JGG gilt in Verfahren gegen Jugendliche 187
und – in den Fällen des § 105 I JGG – gegen Heranwachsende, auch vor den
für allgemeine Strafsachen zuständigen Gerichten (§§ 104 I Nr. 4, 109 II 1,
112 JGG).[78] Sie ist eine der wesentlichen Grundlagen der Diversion im
Jugendstrafverfahren mit dem vom Erziehungsgedanken ausgehenden Ziel,
förmliche Verfahren weitestgehend zugunsten sog informeller Erledigungen mit erfolgreicherer Individualprävention zu ersetzen.[79]

cc) Voraussetzungen

Gem § 45 I JGG kann der StA ohne Zustimmung des Richters von der Ver- 188
folgung absehen, wenn die Voraussetzungen des § 153 StPO vorliegen, dh
das Verfahren ein Vergehen (§ 12 II StGB) zum Gegenstand hat, die Schuld
des Täters als gering anzusehen wäre (oben Rn 81) und kein öffentliches
Interesse an der Verfolgung besteht (oben Rn 82).

Nach § 45 II 1 JGG sieht der StA von der Verfolgung ab, wenn eine erzie- 189
herische Maßnahme bereits durchgeführt oder eingeleitet ist und er weder
eine Beteiligung des Richters nach § 45 III JGG noch die Erhebung der
Anklage für erforderlich hält. Dabei steht nach § 45 II 2 JGG das Bemühen
des Jugendlichen, einen Ausgleich mit dem Verletzten zu erreichen, einer
erzieherischen Maßnahme gleich.

Ist der Beschuldigte geständig und hält der StA eine Anklage nicht für 190
geboten, wohl aber die Erteilung einer Ermahnung, von Weisungen nach
§ 10 I 3 Nr. 4, 7 und 9 JGG oder von Auflagen durch den Jugendrichter, so
regt er eine solche richterliche Maßnahme gem § 45 III 1 JGG an, um
sodann unter den Voraussetzungen des § 45 III 2 JGG von der Verfolgung
abzusehen.

---

77 Zur speziellen Problematik der Jugendstrafsachen vgl oben Teil B 2. Kap Rn 1 ff
78 Diemer § 45 JGG Rn 1
79 Diemer § 45 JGG Rn 4

dd) Wiederaufnahme

191 Durch das Absehen von der Verfolgung nach § 45 I, II JGG tritt ein Strafklageverbrauch nicht ein, so daß die Verfolgung jederzeit wiederaufgenommen werden kann.[80] Beschränkte Rechtskraftwirkung entfaltet allerdings die staatsanwaltliche Verfahrenseinstellung gem § 45 III 2 JGG wegen der Verweisung des § 45 III 4 JGG auf § 47 III JGG.

ee) Sonstiges

192 Die Reihenfolge der drei Absätze des § 45 JGG bringt ein Stufenverhältnis zum Ausdruck, wonach aus Gründen der Verhältnismäßigkeit Maßnahmen nach § 45 I und II JGG vorrangig vor einer solchen nach § 45 III JGG zu prüfen sind.[81]

b) Formular – Absehen von der Verfolgung gem § 45 I JGG

193

```
                          STAATSANWALTSCHAFT
                              # O R T #
                                #ZwSt#

Az.:                ⊰    Datum:          ⊰        ein jgg 1
Ermittlungsverfahren
gegen                    Antragst.:

wegen                    Anzeige vom
```

Verfügung

1. **Personendaten** und **Schuldvorwurf** überprüft. Änderung nicht veranlaßt.
2. Von der Verfolgung wird gemäß § 45 Abs. 1 JGG
   ○ in Verbindung mit § 109 Abs. 2 JGG
   abgesehen.

Gründe:

○ Diktat/Entwurf
○ _____

_____
_____
_____
_____
_____

○ Die Schuld wäre als gering anzusehen.
○ D. Beschuldigte(n) ist/sind geständig.
○ D. Beschuldigte(n) ist/sind strafrechtlich bisher
  ○ noch nicht ○ noch nicht einschlägig
  in Erscheinung getreten.

---

80 Eisenberg § 45 JGG Rn 31 mwN
81 Diemer § 45 JGG Rn 8

Einstellungsverfügung

○ Die Tat(en) liegt/liegen lange Zeit zurück.
○ Diktat/Entwurf
○ _____
_____
_____
_____
_____
_____

○ An der Verfolgung besteht deshalb kein öffentliches Interesse.
○ Etwaige zivilrechtliche Ansprüche werden durch diese Entscheidung nicht berührt.

TV-StA   #StA# ein jgg 1   (02.99)   § 45 Abs. 1 JGG

3. ❑ **Anhörung** nach Nr. 90 Abs. 1 RiStBV nicht erforderlich/ist erfolgt (Bl. ____)
4. ❑ **AL** ____ z.K.
5. ❑ **Mitteilung von Ziff. 2 ohne Gründe an:**
   ○ **Besch.** _____ (Bl. ____)
   ○ **gesetzl. Vertreter(in)** _____ (Bl. ____)
      ○ über ZBev. _____ (Bl. ____)
   ○ **Verteidiger(in)** _____ (Bl. ____)
   ❑ **Mitteilung an** ○ Besch. ○ gesetzl. Vertreter(in) _____
   unterbleibt,
   weil _____ (Bl. ____)
6. ❑ **Mitteilung von Ziff. 2 mit Gründen an:**
   ○ **Antragst.** _____ (Bl. ____)
   ○ **Vertreter(in) d. Antragst.** _____ (Bl. ____)
   ❑ **Mitteilung an Antragst.** _____ **unterbleibt,** weil ○ Amtsanzeige ○ Verzicht
   ○ mangelndes Strafinteresse ○ _____ (Bl. ____)
7. ❑ **Ausdruck von Ziff. 2 z.A.**
8. **Abtragen**
   ZK 28 (u)   Einstellung wegen Geringfügigkeit

Das Verfahren betrifft eine	organisiert	
	ja	nein
Straßenverkehrsstrafsache	A	B
besondere Wirtschaftsstrafsache	C	D
Betäubungsmittelstrafsache	E	F
Umweltstrafsache	G	H
Strafsache gg. sex. Selbstbest.	I	K
Keine d. vorgenannt. Strafsachen	Y	Z

Jugendschutzsache	

9. **Mitteilung von Ziff. 2 ohne Gründe an:**
   ❑ **Stadtjugendamt** _____
   ❑ **Kreisjugendamt** _____
   ❑ **Ausländerbehörde** gem. § 76 Abs. 4 AuslG
   ❑ _____
10. Mitteilung von Ziff. 2 ohne Gründe an das **Erziehungsregister:**
    Tatbezeichnung: _____
    angewendete Vorschriften: _____
11. ❑ **Formblatt an Polizei/** _____
    ❑ **MiStra** Nr. ____ an _____
    ❑ _____

Vordermayer

12. ☐ Beiakten trennen
☐ Asservate gem. gesonderter Verfügung abwickeln
☐ Weitere Verfügung gesondert
☐ Akteneinsicht (Bl. _____) für _____ Tage genehmigt
☐ _____

13. ☐ WV _____
☐ Weglegen

_____
(Unterschrift, Namenstempel)

194 Das Formular Rn 193 befaßt sich mit dem Absehen von der Verfolgung durch den StA ohne Zustimmung des Richters, wenn die Voraussetzungen des § 153 der Strafprozeßordnung vorliegen. Auch hier wurde versucht, durch entsprechende Auswahlmöglichkeiten in den Gründen der Einstellungsverfügung dem Dezernenten die Arbeit zu erleichtern. Iü wurde unter **Ziffer 5** und **Ziffer 9** der Mitteilungsblock für Jugendsachen spezifisch erweitert.

c) **Formular – Absehen von der Verfolgung gem § 45 II JGG**

195

STAATSANWALTSCHAFT
O R T
#ZwSt#

Az.:   Datum: ein jgg 2

Ermittlungsverfahren
gegen

Antragst.:

wegen

Anzeige vom

Verfügung

1. **Personendaten** und **Schuldvorwurf** überprüft. Änderung nicht veranlaßt.
2. Von der Verfolgung wird gemäß § 45 Abs. 2 JGG
   ○ in Verbindung mit § 109 Abs. 2 JGG
   abgesehen.

Gründe:

○ Diktat/Entwurf
○ _____
_____
_____
_____
_____
_____

○ Wegen d _____
vom _____ wird/werden d. Besch. durch die Staatsanwaltschaft ermahnt.

Vordermayer

Einstellungsverfügung

○ D. Besch. hat/haben sich ○ erfolgreich
   bemüht, einen Ausgleich mit d. Verletzten zu erreichen (Täter-Opfer-Ausgleich).
○ Erzieherische Maßnahmen wurden bereits
   ○ im Verfahren _____
   ○ auf Weisung der Staatsanwaltschaft durch das Jugendamt
   getroffen.
○ D. Besch. ist/sind bereits hinreichend beeindruckt durch
   ○ - die Entdeckung der Tat
   ○ - die erfolgte polizeiliche Vernehmung
   ○ - die erfolgte staatsanwaltschaftliche Vernehmung
   ○ - die vorläufige Festnahme
   ○ - die erlittene Untersuchungshaft
   ○ - die Entrichtung eines erhöhten Fahrgeldes
   ○ - die anläßlich der Tat(en) erlittenen Verletzungen
   ○ - _____

_____
_____

TV-StA   R   ein jgg 2   (10.99)   § 45 Abs. 2 JGG - Absehen von Verfolgung nach Durchführung erzieher. Maßnahme

---

Die Staatsanwaltschaft geht davon aus, daß weitere Maßnahmen, insbesondere eine Ahndung durch den Jugendrichter, in diesem Falle nicht nötig sind und sieht deshalb ausnahmsweise von einer Strafverfolgung ab. Bei erneuter, vor allem einschlägiger, Straffälligkeit ist eine solche Behandlung nicht mehr zu erwarten und es muß mit der Erhebung der öffentlichen Klage gerechnet werden.
○ _____

○ Etwaige zivilrechtliche Ansprüche werden durch diese Entscheidung nicht berührt.

3. ☐ **Anhörung nach Nr. 90 Abs. 1 RiStBV** nicht erforderlich/ist erfolgt (Bl. ____)
4. ☐ **AL** ____ **z.K.**
5. ☐ **Mitteilung von Ziff. 2 mit Gründen an:**
   ○ **Besch.** _____ (Bl. ____)
   ○ **gesetzl. Vertreter(in)** _____ (Bl. ____)
      ○ über ZBev. _____ (Bl. ____)
   ○ **Verteidiger(in)** _____ (Bl. ____)
   ☐ **Mitteilung an** ○ **Besch.** ○ **gesetzl. Vertreter(in)** _____
   unterbleibt,
   weil _____ (Bl. ____)
6. ☐ **Mitteilung von Ziff. 2 mit Gründen an:**
   ○ **Antragst.** _____ (Bl. ____)
   ○ **Vertreter(in) d. Antragst.** _____ (Bl. ____)
   ☐ **Mitteilung an Antragst.** _____ **unterbleibt,** weil ○ Amtsanzeige ○ Verzicht
   ○ mangelndes Strafinteresse ○ _____ (Bl. ____)
7. ☐ **Ausdruck von Ziff. 2 z.A.**
8. **Abtragen**
   ZK 42 (v)   erzieherische Maßnahmen durchgeführt

Das Verfahren betrifft eine	organisiert	
	ja	nein
Straßenverkehrsstrafsache	A	B
besondere Wirtschaftsstrafsache	C	D
Betäubungsmittelstrafsache	E	F
Umweltstrafsache	G	H
Strafsache gg. sex. Selbstbest.	I	K
Keine d. vorgenannt. Strafsachen	Y	Z
Jugendschutzsache		

9. Mitteilung von Ziff. 2 ohne Gründe an:
   ☐ **Stadtjugendamt** _____
   ☐ **Kreisjugendamt** _____
   ☐ **Ausländerbehörde** gem. § 76 Abs. 4 AuslG
   ☐ _____

10. Mitteilung von Ziff. 2 ohne Gründe an das **Erziehungsregister**:
    Tatbezeichnung: _____
    angewendete Vorschriften: _____

Vordermayer

```
11.  ☐ Formblatt an Polizei/ _____
     ☐ MiStra Nr. _____ an  _____
     ☐                      _____
12.  ☐ Beiakten trennen
     ☐ Asservate gem. gesonderter Verfügung abwickeln
     ☐ Weitere Verfügung gesondert
     ☐ Akteneinsicht (Bl. ____ ) für ____ Tage genehmigt
     ☐                      _____

13.  ☐ WV _____
     ☐ Weglegen


     _____
     (Unterschrift, Namensstempel)
```

196 Das Formular Rn 195 kommt dann zur Anwendung, wenn der StA von der Verfolgung absieht, weil bereits eine erzieherische Maßnahme durchgeführt oder eingeleitet ist und er weder eine Beteiligung des Richters noch die Erhebung der Anklage für erforderlich hält. Durch die fakultativ und kumulativ auswählbaren Varianten in den Gründen ist auch hier versucht worden, dem Jugendstaatsanwalt die tägliche Massenarbeit zu erleichtern.

d) Formular – Vorläufiges Absehen von der Verfolgung gem § 45 II JGG

197

```
                          STAATSANWALTSCHAFT
                              # O R T #
                                #ZwSt#

Az.:                     ◄   Datum:           ◄         ein jgg 3
Ermittlungsverfahren
gegen
_____
wegen
_____

                          V e r f ü g u n g

1.   Personendaten und Schuldvorwurf überprüft. Änderung nicht veranlaßt.
2.   Von der Verfolgung wird gemäß § 45 Abs. 2 JGG
     ○ in Verbindung mit § 109 Abs. 2 JGG
     vorläufig abgesehen, da bei Durchführung der nachfolgend angeordneten Maßnahmen weder die
     Beteiligung des Gerichts noch die Erhebung einer Anklage geboten ist.
3.   ☐ Anhörung nach Nr. 90 Abs. 1 RiStBV nicht erforderlich/ist erfolgt (Bl. _____ )
4.   ☐ AL _____ z.K.
5.   Abtragen
     ZK 42 (v)   Einleitung
                 erzieherischer Maßnahmen
```

Das Verfahren betrifft eine	organisiert	
	ja	nein
Straßenverkehrsstrafsache	A	B
besondere Wirtschaftsstrafsache	C	D
Betäubungsmittelstrafsache	E	F
Umweltstrafsache	G	H
Strafsache gg. sex. Selbstbest.	I	K
Keine d. vorgenannt. Strafsachen	Y	Z

```
6.   V.v., WV _____      Jugendschutzsache   ☐
```

Vordermayer

Einstellungsverfügung

7. **U.m.A. an das** ○ **Stadt- /** ○ **Kreisjugendamt** _____
   mit der Bitte, d. Besch.

   ○ zu ermahnen
   ○ aufzugeben, Arbeitsleistungen von _____ Stunden zu erbringen
   ○ aufzugeben, sich zu bemühen, einen Ausgleich mit d. Verletzten zu erreichen (Täter-Opfer-Ausgleich)
   ○ aufzugeben, an einem Verkehrsunterricht teilzunehmen
   ○ aufzuerlegen, den durch die Tat verursachten Schaden nach Kräften wiedergutzumachen
   ○ aufzuerlegen, sich persönlich bei d. Verletzten zu entschuldigen
   ○ aufzuerlegen, einen Geldbetrag i.H.v. _____ DM zu Gunsten einer gemeinnützigen Einrichtung zu bezahlen
   ○ _____
      _____

   ○ und seine/ihre Zustimmung zur formlosen Einziehung
      d. _____ herbeizuführen.
      _____

   _____
   (Unterschrift, Namenstempel)

   TV-StA   #StA# ein jgg 3   (12.97)   § 45 Abs. 2 JGG - Maßnahme Jugendamt

Bei dem Formular Rn 197 handelt es sich anders als bei der endgültigen Einstellung des Formulars Rn 195 um ein lediglich vorläufiges Absehen von der Verfolgung für den Fall, daß die Akten vereinbarungsgemäß dem Stadt- oder Kreisjugendamt zur Ermahnung des oder Aufgabe bestimmter Tätigkeiten an den jugendlichen oder heranwachsenden Beschuldigten zugeleitet werden. Die endgültige Einstellung des Verfahrens erfolgt sodann mit dem zuvor erörterten Formular Rn 195.

Vordermayer

e) Formular – Absehen von der Verfolgung gem § 45 III 1 JGG

199

STAATSANWALTSCHAFT
 # O R T #
#ZwSt#

Az.:   ◁   Datum: ◁   ein jgg 4

Ermittlungsverfahren
gegen

wegen

Verfügung
1. **Personendaten** und **Schuldvorwurf** überprüft. Änderung nicht veranlaßt.
2. Ich beabsichtige, von der Verfolgung gemäß § 45 Abs. 3 JGG
   ○ in Verbindung mit § 109 Abs. 2 JGG
   abzusehen, da d. Besch. geständig ist/sind und die Erhebung einer Anklage nicht geboten ist.

3. ❏ Anhörung nach Nr. 90 Abs. 1 RiStBV nicht erforderlich/ist erfolgt (Bl. ____)

4. ❏ AL ____ z.K.

5. **Abtragen**
   ZK 20 (w)   Maßnahme Jugendgericht

Das Verfahren betrifft eine	organisiert	
	ja	nein
Straßenverkehrsstrafsache	A	B
besondere Wirtschaftsstrafsache	C	D
Betäubungsmittelstrafsache	E	F
Umweltstrafsache	G	H
Strafsache gg. sex. Selbstbest.	I	K
Keine d. vorgenannt. Strafsachen	Y	Z

Jugendschutzsache	

6. V.v., WV _____

7. **U.m.A. an das Amtsgericht - Jugendgericht -** _____

TV-StA   #StA# ein jgg 4   (11.98)   § 45 Abs. 3 JGG - Anregung beim Jugendrichter

Einstellungsverfügung   Teil C   605

---

mit der Anregung, d. Besch.

- zu ermahnen
- aufzugeben, Arbeitsleistungen von _____ Stunden zu erbringen
- aufzugeben, sich zu bemühen, einen Ausgleich mit d. Verletzten zu erreichen (Täter-Opfer-Ausgleich)
- aufzugeben, an einem Verkehrsunterricht teilzunehmen
- aufzuerlegen, den durch die Tat verursachten Schaden nach Kräften wiedergutzumachen
- aufzuerlegen, sich persönlich bei d. Verletzten zu entschuldigen
- aufzuerlegen, einen Geldbetrag i.H.v. _____ DM zu Gunsten einer gemeinnützigen Einrichtung zu bezahlen
- _____

- und seine/ihre Zustimmung zur formlosen Einziehung
  d. _____ herbeizuführen.
- Die Anordnung weiterer Maßnahmen gem. § 45 Abs. 3 JGG stelle ich in das Ermessen des Gerichts.
- _____

(Unterschrift, Namensstempel)

Das Formular Rn 199 ermöglicht es dem StA die Akten dem Jugendrichter gem § 45 III 1 JGG zuzuleiten. Auch hier wurde versucht durch das Angebot zahlreicher Auflagen und Weisungen die Arbeit des Jugendstaatsanwaltes zu erleichtern. **200**

f) Formular – Absehen von der Verfolgung gem § 45 III 2 JGG

201

STAATSANWALTSCHAFT
 # O R T #
#ZwSt#

Az.:   Datum:

Ermittlungsverfahren
gegen | Antragst.:
wegen | Anzeige vom

Verfügung

1. **Personendaten** und **Schuldvorwurf** überprüft. Änderung nicht veranlaßt.
2. Von der Verfolgung wird gemäß § 45 Abs. 3 Satz 2 JGG
   - in Verbindung mit § 109 Abs. 2 JGG
   abgesehen.

Vordermayer

Gründe:

Gegen d. Besch. wurden auf Anregung der Staatsanwaltschaft die erforderlichen erzieherischen Maßnahmen durch den Jugendrichter getroffen. Von einer weiteren Verfolgung wird daher abgesehen.

O Etwaige zivilrechtliche Ansprüche werden durch diese Entscheidung nicht berührt.

TV-StA   #StA# ein jgg 5   (08.00)   § 45 Abs. 3 JGG - Absehen von der Verfolgung

3. ❑ AL _____ z.K.
4. ❑ **Mitteilung von Ziff. 2 ohne Gründe an:**
    O Besch. _____ (Bl. ____)
    O gesetzl. Vertreter(in) _____ (Bl. ____)
        O über ZBev. _____ (Bl. ____)
    O Verteidiger(in) _____ (Bl. ____)
    ❑ Mitteilung an O Besch. O gesetzl. Vertreter(in) _____
    unterbleibt,
    weil _____ (Bl. ____)
5. ❑ **Mitteilung von Ziff. 2 mit Gründen an:**
    O Antragst. _____ (Bl. ____)
    O Vertreter(in) d. Antragst. _____ (Bl. ____)
    ❑ Mitteilung an Antragst. _____ unterbleibt, weil O Amtsanzeige O Verzicht
        O mangelndes Strafinteresse O _____ (Bl. ____)
6. Mitteilung von Ziff. 2 ohne Gründe an:
    ❑ Stadtjugendamt _____
    ❑ Kreisjugendamt _____
    ❑ **Ausländerbehörde** gem. § 76 Abs. 4 AuslG
    ❑ _____
7. Mitteilung von Ziff. 2 ohne Gründe an das **Erziehungsregister**:
    Tatbezeichnung: _____
    angewendete Vorschriften: _____
8. ❑ **Formblatt an Polizei/** _____
    ❑ MiStra Nr. ____ an _____
    ❑ _____

Vordermayer

Einstellungsverfügung   Teil C   607

```
  9.  ☐  Beiakten trennen
      ☐  Asservate gem. gesonderter Verfügung abwickeln
      ☐  Weitere Verfügung gesondert
      ☐  Akteneinsicht (Bl. _____ ) für _____ Tage genehmigt
      ☐  _____

 10.  ☐  WV _____
      ☐  Weglegen


         _____
         (Unterschrift, Namensstempel)
```

Das Formular Rn 201 ist im Anschluß an das Formular Rn 199 nach Vor-   202
liegen der vom Jugendrichter getroffenen erzieherischen Maßnahmen zu
verwenden.

12. Einstellung gem § 205 StPO (analog) einschließlich der Anordnung der nationalen und internationalen Fahndung

a) Allgemeines

aa) Rechtliche Grundlagen

§ 205 StPO, Nr. 104 RiStBV   203

bb) Anwendungsbereich

Gem Nr. 104 RiStBV soll der StA unter den Voraussetzungen des § 205   204
StPO, der einen allgemeinen, auch für die StA geltenden Grundsatz,[82] ent-
hält, das Ermittlungsverfahren vorläufig einstellen, wenn der Sachverhalt so
weit wie möglich aufgeklärt ist und die Beweise, soweit notwendig, gesi-
chert sind. Der wichtigste Einstellungsgrund ist dabei neben anderen, in der
Person des Beschuldigten liegenden Hindernissen, wie zB vorübergehende
Verhandlungsunfähigkeit,[83] dessen hier interessierende länger andauernde
Abwesenheit wegen unbekannten Aufenthalts oder Flucht.

Ebenfalls entsprechend anwendbar soll nach strittiger Ansicht die Vor-   205
schrift des § 205 StPO sein, wenn die genannten Einstellungsgründe nicht
in der Person des Beschuldigten, sondern eines bisher noch nicht vernommenen Zeugen liegen.[84]

cc) Voraussetzungen

Einzige Einstellungsvoraussetzung ist die **für längere Zeit bestehende**   206
Abwesenheit des Beschuldigten, die der StA allerdings sorgfältig zu über-

---
82 Pfeiffer § 205 Rn 1
83 Kl/M-G § 205 Rn 1
84 Kl/M-G § 205 Rn 8 mwN

Vordermayer

prüfen hat und die nicht dazu führen darf, daß das Ermittlungsverfahren gegen Mitbeschuldigte mit bekanntem Aufenthaltsort nachlässig betrieben wird. Hier ist ggf eine Verfahrensabtrennung zu erwägen.

dd) Wiederaufnahme

207 Die Wiederaufnahme des vorläufig eingestellten Ermittlungsverfahrens ist jederzeit möglich.[85]

ee) Sonstiges

208 Neben der Sicherung eventueller Beweise (Nr. 104 I RiStBV) und der Unterbrechung der Verjährung (Nr. 22 RiStBV) durch geeignete Maßnahmen nach § 78 c StGB kommt dem StA vor allem die Aufgabe zu, sich unter Prüfung der Haftfrage der geeigneten Fahndungsmittel in Bezug auf den Beschuldigten zu bedienen.

209 Das nachfolgende Formular Rn 210 zeigt neben der richtigen Sachbehandlung hinsichtlich der Einstellung des Verfahrens, die allein in diesem Teil erläutert wird, auch Wege zur Fahndung nach dem Beschuldigten auf. Die diesbezügliche Problematik wird anhand des gleichen Formulares in Teil A 2. Kap unter dem Stichwort »Fahndung« (Rn 1 ff) erörtert.

b) Formular – Einstellung gem § 205 StPO (analog) einschließlich der Anordnung der nationalen und internationalen Fahndung

210

STAATSANWALTSCHAFT
 # O R T #

Az.:   ◁   Datum: ◁   ein 205 1

Ermittlungsverfahren
gegen _____

wegen _____

V e r f ü g u n g

1. **Personendaten** und **Schuldvorwurf** überprüft. Änderung nicht veranlaßt.
2. ☐ Das Verfahren wird übernommen. ○ Übernahmenachricht erteilen.
3. Vermerk:
   a. Tatzeit(en): _____ (Bl. ____)
      Verjährungsunterbrechung: _____ (Bl. ____)
      Verjährungstermin: _____
      Eintritt der absoluten Verjährung: _____
   b. ☐ Das Verfahren **wurde** wegen unbekannten Aufenthalts d. Besch. am
      _____ entsprechend § 205 StPO **vorläufig eingestellt** (Bl. ____)
   c. ☐ Das Verfahren wurde gemäß § 205 StPO durch gerichtlichen Beschluß vom
      _____ **vorläufig eingestellt** (Bl. ____)

---

[85] Kl/M-G § 205 Rn 5

Einstellungsverfügung   Teil C   609

4. ☐ a, Das Verfahren **wird** wegen unbekannten Aufenthalts d. Besch. (Bl. _____)
       entsprechend § 205 StPO eingestellt.
    b, **Abtragen** ZK 37 (I)

Das Verfahren betrifft eine	organisiert	
	ja	nein
Straßenverkehrsstrafsache	A	B
besondere Wirtschaftsstrafsache	C	D
Betäubungsmittelstrafsache	E	F
Umweltstrafsache	G	H
Strafsache gg. sex. Selbstbest.	I	K
Keine d. vorgenannt. Strafsachen	Y	Z

5. ☐ **Auslandsfahndung** ist neben der nationalen [Jugendschutzsache   ]
      Fahndung **veranlaßt**. Rücksprache mit **Auslandsref.**, insbesondere zur räumlichen
      Ausdehnung der Fahndung, ist erfolgt, vgl. Vermerk Bl. _____
6. ☐ **AL** _____ z.K.
7. ☐ **Mitteilung von Ziff. 4. a, an**
      ○ Antragst. (Bl. _____)
      ○ Vertreter(in) d. Antragst. (Bl. _____)
      mit dem Hinweis, daß Fahndungsmaßnahmen eingeleitet wurden
8. ☐ **Örtliche Fahndung:**
      Ausfertigung(en) des Haftbefehls (Bl. _____) _____-fach ○ mit Telefax
      an _____
      m.d. Bitte um Vollzug übersenden
9. ☐ **Aufenthaltsermittlung/Suchvermerk:**
    a, Beschuldigten zur Aufenthaltsermittlung ausschreiben
      ○ Zusatz im Feld FAA:

      z.B.: Straftat, Tatort, Tatzeit, Schaden u.s.w. (max. 48 Zeichen)

TV-StA   M I   ein 205 1   (10.98)   Einstellung gem. § 205 StPO - Fahndung allg.

   ○ Zusatz im Feld FSV:

   (large empty grid for text entry)

   z.B.: Grund der Ausschreibung, Beschuldigtenvernehmung durchführen, Benennung eines Zustellungsbevollmächtigten, möglichst der zuständige
   Geschäftsstellenbeamte des AG am Sitz der ausschreibenden StA u.s.w. (max. 200 Zeichen)

    b, Suchvermerk zum BZR/AZR

10. ☐ **Festnahme/Steckbriefnachricht:**
    a, Besch. zur Festnahme ausschreiben
      ○ **national:** (räumliche Ausdehnung: Deutschland)
      ○ **international:**
        ○ **SIS-Fahndung** mit
          ergänzenden Begleitpapieren 2, 2 a, 3 und M (räumliche Ausdehnung: Belgien,
          Deutschland, Spanien, Frankreich, Italien, Luxemburg, Portugal, Griechenland, Niederlande, Österreich
          - auch wenn i.V.m. einem oder mehreren europ. Nachbarstaat/en: CH, DK, FL, GB, IRL, N, S, PL, TSR, SLR,
          H)
        ○ **Interpolfahndung** mit Vordruck IKPO Nr. 1 (räumliche Ausdehnung: ein oder mehrere
          europäische Staaten oder nichteuropäische Staaten - ohne SIS-Staaten)
        ○ **Mischfahndung im SIS und durch Interpol** mit
          ergänzenden Begleitpapieren 2, 2 a, 3 und M sowie Vordruck IKPO Nr. 1
          (**räumliche Ausdehnung:** mehrere europäische oder nichteuropäische Staaten, die teilweise SIS-Staaten
          sind)

Vordermayer

```
        b,  O  Personengebundene Hinweise:
                O Bewaffnet  O Gewalttätig  O Ausbrecher  O Ansteckungsgefahr  O Geisteskrank  O BtM-Konsument
                O Freitodgefahr  O Prostitution  O Andere Personalien:
                _____
                            (z.B. Aliaspersonalien, unterschiedliche Schreibweise)

        c,  Steckbriefnachricht zum BZR/Suchvermerk zum AZR

            d,  Beglaubigte Mehrfertigung des Haftbefehls (Bl. _____ )
                O  und des Wiedervollzugsetzungsbeschlusses (Bl. _____ ) übersenden an:
                Landeskriminalamt mit Anlagen
                O  Polizeidienststelle des (letzten) Wohnsitzes: _____
                O  sachbearbeitende Dienststelle: _____
                    zu Geschäftszeichen _____
    11. ☐       _____

    12. WV  _____


        _____
        (Unterschrift, Namenstempel)
```

211 Das Formular Rn 210 ist in der Praxis von besonderer Bedeutung, da es nicht nur versucht zu einer bei gem § 205 StPO (entsprechend) einzustellenden oder bereits eingestellten Verfahren sorgfältigen Arbeitsweise anzuregen, sondern in komprimierter Form auch die zweckmäßige Anwendung der dem StA zur Verfügung stehenden Fahndungsmittel abhandelt (oben Teil A 2. Kap Rn 1 ff).

212 Besondere Beachtung sollte dabei der sorgfältigen Ausfüllung des »Vermerkes« unter **Ziffer 3** geschenkt werden. Spätestens im Falle einer plötzlich eingehenden Nachricht aus dem Ausland, daß der Beschuldigte festgenommen worden ist und die Frage der Auslieferung geklärt werden möge, rächt sich eine in der Vergangenheit zutage getretene schlampige Arbeitsweise. Es macht sich daher bezahlt, und jeder Nachfolger im Dezernat wird dankbar sein, wenn die entsprechenden Angaben zur Frage der Verjährung und zu einer bereits erfolgten Verfahrenseinstellung besonders sorgfältig ausgefüllt werden.

213 **Ziffer 4** ermöglicht es nach der Angabe der Verjährungsdaten unter **Ziffer 3**, das Verfahren wegen unbekannten Aufenthalts des Beschuldigten entsprechend § 205 StPO einzustellen.

214 **Ziffer 7** sieht die von Nr. 104 III, 103 RiStBV dem StA aufgegebene Mitteilung der Verfahrenseinstellung an den Antragsteller vor.

215 Die **Ziffern 5, 8, 9 und 10** befassen sich mit den eingangs angesprochenen Fahndungsmaßnahmen, die in Teil A 2. Kap (Rn 1 ff) erörtert werden.

Vordermayer

13. Wiederaufnahme des Ermittlungsverfahrens

STAATSANWALTSCHAFT
 # O R T #
#ZwSt#

Az.:   Datum: erm wauf 1

Ermittlungsverfahren
gegen   Antragst.:

wegen   Anzeige vom

Verfügung

1. Das Ermittlungsverfahren wird
   ○ auf die Beschwerde d. Antragst.
   wiederaufgenommen.

2. Neue Zählkarte anlegen (Wiederaufnahme des Ermittlungsverfahrens)

3. ❑ Bericht (Baustein: ber wauf 1) über Wiederaufnahme an GenStA
   nach gesonderter Verfügung (ggf. Formblatt: ber vfg 1)

   Schreiben GenStA vom _____, Gz.: ____ Zs _____
   Berichterstatter: _____ (Tel.: _____)

4. Mitteilung der Wiederaufnahme an
   ❑ Besch. _____ (Bl. ____)
   ❑ Verteidiger(in) _____ (Bl. ____)
   ❑ Antragst. _____ (Bl. ____)
   ❑ Vertreter(in) d. Antragst. _____ (Bl. ____)
   ❑ Ausländerbehörde (Bl. ____)

5. _____

6. _____

7. WV _____

(Unterschrift, Namensstempel)

TV-StA #StA# erm wauf 1   (08.00)   Wiederaufnahme des Ermittlungsverfahrens

Vordermayer

217 Mit diesem Formular verfügt der StA die Wiederaufnahme der Ermittlungen, falls er selbst dazu Anlaß sieht oder ein eventuelles Beschwerdevorbringen solchen gibt. Sollte die Beschwerde unmittelbar bei der GenStA eingelegt worden sein, macht er hierüber mit dem entsprechenden Bericht (vgl Teil D 7. Kap Rn 61) dieser Mitteilung und teilt die erfolgte Wiederaufnahme ggf den unter **Ziffer 4** benannten Empfängern mit.

TEIL D

KAPITEL 1 – ANKLAGESCHRIFT UND ANKLAGE-SURROGATE

Überblick

I. Die Anklageschrift	1–44
1. Bedeutung und Funktionen der Anklageschrift	1–3
2. Muster	4
3. Inhalt der Anklageschrift	5–33
a) Absender- und Empfängerangabe	6–7
b) Anklagesatz	8–23
aa) Individualisierung des Angeschuldigten	9–10
bb) Bezeichnung von gesetzlichen Vertretern und Verteidigern	11
cc) Nennung von Tatzeit und Tatort	12
dd) Kennzeichnung der Zahl der Taten	13
ee) Mitteilung des Textes der Strafnormen	14–15
ff) Schilderung des eigentlichen Tatgeschehens	16–20
gg) Auflistung der Vorschriften	21
hh) Auflistung der Beweismittel	22–23
c) Wesentliches Ergebnis der Ermittlungen	24–29
aa) Bedeutung	24
bb) Inhalt	25–29
d) Anträge	30–33
4. Mängel der Anklageschrift	34–44
a) Fehlerkategorien und Fehlerfolgen	34–40
aa) Mängel in der Umgrenzungsfunktion	35–39
bb) Mängel in einer Informationsfunktion	40
b) Heilung von Mängeln	41–44
aa) Nachholung von Informationen, die im Anklagesatz fehlen, im wesentlichen Ergebnis der Ermittlungen	42
bb) Nachbesserung der Anklageschrift durch die StA	43
cc) Gerichtliche Maßnahmen zur Heilung von Mängeln der Anklageschrift in ihrer Informationsfunktion	44

Eschelbach

II. Antragsschrift im Sicherungsverfahren	45–47
III. Antrag auf Erlaß eines Strafbefehls	48–50
IV. Anklageerhebung im beschleunigten Verfahren	51

Literaturverzeichnis

Bohnert, Joachim, Die Abschlußentscheidung des Staatsanwalts, 1992;
Brunner, Rudolf, Abschlußverfügung der Staatsanwaltschaft, 2. Aufl. 1997;
Danko, Franz-Ludwig, Rechtsfehler bei der Anklageerhebung oder in der Anklageschrift unter besonderer Berücksichtigung der Rechtsprechung, Diss 1998;
Heimansohn, Rudolf H., Die Anklageschrift, Diss 1933;
Niemöller, Martin, Die Hinweispflicht des Strafrichters bei Abweichungen vom Tatbild der Anklage, 1988;
Schavier, Martin, Der befangene Staatsanwalt. Ausschluß und Ablehnung de lege lata und de lege ferenda, sowie Rechtsfolgen der Mitwirkung des disqualifizierten Staatsanwalts im Strafverfahren, 1983;
Schäpe, Markus, Die Mangelhaftigkeit von Anklageschrift und Eröffnungsbeschluss und ihre Heilung im späteren Verfahren, Diss 1997;
Schröer, Eike, Das beschleunigte Strafverfahren gem §§ 417 ff. StPO, 1998;
Tolksdorf, Klaus, Mitwirkungsverbot für den befangenen Staatsanwalt, Diss 1989.

I. Die Anklageschrift

1. Bedeutung und Funktionen der Anklageschrift

1 Die Bedeutung der Anklageschrift ist gegenüber den Strafverfahren nach der RStPO von 1877 bereits dadurch gestiegen, daß inzwischen die Mehrzahl aller Verfahren nach den Regeln des Opportunitätsprinzips enden oder in einem Strafbefehlsverfahren erledigt werden. Nur in einer geringeren Zahl von Fällen, meist also im Bereich der mittleren oder schweren Kriminalität, kommt es überhaupt noch zur Anklageerhebung in der Form des § 200 StPO.

2 Eine Erhöhung der Bedeutung der Anklageschriften resultiert auch aus einem gewandelten Verständnis der aktiven Rolle des Angeschuldigten als Prozeßsubjekt (vgl Art. 6 III a – c MRK).[1] Die Anklageschrift als prozeßvorbereitender Schriftsatz liefert diesem wesentliche Informationen, die er zu einer sachgerechten Verteidigung benötigt. Die Anklageschrift zeigt dem Angeschuldigten auf, welche vorläufigen Tatsachenfeststellungen die Anklagebehörde ihrem Vorwurf zugrundelegt (konkreter Anklagesatz), wie sie diese rechtlich bewertet (abstrakter Anklagesatz) und welche Beweisgründe für die Verdachtsannahme ausschlaggebend sind (wesentli-

---
1 EGMR NJW 1999, 3545, 3546

ches Ergebnis der Ermittlungen). Für den nicht verteidigten Anklagten, der keine Akteneinsicht erhält, ist die Anklageschrift neben Hinweisen auf die Sach- und Rechtslage bei Vernehmungen (§§ 136 I 1, 163 a IV StPO) überhaupt die einzige Informationsquelle zur Vorbereitung seiner Verteidigung. Daraus wird deutlich, daß die Abfassung der Anklageschrift besonderer Sorgfalt bedarf, soll sie im rechtsstaatlichen Strafverfahren ihrer Aufgabe gerecht werden, vielfältige Informationsfunktionen zu erfüllen. Für die Fassung gilt die Selbstverständlichkeit: »Die Anklageschrift muß klar, übersichtlich und vor allem für den Angeschuldigten verständlich sein«, Nr. 110 I RiStBV.

Zur komplexen Informationsaufgabe der Anklageschrift kommt ihre Umgrenzungsfunktion hinzu. Die Anklageschrift hat nämlich auch die Aufgabe, zur Initiierung der gerichtlichen Untersuchung gem § 151 StPO den Verfahrensgegenstand zu kennzeichnen.[2] Dieser besteht aus einer subjektiven Komponente, dem Angeschuldigten, und einer objektiven Komponente, der Tat im prozessualen Sinn.[3] Mehrere Taten sind, auch bei Anklageerhebung auf wahldeutiger Grundlage,[4] verschiedene Prozeßgegenstände, die in einer Sammelanklage gemeinsam angeklagt werden können. Gegenstand der gerichtlichen Untersuchung ist nur die im Anklagesatz umschriebene Tat des Angeschuldigten, diese aber auch nur, soweit der Verfolgungswille der Anklagebehörde reicht.[5] Was ausschließlich zur Illustration des erhobenen Vorwurfs mitgeteilt wird, gehört nicht zum Prozeßstoff.[6] Taten, die nicht vom Verfolgungswillen der StA umfaßt sind, dürfen vom Gericht nicht abgeurteilt werden, § 151 StPO.[7]

3

---

2   BGHSt 40, 44, 45 f; 44, 153, 154 f; BGH StV 1995, 563; 1996, 197; 1996, 362; 1997, 169; 1998, 469 f; NStZ 1999, 42; BGHR StPO § 200 I 1 Tat 13, 14, 18, 23; OLG Köln StraFo 1998, 417 ff; Thüringer OLG NStZ-RR 1998, 144 ff
3   Zum Tatbegriff BGHSt 13, 21, 26; 23, 141, 145; 32, 215, 218 f; BGH NStZ 1995, 46; NStZ-RR 1998, 304 f
4   BGH NStZ 1998, 635
5   BGHR StPO § 200 I 1 Anklagesatz 5; zum Nachtatverhalten, das im Anklagesatz beschrieben ist, BGHR StPO § 200 I 1 Tat 21 = StV 1999, 415 mit Anm Pauly = NStZ 1999, 206 f mit Anm Bauer
6   BGH LM Nr. 19 zu § 264 StPO; BGHSt 43, 96, 99 ff; BayObLGSt 1991, 3
7   BGH NStZ-RR 1999, 274

Eschelbach

4   **2. Muster:**

Staatsanwaltschaft   Wiesbaden, den 28. September 1999
bei dem Landgericht Wiesbaden   Luisenstraße 23
Geschäftsnummer: 103 Js 32786/99   Tel. 0611/78273
       (bitte stets angeben)

An das
Amtsgericht
– Jugendschöffengericht –
65209 Wiesbaden

Anklageschrift

Der arbeitslose Metzger Bernd Peter B ä r m a n n ,
  geboren am 23. Mai 1979 in Frankfurt am Main,
  wohnhaft in 65208 Wiesbaden, Kleine Straße 123,
  Deutscher, ledig,
  zur Zeit in anderer Sache in Haft in der JVA Mainz,
  <u>– Wahlverteidiger:</u> Rechtsanwalt Dr. Werner Wasserfall, Gustav
                   Adolf-Straße 233, 56118 Mainz –
wird angeklagt,
am 20. und 21. August 1999 in Wiesbaden
als Heranwachsender
durch zwei rechtlich selbständige Handlungen

1. einem anderen dazu Hilfe geleistet zu haben, fremde bewegliche Sachen einem anderen in der Absicht wegzunehmen, sich oder einem Dritten dieselben rechtswidrig zuzueignen, wobei der Täter zur Begehung des Diebstahls in eine Wohnung eingebrochen ist,

2. vorsätzlich ein Kraftfahrzeug geführt zu haben, obwohl er zur Tatzeit nicht im Besitz einer Fahrerlaubnis war.

Dem Angeschuldigten liegt folgendes zur Last:
1. Am 20. August 1999 gegen 23.30 Uhr stieg ein unbekannt gebliebener Täter in die Villa der 89jährigen Amalie Gutglaub in Wiesbaden, Wildparkstraße 43, ein, nachdem er eine Fensterscheibe im Erdgeschoß eingeschlagen hatte. Der Täter, der nach Geld und leicht veräußerlichen Wertsachen suchte, entwendete aus einer Vitrine im Wohnzimmer der Villa eine aus 28 Exemplaren bestehende Sammlung von 20-Reichsmark-Goldmünzen, die als Sammlerstücke einen Gesamtwert von rund 59.000 DM besitzen. Der Angeschuldigte stand während der Ausführung dieser Tat durch den unbekannten Einbrecher vor dem Haus Schmiere, um den Tatort abzusichern und die Tat des Einbrechers auf diese Weise zu unterstützen. Er erhielt für seinen Tatbeitrag von dem Unbekannten zumindest eine der Münzen aus der Beute.

2. *Kurz danach befuhr der Angeschuldigte in den frühen Morgenstunden des 21. August 1999 unweit des Tatorts des Einbruchdiebstahls die Schmale Straße in Wiesbaden mit seinem Pkw Opel Manta, amtliches Kennzeichen WI – CU 276. Er besaß keine Fahrerlaubnis, weil gegen ihn für die Zeit vom 20. Juni 1999 bis 20. September 1999 ein Fahrverbot verhängt worden war. Er wußte, daß er deshalb kein Kraftfahrzeug im öffentlichen Straßenverkehr führen durfte, nahm dies aber in Kauf, um sich rasch vom Tatort des vorangegangenen Wohnungseinbruchdiebstahls entfernen zu können.*

Der Angeschuldigte hat sich durch den im Zusammenhang mit dem Führen des Kraftfahrzeugs begangenen Diebstahl und das vorsätzliche Fahren ohne Fahrerlaubnis als charakterlich zum Führen von Kraftfahrzeugen ungeeignet erwiesen.

– Vergehen, strafbar nach §§ 242 Abs. 1, 244 Abs. 1 Nr. 3, 27, 53, 69 Abs. 1, 69a StGB, § 21 Abs. 1 Nr. 1 StVG, 1 Abs. 2, 105 Abs. 1 JGG –

Beweismittel:

I. Einlassung des Angeschuldigten (Bl. 23 d.A.)

II. Zeugen:

1. *Amalie Gutglaub, 65207 Wiesbaden, Wildparkstraße 43,*
2. *Theo Gutglaub, 65207 Wiesbaden, Wildparkstraße 48,*
3. *Polizeihauptmeister Wacht, zu laden über die SPI Wiesbaden-Mitte, Tgb. Nr. 12345/99,*

III. Sachverständige

1. *Numismatiker Dr. Walter Münzheimer, Glockengasse 12, 55118 Mainz,*
2. *Dr. med. Friedrich Winterheim, Alte Straße 98, 65208 Wiesbaden,*

IV. Urkunden:

1. *Vorstrafakte 3003 Js 3982/98 StA Mainz,*
2. *Auszug aus dem Verkehrszentralregister (Bl. 102 d.A.),*
3. *Bericht der Jugendgerichtshilfe vom 15. Oktober 1999 (Bl. 63 ff. d.A.)*

V. Augenscheinsobjekt: 20-Reichsmark Goldmünze Kaiser Friedrich III (1888), Asservaten-Nr. 43798.

Wesentliches Ergebnis der Ermittlungen

I.

Der Angeschuldigte ist 1979 in Frankfurt am Main geboren. Er erlernte nach dem Schulbesuch, den er mit dem Hauptschulabschluß beendete, den Beruf eines Metzgers, den er in seiner vormaligen Lehrfirma bis zum 30. Juni 1997 ausübte. Seither ist er arbeitslos. Er erhält derzeit Arbeitslosenunterstützung in Höhe von 1.150 DM monatlich. Der Angeschuldigte ist ledig

Eschelbach

und hat keine Unterhaltsverpflichtungen. Er ist durch Urteil des Strafrichters bei dem AG Mainz vom 20. Dezember 1998, das am 19. Juni 1999 rechtskräftig wurde, wegen einer im Straßenverkehr begangenen fahrlässigen Körperverletzung zu einer Geldstrafe von 40 Tagessätzen zu je 45 DM und einem Fahrverbot von drei Monaten verurteilt worden.

Der Angeschuldigte ist seit dem 29. Mai 1989 im Besitz der Fahrerlaubnis der Klasse III (Liste Nr. 2189/89 der Stadtverwaltung Wiesbaden). Weitere Eintragungen, außer derjenigen wegen fahrlässiger Körperverletzung, liegen im Bundeszentralregister und im Verkehrszentralregister nicht vor.

II.

Die im Anklagesatz beschriebene Diebstahlstat wurde von der Zeugin Amalie Gutglaub gegen 24.00 Uhr entdeckt; sie stellte fest, daß eine Fensterscheibe zerbrochen war, alle Schubladen und Schranktüren in den Räumen des Untergeschosses ihres Hauses geöffnet und durchwühlt worden waren und eine Kassette mit ihrer Münzsammlung fehlte. Zuvor hatte ihr Bruder, Theo Gutglaub, der das Anwesen Wildparkstraße 48 bewohnt und in der Tatnacht gegen 23.45 Uhr mit seinem Hund spazierenging, den Angeschuldigten bei einer Straßenlaterne stehen sehen, als dieser das Haus der Amalie Gutglaub betrachtete.

Gegen 01.30 Uhr am 21. August 1999 wurde der Angeschuldigte in der Schmalen Straße in Wiesbaden von Polizeihauptmeister Wacht im Rahmen einer Verkehrskontrolle angehalten und überprüft. Dabei wurde über Funkabfrage festgestellt, daß gegen ihn ein Fahrverbot verhängt worden war. Bei einer Untersuchung des Fahrzeuges fand sich im Kofferraum eine der aus dem Anwesen der Zeugin Amalie Gutglaub gestohlenen Goldmünzen. Diese Münze wurde mit dem Einverständnis des Angeschuldigten sichergestellt. Der Angeschuldigte wurde vorläufig festgenommen und nach der Feststellung seiner Personalien noch am frühen Morgen des 21. August 1999 entlassen.

Die 89jährige Geschädigte Amalie Gutglaub kann zwar wegen ihres materiellen Schadens auf die Leistungen eines Versicherers zurückgreifen; sie ist aber infolge des Wohnungseinbruchs nachhaltig verunsichert und in ihrem psychischen Wohlbefinden beeinträchtigt.

III.

1. a) Der Angeschuldigte bestreitet jede Beteiligung an dem Wohnungseinbruchdiebstahl. Er läßt sich ein, er habe die sichergestellte Münze kurz vor seiner vorläufigen Festnahme in der Gaststätte Wildpark-Stuben einem Unbekannten für 50 DM abgekauft. Diese Einlassung ist jedoch unglaubhaft. Der angebliche Verkäufer der Münze, an dessen Namen sich der Angeschuldigte derzeit nicht erinnern will, hält sich nach seinen Angaben nicht mehr in der Bundesrepublik auf. Nach Lage der Dinge hat der Angeschuldigte den Kauf der Münze nur als Schutzeinlassung vorgebracht.

Ermittlungen in der Gaststätte Wildprakstuben ergaben, daß sich dort niemand an den Angeschuldigten erinnert. Es erscheint auch lebensfremd, daß ein Arbeitsloser nachts in einer Gaststätte von einem Fremden eine Goldmünze kauft. Der zeitliche Ablauf spricht hier auch gegen ein solches Geschehen. Die Zeugin Amalie Gutglaub hat die Münze als Teil ihrer Sammlung wiedererkannt, zumal sie eine markante Rille aufwies.

b) Der Angeschuldigte wird durch eine Gesamtschau von Indizien überführt. Für seine Tatbeteiligung spricht die Aussage des Zeugen Theo Gutglaub, des Bruders der Geschädigten Amalie Gutglaub. Dieser Zeuge hat den Angeschuldigten zur Tatzeit vor dem Hause seiner Schwester gesehen und ihn bei einer ordnungsgemäß im Sinne von Nr. 18 RiStBV durchgeführten Wahlgegenüberstellung wiedererkannt, wenngleich er sich dabei nicht hundertprozentig sicher war. Zwar reicht dieses Wiedererkennen des Angeschuldigten durch den Zeugen Theo Gutglaub für sich genommen wahrscheinlich noch nicht zur Überführung aus. Hinzu kommt aber die Indiztatsache, daß der Angeschuldigte kurze Zeit nach dem Einbruch unweit des Tatorts im Besitz eines Beutestücks angetroffen wurde. Bei Gesamtwürdigung dieser Umstände einschließlich der Sacheinlassung des Angeschuldigten ist bei vorläufiger Bewertung von der Tatbeteiligung des Angeschuldigten auszugehen, wie sie im Anklagesatz beschrieben ist.

c) Für einen weitergehenden Tatbeitrag, insbesondere ein Eindringen des Angeschuldigten selbst in die Wohnung der Geschädigten und die eigenhändige Wegnahme fremder Sachen durch ihn, fehlen dagegen ausreichende Anhaltspunkte.

d) Der Umfang des wirtschaftlichen Schadens ergibt sich aus dem Gutachten des Numismatikers Dr. Münzheimer. Die psychischen Beeinträchtigungen der Geschädigten Amalie Gutglaub infolge der Tat wird deren Hausarzt Dr. Winterheim bekunden, soweit nicht eine Urkundenverlesung nach § 251 Abs. 2 StPO in Betracht kommt.

2. Die Tat des vorsätzlichen Fahrens ohne Fahrerlaubnis räumt der Angeschuldigte glaubhaft ein; sie wird auch durch die Aussage des Zeugen Polizeihauptmeister Wacht bestätigt. Die Tat wurde während der Geltung des Fahrverbots aus dem Urteil des AG Mainz vom 20. Dezember 1998 – 3003 Js 3982/98 – begangen.

IV.

1. Der Angeschuldigte ist demnach der Beihilfe zum Wohnungseinbruchsdiebstahl hinreichend verdächtig (§§ 242 Abs. 1, 244 Abs. 1 Nr. 3, 27 StGB). Seine Handlung ist bei vorläufiger Tatbewertung nur als Beihilfe zu werten, nicht als Mittäterschaft. Bei der zur Abgrenzung gebotenen wertenden Betrachtung (vgl. Roxin, in: LK, 11. Aufl., § 25 Rdn. 26 m.w.N.) ist zu berücksichtigen, daß der Angeschuldigte zwar für seinen Tatbeitrag entlohnt wurde, andererseits – soweit feststellbar – nur einen geringen Beuteanteil in Form einer weniger wertvollen Münze (Wert: 280 DM) aus einer

Sammlung von 28 zum Teil wesentlich wertvolleren Stücken mit einem Gesamtwert von rund 59.000 DM, erhalten hat. Der Angeschuldigte hat zwar in unmittelbarer Tatortnähe am eigentlichen Tatgeschehen mitgewirkt; er hat aber durch das Schmierestehen nur einen deutlich geringeren Tatbeitrag geleistet als der unbekannte Einbrecher. Ein Beitrag des Angeschuldigten bei der Planung der Tat ist nicht feststellbar. Die Gesamtschau der maßgeblichen Umstände rechtfertigt daher nur die Annahme einer Beihilfe zum Wohnungseinbruchsdiebstahl.

2. Tatmehrheitlich dazu ist der Angeschuldigte des vorsätzlichen Fahrens ohne Fahrerlaubnis nach § 21 Abs. 1 Nr. 1 StVG hinreichend verdächtig. Anzeichen dafür, daß die Beihilfe zum Wohnungseinbruchsdiebstahl und das vorsätzliche Fahren ohne Fahrerlaubnis in natürlicher Handlungseinheit begangen wurden, liegen nicht vor. Der Zweifelssatz gebietet nicht, von einer Handlungseinheit auszugehen.

V.

Der Angeschuldigte war zur Tatzeit 20 Jahre und 5 Monate alt. Er war damit Heranwachsender im Sinne von § 1 Abs. 2 JGG. Auf ihn wird im Einklang mit der vorbereitenden Stellungnahme der Jugendgerichtshilfe voraussichtlich Erwachsenenrecht anzuwenden sein, da er bei der Begehung der Tat der Altersgrenze zum Erwachsenen näher stand als derjenigen zum Jugendlichen. Anzeichen für Reifeverzögerungen sind nicht ersichtlich, so daß die Voraussetzungen für die Anwendung von Jugendrecht gemäß § 105 Abs. 1 Nr. 1 JGG nicht vorliegen. Die Förderung des Wohnungseinbruchs ist auch keine typische Jugendverfehlung im Sinne von § 105 Abs. 1 Nr. 2 JGG.

Es liegen dringende Gründe für die Annahme vor, daß dem Angeschuldigten die Fahrerlaubnis gemäß § 69 Abs. 1 StGB entzogen werden wird (§ 111a StPO). Er hat beide Taten im Zusammenhang mit dem Führen von Kraftfahrzeugen begangen. Vom Tatort des Wohnungseinbruchsdiebstahls hat sich der Angeschuldigte mit seinem Fahrzeug entfernt; dabei wurde er bei dem Vergehen gemäß § 21 StGB auf frischer Tat betroffen. Zwar handelt es sich jeweils nicht um Regelfälle der Ungeeignetheit zum Führen von Kraftfahrzeugen (§ 69 Abs. 2 StGB); jedoch kann die charakterliche Ungeeignetheit im Sinne von § 69 Abs. 1 StGB aus einer Gesamtschau der beiden Taten, auch unter Berücksichtigung des bereits abgeurteilten früheren Straßenverkehrsdelikts, angenommen werden.

Zuständig ist das Jugendschöffengericht gemäß §§ 40 Abs. 1 Satz 1, 108 Abs. 1 und 3 JGG.

Es wird beantragt,

1. *das Hauptverfahren vor dem Jugendschöffengericht bei dem Amtsgericht Wiesbaden zu eröffnen und die Anklageschrift zur Hauptverhandlung zuzulassen,*

Eschelbach

2. dem Angeschuldigten gemäß § 111a StPO die Fahrerlaubnis vorläufig zu entziehen.

Scharf

Staatsanwalt

3. Inhalt der Anklageschrift

In den verschiedenen Bundesländern sind zahlreiche Unterschiede in der Fassung[8] der Anklageschriften zu beobachten; substantiell ist der Inhalt gleich.

a) Absender- und Empfängerangabe

Als prozeßvorbereitender Schriftsatz enthält die Anklageschrift in der Praxis, obwohl § 200 StPO und Nr. 110 RiStBV dies nicht vorschreiben, zunächst eine Angabe der anklageerhebenden Behörde und des dortigen Aktenzeichens. Damit wird die Korrespondenz erleichtert. Die Absenderangabe kann auch dazu dienen, die örtliche Zuständigkeit der anklageerhebenden StA rasch prüfen zu können. Jedoch kommt dieser Frage kaum praktische Bedeutung zu. Die örtliche Unzuständigkeit der Anklagebehörde, die zu einem Verfahrenshindernis führen könnte,[9] wirkt sich im Falle eines Zuständigkeitswechsels schon dann nicht mehr aus, wenn die nunmehr zuständige Behörde die Anklage in ihren Willen übernimmt;[10] dies kommt zumindest konkludent in jeder Prozeßhandlung zum Ausdruck, die auf die erhobene Anklage der fremden Behörde aufbaut.

Größere praktische Bedeutung hat die Angabe des Adressatgerichts des Schriftsatzes; §§ 7 ff StPO, 24 ff, 74 ff GVG, Nr. 113 RiStBV. Damit wird der gesetzliche Richter angerufen. Unbeschadet einer eigenen Prüfung der sachlichen, örtlichen und funktionellen Zuständigkeit des Gerichts wählt zunächst die StA den zuständigen Richter aus. Dieser Auswahl kommt besondere Bedeutung zu, weil es um den gesetzlichen Richter iSv Art. 101 I 2 GG geht. Dieser ist im Gesetz zum Teil nur aufgrund unbestimmter Rechtsbegriffe festgelegt und beläßt daher der Anklagebehörde einen Beurteilungsspielraum bei der Auswahl unter verschiedenen in Betracht kommenden Gerichten.[11] Die sachliche Gerichtszuständigkeit ist von der StA im Bereich der beweglichen Zuständigkeiten aufgrund eines Beurteilungsspielraums auszuwählen, bei konkurrierenden örtlichen Zuständigkeiten steht der StA ein Ermessen bei der Auswahl des Gerichts zu. Gesetzlicher

---

8 Formulierungsvorschläge bei Emde JuS 1996, 442, 631, 924; zum Inhalt der Anklageschrift Wolters/Gubnitz JuS 1999, 792
9 OLG Düsseldorf NStZ-RR 1997, 110; Schäpe S 34
10 BGH NStZ 1982, 294; Danko S 230
11 Heghmanns StV 2000, 277 ff; Herzog StV 1993, 609 ff mwN

Eschelbach

Richter ist darüber hinaus aber auch der funktionell und nach dem Geschäftsverteilungsplan zuständige Spruchkörper. Da die geschäftsplanmäßige Zuständigkeit sich sogar zwischen Abfassung der Anklageschrift und deren Eingang bei Gericht ändern kann und die StA darauf keinen Einfluß hat, braucht diese in der Anklageschrift nicht mitgeteilt zu werden; dennoch erfolgende Hinweise, wie »8. Große Strafkammer als Schwurgericht«, sind unschädlich. Es empfiehlt sich jedenfalls, den funktionell zuständigen Spruchkörper iSv § 6a StPO, zum Beispiel »Große Wirtschaftsstrafkammer«, als Adressatgericht der Anklageschrift zu nennen, § 110 III 2 RiStBV. Billigt das Gesetz der Anklagebehörde eine Auswahlkompetenz zu, soll sie diese auch ausüben.

b) Anklagesatz

8 Im Anklagesatz werden der Angeschuldigte als Prozeßsubjekt und die angeklagten Taten als Verfahrensgegenstand gekennzeichnet; das gehört zur Umgrenzungsfunktion der Anklageschrift, die der Prozeßvoraussetzung nach § 151 StPO zuzuordnen ist.[12] Ferner findet sich im Anklagesatz eine Tatschilderung und eine Mitteilung des darauf anzuwendenden Strafgesetzes; dies gehört zur Informationsfunktion der Anklageschrift, auf deren Erfüllung der Angeschuldigte nach Art. 2 I, 20 III GG und nach Art. 6 III a MRK im rechtsstaatlichen Strafverfahren einen Anspruch hat.[13]

aa) Individualisierung des Angeschuldigten

9 Die Individualisierung des Angeschuldigten erfolgt durch eine Vielzahl von Daten. Nr. 110 II a RiStBV zählt sie auf.[14] Sind diese Daten nicht sämtlich verfügbar, so hindert das eine Anklageerhebung nicht, soweit die verfügbaren Informationen eine ausreichende Individualisierung des Angeschuldigten ermöglichen. Fehlen aussagekräftige Informationen, müssen sie vor der Anklageerhebung beschafft werden; vgl § 111 OWiG. An die Stelle der üblichen Daten können notfalls Lichtbilder und Fingerabdrücke treten, die gem § 81b StPO erlangt werden können und sodann mit der Anklageschrift zu verbinden sind.[15] Maßgeblich ist nur, daß die Funktion der Anklageschrift erfüllt ist, das Prozeßsubjekt ausreichend zu individualisieren. Gelingt das nicht, ist die Anklage als Prozeßvoraussetzung iSd § 151 StPO unwirksam. Liegt eine ausreichende Individualisierung vor, ist die Anklageerhebung wirksam, gleich mit welchen Daten die Individualisierung des Angeschuldigten bewirkt wird.

10 Eine Personenverwechslung[16] kann dazu führen, daß eine unverdächtige Person angeklagt wird, während der wahre Täter nicht Prozeßsubjekt

---

12 BGHSt 40, 44, 45 f; 44, 153, 154
13 EGMR NJW 1999, 3545, 3546
14 KMR-Seidl § 200 Rn 3
15 KMR-Seidl § 200 Rn 5
16 BGH NStE Nr. 4 zu § 200 StPO; Danko S 82 f, 206 f; Schäpe S 54

Eschelbach

geworden ist; dessen Verfolgung steht Art. 103 III GG dann nicht entgegen, weil die Anklage gegen die falsche Person keine Wirkung gegenüber dem Täter entfaltet. Ist aber die richtige Person im Anklagesatz gemeint und wurden nur einzelne Individualisierungsdaten falsch angegeben, so richtet sich die Anklage gegen den richtigen Angeschuldigten.[17]

bb) Bezeichnung von gesetzlichen Vertretern und Verteidigern

Nach Nr. 110 II a und b RiStBV sind bei Minderjährigen auch die gesetzlichen Vertreter, ferner bei Bestehen eines Mandats der Verteidiger zu benennen. Dabei handelt es sich um Hinweise für das Gericht, das Anhörungs- und Mitwirkungsrechte dieser Personen zu wahren hat. Diese arbeitstechnischen Hinweise im Anklagesatz haben jedoch keine Bedeutung für die Erfüllung rechtserheblicher Anklagefunktionen.[18]

11

cc) Nennung von Tatzeit und Tatort

In der Praxis werden die Mitteilung von Tatzeit und Tatort, § 200 I 1 StPO, Nr. 110 II c RiStBV, meist »vor die Klammer gezogen«. Das entspricht der Bedeutung dieser Daten für die Kennzeichnung des Verfahrensgegenstandes. Tatzeit und Tatort sind regelmäßig wichtige Informationen für die Konkretisierung einzelner Taten. Ebenso wie der Angeschuldigte als Prozeßsubjekt durch eine Vielzahl von Daten individualisiert werden kann, kommen für die Konkretisierung der Tat im prozessualen Sinn, die Gegenstand des Verfahrens sein soll, eine Vielzahl verschiedener Kennzeichnungsmerkmale in Betracht. Diese können mehr oder weniger präzise sein. Einzelne Daten können ganz fehlen; sie sind durch andere Daten ersetzbar. Dies gilt auch für die Tatzeit und den Tatort als grundsätzlich besonders markante und deshalb vom Gesetz hervorgehobene und in der Anklageschrift vor die Klammer gezogene Konkretisierungsmerkmale.[19] Sie sind im Einzelfall entbehrlich. Liegt dem Angeschuldigten etwa die Tötung eines Menschen zur Last, so wird das einmalige historische Ereignis der Tötung dieses Opfers bereits durch dessen Individualisierung von anderen Straftaten unterschieden. Tatzeit und Tatort sind zur Erfüllung der Umgrenzungsfunktion der Anklageschrift dann nicht mehr essentiell. Wesentliche Bedeutung kommt diesen Daten aber für Verteidigungszwecke zu, zum Beispiel für ein Alibi. Deshalb sind Tatzeit und Tatort zur Erfüllung einer wichtigen Informationsfunktion und zur Gewährung rechtlichen Gehörs[20] so genau wie möglich im Anklagesatz zu nennen, notfalls durch Bezeichnung eines Tatzeitraums und eines örtlichen Großraums, innerhalb dessen

12

---

17 BGH NStZ 1996, 9 f
18 Danko S 202
19 BGHSt 44, 153, 155 = StV 1998, 580, 581 m Bspr Martin JuS 1999, 506 f; zur fehlerhaften Angabe der Tatzeit bei Verkehrsdelikten OLG Celle NStZ-RR 1997, 367 = DAR 1998, 241 m Anm Schäpe
20 BGHSt 44, 153, 156

Eschelbach

die Tat begangen wurde. Eine Floskel, wie: »in nicht rechtsverjährter Zeit«, reicht grundsätzlich nicht aus.[21]

dd) Kennzeichnung der Zahl der Taten

13 »Vor die Klammer gezogen« wird in der Praxis auch die Mitteilung der Zahl der rechtlich selbständigen strafbaren Handlungen, die dem Angeschuldigten zur Last gelegt werden. Dies dient dem besseren Verständnis der nachfolgenden Einzelumschreibung der Taten und erleichtert besonders bei »Punktesachen«, die aus einer Vielzahl von Tatvorwürfen bestehen, die Prüfung, ob das Gericht bei der Verhandlung im Rahmen der Beweisaufnahme und bei seinem Urteil mit dem Schuld- und Strafausspruch den Anklagevorwurf iSd § 264 StPO ausgeschöpft hat. Bei Serientaten bedarf es dazu der Bezeichnung der Höchstzahl der in Betracht kommenden Einzeltaten.[22]

ee) Mitteilung des Textes der Strafnormen

14 Der abstrakte Anklagesatz besteht aus der Mitteilung des Textes der Strafnormen, die nach Ansicht der StA im Falle eines Schuldspruchs anzuwenden sind. Erforderlich ist die Mitteilung des Wortlauts der Strafnorm samt den Regelbeispielen für besonders schwere Fälle, die in Betracht kommen, oder ggf den Qualifikationen der Tat. Alternativen im Tatbestand, im Katalog von Regelbeispielen oder Qualifikationen, die nicht einschlägig sind, sollen weggelassen werden, weil die Aufzählung auch solcher Alternativen, die im konkreten Fall nicht in Betracht kommen, eher zu Verwirrung führt als eine Informationsfunktion zu erfüllen. Indes erweisen sich zuviel Informationen rechtlich meist als unschädlich. Zuwenig Informationen führen dagegen grundsätzlich zu einem Rechtsfehler, auf dem das spätere Urteil beruhen kann, soweit die Informationsfunktion nicht nachträglich gem § 207 II Nr. 3, 265 I StPO duch das Gericht erfüllt wird.

15 Vorschriften des allgemeinen Teils des Strafgesetzbuches, die den Schuldspruch betreffen, bedürfen auch der Erwähnung. Fahrlässigkeitsschuld bedarf der Benennung, wo keine Vorsatztat vorliegt; pflichtwidriges Unterlassen des Angeschuldigten als Garant muß erwähnt werden, wo kein aktives Tun festzustellen ist; Mittäterschaft, mittelbare Täterschaft, Anstiftung oder Beihilfe[23] bedürfen der Hervorhebung, wo der Angeschuldigte den Tatbestand nicht eigenhändig als Täter erfüllt hat; Versuch ist als solcher zu bezeichnen, wo die Tat nicht vollendet wurde. Konkurrenzen werden

---

21 BGH StV 1998, 469 f
22 BGHSt 40, 44, 45; 40, 138, 161
23 EGMR 1999, 3545, 3546 f

Eschelbach

durch die Gliederung des abstrakten Anklagesatzes[24] und kurze Hinweise[25] gekennzeichnet.

ff) **Schilderung des eigentlichen Tatgeschehens**

Von zentraler Bedeutung ist die Tatschilderung, der »konkrete Anklagesatz«. Es handelt sich dabei um vorläufige Feststellungen zum eigentlichen Tatgeschehen, wie es sich nach der Beweiswürdigung der StA, die sie ihrer Abschlußverfügung zugrundelegt, zugetragen hat. Diese Feststellungen umgrenzen die Tat im prozessualen Sinne und informieren den Angeschuldigten, die Verteidigung, das Gericht und bei Verlesung des Anklagesatzes in der Hauptverhandlung auch die anderen Prozeßbeteiligten sowie die Öffentlichkeit über den Prozeßstoff im engeren Sinne.

16

Der konkrete Anklagesatz ist eine im Imperfekt gehaltene Schilderung des Tatablaufs aus der Perspektive des Angeschuldigten, die auch die für Fragen der Verantwortlichkeit,[26] der Schuldform und der Schuldfähigkeit bedeutsamen Umstände, Wahrnehmungen und Willensentschlüsse des Angeschuldigten mitteilen soll. Um den Anklagesatz klar, übersichtlich und verständlich zu gestalten, wie es Nr. 110 I RiStBV verlangt, genügt grundsätzlich die Mitteilung der Tatsachen des äußeren und inneren Tatgeschehens, die für die Subsumtion unter den im abstrakten Anklagesatz mitzuteilenden Straftatbestand benötigt werden. Ausschmückungen und Hintergrundinformationen sollen weggelassen werden, soweit sie nicht für die Anwendung von Vorschriften des allgemeinen Teils des Strafgesetzbuchs oder zum Verständnis erforderlich sind. Damit der konkrete Anklagesatz jedoch nicht zu stark abstrahiert wird, sollen andererseits grundsätzlich keine Rechtsbegriffe verwendet werden, sondern die Umstände des Geschehensablaufs, insbes auch bezüglich der inneren Tatseite, mit Begriffen der Umgangssprache ausgefüllt werden, die das Tatgeschehen aussagekräftig beschreiben. Geboten ist eine chronologische Darstellung des Ablaufs, weil Durchbrechungen der Chronologie das Verständnis namentlich der Zuhörer bei der Verlesung des Anklagesatzes erschweren. Auch bei einer Sammelanklage wegen einer Mehrzahl von Straftaten ist eine Schilderung dieser Taten in ihrer chronologischen Abfolge angebracht.

17

Nicht in die Tatschilderung des konkreten Anklagesatzes aufzunehmen sind – reine – Indiztatsachen und Hinweise zur Würdigung der Beweisgründe. Diese Informationen müssen dem wesentlichen Ergebnis der Ermittlungen gem § 200 II 1 StPO vorbehalten bleiben, das gem § 243 III 1

18

---

24 So können etwa verschiedene rechtlich selbständige Handlungen durch arabische Ziffern, tateinheitlich im Rahmen einer rechtlich selbständigen Handlung begangene Taten durch Kleinbuchstaben gekennzeichnet werden.
25 Gebräuchlich sind »... und ...« für Tatmehrheit oder »... in Tateinheit mit ...«; in Bayern dagegen »... sachlich zusammentreffend mit ...« oder »... rechtlich zusammentreffend mit ...«
26 Zu nennen sind etwa die für die Garantenstellung erforderlichen Umstände beim Unterlassungsdelikt, KMR-Seidl § 200 Rn 12

Eschelbach

StPO nicht verlesen wird, um nicht schon vor Beginn der Beweisaufnahme suggestive Einflüsse auszuüben. Die Aufnahme von Beweisgründen oder Beweiswürdigungselementen in den Anklagesatz kann zu einem Rechtsfehler führen, der das Urteil gefährdet.[27]

19 Nicht in den Anklagesatz aufzunehmen sind nach herrschender Ansicht strafzumessungsrelevante Tatsachen, die nach § 160 III StPO im Vorverfahren auch nur aufgrund einer Sollvorschrift aufzuklären sind; wohl aber sind in den Anklagesatz solche Umstände einzubeziehen, die einen Qualifikationstatbestand oder ein Regelbeispiel für einen besonders schweren Fall der Tat ausfüllen.[28]

20 In der Praxis werden auch Prozeßtatsachen, die zur Bejahung bestimmter Prozeßvoraussetzungen führen, im Anschluß an die Tatschilderung genannt. Dies gilt insbes für den Strafantrag, den ein Verletzter gestellt hat, oder für die Bejahung des besonderen öffentlichen Interesses an der Strafverfolgung durch die StA bei relativen Antragsdelikten. Von Rechts wegen geboten ist dies nicht, da die Prozeßvoraussetzungen ohnehin im Freibeweis von Amts wegen zu prüfen sind. Der Hinweis auf die Prozeßtatsachen kann indes nicht schaden. Gleiches gilt für den praxisüblichen Hinweis auf die Erfüllung der Voraussetzungen des § 69 I StGB.

gg) Auflistung der Vorschriften

21 Die Liste der anzuwendenden Vorschriften umfaßt mehr als diejenigen Normen, die im abstrakten Anklagesatz zitiert werden. Hier werden vielmehr auch weitere Vorschriften des allgemeinen Teils, vor allem besondere Vorschriften zum Rechtsfolgenausspruch einschließlich der Maßregeln, genannt. Hinzu kommen Vorschriften, die die Anwendung materiellen Jugendrechts betreffen.

hh) Auflistung der Beweismittel

22 Die Beweismittelliste am Ende des Anklagesatzes erfüllt arbeitstechnische Funktionen. Sie soll dem Gericht den Überblick über die Beweislage und die Beiziehung der Beweismittel bei der Vorbereitung der Hauptverhandlung erleichtern. Rechtlich relevante Anklagefunktionen werden dadurch nicht erfüllt. Die Auflistung der Beweismittel sollte zweckmäßigerweise nach den Beweismittelarten des Strengbeweisverfahrens untergliedert werden.

23 Geboten ist nur die Aufzeichnung der relevanten Beweise, Nr. 111 I RiStBV. Hat sich im Vorverfahren etwa ergeben, daß ein dort vernommener Zeuge keine sachdienlichen Angaben machen kann, muß dieser nicht in die Liste aufgenommen werden. Andererseits empfiehlt sich die Aufnahme

---

27 BGH StV 1988, 282 m Anm Danckert = JR 1987, 389 m Anm Rieß; KMR-Seidl § 200 Rn 70 ff
28 KMR-Seidl § 200 Rn 20 f mwN

Eschelbach

aller relevanten Beweismittel, auch wenn bei vorläufiger Tatbewertung offen ist, ob sie vom Gericht sämtlich herangezogen und benötigt werden. Die Auswahl der Beweismittel obliegt nämlich dem Gericht. Zudem kann sich die Prozeßlage ändern. Die Bezeichnung mehrerer Zeugen oder Sachverständigen, die Übereinstimmendes bekundet haben, kann im Einzelfall entbehrlich sein, Nr. 111 II, III 1 RiStBV; sie ist aber geboten, wo zumindest offen bleibt, ob zur Glaubwürdigkeitsprüfung die Aussagen aller Zeugen oder Sachverständigen benötigt werden könnten. Ebenso kann sowohl auf Personalbeweis und gleichlautenden Sachbeweis hingewiesen werden, wo unklar ist, ob das Gericht einen Sachverständigen vernehmen oder sein vorbereitendes schriftliches Gutachten in der Hauptverhandlung gem § 251 oder § 256 StPO verlesen wird, Nr. 111 III 2 RiStBV. Die Liste der Beweismittel ist generell entbehrlich, wenn ein glaubhaftes und aussagekräftiges Geständnis vorliegt. Wenn andererseits ein Geständniswiderruf nicht auszuschließen ist oder ergänzende Beweise zur Überprüfung des Geständnisses oder zur Abrundung und Vervollständigung des Beweisbildes erforderlich sind, sind dennoch alle relevanten Beweismittel aufzuführen.

c) Wesentliches Ergebnis der Ermittlungen

aa) Bedeutung

Das wesentliche Ergebnis der Ermittlungen ist kein konstitutiver Teil der Anklageschrift. Dies ergibt sich schon daraus, daß bei einer Nachtragsanklage darauf zu verzichten ist, § 266 II 2 iVm § 200 I StPO, und bei einer Strafrichter- beziehungsweise Jugendrichteranklage darauf verzichtet werden kann, § 200 II 2 StPO. Ferner ist festzustellen, daß auch ein Strafbefehl alle Anklagefunktionen erfüllt, ohne ein wesentliches Ergebnis der Ermittlungen zu enthalten. Aus alledem kann entnommen werden, daß das Fehlen eines wesentlichen Ergebnisses der Ermittlungen nicht dazu führt, die nur aus einem Anklagesatz und Anträgen bestehende Anklageschrift als Prozeßvoraussetzung iSd § 151 StPO unwirksam zu machen.[29] Andererseits kann das Fehlen eines wesentlichen Ergebnisses der Ermittlungen oder wesentlicher Teile davon ein Verfahrensfehler sein, der sich bis in die Hauptverhandlung und damit auf das Urteil auswirken kann. Denn auch dem wesentlichen Ergebnis der Ermittlungen kommt eine Informationsfunktion zu. Wann diese zur Ermöglichung sachgerechter Verteidigung zu erfüllen und wann sie entbehrlich ist, läßt sich nicht allgemein sagen.

24

bb) Inhalt

Die Ausgestaltung der Mitteilung des wesentlichen Ergebnisses der Ermittlungen hängt von der Fallgestaltung im Einzelfall ab. Insbes ist dem Infor-

25

---

29   BGHSt 40, 390; aA OLG Düsseldorf JR 1998, 37 m Anm Rieß; OLG Schleswig StV 1995, 454 = SchlHA 1995, 214 m Anm Ostendorf; LG Dresden StV 1996, 203; Roxin § 38 Rn 17

Eschelbach

mationsbedarf des Angeschuldigten und der Verteidigung Rechnung zu tragen, weil die Anklageschrift vor allem für diese eine Informationsfunktion zu erfüllen hat, um eine sachgerechte Verteidigung zu ermöglichen. Wo der Vorwurf auf einem Geständnis beruht, ist der Informationsbedarf für die Verteidigung auf ein Minimum reduziert; es genügt dann regelmäßig, auf das Geständnis als Beweisgrundlage der Anklageerhebung hinzuweisen. Wo dagegen eine schwierige Beweislage aufgrund von Indizien vorliegt, ist der Informationsbedarf erhöht. In komplizierten Fällen kann es auch geboten sein, nicht nur die Indizien als solche mitzuteilen, sondern auch die Beweisschlüsse, die bei vorläufiger Beweiswürdigung daraus gezogen werden. Ähnliches wie für die Darstellung der Sachlage gilt auch für die Erläuterung der Rechtslage im wesentlichen Ergebnis der Ermittlungen. Schließlich ist die staatsanwaltschaftliche Auswahl des Gerichts, das zur Durchführung des Hauptverfahrens angerufen wird, nicht notwendigerweise im wesentlichen Ergebnis der Ermittlungen (oder in der Abschlußverfügung)[30] zu erläutern. Liegt die Zuständigkeit auf der Hand, bedarf es keiner Begründung für den diesbezüglichen Antrag. Ist sie zweifelhaft, so soll sie erläutert werden (vgl Nr. 113 II RiStBV). Bei Anklageerhebung zu einer Strafkammer des Landgerichts soll auch die Frage der Besetzung der Kammer iSv § 76 II GVG angesprochen werden (Nr. 113 III RiStBV).

26 Im einzelnen gilt für den Inhalt des wesentlichen Ergebnisses der Ermittlungen folgendes:

Mitteilungen zu strafzumessungserheblichen Umständen, insbes dem Vorleben des Angeschuldigten und seinem Nachtatverhalten, sollten im wesentlichen Ergebnis der Ermittlungen enthalten sein, jedenfalls soweit sie auch zur Erklärung der Straferwartung als einem Umstand, der die Gerichtszuständigkeit bestimmt, dienen können. Strafzumessungserhebliche Umstände sind nach § 160 III StPO nicht notwendigerweise bereits im Vorverfahren aufzuklären; jedoch empfiehlt sich eine weitgehende Aufklärung, um die Sachaufklärung in der Hauptverhandlung zu erleichtern.

27 Eine Schilderung des eigentlichen Tatgeschehens ist entbehrlich, soweit sie schon im Anklagesatz enthalten ist. Wiederholungen sind zu vermeiden. Andererseits können Einzelheiten des Tatgeschehens, die den in der Hauptverhandlung zu verlesenden Anklagesatz unnötig belasten würden, im wesentlichen Ergebnis der Ermittlungen festgehalten werden. Dies bietet sich insbes bei Sammelanklagen wegen Serientaten an, bei denen das Rahmengeschehen, die Zahl der innerhalb dieses Rahmens gleichartig wiederkehrenden Einzeltaten und ggf markante Unterscheidungsmerkmale im Anklagesatz genannt werden sollten, während weitere Details dem wesentlichen Ergebnis der Ermittlungen überlassen bleiben können.

---

30 Nach Nr. 113 II 1 RiStBV sind die Umstände, die der Entscheidung zugrundeliegen, »aktenkundig« zu machen, um dem Gericht eine Überprüfung zu ermöglichen. Der Ort der Erläuterung ist nicht vorgeschrieben.

Eschelbach

Besondere Bedeutung kommt der Mitteilung der Beweisgründe und ggf der vorläufigen Beweiswürdigung durch die StA zu. Soweit sie nicht, etwa bei einem geständigen Angeschuldigten, ganz oder weitgehend entbehrlich ist, kann sich die Darstellung in groben Zügen am Urteilsaufbau orientieren. Den Detaillierungsgrad von Urteilsgründen muß sie natürlich nicht erreichen. Geboten sind – knappe – Hinweise auf den Inhalt der Einlassung und der ggf zu ihrer Widerlegung herangezogenen wesentlichen Beweise. Die Mitteilung auch einer vorläufigen Beweiswürdigung erscheint ausnahmsweise angezeigt, wo der Anklagevorwurf auf Indizien aufgebaut ist, die für sich genommen nicht tragfähig sind. Dies gilt etwa bei Aussagen durch Zeugen vom Hörensagen,[31] bei wiederholtem Wiedererkennen[32] einer Person als Täter durch einen Zeugen oder in Fällen von »Aussage gegen Aussage« bei Belastungszeugen, die in einem wesentlichen Detailpunkt eine bewußte Falschaussage gemacht haben.[33] Erforderlich ist in solchen Fällen das Hinzutreten weiterer wichtiger Indizien,[34] die regelmäßig nur außerhalb der unzuverlässigen Zeugenaussage selbst gefunden werden können. Stützt sich die Anklage auch auf eine solche Aussage, so ist die Absicherung ihres Inhalts durch ergänzende Indizien darzulegen. Völlig unnötig ist dagegen jedenfalls beim verteidigten Angeschuldigten, der über seinen Verteidiger Akteneinsicht erhält, die in der Praxis bisweilen anzutreffende Wiedergabe wesentlicher Teile des Akteninhalts. Das macht auch im Blick auf die Informationsfunktion der Anklageschrift für den aktenkundigen Verteidiger keinen Sinn.

28

Rechtsausführungen sind regelmäßig entbehrlich, weil die Informationsfunktion der Anklageschrift grundsätzlich nur die Mitteilung der nach Ansicht der StA anzuwendenden Strafnormen mit ihrem Wortlaut und der Normbezeichnung voraussetzt (vgl §§ 200 I 1, 207 II 3, 265 I StPO). Ausnahmen können sich bei komplexen Rechtslagen ergeben, die der Erläuterung bedürfen. Dabei können auch Vorfragen aus anderen Rechtsgebieten zu erörtern sein, etwa bei der Anwendung von Blankettgesetzen und blankettausfüllenden Normen, bei verwaltungsakzessorischen Strafnormen oder bei zivil- oder steuerrechtlichen Vorfragen zum Straftatbestand. Die Erläuterung des Standpunkts der anklagenden Behörde ist auch geboten, wo diese sich gegen eine gefestigte Rechtsprechung aussprechen will.[35]

29

---

31 BVerfGE 57, 250 ff
32 BGHSt 16, 204; BGHR StPO § 261 Identifizierung 3, 10; BGH StV 1996, 413; 1998, 249 f
33 BGHSt 44, 153, 158 ff; 44, 256, 257
34 Für Zeugen vom Hörensagen BVerfG NJW 1995, 448; BGHSt 17, 382, 385 f; 33, 83, 88; 33, 178, 181; 36, 159, 166; 39, 141, 145 f; 42, 15, 25; BGHR StPO § 261 Zeuge 13, 15, 16, 17; BGH StV 1996, 583 f; OLG Köln StV 1994, 289 f
35 Die von der Rspr, etwa in BGHSt 15, 155 ff, angenommene Präjudizbindung der StA – zum Schutze des Legalitätsprinzips – hindert die Anklagebehörde nur an der Einstellung eines Strafverfahrens entgegen einer gefestigten höchstrichterlichen Rspr, nicht an der Anklageerhebung unter Abweichung von einer solchen Rspr.

Eschelbach

d) Anträge

30 Die Anklageschrift endet damit, daß der Antrag auf Eröffnung des Hauptverfahrens (§ 199 II StPO) und Zulassung der Anklageschrift zur Hauptverhandlung (§ 207 I StPO) gestellt wird. Dieses Begehren ergibt sich aber auch schon konkludent aus dem Anklagesatz. Wichtiger ist der Antrag auf Durchführung der Hauptverhandlung vor einem Gericht mit bestimmter Zuständigkeit. Damit wird vorbehaltlich eigener Zuständigkeitsprüfung des Adressatgerichts durch die StA der gesetzliche Richter ausgewählt.[36] Bezüglich der örtlichen Gerichtszuständigkeit ist die staatsanwaltschaftliche Auswahl unter Wahlgerichtsständen für das Gericht verbindlich.[37]

31 Problematisch ist die Frage der sachlichen Zuständigkeit im Bereich der »beweglichen Zuständigkeiten«. Bei der Auswahl des sachlich zuständigen Gerichts nach §§ 24 I Nr. 2, 3, 25 Nr. 2 GVG hat die StA einen Beurteilungsspielraum.[38] Ihre Entscheidung unterliegt der Nachprüfung durch die Gerichte. Da Art. 101 I 2 GG aber eine Ausprägung des allgemeinen Willkürverbots ist, sind nur willkürlich fehlerhafte staatsanwaltschaftlichen Entscheidungen zu beanstanden.[39] Soweit eine willkürfreie Zuständigkeitsauswahl durch die StA getroffen wird, hat es damit regelmäßig sein Bewenden. Dies unterstreicht die Bedeutung der staatsanwaltschaftlichen Auswahl des Gerichts.

32 Aus der Auswahlbefugnis der StA ergibt sich die Frage, ob die Anklageschrift die getroffene Wahl – ggf am Ende des wesentlichen Ergebnisses der Ermittlungen – erläutern muß.[40] Der Begründungsbedarf hängt von den Umständen des Einzelfalls ab. Liegt die Zuständigkeit eines bestimmten Gerichts auf der Hand, etwa diejenige der großen Strafkammer des Landgerichts im Fall eines schweren Raubes mit einer Straferwartung von mindestens fünf Jahren Freiheitsstrafe gem § 250 II StGB, so bedarf es keiner Erläuterung dieser Zuständigkeit. Ist die sachliche Zuständigkeit dagegen im Grenzbereich zwischen derjenigen von Amts- und Landgericht oder von Strafrichter und Schöffengericht angesiedelt, so ist eine Erläuterung geboten. Deuten bestimmte Umstände auf die Zuständigkeit eines anderen Gerichts, etwa bei Anklageerhebung zum Landgericht bei einer Straferwartung von höchstens zwei Jahren Freiheitsstrafe, so wird eine Begründung der Zuständigkeitsauswahl wegen besonderer Bedeutung der Sache nach § 24 I Nr. 3 GVG[41] in der Anklageschrift verlangt werden müssen. Allerdings kann auch hier ein knapper Hinweis auf den tragenden Grund der Zuständigkeitsauswahl genügen.

---

36 Herzog StV 1993, 609 ff
37 Roxin § 8 Rn 1; vgl aber OLG Hamm NStZ-RR 1999, 16
38 BVerfGE 9, 223, 226; 22, 254, 260
39 BGHSt 44, 34, 36
40 BGH NStZ-RR 1998, 336; Danko S 204; Kl/M-G § 24 GVG Rn 7
41 Dazu BGHSt 44, 34, 36

Eschelbach

Eine wegen willkürlicher Zuständigkeitsauswahl der StA fehlerhafte 33
Anklageerhebung zu einem bestimmten Gericht kann durch Zuständigkeitsverschiebung im Zwischenverfahren gem § 209 StPO geheilt werden. Andernfalls ist das Urteil anfechtbar. Bedeutsam ist, daß die Rechtsprechung des 1. und 5. Strafsenats des BGH[42] dazu tendiert, auch in Fällen der Abweichung von § 269 StPO bei willkürlich fehlerhafter Zuständigkeitsauswahl eine Verfahrensrüge zu verlangen, während Entscheidungen des 4. Strafsenats eine Prüfung von Amts wegen durch das Revisionsgericht vorsehen.[43] Geklärt ist dies bereits für die funktionelle Zuständigkeit, die nur bis zur Eröffnung des Hauptverfahrens von Amts wegen geprüft wird (§ 6 a StPO), danach nur auf Rüge. Gleiches gilt auch für die Abgrenzung zwischen Spruchkörpern der Jugend- und Erwachsenengerichte.[44]

4. Mängel der Anklageschrift

a) Fehlerkategorien und Fehlerfolgen

Da die Anklageerhebung und die Anklageschrift als solche nicht anfechtbar 34
sind, können Fehler nicht unmittelbar geltend gemacht werden. Jedoch sind sie in zweierlei Hinsicht von Bedeutung:[45]

aa) Mängel in der Umgrenzungsfunktion

Eine wirksame Anklageerhebung wegen eines bestimmten Prozeßgegenstands ist Prozeßvoraussetzung für das weitere gerichtliche Verfahren, 35
§ 151 StPO. Fehlt sie, so liegt ein Verfahrenshindernis vor, das in jeder Lage des weiteren Verfahren von Amts wegen zu beachten ist und zur Einstellung des Verfahrens mit der Folge der Herstellung des status quo ante führt, §§ 206a, 260 III StPO.

Besondere Bedeutung hat die Frage der Erfüllung der Umgrenzungsfunktion 36
bei Serientaten.[46] Die Rechtsprechung weicht hier zum Teil vom Erfordernis einer genauen Einzeltat-Konkretisierung ab, weil bei Serien gleichartiger Handlungen die Unterscheidbarkeit der angeklagten Einzeltaten voneinander und von potentiellen weiteren Taten generell erschwert ist, während das Verfolgungsbedürfnis gegenüber Einzeltaten erhöht ist. Das zeigt sich beispielhaft in zwei Fallkonstellationen.

In der einen Konstellation geht es um Untreue eines Täters, der für den 37
Geschäftsherrn eine Kasse führt. Nimmt der Täter über einen längeren Zeit-

---

42 BGHSt 42, 205; 43, 54
43 BGHSt 40, 120; 44, 34, 36; OLG Düsseldorf StV 1995, 238; OLG Hamm StV 1996, 300; OLG Köln StV 1996, 298; Kl/M-G § 269 Rn 8; Roxin § 7 Rn 11
44 BGHSt 18, 79, 83; 21, 191, 198; Eisenberg JGG 8. Aufl. § 33 Rn 38
45 Krause/Thon StV 1985, 252 ff; Kuckein StraFo 1997, 33 ff; weitergehend Danko S 173 ff
46 KMR-Seidl § 200 Rn 15 ff; zum Betäubungsmittelrecht Körner StV 1998, 626

Eschelbach

raum hinweg durch eine Mehrzahl von Handlungen unbefugt Geldbeträge an sich, deren Gesamtsumme später feststellbar ist, nicht aber die Einzelhandlungen und Einzelbeträge, so stellt sich die Frage, ob Anklage wegen der Tatserie erhoben werden kann. Das RG hatte dies anfangs verneint.[47] Die spätere Rechtsprechung fingierte mit der Figur der fortgesetzten Handlung eine anklagefähige Einheitstat.[48] Nach Wegfall dieser Rechtsfigur[49] nimmt der BGH nunmehr an, es könne mangels einer feststellbaren Mehrzahl von tatbestandsmäßigen Handlungen sogar »in dubio pro reo« von nur einer Handlung ausgegangen werden,[50] die zu dem festgestellten Gesamterfolg geführt habe und zwar selbst dann, wenn feststeht, daß der Gesamtschaden nicht durch eine Handlung erlangt worden sein konnte.

38 Die zweite beispielhafte Konstellation ist diejenige des vielfachen sexuellen Mißbrauchs von Kindern. In diesen Fällen, die oft erst Jahre nach der Tatserie aufgedeckt und von kindlichen Zeugen nur ungenau umschrieben werden, liegt das Verfolgungsbedürfnis[51] ebenso auf der Hand wie die Schwierigkeit der Konkretisierung von Einzeltaten. Auch dazu hatte das RG zunächst angenommen, nur jeweils ausreichend konkretisierte Einzeltaten könnten angeklagt werden.[52] Heute nimmt die Rechtsprechung an, eine Tatkonkretisierung sei schon ausreichend, wenn das wiederkehrende Rahmengeschehen in der Anklageschrift geschildert, ein Tatzeitraum genannt und die Höchstzahl der innerhalb dieses Zeitraums begangenen Taten mitgeteilt ist.[53] Der BGH[54] betont jedoch, daß damit zwar die Umgrenzungsfunktion der Anklageschrift gewahrt, jedoch die Verteidigung wegen des verbleibenden Informationsdefizits erschwert sei. Das rechtliche Gehör werde dem Angeschuldigten zwar im Rahmen des Möglichen gewährt, aber es sei ein Verfahrensfehler, wenn ggf die nachträgliche Erkenntnis weiterer Konkretisierungsmerkmale nicht durch einen Hinweis mitgeteilt werde.[55]

39 Die Grenze der Möglichkeit zur Pauschalierung der Darstellung von Serientaten ist erreicht, wo die Einzeltaten verschiedenes Gewicht haben können, weil vom gleichen Täter verschiedenartige Kausalverläufe ausgelöst, durch unterschiedliche Handlungsintensität verschiedene Straftatbestände erfüllt werden, mehrere Beteiligte[56] zum Taterfolg beigetragen haben oder

---

47 RGSt 3, 406, 408
48 OLG Düsseldorf (Ls) NStZ 1983, 433; OLG Frankfurt OLGSt StPO § 200 Nr. 1 mit Anm Rieß = JR 1990, 39 mit Anm Schlüchter JR 1990, 10
49 BGHSt GrS 40, 138
50 Für Untreue BGH NStZ 1994, 586; für Betrug BGH NJW 1995, 2933, 2934; für Sexualdelikte BGH StV 1998, 474 mit Anm Hefendehl
51 BGHSt 10, 137, 139; Fränkel LM StPO § 200 Nr. 2
52 RGSt 21, 64
53 BGHSt 40, 44; BGHR StPO § 200 I 1 Tat 14; BGH StV 1997, 169; 1998, 169, 170; 1998, 580; NStZ 1997, 280; 1999, 42; NStZ-RR 1999, 13; einschränkend BGH NStZ 1999, 520 f
54 BGHSt 40, 44, 48; 44, 153, 154 f
55 BGHSt 44, 153, 156 f
56 BGH StV 1998, 469, 470

Eschelbach

verschiedene Opfer betroffen sind.⁵⁷ Hier können Tatbeteiligte, Tatopfer oder Kausalverläufe der Einzeltaten nicht durch eine pauschalierende Sachdarstellung offengelassen werden.

bb) Mängel in einer Informationsfunktion

Die Nichterfüllung einer wesentlichen Informationsfunktion oder das Vorliegen einer Fehlinformation kann den Anspruch des Angeschuldigten auf eine sachgerechte Verteidigung, Art. 6 III a und b MRK, und auf ein faires Verfahren, Art. 6 I MRK, Art. 2 I, 20 III GG, verletzen. Auswirkungen auf das Urteil hat dies freilich nur, wenn der Fehler in die Hauptverhandlung hineingetragen, dort nicht durch gerichtlichen Hinweis geheilt wird und das Urteil darauf beruht. In der Literatur erwogen wird sogar die Annahme eines Verfahrenshindernisses bei schwerwiegenden Informationsmängeln, die nicht anderweitig geheilt werden können.⁵⁸ Es kommt auch die Annahme eines Revisionsgrundes iSd § 338 Nr. 8 StPO infolge eines Mangels auch des Eröffnungsbeschlusses in Betracht,⁵⁹ der eine zulässige Verfahrensrüge voraussetzt. Bei fehlenden Informationen oder Fehlinformationen liegt aber meist – allenfalls – ein relativer Revisionsgrund vor, so etwa bei der Verlesung eines Anklagesatzes, der auch Beweisgründe nennt.⁶⁰ Für die Verteidigung wesentlich sind vor allem nähere Informationen über Tatzeitraum und Tatort, Zahl und Frequenz von Einzeltaten bei Tatserien, sowie die zur näheren Tatkonkretisierung erforderlichen Details des Tatgeschehens.⁶¹ Unwesentliche Randinformationen können dagegen folgenlos fehlen.

40

b) Heilung von Mängeln

Mängel der Anklageschrift können, soweit sie nicht zur Unwirksamkeit der Anklage als Prozeßvoraussetzung gem § 151 StPO führen, geheilt werden, so daß spätere Rechtsmittelangriffe gegen ein Urteil nicht mehr erfolgreich sind.

41

aa) Nachholung von Informationen, die im Anklagesatz fehlen, im wesentlichen Ergebnis der Ermittlungen

Es entspricht jedenfalls nicht dem Gesetz,⁶² wenn Informationen, die im Anklagesatz geboten sind, erst im wesentlichen Ergebnis der Ermittlungen mitgeteilt werden. Da aber die Umgrenzungsfunktion der Anklageschrift

42

---

57 BGH GA 1960, 245, 246; OLG Köln StraFo 1998, 417 ff
58 Danko S 224 ff; offengelassen von BGHSt 40, 390, 392 f
59 Rieß JR 1998, 38, 41
60 BGH StV 1988, 282 m Anm Danckert = JR 1987, 389 m Anm Rieß; KMR-Seidl § 200 Rn 70 ff; einschränkend zur Möglichkeit der Beeinflussung von Schöffen durch zuviel Informationen aus den Akten BGHSt 43, 360, 362 ff
61 BGHSt 44, 153, 157
62 BGH JR 1954, 149 f; AK-StPO-Loos § 200 Rn 7

Eschelbach

durch den Schriftsatz im ganzen erfüllt werden kann, der freibeweislicher Prüfung zugänglich ist, genügt es ausnahmsweise, wenn erst aus dem wesentlichen Ergebnis der Ermittlungen hinreichend deutlich wird, welche Taten dem Angeschuldigten im einzelnen zur Last gelegt werden.[63] So lag etwa der Fall des Vorwurfs der »Haushaltsuntreue« durch einen Theaterintendanten.[64] Dort nannte der Anklagesatz nur das durch eine Vielzahl von einzelnen Vertragserfüllungen am Jahresende erreichte Gesamtergebnis einer Haushaltsüberschreitung, während erst das wesentliche Ergebnis der Ermittlungen Einzelausgaben bezeichnete. Die Anklageschrift erfüllte damit im wesentlichen Ergebnis der Ermittlungen ihre Umgrenzungsfunktion. Zum Teil nicht erfüllt war dagegen die Informationsfunktion.

bb) Nachbesserung der Anklageschrift durch die StA

43   Ergeben sich auch aus dem wesentlichen Ergebnis der Ermittlungen die notwenigen Informationen nicht in vollem Umfang, hat die StA vor Eröffnung des Hauptverfahrens die Möglichkeit, entweder die Anklage gem § 156 StPO zurückzunehmen und sie in nachgebesserter Form neu einzureichen[65] oder durch einen Ergänzungsschriftsatz[66] die Informationsfunktion zu erfüllen. Eine Anklageergänzung zur Erfüllung der Umgrenzungsfunktion durch einen getrennten Schriftsatz ist allerdings nicht sachgerecht. Erfüllt die Anklageschrift bereits nicht ihre Umgrenzungsfunktion, so ist sie als Prozeßvoraussetzung unwirksam. Aus einem Hinweis des Gerichts hierauf unter Rückgabe der Akten vor der Ablehnung der Eröffnung des Hauptverfahrens sollte die StA durch Rücknahme und Neufassung der Anklageschrift Folge leisten. Die Ablehnung einer Zustellung der Anklageschrift durch das Gericht an den Angeschuldigten wegen Informationsmängeln ist dagegen für die StA mit der Beschwerde angreifbar.[67] Doch sollten Hinweise des Gerichts auf Mängel der Anklageschrift in der Informationsfunktion nicht unbeachtet bleiben, da sich Informationsmängel sogar auf ein späteres Urteil auswirken können, weshalb sie frühzeitig beseitigt werden sollten. Auch dazu kann das Gericht der StA durch Rückgabe der Akten Gelegenheit geben.[68]

cc) Gerichtliche Maßnahmen zur Heilung von Mängeln der Anklageschrift in ihrer Informationsfunktion

44   Mängel der Anklageschrift in der Umgrenzungsfunktion können nicht durch das Gericht geheilt werden.[69] Dies würde dem Anklageprinzip

---

63 BGHSt 5, 225, 227
64 BGHSt 43, 293, 299
65 Danko S 242
66 BGH Beschl vom 19.1.1993, 5 StR 679/92
67 OLG Karlsruhe Die Justiz 1998, 535 f
68 LG Potsdam NStZ-RR 1999, 55
69 Beulke Rn 285; SK-StPO-Paeffgen § 200 Rn 29; Schäpe S 75 f; KMR-Seidl § 200 Rn 63

widersprechen. Die Unwirksamkeit der Anklage wegen Nichterfüllung der Umgrenzungsfunktion kann demnach nur zur Einstellung des Verfahrens nach §§ 206a, 260 III StPO führen. Nur zur Erfüllung der Informationsfunktion der Anklageschrift erforderliche Hinweise auf die Sachlage[70] oder eine Veränderung der Rechtslage, § 265 I StPO, kann das Gericht nachträglich erteilen.[71] Ob dies im Eröffnungsbeschluß, in einem separaten Hinweis vor Beginn der Hauptverhandlung oder erst durch gerichtlichen Hinweis in der Hauptverhandlung erfolgt beziehungsweise bei Veränderungen der Sachlage aus dem Gang der Hauptverhandlung ersichtlich ist,[72] gilt grundsätzlich gleich. Denn es ist zur Gewährung rechtlichen Gehörs gem Art. 103 I GG und zur Ermöglichung sachgerechter Verteidigung gem Art. 6 I, III a und b MRK grundsätzlich unerheblich, woher die erforderlichen Informationen stammen, sofern sie nur inhaltlich ihren Zweck erfüllen. Allerdings nimmt die Rechtsprechung an, daß erkennbar sein muß, das Gericht selbst habe eine bestimmte Information aufgenommen und ziehe sie für das Urteil in Betracht. Ungeklärt ist noch die Frage, ob ein entsprechender Hinweis des Gerichts auf die Sachlage, der in § 265 StPO bewußt nicht vorgesehen ist,[73] der Protokollierung bedarf.[74]

II. Antragsschrift im Sicherungsverfahren

Was für die Anklageschrift gilt, muß auch in einer Antragsschrift im selbständigen Sicherungsverfahren gem § 413 StPO beachtet werden. Auch diese Antragsschrift erfüllt die Funktion des § 151 StPO, eine gerichtliche Untersuchung zu einem bestimmten Prozeßgegenstand in Gang zu setzen, § 414 II 1 StPO. Auch sie muß demnach eine rechtswidrige Tat als Verfahrensgegenstand umgrenzen. Im Sicherungsverfahren ist gleichfalls die für eine sachgerechte Verteidigung gegen den drohenden Maßregelausspruch erforderliche Information des Beschuldigten über das Geschehen bei der Tat und deren vorläufige rechtliche Bewertung sowie die tragenden Beweisgründe zu gewährleisten. Dies gilt auch deshalb, weil noch im Zwischenverfahren vom Sicherungsverfahren in ein normales Strafverfahren übergegangen werden kann, § 416 StPO.

45

Die Antragsschrift im Sicherungsverfahren gliedert sich gem §§ 414 II 2, 200 StPO wie die Anklageschrift in drei Teile:[75] den Antragssatz, das wesentliche Ergebnis der Ermittlungen und den Antrag auf Eröffnung des

46

---

70 BGH StV 1996, 197
71 BGHSt 44, 153 ff
72 BGH NJW 1999, 802 (insoweit in BGHSt 44, 256 nicht abgedruckt)
73 Niemöller S 42
74 Offengelassen BGHSt 44, 153, 157 f
75 OLG Düsseldorf JMBl NRW 1979, 227 = OLGSt zu § 414 StPO

Hauptverfahrens im Sicherungsverfahren. In Abweichung vom Anklageinhalt ist auch die anzuordnende Maßregel der Besserung und Sicherung als Ziel des Sicherungsverfahrens zu bezeichnen, § 414 II 3 StPO. Wo und wie dies geschieht, ist nicht vorgeschrieben. Jedoch empfiehlt sich eine Kennzeichnung der Maßnahme nach ihren rechtlichen Voraussetzungen und der anzuwendenden Vorschrift bereits im Antragssatz.

47 Für die Fassung der Antragsschrift ergeben sich iü keine wesentlichen Unterschiede gegenüber der Anklageschrift mit Ausnahme der Besonderheiten, die aus der Schuldunfähigkeit des Beschuldigten bei der Begehung der Tat folgen. Im konkreten Anklagesatz sind dazu die Befundtatsachen, wie eine paranoide Wahnvorstellung, kurz zu bezeichnen, im abstrakten Anklagesatz wird der Bezeichnung des erfüllten Straftatbestandes der Zusatz »im Zustand der Schuldunfähigkeit« hinzugefügt. Für das wesentliche Ergebnis der Ermittlungen ergibt sich das Erfordernis, daß die medizinisch-psychiatrischen Befunde, aus denen sich die Schuldunfähigkeit des Beschuldigten bei der Begehung der rechtswidrigen Tat und die Voraussetzungen für die Anordnung eines Maßregel ergeben, zu erläutern sind.[76] Dazu kann eine zusammenfassende Darstellung der Ergebnisse eines vorbereitenden medizinisch-psychiatrischen Sachverständigengutachtens genügen. Das bei den Akten befindliche Gutachten, das auch dem Verteidiger zugänglich ist, muß jedenfalls nicht vollständig wiedergegeben werden.

III. Antrag auf Erlaß eines Strafbefehls

48 Eine in der Praxis inzwischen stark verbreitete Form der Erfüllung des Anklageprinzips[77] ist der Antrag im Strafbefehlsverfahren[78] vor dem Strafrichter oder dem Schöffengericht,[79] § 407 I 1 StPO, Nr. 175 RiStBV.[80] Das Strafbefehlsverfahren eignet sich besonders für eine konsensuale Vorgehensweise, also für »Absprachen« im Strafverfahren.[81] Auch der Strafbefehl erfüllt die Funktion gem § 151 StPO, dem Gericht durch Erhebung der

---

76 KK-Fischer § 414 Rn 6
77 KMR-Metzger § 407 Rn 5; Schroeder Rn 172: 54 – 57 % aller Anklageerhebungen durch Strafbefehlsantrag
78 Allg dazu Meurer JuS 1987, 882; Reiss RpflStud 1979, 8
79 Problematisch ist die Zuständigkeit des Schöffengerichts nach § 25 GVG im Hinblick auf die Rechtsfolgen, die nach § 407 II StPO im Strafbefehl festgesetzt werden können, vgl LG Stuttgart wistra 1994, 40 = ZfZ 1994, 248 m Anm Hohendorf wistra 1994, 294; genaugenommen bleibt nach Erweiterung der Strafrichterzuständigkeiten im Blick auf die Rechtsfolgen, die nach § 407 II StPO im Strafbefehl festgesetzt werden können, keine Zuständigkeit des Schöffengerichts
80 Zur Erhöhung der Effektivität des Strafverfahrens durch Strafbefehle Hamm NJW 1996, 236; Lemke ZRP 1997, 488; Siebers StraFo 1997, 329; zum Strafbefehl im Steuerstrafverfahren Burhoff PStR 1999, 52; Dißars wistra 1997, 331
81 KMR-Metzger Vor § 407 Rn 13, 28 ff

Eschelbach

öffentlichen Klage einen Verfahrensgegenstand zu unterbreiten, § 407 I 4 StPO. Das Strafbefehlsverfahren ist verfassungsrechtlich unbedenklich[82] und mit dem Grundsatz des fairen Verfahrens vereinbar.[83] Auch der Strafbefehlsantrag muß aber alle Funktionen erfüllen, die einem Anklagesatz zukommen, also die Umgrenzungsfunktion und die verschiedenen Informationsfunktionen.[84] Dies wird dadurch verdeutlicht, daß im Falle des Einspruchs gegen den Strafbefehl in das normale Hauptverfahren übergangen wird, wobei der Strafbefehlsantrag die Funktion der Anklageschrift, § 407 I 4 StPO, der erlassene Strafbefehl die Funktion des Eröffnungsbeschlusses übernimmt. Da der Strafbefehl in einem »summarischen Verfahren«[85] im Freibeweis auf der Grundlage des Aktenmaterials erlassen werden soll, erübrigt sich dagegen die Darstellung des wesentlichen Ergebnisses der Ermittlungen.[86] Soweit Informationen für Gericht und Verteidigung erforderlich erscheinen, können diese in einem Vermerk in den Akten niedergelegt werden.[87] Der Antrag auf Erlaß eines Strafbefehls stützt sich regelmäßig auf einen vollständigen Entwurf, Nr. 176 I 1 RiStBV, dessen Inhalt sich nach § 409 I StPO bestimmt.

Muster:[88]

49

Staatsanwaltschaft *Wiesbaden, den 28. September 1999*
bei dem Landgericht Wiesbaden *Luisenstraße 23*
Geschäftsnummer: 28 Js 4267/99 *Tel. 0611/78273*

(bitte stets angeben)

Vfg.:

1. *U.m.A.*
   dem Amtsgericht
   – Strafrichter –
   im Hause mit dem Antrag auf Erlass eines Strafbefehls mit dem nachfolgenden Inhalt.
2. *WV 3 Monate.*

---

82 BVerfGE 3, 248, 253
83 EGMR NJW 1993, 717 = EuGRZ 1993, 68 = NStE Nr. 33 zu Art. 6 MRK
84 KMR-Metzger § 409 Rn 1; Rieß JR 1989, 171 ff und 437 ff
85 Zu Recht krit zum Begriff KMR-Metzger Vor § 407 Rn 18, denn es wird nicht »summarisch« geprüft; nur tritt der Freibeweis im schriftlichen Strafbefehlsverfahren an die Stelle des Strengbeweises in einer Hauptverhandlung.
86 Pfeiffer § 409 Rn 1
87 KMR-Metzger § 407 Rn 29
88 In der Fassung anders KMR-Metzger § 407 Rn 49

Eschelbach

Strafbefehl

Herrn
Anton Wilhelm Philipp
Marktplatz 15
56289 Erbach

Die Staatsanwaltschaft beschuldigt Sie,
am 13. August 1999 in Erbach und an anderen Orten fahrlässig im Verkehr ein Fahrzeug geführt zu haben, obwohl Sie infolge des Genusses alkoholischer Getränke nicht in der Lage waren, das Fahrzeug sicher zu führen.
Sie tranken an einem Weinstand an der Rheinpromenade in Rüdesheim am Nachmittag des 13. August 1999 mehrere Gläser Wein. Ihre Blutalkoholkonzentration betrug danach mindestens 0,98 Promille. Gleichwohl benutzten Sie gegen 19.30 Uhr ihren Pkw Audi 80, amtliches Kennzeichen RÜD-LK 102, zur Fahrt nach Hause. Sie fielen einer Polizeistreife am Ortseingang von Erbach auf der Bundesstraße 42 dadurch auf, daß sie ohne verkehrsbedingten Anlaß »Schlangenlinien« fuhren. Dies war eine Folge Ihrer alkoholbedingten Fahruntüchtigkeit. Sie hätten bei Antritt der Fahrt erkennen können und müssen, daß sie nicht mehr fahrtüchtig waren.

- Vergehen, strafbar nach §§ 316 Abs. 1 und 2, 69, 69a StGB -

Beweismittel:

1. Ihre Einlassung
2. Zeugen:
    a) Polizeihauptmeister Friedrich Jahn, zu laden bei der Schutzpolizeiinspektion Rüdesheim;
    b) Polizeimeister Günther Klein, ebenda.
3. Urkunden:
    a) Ärztlicher Befundbericht über die Blutentnahme;
    b) Gutachten des Instituts für Rechtsmedizin der Johannes Gutenberg-Universität Mainz über die Bestimmung des Blutalkoholgehalts.

Auf Antrag der Staatsanwaltschaft wird gegen Sie eine Geldstrafe von 30 Tagessätzen festgesetzt. Die Höhe eines Tagesatzes beträgt 40 DM, die Geldstrafe mithin insgesamt 1.200 DM. Im Falle der Uneinbringlichkeit tritt an die Stelle eines Tagessatzes ein Tag Freiheitsstrafe.

Sie haben die Kosten des Verfahrens zu tragen.

Ihnen wird die Fahrerlaubnis entzogen. Ihr Führerschein der Kreisverwaltung des Rheingau-Taunuskreises vom 23. Dezember 1989, Liste Nr. 34278/89, wird eingezogen. Die Verwaltungsbehörde darf Ihnen vor Ablauf von sechs Monaten keine neue Fahrerlaubnis erteilen.

(Rechtsmittelbelehrung über Einspruch gegen den Strafbefehl und sofortige Beschwerde gegen die Kostenentscheidung)

Eschelbach

Die Anforderungen an den Anklagesatz einer Anklageschrift und den 50
Inhalt eines Strafbefehls hinsichtlich der Umgrenzungs- und Informationsfunktion sind gleich.[89] Der Antrag auf Erlaß eines Strafbefehls muß grundsätzlich schriftlich gestellt werden[90] und nach Art eines Anklagesatzes die Person des Angeschuldigten individualisieren, die Tat im prozessualen Sinn umgrenzen und den Vorwurf in tatsächlicher und rechtlicher Hinsicht so kennzeichnen, daß eine sachgerechte Verteidigung ermöglicht wird. Bei nachträglichem Übergang in das Strafbefehlsverfahren in der Hauptverhandlung gem § 408a Abs 1 StPO kann auf eine bereits erhobene Anklage Bezug genommen werden.[91] Mängel des Strafbefehlsantrages wirken sich wie Mängel der Anklageschrift aus.

IV. Anklageerhebung im beschleunigten Verfahren

Im beschleunigten Verfahren, das auf zurücknehmbaren[92] Antrag der StA 51
beim Strafrichter oder beim Schöffengericht[93] eingeleitet wird, ist ebenfalls das Anklageprinzip zu wahren.[94] Auch dort ist neben[95] dem »Schnellantrag« eine Anklageerhebung als Prozeßvoraussetzung erforderlich.[96] Abgesenkt sind nur die Formerfordernisse. Die Anklageschrift muß nicht bereits vor der Hauptverhandlung schriftlich erhoben werden, § 418 III 1 StPO; ausgeschlossen ist dies freilich nicht, sondern sogar empfehlenswert, vgl Nr. 146 II RiStBV. Auch kann im Antrag auf Durchführung des beschleunigten Verfahrens eine Anklage enthalten sein, wenn der Antrag inhaltlich bereits den Erfordernissen des § 200 I StPO genügt.[97] Wird die Anklage nicht schriftlich erhoben, so muß sie in der Hauptverhandlung mündlich erhoben werden und ihr wesentlicher Inhalt in das Protokoll aufgenommen werden, § 418 III 2 StPO. Auch dieser muß den konstitutiven Erfordernissen des § 200 I StPO genügen, damit das Anklageprinzip gewahrt ist.[98] Die mündlich erhobene Anklage muß einen Anklagesatz enthalten, der den Angeschuldigten individualisiert, die ihm vorgeworfene Tat konkretisiert und in tatsächlicher und rechtlicher Hinsicht die für eine sachgerechte Verteidigung wesentlichen Informationen enthält. Ein wesentliches Ergebnis

---

89 OLG Düsseldorf JR 1989, 435 m Anm Rieß
90 HansOLG Hamburg JR 1989, 169 m Anm Rieß; einschr OLG Oldenburg MDR 1990, 946
91 HansOLG Hamburg JR 1989, 169 m Anm Rieß
92 BayObLGSt 1997, 172 = NJW 1998, 2152 m Anm Fülber/Holm DRiZ 1999, 196 und Schröer NStZ 1999, 213; weitergehend Treier NStZ 1983, 234, 235
93 Zum Zuständigkeitsproblem nach § 25 Nr. 2 GVG Schröer S 63 ff
94 OLG Frankfurt StV 2000, 299; KK-Tolksdorf § 418 Rn 8
95 HansOLG Hamburg StV 2000, 127 f; Schröer S 109
96 KMR-Fezer § 418 Rn 11
97 HansOLG Hamburg NJW 1966, 2179; MDR 1971, 320; Schöer S 109 f
98 Schröer S 109

Eschelbach

der Ermittlungen ist hier aus demselben Grunde wegzulassen, wie bei der Nachtragsanklage gem §§ 266 II, 200 I StPO. Es sollen nicht zu Beginn der Hauptverhandlung die im Freibeweis vorläufig ermittelten und bewerteten Beweisgründe für den Vorwurf mitgeteilt und gewürdigt werden, um nicht bereits zu Beginn der Hauptverhandlung suggestiven Einfluß auszuüben.

Eschelbach

KAPITEL 2 – RECHTSBEHELFE IN STRAFSACHEN

Überblick

I.	**Grundlagen**...	**1–58**
	1. Förmliche Rechtsbehelfe................................	2–3
	a) Rechtsmittel..	2
	b) Weitere förmliche Rechtsbehelfe	3
	2. Formlose Rechtsbehelfe	4–9
	a) Dienstaufsichtsbeschwerde........................	5–8
	b) Gegendarstellung....................................	9
	3. Gemeinsame Bestimmungen	10–55
	a) Grundlagen..	10–16
	b) Zulässigkeit..	17–30
	aa) Beschwer..	17–24
	bb) Rechtsmittelberechtigte	25–30
	c) Rechtsmittelfristen	31–35
	d) Rechtsmittelverzicht und Rechtsmittelrücknahme	36–45
	e) Wiedereinsetzung in den vorigen Stand.....................	46–53
	f) Verschlechterungsverbot................................	54–55
	4. Instanzenzüge...	56
	5. Zusammenfassende Übersicht zu den Rechtsmittelverfahren.........	57–58
II.	**Beschwerde**	**59–101**
	1. Allgemeines	59–64
	2. Einfache Beschwerde	65–83
	3. Sofortige Beschwerde	84–94
	4. Weitere Beschwerde	95–100
	5. Zusammenfassende Übersicht	101
III.	**Berufung**...	**102–130**
	1. Allgemeines	102–105
	2. Zulässigkeit..	106–115
	3. Verfahrensgang...	116–129
	a) Aktenbehandlung bei der StA	116–120
	b) Verfahrensgang beim Berufungsgericht	121–129
	4. Zusammenfassende Übersicht	130
IV.	**Revision**..	**131–184**
	1. Allgemeines	131–134
	a) Wesen der Revision.................................	131–133
	b) Funktion und Aufgaben der StA	134
	2. Zulässigkeit..	135–145
	a) Statthaftigkeit	135–136
	b) Fristen	137–139
	c) Form	140–142

d) Sonstige Zulässigkeitsvoraussetzungen 143–145
   aa) Revisionsanträge 144
   bb) Rüge einer Gesetzesverletzung 145
3. Prüfungsumfang, Verfahrens- und Sachrüge 146–160
   a) Prüfungsumfang 146–148
   b) Verfahrens- und Sachrüge 149–160
      aa) Verfahrensrüge 150–152
      bb) Sachrüge 153–157
      cc) »Beruhen« des Urteils auf einer Gesetzesverletzung ... 158–160
4. Das weitere Verfahren 161–178
   a) Zulässigkeitsprüfung durch das Tatgericht 161
   b) Gegenerklärung des Revisionsgegners 162–167
   c) Übersendungsbericht der StA 168–173
   d) Entscheidung des Revisionsgerichts 174–177
   e) Wirkung der Revisionsentscheidung 178
5. Die Revision der StA 179–184
   a) Allgemeines 179–180
   b) Revisionseinlegung 181
   c) Revisionsbegründung 182–184

V. **Wiederaufnahme des Verfahrens** 185–213

1. Allgemeines 185–189
2. Zulässigkeit 190–194
3. Verfahrensgang 195–213
   a) Aditionsverfahren 196–205
   b) Probationsverfahren 206–210
   c) Erneuerung der Hauptverhandlung 211–213

I. Grundlagen

1 Hat das erkennende Gericht seine Entscheidung bekanntgemacht, ist es idR nicht mehr befugt, diese abzuändern. Soweit die am Verfahren Beteiligten, sei es nun die StA, der Beschuldigte oder ein sonstiger Verfahrensbeteiligter, mit der Entscheidung nicht einverstanden sind, können sie deren Änderung nur durch Einlegen der ihnen zuerkannten Rechtsbehelfe erreichen.

1. Förmliche Rechtsbehelfe

a) Rechtsmittel

2 Zu den förmlichen Rechtsbehelfen in Strafsachen gehören die Rechtsmittel – also die Berufung (§§ 312 ff StPO), die Revision (§§ 333 ff StPO) und die Beschwerde (§§ 304 ff StPO). Während sich das Rechtsmittel der Beschwerde gegen Beschlüsse und Verfügungen richtet, sind Berufung

und Revision die Rechtsmittel gegen Urteile. Die Rechtsmittel werden auch als ordentliche Rechtsbehelfe bezeichnet.[1]

b) Weitere förmliche Rechtsbehelfe

Zu den förmlichen Rechtsbehelfen sind weiterhin zu rechnen:
- der Antrag auf Wiedereinsetzung in den vorigen Stand (§§ 44, 235, 329 III, 412 StPO)
- der Antrag auf Entscheidung des Rechtsmittelgerichts (§§ 319 II, 346 II StPO)
- der Antrag auf Wiederaufnahme des Verfahrens (§§ 359 ff StPO)
- der Einspruch gegen einen Strafbefehl (§§ 409 I Nr. 7, 410, 411 StPO)
- der Antrag auf gerichtliche Entscheidung (§§ 111 b VI, 161 a III, 163 III, 172 II, 458 StPO, §§ 23, 37 EGGVG, § 109 StVollzG)
- der Antrag auf ein Nachverfahren (§ 439 StPO)
- die Erinnerung (§ 464 b StPO).[2]

All diesen Rechtsbehelfen ist gemeinsam, daß sie an eine bestimmte Form gebunden sind und daß sie innerhalb gesetzlicher Vorschriften, zB der StPO, geregelt sind.

2. Formlose Rechtsbehelfe

Diese Rechtsbehelfe sind weder an eine Frist noch an eine besondere Form gebunden. Ihre Regelung erfolgt außerhalb der Verfahrensordnung. Hierzu sind die Dienstaufsichtsbeschwerde und die Gegenvorstellung zu zählen. Rechtstatsächlich am bedeutsamsten ist die Dienstaufsichtsbeschwerde.

a) Dienstaufsichtsbeschwerde

Während die Gegenvorstellung keine übergeordnete Instanz als Adressat hat, wendet sich die Dienstaufsichtsbeschwerde grundsätzlich an den Dienstvorgesetzten, um eine getroffene Entscheidung, ein bestimmtes Verhalten überprüfen zu lassen.

Mit der Dienstaufsichtsbeschwerde kann zum einen die Sachbehandlung in einem Verfahren (sachbezogene Dienstaufsichtsbeschwerde) oder das dienstliche Verhalten eines StA gerügt werden. Während über die Dienstaufsichtsbeschwerde, welche ein bestimmtes Verhalten eines StA zum Gegenstand hat, der Behördenleiter als Dienstvorgesetzter entscheidet, ist der GenStA für die Bearbeitung einer sachbezogenen Dienstaufsichtsbeschwerde zuständig, soweit ihr durch den Dezernenten nicht abgeholfen

---

1 Roxin § 51 A II
2 Kl/M-G Vor § 296 Rn 20

wird.³ Gegen die Entscheidung des GenStA kann die Dienstaufsichtsbeschwerde beim Justizministerium erhoben werden (§ 147 GVG).

Für den Fall, daß eine sachbezogene Dienstaufsichtsbeschwerde bei der örtlichen StA eingeht und dieser nicht abgeholfen wird, sind die Akten auf dem Dienstweg mit einem entsprechenden Bericht dem GenStA vorzulegen.

Ist über die Dienstaufsichtsbeschwerde durch den Behördenleiter zu entscheiden, sind diesem – ggf mit einer dienstlichen Stellungnahme – über den Abteilungsleiter die Akten zur Entscheidung vorzulegen.

7 Wird im Ermittlungs- bzw Strafverfahren eine Dienstaufsichtsbeschwerde gegen eine polizeiliche Maßnahme bei der StA eingereicht, ist deren Zuständigkeit nur begründet, wenn mit der sachbezogenen Aufsichtsbeschwerde Einwendungen gegen die Sachbehandlung eines Hilfsbeamten der StA, der für diese tätig geworden ist, erhoben werden.⁴

Sonstige Aufsichtsbeschwerden gegen Polizeibeamte bzw gegen die polizeiliche Sachbehandlung müssen vom polizeilichen Dienstvorgesetzten entschieden werden.

Die Gerichte unterliegen nicht der Dienstaufsicht (§ 26 I DRiG).

8 Dienstaufsichtsbeschwerden sind weder an eine Frist noch an eine besonders vorgeschriebene Form gebunden. Sie gehören zu den Petitionen iSd Art. 17 GG. Die Dienstaufsichtsbeschwerde muß verbeschieden werden. Dem Bescheid muß der Beschwerdeführer entnehmen können, daß die Vorwürfe einer Prüfung unterzogen, welche Maßnahmen ggf veranlaßt wurden und welches Ergebnis mit der Prüfung verbunden ist.

b) Gegenvorstellung

9 Im Gegensatz zur Dienstaufsichtsbeschwerde können Gegenvorstellungen auch gegen richterliche Entscheidungen erhoben werden. Voraussetzung für ein Tätigwerden der Gerichte ist jedoch, daß das betroffene Gericht überhaupt befugt ist, seine Entscheidung wieder aufzuheben.⁵

Derjenige, der eine Gegenvorstellung erhebt, darf erwarten, daß über seinen Vortrag entschieden wird. Dies geschieht bei einer begründeten Gegenvorstellung durch Beschluß. Bei unzulässiger bzw unbegründeter Gegenvorstellung bedarf es eines solchen förmlichen Beschlusses nicht. Vielmehr ist eine formlose Mitteilung ausreichend.

---

3   Kl/M-G § 172 Rn 18
4   Kl/M-G § 152 GVG Rn 8
5   Kl/M-G Vor § 296 Rn 24

3. Gemeinsame Bestimmungen

a) Grundlagen

Beschwerde, Berufung und Revision bilden die Gruppe der Rechtsmittel. 10

Die Rechtsmittel unterscheiden sich von den übrigen Rechtsbehelfen durch Devolutiv- und Suspensiveffekt. 11

Mit dem Einlegen eines Rechtsmittels werden die beanstandete Entscheidung und das ihr zugrundeliegende Verfahren zur Überprüfung vor die nächsthöhere Instanz gebracht (Devolutiveffekt). Eine Ausnahme bildet hierbei lediglich die Beschwerde (§ 304 StPO). Für den Fall, daß gegen eine Entscheidung Beschwerde eingelegt wird, ist der Richter selbst zur Abhilfe berechtigt. Erst dann, wenn er der Beschwerde nicht abhilft, erfolgt die Vorlage an die Beschwerdeinstanz (§ 306 II StPO). 12

Zum anderen hindert die Rechtsmitteleinlegung den Eintritt der Rechtskraft des Urteils und damit dessen Vollstreckbarkeit (Suspensiveffekt). Der Beschwerde ist der Suspensiveffekt nicht zu eigen.

Rechtsmittel können nur dann eingelegt werden, wenn sie für den konkreten Fall vorgesehen sind. 13

Während die Berufung und die Beschwerde zur Überprüfung der angefochtenen Entscheidung sowohl hinsichtlich der Tat – als auch der Rechtsfrage führen (§§ 308 II, 323 II StPO), ermöglicht die Revision lediglich eine Überprüfung der Entscheidung dahingehend, inwieweit das Recht rechtsfehlerfrei angewandt worden ist (§ 337 StPO). 14

Rechtsmittel dürfen erst nach ergangener Entscheidung eingelegt werden. Dh, daß Berufung und Revision erst nach Urteilsverkündung (§ 268 II 1 StPO), Beschwerden gegen Beschlüsse außerhalb der Hauptverhandlung erst nach deren Erlaß erhoben werden können. 15

Die Einlegung eines Rechtsmittel unter der Erhebung von Bedingungen ist unzulässig.[6]

Für den Fall, daß eine Entscheidung in einer falschen Form ergangen ist – zB statt des vorgesehenen Beschlusses wurde ein Urteil verkündet – richtet sich die Art des zulässigen Rechtsmittels nach der eigentlich vorgesehenen Entscheidungsart. Dh im angenommenen Beispiel wäre die Beschwerde das zulässige Rechtsmittel.[7] 16

---

6   BGHSt 5, 183
7   Roxin § 51 B I

b) Zulässigkeit

aa) Beschwer

17 Die Beschwer ist eine Voraussetzung für die Zulässigkeit des Rechtsmittels und nicht erst für dessen Begründetheit.[8] Sie ist gegeben, wenn die angefochtene Entscheidung in die Rechte oder geschützten Interessen des Rechtsmittelberechtigten unmittelbar nachteilig eingreift; sei es durch den Erlaß einer belastenden oder durch das Unterlassen einer begünstigenden Anordnung.[9] Die Beschwer kann sich dabei nur aus dem Entscheidungstenor, nicht aus den Gründen des Urteils oder des Beschlusses ergeben.[10]

Das Rechtsmittel ist grundsätzlich nur dann zulässig, wenn die Beschwer fortdauert. Kann die angefochtene Maßnahme nicht mehr rückgängig gemacht werden, ist das Rechtsmittel überwiegend unzulässig. Dies gilt gleichfalls bei prozessualer Überholung. Daher sind Rechtsmittel, die bei ihrer Einlegung bereits prozessual überholt sind, als unzulässig zu verwerfen.[11] Ein Rechtsmittel, welches sich nach seiner Einlegung prozessual überholt, ist als erledigt zu erklären.[12]

18 Für die StA ist die Frage, wann sie beschwert ist, aus ihrer Stellung innerhalb der Rechtspflege zu beantworten. Der StA obliegt es, in Strafverfahren die Aufgaben staatlicher Rechtspflege wahrzunehmen. Sie hat gerichtliche Entscheidungen auf ihre Übereinstimmung mit den gesetzlichen Vorschriften zu überprüfen.

Die StA ist im Strafprozeß nicht Partei. Sie ist nicht dann beschwert, wenn eine Entscheidung nicht so wie von ihr beantragt ergangen ist, sondern wenn nach ihrer Auffassung gegen das Gesetz verstoßen wurde. Dies erfordert in jedem Fall eine gründliche Prüfung der Entscheidung und die sorgfältige Abwägung der Frage, inwieweit ein Rechtsmittel einzulegen ist. Die StA ist gehalten, Rechtsmittel nur dann einzulegen, wenn »wesentliche Belange der Allgemeinheit oder der am Verfahren beteiligten Personen es gebieten und wenn das Rechtsmittel aussichtsreich ist. Entspricht eine Entscheidung der Sachlage, so kann sie in der Regel auch dann unangefochten bleiben, wenn eine Rechtsnorm nicht oder nicht richtig angewendet worden ist. Zur Nachprüfung des Strafmaßes ist ein Rechtsmittel nur einzulegen, wenn die Strafe in einem offensichtlichen Mißverhältnis zur Schwere der Tat steht.« (Nr. 147 I RiStBV).

19 Abweichend von diesem Grundsatz soll die StA Rechtsmittel dann einlegen, wenn eine wichtige nicht nur selten vorkommende Rechtsfrage durch das Gericht falsch entschieden oder die gerichtliche Entscheidung im Straf-

---

8 BGHSt 16, 374
9 Pfeiffer Vor § 296 Rn 3
10 Kl/M-G Vor § 296 Rn 11
11 Kl/M-G Vor § 296 Rn 17
12 KK-Ruß Vor § 296 Rn 17

maß von ihrer Bestimmung gerechter Schuldausgleich zu sein häufig abweicht (Nr. 147 II RiStBV).

Eine vorsorgliche Rechtsmitteleinlegung ist der StA nur ausnahmsweise gestattet. Eine solche Ausnahme kann zB in einer Berichtssache angenommen werden, wenn eine Entscheidung der vorgesetzten Behörde herbeigeführt werden soll. Denkbar ist dies auch dann, wenn »das Verfahren eine Behörde besonders berührt und ihr Gelegenheit gegeben werden soll, sich zur Durchführung des Rechtsmittels zu äußern« (Nr. 148 I RiStBV). Der Rechtsmittelschrift darf nicht zu entnehmen sein, daß ein Rechtsmittel lediglich vorsorglich oder auf Weisung eingelegt wurde (Nr. 148 II RiStBV).

Bei der vorsorglichen Rechtsmitteleinlegung ist in der Rechtsmittelschrift lediglich mitzuteilen, daß ein Rechtsmittel eingelegt wird. In diesem Fall muß dem Angeklagten die Rechtsmittelschrift nicht zugestellt werden (Nr. 148 III RiStBV).

Unverzüglich nach Wegfall der Gründe, die zur vorsorglichen Rechtsmitteleinlegung geführt haben – etwa wenn die Entscheidung der vorgesetzten Behörde vorliegt oder wenn die betroffene Behörde sich geäußert hat – ist zu entscheiden, ob das Rechtsmittelverfahren fortgeführt werden soll. Ist dies nicht der Fall, erklärt der Dezernent umgehend dem zuständigen Gericht gegenüber die Rechtsmittelrücknahme. Einer Begründung bedarf es hierbei gleichfalls nicht.

Aus der bereits beschriebenen Stellung der StA im Strafverfahren erklärt sich auch, daß die Anfechtung einer Entscheidung auch dann möglich ist, wenn die gerichtliche Entscheidung dem Antrag der StA entsprochen hat. Der zuständige Dezernent, der die Einlegung eines Rechtsmittels erwägt, sollte in diesem Fall unverzüglich, nachdem er über den in der Handakte abgelegten Sitzungsbericht von der gerichtlichen Entscheidung Kenntnis erlangt hat, mit dem Sitzungsvertreter Kontakt aufnehmen, um mit diesem die Sach- und Rechtslage nochmals zu erörtern und sodann – evtl in Abstimmung mit dem Abteilungsleiter bzw Behördenleiter – über die Anfechtung der Entscheidung zu beschließen.

Aus der unparteiischen Stellung der StA folgt gleichfalls ihre Befugnis, zugunsten des Angeklagten Rechtsmittel einzulegen (§ 296 II StPO). Dies soll dann geschehen, wenn die im Urteil ausgesprochene Strafe unverhältnismäßig hoch erscheint bzw der Angeklagte durch einen Verfahrensverstoß oder einen offensichtlichen Irrtum des Gerichts benachteiligt worden ist (Nr. 147 III RiStBV).

Die Einlegung eines Rechtsmittels allein deshalb, weil zu erwarten ist, daß der Angeklagte gleichfalls Rechtsmittel einlegen wird oder dies bereits getan hat, ist der StA verwehrt (Nr. 147 I RiStBV). Ebenso ist es nicht gerechtfertigt, eine Berufung nur deshalb einzulegen, weil der Angeklagte die Sprungrevision gewählt hat.

Wiegner/Magnussen

bb) Rechtsmittelberechtigte

25 Die Aktivlegitimation zur Anfechtung einer gerichtlicher Entscheidung steht dem Beschuldigten bzw Angeklagten zu (§ 296 StPO). Das gleiche Recht hat der Verteidiger des Beschuldigten, wobei dieser nicht gegen den Willen seines Mandanten handeln darf (§ 297 StPO). Dagegen ist der gesetzliche Vertreter des Beschuldigten legitimiert, auch gegen dessen Willen Rechtsmittel einzulegen (§ 298 StPO).

Im Jugendstrafverfahren stehen die Rechte des gesetzlichen Vertreters nach § 298 StPO auch dem Erziehungsberechtigten zu (§ 67 III JGG). Sind mehrere vorhanden, so kann jeder von ihnen diese Rechte ausüben (§ 67 V 1 JGG). Endet die gesetzliche Vertretung, etwa weil der Angeklagte volljährig geworden ist, so geht die Verfügungsbefugnis über das Rechtsmittel auf den bislang Vertretenen über.[13] Dieser kann das Rechtsmittel weiterführen, auch wenn er zuvor auf sein eigenes Rechtsmittel verzichtet hatte.[14]

26 Weiterhin sind die Nebenkläger (§§ 400, 401 StPO) sowie der Privatkläger zur Anfechtung einer gerichtlichen Entscheidung ermächtigt. Beide Verfahrensbeteiligte dürfen nicht zugunsten des Beschuldigten Rechtsmittel einlegen.

27 Nebenbeteiligten des Strafverfahrens steht ein Rechtsmittel dann zur Seite, wenn sie durch die gerichtliche Entscheidung unmittelbar betroffen sind. Dies gilt zB für den Einziehungsbeteiligten gem § 431 StPO.

28 Schließlich ist der StA eine umfassende Rechtsmittelbefugnis übertragen (§ 296 StPO). Wie bereits dargelegt, ist die StA auch legitimiert, zugunsten des Beschuldigten Rechtsmittel einzulegen (§ 296 II StPO).[15]

Die Entscheidung, ob ein Rechtsmittel eingelegt werden soll, trifft die StA nach pflichtgemäßem Ermessen. Das Rechtsmittel zugunsten des Beschuldigten setzt jedoch – abweichend von den übrigen Fällen – eine Beschwer des Beschuldigten voraus. Dh, der Beschuldigte müßte in diesem Fall selbst zur Rechtsmitteleinlegung berechtigt sein. Wenn die StA die Entscheidung über die Einlegung eines Rechtsmittels zugunsten des Beschuldigten getroffen hat, handelt er vom Beschuldigten unabhängig. Die StA ist verpflichtet, in der Rechtsmittelschrift deutlich zum Ausdruck zu bringen, daß die Anfechtung zugunsten des Beschuldigten erfolgt (Nr. 147 III 2 RiStBV).

Die StA kann nicht nur zugunsten des Beschuldigten, sondern auch zugunsten anderer Nebenbeteiligter oder Einziehungsbeteiligter Rechtsmittel einlegen. Jedoch ist es der StA verwehrt, die Entscheidung zugunsten des Nebenklägers anzufechten.[16]

---

13 Pfeiffer § 298 Rn 2
14 Kl/M-G § 298 Rn 6
15 Dazu unten Rn 23
16 Kl/M-G § 296 Rn 15 mwN

Die sich aus § 296 II StPO ergebende Aktivlegitimation der StA, Entscheidungen zugunsten anderer Verfahrensbeteiligter anzufechten, gilt grundsätzlich nur für die Gruppe der Rechtsmittel. Auf andere Rechtsbehelfe – etwa die Wiedereinsetzung in den vorigen Stand – findet diese Regelung keine Anwendung.[17] So ist es der StA im Vollstreckungsverfahren zB verwehrt, selbst Anträge auf gerichtliche Entscheidung gem § 458 StPO zu stellen, solange vom Betroffenen keine Einwendungen erhoben werden. Die StA kann ihre Zweifel über die Zulässigkeit der Vollstreckung nicht von sich aus gerichtlich klären lassen. Sie kann höchstens in einer von ihr getroffenen Entscheidung den Einwendungsberechtigten auf die Möglichkeit der Erhebung von Einwendungen hinweisen.[18]

29

Ein zuungunsten des Beschuldigten eingelegtes Rechtsmittel der StA kann zugunsten des Beschuldigten wirken (§ 301 StPO). Ein von der StA zuungunsten eingelegtes Rechtsmittel ist durch das Gericht zu verwerfen, wenn gleichzeitig das vom Angeklagten eingelegte Rechtsmittel erfolgreich war. Hat nur die StA zuungunsten des Angeklagten eine Entscheidung angefochten, das Gericht jedoch zugunsten entschieden, so lautet der Beschluß bzw das Urteil, daß auf das Rechtsmittel der StA eine vorher ergangene Entscheidung aufgehoben oder abgeändert wird.

30

c) Rechtsmittelfristen

Die Beschwerde ist als einziges Rechtsmittel an keine Frist gebunden (§ 304 StPO). Sie kann vielmehr jederzeit gegen eine gerichtliche Verfügung oder einen gerichtlichen Beschluß eingelegt werden.

31

Dagegen sind die sofortige Beschwerde (§ 311 StPO), die Berufung (§ 314 I StPO) und die Revision (§ 341 I StPO) binnen einer Woche nach Verkündung der Entscheidung bei dem Gericht, dessen Entscheidung angefochten wurde (iudex a quo) einzulegen. Für den Fall, daß die Entscheidung in Abwesenheit eines Rechtsmittelberechtigten ergangen ist, läuft die einwöchige Rechtsmittelfrist ab dem Tag der Zustellung der Entscheidung (§§ 311 II, 314 II, 341 II StPO).

32

Daher ist innerhalb der StA strengstens darauf zu achten, daß Rechtsmittelsachen stets als Eilsachen behandelt werden (Nr. 153 RiStBV). Auf Beschlüssen und Urteilen, deren Zustellung eine Frist in Gang setzt, ist der Vermerk anzubringen, wann diese zur Zustellung eingegangen sind. Sodann ist die Akte unverzüglich unter Kennzeichnung als Eilsache dem Dezernenten oder bei dessen Abwesenheit seinem Vertreter vorzulegen. Für die Fristberechnung kommt es nicht darauf an, wann der Dezernent die Entscheidung zur Kenntnis nimmt, sondern wann diese bei der StA (idR in der Posteinlaufstelle) zur Zustellung eingegangen ist. Der Dezernent hat nach Kenntnisnahme umgehend die Entscheidung darüber zu treffen, ob

33

---

17 Kl/M-G § 44 Rn 9 mwN
18 Kl/M-G § 458 Rn 7

Wiegner/Magnussen

ein Rechtsmittel erforderlich ist. Ist dies der Fall, veranlaßt der Dezernent, daß die Rechtsmittelschrift innerhalb der Rechtsmittelfrist geschrieben, die Reinschrift vom Dezernenten unterzeichnet (Nr. 149 RiStBV) und beim zuständigen Gericht vorgelegt wird.

34 Notfalls ist die Rechtsmittelschrift zur Fristwahrung vorab per Fax zu übersenden oder dem Gericht durch Boten zu überbringen. Ein verspätet bei Gericht eingehendes Rechtsmittel wird als unzulässig verworfen.

Auch dann, wenn unklar bleibt, ob ein Rechtsmittel überhaupt bei Gericht eingegangen ist, geht die Rechtsprechung überwiegend davon aus, daß das Rechtsmittel nicht eingelegt wurde. Bleibt es dagegen zweifelhaft, ob Rechtsmittel rechtzeitig eingegangen sind, wird es idR als fristgerecht eingelegt behandelt.[19]

35 Die Rechtsmitteleinlegung kann schriftlich oder zu Protokoll der Geschäftsstelle oder zum Sitzungsprotokoll erfolgen.

Die StA ist gehalten, jedes von ihr eingelegte Rechtsmittel zu begründen (Nr. 156 I RiStBV). Aus der Rechtsmittelbegründung soll sich ergeben, worin die StA die konkrete Rechtsfehlerhaftigkeit der gerichtlichen Entscheidung sieht. Weiterhin soll sie die Rechtsgrundlagen aufführen, auf die sie ihre Entscheidung stützt (§ 156 II RiStBV).

d) Rechtsmittelverzicht und Rechtsmittelrücknahme

36 Durch die Verfahrensbeteiligten, die zur Rechtsmitteleinlegung aktiv legitimiert sind, kann auf die Einlegung eines Rechtsmittels verzichtet werden. Ein bereits eingelegtes Rechtsmittel kann zurückgenommen werden. Die Form, welche für die Einlegung des Rechtsmittels gilt, findet auch auf die Rücknahme bzw den Verzicht Anwendung.

37 Der Rechtsmittelverzicht kann bereits vor Ablauf der Rechtsmittelfrist erklärt werden (§ 302 I StPO). Ein Rechtsmittelverzicht vor Erlaß der Entscheidung ist nicht möglich. Oftmals wird – wenn alle Verfahrensbeteiligten mit der Entscheidung einverstanden sind – innerhalb der gerichtlichen Hauptverhandlung im Anschluß an die Urteilsverkündung Rechtsmittelverzicht erklärt und zu Protokoll beurkundet. Dies ist zulässig.[20] Der Rechtsmittelverzicht muß dabei deutlich, eindeutig und bedingungslos erklärt werden. Ein Kopfnicken des Sitzungsvertreters auf die Frage des Vorsitzenden, ob auf Rechtsmittel verzichtet wird, reicht nicht aus.[21]

38 Jedes eingelegte Rechtsmittel kann auch zurückgenommen werden. Bis zum Beginn der Rechtsmittelhauptverhandlung ist die Rücknahme, ohne daß weitere Voraussetzungen für deren Wirksamkeit erfüllt sein müssen,

---

19 Roxin § 51 B IV 2
20 BGH NStZ 1986, 277
21 OLG Koblenz MDR 1981, 956

jederzeit möglich. Nach Beginn der Hauptverhandlung bedarf die Rücknahme der Zustimmung des Gegners (§ 303 StPO).

Der Verteidiger muß für die Rücknahme des Rechtsmittels durch seinen Mandanten besonders ermächtigt sein (§ 302 II StPO). Die StA hat das Vorliegen der Ermächtigung zu prüfen und das Ergebnis aktenkundig zu machen. Fehlt der entsprechende Nachweis, muß der Dezernent den Verteidiger auffordern, die Ermächtigung nachzuweisen (Nr. 152 I RiStBV). 39

Die Zustimmungserklärung muß nicht unmittelbar auf die Rechtsmittelrücknahme folgen. Vielmehr ist dem Gegner eine angemessene Überlegungsfrist zuzubilligen. Der so entstehende Schwebezustand endet spätestens mit der Verkündigung der Entscheidung des Rechtsmittelgerichts, da dann eine Rücknahme des Rechtsmittels ohnehin ausgeschlossen ist oder mit der Verweigerung der Zustimmung zur Rücknahme. Ebenso wie der Rechtsmittelverzicht muß auch die Rücknahme des Rechtsmittels eindeutig erklärt werden. 40

Soweit die Akten bereits dem Rechtsmittelgericht (iudex ad quem) vorliegen, ist die Rechtsmittelrücknahme gegenüber diesem Gericht zu erklären. Erst mit Eingang dort wird die Rücknahme wirksam (Nr. 152 II RiStBV). Das Gericht muß sodann den Angeklagten und seinen Verteidiger von der Rechtsmittelrücknahme benachrichtigen, auch wenn ihnen die Rechtsmittelschrift vorher nicht zur Kenntnis gebracht worden ist (Nr. 152 III RiStBV).[22] 41

Geht die Rücknahmeerklärung bezüglich eines vom Angeklagten eingelegten Rechtsmittels bei der StA ein, hat der Dezernent die Rücknahmeschrift unverzüglich an das Gericht, dessen Entscheidung angefochten wurde oder – wenn die Akten dem Rechtsmittelgericht bereits vorliegen – an dieses zu übersenden (Nr. 152 II RiStBV). Es empfiehlt sich, da die Erklärung erst mit Eingang bei Gericht wirksam wird, diese vorab per Fax zu übermitteln und ggf das Gericht darüber hinaus telefonisch von der eingegangenen Rechtsmittelrücknahme in Kenntnis zu setzen. 42

Dazu könnte wie folgt verfügt werden: 43

Verfügung

1. Abdruck d. Vfg. und von der Rechtsmittelrücknahmeschrift (Bl.   ) zur Handakte
2. Versendung vormerken
3. wv
4. Urschriftlich (mit Akten, soweit diese sich noch bei der StA befinden)
   an das   o AG_____
             o LG_____
             o vorab per Fax

---

[22] Dazu unten Rn 20

```
In der Strafsache      gegen
                       wegen

übersende ich das Schreiben des              vom            ,
mit welchem das gegen d. Urteil / Beschluß vom   eingelegte  Rechtsmittel
zurückgenommen wird.
```

44 Während die StA ein zuungunsten des Angeklagten eingelegtes Rechtsmittel bis zum Beginn der Hauptverhandlung ohne die Zustimmung des Angeklagten zurücknehmen kann, bedarf die Rücknahme eines von der StA zugunsten des Angeklagten eingelegten Rechtsmittels in jedem Falle dessen Zustimmung (§ 302 I 2 StPO). Der Dezernent kann vom Dienstvorgesetzten zur Rücknahme des Rechtsmittels angewiesen werden (§ 146 GVG). Der GenStA ist befugt, ein Rechtsmittel einer zu ihrem Zuständigkeitsbereich gehörenden örtlichen StA zurückzunehmen. Dagegen kann der GBA dem GenStA allenfalls anheimstellen, eine von der örtlichen StA eingelegte Revision zurückzunehmen. Soweit eine Rücknahme nicht erfolgt, braucht der GBA eine von ihm für unbegründet erachtete staatsanwaltschaftliche Revision beim BGH nicht zu vertreten.

45 Die Erklärung über die Rücknahme des Rechtsmittels und der Rechtsmittelverzicht sind unanfechtbar und unwiderruflich.[23]

e) Wiedereinsetzung in den vorigen Stand

46 Wegen der Versäumung einer Rechtsmittelfrist kann die Wiedereinsetzung in den vorigen Stand beantragt werden (§§ 44 ff StPO).

Wiedereinsetzung in den vorigen Stand wird dann gewährt, wenn jemand ohne Verschulden das Rechtsmittel nicht innerhalb der gesetzlich vorgeschriebenen Frist eingelegt oder im Falle der Revision begründet hat. Wiedereinsetzung in den vorigen Stand setzt idR einen Antrag dessen, der die Rechtsmittelfrist versäumt hat, voraus.

47 Gerade im Strafbefehlsverfahren kommt es immer wieder vor, daß der Verurteilte nach Eintritt der Rechtskraft des Strafbefehls Wiedereinsetzung in den vorigen Stand beantragt und gleichzeitig Einspruch gegen den Strafbefehl einlegt, weil er von der Zustellung des Strafbefehls keine Kenntnis erlangt und erst durch die Vollstreckungsmaßnahmen der StA von dem gegen ihn erlassenen Strafbefehl erfahren hat.

Dabei ist zu beachten, daß der Wiedereinsetzungsantrag die Rechtskraft des Strafbefehls nicht aufhebt.[24] Erst wenn das Gericht dem Verurteilten Wiedereinsetzung in den vorigen Stand gewährt, fällt die Rechtskraft rückwirkend weg. Ebenso hemmt der Antrag nicht die Vollstreckung. Es kann

---

23 BGHSt 37, 15, 17
24 Roxin § 22 B V 1

jedoch Vollstreckungsaufschub angeordnet werden (§ 47 StPO). Die StA ist in jedem Fall zu dem eingegangenen Wiedereinsetzungsantrag zu hören.

Der Dezernent prüft zuerst, ob der Wiedereinsetzungsantrag rechtzeitig, dh binnen einer Woche nach Beseitigung des Hindernisses unter Angabe und Glaubhaftmachung des Hindernisgrundes gestellt wurde (§ 45 I StPO). Soweit mit der Antragstellung eine Glaubhaftmachung des Hindernisgrundes unterblieben ist, muß auf dessen Nachholung hingewirkt werden (Nr. 155 RiStBV). Die Glaubhaftmachung kann noch nach Ablauf der Wochenfrist bis zum rechtskräftigen Abschluß des Wiedereinsetzungsverfahrens nachgeholt werden (§ 45 II 1 StPO). 48

Anhand der Angaben des Antragstellers und der zur Glaubhaftmachung vorgelegten Unterlagen ist zu prüfen, ob diesen ein Verschulden trifft. Soweit dies der Fall ist, wäre der zulässige Wiedereinsetzungsantrag unbegründet.

Verschulden des Verteidigers begründet grundsätzlich die Wiedereinsetzung, soweit der Beschuldigte nicht durch eigenes Verschulden die Versäumung der Rechtsmittelfrist mitverursacht hat.[25] Ein Verstoß gegen § 145 a III StPO rechtfertigt keine Wiedereinsetzung. 49

Hat die StA eine Rechtsmittelfrist wegen des Verschuldens eines ihrer Mitarbeiter versäumt, so muß sie sich dieses Verschulden anrechnen lassen. Die Wiedereinsetzung ist ausgeschlossen, wenn das Rechtsmittel der StA wegen dieses Verschuldens verspätet bei Gericht eingeht.[26] Nach Abschluß seiner Prüfung bringt der Dezernent seine Stellungnahme zum Wiedereinsetzungsantrag zu den Akten und reicht diese an das zuständige Gericht. 50

Im Falle eines unbegründeten oder unzulässigen Wiedereinsetzungsantrages könnte die Verfügung wie folgt lauten: 51

Verfügung

1. Abdruck Vfg. und vom Wiedereinsetzungsantrag vom   (Bl.   ) zur Handakte
2. Versendung vormerken
3. wv
4. Urschriftlich mit Akten
    an das Amtsgericht _____
    mit den Anträgen, im Strafverfahren   gegen
                                                       wegen
    a) den Antrag des   vom   auf Wiedereinsetzung in den vorigen Stand wegen Versäumung der Einspruchsfrist gegen den Strafbefehl des AG   vom   als unzulässig / unbegründet zu verwerfen;

---

[25] BGHSt 26, 126
[26] Kl/M-G § 44 Rn 21 mwN

> b) den Einspruch gegen den Strafbefehl des AG   vom   als unzulässig zu verwerfen.
>
> Gründe: (Hier schließt sich eine kurze tatsächliche und rechtliche Würdigung an.)

52 Weiterhin ist zu prüfen, ob mit dem Wiedereinsetzungsantrag zugleich die versäumte Handlung, zB der Einspruch gegen den Strafbefehl, nachgeholt wurde (§ 45 II 2 StPO). Soweit dies geschehen ist, kann Wiedereinsetzung in den vorigen Stand auch ohne Antrag gewährt werden (§ 45 II 3 StPO).[27] Wird der Wiedereinsetzungsantrag für zulässig und begründet erachtet, ist das Rechtsmittel auf seine Zulässigkeit und Begründetheit zu überprüfen. Zum Ergebnis dieser Prüfung gibt die StA ebenfalls eine Stellungnahme ab.

53 Es könnte insoweit wie folgt verfügt werden:

> Verfügung
>
> 1. Abdruck Vfg. und vom Wiedereinsetzungsantrag (Bl.   ) zur Handakte
> 2. Versendung vormerken
> 3. wv
> 4. Urschriftlich mit Akten
>   an das Landgericht _____
>   mit den Anträgen, im Strafverfahren   gegen
>   wegen
>   a) d. Angeklagten auf seinen Antrag vom   Wiedereinsetzung in den vorigen Stand wegen der Versäumung der Frist zur Einlegung der sofortigen Beschwerde gegen den Beschluß des Amtsgerichts   vom   zu gewähren;
>   b) die sofortige Beschwerde gegen den Beschluß des Amtsgerichts   vom   als unbegründet zu verwerfen.
>
>   oder
>
>   b) auf die sofortige Beschwerde den Beschluß des Amtsgerichts   vom   aufzuheben.
>
> Gründe: (Hier folgt die notwendige rechtliche Würdigung.)

f) Verschlechterungsverbot

54 Dem Verschlechterungsverbot liegt der Rechtsgedanke zugrunde, daß niemand von der Einlegung eines Rechtsmittels abgehalten werden soll, weil er befürchten muß, daß er durch das Rechtsmittelgericht härter bestraft werden wird, als durch die vorherige Instanz. Deshalb ist es verboten, ein Urteil, das nur vom Angeklagten und seinem Verteidiger bzw der StA zugunsten des Angeklagten angefochten wurde, zum Nachteil des Angeklagten in Art und Höhe der Rechtsfolge abzuändern (§§ 331 I, 358 II, 373 II StPO).

---

27 Roxin § 22 B V

Für den Fall, daß die StA zuungunsten des Angeklagten Rechtsmittel eingelegt hat, gilt das Verschlechterungsverbot nicht.

Eine für den Angeklagten nachteilige Änderung des Schuldspruchs ist in jedem Fall möglich, da sich das Verschlechterungsverbot nur auf Art und Höhe der Rechtsfolgen bezieht.

Für Beschlüsse gilt das Verschlechterungsverbot grundsätzlich nicht. Der Beschwerdeführer kann durch die Beschwerdeentscheidung schlechter gestellt werden. Lediglich für Beschlüsse, die Rechtsfolgen endgültig festsetzen und der materiellen Rechtskraft fähig sind – zB Beschlüsse nach § 460 StPO – gilt dies nicht.[28]

55

4. Instanzenzüge

56

a) Instanzenzug bei Erstentscheidung durch das AG

Amtsgericht (§ 24 GVG)						
Spruchkörper des Amtsgerichts	Strafrichter §§ 24, 25 GVG	Schöffengericht §§ 24, 25, 28 GVG	erweitertes Schöffengericht §§ 24, 25, 28, 29 GVG	Jugendrichter § 39 JGG	Jugendschöffengericht § 40 JGG	
Berufungsinstanz ist immer das	**Landgericht**					
Spruchkörper des Landgerichts	Kleine Strafkammer §§ 312 StPO, 74 III, 76 I GVG	Kleine Strafkammer §§ 312 StPO, 74 III, 76 I GVG	erweiterte Strafkammer §§ 312 StPO, 74 III, 76 III GVG	Jugendkammer § 41 II JGG	Jugendkammer § 41 II JGG	
Revisionsinstanz ist immer das	**OLG** Bei einer Revision gegen das Urteil einer Jugendkammer ist die Einschränkung des § 55 II JGG zu beachten.					
Spruchkörper des OLG immer der	Strafsenat § 121 GVG					

b) Instanzenzug bei Erstentscheidung durch das LG

Landgericht (74 GVG)					
Spruchkörper des Landgerichts	Große Strafkammer §§ 24, 74 GVG	Schwurgericht § 74 II GVG	Staatsschutzkammer § 74 a GVG	Wirtschaftsstrafkammer § 74 c GVG	Jugendkammer § 41 JGG
		keine weitere Tatsacheninstanz			
Revisionsinstanz ist immer der	**BGH**				
Spruchkörper des BGH ist immer der	Strafsenat §§ 135 ff GVG Ausnahme: bei ausschließlicher Rüge der Verletzung von Landesrecht ist das OLG die Revisionsinstanz (§ 121 I lit. c GVG)				

---

[28] Kl/M-G Vor § 304 Rn 5

5. Zusammenfassende Übersicht zu den Rechtsmittelverfahren

57 Allgemeines:

- Die Beschwer des Rechtsmittelführers ist Zulässigkeitsvoraussetzung für eine wirksame Rechtsmitteleinlegung.
- Suspensiveffekt: Der Eintritt der formellen Rechtskraft wird gehemmt.
- Devolutiveffekt: Eine Entscheidung wird durch eine höhere Instanz überprüft.

58 Übersicht:

Rechtsmittel	gerichtet gegen	Überprüfung	Besonderheit
Beschwerde	Beschlüsse und Verfügungen	Tat- und Rechtsfragen	Devolutiveffekt ist eingeschränkt
§§ 304 StPO	§ 304 StPO	§ 308 II StPO	§§ 306 II, 311 III StPO
Berufung	Urteile des Strafrichters und des SchG	Tat- und Rechtsfragen	Devolutiv- und Suspensiveffekt nur bei fristgemäßer Einlegung gewahrt
§§ 312 ff StPO	§§ 323 ff StPO	§§ 323 ff StPO	§ 319 StPO
Revision	Urteile der Strafkammer und des SchwurG sowie Urteile des OLG in erster Instanz	Rechtsfragen	Devolutiv- und Suspensiveffekt nur bei fristgemäßer Einlegung gewahrt
§§ 333 ff StPO	§ 333 StPO	§ 337 StPO	§ 346 StPO

II. Beschwerde

1. Allgemeines

59 Die Beschwerde ist das Rechtsmittel gegen gerichtliche Beschlüsse sowie Verfügungen des Vorsitzenden. Mit der Beschwerde erreicht der Beschwerdeführer eine Überprüfung der von ihm angefochtenen Entscheidung sowohl in rechtlicher als auch in tatsächlicher Hinsicht (Tatsachen- und Rechtsbeschwerde).

Neben den Vorschriften der §§ 304 ff StPO finden sich sowohl in der StPO als auch in weiteren Rechtsvorschriften Regelungen über die Beschwerde. So ist zB die Beschwerde gegen die Einstellung eines staatsanwaltschaftlichen Ermittlungsverfahrens und das sich möglicherweise anschließende Klageerzwingungsverfahren in den §§ 172 ff StPO, die Beschwerde in einem Rechtshilfeverfahren in § 159 GVG geregelt.

Das Gesetz sieht die einfache, an keine Frist gebundene Beschwerde (§§ 304 ff StPO), die fristgebundene sofortige Beschwerde (§ 311 StPO) sowie in den Fällen des § 310 StPO die weitere Beschwerde vor. 60

Erklärt das Gesetz eine gerichtliche Entscheidung für unanfechtbar, ist die Beschwerde unzulässig. Unanfechtbar sind zB die Entscheidungen gem §§ 153 a II, 161 a III, 163 a III StPO.[29] Die Beschwerde gegen Entscheidungen des erkennenden Gerichts, welche der Urteilsfällung vorausgehen, ist ebenso grundsätzlich ausgeschlossen (§ 305 I StPO). 61

Die Beschwerde ist idR bei dem Gericht einzulegen, dessen Entscheidung angefochten wird. Dies kann schriftlich oder zu Protokoll der Geschäftsstelle erfolgen. Die Begründung der Beschwerde ist keine Zulässigkeitsvoraussetzung. Der StA ist jedoch gehalten, sein Rechtsmittel zu begründen (Nr. 156 I RiStBV). 62

Die einfache Beschwerde hemmt grundsätzlich nicht die Vollziehung der Entscheidung, dh sie hat keinen Suspensiveffekt (§ 307 I StPO). Die einfache Beschwerde führt nur dann zur Überprüfung durch die nächsthöhere Instanz, wenn der Erstrichter nicht abhilft. 63

Das Verschlechterungsverbot (reformatio in peius) gilt im Beschwerdeverfahren grundsätzlich nicht.[30] 64

2. Einfache Beschwerde

Zum Einlegen der Beschwerde ist jeder Betroffene aktiv legitimiert. Neben den Verfahrensbeteiligten sind auch betroffene Dritte iSv § 304 II StPO beschwerdeberechtigt. Jeder der durch den gerichtlichen Beschluß oder die gerichtliche Verfügung in seinen Rechten, dh in seiner Freiheit, seinem Vermögen oder einem sonstigen Recht verletzt ist, kann diese Maßnahmen mit der Beschwerde anfechten. 65

In den Fällen des § 304 IV StPO ist die Beschwerde ausgeschlossen. Weiterhin unstatthaft ist die Beschwerde, soweit 66

– es gegen die Entscheidung einen anderen Rechtsbehelf gibt,
– die Wertgrenze des § 304 III StPO bei der selbständigen Kostenbeschwerde nicht erreicht wurde oder

---
29 Roxin § 54 B II mwN
30 KMR-Plöd Vor § 304 Rn 5

– sie prozessual überholt ist.[31]

67 Das im Instanzenzug nächsthöhere Gericht, in dessen Bezirk sich das Gericht befindet, dessen Entscheidung angefochten wurde, ist das örtlich zuständige Beschwerdegericht. Dies gilt auch, wenn das erstinstanzliche Gericht örtlich unzuständig gewesen war.[32] Die sachliche Zuständigkeit des Beschwerdegerichts ergibt sich aus §§ 73, 74 a III, 74 b, 74 c II, 121 I Nr. 2, 135 II GVG. Gegen Beschlüsse und Verfügungen des AGs ist danach das LG, gegen erstinstanzliche Beschlüsse und Verfügungen des LGs ist das OLG und gegen dessen erstinstanzliche Beschlüsse und Verfügungen ist der BGH in den Fällen des § 304 IV 2 HS 2 StPO zuständig.

68 Gem § 305 StPO unterliegen Entscheidungen des erkennenden Gerichts, welche der Urteilsfällung zeitlich und sachlich vorausgehen, nicht der Beschwerde. Diesem Ausschluß der Beschwerde liegt die Überlegung des Gesetzgebers zugrunde, daß das Hauptverfahren zügig durchgeführt und Verfahrensverzögerungen verhindert werden sollen. Der Gesetzgeber ist in diesen Fällen davon ausgegangen, daß es ausreichend ist, wenn der Betroffene die Entscheidung – zB über die Ablehnung eines Beweisantrages – mit dem Urteil überprüfen lassen kann. Dies gilt für all die Entscheidungen, welche im inneren Zusammenhang mit der Urteilsfällung stehen, der Urteilsvorbereitung dienen und keine weitere Rechtswirkung erzeugen.

69 Entscheidungen über eine Verhaftung, die einstweilige Unterbringung, eine Beschlagnahme, die vorläufige Entziehung der Fahrerlaubnis, das vorläufige Berufsverbot, die Festsetzung eines Ordnungs- und Zwangsmittels sowie alle Entscheidungen, durch die dritte Personen betroffen werden, sind von der Unanfechtbarkeit ausgenommen (§ 305 S 2 StPO). Dabei ist zu beachten, daß § 305 S 2 StPO keine abschließende Aufzählung enthält.[33]

70 Die Anfechtung eines Urteils mit der Berufung oder Revision erstreckt sich nicht auf den gleichzeitig mit dem Urteil erlassenen Strafaussetzungsbeschluß gem § 268 a StPO. Gegen diesen muß vielmehr Beschwerde gem § 305 a StPO eingelegt werden.

71 Die Beschwerde ist bei dem Gericht einzulegen, dessen Entscheidung angefochten wird. Das bedingungsfeindliche Rechtsmittel kann schriftlich,[34] telegraphisch oder durch Fernschreiben oder zu Protokoll der Geschäftsstelle eingelegt werden.[35]

72 Die einfache Beschwerde ist im Gegensatz zur sofortigen Beschwerde an keine Frist gebunden. Auch besteht kein Begründungszwang.

---

31 KMR-Plöd § 304 Rn 4
32 BGHSt 18, 261
33 OLG Koblenz NStZ 1994, 355
34 Zur Schriftform vgl Kl/M-G Einl Rn 128
35 Kl/M-G § 306 Rn 3

Der iudex a quo kann der Beschwerde, soweit er sie für begründet hält, 73
abhelfen (§ 306 II StPO). Die Abhilfeentscheidung ergeht in derselben
Form wie die Entscheidung, welche durch sie berichtigt wird.

Hilft das Gericht der Beschwerde nicht ab, so reicht ein entsprechender
Vermerk in der Akte über die Nichtabhilfe aus. Es bedarf insoweit weder
einer Begründung, noch eines förmlichen Beschlusses.

Die Vorlage der Akten an das Beschwerdegericht erfolgt grundsätzlich 74
über die StA. Da über die Beschwerde eines Beschuldigten gegen eine Maßnahme des Richters am AG bei der Durchführung der Überwachung des
Verkehrs mit dem Verteidiger (§ 148a StPO) das LG ohne Anhörung der
StA entscheidet, erfolgt in diesen Fällen ausnahmsweise die Vorlage der
Akten an das Beschwerdegericht nicht über die StA.[36] In allen anderen Fällen hat die StA dafür Sorge zu tragen, daß die Akten ohne Verzögerung an
das Beschwerdegericht weitergeleitet werden. Die StA gibt zur Beschwerde
eine Stellungnahme ab. Bei der Frist gem § 306 II StPO handelt es sich um
eine Sollvorschrift, um deren Einhaltung die StA gleichfalls bemüht sein
sollte. Daher sind Beschwerdeverfahren immer vorrangig und als Eilsache
gekennzeichnet zu bearbeiten. Eine Verzögerung der Weiterleitung ist
unzulässig.

Auch über eine unzulässige Beschwerde entscheidet das Beschwerdege- 75
richt. Eine Verwerfung durch das Erstgericht ist ausgeschlossen.[37]

Die Beschwerde verfügt über keinen Suspensiveffekt (§ 307 I StPO), soweit 76
die aufschiebende Wirkung nicht ausdrücklich bestimmt ist (wie zB bei der
sofortigen Beschwerde der StA gegen den Beschluß, mit dem die Vollstrek-
kung einer Freiheitsstrafe zur Bewährung ausgesetzt wird – § 454 III 2
StPO – oder mit dem die Unterbrechung der Vollstreckung angeordnet
wurde – § 462 III 2 StPO).

Sowohl der iudex a quo als auch das Beschwerdegericht können die Ausset- 77
zung der Vollstreckung anordnen (§ 307 II StPO).

Ohne Anhörung des Gegners des Beschwerdeführers ist eine Änderung der 78
angefochtenen Entscheidung durch den iudex ad quem zum Nachteil des
Beschwerdegegners grundsätzlich ausgeschlossen (§ 308 I StPO).

Der Beschuldigte, dessen Verteidiger, der gesetzliche Vertreter[38] sind Gegner des Beschwerdeführers bei einer von der StA eingelegten Beschwerde;
die StA ist Gegner bei einer vom Beschuldigten oder einem betroffenem
Dritten erhobenen Beschwerde.

Nur bei einer beabsichtigten Änderung der Entscheidung zum Nachteil des
Beschwerdegegners ist dieser zu hören. Dem Beschwerdegegner sind zur
Gegenerklärung die Rechtsmitteleinlegung und Rechtsmittelbegründung

---

36 Kl/M-G § 148a Rn 12
37 Kl/M-G § 306 Rn 12
38 Kl/M-G § 308 Rn 2; aM KMR-Plöd § 305 Rn 2

sowie spätere Ergänzungen mitzuteilen. Gleichzeitig ist eine angemessene Erklärungsfrist zu setzen, vor deren Ablauf nicht entschieden werden darf. Bei Maßnahmen, die notwendigerweise für den Beschwerdegegner überraschend erfolgen sollen, unterbleibt die Anhörung (so etwa bei der Beschwerde der StA gegen den Beschluß, mit dem der Erlaß eines Haftbefehls abgelehnt wurde).

79 Die Entscheidung des Rechtsmittelgerichts ergeht idR als begründeter Beschluß im schriftlichen Verfahren nach Aktenlage.[39]

80 Sofern die StA Beschwerdegegner ist, ist sie stets zu hören (§ 308 I StPO). In den sonstigen Fällen steht die Anhörung der StA im Ermessen des Gerichts. In der Praxis unterbleibt die Anhörung teilweise jedoch dann, wenn die Beschwerde der StA erfolgreich ist oder die Beschwerde eines Verfahrensbeteiligten vollständig verworfen wird.[40] Iü gibt die StA ohnehin bereits bei Aktenvorlage an das Beschwerdegericht eine Stellungnahme ab.

81 Die Beschwerde wird als unzulässig verworfen, wenn sie nicht fristgemäß oder formgerecht eingelegt, ausgeschlossen oder mangels Beschwer nicht statthaft ist.

82 Eine Verwerfung als unbegründet erfolgt in den Fällen, in denen das Rechtsmittelgericht die Entscheidung des Erstgerichts für sachlich richtig erachtet.

83 Bei tatsächlichen oder rechtlichen Fehlern in der angefochtenen Entscheidung hebt der iudex ad quem die erstinstanzliche Entscheidung auf und entscheidet selbst. Eine Zurückverweisung an das untere Gericht ist nur in Ausnahmefällen zulässig.[41] Ein solcher Fall ist zB dann gegeben, wenn ein Verfahrensmangel vorliegt, den das Beschwerdegericht nicht beheben kann.[42]

3. Sofortige Beschwerde

84 Die sofortige Beschwerde (§ 311 StPO) ist binnen einer Woche nach Bekanntmachung (förmliche Zustellung oder Verkündung) bei dem Gericht einzulegen, dessen Entscheidung angefochten wird (§ 311 II StPO).

85 Die sofortige Beschwerde unterscheidet sich von der einfachen Beschwerde auch dadurch, daß es dem Richter, dessen Beschluß angefochten wird, grundsätzlich verwehrt ist, dem Rechtsmittel abzuhelfen (§ 311 III StPO).

---

39 BGHSt 13, 102, 108
40 KMR-Plöd § 309 Rn 2
41 BGH NJW 1964, 2119
42 Kl/M-G § 309 Rn 8 mwN

Rechtsbehelfe in Strafsachen

Iü gelten die allgemeinen Vorschriften über die Beschwerde gem §§ 304 ff StPO, soweit diese mit denen über die sofortige Beschwerde vereinbar sind. Die sofortige Beschwerde ist nur zulässig, wenn sie vom Gesetz ausdrücklich vorgesehen ist.[43] Gegen die Entscheidung des Beschwerdegerichts über die sofortige Beschwerde ist eine weitere sofortige Beschwerde nicht statthaft.

86

Da die Zulässigkeit der sofortigen Beschwerde an die Einhaltung der Wochenfrist gebunden ist, sind innerhalb der StA gerichtliche Entscheidungen, gegen die dieses Rechtsmittel zulässig ist, als Eilsachen zu behandeln. Mit Eingang der Entscheidung bei der StA ist das Original mit dem Vermerk: »Eingegangen zur Zustellung am...«, welchen der Sachbearbeiter unterzeichnet, zu versehen (Nr. 159 RiStBV). Sodann ist die Akte umgehend dem zuständigen Dezernenten oder dessen Vertreter zur Prüfung, inwieweit ein Rechtsmittel veranlaßt ist, zuzuleiten. Ist ein solches nicht erforderlich, erklärt der StA Rechtsmittelverzicht.

87

Soweit notwendig, legt die StA – unter Beachtung der für die Rechtsmitteleinlegung bestehenden Grundsätze (Nr. 147 RiStBV) – sofortige Beschwerde gegen die gerichtliche Entscheidung ein.[44] Der Dezernent trägt in diesem Fall dafür Sorge, daß sein Rechtsmittel fristgemäß bei Gericht eingeht.

88

Die Verfügung der StA mit der die sofortige Beschwerde eingelegt wird, könnte wie folgt lauten:

89

Verfügung

1. Abdruck der Vfg. zur Handakte
2. Versendung vormerken
3. wv
4. Urschriftlich mit Akten

    an das   o Amtsgericht _____
                   o Landgericht _____

    In der Strafsache   gegen
                           wegen

    lege ich gegen den Beschluß des AG/LG   vom

    sofortige Beschwerde
    ein.
    Gründe: (Hier folgt eine kurze rechtliche Würdigung.)

Eine Beschwerdebegründung ist keine Voraussetzung für die Zulässigkeit der sofortigen Beschwerde. Die StA ist jedoch gehalten, ihr Rechtsmittel

90

---

43 Zu den Beschwerdevorschriften im Einzelnen vgl KMR-Plöd § 311 Rn 2
44 Dazu unten Rn 18 ff

immer zu begründen (Nr. 156 I RiStBV). Steht dem Sachbearbeiter wegen drohenden Fristablaufs nicht mehr ausreichend Zeit für eine ausführliche Beschwerdebegründung zur Verfügung, kann die sofortige Beschwerde – etwa vorab per Fax – zur Fristwahrung eingelegt und die Beschwerdebegründung nachgereicht werden. In diesem Fall sollte bei Rechtsmitteleinlegung darauf hingewiesen werden, daß die Beschwerdebegründung umgehend nachgesandt wird. Das Beschwerdegericht ist verpflichtet, bei einer vom Beschwerdeführer angekündigten Begründung diesem für die Einreichung der Beschwerdebegründung eine angemessene Frist zu setzen.[45]

91 Das erstinstanzliche Gericht ist zur Abhilfe seiner Entscheidung nur dann berechtigt, wenn diese unter Verletzung des rechtlichen Gehörs zustande gekommen ist. Das Gericht erster Instanz kann seinen Beschluß ändern, wenn es Tatsachen oder Beweisergebnisse verwertet hat, zu denen der Beschwerdeführer nicht gehört wurde und wenn es das Beschwerdevorbringen für begründet erachtet. Umstritten ist die Frage, inwieweit dies auch dann der Fall ist, wenn die sofortige Beschwerde wegen Fristversäumnis unzulässig wäre.[46]

Den Änderungsbeschluß – welcher wiederum mit sofortiger Beschwerde anfechtbar ist – muß das Gericht den Beteiligten erneut zustellen.

92 Lehnt das Gericht, dessen Entscheidung angefochten wurde, eine Änderung derselben ab, leitet es die Akten über die StA dem Beschwerdegericht zu. Die StA gibt mit Aktenvorlage – soweit sie nicht selbst Beschwerdeführer ist – eine Stellungnahme zur sofortigen Beschwerde ab.

Die entsprechende Verfügung könnte bei einer Vorlage an das LG wie folgt lauten:

```
Verfügung

I. Vermerk:
    1. Beschluß des AG _____ vom
       zugestellt/mitgeteilt am                    (Bl.   )
    2. sofortige Beschwerde des Beschuldigten vom
       eingegangen beim AG am                     (Bl.   )
II. Abdruck vom Beschwerdeschreiben und von der Vfg zur Handakte
III. Versendung vormerken
IV. wv
V. Urschriftlich mit      Bd. Akten, Az:
                          Bd. Beiakten, Az:
    an das Landgericht _____
    - Strafkammer -
```

---

45 KMR-Plöd § 311 Rn 5 mwN
46 Zum Meinungsstreit vgl KMR-Plöd § 311 Rn 6; Kl/M-G § 311 Rn 6 jeweils mwN

> mit den Antrag,
> in der Strafsache gegen
>   wegen
> die sofortige Beschwerde - kostenpflichtig - als unbegründet/ unzulässig zu verwerfen.
>
> Auf die zutreffenden Gründe der angefochtenen Entscheidung wird Bezug genommen.
> (Soweit erforderlich, wird der StA an dieser Stelle seinen Antrag weiter begründen.)

Hat das Rechtsmittelgericht einer Beschwerde ohne Anhörung des Gegners des Beschwerdeführers (§ 308 StPO) stattgegeben und ist seine Beschwerdeentscheidung unanfechtbar, muß es den Gegner des Beschwerdeführers nachträglich anhören, wenn der Nachteil für diesen noch fortbesteht (§ 311a StPO).   93

Wurde das Anhörungsrecht der StA verletzt (§ 33 II StPO), gilt § 311a StPO nicht.[47]

Nur dann, wenn dies im Gesetz ausdrücklich bestimmt ist, hat die sofortige Beschwerde aufschiebende Wirkung (§ 307 StPO; vgl zB § 81 IV StPO). Jedoch wird die Rechtskraft durch die Anfechtung der Entscheidung gehemmt bis über das Rechtsmittel entschieden ist oder dieses zurückgenommen wurde. Das Gericht kann die Aussetzung der Vollstreckung anordnen (§ 307 II StPO). Nach Ablauf der Rechtsmittelfrist werden die Beschlüsse, die mit sofortiger Beschwerde anfechtbar sind und bei denen ein Rechtsmittel nicht eingelegt wurde, formell rechtskräftig. Sie sind mit einem Rechtskraftvermerk zu versehen.   94

4. Weitere Beschwerde

Grundsätzlich ist ein weiterer Rechtsbehelf gegen eine Entscheidung des Rechtsbeschwerdegerichts nicht zulässig. Dies gilt selbst für die Fälle, in denen die Beschwer für den Beschwerdeführer erstmals durch die Beschwerdeentscheidung eingetreten ist, oder Verstöße gegen Verfassungsrecht geltend gemacht werden oder neue Beschwerdegründe vorliegen.[48]   95

Der Gegner des Beschwerdeführers hat die Entscheidung des Beschwerdegerichts gleichfalls selbst dann hinzunehmen, wenn diese für ihn ungünstig ausgefallen ist.

Der Ausschluß der weiteren Beschwerde gilt nur für die Beschlüsse, die auf die Beschwerde hin erlassen worden sind. Entscheidet das Beschwerdege-

---

47 Kl/M-G § 311a Rn 1
48 Kl/M-G § 310 Rn 1 mwN

richt, obwohl eine Beschwerde überhaupt nicht eingelegt wurde oder wenn es eigentlich als Erstinstanz zuständig gewesen wäre, dann gilt die Entscheidung nicht als solche, die auf die Beschwerde hin ergangen ist.[49]

96 Hat das AG in erster Instanz statt des zuständigen LGs entschieden, ist dessen Entscheidung, die auf eine Beschwerde gegen die amtsgerichtliche Entscheidung ergangen ist, nicht als Beschwerdeentscheidung, sondern als Entscheidung erster Instanz auszulegen mit der Folge, daß dagegen Beschwerde oder soweit vorgesehen sofortige Beschwerde zulässig wäre.[50]

Entscheidungen, die auf einen außerhalb oder neben der eigentlichen Beschwerde liegenden Antrag ergangen sind, können vom Betroffenen angefochten werden. So ist zB der Antrag auf Wiedereinsetzung gegen die Versäumung der Beschwerdefrist der Beschwerde zugänglich.[51] Es liegt ein anderer Beschwerdegegenstand vor.

97 Ausnahmsweise, nämlich dann, wenn der angefochtene Beschluß eine Verhaftung oder die einstweilige Unterbringung betrifft, hat der Gesetzgeber eine zusätzliche Beschwerdemöglichkeit vorgesehen (§ 310 StPO).

Nur in diesen Fällen ist die weitere Beschwerde zulässig. Wegen ihres Ausnahmecharakters ist die Norm eng auszulegen.[52]

Verhaftung iSv § 310 I StPO betrifft die Beschlüsse, mit denen das Gericht über den Bestand bzw den Vollzug eines Haftbefehls entscheidet. Jede richterliche Entscheidung, mit der der Betroffene in Haft genommen oder gehalten wird, ist davon betroffen. Die weitere Beschwerde gilt danach für Haftbefehle gem §§ 112 ff, 230 II, 236, 329 IV 1 StPO. Der Sicherungshaftbefehl gem § 453c StPO oder der Vorführungsbefehl gem § 230 II StPO unterliegen nicht der weiteren Beschwerde nach § 310 StPO.[53]

Zugelassen ist die weitere Beschwerde darüber hinaus gegen die Anordnung der einstweiligen Unterbringung (§§ 126 a StPO, 71 I JGG). Die Anordnung der vorläufigen Einweisung gem § 81 StPO kann dagegen nicht mit der weiteren Beschwerde angefochten werden.

98 Der Beschuldigte kann mit der weiteren Beschwerde den Bestand und den Vollzug des Haft- bzw Unterbringungsbefehls durch eine weitere gerichtliche Instanz überprüfen lassen. Dies gilt auch dann, wenn der Haftbefehl nicht vollzogen wird, etwa weil sich der Beschuldigte in anderer Sache in Strafhaft befindet.[54] Unzulässig ist die weitere Beschwerde dagegen, wenn es um Änderungen, die Anordnung oder die Aufhebung von Auflagen geht.

---

49 KMR-Plöd § 310 Rn 1 mwN
50 OLG Bremen NJW 1967, 1975
51 BayOLGSt 1952, 8
52 BGHSt 25, 120
53 KMR-Plöd § 310 Rn 4
54 KMR-Plöd § 310 Rn 5 mwN

Die StA kann weitere Beschwerde dann erheben, wenn der Erlaß eines Haftbefehls vom Beschwerdegericht abgelehnt oder dieser aufgehoben wurde.[55]

IdR wird das OLG für die Entscheidung über die weitere Beschwerde zuständig sein. Lediglich für die Fälle, in denen das OLG den mit der weiteren Beschwerde angefochtenen Beschluß erlassen hat, ist der BGH die nächste Rechtsmittelinstanz (§ 135 II GVG). 99

Hat das OLG über die weitere Beschwerde zu entscheiden, legt die örtliche StA – da sie beim OLG nicht postulationsfähig ist – die Akten der StA bei dem OLG vor. Im Vorlagebericht ist der bisherige Verfahrensgang zu schildern. Der Vorlagebericht könnte wie folgt gefaßt werden: 100

Verfügung

1. Bericht Kopfbogen LOStA an die
   StA bei dem OLG _____

   Ermittlungsverfahren/Strafverfahren der StA _____, Az:
   gegen
   wegen
   hier: weitere Beschwerde des Beschuldigten/der StA

   Berichterstatter:
   Anlagen: Bd. Strafakten, Az:
                  Bd. Beiakten, Az:
                  1 Berichtsmehrfertigung

   I.   Zugrundeliegende Entscheidung:
        Beschluß des
        vom   wegen   (Bl.)

   II. Angegriffene Entscheidung:
        Beschluß des
        vom   wegen   (Bl.)
        zugestellt am   (Bl.)

   III. Weitere Beschwerde d. Beschuldigten/StA
        durch Schriftsatz vom   (Bl.)
        eingegangen bei Gericht am   (Bl.)

        Ggf eigene Stellungnahme / Entscheidungsvorschlag

2. Abteilungsleiter zur Kenntnis
3. Behördenleiter zur Zeichnung von Ziffer 1
4. Abdruck von Ziffer 1 zur Handakte
5. Versendung vormerken
6. wv

---

55   BGHSt 36, 396, 398

5. Zusammenfassende Übersicht

101

a) Zulässigkeit der Beschwerde:
- gerichtet gegen richterliche Beschlüsse und Verfügungen (§ 304 I StPO)
- kein ausdrücklicher Ausschluß der Beschwerde
  aber:
  - spezialgesetzlich möglich (zB § 210 I StPO)
  - bei Entscheidungen, die der Urteilsfällung vorausgehen (Ausnahme: § 305 StPO)

- Zuständigkeit:
  Beschwerdegericht gem §§ 73, 121 I Nr. 2, 135 II GVG
- Beschwer
- form- und fristgerechte Einlegung (§ 306 I StPO)
  - einfache Beschwerde:
    - grundsätzlich an keine Frist gebunden
    - schriftlich oder zu Protokoll der Geschäftsstelle, bei dem Gericht von dem oder von dessen Vorsitzenden die angefochtene Entscheidung erlassen wurde
    - Begründungszwang besteht nicht
  - sofortige Beschwerde:
    - innerhalb einer Woche nach Bekanntgabe der Entscheidung (§ 311 II StPO)
    - einzulegen wie einfache Beschwerde
    - kein Begründungszwang

b) Entscheidung:

- Abhilfe (§ 306 II 1. Hs StPO; bei sofortiger Beschwerde nur ausnahmsweise gem § 311 III StPO)
- Vorlage an das Beschwerdegericht (§ 306 II 2. Hs StPO)
- Entscheidung Beschwerdegericht durch Beschluß gem § 309 StPO (Sach- und Rechtsfragen werden überprüft)

c) Rechtsbehelfe gegen die Entscheidung des Beschwerdegerichts:

- nur ausnahmsweise durch weitere Beschwerde gem § 310 StPO

III. Berufung

1. Allgemeines

102 Die Berufung führt zu einer nochmaligen Überprüfung des Tatvorwurfs in rechtlicher und tatsächlicher Hinsicht. In dem Umfang, in dem die erstinstanzliche Entscheidung zulässig angefochten wird, erfolgt eine Neuverhandlung des durch den Eröffnungsbeschluß begrenzten Prozeßgegenstandes.[56] Die Verhandlung vor dem Berufungsgericht ist eine neue – zweite –

---

56 OLG Düsseldorf NJW 1983, 767, 768

Tatsacheninstanz. Die für die Hauptverhandlung erster Instanz geltenden Grundsätze – zB der Grundsatz der Mündlichkeit oder der Grundsatz der Unmittelbarkeit der Beweisaufnahme – gelten grundsätzlich auch im Berufungsrechtszug. Ausnahmen hiervon regelt § 325 StPO.[57]
Die Einlegung der Berufung hemmt die Rechtskraft des erstinstanzlichen Urteils, soweit es angefochten wird (§ 316 I StPO).

Auch im Berufungsverfahren gilt das Schlechterstellungsverbot (§ 331 StPO). Danach dürfen, soweit nicht auch die StA die Entscheidung zuungunsten des Angeklagten angefochten hat, Art und Höhe der Rechtsfolgen nicht zum Nachteil des Angeklagten geändert werden (§ 331 I StPO). Rechtsfolgen sind die, welche das Gericht mit dem Urteil angeordnet hat. Bewährungsauflagen können daher, da diese in einem gesonderten Beschluß festgelegt werden, auch zum Nachteil des Angeklagten abgeändert werden.[58] Änderungen des Schuldspruchs zuungunsten des Angeklagten kann das Berufungsgericht, soweit das Rechtsmittel nicht zulässig auf den Rechtsfolgenausspruch beschränkt ist, immer vornehmen.[59] Ändert das Rechtsmittelgericht auf die Berufung des Angeklagten den Schuldspruch ab, so kann es gleichzeitig bei einer Strafmaßberufung der StA die Strafe bis zur Obergrenze der im erstinstanzlichen Urteil angewandten Vorschrift erhöhen.[60]

103

Wie jedes Rechtsmittel kann auch die Berufung auf einzelne Beschwerdepunkte beschränkt werden (§ 318 StPO). Die Beschränkung kann bereits mit Einlegung, aber auch später durch teilweise Rücknahme erfolgen.

104

Dabei ist die Beschränkung nur auf solche Beschwerdepunkte möglich, die das Berufungsgericht losgelöst vom nichtangefochtenen Urteilsinhalt nach dem inneren Zusammenhang sachlich und rechtlich selbständig beurteilen kann.[61] Die StA muß sich ebenso wie das Berufungsgericht Klarheit darüber verschaffen, ob das Rechtsmittel wirksam beschränkt ist. Eine unwirksame Berufungsbeschränkung führt dazu, daß das Urteil als voll umfänglich angefochten gilt.[62]

Das Berufungsgericht ist gehalten, bei der Auslegung der Berufung den Sinn der Erklärung zu erforschen. Dies gilt auch für die Berufung der StA.[63] Der StA muß seine Berufung so formulieren, daß keine Zweifel über deren Auslegung zurückbleiben. Will er das Rechtsmittel beschränken, muß dies deutlich zum Ausdruck gebracht werden. Ist eine eindeutige Auslegung nicht möglich, wird das Gericht von einer unbeschränkt eingelegten Berufung ausgehen.

105

---

57 Kl/M-G Vor § 312 Rn 1
58 OLG Hamburg MDR 1980, 598
59 BGH NJW 1986, 332
60 Kl/M-G § 331 Rn 9
61 KMR-Paulus § 318 Rn 18 mwN
62 BGHSt 21, 256, 258
63 Kl/M-G § 318 Rn 2 mwN

Wiegner/Magnussen

2. Zulässigkeit

106 Die Berufung ist zulässig gegen Urteile des AG. Das LG wird in diesen Fällen als Berufungsgericht tätig.

107 Mit der Berufung können die Urteile des Strafrichters (§ 25 GVG), des SchG (§ 24 GVG), des Jugendrichters (§ 39 JGG) und des JugSchG (§ 40 JGG) angefochten werden.

Mit Ausnahme der Berufung gegen ein Urteil des JugSchG ist die kleine StrK bzw die kleine JugK das zuständige Berufungsgericht (§§ 76 I 1, 74 III GVG, 33 b I JGG). Die kleine StrK ist mit einem Berufsrichter und zwei Schöffen besetzt. Berufungen gegen Urteile des JugSchG werden von der großen JugK (§ 33 b I JGG), welche in der Besetzung mit drei Berufsrichtern und zwei Schöffen tagt, verhandelt.[64]

108 Die im Urteil gleichzeitig ausgesprochenen Nebenentscheidungen – zB die Kostenentscheidung – sind nicht mit der Berufung, sondern mit der sofortigen Beschwerde anfechtbar.

109 Die Berufung ist innerhalb einer Woche nach Verkündung des Urteils beim erstinstanzlichen Gericht in deutscher Sprache schriftlich oder zu Protokoll der Geschäftsstelle einzulegen (§ 314 I StPO). Eine telefonische Einlegung ist wirkungslos. Die Berufung kann auch wirksam nach der Urteilsverkündung noch in der Hauptverhandlung durch die Urkundsbeamtin im Sitzungsprotokoll niedergeschrieben werden. Einen Anspruch auf Aufnahme der Berufungseinlegung in das Sitzungsprotokoll durch die Urkundsbeamtin haben die Rechtsmittelberechtigten jedoch nicht.[65]

110 Mit der durch das Rechtspflegeentlastungsgesetz[66] eingeführten Annahmeberufung (§ 313 StPO) wurde vom Gesetzgeber eine weitere Zulässigkeitsvoraussetzung für Berufungen im Bereich der Kleinkriminalität geschaffen. Mit dieser Vorschrift wird das Recht der grundsätzlichen Berufungseinlegung eingeschränkt. Danach ist in den Fällen, in denen der Angeklagte
- zu einer Geldstrafe von nicht mehr als 15 Tagessätzen
- zu einer Verwarnung mit vorbehaltener Geldstrafe von nicht mehr als 15 Tagessätzen
- zu einer Geldbuße

verurteilt worden ist, die Berufung nur zulässig, wenn sie vom Berufungsgericht angenommen wird (§ 313 I 1 StPO).

Die Regelung ist nicht auf einzelne Berufungsführer beschränkt. Vielmehr gilt sie für alle Rechtsmittelberechtigte.[67] Hat die StA eine Geldstrafe von

---

64 Kl/M-G § 312 Rn 5
65 Kl/M-G Einl Rn 137
66 BGBl 1993 I 50
67 Kl/M-G § 313 Rn 3

mehr als 15 Tagessätzen beantragt, das AG aber zu einer Geldstrafe von nicht mehr als 15 Tagessätzen verurteilt, gilt § 313 I StPO gleichfalls.

In den Fällen, in denen der Angeklagte freigesprochen oder das Verfahren vom iudex a quo eingestellt wurde, ist die Berufung der StA zulässig, wenn diese eine Geldstrafe von mehr als 30 Tagessätzen beantragt hat (§ 313 I 2 StPO). In der Praxis problematisch sind die Verfahren, in denen der Sitzungsvertreter der StA im ersten Rechtszug selbst Freispruch beantragt hat, im weiteren aber die StA die Einlegung der Berufung beabsichtigt – etwa, weil ihr neue Erkenntnisse vorliegen. Die StA muß dann in der Berufungsbegründung darlegen, daß sie für den Fall der Verurteilung eine Geldstrafe von mehr als 30 Tagessätzen beantragt hätte und dies im Berufungsverfahren tun will.[68]

111

Bei der Verurteilung zu einer Gesamtgeldstrafe kommt es auf deren Tagessatzanzahl und nicht auf die Summe der Einzelstrafen an. Übersteigt die Summe mehrerer nebeneinander verhängter Gesamtstrafen die Summe von 15 Tagessätzen, ist die Berufung unbeschränkt möglich.

Schwierigkeiten treten in der Praxis ab und an dann auf, wenn der Angeklagte zu einer Geldstrafe von nicht mehr als 15 Tagessätzen und wegen einer Ordnungswidrigkeit zu einer Geldbuße verurteilt wurde. In diesen Fällen sind die Annahmevoraussetzungen getrennt zu prüfen, soweit die Straftat gegenüber der Ordnungswidrigkeit eine prozessual selbständige Tat darstellt. Für das Vergehen gilt § 313 II StPO; für die Ordnungswidrigkeit § 313 III StPO iVm § 83 II OWiG. Dann jedoch, wenn es sich um eine Tat iSv § 264 StPO handelt, führt sowohl die Annahme der Berufung wegen der Straftat als auch die wegen der Ordnungswidrigkeit zur Berufungsannahme insgesamt, weil eine getrennte Aburteilung in zwei verschiedenen Verfahrensarten ausgeschlossen ist.[69]

112

In den Fällen des § 313 I StPO ist die Berufung anzunehmen, wenn sie nicht offensichtlich unbegründet ist (§ 313 II StPO). Das ist dann der Fall, wenn jeder Sachkundige ohne langwierige Prüfung anhand der Urteilsgründe und des Hauptverhandlungsprotokolls zu der Überzeugung gelangt, daß das erstinstanzliche Urteil sachlich und rechtlich nicht zu beanstanden ist und kein Verfahrensfehler vorliegt, der die Revision begründen würde.[70]

113

Die StA nimmt gegenüber dem Berufungsgericht mit der Vorlage der Akten Stellung zur Frage der Zulässigkeit der Annahmeberufung. Hält die StA die Berufung iSd § 313 II StPO für offensichtlich unbegründet, beantragt sie deren Verwerfung als unzulässig (Nr. 158 a I RiStBV).

114

Eine Begründung der Berufung ist – anders als bei der Revision – nicht zwingend vorgeschrieben (§ 317 StPO). Für die StA gilt jedoch Nr. 156 I

115

---

68 Kl/M-G § 313 Rn 4a mwN
69 BGHSt 35, 290
70 Kl/M-G § 313 Rn 9

Wiegner/Magnussen

RiStBV. Danach muß die StA jedes von ihr eingelegte Rechtsmittel begründen.

Die Begründung ist auch für das weitere Verfahren nicht unbeachtlich. Ermöglicht sie es doch dem Berufungsgericht und dem Berufungsgegner, frühzeitig über Umfang und Richtung des Rechtsmittels unterrichtet zu werden. Der Dezernent soll deshalb die Berufungsbegründung so umfassend fertigen, daß deutlich wird, worin er die Verletzung des Rechts im Urteil erster Instanz sieht und was er mit der Berufung erreichen möchte.

Gem § 317 StPO kann die Berufung binnen einer Woche nach Ablauf der Einlegungsfrist oder wenn zu diesem Zeitpunkt das Urteil noch nicht zugestellt war, nach dessen Zustellung beim iudex a quo schriftlich oder zu Protokoll der Geschäftsstelle begründet werden. Der Sachbearbeiter kann einen Aktenvermerk fertigen und diesen dem Berufungsgegner zur Kenntnis bringen.[71]

Ein Nichtbeachten der Frist gem § 317 StPO ist rechtlich ohne Wirkung. Auch eine verspätet beim Berufungsgericht eingegangene Begründung ist zu berücksichtigen.

3. Verfahrensgang

a) Aktenbehandlung bei der StA

116 Nach Ablauf der Frist gem § 317 StPO legt das AG die Akten der StA vor. Das AG muß mit der Vorlage der Akten an die StA den Ablauf der Berufungsrechtfertigungsfrist abwarten. Es darf nicht etwa bereits dann, wenn die Berufungsbegründung eingegangen ist, die Akten der StA übersenden (§ 320 S 1 StPO).[72]

117 Hat nicht der Angeklagte, sondern die StA Berufung eingelegt, muß sie nach Eingang der Akten dem Angeklagten oder dessen zustellungsbevollmächtigten Verteidiger die Schriftstücke über die Berufungseinlegung und die Berufungsbegründung zustellen (§ 320 S 2 StPO). Dabei ist eine formlose Mitteilung ausreichend. Unterläßt die StA die Zustellung der Schriftstücke, begründet dies nicht die Revision. Jedoch berechtigt die Unterlassung den Angeklagten, die Aussetzung der Verhandlung zu beantragen.[73]

118 In den Fällen, in denen der Angeklagte das amtsrichterliche Urteil mit der Berufung angefochten hat, kann die StA – in geeigneten Fällen – nach Eingang der Akten eine Erklärung zur Berufung abgeben. Der Gesetzgeber hat eine Berufungsgegenerklärung nicht ausdrücklich vorgesehen. Im Falle der

---

71 Kl/M-G § 317 Rn 3
72 Kl/M-G § 320 Rn 1
73 OLG Köln NStZ 1984, 475

Annahmeberufung ist die StA verpflichtet, eine Stellungnahme zur Zulässigkeit der Berufung abzugeben und Anträge zur weiteren Sachbehandlung zu stellen (Nr. 158 a II RiStBV).

Die StA übersendet sodann die Akten binnen einer Woche nach Eingang an den Vorsitzenden des Berufungsgerichts (§ 321 StPO). Auch wenn es sich bei der Wochenfrist lediglich um eine Ordnungsvorschrift handelt,[74] hat sich die StA um die Einhaltung der Frist zu bemühen. Berufungssachen sind daher wie alle anderen Rechtsmittelverfahren als Eilsachen zu bearbeiten und entsprechend kenntlich zu machen.

119

Mit Übersendung der Akten an den Vorsitzenden des Berufungsgerichts stellt die StA ihre Anträge. Ist sie der Meinung, die Berufung sei unzulässig, beantragt sie deren Verwerfung gem § 322 StPO. Anderenfalls benennt sie die in der Hauptverhandlung zu vernehmenden Zeugen und Sachverständigen und beantragt die Bestimmung eines Termins zur Berufungshauptverhandlung (Nr. 158 RiStBV).

Die StA bezeichnet bei Aktenvorlage genau die Strafkammer, an dessen Vorsitzenden die Akten übersandt werden sollen.[75]

Die Verfügung der StA könnte wie folgt gefaßt werden:

120

```
Verfügung

  I.  Vermerk:
      1. Urteil des AG _____ vom            (Bl.   )
      2. Berufung/en              vom               (Bl.   )
      3. Berufungsführer:
         ( ) StA      ( ) Angeklagter    ( ) Nebenkläger
      4. Berufung/en  ( ) unbeschränkt
                     ( ) beschränkt auf
      5. Verteidiger: Rechtsanwalt/in _____
                     Vollmacht/Beiordnung            (Bl.   )
      6. Gesetzlicher Vertreter                      (Bl.   )
      7. Angeklagter zur Zeit in
         ( ) Untersuchungshaft   ( ) Strafhaft
         in der JVA _____                  (Bl.   )
 II.  Ablichten:
      1. Verfügung
      2. ( ) Hauptverhandlungsprotokoll vom          (Bl.   )
      3. ( )                                         (Bl.   )
III.  ( ) Berufungsbegründung fertigen nach  ( ) Diktat
                                             ( ) Entwurf
 IV.  Zur Handakte nehmen:
      1. beglaubigte Urteilsabschrift
      2. Abschrift(en) der Berufungsbegründung(en)
      3. Kopien gem II.
  V.  _____
```

---

74 KMR-Paulus § 321 Rn 2
75 Kl/M-G § 321 Rn 2 mwN

VI. Beglaubigte Abschrift der Berufungsbegründung zustellen an
   ( ) Verteidiger/in   (Bl.)
       und formlos mitteilen an Angeklagten   (Bl.)
   ( ) Angeklagten   (Bl.)
VII. Abschrift von III. an das AG _____ zur Kenntnisnahme
VIII. Versendung vormerken
IX. wv.
X. Urschriftlich mit Akten
   an das Landgericht _____
   - Frau/Herrn Vorsitzenden _
   der ( ) Strafkammer   ( ) Jugendkammer
   mit dem Antrag,
   ( ) Termin zur Berufungshauptverhandlung zu bestimmen
       ( ) Von der Benennung von Zeugen / Sachverständigen wird im
           Hinblick auf § 325 StPO abgesehen.
       ( ) folgende Zeugen / Sachverständige zu laden:

   ( ) die Berufung d. Angeklagten als unzulässig zu verwerfen.

Gründe:

(Unterschrift / Namensstempel)

b) Verfahrensgang beim Berufungsgericht

121 Eine verspätet eingelegte Berufung verwirft das Gericht erster Instanz durch Beschluß als unzulässig (§ 319 I StPO). Der Berufungsführer kann gegen diesen Beschluß binnen einer Woche nach Zustellung die Entscheidung des Berufungsgerichts beantragen (§ 319 II StPO). Dazu werden die Akten vom iudex a quo über die StA dem Berufungsgericht zur Entscheidung vorgelegt. Bei diesem Antrag handelt es sich nicht um eine sofortige Beschwerde, sondern um einen Rechtsbehelf eigener Art, der nur dem Berufungsführer zusteht.[76] Das Berufungsgericht hat in diesem Fall nicht nur den angefochtenen Beschluß einer Prüfung zu unterziehen, sondern es befindet über die Zulässigkeit der Berufung insgesamt. Das Berufungsgericht kann den Antrag als unzulässig oder unbegründet verwerfen. Es kann aber auch den Beschluß des erstinstanzlichen Gerichts aufheben. Dieses Gericht muß dann erneut über die Berufung entscheiden.

Nur die Verwerfung der verspäteten Berufung ist dem iudex a quo gestattet. In allen anderen Fällen ist das Berufungsgericht selbst zur Entscheidung berufen.

122 Das Berufungsgericht verwirft – soweit es die Vorschriften über die Einlegung der Berufung nicht für beachtet hält – das Rechtsmittel durch

---

76 Kl/M-G § 319 Rn 2 mwN

Beschluß als unzulässig (§ 322 I StPO). Das ist zB dann der Fall, wenn die Berufung verspätet eingelegt wurde, das AG aber nicht nach § 319 StPO verworfen hat. Das Berufungsgericht kann im Gegensatz zum iudex a quo auch aus anderen Unzulässigkeitsgründen wie zB fehlender Beschwer des Berufungsführers oder wirksamen Rechtsmittelverzicht die Berufung als unzulässig verwerfen.[77] Gegen den Verwerfungsbeschluß ist die sofortige Beschwerde zulässig (§ 322 II StPO).

Die Vorbereitung der Berufungshauptverhandlung erfolgt gem § 323 StPO. Grundsätzlich unterscheiden sich die Maßnahmen zur Vorbereitung der Berufungshauptverhandlung nicht von denen zur Vorbereitung der erstinstanzlichen Hauptverhandlung.

123

Obwohl im Berufungsverfahren die Sache im Umfang der Anfechtung völlig neu verhandelt wird, ist es dem Berufungsgericht möglich, auf die Ladung von Zeugen und Sachverständigen, welche im ersten Rechtszug vernommen wurden, zu verzichten, wenn ihre erneute Vernehmung überflüssig erscheint, um die Sache aufzuklären (§ 323 II StPO). Daher hat das Berufungsgericht sowohl den Antrag der StA (§ 321 StPO) als auch die Berufungsbegründung des Angeklagten zu beachten (§ 323 IV StPO). Weitere im erstinstanzlichen Verfahren nicht vernommene Zeugen und Sachverständige kann das Berufungsgericht hören (§ 323 III StPO).

Das Berufungsgericht muß den Angeklagten in der Ladung auf die Folgen seines Ausbleibens ausdrücklich hinweisen (§ 323 I 2 StPO). Die Belehrung muß für den Angeklagten unmißverständlich sein.[78] Das Berufungsgericht muß auf die für den Angeklagten unterschiedlichen Folgen seines Ausbleibens – abhängig vom Berufungsführer – hinweisen (§ 329 StPO).

Der Gang der Berufungshauptverhandlung entspricht im wesentlichen dem der ersten Instanz (§ 332 StPO). Abweichend hiervon verliest die StA nicht noch einmal den Anklagesatz, sondern der Berichterstatter oder ein anderer Berufsrichter[79] trägt die Ergebnisse des bisherigen Verfahrens vor. Dabei wird das Urteil verlesen, soweit es für die Berufung von Bedeutung ist. Der Sitzungsvertreter der StA, der Angeklagte und dessen Verteidiger können auf das Verlesen der Urteilsgründe verzichten. Protokolle über Aussagen der im erstinstanzlichen Verfahren vernommenen Zeugen und Sachverständigen können verlesen werden (§ 325 StPO). Ist die wiederholte Ladung der Zeugen erfolgt oder hat sie der Angeklagte beantragt, darf ohne Zustimmung aller Prozeßbeteiligter deren Aussage nicht verlesen werden.[80]

124

Der Berufungsführer hält in der Berufungshauptverhandlung zuerst seinen Schlußvortrag. Haben StA und Angeklagter Berufung eingelegt, plädiert

125

---

77 Roxin § 52 D
78 OLG Zweibrücken StV 1981, 539
79 Kl/M-G § 324 Rn 3
80 Roxin § 52 E II 2

zuerst derjenige, dessen Rechtsmittel weitergehend ist; bei gleichartiger Anfechtung gilt § 258 I StPO.

126 Kommt das Berufungsgericht im Ergebnis der Beweisaufnahme zu der Überzeugung, das Urteil des iudex a quo entspricht der Sach- und Rechtslage, verwirft es die Berufung als unbegründet. Hält der iudex ad quem die Berufung für begründet, so muß er in der Regel unter Aufhebung des erstinstanzlichen Urteils in der Sache selbst entscheiden (§ 328 I StPO). Dort, wo das AG seine Zuständigkeit zu Unrecht angenommen hat, verweist das Berufungsgericht die Sache – unter Aufhebung des Urteils – an das zuständige Gericht.

127 Das Berufungsgericht muß – wenn Rechtsmittel der StA und des Angeklagten vorliegen – über jede Berufung selbständig entscheiden.[81]

128 Das Berufungsgericht verwirft das Rechtsmittel des Angeklagten, wenn dieser zu Beginn der Verhandlung – obwohl ordnungsgemäß geladen – abwesend ist und eine ausreichende Entschuldigung nicht vorliegt. Die Berufung wird durch Urteil ohne Verhandlung zur Sache verworfen (§ 329 I StPO). Hat neben dem Angeklagten auch die StA das Urteil des ersten Rechtszuges angefochten, kann das Berufungsgericht erst die Berufung des Angeklagten nach § 329 I StPO verwerfen und dann über das Rechtsmittel der StA verhandeln und entscheiden (§ 329 II 1 StPO).[82] Beide Entscheidungen können jedoch auch in einem Urteil getroffen werden.[83] Hat nur oder auch die StA Rechtsmittel eingelegt, kann das Rechtsmittelgericht unter den Voraussetzungen des § 329 I 1 StPO auch ohne den Angeklagten verhandeln, soweit dessen Anhörung nicht im Rahmen der Aufklärungspflicht des Gerichts geboten ist oder sich das Gericht einen eigenen Eindruck vom Angeklagten verschaffen muß.[84]

129 Gegen die Urteile gem §§ 329 I, II StPO kann der Angeklagte Wiedereinsetzung in den vorigen Stand binnen einer Woche nach Zustellung beantragen, soweit er die Berufungshauptverhandlung unverschuldet versäumt hat. Daneben kann er Revision einlegen, mit der jedoch nur geltend gemacht werden kann, daß das Berufungsgericht § 329 StPO rechtsfehlerhaft angewandt hat.

Ergeht kein Urteil nach § 329 I, II StPO, ordnet das Berufungsgericht die Vorführung oder Verhaftung des Angeklagten an (§ 329 IV StPO).

---

81 Roxin § 52 F II 3
82 Kl/M-G § 329 Rn 31 mwN
83 OLG Karlsruhe NJW 1972, 1871
84 BGHSt 17, 391, 398

Rechtsbehelfe in Strafsachen   Kapitel 2   675

4. Zusammenfassende Übersicht

130

- Rechtsgrundlagen: §§ 312 ff StPO

- Zulässigkeit:
  - gerichtet gegen Urteile des Strafrichters oder SchöffG (§ 312 StPO) und auf die gesamte oder teilweise Aufhebung des Urteils (§ 318 StPO)
  - Rechtsmittelberechtigung:
    StA (§ 296 StPO); Angeklagter (§ 296 StPO); gesetzlicher Vertreter des Angeklagten (§ 298 StPO); Verteidiger des Angeklagten (§ 297 StPO); Privatkläger (§ 390 StPO); Nebenkläger (§ 401 StPO)
  - Beschwer
  - form- und fristgerechte Einlegung (§ 314 StPO)
  - kein Rechtsmittelverzicht (§ 302 StPO)

- Rechtliche Prüfung:
  Das Urteil wird - im Rahmen der erfolgten Anfechtung - in rechtlicher und tatsächlicher Hinsicht überprüft (§§ 327, 323 II StPO).

- Entscheidung:
  - bei Unzulässigkeit:
    Verwerfung durch Beschluß (§§ 319, 322 II StPO) oder durch Urteil (§ 322 I 2 StPO)
  - bei Zulässigkeit:
    - Entscheidung durch Urteil
    - Verwerfung gem § 329 StPO bei Ausbleiben des Angeklagten
    - Schlechterstellungsverbot (§ 331 StPO)

IV. Revision

1. Allgemeines

a) Wesen der Revision

Im System der Rechtsmittel nimmt die Revision ihrem Wesen nach eine Sonderrolle ein. Diese ist dadurch gekennzeichnet, daß das Revisionsgericht das angefochtene Urteil und das diesem Urteil vorangegangene Verfahren nur auf das Vorhandensein von Rechtsfehlern überprüft. Dementsprechend kann die Revision, wie die zentrale Norm des § 337 StPO bestimmt, nur darauf gestützt werden, »daß das Urteil auf einer Verletzung des Gesetzes beruhe«. Die mit der Revision erhobene Rüge der Verletzung des Gesetzes kann sich auf das angefochtene Urteil selbst oder das dem Urteil vorausgegangene Verfahren beziehen. Erstere wird gemeinhin als »Sachrüge«, letztere als »Verfahrensrüge« bezeichnet. Diese Unterschei-

131

dung ist im Revisionsrecht von großer Bedeutung und wirkt sich bereits bei der Frage der Zulässigkeit der Revision aus.[85]

132 Das Revisionsgericht verhandelt – anders als das Berufungsgericht – die Sache nicht von neuem. Im Rahmen seiner Überprüfung ist das Revisionsgericht an die vom Tatrichter getroffenen Feststellungen gebunden.

Zweck der revisionsrechtlichen Überprüfung ist die Herbeiführung von Einzelfallgerechtigkeit auf der einen und die Wahrung der Einheitlichkeit der Rechtsprechung auf der anderen Seite.

133 Die Revision ist in §§ 333 bis 358 StPO geregelt. Wichtige Ergänzungen für die Sachbehandlung auf Seiten der StA enthalten die Richtlinien für das Strafverfahren und das Bußgeldverfahren (RiStBV), und zwar in Nr. 147 – 157 hinsichtlich der Rechtsmittelbehandlung im Allgemeinen und in Nr. 159 – 169 hinsichtlich der Revision im Besonderen.

b) Funktion und Aufgaben der StA

134 Die StA ist als Verfahrensbeteiligte selbst zur Einlegung der Revision berechtigt.[86] Unabhängig davon hat sie im Revisionsverfahren aber auch rein formelle Aufgaben wahrzunehmen, wie etwa die Anfertigung einer Gegenerklärung oder die Erstellung des Revisionsübersendungsberichts.[87]

2. Zulässigkeit[88]

a) Statthaftigkeit

135 Die Revision ist gegen Urteile der StrK und SchwurG sowie gegen die im ersten Rechtszug ergangenen Urteile der OLG zulässig (§ 333 StPO). Daneben können auch alle Urteile, gegen die das Rechtsmittel der Berufung zulässig ist, mit der Revision angefochten werden (sog Sprungrevision, § 335 StPO).

Eine Ausnahme gilt im Jugendrecht gem § 55 II JGG: Wer eine zulässige Berufung eingelegt hat, kann gegen das Berufungsurteil nicht mehr Revision einlegen.

Im Urteil getroffene Nebenentscheidungen, wie zB die Kostenentscheidung, sind dagegen allein mit dem Rechtsmittel der sofortigen Beschwerde anfechtbar.[89]

---

85 S. dazu unten Rn 142, 148 ff
86 Dazu näher unten Rn 178 ff
87 Dazu unten Rn 161 ff
88 Vgl zunächst die allgemeinen Ausführungen oben Rn 17 ff
89 Kl/M-G § 333 Rn 3

136 Für die bereits angesprochene Sprungrevision gelten folgende Besonderheiten:

Die endgültige Wahl, ob gegen das amtsgerichtliche Urteil Berufung oder Revision eingelegt werden soll, kann bis zum Ablauf der Revisionsbegründungsfrist getroffen werden.[90] Ebenso ist nach zunächst eingelegter Berufung innerhalb der Revisionsbegründungsfrist der Übergang zur Revision möglich.[91]

Legt ein Verfahrensbeteiligter Berufung, ein anderer aber Revision ein, so bestimmt § 335 III 1 StPO, daß die (in zulässiger Weise eingelegte) Revision als Berufung behandelt wird, solange die Berufung des anderen Beteiligten nicht zurückgenommen oder als unzulässig verworfen wird. Diese Regelung findet ihre Ursache darin, daß die Berufung als die umfassendere Anfechtungsmöglichkeit Vorrang genießt. Die formellen Erfordernisse der Revisionseinlegung sind dabei aber in jedem Falle zu beachten (§ 335 III 2 StPO), da sonst die Gefahr besteht, daß die Revision zB bei Rücknahme der Berufung des anderen Beteiligten als unzulässig verworfen wird. Auch im Berufungsverfahren bleibt die zunächst eingelegte Revision solange bedingt bestehen, bis das Berufungsgericht in der Sache entschieden hat.[92]

b) Fristen[93]

137 Zu unterscheiden sind Revisionseinlegungsfrist und Revisionsbegründungsfrist.

Einzulegen ist die Revision binnen einer Woche nach Verkündung des Urteils beim iudex a quo (§ 341 I StPO). Hat die Verkündung nicht in Anwesenheit des Angeklagten stattgefunden, so beginnt die Wochenfrist für diesen mit der Zustellung des Urteils (§ 341 II StPO).

138 Die Begründung der Revision ist binnen eines Monats nach Ablauf der Einlegungsfrist beim iudex a quo anzubringen. Ist zum Zeitpunkt des Ablaufs der Einlegungsfrist das Urteil noch nicht zugestellt worden, so beginnt die Monatsfrist erst mit der Zustellung (§ 345 I StPO).

139 Bei unverschuldeter Fristversäumnis besteht hinsichtlich beider Fristen die Möglichkeit der Wiedereinsetzung in den vorigen Stand.[94]

c) Form

140 Die Revisionseinlegung hat schriftlich oder zu Protokoll der Geschäftsstelle zu erfolgen (§ 341 I StPO).

---

90 Kl/M-G § 335 Rn 4f mwN
91 Kl/M-G § 335 Rn 10 mwN
92 Kl/M-G § 335 Rn 17 mwN
93 Vgl zunächst oben Rn 31 ff
94 Vgl hierzu oben Rn 46 ff

141 Für die Revision des Angeklagten bestimmt § 345 II StPO, daß die Revisionsbegründungsschrift durch den Verteidiger oder einen Rechtsanwalt unterzeichnet sein muß. Dabei muß die Revisionsbegründungsschrift erkennen lassen, daß der unterzeichnende Rechtsanwalt die volle Verantwortung für den Inhalt der Schrift übernehmen will.[95]

Ausreichend ist aber auch eine Revisionsbegründung zu Protokoll der Geschäftsstelle. Die Bezeichnung »Geschäftsstelle« ist hier insoweit mißverständlich, als gem § 24 I Nr. 1b RPflG der Rechtspfleger für die Aufnahme von Erklärungen über die Einlegung und Begründung der Revision in Strafsachen zuständig ist.

142 Beglaubigte Abschriften, nicht aber eine nur mit dem Namenskürzel des Verfassers unterzeichnete Urschrift genügen dem Formerfordernis.[96]

d) Sonstige Zulässigkeitsvoraussetzungen

143 Nicht nur Versäumnisse hinsichtlich Form und Fristen, auch inhaltliche Mängel der Revisionsbegründungsschrift können eine Verwerfung der Revision als unzulässig zur Folge haben, ohne daß das Revisionsgericht überhaupt in die Prüfung der Begründetheit einsteigt.

aa) Revisionsanträge

144 Gem § 344 I StPO hat der Beschwerdeführer »die Erklärung abzugeben, inwieweit er das Urteil anfechte und dessen Aufhebung beantrage«. Das Fehlen eines solchen Antrags ist nur dann unschädlich, wenn das Ziel der Revision aus der Revisionsbegründung oder aus dem Gang des bisherigen Verfahrens zweifelsfrei hervorgeht.[97] Dies ist zB dann der Fall, wenn auch schon die vorausgegangene Berufung auf die Überprüfung des Rechtsfolgenausspruchs beschränkt war. Ebenso führt das Fehlen eines Antrags dann nicht zur Unzulässigkeit der Revision, wenn Gegenstand des angefochtenen Urteils nur eine einzige Straftat ist, da in diesem Fall im Zweifel von einer Anfechtung im vollen Umfange auszugehen ist.[98]

Es ist in diesem Zusammenhang darauf hinzuweisen, daß die Rechtsprechung des BGH und der OLG zu dieser Frage nicht einheitlich ist.

bb) Rüge einer Gesetzesverletzung

145 Da die Revision gem § 337 StPO nur darauf gestützt werden kann, daß das angefochtene Urteil auf einer Gesetzesverletzung beruht, kann eine Revision auch schon deswegen unzulässig sein, wenn die Revisionsbegründung die Rüge einer Verletzung des Gesetzes nicht erkennen läßt. Dies ist zB

---

[95] Kl/M-G § 345 Rn 16 mwN
[96] Kl/M-G § 345 Rn 23 mwN
[97] Kl/M-G § 344 Rn 2 mwN
[98] Kl/M-G § 344 Rn 3 mwN

dann der Fall, wenn sich die Revision darauf beschränkt, die Beweiswürdigung anzugreifen und die Tatsachenfeststellungen durch andere, für den Revisionsführer günstigere Feststellungen zu ersetzen.[99]

Daß eine Gesetzesverletzung vorliegt, muß der Beschwerdeführer bestimmt behaupten.[100] Wird ein Verfahrensverstoß nur als möglich bezeichnet, so hat dies die Unzulässigkeit der Rüge zur Folge.

3. Prüfungsumfang, Verfahrens- und Sachrüge

a) Prüfungsumfang

Der Umfang der Überprüfung des angefochtenen Urteils auf Rechtsfehler wird durch die erhobenen Verfahrens- oder Sachrügen eingegrenzt. Eine Beschränkung der Revision auf bestimmte Punkte ist dabei möglich und kann sich auch ohne ausdrückliche Erklärung aus dem Inhalt der Revisionsbegründungsschrift ergeben.[101]

146

Nach der Grundnorm des § 337 StPO kann eine Revision nur dann begründet sein, wenn das Urteil auf einer Verletzung des Gesetzes beruht. Gem § 337 II StPO liegt eine Gesetzesverletzung dann vor, »wenn eine Rechtsnorm nicht oder nicht richtig angewendet worden ist«. Das Wort »Rechtsnorm« ist dabei im weitesten Sinne (§ 7 EGStPO) zu verstehen. Neben bundes- und landesrechtlichen Normen des Verfassungsrechts, des materiellen und prozessualen Rechts unterfällt das Gewohnheitsrecht ebenso wie etwa der Grundsatz »in dubio pro reo« dem Begriff Rechtsnorm.[102]

147

Die Nichtbeachtung von Prozeßvoraussetzungen und Prozeßhindernissen begründet regelmäßig einen Verfahrensfehler, den das Revisionsgericht von Amts wegen zu beachten hat, auch wenn eine entsprechende Verfahrensrüge nicht erhoben worden ist.

148

b) Verfahrens- und Sachrüge

Die Unterscheidung in Verfahrens- und Sachrüge hat ihren Ursprung in § 344 II 1 StPO. Nach dieser Norm muß aus der Revisionsbegründung hervorgehen, »ob das Urteil wegen Verletzung einer Rechtsnorm über das Verfahren oder wegen Verletzung einer anderen Rechtsnorm angefochten wird«. Die Verletzung von Verfahrensvorschriften ist mit der sog Verfahrensrüge, die Verletzung »anderer Rechtsnormen« mit der Sachrüge geltend zu machen.

149

---

99 Kl/M-G § 337 Rn 26 ff mwN
100 Dies gilt jedenfalls für Verfahrensrügen, vgl Kl/M-G § 344 Rn 25 mwN; str bei der Sachrüge, vgl Kl/M-G § 344 Rn 16 mwN
101 Kl/M-G § 344 Rn 4 mwN
102 Kl/M-G § 337 Rn 2 ff

Die Trennlinie zwischen Verfahrensrecht und sachlichem Recht ist nicht immer eindeutig zu ziehen. In grober Abgrenzung läßt sich sagen, daß eine Norm dem Verfahrensrecht angehört, wenn sie den Weg bestimmt, auf dem der Richter zur Urteilsfindung gelangt.[103] Alle anderen Vorschriften sind dem sachlichen Recht zuzuordnen.

aa) Verfahrensrüge

150 § 344 II 2 StPO bestimmt, daß in der Revisionsbegründungsschrift im Falle der Verfahrensrüge »die den Mangel enthaltenden Tatsachen angegeben werden« müssen.

Soll beispielsweise gerügt werden, das Gericht habe einen in der Hauptverhandlung gestellten Beweisantrag zu Unrecht abgelehnt, so muß die Verfahrensrüge folgendes angeben:[104]

- den Inhalt des Beweisantrags (Beweistatsachen und Beweismittel),
- den Inhalt des gerichtlichen Ablehnungsbeschlusses,
- die Tatsachen, aus denen sich ergibt, daß der Ablehnungsbeschluß rechtsfehlerhaft ergangen ist.

151 Besonderes Augenmerk ist auch auf die strengen Anforderungen an die Begründung einer Rüge der Verletzung der richterlichen Aufklärungspflicht (§ 244 II StPO) zu richten.[105]

152 Die Begründung der Verfahrensrügen hat dabei ohne Bezugnahmen oder Verweisungen zu erfolgen. Die maßgeblichen Tatsachen müssen im Wortlaut, zumindest aber ihrem wesentlichen Inhalt nach wiedergegeben werden.[106] Die strengen Anforderungen an die Darstellung einer Verfahrensrüge sollen es dem Revisionsgericht ermöglichen, allein aufgrund der Revisionsbegründung und ohne Rückgriff auf die Akten zu prüfen, ob ein entsprechender Verfahrensfehler des Tatgerichts vorliegt. Wird den formellen Erfordernissen des § 344 II 2 StPO im Einzelfall nicht Genüge getan, so führt dies zur Unzulässigkeit der Verfahrensrüge und kann, soweit daneben nicht noch andere Verfahrensrügen oder Sachrügen in zulässiger Weise erhoben sind, die Unzulässigkeit der Revision im Ganzen zur Folge haben.[107]

bb) Sachrüge

153 Mit der Sachrüge wird das Urteil in erster Linie mit der Behauptung angefochten, das Tatgericht habe das Recht auf den im Urteil festgestellten Sachverhalt nicht richtig angewendet, und zwar sowohl hinsichtlich des Schuldspruchs als auch hinsichtlich des Rechtsfolgenausspruchs.

---

103 Kl/M-G § 337 Rn 8 mwN
104 BGHSt 3, 213
105 Vgl im Einzelnen Kl/M-G § 244 Rn 80 ff
106 Kl/M-G § 344 Rn 21 mwN
107 BGH NStZ 1991, 597

Für die Sachrüge gelten die zuvor bei der Verfahrensrüge geschilderten strengen Darstellungsanforderungen nicht. So ist es etwa zulässig, die Revisionsbegründung auf folgenden Satz zu beschränken: »Es wird die Verletzung materiellen (sachlichen) Rechts gerügt.« 154

Eine weitere Begründung der Sachrüge ist durch die StPO nicht vorgeschrieben.[108] Jedoch ist darauf hinzuweisen, daß eine Revision dann im Ganzen unzulässig sein kann, wenn die Einzelausführungen zur Sachrüge ergeben, daß der Beschwerdeführer keine Rechtsfehler rügen, sondern nur die Richtigkeit der Urteilsfeststellungen und die Beweiswürdigung angreifen will, indem er etwa die tatrichterliche Beweiswürdigung aufgrund von Behauptungen, die in den Urteilsgründen keine Stütze finden, durch eine eigene, gegensätzliche Beweiswürdigung zu ersetzen versucht.[109] 155

Mit der Sachrüge können aber auch die getroffenen Feststellungen angegriffen werden, soweit gerügt wird, das Gericht habe im Rahmen der Beweiswürdigung gegen allgemeine Denkgesetze oder Erfahrungssätze bzw gegen den Grundsatz »in dubio pro reo« verstoßen. 156

Der Rechtsfolgenausspruch unterliegt, da die Strafzumessung grundsätzlich dem Tatrichter vorbehalten ist,[110] der revisionsrechtlichen Überprüfung nur in eingeschränktem Maße. 157

Das Revisionsgericht prüft, ob die Strafzumessungserwägungen in sich rechtsfehlerhaft sind, oder ob der Tatrichter gegen die Pflicht der Abwägung der für und gegen den Angeklagten sprechenden Umstände verstoßen hat, insbes ob er rechtlich anerkannte Strafzwecke nicht in die Strafzumessung hat einfließen lassen.[111] Das Revisionsgericht prüft auch, ob die verhängte Strafe noch innerhalb des Rahmens liegt, innerhalb dessen sie ihrem Zweck, gerechter Schuldausgleich zu sein, genügen kann. Letzteres ist nur dann nicht der Fall, wenn die verhängte Strafe unvertretbar hoch oder niedrig erscheint, dem Tatrichter also ein »offensichtlich grober Fehlgriff« vorzuwerfen ist.[112]

cc) »Beruhen« des Urteils auf einer Gesetzesverletzung

Die Revision ist, wie § 337 I StPO bestimmt, nur dann begründet, wenn das angefochtene Urteil auf der Gesetzesverletzung »beruht«. Dies ist dann der Fall, wenn zumindest nicht ausgeschlossen werden kann, daß das Urteil bei richtiger Gesetzesanwendung anders ausgefallen wäre.[113] Es reicht also aus, daß ein ursächlicher Zusammenhang zwischen Gesetzesverletzung und Urteil möglich ist. 158

---

108 Anders aber bei der Revision der StA; s.u. Rn 181
109 Kl/M-G § 344 Rn 19 mwN
110 BGHSt 17, 35; BGH wistra 1982, 225
111 BGHSt 17, 35
112 Kl/M-G § 337 Rn 34 mwN
113 Kl/M-G § 337 Rn 36 ff

159 Das Revisionsgericht prüft die Beruhensfrage nicht, wenn eine der in § 338 StPO abschließend aufgeführten Gesetzesverletzungen vorliegt, da in diesen Fällen das Beruhen auf der Verletzung des Gesetzes unterstellt wird.

160 Besondere Ausführungen zur Beruhensfrage in der Revisionsbegründungsschrift sind weder bei der Verfahrens- noch bei der Sachrüge vorgeschrieben. Jedoch empfiehlt es sich, dem Revisionsgericht darzulegen, weshalb der aufgezeigte Gesetzesverstoß für das Urteil ursächlich gewesen sein soll.

4. Das weitere Verfahren

a) Zulässigkeitsprüfung durch das Tatgericht

161 Der Tatrichter überprüft die Revision zunächst nur darauf, ob sie form- und fristgemäß eingelegt und begründet wurde (§ 346 I StPO). Jede weitergehende Zulässigkeitsprüfung, wie etwa die Beachtung der Formvorschrift des § 344 II StPO, obliegt allein dem Revisionsgericht.[114] Das Tatgericht verwirft die Revision – nach Anhörung der StA gem § 33 StPO – gem § 346 I StPO als unzulässig, wenn die Revision verspätet eingelegt oder die Revisionsbegründung nicht rechtzeitig oder nicht in der nach § 345 II StPO vorgeschriebenen Form eingegangen ist. Der Revisionsführer kann gegen einen solchen Beschluß binnen einer Woche nach Zustellung gem § 346 II StPO die Entscheidung des Revisionsgerichts beantragen. Es handelt sich hierbei um ein befristetes Rechtsmittel eigener Art, welches beim iudex a quo einzulegen ist.[115]

Ist die Revision hingegen form- und fristgerecht eingelegt und begründet, so stellt sie das Tatgericht zunächst gem § 347 I 1 StPO dem Gegner des Beschwerdeführers zu.

b) Gegenerklärung des Revisionsgegners

162 Nach § 347 I 2 StPO steht es dem Gegner des Revisionsführers frei, binnen einer Woche eine schriftliche Gegenerklärung einzureichen. Diese Vorschrift wird, wenn Gegner des Revisionsführers – wie in der Praxis zumeist – die StA ist, durch Nr. 162 RiStBV konkretisiert. Danach kann die StA von einer Gegenerklärung in der Regel dann absehen, wenn die Revision nur auf Sachrügen gestützt wird (Nr. 162 I RiStBV). Wird das Urteil jedoch – zumindest auch – auf eine oder mehrere Verfahrensrügen gestützt, so hat die StA insoweit eine Gegenerklärung abzugeben, wenn anzunehmen ist, daß dem Revisionsgericht dadurch die Prüfung der Revisionsbeschwerden erleichtert wird und zeitraubende Rückfragen und Erörterungen vermieden werden (Nr. 162 II 1 RiStBV). Im Zweifel sollte der StA davon ausgehen, daß die Abgabe einer Gegenerklärung die Prüfung einer Verfahrens-

---

114 Kl/M-G § 346 Rn 2 mwN
115 Kl/M-G § 346 Rn 8 mwN

rüge erleichtert und deshalb auf die Gegenerklärung in der Regel nicht verzichten. Nr. 162 II RiStBV gibt bezüglich des Inhalts der Gegenerklärung detaillierte Hinweise. Wie sich aus der zitierten Vorschrift selbst ergibt, dient die staatsanwaltschaftliche Gegenerklärung nicht der inhaltlichen Auseinandersetzung mit den erhobenen Rügen, sondern nur der Erleichterung dieser Auseinandersetzung für das Revisionsgericht und die StA bei diesem Gericht. Der StA soll also dem Revisionsgericht die Prüfung von Verfahrensrügen vorbereiten, indem er alle im Zusammenhang mit der Verfahrensrüge bedeutsamen tatsächlichen Vorgänge, die insbes im Hauptverhandlungsprotokoll dokumentiert sind, erschöpfend darstellt.

Eine Gegenerklärung der StA könnte etwa folgenden Inhalt haben: 163

Revisionsgegenerklärung

In der Strafsache gegen Markus Müller
   wegen unerlaubten Entfernens von Unfallort

wird auf die Revision des Angeklagen (Bl. 223 d.A.) folgende Gegenerklärung abgegeben:

Zur Rüge der Verletzung des § 244 III StPO:

Ausweislich der Niederschrift über die Sitzung der 7. Strafkammer vom 16.5.1999 hat der Verteidiger folgenden Beweisantrag gestellt (Bl. 198 d.A.):

"Zum Beweis der Tatsache, daß der Zeuge Herrmann den Angeklagten durch den Innenspiegel seines Pkw nicht erkannt haben kann, wird beantragt, dem Zeugen Herrmann eine erneute Lichtbildmappe mit Fotos vorzulegen, auf denen lediglich die obere Gesichtshälfte (Augenpartie und Stirn) abgebildet ist. Dies wird ergeben, daß der Zeuge nicht in der Lage ist und gewesen sein kann, den Angeklagten nur anhand dieses Bildausschnitts zu identifizieren."

Hierauf erging folgender Beschluß der Kammer (Bl. 199 d.A.):

"Der Beweisantrag, dem Zeugen Herrmann eine Lichtbildmappe mit Fotos vorzulegen, auf denen nur Stirn und Augenpartie zu erkennen sind, wird wegen Bedeutungslosigkeit der Beweistatsache abgelehnt.

Gründe:

Die Indiztatsache ist aus tatsächlichen Gründen bedeutungslos, da sie selbst im Falle ihres Erwiesenseins die Entscheidung nicht beeinflussen könnte, da der Zeuge die Wiedererkennung des Angeklagten nicht allein auf diese Tatsache stützte, sondern die Wiedererkennung eine Summe aus kurzem Blickkontakt und Erkennen der Augen- und Stirnpartie im Spiegel war."

Die Niederschrift enthält weiter folgenden Vermerk (Bl. 201 d.A.):

"Nach Vernehmung eines jeden Zeugen sowie nach Verlesung eines jeden Schriftstücks wurden der Angeklagte und sein Verteidiger befragt, ob sie etwas zu erklären haben. Es wurden keine weiteren Beweisanträge gestellt. Die Beweisaufnahme wurde geschlossen."

(Unterschrift / Namensstempel)

164 Wurde über einen Beweisantrag erst in den Urteilsgründen entschieden, so genügt ein Verweis auf die Seite der Urteilsabschrift (Nr. 162 II 6 RiStBV).

165 § 347 StPO sieht eine Mitteilung der Gegenerklärung an den Beschwerdeführer nicht vor. Jedoch bestimmt Nr. 162 III 1 RiStBV, daß die Gegenerklärung der StA dem Beschwerdeführer mitzuteilen ist. Enthält die Gegenerklärung erhebliche neue Tatsachen oder Beweisergebnisse, so ist sie gem Nr. 162 III 3 RiStBV dem Revisionsführer zuzustellen.

166 Sodann wird die Gegenerklärung mit einer Begleitverfügung dem Tatgericht vorgelegt:

Verfügung vom

1. Herrn AL zur Kenntnisnahme.
2. Revisionsgegenerklärung nach anliegendem Entwurf in Reinschrift zu den Akten fertigen.
3. 4 Abschriften der Gegenerklärung fertigen, davon 3 beglaubigt.
4. 2 beglaubigte Abschriften zunächst lose zur Handakte nehmen.
5. Eine beglaubigte Abschrift an Verteidiger (Bl. 30 d.A.) gegen EB.
6. UmA Herrn Vorsitzenden der 7. Strafkammer des LG Dresden gem § 347 I 2 StPO m.d.B. um Kenntnisnahme von anliegender Gegenerklärung.
7. WV sp. 30.8.1999 (Revisionsübersendungsbericht).

(Unterschrift / Namensstempel)

---

167 Der Vorsitzende des Tatgerichts leitet die Akten der StA zur Übersendung an das Revisionsgericht zurück, wenn er von der Gegenerklärung Kenntnis genommen hat, bzw die Frist zur Gegenerklärung verstrichen ist (§ 347 II StPO, Nr. 162 IV RiStBV).

c) Übersendungsbericht der StA

168 Für die Übersendung der Akten an das Revisionsgericht enthält die StPO keine Regelung. Maßgeblich sind vielmehr die Vorschriften der Nr. 163 bis 166 RiStBV.

Die Akten werden dem Revisionsgericht über die StA bei diesem Gericht vorgelegt (Nr. 163 I 1 RiStBV). Ist die Revision von der StA eingelegt worden, so hat sie die Akten auf jeden Fall zunächst dem GenStA beim OLG vorzulegen (Nr. 163 I 2 RiStBV), denn dieser hat – auch dann, wenn für die Entscheidung über die Revision der BGH zuständig ist, – die Beachtung der Förmlichkeiten und die Erfolgsaussichten zu prüfen (Nr. 168 RiStBV).

169 Bevor der StA den Übersendungsbericht fertigt, überprüft er die notwendigen Vollmachten und Zustellungen und wirkt ggf auf die Beseitigung entsprechender Mängel hin (Nr. 163 III RiStBV).

170 Einzelheiten zu Form und Inhalt des Übersendungsberichts sind Nr. 164 RiStBV zu entnehmen. Bei den StA stehen idR Formulare zur Verfügung,

die sich an den Vorgaben der RiStBV orientieren und dem StA die Arbeit iSd Vollständigkeit der erforderlichen Angaben erleichtern. Entsprechend ist zB auch das in TV-StA enthaltene Formular »ber-rev-1« gestaltet.

Für das Revisionsgericht und die StA beim Revisionsgericht sind durch die Geschäftsstelle sog Beihefte zu fertigen. Diese haben, wie Nr. 165 RiStBV bestimmt, je eine Ausfertigung oder beglaubigte Abschrift **171**

– des angefochtenen Urteils,
– jedes weiteren in diesem Verfahren ergangenen Urteils (also auch eines erstinstanzlichen),
– eines nach § 346 I StPO ergangenen Beschlusses des Tatgerichts,
– der Revisionseinlegungs- und Revisionsbegründungsschrift,
– der Gegenerklärung und einer etwaigen Erwiderung,
– aller sonstigen die Revision betreffenden Schriftstücke, wie etwa Wiedereinsetzungsanträge oder Anträge gem § 346 II StPO (auch die eine Wiedereinsetzung in die Revisionseinlegungs- oder Revisionsbegründungsfrist ablehnenden Beschlüsse des unzuständigen Tatrichters, was, wie die Praxis zeigt, immer wieder vorkommt)

zu enthalten.

Auch eine Abschrift des Übersendungsberichts gehört in jedes Beiheft. Der StA sollte vor der Abfertigung überprüfen, ob die Beihefte vollständig, chronologisch geheftet und paginiert sind. **172**

Die StA beim Revisionsgericht leitet sodann die Akten an das Revisionsgericht weiter, wobei sie einen in der Regel mit Gründen versehenen Antrag stellt. Hat die StA die Revision eingelegt, so kann zunächst der zur Überprüfung der Erfolgsaussicht berufene GenStA beim OLG die Revision selbst zurücknehmen oder die StA zur Rücknahme anweisen, wenn er die Revision nicht für angebracht oder nicht erfolgversprechend hält (Nr. 168 I 2 RiStBV). **173**

d) Entscheidung des Revisionsgerichts

Die Entscheidung des Revisionsgerichts kann durch Beschluß oder durch Urteil ergehen. **174**

Das Gericht entscheidet über die Revision durch Beschluß, **175**

– wenn die Revision bereits unzulässig ist (§ 349 I StPO),
– wenn es die Revision **einstimmig** für offensichtlich unbegründet erachtet und die StA beim Revisionsgericht die Verwerfung als unbegründet beantragt hat (§ 349 II StPO). Diese Möglichkeit ist bei einer von der StA eingelegten Revision mehr theoretischer Natur, da in diesen Fällen der GenStA die Rücknahme der Revision anweisen wird, anstatt deren Verwerfung als unbegründet zu beantragen,
– wenn es die **zugunsten des Angeklagten** eingelegte Revision einstimmig für begründet erachtet (§ 349 IV StPO).

Wiegner/Magnussen

176 Kommt keine der vorgenannten Verfahrensweisen in Betracht, so hat das Gericht über die Revision durch Urteil aufgrund einer Hauptverhandlung zu entscheiden (§ 349 V StPO).

177 In der Sache hat das Revisionsgericht folgende Entscheidungsmöglichkeiten:
- Verwerfung der Revision als unzulässig oder unbegründet,
- Aufhebung des angefochtenen Urteils (im ganzen oder teilweisen Umfang der Anfechtung) und Zurückverweisung (§ 354 II StPO),
- Aufhebung des angefochtenen Urteils und Fällen einer eigenen Sachentscheidung (§ 354 I StPO).[116]

e) Wirkung der Revisionsentscheidung

178 Verwirft das Revisionsgericht die Revision im Ganzen, oder trifft es unter Aufhebung des angefochtenen Urteils eine eigene Sachentscheidung im Umfang der Anfechtung, so ist das Verfahren damit rechtskräftig abgeschlossen.

Wird die Sache jedoch nach Aufhebung zurückverwiesen, so ist – auch für den StA- für die erneute Verhandlung folgendes zu beachten:
- Das zur erneuten Sachentscheidung berufene Gericht ist an die rechtliche Beurteilung des Revisionsgerichts gebunden, soweit diese der Aufhebung zugrunde liegt (§ 358 I StPO).
- Zugunsten des Angeklagten gilt das Verbot der reformatio in peius, wenn nur dieser (oder die StA zu seinen Gunsten) die Revision eingelegt hatte (§ 358 II StPO).

5. Die Revision der StA

a) Allgemeines

179 Für die Beantwortung der Frage, in welchen Fällen der StA vom Rechtsmittel der Revision Gebrauch machen sollte, sind zunächst die oben dargestellten allgemeinen Grundsätze zur Rechtsmitteleinlegung zu beachten.[117] Der StA prüft also, ob die Revision Aussicht auf Erfolg hat und ob wesentliche Belange der Allgemeinheit oder der Verfahrensbeteiligten die Einlegung gebieten (Nr. 147 i 1 RiStBV). Insbes sollte bei Erwägung einer auf das Strafmaß beschränkten Revision die Erfolgsaussicht im Hinblick auf die eingeschränkte Revisibilität der tatrichterlichen Rechtsfolgenentscheidung eingehend geprüft werden. Besonderes Augenmerk sollte aber auch auf die Bestimmung der Nr. 147 I 2 RiStBV gelegt werden:

---

116 Vgl hierzu im Einzelnen Kl/M-G § 354 Rn 1 ff
117 Oben Rn 17 ff

Entspricht eine Entscheidung der Sachlage, so kann sie auch dann unangefochten bleiben, wenn eine Rechtsnorm nicht oder nicht richtig angewendet worden ist. Ob eine Entscheidung »der Sachlage« entspricht, ist Frage des Einzelfalles. Hier wird stets ein Blick auf das Strafmaß zu werfen sein. Erscheint dieses schuldangemessen und wäre auch bei richtiger Gesetzesanwendung keine höhere oder niedrigere Strafe zu erwarten, so kann von der Revisionseinlegung idR abgesehen werden.[118]

Die Frage, ob er gegen ein Urteil, gegen das auch das Rechtsmittel der Berufung zulässig wäre, eine Sprungrevision (§ 335 StPO) einlegen soll, wird der StA nach Zweckmäßigkeitsgesichtspunkten im Einzelfall entscheiden. Liegen dem angefochtenen Urteil Fehler zugrunde, die nur den konkreten Fall betreffen und deren Wiederholung nicht zu besorgen ist, so ist wird idR das Rechtsmittel der Berufung vorzuziehen sein. Ist jedoch dem erstinstanzlichen Gericht bereits in der Vergangenheit ein bestimmter Rechtsfehler wiederholt unterlaufen oder ist dies für die Zukunft zu besorgen, so empfiehlt es sich, die strittige Frage direkt durch das Revisionsgericht entscheiden zu lassen.[119]

180

b) Revisionseinlegung

Die Entscheidung über die Einlegung der Revision obliegt dem zuständigen Sachbearbeiter. War dieser nicht selbst in der Hauptverhandlung zugegen, so sollte er umgehend Rücksprache mit dem Sitzungsvertreter halten, um sich ein Bild über die Gebotenheit und Erfolgsaussicht einer Revision machen zu können. IdR wird der Sitzungsvertreter bereits im Sitzungsbericht dazu Stellung genommen haben, ob er die Einlegung eines Rechtsmittels für geboten hält.

181

Die Revisionseinlegung erfolgt unter Beachtung der oben[120] dargestellten Frist- und Formvorschriften nach Gegenzeichnung durch den Abteilungsleiter.[121] Es ist, obwohl in der Praxis häufig vorkommend, nicht vorgeschrieben, mit der Revisionseinlegung bereits eine vorläufige Begründung, wie etwa die Beifügung des Satzes »Gerügt wird die Verletzung materiellen Rechts«, vorzunehmen.

c) Revisionsbegründung

Für die Revisionsbegründung gelten zunächst die oben zur Form, Frist und Inhalt der Begründungsschrift dargestellten Erfordernisse.[122]

182

---

118 Vgl Amelunxen S 21 f.; anders aber im Fall der Nr. 147 II RiStBV
119 Vgl Amelunxen S 33
120 Oben Rn 137 ff
121 Vgl zB Nr. 15 II Sächs. VwVOrgStA
122 Oben Rn 137 ff, Rn 149 ff

Darüber stellt Nr. 156 RiStBV an die Revisionsbegründung der StA jedoch noch weitergehende Anforderungen: Auch wenn nur die Verletzung materiellen Rechts gerügt wird, soll der StA seine Revision stets so rechtfertigen, daß klar ersichtlich ist, in welchen Ausführungen des angefochtenen Urteils er eine Rechtsverletzung erblickt und auf welche Gründe er seine Rechtsauffassung stützt (Nr. 156 II RiStBV). Wird die Revision auf die Verletzung von Verfahrensrecht gestützt, so hat der StA die Rügen nicht nur gem § 344 II 2 StPO zu begründen, sondern auch die Aktenstellen, auf die sich die Rügen beziehen, zB Teile des Hauptverhandlungsprotokolls, abschriftlich in der Revisionsbegründung anzuführen (Nr. 156 III RiStBV).

Eine weitere Besonderheit für die Revision der StA ergibt sich aus § 339 StPO: Nach dieser Vorschrift kann die Verletzung von Rechtsnormen, die lediglich zugunsten des Angeklagten gegeben sind,[123] von der StA nicht zu dem Zweck geltend gemacht werden, eine Aufhebung des Urteils zum Nachteil des Angeklagten herbeizuführen.

183 Nach Fertigung der Revisionsbegründung wird diese dem Tatgericht zugeleitet. Die Begleitverfügung könnte etwa folgenden Inhalt haben:

Verfügung
1. Herrn AL wegen anliegender Revisionsbegründung.
2. Revisionsbegründung nach anliegendem Entwurf in Reinschrift zu den Akten fertigen mit 5 Abschriften, davon 3 beglaubigt.
3. Entwurf und eine Abschrift zu den Handakten nehmen.
4. Zwei beglaubigte Abschriften lose zu den Handakten nehmen.
5. UmA an Herrn Vorsitzenden der 7. Strafkammer des LG Dresden gem § 345 StPO unter Bezugnahme auf anliegende Revisionsbegründung.
(Unterschrift / Namensstempel)

184 Die Zustellung der Revisionsbegründung an den Beschwerdegegner gem § 347 I 1 StPO hat nicht die StA, sondern das Gericht vorzunehmen.[124] Das weitere Verfahren verläuft wie oben[125] dargestellt.

---

123 Kl/M-G § 339 Rn 3 ff
124 Kl/M-G § 347 Rn 1 mwN
125 Oben Rn 161 ff

V. Wiederaufnahme des Verfahrens

1. Allgemeines

In der täglichen staatsanwaltschaftlichen Praxis wird der einzelne Dezernent nur in Ausnahmefällen mit dem Wiederaufnahmeverfahren konfrontiert werden. Überwiegend ist innerhalb der StA einigen wenigen StA die Bearbeitung von Wiederaufnahmeanträgen übertragen. Dabei wird der für das Wiederaufnahmeverfahren zuständige StA idR nicht mit Wiederaufnahmeanträgen gegen Urteile der Gerichte am Sitz seiner Behörde befaßt sein. Diese Verfahren werden vielmehr an die StA am Sitz des Wiederaufnahmegerichts (§§ 140a, 143 GVG) abgegeben und dort bearbeitet.

185

Obwohl die allgemeinen Vorschriften über Rechtsmittel auch im Wiederaufnahmeverfahren gelten (§ 365 StPO), ist der Antrag auf Wiederaufnahme des Verfahrens kein Rechtsmittel, sondern ein Rechtsbehelf eigener Art.

186

Die Wiederaufnahme des Verfahrens ermöglicht es dem Antragsberechtigten, eine bereits mit rechtskräftigem Sachurteil abgeschlossene Strafsache, welche sich im Nachhinein als möglicherweise unrichtig erweist, im Interesse der Gerechtigkeit überprüfen und ggf korrigieren zu lassen. Mit der Durchführung des Wiederaufnahmeverfahrens wird die Rechtskraft des Urteils im Interesse einer materiell richtigen Entscheidung durchbrochen. Die Strafsache wird im Falle eines zulässigen und begründeten Wiederaufnahmegesuchs faktisch in das Stadium der gerichtlichen Hauptverhandlung zurückversetzt.[126] Im Wiederaufnahmeverfahren erfolgt grundsätzlich nur die Nachprüfung der tatsächlichen, nicht aber der rechtlichen Grundlagen der Verurteilung – eine Ausnahme bilden die Wiederaufnahmegründe gem §§ 359 Nr. 3, 362 Nr. 3 StPO.

Die Wiederaufnahme des Verfahrens ist im Interesse der Rechtssicherheit nur unter bestimmten, eng begrenzten Voraussetzungen möglich. Die Gründe, die – zugunsten oder zuungunsten des Verurteilten – zur Wiederaufnahme des Verfahrens führen können, sind abschließend geregelt. In der Praxis kommt dabei dem Wiederaufnahmegrund gem § 359 Nr. 5 StPO die größte Bedeutung zu.

187

Hiernach kann das rechtskräftig abgeschlossene Verfahren wieder aufgenommen werden, wenn neue Beweismittel oder Tatsachen beigebracht werden, die für sich allein oder iVm den früher erhobenen Beweisen geeignet sind,

– die Freisprechung des Angeklagten oder

---

126 Kl/M-G vor § 359 Rn 2

– eine wesentlich andere Entscheidung über die Maßregel der Besserung oder Sicherung
oder
– in Anwendung eines milderen Strafgesetzes eine geringere Bestrafung zu begründen.

188 Über die Zulassung eines Wiederaufnahmeantrages entscheidet das nach § 140a GVG zuständige Gericht (§ 367 I 1 StPO). Die für die Entscheidung im Wiederaufnahmeverfahren örtlich zuständigen Gerichte werden durch das Präsidium des OLG vor Beginn des Geschäftsjahres bestimmt (§ 140a II GVG). Obwohl diese Bestimmung keinen Akt der Geschäftsverteilung nach § 21e I GVG[127] darstellt, findet sich oftmals im Anhang zum Geschäftsverteilungsplan des OLG die entsprechende Regelung über die örtlich zuständigen Wiederaufnahmegerichte.

Da sich die örtliche Zuständigkeit der Beamten der StA durch die örtliche Zuständigkeit der Gerichte bestimmt (§ 143 I GVG), ist die StA bei dem Wiederaufnahmegericht am Wiederaufnahmeverfahren beteiligt. Dies gilt auch für die Entscheidung über den Aufschub sowie die Unterbrechung der Vollstreckung (§ 360 II StPO) und die Behandlung von Anträgen auf Bestellung eines Verteidigers für das Wiederaufnahmeverfahren bzw für die Vorbereitung des Wiederaufnahmeverfahrens (§§ 364a, 364b StPO).[128]

189 Die Wiederaufnahme des Verfahrens findet sowohl zugunsten als auch zuungunsten des Verurteilten statt.

2. Zulässigkeit

190 Die Wiederaufnahme des Verfahrens ist zulässig gegen eine durch rechtskräftiges Sachurteil abgeschlossene Strafsache. Dabei gelten die Bestimmungen über das Wiederaufnahmeverfahren sowohl für die Aburteilung durch Urteil als auch durch Strafbefehl (§ 373 a II StPO). Danach ist über § 362 StPO hinaus die Wiederaufnahme eines durch rechtskräftigen Strafbefehl abgeschlossenen Verfahrens zuungunsten des Verurteilten auch dann zulässig, wenn die StA neue Tatsachen oder Beweismittel beibringt, die allein oder iVm den früher erhobenen Beweisen geeignet sind, die Verurteilung wegen eines Verbrechens zu begründen (§ 373 a I StPO).[129]

191 Nur dann, wenn einer der gesetzlich genau definierten Wiederaufnahmegründe vorliegt, ist das Wiederaufnahmeverfahren zulässig. Soweit bei Vorliegen eines solchen Grundes das Wiederaufnahmeverfahren nur zu einer anderen Bemessung der Strafe aufgrund desselben Strafgesetzes oder zur Milderung der Strafe wegen verminderter Schuldfähigkeit führen soll, wäre

---

127 Kl/M-G § 140a GVG Rn 2
128 Kl/M-G § 367 Rn 2
129 Zum Gang des Verfahrens vgl Kl/M-G § 373a Rn 4

das Wiederaufnahmegesuch trotzdem als unzulässig zu verwerfen (§ 363 I StPO). So soll ein Fall des § 363 I StPO auch dann vorliegen, wenn etwa eine Verurteilung wegen § 242 StGB anstatt wegen § 243 StGB angestrebt wird.[130] Weder der Abschluß der Vollstreckung noch der Tod des Verurteilten stehen der Wiederaufnahme des Verfahrens entgegen (§ 361 I StPO). Ist der Verurteilte verstorben, geht das Antragsrecht auf dessen Angehörige über (§ 361 II StPO).

Der Wiederaufnahmeantrag ist an keine Frist gebunden.

Die Wiederaufnahmegründe sind abschließend in den §§ 359, 362, 373a StPO, 79 I BVerfGG geregelt.

Eine Wiederaufnahme des Verfahrens ist danach sowohl zugunsten als auch zuungunsten des Verurteilten möglich, wenn das Urteil auf einer der folgenden Straftaten beruht: **192**

– einer Urkundenfälschung (§§ 359 Nr. 1, 362 Nr. 1 StPO)
– einem Aussagedelikt eines Zeugen oder Sachverständigen(§§ 359 Nr. 2, 362 Nr. 2 StPO)
– einer strafbaren Amtspflichtverletzung des Richters oder eines Schöffen(§§ 359 Nr. 3, 362 Nr. 3 StPO).

In all diesen Fällen muß für die Zulässigkeit des Wiederaufnahmeantrages eine Verurteilung wegen der Straftat erfolgen oder die Einleitung bzw Durchführung des Strafverfahrens rechtlich oder tatsächlich (zB wegen Amnestie, Tod, Verjährung) unmöglich sein (§ 364 1 StPO).

Nur zugunsten des Verurteilten ist die Wiederaufnahme zulässig, wenn: **193**

– ein Zivilurteil, auf welches sich das Strafurteil gründet, aufgehoben wird (§ 359 Nr. 4 StPO)
– neue für den Verurteilten günstige Beweismittel oder Tatsachen vorgebracht werden, die zu einer bestimmten Rechtsfolge führen können (§ 359 Nr. 5 StPO)
– das Urteil auf einer Norm beruht, die durch das BVerfG für verfassungswidrig erklärt wurde bzw sich das Urteil auf eine für verfassungswidrig erklärte Auslegung einer Rechtsnorm stützt (§ 79 I BVerfGG).

Nur zuungunsten des Verurteilten findet die Wiederaufnahme statt, wenn **194**

– der Freigesprochene vor Gericht oder außergerichtlich ein glaubwürdiges Geständnis ablegt (§ 362 Nr. 4 StPO)
– im Strafbefehlsverfahren neue Beweismittel oder Tatsachen beigebracht werden, die geeignet sind, eine Verurteilung wegen eines Verbrechens zu begründen (§ 373a I StPO).

---

130 Kl/M-G § 363 Rn 5 mwN; aM KMR-Paulus § 363 Rn 5

3. Verfahrensgang

195 Das Wiederaufnahmeverfahren gliedert sich in drei Abschnitte:

a) die Prüfung der Zulässigkeit des Wiederaufnahmegesuchs (Aditionsverfahren gem §§ 366 ff StPO)
b) die Prüfung der Begründetheit des Wiederaufnahmeantrags (Probationsverfahren gem §§ 369 ff StPO)
c) die Wiederholung der Hauptverhandlung (Ausnahme: § 371 StPO).

Der dritte Abschnitt des Wiederaufnahmeverfahrens – die Erneuerung der Hauptverhandlung – hat dabei eigentlich nichts mehr mit dem eigentlichen Wiederaufnahmeverfahren zu tun. Es findet nämlich eine neue, von der ersten unabhängige Hauptverhandlung statt.[131]

a) Aditionsverfahren

196 Mit Eingang des Wiederaufnahmeantrages bei dem nach § 140 a GVG zuständigen Wiederaufnahmegericht wird auch die Zuständigkeit der StA am Sitz des Wiederaufnahmegerichts für das Wiederaufnahmeverfahren begründet.

Es erfolgt innerhalb der für das Wiederaufnahmeverfahren zuständigen StA eine Neueintragung des Vorgangs. Eine neue Zählkarte wird nicht vergeben.

197 Sodann erfolgt die Vorlage der Akten an den für das Wiederaufnahmeverfahren zuständigen Dezernenten. Der StA, der die Anklage oder die Antragsschrift verfaßt hat oder der an der Hauptverhandlung gegen den Verurteilten teilgenommen hat, soll idR in dem von dem Verurteilten beantragten Wiederaufnahmeverfahren nicht mitwirken (Nr. 170 I RiStBV).

Der Dezernent prüft den Wiederaufnahmeantrag auf seine Zulässigkeit. Die Zulässigkeitsprüfung erstreckt sich auf die Einhaltung der Formvorschriften (§ 366 II StPO), die Beschwer des Antragstellers, die Geltendmachung eines gesetzlichen Wiederaufnahmegrundes sowie die Geeignetheit der Beweismittel. Dabei wird im Aditionsverfahren die Richtigkeit der Beweismittel nicht überprüft, sondern unterstellt.

198 Für den in der Praxis bedeutendsten Wiederaufnahmegrund des § 359 Nr. 5 StPO bedeutet dies, daß der StA zuerst prüft, inwieweit die vorgebrachten Beweismittel und Tatsachen neu sind. Dies geschieht anhand des rechtskräftigen Urteils und des gesamten übrigen Akteninhalts. Allein der Umstand, daß Tatsachen oder Beweismittel im Urteil keine Erwähnung gefunden haben, macht sie nicht neu. Die Tatsache oder das Beweismittel dürfen dem erstinstanzlichen Gericht vielmehr nicht bekannt gewesen

---

131 Kl/M-G vor § 359 Rn 3

sein.[132] Kann die Neuheit der Beweismittel nicht festgestellt werden, ist der Wiederaufnahmeantrag unzulässig.[133] Weiter prüft der StA die Geeignetheit der beigebrachten Beweismittel sowie deren Erheblichkeit. Er untersucht im Wege einer Schlüssigkeitsprüfung, ob die im Antrag vorgebrachten Beweismittel oder Tatsachen, ihre Richtigkeit unterstellt, in einer neuen Hauptverhandlung eine der für den Angeklagten in § 359 Nr. 5 StPO bezeichneten Rechtsfolgen erwarten lassen.

Nach Abschluß seiner Prüfung gibt die StA zur Frage der Zulässigkeit des Wiederaufnahmeantrags eine Stellungnahme ab und leitet die Akten dem Wiederaufnahmegericht zu. 199

Soweit die Formvorschriften nicht eingehalten sind, im Wiederaufnahmegesuch keine gesetzlichen Wiederaufnahmegründe geltend gemacht wurden oder keine geeigneten Beweismittel aufgeführt sind, beantragt die StA die Verwerfung des Antrags als unzulässig (§ 368 I StPO). 200

Wurde mit dem Wiederaufnahmeantrag auch der Aufschub bzw die Unterbrechung der Vollstreckung beantragt, gibt der Dezernent auch hierzu eine Stellungnahme ab. Für den Fall, daß der Wiederaufnahmeantrag unzulässig ist, beantragt er die Ablehnung des Antrags auf Unterbrechung bzw Aufschub der Vollstreckung. 201

Die Verfügung könnte wie folgt lauten: 202

Verfügung
   1. Abdruck der Vfg. sowie von Bl. _____ zur Handakte
   2. Versendung vormerken
   3. wv
   4. Urschriftlich mit Akten   Bd. Strafakten, Az.
                                 Bd. Beiakten, Az.
     an das Amtsgericht _____

   In der Strafsache   gegen
                           wegen
   beantrage ich,
   a) das Wiederaufnahmegesuch als unzulässig zu verwerfen;
   b) den Antrag auf Aufschub der Vollstreckung abzulehnen;
   c) dem Verurteilten die Kosten des Wiederaufnahmeverfahrens aufzuerlegen.

   Gründe: Es folgt die rechtliche Würdigung des StA.

Wird das Wiederaufnahmegesuch wegen Formmängel als unzulässig verworfen, so kann es unter Einhaltung der Formvorschriften aus den gleichen Gründen wiederholt werden. 203

---

132 Vgl zum Ganzen Kl/M-G § 359 Rn 27-36
133 KMR-Paulus § 368 Rn 9

204   Erweist sich der Wiederaufnahmeantrag nach Prüfung als zulässig, beantragt die StA gegenüber dem Wiederaufnahmegericht die Zulassung des Wiederaufnahmeantrags. Auch in diesem Fall wird der Antrag begründet.

205   Gegen den Beschluß nach § 368 StPO steht der StA ebenso wie dem Antragsteller das Rechtsmittel der sofortigen Beschwerde zur Seite (§ 372 I StPO).

b) Probationsverfahren

206   Wird der Wiederaufnahmeantrag für zulässig erklärt, beginnt die Begründetheitsprüfung, das sog Probationsverfahren (§§ 369 ff StPO).

Das Wiederaufnahmegericht übersendet gem § 41 StPO dazu die Akten mit dem Zulässigkeitsbeschluß unter Bestimmung einer Erklärungsfrist der StA (§ 368 II StPO).

Die StA prüft, ob sie von ihrem Beschwerderecht gem § 372 I StPO gegen den Zulässigkeitsbeschluß Gebrauch machen will. Ist ein Rechtsmittel nicht veranlaßt, gibt der Dezernent eine Erklärung zum Wiederaufnahmegesuch gem § 368 II StPO ab. Das Wiederaufnahmegericht ordnet nach Rücklauf der Akten die Erhebung der Beweise an (§ 369 StPO). Die angetretenen Beweise werden – soweit notwendig – vom beauftragten Richter erhoben.

207   Vorermittlungen der StA oder der Polizei, welche zulässig sind, ersetzen nicht die Beweisaufnahme. Sie dürfen vielmehr vom Gericht nicht berücksichtigt werden.[134] Das Gericht darf StA oder Polizei auch nicht mit Beweiserhebungen beauftragen. Die auf diesem Weg gewonnenen Beweisergebnisse wären unverwertbar.[135] StA und Polizei dürfen aber technische Hilfe (zB Herstellung von Skizzen und Lichtbildern) leisten.

Der StA steht ein Anwesenheitsrecht bei der Vernehmung von Zeugen oder Sachverständigen sowie bei der Einnahme eines richterlichen Augenscheins zu (§ 369 I 1 StPO).

208   Nach Abschluß der Beweisaufnahme gibt die StA innerhalb der vom Wiederaufnahmegericht bestimmten Frist eine Erklärung über das Ergebnis der Beweiserhebung ab (§ 369 IV StPO).

209   Haben die im Wiederaufnahmegesuch aufgestellten Behauptungen keine genügende Bestätigung gefunden oder kann ausgeschlossen werden, daß die Wiederaufnahmegründe der §§ 359 Nr. 1 und Nr. 2, 362 Nr. 1 und Nr. 2 StPO Einfluß auf die Entscheidung hatten, lautet der Antrag der StA auf Verwerfung des Wiederaufnahmeantrages als unbegründet (§ 370 I StPO). Die StA begründet ihren Antrag gegenüber dem Wiederaufnahmegericht.

---

134   Kl/M-G § 369 Rn 3
135   OLG Celle MDR 1991, 1077

Erweist sich der Antrag als begründet, beantragt die StA die Anordnung 210
der Wiederaufnahme des durch rechtskräftigen Urteils abgeschlossenen
Verfahrens und die Erneuerung der Hauptverhandlung. Auch diesen
Antrag begründet die StA gegenüber dem Wiederaufnahmegericht.

Gegen den Beschluß, mit dem das Gericht die Wiederaufnahme des Verfahrens und die Erneuerung der Hauptverhandlung anordnet, steht der StA kein Beschwerderecht zu (§ 372 Nr. 2 StPO). Der Beschluß, der das Wiederaufnahmegesuch als unbegründet verwirft, ist dagegen mit sofortiger Beschwerde anfechtbar.

Der Begründetheitsbeschluß des Wiederaufnahmegerichts beseitigt die materielle Rechtskraft und die Vollstreckbarkeit des ersten Urteils.

c)   Erneuerung der Hauptverhandlung

Dem begründeten Wiederaufnahmeantrag folgt idR die neue Hauptver- 211
handlung (§ 370 II StPO). Diese ist von der ersten unabhängig. Die neue
Hauptverhandlung kann erneut mit einer Verurteilung, mit einem Freispruch oder einer Einstellung enden. Es gilt – soweit der Wiederaufnahmeantrag zugunsten des Verurteilten gestellt wurde – das Verschlechterungsverbot. Gegen das Urteil sind die gewöhnlichen Rechtsmittel zulässig.

Ohne Durchführung einer Hauptverhandlung kann eine Freisprechung 212
erfolgen, wenn

- der Verurteilte verstorben ist (§ 371 I StPO),
- die StA zustimmt (Ausnahme: Privatklage) auch in anderen Fällen nach Ermessen des Gerichts bei eindeutiger Beweislage (§ 371 II StPO).

Die StA ist gehalten, einer Freisprechung ohne neue Hauptverhandlung nur ausnahmsweise zuzustimmen (Nr. 171 RiStBV).

Die Freisprechung ohne Hauptverhandlung gem § 371 I, II StPO erfolgt durch Beschluß.[136]

Erfolgt die Freisprechung ohne Hauptverhandlung, kann der Antragsteller 213
die Bekanntmachung durch Bundesanzeiger und ggf anderer Blätter erlangen, um so seine Rehabilitierung öffentlich kundzutun (§ 371 IV StPO).
Die Vollziehung der Anordnung ist Sache der StA als VollstrB (§ 463c StPO).

---

136 BGHSt 8, 383

KAPITEL 3 - STRAFVOLLSTRECKUNG

Überblick

I. Grundlagen..	1–11
1. Aufgaben...	3–5
2. Vorschriften..	6
3. Nachdrückliche Vollstreckung und Vollstreckungshindernisse; Zurückstellung der Vollstreckung	7–8
4. Bestellung eines Pflichtverteidigers im Vollstreckungsverfahren.....	9
5. Akteneinsicht/Auskünfte aus Akten...........................	10–11
II. Zuständigkeit und Aufgaben der VollstrB	12–57
1. Sachliche Zuständigkeit und sachliche Notzuständigkeit	13–16
a) Vollstreckung gegen Erwachsene	13
b) Verurteilte nach Jugendrecht	14–16
2. Funktionale Zuständigkeit......................................	17–27
a) Erwachsenenrecht, § 31 II RPflG und Begrenzungsverordnung...	20–23
b) Nach Jugendrecht Verurteilte, § 31 V RPflG	24–27
3. Örtliche Zuständigkeit..	28–33
a) Erwachsenenrecht	28–31
b) Nach Jugendrecht Verurteilte	32–33
4. Beteiligung mehrerer VollstrB und Kompetenzkonflikte	34–35
5. Vollstreckungshilfe...	36–43
a) (Nicht-)Anwendungsbereich des § 9 StVollstrO	37–40
b) Ländervereinbarung Strafvollstreckung......................	41–43
6. Vollstreckung gegen Soldaten der Bundeswehr	44–45
7. Aufgaben der Gerichtshilfe in Vollstreckungssachen	46–50
8. Stellungnahmen zu Vollzugslockerungen........................	51–57
**III. Vollstreckbare Entscheidung....................................	58–85
1. Grundlage der Vollstreckung	58–65
2. Unwirksame Ersatzzustellungen................................	66–68
3. Nachträgliche Gesamtstrafenbildung............................	69–75
4. Doppeleinbeziehungen und ihre Auflösung	76–79
5. Anrechnung von Strafen in anderen Verfahren...................	80–81
6. Verhältnis Abschiebehaft – Strafvollstreckung....................	82–85
**IV. Ladung, Einweisung, Zwangsmaßnahmen, Verjährung...........	86–127
1. Erlaß eines Untersuchungshaftbefehls noch nach Rechtskraft?	86
2. Ladung und Einweisung in die zuständige Vollzugsanstalt	87–106
a) Bestimmung der zuständigen Vollzugsanstalt	87–94
b) Abweichen vom Vollstreckungsplan........................	95–98
c) Ladung und Folgen der Nichtbeachtung der Ladung	99–106
aa) Ladung zum Strafantritt und Einweisung durch das Aufnahmeersuchen...	100–103

	bb) Folgen der Nichtbeachtung der Ladung zum Strafantritt	104–106
3.	Vollstreckungsreihenfolge	107–120
	a) Mehrere Strafen	108–109
	b) Strafen und Maßregeln aus demselben Verfahren	110–113
	c) Strafen und Maßregeln aus verschiedenen Verfahren	114–117
	d) Mehrere freiheitsentziehende Maßregeln	118–119
	e) Rechtsbehelfe	120
4.	Vollstreckungsverjährung	121–127

V. Strafausstand, Absehen von weiterer Vollstreckung, Zurückstellung der Vollstreckung. ... **128–318**

1.	Behandlungsbedürftigkeit im Krankenhaus	128–129
2.	Strafausstand – Allgemeines	130–131
3.	Strafaufschub und Strafunterbrechung wegen Vollzugsuntauglichkeit, § 455 StPO	132–166
	a) Anwendungsbereich	134
	b) Voraussetzungen	135
	c) Verfahren	136–144
	d) Entscheidung	145–161
	e) Rechtsbehelfe	162–165
	f) Besonderheiten im Jugendverfahren	166
4.	Strafaufschub wegen besonderer persönlicher Gründe, § 456 StPO	167–195
	a) Anwendungsbereich	168–169
	b) Voraussetzungen	170–172
	c) Verfahren	173–174
	d) Entscheidung	175–193
	e) Rechtsbehelfe	194
	f) Besonderheiten im Jugendverfahren	195
5.	Strafaufschub aus Gründen der Vollzugsorganisation	196–197
6.	Absehen von weiterer Vollstreckung bei Ausweisung und Abschiebung, § 456a StPO	198–237
	a) Allgemeines	199–201
	b) Formelle Voraussetzungen	202–203
	c) Materielle Voraussetzungen	204
	d) Verfahrensfragen	205–214
	e) Entscheidung	215–220
	f) Nachholen der Vollstreckung	221–222
	g) Besonderheiten beim Absehen von weiterer Vollstreckung freiheitsentziehender Maßregeln	223–224
	h) Mitteilungen	225–226
	i) Rechtsbehelfe	227–235
	j) Besonderheiten im Jugendverfahren	236–237
7.	Zurückstellung der Vollstreckung und Strafaussetzung bei Tatbegehung aufgrund einer Btm – Abhängigkeit, §§ 35, 36 BtmG	238–318
	a) Voraussetzungen der Zurückstellung	239–257
	aa) Rechtskräftige Verurteilung	240
	bb) Freiheitsstrafe von nicht mehr als zwei Jahren	241–244
	cc) Bereitschaft, sich einer Behandlung zu unterziehen	245
	dd) Beginn der Behandlung muß gesichert sein	246–248
	ee) Abhängigkeit von Btm	249
	ff) Begehung der Tat aufgrund einer Btm-Abhängigkeit	250
	gg) Nachweis der Tatbegehung aufgrund der Abhängigkeit	251–253
	hh) Ermittlung und Behandlung weiterer Verfahren	254–256
	ii) Wahl der Art der Behandlung – stationäre und ambulante Therapieformen	257

Kunz

b) Änderung der Vollstreckungsreihenfolge 258–261
c) Gerichtliche Zustimmung zur Zurückstellung und Anrechnungsentscheidung bei einer staatlich anerkannten Therapieeinrichtung 262–273
d) Zurückstellungsentscheidung durch die VollstrB 274–280
e) Verurteilte zwischen Strafhaft und Therapie 281–282
f) Widerruf der Zurückstellung; Wechsel der Therapieeinrichtung. . 283–291
g) Rechtsmittel nach der Entscheidung der VollstrB 292–295
h) Besonderheiten im Jugendverfahren 296–298
i) Strafaussetzung zur Bewährung und die Anrechnung von Therapiezeiten nach § 36 BtmG 299–316
   aa) Anrechnung von Therapiezeiten 300–302
   bb) Strafaussetzung zur Bewährung 303–306
   cc) Zeitpunkt der Entscheidung 307
   dd) Prognosevoraussetzungen 308
   ee) Entscheidungen 309–315
   ff) Rechtsmittel gegen Aussetzungs- und Nichtaussetzungsbeschlüsse 316
j) Widerruf der Strafaussetzung zur Bewährung 317
k) Besonderheiten bei Strafaussetzung und Widerruf im Jugendverfahren 318

VI. **Aussetzung des Strafrests nach §§ 57, 57a StGB** 319–360

1. Reststrafenaussetzung nach § 57 I StGB – letztes Drittel 320–321
2. Reststrafenaussetzung nach § 57 II StGB – Halbstrafe 322–323
3. Aussetzung einer lebenslangen Freiheitsstrafe nach § 57 a StGB 324–330
4. Aussetzung einer Jugendstrafe nach Übertragung der Vollstreckung auf die StA 331
5. Aussetzung mehrerer Strafen – Unterbrechungszwang und gemeinsamer Prüfungszeitpunkt 332–335
6. Stellungnahmen der StA 336–346
7. Besonderheiten in den Fällen des § 454 II StPO – Gefährlichkeitsgutachten 347–350
8. Rechtsmittel gegen die Entscheidung 351–360

VII. **Vollstreckung freiheitsentziehender Maßregeln** 361–381

1. Örtliche Zuständigkeit und Antrag auf Verlegung 362–363
2. Späterer Beginn einer Unterbringung 364–365
3. Antrag an StVK auf Aussetzung der Maßregel 366–371
4. Antrag an StVK auf Erledigterklärung der Maßregel 372–377
5. Späterer Beginn und Höchstfrist bei der Maßregel nach § 64 StGB .. 378
6. Späterer Beginn und Höchstfrist bei der Maßregel der Sicherungsverwahrung 379–380
7. Überweisung in den Vollzug einer anderen Maßregel 381

VIII. **Überstellung, Auslieferung, Rückführung, Visumerteilung, paßbeschränkende Maßnahmen** 382–416

1. Überstellung Verurteilter zur Strafvollstreckung in das In- und Ausland nach dem Überstellungsübereinkommen 383–398
  a) Allgemeines 384–387
  b) Vollstreckung ausländischer Urteile im Inland 388–391
  c) Vollstreckung inländischer Urteile im Ausland 392–398
2. Sonstige Fälle internationaler Rechtshilfe 399–407
  a) Strafvollstreckung und Schengener Übereinkommen 400–401

Kunz

b) Übereinkommen der Europäischen Gemeinschaft über die Vollstreckung ausländischer strafrechtlicher Verurteilungen 402–403
c) Strafvollstreckung nach Einlieferung in das Inland 404–406
d) Zuständigkeit... 407
3. Rückführung, Rücklieferung, Rückkehrhilfe und paßbeschränkende Maßnahmen.. 408–413
4. Anfragen wegen Visumerteilung............................... 414–416

IX. Vollstreckung von Geldstrafe und Ersatzfreiheitsstrafe 417–424

1. Vollstreckung der Geldstrafe................................. 419–420
2. Vollstreckung der Ersatzfreiheitsstrafe 421–423
3. Tilgung uneinbringlicher Geldstrafen durch gemeinnützige Arbeit... 424

X. Vollstreckung von Nebenstrafen, Nebenfolgen und Maßregeln ohne Freiheitsentziehung.. 425–443

1. Entziehung der Fahrerlaubnis, Einziehung und Sperrfrist........... 426–433
   a) Vorzeitige Aufhebung der Sperre, § 69a VII StGB 427–428
   b) Probleme bei ausländischen Fahrerlaubnissen................. 429–433
2. Fahrverbot.. 434–443
   a) Unzeitige Abgabe des Führerscheins....................... 435–438
   b) Beschränktes Fahrverbot 439
   c) Mehrfache Anordnung...................................... 440–442
   d) Verlust des Führerscheins bei der VollstrB 443

XI. Dienstaufsichtliche Maßnahmen, Einwendungen, gerichtliche Entscheidungen.. 444–469

1. Maßnahmen der Dienstaufsicht in Strafvollstreckungssachen, § 21 StVollstrO... 445–448
2. Einwendungen gegen Maßnahmen des Rechtspflegers, § 31 VI RPflG . 449–451
3. Gerichtliche Entscheidungen in Strafvollstreckungssachen.......... 452–466
   a) Gerichtliche Entscheidungen in Strafvollstreckungssachen....... 453–457
   b) Zuständigkeitsverteilung zwischen Gericht des ersten Rechtszugs und StVK 458–464
   c) Besonderheiten im Jugendverfahren 465
   d) Beschwerdevorlagen zum LG 466–469

Literaturverzeichnis

Bringewat, Peter, Strafvollstreckung – Kommentar, 1993
Isak, Franz/Wagner, Alois, Strafvollstreckung, 6. Aufl. 1999
Körner, Harald Hans, Betäubungsmittelgesetz, Kommentar, 4. Aufl. 1994
Pohlmann, Hans/Jabel, Hans-Peter/Wolf, Thomas, Strafvollstreckungsordnung, Kommentar, 7. Aufl. 1996
Wagner, Alois, Strafvollstreckung, 1996
Weber, Klaus, Betäubungsmittelgesetz, Kommentar, 1999

Kunz

I. Grundlagen

In einem »Handbuch für den Staatsanwalt« werden im Hinblick auf die funktionale Aufteilung der Geschäfte zwischen Staatsanwalt und Rechtspfleger die dem letzteren obliegenden in den Hintergrund der Darstellung rücken müssen. Das gilt vor allem für allgemeine Überwachungspflichten, § 36 StVollstrO und Fragen der Strafzeitberechnung, §§ 37 ff StVollstrO.

Die Geschäfte der Strafvollstreckung sind zwischen Staatsanwalt und Rechtspfleger aufgeteilt. Anders als im Ermittlungsverfahren ist der Staatsanwalt also funktional nicht (weitgehend) alleine zuständig. Ohne Kenntnis der Aufgaben des mit ihm Hand in Hand arbeitenden Rechtspflegers wird auch der Vollstreckungsstaatsanwalt seine Geschäfte nicht sachgerecht erledigen können.

1. Aufgaben

Die Strafvollstreckung entzieht sich einer einheitlichen begrifflichen Fassung weitgehend. Sie befaßt sich zunächst nicht nur mit Strafen, sondern auch mit Maßregeln, Nebenfolgen und Geldbußen. Sie umfaßt auch so unterschiedliche Fragen wie die nachträgliche Gesamtstrafenbildung, § 460 StPO, die Aussetzung des Strafrestes, § 454 StPO, den Strafaufschub, §§ 455, 456 StPO, das Absehen von der Vollstreckung, § 456 a StPO, und die Zurückstellung der Vollstreckung, § 35 BtmG. Im weiteren umfaßt sie auch die Überwachung des Verlaufs der Bewährungszeit und das Herbeiführen nachträglicher Entscheidungen, § 453 StPO. Im wesentlichen befaßt sie sich mit dem Zeitraum nach der Rechtskraft der richterlichen Entscheidung und dient deren Verwirklichung. Gelegentlich erfordert dies aber auch schon eine Tätigkeit vor der Rechtskraft, wie etwa § 2 I Nr. 3 BegrVO zeigt. Zusammenfassend kann man sagen, daß das Strafvollstreckungsrecht alle Maßnahmen regelt, die zur Einleitung und Überwachung des Vollzugs des rechtskräftigen Urteils erforderlich sind, während das Strafvollzugsrecht diejenigen Rechtsnormen enthält, welche die Art und Weise der Durchführung der freiheitsentziehenden Sanktionen zum Inhalt haben.[1]

Es gilt die funktionale Aufgabenverteilung zwischen Rechtspfleger und Staatsanwalt abzugrenzen, und zwischen den Pflichten der VollstrB und denen der Vollzugsbehörde zu unterscheiden. Hierzu bestimmt § 3 StVollstrO, daß die VollstrB die Voraussetzungen der Vollstreckung prüft und die Anordnungen trifft, die zur Durchführung der (gerichtlichen) Entscheidung erforderlich sind. Siehe zu den Voraussetzungen der Vollstreckung Rn 58 und den Vollstreckungshindernissen Rn 7. Zu den Vollstreckungs-

---
1 Isak/Wagner Rn 4

anordnungen zählen etwa die Ladung zum Strafantritt und das Überführungsersuchen.[2]

5   Die Verantwortlichkeit der VollstrB erstreckt sich nach § 3 II StVollstrO nicht auf den besonderen Pflichtenkreis der Vollzugsbehörde. Letzterer ist gesetzlich vor allem im Strafvollzugsgesetz geregelt. Für Soldaten der Bundeswehr findet er sich in der Bundeswehrvollzugsordnung (BwVollzO). Im oft schwierigen Bereich der Abgrenzung ist bei Differenzen zwischen Vollstreckungs- und Vollzugsbehörde eine Entscheidung der gemeinsamen Oberbehörde zu erholen. Bei deren Fehlen (etwa im Maßregelvollzug in Bayern) sollte eine Einigung der beteiligten Oberbehörden herbeigeführt werden.

2. Vorschriften

6   Materiell-rechtliche Vorschriften finden sich vor allem in den §§ 56 ff StGB für die Strafaussetzung zur Bewährung und in den §§ 61 ff StGB für Maßregeln der Besserung und Sicherung. Die wichtigsten Verfahrensvorschriften sind in den §§ 449 ff StPO enthalten. Ergänzungen und Ausführungsvorschriften enthält die Strafvollstreckungsordnung, eine bundeseinheitliche Verwaltungsanordnung. Für Soldaten der Bundeswehr ist die Bundeswehrvollzugsordnung (BwVollzO) zu beachten. Bei der Einforderung und Beitreibung von Geldstrafen, Geldbußen, Ordnungs- und Zwangsgeldern ist noch die Justizbeitreibungsordnung (JBO) und die Einforderungs- und Beitreibungsordnung (EBAO) zu erwähnen. Für den Bereich des Betäubungsmittelrechts enthalten die §§ 35, 36 BtmG Vorschriften über die Zurückstellung der Vollstreckung und die Möglichkeit der anschließenden Strafaussetzung zur Bewährung. Daneben bestehen zahlreiche weitere Bekanntmachungen, Ländervereinbarungen, Richtlinien und ergänzende Verwaltungsvorschriften.

3. Nachdrückliche Vollstreckung und Vollstreckungshindernisse; Zurückstellung der Vollstreckung

7   Die Vollstreckungspflicht ist gesetzlich nirgends normiert. Sie wird als selbstverständlich vorausgesetzt und nur Ausnahmen sind geregelt, etwa in den §§ 455 ff, 456 a, 456 c, 459 d und 459 f StPO. Im Interesse einer wirksamen Strafrechtspflege ist die richterliche Entscheidung mit Nachdruck und Beschleunigung zu vollstrecken, was § 2 StVollstrO nochmals eindringlich bestimmt. § 2 II StVollstrO weist darauf hin, daß Gesuche und Eingaben die Vollstreckung »grundsätzlich« nicht verzögern dürfen. Für die Vollstreckung jugendrichterlich angeordneter Maßnahmen finden sich

---

2   Einzelheiten bei Pohlmann/Jabel/Wolf § 3 Rn 2 f

in den Richtlinien zu §§ 82-85 JGG zahlreiche Hinweise auf das Gebot nachdrücklicher Vollstreckung. Andererseits steht auch die Strafvollstreckung vor der Notwendigkeit eines verfassungsrechtlich gebotenen Ausgleichs zwischen dem Gebot der nachdrücklichen Strafvollstreckung und der Wahrung der Grundrechte im Einzelfall. Eine Vollstreckung »um jeden Preis« darf es nicht geben.[3] Gesuche sind deshalb sorgfältig auf ihre Substanz zu prüfen und mögliche Ermittlungen möglichst sofort (telefonisch) durchzuführen. Gesichtspunkte, die bereits in eine gerichtliche Entscheidung eingeflossen sind (Urteile, Widerrufsbeschlüsse) können regelmäßig nicht nochmals berücksichtigt werden. Andererseits ergeben sich aus den Gründen von Entscheidungen oft wichtige Hinweise für die Vollstreckung (»Das Gericht geht dabei davon aus, daß ...«). Es kommt wesentlich auf die Person des Verurteilten und seine Lebensumstände im Einzelfall, aber auch auf Art und Ausmaß der begangenen Straftaten und das sich hieraus ergebende öffentliche Interesse an einer sofortigen Vollstreckung an. Hinweise finden sich jeweils bei den einzelnen Geschäften. Die VollstrB hat in geeigneten Fällen auf die Einleitung eines Gnadenverfahrens von Amts wegen hin zu wirken, etwa bei offenbar unrichtigen Entscheidungen, die nicht im Weg der Wiederaufnahme korrigiert werden können oder wenn einem Verurteilten durch unrichtige Auskünfte öffentlicher Stellen vermeidbare, erhebliche vollstreckungsrechtliche Nachteile entstehen.

Im Spannungsverhältnis zwischen Vollstreckungspflicht und dem Freiheitsrecht des einzelnen liegen auch Fälle der Vollstreckung rechtskräftiger Einzelstrafen bei horizontaler Teilrechtskraft eines auf eine Gesamtstrafe lautenden Urteils. Hier kann es noch zu einer Gesamtstrafenbildung kommen. Aber auch ein Teilfreispruch kommt in Betracht. Die Vollstreckungspflicht gebietet auch hier die rechtlich grundsätzlich zulässige Vollstreckung der rechtskräftigen Einzelstrafe. Allerdings wird die (Teil-)Vollstreckung von Einzelstrafen dann unzulässig, wenn damit Nachteile für den Verurteilten verbunden sind oder sein können. Zu nennen sind etwa folgende Fälle: (1) Die Vollstreckung und Verbüßung von Einzelstrafen gefährdet eine noch ausstehende Gesamtstrafenbildung, weil deren Voraussetzungen entfallen können. (2) Das Rechtsmittelgericht kann die noch zu bildende Gesamtfreiheitsstrafe zur Bewährung aussetzen (natürlich nicht, wenn die zu vollstreckende Einzelstrafe bereits zwei Jahre übersteigt); (3) für die noch zu bildende Gesamtgeldstrafe kann ein Strafvorbehalt ausgesprochen werden usw.[4] Im einzelnen ist vieles zweifelhaft und umstritten.

8

---

3 Pohlmann/Jabel/Wolf § 2 Rn 3
4 Einzelheiten und weitere Beispiele bei Bringewat § 449 Rn 20 ff; Pohlmann/Jabel/Wolf § 19 Rn 5 ff

Kunz

4. Bestellung eines Pflichtverteidigers im Vollstreckungsverfahren

9 Die Beiordnung eines Pflichtverteidigers für das Erkenntnisverfahren erstreckt sich nicht auf das nachfolgende Vollstreckungsverfahren. Für einzelne besonders wichtige Entscheidungen ist die Bestellung eines Pflichtverteidigers im Vollstreckungsverfahren vorgeschrieben, so nach § 463 II 5 StPO für das vorbereitende Verfahren nach § 67 d III StGB. Sonst gilt nach heutiger Auffassung auch im Vollstreckungsverfahren § 140 II StPO in entsprechender Anwendung. Ein Pflichtverteidiger ist für ein einzelnes Geschäft wegen der Schwierigkeit der Sach- und Rechtslage zu bestellen oder wenn ersichtlich ist, daß ein Verurteilter sich nicht selbst verteidigen kann. Das kann vor allem im Verfahren nach §§ 57, 57 a StGB über die Aussetzung einer (lebenslangen) Freiheitsstrafe der Fall sein. Aber auch im Verfahren der Prüfung nach § 67 d StGB, ob die weitere Unterbringung noch erforderlich ist, kann sie in Betracht kommen. Bei einem Untergebrachten, bei dem eine Geisteskrankheit vorliegt, wird sie die Regel sein.[5] Auch im Widerrufsverfahren nach §§ 56 f und 67 g StGB wird die Notwendigkeit einer Verteidigung zu erwägen sein. Im Verfahren nach §§ 23 ff EGGVG gilt über § 29 III GVG die Vorschrift des § 121 ZPO.

5. Akteneinsicht/Auskünfte aus Akten

10 Bei der Akteneinsicht ist nunmehr nach Maßgabe der Übergangsvorschrift in Art. 14 Strafverfahrensänderungsgesetz 1999 für die Akteneinsicht durch Gerichte, Staatsanwaltschaften und andere Justizbehörden § 474 StPO, für Privatpersonen und andere Stellen § 475 StPO zu beachten. Für erstere muß die Akteneinsicht »erforderlich« sein, sonst setzt sie die Darlegung eines berechtigten Interesses voraus. Ein schutzwürdiges Interesse des Betroffenen steht der Akteneinsicht entgegen. Der Akteneinsicht steht das Begehren um Auskunft aus den Akten gleich, § 475 Abs 2 StPO.

11 Alleine eine frühere Anzeigeerstattung reicht für die Erteilung von Auskünften nicht aus. Mitteilungen über den Aufenthalt des Verurteilten werden grundsätzlich nur dem Geschädigten bzw dessen Bevollmächtigten erteilt. Dem Verletzten stehen darüber hinaus die Rechte aus § 406 d StPO zu. Zweifelhaft ist, ob einem Dritten, der glaubhaft Ansprüche gegen einen Verurteilten hat, Auskünfte über dessen Aufenthalt, vor allem in einer Vollzugsanstalt oder in einer Einrichtung des Maßregelvollzugs, gegeben werden dürfen.

---

5 BVerfGE 70, 297; 86, 288

II. Zuständigkeit und Aufgaben der VollstrB

Bei der Zuständigkeit von VollstrB sind sachliche, örtliche und funktionale Zuständigkeiten zu beachten. Dabei soll jeweils vor allem die Rechtslage bei der Vollstreckung gegen Erwachsene, sodann kurz bei nach Jugendrecht Verurteilten dargestellt werden.

1. Sachliche Zuständigkeit und sachliche Notzuständigkeit

a) Vollstreckung gegen Erwachsene

Nach § 451 I StPO erfolgt die Strafvollstreckung durch die StA als VollstrB. Eine unvollständige weitere Differenzierung enthält § 4 StVollstrO hinsichtlich der StAen bei den LG, den OLG und dem BGH. Durch welche Person die jeweilige Behörde handelt, regelt § 142 I GVG. In Bußgeldsachen ist zu unterscheiden: Gerichtliche Entscheidungen in Bußgeldsachen werden von der StA als VollstrB vollstreckt, § 91 OWiG. Die Entscheidungen der Verwaltungsbehörden (Bußgeldbescheide) werden von der Verwaltungsbehörde vollstreckt, die den Bußgeldbescheid erlassen hat, § 92 OWiG. Die Vollstreckung der Ordnungsmittel nach §§ 177, 178 GVG hat der Vorsitzende zu veranlassen. Eine sachliche Zuständigkeit für dringende Vollstreckungsanordnungen bei Gefahr im Verzug ergibt sich aus § 6 StVollstrO. Danach kann anstelle der StA beim LG die StA beim OLG dringende Vollstreckungsanordnungen treffen, wenn die sachlich zuständige VollstrB nicht alsbald erreichbar ist. Es darf aber auch die StA beim LG für die beim OLG[6] oder den Generalbundesanwalt tätig werden.[7] Dann darf aber auch die StA beim OLG für den Generalbundesanwalt tätig werden. Nicht aber kann letzterer für die StA beim LG oder OLG handeln, weil er nicht mehr »innerhalb seines Bezirks« tätig würde. Während die Notzuständigkeit der StA für Vollstreckungsaufgaben des Jugendrichters strittig ist, wird sie umgekehrt zu verneinen sein. Es handelt sich um eine Ausnahmeregelung.

b) Verurteilte nach Jugendrecht

Bei Sanktionen nach Jugendrecht ist nach § 82 JGG der Jugendrichter als Vollstreckungsleiter und damit als VollstrB tätig. Er ist damit insoweit an Weisungen gebunden.

Jugendstrafe und Maßregeln der Besserung und Sicherung werden vom Jugendrichter als Vollstreckungsleiter vollstreckt, § 82 ff JGG. Das gilt auch, wenn die Jugendkammer, ein OLG oder ein Erwachsenengericht ent-

---
6   Pohlmann/Jabel/Wolf § 6 Rn 1
7   Kl/M-G § 143 GVG Rn 2

Kunz

schieden hat. Der Jugendrichter nimmt auch die Aufgaben wahr, die im Erwachsenenrecht der StVK obliegen, § 82 I 2 JGG. Zahlreiche Aufgaben sind dem Rechtspfleger am AG übertragen. Eine Zuständigkeit der StA zu Entscheidungen besteht nicht, § 85 JGG. Die StVollstrO gilt nur, soweit die Vorschriften des JGG, der dazu ergangenen Richtlinien und des OWiG nichts Abweichendes bestimmen, § 1 III StVollstrO. Wird Jugendstrafe im Erwachsenenvollzug vollzogen, so bleibt der Jugendrichter Vollstrekkungsleiter, vgl §§ 85 VI, 92 II StPO. Erst wenn die Jugendstrafe im Erwachsenenvollzug vollstreckt wird *und* die Vollstreckung vom Jugendrichter gem § 85 VI JGG der StA übertragen wurde, wird die StA als VollstrB zuständig. Soweit Heranwachsende nach allgemeinem Strafrecht verurteilt wurden, gilt für die Vollstreckung uneingeschränkt die StPO und die StVollstrO.

16 Werden mehrere in verschiedenen Alters- und Reifestufen begangene Straftaten gleichzeitig abgeurteilt, ist nach hM das Jugendgericht zuständig.[8] Unabhängig von abweichenden Auffassungen sollte für die Vollstreckung ergehender Urteile einheitlich die Rechtsfolge entscheiden: Urteile nach Jugendrecht vollstreckt der Jugendrichter als Vollstreckungsleiter, solche nach Erwachsenenrecht die StA. Hieraus folgt zwanglos auch, daß bei Verurteilungen von Erwachsenen und Jugendlichen in einem Verfahren, gleich vor welchem Gericht, immer nur das angewendete Recht entscheidet. Aber auch wenn ein Verurteilter Straftaten als Jugendlicher und Heranwachsender begangen hat, entscheidet hinsichtlich der Zuständigkeit für die Vollstreckung alleine, ob der Verurteilung Jugend- oder Erwachsenenrecht zugrunde gelegt wurde.[9]

2. Funktionale Zuständigkeit

17 Durch § 31 II 1 RPflG werden die der VollstrB in Straf- und Bußgeldsachen obliegenden Geschäfte dem Rechtspfleger übertragen. Nach § 31 II 2 RPflG sind hiervon Ausnahmen durch Rechtsverordnung möglich. § 10 StVollstrO wiederholt diesen Grundsatz, ohne einen eigenen Regelungsgehalt zu haben. Im Jugendstrafverfahren bleibt die Leitung der Vollstreckung dem Richter vorbehalten, § 31 V 1 RPflG. Eine Übertragung von Aufgaben auf den Rechtspfleger durch Rechtsverordnung ist in § 31 V 2 RPflG vorgesehen. Die Regelungen (Ausnahmen von der Übertragung, Vorbehalte und Vorlagepflichten) bilden einen Ausgleich für die wegen § 32 RPflG nicht anzuwendenden Vorschriften der §§ 5-11 RPflG.

18 Von den Geschäften der Strafvollstreckung, die durch § 31 II RPflG übertragen sind, werden die Nebengeschäfte der Strafvollstreckung unterschieden. Diese obliegen zwar dem Rechtspfleger, er nimmt insoweit aber keine

---
8   BGHSt 8, 34, 39; 10, 100; 25, 44, 50
9   Pohlmann/Jabel/Wolf § 1 Rn 5

Kunz

Aufgaben nach § 31 II RPflG wahr. Zu nennen sind etwa die Mitteilungen zu Registern, nach der MiStra und der Anordnung über die Zählkartenstatistik.

Nach § 27 RPflG können auch andere Aufgaben auf den Rechtspfleger übertragen werden. Das gilt etwa für vorbereitende Tätigkeiten bei der Bildung einer Gesamtstrafe, Fertigung von Entwürfen zur Vorbereitung von Entscheidungen nach den §§ 455, 456, 456 a StPO, 35, 36 BtmG oder im Gnadenrecht. § 27 RPflG stellt nämlich klar, daß der Rechtspfleger keinen Anspruch darauf hat, ausschließlich mit Aufgaben des Rechtspflegers betraut zu werden. Als Beamter des gehobenen Justizdienstes ist er zur Wahrnehmung anderer Dienstgeschäfte im Rahmen der beamtenrechtlichen Vorschriften verpflichtet, § 27 II RPflG. Hierzu gehören neben Tätigkeiten in der Justizverwaltung auch die gerade genannten Tätigkeiten.

a) Erwachsenenrecht, § 31 II RPflG und Begrenzungsverordnung

Die Begrenzungsverordnung (BegrVO) bestimmt die nach § 31 II 2 RPflG von der Übertragung ausgenommenen Geschäfte näher. Sie unterscheidet zwischen Ausnahmen von der Übertragung (§ 1 BegrVO) und Vorlagesachen (§ 2 BegrVO).

Zu den von der Übertragung ausgenommenen Sachen gehören vor allem Strafaufschub und Strafunterbrechung in den Fällen des § 455 StPO, Strafaufschub aufgrund § 456 StPO, bei letzterem allerdings nur, soweit er sich auf die Vollstreckung von Freiheitsstrafen bezieht, das Absehen von Vollstreckung nach § 456 a StPO (§ 1 Nr. 1 und 2 BegrVO) und die Entscheidungen und Stellungnahmen nach § 35, 36 BtmG (Nr. 3). Neben den Entscheidungen nach § 114 JGG (Nr. 4) und über die Anwendbarkeit eines Straffreiheitsgesetzes (Nr. 5) sind vor allem zwei Fälle der Reihenfolge der Vollstreckung der Bestimmung durch den Rechtspfleger entzogen: Wenn in verschiedenen Verfahren Freiheitsstrafe und freiheitsentziehende Maßregeln der Sicherung und Besserung oder aber mehrere freiheitsentziehende Maßregeln der Sicherung und Besserung verhängt wurden.[10]

Die Vorlagesachen sind in § 2 BegrVO aufgeführt. Sie regeln nur, wann eine Vorlage*pflicht* besteht. Das Vorlage*recht* des Rechtspflegers ist nicht geregelt. Hierzu ist er sowohl bei tatsächlichen wie bei rechtlichen Zweifeln jederzeit befugt.

Eine Vorlagepflicht ist angeordnet, wenn der Rechtspfleger von einer ihm bekannten Stellungnahme des StAs abweichen will (§ 2 Nr. 1 BegrVO) und bei rechtlichen Schwierigkeiten (§ 2 Nr. 2 BegrVO). Sie ist aber vor allem bei der Vollstreckung eines Urteils vorgeschrieben, das von einem Mitangeklagten mit der Revision angefochten ist. Eine ergänzende Bestimmung enthält hierzu § 19 StVollstrO mit der Möglichkeit, Strafaufschub oder

---

10 Hierzu im einzelnen Rn 114

Strafunterbrechung zu gewähren, wenn eine Urteilserstreckung auf einen Mitangeklagten nach § 357 StPO zu erwarten ist. Ein enger Zusammenhang iSd § 2 Nr. 4 BegrVO ist zB gegeben, wenn im Rahmen der Zurückstellung nach § 35 BtMG eine Änderung der Vollstreckungsreihenfolge erforderlich wird: Letztere unterliegt an sich dem Rechtspfleger. Indes setzt sie eine Prüfung voraus, ob überhaupt eine Zurückstellung in Betracht kommt. Der Rechtspfleger muß vorlegen. Da die BegrVO mit dem OrgKG nicht geändert wurde, die Aufgaben nach § 457 StPO aber dem Rechtspfleger übertragen sind, hat dieser und nicht der StA über Maßnahmen nach §§ 111 b-111 p StPO zu entscheiden.[11] Allerdings werden meist rechtliche Schwierigkeiten gegeben sein, die eine Vorlagepflicht nach § 2 Nr. 2 BegrVO nach sich ziehen.

b) Nach Jugendrecht Verurteilte, § 31 V RPflG

24 Nach § 82 I JGG, vgl auch § 31 V 1 RPflG, ist bei der Vollstreckung von Jugendarrest, Jugendstrafe und freiheitsentziehenden Maßregeln der Jugendrichter als Vollstreckungsleiter zuständig. Dieser hat daher die entscheidenden Anordnungen zu treffen. Dem Rechtspfleger sind im Jugendrecht nur Geschäfte übertragen, durch die eine richterliche Vollstreckungsanordnung oder eine die Leitung der Vollstreckung nicht betreffende Verwaltungsvorschrift ausgeführt wird, § 31 V 2 RPflG. Eine Verordnung nach § 31 V 3 RPflG ist bisher nicht erlassen worden. Nach § 33 a RPflG gelten daher »die Bestimmungen über die Entlastung des Jugendrichters in Strafvollstreckungsgeschäften« weiter, also die Richtlinien zu §§ 82 bis 85 JGG. Ergänzend gilt die Bekanntmachung über die Entlastung des Jugendrichters bei den Vollstreckungsgeschäften.[12] Selbstverständlich können dem Rechtspfleger vorbereitende Tätigkeiten übertragen werden. Dies wird in der genannten Bekanntmachung ausdrücklich wiederholt.[13]

25 Eine Vollstreckungszuständigkeit der StA als VollstrB entsteht nicht schon durch die Vollstreckung einer Jugendstrafe im Erwachsenenvollzug. Vielmehr bedarf es stets einer Abgabe der Vollstreckung nach §§ 85 VI oder 89 a III JGG. Die Entscheidung des Jugendrichters ist zwar bindend, aber nur, sofern die Voraussetzungen vorliegen.

26 Gegen die vom Vollstreckungsleiter verfügte Abgabe des Vollstreckungsverfahrens an die StA nach § 85 VI JGG ist die Vorschaltbeschwerde gem § 21 StVollstrO zum GenStA und dann der Rechtsweg nach §§ 23 ff EGGVG eröffnet.

27 Zu den Folgen der Abgabe für die Zuständigkeit der StVK unter Rn 33, für das anzuwendende Recht auf die Strafaussetzung (Restdrittel, letzte Hälfte, Widerruf) unter Rn 331.

---

11 Pohlmann/Jabel/Wolf § 10 Rn 2: »zum Nachdenken« anregendes Bild
12 Abgedruckt bei Brunner JGG, Vor § 82 Rn 8, Fußnote 1
13 Zu den Entscheidungen des Jugendrichters und deren Anfechtung Rn 465

3. Örtliche Zuständigkeit

a) Erwachsenenrecht

Die örtliche Zuständigkeit der VollstrB bestimmt § 143 I GVG. Dieser 28
Grundsatz wird von § 7 I StVollstrO wiederholt. Im Hinblick auf § 451 III
1 StPO wird durch § 7 StVollstrO klargestellt, daß die örtliche Zuständigkeit der VollstrB sich auch dann nach dem Gericht des ersten Rechtszugs
richtet, wenn die StVK bei einem anderen LG wegen § 462 a StPO örtlich
zuständig wird. Die Zuständigkeit der StA beim OLG richtet sich aber
nach dem Sitz des im Beschwerdeverfahren zuständigen OLG. Zur Vorlage
an letzteres sind die Akten daher nicht der eigenen übergeordneten StA bei
dem OLG vorzulegen, sondern derjenigen, die für das Gericht räumlich
zuständig ist.

Eine Sonderregelung gilt nach § 143 IV GVG für die Schwerpunktstaatsan- 29
waltschaften. Soweit den Beamten einer StA danach die Verfolgung
bestimmter Arten von Strafsachen für die Bezirke mehrerer Land- oder
Oberlandesgerichte zugewiesen ist, kann dies auch auf die Strafvollstrekkung in diesen Sachen erstreckt werden.

Im Rahmen ihrer jeweiligen sachlichen Zuständigkeit eröffnet § 7 III 30
StVollstrO eine örtliche Notzuständigkeit für jede VollstrB, auch den
Jugendrichter. Die Vorschrift entspricht § 143 II GVG, soweit VollstrB die
StA ist. Voraussetzung für ein Tätigwerden ist danach Gefahr im Verzug,
etwa bei drohender Flucht des Verurteilten. Das »kann« in § 7 StVollstrO
ist, wie ein Blick in § 143 II GVG zeigt, als »muß« zu lesen. Nach dieser
Vorschrift »hat« sich ein örtlich unzuständiges Vollstreckungsorgan den
erforderlichen Amtshandlungen zu unterziehen. Es besteht also nicht etwa
ein Ermessen.

Die Handlung einer auch unter Berücksichtigung der Notzuständigkeiten 31
örtlich unzuständigen VollstrB hat deren Unwirksamkeit allenfalls bei willkürlicher Annahme der örtlichen Zuständigkeit zur Folge.[14]

b) Nach Jugendrecht Verurteilte

Die örtliche Zuständigkeit des Jugendrichters als Vollstreckungsleiter und 32
die Abgabe sowie der Übergang der Vollstreckung sind in §§ 84, 85 JGG
geregelt.

Zuständig für die Vollstreckung einer Jugendstrafe im Erwachsenenvollzug 33
ist nach einer Übertragung der Vollstreckung auf die StA diejenige im
Bezirk des Gerichts des ersten Rechtszugs, 143 I GVG, 7 StVollstrO. Eine
Abweichung setzt Übernahmebereitschaft voraus, § 451 III 2 StPO. Diese
wird meist nicht erklärt, da die Praxis zeigt, daß auch andere StAen nicht

---

14 OLG Düsseldorf JMBlNW 1996, 260, str.

zur Übernahme bereit sind. Jedenfalls aber wird nach Abgabe der Vollstreckung an die StA die StVK für die weiteren Entscheidungen nach § 462 a StPO zuständig.

4. Beteiligung mehrerer VollstrB und Kompetenzkonflikte

34 Eine allgemeine Regelung für positive wie negative Kompetenzkonflikte von VollstrB in örtlicher Hinsicht fehlt. § 143 III GVG ist unanwendbar, denn er regelt ausdrücklich nur die Strafverfolgung. Eine Lösung enthält § 47 VII StVollstrO, falls sich verschiedene VollstrB über die Reihenfolge der Vollstreckung mehrerer Strafen nicht einigen können. Auf diese Regelung wird auch in § 44 IV und 44 b II StVollstrO Bezug genommen. Es spricht nichts dagegen, diese Regelung auch auf den örtlichen Kompetenzkonflikt zu übertragen. Gegenüber einer entsprechenden Anwendung von § 143 III GVG besteht der Vorteil, daß in § 43 VII StVollstrO eine Regelung für alle Hierarchieebenen getroffen wird.

35 Hat das Revisionsgericht nach § 354 ff StPO ein neues Gericht bestimmt, so ist nach § 462 a VII StPO dieses das Gericht des ersten Rechtszugs. Gleiches gilt im Wiederaufnahmeverfahren bei einer Entscheidung nach § 373 StPO. Die Grundsätze werden in § 7 II StVollstrO nochmals erläutert.

5. Vollstreckungshilfe

36 Strafvollstreckung und Strafvollzug unterliegen der Justizhoheit der einzelnen Bundesländer. Die VollstrB eines Bundeslandes können nicht ohne weiteres Vollstreckungsanordnungen in einem anderen Bundesland durch eine Landesbehörde durchführen lassen. Eine Regelung dieses Konflikts enthält § 9 StVollstrO, dessen praktisches Gewicht nicht überschätzt werden sollte. Die Grundregel wird durch vielfache Ausnahmen und durch die Vereinbarung der Länder zur Vereinfachung und Beschleunigung der Strafvollstreckung und der Vollstreckung anderer freiheitsentziehender Maßnahmen in Straf- und Bußgeldsachen vom 27.10.1999 durchbrochen.

a) (Nicht-)Anwendungsbereich des § 9 StVollstrO

37 Zunächst können für die von § 457 StPO erfaßten Maßnahmen wegen § 161 StPO alle Polizei- und sonstigen Behörden unmittelbar in Anspruch genommen werden. Hierzu zählt mE auch die Anordnung der Wegnahme von Gegenständen und die Beschlagnahme, § 61 StVollstrO.[15] Diese Frage ist indes strittig. Nach § 27 StVollstrO kann der auf freiem Fuß befindliche

---

[15] Ohne nähere Begründung ebenso Pohlmann/Jabel/Wolf § 61 Rn 11; teilweise anders ders § 9 Rn 4: zur Durchführung der Beschlagnahme bedürfe es eines Vollstreckungsersuchens nach § 9 StVollstrO (mit irrtümlicher Verweisung)

Verurteilte, auch wenn er sich außerhalb des Landes der VollstrB aufhält, unmittelbar in eine Vollzugseinrichtung dieses Landes geladen werden. Der Vollstreckungshilfe bedarf es auch nicht im Anwendungsbereich der Ländervereinbarung Strafvollstreckung.[16]

Nur in den übrigen Fällen ist bei der Durchführung einer Vollstreckungsanordnung durch eine Landesbehörde eines anderen Bundeslandes Vollstreckungshilfe nach § 9 StVollstrO erforderlich. Unberührt bleibt die Möglichkeit, nach §§ 162, 163 GVG auch andere VollstrB des eigenen Landes zu ersuchen. 38

Vollstreckungsanordnungen in diesem Sinn sind vor allem die Ladung zum Strafantritt in die Vollzugseinrichtung eines anderen Bundeslandes, das Aufnahme-, Überführungs- und Vollstreckungsersuchen. Zu den Maßnahmen nach § 457 StPO, insbes zum Erlaß eines Vollstreckungshaftbefehls, siehe bereits Rn 22. 39

Weitere Ausnahmen vom Anwendungsbereich werden in § 9 I 3 StVollstrO ausdrücklich erwähnt, so etwa § 48 StVollstrO für die Einforderung und Beitreibung von Geldstrafen und § 57 StVollstrO für die Vollstreckung von Nebenfolgen, die zu einer Geldzahlung verpflichten. Auch die in der Vorschrift nicht erwähnte Vermögensstrafe zählt hierher. Bei Jugendstrafe und Jugendarrest kann der Vollstreckungsleiter den Verurteilten unmittelbar in die Jugendstrafanstalt eines anderen Landes einweisen. Der Vollstreckungshilfe bedarf es nicht. 40

b) Ländervereinbarung Strafvollstreckung

Der Vollstreckungshilfe bedarf es auch im Anwendungsbereich der Ländervereinbarung zur Vereinfachung und Beschleunigung der Strafvollstreckung und der Vollstreckung anderer freiheitsentziehender Maßnahmen in Straf- und Bußgeldsachen vom 27.10.1999 nicht. Danach sind die VollstrB eines Landes befugt, Verurteilte, unmittelbar zum Strafantritt in die zuständige Justizvollzugsanstalt eines anderen Landes zu laden und durch ein Aufnahmeersuchen in diese Anstalt einzuweisen. Bei Verurteilten, die sich in der Justizvollzugsanstalt eines anderen Landes in Untersuchungs- oder Strafhaft befinden, können die Strafvollstreckungsbehörden diese Anstalt unmittelbar um die Überführung des Verurteilten nach § 28 StVollstrO ersuchen. Stets sind die Vorschriften über die örtliche Vollzugszuständigkeit nach Maßgabe des Vollstreckungsplans des anderen Landes zu beachten. 41

Ungeregelt sind danach weiterhin die Ladung und Aufnahme in den Maßregelvollzug eines anderen Landes. Insoweit bedarf es weiterhin der Vollstreckungshilfe nach § 9 StVollstrO. Ein Teilbereich soll hier zukünftig durch eine Änderung der StVollstrO geregelt werden. Demgegenüber 42

---

16 Dazu Rn 41

erfaßt die neue Ländervereinbarung auch die Vollstreckung der Erzwingungshaft nach § 97 OWiG sowie von gerichtlich erkannter Ordnungs- und Zwangshaft in Straf- und Bußgeldsachen.

43 Um der Anstalt eine Überprüfung ihrer örtlichen Zuständigkeit zu ermöglichen, sind im Aufnahmeersuchen die Umstände, die diese begründen, konkret zu bezeichnen.

6. Vollstreckung gegen Soldaten der Bundeswehr

44 Auch die Vollstreckung von Strafen gegen Soldaten der Bundeswehr richtet sich grundsätzlich nach der StVollstrO. Soldat ist, wer als Wehrpflichtiger oder aufgrund freiwilliger Verpflichtung in einem Wehrdienstverhältnis steht. Die Vollstreckung obliegt damit bei Verurteilungen nach Jugendrecht dem Jugendrichter als Vollstreckungsleiter sonst der StA. Der § 112 b JGG enthält einige Regeln bei Anordnung von Erziehungshilfe. Die StVollstrO enthält allerdings eine Reihe von Sondervorschriften für Soldaten, so in § 1 III StVollstrO für die Vollstreckung gegen Jugendliche und Heranwachsende. Die näheren Voraussetzungen bestimmt § 22 III StVollstrO. Für die örtliche Zuständigkeit ist § 24 I StVollstrO zu beachten. Die Bestimmungen über das Abweichen vom Vollstreckungsplan nach § 26 StVollstrO sind nicht anzuwenden, soweit der Vollzug Sache der Bundeswehr ist. Die Ladungsfrist des § 27 II 1 StVollstrO kann kürzer bemessen werden. Bei Berufssoldaten entspricht in der Regel der Standort dem Wohnort. Wehrpflichtige behalten demgegenüber ihren bisherigen Wohnort bei. Nach § 27 IV StVollstrO ist eine Abschrift der Ladung zum Strafantritt dem nächsten Dienstvorgesetzten zu übersenden und um die Vollziehung von Vorführungs- und Haftbefehlen können die Feldjägereinheiten ersucht werden. Die Festnahme durch einen Feldjäger steht für die Berechnung der Strafzeit der polizeilichen Festnahme gleich, § 40 II 2 StVollstrO. § 46 II-IV StVollstrO regeln Mitteilungspflichten an den Disziplinarvorgesetzten bei Unterbrechung der Strafvollstreckung wegen Vollzugsuntauglichkeit. Darüber hinaus enthält § 47 StVollstrO Mitteilungspflichten hinsichtlich der Vollzugsanstalt, in der die Strafe vollzogen wird und deren Ende. In den Art. 4–6 EGWStG[17] sind ergänzende Bestimmungen enthalten. Sie betreffen Bewährungsauflagen, Weisungen und die Unterstellung unter einen Bewährungshelfer für vormilitärische Straftaten. Während der Dauer des Wehrdienstverhältnisses, Regelungen über den Vollzug von Freiheitsstrafen und Jugendarrest an Soldaten der Bundeswehr und über die Unterbrechung der Strafvollstreckung im Krankheitsfall. Den Vollzug von Freiheitsstrafen bei der Bundeswehr regelt die Bundeswehrvollzugsordnung.[18] Nach Art. 5 I EGWStG kommt der Bundeswehr bei Strafarrest nach § 9 WStG die alleinige Vollzugskompetenz zu. Iü erfolgt

---

17 Abgedruckt bei Pohlmann/Jabel/Wolf § 1 Rn 23
18 Abgedruckt bei Pohlmann/Jabel/Wolf S 721 ff

der Vollzug von Freiheitsstrafen bis zu sechs Monaten auf Ersuchen der VollstrB, Art. 5 II EGWStG. Die weiteren Voraussetzungen ergeben sich aus § 22 III StVollstrO. Die Zuständigkeit zum Vollzug beginnt mit dem Entstehen des Wehrdienstverhältnisses und endet mit dessen Beendigung. Befindet sich der Verurteilte bei Entstehen des Verhältnisses in Haft, so kann die VollstrB um Übernahme in den Vollzug der Bundeswehr nachsuchen. Befindet er sich bei Beendigung des Verhältnisses in Haft im Vollzug der Bundeswehr, so ist er zwingend in eine allgemeine Vollzugseinrichtung zu verlegen.

Soweit Angehörige von Truppen ausländischer Staaten, etwa auch der NATO-Truppen, nach den einschlägigen Vorschriften der deutschen Gerichtsbarkeit unterliegen, enthalten die gesetzlichen Vorschriften und die StVollstrO keine Sonderregelungen für die Vollstreckung. Es gelten die allgemeinen Grundsätze. 45

7. Aufgaben der Gerichtshilfe in Vollstreckungssachen

Der Aufgabenkreis der Gerichtshilfe ist in § 463 d StPO dahingehend umschrieben, daß sich das Gericht und die VollstrB zur Vorbereitung der nach §§ 453 bis 461 StPO zu treffenden Entscheidungen ihrer bedienen können. Vor einem Widerruf wegen Verstößen gegen Auflagen sollte sie stets eingeschaltet werden, § 463d StPO. Hat der Verurteilte allerdings einen Bewährungshelfer, ist statt der Gerichtshilfe dieser um einen Bericht zu bitten. Aufgabe und Tätigkeit der Gerichtshelfer sind in den einzelnen Bundesländern nicht ganz einheitlich geregelt. Nachfolgend wird daher nur der Kernbereich der Aufgaben dargestellt, wie er für alle Bundesländer im wesentlichen übereinstimmt. 46

Aufgabe der Gerichtshilfe ist es, die Gründe für die Nichteinhaltung von Auflagen und Weisungen zu erforschen und auf deren Erfüllung hin zu wirken. Möglichst sind ausgehend von den ermittelten sozialen und wirtschaftlichen Daten Vorschläge für neue oder geänderte Auflagen und Weisungen zu entwickeln. Diese sollen unter Berücksichtigung des Strafzwecks einerseits, der wirtschaftlichen und physischen Möglichkeiten des Verurteilten andererseits, geeignet erscheinen. Nicht zuständig ist die Gerichtshilfe für die allgemeine Überwachung der Lebensführung eines Verurteilten und die Berichterstattung hierüber. Besteht insoweit ein Bedürfnis, mag das Gericht einen Bewährungshelfer bestellen, § 56 d III 3 StGB. Auch die Überprüfung der Zahlungsfähigkeit in Bußgeldsachen obliegt nicht der Gerichtshilfe. 47

Die örtliche Zuständigkeit richtet sich nach dem Wohnsitz des Verurteilten. In Bayern bestehen Gerichtshilfestellen bei den StAen München I, Nürnberg (auch für Ansbach), Augsburg (auch für Memmingen), Ingolstadt und Kempten. Außerhalb Bayerns bestehen in den anderen Bundes- 48

Kunz

49   Ländern bei allen StAen auch Gerichtshilfestellen, außer im Saarland. In Rheinland-Pfalz werden die Aufgaben der Gerichtshilfe durch die Bewährungshelfer wahrgenommen.

49   Mit dem Formular Rn 50 soll die Zuleitung der Akten zu Ermittlungen hinsichtlich der persönlichen und wirtschaftlichen Verhältnisse ermöglicht werden. Um das Formular vielfältig verwendbar zu machen, wurde auch die Möglichkeit der Erholung eines Berichts des Bewährungshelfers mit aufgenommen. Allerdings würde in Bayern nach der Bekanntmachung des BayStMJ v. 31.7.1986[19] keine Zuständigkeit der Gerichtshilfe bestehen, wenn ein Verurteilter unter Bewährungshilfe steht. Daneben ermöglicht das Formular auch die Zuleitung an andere Stellen.

50

	STAATSANWALTSCHAFT # O R T # #ZwSt#	
Az.:	Datum:	sta gerh 1zul
Strafvollstreckung gegen	Verteidiger(in):	
wegen	Vollmacht Bl.:	

hier: Ermittlung der persönlichen Verhältnisse

V e r f ü g u n g

1. ☐ Auskunft aus ○ BZR ○ VZR ○ AZR ○ _____
   ☐ Vorgangsliste ausdrucken
   ☐ Bericht des Bewährungshelfers anfordern

2. Vv; WV _____

3. Mit ○ Akten ○ Gesuchsheft ○ Gnadenheft ○ _____

   an ○ die Gerichtshilfe ○ _____

   ○ im Haus ○ in _____

   Ich bitte, die persönlichen und wirtschaftlichen Verhältnisse d. Verurteilten
   ○ seit _____
   ○ in der Zeit vom _____ bis _____
   festzustellen und nachzuprüfen,
   ○ ob die zur Begründung des ○ Gesuchs ○ _____
   gemachten Angaben zutreffend sind.
   Ggf. bitte ich, ergänzende Feststellungen zu treffen.
   ○ warum d. Verurteilte den ihr/ihm erteilten Auflagen und Weisungen, nämlich _____

   nicht nachkommt.

---

19   GVBl 1986, S 162

```
       ○ _____
         _____
         _____
         _____
         _____
         _____
         _____

         (Unterschrift, Namensstempel)

  TV-StA  #StA#  sta gerh 1zul    (08.00)  Ermittlung der persönlichen Verhältnisse
```

8. Stellungnahmen zu Vollzugslockerungen

Stellungnahmen zu Vollzugslockerungen gibt die VollstrB nur gegenüber der Vollzugseinrichtung ab. Diese ist ausschließlich zu deren Gewährung zuständig. Wer mit Strafvollstreckung befaßt ist, der kennt jedoch auch die leidigen Anfragen von Verurteilten, die entweder direkt bei der VollstrB Vollzugslockerungen begehren oder aber auf diesem Weg fordern, auf die Justizvollzugsanstalt oder die Einrichtung des Maßregelvollzugs einzuwirken, damit ihnen Vergünstigungen gewährt werden. Das folgende Formular ermöglicht eine rationelle Erledigung.

51

52

```
                          STAATSANWALTSCHAFT
                              # O R T #
                                #ZwSt#
  _____

  Az.:              ◁        Datum:              ◁      sta lock 1
  Strafvollstreckung
  gegen                      Verteidiger(in):
  wegen                      Vollmacht Bl.:

  hier: Stellungnahme zu Vollzugslockerungen

                           V e r f ü g u n g

       1.  Schreiben an Verurt. (Bl. _____ )

           Strafvollstreckung gegen Sie

           Zu Ihrem Schreiben vom _____

           Sehr geehrte(r) <Anrede>,
           nach den Bestimmungen des Strafvollzugsgesetzes ist die Entscheidung über
           Vollzugslockerungen, wie sie auch von Ihnen angestrebt werden, ausschließlich in die
           Entscheidungsbefugnis des Leiters der Justizvollzugsanstalt, nicht in die der Staatsanwaltschaft
           gestellt. Mit Ihrem Anliegen müssen Sie sich daher an die Justizvollzugsanstalt wenden.
           Sollte die Leitung der Justizvollzugsanstalt für ihre Entscheidung eine Stellungnahme der
           Staatsanwaltschaft benötigen, so werde ich mich auf deren Ersuchen dieser gegenüber äußern.
```

Kunz

```
     ○  _____
        _____
        _____
        _____
        _____
        _____

  2. Zurück an _____ VRs;
     ○ WV wie Bl. _____ verfügt
     ○ WV _____

  _____
  (Unterschrift, Namenstempel)


  TV-StA  #StA#  sta lock 1    (08.00)  Stellungnahme zu Vollzugslockerungen
```

53 Während die Gewährung von Vollzugslockerungen durch die Justizvollzugsanstalten meist ohne Rückfrage bei der VollstrB gewährt werden, sind die Einrichtungen des Maßregelvollzugs gehalten, die VollstrB dazu anzuhören, ob diese unter dem Gesichtspunkt der öffentlichen Sicherheit Bedenken hat. Zur rationellen Beantwortung kann das folgende Formular dienen. Es kann handschriftlich ausgefüllt und unmittelbar per Telefax übermittelt werden. Deshalb ist der Verfügungsblock auf der Rückseite angebracht.

Kunz

STAATSANWALTSCHAFT
 # O R T #
#ZwSt#

Az.:		Datum:		sta 6364 1
Strafvollstreckung gegen		Verteidiger(in):		
wegen		Vollmacht Bl.:		

hier: Urlaubsgewährung

An

_____
_____
_____

Urlaubsgewährung aus dem Maßregelvollzug
Zu der Anfrage vom _____

Gegen die in der oben genannten Anfrage vorgeschlagene

❏ Vollzugslockerung
❏ Beurlaubung
❏ Beurlaubung d. Untergebrachten
  ○ am _____ ○ in der Zeit vom _____ bis _____

❏ **erhebe ich keine Bedenken**

○ , soweit d. Verurteilte von
  ○ der im Urlaubsantrag genannten ○ einer zuverlässigen
  Person abgeholt, zurückgebracht und durchgehend beaufsichtigt wird. Die Bezugsperson sollte entsprechend unterschriftlich verpflichtet werden.

❏ **erhebe ich folgende Bedenken:**
_____
_____
_____
_____
❏ _____
_____
_____

_____
(Unterschrift, Namensstempel)

TV-StA #StA# sta 6364 1 (08.00) Vollzugslockerungen/Beurlaubung Maßregelvollzug

> **Verfügung**
> 1. Umseitiges Schreiben als Telefax an die bezeichnete Einrichtung senden
> 2. Geschäftsstelle zurück
>
> _____
> (Unterschrift, Namensstempel)

55   Mit den ersten beiden Möglichkeiten kann die beantragte Vollzugslockerung oder Beurlaubung zeitlich uneingeschränkt gewährt werden, zusätzlich aber um eine unterschriftliche Verpflichtung der Begleitperson gebeten werden. Die Zustimmung kann aber auch von der Einschaltung einer Begleitperson abhängig gemacht werden.

56   Mit der dritten Möglichkeit kann eine gegenüber der beantragten Beurlaubung zeitlich eingeschränkte Zustimmung erteilt werden. Sollte das Bedürfnis bei Vollzugslockerungen entstehen, kann dies im Freitext erfolgen.

57   Gerade bei der erstmaligen Stellungnahme zu Vollzugslockerungen sollte sorgfältig das Augenmerk auf Gefahren für die öffentliche Sicherheit auch unter Berücksichtigung der Folgen eines Mißbrauchs für das bedrohte Rechtsgut erfolgen.

III. Vollstreckbare Entscheidung

1. Grundlage der Vollstreckung

58   Strafurteile sind nach § 449 StPO nicht vollstreckbar, bevor sie rechtskräftig geworden sind. »Strafurteile« in diesem Sinn sind alle vollstreckungsfähigen gerichtlichen Entscheidungen, die an die Stelle von Urteilen treten, wie vor allem Strafbefehle und Gesamtstrafenbeschlüsse. Hierher gehören auch die Entscheidungen, welche die Vollstreckbarkeit erst herstellen, wieder herstellen oder modifizieren. Beispiele sind die Verurteilung zu der vorbehaltenen Strafe in § 59 b StGB, die Widerrufsbeschlüsse hinsichtlich der Aussetzung von Strafen und Maßregeln einschließlich des Widerrufs des Straferlasses, § 56 g II StGB.[20] Da es in diesen Fällen über den Strafausspruch im Urteil hinaus einer weiteren Entscheidung bedarf, bedarf es auch

---

20   Zu weiteren vollstreckbaren Entscheidungen vgl Kl/M-G § 449 Rn 1 und Pohlmann/Jabel/Wolf § 13 Rn 2

einer weiteren urkundlichen Grundlage. Die wichtigsten dieser Fälle sind in § 14 I StVollstrO aufgeführt. Weitere sind der Widerruf der Aussetzung des Strafrests nach § 454 a II StPO, der Widerruf eines Beschlusses nach § 459 f StPO und, sofern dies für zulässig erachtet wird,[21] die Aufhebung des Widerrufs der Strafaussetzung nach § 56 f StGB.

Durch § 451 I StPO, § 13 II StVollstrO wird bestimmt, daß urkundliche Grundlage der Vollstreckung mindestens die mit der Rechtskraftbescheinigung versehene beglaubigte Abschrift der Urteilsformel ist. § 451 StPO spricht zwar von der »Bescheinigung der Vollstreckbarkeit«. Gemeint ist aber auch hier der Rechtskraftvermerk.[22] Es handelt sich insoweit um die Mindestvoraussetzung für eine zuverlässige Einleitung der Vollstreckung. Es sollte selbstverständlich sein, daß danach auch die Urschrift der Formel, die Urschrift der vollständigen Entscheidung und eine beglaubigte Abschrift der vollständigen Entscheidung, jeweils mit Rechtskraftbescheinigung, urkundliche Grundlage der Vollstreckung sein können. Es darf aber nicht übersehen werden, daß eine wirklich zuverlässige Vollstreckung nur bei Vorliegen der Akten gewährleistet ist. Die erforderliche Anrechnung von Zeiten der Untersuchungshaft und der vorläufigen Festnahme kann anders nicht sicher vorgenommen werden. Daran ändert nichts, daß der Urkundsbeamte der Geschäftsstelle verpflichtet ist, diese Zeiten – wie überhaupt Vollstreckungshindernisse – der VollstrB mitzuteilen, wenn die Akten nicht mit übersandt werden.[23] Die Einleitung der Vollstreckung nur mit der Entscheidungsformel sollte sich daher auf Eilfälle beschränken.

59

Es ist die formelle Rechtskraft zu bescheinigen. Dieser sind nur Entscheidungen zugänglich, die mit einem befristeten Rechtsmittel angegriffen werden können und einen vollstreckungsfähigen Inhalt haben. Der Bescheinigung der Rechtskraft bedarf es daher vor allem in folgenden Fällen:

60

– Der Strafrest oder die Unterbringung wird nicht zur Bewährung ausgesetzt (aber zweifelhaft);
– Die Strafaussetzung oder die Unterbringung werden widerrufen;
– Es ergeht ein Gesamtstrafenbeschluß (auch negativ) (obwohl dieser Fall in §§ 13, 14 StVollstrO nicht erwähnt ist);
– Es kommt zu einem Straferlaß;
– Das Entfallen/Nichtentfallen der Führungsaufsicht wird angeordnet;
– Die Erzwingungshaft wird angeordnet.

Dabei haben allerdings vor allem der negative Gesamtstrafenbeschluß und die Beschlüsse, mit denen die Führungsaufsicht aufgehoben, eine Restfreiheitsstrafe oder eine Maßregel zur Bewährung ausgesetzt wurde, keinen vollstreckungsfähigen Inhalt.

61

---

21 Dazu unten Teil D Kapitel 4 Rn 56
22 Bringewat § 451 Rn 24
23 Pohlmann/Jabel/Wolf § 13 Rn 48

Kunz

62 Beschlüsse, die nur mit der einfachen Beschwerde angefochten werden können, sind der formellen Rechtskraft nicht fähig. Bei ihnen wird daher auch die Rechtskraft nicht bescheinigt. Hierzu gehören vor allem:
- Die Bewährungszeit wird verlängert[24] oder verkürzt;
- Auflagen und Weisungen während der Bewährungszeit und der Führungsaufsicht werden geändert;
- Der Verurteilte wird der Aufsicht und Leitung eines Bewährungshelfers unterstellt oder eine solche Unterstellung wird aufgehoben;
- Es wird ein Haftbefehl erlassen oder aufgehoben.

63 Die in § 451 I StPO erwähnte Bescheinigung der Vollstreckbarkeit ist in der Regel mit dem Rechtskraftvermerk identisch. Sie besagt aber nichts über bestehende Vollstreckungshindernisse. Deren Bestehen hat der Urkundsbeamte der Geschäftsstelle bei der Erteilung nicht zu prüfen. Dies ist Aufgabe der VollstrB bei der Einleitung der Vollstreckung, § 3 I StVollstrO.

64 Bei der Einleitung der Vollstreckung ist die Rechtskraftbescheinigung auf Vollständigkeit und formelle Mängel zu überprüfen. Eine Überprüfung der sachlichen Richtigkeit sollte erfolgen,[25] schon um spätere Schwierigkeiten zu vermeiden. Stellt sich nachträglich die sachliche Unrichtigkeit, ein wesentlicher Mangel oder das Fehlen der Rechtskraftbescheinigung heraus, so sind getroffene Vollstreckungsanordnungen rückgängig zu machen und der Verurteilte ggf aus der Haft zu entlassen. Etwas anderes kann nur gelten, wenn der Mangel schnellstmöglich behoben werden kann. Nach der Beseitigung des Mangels wird die Vollstreckungsanordnung zulässig und braucht nicht aufgehoben zu werden.

65 Die für die Vollstreckung erforderlichen Urkunden, Strafzeitberechnungen und anderen Unterlagen werden in einem Vollstreckungsheft (V-Heft, VH) geführt. Die Regelung über das Anlegen und den Inhalt eines Vollstreckungshefts findet sich in §§ 15, 16 StVollstrO. Vorgeschrieben ist das Anlegen, wenn die Akten anderweitig benötigt werden oder wenn es sich um Strafsachen größeren Umfangs handelt. Bei der Vollstreckung von Freiheitsstrafen wird es sich stets empfehlen. Die Praxis ist sehr unterschiedlich. Die Regelung in § 16 I lit. e) StVollstrO, wonach auch sämtliche Gesuche und Eingaben zum Vollstreckungsheft zu nehmen sind, kann dieses völlig unübersichtlich machen. Vor allem aber wird dann auch der Versand des Vollstreckungsheftes an Gerichte, Sachverständige u.a. erforderlich. Es steht dann nicht mehr uneingeschränkt für seinen eigentlichen Zweck, nämlich zur Überwachung zur Verfügung. Es kann sich daher empfehlen, für nicht von vorne herein als einfach und problemlos zu behandelnde

---

24 Die Auffassung des OLG München, wonach sich bei abgelaufener Bewährungszeit der Zeitraum der Verlängerung ab dem Datum der Rechtskraft des Verlängerungsbeschlusses berechnet, scheint sich auf den Bereich dieses OLG zu beschränken.
25 Nach wohl hM braucht die sachliche Richtigkeit überhaupt nicht nachgeprüft zu werden: Kl/M-G § 451 Rn 18 oder jedenfalls nur aus besonderen Gründen: Pohlmann/Jabel/Wolf § 13 Rn 39. KK-Fischer § 351 Rn 17: »darf nicht blind vertrauen«.

Kunz

Gesuche Unterhefte in Form von Gesuchsheften anzulegen. Das eigentliche Vollstreckungsheft bleibt dann als eine Art Handakte stets greifbar. Dies gilt etwa für Anträge auf Aussetzung der Reststrafe, vor allem wenn nach § 454 II StPO ein Gutachten erholt werden muß, Strafunterbrechung oder Strafaufschub wegen gesundheitlicher Probleme, Zurückstellung nach §§ 35, 36 BtMG, Absehen von weiterer Vollstreckung nach § 456 a StPO sowie bei Anträgen auf Überstellung nach dem Überstellungsübereinkommen. Solche Anträge werden häufig auch nebeneinander gestellt. Wer versucht, alles in einem Vollstreckungsheft zu erledigen, wird Schiffbruch erleiden. Allerdings muß das Vollstreckungsheft dann entsprechende Hinweise auf diese Sonderhefte und Abschriften ergehender Entscheidungen enthalten. Durch eine solche Handhabung wird auch das Problem der Akteneinsicht sehr erleichtert. Die Verteidigung erhält grundsätzlich keine Einsicht in das Vollstreckungsheft,[26] da es sich insoweit um rein behördeninterne Vorgänge handelt. Nötigenfalls sind Ablichtungen benötigter Schriftstücke zu erteilen. Andererseits kann die Kenntnis von Stellungnahmen und Gutachten in Fällen von Strafaufschub nach § 455 StPO, bei der Zurückstellung nach §§ 35, 35 BtMG oder im Verfahren nach §§ 57, 57 a und 68 e StGB erforderlich sein. Diese kann dann erfolgen, ohne daß das Vollstreckungsheft aus der Hand gegeben werden muß.

2. Unwirksame Ersatzzustellungen

Urkundliche Grundlage der Vollstreckung ist u.a. der mit dem Rechtskraftvermerk versehene Strafbefehl, § 449 StPO, § 13 I StVollstrO, aber auch die weiteren in § 14 StVollstrO aufgeführten Entscheidungen. Bei der Einleitung der Vollstreckung, oder im Rahmen der Ladung zum Strafantritt stellt sich nicht selten heraus, daß bei einer Zustellung von einer nicht mehr gültigen Anschrift ausgegangen wurde, vor allem weil der Verurteilte dort nicht mehr wohnhaft war. »Wohnung« im Sinn der Zustellungsvorschriften ist die Räumlichkeit, die der Adressat zur Zeit der Zustellung für eine gewisse Dauer zum Wohnen benutzt. Eine Ersatzzustellung ist aber auch dann nicht zulässig, wenn die Räume tatsächlich für längere Zeit nicht benutzt werden, ohne daß die Wohnung aufgegeben sein müßte. Dies kann vor allem bei längerem Aufenthalt in einem Krankenhaus oder einer Therapieeinrichtung sowie beim Vollzug von Untersuchungs- oder Strafhaft der Fall sein. Auch ein längerer beruflicher Auslandsaufenthalt kommt in Betracht, nicht aber eine kurze Geschäfts- oder Urlaubsreise. Ist die Ersatzzustellung unwirksam, so ist der Rechtskraftvermerk durch den Urkundsbeamten der Geschäftsstelle zu streichen und die Rechtskraft erst noch herbei zu führen. Dem dient das vorliegende Formular.

66

---

26 Pohlmann/Jabel/Wolf § 16 Rn 10

Kunz

67

```
                                    STAATSANWALTSCHAFT
                                         # O R T #
                                           #ZwSt#
```

Az.:	Datum:	sta zust 1

Strafvollstreckung
gegen _____

wegen _____

hier: unwirksame Ersatzzustellung

Verfügung

1. V.v., WV _____
2. Mit Akten

    an das ○ Amtsgericht ○ Landgericht

    _____ - ○ Strafvollstreckungskammer
    ○ mit dem Sitz in _____

D. Verurteilte ist
○ am _____ umgezogen (Bl. _____) nach _____
○ seit _____ unbekannten Aufenthalts (Bl. _____)
○ seit _____ in Strafhaft in der JVA _____ (Bl. _____)
○ seit _____ im Maßregelvollzug _____
○ seit _____

Der ○ Strafbefehl ○ Gesamtstrafenbeschluß ○ Widerrufsbeschluß
wurde jedoch am _____ unter der früheren Anschrift zugestellt (zu Bl. _____).

Diese Ersatzzustellung kann keine Rechtswirkungen erzeugen, weil sie nicht in der tatsächlichen Wohnung d. Verurteilten bewirkt wurde.

Die ○ Einspruchsfrist ○ Frist zur Einlegung der sofortigen Beschwerde
hat daher noch nicht zu laufen begonnen.
Entgegen dem Vermerk (Bl. _____), der zu streichen sein wird, ist noch keine Rechtskraft eingetreten. Die Strafvollstreckung ist daher gegenwärtig noch nicht zulässig.

○ Das Schreiben vom _____ (Bl. _____), das
○ einen Einspruch ○ eine sofortige Beschwerde enthält,
ist somit rechtzeitig bei Gericht eingegangen.

Ich reiche die Akten zurück und bitte zunächst die Rechtskraft herbeizuführen.
○ Ich beantrage, das Verfahren gemäß § 205 StPO vorläufig einzustellen und bitte, die Akten zurückzuleiten, damit Fahndungsmaßnahmen eingeleitet werden können.

_____
(Unterschrift, Namensstempel)

TV-StA #StA# sta zust 1   (02.99)   unwirksame Ersatzzustellung

68 Soweit noch eine vorläufige Einstellung nach § 205 StPO notwendig ist, kann diese ebenfalls beantragt werden.

3. Nachträgliche Gesamtstrafenbildung

Aus mehreren rechtskräftig verhängten Strafen oder Gesamtstrafen kann die Bildung einer oder mehrerer Gesamtstrafen erforderlich werden. Bei Ahndungen nach Jugendrecht kommt die nachträgliche Bildung einer Einheitsjugendstrafe in Betracht, § 66 JGG. Ist eine nachträgliche Gesamtstrafenbildung (»Strafzusammenzug«) möglich, so muß sie gebildet werden, § 460 StPO. Zuständig zur Antragstellung ist die StA als Strafverfolgungsbehörde, das Geschäft ist damit nicht dem Rechtspfleger übertragen. Er kann aber mit vorbereitenden Tätigkeiten betraut werden.[27] Die Einzelheiten sind schwierig und umstritten. Die folgende Darstellung beschränkt sich, dem Gegenstand dieses Kapitels folgend, auf die Besonderheiten bei der Vollstreckung von Gesamtstrafen.

69

Die Vollstreckung einer nachträglich nach § 460 StPO gebildeten Gesamtstrafe setzt zunächst deren Rechtskraft voraus, § 449 StPO, § 13 StVollstrO. Vorher wird aus den Einzelstrafen durch die jeweils zuständigen VollstrB vollstreckt. Die ursprüngliche VollstrB bleibt auch für Einzelstrafen oder eine ursprüngliche Gesamtstrafe nach § 54 StGB zuständig, sofern diese nicht in eine neue Gesamtstrafe im Verfahren nach § 460 StPO einbezogen, sondern aufrecht erhalten werden.[28] Ein Ersuchen um Übernahme der Vollstreckung wird sich indes aufdrängen, §§ 162, 163 GVG. Die Vollstreckung von aufrecht erhaltenen Vermögensstrafen, Nebenstrafen, Nebenfolgen oder Maßregeln obliegt aber der StA, welche die neu gebildete Gesamtstrafe gebildet hat, denn sie sind nur aufgrund der Entscheidung über ihre Aufrechterhaltung im Gesamtstrafenbeschluß weiter vollstreckbar, vgl § 55 II StGB.

70

Die örtliche Zuständigkeit zur Vollstreckung einer nach § 460 StPO nachträglich gebildeten Gesamtstrafe ist in § 8 I StVollstrO geregelt. Demgegenüber richtet sich die Vollstreckung einer nach § 54 StGB originär oder nach § 55 StGB durch Einbeziehung nachträglich gebildeten Gesamtstrafe nach § 7 StVollstrO. Für die nach § 31 II JGG und § 66 JGG gebildete Einheitsjugendstrafe gilt § 8 I StVollstrO ebenfalls.

71

Nach § 8 II StVollstrO ist die Bildung der Gesamtstrafe und die Übernahme der Vollstreckung zu allen betroffenen Verfahren mitzuteilen. Hierdurch sollen doppelte Einbeziehungen und Doppelvollstreckungen verhindert werden. Über den Wortlaut hinaus sollte auch eine Mitteilung zu solchen Verfahren erfolgen, deren Einbeziehung ausdrücklich abgelehnt wurde. Diese Entscheidung erwächst nämlich in Rechtskraft und hindert eine spätere Einbeziehung in die Gesamtstrafe. Auch wird hierdurch vermieden, daß das Prüfungsverfahren erneut begonnen wird.

72

---

27 S. Rn 19
28 BayObLG NJW 1955, 1849, für eine ursprüngliche Gesamtstrafe in bezug auf die gerichtliche Zuständigkeit

Kunz

73 Die Berechnung der Strafzeit bei Gesamtstrafen ist in § 41 StVollstrO näher ausgeführt. Nach Abs 1 ist bei einer nach § 55 StGB oder § 460 StPO gebildeten Gesamtstrafe, nachdem der Vollzug einer Einzelstrafe begonnen oder beendet ist, die Strafzeit so zu berechnen, als ob von vorne herein die Gesamtstrafe zu vollstrecken gewesen wäre.

74 In Abs 2 ist bestimmt, daß eine nachträgliche Entscheidung über eine Gesamtstrafe nach § 460 StPO schon vor ihrer Rechtskraft der Strafzeitberechnung vorläufig zugrunde zu legen ist, wenn sie dem Antrag der StA entspricht oder diese von einer sofortigen Beschwerde absieht. Es ist daher bei bevorstehendem Strafende unter Berücksichtigung der Gesamtstrafenbildung mit allen zur Beschleunigung zur Verfügung stehenden Mitteln zu versuchen, kurzfristig eine gerichtliche Entscheidung herbei zu führen.

75 Schon der Wortlaut von § 41 II StVollstrO gestattet es der VollstrB nicht, schon zwischen Antragstellung und gerichtlicher Entscheidung oder gar vor der Antragstellung die von ihr bei einer Gesamtstrafenbildung für angemessen erachtete Strafe der Strafzeitberechnung zugrunde zu legen. Andererseits darf die VollstrB auch nicht sehenden Auges die Einzelstrafen (vollständig) vollstrecken, wenn absehbar durch eine Gesamtstrafenbildung eine kürzere Gesamtstrafe entstehen wird. Hat die Vollstreckung noch nicht begonnen, können selbst bei kürzeren Strafen kaum Schwierigkeiten entstehen. Das Gericht sollte aber auf die Eilbedürftigkeit hingewiesen werden. Eine Unterbrechung der bereits begonnen Vollstreckung kann durch das Gericht in entsprechender Anwendung von § 458 III StPO angeordnet werden.[29] Die VollstrB sollte in geeigneten Fällen einen entsprechenden Antrag stellen. Stellt sich die Situation für die VollstrB noch vor einer möglichen Antragstellung bei laufender Vollstreckung, kann die Lage schwierig werden. Bei Beteiligung mehrerer VollstrB kann die Antragstellung geraume Zeit in Anspruch nehmen. Auch kann nur höchst ungenau bestimmt werden, welcher Antrag gestellt werden wird. Es wird deshalb ebenfalls eine Strafunterbrechung vorgeschlagen, um ein sich anschließendes Gnadenverfahren zu vermeiden.[30] Das ist nicht unproblematisch, weil es an einem der gesetzlich abschließend geregelten Gründe für eine Unterbrechung fehlt. Auch wird mangels Antragsreife oft noch nicht hinreichend konkretisiert werden können, wie hoch eine spätere Gesamtstrafe ausfallen könnte. Eine voreilige (weil vorsorgliche) Unterbrechung kann auch für den Verurteilten Nachteile mit sich bringen, weil er uU nach einer Unterbrechung noch einen, möglicherweise geringen, Strafrest verbüßen muß. Stehen unzweifelhaft nicht gesamtstrafenfähige Urteile zur Vollstreckung an, kann eine Änderung der Vollstreckungsreihenfolge helfen, ggf in Unterbrechung der Vollstreckung einer gesamtstrafenfähigen Einzelstrafe.

---

29 Pohlmann/Jabel/Wolf § 41 Rn 20
30 Pohlmann/Jabel/Wolf § 41 Rn 20

4. Doppeleinbeziehungen und ihre Auflösung

Doppeleinbeziehungen, dh Gesamtstrafenbildungen bei denen ein und dieselbe Einzel- oder Gesamtstrafe in mehrere neue Gesamtstrafen einbezogen wurden, sind nicht so selten. Die Gründe hierfür liegen meist darin, daß nicht alle Akten der einzubeziehenden Strafen bei der Entscheidung vorgelegen haben und deshalb die anderweitige Gesamtstrafenbildung unbemerkt geblieben ist. Deshalb sollte es eiserner Grundsatz sein, niemals ohne Vorliegen aller Akten (einschließlich eventueller Bewährungshefte) der einzubeziehenden Strafen eine Gesamtstrafe zu bilden, schon gar nicht auf der Grundlage eines vielleicht schon Monate alten Auszugs aus dem BZR oder einer Urteilsabschrift. Aber auch ein neuerer Auszug schützt nicht vor der Gefahr einer parallelen Einbeziehung.

76

Die Auflösung ist im Einzelfall schwierig und die Handhabung unsicher. Am einfachsten ist es, wenn sich die Möglichkeit der Bildung einer weiteren Gesamtstrafe ergibt. Dabei kann die bereits gebildete Gesamtstrafe, welche die fehlerhafte Einbeziehung enthält, in die Einzelstrafen aufgelöst und eine neue Gesamtstrafe gebildet werden.

77

Kann dieser Weg nicht beschritten werden, ist an eine Wiederaufnahme des Verfahrens zu denken. Dabei sind zwei Fälle zu unterscheiden: Die nachträgliche Gesamtstrafenbildung durch Einbeziehung einer Strafe im Urteil nach § 55 StGB und die durch Beschluß nach § 460 StPO. Für den ersten Fall gelten die allgemeinen Grundsätze des Wiederaufnahmeverfahrens nach §§ 359 ff StPO. Die Doppeleinbeziehung steht insoweit einer Doppelbestrafung gleich.[31] Als Wiederaufnahmegrund wird vor allem § 359 Nr. 5 StPO, die Beibringung neuer Tatsachen und Beweismittel in Betracht kommen. Wird doch dem Richter des späteren Urteils die Gesamtstrafenbildung im früheren Urteil stets unbekannt gewesen sein. Die Wiederaufnahme scheidet aber schon dann aus, wenn die spätere Einbeziehung die richtige, die frühere die falsche war: Eine Wiederaufnahme könnte hinsichtlich des späteren Urteils nicht zu einer geringeren Bestrafung führen. Bezüglich des früheren Urteils scheitert die Wiederaufnahme daran, daß meist keine neuen Tatsachen und Beweismittel vorliegen werden. Das Wiederaufnahmeverfahren gegen Gesamtstrafenbeschlüsse (wie gegen andere Beschlüsse auch) wird vielfach für unzulässig gehalten.[32] Wer dem nicht folgt, hat die oben für Urteile dargestellten Grundsätze zu beachten.

78

Ist über die vorgenannten Grundsätze die Doppeleinbeziehung nicht zu beseitigen, so ist die doppelte Vollstreckung jedenfalls unzulässig. Dem Verurteilten steht es frei, Einwendungen nach § 458 I StPO zu erheben.[33] Wegen der Rechtskraft der zugrunde liegenden Entscheidungen kann diesen die VollstrB nicht selbst abhelfen, es bedarf vielmehr stets einer gericht-

79

---

31 Für letztere vgl Kl/M-G § 359 Rn 39
32 Kl/M-G Vor § 395 Rn 5
33 Kl/M-G § 359 Rn 39 für die Doppelverurteilung. BGH RPfl 1998, 213

Kunz

lichen Entscheidung.³⁴ Daß die VollstrB Einwendungen nach hM nicht zugunsten des Verurteilten erheben kann, läßt sich meist dadurch ausräumen, daß sie den Verurteilten auf die Rechtslage hinweist und es diesem überläßt, tätig zu werden.

5. Anrechnung von Strafen in anderen Verfahren

80 Nach § 51 I 1 StGB wird diejenige Freiheitsentziehung auf Freiheitsstrafe oder Geldstrafe angerechnet, die Gegenstand des Verfahrens ist oder gewesen ist. Strittig ist die Anrechnung verfahrensfremder Untersuchungshaft in Fällen der Erledigung eines Verfahrens durch Freispruch oder Einstellung nach §§ 170 II, 153 oder 154 II StPO, wenn dieses mit dem zur Verurteilung führenden Verfahren nicht wenigstens zeitweise verbunden war.

81 Der BGH hat bisher lediglich entschieden,³⁵ es reiche eine funktionale Verfahrenseinheit, die bei einer Verfahrenseinstellung nach § 154 II StPO im Hinblick auf das andere Verfahren angenommen werden könne,³⁶ jedenfalls wenn Überhaft notiert gewesen sei. Ob die Untersuchungshaft bereits beendet war, bevor die später abgeurteilten Taten begangen wurden, ist unerheblich. Es genüge ein irgendwie gearteter sachlicher Bezug.³⁷ Iü sind die Fragen obergerichtlich nicht geklärt und werden unterschiedlich gelöst.³⁸ Es liegt jedenfalls nahe, unter den genannten Voraussetzungen auch im Falle eines Freispruchs eine Anrechnung verfahrensfremder Untersuchungshaft vorzunehmen.

6. Verhältnis Abschiebehaft – Strafvollstreckung

82 Schwierigkeiten entstehen auch beim Zusammentreffen von Abschiebehaft mit Untersuchungs- und Strafhaft. Der Strafhaft steht die Vollstreckung der Ersatzfreiheitsstrafe gleich. Nach § 51 I StGB ist die Untersuchungshaft »oder eine andere Freiheitsentziehung« die der Verurteilte »aus Anlaß einer Tat, die Gegenstand des Verfahrens ist oder gewesen ist« auf Freiheitsstrafe oder Geldstrafe anzurechnen. § 39 I StVollstrO wiederholt diesen Grundsatz. In § 39 III StVollstrO sind Beispiele für solche andere Freiheitsentziehungen aufgeführt. Die Abschiebehaft ist nicht erwähnt. Die Anrechnung

---

34 Zum Verfahren und zu den Rechtsbehelfen Rn 453 f
35 BGH NStZ 1998, 137
36 Ebenso OLG Nürnberg NStZ 1990, 406, wenn die Verfahren hätten verbunden werden können und BVerfG NStZ 1999, 24, bei Einstellung nach § 154 StPO, wenn eine Gesamtstrafe hätte gebildet werden können.
37 BVerfG NStZ 1999, 477. Vgl zur Anrechnung verfahrensfremder Haft auch BVerfG NStZ 1999, 25 u. 124 sowie NStZ 2000, 277 (für das Jugendrecht); BGH NStZ 1998, 134
38 Vgl die Übersicht zum Streitstand bei BGH NStZ 1998, 137

Kunz

erfolgt nicht in der gerichtlichen Entscheidung, sondern ist Aufgabe der VollstrB.

Einigkeit herrscht zunächst darin, daß nach Eintritt der Rechtskraft vollstreckte Abschiebehaft nicht mehr nach § 51 StGB angerechnet wird. Für vorher vollstreckte ist die Frage strittig.[39] Zweifelhaft wird oft auch sein, ob sie »aus Anlaß einer Tat« vollstreckt wird. Häufig wird von der Verwaltungsbehörde angeordnete Haft im Rahmen des Vollstreckungsverfahrens gar nicht bekannt oder sie wird von der Verwaltungsbehörde überhaupt erst nach dem Ende des Vollstreckungsverfahrens angeordnet. Nachträgliche Anrechnungen und gar Entschädigungen könnten erforderlich werden. Von der Anrechnung sollte daher abgesehen werden, weil Abschiebehaft mit den von § 51 StGB ins Auge gefaßten Straf- und disziplinarischen Freiheitsentziehungen nicht mit umfaßt wird.

83

Eine Besonderheit hat aber zu gelten, wenn Untersuchungshaft oder Strafhaft in zeitlichem Zusammenhang mit Abschiebehaft vollstreckt werden. Allerdings handelt es sich dabei nicht um eine Anrechnung. Nach der Natur der Abschiebehaft dient diese lediglich dazu, der Ausländerbehörde die für eine Abschiebung erforderliche Zeit zur Verfügung zu stellen, ohne daß der Betroffene untertaucht. Wird gegen ihn Freiheitsstrafe oder Ersatzfreiheitsstrafe vollstreckt, so ist diesem Sicherungszweck gleichermaßen genüge getan, auch wenn die Auslieferungshaft angeordnet ist. Anders als Untersuchungshaft oder Strafhaft kann die Vollstreckung der Abschiebehaft nicht zur Verbüßung von Freiheitsstrafen »unterbrochen« werden und umgekehrt, da diese für einen bestimmten Zeitraum (zB 3 Monate) angeordnet ist und dieser Zeitraum nicht nach hinten verschoben werden darf.[40] Es kann und muß deshalb in der Weise »parallel« vollstreckt werden, daß während der Vollstreckung der Strafe die Vollstreckung der Abschiebehaft ruht, während aber deren Lauf nicht ausgesetzt ist. Ist also gleichzeitig Abschiebehaft und eine Strafe zu vollstrecken, erfolgt wegen des Vorrangs der strafprozessualen Haft eine »Anrechnung« auf die Strafe. Genauer wäre es zu sagen, daß lediglich die Strafe vollstreckt wird, während die angeordnete Zeit der Abschiebehaft weiter läuft und deren verbliebener Rest nach einem Ende der Strafhaft noch vollstreckt werden kann. Anderes kann nur dann gelten wenn in Entscheidung über die Anordnung der Abschiebehaft diese nach dem Kalender bestimmt ist oder ausdrücklich erst nach der strafprozessualen Haft vollstreckt werden soll.

84

Auf die Vollstreckung von Freiheitsstrafen wird die erlittene Untersuchungshaft angerechnet. Da wegen des soeben erwähnten Vorrangs strafprozessualer Haft auch insoweit eine »Parallelvollstreckung« stattfindet, ist bei gleichzeitiger Vollstreckung von Untersuchungshaft und Abschiebehaft eine volle Anrechnung der Untersuchungshaft vorzunehmen.

85

---

39 Bejahend OLG Hamm NJW 1977, 1019 (für Verurteilung nach § 47 AuslG); verneinend OLG Koblenz GA 1981, 575 (für im Ausland erlittene Abschiebehaft)
40 BayObLGZ 1991, 369; OLG Hamm OLGZ 1993, 178

IV. Ladung, Einweisung, Zwangsmaßnahmen, Verjährung

1. Erlaß eines Untersuchungshaftbefehls noch nach Rechtskraft?

86 Nach wohl hM ist der Erlaß eines Untersuchungshaftbefehls nach § 112 ff StPO nur bis zur Rechtskraft möglich.[41] Da der Vollstreckungshaftbefehl nach § 457 II StPO die Einleitung der Vollstreckung und das Ergehen einer Ladung voraussetzt, kann eine zeitliche Lücke entstehen. Diese soll durch Erlaß eines Untersuchungshaftbefehls auch noch nach Rechtskraft geschlossen werden können.[42] Die hierfür in Anspruch genommenen Entscheidungen befassen sich indes mit Fragen des Bewährungswiderrufs. Hierfür gilt inzwischen § 453 c StPO. Für verbleibende Fälle der Fluchtgefahr wegen der Höhe der Strafe ist es der StA freigestellt, vor einer Erklärung über einen Verzicht auf Rechtsmittel einen Haftbefehl nach § 112 ff StPO zu beantragen, der jedenfalls die Rechtskraft immer überdauert, weil er auch der Sicherung der Vollstreckung dient. Die eintretende Untersuchungshaft geht mit der Rechtskraft in Strafhaft über.

2. Ladung und Einweisung in die zuständige Vollzugsanstalt

a) Bestimmung der zuständigen Vollzugsanstalt

87 Besondere Bedeutung kommt der Ladung und Einweisung Verurteilter in die richtige Einrichtung zu. Die gesetzliche Grundlage hierfür ist § 152 StVollzG. Ergänzende Bestimmungen enthalten die §§ 22 ff StVollstrO. Die Aufgaben sind dem Rechtspfleger übertragen. Vor allem die örtliche Vollzugszuständigkeit ist häufig Gegenstand von Kontroversen. Verurteilte versuchen nicht selten, die Zuständigkeit bestimmter Anstalten zu umgehen oder anzugehen. Hier bedarf es einer konsequenten Anwendung der geltenden Vorschriften. Gelegentlich werden auch Ermittlungen erforderlich, etwa zum wirklichen Wohn- und Aufenthaltsort, wenn der Eindruck entsteht, ein Verurteilter habe diese in Umgehungsabsicht nur scheinbar verlegt. Demgegenüber wird bei einer tatsächlichen Verlegung des Lebensmittelpunkts, auch wenn er der Vorbereitung der Strafvollstreckung dient, dieser zugrunde zu legen sein.

88 Nach § 152 StVollzG haben die Landesjustizverwaltungen die sachliche und örtliche Zuständigkeit der Justizvollzugsanstalten nach allgemeinen Merkmalen (wie Alter, Geschlecht, Staatsangehörigkeit, Vollzugsdauer) abstrakt und generell in einem Vollstreckungsplan zu regeln. Diese Grundsätze wiederholt § 22 I, II StVollstrO. Meist wird der Vollstreckungsplan

---

41 Kl/M-G § 112 Rn 2; KMR-Wankel § 112 Rn 27
42 Pohlmann/Jabel/Wolf § 6 Rn 5 mwN

auch die für den Vollzug von freiheitsentziehenden Maßregeln örtlich und sachlich zuständigen Einrichtungen bezeichnen. Darüber hinaus enthalten die Pläne auch Regeln für den Vollzug an kranken, oder schwangeren Gefangenen. Er gibt damit wichtige und verbindliche Hinweise für die Einweisung. Durch die Einweisung wird schließlich indirekt auch das für gerichtliche Entscheidungen zuständige Gericht bestimmt. Damit fordert auch der Grundsatz des gesetzlichen Richters die Einhaltung der Einweisungsbestimmungen.

Die sachliche Vollzugszuständigkeit regelt § 23 StVollstrO. Es entspricht in der Praxis der Regel, daß die sachliche Vollzugszuständigkeit auch von der Dauer des Vollzugs abhängig ist. Hierfür enthält die Vorschrift Berechnungsvorschriften und Ausnahmen. Eine andere Art der sachlichen Unterscheidung ist die nach Erst- und Regelvollzug. Sie ist in der StVollstrO nicht geregelt und besagt, daß Strafen an Erstverbüßern uU in anderen Anstalten zu vollziehen sind als Strafen an Verurteilten, die schon Freiheitsentzug erlebt haben. 89

Eine Regelung der sachlichen Zuständigkeit zum Vollzug enthält auch § 114 JGG, auf den § 25 StVollstrO hinweist. Danach dürfen in der Jugendstrafanstalt an Verurteilten, die das 24. Lebensjahr noch nicht vollendet haben und sich für den Jugendstrafvollzug eignen, auch Freiheitsstrafen vollzogen werden, die nach allgemeinem Strafrecht verhängt wurden. Bei Erreichen des 25. Lebensjahres ist der Verurteilte aus dem Jugendstrafvollzug herauszunehmen. Das sollte bereits bei der Einleitung der Vollstreckung bedacht werden. Die Entscheidung ist dem StA vorbehalten, § 1 I Nr. 4 BegrVO, weshalb diesem vor Einleitung der Vollstreckung die Akten vorzulegen sind. Die Vollstreckung selbst obliegt aber immer dem Rechtspfleger nach den allgemeinen Regeln. 90

Die nicht immer einfache Bestimmung der örtlichen Vollzugszuständigkeit regelt § 24 StVollstrO, auch für Jugendstrafe und Jugendarrest. Die Vorschrift gilt nach Maßgabe von § 53 II StVollstrO sinngemäß auch für den Vollzug freiheitsentziehender Maßregeln. Die örtliche Vollzugszuständigkeit richtet sich dabei in erster Linie nach dem Wohn- und Aufenthaltsort. Beide Merkmale stehen bei Anwendung von Abs 1 gleichwertig nebeneinander. Unter den Voraussetzungen des Abs 2 muß der Verurteilte aber in die für den Wohnort zuständige Anstalt eingewiesen werden, wenn er dort auch seine Heimat hat und durch den Vollzug in der nähe der Heimat die Wiedereingliederung wesentlich erleichtert wird. Der Begriff des »Wohnorts« ist nicht mit dem des »Wohnsitzes« im Sinne des BGB identisch und in § 24 I 4 StVollstrO näher umschrieben. Er kommt dem gewöhnlichen Aufenthalt des bürgerlichen Rechts sehr nahe. Aus Gründen der Vollzugsnähe wird bei bestehender Wahlmöglichkeit meist dem Wohnort der Vorzug zu geben sein. Bei Vorliegen der Voraussetzungen des § 24 II StVollstrO ist jedoch ausschließlich der Wohnort maßgebend. Bei behördlich Verwahrten, gleich aus welchem Grund, ist bis zu einer Vollstreckungs- 91 dauer von sechs Monaten ausschließlich der Verwahrungsort das die Zuständigkeit begründende Merkmal. Abs 2 ist dann nicht anzuwenden. Hat die VollstrB bei einer Vollzugsdauer von mehr als sechs Monaten die Zuständigkeit nach dem Aufenthaltsort bestimmt, so kann der Verurteilte auf seinen Antrag hin in die für seinen Wohnort zuständige Anstalt verlegt werden, § 24 I 3 StVollstrO. Der Antrag muß innerhalb von zwei Wochen nach Vollzugsbeginn bei der Vollzugsanstalt gestellt werden. Über sein Antragsrecht ist er durch die Vollzugseinrichtung zu belehren. Die VollstrB ist nicht an diesem Verfahren beteiligt, sie wird nur benachrichtigt, § 35 I e StVollstrO. Eine Änderung des Wohnorts nach Vollzugsbeginn ist unbeachtlich und kann nur nach § 26 StVollstrO berücksichtigt werden.

92 Soweit eine Verlegung des Verurteilten auf seinen Antrag nach § 24 I 3 StVollstrO in Betracht kommt, besteht kein Anspruch auf eine Verlegung, sondern nur auf eine ermessensfehlerfreie Entscheidung, auch wenn der Wortlaut (»hat«) darauf hindeuten könnte, daß auf den Antrag hin eine Verlegung erfolgen muß. Die Frist von zwei Wochen beginnt erst mit der Aufnahme in den Vollzug, nicht mit dem Beginn der Strafhaft. Eine Berufung auf den Fristablauf ist nicht möglich, wenn die vorgeschriebene Belehrung nicht oder unrichtig erteilt wurde oder sie sonst vom Verurteilten unverschuldet nicht eingehalten werden konnte. Ist die Frist schuldhaft versäumt, kommt eine Umdeutung in einen Antrag auf Abweichen vom Vollstreckungsplan nach § 26 StVollstrO in Betracht. Stellt sich nach Ladung oder Vollzugsbeginn heraus, daß der Verurteilte in die unzuständige Anstalt geladen wurde, so ist es Aufgabe der VollstrB seine Verlegung in die zuständige zu veranlassen.

93 Vorrangige örtliche Zuständigkeiten, die ein Abweichen vom Vollstreckungsplan gestatten enthalten § 28 I 2 StVollstrO bei Unterbrechung von Untersuchungshaft zur Verbüßung von Strafhaft und § 44 III StVollstrO bei in der Sicherungsverwahrung Untergebrachten.

94 Für Verurteilte, die sich im Ausland aufhalten und für die im Inland keine örtliche Vollzugszuständigkeit nach Abs 1 und 2 besteht, enthält Abs 3 Sonderregeln. Ist der Vollzug unterbrochen worden, gleich aus welchen Gründen, so bestimmt Abs 4, daß der Vollzug grundsätzlich in der Anstalt fortzusetzen ist, in der sich der Verurteilte vor der Unterbrechung befunden hat. Anderes gilt aber dann, wenn er sich bereits zum Vollzug einer anderen Strafe in einer anderen zuständigen Anstalt befindet, zB wenn er eine neue Strafe verbüßt, und erst zeitlich später die durch Strafaussetzung zur Bewährung unterbrochene Strafe widerrufen wird.

b) Abweichen vom Vollstreckungsplan

95 Die Gründe und das Verfahren bei einem beabsichtigten Abweichen vom Vollstreckungsplan enthält § 26 StVollstrO. Die Vorschrift gilt auch bei Jugendarrest und Jugendstrafe. Die VollstrB ist daran beteiligt, wenn es um die Ladung in die zuständige Anstalt geht. Ebenso, wenn sie nach Beginn

des Vollzugs feststellt, daß der Verurteilte in eine unzuständige Anstalt geladen wurde, er aber dort verbleiben soll. Nach Antritt der Strafe bedarf es grundsätzlich keiner Mitwirkung der VollstrB mehr. Die Vorschrift des § 26 StVollstrO ist heute nur noch in verfahrensrechtlicher Hinsicht zu beachten, wobei darauf hinzuweisen ist, daß bei beabsichtigter Ablehnung eines entsprechenden Antrags ein Bericht nicht erforderlich ist. Seine Vorbereitung ist wie das ganze Verfahren nach § 26 StVollstrO Sache des Rechtspflegers, lediglich die Zeichnung des Berichts obliegt wegen § 13 I Nr. 1 OrgStA dem StA. § 26 StVollstrO ist in bezug auf die Gründe des Abweichens vom Vollstreckungsplan nicht mehr geltendes Recht. Nach § 152 I, III StVollzG haben die Länder einen solchen Plan aufzustellen. Von ihm darf nur in den gesetzlich vorgesehenen Gründen abgesehen werden:

- Nach § 8 StVollzG, wenn die Behandlung des Verurteilten oder seine Eingliederung nach der Entlassung besser gefördert wird oder dies aus Gründen der Vollzugsorganisation oder aus anderen wichtigen Gründen erforderlich ist;
- nach § 65 StVollzG bei kranken Verurteilten;
- nach § 85 StVollzG bei der Notwendigkeit einer sicheren Unterbringung infolge erhöhter Fluchtgefahr oder einer Gefahr für die Sicherheit und Ordnung der Anstalt;
- nach § 152 II 2 StVollzG aus Gründen der Behandlung und Eingliederung bei schon begonnenem Vollzug.

Bei der Vollstreckung von Strafen gegen Soldaten durch die Bundeswehr ist § 26 StVollstrO nicht anwendbar, soweit der Vollzug Sache der Bundeswehr ist.[43] Zu weiteren Möglichkeiten des Abweichens vom Vollstreckungsplan bei Vollstreckung von Strafhaft in Unterbrechung von Untersuchungshaft und bei Sicherungsverwahrung unter Rn 93.

96

Kein Abweichen vom Vollstreckungsplan ist gegeben, wenn ein Verurteilter nur vorübergehend in eine andere Anstalt verbracht, also überstellt wird. Gründe hierfür können Maßnahmen der beruflichen Weiterbildung, Teilnahme an sozialen Trainingskursen, Sexualtherapien oder zur Besuchszusammenführung sein. Hieran ist die VollstrB nicht beteiligt. Zur Überstellung eines Verurteilten in eine ausländische Vollzugseinrichtung unter Rn 383.

97

Gegen die ablehnende Entscheidung der VollstrB sind Einwendungen nach § 21 I lit a StVollstrO möglich. Gegen die Entscheidung des GenStA kommt ein Antrag nach §§ 23 ff GVG in Betracht.

98

---

43 Zur Begründung vgl Pohlmann/Jabel/Wolf § 26 Rn 23

c) Ladung und Folgen der Nichtbeachtung der Ladung

99 Mit der Ladung zum Strafantritt befaßt sich die Verwaltungsvorschrift des § 27 StVollstrO. Die StPO enthält hierfür keine Vorschriften. Lediglich der Erlaß eines Vollstreckungshaftbefehls nach § 457 I StPO setzt eine »ergangene Ladung« voraus. Die Geschäfte sind vollständig dem Rechtspfleger übertragen. Zu Berührungen kommt es allerdings bei Fragen des Strafaufschubs nach § 456 StPO.

aa) Ladung zum Strafantritt und Einweisung durch das Aufnahmeersuchen

100 Lediglich der auf freiem Fuß befindliche Verurteilte ist zum Strafantritt zu laden, § 27 I StVollstrO. Sonst genügt die Übersendung eines Aufnahmeersuchens an Vollzugsanstalt. Auch wenn sich ein Verurteilter sonst in behördlicher Verwahrung befindet, zB nach den Unterbringungsgesetzen der Länder, bedarf es keiner Ladung. Hier ist lediglich, soweit erforderlich, die Überführung in die zuständige Vollzugsanstalt zu veranlassen, § 28 StVollstrO.

101 Die Ladungsfrist soll »in der Regel« eine Woche betragen, § 27 II StVollstrO. Von Verurteilten wird dies häufig als zu kurz bemessen angesehen. Dies sollte in Fällen auf Verständnis stoßen, in denen seit Rechtskraft der Entscheidung – aus welchen Gründen auch immer – eine längere Zeit verstrichen ist. Der Rechtspfleger ist daher jedenfalls befugt, im Einzelfall die Ladungsfrist auch länger zu bemessen. Dies darf aber nicht dazu führen, daß durch den Rechtspfleger letztendlich Strafaufschub gewährt wird. Diese Befugnis nach § 456 StPO steht ausschließlich dem StA zu. Einzelheiten hierzu unter Rn 179.

102 Ob der Verurteilte mit einfachem Brief oder durch Zustellung geladen wird, regelt § 27 III StVollstrO. Daneben besteht auch die Möglichkeit zur mündlichen Ladung zum sofortigen Strafantritt. Die letztere Möglichkeit wird wenig genutzt. Gerade aber bei Verurteilten, die jede passende und unpassende Gelegenheit nutzen, um meist unbegründete Einwände vorzutragen, sollte hiervon vermehrt Gebrauch gemacht werden. Im Hinblick auf § 457 I StPO sollte aus Gründen des Nachweises stets von der Möglichkeit der förmlichen Ladung Gebrauch gemacht werden. Viele der zu Freiheitsstrafen Verurteilten und die meisten der zur Vollstreckung von Ersatzfreiheitsstrafen Geladenen lassen es auf eine Verhaftung ankommen. Unter Berücksichtigung dieses Umstandes, des Aufwands doppelter Ladung und der damit verbundenen zeitlichen Verzögerung ist es insgesamt vorzuziehen, bereits die erste Ladung förmlich zuzustellen. Die Ladung an einen Verurteilten mit Aufenthalt in einem Schengen-Staat kann durch (mindestens) formlose Mitteilung erfolgen.

Die VollstrB weist den Verurteilten durch ein Aufnahmeersuchen ein, § 29 103
StVollstrO. Den Inhalt des Aufnahmeersuchens regelt § 30 StVollstrO, die
beizufügenden Unterlagen sind in § 31 StVollstrO aufgeführt.

bb) Folgen der Nichtbeachtung der Ladung zum Strafantritt

Beachtet der Verurteilte die Ladung zum Strafantritt nicht, so werden 104
gegen ihn in der Regel Zwangsmaßnahmen zu ergreifen sein. Der Fortgang
der Vollstreckung wird auch durch Einwendungen (§ 458 III StPO),
Anträge auf Wiedereinsetzung in den vorigen Stand (§ 47 I StPO) und auf
Wiederaufnahme des Verfahrens (§ 360 I StPO) nicht gehemmt. Das
Gericht kann jedoch jeweils einen Aufschub oder eine Unterbrechung der
Vollstreckung anordnen. Ob bei Vorliegen der Voraussetzungen auch die
VollstrB einen Aufschub gewähren kann, ist streitig.[44] Die Unterbrechung
eines laufenden Vollzugs ist aber nach den Vorschriften der StPO in diesen
Fällen nie zulässig. Sie kommt nur im Gnadenweg in Betracht. Nach § 307
StPO gilt dies an sich bei Einlegen der Beschwerde ebenfalls. In entsprechender Anwendung von § 449 StPO ist jedoch die Rechtskraft abzuwarten, wenn die Vollstreckbarkeit oder die weitere Vollstreckung von dem
Ergebnis der Beschwerdeentscheidung abhängen.

Die Bestimmungen über den Erlaß eines Vorführungs- und Haftbefehls 105
und seinen Inhalt enthält § 33 StVollstrO, Fahndungsmaßnahmen sind in
§ 34 StVollstrO geregelt. Die gesetzliche Grundlage für den Erlaß eines
Vollstreckungshaftbefehls ist § 457 StPO, der durch das OrgKG die Befugnisse der VollstrB erheblich erweitert hat. Die Verwaltungsvorschrift des
§ 33 StVollstrO kann weder hinter dieser gesetzlichen Grundlage zurückbleiben noch diese erweitern. An zwei Punkten weichen § 33 StVollstrO
und § 457 StPO voneinander ab. Während § 33 StVollstrO den Erlaß eines
Haftbefehls vorschreibt, wenn die Frist zum Strafantritt nicht beachtet ist,
räumt § 457 StPO hierzu nur eine Befugnis ein. Allerdings ergibt sich aus
der Vollstreckungspflicht,[45] daß die rechtskräftige richterliche Entscheidung nur in ganz besonderen, vor allem den gesetzlich geregelten Ausnahmefällen, nicht oder nicht sofort vollstreckt zu werden braucht. Das eingeräumte Ermessen ist daher sehr abgeschwächt. Der weitere Unterschied
besteht darin, daß § 33 I StVollstrO den Erlaß des Haftbefehls von einer
förmlichen Ladung abhängig macht, während es § 457 StPO genügen läßt,
daß eine Ladung »ergangen« ist. Damit ist neben der förmlichen Zustellung
und der mündlichen Ladung zum sofortigen Strafantritt auch eine Ladung
durch einfachen Brief möglich. Voraussetzung für den Erlaß des Haftbefehls ist lediglich die hinreichende Sicherheit, daß der Verurteilte von der
Ladung Kenntnis erlangt hat. Diese kann sich aus seinen eigenen Erklärungen ergeben (etwa einem unter Bezug auf die Ladung gestellten Gesuch)
oder aus Äußerungen Dritter.

---

44 Bejahend etwa Kl/M-G für § 458 und 360 StPO
45 Vgl auch Rn 7

106 Die Durchsuchung der Wohnung eines Verurteilten zur Vollstreckung eines Vorführungs- oder Haftbefehls findet ihre Rechtsgrundlage bereits im richterlichen Urteil. Einer besonderen richterlichen Durchsuchungsanordnung bedarf es nicht. Anders könnte die Lage bei der Durchsuchung der Wohnung oder Geschäftsräume Dritter sein. Hier wird aber meist Gefahr im Verzug gegeben sein, so daß aufgrund der Befugnis in § 105 I 2. HS StPO auch ohne richterliche Anordnung durchsucht werden darf.

3. Vollstreckungsreihenfolge

107 Die Vollstreckungsreihenfolge bereitet in mehrfacher Hinsicht Schwierigkeiten: Zunächst gilt es schon die Reihenfolge mehrerer Strafen und Strafreste in eine Ordnung zu bringen. Es gilt einen klaren Vollstreckungsverlauf zu schaffen und dabei auch die Resozialisierung des Verurteilten fördern. Die Regeln hierzu enthält § 43 StVollstrO. Die Bestimmung der Vollstreckungsreihenfolge ist grundsätzlich Sache des Rechtspflegers, soweit sie nicht durch § 1 Ziff 6 BegrVO von der Übertragung ausgenommen sind.

a) Mehrere Strafen

108 Die Bestimmung der Vollstreckungsreihenfolge bei mehreren Strafen ist Sache des Rechtspflegers. Sie ist weder durch die Begrenzungsverordnung noch durch §§ 43 ff StVollstrO von der Übertragung ausgenommen. Nach der Grundregel des § 454 b I StPO, die von § 43 I StVollstrO aufgegriffen wird, sind mehrere Freiheitsstrafen und Ersatzfreiheitsstrafen, aus denen keine Gesamtstrafe gebildet werden kann, unmittelbar nacheinander zu vollstrecken. Dem häufig geäußerten Wunsch von Verurteilten, mehrere Strafen zeitlich versetzt verbüßen zu können, kann also grundsätzlich nicht entsprochen werden.[46]

109 Die durch § 43 II a StVollstrO angeordnete Vorwegvollstreckung von widerrufenen Strafresten kann den Verurteilten unbillig treffen. Die Vorschrift geht offensichtlich von der Vorstellung aus, diese seien nicht erneut aussetzungsfähig. Dies geht aber am materiellen Recht vorbei. Auch widerrufene Strafreste können ohne Teilverbüßung wiederum ausgesetzt werden. Allerdings wird dies die Ausnahme sein und eine Prognoseentscheidung voraussetzen, die der StA treffen sollte, § 2 II Nr. 2 BegrVO. Freilich wird in der Praxis meist eine von § 43 II lit a StVollstrO abweichende Vollstreckungsreihenfolge von Anfang an gegeben sein: Wird doch meist zunächst die neue Verurteilung rechtskräftig und mit ihrer Vollstreckung begonnen und erst zeitlich später der Widerruf weiterer Strafen und Strafreste erfolgen. Eine dann abweichend von § 43 II a StVollstrO bestehende Reihenfolge sollte dann nicht ohne Not geändert werden und kommt bei

---
46 Vgl Rn 186

der Aussetzung dem Verurteilten zugute: Die Prüfung der Frage einer 2/3 - Aussetzung muß im 2/3 - Zeitpunkt der neuen Verurteilung erfolgen und die Reste mit einbeziehen.

b) Strafen und Maßregeln aus demselben Verfahren

Ist neben einer Freiheitsstrafe eine Unterbringung in einem psychiatrischen Krankenhaus oder in einer Entziehungsanstalt zu vollstrecken, auf die in demselben Verfahren erkannt wurde, so ist die Maßregel nach dem Grundsatz des § 67 StGB vor der Strafe zu vollziehen. Dieser Grundsatz wird von § 44 a StVollstrO aufgegriffen. Das Gericht – und nur dieses – kann eine andere Reihenfolge bestimmen, auch nachträglich, § 67 II, III StGB. Für nachträgliche Entscheidungen wird stets die Zuständigkeit der StVK gegeben sein, §§ 463 V, 462 a I StPO. 110

Wird die Strafe ganz oder teilweise vor der Maßregel vollstreckt, so ist vor dem Übergang zum Maßregelvollzug zu prüfen, ob dieser noch erforderlich ist, § 67 c I StGB, 44 a II StVollstrO. Wird die Maßregel zur Bewährung ausgesetzt, tritt Führungsaufsicht ein. 111

Infolge der Entscheidung des BVerfG[47] zu § 67 d V 1 StGB ist § 44 a I S 2 2. HS StVollstrO gegenstandslos geworden: Auch nach einer Erledigterklärung der Maßregel der Unterbringung in einer Entziehungsanstalt sind Zeiten, die im Maßregelvollzug zugebracht wurden, auf die Strafe anzurechnen. 112

Für die Unterbringung in der Sicherungsverwahrung fehlt eine gesetzliche Regelung der Vollstreckungsreihenfolge, wenn Strafe und Maßregel im gleichen Verfahren angeordnet wurden. Aus dem sichernden Zweck dieser Maßregel und einem Umkehrschluß aus § 67 I StGB folgt, daß die Sicherungsverfahren nach der im gleichen Verfahren angeordneten Strafe zu vollstrecken ist. Diesen Grundsatz greift § 44 I StVollstrO auf. 113

c) Strafen und Maßregeln aus verschiedenen Verfahren

Eine gesetzliche Regelung für solche Fälle fehlt. Die Rechtslage ist für die Unterbringung in einem psychiatrischen Krankenhaus oder in einer Entziehungsanstalt derzeit nur durch § 44 b StVollstrO geregelt. Die Vorschrift lehnt sich in ihrem Abs 1 zunächst an die Vollstreckungsreihenfolge des § 67 I StGB an. Die Maßregel ist grundsätzlich vor der Strafe zu vollstrecken. Zur Entscheidung über die Vollstreckungsreihenfolge ist nach Abs 2 die VollstrB zuständig. Diese hat bei der Bestimmung der Reihenfolge auf die gleichen Grundsätze abzustellen wie das Gericht.[48] 114

Anders als in den Fällen des § 67 StGB, konnten Maßregel und Strafe sowie deren Vollstreckungsreihenfolge nicht in einem einheitlichen Verfahren 115

---

47 NJW 1995, 1077
48 OLG Stuttgart NStZ 1989, 344; OLG Nürnberg NStZ 1990, 152

aufeinander abgestimmt werden. Hier wie dort gilt es das Ziel eines bestmöglichen Erfolgs der Maßregel im Auge zu behalten. Dieser darf nicht vereitelt oder auch nur ernsthaft gefährdet werden. Vor einer Entscheidung wird es unerläßlich sein, eine Stellungnahme der Vollzugseinrichtung einzuholen, in der sich der Verurteilte gerade befindet. Ein Gutachten wird nur selten erforderlich werden. Von ärztlicher Sicht wird meist darauf hingewiesen, daß möglichst auf eine Entlassung aus dem Maßregelvollzug hingearbeitet werden sollte. Noch zu vollstreckende Strafen oder Strafreste sind möglichst vor Beginn des Vollzugs der Maßregel oder in deren Unterbrechung (ggf bis zum Halbstrafen- oder 2/3-Zeitpunkt) zu vollstrecken. Dabei sollte der Zeitpunkt mit der Vollzugseinrichtung abgestimmt werden, damit nicht Therapieabschnitte wiederholt werden müssen, weil sie durch die Unterbrechung nutzlos geworden sind. Anders als nach der Regel des § 67 IV 1 StGB können Zeiten des Vollzugs der Maßregel nach den gesetzlichen Vorschriften auf die im anderen Verfahren erkannte Freiheitsstrafe nicht angerechnet werden. In der Praxis überwiegt bei weitem eine von der Grundregel des § 44 b StVollstrO abweichende Reihenfolge wonach Freiheitsstrafen entweder vorweg oder in Unterbrechung der Maßregel vollstreckt werden. Wird die von § 44 b StVollstrO vorgesehene Reihenfolge beibehalten, kann die Maßregel nicht auf die Strafe angerechnet werden. Es ist dann zu erwägen, ob nicht hinsichtlich der Strafe von Amts wegen ein Gnadenverfahren eingeleitet werden sollte.[49]

116 Auch für das Zusammentreffen von Strafe und Sicherungsverwahrung aus verschiedenen Verfahren fehlt eine gesetzliche Regelung. § 44 II StVollstrO erklärt § 44 I StVollstrO für sinngemäß anwendbar. Sie ist also möglichst erst nach Strafen zu vollstrecken. Ggf wird die Sicherungsverwahrung zur Strafvollstreckung zu unterbrechen sein, wie der Umkehrschluß aus § 44 III StVollstrO ergibt. Obwohl nur auf Abs 1 S 1 verwiesen wird, wird auch in diesen Fällen vor dem Beginn des Maßregelvollzugs die Überprüfung nach § 67 c I StGB erforderlich sein, wenn zwischen der Vollstreckung der Strafe und der Maßregel eine weitere Strafe vollstreckt wird. Anders, wenn die Maßregel nur zur Zwischenvollstreckung unterbrochen war: Hier bleibt es bei den Prüfungsfristen nach § 67 e II StGB.

117 Da die Vollstreckungsreihenfolge in diesen Fällen nicht durch die gerichtliche Entscheidung in Verbindung mit gesetzlichen Vorschriften vorgegeben ist, ist die Entscheidung nach § 1 I Nr. 6 BegrVO von der Übertragung auf den Rechtspfleger ausgenommen. Gegen die Entscheidung sind Einwendungen nach § 21 StVollstrO und sodann der Rechtsweg nach § 23 ff EGGVG gegeben. Sind mehrere VollstrB beteiligt und können sie sich über die Reihenfolge der Vollstreckung nicht einigen, entscheidet nach § 44 II 2, 44 IV, 43 VII StVollstrO der GenStA, der derjenigen VollstrB übergeordnet ist, welche die Strafe vollstreckt.

---

[49] So ausdrücklich für Bayern: Ergänzende Bestimmungen zur StVollstrO Nr. 5, JMBl 1987, 122

d) Mehrere freiheitsentziehende Maßregeln

Mit der Anordnung mehrerer Maßregeln befaßt sich § 72 StGB. Mehrere freiheitsentziehende Maßregeln in ein- und demselben Verfahren sind selten. § 72 I 2 StGB unterbindet das Nebeneinander verschiedener Maßregeln, wenn das angestrebte Ziel durch einzelne von ihnen erreicht werden kann: Nur diese ist/sind anzuordnen. Aus Gründen der Verhältnismäßigkeit darf nach § 72 I 2 StGB nur diejenige angeordnet werden, die den Täter am wenigsten beschwert. Iü können nach § 72 II StGB mehrere Maßregeln auch nebeneinander angeordnet werden. Die Reihenfolge der Vollstreckung wird durch das Gericht bestimmt. Es darf sie nicht dem Vollstreckungsgericht überlassen.[50] Vor dem Ende des Vollzugs einer Maßregel bedarf es einer Anordnung des Gerichts, damit die weitere Maßregel vollzogen werden darf. Liegt nicht rechtzeitig eine rechtskräftige Entscheidung vor, wird das unter Rn 364 ff Gesagte entsprechend zu gelten haben. Nach § 463 III iVm § 454 II StPO bedarf es im Fall von Abs 3 eines Prognosegutachtens eines Sachverständigen.

118

Bei mehrfacher Anordnung der Unterbringung in einer Entziehungsanstalt nach § 64 StGB bestimmt § 67 f StGB, daß die frühere Anordnung dadurch erledigt ist. Für die mehrfache Anordnung einer Maßregel der Unterbringung in einem psychiatrischen Krankenhaus nach § 63 StGB fehlt eine Regelung durch Gesetz oder Verwaltungsvorschrift. Einigkeit besteht darin, daß sie nicht parallel, sondern nacheinander zu vollstrecken sind.[50a] Dabei ist diejenige zunächst zu vollziehen, auf die zuerst erkannt worden ist, es sei denn, es müßte hierzu die bereits begonnene Vollstreckung einer Maßregel unterbrochen und der Verurteilte in eine andere Vollzugsanstalt verlegt werden, vgl § 43 III StVollstrO. Eine nicht mit einer Strafe verbundene Maßregel nach § 63 StGB ist beim Hinzutreten der weiteren Maßregel, die mit einer Freiheitsstrafe verbunden ist, unverzüglich zu unterbrechen. Das gleiche gilt, wenn das erste Erkenntnis neben der Maßregel auch auf Strafe erkannt hat, wenn im ersten Verfahren das Höchstmaß der Anrechnungsmöglichkeit der Maßregel auf die Strafe nach § 57 IV 1 StGB erreicht oder überschritten ist. Nur durch ein solches »Unterbrechungsmodell« und den Vollzug der weiteren Unterbringung läßt sich die Aussetzungsreife der zusätzlich verhängten Strafe und Maßregel herbeiführen. Da diese Situation beim Hinzutreten einer Maßregel nach § 63 StGB, die nicht oder wegen vollständiger Vorwegvollstreckung nicht mehr mit einer Strafe verbunden ist, nicht entsteht, bedarf es hier einer Unterbrechung nicht. Bei Aussetzungsreife werden alle Strafreste und Maßregeln nach § 63 StGB nur gemeinsam ausgesetzt werden können.

119

---

50 BGH NStZ 1995, 284
50a Isak/Wagner Rn 364; Pohlmann/Jabel/Wolf § 54 Rn 1 aE; OLG Hamm NStZ 1988, 430, 431

e) Rechtsbehelfe

120 Über Einwendungen gegen Maßnahmen des Rechtspflegers hinsichtlich der Vollstreckungsreihenfolge entscheidet nach § 31 VI RPflG der StA. Dies gilt auch hinsichtlich einer etwa damit verbundenen Unterbrechung oder deren Ablehnung. Gegen dessen Entscheidung sind Erinnerungen nach § 21 I lit a StVollstrO zum GenStA gegeben. Dieses Verfahren ist gleichzeitig die erforderliche Vorschaltbeschwerde für eine gerichtliche Entscheidung nach §§ 23 ff EGGVG, auch in den Fällen des § 44 b StVollstrO.[51] Bei Strafe und Maßregel im gleichen Verfahren entscheidet das Gericht über die Reihenfolge der Vollstreckung. Dies ist wegen § 463, 462 a I StPO die StVK, wenn sich der Verurteilte im Vollzug befindet. Auf die Beschwerde sind die allgemeinen Grundsätze anzuwenden.

4. Vollstreckungsverjährung

121 Bei zur Bewährung ausgesetzten Strafen berechnet sich die Vollstreckungsverjährung nach der Formel: Bewährungszeit + Verjährungsfrist. Ggf ist § 79a Nr. 3 StGB zu berücksichtigen, insbes bei der Aussetzung einer Reststrafe.

122 Der Eintritt ist zweckmäßig bei der ersten Ausschreibung zu errechnen und aktenkundig zu machen, damit nicht bei der Verlängerung der Ausschreibung erneut nachgerechnet werden muß. Gleichzeitig ist es zweckmäßig, von der Ausschreibung das aktenführende Gericht zu verständigen, um Anfragen nach dem Sachstand zu vermeiden.

123 Eine Verlängerung der Verjährungsfrist um die Hälfte der gesetzlichen Verjährungsfrist ermöglicht § 79 b StGB vor ihrem Ablauf. Voraussetzung ist, daß sich der Verurteilte in einem Gebiet aufhält, aus dem seine Auslieferung oder Überstellung nicht erreicht werden kann. Gleichgültig ist, ob die Auslieferung daran scheitert, weil kein Rechtshilfeverkehr mit dem Gebiet besteht, die Auslieferungsvoraussetzungen nicht vorliegen oder ein sonstiger Grund vorliegt. Voraussetzung ist ein fortdauerndes Bedürfnis an Strafvollstreckung. Nach § 20 StVollstrO soll vor der Antragstellung gegenüber der obersten Landesbehörde berichtet werden. Den Antrag stellt der StA, § 1 I Nr. 1 BegrVO. Zuständig für die Entscheidung ist das Gericht des ersten Rechtszugs, nach Teilvollstreckung die StVK, 462 a StPO. Nicht zulässig ist der Antrag beim Jugendarrest, bei Ordnungsmitteln und Ordnungswidrigkeiten. Für Jugendstrafen gilt hinsichtlich der Verjährung § 79 StGB.

124 Ist Vollstreckungsverjährung eingetreten, ohne daß es bis zu diesem Zeitpunkt zu einem Straferlaß gekommen ist, erfolgt eine Mitteilung zum BZR, daß Vollstreckungsverjährung eingetreten ist. Ein Straferlaß ist nicht veran-

---

[51] OLG Nürnberg NStZ 1990, 152

Kunz

laßt, wohl aber sind die Akten dem die Bewährung überwachenden Gericht zuzuleiten, damit dieses das Verfahren beendet.

Fahndungsmaßnahmen sind so rechtzeitig vor dem Eintritt der Verjährung zu widerrufen, daß eine Festnahme oder andere polizeiliche Maßnahmen nach deren Ablauf ausgeschlossen sind. 125

Vollstreckungsverjährung bedeutet, daß jede Vollstreckungshandlung unzulässig wird. Ein Verurteilter kann sich auch nicht freiwillig der weiteren Vollstreckung unterwerfen. So kann er etwa auch eine Geldstrafe nicht mehr freiwillig bezahlen.[52] 126

Bei Anfragen nach dem Eintritt der Vollstreckungsverjährung kann dieser Zeitpunkt mitgeteilt werden, wobei darauf hingewiesen werden sollte, daß dies der früheste Zeitpunkt ist, zu dem Vollstreckungsverjährung eintritt. Auch Akteneinsicht an einen Verteidiger zum Zweck der Berechnung des Eintritts des Zeitpunkts der Vollstreckungsverjährung ist zu gewähren. Dem kann nicht etwa unter Hinweis auf eine Vollstreckungsvereitelung entgegengetreten werden. 127

V. Strafausstand, Absehen von weiterer Vollstreckung, Zurückstellung der Vollstreckung

1. Behandlungsbedürftigkeit im Krankenhaus

Nicht jede Erkrankung während des Vollzugs führt zu Haftunfähigkeit. Wird bei einem Strafgefangenen oder Untergebrachten eine medizinische Behandlung erforderlich und kann diese in der Anstalt oder einem Anstaltskrankenhaus nicht durchgeführt werden, so ist – unbeschadet der Möglichkeit einer Unterbrechung nach § 455 ff StPO – die Einrichtung für die Bewachung in einem allgemeinen Krankenhaus zuständig (VV Nr. 1 zu § 65 StVollzG) zuständig. Eine Benachrichtigung oder Zustimmung der VollstrB ist nicht erforderlich. In geeigneten Fällen kann es sich anbieten, dem Verurteilten für die Zeit der Behandlung Urlaub zu gewähren. Ansonsten muß durch die Vollzugsbehörde die Polizei um Amtshilfe gebeten werden, sofern der Transport und die Bewachung nicht mit eigenen Kräften möglich sind. Wird bei einem Transport Amtshilfe erforderlich, ist ein Transportersuchen an die Polizei zu richten. Zweckmäßig wird ein Urteilstenor mit Rechtskraftvermerk mit übersandt: Auch die Polizei möchte gerne wissen, mit wem sie es zu tun hat um etwaige Sicherheitsvorkehrungen treffen zu können. 128

---

52 Schönke/Schröder-Stree § 79 Rn 1; aA Pohlmann/Jabel/Wolf § 50 Rn 1

129 Zeiten eines Krankenhausaufenthaltes ohne Unterbrechung der Vollstreckung nach § 455 IV StPO sind nach § 461 I StPO grundsätzlich auf die Strafzeit anzurechnen. Soll sie nicht angerechnet werden, weil der Verurteilte sie in der Absicht herbeigeführt hat, die Strafvollstreckung zu unterbrechen, bedarf es einer gerichtlichen Entscheidung, § 461 II StPO. Zur Antragstellung zuständig ist die StA als Strafverfolgungsbehörde. Zuständiges Gericht ist die StVK nach § 462 a I StPO.

2. Strafausstand – Allgemeines

130 Der Begriff »Strafausstand« wird meist als Oberbegriff für Strafaufschub und Strafunterbrechung gebraucht. Die grundlegenden Regeln finden sich in den §§ 455, 455 a und 456 StPO. Für die Vollstreckung der Ersatzfreiheitsstrafe findet sich eine Spezialvorschrift in § 459 f StPO. Ergänzende Bestimmungen, insbes auch zum Verfahren, finden sich in §§ 45 ff StVollstrO. Daneben enthalten die Gnadenordnungen der Länder weitere, recht unterschiedliche Regeln für Strafaufschub und Strafunterbrechung im Gnadenweg.

131 Einen »dritten Weg« zeigt beim Zusammentreffen von Strafe und Maßregel im selben Verfahren § 45 IV StVollstrO auf: Hier soll die Strafverfolgungsbehörde prüfen, ob nicht durch eine Änderung der Vollstreckungsreihenfolge und die damit verbundene Verlegung in die Einrichtung des Maßregelvollzugs eine Entlassung aus dem Vollzug insgesamt vermieden werden kann. Es bedarf hierzu einer gerichtlichen Entscheidung. Wurden Strafe und Maßregel in verschiedenen Verfahren verhängt, kommt eine Änderung der Vollstreckungsreihenfolge ebenfalls in Betracht, vgl § 44 b StVollstrO. Einer gerichtlichen Entscheidung bedarf es dann nicht.

3. Strafaufschub und Strafunterbrechung wegen Vollzugsuntauglichkeit, § 455 StPO

132 An der Spitze der gesetzlichen Regelung steht mit § 455 StPO der Strafausstand wegen Vollzugsuntauglichkeit. Die Vorschrift wird durch § 45 StVollstrO für Freiheitsstrafen und § 53 II StVollstrO für freiheitsentziehende Maßregeln ergänzt. Während § 455 I-III StPO Fälle des Strafaufschubs regelt, bestimmt § 455 IV StPO die näheren Voraussetzungen einer Strafunterbrechung. Der Strafaufschub in den Abs 1 u. 2 ist obligatorisch, beim Strafaufschub nach Abs 3 und der Strafunterbrechung nach Abs 4 handelt es sich um Ermessensentscheidungen. Zeiten der Strafunterbrechung werden auf die Strafzeit nicht angerechnet.

133 Die Gewährung von Strafaufschub oder einer Strafunterbrechung zieht nach § 79 a Nr. 2 a StGB das Ruhen der Verjährung nach sich. Besteht also

dauernde Haftunfähigkeit, endet das Verfahren erst mit dem Tod des Verurteilten.

a) Anwendungsbereich

Vollstreckt werden muß eine Freiheitsstrafe, wobei es gleichgültig ist, ob es sich um eine zeitige oder eine lebenslange Strafe handelt. Da auch die Ersatzfreiheitsstrafe eine Freiheitsstrafe ist, gilt § 455 StPO hierfür ebenfalls. Dies stellt auch die Verweisung des § 50 I StVollstrO klar. Wird die Freiheitsstrafe bei der Bundeswehr vollzogen, gilt ergänzend Art. 6 EGWStG, vgl § 45 III StVollstrO und Rn 44 ff. Für den Maßregelvollzug ist § 455 StPO über § 463 I StPO und § 45 StVollstrO über § 53 II StVollstrO entsprechend anzuwenden. Ausnahmen sind in § 463 IV StPO enthalten. Näheres dazu beim Strafaufschub.

134

b) Voraussetzungen

Aufschub und Unterbrechung wegen Vollzugsuntauglichkeit sind von Amts wegen zu gewähren, wenn die Voraussetzungen iü vorliegen. Ein Antrag ist nicht erforderlich und lediglich als Anregung zur Prüfung zu verstehen.

135

c) Verfahren

Ist der Verurteilte *zum Antritt geladen*, wird er nicht selten Haftunfähigkeit geltend machen. Sofern er sich lediglich in allgemein gehaltenen Verlautbarungen über seinen Gesundheitszustand ergeht, wird meist ohne weitere Ermittlungen eine ablehnende Entscheidung möglich sein. Ähnlich wird verfahren werden können, wenn lediglich allgemein gehaltene ärztliche Atteste vorgelegt werden, die sich zwar zum Gesundheitszustand des Verurteilten, nicht jedoch ausdrücklich zur Vollzugstauglichkeit äußern. Hierzu darf darauf verwiesen werden, daß bei der Aufnahme von Verurteilten in eine Vollzugseinrichtung auch eine ärztliche Untersuchung stattfindet. Stellt sich dabei (selten!) die Haftunfähigkeit heraus, muß der Verurteilte, ggf im Weg der Unterbrechung, wieder entlassen werden.

136

Dem Aufnahmeersuchen und einem etwa ergehenden Haftbefehl sollten jedoch entsprechende Hinweise und die vorgelegten ärztliche Atteste (in Ablichtung) beigefügt werden. Damit verschafft man den vollziehenden Polizeibeamten und der aufnehmenden Vollzugsanstalt die erforderlichen Informationen. Dies gebietet auch die Fürsorgepflicht.

137

Eine Suicidgefahr ist für sich kein Grund für einen Aufschub oder eine Unterbrechung. Vielmehr hat die Anstalt die erforderlichen Vorkehrungen zu treffen. Hier ist aber eine Information unerläßlich, um die Gefahr für den Verurteilten gering zu halten. Gegenüber den mit der Festnahme beauftragten Polizeibeamten sollte sie mit dem Hinweis verbunden wer-

138

Kunz

den, daß eine Festnahme im ersten Zugriff erfolgen sollte. Bedenklich ist, ob in solchen Fällen von einer Ladung abgesehen werden kann. Drohender Selbstmord soll nämlich ein »Sich-Entziehen« iSd § 33 IIa StVollstrO darstellen.[53]

139 In Fällen, in denen nachvollziehbare Anhaltspunkte für eine Vollzugsuntauglichkeit nach sich ziehende Erkrankung vorliegen, sind weitere Ermittlungen geboten. Hierzu kann dem Verurteilten aufgegeben werden, ärztliche Atteste vorzulegen. Zweckmäßiger wird es sein, gleich eine Untersuchung durch den Landgerichtsarzt (in Bayern) oder ein staatliches Gesundheitsamt (zB in Baden-Württemberg, Hessen, Sachsen) zu veranlassen. Der Vorbereitung kann das nachfolgende Formular dienen, aus dem die verschiedenen Zuleitungsmöglichkeiten und zweckmäßigen Fragestellungen ersichtlich sind.

140

STAATSANWALTSCHAFT
 # O R T #
#ZwSt#

Az.:	Datum:	sta 455 1ku

Strafvollstreckung
gegen | Verteidiger(in):
wegen | Vollmacht Bl.:

hier: Prüfung der Haftfähigkeit

Verfügung

1. ☐ Die Strafvollstreckung wird vorläufig eingestellt.
2. ☐ Einen Abdruck dieser Verfügung zum Vollstreckungsheft
3. V.v.; WV _____
4. Mit ☐ Vollstreckungsheft ☐ Sonderheft ☐ Akten ☐ _____
   ○ an die landgerichtsärztliche Dienststelle im Hause
   ○ an die landgerichtsärztliche Dienststelle bei dem Landgericht _____
   ○ an das staatliche Gesundheitsamt in _____
   ○ an _____

mit der Bitte, d. Verurteilte(n) auf die Frage der Haftfähigkeit hin zu untersuchen.

○ Ist d. Verurteilte in Geisteskrankheit verfallen, § 455 Abs. 1 StPO und hat diese ggf. ein Ausmaß erreicht, daß er/sie durch den behandlungsorientierten Strafvollzug gar nicht mehr ansprechbar ist, § 2 StVollzG?

○ Ist d. Verurteilte in einer Weise erkrankt, daß durch die Vollstreckung - also unabhängig von einem allgemein schlechten Gesundheitszustand - eine nahe Lebensgefahr für d. Verurteilte(n) zu besorgen ist, § 455 Abs. 2 StPO?

○ Befindet sich d. Verurteilte sonst in einem körperlichen Zustand, bei dem eine sofortige Vollstreckung mit der Einrichtung einer Strafanstalt unvereinbar ist, § 455 Abs. 3 StPO?

Falls sich bei der Untersuchung Anhaltspunkte für eine Erkrankung d. Verurteilten ergeben sollten, wird weiter gebeten mitzuteilen,

---

53 Kl/M-G § 457 Rn 5

Kunz

- ob eine Vollstreckung in einer Vollzugsanstalt mit Krankenanstalt bei ärztlicher Betreuung möglich ist.
- ob eine Strafvollstreckung in einem Vollzugskrankenhaus in Betracht kommt und welche Voraussetzungen diese Einrichtung erfüllen müßte.
- ob und soweit absehbar wann voraussichtlich wieder Haftfähigkeit gegeben sein wird.
- _____

_____
(Unterschrift, Namensstempel)

TV-StA #StA# sta 455 1ku   (08.00)   Prüfung der Haftfähigkeit

141 Die Frage nach der voraussichtlichen Dauer dient auch der Festlegung des Zeitraums des Aufschubs. Unter Berücksichtigung des Erfordernisses einer erneuten Untersuchung ist bei der Entscheidung über Aufschub oder Unterbrechung der Termin für eine Wiedervorlage festzulegen.

142 *Befindet sich der Verurteilte bereits im Vollzug*, so wird die Anregung zu einer Unterbrechung oft von der Einrichtung ausgehen, wenn eine schwere Erkrankung vorliegt, die in der Anstalt oder einem Vollzugskrankenhaus nicht behandelt werden kann. Ob in diesen Fällen von der Möglichkeit der Strafunterbrechung Gebrauch gemacht wird, sollte von verschiedenen Erwägungen abhängig gemacht werden: Zu berücksichtigen sind die Dauer der voraussichtlichen Unterbrechung im Verhältnis zur Strafe, ein etwa erforderlicher Bewachungsaufwand sowie fiskalische Erwägungen im Hinblick auf die Kosten der Behandlung. Selbstverständlich ist stets § 455 IV 2 StPO vorrangig zu beachten: Überwiegende Gründe der öffentlichen Sicherheit hindern eine Strafunterbrechung selbst bei schwerster Erkrankung stets.

143 Wird vom Verurteilten während der Strafhaft gegenüber der VollstrB Vollzugsuntauglichkeit geltend gemacht, ist das Gesuch zunächst der Vollzugsanstalt zuzuleiten, damit eine ärztliche Stellungnahme als Entscheidungsgrundlage herbeigeführt werden kann, vgl § 45 I StVollstrO. In den seltenen Fällen, in denen die Einrichtung über die Problematik bisher nicht unterrichtet war, wird sie reagieren können. In den meisten Fällen wird sich herausstellen, daß der Verurteilte versucht, unter Einschaltung der VollstrB die Vollzugsanstalt auszuspielen.

144 Besonders heikel sind Verfahren, in denen dauernde Vollzugsuntauglichkeit festgestellt wurde. Da eine Verjährung nicht eintritt, § 79 a Nr. 2 b StGB, können die Akten nicht weggelegt werden. Erneute Untersuchungsaufträge stoßen oft auf den Unwillen der damit Befaßten, die auf das Ergebnis ihrer früheren Gutachten verweisen. Gleichwohl sollte in größeren Abständen eine erneute Untersuchung erfolgen. Lediglich in Fällen schwerster Erkrankungen wird es genügen, gelegentlich eine Anfrage beim Einwohnermeldeamt vorzunehmen, um festzustellen, ob das Verfahren nicht durch den Tod ein Ende gefunden hat.

Kunz

d) Entscheidung

145 Die Entscheidung ist dem StA vorbehalten, weil sie nach § 1 Nr. 1 BegrVO nicht auf den Rechtspfleger übertragen ist. Für Mitteilungen an einen auf freiem Fuß in einem Schengen-Staat befindlichen Verurteilten s. unter Rn 400. Eine *Ablehnung des Strafaufschubs wegen Vollzugsuntauglichkeit* für alle Fälle des § 455 StPO ermöglicht das folgende Formular.

146

STAATSANWALTSCHAFT
 # O R T #
#ZwSt#

Az.: ⊰   Datum: ⊰

Strafvollstreckung
gegen | Verteidiger(in):

wegen | Vollmacht Bl.:

<u>hier:</u> Aufschub der Strafvollstreckung gemäß § 455 StPO

V e r f ü g u n g

1. Der Antrag d. Verurteilten vom _____, gemäß § 455 Abs. 1 bis 3 StPO die Vollstreckung der

○ Freiheitsstrafe ○ Gesamtfreiheitsstrafe von _____
○ und der Unterbringung in einer Entziehungsanstalt gemäß § 64 StGB
aus dem

○ Urteil ○ Strafbefehl ○ Gesamtstrafenbeschluß des
○ Amtsgerichts ○ Landgerichts _____
vom _____ (Az.: _____)

○ i.V.m. dem Urteil des Landgerichts _____
vom _____ (Az.: _____)

○ i.V.m. dem Widerrufsbeschluß des
○ Amtsgerichts ○ Landgerichts _____
vom _____ (Az.: _____)

☐ Weitere Verurteilungen nach Zusatzblatt ...

aufzuschieben, wird

a b g e l e h n t .

Gründe:

Gemäß § 455 Abs. 1 und 2 StPO ist die Vollstreckung einer Freiheitsstrafe aufzuschieben, wenn der Verurteilte in Geisteskrankheit verfällt oder von der Vollstreckung eine nahe Lebensgefahr für den Verurteilten zu besorgen ist.

Gemäß § 455 Abs. 3 StPO kann die Vollstreckung einer Freiheitsstrafe auch dann aufgeschoben werden, wenn sich der Verurteilte in einem körperlichen Zustand befindet, bei dem eine sofortige Vollstreckung mit der Einrichtung der Strafanstalt unverträglich ist.

TV-StA #StA# sta 455 1abl (08.00) Ablehnung des Strafaufschubs wegen Vollzugsuntauglichkeit

Kunz

> Keine dieser Voraussetzungen ist nach der ärztlichen Stellungnahme d.
> _____ vom _____ gegeben.
>
> ❑ Es liegt keine Geisteskrankheit vor, die so schwer ist, daß d. Verurteilte für einen Behandlungsvollzug gemäß § 2 StVollzG nicht geeignet erscheint.
> ❑ Es liegt keine von der weiteren Strafvollstreckung ausgehende Lebensgefahr vor. Vielmehr befindet sich d. Verurteilte unabhängig von der Strafvollstreckung in einem schlechten Gesundheitszustand.
> ❑ Es liegt danach keine körperliche Beeinträchtigung vor, bei der Haftunfähigkeit gegeben wäre.
>
> ❑ _____
>
> **Hinweis:**
> Zur Vermeidung von Zwangsmaßnahmen hat sich d. Verurteilte zu dem sich aus der Ladung ergebenden Zeitpunkt, falls dieser noch nicht verstrichen ist, sonst am Tag nach Erhalt dieses Bescheides in der Justizvollzugsanstalt zum Strafantritt einzufinden, die in der bereits zugestellten Ladung genannt ist. Die darin enthaltenen Hinweise sind zu beachten. Eine weitere Ladung erfolgt nicht mehr!
>
> 2. Mitteilung von Ziff. 1 mit Gründen an
>   Verurteilte(n) (Bl. _____)
>   ○ Verteidiger(in) (Bl. _____)
>   ○ _____
>
> 3. ❑ Abdrucke von Ziff. 1 der Verfügung zu den weiteren dort genannten Verfahren
> 4. ❑ _____ zusätzliche Abdrucke von Ziff. 1 herstellen
> 5. ❑ _____
>
> 6. An Vollstreckungsrechtspfleger(in) z.K. u. w.V.
>
> _____
> (Unterschrift, Namensstempel)

Zunächst sind die Urteile und Strafen aufzuzählen. Das können mehrere sein. In der Regel wird es sich um zeitige Freiheitsstrafen handeln. Ein Aufschub der lebenslangen Freiheitsstrafe wird in der Praxis selten vorkommen, denn der Verurteilte wird sich stets in Haft befinden, so daß meist nur Fälle der Unterbrechung vorkommen. Grundsätzlich kann aber auch die Vollstreckung einer lebenslangen Freiheitsstrafe aufgeschoben werden. Die Ersatzfreiheitsstrafe ist mit aufgeführt, in der Praxis wird aber häufig Stundung gewährt werden können, so daß es einer Entscheidung nach § 455 StPO nicht bedarf.

147

Kunz

148 Aufschub ist dagegen ausgeschlossen, wenn die Unterbringung im psychiatrischen Krankenhaus angeordnet wurde und der Verurteilte in Geisteskrankheit fällt, § 463 IV 1 iVm § 455 I StPO. Zulässig ist er dagegen bei der Unterbringung in der Entziehungsanstalt nach § 63 StGB und in der Sicherungsverwahrung nach § 66 StGB, wenn der Verurteilte in Geisteskrankheit verfällt. Anders als nach § 455 I StPO steht der Aufschub aber im Ermessen der VollstrB.

149 In den Fällen des Verfalls in Geisteskrankheit (Abs 1) und der Gefahr des Eintritts naher Lebensgefahr durch die Vollstreckung (Abs 2) ist der Aufschub der Strafvollstreckung zwingend vorgeschrieben. Er muß selbst gegen den Willen des Verurteilten erfolgen. Aufschub wegen *Geisteskrankheit* kommt dabei aber nur in Betracht, wenn sie so schwer ist, daß der Verurteilte für einen Behandlungsvollzug nach § 2 StVollzG nicht geeignet erscheint. Die §§ 20, 21 StGB sind dabei nicht anwendbar. In den übrigen Fällen muß eine Behandlung im Vollzug erfolgen. Es kommt nicht darauf an, ob die Geisteskrankheit erst während des Vollzugs auftritt oder schon vorher bestand. Die *Besorgnis naher Lebensgefahr* muß gerade durch die Vollstreckung entstehen. Ein an sich schon schlechter Gesundheitszustand ist nicht ausreichend. Die Lebensgefahr muß »nahe« sein, so daß Frühstadien lebensbedrohlicher Krankheiten, zB auch AIDS, zur Begründung ausscheiden. Auch die bloße Möglichkeit, daß sich eine Krankheit lebensbedrohlich verschlechtern könnte, genügt nicht, vielmehr muß sie »zu besorgen sein«, was einen erhöhten Grad von Wahrscheinlichkeit voraussetzt. Die Gefahr eines Selbstmords rechtfertigt einen Strafaufschub nicht. Die Vollzugsanstalt kann und muß die erforderlichen Maßnahmen nach § 88 StVollzG ergreifen. Für Ladung und Verhaftung in solchen Fällen s. unter Rn 138. Eine *sonstige schwere Erkrankung* ist nur eine wirklich sehr schwerwiegende, wie der Vergleich mit § 461 StPO zeigt.

150 Ist eine sofortige Vollstreckung mit der Einrichtung der Strafanstalt unverträglich, steht der VollstrB bei ihrer Entscheidung ein Ermessen zu (»kann«). Es ist im Einzelfall zu prüfen, ob der Aufschub geboten erscheint. Dabei wird einerseits die Art der Beeinträchtigung eine Rolle spielen. Nicht alle Haftanstalten sind zB für Rollstuhlfahrer oder auf Krücken angewiesene Gefangene geeignet, Plätze stehen nicht immer zur Verfügung. Häufig steht bei grundsätzlich gegebener Vollzugstauglichkeit die erforderliche medizinische Versorgung nicht ausreichend (zB rund um die Uhr) zur Verfügung. Andererseits wird aber auch die Gefährlichkeit des Verurteilten und die Notwendigkeit, auf ihn nachhaltig durch den Strafvollzug einzuwirken, berücksichtigt werden müssen. Schwangere Frauen fallen allerdings nicht unter § 455 III StPO. Vielmehr hat der Vollzug unter Berücksichtigung der §§ 76 ff StVollzG zu erfolgen. In den meisten Bundesländern sind spezielle Haftanstalten für Schwangere vorhanden, die sich aus den Vollstreckungsplänen ergeben.

Kunz

Eine Ablehnung der Strafunterbrechung wegen Vollzugsuntauglichkeit für 151
die Fälle des § 455 IV StPO ermöglicht folgendes Formular:

152

STAATSANWALTSCHAFT
 # O R T #
#ZwSt#

Az.: Datum:

Strafvollstreckung
gegen Verteidiger(in):

wegen Vollmacht Bl.:

hier: Unterbrechung der Strafvollstreckung gemäß § 455 Abs. 4 StPO

V e r f ü g u n g

1. Der Antrag d. Verurteilten vom _____, gemäß § 455 Abs. 4 StPO die Vollstreckung der

   ○ Freiheitsstrafe ○ Gesamtfreiheitsstrafe von _____
   ○ und der Unterbringung in einer Entziehungsanstalt gemäß § 64 StGB
   aus dem

   ○ Urteil ○ Strafbefehl ○ Gesamtstrafenbeschluß des
   ○ Amtsgerichts ○ Landgerichts _____
   vom _____ (Az.: _____)

   ○ i.V.m. dem Urteil des Landgerichts _____
   vom _____ (Az.: _____)

   ○ i.V.m. dem Widerrufsbeschluß des
   ○ Amtsgerichts ○ Landgerichts _____
   vom _____ (Az.: _____)

   ❑ Weitere Verurteilungen nach Zusatzblatt ...

   zu unterbrechen, wird
   a b g e l e h n t .

   Gründe:

   Gemäß § 455 Abs. 4 StPO kann die Vollstreckung einer Freiheitsstrafe unterbrochen werden, wenn der Verurteilte in Geisteskrankheit verfällt, wegen einer Krankheit von der Vollstreckung eine nahe Lebensgefahr für den Verurteilten zu besorgen ist oder wenn der Verurteilte sonst schwer erkrankt und die Krankheit in einer Vollzugsanstalt oder einem Anstaltskrankenhaus nicht erkannt oder behandelt werden kann und zu erwarten ist, daß die Krankheit voraussichtlich für eine erhebliche Zeit fortbestehen wird.

TV-StA #StA# sta 455 1unt (08.00) Ablehnung der Strafunterbrechung wegen Vollzugsuntauglichkeit

> ❑ Keine dieser Voraussetzungen ist nach der ärztlichen Stellungnahme d _____
> _____ vom _____
> gegeben.
>
> ○ Es liegt keine Geisteskrankheit vor, die so schwer ist, daß d. Verurteilte für einen Behandlungsvollzug gemäß § 2 StVollzG nicht geeignet erscheint.
>
> ○ Es liegt keine von der weiteren Strafvollstreckung ausgehende Lebensgefahr vor. Vielmehr befindet sich d. Verurteilte unabhängig von der Strafvollstreckung in einem schlechten Gesundheitszustand.
>
> ○ Die Erkrankung ist nicht von einer Art und Schwere, daß sie nicht im Rahmen des Strafvollzugs - ggf. in einem Vollzugskrankenhaus - ausreichend behandelt werden könnte.
>
> ○ _____
> _____
> _____
> _____
>
> ❑ Gemäß § 455 Abs. 4 Satz 2 StPO darf jedoch die Vollstreckung einer Freiheitsstrafe nicht unterbrochen werden, wenn überwiegende Gründe, namentlich der öffentlichen Sicherheit, entgegenstehen.
> Dies ist vorliegend der Fall:
> _____
> _____
> _____
> _____
>
> 2. Mitteilung von Ziff. 1 mit Gründen an
> Verurteilte(n) (Bl. _____) in JVA
> ○ Verteidiger(in) (Bl. _____)
> JVA _____ (Bl. _____)
> ○ _____
>
> 3. ❑ Abdrucke von Ziff. 1 der Verfügung zu den weiteren dort genannten Verfahren
> 4. ❑ _____ zusätzliche Abdrucke von Ziff. 1 herstellen
>
> 5. ❑ _____
> _____
> _____
>
> 6. An Vollstreckungsrechtspfleger(in) z.K. u. w.V.
>
> _____
> (Unterschrift, Namensstempel)

153 Die Regelung über die Strafunterbrechung wegen Vollzugsuntauglichkeit unterscheidet sich nicht unwesentlich von der über den Strafaufschub. Während nach § 455 I u. II StPO bei Geisteskrankheit und drohender Lebensgefahr obligatorisch Strafaufschub zu gewähren ist, liegt dies nach begonnenem Vollzug im Ermessen der VollstrB. Der Verurteilte hat also keinen Anspruch auf eine Unterbrechung, sondern nur auf eine von Ermessensfehlern freie Entscheidung hierüber. Zu berücksichtigenden Gründe (Geisteskrankheit, Lebensgefahr, Unverträglichkeit mit der Einrichtung) vgl Rn 148. Weitere Voraussetzung ist, daß die Krankheit voraussichtlich für eine erhebliche Zeit fortbestehen wird. Die »Erheblichkeit« ist anhand der Länge der Strafe, des noch zu vollstreckenden Restes und des Zeitraums etwaiger früherer Unterbrechungen zu bestimmen. Es soll sichergestellt werden, daß ein nachhaltiger Strafeindruck verbleibt.

Nach § 455 IV 2 StPO darf die Vollstreckung nicht unterbrochen werden, wenn überwiegende Gründe, namentlich der öffentlichen Sicherheit, entgegenstehen. Bei gefährlichen Straftätern kommt sie daher nicht in Betracht. Unabhängig von der durch die Tat zu Tage getretenen Gefährlichkeit wird allerdings auch eine Rolle spielen müssen, ob die Erkrankung nicht die Gefährlichkeit beseitigt.   154

Gewährung von Aufschub und Unterbrechung ist mit dem folgenden Formular möglich.   155

156

STAATSANWALTSCHAFT
 # O R T #
#ZwSt#

Az.: ◄   Datum: ◄

Strafvollstreckung
gegen | Verteidiger(in):

wegen | Vollmacht Bl.:

hier: Aufschub/Unterbrechung der Strafvollstreckung gemäß § 455 StPO

Verfügung

1. Vermerk: D. Verurteilte ist derzeit haftunfähig. _____
_____
_____
_____
_____
_____

2. Gemäß § 455 StPO wird wegen Vollzugsuntauglichkeit d. Verurteilten die Vollstreckung der

○ Freiheitsstrafe ○ Gesamtfreiheitsstrafe von _____
  ○ und der Unterbringung in einer Entziehungsanstalt gemäß § 64 StGB
aus dem

○ Urteil ○ Strafbefehl ○ Gesamtstrafenbeschluß des
○ Amtsgerichts ○ Landgerichts _____
vom _____ (Az.: _____)

○ i.V.m. dem Urteil des Landgerichts _____
vom _____ (Az.: _____)

○ i.V.m. dem Widerrufsbeschluß des
○ Amtsgerichts ○ Landgerichts _____
vom _____ (Az.: _____)

Kunz

☐ Weitere Verurteilungen nach Zusatzblatt ...

○ weiterhin
○ ab dem _____

bis zum _____

in jederzeit widerruflicher Weise

○ aufgeschoben.
○ unterbrochen.

TV-StA   #StA# sta 455 1pos   (08.00)   Strafaufschub/Strafunterbrechung wegen Vollzugsuntauglichkeit

○ Etwa _____ wird eine erneute Überprüfung der Haftfähigkeit stattfinden.
○ (Etwaige Auflagen, Weisungen, Strafantritt u.a.) _____
_____
_____
_____
_____

3. Mitteilung von Ziff. 2 an Verurteilte(n) (Bl. _____)
   ○ Verteidiger(in) (Bl. _____)
   ○ JVA _____ (Bl. _____)
   ○ Krankenanstalt _____ zustellen mit Zusatz:
   "Diese Unterbrechung wird ab Zugang dieser Anordnung bei der Krankenanstalt wirksam. Ab diesem Zeitpunkt kommt der Justizfiskus nicht mehr für die Kosten der Unterbringung und Behandlung auf."
   ○ _____
   _____
   _____

4. ☐ Abdrucke von Ziff. 2 der Verfügung zu den weiteren dort genannten Verfahren
5. ☐ _____ zusätzliche Abdrucke von Ziff. 1 herstellen

6. _____
   _____
   _____

7. An Vollstreckungsrechtspfleger(in) z.K. u. w.V.

8. WV _____ (Überprüfung der Haftfähigkeit)

_____
(Unterschrift, Namensstempel)

157   Eine Begründung gegenüber dem Verurteilten ist nicht erforderlich, weil die zu seinen Gunsten getroffene Entscheidung vom ihm nicht angegriffen werden kann. Es genügt deshalb eine kurze Niederlegung der Gründe in einem Vermerk, der sich auf die Bezugnahme auf das Ergebnis eines ärztlichen Gutachtens beschränken kann. Auch auf eine frühere Entscheidung, deren Gründe noch Gültigkeit besitzen, kann verwiesen werden.

Kunz

Die Entscheidung ist dem Verurteilten, dem Verteidiger und, bei einer Unterbrechung der Vollzugsbehörde mitzuteilen, § 46 I StVollstrO. Erst mit der Bekanntgabe an den Verurteilten und die tatsächliche Entlassung aus der Verfügungsgewalt des Vollzugs beginnt die Unterbrechung in Bezug auf die Strafzeitberechnung. Für Mitteilungen an einen auf freiem Fuß in einem Schengen-Staat befindlichen Verurteilten unter Rn 400. Befindet sich der Verurteilte im Zeitpunkt der unterbrechenden Entscheidung, wie häufig bei akuten Erkrankungen, bereits in einer Krankenanstalt, ist die Entscheidung über die Unterbrechung dieser nach §§ 46 III 2 StVollstrO durch Zustellung mitzuteilen. Von diesem Zeitpunkt an wird sie wirksam. Ab diesem Zeitpunkt kommt der Justizfiskus nicht mehr für die Kosten der Unterbringung und Behandlung auf. Diese Folge ist mit der Unterbrechung oft gewollt. Weitere Mitteilungen sind bei einer Strafunterbrechung nach § 46 II StVollstrO vorgeschrieben, wenn der Verurteilte gemeingefährlich geisteskrank, hilfsbedürftig oder Soldat ist. Entsprechende Mitteilungen können im Freitext verfügt werden.

158

Sie dient aber in erster Linie dazu, die Strafzeit durch einen Krankenhausaufenthalt nicht zu verkürzen. Bei längeren Strafen (die daneben auch Ausdruck einer erhöhten Gefährlichkeit sind, § 455 IV StPO) wird von einer Unterbrechung nur zurückhaltend Gebrauch gemacht werden können. Bei nicht allzu langen Strafen ist zu bedenken, daß ohne eine Unterbrechung möglicherweise kein Strafeindruck mehr entsteht. Gerade bei der Erforderlichkeit monatelanger Unterbrechungen, wie sie häufig bei Bypassoperationen mit anschließenden REHA-Maßnahmen entstehen, wird sich die Unterbrechung, unter dem Vorbehalt der Verantwortbarkeit im Hinblick auf die öffentliche Sicherheit, geradezu aufdrängen.

159

Auch wenn die Dauer des Aufschubs noch nicht genau absehbar ist, sollte er nach dem Kalender bestimmt werden. Das ist für den Verurteilten vorhersehbar und zwingt den StA, die Überprüfung der Vollzugstauglichkeit rechtzeitig vor dem Ende des gewährten Strafausstandes einzuleiten.

160

Bereits in der Entscheidung sollte der Hinweis auf das Erfordernis unaufgeforderten Strafantritts nach dem Ende der Zeit des Aufschubs enthalten sein. Allerdings wird sich nach längerem Aufschub oder Unterbrechung eine erneute Ladung aufdrängen.

161

e) Rechtsbehelfe

Gegen die Entscheidungen der VollstrB sind Einwendungen nach § 458 II StPO zulässig, vgl auch § 46 VI StVollstrO. Diese haben keine aufschiebende Wirkung, § 458 III 1 StPO. Den Einwendungen kann die VollstrB abhelfen. Dies kann in einem Aktenvermerk geschehen. Die Entscheidung über eine (Nicht-) Abhilfe kann aber auch mit der Antragstellung gegenüber dem Gericht verbunden werden:

162

Kunz

163 »*Mit Akten
an das* _____
mit dem Antrag, die Einwendungen gemäß § 458 II StPO zurückzuweisen.

Das Amtsgericht/die StVK ist gemäß § 462 I, 462 a I StPO zur Entscheidung zuständig. Den Einwendungen wird nicht abgeholfen:

...

Es wird darauf hingewiesen, daß die Vollstreckung nicht eingestellt ist, § 458 III 1. HS StPO. Sollte das Gericht beabsichtigen, eine Entscheidung nach § 458 III 2. HS StPO zu treffen, wird um umgehende, möglichst telefonische Verständigung gebeten.«

164 Der letzte Hinweis ist zwar rechtlich nicht geboten. Er vermeidet aber, daß die VollstrB den Verurteilten verhaften läßt, er aber kurz darauf wieder freigelassen werden muß. Das schadet nicht nur dem Ansehen der Justiz, sondern auch dem Verurteilten.

165 Soweit der VollstrB in § 455 III, IV StPO ein Ermessen eingeräumt ist, kann das Gericht nicht in dieses Ermessen eingreifen. Es kann nur anordnen, den Verurteilten unter Beachtung der Rechtsauffassung des Gerichts erneut zu bescheiden. Anderes kann nur bei einer Reduzierung des Ermessens auf Null gelten.

f) Besonderheiten im Jugendverfahren

166 Im Jugendverfahren entscheidet der Jugendrichter als Vollstreckungsleiter. Gegen seine Entscheidung sind ebenfalls Einwendungen nach § 458 StPO zulässig, über sie entscheidet die Jugendkammer, § 83 II JGG.[54]

4. Strafaufschub wegen besonderer persönlicher Gründe, § 456 StPO

167 Während die Vorschrift des § 455 StPO Strafaufschub und Strafunterbrechung aus gesundheitlichen Gründen regelt, befaßt sich § 456 StPO mit dem Strafaufschub wegen besonderer Härte für den Verurteilten und seine Familie.

a) Anwendungsbereich

168 Die Aufschubsmöglichkeit nach § 456 StPO ermöglicht die Berücksichtigung außergewöhnlicher Gestaltungen, wenn durch die sofortige Vollstreckung dem Verurteilten oder der Familie erhebliche, außerhalb des Strafzwecks liegende Nachteile erwachsen. »Familie« sollte dabei auch

---

54 Einzelheiten Rn 465

unter Berücksichtigung einer ernst zu nehmenden partnerschaftlichen Beziehung verstanden werden.

Nur erhebliche, außerhalb des Strafzwecks liegende Nachteile können berücksichtigt werden. Regelmäßig mit einer Strafvollstreckung eintretende Einbußen, wie der Verlust des Arbeitsplatzes, die Unmöglichkeit der Schuldentilgung und die Versorgung der Familie über Leistungen der Sozialhilfe müssen hingenommen werden.[55]

169

b) Voraussetzungen

Anders als bei § 455 StPO ergeht eine Entscheidung nur auf Antrag. Wird er erst aus der Haft heraus gestellt, handelt es sich in der Sache um einen solchen auf Strafunterbrechung. Diese unterfällt nicht § 456 StPO und kann allenfalls nach dem Gnadenrecht behandelt werden.

170

Schon nach dem Wortlaut (»die Vollstreckung«) läßt § 456 StPO einen Strafaufschub grundsätzlich hinsichtlich aller Sanktionen zu, also für Freiheitsstrafen und freiheitsentziehende Maßregeln, allerdings ohne die Sicherungsverwahrung, § 463 I, IV StPO. Er gilt auch für Geldstrafen, ist insoweit aber wegen § 459 a StPO bedeutungslos und für die Ersatzfreiheitsstrafe ist § 459 f StPO die speziellere Regelung. Demgegenüber ist ein Aufschub bei Nebenstrafen und Nebenfolgen, die mit der Rechtskraft eintreten, nicht möglich. Dies hat namentlich für das Fahrverbot, § 44 StGB, 25 StVG, den Verlust von Fähigkeiten und Rechten nach § 45 StGB und den Rechtsübergang bei Verfall und Einziehung Bedeutung. Für den Aufschub und die Aussetzung des Berufsverbots gilt die Sonderregelung des § 456 c StPO.

171

Der Aufschub muß geeignet sein, die entstehenden Nachteile zu beseitigen. Er kommt nicht in Betracht, wenn sie nur auf einen späteren Zeitpunkt verschoben werden. Vom Verurteilten nach der Rechtskraft herbeigeführte Umstände bleiben unberücksichtigt.[56]

172

c) Verfahren

Vor einer Entscheidung nach § 456 StPO sollte der Sachvortrag sorgfältig überprüft werden. Unberechtigte Gesuche um Strafaufschub sind häufig, ja die Regel. Sie sind sofort und ohne weitere Ermittlungen zurückzuweisen. Bedarf es weiterer Aufklärung, sollte zunächst für eine kurze Frist von Zwangsmaßnahmen abgesehen werden.[57] Ermittlungen, Entscheidungen und deren Bekanntgabe sind äußerst eilbedürftig. Der Verurteilte erreicht sonst sein Ziel alleine durch sich hinziehende Ermittlungen.

173

---

55 Einzelheiten weiter Rn 178 ff
56 OLG Schleswig NStZ 1992, 558
57 Das »Absehen von Zwangsmaßnahmen« ist in der StPO und in der StVollstrO nirgends geregelt. Letztendlich handelt es sich auch hierbei um einen Strafaufschub. Die Rechtsfigur ist dem Gnadenrecht entlehnt.

Kunz

174 Gelegentlich wird die Vorlage von Unterlagen erforderlich sein, wie zB Arbeitsverträge, ärztliche Gutachten hinsichtlich des Gesundheitszustandes von Ehefrau und Kindern und ähnliches. Werden die hierfür gesetzten Fristen nicht eingehalten, sollte das Gesuch ohne weitere (Nach-) Fristsetzung zurückgewiesen werden. Es zeigt sich meist, daß es sich um einen Antrag »ins Blaue« gehandelt hat. Gelegentlich legen Verurteilte nach Fristablauf doch noch Unterlagen vor, die einen Aufschub rechtfertigen. Dann kann ein Aufschub immer noch im Wege der Abhilfe, auch noch nach Antragstellung gegenüber dem Gericht, gewährt werden. Hinsichtlich der Mitteilungen und der Anforderung von Unterlagen bei einem auf freiem Fuß befindlichen Verurteilten mit Aufenthalt in einem Schengen-Staat unter Rn 400.

d) Entscheidung

175 Die Entscheidung trifft die VollstrB. Sie ist dem StA vorbehalten, soweit es um Freiheitsstrafen geht, § 1 Nr. 2 BegrVO. Sonst trifft sie der Rechtspfleger, also bei Geld- und Vermögensstrafen, den Maßregeln nach §§ 63 und 64 StGB und bei anderen Nebenfolgen. Eine *ablehnende Entscheidung* ist mit folgendem Formular möglich.

176

STAATSANWALTSCHAFT
 # O R T #
#ZwSt#

Az.: ⊰ Datum: ⊰

Strafvollstreckung
gegen | Verteidiger(in):
wegen | Vollmacht Bl.:

hier: Aufschub der Strafvollstreckung gemäß ❏ § 456 StPO ❏ §§ 25 Abs. 1, 28 BayGnO (2. Option nur Bayern)

Verfügung

1. Der Antrag d. Verurteilten vom _____ hinsichtlich der Vollstreckung der

__ ❍ Freiheitsstrafe ❍ Gesamtfreiheitsstrafe von _____
❍ und der Unterbringung in einer Entziehungsanstalt gemäß § 64 StGB
aus dem

❍ Urteil ❍ Strafbefehl ❍ Gesamtstrafenbeschluß des
❍ Amtsgerichts ❍ Landgerichts _____
vom _____ (Az.: _____)

❍ i.V.m. dem Urteil des Landgerichts _____
vom _____ (Az.: _____)

❍ i.V.m. dem Widerrufsbeschluß des
❍ Amtsgerichts ❍ Landgerichts _____
vom _____ (Az.: _____)

Kunz

Strafvollstreckung Kapitel 3 755

❏ Weitere Verurteilungen nach Zusatzblatt ...

Strafaufschub zu bewilligen, wird

abgelehnt.

Gründe:

Im Interesse einer wirksamen Strafrechtspflege ist das richterliche Urteil mit Nachdruck und Beschleunigung zu vollstrecken, § 1 Strafvollstreckungsordnung.
❏ Nach dem Widerruf der Strafaussetzung besteht ein erhöhtes Interesse an nachdrücklicher und daher umgehender Strafvollstreckung.
Die Gesuchsgründe rechtfertigen kein Abweichen hiervon.
❏ D. Verurteilten ❏ Der Familie d. Verurteilten ❏ D. Verurteilten und d. Familie entstehen durch die alsbaldige Vollstreckung keine so erheblichen, außerhalb des Strafzwecks liegenden Nachteile, daß zu deren Vermeidung der Aufschub der Strafe geboten ist.
❏ (Ablehnung wegen ausreichend zur Verfügung stehender Zeit)
D. Verurteilte hatte ausreichend Gelegenheit, sich auf die Strafverbüßung einzurichten.
○ Das zu vollstreckende Urteil ○ Der Widerrufsbeschluß
ist seit _____ rechtskräftig.
Seitdem mußte mit dem baldigen Strafantritt gerechnet werden.

TV-StA #StA# sta 456 1abl (08.00) Ablehnung des Vollstreckungsaufschubs wegen bes. Härte

---

○ Die Ladung zum Strafantritt erfolgte am _____ .
○ D. Verurteilte hat die Tätigkeit erst am _____ aufgenommen.
Deren alsbaldiger Verlust war sonach abzusehen
○ _____

❏ (Ablehnung wegen finanzieller und beruflicher Nachteile)
Finanzielle und berufliche Nachteile,
○ z.B. Unvermögen zur Schuldentilgung, ○ u.U. auch der Verlust des Arbeitsplatzes, sind regelmäßig mit der Vollstreckung einer Freiheitsstrafe verbunden und müssen als Folge der abgeurteilten Straftat hingenommen werden.
○ Der Unterhalt der Familie kann nötigenfalls durch Sozialhilfe gesichert werden.
○ _____

❏ (Ablehnung wegen Nichtberücksichtigung von Arbeitgeberinteressen)
Nach der gesetzlichen Regelung kann Strafaufschub nur zur Vermeidung wesentlicher, außerhalb des Strafzwecks liegender Nachteile für den Verurteilten und die Familie gewährt werden. Das geltend gemachte Arbeitgeberinteresse an der Weiterbeschäftigung des Verurteilten kann keine Berücksichtigung finden.
○ _____

❏ (Ablehnung wegen Fristüberschreitung)
Nach der gesetzlichen Regelung in § 456 Abs. 2 StPO darf Strafaufschub den Zeitraum von vier Monaten nicht übersteigen. Die Frist beginnt an dem Tag, zu dem der Verurteilte zum Strafantritt geladen worden ist.
Der beantragte Strafaufschub würde diese Frist überschreiten.
○ _____

○ Ein längerer Strafaufschub kommt auch nach § 25 Abs. 3 Satz 1, Abs. 2 i.V.m. § 9 Abs. 2 BayGnO nicht in Betracht. (Option nur Bayern)
○ Der beantragte Strafaufschub würde die danach mögliche Höchstdauer von einem Jahr ab Vollstreckbarkeit überschreiten. (Option nur Bayern)
❏ (Weitere oder sonstige Gründe) _____

_____

Kunz

> **Hinweis:**
> Zur Vermeidung von Zwangsmaßnahmen hat sich d. Verurteilte zu dem sich aus der Ladung ergebenden Zeitpunkt, falls dieser noch nicht verstrichen ist, sonst am Tag nach Erhalt dieses Bescheides in der Justizvollzugsanstalt zum Strafantritt einzufinden, die in der bereits zugestellten Ladung genannt ist. Die darin enthaltenen Hinweise sind zu beachten. Eine weitere Ladung erfolgt nicht mehr!
> 2. Mitteilung von Ziff. 1 mit Gründen an
>   Verurteilte(n) (Bl. ____)
>   ❍ Verteidiger(in) (Bl. ____)
>   ❍ JVA _____ (Bl. ____)
>   ❍ _____
> 3. ❑ Abdrucke von Ziff. 1 der Verfügung zu den weiteren dort genannten Verfahren
> 4. ❑ ____ zusätzliche Abdrucke von Ziff. 1 herstellen
> 5. ❑ _____
> 6. An Vollstreckungsrechtspfleger(in) z.K. u. w.V.
>
> _____
> (Unterschrift, Namensstempel)

177 Aus dem Grundsatz der Vollstreckungspflicht folgt auch die Notwendigkeit nachdrücklicher und beschleunigter Vollstreckung, § 2 StVollstrO. Hiervon macht § 456 StPO eine Ausnahme. Besonders nach einem Widerruf besteht insoweit ein erhöhtes Interesse an der Strafvollstreckung. Aber auch andere Umstände können eine besonders nachdrückliche Vollstreckung nahelegen. Sie können im Freitext des Formulars abgehandelt werden. In Betracht kommen vor allem einschlägige Vorstrafen, vorangegangene Strafverbüßungen, aber auch die Art der begangenen Straftat. Aus solchen Gründen kann nach richtiger Ansicht auch bei Vorliegen der sonstigen Voraussetzungen des § 456 StPO ein Strafaufschub versagt werden.[58]

178 Vier Hauptgruppen bilden die hauptsächlichen Antragsgründe: (1) Die Ladung zum Strafantritt sei zu kurzfristig; (2) durch den Strafantritt entstünden finanzielle und berufliche Nachteile; (3) der Arbeitgeber sei dringend auf den Verurteilten angewiesen und (4) es wird längerer als nach § 456 StPO möglicher Strafaufschub beantragt.

179 (1) Nach § 27 II 1 StVollstrO ist in der Ladung die Frist zum Strafantritt in der Regel so zu bemessen, daß dem Verurteilten etwa eine Woche zum Ordnen seiner Angelegenheiten bleibt. Aus besonderen Gründen kann sie kürzer oder länger bemessen werden. Dies ist Sache des Rechtspflegers. Eine Verlängerung der Frist findet ihre Grenze dort, wo dies auf die Gewährung von Strafaufschub hinausliefe. Eine andere Frage ist, ob der Rechtspfleger zu einer Verlängerung der Gestellungsfrist berechtigt ist, wenn der Verurteilte dies vor oder nach der Ladung beantragt. Zuzugeben ist, daß es sich in solchen Fällen der Sache nach stets um ein Gesuch um Strafaufschub handelt, dessen Entscheidung dem StA vorbehalten ist. Andererseits hätte der Rechtspfleger auch von Amts wegen die Frist großzügiger bemessen können, wären ihm die Umstände bekannt gewesen. Es sollte daher nichts dagegen eingewendet werden, wenn der Verurteilte auf

---
58 Kl/M-G § 456 Rn 5

einen späteren Zeitpunkt neu geladen oder aber bis zu einem bestimmten, sehr nahen, wenige Tage nicht überschreitenden Zeitpunkt von Zwangsmaßnahmen abgesehen wird. Die Grenze ist da zu ziehen, wo im Rahmen eines normalen Geschäftsgangs mit der Entscheidung über ein Aufschubsgesuch gerechnet werden kann. Sie sollte zwei Wochen nicht überschreiten.

Vom Zeitpunkt des Eintritts der Rechtskraft an muß ein Verurteilter mit der Ladung zum Strafantritt rechnen und die erforderlichen Vorbereitungen treffen. Hierzu gehören etwa Behördengänge, die Vorbereitung einer Wohnungsauflösung oder eines Umzugs, die fristgerechte Kündigung eines bestehenden Arbeitsverhältnisses und die Abwicklung von übernommenen Aufträgen, ggf die Einweisung eines Vertreters und die Einstellung von Ersatzkräften. Hierauf kann regelmäßig ein Strafaufschub nicht gestützt werden. Die Ladung zum Strafantritt kann in diesen Fällen niemals überraschend sein. Auch eine beabsichtigte Eheschließung oder die Geburt eines Kindes, an der man teilnehmen möchte, können nicht berücksichtigt werden. Eine andere Beurteilung kann bei einer Risikoschwangerschaft und erheblichen gesundheitlichen Beeinträchtigungen der werdenden Mutter am Platz sein, wenn andere pflegerische Hilfe nicht möglich ist. Die Schwangerschaft der Verurteilten selbst führt nicht zum Strafaufschub nach § 456 StPO, s. unter Rn 150. 180

(2) Finanzielle und berufliche Nachteile sind mit jeder Vollstreckung einer Freiheitsstrafe oder einer Maßregel verbunden und müssen als Folge der abgeurteilten Tat hingenommen werden. Der Unterhalt der Familie kann nötigenfalls durch Sozialhilfe gesichert werden. Auch das Unvermögen zur Schuldentilgung stellt keinen Grund für einen Aufschub dar. Die Situation wird meist unverändert fortbestehen, so daß die Nachteile nur hinausgeschoben werden. Dies entspricht nicht der Zielrichtung des Aufschubs nach § 456 StPO. 181

Grundsätzlich stellt auch der Verlust des Arbeitsplatzes keinen berücksichtigungsfähigen Umstand dar. Im Interesse des Verurteilten sollten hier aber bestimmte häufige Situationen nicht außer Acht gelassen werden: Hat er eine feste Arbeitsstelle und nur eine kurze Strafe zu verbüßen, sollte ihm Gelegenheit gegeben werden, diese zu einem für ihn günstigen Zeitpunkt, zB unter Einsatz von Urlaub, zu erledigen. Ähnlich sollte bei Saisonarbeitern (Bauarbeiter, Schausteller) verfahren werden. Dies gilt vor allem bei einer erstmaligen Strafverbüßung, wenn nicht eine sofortige Vollstreckung geboten erscheint. 182

Häufig wird geltend gemacht, es werde ein längerer Zeitraum benötigt, um das Arbeitsverhältnis ordentlich zu kündigen. Hierdurch erhalte man sich die Chance zur Wiedereinstellung. Indes hat der Verurteilte schon ab dem Zeitpunkt der rechtskräftigen Verurteilung, nicht erst ab dem der Ladung die erforderlichen Vorkehrungen für einen Strafantritt zu treffen. Hierzu gehört auch eine rechtzeitige Information des Arbeitgebers über den bevor- 183

Kunz

stehenden Strafantritt. Dann wird regelmäßig eine einvernehmliche Aufhebung des Arbeitsverhältnisses möglich sein.

184 Zu achten ist überhaupt darauf, wann das Arbeitsverhältnis eingegangen wurde. Man nimmt immer wieder staunend zur Kenntnis, daß jahrelang Arbeitslose plötzlich zwischen rechtskräftiger Verurteilung und Ladung zum Strafantritt eine Arbeitsstelle finden. Unabhängig davon, ob eine Überprüfung die Ernsthaftigkeit eines solchen Arbeitsvertrages erbringen würde, war deren baldiger Verlust jedenfalls abzusehen. Hierauf kann deshalb keine Rücksicht genommen werden. Ähnliches gilt bei Selbständigen hinsichtlich erst nach Rechtskraft übernommener Aufträge.

185 Oft wird die Teilung einer Strafe in der Weise begehrt, daß sie verteilt auf zwei oder drei Mal verbüßt wird. Dies ist nicht möglich. Rechtlich würde sich dies als Strafaufschub verbunden mit Strafunterbrechungen darstellen. Die StPO sieht solche Strafunterbrechungen nicht vor. In Betracht käme nur der Gnadenweg.

186 Auch ein Abweichen vom Gebot der unmittelbaren Anschlußvollstreckung in § 454 b I StPO (§ 43 I StVollstrO) wird nicht selten begehrt. Ziel ist dabei, mehrere kleinere Strafen nacheinander über einen längeren Zeitraum verteilt verbüßen zu können. Da § 454 b I StPO als Sollvorschrift ausgestaltet ist (§ 43 I StVollstrO spricht von »sind grundsätzlich«), kommt dies bei sachlich begründeten Anlässen rechtlich in Betracht. Meist wird indes der staatliche Strafanspruch entgegenstehen. Auch darf nicht übersehen werden, daß wegen § 454 b II StPO bei einer zwei Monate übersteigenden Strafe (anderes gilt natürlich für Strafreste) das letzte Drittel nach der zweiten Strafe zu vollstrecken ist. Würde hier zum 2/3-Zeitpunkt die Vollstreckung der zweiten Strafe »aufgeschoben«, würde übersehen, daß es sich rechtlich um eine der VollstrB nicht zustehende Strafunterbrechung der ersten Strafe handelt. Eine solche könnte nur im Gnadenweg gewährt werden. Iü mag bedacht werden, daß eine zeitliche Dehnung der Vollstreckung mehrerer Strafen meist auch nicht im richtig verstandenen Interesse des Verurteilten liegt.

187 (3) Nach der gesetzlichen Regelung kann Strafaufschub nur zur Vermeidung wesentlicher, außerhalb des Strafzwecks liegender Nachteile für den Verurteilten und die Familie gewährt werden. Das Interesse des Arbeitgebers an der Weiterbeschäftigung kann deshalb keine Berücksichtigung finden. Anders kann die Situation in Gestaltungen sein, in denen der Verurteilte dauerhaft seinen Arbeitsplatz verliert, weil der Arbeitgeber eine Ersatzbeschaffung vornimmt. Hier kann das unter Rn 181 ff Ausgeführte mit berücksichtigt werden, sofern sich die Strafe nach ihrer Dauer und der Art der Verurteilung eignet.

(4) Strafaufschub kann nur für einen Zeitraum bis zu vier Monaten gewährt werden. Die Frist beginnt nach überwiegender Auffassung an dem Tag, zu dem der Verurteilte zum Strafantritt geladen wurde, nach anderer Ansicht mit dem Datum der Vollstreckbarkeit der Entscheidung.[59] Reicht diese Frist nicht aus um den Nachteil zu beseitigen, kommt Aufschub nach § 456 StPO nicht in Betracht. Als gesetzliche Frist kann sie nicht verlängert werden. Es handelt sich dann nicht um einen Nachteil der durch die »sofortige« Vollstreckung der Strafe eintritt, sondern um einen dauerhaften Nachteil. Zu prüfen wird dann allerdings stets sein, ob nicht ein längerer Aufschub nach Vorschriften der Gnadenordnungen der Länder möglich ist.

188

Eine *bewilligende Entscheidung* kann mit dem folgenden Formular erfolgen.

189

190

STAATSANWALTSCHAFT
 # O R T #
#ZwSt#

Az.:   Datum:

Strafvollstreckung
gegen   Verteidiger(in):

wegen   Vollmacht Bl.:

hier: Aufschub der Strafvollstreckung gemäß ❑ § 456 StPO ❑ §§ 25 Abs. 1, 28 BayGnO (2. Option nur Bayern)

Verfügung

1. Vermerk: Bei d. Verurteilten liegen die Voraussetzungen für einen Strafaufschub vor.

_____
_____
_____
_____

2. D. Verurteilten wird auf das Gesuch vom _____ hinsichtlich der Vollstreckung der

 ❍ Freiheitsstrafe ❍ Gesamtfreiheitsstrafe von _____
 ❍ und der Unterbringung in einer Entziehungsanstalt gemäß § 64 StGB
 aus dem

 ❍ Urteil ❍ Strafbefehl ❍ Gesamtstrafenbeschluß des
 ❍ Amtsgerichts ❍ Landgerichts _____
 vom _____ (Az.: _____)

 ❍ i.V.m. dem Urteil des Landgerichts _____
 vom _____ (Az.: _____)

 ❍ i.V.m. dem Widerrufsbeschluß des
 ❍ Amtsgerichts ❍ Landgerichts _____
 vom _____ (Az.: _____)

---

59 Zu Fristberechnungen für Sonderfälle Kl/M-G § 456 Rn 6

☐ Weitere Verurteilungen nach Zusatzblatt ...
○ weiterhin
bis zum _____

in jederzeit widerruflicher Weise gemäß ☐ § 456 StPO ☐ §§ 25 Abs. 1, 28 BayGnO (2. Option nur Bayern)

Strafaufschub bewilligt.

TV-StA   #StA#   sta 456 1pos   (08.00)   Vollstreckungsaufschub wegen besonderer Härte

Gründe:

Auf Antrag des Verurteilten kann die Vollstreckung einer Freiheitsstrafe aufgeschoben werden, sofern durch die sofortige Vollstreckung dem Verurteilten oder der Familie des Verurteilten erhebliche, außerhalb des Strafzwecks liegende Nachteile erwachsen.

Dies ist hier nach dem Vortrag d. Verurteilten der Fall.

○ _____
_____
_____
_____
_____

Hinweis:
Zur Vermeidung von Zwangsmaßnahmen hat sich d. Verurteilte am Tag nach Ablauf der Aufschubsfrist in der Justizvollzugsanstalt zum Strafantritt einzufinden, die in der bereits zugestellten Ladung genannt ist. Die darin enthaltenen Hinweise sind zu beachten!

3. Mitteilung von Ziff. 2 mit Gründen an
   Verurteilte(n) (Bl. _____)
   ○ Verteidiger(in) (Bl. _____)
   ○ JVA _____ (Bl. _____)
   ○ _____

4. ☐ Abdrucke von Ziff. 1 der Verfügung zu den weiteren dort genannten Verfahren
5. ☐ _____ zusätzliche Abdrucke von Ziff. 1 herstellen
6. ☐ _____
   _____

7. An Vollstreckungsrechtspfleger(in) z.K. u. w.V.

_____
(Unterschrift, Namensstempel)

Eine Begründung gegenüber dem Verurteilten ist nicht erforderlich, weil 191
die zu seinen Gunsten getroffene Entscheidung vom Verurteilten nicht
angegriffen werden kann. Es genügt deshalb eine kurze Niederlegung der
Gründe in einem Vermerk, der sich auf die Bezugnahme auf den Antrag
beschränken kann, wenn dieser für sich genommen diese Folge rechtfertigt.
Auch auf eine frühere Aufschubsentscheidung, deren Gründe noch Gültigkeit besitzen, kann verwiesen werden.

Nach § 456 II StPO kann die Bewilligung an eine Sicherheitsleistung oder 192
andere Bedingungen, zB eine Meldepflicht, geknüpft werden. Für die
Sicherheitsleistung gelten die §§ 116 I Nr. 4, 116 a i, II, 123, 124 StPO entsprechend.

Zur datumsmäßigen Beschränkung und zur Belehrung über den unaufge- 193
forderten Strafantritt sowie eine eventuelle neue Ladung s. unter Rn 160.

e) Rechtsbehelfe

Über Einwendungen gegen die Entscheidung des Rechtspflegers entschei- 194
det nach § 31 VI 1 RPflG der StA. Gegen dessen Entscheidung, gleichgültig, ob er nach § 31 VI 1 RPflG oder bei Freiheitsstrafen in originär eigener
Zuständigkeit entschieden hat, sind Einwendungen nach § 458 II StPO
statthaft. Das zu § 455 StPO bei Rn 162 Gesagte gilt entsprechend.

f) Besonderheiten im Jugendverfahren

Im Jugendverfahren sind die vorgenannten Entscheidungen Aufgaben des 195
Jugendrichters als Vollstreckungsleiter. Soweit dagegen Einwendungen
zulässig sind, entscheidet die Jugendkammer, § 83 II Nr. 1 JGG.[60]

5. Strafaufschub aus Gründen der Vollzugsorganisation

Aufschub oder Unterbrechung aus Gründen der Vollzugsorganisation 196
kann nach § 455 a StPO gewährt werden. Vorrangig sollte aber an eine Verlegung nach § 8 StVollzG gedacht werden. Auch an Inanspruchnahme von
Vollstreckungshilfe durch ein anderen Bundeslandes (unter Abweichung
vom Vollstreckungsplan nach § 26 StVollstrO) ist zu denken. Die Vorschrift dient in erster Linie dazu, das Verbot der Überbelegung nach § 146
StVollzG zu verwirklichen. Anlaß können Katastrophenfälle, der plötzliche Ausfall einer Vollzugsanstalt, Überbelegung einer nach dem Vollstreckungsplan sachlich für bestimmte Spezialaufgaben zuständigen Vollzugsanstalt oder ähnliches sein. Überwiegende Gründe der öffentlichen Sicherheit stehen einem Strafausstand bereits nach dem Gesetzestext entgegen.
Die Entscheidung hat sich jeweils auf den einzelnen, namentlich zu benen-

---

60 Einzelheiten Rn 465

nenden, Gefangenen, nicht etwa auf die Insassen einer Anstalt beziehen. Das ergibt sich schon daraus, daß eine bestimmte VollstrB niemals für alle Gefangene einer Vollzugsanstalt zuständig sein wird. Nach Wegfall des Hindernisses ist die Vollstreckung unverzüglich fortzusetzen. Dies hat die VollstrB zu überwachen. Eine Anrechnung der Dauer der Unterbrechung auf die Strafzeit findet nicht statt.

197 Die VollstrB ist nach § 46 a StVollstrO grundsätzlich verpflichtet, vor einer Maßnahme nach § 455 a StPO die Zustimmung der zuständigen Landesjustizbehörde einzuholen, ggf diese unverzüglich nachträglich zu unterrichten. Dem Anstaltsleiter steht nach Abs 2 eine Eilzuständigkeit für eine vorläufige Unterbrechung zu. Er hat unverzüglich die VollstrB zu verständigen, § 46 a StVollstrO. Für die VollstrB handelt der Rechtspfleger, da das Geschäft nach § 1 BegrVO nicht von der Übertragung ausgenommen ist. Nach anderer Auffassung soll § 1 Nr. 1 BegrVO entsprechend anwendbar sein.[61] Dem widerspricht der eindeutige Wortlaut der Vorschrift. Die Streitfrage hat im Hinblick auf die Vorlagepflicht nach § 2 Nr. 2 BegrVO und die Berichtspflicht nach § 46 a I StVollstrO wenig praktische Bedeutung. Die Entscheidung über die Unterbrechung ist für den Verurteilten unanfechtbar. Er wird dadurch nicht beschwert.

6. Absehen von weiterer Vollstreckung bei Ausweisung und Abschiebung, § 456a StPO

198 Die Zahl der in deutschen Gefängnissen inhaftierten ausländischen Straftäter hat sich drastisch vermehrt. Gründe hierfür sind zum einen die gewachsene Zahl von Ausländern im Inland, zum anderen »reisende« Straftäter vor allem seit der Öffnung der Grenzen nach Osten. Häufig wird von den Ausländerbehörden deren Ausweisung oder Auslieferung betrieben. Hier ist weitere Strafvollstreckung im Inland mit Blick auf eine Resozialisierung wenig sinnvoll und der Sicherungszweck verliert an Gewicht. Unter dem Gesichtspunkt der Kostenlast von Strafvollstreckungen sollte daher der Ausweisung oder Auslieferung die Vollstreckung einer Freiheitsstrafe nicht oder jedenfalls nicht bis zum Ende entgegenstehen. Geldstrafen werden ohnehin nicht oder nur mit erheblichem Aufwand beizutreiben sein. Bei freiheitsentziehenden Maßregeln sollte nicht außer Acht gelassen werden, daß es keinen zu wahrenden Strafanspruch des Staates gibt, wenn sie nicht mit einer Strafe zusammentreffen.

a) Allgemeines

199 Grundlage der Regelung ist § 456 a StPO, der durch § 17 StVollstrO ergänzt wird. Die Vorschriften gelten gleichermaßen für Freiheitsstrafen, Ersatzfreiheitsstrafen und freiheitsentziehende Maßregeln der Sicherung

---

61 Zum Streitstand Kl/M-G § 455 a Rn 6

und Besserung. Bei Geldstrafen bedarf es ihrer nicht. Entweder ist nach § 459 a StPO eine Stundung möglich oder es ist die Vollstreckung der Ersatzfreiheitsstrafe anzuordnen.

Eine andere Möglichkeit von inländischer Vollstreckung abzusehen, stellt das Überstellungsübereinkommen dar.[62]

200

Nach § 456 a StPO kann meist schneller Verfahren werden als nach dem Überstellungsübereinkommen. Bei kürzeren Strafen ist daher der Weg des Absehens von weiterer Vollstreckung einfacher. Bei längeren Strafen dagegen, vor allem wenn die Vollstreckung erst begonnen hat, ist der Weg über das Überstellungsübereinkommen vorzuziehen, der aber der Einwilligung des Verurteilten und der Bereitschaft zur Übernahme durch den Heimatstaat bedarf. Einen generellen Vorrang der Überstellung vor dem Absehen von Vollstreckung gibt es mE nicht. Das zeigt schon die Ausgestaltung von § 456 a StPO als Ermessensentscheidung.[63]

201

b) Formelle Voraussetzungen

Formelle Voraussetzung ist lediglich das Bestehen einer bestandskräftigen und vollziehbaren Ausweisungsverfügung. Der Ausweisung steht die Abschiebung nach § 49 AuslG, die Zurückschiebung nach § 61 AuslG und die Pflicht zur Ausreise nach § 42 AuslG gleich. Die VollstrB braucht deren Rechtmäßigkeit dieser ausländerrechtlichen Maßnahmen nicht zu prüfen. Auch eines zusätzlichen Abschiebehaftbefehls bedarf es nicht, da der Verurteilte nach dem hier vorgeschlagenen Verfahren unmittelbar aus der Strafhaft abgeschoben werden kann. Einer »Übernahme durch die abschiebende Ausländerbehörde« bedarf es daher mE nicht.[64] Bis zur tatsächlich erfolgten Abschiebung befindet sich der Verurteilte in Strafhaft, was durch die Formulierung der Entscheidung klargestellt werden kann.[65]

202

Bestimmte Untergrenzen für die Strafverbüßung sind nicht vorgeschrieben.[66] Ein Antrag des Verurteilten ist nicht erforderlich. Auch seiner Zustimmung bedarf es nicht. Die Entscheidung kann selbst gegen seinen Willen ergehen. Die Anregung wird je nach Interessenlage von der Ausländerbehörde, der Vollzugseinrichtung oder vom Verurteilten ausgehen. Selbstverständlich kann das Verfahren auch von Amts wegen betrieben werden.

203

c) Materielle Voraussetzungen

§ 456 a StPO will vor allem eine Entlastung des Strafvollzugs bewirken. Das bedeutet aber nicht, daß die berechtigten Interessen des Verurteilten

204

---

62   Hierzu Rn 383
63   Anders Kl/M-G § 456 a Rn 1 mwN
64   So aber Pohlmann/Jabel/Wolf § 17 Rn 9
65   Rn 220 ff
66   Vgl aber Rn 211

Kunz

deshalb vernachlässigt werden dürften. Auch der Strafanspruch des Staates und die Sicherheitsinteressen der Allgemeinheit (letzteres ist allerdings strittig) müssen in die erforderliche Ermessensausübung mit einfließen.

d) Verfahrensfragen

205 Die Entscheidung obliegt der VollstrB und dort dem StA. Sie ist nach § 1 I Nr. 1 BegrVO von der Übertragung auf den Rechtspfleger ausgenommen. Bei Verurteilungen nach Jugendrecht ist der Jugendrichter als Vollstreckungsleiter zuständig, § 82 I 1 JGG.

206 Nach der Einleitung des Verfahrens wird zunächst ein genauer Überblick über abgeschlossene und noch offene Straf- und Ermittlungsverfahren herzustellen sein. Die Erholung eines neuen Auszugs aus dem BZR, einer Vollstreckungsübersicht der Vollzugsanstalt und eines EDV-(bzw STARIS oder StVR) Auszugs. Ohne diese Unterlagen kann keine sachgerechte Entscheidung getroffen werden. Auch muß geprüft werden, ob in den Entscheidungsprozeß andere StAen mit einzubeziehen sind, um übereinstimmende Entscheidungen treffen zu können.

207 Stets wird eine Stellungnahme der Vollzugseinrichtung, vor allem zur persönlichen und familiären Situation, zum Verhalten im Vollzug und zur Haltung des Gefangenen zu der Maßnahme, einzuholen sein. Demgegenüber gehört es nicht zu den Aufgaben der Anstalt, generalpräventive Erwägungen anzustellen.

208 Bei noch offenen Ermittlungsverfahren wird zu klären sein, ob von der Erhebung der öffentlichen Klage nach § 154 b III StPO durch die zuständige StA abgesehen werden wird. Hinsichtlich noch nicht abgeschlossener Strafverfahren ist die Prüfung anhand von § 154 b IV StPO vorzunehmen. Von den Instrumenten des § 154 b StPO sollte in geeigneten Fällen möglichst Gebrauch gemacht werden.

209 Eine noch nicht vollständig vollstreckte Geldstrafe sollte ein Absehen nicht hindern.[67] Sind Freiheitsstrafen zur Bewährung ausgesetzt, stehen diese, da sie gerade nicht vollstreckt werden, einer Entscheidung nach § 456 a StPO nicht entgegen. Sie nehmen im Rahmen der Bewährungsüberwachung ihren Fortgang.

210 Weitere zu vollstreckende Freiheitsstrafen müssen allerdings in die Erwägungen zum Absehen hingegen mit einbezogen werden. Die meisten Justizverwaltungen haben durch Erlasse oder Richtlinien Vorgaben geschaffen, die sich nicht im Grundsätzlichen unterscheiden. Danach gilt im wesentlichen Folgendes (aber länderspezifische Vorgaben sind vorrangig zu berücksichtigen):

---

67 Vgl schon Rn 198

Bei lebenslanger Freiheitsstrafe sollte mit dem Beginn des Prüfungsverfahrens hinsichtlich der Strafaussetzung auch die Entscheidung nach § 456 a StPO getroffen werden. Jedenfalls nach Ablauf von 15 Jahren sollte von weiterer Vollstreckung abgesehen werden, soweit nicht die Schwere der Schuld entgegensteht. Bei zeitiger Freiheitsstrafe sollte eine Aussetzungsprognose stattfinden: Ist mit einer Entlassung bereits zum Halbstrafenzeitpunkt zu rechnen, so kann bereits so rechtzeitig vor diesem Zeitpunkt von § 456 a StPO Gebrauch gemacht werden, daß keine gerichtliche Entscheidung mehr erforderlich wird. Eine über den Halbstrafenzeitpunkt hinausgehende Vollstreckung erscheint nur geboten, wenn aus besonderen, in der Tat oder in der Person des Verurteilten liegenden Gründen oder zur Verteidigung der Rechtsordnung, etwa zur Bekämpfung der organisierten Kriminalität, der schweren Betäubungsmittelkriminalität oder der schweren Gewaltkriminalität eine nachhaltige Vollstreckung erforderlich erscheint. Ist in diesen Fällen mit der bedingten Entlassung zum Zeitpunkt der Verbüßung von zwei Dritteln zu rechnen, so sollte jedenfalls so rechtzeitig von der Vollstreckung abgesehen werden, daß zuvor die Abschiebung erfolgen kann.

211

Ein völliger Verzicht auf die Anwendung von § 456 a StPO mit der Folge, daß der Verurteilte die gegen ihn festgesetzte Freiheitsstrafe vollständig zu verbüßen hat und im Anschluß daran in Abschiebehaft zu nehmen ist, sollte die Ausnahme sein, etwa wenn der Verurteilte trotz vorangegangener Abschiebung erneut illegal in die Bundesrepublik eingereist ist. Aber auch dann kommt nach Verbüßung einer nennenswerten Strafe die erneute Anwendung von § 456 a StPO in Betracht. Die Gefahr einer erneuten illegalen Einreise kann geringer gehalten werden kann, wenn der regelmäßig zur Festnahme ausgeschriebene Verurteilte mit dem Nachholen der Vollstreckung des offenen Strafrestes zu rechnen hat. Auch die nach einer Vollverbüßung möglicherweise eintretende Führungsaufsicht ginge bei einer anschließenden Abschiebung ins Leere und erschiene auch sinnlos.

212

Ein Absehen von der Vollstreckung hinsichtlich verbleibender kleinerer Strafreste ist unerwünscht. Zum einen erzeugen diese bei Verurteilten keine hinreichende Abschreckungswirkung, zum anderen müssen bei der VollstrB die Akten bis zum Verjährungseintritt verwaltet werden. Regelmäßig muß eine Ausschreibung erfolgen. Umgekehrt sollte auch in solchen Fällen ausnahmsweise eine auch kurzfristige Entscheidung nach § 456 a StPO erfolgen, wenn der Ausländerbehörde nach oft langwierigen und mühevoller Beschaffung von Ersatzpapieren vom ausländischen Staat Fristen für die Vollziehung der Abschiebung gesetzt wurden oder wenn die vorhandenen Papiere in Kürze ihre Gültigkeit verlieren.

213

Bei Vollstreckung mehrerer Strafen kann ein Absehen regelmäßig rechtzeitig vor dem gemeinsamen 2/3-Zeitpunkt erfolgen. Nur ausnahmsweise sollten Strafen über diesen Zeitpunkt hinweg vollstreckt werden, etwa bei hartnäckigen Verstößen gegen das Ausländerrecht (erneute Einreise nach

214

Kunz

Abschiebung/Ausweisung) oder bei reisenden Tätern, bei denen die Vermutung naheliegt, daß sie auf ein Absehen spekulieren. Andererseits können einem Absehen auch gewichtige Argumente entgegenstehen. Meist werden diese schon von den Ausländerbehörden berücksichtigt, so daß keine Ausweisung/Abschiebung erfolgt, etwa völlige Bindungslosigkeit im Zielland oder bei einer Maßregel die fehlende grundlegende medizinische Versorgung.

e) Entscheidung

215 Eine *ablehnende Entscheidung* kann mit dem vorliegenden Formular erfolgen:

216

STAATSANWALTSCHAFT
 # O R T #
#ZwSt#

Az.: Datum:

Strafvollstreckung
gegen

Verteidiger(in):

wegen

Vollmacht Bl.:

hier: Absehen von der weiteren Vollstreckung gemäß § 456 a StPO

V e r f ü g u n g

1. ☐ Der Antrag d. Verurteilten vom _____ wird **abgelehnt**.
   ☐ Von der weiteren Vollstreckung der gegen d. Verurteilte(n) verhängten
      ○ Freiheitsstrafe ○ Gesamtfreiheitsstrafe von _____
         ○ und der Unterbringung in einer Entziehungsanstalt gemäß § 64 StGB
      aus dem ○ Urteil ○ Strafbefehl ○ Gesamtstrafenbeschluß des
      ○ AG ○ LG _____ vom _____ (Az.: _____)
      ○ i.V.m. dem Urteil des LG _____ vom _____
      ○ i.V.m. dem Widerrufsbeschluß des ○ AG ○ LG _____
        vom _____ (Az.: _____)
      ○ Weitere Verurteilungen nach Zusatzblatt ...
   wird gemäß § 456 a Abs. 1 StPO zum Zeitpunkt der Abschiebung d. Verurteilten aus dem Gebiet der Bundesrepublik Deutschland ○ frühestens jedoch zum _____

abgesehen.

Zugleich wird für den Fall der Rückkehr d. Verurteilten in die Bundesrepublik Deutschland die Nachholung der Vollstreckung angeordnet, § 456 a Abs. 2 Satz 3 StPO.
Der weitergehende Antrag d. Verurteilten vom _____ wird

abgelehnt.

Gründe:

○ _____
  _____
  _____
  _____

Kunz

(Vorspann bei Teilablehnung:)
Von der weiteren Vollstreckung der Strafe konnte ab dem genannten Zeitpunkt i.v.m der Ausweisungs-/ Abschiebungsverfügung abgesehen werden, da ab diesem Zeitpunkt die Voraussetzungen des § 456 a StPO vorliegen.
Auch der staatliche Strafanspruch und die Sicherheitsinteressen der Öffentlichkeit lassen im Hinblick auf den Eindruck der bisherigen Vollstreckung, die Abschiebung und den Vollstreckungshaftbefehl für den Fall der Rückkehr ein Absehen von der weiteren Vollstreckung zu.
Ein früheres Absehen von der Vollstreckung verbietet sich aus den nachfolgenden Erwägungen:

(Vorspann bei Vollablehnung:)
Ein vorzeitiges Absehen von der Vollstreckung gemäß § 456 a StPO kommt nur dann in Betracht, wenn das staatliche Interesse an der weiteren Vollstreckung nicht entgegensteht und eine bestandskräftige Entscheidung der Ausländerbehörde vorliegt, aufgrund deren d. Verurteilte die Bundesrepublik Deutschland verlassen muß.
O   Eine derartige Entscheidung der Ausländerbehörde liegt jedoch derzeit nicht vor.
O   Sollte eine solche noch ergehen, wird ein Absehen von weiterer Vollstreckung
    O   zumindest in näherer Zukunft - gleichwohl nicht in Betracht kommen.
O   Eine derartige Entscheidung der Ausländerbehörde liegt zwar vor. Ein Absehen von weiterer Vollstreckung kommt O zumindest in näherer Zukunft - gleichwohl nicht in Betracht.

TV-StA   #StA#   sta 456a 1abl   (08.00)   (Teil-) Ablehnung des Absehens von Vollstreckung

---

(Fortsetzung Gründe bei Teil- und Vollablehnung)
O   Bei der Entscheidung ist auch berücksichtigt, daß die Vollstreckung einer Freiheitsstrafe d. Verurteilte(n) als ausländische(n) Staatsangehörige(n) aufgrund der besonderen familiären und sozialen Lage härter trifft als andere. (ggf. näher ausführen:) _____
O   Da sich ein Absehen von der weiteren Vollstreckung in der Praxis als Reststrafenaussetzung zur Bewährung darstellt, mit der Einschränkung für d. Verurteilten(n), nicht in die Bundesrepublik Deutschland zurückkehren zu können, ist bei der bisherigen Haftzeit d. Verurteilten dem staatlichen Interesse an der Durchsetzung des Strafanspruchs noch keinesfalls Genüge getan. Dieses Interesse sowie der Grundsatz der Gleichbehandlung verlangen die weitere Vollstreckung (Groß, Strafverteidiger 1987, 37 ff).
O   Ein Absehen von der Vollstreckung kommt jedenfalls derzeit nicht in Betracht. Die Strafvollstreckungskammer hat die bedingte Entlassung abgelehnt. Ein Absehen gemäß § 456 a StPO käme daher einer Bewährungsmaßnahme gleich.
O   Die Bekämpfung der internationalen Rauschgiftkriminalität wird nicht zuletzt durch eine nachdrückliche Vollstreckung der verhängten Strafen gewährleistet. Die allgemein anerkannte Gefährlichkeit und Sozialschädlichkeit der Rauschgiftkriminalität erfordern aus dem Grund der Verteidigung der Rechtsordnung, daß von der im Ermessen stehenden Möglichkeit einer Abkürzung der Strafverbüßung im Inland nur sehr zurückhaltend Gebrauch gemacht wird. Im vorliegenden Fall ist wegen der Schwere der Tat dem deutschen Strafanspruch noch keinesfalls Genüge getan.
O   Die Auswirkungen des weiteren Strafvollzugs auf die Familie d. Verurteilten, die bedauerlich, aber zwangsläufig mit dem Strafvollzug verbunden sind, müssen dem öffentlichen Interesse an der weiteren Vollstreckung nachgehen.
O   Ein Absehen von der Vollstreckung kommt jedenfalls derzeit nicht in Betracht. D. Verurteilte ist ganz erheblich vorbestraft. Es ist daher die Einwirkung durch weiteren Strafvollzug erforderlich.
O   Ein Absehen von der Vollstreckung kommt jedenfalls derzeit nicht in Betracht. D. Verurteilte ist trotz Ausweisung in die Bundesrepublik Deutschland zurückgekehrt. Es ist zu erwarten, daß ohne weitere Vollstreckung der Strafe bereits nach kurzer Zeit eine erneute Einreise erfolgt und Straftaten begangen werden.
O   _____
O   (Hinweis: Der folgende Text kommt nur bei Vollablehnung in Betracht)
    Die Staatsanwaltschaft beabsichtigt, vor dem _____ erneut zu prüfen, ob von der weiteren Vollstreckung abgesehen werden kann, sofern sich keine weiteren negativen Gesichtspunkte ergeben.
Belehrung: (nur bei Teilablehnung): D. Verurteilte wird darüber belehrt, daß die Vollstreckungsbehörde die Nachholung der Vollstreckung für den Fall der Rückkehr in das Gebiet der Bundesrepublik Deutschland bereits angeordnet hat und daß nach erfolgter Abschiebung hierzu ein Haftbefehl erlassen werden wird.
2.   ☐ Abdrucke von Ziff. 1 der Verfügung zu den weiteren dort genannten Verfahren
3.   ☐ _____ zusätzliche Abdrucke von Ziff. 1 herstellen
4.   ☐ _____
5.   **(Verfahren bei Teilablehnung)**
     Mitteilung von Ziff. 1 mit Gründen und Belehrung an
     Verurteilte(n) (zusammen mit Schreiben an JVA an diese übermitteln)
        O   Verteidiger(in) (Bl. ___)   O   Ausländerbehörde (Bl. ___)
        O   JVA (Bl. ___), m.d. Bitte, einen der beiden beiliegenden Bescheide zu den Personalakten zu nehmen und den weiteren d. Verurteilten gegen Nachweis zuzustellen sowie diese(n) gemäß § 456 a Abs. 2 Satz 4 StPO, § 17 Abs. 2 Satz 2 StVollStrO zu belehren und dies aktenkundig zu machen.
        O   Vordrucke für die Belehrung und eine Niederschrift hierüber sind beigefügt.
     An Vollstreckungsrechtspfleger(in) m.d.Bitte, nach Vollzug der Abschiebung gegen d. Verurteilte(n) Haftbefehl zu erlassen, § 456 a Abs. 2 Satz 3 StPO, sowie die Ausschreibung und die Mitteilung an die Ausländerbehörde zu veranlassen.
5.   **(Verfahren bei Vollablehnung)**
     Mitteilung von Ziff. 1 mit Gründen ohne Belehrung an
     Verurteilte(n) (zusammen mit Schreiben an JVA an diese übermitteln)
        O   Verteidiger(in) (Bl. ___)   O   Ausländerbehörde (Bl. ___)
        O   JVA (Bl. ___),
     An Vollstreckungsrechtspfleger(in) m.d. Bitte um Kenntnis u.w.V.
        O   WV Vollstreckungsstaatsanwalt _____ (falls erneute Überprüfung in Aussicht gestellt wurde)

_____
(Unterschrift, Namensstempel)

Kunz

217 Der Antrag kann mit dem Formular sowohl ganz als auch teilweise abgelehnt werden. Wird von Dritter Seite eine Entschließung nach § 456 a StPO angeregt (Vollzugseinrichtung, Ausländerbehörde) bedarf es keiner ablehnenden Entscheidung, weil ein Antragsrecht nicht besteht, wie auch eigentlich ein Antrag des Verurteilten nur eine Anregung ist. Bei einer lediglich teilweisen Ablehnung folgt die Entscheidung über das Nachholen der Vollstreckung. Unter den Gründen sind die wichtigsten und häufigsten für eine Ablehnung oder Teilablehnung aus formellen und materiellen Gründen bereits vorformuliert. Durch die – nicht bei Vollablehnung – bereits in die Entschließung aufgenommene Belehrung wird dem Erfordernis der § 456 a II 3 StPO, 17 II 2 StVollstrO allerdings nur dann Genüge getan, wenn der Verurteilte der deutschen Sprache mächtig ist. Auf die unter Ziff 2 vorgesehene Bitte an die Vollzugseinrichtung, den Verurteilten in einer ihm verständlichen Sprache zu belehren, sollte deshalb trotzdem nicht verzichtet werden. Es muß hierüber eine Niederschrift (meist der ausführenden Vollzugseinrichtung, § 17 II 3 StVollstrO) zu erstellt und diese zu den Akten genommen werden, § 17 II StVollstrO. Bewährt hat sich die bayerische Praxis, Niederschriften und Belehrungsvordrucke in zahlreichen Sprachen zu erstellen, die den Vollzugseinrichtungen mit der Entscheidung 2-fach zur Verfügung gestellt werden. Dem Verurteilten kann dann die Verfügung eröffnet werden. Ihm wird eine Abschrift der Entscheidung und ein Formular mit der Belehrung über das Nachholen der Vollstreckung ausgehändigt. Hierüber wird eine Niederschrift erstellt. Eine spätere Belehrung kommt auch noch im Wege der Rechtshilfe in Betracht, ist aber umständlich und zeitraubend.

218 Eine *bewilligende Entscheidung* kann mit dem vorliegenden Formular erfolgen:

219

STAATSANWALTSCHAFT
 # O R T #
#ZwSt#

Az.: Datum:

Strafvollstreckung
gegen | Verteidiger(in):
wegen | Vollmacht Bl.:

hier: Absehen von der weiteren Vollstreckung gemäß § 456 a StPO

Verfügung

1. Von der weiteren Vollstreckung der gegen d. Verurteilte(n) verhängten

   ○ Freiheitsstrafe ○ Gesamtfreiheitsstrafe von _____
       ○ und der Unterbringung in einer Entziehungsanstalt gemäß § 64 StGB
   aus dem

   ○ Urteil ○ Strafbefehl ○ Gesamtstrafenbeschluß des
   ○ Amtsgerichts ○ Landgerichts _____
   vom _____ (Az.: _____)

Kunz

○ i.V.m. dem Urteil des Landgerichts _____
vom _____ (Az.: _____)

○ i.V.m. dem Widerrufsbeschluß des
○ Amtsgerichts ○ Landgerichts _____
vom _____ (Az.: _____)

❏ Weitere Verurteilungen nach Zusatzblatt ...

wird gemäß § 456 a Abs. 1 StPO zum Zeitpunkt der Abschiebung d. Verurteilten aus dem Gebiet der Bundesrepublik Deutschland

○ , frühestens jedoch zum _____

abgesehen.

Zugleich wird für den Fall der Rückkehr d. Verurteilten in die Bundesrepublik Deutschland die Nachholung der Vollstreckung angeordnet, § 456 a Abs. 2 Satz 3 StPO.

TV-StA   #StA# sta 456a 1pos   (08.00)   Absehen von Vollstreckung bei Auslieferung und Ausweisung

Gründe:

Von der weiteren Vollstreckung der Strafe konnte ab dem genannten Zeitpunkt i.V.m der Ausweisungs-/Abschiebungsverfügung der zuständigen Ausländerbehörde abgesehen werden, da ab diesem Zeitpunkt die Voraussetzungen des § 456 a StPO vorliegen. Auch der staatliche Strafanspruch und die Sicherheitsinteressen der Öffentlichkeit lassen im Hinblick auf
○ den Eindruck der bisherigen Vollstreckung,
die Abschiebung und den Vollstreckungshaftbefehl für den Fall der Rückkehr ein Absehen von der weiteren Vollstreckung zu.

Belehrung:
D. Verurteilte wird darüber belehrt, daß die Vollstreckungsbehörde die Nachholung der Vollstreckung für den Fall der Rückkehr in das Gebiet der Bundesrepublik Deutschland bereits angeordnet hat und daß nach erfolgter Abschiebung hierzu ein Haftbefehl erlassen werden wird.

2. Mitteilung von Ziff. 1 mit Gründen an
   ○ Verurteilte(n) (Bl. _____) (wenn in JVA: zusammen mit Schreiben an JVA an diese übersenden)
   ○ Verteidiger(in) (Bl. _____)
   ○ JVA _____ (Bl. _____),
   m.d. Bitte, einen der beiden beiliegenden Bescheide zu den Personalakten zu nehmen und den weiteren d. Verurteilten gegen Nachweis zuzustellen sowie diese(n) gemäß § 456 a Abs. 2 Satz 4 StPO, § 17 Abs. 2 Satz 2 StVollStrO zu belehren und dies aktenkundig zu machen.
      ○ Vordrucke für die Belehrung und eine Niederschrift hierüber sind in deutscher
         ○ und in _____
         Sprache beigefügt.
   ○ Ausländerbehörde (Bl. _____)
   ○ _____

Kunz

3. ☐ Abdrucke von Ziff. 1 der Verfügung zu den weiteren dort genannten Verfahren
4. ☐ _____ zusätzliche Abdrucke von Ziff. 1 herstellen

5. ☐ _____
_____
_____

6. An Vollstreckungsrechtspfleger(in) m.d. Bitte,
nach Vollzug der Abschiebung gegen d. Verurteilte(n) Haftbefehl zu erlassen, § 456 a Abs. 2 Satz 3 StPO, sowie die Ausschreibung und die Mitteilungen an die Ausländerbehörde zu veranlassen.

_____
(Unterschrift, Namensstempel)

220 Unter Ziff 1 können zunächst diejenigen Entscheidungen angegeben werden, auf die sich die Entschließung bezieht. Durch die Formulierung »zum Zeitpunkt der Abschiebung des Verurteilten« wird sichergestellt, daß er tatsächlich (ohne daß Abschiebehaft erforderlich wird) bis zum Verlassen der Bundesrepublik in Strafhaft ist. Die Angabe »frühestens jedoch zum _____« ermöglicht es, eine Mindestverbüßungszeit anzugeben. Es folgt sodann die Entscheidung über das Nachholen der Vollstreckung. Zur Belehrung unter Rn 216. Unter Ziff 3 sind die bereits erörterten Mitteilungspflichten dem Rechtspfleger übertragen, dem ja auch die weitere Überwachung und Vollstreckung obliegt.

f) Nachholen der Vollstreckung

221 Nach § 456a II 3 StPO kann zugleich mit dem Absehen von der Vollstreckung das Nachholen für den Fall angeordnet werden, daß der Verurteilte zurückkehrt. Hierzu kann die Vollstreckungsbehörde einen Haftbefehl, einen Unterbringungsbefehl erlassen sowie die erforderlichen Fahndungsmaßnahmen veranlassen. Hierüber muß der Verurteilte belehrt worden sein. Das »kann« ist im Sinne eines »muß« zu verstehen. So spricht § 17 II StVollstrO deutlicher von »soll«. Einwendungen gegen das Nachholen der Vollstreckung nach einer erneuten Festnahme im Inland sind nicht selten. Dabei wird fast stets der Einwand der unterbliebenen oder unverständlichen Belehrung erhoben. Diese können unschwer widerlegt werden, wenn die vorgeschlagene schriftliche Belehrung in der Heimatsprache erfolgt ist. Bei unterbliebener Belehrung erscheint es zulässig, diese nach erneuter Einreise nachzuholen und dem Verurteilten dann zunächst Gelegenheit zu geben, sein Verhalten hierauf einzustellen.[68] Zu denken wäre etwa an eine Schonfrist von 45 Tagen ähnlich Nr. 100 I lit a RiVASt iVm Art. 14 I lit b des Europäischen Auslieferungsübereinkommens.

---

68 Hierzu OLG Karlsruhe NStZ 1994, 254

Ein Nachholen der Vollstreckung kommt nur bei freiwilliger Einreise in Betracht, also wenn der Verurteilte »zurückkehrt«. Wird er zurückgebracht, also zB ausgeliefert, kommt kein Nachholen in Betracht. 222

g) Besonderheiten beim Absehen von weiterer Vollstreckung freiheitsentziehender Maßregeln

Besondere Grundsätze sind beim Absehen von weiterer Vollstreckung bei freiheitsentziehenden Maßregeln der Besserung zu beachten. Einen staatlichen Strafanspruch gilt es nicht zu wahren. Zeitliche Grenzen bestehen deshalb unter diesem Gesichtspunkt nicht. Wohl aber sollte gerade bei der Maßregel nach § 63 StGB sichergestellt sein, daß im Empfangsstaat eine ausreichende medizinische Versorgung zur Verfügung steht und er im Zeitpunkt des Absehens ausreichend gesundheitlich stabilisiert ist. 223

Besonders ist auf § 456 a II 2 StPO und den darin in Bezug genommenen § 67 c II StGB hinzuweisen: Ein weiterer Vollzug der Maßregel ist danach ohne weiteres nur zulässig, wenn seit dem Ende des Maßregelvollzugs (unter Berücksichtigung auch im Ausland erlittener Haft oder behördlicher Verwahrung) durch Entscheidung nach § 456 a StPO nicht mehr als drei Jahre vergangen sind. Es empfiehlt sich deshalb die Ausschreibung des Unterbringungsbefehls nach dieser Zeit zu beenden, diesen aufzuheben und nur noch eine Ausschreibung zur Aufenthaltsermittlung zu veranlassen. 224

h) Mitteilungen

Nach § 17 I 2 StVollstrO teilt die VollstrB der Ausländerbehörde mit, wenn sie von der Vollstreckung absieht und legt einen Suchvermerk zum BZR nieder. Ersteres ist in jedem Fall zwingend geboten, da sonst die Ausländerbehörde keine Kenntnis von der Entscheidung hat und das Verfahren zur Abschiebung, für das alleine sie zuständig ist, nicht betreibt. Letzteres ist allerdings im Zeitpunkt der Entscheidung der VollstrB nicht sinnvoll. Denn es steht noch nicht fest, ob und wann der Verurteilte tatsächlich abgeschoben wird. Mit der Entscheidung über das Nachholen der Vollstreckung wird regelmäßig ein Haft- oder Unterbringungsbefehl zu erlassen sein. Es erscheint daher zweckmäßiger, die Mitteilung über die erfolgte Abschiebung abzuwarten und den Verurteilten dann zur Festnahme auszuschreiben. 225

Auch bedarf es nach erfolgter Abschiebung (nicht mit Erlaß der Entscheidung) einer Mitteilung zum Ausländerzentralregister. Diesem beim Bundesverwaltungsamt in Köln geführten Register ist dann die Dauer der restlichen Strafe, der Verjährungszeitpunkt und die Tatsache mitzuteilen, daß das Nachholen der Vollstreckung angeordnet ist. Dies sollte mit der Bitte verbunden werden, Erkenntnisse über eine erneute Einreise mitzuteilen. 226

i) Rechtsbehelfe

227 Bei den Rechtsbehelfen ist zwischen der Anordnung des Absehens nach § 456 a StPO und der Ablehnung des Absehens zu unterscheiden.

228 Wird das Absehen von weiterer Vollstreckung versagt, so handelt es sich nach wohl einhelliger Auffassung um eine Maßnahme der VollstrB, die mit der Vollstreckungserinnerung nach § 21 I lit a StVollstrO anzugreifen ist. Dies gilt auch beim Absehen von weiterer Vollstreckung ohne gleichzeitige Anordnung der weiteren Vollstreckung für den Fall der Rüccekehr. Den Erinnerungen kann die VollstrB abhelfen. Wird nicht abgeholfen, entscheidet der GenStA. Vor der Vorlage ist eine (Nicht-) Abhilfeentscheidung zu treffen, wie sie im folgenden Formular wiedergegeben ist.

229

STAATSANWALTSCHAFT
 # O R T #
#ZwSt#

Az.:   Datum:

Strafvollstreckung
gegen

wegen

hier: Einwendungen gegen die Versagung des Absehens von der Vollstreckung gemäß § 456 a StPO - Nichtabhilfe

Verfügung

1. Den Einwendungen gegen die Versagung des Absehens von der Vollstreckung gemäß § 456 a StPO wird

nicht abgeholfen.

Gründe:

○ _____

○ Das nunmehrige Vorbringen wurde bereits im ablehnenden Bescheid vollständig gewürdigt.

○ Auch das weitere Vorbringen rechtfertigt keine andere Entscheidung.

○ Der Gesetzgeber hat die Möglichkeit des Absehens von der weiteren Verfolgung nicht vorrangig im Interesse des Ausländers geschaffen. Vielmehr sollten die inländischen Stellen von der Last der Vollstreckung von Strafe gegen Ausländer befreit werden (vgl. Beschluß des OLG München vom 27.08.1993). Dabei ist von entscheidender Bedeutung, ob das öffentliche Interesse die weitere Vollstreckung verlangt. Die persönlichen Belange d. Verurteilten können zwar Berücksichtigung finden, ihnen kommt aber nicht das Schwergewicht zu.
Im vorliegenden Fall verlangt dieses öffentliche Interesse die weitere Vollstreckung.

Kunz

Strafvollstreckung Kapitel 3 773

○ Bei der Entscheidung ist auch berücksichtigt, daß die Vollstreckung einer Freiheitsstrafe d. Verurteilte(n) als ausländische(n) Staatsangehörige(n) aufgrund der besonderen familiären und sozialen Lage härter trifft als andere.
(ggf. näher ausführen) _____
_____
_____

○ Da sich ein Absehen von der weiteren Vollstreckung in der Praxis als Reststrafenaussetzung zur Bewährung darstellt, mit der Einschränkung für d. Verurteilte(n), nicht in die Bundesrepublik Deutschland zurückkehren zu können, ist bei der bisherigen Haftzeit d.

TV-StA #StA# sta 456a 1abh (08.00) Nichtabhilfe bei Einwendungen gegen die Absehensentscheidung

Verurteilten dem staatlichen Interesse an der Durchsetzung des Strafanspruchs noch keinesfalls Genüge getan. Dieses Interesse sowie der Grundsatz der Gleichbehandlung verlangen die weitere Vollstreckung.

○ Ein Absehen von der Vollstreckung kommt jedenfalls derzeit nicht in Betracht:

  ○ D. Verurteilte ist trotz Ausweisung in die Bundesrepublik Deutschland zurückgekehrt. Es ist zu erwarten, daß ohne weitere Vollstreckung der Strafe bereits nach kurzer Zeit eine erneute Einreise erfolgt und Straftaten begangen werden.

  ○ D. Verurteilte ist ganz erheblich vorbestraft. Es ist daher die Einwirkung durch weiteren Strafvollzug erforderlich.

  ○ Die Strafvollstreckungskammer hat die bedingte Entlassung abgelehnt. Ein Absehen gemäß § 456 a StPO käme daher einer Bewährungsmaßnahme gleich.

  ○ Die Bekämpfung der internationalen Rauschgiftkriminalität wird nicht zuletzt durch eine nachdrückliche Vollstreckung der verhängten Strafen gewährleistet. Die allgemein anerkannte Gefährlichkeit und Sozialschädlichkeit der Rauschgiftkriminalität erfordern aus dem Grund der Verteidigung der Rechtsordnung, daß von der im Ermessen stehenden Möglichkeit einer Abkürzung der Strafverbüßung im Inland nur sehr zurückhaltend Gebrauch gemacht wird. Im vorliegenden Fall ist wegen der Schwere der Tat dem deutschen Strafanspruch noch nicht Genüge getan.

  ○ _____
  _____
  _____
  _____
  _____

2. Einwendungsvorlage nach Formblatt

_____
(Unterschrift, Namenstempel)

Im Freitext nach der Überschrift »Gründe« kann zunächst eine Sachverhaltsschilderung unter Einschluß des bisherigen Verfahrensablaufs erfolgen, falls dies den Gepflogenheiten der Behörde entspricht. 230

Wird nur das bisherige Vorbringen wiederholt, genügt ein Hinweis, daß dieses bereits im ablehnenden Bescheid abschließend gewürdigt wurde, sofern dies zutrifft. 231

Kunz

232 Da das Absehen von weiterer Vollstreckung nicht ausschließlich im Interesse der Entlastung des Vollzugs von Vollstreckungen gegen Ausländer erfolgt, die anschließend abgeschoben werden, sind es vor allem auf den Verurteilten zugeschnittene Gründe.

233 Die Vorlage der Einwendungen an den GenStA erfolgt in den einzelnen Bundesländern mit recht unterschiedlichen Vorlageberichten, weshalb hier von der Wiedergabe eines Musters abgesehen wird. Gegen die Entscheidung des GenStAs ist der Rechtsweg nach § 23 ff EGGVG zum OLG gegeben. Das Verfahren über die Einwendungen stellt insoweit die erforderliche Vorschaltbeschwerde dar.

234 Wird das Absehen von weiterer Vollstreckung mit der Anordnung des Nachholens für den Fall der erneuten Einreise verbunden, ist nach § 458 II StPO der zutreffende Rechtsbehelf die Erhebung von Einwendungen. Zwar gilt dies nach dem Wortlaut des § 458 II StPO an sich nur für die Anordnung des Nachholens der Vollstreckung. Nach hM entscheidet das Gericht aber auch über die Rechtmäßigkeit der Absehensentscheidung.[69] Zuständig ist wegen § 462 a I StPO die StVK, wenn sich der Verurteilte, wie meist, in Haft oder Unterbringung befindet, sonst das Gericht des ersten Rechtszugs. Die VollstrB kann den Einwendungen vor der Vorlage an das Gericht abhelfen. Ansonsten sollte bei Zuleitung an das Gericht dargelegt werden, warum nicht abgeholfen wurde. Wiederholt der Verurteilte nur sein bisheriges Vorbringen, kann sich die Begründung hierauf beschränken. Iü können die im Formular unter Rn 229 verwendeten Formulierungen sinngemäß angewendet werden.

235 Die Behauptung unterbliebener Belehrung über das Nachholen der Vollstreckung kann vom Verurteilten ebenfalls mit Einwendungen nach § 458 StPO geltend gemacht werden.

j) Besonderheiten im Jugendverfahren

236 Als grundsätzlich geeigneter Zeitpunkt kann auch hier im Hinblick auf die Regelung in § 88 JGG für Jugendliche und Heranwachsende, gegen die Jugendstrafe verhängt wurde, der Halbstrafenzeitpunkt herangezogen werden. Freilich verdienen erzieherische Aspekte besondere Berücksichtigung. Auch sollte nicht unnötig in eine begonnene Schulungs- oder Ausbildungsmaßnahme hinein von § 456 a StPO Gebrauch gemacht werden.

237 Zuständig zur Entscheidung ist der Jugendrichter als Vollstreckungsleiter. Gegen dessen Entscheidungen können wie beim Erwachsenen Einwendungen nach § 21 I lit a StVollstrO erhoben werden. Soweit das Gericht nach § 458 StPO zur Entscheidung berufen ist, ist nach § 83 II Nr. 1 die Jugendkammer zuständig.

---

69 Vgl KMR-Paulus § 456 a Rn 19

7. Zurückstellung der Vollstreckung und Strafaussetzung bei Tatbegehung aufgrund einer Btm – Abhängigkeit, §§ 35, 36 BtmG

Mit den Regelungen in den §§ 35, 36 BtmG wollte der Gesetzgeber die Bereitschaft Drogenabhängiger fördern, sich einer Therapie zu unterziehen. Das Motto »Therapie statt Strafe« hat weite Verbreitung gefunden. Die Zurückstellung bietet eine echte Chance für Verurteilte sich aus der Drogenszene zu lösen. Der Versuch des Mißbrauchs steht aber neben dem Nutzen. Eine Therapie wird nicht selten als Flucht vor der Haft gesucht, auch wenn keine Drogenabhängigkeit besteht oder jedenfalls die Tat nicht aufgrund einer Drogenabhängigkeit begangen wurde. Die Vorschriften gelten gleichermaßen für Deutsche wie für Ausländer. Wo allerdings ein Absehen von Strafvollstreckung nach § 456 a StPO im Hinblick auf eine bevorstehende Abschiebung oder Ausweisung ansteht, wird die Durchführung einer Therapie nicht in Betracht kommen.[70]

a) Voraussetzungen der Zurückstellung

Die Voraussetzungen der Zurückstellung sind in § 35 BtmG geregelt. Sie zerfallen in materielle und verfahrensrechtliche.

aa) Rechtskräftige Verurteilung

Die Zurückstellung der Vollstreckung nach § 35 BtmG setzt eine rechtskräftige Verurteilung voraus. Zurückstellungsfähig sind Freiheitsstrafen, auch wenn sie mit einer Unterbringung in einer Entziehungsanstalt zusammenfallen, nicht aber eine isolierte Unterbringung in einer Entziehungsanstalt. Eine Unterbringung in einem psychiatrischen Krankenhaus, kann auch dann nicht zurückgestellt werden, wenn sie mit Freiheitsstrafe zusammentrifft. Gleiches gilt für eine Geldstrafe, auch wenn die Ersatzfreiheitsstrafe vollstreckt werden muß. Hier wird sich die Anwendung der §§ 459 d – f StPO aufdrängen, um eine sich an die Therapie anschließende Vollstreckung der Ersatzfreiheitsstrafe zu vermeiden oder aber die Geldstrafe sollte im Weg der Änderung der Vollstreckungsreihenfolge regelwidrig vorweg vollstreckt werden.

bb) Freiheitsstrafe von nicht mehr als zwei Jahren

Die Freiheitsstrafe darf zwei Jahre nicht übersteigen. Die Gesamtfreiheitsstrafe steht für alle Fragen der Strafe gleich, § 35 III Nr. 1 BtmG, auch bei einer nachträglichen Bildung. Eine längere Freiheitsstrafe oder Gesamtfreiheitsstrafe ist zurückstellungsfähig, wenn der zu vollstreckende Rest zwei Jahre nicht mehr übersteigt, § 35 III Nr. 2 BtmG. Belanglos ist in diesem Zusammenhang, ob eine widerrufene Strafe oder ein Strafrest zurückge-

---
[70] Weber § 35 Rn 145; Körner NStZ 1998, 227, 233

stellt werden soll. Unter dem Strafrest von nicht mehr als zwei Jahren ist der noch nicht verbüßte Teil ohne Berücksichtigung einer möglichen vorzeitigen Entlassung nach § 57 StGB zu verstehen.[71]

242 Nach dem Wortlaut ist auch die Zurückstellung mehrerer Freiheitsstrafen nicht ausgeschlossen. Kann keine Gesamtstrafe gebildet werden, so ist die Zurückstellung ihrer Vollstreckung nicht allein deswegen ausgeschlossen, weil in der Summe noch Freiheitsstrafe von mehr als zwei Jahren nicht vollstreckt ist.[72] Der frühere Streit zu dieser Frage ist für die Praxis durch die Rechtsprechung des BGH gegenstandslos.

243 Übersteigt eine Gesamtstrafe oder deren noch zu verbüßender Teil zwei Jahre nicht, treffen aber Strafen aufgrund Btm – Abhängigkeit mit solchen, bei denen diese Feststellung nicht getroffen werden kann zusammen, gilt die Schwerpunktregel: Wenn das Schwergewicht der abgeurteilten Taten auf solchen auf einer Btm – Abhängigkeit beruhenden besteht, ist Zurückstellungsfähigkeit gegeben, sonst nicht. Die Einzelstrafen bilden hierfür die Indikatoren. Es ist nicht zulässig, die Strafe in einen zurückstellungsfähigen und einen nicht zurückstellungsfähigen Teil aufzuspalten.[73] Entweder wird die ganze (Gesamt-) Strafe zurückgestellt oder nichts. Schwieriger ist die Lage bei der Einheitsjugendstrafe, deren Bildung anderen Regeln folgt als die Gesamtstrafe. Es bedarf hier im Hinblick auf § 35 III BtmG einer Anpassung der Schwerpunktregel auch bei einer zwei Jahre übersteigenden Einheitsjugendstrafe unter Berücksichtigung des Umstandes, ob bei Anwendung der Regeln über die Bildung der Gesamtstrafe eine zwei Jahre übersteigende hätte gebildet werden können und ob diese hätte zurückgestellt werden können.[74]

244 Über § 38 BtmG gelten die Regelungen der §§ 35 ff BtmG auch bei Verurteilung zu Jugendstrafe. Zu beachten ist, daß es der Gesetzgeber versäumt hat, bei der Einfügung von § 35 II BtmG auch § 38 BtmG anzupassen. Der in § 38 I 4 BtmG erwähnte § 35 VI 2 BtmG nimmt also § 35 VII 2 BtmG in Bezug! Wegen der Besonderheiten bei der Berechnung der 2-Jahres-Grenze unter Rn 258.

cc) **Bereitschaft, sich einer Behandlung zu unterziehen**

245 Schon nach dem Wortlaut des § 35 I BtmG ist für eine Zurückstellung kein Antrag erforderlich. Voraussetzung ist vielmehr lediglich die Bereitschaft, sich einer Behandlung der Abhängigkeit zu unterziehen. Diese wird sich in der Praxis meist in einem Antrag ausdrücken. Befindet sich der Verurteilte nicht in Freiheit, wird es sich regelmäßig empfehlen, zusätzlich eine Stellungnahme der Anstalt zur Frage der Therapiebereitschaft zu erholen. Eine besondere Motivation zu einer Therapie ist aber nicht zu fordern. Es ist

---

71 BGH NJW 1987, 1833 = NStZ 1887, 292 = StV 1987, 301
72 BGH NStZ 1985, 126.
73 Körner § 35 Rn 49
74 Einzelheiten bei Körner § 35 Rn 49

ausreichend, daß der Therapiewille ausschließlich unter dem Druck des Strafvollzuges zustande kommt. Allerdings muß der Therapiewille ernsthaft sein. Wird sie nur vorgetäuscht, ist eine Zurückstellung nicht geboten. Anhaltspunkte für sein Fehlen können frühere Nichtantritte einer Therapie nach einer Zurückstellung, vorangegangene Abbrüche, mangelnde Mitarbeit am Vollzugsziel in der Anstalt und auch schriftliche oder mündliche Äußerungen sein. Beim Jugendlichen bedarf es neben dessen Zusage auch der Einwilligung des Erziehungsberechtigten und des gesetzlichen Vertreters, § 38 I 3 BtmG.

dd) Beginn der Behandlung muß gesichert sein

Der Beginn der Behandlung muß gesichert sein. Hierzu gehören eine gültige Kostenübernahme und ein Therapieplatz. Der Verurteilte muß sich nachhaltig und unter Umständen aufwendig um Therapieplatz und Kostenzusage bemühen. Nicht etwa bemüht sich die VollstrB darum. Allerdings besteht gleichwohl die Gefahr einer ablehnenden Entscheidung, wenn die Tat nicht aufgrund einer Btm – Abhängigkeit begangen wurde. Es kann daher sinnvoll sein, eine Voranfrage an die VollstrB zu richten, ob unter dem Gesichtspunkt der Tatbegehung aufgrund einer Btm – Abhängigkeit eine Zurückstellung überhaupt in Betracht kommen wird. Eine solche Anfrage sollte aus Zweckmäßigkeitserwägungen heraus bearbeitet werden. 246

Eine Zahnsanierung ist rechtlich vor einer Zurückstellung nicht erforderlich. Häufig machen aber Therapieeinrichtungen die Aufnahme hiervon abhängig. Entscheidet sich eine Verurteilter ohne vorherige Zahnsanierung für eine solche Einrichtung, dann ist der Beginn der Behandlung nicht gewährleistet. Eine Zurückstellung für eine Therapie in dieser Einrichtung ist abzulehnen. 247

Der Verurteilte hat auch eine von der Therapieeinrichtung verlangte vorherige Entgiftung durchzuführen und den Nachweis des körperlichen Entzugs bei Aufnahme zu erbringen. Befindet er sich in Haft oder Unterbringung, können dort die etwa erforderlichen Screenings durchgeführt werden. 248

ee) Abhängigkeit von Btm

Eine Abhängigkeit ist erforderlich, bloßer, auch regelmäßiger, Drogenkonsum, oder periodischer Btm – Mißbrauch reichen nicht aus. Der Unterschied zwischen Drogenkonsum, Drogenmißbrauch und Drogenabhängigkeit darf nicht außer Acht gelassen werden. Die Übergänge sind fließend. So wird zB bei regelmäßigem Cannabis – Konsum kaum je eine Abhängigkeit vorliegen. Gleiches gilt für Gelegenheits- oder Geselligkeitskonsum auch bei harten Drogen. Die Zurückstellung nach § 35 BtmG setzt eine behandlungsbedürftige Abhängigkeit voraus. Die Abhängigkeit von sonstigen Drogen, etwa von Alkohol oder dem AMG unterliegender Medika- 249 mente genügen nicht. Anderes kann im Einzelfall gelten, wenn sie vom Verurteilten deshalb konsumiert werden, um etwa Versorgungslücken mit Btm zu schließen, denn auch dann liegt noch eine Abhängigkeit von Btm vor.

ff) Begehung der Tat aufgrund einer Btm-Abhängigkeit

250 Die Tat muß aufgrund der bestehenden Btm – Abhängigkeit begangen sein. Damit ist zunächst für die Beurteilung der Abhängigkeit der Tatzeitpunkt maßgeblich, nicht derjenige der Verurteilung oder der Zurückstellung. Allerdings muß die Abhängigkeit im Zeitpunkt der beabsichtigten Zurückstellung noch fortbestehen.[75] Sonst bedarf es ihrer nicht mehr, denn Ziel der Zurückstellung ist die Behandlung und nicht die Verschonung vor dem Strafvollzug. Auf die Kausalität zwischen Abhängigkeit und Tatbegehung ist strikt zu achten. Straftaten zur Beschaffung von Btm zum eigenen Konsum (primäre Beschaffungskriminalität) oder von Geld für die Beschaffung von Btm (sekundäre Beschaffungskriminalität) führen zur Zurückstellung. Es genügt aber keinesfalls eine Tatbegehung aus Anlaß des Konsums oder unter dem Einfluß von Btm. Letzteres kann die Anwendung der §§ 20, 21 StGB zur Folge haben. Beispiele, in denen eine Tatbegehung aufgrund der Abhängigkeit ausscheidet, sind etwa der Diebstahl eines Motorrads, um damit eine Spritztour zu machen, von Kosmetika für die bevorstehende Zeit einer stationären Langzeittherapie oder Btm – Geschäfte, um damit Schulden zu tilgen. Weiter kommen etwa Körperverletzungen, Bedrohungen, Schießereien und ähnliches[76] nicht in Betracht.

gg) Nachweis der Tatbegehung aufgrund der Abhängigkeit

251 Die Begehung der Tat aufgrund einer Btm – Abhängigkeit kann sich bereits aus dem Urteil ergeben. Allerdings wird man die bloße Wiedergabe der Bekundung des Verurteilten, er sei abhängig, nicht genügen lassen können, schon um Mißbrauch vorzubeugen. Strittig ist, ob die VollstrB von den Feststellungen des Urteils abweichen kann. Das wird man bei veränderten Verhältnissen ohne weiteres bejahen müssen: Fällt nach der Hauptverhandlung die Abhängigkeit weg, ist kein Raum mehr für eine Zurückstellung. Gleiches gilt, wenn das Urteil ohne nähere Begründung und Angabe der zugrunde liegenden Tatsachen oder nur aufgrund der Angaben des Verurteilten von einer Tatbegehung aufgrund einer Btm – Abhängigkeit ausgeht. Hier »ergibt« sie sich mE nicht aus dem Urteil. Es fehlt an den erforderlichen, nachprüfbaren Feststellungen. Sie wird eigentlich nur behauptet. Die VollstrB kann, wenn nicht nachgebessert wird (»oder steht sonst fest«[77]), die Zurückstellung ablehnen.[78] Teilweise wird überhaupt angenommen, daß die VollstrB an die Feststellungen im Urteil hierzu nicht gebunden ist.[79]

---

75 Wohl ebenso Körner § 35, Rn 42
76 Weitere Beispiele bei Körner § 35 Rn 43 f und NStZ 98, 227, 229 f
77 Vgl Rn 252
78 Zurückhaltend Körner § 35 Rn 45
79 OLG Hamm NStZ 1983, 525

Das gilt selbst bei einer Erwähnung des § 17 II BZRG im Urteil. Es bedarf dann allerdings eindeutiger und beweiskräftiger gegenteiliger Feststellungen.

Die Btm – Abhängigkeit kann aber auch »sonst« feststehen. Hierbei können von der VollstrB alle Erkenntnisquellen ausgeschöpft werden: Auskünfte von Drogenberatern, Ärzten, Freunden und Bekannten, Bilder, Presseberichte, Vorstrafen, Akteninhalt, Verhalten in der Haft (insbes Entzugserscheinungen bei der Aufnahme) etc. Stets ist aber darauf zu achten, daß sich die Feststellungen nicht nur auf die Wiedergabe von Äußerungen des Verurteilten beschränken, sondern darüber hinaus möglichst auch objektive Anhaltspunkte bieten. Auch vor der Verwertung von Gefälligkeitsattesten ist zu warnen. Auch sie geben meist nur die Äußerungen des Verurteilten wieder.

252

Die Tatbegehung aufgrund der Btm – Abhängigkeit muß feststehen. Bleiben nach durchgeführten Ermittlungen nicht zu behebende Zweifel, so ist die Zurückstellung abzulehnen. Die Btm – Abhängigkeit steht entweder fest oder sie steht nicht fest. Verbleibende Zweifel gehen zu Lasten des Verurteilten. Vermutungen und auch Wahrscheinlichkeiten genügen nicht.

253

hh) Ermittlung und Behandlung weiterer Verfahren

Wird eine Zurückstellung erwogen, bedarf es Ermittlungen hinsichtlich weiterer Verfahren: BZR, Verfahrensregister, STARIS (bzw StVR) sind daher zwingend zu befragen. Noch offene Ermittlungs- und Strafverfahren hindern zwar eine Zurückstellung nach dem Wortlaut des § 35 BtMG nicht. Indes würde § 35 VI Nr. 2 BtMG zum Widerruf der Zurückstellung zwingen, wenn die neue Verurteilung nicht ihrerseits zurückstellungsfähig ist. Im Spannungsfeld zwischen wünschenswerter und möglichst rascher Zurückstellung einerseits und der Gefahr eines erforderlichen Widerrufs andererseits muß frühzeitig geklärt werden, wie verfahren werden soll. Ist die Rechtskraft nahe, kann sie im Einzelfall abgewartet, die Vollstreckungsreihenfolge geändert und nach Vollverbüßung der nicht zurückstellungsfähigen Strafe zurückgestellt werden. Das kann einem Verurteilten aber auch Nachteile bringen![80] Im Einzelfall mag auch § 455 oder 456 StPO einen Aufschub der nicht zurückstellungsfähigen Strafe ermöglichen. Die Fälle des § 455 StPO werden dabei selten sein, denn die körperliche Entgiftung ist notwendigerweise erfolgt. Es sind aber Fälle psychischer Abhängigkeit denkbar, die einen Aufschub der weiteren Strafe ermöglichen. Fälle des Aufschubs nach § 456 StPO sind denkbar, aber wegen der zeitlichen Schranke von vier Monaten meist nicht zu realisieren. Gelegentlich kann Strafaufschub im Gnadenweg helfen. In allen diesen Gestaltungen ist aber zu bedenken, daß es dann im Anschluß an die Therapie zu einem Strafvollzug kommt, eine unerwünschte Situation.

254

---

80 Hierzu Rn 258

255 Wo die Zurückstellung von Strafen in Betracht kommt, die von verschiedenen VollstrB vollstreckt werden, besteht Abstimmungsbedarf, vor allem zum richtigen Zeitpunkt einer Zurückstellung und ob eine solche überhaupt erfolgen wird. Die Praxis lehrt, daß bei den keineswegs seltenen Fällen der Beteiligung von mehr als zwei VollstrB nur Telefonieren zu zeitnahen Ergebnissen führt. Man sollte dann allerdings nicht versäumen, das Ergebnis schriftlich zu fixieren und den anderen beteiligten VollstrB zukommen zu lassen.

256 Wegen der 2-Jahres-Grenze des § 35 III Nr. 1 BtmG sollte auch überprüft werden, ob nicht noch eine Gesamtstrafenbildung geboten ist. Gerade bei den oft in rascher Folge begangenen und von räumlich entfernten Gerichten abgeurteilten Straftaten von Btm – Abhängigen nötigt eine Gesamtstrafenbildung sonst zum Widerruf der Zurückstellung.

ii) **Wahl der Art der Behandlung – stationäre und ambulante Therapieformen**

257 Das BtmG selbst sagt nichts dazu, ob die Behandlung stationär, teilstationär oder ambulant durchzuführen ist und ob die VollstrB die Art der Behandlung beeinflussen, zB eine Zurückstellung nur zugunsten einer stationären Therapie bewilligen kann. Das BtmG spricht lediglich von einer der »Rehabilitation dienenden Behandlung«. Hieraus schließen manche, die Zurückstellung dürfe nicht deshalb abgelehnt werden, weil die VollstrB anstelle einer ambulanten Therapie eine stationäre Langzeittherapie bevorzugt.[81] Wo nach allgemeinen Erfahrungen eine ambulante Therapie zum Scheitern verurteilt ist, wie zB bei einem seit langer Zeit Abhängigen, hat mE die VollstrB sehr wohl die Befugnis, eine Zurückstellung zugunsten einer ungeeignet erscheinenden Therapieform abzulehnen. In diesen Fällen »dient« eine ambulante Behandlung eben nicht mehr der Therapie. Aus der Haft heraus wird stets nur eine stationäre Therapie in Betracht kommen.

b) **Änderung der Vollstreckungsreihenfolge**

258 Weitere zu vollstreckende Freiheitsstrafen oder freiheitsentziehende Maßregeln erzeugen eine »Sperrwirkung« für die Zurückstellung, § 35 VI Nr. 2 BtMG. Zur Bewährung ausgesetzte Freiheitsstrafe oder eine zu vollstreckende Ersatzfreiheitsstrafe hindern aber nicht. Schwierige Fragen wirft eine Änderung der Vollstreckungsreihenfolge auf, wenn sie eine Zurückstellung erst ermöglichen würde und die von Verurteilten häufig beantragt wird. Die Konsequenzen einer solchen Änderung müssen sorgfältig erwogen werden. Über die Risiken darf ein Verurteilter nicht im unklaren gelassen werden. Rechtsgrundlage für eine von den Grundsätzen des § 43 II u. III StVollstrO abweichende Vollstreckungsreihenfolge ist § 43 IV StVollstrO.

---

81 Körner § 35 Rn 63 u. 81; ders NStZ 1998, 227, 231

Einfach ist die Lage, wenn im Anschluß an eine zurückstellungsfähige Verurteilung eine (Gesamt-) Freiheitsstrafe bis zu zwei Monaten zu vollstrecken ist: Diese ist nicht Drittelfähig und der Unterbrechungszwang gilt nicht, § 454 b II Nr. 2 StPO. Sie kann vor oder in Unterbrechung der zurückstellungsfähigen Strafe vollständig vollstreckt werden. 259

Bei einer Neuverurteilung wird es nicht selten zum Widerruf bereits einmal zur Bewährung ausgesetzter Strafreste kommen, die in der Vollstreckungsreihenfolge entgegen § 57 II lit a StVollstrO meist nach der neuen Verurteilung anstehen werden, denn der Widerruf erfolgt regelmäßig zeitlich erst nach der Rechtskraft und dem Beginn der Vollstreckung der neuen Entscheidung. Solche Strafreste sind an sich einer erneuten Aussetzung fähig. Wer sie, der Regel des § 43 II a StVollstrO folgend, stets vorweg vollstreckt, nimmt dem Verurteilten die Chance der erneuten Aussetzung. Stehen sie einer Zurückstellung entgegen, können sie jedenfalls dann vorweg vollstreckt werden, wenn ihre Aussetzung ohnehin nicht mehr in Betracht kommt. Sonst wird zu prüfen sein, ob es nicht bei realistischer Chance einer Aussetzung der neuen Strafe zum 2/3-Zeitpunkt und der widerrufenen Reste günstiger ist, diesen Zeitpunkt abzuwarten und den Verurteilten mit einer Therapieweisung in die Freiheit zu entlassen. Bei einer Neuverurteilung zu 3 Monaten (zurückstellungsfähig) und einem anschließend widerrufenen Strafrest von 4 Monaten (nicht zurückstellungsfähig) kann es sinnvoller sein, die 2 Monate der an sich zurückstellungsfähigen Strafe zu verbüßen, wenn sich anschließend eine Entlassung mit Therapieweisung abzeichnet. Die Alternativen sollten dem Verurteilten und seinem etwaigen Verteidiger aufgezeigt werden. 260

Erhebliche rechtliche Schwierigkeiten ergeben sich, wenn zwei (oder mehr) nicht gesamtstrafenfähige Strafen, die teils zurückstellungsfähig sind, teils nicht, vollstreckt werden. Wie immer man die Vollstreckungsreihenfolge bestimmt, stehen entweder die nicht zurückstellungsfähige Strafen (wenn sie an zweiter Stelle vollstreckt werden) oder die nicht zurückstellungsfähigen Strafreste, die durch den Unterbrechungszwang des § 454 b II StPO entstehen (wenn die nicht zurückstellungsfähigen Strafen an erster Stelle vollstreckt werden) der Zurückstellung nach § 36 VI StPO entgegen. Eine isolierte Aussetzung eines Restdrittels verhindert § 454 b III StPO. Eine Möglichkeit könnte hier eine Änderung der Vollstreckungsreihenfolge bieten. Die nicht zurückstellungsfähigen Strafen werden vorgezogen und die nach § 454 b II StPO entstehenden Restdrittel unmittelbar anschließend vollstreckt, die Strafe also vollständig vollzogen.[82] Wird dies für rechtlich möglich erachtet, setzt es jedenfalls die Bereitschaft des Verurteilten voraus, die Strafe vollständig zu verbüßen. Darüber muß er eindringlich belehrt werden, denn ist die nicht zurückstellungsfähige Strafe vollständig verbüßt und kommt es aus welchen Gründen auch immer nicht zu einer Zurückstellung, so kann das Drittel nicht mehr »aufleben«. Für die VollstrB wird dies 261

---

82 OLG Karlsruhe MDR 1985, 67

bedeuten, daß jedenfalls die Zurückstellungsfähigkeit unter dem Gesichtspunkt der Tatbegehung aufgrund der Abhängigkeit geprüft und bejaht sein muß. Auch sollten neben einer Belehrung dem Verurteilten die zeitlichen Unterschiede zu einer gemeinsamen 2/3-Aussetzung deutlich vor Augen geführt werden, damit keine Enttäuschung entsteht: Ist das nicht zurückstellungsfähige Drittel nämlich zeitlich einigermaßen bedeutsam, so frißt die Vorwegvollstreckung die zeitlichen Vorteile wieder auf. Der Verurteilte muß abwägen, ob er nicht besser den gemeinsamen 2/3 – Zeitpunkt abwartet und eine Entlassung mit Therapieweisung vorzieht. Die Entscheidung über solche Änderungen der Vollstreckungsreihenfolge sollte nach § 2 I Nr. 4 StVollstrO immer als Vorlagesache behandelt werden.

c) **Gerichtliche Zustimmung zur Zurückstellung und Anrechnungsentscheidung bei einer staatlich anerkannten Therapieeinrichtung**

262 Die gerichtliche Zustimmung zur Zurückstellung ist eine justizinterne Prozeßerklärung, keine gerichtliche Sachentscheidung. Der Verurteilte ist an diesem Verfahren nicht beteiligt, weshalb es zB auch seiner Anhörung nicht bedarf. Die Zustimmung erteilt bei Erwachsenen das Gericht des ersten Rechtszugs. Sie ist bei erneuter Zurückstellung nach einem vorangegangenen Widerruf nochmals erforderlich. Abgegeben kann sie bereits in der Hauptverhandlung werden und wird dann im Protokoll niedergelegt. Wirksam wird sie dann mit der Rechtskraft. Ob dies trotz des fraglosen Zeitgewinns sinnvoll ist, erscheint im Hinblick auf § 36 I 2 BtmG zweifelhaft. An eine einmal abgegebene Zustimmung ist das Gericht gebunden, solange die zugrundeliegenden Umstände unverändert sind. Fraglich ist, ob bei der Zurückstellung mehrerer Verfahren alle beteiligten Gerichte zu hören sind,[83] dasjenige das zuletzt entschieden hat oder ob es in entsprechender Anwendung von § 462 a IV 1 StPO genügt, das Gericht der höchsten Einzelstrafe anzuhören. Soll Jugendstrafe zurückgestellt werden, so bedarf der Jugendrichter als Vollstreckungsleiter ebenfalls der Zustimmung der Gerichts des ersten Rechtszugs, sofern er das nicht in einer Person ist.

---

83 So Körner § 35 Rn 117

Strafvollstreckung Kapitel 3   783

Eine stattgebende Stellungnahme kann mit dem nachfolgenden Formular 263
eingeholt werden.

264

STAATSANWALTSCHAFT
 # O R T #
#ZwSt#

Az.:	Datum:
Strafvollstreckung gegen	Verteidiger(in):
wegen	Vollmacht Bl.:

<u>hier:</u> Zustimmung zur Zurückstellung der Strafvollstreckung gemäß § 35 BtMG

V e r f ü g u n g

1. **Vermerk:**

   a, Die Strafe/Der Strafrest beträgt nicht mehr als 2 Jahre (Strafzeitberechnung Bl. _____).
   b, Gegen d. Verurteilte(n) sind derzeit keine weiteren Freiheitsentziehungen zu vollstrecken.
   c, Die Tat d. Verurteilten ist aufgrund einer Betäubungsmittelabhängigkeit begangen worden (Bl. _____).
   d, D. Verurteilte hat im Antrag vom _____ (Bl. _____) zugesagt, sich einer der Rehabilitierung dienenden Behandlung in _____ zu unterziehen. Diese Einrichtung ist - ⃝ nicht - staatlich anerkannt.
   e, Die Zusage eines Therapieplatzes liegt vor (Bl. _____).
   f, Die Kostenzusage liegt vor (Bl. _____).
   g, _____

2. V.v., WV _____
3. **Mit Akten** _____ an das

   ⃝ **Amtsgericht** ⃝ **Landgericht** - Strafkammer - _____

   mit dem Antrag,

   unter Bezugnahme auf Ziff. 1 einer Zurückstellung der Strafvollstreckung

   ⃝ und der Vollstreckung der Unterbringung nach § 64 StGB

   gemäß § 35 BtMG zuzustimmen.

   ⃝ Weiterhin wird beantragt, die nachgewiesene Zeit des Aufenthalts in der Therapieeinrichtung für anrechnungsfähig zu erklären, bis zwei Drittel der Strafe erledigt sind, § 36 Abs. 1 Satz 1 und 2 BtMG.

   (Unterschrift, Namensstempel)
   <u>hier:</u> Zustimmung zur Zurückstellung der Strafvollstreckung gemäß § 35 BtMG
   TV-StA #StA# sta 35bt 1pos   (08.00)   Antrag auf Zustimmung zur Zurückstellung - BtMG

Kunz

○ Der Zurückstellung wird zugestimmt.

○ (sofern es sich um eine staatlich anerkannte Einrichtung handelt, vgl. umseitig)
Die nachgewiesene Zeit des Aufenthalts d. Verurteilten in der staatlich anerkannten Einrichtung wird auf die Strafe angerechnet, bis zwei Drittel der Strafe erledigt sind, § 36 Abs. 1 Satz 1, 2 BtmG.

○ Der Zurückstellung wird nicht zugestimmt, weil _____

_____
_____
_____
_____
_____
_____
_____
_____

Unterschrift(en) d. Richter(s)

265 Unter Ziff 1 sind zunächst die Feststellungen zu den Zurückstellungsvoraussetzungen zu treffen, wie sie unter Rn 240 ff bereits dargelegt wurden. Eine dem Antrag der VollstrB folgende Zustimmung muß nicht begründet werden. Versagt das Gericht die Zustimmung, so ist eine Begründung erforderlich, damit die VollstrB und das Beschwerdegericht die Gründe für die Versagung nachprüfen können, § 35 II BtmG.

266 Bei der Anrechenbarkeit von Therapiezeiten unterscheidet sich die Antragstellung danach, ob Zurückstellung für eine staatlich anerkannte Einrichtung begehrt wird, oder diese Anerkennung fehlt. Bei einer staatlich anerkannten Einrichtung trifft das Gericht mit der Zustimmung auch die Entscheidung über die Anrechnungsfähigkeit der nachgewiesenen Zeit des Aufenthalts in der Einrichtung auf die Strafe, § 36 I 2 BtmG. Bei nicht staatlich anerkannten Einrichtungen erfolgt die Entscheidung nachträglich, § 36 III BtmG. Diese Unterschiede sind im Antragsformular berücksichtigt. Einer gerichtlichen Entscheidung über die Anrechenbarkeit bedarf es iü auch dann nicht, wenn durch Verbüßung bereits mehr als 2/3 der Strafe verbüßt sind, denn dann steht kein anrechenbarer Rest mehr zur Verfügung, § 36 I 1 BtmG. An die Entscheidung über die Anrechenbarkeit ist die VollstrB gebunden, wenn es zur Zurückstellung kommt. Andernfalls muß sie sofortige Beschwerde einlegen, § 36 V BtmG.

Eine versagende Entscheidung kann mit dem folgenden Formular beantragt werden: 267

268

STAATSANWALTSCHAFT
 # O R T #
#ZwSt#

| Az.: | ◄ | Datum: | ◄ |

Strafvollstreckung
gegen | Verteidiger(in):

wegen | Vollmacht Bl.:

hier: Zustimmung zur Zurückstellung der Strafvollstreckung gemäß § 35 BtMG

Verfügung

1. V.v., WV _____
2. Mit Akten _____ an das
   ○ Amtsgericht ○ Landgericht - Strafkammer - _____

mit dem Antrag,

die Zustimmung zur Zurückstellung der Strafvollstreckung gemäß § 35 BtmG zu verweigern.

Gründe:

○ Die Strafe/Der Strafrest beträgt mehr als 2 Jahre (Strafzeitberechnung Bl. _____).

○ Gegen d. Verurteilte(n) ist noch eine weitere Freiheitsentziehung zu vollstrecken (Bl. _____).

○ Die Tat d. Verurteilten ist nicht aufgrund einer Betäubungsmittelabhängigkeit begangen worden (Bl. _____).

○ D. Verurteilte hat in der Vergangenheit bereits mehrfach erfolglose Therapieversuche unternommen (Bl. _____). Es erscheint deshalb geboten, zunächst durch weiteren Vollzug von Freiheitsentziehung auf d. Verurteilte(n) einzuwirken, bevor ein neuer Therapieversuch erwogen werden kann.

○ Der Beginn der Behandlung ist nicht gewährleistet, § 35 Abs. 1 letzter Hs. BtMG.
   Es fehlt nämlich
   ○ die erforderliche Kostenzusage
   ○ und
   ○ die erforderliche Zusage eines Therapieplatzes.

○ _____
_____
_____

_____
(Unterschrift, Namensstempel)

TV-StA #StA# sta 35bt 1abl   (12.98)   Antrag auf Verweigerung d. Zustimmung zur Zurückstellung - BtMG

Kunz

> hier: Zustimmung zur Zurückstellung der Strafvollstreckung gemäß § 35 BtMG
>
> ○ Der Zurückstellung wird nicht zugestimmt, weil _____
>
> _____
> _____
> _____
> _____
> _____
> _____
>
> ○ Der Zurückstellung wird zugestimmt, weil _____
>
> _____
> _____
> _____
> _____
> _____
> _____
> _____
> _____
>
> _____
> Unterschrift(en) d. Richter(s)

269 Ist die Zurückstellung schon aus formellen Gründen unzulässig, so ist nach wohl einhelliger Auffassung die zur Ablehnung entschlossene VollstrB nicht zur Einholung einer Stellungnahme verpflichtet.[84] In den übrigen Fällen ist streitig, ob es einer versagenden gerichtlichen Stellungnahme bedarf. Dieses Formular findet daher nur bei denjenigen VollstrB Anwendung, in deren Zuständigkeitsbereich die OLG eine ablehnende gerichtliche Stellungnahme auch dann fordern, wenn die VollstrB zur Ablehnung entschlossen ist.[85]

270 Im Antrag sind die praktisch häufigsten Ablehnungsgründe vorgegeben. Sie können im Freitext ergänzt und um andere erweitert werden.

271 Die Verweigerung der Zustimmung ist durch das Gericht zu begründen, da der VollstrB die (einfache) Beschwerde zusteht, § 35 II 1 BtMG. Auch muß im Verfahren nach § 23 EGGVG gegen die Ablehnung der Zurückstellung die vorgesetzte Behörde im Rahmen des Vorschaltverfahrens und das OLG die Gründe für die Versagung der Zurückstellung überprüfen können. Der Verurteilte kann die Verweigerung der Zustimmung nur zusammen mit der Ablehnung der Zurückstellung anfechten, § 35 II 2 BtMG.

272 Das Gericht kann auch entgegen dem Antrag der VollstrB die Zustimmung erteilen. Die zur Ablehnung entschlossene VollstrB ist aber hieran nicht gebunden. Das Gericht kann also die Zurückstellung nicht erzwingen.

---

84 Körner, § 35 Rn 119 aE; Weber § 35 BtMG Rn 117
85 Vgl zu der Streitfrage einerseits: Körner § 35 Rn 119, andererseits Weber § 35 Rn 1217 aE

Strafvollstreckung   Kapitel 3   787

Anders als gegen die Versagung der Zustimmung steht dem Verurteilten 273
gegen die Versagung der Anrechnung oder die Anwendung eines bestimmten Anrechnungmodus die sofortige Beschwerde zu, § 36 V 1 BtmG. Der hier vorgeschlagene vereinfachte Verfahrensablauf eignet sich also nur dann, wenn über die Frage der Anrechenbarkeit kein Streit entstehen kann. Das ist in jedem Fall der Ablehnung der Zustimmung der Fall und wenn mit der Zustimmung die Anrechenbarkeit bei einer staatlich anerkannten Therapieeinrichtung beantragt wird. In der Praxis entsteht auch kein Streit, wenn mit der Zustimmung keine Entscheidung über die Anrechenbarkeit beantragt wird, weil es sich nicht um eine staatlich anerkannte Einrichtung handelt. In all diesen Fällen ist der Verurteilte nicht beschwert und es bedarf seiner Anhörung nicht, was das Verfahren erheblich erleichtert und beschleunigt. Ist ein Streit über den Anrechnungsmodus, etwa bei einer ambulanten Therapie möglich oder kommt eine Auseinandersetzung über die Frage der staatlichen Anerkennung auch nur in Betracht, sollte der Verurteilte förmlich gehört und die Entscheidung an ihn zugestellt werden.

d) Zurückstellungsentscheidung durch die VollstrB

Die Entscheidung über die Zurückstellung ist ein Justizverwaltungsakt. 274
Die Vorbereitung der Entscheidung, die Voraussetzungen für eine Zurückstellung und die zu einer Ablehnung berechtigenden Gründe sind unter Rn 240 ff ausführlich dargestellt.

Eine *ablehnende Entscheidung* kann mit dem vorliegenden Formular erfolgen: 275

276

	STAATSANWALTSCHAFT
	# O R T #
	#ZwSt#
Az.: ⊰	Datum: ⊰
Strafvollstreckung gegen	Verteidiger(in):
wegen	Vollmacht Bl.:

hier: Zurückstellung der Strafvollstreckung gemäß § 35 BtMG

Verfügung

1. Der Antrag d. Verurteilten, die weitere Vollstreckung der

   ○ Freiheitsstrafe ○ Gesamtfreiheitsstrafe von _____
   ○ und der Unterbringung in einer Entziehungsanstalt gemäß § 64 StGB
   aus dem

   ○ Urteil ○ Strafbefehl ○ Gesamtstrafenbeschluß des
   ○ Amtsgerichts ○ Landgerichts _____
   vom _____ (Az.: _____)

○ i.V.m. dem Urteil des Landgerichts _____
vom _____ (Az.: _____)

○ i.V.m. dem Widerrufsbeschluß des
○ Amtsgerichts ○ Landgerichts _____
vom _____ (Az.: _____)

❑ Weitere Verurteilungen nach Zusatzblatt ...

gemäß § 35 BtmG zurückzustellen, wird

a b g e l e h n t .

Gründe:

Eine Zurückstellung der Strafvollstreckung ist nach den Vorschriften des
Betäubungsmittelgesetzes nicht möglich.

○ D. Strafe(n)/Strafrest(e) beträgt/betragen mehr als 2 Jahre, § 35 Abs. 1 und 3 BtMG.

○ Gegen d. Verurteilte(n) ist noch eine weitere Freiheitsentziehung zu vollstrecken,
§ 35 Abs. 6 BtMG.

○ Die Tat(en) d. Verurteilten ist/sind nicht aufgrund einer Betäubungsmittelabhängigkeit
begangen worden, § 35 Abs. 1 BtMG.

TV-StA   #StA#   sta 35bt 2abl   (08.00)   Ablehnung der Zurückstellung - BtMG

○ D. Verurteilte hat in der Vergangenheit bereits mehrfach erfolglose Therapieversuche
unternommen. Es erscheint deshalb geboten, zunächst durch weiteren Vollzug von
Freiheitsentziehung auf d. Verurteilte(n) einzuwirken, bevor ein neuer Therapieversuch
erwogen werden kann.

○ Der Beginn der Behandlung ist nicht gewährleistet, § 35 Abs. 1 letzter Halbsatz BtBG.
Es fehlt nämlich
○ die erforderliche Kostenzusage
○ und
○ die erforderliche Zusage eines Therapieplatzes.

○ Das Gericht hat die erforderliche Zustimmung zur Zurückstellung nicht erteilt,
§ 35 Abs. 1 BtmG
○ _____
_____
_____
_____

2. Mitteilung von Ziff. 1 an
Verurteilte(n) (Bl. _____)
○ Verteidiger(in) (Bl. _____)
○ JVA ○ BKH _____ (Bl. _____)
○ Therapieeinrichtung (Bl. _____)
○ _____

3. ❑ Abdrucke von Ziff. 1 der Verfügung zu den weiteren dort genannten Verfahren
4. ❑ _____ zusätzliche Abdrucke von Ziff. 1 herstellen

Kunz

5. ❏ _____
_____
_____

6. An Vollstreckungsrechtspfleger(in) z.K. u. w.v.

_____
(Unterschrift, Namenstempel)

Eine *stattgebende Entscheidung* kann mit dem nachfolgenden Formular 277
erfolgen:

278

STAATSANWALTSCHAFT
 # O R T #
#ZwSt#

Az.:   Datum:

Strafvollstreckung
gegen   Verteidiger(in):

wegen   Vollmacht Bl.:

hier: Zurückstellung der Strafvollstreckung gemäß § 35 BtMG

Verfügung

1. Die weitere Vollstreckung der gegen d. Verurteilte/n verhängten

   ○ Freiheitsstrafe ○ Gesamtfreiheitsstrafe von _____
        ○ und der Unterbringung in einer Entziehungsanstalt gemäß § 64 StGB
   aus dem

   ○ Urteil ○ Strafbefehl ○ Gesamtstrafenbeschluß des
   ○ Amtsgerichts ○ Landgerichts _____
   vom _____ (Az.: _____)

   ○ i.V.m. dem Urteil des Landgerichts _____
   vom _____ (Az.: _____)

   ○ i.V.m. dem Widerrufsbeschluß des
   ○ Amtsgerichts ○ Landgerichts _____
   vom _____ (Az.: _____)

   ❏ Weitere Verurteilungen nach Zusatzblatt ...

   wird mit Zustimmung des Gerichts gemäß § 35 Abs. 1 und 3 BtMG für seine/ihre Behandlung in
   _____
   ab dem Betreten der Therapieeinrichtung am _____ für die Dauer von längstens
   2 Jahren

zurückgestellt.

   ○ Die nachgewiesene Zeit des Aufenthalts in der staatlich anerkannten Therapieeinrichtung wird
   gemäß § 36 Abs. 1 Satz 1 BtMG auf die Strafe angerechnet, bis infolge der Anrechnung zwei
   Drittel der Strafe erledigt sind.

Kunz

○ Das Gericht kann anordnen, daß die Zeit der Behandlung in der nicht staatlich anerkannten Therapieeinrichtung ganz oder zum Teil auf die Strafe angerechnet wird, wenn dies unter Berücksichtigung der Anforderungen, welche die Behandlung an d. Verurteilte(n) gestellt hat, angezeigt ist, § 36 Abs. 3 BtMG.
○ Eine Anrechnung der Therapiezeit auf die Strafe ist nicht mehr möglich, da bereits zwei Drittel der Strafe verbüßt sind.

TV-StA   #StA#   sta 35bt 2pos   (08.00)   Zurückstellung - BtMG

D. Verurteilten werden folgende
Auflagen und Weisungen
erteilt:
- Die Aufnahme in der Therapieeinrichtung ist durch Vorlage einer Bescheinigung unverzüglich, spätestens bis _____ der Staatsanwaltschaft anzuzeigen.
- Die Fortführung der Behandlung ist in 2-monatlichen Abständen, jeweils zum 1. des Monats, beginnend mit dem auf die Aufnahme folgenden Monat durch Vorlage einer Bescheinigung der Therapieeinrichtung gegenüber der Staatsanwaltschaft nachzuweisen.
- Die Beendigung der Therapie ist gegenüber der Staatsanwaltschaft unter Angabe der dann aktuellen Wohnanschrift unverzüglich bekannt zu geben.
- ○ _____
  _____
  _____

Hinweis:
Die Zurückstellung der Vollstreckung wird widerrufen, wenn die Behandlung nicht begonnen oder nicht fortgeführt wird und nicht zu erwarten ist, daß d. Verurteilte eine Behandlung derselben Art alsbald beginnt oder wieder aufnimmt oder wenn die geforderten Nachweise nicht erbracht werden. Dies gilt auch dann, wenn nachträglich eine Gesamtstrafe gebildet wird, deren Vollstreckung nicht zurückgestellt wird oder wenn eine weitere Freiheitsstrafe oder freiheitsentziehende Maßregel zu vollstrecken ist.
Die Zurückstellung gilt nur für die im Bescheid genannte Therapieeinrichtung. Beabsichtigt d. Verurteilte einen Wechsel der Einrichtung, so ist es erforderlich, mit der Staatsanwaltschaft rechtzeitig vorher Kontakt aufzunehmen.

2. Mitteilung von Ziff. 1 an
   Verurteilte(n) (Bl. ____)
   ○ Verteidiger(in) (Bl. ____)
   ○ JVA ○ BKH _____ (Bl. ____)
   z.K. mit der Bitte, die Überstellung d. Verurteilten in die Therapieeinrichtung zu veranlassen, ggf. in Zusammenarbeit mit dem Sozialdienst bzw. der Drogenberatung.
   ○ Therapieeinrichtung (Bl. ____)
   mit der Bitte, gemäß § 35 Abs. 4, 2. Halbsatz BtMG einen Abbruch der Behandlung unverzüglich der Staatsanwaltschaft mitzuteilen und rechtzeitig vor dem beabsichtigten Ende der Behandlung oder auf Aufforderung der Staatsanwaltschaft zu Verlauf und Erfolg der Behandlung Stellung zu nehmen, damit das Gericht in der Lage ist, darüber zu entscheiden, ob und unter welchen Auflagen die Reststrafe zur Bewährung ausgesetzt werden kann.
   Die Einrichtung wird darauf hingewiesen, daß die **Aufnahme zur Therapie** i. S. der §§ 35, 36 BtMG bereits **mit dem Betreten** der Therapieeinrichtung erfolgt ist, unabhängig davon, ob eine Therapieaufnahme im therapeutischen Sinn später tatsächlich stattfindet. Sollte letzteres nicht der Fall sein, liegt jedenfalls ein Therapieabbruch i.S.v. § 35 Abs. 1 BtMG vor, sodaß die **Mitteilungspflicht** des § 35 Abs. 4, 2. Halbsatz BtMG besteht.
   ○ _____
3. ☐ Abdrucke von Ziff. 1 der Verfügung zu den weiteren dort genannten Verfahren
4. ☐ ____ zusätzliche Abdrucke von Ziff. 1 herstellen
5. ☐ _____
6. Mitteilung an BZR
7. An Vollstreckungsrechtspfleger(in) z.K. u. w.V.
8. WV sp. _____

(Unterschrift, Namensstempel)

Kunz

Bereits im Tenor wird dem unterschiedlichen Zeitpunkt der Anrechnung bei Aufenthalt in staatlich anerkannter und nicht staatlich anerkannter Therapieeinrichtung Rechnung getragen. Auch kann der Verurteilte bereits 2/3 der Strafe verbüßt haben, so daß eine Anrechnung nicht mehr in Betracht kommt. Durch die gewählte Formulierung »ab dem Betreten der Einrichtung« wird klargestellt, daß sich der Verurteilte auch auf dem Weg in die Einrichtung noch in Strafhaft befindet.[86] Die vorgeschlagenen Weisungen beruhen teilweise auf § 35 IV BtmG. Sie dienen der Überwachung des Verurteilten während und nach der Therapie. Auch eine Weisung, der Verurteilte habe den verantwortlichen Arzt und den zuständigen Therapeuten unter Entbindung von der Schweigepflicht zu ermächtigen, der VollstrB und dem Gericht auf deren Anforderung hin Auskunft über Verlauf und Ergebnis der Therapie zu erteilen, ist zulässig.[87]

279

Die Bitte an die Therapieeinrichtung, vor dem beabsichtigten Ende der Behandlung oder auf Aufforderung der VollstrB zu Verlauf und Erfolg der Behandlung Stellung zu nehmen, dient der Vorbereitung der Antragstellung zur Strafaussetzung nach § 36 BtmG. Der Hinweis an die Einrichtung auf den Zeitpunkt des Beginns der Therapie im Rechtssinn soll erreichen, daß auch bei nicht begonnener Behandlung eine Mitteilung nach § 35 IV 2. HS BtmG erfolgt.[88] Für Mitteilungen und Anforderung von Unterlagen an einen in einem Schengen-Staat befindlichen Verurteilten unter Rn 400.

280

e) Verurteilte zwischen Strafhaft und Therapie

Das Verbringen des Verurteilten in die Therapieeinrichtung ist nicht selten mit Risiken und praktischen Schwierigkeiten verbunden. Nicht wenige Zurückstellungen enden schon auf dem Weg in die Therapieeinrichtung, so wenn der Verurteilte dem Drogenberater enteilt, der ihn dorthin bringen soll. Hier hilft die vorgeschlagene Formulierung der Entscheidung, wonach die Zurückstellung erst »ab dem Betreten der Therapieeinrichtung« wirksam wird. Manche Aufnahme scheitert auch beim ersten Kontakt: Im Aufnahmegespräch führen unüberbrückbare Gegensätze zwischen Therapeuten und Verurteilten zum sofortigen Abbruch. Oder ein Drogenscreening ergibt, daß der Verurteilte entgegen den Anforderungen der Einrichtung nicht frei von Drogen ist und wird nicht aufgenommen. Hier soll der vorgeschlagene Hinweis an die Therapieeinrichtung helfen: Obwohl eine »Aufnahme« im Behandlungssinn nicht vorliegt, erhält die VollstrB wenigstens eine Mitteilung nach § 35 IV BtmG. Denn nach dem Wortlaut des § 35 IV 2. HS BtmG ist die Therapieeinrichtung nicht verpflichtet, auch den Nichtantritt des Verurteilten mitzuteilen.[89] In solchen Fällen kommt meist nur ein sofortiger Widerruf der Zurückstellung in Betracht.

281

---

86 Rn 281
87 OLG Hamm NStZ 1986, 333 ff
88 Vgl auch Rn 281 f
89 Ebenso BayObLG NStZ 1990, 85

282 Da nach der gewählten Formulierung die Zurückstellung erst mit dem Betreten der Einrichtung beginnt, befindet sich der Verurteilte bis zu diesem Zeitpunkt in Strafhaft. Das eröffnet die Möglichkeit, ihn von Bediensteten einer Vollzugsanstalt in die Einrichtung bringen zu lassen, ohne daß haftungsrechtliche Fragen entstehen. Erfahrungsgemäß besteht hierzu meist Bereitschaft. Vorbereitend kann der Verurteilte bereits in eine der Therapieeinrichtung räumlich nahe gelegene Vollzugsanstalt verschubt werden, um dann auf kurzem Wege im Einzeltransport in die Einrichtung gebracht werden zu können.

f) Widerruf der Zurückstellung; Wechsel der Therapieeinrichtung

283 Die Entscheidung über einen Widerruf der Zurückstellung setzt voraus, daß die VollstrB vom Abbruch der Therapie Kenntnis erhält. Deshalb verpflichtet § 35 IV BtMG den Verurteilten, zu Zeitpunkten, die die VollstrB festsetzt, den Nachweis über die Aufnahme und über die Fortführung der Behandlung zu erbringen. Die behandelnde Person oder Einrichtung ist nach der gleichen Vorschrift verpflichtet, einen Abbruch der Behandlung mitzuteilen. Bedauerlicherweise enthalten die Mitteilungen meist keinen Hinweis auf den Grund des Abbruchs. Der Wortlaut der Vorschrift schreibt dies allerdings auch nicht vor, obwohl gerade in dieser kritischen Situation ein ausführlicher Bericht über den Verlauf der Therapie und den Grund des Abbruchs dringend erforderlich wäre. Es bedarf dann zeitraubender Rückfragen, wobei telefonisch häufig keine Auskünfte erteilt werden. Die vom Verurteilten selbst gemachten Angaben zum Grund des Abbruchs entsprechen meist nicht den Tatsachen. Zweifelhaft kann sein, wann ein »Abbruch der Therapie« vorliegt. Bei einer stationären Therapie sollten nur ganz kurzfristige, im Bereich von Stunden liegende Unterbrechungen noch nicht als »Abbruch« gewertet werden.[90] Zum häufigen Abbruch im Zusammenhang mit der Aufnahme.[91] Schwieriger ist es zu ermitteln, wann bei einer ambulanten Therapie ein Abbruch vorliegt. Das wird jedenfalls der Fall sein, wenn die vereinbarten Beratungstermine – nicht nur in einem Einzelfall – nicht eingehalten und auch, wenn neue Btm – Straftaten begangen werden.

284 Nach der gesetzlichen Lage hat ein Abbruch nicht zwingend den Widerruf der Zurückstellung zur Folge, sofern der Verurteilte eine Behandlung derselben Art alsbald wieder aufnimmt, § 35 V 1 BtMG. Ob »derselben Art« meint, es müsse sich um eine der Rehabilitation dienende handeln,[92] ist zweifelhaft, denn das ist Voraussetzung jeder Zurückstellung. Gerade nach dem Abbruch einer stationären Therapie wird nur die erneute Aufnahme in die stationäre Therapie in Betracht kommen, von Ausnahmen abgesehen. Ein Verurteilter, der sich nach dem Abbruch, insbes einer stationären The-

---

90 Einzelheiten bei Körner § 35 Rn 153
91 Vgl schon Rn 281
92 So Körner § 35 Rn 177 mwN

rapie, bei der VollstrB meldet und zu erkennen gibt, er sei weiterhin an einer Heilbehandlung interessiert, kann uU ohne Widerruf bis zum Antritt der neuen Therapie in Freiheit belassen werden. Voraussetzung wird sein, daß er sofort Kontakt zu einer Drogenberatungsstelle aufnimmt und dort regelmäßig vorspricht. Dies und seine Bemühungen, einen neuen Therapieplatz zu finden, muß er der VollstrB in regelmäßigen, kurz zu bemessenden Zeitabständen nachweisen. Ob ein solches Entgegenkommen auch noch nach einem wiederholten Therapieabbruch vertretbar erscheint, hängt vom Einzelfall ab. Bei dieser Verfahrensweise muß bei Beginn einer neuen Therapie keine neue Zurückstellungsentscheidung mit vorhergehender Zustimmung des Gerichts erfolgen. Wie beim unmittelbaren Wechsel von einer Therapieeinrichtung in eine andere (»Umbuchung«) kann der Bescheid mit dem folgenden Formular ergehen.

285

**STAATSANWALTSCHAFT
O R T #**
#ZwSt#

Az.:		Datum:	
Strafvollstreckung gegen		Verteidiger(in):	
wegen		Vollmacht Bl.:	

hier: Zurückstellung der Strafvollstreckung gemäß § 35 BtMG

Verfügung

1. Die Zurückstellungsentscheidung der Staatsanwaltschaft vom _____ wird dahingehend geändert, daß d. Verurteilten gestattet wird, die Therapie in

_____
(Name und Anschrift der neuen Therapieeinrichtung)

durchzuführen.
Die übrigen Bestimmungen der Zurückstellungsentscheidung gelten fort.

◯ _____
_____
_____
_____
_____

Hinweis:
Die Zurückstellung gilt nur für die im Bescheid genannte Therapieeinrichtung. Beabsichtigt d. Verurteilte einen Wechsel der Einrichtung, so ist es erforderlich, mit der Staatsanwaltschaft rechtzeitig vorher Kontakt aufzunehmen.
Die Zurückstellung der Vollstreckung wird widerrufen, wenn die Behandlung nicht begonnen oder nicht fortgeführt wird und nicht zu erwarten ist, daß d. Verurteilte eine Behandlung derselben Art alsbald beginnt oder wieder aufnimmt oder wenn die geforderten Nachweise nicht erbracht werden. Dies gilt auch dann, wenn nachträglich eine Gesamtstrafe gebildet wird, deren Vollstreckung nicht zurückgestellt wird oder wenn eine weitere Freiheitsstrafe oder freiheitsentziehende Maßregel zu vollstrecken ist.

TV-StA   #StA# sta 35bt 1and   (12.98)   Änderung der Therapieeinrichtung bei Zurückstellung - BtMG

Kunz

> 2. Mitteilung von Ziff. 1 an
>   Verurteilte(n) (Bl. _____)
>   ○ Verteidiger(in) (Bl. _____)
>   ○ JVA ○ BKH _____ (Bl. _____)
>   z. K. u. mit der Bitte, die Überstellung d. Verurteilten in die Therapieeinrichtung zu veranlassen, ggf. in Zusammenarbeit mit dem Sozialdienst bzw. der Drogenberatung.
>   ○ alte Therapieeinrichtung (Bl. _____)
>   mit der Bitte, die Überstellung d. Verurteilten in die neue Therapieeinrichtung in Absprache mit dieser zu veranlassen
>   ○ neue Therapieeinrichtung (Bl. _____)
>   mit einer **Fotokopie des ursprünglichen Zurückstellungsbescheids** (Bl. _____)
>   mit der Bitte, gemäß § 35 Abs. 4, 2. Halbsatz BtMG einen Abbruch der Behandlung unverzüglich der Staatsanwaltschaft mitzuteilen und rechtzeitig vor dem beabsichtigten Ende der Behandlung oder auf Aufforderung der Staatsanwaltschaft zu Verlauf und Erfolg der Behandlung Stellung zu nehmen, damit das Gericht in der Lage ist, darüber zu entscheiden, ob und unter welchen Auflagen die Reststrafe zur Bewährung ausgesetzt werden kann.
>   ○ _____
>   _____
>   _____
>
> 3. ☐ _____ zusätzliche Abdrucke von Ziff. 1 herstellen
>
> 4. ☐ _____
>   _____
>   _____
>
> 5. An Vollstreckungsrechtspfleger(in) z.K. u. w.V.
>   Anrechnungsfähig sind nur die in den Therapieeinrichtungen verbrachten Zeiten.
>
> 6. WV sp. _____
>
> _____
> (Unterschrift, Namenstempel)

286 Es sollte nicht vergessen werden, der neuen Therapieeinrichtung eine Abschrift des ursprünglichen Zurückstellungsentscheidung zukommen zu lassen, damit diese erkennen kann, für welche Verfahren eine Zurückstellung erfolgte und welche weiteren Bestimmungen im Zusammenhang mit der Zurückstellung getroffen wurden.

287 Wird nach einem Abbruch kein Kontakt mit der VollstrB aufgenommen, kommt nur der sofortige Widerruf mit Erlaß eines Haftbefehls in Betracht, § 35 V, VII 1 BtmG. Der Verurteilte wird meist untergetaucht sein. Eine vorherige Anhörung des Gerichts oder des Verurteilten ist nicht erforderlich. Letzterem wird die Entscheidung nach seiner Verhaftung bekannt gemacht. Zuständig zum Widerruf ist die VollstrB. Er kann mit dem nachfolgenden Formular vorgenommen werden:

288

	STAATSANWALTSCHAFT
	# O R T #
	#ZwSt#

Az.:	◄	Datum:	◄

Strafvollstreckung gegen	Verteidiger(in):
wegen	Vollmacht Bl.:

<u>hier</u>: Widerruf der Zurückstellung der Strafvollstreckung gemäß § 35 BtMG

Verfügung

1. Die mit Verfügung der Staatsanwaltschaft vom _____ angeordnete Zurückstellung der Vollstreckung wird **widerrufen**.

Gründe:

- ○ D. Verurteilte hat die Behandlung in der Therapieeinrichtung nicht begonnen. Es ist nicht zu erwarten, daß d. Verurteilte eine Behandlung derselben Art alsbald beginnt, § 35 Abs. 5 Satz 1 BtMG.
- ○ D. Verurteilte hat die Behandlung in der Therapieeinrichtung abgebrochen. Es ist nicht zu erwarten, daß d. Verurteilte eine Behandlung derselben Art alsbald wieder aufnimmt, § 35 Abs. 5 Satz 1 BtMG.
- ○ D. Verurteilte hat die geforderten Nachweise gemäß § 35 Abs. 4 BtMG nicht erbracht, § 35 Abs. 5 Satz 1 BtMG.
- ○ Es ist mit der Verurteilung, deren Vollstreckung zurückgestellt worden ist, nachträglich eine Gesamtstrafe gebildet worden. Die Vollstreckung dieser Gesamtfreiheitsstrafe kann nicht zurückgestellt werden, § 35 Abs. 6 Nr. 1 BtMG.
- ○ Es ist gegen d. Verurteilte(n) eine weitere Freiheitsentziehung zu vollstrecken, die nicht zurückstellungsfähig ist, § 35 Abs. 6 Nr. 2 BtMG.
- ○ _____

2. Mitteilung von Ziff. 1 mit Gründen an
   - ○ Verurteilte(n) (Bl. _____)
   - ○ Verteidiger(in) (Bl. _____)
   - ○ Therapieeinrichtung (Bl. _____)
   - ○ _____
3. ☐ Abdrucke von Ziff. 1 der Verfügung zu den weiteren dort genannten Verfahren
4. ☐ _____ zusätzliche Abdrucke von Ziff. 1 herstellen
5. ☐ _____
6. Mitteilung an BZR
7. An Vollstreckungsrechtspfleger(in) z.K. u. Fortsetzung der Vollstreckung
   - ○ Nach § 35 Abs. 7 Satz 1 BtMG ist eine vorherige Ladung zum Strafantritt nicht veranlaßt. Es ist Haftbefehl unter Berücksichtigung der von d. Verurteilten in der Therapieeinrichtung verbrachten Zeit zu erlassen.

(Unterschrift, Namensstempel)

TV-StA #StA# sta 35bt 1wid (08.00) Widerruf der Zurückstellung - BtMG

289 Das Formular enthält zunächst die wichtigsten und häufigsten Gründe für einen Widerruf, die um weitere ergänzt werden können. Einen Widerrufsgrund stellen bei der Bildung einer Gesamtstrafe oder der Verhängung einer neuen Strafe, wenn sie nicht zurückstellungsfähig sind, nur vollstreckbare Strafen dar. Bei einer Strafaussetzung zur Bewährung kommt ein Widerruf nicht in Betracht.

290 Nach einem Widerruf ist es die Aufgabe des Rechtspflegers, den nach § 457 StPO erforderlichen Vollstreckungshaftbefehl zu erlassen und die erforderliche Neuberechnung der Strafzeit vorzunehmen. Die Zuleitung an ihn enthält zur Klarstellung die entsprechenden Hinweise.

291 Gegen die Entscheidung über den Widerruf durch die VollstrB kann die Entscheidung des Gerichts des ersten Rechtszugs (nicht der StVK) gesucht werden, § 35 VII BtmG. Diese ist mit der sofortigen Beschwerde anfechtbar, 462 III 1 StPO. Zum Verfahren des Jugendrichters als Vollstreckungsleiter beim Widerruf unter Rn 297.

g) Rechtsmittel nach der Entscheidung der VollstrB

292 Gegen die Versagung der Zurückstellung durch die VollstrB kann der Verurteilte Einwendungen erheben. Unabhängig von der Bezeichnung des Rechtsmittels und unabhängig davon, ob die VollstrB mit oder ohne Zustimmung des Gerichts entschieden hat handelt es sich immer um unbefristete Einwendungen nach § 21 StVollstrO. Die VollstrB kann den Einwendungen abhelfen. In diesem Zusammenhang ist ggf auch eine Überprüfung erforderlich, ob gegen eine die Zustimmung zur Zurückstellung versagende gerichtliche Entscheidung Beschwerde eingelegt werden sollte. Hilft sie nicht ab, hat sie eine begründete (Nicht-) Abhilfeentscheidung zu treffen und die Akten dem GenStA zur Entscheidung vorzulegen. Das gilt auch für den Jugendrichter als Vollstreckungsleiter. Die (Nicht-) Abhilfeentscheidung kann mit folgendem Formular getroffen werden.

Strafvollstreckung

293

STAATSANWALTSCHAFT
 # O R T #
#ZwSt#

Az.:   Datum:

Strafvollstreckung
gegen

wegen

hier: Einwendungen gegen die Ablehnung der Zurückstellung der Vollstreckung gemäß § 35 BtMG
- Nichtabhilfe -

Verfügung

1. Vermerk:
   Den Einwendungen gegen die Ablehnung der Zurückstellung der weiteren Vollstreckung gemäß
   § 35 BtMG wird nicht abgeholfen.
   - Das nunmehrige Vorbringen wurde bereits im ablehnenden Bescheid vollständig gewürdigt.
   - Auch das weitere Vorbringen rechtfertigt keine andere Entscheidung.
   - Das Gericht hat antragsgemäß die Zustimmung zur Zurückstellung der Vollstreckung
     verweigert, § 35 Abs. 1 Satz 1 BtMG (Bl. _____).
   - Das Gericht hat entgegen dem Antrag der Staatsanwaltschaft die Zustimmung zur
     Zurückstellung der Vollstreckung verweigert (Bl. _____).
     - Die hiergegen gerichtete Beschwerde der Staatsanwaltschaft ist erfolglos geblieben
       (Bl. _____).
   - Der Strafrest beträgt mehr als 2 Jahre (Strafzeitberechnung Bl. _____).
   - Gegen d. Verurteilte(n) ist noch eine weitere Freiheitsentziehung zu vollstrecken
     (Bl. _____).
   - Die Tat d. Verurteilten ist nicht aufgrund einer Betäubungsmittelabhängigkeit begangen
     worden (Bl. _____).
   - D. Verurteilte hat in der Vergangenheit bereits mehrfach erfolglose Therapieversuche
     unternommen und sich als therapieresistent erwiesen (Bl. _____). Es erscheint deshalb
     geboten, zunächst durch weiteren Vollzug von Freiheitsentziehung auf d. Verurteilte(n)
     einzuwirken, bevor ein neuer Therapieversuch erwogen werden kann.
   - Der Beginn der Behandlung ist nicht gewährleistet, § 35 Abs. 1 letzter Hs. BtMG.
     Es fehlt nämlich
     - die erforderliche Kostenzusage
     - und
     - die erforderliche Zusage eines Therapieplatzes.
   - _____

2. Einwendungsvorlage nach Formblatt

_____
(Unterschrift, Namensstempel)

TV-StA #StA# sta 35bt 1abh   (12.98)   Nichtabhilfe bei Einwendungen gg. d. Ablehnung d. Zurückstellung - BtMG

Die Entscheidung des GenStA erfolgt aufgrund einer Überprüfung der 294
Entscheidung der VollstrB sowohl im Hinblick auf deren Rechtmäßigkeit
als auch deren Zweckmäßigkeit. Die Ermessensausübung ist in vollem Umfang nachprüfbar. Wird die Entscheidung der VollstrB aufgehoben, so hat

Kunz

diese dem Verurteilten einen neuen Bescheid zu erteilen und dabei die dargelegte Rechtsauffassung zugrunde zu legen. Verwirft er die Beschwerde, so ist diese dem Verurteilten zuzustellen, denn das Verfahren des GenStA ist gleichzeitig Vorschaltbeschwerde im Verfahren nach § 23 ff EGGVG und deshalb ist der Antrag innerhalb der Monatsfrist des § 26 EGGVG zu stellen.

295 Das Verfahren nach § 23 ff EGGVG kann der Verurteilte gegen den ablehnenden Bescheid des GenStA in Gang setzen. Er kann binnen eines Monats nach Zustellung des Bescheids Antrag auf gerichtliche Entscheidung stellen. Zu diesem hat sich der GenStA mit der Vorlage der Akten an das OLG zu äußern. Das OLG hat – anders als der GenStA – nach § 28 III EGGVG nur eine begrenzte Nachprüfungsmöglichkeit. Der Antrag ist nur begründet, wenn die VollstrB von einem unzutreffenden oder unzureichend ermittelten Sachverhalt ausgegangen ist, wenn gesetzliche Bestimmungen falsch angewendet wurden und bei Ermessensüberschreitungen und Ermessensmißbrauch. Ob auch eine andere Entscheidung in Betracht gekommen oder vertretbar gewesen wäre, hat das OLG nicht nachzuprüfen. Auch eine gegenüber dem Zeitpunkt der Entscheidung der VollstrB veränderte Sachlage kann das OLG nicht berücksichtigen. Dies kann der Verurteilte nur mit einem neuen Antrag geltend machen.[93] Überhaupt kann das OLG nicht die Verpflichtung der VollstrB zur Zurückstellung aussprechen, denn es kann nicht sein Ermessen an deren Stelle setzen. Allerdings kann das OLG eine zu Unrecht verweigerte Zustimmung zur Zurückstellung selbst erteilen, § 35 II 3 BtmG. Da die Verweigerung eine Ermessensentscheidung ist, hat das OLG § 28 III EGGVG zu beachten.

h) Besonderheiten im Jugendverfahren

296 Neben der Zusage und anderen Einwilligungen des Jugendlichen im Zurückstellungsverfahren bedarf es auch der Einwilligung des Erziehungsberechtigten und des gesetzlichen Vertreters zu einer Zurückstellung, § 38 I 2 BtmG.

297 Ist der Jugendrichter als Vollstreckungsleiter zugleich auch erkennendes Gericht, so ist er von der Erholung der Zustimmung zur Zurückstellung befreit, §§ 35 I, 38 BtmG. Auch kann er das Beschwerderecht der VollstrB nicht gegen sich selbst richten. In diesem Fall soll das Beschwerderecht der vorgesetzten Behörde zustehen, die es der VollstrB delegieren kann.[94] Für ein Rechtsmittel gegen Widerrufsentscheidungen des Jugendrichters als Vollstreckungsleiter, der zugleich Gericht des 1. Rechtszugs ist, ist die Jugendkammer zuständig, § 38 I 3 BtmG, § 83 II Nr. 1 JGG.

---

93 Körner § 35 Rn 145
94 OLG München NStZ 1993, 455

Zu beachten ist, daß es der Gesetzgeber versäumt hat, bei der Einfügung von § 35 II BtmG auch § 38 BtmG anzupassen. Der in § 38 I 4 BtmG erwähnte § 35 VI 2 BtmG nimmt also § 35 VII 2 BtmG in Bezug! **298**

i) Strafaussetzung zur Bewährung und die Anrechnung von Therapiezeiten nach § 36 BtmG

Während eine Strafaussetzung zur Bewährung nur nach einer erfolgreich abgeschlossenen Therapie in Betracht kommt, sind Entscheidungen über die Anrechnung von Therapiezeiten auch nach einer gescheiterten Behandlung erforderlich. Die Rechtslage ist dabei unterschiedlich, je nachdem, ob sich der Verurteilte in einer staatlich anerkannten Einrichtung befand oder nicht. **299**

aa) Anrechnung von Therapiezeiten

War die Zurückstellung für eine staatlich anerkannte Einrichtung erfolgt, so wurde die Entscheidung über die Anrechnungsfähigkeit von Zeiten des Aufenthalts bereits mit der Zustimmung zur Zurückstellung getroffen, § 36 I 3 BtmG und Rn 266, 273. Nach Therapieende ist lediglich noch über den Umfang der Anrechnung eine Entscheidung herbeizuführen. Die Anrechnung ist obligatorisch. **300**

Wurde der Verurteilte in einer nicht staatlich anerkannten Einrichtung behandelt oder war die Behandlung erfolgt, ohne daß eine Zurückstellung nach § 35 BtmG erfolgte, kommt eine Anrechnung von Therapiezeiten nach § 36 III in Betracht. Voraussetzung ist aber, daß die materiellen Zurückstellungsvoraussetzungen nach § 35 BtmG gegeben waren. Sie ermöglicht aber zB die Anrechnung von zwischen Tat und Rechtskraft erbrachter Behandlungszeiten. Hier wäre eine Zurückstellung nach § 35 BtmG rechtlich nicht möglich. Bei der Ermessensentscheidung ist aber zu berücksichtigen, inwieweit die Therapie bereits bei der Strafzumessung berücksichtigt wurde. Eine erfolgreiche Therapie ist auch bei der fakultativen Anrechnung nicht erforderlich. Ausgeschlossen wird sie sein, wenn eine Therapiebereitschaft gefehlt hat oder absolute Therapieresistenz vorliegt.[95] Anders als Abs 1 ist keine Grenze für die Anrechnung (»bis zwei Drittel der Strafe erledigt sind«, Abs 1 S 1) erwähnt. Die fakultative Anrechnung kann aber nicht weiter gehen als die obligatorische. **301**

Die Entscheidungen sind zweckmäßig mit der Entscheidung über die Strafaussetzung zur Bewährung zu verbinden, wenn es hierzu kommt. Sonst müssen sie isoliert getroffen werden. In beiden Fällen ist das Gericht des ersten Rechtszugs zur Entscheidung zuständig, § 36 V 1 BtmG. Bei Jugendstrafe ist das der Jugendrichter. **302**

---

95 Weber § 36 Rn 102

Kunz

bb) Strafaussetzung zur Bewährung

303 Befand sich der Verurteilte in einer staatlich anerkannten Einrichtung, so bedarf es nach erfolgreich beendeter Therapie noch einer Entscheidung über die Aussetzung des Strafrests zur Bewährung. Nach § 36 I 3 BtmG erfolgt die Entscheidung, wenn durch die Anrechnung 2/3 der Strafe erledigt sind oder die Behandlung in einer Einrichtung zu einem früheren Zeitpunkt nicht mehr erforderlich ist und verantwortet werden kann zu erproben, ob der Verurteilte keine Straftaten mehr begehen wird.

304 War die Einrichtung staatlich nicht anerkannt, so ermöglicht § 36 II BtmG ebenfalls eine Strafaussetzung, sofern eine Zurückstellungsentscheidung vorausgegangen war. Die Vorschrift erfaßt daneben aber alle Fälle, in denen eine positive Vorabentscheidung über die Anerkennung nicht erfolgt ist.[96]

Ist keine Zurückstellung nach § 35 BtmG vorhergegangen, sei es weil die Verurteilung noch nicht ergangen oder nicht rechtskräftig war, sei es versehentlich oder war sie gar versagt, ermöglicht § 36 III BtmG zwar eine Anrechnung, aber keine Aussetzung. Die Abs 1 und 2 sind nach ihrem Wortlaut unanwendbar. Hier ermöglicht eine entsprechende Anwendung des § 36 I 3 BtmG eine sachgerechte Entscheidung.[97]

305 Eine Vorschrift über die Aussetzung einer gleichzeitig mit der Strafe verhängten Maßregel fehlt im BtmG. Ist der Verurteilte aus der Strafhaft in Therapie gegangen, kommt eine analoge Anwendung von § 67 c I StGB in Betracht.[98] Dieser Auffassung folgt das Formular. Nach anderer, vielleicht überwiegender Auffassung soll § 67 d II StGB entweder entsprechend oder sogar unmittelbar anwendbar sein. Ist der Verurteilte – wie nicht selten – aus der Unterbringung in die Therapie entlassen worden, muß ebenfalls eine Aussetzung möglich sein. Hier wird auf § 67 V StGB zurückgegriffen werden können, wobei allerdings im Hinblick auf den Umstand, daß es eine Mindest»verbüßungs«frist bei der Therapie nicht gibt, auf den dort genannten Halbstrafenzeitpunkt zu verzichten sein wird. Im Formular Rn 314 ist diese letztere Variante nicht vorgesehen.

306 Seit der Änderung der Prognoseformel des § 67 d II StGB darf nunmehr eine Aussetzung nur noch erfolgen, wenn zu erwarten ist, daß der Verurteilte außerhalb des Maßregelvollzugs keine Straftaten mehr begehen wird. Diese Anforderungen sind auch im Rahmen der Aussetzung einer Maßregel nach § 36 BtmG zu beachten.

cc) Zeitpunkt der Entscheidung

307 Sind durch Anrechnung zwei Drittel der Strafe erledigt oder ist eine Behandlung in der Einrichtung zu einem früheren Zeitpunkt nicht mehr

---

96 Weber § 36 Rn 75
97 Körner § 36 Rn 33; Weber § 36 Rn 74
98 Körner § 36 Rn 44

erforderlich, so setzt das Gericht die Vollstreckung des Restes der Strafe zur Bewährung aus, sobald verantwortet werden kann, zu erproben, ob der Verurteilte keine Straftaten mehr begehen wird, § 36 I 3 BtmG. Die Formulierung »wenn 2/3 der Strafe erledigt sind« verleitet zu der Annahme, daß zum 2/3-Zeitpunkt tatsächlich eine Prüfung der Strafaussetzung zu erfolgen hat. Indes ist die günstige Sozialprognose für beide Alternativen erforderlich. Dies kann aber regelmäßig erst nach dem Abschluß der Therapie zuverlässig beurteilt werden. Eine zum 2/3-Zeitpunkt während laufender Therapie vorgenommene Prüfung kann häufig nur einen negativen Ausgang nehmen oder zurückgestellt werden. Sie ist damit sinnlos. Richtig ist allerdings, daß eine Mindest»verbüßungs«dauer nicht vorgesehen ist. Mit Erreichen des Therapieziels ist die Aussetzung möglich. Weder der Halbstrafenzeitpunkt noch der 2/3-Termin bilden hierfür eine Grenze. Daraus sollte dann konsequenterweise auch der Schluß gezogen werden, bei laufender Therapie auf eine Prüfung zum 2/3-Zeitpunkt zu verzichten. § 36 BtmG schreibt eine solche Prüfung nicht vor, denn es wird kein Zeitpunkt genannt, sondern auf die Verantwortbarkeit abgestellt, die weit entscheidender ist als die Verbüßungsdauer. § 57 StGB ist unanwendbar, denn es wird keine Freiheitsstrafe vollstreckt. Eine verfrühte Aussetzung während laufender Therapie birgt nicht nur die Gefahr, daß der Widerruf der Strafaussetzung bei einem etwaigen Therapieabbruch erforderlich wird. Ein solcher ist weit schwieriger als der Widerruf der Zurückstellung nach § 35 V, VI BtmG. Eine Aussetzungsentscheidung kann auf den Therapieerfolg auch negative Einflüsse haben, weil sie auf den Verurteilten demotivierend wirken kann. Selbst wenn also bei laufender Therapie eine günstige Prognose zum 2/3-Zeitpunkt gestellt werden kann, sollte im Hinblick auf das risikobehaftete prozeßhafte Geschehen einer Therapie die Aussetzungsentscheidung erst nach einer ordnungsgemäß und erfolgreich abgeschlossenen Therapie erfolgen. Die Wahl dieses Zeitpunkts ermöglicht es auch abzuwarten, ob der Verurteilte den schwierigen »Sprung in die Freiheit« meistern kann. Allerdings muß die Entscheidung zeitnah nach Therapieende erfolgen. Der Verurteilte darf nicht im Zweifel über die Aussetzung gelassen werden.

dd) Prognosevoraussetzungen

Zu der erforderlichen Prognoseentscheidung.[99] Ein Gutachten nach § 454 II StPO ist aber nicht erforderlich. Die Regelung in § 36 BtmG über den Verfahrensablauf ist selbständig und verweist nur auf § 454 III StPO. Wohlverhalten während des Aufenthalts in der Einrichtung reicht für sich alleine nicht aus, um eine günstige Zukunftsprognosen zu stellen zu können. Stets wird man einen Wandel in der Einstellung gegenüber Drogen fordern müssen. Andererseits kann weder eine »Heilung« noch ein Ausschluß des Rückfalls verlangt werden. Die Einzelheiten entziehen sich im

308

---

99 Vgl die Ausführungen zu § 57 StGB unter Rn 319

Kunz

Hinblick auf ihre Vielfältigkeit und die relative Einmaligkeit der Situation eines jeden Drogenabhängigen einer generalisierenden Betrachtung.

ee) Entscheidungen

309 Für die Aussetzungsentscheidung ist ausschließlich das Gericht des ersten Rechtszugs zuständig, nicht die StVK. Zum Jugendverfahren unter Rn 318. Eine Entscheidung über die Strafaussetzung nach Beendigung der Therapie ist stets von Amts wegen herbeizuführen, unabhängig davon, ob 2/3 der Strafe oder weniger durch Anrechnung verbüßt sind. Eines Antrags bedarf es nach § 36 BtMG nicht.

310 Die ablehnende Entscheidung kann mit dem nachstehenden Formular erfolgen. Es handelt sich um den Entwurf eines Beschlusses für das Gericht.

311

○ **AMTSGERICHT**
○ **LANDGERICHT**

Az.:   ⋞   Datum: ⋞

Strafvollstreckung
gegen | Verteidiger(in):

wegen | Vollmacht Bl.:

Wohnanschrift oder
Name u. Anschrift Einrichtung/JVA/BKH

hier: Aussetzung der weiteren Vollstreckung gemäß § 36 BtMG

B e s c h l u ß

1. Die weitere Vollstreckung der gegen d. Verurteilte/n verhängten

    ○ Freiheitsstrafe ○ Gesamtfreiheitsstrafe von _____
        ○ und der Unterbringung in einer Entziehungsanstalt gemäß § 64 StGB
    aus dem

    ○ Urteil ○ Strafbefehl ○ Gesamtstrafenbeschluß des
    ○ Amtsgerichts ○ Landgerichts _____
    vom _____ (Az.: _____)

    ○ i.V.m. dem Urteil des Landgerichts _____
    vom _____ (Az.: _____)

    ○ i.V.m. dem Widerrufsbeschluß des
    ○ Amtsgerichts ○ Landgerichts _____
    vom _____ (Az.: _____)

    ❑ Weitere Verurteilungen nach Zusatzblatt ...

    wird nicht zur Bewährung ausgesetzt,
    ○ § 36 Abs. 1 Satz 3 BtMG ○ § 36 Abs. 1 Satz 3 BtMG, § 67 c Abs. 1 analog StGB.

Gründe:	

Mit Verfügung vom _____ hat die Staatsanwaltschaft die weitere Strafvollstreckung aus der oben genannten Entscheidung mit Zustimmung des Gerichts gemäß § 35 BtMG zur Behandlung d. Verurteilten in

_____
(Name u. Anschrift der Therapieeinrichtung)
zurückgestellt.

TV-StA   #StA#   sta 36bt 1bes   (08.00)   Nichtaussetzung der Reststrafe nach Therapie - BtMG

○ D. Verurteilte unterzieht sich seit dem _____ einer Behandlung in dieser Einrichtung. Die weitere Vollstreckung kann derzeit nicht zur Bewährung ausgesetzt werden, da dies unter Berücksichtigung des Sicherheitsinteresses der Allgemeinheit noch nicht verantwortet werden kann, § 36 Abs. 1 Satz 3 bzw. Abs. 2 letzter Halbsatz BtMG
○ , § 67 c Abs. 1 analog StGB.
Die Therapieeinrichtung hält eine Fortdauer der bisherigen Behandlung d. Verurteilten für erforderlich, so daß noch keine günstige Zukunftsprognose gestellt werden kann. Es muß daher zunächst bei der weiteren Behandlung in der Einrichtung im Rahmen der fortgeltenden Zurückstellung der Vollstreckung bis auf weiteres verbleiben.

○ D. Verurteilte hielt sich bis zum _____ zur Behandlung in dieser Einrichtung auf. Nach Mitteilung der Therapieeinrichtung war die Behandlung jedoch nicht erfolgreich. Es besteht daher weiterhin die Gefahr, daß d. Verurteilte außerhalb des Vollzugs erneut Straftaten begehen wird, § 36 Abs. 1 Satz 3 bzw. Abs. 2 letzter Halbsatz BtMG
○ , § 67 c Abs. 1 analog StGB.

○ _____
_____
_____
_____

_____
Unterschrift(en) d. Richter(s)

Nach der Darstellung der betroffenen Entscheidungen besteht wieder die Möglichkeit, neben einer Strafe auch die Aussetzung einer daneben verhängten Maßregel abzulehnen. Es folgt sodann die Möglichkeit, bei laufender Therapie, insbes zum rechnerischen 2/3-Zeitpunkt (falls diese Auffassung vertreten wird), die Strafaussetzung abzulehnen wenn (noch) keine günstige Sozialprognose gegeben ist. Die weitere Alternative zielt auf Fälle ab, in denen die Behandlung zwar vollständig, jedoch nicht erfolgreich beendet wurde. Zu einer ablehnenden Entscheidung wird es auch dann kommen müssen, wenn die Therapie zwar erfolgreich beendet wird, dem Verurteilten aber gleichwohl keine günstige Sozialprognose gestellt werden kann. Ein Widerruf der Zurückstellung ist in diesen Fällen nicht möglich, weil keiner der Widerrufsgründe des § 35 V BtMG vorliegt.

312

Kunz

313 Die stattgebende Entscheidung kann mit dem nachstehenden Formular erfolgen. Es handelt sich wiederum um den Entwurf eines Beschlusses für das Gericht.

314

○ **AMTSGERICHT**
○ **LANDGERICHT**

Az.:   Datum:

Strafvollstreckung
gegen   Verteidiger(in):

wegen   Vollmacht Bl.:

Wohnanschrift oder
Name u. Anschrift Einrichtung/JVA/BKH

hier: Aussetzung der weiteren Vollstreckung gemäß § 36 BtMG

Beschluß

1. Die weitere Vollstreckung der gegen d. Verurteilte/n verhängten

    ○ Freiheitsstrafe ○ Gesamtfreiheitsstrafe von _____
    ○ und der Unterbringung in einer Entziehungsanstalt gemäß § 64 StGB
    aus dem

    ○ Urteil ○ Strafbefehl ○ Gesamtstrafenbeschluß des
    ○ Amtsgerichts ○ Landgerichts _____
    vom _____ (Az.: _____)

    ○ i.V.m. dem Urteil des Landgerichts _____
    vom _____ (Az.: _____)

    ○ i.V.m. dem Widerrufsbeschluß des
    ○ Amtsgerichts ○ Landgerichts _____
    vom _____ (Az.: _____)

    ☐ Weitere Verurteilungen nach Zusatzblatt ...

    wird zur Bewährung ausgesetzt,
    ○ § 36 Abs. 1 Satz 3 BtMG ○ § 36 Abs. 1 Satz 3 BtMG, § 67 c Abs. 1 analog StGB.

    ○ _____
      _____
      _____

2. Die Bewährungszeit wird auf _____ Jahre ab Rechtskraft des Bewährungsbeschlusses festgesetzt.

3. ☐ D. Verurteilte wird der Aufsicht und Leitung eines Bewährungshelfers unterstellt.

4. D. Verurteilte wird angewiesen,
    - sogleich einen festen Wohnsitz zu begründen und dies unverzüglich schriftlich dem Gericht unter Angabe des obigen Aktenzeichens mitzuteilen;
    - jeden späteren Wohnungs- und Aufenthaltswechsel unverzüglich dem Gericht schriftlich mitzuteilen;

TV-StA #StA# sta 36bt 2bes   (08.00)   Aussetzung der Reststrafe nach Therapie - BtMG

Kunz

- ○ sich um die Aufnahme einer geregelten Arbeit zu bemühen und auf Aufforderung durch das Gericht dies nachzuweisen;
- keine Betäubungsmittel im Sinne des BtMG zu konsumieren;
- ○ sich auf Weisung des Gerichts oder Bewährungshelfers bis zu _____ mal jährlich auf seine Kosten Urinkontrollen und Haarproben auf etwaigen Betäubungsmittelkonsum zu unterziehen;
- ○ _____

5. ☐ Die von d. Verurteilten in _____
(Name und Anschrift der Therapieeinrichtung)
verbrachte Zeit der Behandlung wird mit _____
(Umfang der Anrechnung)
auf die Freiheitsstrafe angerechnet, § 36 Abs. 3 BtMG.

Gründe:

Mit Verfügung vom _____ hat die Staatsanwaltschaft die weitere Strafvollstreckung aus der oben genannten Entscheidung mit Zustimmung des Gerichts gemäß § 35 BtMG zurückgestellt. Die weitere Vollstreckung kann nunmehr zur Bewährung ausgesetzt werden, da dies unter Berücksichtigung des Sicherheitsinteresses der Allgemeinheit verantwortet werden kann, § 36 Abs. 1 Satz 3 bzw. Abs. 2 letzter Halbsatz BtMG
○ ,§ 67 c Abs. 1 analog StGB.

Die Therapieeinrichtung hält die Behandlung d. Verurteilten in der Einrichtung für planmäßig abgeschlossen, so daß eine günstige Zukunftsprognose gestellt werden kann. Der weitere Strafvollzug erscheint deshalb nicht mehr erforderlich. Im Hinblick auf die ausgesprochenen Weisungen kann dies unter Berücksichtigung des Sicherheitsinteresses der Allgemeinheit verantwortet werden.
○ _____

○ Die von d. Verurteilten in der Therapieeinrichtung verbrachte Zeit der Behandlung kann im Hinblick auf die Anforderungen, welche die Behandlung an d. Verurt. gestellt hat, im angegebenen Umfang auf die Freiheitsstrafe angerechnet werden.
○ _____

_____
Unterschrift(en) d. Richter(s)

Nach der Wiedergabe der betroffenen Entscheidungen folgt die Möglichkeit die Strafe und eine ggf verhängte Maßregel zur Bewährung auszusetzen. Nach der Bestimmung der Bewährungszeit folgen Auflagen und Weisungen für die Bewährungszeit. Hier kommen die Weisungen in Betracht, keine Btm mehr zu konsumieren,[100] sich Urinkontrollen zu unterziehen und an einer ambulanten Nachsorge teilzunehmen. Schließlich kann noch die Entscheidung über die Anrechnungsfähigkeit von Therapiezeiten getroffen werden. Die Möglichkeit, eine ohne vorherige Zurückstellung oder in einer staatlich nicht anerkannten Therapieeinrichtung vorgenommene Therapie zur Bewährung auszusetzen, ist in dieser Fassung des Formulars nicht vorgesehen, kann aber unschwer durch entsprechende Abänderung dafür verwendet werden.

ff) Rechtsmittel gegen Aussetzungs- und Nichtaussetzungsbeschlüsse

316   Gegen den Aussetzungs- wie den Nichtaussetzungsbeschluß ist die sofortige Beschwerde statthaft. Sie hat keine aufschiebende Wirkung, § 35 V 3 BtmG iVm § 454 III StPO. Iü gelten die allgemeinen Regeln für das Verfahren der sofortigen Beschwerde.

j) Widerruf der Strafaussetzung zur Bewährung

317   Für den Widerruf gelten die allgemeinen Regeln, für die Gründe zur Verlängerung der Bewährungszeit und den Widerruf also vor allem § 56 f StGB. Auch hinsichtlich der Zuständigkeiten und der Rechtsmitteln gelten nach überwiegender Meinung keine Besonderheiten. Zuständig ist also das Gericht des ersten Rechtszugs, bei dem zu diesem Zeitpunkt in Haft oder in der Unterbringung befindlichen Verurteilten die StVK, §§ 452 a, 463 I StPO. Nach anderer Ansicht soll auch für den Widerruf das Gericht des ersten Rechtszugs zuständig sein, § 36 V BtmG. Das BtmG stellt auch keine eigenen Widerrufsgründe und materielle Besonderheiten auf.[101] Die Besorgnis der Begehung neuer Straftaten wird immer bestehen, wenn der Konsum von Drogen nach dem BtmG wieder aufgenommen wird. Eine Zurückstellung der Entscheidung über den Widerruf kommt in Betracht, wenn sich der Verurteilte einer neuen Therapie unterziehen will. Aber auch der Widerruf und eine anschließende erneute Zurückstellung werden zu erwägen sein. Letztere Lösung wird einen Drogenabhängigen regelmäßig eher zu einer Therapie motivieren.

k) Besonderheiten bei Strafaussetzung und Widerruf im Jugendverfahren

318   Im Jugendverfahren entscheidet über die Strafaussetzung und den Widerruf nicht der Jugendrichter als Vollstreckungsleiter, sondern das Gericht des ersten Rechtszugs. Ergänzende Bestimmungen enthält § 38 BtmG unter anderem für die Bewährungszeit, den Bewährungshelfer und den Bewährungsplan. Die Entscheidungen sind mit sofortiger Beschwerde anfechtbar.

---

100 Diese Weisung ist nicht verfassungswidrig: BVerfG StV 1993, 465
101 Körner § 36 Rn 50 ff zu speziellen Fragen bei Btm-Abhängigen

VI. Aussetzung des Strafrests nach §§ 57, 57a StGB

Der Zeitpunkt der Prüfung der Aussetzung des Strafrests nach § 57 StGB wird durch die VollstrB und dort den Rechtspfleger überwacht, § 36 II StVollstrO. Dieser erholt die nach § 454 I 3 StPO erforderliche Stellungnahme der Vollzugsanstalt und einen neuen Auszug aus dem BZR. Legt die Vollzugsanstalt mit ihrer Stellungnahme eine Erklärung des Verurteilten vor, wonach dieser die erforderliche Einwilligung in die Aussetzung nach § 57 I Nr. 3 StGB nicht erteilt, kann eine Aktenvorlage an das Gericht unterbleiben, da Strafaussetzung nicht gewährt werden kann.[102] Kommt es wegen fehlender Einwilligung des Verurteilten oder nach Ablehnung einer Aussetzung zur vollständigen Verbüßung einer Freiheitsstrafe, so kann unter den Voraussetzungen des § 68 f StGB Führungsaufsicht eintreten.

319

1. Reststrafenaussetzung nach § 57 I StGB – letztes Drittel

Erste Voraussetzung ist nach § 57 I Nr. 1 StGB, daß zwei Drittel der verhängten Strafe, mindestens jedoch zwei Monate, verbüßt sind. Aus dieser Regelung ergibt sich zum einen, daß bei Freiheitsstrafen von zwei Monaten oder weniger die Aussetzung eines Strafrests nicht möglich ist. Da die §§ 56 ff StGB und damit auch § 57 StGB nur für Freiheitsstrafen gelten, kommt – unabhängig von weiteren entstehenden Problemen – auch die Aussetzung einer restlichen Ersatzfreiheitsstrafe nicht in Betracht.

320

Seit der Neufassung des § 57 I Nr. 2 StGB setzt die erforderliche Kriminalprognose voraus, daß eine Aussetzung unter Berücksichtigung des Sicherheitsinteresses der Allgemeinheit verantwortet werden kann. Trotz der sprachlich neu gefaßten Textstelle wollte der Gesetzgeber keine Änderung des bisherigen Rechtszustandes herbeiführen.[103]
Das Erprobungswagnis setzt daher auch nach der Änderung keine Gewißheit künftiger Straffreiheit voraus. Allerdings muß eine wirkliche Chance für ein positives Ergebnis der Erprobung bestehen.[104] Wichtige und vom Gesetz beispielhaft (»namentlich«) hervorgehobene Gesichtspunkte sind dabei die Persönlichkeit des Verurteilten (Persönlichkeitsdefekte, eingefahrene Verhaltensweisen), sein Vorleben (einschlägige Vorverurteilungen, deren Rückfallgeschwindigkeit, längere Zeiten der Stabilisierung), die Umstände seiner Tat (Gelegenheitstat, planendes Vorgehen, Ausnutzen bestimmter, möglicherweise einmaliger Umstände, Provokation), das Gewicht des bei einem Rückfall bedrohten Rechtsguts (Mord, Vergewaltigung, gefährliche Körperverletzung), seine Lebensverhältnisse (die persön-

321

---

102 Kl/M-G § 454 Rn 6 und (Bayern) JMS v. 4.6.1976, 4300 – II – 4679/76
103 Vgl die amtl Begründung BT-DR 13/7163 S 7; ebenso BVerfG NJW 1998, 2202; aA etwa OLG Koblenz NStZ 1998, 591
104 Tröndle/Fischer § 57 Rn 6

liche und familiäre Entwicklung seit der Tat; Berufsausbildung; Eheschließung), das Verhalten im Vollzug (letzteres wird aber nur selten tragfähige Schlüsse ermöglichen, denn die Bedingungen im Vollzug sind andere als die in Freiheit) und die Wirkungen einer Aussetzung (Motivationsschub einerseits, Gefühl des Nachgebens andererseits).

2. Reststrafenaussetzung nach § 57 II StGB – Halbstrafe

322 Voraussetzung für Aussetzung nach Abs 2 ist zunächst eine Mindestverbüßungszeit von sechs Monaten. Auch müssen die Voraussetzungen des Abs 1 erfüllt sein. Die Aussetzung einer zwei Jahre nicht übersteigenden Freiheitsstrafe bei einem Erstverbüßer (§ 57 II Nr. 1 StGB) wird dann nur ausnahmsweise versagt werden können. Erstverbüßer einer Freiheitsstrafe ist auch, wer schon Jugendarrest, Untersuchungshaft, Ersatzfreiheitsstrafe oder Erzwingungshaft verbüßt hat, aber nicht mehr, wer Jugendstrafe, Strafarrest nach § 14 a WStG oder eine Strafe im Ausland erlitten hat. Sehr zweifelhaft ist die Lage bei der Anschlußvollstreckung mehrerer Strafen. Zunächst steht die ganz überwiegende Praxis trotz des eine andere Auffassung nahelegenden Wortlauts der Vorschrift auf dem Standpunkt, daß die unmittelbare Anschlußvollstreckung mehrerer Strafen insgesamt als Erstverbüßung gewertet wird. Demgegenüber sehen andere nur die an erster Stelle stehende Strafe als Erstverbüßung an. Ferner werden nach richtiger, aber umstrittener Ansicht im Falle einer Anschlußvollstreckung bei der Berechnung der Zwei-Jahres-Frist die mehreren Strafen nicht zusammengerechnet.[105]

323 Während die Vorschrift des § 57 II Nr. 1 StGB mehr an die formalen Kriterien der Dauer der Freiheitsstrafe und die Tatsache des Erstvollzugs anknüpft, müssen neben der Mindestverbüßungszeit von sechs Monaten bei einer zwei Jahre übersteigenden Freiheitsstrafe »besondere Umstände« gegeben sein, § 57 II Nr. 2 StGB. Sie müssen sich aus einer Gesamtwürdigung von Tat, Persönlichkeit des Verurteilten und seiner Entwicklung während des Strafvollzugs ergeben. Dieses Merkmal sollte auch angesichts überfüllter Haftanstalten ernst genommen werden. In die Gesamtwürdigung einfließen können etwa ein gelungener Täter-Opfer-Ausgleich, Schadenswiedergutmachung in größerem Stil oder Aufklärung von weiteren Straftaten weit über den eigenen Tatbeitrag hinaus.

---

105 Zum Streitstand Tröndle/Fischer § 57 Rn 9d

3. Aussetzung einer lebenslangen Freiheitsstrafe nach § 57 a StGB

Nach der gesetzlichen Grundregel des § 57 a I StGB setzt das Gericht die Vollstreckung einer lebenslangen Freiheitsstrafe zur Bewährung aus, wenn fünfzehn Jahre der Strafe verbüßt sind, die besondere Schwere der Schuld des Verurteilten die weitere Vollstreckung nicht gebietet und die Voraussetzungen des § 57 I S 1 Nr. 2 und 3 StGB vorliegen. 324

Ob die besondere Schwere der Schuld die weitere Vollstreckung gebietet und wie lange hat die StVK im Rahmen einer »vollstreckungsrechtlichen Gesamtwürdigung« zu entscheiden. Jedenfalls tritt nach Ablauf der Mindestverbüßungszeit selbst bei günstiger Prognose keine »Entlassungsautomatik«[106] ein. Schuldsteigernde Umstände können vor allem die Motive, die Art der Tatausführung oder besondere Begleitumstände sein. Auch mit dem Tötungsdelikt zusammentreffende weitere Straftaten kommen zur Begründung in Betracht. Andererseits kann die besondere Schwere der Schuld nicht mit Tatkennzeichnungen umschrieben werden, die Mordmerkmale darstellen, aber vom erkennenden Gericht nicht zur Begründung herangezogen wurden. Die Schuldschwere muß sodann die weitere Vollstreckung gebieten. Im Rahmen der vollstreckungsrechtlichen Gesamtwürdigung sind auch diejenigen die Vollstreckungsdauer mindernden, nicht tatrelevanten Umstände des § 57 I 2 StGB mit zu bewerten. 325

Nach dem eindeutigen Wortlaut der §§ 454, 462 a StPO und der §§ 74 I 1, II 1 Nr. 4 GVG oblag die Feststellung der besonderen Schwere der Schuld und die vorzunehmende vollstreckungsrechtliche Gesamtwürdigung der StVK. Mit der Entscheidung des BVerfG vom 3.6.1992[107] sind hier neue Maßstäbe gesetzt worden. Ohne daß hier der Ort wäre, sich mit dieser heftig kritisierten Entscheidung näher auseinander zu setzen, bleibt festzuhalten, daß die für die besondere Schwere der Schuld erheblichen Tatsachen schon im Erkenntnisverfahren festzustellen, im Urteil darzulegen und, für das Vollstreckungsgericht bindend, im Sinne der Bestimmung der besonderen Schwere der Schuld zu gewichten sind (»Schwurgerichtslösung«). Die sich zu gegebener Zeit anschließende vollstreckungsrechtliche Gesamtwürdigung bleibt dem Vollstreckungsgericht unter Bindung an die Feststellungen des Schwurgerichts zur besonderen Schwere der Schuld überlassen. 326

Da die vom BVerfG geforderte »Schwurgerichtslösung« naturgemäß nur »Neufälle«, also nach der Entscheidung am 3.6.1992 ergangene Urteile erfassen kann, sind solche, in denen vom Gericht noch nicht die besondere Schwere der Schuld in der Entscheidung selbst festgelegt werden konnte, anders zu behandeln. In diesen »Altfällen« darf das Vollstreckungsgericht zu Lasten des Verurteilten nur das dem Urteil zugrunde liegende Tatgeschehen und die dazu festgestellten Umstände der Ausführung und der 327

---

106 Tröndle/Fischer § 57 a Rn 7a
107 BVerfGE 86, 288 ff

Auswirkung der Tat berücksichtigen. Nur in diesem Umfang können diese Umstände in die »vollstreckungsrechtliche Gesamtwürdigung« einfließen.

328 Dies ist bei der zeitlichen Planung ebenso zu berücksichtigen wie der Umstand, daß die Entlassungsvorbereitungen bei einem langjährig im Vollzug befindlichen Verurteilten nicht nach Monaten, sondern nach Jahren bemessen werden müssen. Ein Antrag des Verurteilten auf Strafaussetzung wird daher nach einer Verbüßung von etwa elf Jahren kaum mehr als verfrüht und damit unzulässig angesehen werden können. Die Frist des § 454 I 4 Nr. 2b StPO eignet sich nur bedingt. Die von Amts wegen auch im Verfahren der Aussetzung einer lebenslangen Freiheitsstrafe vorzunehmende Prüfung sollte rechtzeitig eingeleitet werden, § 36 II StVollstrO. Auch die Dauer eines möglichen Beschwerdeverfahrens ist zu berücksichtigen. Spätestens nach Ablauf von 13 Jahren wird mit der Prüfung begonnen werden müssen, falls nicht die Anordnungen der Landesjustizverwaltungen andere zeitliche Vorgaben machen.

329 Ein isoliertes Verfahren mit dem Ziel, die aufgrund der besonderen Schwere der Schuld erforderliche Mindestverbüßungszeit feststellen zu lassen, ist nach mittlerweile gefestigter Rechtsprechung unzulässig. Nur im Rahmen eines Aussetzungsantrags wird über diese Frage mit entschieden. Danach ergeben sich für die Antragstellung folgende Konstellationen (alles für »Altfälle«):

— Sind durch die Vollstreckung noch keine elf Jahre verbüßt, ist der Antrag unzulässig.

— Der Verurteilte beantragt, ihn nach Ablauf von fünfzehn Jahren bedingt zu Entlassung, die besondere Schwere der Schuld gebietet aber eine längere Vollstreckung: Die StVK weist den Aussetzungsantrag zurück und legt die Dauer der aufgrund der besonderen Schwere der Schuld mindestens gebotene Vollstreckungsdauer fest.

— Die besondere Schwere der Schuld gebietet keine Vollstreckung über fünfzehn Jahre hinaus oder aber die gerichtlich gleichzeitig oder früher festgestellte Mindestverbüßungszeit ist abgelaufen. Der Verurteilte hat aber eine ungünstige Sozialprognose: Die Aussetzung ist abzulehnen und zweckmäßig eine Sperrfrist für einen neuen Antrag nach § 57 a IV StGB von längstens zwei Jahren festlegen, vor deren Ablauf einer neuer Antrag unzulässig ist.

330 Die Entscheidung trifft die StVK im Verfahren nach §§ 454, 462 a StPO. Ein Prognosegutachten nach § 454 II Nr. 1 StPO ist Voraussetzung für jede aussetzende Entscheidung. Das Gutachten sollte sich auch zu Auflagen und Weisungen möglichst konkret äußern. Durch deren Erteilung kann ggf auch die Prognose verbessert werden und eine Aussetzung ermöglichen. Von seiten des Verurteilten und der Vollzugsanstalt muß der nahtlose Beginn solcher Maßnahmen durch Klärung der Finanzierung insbes therapeutischer Maßnahmen und durch Auswahl und Vorgespräche mit geeig-

neten Therapeuten gesichert sein. Dies darf nicht dem zu bestellenden Bewährungshelfer überlassen bleiben, um Betreuungslücken zu vermeiden. Kann dies nicht gewährleistet werden, hängt andererseits hiervon die Kriminalprognose ab, so darf eine Aussetzung – derzeit – nicht erfolgen.[108] Die Prüfung der Frage der günstigen Sozialprognose ist nach der Verhängung einer lebenslangen Freiheitsstrafe besonders ernst zu nehmen. Hier ist Sorgfalt und Vorsicht am Platz. Jeder Zweifel an einer günstigen Prognose geht zu Lasten des Verurteilten. Stets bedarf es eines Sachverständigengutachtens zur Frage der fortbestehenden Gefährlichkeit, § 454 II 1 Nr. 1 StPO, wenn die Aussetzung erwogen wird. Die StA wird dies durch ihre Anträge, aber auch durch das Einlegen sofortiger Beschwerden abzusichern haben.

4. Aussetzung einer Jugendstrafe nach Übertragung der Vollstreckung auf die StA

An sich bleibt die Strafe gleichwohl Jugendstrafe. Auf diese findet hinsichtlich der Aussetzung des Restes § 88 JGG Anwendung. Andererseits verweist § 454 StPO auf § 57 StGB. Diese Regelung benachteiligt den Verurteilten möglicherweise gegenüber § 88 JGG. Deshalb wird von zahlreichen StVK nach § 88 JGG zugunsten des Verurteilten auch schon ab dem 1/3-Zeitpunkt eine Anhörung vorgenommen und eine Entscheidung getroffen.[109] Die Frage ist äußerst strittig. Nach anderer Ansicht[110] hat die StVK nach Abgabe der Vollstreckung einer Jugendstrafe an die StA die Prüfung der Strafaussetzung nach § 57 StGB, nicht nach § 88 JGG vorzunehmen. Ähnliche Probleme entstehen bei der Bemessung der Bewährungszeit. Für die Entscheidung ist die Zuständigkeit der StVK gegeben.[111]

331

5. Aussetzung mehrerer Strafen – Unterbrechungszwang und gemeinsamer Prüfungszeitpunkt

Sind mehrere Freiheitsstrafen oder Freiheitsstrafen und Ersatzfreiheitsstrafen nacheinander zu vollstrecken, so unterbricht die VollstrB nach § 454 b II StPO die Vollstreckung der zunächst zu vollstreckenden Freiheitsstrafe, wenn die zeitlichen Voraussetzungen einer Strafaussetzung nach §§ 57, 57 a StGB erreicht sind. Das ist unter den Voraussetzungen des § 57 II Nr. 1 StGB die Hälfte, mindestens jedoch sechs Monate, iü bei zeitiger Freiheitsstrafe zwei Drittel, mindestens jedoch zwei Monate und bei lebenslanger Freiheitsstrafe fünfzehn Jahre der Strafe. Eine zwei Jahre übersteigende

332

---

108 Weitere Einzelheiten hierzu auch unter Rn 346 und 350
109 Schönke/Schröder-Stree, § 57 Rn 3; Brunner/Dölling, JGG, § 85 Rn 14
110 Etwa OLG Düsseldorf, JR 1997, 2121; Tröndle/Fischer § 57 Rn 2
111 BGHSt 26, 375

Freiheitsstrafe, die nur unter den Voraussetzungen des § 57 II 1 Nr. 2 StGB zur Bewährung ausgesetzt werden kann, wird nicht unterbrochen.

333 Zwar ist die Unterbrechung der VollstrB und dem dort funktional zuständigen Rechtspfleger zugewiesen. In der Praxis der meisten Bundesländer ist der Ablauf indes anders ausgestaltet, was zu Vereinfachungen führt. Die VollstrB übersendet der Vollzugsanstalt ein Aufnahmeersuchen, das die Dauer der Strafe, anzurechnende Zeiten und andere Angaben enthält, § 30 StVollstrO. Auf der Grundlage dieser Aufnahmeersuchen errechnet die Anstalt die Strafzeit und sendet das Doppel des Aufnahmeersuchens an die VollstrB zurück, § 35 I lit d StVollstrO. Bei der Berechnung der Strafzeit berücksichtigt die Vollzugsanstalt bereits die nach § 454 b II StVollstrO vorzunehmenden Unterbrechungen. Nach § 36 I StVollstrO überprüft die VollstrB diese Berechnung und versieht sie mit einem entsprechenden Vermerk. Hält sie diese für unrichtig, regt sie eine Änderung an. Bei diesem Vorgehen liegt die Anordnung der Unterbrechung letztlich in der Zustimmung zur Strafzeitberechnung der Vollzugsanstalt. Der Vorteil liegt darin, daß der Vollstreckungsverlauf und insbes alle Prüfungstermine und das Strafende von Anfang an übersichtlich und leicht verfolgbar vorliegen. Bei konsequenter Anwendung der Vorschriften des § 454 b StPO und der StVollstrO müßte ständig jeweils kurz vor den Unterbrechungsterminen eine förmliche Unterbrechung verfügt, die Strafzeit geändert und dies dem Verurteilten mitgeteilt werden. Das erscheint verwirrend und im Hinblick auf den durch § 454 b StPO ohnehin vorgeschriebenen Unterbrechungszwang, der keinem Ermessen zugänglich ist, auch überflüssig. Ein anderer Vorteil ist unübersehbar: Wie bereits dargestellt,[112] herrscht in den Bezirken der einzelnen OLG eine unterschiedliche Rechtsprechung zur Erstverbüßerregelung im Hinblick auf eine Anschlußvollstreckung einerseits, die Zwei-Jahres-Grenze andererseits. Die Erfahrung lehrt, daß die Justizvollzugsanstalten sich durchweg bei der Ausgestaltung der Unterbrechung an diese Rechtsprechung halten und der VollstrB eine dieser folgende Strafzeitberechnung vorlegen. Über Zweifel an der Strafzeitberechnung entscheidet ohnehin die StVK am Sitz der Vollzugsanstalt und nicht die am Sitz der VollstrB. Mag sich die VollstrB bei Vorliegen der Strafzeitberechnung über diese Rechtslage kundig machen, wenn sie ihr nicht geläufig ist. Demgegenüber würde die durch die StVollstrO geschaffene Lage es der VollstrB bei »auswärtigen« Vollstreckungen abnötigen, stets die Rechtsprechung zu den zutreffenden Unterbrechungszeitpunkten abzufragen, um Fehler zu vermeiden.

334 Der Unterbrechungszwang gilt auch beim Hinzutreten einer weiteren Strafe. Eine vom Gericht bereits erlassene ablehnende Entscheidung über die Strafaussetzung wird gegenstandslos. Die Unterbrechung hat rechtzeitig zu erfolgen, also möglichst zum 1/2 (2/3) – Zeitpunkt. Geschieht dies, entstehen weiter keine Schwierigkeiten: Die beiden Strafen werden zum

---

112 Rn 322

Kunz

gemeinsamen 1/2 (2/3) – Zeitpunkt geprüft. Die Vollstreckung ist aber auch noch dann zu unterbrechen, wenn der 1/2 (2/3) – Zeitpunkt der ersten Strafe bereits verstrichen ist. Die Unterbrechung wirkt dann erst ab dem Zeitpunkt, zu dem das Aufnahmeersuchen bei der Vollzugsanstalt eingeht, auch wenn die Rechtskraft bereits seit längerer Zeit eingetreten ist. Ist der früheste mögliche Zeitpunkt für die Unterbrechung bereits verstrichen, wirkt sich dies für den Verurteilten nachteilig aus. Dieser Nachteil ist auszugleichen, jedenfalls wenn die verspätete Unterbrechung von der VollstrB zu vertreten ist.[113] Ob dies der Fall ist, wird sich nicht immer leicht feststellen lassen. Es spricht deshalb mE nichts dagegen, den Verurteilten stets so zu stellen, als sei zum Zeitpunkt der Rechtskraft unterbrochen worden, sofern dieser nach dem frühesten möglichen Unterbrechungszeitpunkt liegt, sonst zu diesem. Streit herrscht indes, wie dies zu erreichen ist. Während die einen eine rückwirkende Unterbrechung vornehmen wollen,[114] soll nach anderer Auffassung der Verurteilte nur rechnerisch so gestellt werden, als sei die erste Strafe rechtzeitig unterbrochen worden.[115]

Hat die VollstrB die Vollstreckung nach § 454 b II StPO unterbrochen, so findet eine gemeinsame Prüfung statt, wenn über die Aussetzung der Vollstreckung der Reste aller Strafen gleichzeitig entschieden werden kann, § 454 b III StPO. Dann muß aber auch über die Aussetzung der Reste aller Strafen gemeinsam entschieden werden, wenn auch nicht einheitlich. Die Sozialprognose kann in Bezug auf die jeweils begangenen Straftaten unterschiedlich ausfallen.

335

6. Stellungnahmen der StA

Nach § 454 I 2 StPO ist die StA als Verfolgungsbehörde vor der Entscheidung zu hören, ob die Vollstreckung des Restes einer Freiheitsstrafe zur Bewährung ausgesetzt werden soll. Die Fristen werden von der VollstrB und hier dem Rechtspfleger überwacht. Er erholt die nach § 454 I 2 StPO erforderliche Stellungnahme der Vollzugsanstalt, § 36 II StVollstrO, und zweckmäßig einen neuen Auszug aus dem BZR. Anschließend legt er die Akten rechtzeitig dem StA vor, der sie dann mit seiner Stellungnahme dem Gericht zur Entscheidung übermittelt. Er kann dabei in der Form eines Antrags die Aussetzung der Reststrafe befürworten oder ablehnen, in den Fällen des § 454 II StPO auch zunächst ohne Sachantrag die Erholung des erforderlichen Gutachtens anregen. Geht die Stellungnahme der Vollzugsanstalt trotz Monierung nicht rechtzeitig ein, sind die Akten ohne diese der StVK vorzulegen, um den Prüfungstermin nicht zu versäumen.

336

---

113 BVerfG NStZ 1988, 474
114 OLG Celle NStZ 1990, 252; OLG Frankfurt/M. NStZ 1990, 254
115 Grundlegend Maatz, NStZ 1990, 214; ebenso OLG Düsseldorf StV 1993, 88; OLG Stuttgart StV 1991, 431; Kl/M-G § 454 b Rn 2; Isak/Wagner Rn 187 f mwN für beide Auffassungen

337 Eine *ablehnende Stellungnahme* kann mit dem folgenden Formular abgegeben werden. Dieses kann auch Anwendung finden, wenn sich der Verurteilte im Maßregelvollzug befindet, und zwar sowohl, wenn nur eine Maßregel angeordnet wurde, wie auch, wenn daneben auf Strafe erkannt wurde.

338

```
                                        STAATSANWALTSCHAFT
                                              # O R T #
                                               #ZwSt#

Az.:                    Datum:                          sta 454 1abl
Strafvollstreckung
gegen

wegen


hier:   Nichtaussetzung der Reststrafe/Maßregel zur Bewährung

                            Verfügung
1.  ☐ Zweitschrift dieser Verfügung z. ☐ Fehlblatt ☐ Vollstreckungsheft ☐ _____
2.  V.v., WV _____

3.  Mit ☐ Vollstreckungsheft ☐ Sonderheft ☐ Akten ☐ _____
    an das ☐ Amtsgericht ☐ Landgericht

    _____ - ☐ Strafvollstreckungskammer
                             ☐ mit dem Sitz in _____
    mit dem Antrag,

    die weitere Vollstreckung der
    ☐ Restfreiheitsstrafe(n)
    ☐ Maßregel    ☐ der Unterbringung in einem psychiatrischen Krankenhaus, § 63 StGB
                  ☐ der Unterbringung in einer Entziehungsanstalt, § 64 StGB
                  ☐ und der Freiheitsstrafe
    aus dem ☐ Urteil ☐ Gesamtstrafenbeschluß des ☐ Amtsgerichts ☐ Landgerichts
    _____ vom _____ (Az.: _____ )
    ☐ und aus dem ☐ Urteil ☐ Gesamtstrafenbeschluß des ☐ Amtsgerichts ☐ Landgerichts
    _____ vom _____ (Az.: _____ )
    ☐ _____

    gemäß   ☐ § 57 Abs. 1 StGB  ☐ § 57 Abs. 2 StGB
            ☐ i.V.m.
            ☐ § 67 d Abs. 2 StGB

    nicht zur Bewährung auszusetzen
    ☐ und das Gesuch d. Verurteilten abzulehnen

    ☐ Weiter wird beantragt, eine Frist ☐ von _____ Monaten ☐ bis zum Strafende festzusetzen, vor deren
      Ablauf ein erneuter Antrag d. Verurteilten auf Aussetzung zur Bewährung unzulässig ist.



TV-StA  #StA# sta 454 1abl   (08.00)  Nichtaussetzung der Reststrafe/Maßregel zur Bewährung
```

Gründe:

Die ○ Strafzeitberechnung
○ Berechnung der Dauer des Maßregelvollzugs befindet sich auf Bl. _____ .
❏ In Übereinstimmung mit der
❏ Im Gegensatz zu der
Stellungnahme der Anstalt vom _____ (Bl. _____)
❏ ist der Antrag unzulässig, weil
○ die zeitlichen Voraussetzungen für eine Strafaussetzung nicht vorliegen.
○ die im Beschluß vom (Bl. _____) verhängte Sperrfrist nach
○ § 57 Abs. 6 ○ § 67 e Abs. 3 Satz 2 StGB noch nicht abgelaufen ist.
○ _____

❏ kann die Strafaussetzung zur Bewährung unter Berücksichtigung des Sicherheitsinteresses der Allgemeinheit nicht verantwortet werden, § 57 Abs. 1 Nr. 3 StGB.
❏ kann die Unterbringung nicht ausgesetzt werden, weil nicht zu erwarten ist, daß d. Untergebrachte außerhalb des Maßregelvollzugs keine rechtswidrigen Taten mehr begehen wird.
○ _____

❏ Sofern das Gericht erwägt, die Vollstreckung des Restes der
○ Strafe ○ und der ○ Maßregel zur Bewährung auszusetzen, wird gemäß § 454 Abs. 2 Satz 1 Nr. 2
○ i.V.m. § 463 Abs. 3 StPO das Gutachten eines Sachverständigen zur Frage der fortbestehenden Gefährlichkeit d. Verurteilten einzuholen sein. Es ist nicht auszuschließen, daß Gründe der öffentlichen Sicherheit einer vorzeitigen Entlassung entgegenstehen.
○ Gegen d. Verurteilte/n wurde eine zeitige Freiheitsstrafe von mindestens zwei Jahren wegen
○ eines Verbrechens
○ einer der in § 66 Abs. 3 Satz 1 StGB aufgeführten Straftaten, nämlich nach § _____ StGB,
verhängt.
○ Gegen d. Verurteilte/n wurde eine Maßregel der Besserung und Sicherung nach
○ § 63 StGB ○ § 64 StGB
verhängt. Nach § 463 Abs. 3 Satz 3 StPO kommt es bei einer Aussetzung der Maßregel nach § 67 d Abs. 2 StGB für die Erholung eines Sachverständigengutachtens gemäß § 454 Abs. 2 StPO auf die Art der begangenen Straftaten nicht an.

Die Entscheidung, ob auf die mündliche Anhörung des Sachverständigen verzichtet werden kann (§ 454 Abs. 2 Satz 7 StPO), wird nach Vorliegen des Gutachtens getroffen werden.
Für den Fall, daß die Einholung eines Sachverständigengutachtens nicht für erforderlich gehalten wird, wird um Rückleitung der Akten gebeten.
❏ _____

_____
(Unterschrift, Namensstempel)

Unter Ziff 1 kann eine Abschrift des Antrags zu anderen Aktenunterlagen genommen werden. Damit wird nicht nur bei einer Wiedervorlage die noch ausstehende Entscheidung deutlich. Vielmehr ist auch bei einer Übermittlung der Entscheidung des Gerichts ohne Akten, etwa mit Telefax oder zur Zustellung nach § 212 a ZPO, jederzeit das Ergebnis der Entscheidung an dem gestellten Antrag meßbar. Das erleichtert die Entscheidung über das Einlegen von Rechtsmitteln.

Kunz

340 Die Ziff 3 enthält die Verfügung zur Versendung und die eigentlichen Anträge. Zuständig wird meist die StVK am Sitz der Vollzugsanstalt sein, § 462 a I StPO. Bei Zweigstellen ist der Sitz der Hauptstelle entscheidend. In den seltenen Fällen, in denen der Verurteilte nie in Strafhaft war, ist es das Gericht des ersten Rechtszugs. Das ist bei einer Aufhebung des Haftbefehls vor Rechtskraft der Entscheidung der Fall. Da häufig mehrere Strafen zur Aussetzung anstehen, sind im Formular zwei bereits vorformuliert. Weitere können im Freitext eingegeben werden. Nach den anzuwendenden Vorschriften folgt der eigentliche Antrag. Soweit eine Prüfung der Aussetzung von Amts wegen vorzunehmen ist, bedarf es lediglich einer Zustimmungserklärung des Verurteilten, jedoch keines Gesuchs. Ein solches wird jedoch häufig nach einer ersten ablehnenden Entscheidung oder nach einem Verzicht auf die Prüfung noch gestellt. Seine Ablehnung ist dann zu beantragen. Hilfreich ist die Festsetzung von Sperrfristen nach § 57 VI, 67 e III 2 StGB, um vorschnellen, oft auch querulatorischen, jedenfalls aber nicht erfolgversprechenden Gesuchen vorzubeugen. In den Gründen sollte ein Hinweis auf die Fundstelle der Strafzeitberechnung nicht fehlen, um dem Gericht das Auffinden der Aktenstelle zu erleichtern.

341 Als unzulässig ist ein Antrag vor allem abzulehnen, wenn die zeitlichen Voraussetzungen für die Aussetzung nach § 57 I, II StGB nicht vorliegen oder eine verhängte Antragssperrfrist noch nicht abgelaufen ist. Der Antrag wird jedoch mit Ablauf der Sperrfrist zulässig. Steht der Fristablauf unmittelbar bevor, empfiehlt es sich, ggf nach Anforderung einer aktuellen Stellungnahme der Vollzugseinrichtung, eine Stellungnahme in der Sache abzugeben.

342 Die *befürwortende Stellungnahme* kann mit dem folgenden Formular erfolgen.

343

STAATSANWALTSCHAFT
 # O R T #
#ZwSt#

Az.:   Datum:

Strafvollstreckung
gegen

wegen

hier: Aussetzung der Reststrafe zur Bewährung

Verfügung

1. ☐ Zweitschrift dieser Verfügung z. ☐ Fehlblatt ☐ Vollstreckungsheft ☐ _____
2. V.v., WV _____
3. Mit ☐ Vollstreckungsheft ☐ Sonderheft ☐ Akten ☐ _____
   an das ☐ Amtsgericht ☐ Landgericht

_____ - ☐ Strafvollstreckungskammer
       ☐ mit dem Sitz in _____

Kunz

Strafvollstreckung Kapitel 3 817

mit dem Antrag,
die weitere Vollstreckung der Restfreiheitsstrafe(n)
aus dem ○ Urteil ○ Gesamtstrafenbeschluß des ○ Amtsgerichts ○ Landgerichts
_____ vom _____ (Az.: _____)
○ und aus dem ○ Urteil ○ Gesamtstrafenbeschluß des ○ Amtsgerichts ○ Landgerichts
_____ vom _____ (Az.: _____)
○ _____
_____

○ nach Verbüßung der Hälfte der Strafe ○ nach Verbüßung von zwei Dritteln der Strafe(n)
○ mit Rechtkraft des Aussetzungsbeschlusses
○ ab dem _____
gemäß ○ § 57 Abs. 1 StGB ○ § 57 Abs. 2 StGB

zur Bewährung auszusetzen.

Weiter wird beantragt,

○ die Bewährungszeit auf _____ Jahre festzusetzen, § 57 Abs. 3 Satz 1, 56 a Abs. 1 StGB;
○ und d. Verurteilte/n ○ während der Bewährungszeit ○ für _____ Jahre den örtlich zuständigen
hauptamtlichen Bewährungshelfer zu bestellen,
56 d StGB, ○ § 57 Abs. 3 Satz 2, dessen Weisungen er/sie gewissenhaft zu befolgen hat.
○ d. Verurteilten gemäß § 56 b StGB aufzuerlegen,
○ nach Kräften den durch die Tat verursachten Schaden wiedergutzumachen,
§ 56 b Abs. 2 Nr. 1 StGB;
○ einen Geldbetrag zugunsten einer gemeinnützigen Einrichtung zu zahlen,
§ 56 b Abs. 2 Satz 1 Nr. 2 StGB,
○ sonstige gemeinnützige Leistungen zu erbringen, § 56 b Abs. 2 Satz 1 Nr. 3 StGB,

TV-StA #StA# sta 454 1pos (08.00) Aussetzung der Reststrafe zur Bewährung

---

○ einen Geldbetrag zugunsten der Staatskasse zu zahlen, § 56 b Abs. 2 Satz 1 Nr. 4 StGB,
wie folgt: _____

○ _____
_____

○ d. Verurteilte/n gem. § 56 c StGB anzuweisen,
○ jeden Wohnsitz- und Aufenthaltswechsel unaufgefordert schriftlich dem Gericht unter
Angabe des Aktenzeichens mitzuteilen, § 56 c Abs. 2 Nr. 1 StGB;
○ Unterhaltspflichten nachzukommen, § 56 c Abs. 2 Nr. 5 StGB,
wie folgt: _____ ;
○ _____ ;
○ , § 56 c Abs. 2 Nr. _____ StGB,
○ sich jeden ○ Alkoholkonsums ○ Konsums illegaler Drogen zu enthalten;
○ sich auf Verlangen des Gerichts ○ und/oder des Bewährungshelfers
auf seine Kosten Urinproben zu unterziehen wie folgt: _____ ;

○ die Therapie beim Sachverständigen _____
nach dessen Einteilung und Weisung ○ zu beginnen ○ fortzusetzen ○ und dies dem
Bewährungshelfer unaufgefordert schriftlich nachzuweisen. Er/Sie darf die Therapie nur im
Einvernehmen mit dem Therapeuten ○ und dem Bewährungshelfer beenden.

Kunz

> **Gründe:**
>
> Die zeitlichen Voraussetzungen für eine Strafaussetzung zur Bewährung nach § 57 ○ Abs. 1 ○ Abs. 2 StGB
> sowie die erforderliche Einwilligung d. Verurteilten, § 57 Abs. 1 Nr. 3 StGB, liegen vor.
> ○ In Übereinstimmung mit
> ○ Im Gegensatz zu
> der Stellungnahme der Anstalt vom _____ (Bl. _____) kann die Strafaussetzung ab dem genannten Zeitpunkt unter Berücksichtigung des Sicherheitsinteresses der Allgemeinheit verantwortet werden, § 57 Abs. 1 Nr. 2 StGB.
>
> ○ Auch das gemäß § 454 Abs. 2 StPO erholte Gutachten des Sachverständigen _____ (Bl. _____) kommt zu dem Ergebnis, daß eine Strafaussetzung zur Bewährung unter Berücksichtigung des Sicherheitsinteresses der Allgemeinheit verantwortet werden kann, § 57 Abs. 1 Nr. 2 StGB.
>
> ○ _____
>
> ○ Voraussetzung für eine Strafaussetzung mit Therapieweisung ist allerdings, daß deren Durchführung, insbesondere hinsichtlich Finanzierung und Therapieplatz, gesichert ist. Andernfalls beantrage ich, die Reststrafe nicht zur Bewährung auszusetzen, weil dann eine günstige Prognose nicht gegeben ist.
>
> ○ _____
>
> _____
> (Unterschrift, Namensstempel)

344 Im Formular ist nur die Aussetzung einer oder mehrerer Freiheitsstrafen berücksichtigt. Ist eine Maßregel und eine zugleich angeordnete oder eine weitere Freiheitsstrafe auszusetzen, kann auf das Formular »Aussetzung der Maßregel«[116] zurückgegriffen werden. Es gilt im Wesentlichen das zum ablehnenden Antrag Gesagte entsprechend, insbes zur Frage der Zuständigkeit und der Sozialprognose. Die vorgesehene Möglichkeit einer Aussetzung ab der Rechtskraft ist in der Praxis häufig, sollte aber nicht verwendet werden. Für die VollstrB, welche die Entlassung zu veranlassen hat, ist dieser Zeitpunkt nur durch umfangreiche und zeitraubende Telefonate genau festzustellen, wenn, wie häufig, Entscheidung und Zustellung erst kurz vor dem geplanten Entlassungszeitpunkt liegen. Günstiger erscheint es, einen nach dem Kalender bestimmten Zeitpunkt zu wählen.

345 Die Festsetzung der Bewährungszeit sollte nach einer Strafverbüßung nicht zu kurz bemessen werden. Die Mindestbewährungszeit von zwei Jahren wird sich nur selten anbieten. Stets darf sie die Dauer des Strafrests nicht unterschreiten, § 57 III 1 StGB. Hat der Verurteilte mindestens ein Jahr seiner Strafe verbüßt, bevor deren Rest zur Bewährung ausgesetzt wird, so unterstellt ihn das Gericht in der Regel für die Dauer oder einen Teil der Bewährungszeit einem Bewährungshelfer. Bei günstiger Entwicklung kommt immer noch eine Abkürzung der Unterstellungszeit oder die Aufhebung der Unterstellung in Betracht, § 56 e StGB.

---

116 Rn 367

Kunz

Bei der Erteilung von Therapieweisungen bei Sexualtherapien haben sich in der Vergangenheit beträchtliche Schwierigkeiten aus der Frage der Kostentragung ergeben. Diese beginnen bereits damit, daß der in Haft befindliche Verurteilte nicht krankenversichert ist und der nach einer Entlassung zuständige Kostenträger meist noch nicht feststehen wird. Darüber hinaus berufen sich die Kostenträger gelegentlich auf die »Psychotherapie-Richtlinie«. Sich bei solchen therapeutischen Maßnahmen wird es sich nicht immer um die Heilung einer Erkrankung handeln. Wo einerseits eine Entlassung zur Bewährung nur mit begleitender Therapie verantwortet werden kann, sich ein Kostenträger aber nicht findet oder die Kostenübernahme ablehnt, wird eine Aussetzung nicht in Betracht kommen. In jüngster Zeit zeichnen sich insoweit allerdings flexible Lösungen ab.

346

7. Besonderheiten in den Fällen des § 454 II StPO – Gefährlichkeitsgutachten

Mit dem Inkrafttreten des § 454 II StPO idF durch das Gesetz zur Bekämpfung von Sexualdelikten und anderen gefährlichen Straftaten ist das Verfahren zur Aussetzung erheblich erschwert worden. War bis dahin ein Prognosegutachten eines Sachverständigen über die fortbestehende Gefährlichkeit eines Verurteilten nur zu erholen, wenn es um die Aussetzung einer lebenslangen Freiheitsstrafe ging, so bedarf es jetzt bei jeder Freiheitsstrafe von mehr als zwei Jahren »wegen einer Straftat der in § 66 III StGB bezeichneten Art« eines solchen Gutachtens, wenn nicht auszuschließen ist, daß Gründe der öffentlichen Sicherheit einer vorzeitigen Entlassung des Verurteilten entgegenstehen.

347

Die Straftaten »der in § 66 III StGB bezeichneten Art« umfassen zunächst alle Verbrechen, also zB auch solche nach dem BtmG. Die enumerativ aufgeführten Straftaten sind vor allem solche gegen die sexuelle Selbstbestimmung (§§ 174-174 c, 176, 179 I-III, 180 und 182 StGB) und Körperverletzungsdelikte (§§ 224, 225 I u. II StGB). sowie der Vollrausch (§ 323 a StGB), soweit die im Rausch begangene Tat ein Verbrechen oder eine der vorgenannten rechtswidrigen Taten war.

348

Nach dem Wortlaut ist ein Gutachten erforderlich, wenn »nicht auszuschließen« ist, daß Gründe der öffentlichen Sicherheit der vorzeitigen Entlassung entgegenstehen. Nach § 454 II 2 StPO soll sich das Gutachten namentlich zu der Frage äußern »ob bei dem Verurteilten keine Gefahr mehr besteht, daß dessen durch die Tat zutage getretene Gefährlichkeit fortbesteht«. Diese Formulierung ist zumindest mißverständlich und führt bei Sachverständigen häufig zu Verständnisproblemen. Nach den Vorstellungen der Begründung des amtlichen Entwurfs sollte nämlich der materielle Maßstab für die Prognoseentscheidung unverändert bleiben. Er aber setzt nicht voraus, daß bei einer Entlassung neue Straftaten ausgeschlossen

349

sein müssen.[117] Mit der Formulierung sollte nur deutlich gemacht werden, daß beim Absehen von der Erholung des Gutachtens strenge Maßstäbe anzulegen sind. Die Anforderungen für das Erfordernis der Erholung eines Gutachtens einerseits und die Strafaussetzung andererseits sind also unterschiedlich. Dies sollte im Auftrag an den Sachverständigen zum Ausdruck kommen. Dieser sollte auch stets gebeten werden, für eine Verbesserung der Prognose sinnvolle Weisungen möglichst konkret vorzuschlagen.

350 Die Stellungnahme der Vollzugsanstalt zur Frage der Strafaussetzung stellt kein »Gutachten« iSd § 454 II StPO dar.[118] Vielmehr bedarf es stets der Erstattung durch einen Sachverständigen. Das schließt es nicht aus, daß dieser Bediensteter der Anstalt ist. In jedem Fall sollte aber vermieden werden, einen mit therapeutischen Maßnahmen gegenüber dem Verurteilten Befaßten zum Sachverständigen nach § 454 II StPO zu bestimmen. Im Zweifel ist einem externen Gutachter der Vorzug zu geben.

8. Rechtsmittel gegen die Entscheidung

351 Wird entgegen der Stellungnahme der StA eine Reststrafe zur Bewährung ausgesetzt, so ist das Einlegen einer sofortigen Beschwerde, § 454 I 1 StPO zu prüfen. Dabei wird zu berücksichtigen sein, daß die Entscheidung dann nur auf Grund einer mündlichen Anhörung des Verurteilten ergeht, § 454 I 3 StPO, vgl § 454 I 4 Nr. 1 StPO. Das Gericht hat damit, anders als der StA, einen eigenen unmittelbaren Eindruck von dem Verurteilten. Auch der Stellungnahme der Vollzugsanstalt kommt besondere Bedeutung zu. Dort befindet sich der Verurteilte und die mit ihm Befaßten werden regelmäßig die sachnächste Beurteilung abgeben können, was seine persönliche Entwicklung angeht.

352 Häufig wird auch die Nichtbeachtung des vorgeschriebenen Verfahrens ein Rechtsmittel erfordern. Hat das Gericht entgegen § 454 II StPO trotz Verbrechens oder Katalogtat nach § 66 III StGB oder iVm § 463 III 2 StPO (dann ohne Rücksicht auf die Art der Straftat) auf die Erholung des erforderlichen Sachverständigengutachtens zur Verbreiterung der Erkenntnismöglichkeiten über die Sozialprognose verzichtet, wird von einer sofortigen Beschwerde der StA nicht abgesehen werden können.

---

117 Rn 321
118 KG NStZ 1999, 319

Die sofortige Beschwerde kann mit dem vorliegenden Formular eingelegt werden: 353

354

STAATSANWALTSCHAFT
 # O R T #
#ZwSt#

Az.: ⊰   Datum: ⊰   sta 57 1

Strafvollstreckung
gegen _____

wegen _____

Verfügung

1. Sofortige Beschwerde gemäß umseitigem Schreiben
2. ❑ Abschrift von Ziff. 1 zum ○ Handakt ○ Fehlblatt ○ _____
3. ❑ Umseitiges Schreiben ○ vorab per Telefax
   an das Landgericht _____
   - ○ Strafkammer ○ Strafvollstreckungskammer - ○ mit dem Sitz in _____
4. Mitteilung von Ziff. 1 an
   ○ Vollzugseinrichtung (Bl. ____) ○ vorab mit Telefax
   ○ Verurteilte/n (Bl. ____) ○ mit Hinweis auf Erwiderungsfrist (nur Bayern - OLG München)
   ○ Verteidiger(in) (Bl. ____) ○ mit Hinweis auf Erwiderungsfrist (nur Bayern - OLG München)
   ○ _____
5. ❑ WV mit Akten, sp. _____ (sofortige Beschwerde begründen)
6. ❑ Vv, WV _____ (falls Beschwerde mit der Einlegung begründet wurde)
   U.m. ○ Akten ○ Sonderheft ○ Vollstreckungsheft ○ _____
   an das Landgericht _____
   - ○ Strafkammer ○ Strafvollstreckungskammer - ○ mit dem Sitz in _____
   m.d.B. um Kenntnisnahme und ○ Rückleitung der Akten
                                ○ unmittelbare Vorlage an die Staatsanwaltschaft b. d. OLG

_____
(Unterschrift, Namensstempel)

---

1. Beschwerdebegründung nach Diktat/Entwurf
2. ❑ Abschrift von Ziff. 1 zum ○ Handakt ○ Fehlblatt ○ _____
3. Abschrift von Ziff. 1 an
   ○ Vollzugseinrichtung (Bl. ____) ○ vorab mit Telefax
   ○ Verurteilte/n (Bl. ____) ○ mit Hinweis auf Erwiderungsfrist (nur Bayern - OLG München)
   ○ Verteidiger(in) (Bl. ____) ○ mit Hinweis auf Erwiderungsfrist (nur Bayern - OLG München)
   ○ _____
4. ❑ Vv, WV _____
5. U.m. ○ Akten ○ Sonderheft ○ Vollstreckungsheft ○ _____
   an das Landgericht _____
   - ○ Strafkammer ○ Strafvollstreckungskammer - ○ mit dem Sitz in _____
   m.d.B. um Kenntnisnahme und ○ Rückleitung der Akten
                                ○ unmittelbare Vorlage an die Staatsanwaltschaft b. d. OLG

_____
(Unterschrift, Namensstempel)

TV-StA #StA# sta 57 1   (02.99)   Beschwerde der StA gegen bedingte Entlassung

**STAATSANWALTSCHAFT
O R T #**
#ZwSt#

Az.:   Datum:

An das
Landgericht _____
○ - Strafkammer -
○ - Strafvollstreckungskammer - ○ mit dem Sitz in _____

Strafvollstreckung gegen _____
(Name - Vorname - Geburtsdatum)
wegen _____

hier: Sofortige Beschwerde gegen die Aussetzung des Strafrestes zur Bewährung

Gegen den Beschluß des Landgerichts _____
○ - Strafkammer -
○ - Strafvollstreckungskammer -
   ○ mit dem Sitz in _____
vom _____, Az.: _____
durch den die Aussetzung
○ des Strafrestes
○ der Strafreste
zur Bewährung angeordnet wurde, lege ich

<u>sofortige Beschwerde</u>

ein.

○   Begründung:

_____
_____
_____
_____
_____
_____
_____
_____

○ Die Beschwerdebegründung werde ich mit den Akten nachreichen.

_____
(Unterschrift, Namensstempel)

Kunz

Der weitere Verfahrensablauf hängt davon ab, ob die sofortige Beschwerde sogleich mit dem Einlegen begründet wird oder erst später. Wegen der aufschiebenden Wirkung des Rechtsmittels der StA (§ 454 III 2, 463 III StPO) empfiehlt sich die vorgesehene Mitteilung an die Vollzugseinrichtung, auch um unnötige Rückfragen über die Entlassung zu vermeiden. 355

Die Behandlung ist eilbedürftig, denn der Verurteilte befindet sich entgegen einer gerichtlichen Entscheidung in Haft. Die sofortige Beschwerde ist daher unverzüglich zu begründen. Die Rechtmitteleinlegung und die Rechtsmittelbegründung sind dem entscheidenden Gericht zu übermitteln. Gibt dieses die Akten erneut an die StA zur Vorlage zurück, vergeht bei erforderlichem Postversand wertvolle Zeit. Es hat sich bewährt das Gericht zu bitten, die Akten unmittelbar der zuständigen StA bei dem OLG zur Vorlage an dieses vorzulegen. Für Bayern ist dies mit Ausnahme des OLG-Bezirks München so angeordnet und hat sich bewährt. Es hat sich gezeigt, daß auch andere Gerichte einer solchen Bitte fast durchweg nachkommen. 356

Legt der Verurteilte sofortige Beschwerde ein, so gilt im Grunde nichts anderes. Da nach bayerischer Praxis die StA zur Beschwerdebegründung des Verurteilten keine eigene Stellungnahme abgibt, kann auch hier eine unmittelbare Vorlage durch das Gericht an die StA beim OLG unter Benachrichtigung der StA (wegen der dort vorgemerkten Wiedervorlage) erfolgen. 357

Legt das Gericht nach Eingang der Beschwerdebegründung die Akten nicht unmittelbar der StA beim OLG vor, so hat dies durch die StA zu erfolgen. Die Praxis der einzelnen Bundesländern hierzu ist unterschiedlich. Teilweise wird mit einer Stellungnahme zum Vorbringen des Verurteilten in seiner Beschwerdebegründung vorgelegt, teilweise erfolgt nur ein Nummernbericht an die StA bei dem OLG und diese legt die Akten mit einer Stellungnahme und einem Antrag an das OLG vor. Mit dem hier vorgeschlagenen nachfolgenden Formular ist beides möglich, weil im Freitext erforderlichenfalls eine Begründung erfolgen kann (Ziff 5). Iü ist die Darstellung der »Prozeßgeschichte« dann schwierig, wenn es um die Aussetzung mehrerer Verfahren geht. Da diese ganz unterschiedlich ausfallen und einen ganz verschiedenen Vollstreckungsverlauf (Teilverbüßungen, Widerrufe, erneute Aussetzungen) haben können, empfiehlt sich eine Darstellung im Langtext, die sich an der vorgegebenen 1. Entscheidung orientieren kann. 358

Kunz

359

STAATSANWALTSCHAFT
#Ort#
○ LOStA ○ #ZwSt#

Az.:   Datum: **sta 57 1ber**

Über die Generalstaatsanwaltschaft
an das Oberlandesgericht #Ort_OLG#
- Strafsenat -
oder
An die Staatsanwaltschaft bei dem
Oberlandesgericht #Ort_OLG#

Strafvollstreckung
gegen

wegen

☐ zur Zeit in Strafhaft in der Justizvollzugsanstalt _____

☐ Verteidiger: Rechtsanwalt/Rechtsanwältin _____
   ○ Vollmacht: Bl. ____
   ○ Bestellung: Bl. ____

hier: Sofortige Beschwerde
    ○ der Staatsanwaltschaft gegen die Aussetzung des Strafrestes gemäß § 57 StGB
    ○ d. Verurteilten gegen die Versagung der Aussetzung des Strafrestes gemäß § 57 StGB

Berichterstatter: _____
    (Tel.: _____)

Mit ○ ___ Band/Bänden Strafakten   Az.: _____
    ○ ___ Band/Bänden Vollstreckungsheft/ ○ _____ Az.: _____
    ○ _____
    ○ _____
    ○ _____

1   Mehrfertigung des Vorlageberichts

TV-StA #StA# sta 57 1ber (08.00) Vorlagebericht bei Gewährung/Versagung bedingter Entlassung

Kunz

1. ☐ Urteil ☐ Strafbefehl ☐ Gesamtstrafenbeschluß des
   ☐ Amtsgerichts ☐ Landgerichts _____ , Az.: _____ ,
   vom _____ (Bl. _____)

   ☐ i.V.m. dem Urteil des Landgerichts _____ , Az.: _____ ,
   vom _____ (Bl. _____)

   über eine ○ Freiheitsstrafe ○ Gesamtfreiheitsstrafe von _____

   ☐ i.V.m. dem Widerrufsbeschluß des
   ○ Amtsgerichts ○ Landgerichts _____ , Az.: _____ ,
   vom _____ (Bl. _____)

2. Beschluß des Landgerichts ○ - Strafvollstreckungskammer - _____
   ○ mit dem Sitz in _____
   vom _____ ,
   wonach die bedingte Aussetzung des Strafrestes nach § 57 StGB
   ☐ gewährt wurde (Bl. _____),
   ☐ versagt wurde (Bl. _____),
   zugestellt am _____ (zu Bl. _____).

3. ☐ Sofortige Beschwerde der Staatsanwaltschaft hiergegen
   ☐ Sofortige Beschwerde d. Verurteilten hiergegen
   vom _____ (Bl. _____),
   ○ eingegangen bei Gericht
   ○ erklärt zu Protokoll der Geschäftsstelle des Gerichts
   am _____ (Bl. _____)
   ☐ Beschwerdebegründung Bl. _____

4. Strafzeitberechnung Bl. _____

5. _____

_____
(Unterschrift zeichnender Staatsanwalt)

Die Folge der vollständigen Verbüßung einer Freiheitsstrafe kann der Eintritt von Führungsaufsicht nach § 68 f StGB sein.[119]   **360**

---

119 Dazu unter Teil D Kapitel 5 Rn 7 ff

VII. Vollstreckung freiheitsentziehender Maßregeln

361 Freiheitsentziehende Maßregeln sind die Unterbringung in einem psychiatrischen Krankenhaus, § 63 StGB, in einer Entziehungsanstalt, § 64 StGB und in der Sicherungsverwahrung, § 66 StGB. Der recht unübersichtliche § 463 StPO bestimmt, welche Vorschriften auf diese Maßregeln entsprechend anwendbar sind. Ergänzende Bestimmungen finden sich in §§ 53 und 54 StVollstrO.

1. Örtliche Zuständigkeit und Antrag auf Verlegung

362 Die örtliche Zuständigkeit beim Vollzug der freiheitsentziehenden Maßregeln ergibt sich über § 53 II StVollstrO aus § 24 StVollstrO.[120]

363 Über die Verlegung in ein anderes psychiatrisches Krankenhaus oder in eine andere Entziehungsanstalt entscheidet der Bezirk, in dem die Unterbringung vollzogen wird. An die VollstrB gerichtete Verlegungsgesuche sind daher an die jeweilige Einrichtung des Maßregelvollzugs mit der Bitte um weitere Veranlassung in eigener Zuständigkeit weiterzuleiten.

2. Späterer Beginn einer Unterbringung

364 Nach § 67 c I StGB wird bei der Vorwegvollstreckung eines Teils der Strafe die zugleich angeordnet wurde, vor dem Beginn des Maßregelvollzugs die Prüfung der Frage vorgeschrieben, ob es des Vollzugs der Maßregel noch bedarf. Dies gilt wohl auch wenn die Maßregel nach der Strafe aus einer anderen Verurteilung vollstreckt werden soll. Nach allgemeinen Grundsätzen, § 451 StPO, § 13, 14 StVollstrO darf mit der Vollstreckung der Maßregel erst begonnen werden, wenn dies rechtskräftig angeordnet ist. Probleme entstehen, wenn trotz rechtzeitig eingeleiteter Prüfung zum Ende des Strafvollzugs noch keine rechtskräftige Entscheidung vorliegt. In diesen Fällen darf der Verurteilte aufgrund der fortwirkenden Unterbringungsanordnung in Verwahrung gehalten werden, sofern diese in angemessener Zeit ergehen wird.[121]

365 Die zeitliche Planung muß insbes auch berücksichtigen, daß nach § 463 III 2, 454 II StPO nunmehr auch in diesen Fällen unabhängig von der zugrundeliegenden Tat die Erholung eines Sachverständigengutachtens zur Frage der fortbestehenden Gefährlichkeit des Verurteilten zu erholen ist. Das macht die zeitliche Planung noch unwägbarer. Wird die Maßregel zur Bewährung ausgesetzt, tritt Führungsaufsicht ein.

---

120 Rn 91
121 Tröndle/Fischer § 67 c Rn 3a; BVerfGE 42, 10

3. Antrag an StVK auf Aussetzung der Maßregel

Die materiellen Voraussetzungen für die Aussetzung von freiheitsentziehenden Maßregeln sind in § 67 d II StGB geregelt. Durch das Gesetz zur Bekämpfung von Sexualdelikten und anderen gefährlichen Straftaten wurden diese erheblich verschärft. Erforderlich ist jetzt eine positive Prognose, daß erwartet werden kann, daß der Verurteilte außerhalb des Maßregelvollzugs keine rechtswidrigen Taten mehr begehen wird. Aber auch die verfahrensrechtlichen Voraussetzungen wurden durch die Neufassung des § 463 III StPO erheblich verschärft. Es bedarf nunmehr eines Sachverständigengutachtens nach § 454 II StPO bei jeder Aussetzung einer freiheitsentziehenden Maßregel unabhängig von der Art der begangenen Straftaten. Die Behandlung kann mit dem nachfolgenden Formular erfolgen.

366

367

STAATSANWALTSCHAFT
 # O R T #
#ZwSt#

Az.:		Datum:		sta 67d2 1pos
Strafvollstreckung gegen		Verteidiger(in):		
wegen		Vollmacht Bl.:		

hier: Aussetzung der Maßregel

Verfügung

1. **Schreiben an**
   Führungsaufsichtsstelle bei _____

   Mit begl. Urteilsabschrift mit Rechtskraftvermerk (2-fach)
   Stellungnahme der Einrichtung (Bl. ____) (2-fach)
   Stellungnahme der StA (Ziff. 3) (2-fach)

   Betr.: Maßregelvollzug gegen <Name d. Verurt.>
   wegen <Tatvorwurf>

   hier: Eintritt der Führungsaufsicht

   Die Staatsanwaltschaft hat beantragt, die Unterbringung bei d. Obengenannten zur Bewährung auszusetzen. Damit tritt nach § 68 d Abs. 2 StGB Führungsaufsicht ein. Gemäß § 54 a Abs. 2 StVollStrO werden vorerst die beiliegenden Unterlagen in Abschrift übersandt.
   ❍ _____

2. V.v.; WV _____

3. Mit ○ Vollstreckungsheft ○ Sonderheft ○ Akten ○ _____
   an das ○ Amtsgericht ○ Landgericht

   _____ - ○ Strafvollstreckungskammer
                            ○ mit dem Sitz in _____

   mit dem Antrag,

   die weitere Vollstreckung der Unterbringung
   ○ in einem psychiatrischen Krankenhaus
   ○ in einer Entziehungsanstalt
   ○ und den Rest der ○ Freiheitsstrafe ○ Gesamtfreiheitsstrafe
   aus dem ○ Urteil ○ Gesamtstrafenbeschluß des
   ○ Amtsgerichts ○ Landgerichts _____
   vom _____ (Az.: _____)

   gemäß § 67 d Abs. 2 StGB zur Bewährung auszusetzen.

TV-StA   #StA#   sta 67d2 1pos   (08.00)   Antrag StVK - Aussetzung der Maßregel

---

Weiter wird beantragt,

a) die Bewährungszeit und die Höchstdauer der Führungsaufsicht auf _____ Jahre festzusetzen, § 68 c Abs. 1 Satz 1 StGB;

   d. Verurteilten den örtlich zuständigen hauptamtlichen Bewährungshelfer zu bestellen, § 68 a Abs. 1 Satz 1 StGB.

b) d. Verurteilte(n) gemäß **§ 68 b Abs. 1 StGB** anzuweisen,
   ❑ den Wohn- oder Aufenthaltsort nicht ohne Erlaubnis der Führungsaufsichtsstelle zu verlassen, § 68 b Abs. 1 Ziff. 1 StGB;
   ❑ sich zu bestimmten Zeiten beim Bewährungshelfer zu melden, § 68 b Abs. 1 Ziff. 7 StGB,
   und zwar: _____ ;
   ❑ sich bei Arbeitslosigkeit beim zuständigen Arbeitsamt oder einer anderen zur Arbeitsvermittlung zugelassenen Stelle zu melden und dies dem Bewährungshelfer nachzuweisen, § 68 b Abs. 1 Ziff. 9 StGB;
   ❑ _____
   _____
   _____
   _____

c) D. Verurteilte(n) gemäß **§ 68 b Abs. 2 StGB** anzuweisen,
   ❑ Anordnungen des Bewährungshelfers gewissenhaft zu befolgen, insbesondere solche, die sich auf eine Nachbehandlung der im Maßregelvollzug stattgefundenen Therapie beziehen;
   ❑ sich jeden ○ Alkoholkonsums ○ Konsums illegaler Drogen nach dem BtMG zu enthalten;
   ❑ sich auf Verlangen des Gerichts ○ und/oder des Bewährungshelfers auf seine Kosten Urinproben zu unterziehen.
   ❑ jeden Wechsel des Wohnorts oder Arbeitsplatzes binnen einer Woche dem Bewährungshelfer und der Führungsaufsichtsstelle mitzuteilen;
   ❑ _____
   _____
   _____
   _____

Kunz

> Die Erteilung weiterer Weisungen wird in das Ermessen des Gerichts gestellt.
>
> Zur **Begründung** meines Antrags nehme ich Bezug auf die Stellungnahme der Einrichtung vom _____ (Bl. ____). Es ist zu erwarten, daß d. Verurteilte außerhalb des Maßregelvollzugs keine rechtswidrigen Taten mehr begehen wird.
>
> _____
> _____
> _____
>
> (Unterschrift, Namensstempel)

Das Formular enthält zunächst unter Ziff 1 das erforderliche Schreiben an die Führungsaufsichtsstelle. Die Übersendung der genannten Unterlagen wird durch § 54 a III StVollstrO vorgeschrieben. Eine möglichst frühzeitige Übersendung ist veranlaßt, damit im kritischen Zeitpunkt der Entlassung die Führungsaufsichtsstelle über die erforderlichen Informationen verfügt.

368

Der weitere Teil ist dann nur ein Formblatt, das urschriftlich bei den Akten bleibt und dem Gericht zugeleitet wird. Die wichtigsten möglichen Anträge sind in Form einer Checkliste auf der Rückseite aufgeführt. Es ermöglicht gleichermaßen die Antragstellung zur Aussetzung einer isolierten Maßregel wie einer Strafe und einer Maßregel aus dem gleichen Verfahren. Bei Strafe und Maßregel aus verschiedenen Verfahren kann er unschwer angepaßt werden. Die Aussetzung mehrerer Maßregeln nach § 64 StGB kommt nicht in Betracht, da nach § 67 f StGB durch die erneute Anordnung der Maßregel die frühere erledigt ist. Für die seltenen Fälle der Aussetzung mehrerer nebeneinander bestehender Maßregeln nach § 63 StGB kann das Formular als Vorlage dienen.

369

Zunächst bedarf es eines Antrags zur Dauer der Bewährungszeit und Führungsaufsicht. Die Bestellung eines Bewährungshelfers ist zwingend erforderlich. Hiervon kann nach der gesetzlichen Regelung nicht abgesehen werden.

370

Es folgen die wichtigsten und häufigsten nach § 68b I StGB möglichen und nach § 145d StGB strafbewehrten Weisungen. Schließlich können noch weitere Weisungen nach § 68 b II StGB erteilt werden, die aber nicht strafbewehrt sind. Einzelheiten zur Erteilung von Weisungen, der erforderlichen Einwilligung und zur unbefristeten Führungsaufsicht im Teil D Kap 5 Rn 26 ff. Wie bei der Aussetzung von Reststrafen muß die Kostenübernahme für therapeutische Maßnahmen geklärt sein.[122]

371

---

122 Vgl hierzu unter Rn 346

4. Antrag an StVK auf Erledigterklärung der Maßregel

372 Der grundsätzliche Aufbau des hierfür geschaffenen Formulars entspricht dem Formular Rn 367 für die Aussetzung der Maßregel.

373

STAATSANWALTSCHAFT
 # O R T #
#ZwSt#

Az.:   Datum: sta 67d5 1pos

Strafvollstreckung
gegen   Verteidiger(in):

wegen   Vollmacht Bl.:

hier: Erledigterklärung der Maßregel

Verfügung

1. **Schreiben an**
   Führungsaufsichtsstelle bei _____

   Mit begl. Urteilsabschrift mit Rechtskraftvermerk   (2-fach)
        Stellungnahme der Einrichtung (Bl. ____)   (2-fach)
        Stellungnahme der StA (Ziff. 3)   (2-fach)

   Betr.: Maßregelvollzug gegen <Name d. Verurt.>
          wegen <Tatvorwurf>

   hier: Eintritt der Führungsaufsicht

   Die Staatsanwaltschaft hat beantragt, die Unterbringung bei d. Obengenannten für erledigt zu erklären, § 67 d Abs. 5 StGB. Damit tritt nach § 68 d Abs. 5 Satz 2 StGB Führungsaufsicht ein. Gemäß § 54 a Abs. 2 StVollStrO werden vorerst die beiliegenden Unterlagen in Abschrift übersandt.
   ○ _____
   _____

2. V.v.; WV _____

3. Mit ○ Vollstreckungsheft ○ Sonderheft ○ Akten ○ _____
   an das
   Landgericht
   _____ - Strafvollstreckungskammer
                           ○ mit dem Sitz in _____

   mit dem Antrag, anzuordnen,

   daß die weitere Vollstreckung der Unterbringung in einer Entziehungsanstalt aus dem ○ Urteil ○ Gesamtstrafenbeschluß des
   ○ Amtsgerichts ○ Landgerichts _____
   vom _____ (Az.: _____)

   gemäß § 67 d Abs. 5 Satz 1 StGB nicht weiter zu vollziehen ist.

TV-StA   #StA# sta 67d5 1pos   (08.00)   Antrag StVK - Erledigterklärung der Maßregel

Strafvollstreckung Kapitel 3 831

Weiter wird beantragt,

a) ☐ die Dauer der eintretenden Führungsaufsicht auf _____ Jahre festzusetzen, § 68 c Abs. 1 Satz 1 StGB;
☐ unbefristete Führungsaufsicht nach § 68 c Abs. 2 Nr. 1 StGB anzuordnen, falls d. Verurteilte in eine Weisung nach §§ 68 b Abs. 2, 56 c Abs. 3 Nr. 1 StGB nicht einwilligt. Es ist eine Gefährdung der Allgemeinheit durch die Begehung weiterer erheblicher Straftaten zu befürchten, § 68 c Abs. 2 StGB;

d. Verurteilten den örtlich zuständigen hauptamtlichen Bewährungshelfer zu bestellen, § 68 a Abs. 1 Satz 1 StGB;

b) d. Verurteilte(n) gemäß **§ 68 b Abs. 1 StGB** anzuweisen,
☐ den Wohn- oder Aufenthaltsort nicht ohne Erlaubnis der Führungsaufsichtsstelle zu verlassen, § 68 b Abs. 1 Ziff. 1 StGB;
☐ sich zu bestimmten Zeiten beim Bewährungshelfer zu melden, § 68 b Abs. 1 Ziff. 7 StGB,
und zwar: _____ ;
☐ sich bei Arbeitslosigkeit beim zuständigen Arbeitsamt oder einer anderen zur Arbeitsvermittlung zugelassenen Stelle zu melden und dies dem Bewährungshelfer nachzuweisen, § 68 b Abs. 1 Ziff. 9 StGB;
☐ _____

c) d. Verurteilte(n) gemäß **§ 68 b Abs. 2 StGB** anzuweisen,
☐ Anordnungen des Bewährungshelfers gewissenhaft zu befolgen;
☐ jeden Wechsel des Wohnorts oder Arbeitsplatzes binnen einer Woche dem Bewährungshelfer und der Führungsaufsichtsstelle mitzuteilen;
☐ _____

Die Erteilung weiterer Weisungen wird in das Ermessen des Gerichts gestellt.

Zur **Begründung** meines Antrags nehme ich Bezug auf die Stellungnahme der Einrichtung vom _____ (Bl. _____). Der Zweck der Maßregel kann aus Gründen, die in der Person d. Untergebrachten liegen, nicht erreicht werden, § 67 d StGB.
○ _____

(Unterschrift, Namensstempel)

Das Formular enthält zunächst unter Ziff 1 das erforderliche Schreiben an die Führungsaufsichtsstelle. Die Übersendung der genannten Unterlagen wird durch § 54 a III StVollstrO vorgeschrieben. Eine möglichst frühzeitige Übersendung ist veranlaßt, damit im kritischen Zeitpunkt der

374

Entlassung die Führungsaufsichtsstelle über die erforderlichen Informationen verfügt.

375 Die Rückseite eröffnet die gleichen Möglichkeiten zur Erteilung von Auflagen und Weisungen nach § 68b I StGB zu erteilen, wie das Formular Rn 367. Einzelheiten zu den Weisungen sind im Kapitel 5 »Führungsaufsicht« erläutert. Dort finden sich auch Hinweise zur unbefristeten Führungsaufsicht.

376 Bei den nach § 68 b II StGB möglichen Weisungen wurde berücksichtigt, daß der Verurteilte einen gescheiterten Maßregelvollzug hinter sich hat. Der Verstoß gegen Weisungen bleibt im Wesentlichen ohne Folgen, da bei einem Verstoß weder ein Widerruf in Betracht kommt und sie auch nicht strafbewehrt sind. Die Erteilung von Therapieweisungen, bei deren Mißachtung unbefristete Führungsaufsicht angeordnet werden könnte, kommt kaum in Betracht.

377 Zu beachten ist, daß die Erledigterklärung der Maßregel nur dann die Freilassung des Verurteilten zur Folge hat, wenn daneben keine Strafe verhängt wurde. Wenn, wie im Regelfall, Strafe und Maßregel im selben Urteil nebeneinander angeordnet wurden, so ist mit Rechtskraft der Entscheidung die Strafe weiter zu vollstrecken, soweit sie nicht durch Anrechnung nach § 67 IV 1 StGB erledigt ist.

5. Späterer Beginn und Höchstfrist bei der Maßregel nach § 64 StGB

378 Die Höchstfrist von 2 Jahren der Maßregel der Unterbringung in einer Entziehungsanstalt beginnt erst mit der Aufnahme in die Vollzugseinrichtung. Die Rechtskraft der zugrunde liegenden Entscheidung ist damit nur dann zugleich der Beginn des Maßregelvollzugs, wenn sich der Verurteilte zu diesem Zeitpunkt in vorläufiger Unterbringung befindet. Befindet er sich in Untersuchungshaft, wird die Zeit bis zum tatsächlichen Beginn des Maßregelvollzugs nicht eingerechnet. Zeiten von Untersuchungshaft, einstweiliger Unterbringung und Organisationshaft werden auf die 2-Jahres-Frist nicht angerechnet. Sie soll stets unverkürzt zur Verfügung stehen. Demgegenüber verlängert sie sich nach § 67 d I 3 StGB um die Dauer der auf die Maßregel anrechenbaren Freiheitsstrafe, also grundsätzlich um zwei Drittel der Strafe. Das unter Rn 364 ff Ausgeführte gilt auch hier.

6. Späterer Beginn und Höchstfrist bei der Maßregel der Sicherungsverwahrung

379 Auch bei der Sicherungsverwahrung bedarf es nach § 463 III 2 StPO vor einer Überführung in diese Maßregel in den Fällen des § 72 III StGB (Anordnung mehrere freiheitsentziehenden Maßregeln) eines Gutachtens

zur Frage der fortbestehenden Gefährlichkeit des Verurteilten nach § 454 II StPO, ohne daß es auf die Art des verletzen Strafgesetzes ankäme. Das unter Rn 364 ff Ausgeführte gilt auch hier.

Nach § 67 d III StPO erklärt das Gericht die Maßregel für erledigt, wenn zehn Jahre der Unterbringung in der Sicherungsverwahrung vollstreckt worden sind und nicht die Gefahr besteht, daß der Untergebrachte infolge seines Hanges erhebliche Straftaten begehen wird, durch welche die Opfer seelisch oder körperlich schwer geschädigt werden. Damit scheidet eine Sicherungsverwahrung über 10 Jahre hinaus bei Vermögens- und Eigentumsdelikten praktisch aus. Mit der Erledigung tritt Führungsaufsicht ein, § 67 d III 2 StGB. 380

7. Überweisung in den Vollzug einer anderen Maßregel

Nach § 67 a StGB kommt auch eine Überweisung in den Vollzug einer anderen Maßregel in Betracht. Die Entscheidung kann nachträglich wieder aufgehoben werden. Voraussetzung ist, daß die Resozialisierung hierdurch besser gefördert werden kann. Zur Vorbereitung der erforderlichen Prognoseentscheidung wird es stets einer sachverständigen Stellungnahme bedürfen. Diese wird zweckmäßig bereits die VollstrB erholen wenn der Antrag bei ihr eingeht, denn ohne eine solche ist eine sachgerechte Stellungnahme nicht möglich. Die Vorschrift darf nicht dazu dienen, es dem Verurteilten zu ermöglichen, eine ihm unangenehme Anstalt zu verlassen, noch der Anstalt, einen unbequemen Untergebrachten loszuwerden. Zuständig zur Entscheidung ist nach § 463 V, 462, 462 a StPO die StVK. Durch die Überweisung in den Vollzug einer anderen Maßregel ändert sich nichts an der Rechtsnatur der vom Gericht ursprünglich angeordneten Maßregel, weshalb § 67 a IV StGB bestimmt, daß sich die Fristen für die Dauer der Unterbringung und die Überprüfung nach den Vorschriften richten, die für die im Urteil angeordnete Unterbringung gelten. 381

VIII. Überstellung, Auslieferung, Rückführung, Visumerteilung, paßbeschränkende Maßnahmen

Überstellung, Auslieferung, Rückführung, Visumerteilung und paßbeschränkende Maßnahmen sind wichtige Instrumente um eine Rückkehr ins Inland oder Ausland zu ermöglichen oder zu erzwingen. 382

Kunz

1. Überstellung Verurteilter zur Strafvollstreckung in das In- und Ausland nach dem Überstellungsübereinkommen

383 Ausländische Strafurteile werden als Hoheitsakte im Inland nicht vollstreckt, ebenso wenig inländische Urteile im Ausland. Die stärker werdende internationale Verflechtung der Staaten und das zusammenwachsende Europa lassen es aber zunehmend weniger angebracht erscheinen, die Wirkungen von Strafurteilen an den Grenzen enden zu lassen. Mit dem Überstellungsübereinkommen (auch »Transferübereinkommen« genannt wurde eine vertragliche Grundlage geschaffen, Freiheitsstrafen auch im Heimatstaat zu vollstrecken, wenn sie in einem anderen Staat verhängt wurden. In erster Linie gilt es aber die Interessen des Verurteilten an einer heimatnahen Vollstreckung zu verwirklichen, die auch in zahlreichen Vorschriften des dt. Vollstreckungsrechts immer wieder einen Ausdruck finden. Infolgedessen kommt eine Überstellung zur Strafvollstreckung immer nur aus dem Urteilsstaat in den Heimatstaat in Betracht.

a) Allgemeines

384 Die nach dem Übereinkommen vorgesehenen Berichte, Entscheidungen, Zustimmungen und Belehrungen erfordern erhebliche Zeit. Unter einem halben Jahr sollte man nicht veranschlagen, realistisch ist etwa ein Jahr. Das Übereinkommen ist zwischenzeitlich von nicht wenigen, vor allem europäischen Staaten in Kraft gesetzt worden. Zum 1.11.99 galt es im Verhältnis folgender Staaten:

385

- Albanien
- Bahamas
- Belgien
- Bulgarien
- Chile
- Costa Rica
- Dänemark
- Deutschland
- Estland
- Finnland
- Frankreich
- Georgien
- Griechenland
- Irland
- Island
- Israel
- Italien
- Kanada
- Kroatien
- Lettland
- Liechtenstein
- Litauen
- Luxemburg
- Malta
- Niederlande
- Norwegen
- Österreich
- Panama
- Polen
- Portugal
- Republik Moldau
- Rumänien
- Schweden
- Schweiz
- Slowak. Republik
- Slowenien
- Tschechische Republik
- Spanien
- Thailand
- Trinidad & Tobago
- Türkei
- Ukraine
- Ungarn
- Vereinigte Staaten
- Vereinigtes Königr.
- Zypern

386 Das Übereinkommen gilt gleichermaßen für die Vollstreckung von Strafen wie freiheitsentziehenden Maßregeln. Bei letzteren sollte bedacht werden, daß die Vollstreckung in erster Linie der Heilung und Sicherung dient,

während die Wahrung des Strafanspruchs in den Hintergrund tritt. Nicht alle Straftaten eignen sich nach einer Verurteilung für eine Überstellung: Im internationalen Drogenhandel, bei der organisierten Kriminalität und bei schweren Gewaltverbrechen ist Zurückhaltung am Platz. Auch wo nach einer Überstellung ins Ausland alsbald mit einer Strafentlassung aufgrund einer Amnestie gerechnet werden muß, sollte kein Vollstreckungsersuchen an den ausländischen Staat gerichtet werden.

Der Verfahrensablauf ist in den einzelnen Bundesländern unterschiedlich geregelt. Seiner Grundstruktur nach ergibt er sich aber aus dem Überstellungsübereinkommen, dem Gesetz zur Ausführung dieses Übereinkommens und den ergänzenden Vorschriften des IRG. 387

b) Vollstreckung ausländischer Urteile im Inland

Nach der deutschen Erklärung zu Art. 3 III des Überstellungsübereinkommens kann die Vollstreckung von Sanktionen nur übernommen werden, wenn ein deutsches Gericht das Urteil für vollstreckbar erklärt hat (Exequaturentscheidung). Das Verfahren richtet sich nach dem Vierten Teil des IRG und nach den Nrn. 64 ff RiVASt. Die sachliche und örtliche Zuständigkeit ergeben sich aus §§ 50 ff IRG. Wegen § 78 a I Nr. 3 GVG ist die StVK zuständig. 388

Nach Eingang der Mitteilung über die Bewilligung der Vollstreckung durch das zuständige Ministerium wird ein Vollstreckungsheft angelegt, ein Haftbefehl nach § 457 StPO erlassen und das Aufnahmeersuchen gestellt. Auch die Mitteilung zum BZR ist zu veranlassen, § 55 III IRG, 71 RiVASt. Die Überstellung selbst wird durch den ausländischen Staat veranlaßt. Hier muß aber die Übernahme gesichert sein. Nach der Überstellung besteht die uneingeschränkte Zuständigkeit der deutschen VollstrB, die in Anwendung des deutschen Rechts die Strafe weiter vollstrecken. Die Zuständigkeit liegt nach den allgemeinen Regeln beim Rechtspfleger. 389

Die Zuständigkeit der StA als VollstrB richtet sich nach dem Gericht, das die Exequaturentscheidung erlassen hat. Die zuständige örtlich Vollzugseinrichtung bestimmt sich nach § 24 I, III StVollstrO. 390

Die Akten sind dem StA zur Berichterstattung vorzulegen, wenn 391

– die Vollstreckung der ausländischen Sanktion abgeschlossen ist;

– der Verurteilte vor Abschluß der Vollstreckung aus der Haft entflieht oder

– sonstige für die Vollstreckung maßgebliche Umstände eintreten (zB eine Unterbrechung der Vollstreckung).

c) Vollstreckung inländischer Urteile im Ausland

392 Das aufwendige, komplizierte und langwierige Verfahren, das nicht dem Rechtspfleger übertragen ist, sollte aus Gründen der Sachkunde auch bei größeren Behörden auf einen oder wenige StAe konzentriert werden. Vom anschließend geschilderten Verfahrensablauf können sich durch Anordnungen der einzelnen Justizverwaltungen und VollstrB Abweichungen ergeben, die vorrangig zu beachten sind.

393 Bei Eingang des Gesuchs ist ein Bericht entsprechend den von den Justizverwaltungen der Bundesländern erlassenen Richtlinien zu fertigen. Dabei sind insbes die Straftat, der Vollstreckungsstand und die persönlichen Verhältnisse darzustellen. Nach Eingang der Mitteilung, daß ein Gesuch auf Überstellung an den ausländischen Staat gestellt wird, ist die Zustimmung des Verurteilten nach § 2 des Gesetzes zu dem Überstellungsübereinkommen (ÜAG) durch den Rechtshilferichter zu erholen. Nach Eingang der Mitteilung, daß der ersuchte Staat die Vollstreckung übernimmt, was erhebliche Zeit in Anspruch nehmen kann, wird auch die richterliche Belehrung nach § 5 II ÜAG vorzunehmen sein. Anschließend ist der Antrag auf Erlaß einer Festhalteanordnung (zuständig:, StVK; nach Überstellung: Gericht des 1. Rechtszugs), zu stellen und die eigentliche Überstellung zu veranlassen. Anschließend ist der Verurteilte zur Festnahme auszuschreiben.

394 Nach der Überstellung wird die Vollstreckung eingestellt, aber weiter überwacht. Mitteilungen zum BZR sind zu veranlassen, wenn mitteilungspflichtige Umstände bekannt werden. Die Überstellung selbst gehört hierzu nicht. Die rechtzeitige Aufhebung der Festhalteanordnung ist zu überwachen. Sie ist aufzuheben, wenn die Mitteilung des Vollstreckungstaates eingeht, daß dieser die Vollstreckung für abgeschlossen erachtet. Bei einer Freiheitsstrafe muß sie aufgehoben werden, wenn die Hälfte der verhängten (oder im Vollstreckungsstaat umgewandelten) Strafe verstrichen ist (§ 6 ÜAG), bei einer Unterbringung, wenn drei Jahre seit der Überstellung verstrichen sind (analog § 456 a II 2 StPO iVm § 67 c II StGB).

395 Nach Eingang der Mitteilung, daß der Vollstreckungstaat die Vollstreckung für beendet erachtet, wird die Vollstreckung beendet. Geht eine solche Mitteilung nach Ablauf der vorausberechneten Strafzeit nicht ein, sind die Akten dem StA vorzulegen, der zu berichten hat.

396 Im Verhältnis zu § 456 a StPO ist zu beachten, daß das Absehen von weiterer Vollstreckung das bei weitem schnellere und einfachere Verfahren darstellt, insbes keiner Zustimmung des Verurteilten bedarf. In seinen Auswirkungen aber einer Strafaussetzung zur Bewährung gleich, mit der Einschränkung, nicht in Bundesrepublik zurück kehren zu dürfen. Das legt nahe, Verfahren nach dem Überstellungsübereinkommen vor allem bei längeren Strafen ins Auge zu fassen.

Kunz

Strafvollstreckung Kapitel 3 837

Im vertragslosen Rechtshilfeverkehr kommen Überstellungen nach § 71 IRG durch Einzelvereinbarung in Betracht. **397**

Die Versagung der Überstellung durch die Justizverwaltung kann im Rechtsweg nach § 23 ff EGGVG überprüft werden. Dabei sind auch die verfassungsmäßigen Rechte eines Verurteilten zu berücksichtigen, insbes der Resozialisierungsanspruch des Verurteilten.[123] **398**

2. Sonstige Fälle internationaler Rechtshilfe

Die stärker werdende internationale Verflechtung hat auch sonst vor dem Strafrecht nicht Halt gemacht. Die Zahl der internationalen Übereinkommen, die sich mit der gegenseitigen Vollstreckung oder jedenfalls mit Erleichterungen bei der Strafvollstreckung befassen, ist beträchtlich gewachsen. **399**

a) Strafvollstreckung und Schengener Übereinkommen

Aufgrund des Schengener Durchführungsübereinkommens sind einerseits zwar die Binnengrenzkontrollen weitgehend weggefallen, andererseits wurde aber der Informationsaustausch verstärkt. Für Fahndungsmaßnahmen gilt das zum Schengener Informationssystem (SIS) im Kapitel Rechtshilfe Ausgeführte. **400**

Das Schengener Übereinkommen erlaubt es darüber hinaus, formlose Mitteilungen und Zustellungen ohne Einhaltung des Rechtshilfewegs unmittelbar an einen in einem Schengen-Staat Aufhältlichen zu übermitteln. Hierfür kommen zahlreiche Mitteilungen an Verurteilte im Zusammenhang mit der Strafvollstreckung in Betracht. Wo das Übereinkommen eine formlose Mitteilung genügen läßt, kann natürlich gleichwohl die Zustellung gewählt werden, wenn dies als zweckmäßig oder erforderlich erachtet wird. Eine erforderliche Zustellung erfolgt dabei durch Einschreiben mit Rückschein. Den Schreiben sind einfache Übersetzungen beizufügen. Eine amtliche Beglaubigung der Übersetzung ist nicht erforderlich. Auf diese Weise können etwa gerichtliche Entscheidungen und solche in Gnadensachen, Ladungen zum Strafantritt, Aufforderungen zur Übersendung des Führerscheins bei Fahrverboten und Zahlungsaufforderungen übermittelt werden.[124] Eine unmittelbare Möglichkeit Zwang auszuüben besteht allerdings nicht. Wo ein Zustellungsbevollmächtigter benannt ist, dürfte die Zustellung an diesen vorzuziehen sein. **401**

---

123 BVerfG NStZ 1998, 140
124 Die Einzelheiten können der Anlage II zu Anhang II Buchst J der RiVASt, Landesrechtliche Vorschriften entnommen werden. Dort auch zu der Frage, ob formlose Mitteilung oder Zustellung zu erfolgen hat.

Kunz

b) Das Übereinkommen der Europäischen Gemeinschaft über die Vollstreckung ausländischer strafrechtlicher Verurteilungen

402 Zweck des Übereinkommens[125] ist es, die durch Schaffung eines europäischen Raums ohne Binnengrenzen, den Abbau der Kontrollen und die gesteigerte Mobilität des Einzelnen notwendige Zusammenarbeit im justitiellen Bereich zu stärken. Eine in einem Vertragsstaat ausgesprochene strafrechtliche Sanktion soll wirksam umgesetzt und nicht dadurch, daß der Verurteilte sich außerhalb des Hoheitsgebiets des Urteilsstaates befindet, faktisch leerlaufen. Dies soll durch Übertragung der Vollstreckung gewährleistet werden. Es gilt gleichermaßen für Freiheitsstrafen, Geldstrafen und Geldbußen, nicht aber für die Kosten des Verfahrens. Aus Gründen der Verhältnismäßigkeit gilt für eingehende und ausgehende Ersuchen eine »Bagatellgrenze« von DM 200. Regelmäßig ist der justizministerielle Geschäftsweg einzuhalten, Art. 6 I VollstrÜbk. Bei eingehenden Ersuchen ist eine Exequaturentscheidung nach §§ 48 ff IRG erforderlich.

403 Das Übereinkommen findet seit dem 9.12.1997 im Verhältnis zu den Niederlanden vorzeitige Anwendung. Auch Spanien hat es ratifiziert.

c) Strafvollstreckung nach Einlieferung in das Inland

404 Nach Auslieferung ins Inland zur Durchführung eines Strafverfahrens ist der Spezialitätsgrundsatz zu beachten. Er besagt, daß ein ins Inland Eingelieferter nur soweit der Strafverfolgung und Strafvollstreckung zugeführt werden darf, wie dem der ausliefernde Staat zugestimmt hat. Der Grundsatz der Spezialität stellt ein Vollstreckungshindernis dar, das vom Verurteilten im Wege von Einwendungen nach § 458 StPO geltend gemacht werden kann.

405 Soll die Vollstreckung in einem anderen Verfahren als dem betrieben werden, für das die Auslieferung betrieben wurde, so ist – vorbehaltlich der Möglichkeit ein Nachtragsersuchen zu stellen – eine Schonfrist zu wahren. Diese beträgt vorbehaltlich anderer Bestimmungen in der Bewilligung durch den ausliefernden Staat zB nach Art. 14 I b Europ. Auslieferungsabkommen 45 Tage, vgl auch Nr. 100 II RiVASt. Jede Vollstreckungsmaßnahme ist in dieser Zeit unzulässig, nicht aber die Herbeiführung der Vollstreckbarkeit, zB durch das Widerrufsverfahren. Bei der Fristberechnung ist zu beachten, daß nach verbreiteter Auffassung[126] »Entlassung« im Sinne der Schonfrist erst in dem Zeitpunkt eintritt, in dem die Vollstreckung der Sanktion, für welche die Auslieferung bewilligt wurde, vollständig beendet ist, im Falle einer (Rest-) Strafaussetzung zur Bewährung, insbes bei Unterstellung unter einen Bewährungshelfer, also erst mit der Rechtskraft des Straferlasses.

---

125 BGBl 1997 II 1351; Gesetz zu dem Übereinkommen BGBl 1997 II 1350
126 OLG München NStZ 1993, 392

Im Ausland erlittene Freiheitsentziehung, die der Verurteilte in einem Auslieferungsverfahren erlitten hat, wird vom Gericht nach § 51 I, III StGB angerechnet, wenn die Auslieferung zum Zweck der Strafverfolgung erfolgte. Wurde für die Strafvollstreckung ausgeliefert, erfolgt sie nach § 450 a StPO. Dessen Grundsätze wiederholt § 39 a StVollstrO. Die Anrechnung ist Sache der VollstrB. Sie prüft dabei auch, ob ein anderer Anrechnungsmaßstab als 1:1 zu wählen ist, etwa wegen deutlich härterer Haftbedingungen im Ausland. Die Rechtsprechung zu § 51 IV 2 StGB ist dabei heranzuziehen. Die Strafzeit beginnt in diesen Fällen nach hM mit der Übernahme durch deutsche Beamte. Nach anderer Ansicht soll der Zeitpunkt der Festnahme zur Auslieferung im Ausland maßgebend sein.[127] Gegen die Berechnung durch die VollstrB kann der Verurteilte Einwendungen nach § 458 a StPO geltend machen. Zuständig zur Entscheidung wird meist die StVK sein, § 462 a I StPO.

d) Zuständigkeit

Die selbständige Bearbeitung von Rechtshilfeersuchen ist durch die BegrVO nicht von der Übertragung auf den Rechtspfleger ausgenommen. Die erforderlichen Antragstellungen gegenüber den Gerichten und die bestehenden Berichtspflichten sprechen aber eher gegen eine selbständige Bearbeitung durch den Rechtspfleger. Allerdings können ihm vorbereitende Tätigkeiten übertragen werden, § 27 RPflG.

3. Rückführung, Rücklieferung, Rückkehrhilfe und paßbeschränkende Maßnahmen

Besteht gegen einen Verurteilten ein Haftbefehl und befindet er sich im Ausland, so kommen auch Anregungen an die ausländischen Behörden in Betracht, den Verurteilten in die Bundesrepublik abzuschieben.

Bei Deutschen iSd Art. 116 I GG können auch paßbeschränkende Maßnahmen erwogen werden, die zur Ausreise aus dem Land des Aufenthalts nötigen. Hierunter sind Maßnahmen nach § 7 ff PaßG zu verstehen. Sie kommen vor allem in Betracht, wenn sich ein Verurteilter der Strafvollstreckung oder der Vollstreckung einer mit Freiheitsentziehung verbundenen Maßregel der Besserung und Sicherung entziehen will. Der Paß kann dann ganz versagt oder auf die Einreise in die Bundesrepublik beschränkt werden.

Häufig wird zu entscheiden sein, ob die Rücklieferung deutscher Staatsangehöriger betrieben werden soll. Im Hinblick auf die entstehenden Kosten haben manche Justizverwaltungen vor einer die Rücklieferung anordnenden Entscheidung die Berichterstattung angeordnet. In Bayern ergibt sich

---

127 Zum Streitstand: Pohlmann/Jabel/Wolf § 39 a Rn 9

die Berichtspflicht aus Nr. 8 ErgRiVAST. Steht von Anfang an fest, daß eine Kostenübernahme nicht in Betracht kommt, bedarf es keines Berichts.

411 Für drogenabhängige Verurteilte gilt eine Sonderregelung für die Rückkehrhilfe aus den Niederlanden: Der Vollstreckungsplan für das Land Nordrhein-Westfalen enthält folgende Regelung.[128]

412 »Intravenös Drogenabhängige oder Methadonsubstituierte aus Baden-Württemberg, Bayern, Hessen, Nordrhein-Westfalen, Rheinland-Pfalz, dem Saarland, Sachsen und Thüringen, die nach ihrer Rückkehr aus den Niederlanden in NRW in Haft genommen worden sind und einer dringenden stationären Behandlung von Entzugserscheinungen bedürfen, sind vorübergehend dem Justizvollzugskrankenhaus in Fröndenberg zuzuführen. Voraussetzung für die Aufnahme ist, daß in jedem Einzelfall Einvernehmen zwischen dem Justizvollzugskrankenhaus Nordrhein-Westfalen in Fröndenberg und der nach Abschluß der erforderlichen Entzugsbehandlung zuständigen Justizvollzugsanstalt des anderen Landes sowie der für die Strafvollstreckung oder Strafverfolgung zuständigen Staatsanwaltschaft (ggf. auch dem Haftrichter) hergestellt worden ist über

a) die vorübergehende Aufnahme des Gefangenen im Justizvollzugskrankenhaus,

b) die anschließende Verlegung in die jeweils zuständige Justizvollzugsanstalt des anderen Landes und

c) die Übernahme sämtlicher Kosten (einschließlich des Transports) durch das andere Land.«

413 Eine Rückführung vietnamesischer Staatsangehöriger ermöglicht das Abkommen über die Rückübernahme vietnamesischer Staatsangehöriger vom 21.7.95.

4. Anfragen wegen Visumerteilung

414 Mit dem folgenden Formular können die häufigen Anfragen des Bundesverwaltungsamtes abgearbeitet werden, wenn bei einem ausländischen Verurteilten Fahndungsmaßnahmen bestehen, er aber andererseits ein Visum zur Einreise beantragt.

---

128 Justizministerium des Landes NRW, Schreiben v. 16.2.1994 Gz.: 4481 -IV B.28

415

STAATSANWALTSCHAFT
 # O R T #
#ZwSt#

Az.: ⋖ Datum: ⋖ sta vis 1

Strafvollstreckung
gegen
_____

wegen
_____

Anfrage wegen Visumerteilung

Mit Telefax
An das Bundesverwaltungsamt Köln

50728 Köln

Zum FS Nr. _____ v. _____ Az.: _____

Gegen die Erteilung eines Visums bestehen ○ keine Bedenken. ○ folgende Bedenken:

Mit ○ Urteil ○ Strafbefehl ○ Gesamtstrafenbeschluß des ○ Amtsgerichts ○ Landgerichts in
_____ vom _____, rechtskräftig seit _____
wurde gegen d. Obengenannte(n) eine
○ (Gesamt-) Geldstrafe von _____ Tagessätzen zu DM _____, insgesamt DM _____
○ (Gesamt-) Freiheitsstrafe von _____
festgesetzt.
❏ **Freiheitsstrafen:**
    ○ Die (Gesamt-) Freiheitsstrafe wurde zur Bewährung ausgesetzt.
    ○ Widerruf der Strafaussetzung ist beantragt. Es besteht Haftbefehl nach § 453 c StPO.
    ○ Aus der (Gesamt-) Freiheitsstrafe sind noch _____
    zu vollstrecken, weil
        ○ d. Verurteilte entwichen ist.
        ○ von der weiteren Vollstreckung zunächst gemäß § 456 a StPO abgesehen wurde. Bei einer
        Einreise wird gemäß § 456 Abs. 2 Satz 1 StPO die Vollstreckung nachgeholt werden.
❏ **Geldstrafen:**
Die Vollstreckung der Ersatzfreiheitsstrafe ist angeordnet. Sie kann durch Zahlung der Geldstrafe
von DM _____ abgewendet werden. Ferner schuldet der Verurteilte noch
DM _____ Verfahrenskosten. Die Einzahlung kann auf das Konto der
#Landesoberkasse/Justizkasse#, Kto.-Nr. 0000000000 bei der XYZ-Bank (Bankleitzahl 000 000 00)
unter Angabe des oben angegebenen Aktenzeichens erfolgen.
❏ Im Hinblick auf diese Verurteilung besteht die Gefahr, daß im Inland Straftaten begangen werden
könnten.
❏ _____
_____

(Unterschrift, Namensstempel)

TV-StA #StA# sta vis 1   (08.00) Anfrage Visumerteilung

> **Verfügung**
>
> 1. Umseitiges Schreiben als Telefax (Telefax-Nr.: 0221/7582823) an Bundesverwaltungsamt Köln
>
> 2. Geschäftsstelle zurück
>
> _____
> (Unterschrift, Namenstempel)

416　Das Formular ermöglicht eine Stellungnahme und zeigt einen Weg auf, wie noch offene Geldstrafen und Kosten erledigt werden können. Da die Beantwortung meist eilbedürftig ist, kann die Übermittlung, die auf der Rückseite verfügt ist, urschriftlich mit Telefax erfolgen. Es ist nicht vorgesehen, eine Reinschrift zu erstellen.

IX. Vollstreckung von Geldstrafe und Ersatzfreiheitsstrafe

417　Die Geschäfte bei der Vollstreckung von Geldstrafen fallen, von wenigen Ausnahmen abgesehen, in die Zuständigkeit des Rechtspflegers. Der StA wird nur in besonderen Situationen, vor allem bei Einwendungen nach § 31 VI RPflG gegen die Versagung von Zahlungserleichterungen, die Anordnung der Vollstreckung der Ersatzfreiheitsstrafe und den Erlaß des Haftbefehls damit befaßt.

418　Die Aufforderung zur Zahlung einer Geldstrafe an einen Verurteilten mit Aufenthalt in einem Schengen-Staat kann formlos mitgeteilt werden. Gleiches gilt für die Entscheidungen über Zahlungserleichterungen, § 456 a StPO und die Anordnung der Vollstreckung der Ersatzfreiheitsstrafe, § 456 e StPO.[129]

1. Vollstreckung der Geldstrafe

419　Hier stehen Fragen von Zahlungserleichterungen im Vordergrund, vor allem Stundung und Ratenzahlung, § 459 StPO. Voraussetzung für eine sachgerechte Entscheidung ist eine sorgfältige Ermittlung der persönlichen und wirtschaftlichen Verhältnisse. Diese kann mittels eines geeigneten Fragebogens im Wege der Selbstauskunft erledigt werden. Dabei sollte besonderes Augenmerk darauf gelegt werden, welche Ausgaben sich ein Verur-

---

[129] Rn 400

teilter für Telefon, beruflich nicht benötigten PKW und ähnliches leistet. Oft ergibt sich alleine hieraus ein Betrag, der eine erhebliche Ratenhöhe rechtfertigt. Auch bei Geldstrafen ist auf eine nachdrückliche Vollstreckung zu achten, selbst wenn der Verurteilte nicht auf Rosen gebettet ist. Die Tatsache, daß es sich um einen Sozialhilfeempfänger handelt, bedeutet keineswegs, daß er alleine deshalb die Geldstrafe nicht in angemessenen Raten begleichen kann. Einem zahlungswilligen Verurteilten sollte andererseits selbst über einen längeren Zeitraum hinweg Gelegenheit zur Erledigung gegeben werden, auch wenn die Vollstreckung einer Geldstrafe dem Grunde nach in etwa 10-12 Monaten abgeschlossen sein sollte. Bei der Bemessung der monatlichen Raten sollte auch das frühere Zahlungsverhalten berücksichtigt werden. An einen Verurteilten, der in der Vergangenheit bei gegebener Zahlungsfähigkeit nachlässig war, können höhere Anforderungen gestellt werden, um dies auszugleichen.

Unter den Voraussetzungen des § 459 d StPO kann das Gericht anordnen, daß die Vollstreckung einer Geldstrafe unterbleibt, wenn Freiheitsstrafe mit Geldstrafe zusammentrifft. Weitere Voraussetzung ist, daß die Vollstreckung der Geldstrafe »die Wiedereingliederung des Verurteilten erschweren kann«. Es handelt sich um eine Ermessensentscheidung. Trotz der Formulierung »erschweren kann« darf das öffentliche Interesse an der Vollstreckung nur zurück treten, wenn die Resozialisierung des Verurteilten andernfalls ernsthaft gefährdet wäre.[130]

420

2. Vollstreckung der Ersatzfreiheitsstrafe

Bleibt die Beitreibung der Geldstrafe erfolglos, muß die Vollstreckung der Ersatzfreiheitsstrafe angeordnet werden, § 459 e StPO. Dabei ist das Vorliegen der gesetzlichen Voraussetzungen der Vollstreckung der Ersatzfreiheitsstrafe zu prüfen. Zuständig ist der Rechtspfleger. Ob die Zahlungsunfähigkeit verschuldet oder unverschuldet ist, spielt dabei keine Rolle. Die Vollstreckung der Ersatzfreiheitsstrafe ist die Folge der Uneinbringlichkeit der Geldstrafe. Eine Ausnahme macht § 459 f StPO, wenn die Vollstreckung für den Verurteilten eine unbillige Härte wäre. Die als Sondervorschrift zu § 456 StPO zu verstehende Regelung greift aber bei bloßer Zahlungsunfähigkeit nicht ein. Bei Wegfall der unbilligen Härte kann die Anordnung widerrufen werden. Da es sich bei einer Entscheidung nach § 459 f nicht um einen Strafaufschub handelt, läuft die Verjährung weiter, § 79 a Nr. 1 StGB. Eines förmlichen Antrags bedarf es nicht, deshalb kann die Anregung bei Gericht auch vom Rechtspfleger gegeben werden. Das zuständige Gericht bestimmt sich nach §§ 462, 462 a StPO.

421

Auf die Anordnung der Vollstreckung der Ersatzfreiheitsstrafe folgt die Ladung zum Strafantritt. Diese sollte zweckmäßig mit einem deutlich her-

422

---

130 Tröndle/Fischer § 459 d Rn 6

vorgehobenen Hinweis auf die Möglichkeit der Tilgung durch gemeinnützige Arbeit verbunden sein, wenn dies nach den landesrechtlichen Vorschriften der betreffenden VollstrB in Betracht kommt.[131] Stellt sich der Verurteilte auf eine Ladung nicht, wie häufig, ergeht Vollstreckungshaftbefehl. Die Verhaftung kann der Verurteilte jederzeit durch Zahlung abwenden. Eine grundsätzlich mögliche Rücknahme des Haftbefehls sollte nur aufgrund ganz außergewöhnlicher Umstände vorgenommen werden, die bei Erlaß nicht bekannt waren. Da die Rücknahme des Haftbefehls einem Aufschub gleichkommt, gilt – meist – § 456 StPO. Zur Entscheidung ist im Hinblick auf § 1 I Nr. 2 BegrVO bei Geldstrafen der Rechtspfleger zuständig.

423 Die Regelungen über eine vorzeitige Aussetzung nach § 57 StGB gelten für die Ersatzfreiheitsstrafe nach umstrittener Auffassung nicht. Meist wird auch § 57 I 1 Nr. 1 StGB nicht erfüllt sein. Bei einer Geldstrafe und folglich auch bei der an ihre Stelle tretenden Ersatzfreiheitsstrafe gibt es keine Strafaussetzung zur Bewährung. Das ist systemwidrig.

3. Tilgung uneinbringlicher Geldstrafen durch gemeinnützige Arbeit

424 In den Gnadenordnungen der verschiedenen Bundesländer oder in gesonderten Erlassen ist meist die Möglichkeit vorgesehen, daß Verurteilte uneinbringliche Geldstrafen durch gemeinnützige Arbeit tilgen. Die Tilgung dient nicht der Vermeidung der Bezahlung, sondern der Haft. Beim Zahlungsfähigen kommt sie nicht in Betracht. Iü sind die sehr unterschiedlichen Bestimmungen der einzelnen Länder zu beachten.

X. Vollstreckung von Nebenstrafen, Nebenfolgen und Maßregeln ohne Freiheitsentziehung

425 Bei den Nebenstrafen, Nebenfolgen und Maßregeln ohne Freiheitsentziehung sind zahlenmäßig die Entziehung der Fahrerlaubnis sowie das Fahrverbot an erster Stelle zu nennen. Zu den Nebenfolgen gehören auch der Verlust der Wählbarkeit und des Wahlrechts (§§ 45 ff StGB), der Verfall (§ 73 ff), die Einziehung (§§ 74 ff) und die Bekanntgabe der Verurteilung.

---

131 Vgl hierzu noch Rn 424

1. Entziehung der Fahrerlaubnis, Einziehung und Sperrfrist

Ein von einer deutschen Behörde ausgestellter Führerschein wird, wenn die Fahrerlaubnis entzogen wird, im Urteil eingezogen, § 69 III 2 StGB. Nach § 56 I 4 StVollstrO ist ein solcher eingezogener Führerschein in jedem Fall mit einem Vermerk über die Einziehung zu versehen und durch Einschneiden unbrauchbar zu machen. Dies gilt auch bei den Führerscheinen im Scheckkartenformat. Schwierigkeiten kann allerdings das Anbringen des vorgeschriebenen Vermerks bereiten. Besitzt ein Verurteilter keine Fahrerlaubnis, wird nur eine isolierte Sperre ausgesprochen. Es kommt gelegentlich auch vor, daß dem Inhaber einer Fahrerlaubnis diese im Urteil oder Strafbefehl versehentlich nicht entzogen, wohl aber der Führerschein eingezogen wird. Der Verurteilte darf dann aber am Straßenverkehr teilnehmen, die Einziehung geht ins Leere. ME sollte der Führerschein mit einem entsprechenden Hinweis zurück gegeben werden. Eine nachträgliche Entziehung der Fahrerlaubnis ist nicht möglich. Sie scheitert an der Rechtskraft des Urteils.[132] Ist umgekehrt nur die Fahrerlaubnis entzogen, die Einziehung des Führerscheins aber versehentlich unterblieben, wird eine Urteilsergänzung, aber auch die Anregung der Einziehung durch die zuständige Verwaltungsbehörde für zulässig erachtet.[133]

426

a) Vorzeitige Aufhebung der Sperre, § 69a VII StGB

Für die Behandlung von Anträgen auf vorzeitige Aufhebung der Sperre nach § 69 a VII StGB, die auch bei einer für immer angeordneten Sperre möglich ist, ist das Gericht des 1. Rechtszugs zuständig, unter den Voraussetzungen des § 462a I 2 StGB die StVK. Die Anträge werden häufig als »Gnadenanträge« bezeichnet, sind aber, sofern eine Abkürzung im Rahmen der gesetzlichen Fristen möglich ist, als Antrag nach § 69 a VII StGB zu behandeln.

427

Häufig wird der Antrag darauf gestützt, man benötige die Fahrerlaubnis aus beruflichen/privaten Gründen. Nur hierauf gestützte Anträge sind dem Gericht mit einer ablehnenden Stellungnahme zuzuleiten. Entscheidend ist einzig die charakterliche Eignung. Inwieweit letztere durch entsprechende soziale Trainingsmaßnahmen und Nachschulungen vorzeitig wieder erlangt werden kann, wird sehr unterschiedlich beurteilt. Hier sollte Zurückhaltung geübt werden.

428

b) Probleme bei ausländischen Fahrerlaubnissen

Während seit 1.1.1999 EU- und EWR-Führerscheine eingezogen werden können, wenn der Verurteilte im Inland seinen ordentlichen Wohnsitz hat, entstehen bei anderen Fahrerlaubnissen Probleme. In jedem Fall lebt die

429

---

132 Vgl hierzu VG Schwerin NZV 1998, 344
133 Pohlmann/Jabel/Wolf § 56 Rn 8

entzogene Fahrerlaubnis nach Ablauf der Sperrfrist im Gegensatz zur früheren Rechtslage nicht wieder auf. Die Fahrberechtigung für das Inland muß neu erteilt werden. Darüber sollte ein Verurteilter in geeigneter Form belehrt werden.

430 Handelt es sich um einen von Behörden eines Mitgliedsstaates der Europäischen Union oder eines anderen Vertragsstaates des Abkommens über den Europäischen Wirtschaftsraum ausgestellten Führerschein, sofern der Inhaber seinen ordentlichen Wohnsitz im Inland hat, so wird der Führerschein, wenn die Fahrerlaubnis entzogen wird, im Urteil eingezogen und an die ausstellende ausländische Behörde zurückgesandt, § 69 b II 1 StGB. Geklärt ist zwischenzeitlich, daß die Rücksendung ausländischer Führerscheine über das Kraftfahrtbundesamt erfolgen kann. Unklar ist aber weiterhin, wie die nach Art. 3 des Übereinkommens über den Entzug der Fahrerlaubnis für den Bereich der EU-Staaten vorgeschriebene Benachrichtigung der Ausstellungsbehörde erfolgen soll. Ausführungsvorschriften fehlen (Stand: Juni 2000). Die Benachrichtigung kann entweder über die deutsche Auslandsvertretung im Empfangsstaat oder über die deutsche Inlandsvertretung des Empfangsstaats erfolgen. Der Benachrichtigung über die Entziehung der Fahrerlaubnis dürfte eine Abschrift der Entscheidung beizufügen sein, um die Heimatbehörden in die Lage zu versetzen, nach ihrem Recht weitergehende Maßnahmen zu ergreifen.

431 Handelt es sich um einen von Behörden eines Mitgliedsstaates der Europäischen Union oder eines anderen Vertragsstaates des Abkommens über den Europäischen Wirtschaftsraum ausgestellten Führerschein, und hat der Inhaber seinen ordentlichen Wohnsitz nicht im Inland oder wurde er von Behörden eines Drittstaates ausgestellt, werden die Entziehung und die Sperre in den ausländischen Führerscheinen vermerkt, etwa durch einen Aufkleber. Nachteil: Dieser kann häufig rückstandslos entfernt werden, eine festere Verbindung scheitert daran, daß eine solche stets mit einer Beschädigung des Führerscheins verbunden ist. Das nach § 56 II 3 StVollstrO Vorgeschriebene ist nicht realisierbar. Auch in diesen Fällen ist der Weg und die Art der Mitteilung an die Heimatbehörde ungeklärt, vgl die vorhergehende Rn.

432 Es verbleiben Fälle, in denen ein Verurteilter nach den Vorschriften über den internationalen Kraftverkehr im Inland aufgrund seiner ausländischen Fahrerlaubnis an sich schon nicht (mehr) fahren darf, vor allem weil die Jahresfrist abgelaufen ist, und nun wegen Straftaten nach § 69 StGB eine Entziehung in Betracht käme. Nach dem Wortlaut des § 69 b I StGB ist sie indes nicht möglich, was die Vorschrift, auch deren Abs 2, unanwendbar machen würde Es könnte nur eine isolierte Sperre nach § 69 a I 3 StGB angeordnet werden. Folge wäre, daß ein Verurteilter nach Rückverlegung seines Wohnsitzes ins Ausland (vielleicht auch nur zu Zwecken einer Umgehung) im Inland wieder ein Fahrzeug führen dürfte, denn die Fahrerlaubnis ist ihm ja nicht entzogen und der materielle Grund dafür, daß er im

Inland kein Fahrzeug führen darf (Wohnsitz länger als ein Jahr im Inland) wäre weggefallen. In diesen Fällen ist daher ebenfalls die Entziehung und eine Sperre auszusprechen und nach § 69 b II StGB im ausländischen Fahrausweis zu vermerken.[134] Wenn die Gerichte so vorgehen, ist dies aus Sicht der Vollstreckung unproblematisch.

Hat entgegen dem soeben Ausgeführten das Gericht die Fahrerlaubnis nicht entzogen, sondern nur eine isolierte Sperre angeordnet, wird die Lage aus Sicht der Vollstreckung problematisch: Sicher ist, daß im ausländischen Führerschein keine Entziehung vermerkt werden darf, denn eine solche ist vom Gericht nicht ausgesprochen worden. In hohem Maße umstritten ist, ob hier die isolierte Sperre eingetragen werden darf oder gar muß. Eines ist klar: Die Eintragung ist rechtlich bedeutungslos: Entweder darf der Verurteilte nach den Vorschriften über den internationalen Kraftverkehr Fahrzeuge führen oder er darf es nicht. Die materiellrechtliche Lage wird durch die Eintragung der Sperre nicht beeinflußt. Mit der wohl auch vom BGH geteilten Auffassung wäre die Eintragung nicht zulässig.[135] Ein Vergleich mit der Lage bei Vorliegen einer deutschen Fahrerlaubnis bestätigt die Richtigkeit dieser Auffassung: Wird einem Inhaber einer deutschen Fahrerlaubnis diese – fehlerhaft – nicht entzogen und nur eine isolierte Sperrfrist ausgesprochen, so hat dies zur Folge, daß der Führerschein ohne Eintragung einer Sperre zurückgegeben werden muß. Nicht anders kann es aber bei einer ausländischen Fahrerlaubnis sein.

433

2. Fahrverbot

Der Verurteilte wird durch die VollstrB zur Abgabe des Führerscheins, ggf unter Beifügung einer Fristberechnung nach § 25 II a StVG aufgefordert. Gleichzeitig erhält er eine Belehrung über die Folgen einer verspäteten Abgabe. Bei einem gerichtlich verhängten Fahrverbot ist VollstrB die StA, sonst die Verwaltungsbehörde. Bei einem Verurteilten mit Aufenthalt in einem Schengen-Staat kann die Aufforderung zur Übersendung des Führerscheins auch durch (mindestens) formlose Mitteilung erfolgen. Nach fast allgemeiner Auffassung ist bei einem Fahrverbot kein Strafaufschub möglich, weil es von Gesetzes wegen eintritt. Probleme entstehen bei der vorzeitigen Abgabe und bei einem beschränkten Fahrverbot.

434

a) Unzeitige Abgabe des Führerscheins

Wird der Führerschein vor der Rechtskraft abgegeben, wird die Frist für das Fahrverbot nach ganz überwiegender und richtiger Ansicht erst ab Rechtskraft gerechnet. Die Fälle sind insbes bei Bußgeldurteilen häufig. bei denen es einer Zustellung der gerichtlichen Entscheidung an die StA im

435

---

134 So jetzt auch BGH NJW 1999, 228
135 BGH NJW 1999, 228 mwN für beide Auffassungen

Büroweg bedarf. Nicht selten wird der Führerschein dann auch noch bei einer Polizeidienststelle abgegeben, die dies in Unkenntnis des gerichtlichen Verfahrens als Einspruchsrücknahme wertet. Dem Verurteilten hilft sein Vorbringen nichts, er sei nicht gefahren und irrig der Meinung gewesen, sein Rechtsmittelverzicht habe die Rechtskraft herbeigeführt. Würde er vor Rechtskraft dennoch fahren, beginge er nämlich nur eine OWi. Die Berechnung erscheint auch nicht unbillig. Allerdings sollte dem Verurteilten eine schriftlich Belehrung erteilt werden, wonach

436 a) das Fahrverbot erst mit der Rechtskraft wirksam wird und es hierzu auch des Rechtsmittelverzichts (oder des Ablaufs der Rechtsmittelfrist) durch die StA bedarf und

437 b) der Führerschein bei der StA als VollstrB (und nicht bei der Polizei) abzugeben ist.

438 Der in Bayern verwendete Vordruck nach StP 260 enthält mE entsprechende eindeutige Hinweise. Um einen Verurteilten nicht unbillig zu beschweren, spricht aber wohl nichts dagegen, den nach Abgabe bei einer Polizeidienststelle ab Rechtskraft verstrichenen Zeitraum auf das Fahrverbot anzurechnen.

b) Beschränktes Fahrverbot

439 Nach § 44 StGB kann das Fahrverbot auf Fahrzeuge bestimmter Art beschränkt werden. Würde in einem solchen Fall der Verurteilte den Führerschein zum Zweck der Vollstreckung abgeben (was er muß, um die Frist zum Laufen zu bringen) so würde er eine OWi begehen wenn er ein führerscheinpflichtiges Fahrzeug erlaubt führt (Nichtmitführen des Führerschein). Hier hilft nur die Ausstellung eines Ersatzführerscheins. Das muß der Verurteilte selbst in die Wege leiten. Seinen unbeschränkten Führerschein muß er abgeben. Die Eintragung eines Vermerks wie bei ausländischen Führerscheinen oder aber die Erteilung einer Bestätigung durch die VollstrB, daß er Fahrzeuge bestimmter Art führen darf, ist nicht vorgesehen.[136]

c) Mehrfache Anordnung

440 Im Hinblick auf den Wortlaut der §§ 44 StGB, 25 StVG, die auf die Rechtskraft der Entscheidung abstellen, kann kein Zweifel daran bestehen, daß die mehrfache Anordnung von Fahrverboten zu einer »Parallelvollstreckung« mehrerer sich überschneidender Fahrverbote führt, mag sich dies auch als unerwünscht herausstellen. Dabei macht es zunächst keinen Unterschied, ob es sich um ein Fahrverbot nach § 44 StGB oder § 25 StVG handelt. Aufgrund der Abgabe für das zeitlich zunächst beginnende Fahrverbot befindet sich der Führerschein auch in »amtlicher Verwahrung«. Neu ist das

---

136 Tröndle/Fischer § 44 Rn 13f

vom Gesetzgeber geschaffene Abgabewahlrecht nach § 25 IIa StVG. Für das Fahrverbot nach § 44 StGB gibt es ein solches Wahlrecht nicht.

Im Zusammenhang mit dem vom Gesetzgeber neu geschaffenen Abgabewahlrecht nach § 25 IIa StVG sind einige Besonderheiten zu beachten. Mehrere Fahrverbote sind nach § 25 IIa 2 StVG nacheinander zu vollstrecken. Der Betroffene kann jedoch von seinen Bestimmungsrechten nach § 25 IIa StVG Gebrauch machen. Übt er Verurteilte diese bis zum Ablauf der Vollstreckung des ersten Fahrverbots nicht aus, ist aber für das zweite Fahrverbot die viermonatige Bestimmungsfrist noch nicht abgelaufen, ist der Führerschein zurückzugeben. Es wird sich empfehlen, beim Betroffenen vor der Rückgabe auf eine Erklärung hin zu wirken, ob eine unmittelbare Anschlußvollstreckung gewünscht wird. Das gilt wohl gleichermaßen beim Zusammentreffen mehrerer Fahrverbote jeweils mit Wahlrecht als auch beim Zusammentreffen von Fahrverboten ohne und mit Wahlrecht. Für letztere Gestaltung ist dies nach dem Wortlaut aber keineswegs zwingend.

441

Auf Inhaber ausländischer Führerscheine kann § 25 IIa StVG nicht unmittelbar angewendet werden, soweit das Fahrverbot lediglich eingetragen wird (Wortlaut!). Ein sachlicher Grund für eine Schlechterstellung besteht jedoch nicht. Insoweit steht der Zeitpunkt der Eintragung des Vermerks der Abgabe in die amtliche Verwahrung gleich.

442

d) Verlust des Führerscheins bei der VollstrB

Es sollte nicht vorkommen, aber es passiert eben: Nach dem Ablauf der Fahrverbotsfrist soll der Führerschein zurückgegeben werden, er ist aber unauffindbar. Bleibt die Suche vergebens (Poststelle mit einbeziehen: Noch im Kuvert, mit dem er übersandt wurde?!), bleibt nur die Möglichkeit, die Führerscheinstelle um Amtshilfe zu bitten, einen Ersatzführerschein auszustellen. Die Führerscheinstelle wird rechtzeitig (einige Tage) vorher zu informieren sein, damit die vorbereitenden Tätigkeiten erledigt werden können. Der Verurteilte wird gebeten, sich mit einem Lichtbild bei der zuständigen Verwaltungsbehörde einzufinden.

443

XI. Dienstaufsichtliche Maßnahmen, Einwendungen, gerichtliche Entscheidungen

Im Folgenden sollen die verschiedenen dienstaufsichtliche Maßnahmen, Einwendungen, gerichtliche Entscheidungen nochmals zusammenfassend und im Überblick dargestellt werden. Spezielle Fragen sind indes bei den einzelnen Sachgebieten behandelt.

444

Kunz

1. Maßnahmen der Dienstaufsicht in Strafvollstreckungssachen, § 21 StVollstrO

445 Über Einwendungen gegen eine Entscheidung oder eine andere Anordnung der VollstrB entscheidet, vorbehaltlich einer vorrangigen gerichtlichen Zuständigkeit,[137] der GenStA beim OLG, wenn die StA beim LG oder der Jugendrichter als Vollstreckungsleiter entschieden haben, § 21 StVollstrO.

446 Namentlich kommen hier in Betracht:
- Ablehnung des Absehens von weiterer Vollstreckung nach § 456 a StPO;
- Ablehnung der Zurückstellung nach § 35 BtmG;
- Herausnahme aus dem Jugendstrafvollzug;
- Ladung zum Strafantritt;
- Vollstreckungsreihenfolge außerhalb des § 454 b StPO;
- Vollstreckungshaftbefehl nach § 457 StPO, solange er noch nicht vollzogen ist.

447 Durch Einwendungen nach § 21 StVollstrO wird die Vollstreckung nicht gehemmt. Sie ist daher fortzusetzen. Die Vollstreckungspflicht kann allerdings ein Absehen von Zwangsmaßnahmen rechtfertigen, wenn bei einer Fortsetzung der Vollstreckung schwerwiegende Nachteile oder gar Grundrechtsverletzungen drohen.

448 Das Verfahren über die Einwendungen nach § 21 StVollstrO ist gleichzeitig die erforderliche Vorschaltbeschwerde für das Verfahren nach §§ 23 ff EGGVG. S. für die Herausnahme aus dem Jugendstrafvollzug Rn 26, bei der Vollstreckungsreihenfolge von Strafe und Maßregel in verschiedenen Verfahren nach § 44 b StVollstrO,[138] bei dem Absehen von weiterer Vollstreckung nach § 456 a StPO, soweit nicht § 458 StPO vorrangig gilt[139] und im Verfahren der Zurückstellung der Strafvollstreckung nach § 35 BtmG.[140]

2. Einwendungen gegen Maßnahmen des Rechtspflegers, § 31 VI RPflG

449 Soweit die Geschäfte dem Rechtspfleger übertragen sind, kann gegen seine Anordnungen nicht unmittelbar das Gericht oder die Aufsichtsbehörde angerufen werden. Vielmehr entscheidet über Einwendungen gegen Maßnahmen des Rechtspflegers zunächst der StA oder (im Jugendrecht) Richter, an dessen Stelle der Rechtspfleger gehandelt hat, § 31 VI RPflG. Erst gegen dessen Entscheidung ist die Anrufung des Gerichts, etwa nach

---

137 Rn 452 ff
138 Rn 120
139 Rn 233
140 Rn 294

§§ 458, 459 h StPO oder § 23 EGGVG, oder die Beschwerde nach § 21 StVollstrO möglich.

Da der Rechtspfleger den Einwendungen abhelfen kann, werden die Akten zweckmäßig zunächst ihm vorgelegt. Eine solche Abhilfe wird insbes bei neuem erheblichem Sachvortrag in Betracht kommen. Hilft er nicht ab, legt er die Akten dem StA (oder Jugendrichter) zur Entscheidung vor. Dieser kann entweder die Einwendungen in einem dem Verurteilten mitzuteilenden Bescheid zurückweisen oder die Akten dem Rechtspfleger mit einer Weisung zurückgeben. Er kann natürlich auch den Rechtspfleger von seiner Auffassung überzeugen, was eine Weisung entbehrlich macht.   450

Die Vorschrift des § 31 VI 2 RPflG über das Weisungsrecht gilt über solche bei Einwendungen hinaus und eröffnet ein allgemeines Weisungsrecht des StA gegenüber dem Rechtspfleger in Strafvollstreckungssachen. § 9 RPflG ist wegen § 32 RPflG unanwendbar.   451

3. Gerichtliche Entscheidungen in Strafvollstreckungssachen

Im folgenden werden die gerichtlichen Entscheidungen in Strafvollstreckungssachen im Erwachsenenrecht zusammengefaßt. Detailliertere Hinweise finden sich bei den einzelnen Geschäften. Eine Übersicht über die Fälle von Einwendungen nach § 21 StVollstrO findet sich unter Rn 445.   452

a) Gerichtliche Entscheidungen in Strafvollstreckungssachen

Eine gerichtliche Entscheidung nach *§ 458 I StPO* ist vor allem herbeizuführen (vgl hierzu auch § 42 StVollstrO):   453

– Bei Zweifeln über die Auslegung eines Strafurteils
– Bei Zweifeln über die Berechnung der erkannten Strafe
– Bei Einwendungen über die Zulässigkeit der Strafvollstreckung

Handelte es sich ursprünglich um eine Maßnahme des Rechtspflegers, zB bei der Strafzeitberechnung, entscheidet zunächst der StA. Erst gegen dessen Entscheidung kann das Gericht angerufen werden. Zweifel über die Auslegung eines Strafurteils (gemeint ist der Strafausspruch, nicht die Gründe) und über die Berechnung der erkannten Strafe kann auch die VollstrB durch das Gericht klären lassen. Einwendungen hingegen sind dem Verurteilten vorbehalten, so daß die VollstrB eigene Zweifel an der Zulässigkeit der Vollstreckung nicht gerichtlich klären lassen kann. Sie muß selbst entscheiden. Solche zulässige Einwendungen sind etwa: Die Strafe sei zur Bewährung ausgesetzt, erlassen oder verjährt. Auch Strafaufschub und Strafunterbrechung sowie die unterlassene Belehrung nach § 456 a StPO können einwendungsweise geltend gemacht werden.   454

455 Eine gerichtliche Entscheidung nach § 458 II StPO ist insbes herbeizuführen, wenn Einwendungen gegen die Entscheidungen der VollstrB in folgenden Fällen erhoben werden:

- Bei Anordnungen, die sich auf die unmittelbare Anschlußvollstreckung und den Unterbrechungszwang beziehen, § 454 b StPO;
- Bei Entscheidungen über Aufschub und Unterbrechung in den Fällen der §§ 455, 456 und 456 c StPO;
- Bei Entscheidungen nach § 456 a StPO die Anordnung der Nachholung der Vollstreckung.

456 Durch Einwendungen nach § 458 StPO wird die Vollstreckung nicht gehemmt, Abs 3. Die Vollstreckung ist daher fortzusetzen. Die Vollstreckungspflicht kann aber ein kurzfristiges Zuwarten rechtfertigen, um dem Gericht Gelegenheit zu geben, eine Entscheidung nach § 458 III zu treffen. Wird nicht zugewartet, empfiehlt sich ein diesbezüglicher Hinweis an das Gericht, damit dieses sofort reagiert, falls es eine Entscheidung nach § 458 III StPO für geboten hält.

457 Das Gericht (meist des ersten Rechtszugs) entscheidet

- nach § 459 d StPO über das Unterbleiben der Vollstreckung der Geldstrafe in bestimmten Fällen;
- nach § 459 h StPO über Einwendungen gegen die Versagung von Zahlungserleichterungen, die Beitreibung der Geldstrafe, die Vollstreckung der Ersatzfreiheitsstrafe und die Vollstreckung bestimmter Nebenfolgen;
- nach § 459 f StPO über das Absehen von der Vollstreckung der Ersatzfreiheitsstrafe;
- nach § 35 VII BtMG über den Widerruf der Zurückstellung der Strafvollstreckung

b) Zuständigkeitsverteilung zwischen Gericht des ersten Rechtszugs und StVK

458 An Stelle der VollstrB entscheidet in zahlreichen Fällen das Vollstreckungsgericht. Die Zuständigkeitsverteilung zwischen Gericht des ersten Rechtszugs und StVK ist in § 462 a I StPO geregelt, § 463 a StPO verweist für freiheitsentziehende Maßregeln auf diese Vorschrift. Zu unterscheiden ist, ob die StVK sachlich zuständig ist und weiter welche örtlich zur Entscheidung berufen ist.

459 Bei jeder Antragstellung (außer bei nachträglicher Gesamtstrafenbildung, § 460 StPO) ist darauf zu achten, ob sich der Verurteilte nicht in Strafhaft befindet. Denn ab Strafbeginn ist statt des Gerichts der 1. Instanz meist die StVK sachlich zuständig. Deren Zuständigkeit besteht also vom Augen-

blick der Inhaftierung in Strafhaft an, lediglich die Frage, welche StVK örtlich zuständig ist, bestimmt sich nach dem Zeitpunkt, zu dem die StVK »mit der Sache befaßt« war, also entweder der Antrag eingegangen ist oder aber Umstände aktenkundig werden, aufgrund derer die StVK von Amts wegen tätig werden muß. Dies gilt insbes bei Widerruf wegen einer neuer Straftat zu einer Freiheitsstrafe ohne Aussetzung zur Bewährung. Diese StVK bleibt auch zuständig, wenn der Verurteilte aus der Strafhaft wieder entlassen wird, bevor eine Entscheidung ergeht (zB wenn beim AG eine Bewährung offen und zu widerrufen ist).

Zweckmäßig sollte durch Nachfrage bei der Geschäftsstelle oder der Vollzugsanstalt zu ermitteln werden, ob der Verurteilte eine Strafe angetreten hat, wenn dies in Betracht kommt. Dies gilt insbes wenn Widerruf wegen einer neuer Straftat erfolgen soll, deren Strafe nicht zur Bewährung ausgesetzt wurde. Möglich ist auch ein Anruf bei der nach dem Vollstreckungsplan zuständigen Vollzugsanstalt. Letztere Methode ist aber unsicher, vgl nur § 27 V StVollstrO. 460

Die örtliche Zuständigkeit der StVK ergibt sich aus dem öffentlich-rechtlichen Sitz der Vollzugsanstalt. Wird die Strafe in einer Außenstelle vollstreckt, die im Bereich eines anderen LG liegt, bleibt die StVK am Sitz der »Hauptstelle« zuständig. 461

Wird ein Verfahren abgegeben, für das bisher das AG oder LG – Strafkammer – zuständig war, ist eine Abgabenachricht zu erteilen, damit das aktenführende Gericht über den weiteren Fortgang informiert wird. 462

Häufig übersehen wird die – nicht nur bei der StVK – eintretende Zuständigkeitskonzentration nach § 462 a IV StPO, obwohl die in Betracht kommenden Verfahren meist unschwer dem BZR entnommen werden können. 463

Aus § 462 a I 2 StPO ergibt sich eine »Fortwirkungszuständigkeit der StVK: Hat eine (zuständige) StVK eine Entscheidung getroffen und wird die Strafvollstreckung unterbrochen oder der Rest einer Freiheitsstrafe zur Bewährung ausgesetzt, so bleibt diese zuständig, obwohl sich der Verurteilte nicht mehr in Haft befindet. Insoweit handelt es sich um eine Ausnahme hinsichtlich der sachlichen Zuständigkeit. Ein Wechsel in der örtlichen Zuständigkeit tritt erst ein, wenn gegen den Verurteilten erneut Freiheitsstrafe im Bezirk einer anderen StVK vollstreckt wird und die ursprüngliche StVK nicht bereits mit der Nachtragsentscheidung »befaßt« war. Sonst obliegt dieser noch die abschließende Entscheidung.[141] »Befaßtsein« bedeutet dabei, den Zeitpunkt des Eingangs eines Antrags, falls die Entscheidung einen solchen voraussetzt, sonst den Zeitpunkt, in dem sie, etwa beim Bewährungswiderruf, von Amts wegen tätig werden muß, etwa weil entsprechende Tatsachen bekannt werden. 464

---

141 BGHSt 30, 189

c) Besonderheiten im Jugendverfahren

465 Nach § 83 I JGG sind die Entscheidungen des Vollstreckungsleiters nach §§ 86 – 89 a und 92 III JGG jugendrichterliche Entscheidungen. Er wird dabei nicht als VollstrB tätig. Iü nimmt der Jugendrichter als Vollstreckungsleiter Aufgaben der Justizverwaltung wahr. Er ist insoweit weisungsgebunden. Über Beschwerden gegen andere als jugendrichterliche Entscheidungen entscheidet der GenStA beim OLG nach § 21 StVollstrO, sofern nicht nach §§ 455, 456, 458 II und 462 I StPO das Gericht des ersten Rechtszugs oder nach § 83 II Nr. 1 JGG die Jugendkammer zuständig ist.

d) Beschwerdevorlagen zum LG

466 Das nachfolgende Formular ermöglicht gleichermaßen die Vorlage einfacher wie sofortiger Beschwerden an das LG. Wer meint, das AG habe eine uneingeschränkt zutreffende Entscheidung getroffen, kann sich dieser anschließen. Es kann aber auch eine eigene Begründung vorgenommen werden.

467

```
                                    STAATSANWALTSCHAFT
                                         # O R T #
                                           #ZwSt#
_____     _____

Az.:              ≺     Datum:              ≺          sta besv 1

Strafvollstreckung
gegen
_____

wegen
_____

❏   zur Zeit _____

hier: (sofortige) Beschwerde

                            Verfügung

Mit    ❍  (Erst-)Akten        ❍  und Beiakten
       ❍  Bewährungsheft      ❍  _____
       ❍  Unterheft

an das Landgericht _____ - Strafkammer

mit dem Antrag,

   ❍  die Beschwerde
   ❍  die sofortige Beschwerde
      Bl. ____ gegen den Beschluß des Amtsgerichts _____
      vom _____ (Bl. _____ )
      ❍  , zugestellt am _____ (Bl. _____ ),

      kostenpflichtig
   ❍  als unzulässig
   ❍  als unbegründet
      ❍  aus dessen zutreffenden Gründen
   zu verwerfen.
```

Kunz

Strafvollstreckung Kapitel 3 855

○ Das Amtsgericht hat der Beschwerde nicht abgeholfen (Bl. _____)
○ Weitere Gründe: _____
_____
_____
_____
_____

○ Hinweis: Die Vollstreckung ist hier nicht eingestellt. Sollte beabsichtigt sein, eine Entscheidung nach § 307 Abs. 2 StPO zu erlassen, wird gebeten, dies - möglichst telefonisch vorab - hierher mitzuteilen.

_____
(Unterschrift, Namenstempel)

TV-StA   #StA#   sta besv 1   (08.00)   Beschwerdevorlage allgemein - Strafvollstreckung

Da die Beschwerde die weitere Vollstreckung nicht hemmt, wird nicht immer eine Einstellung der Vollstreckung durch die VollstrB erfolgen. Auf diese Tatsache sollte das Gericht hingewiesen werden. **468**

(Sofortige) Beschwerden zur StVK gibt es nicht. Diese wird immer in erstinstanzlich tätig. Deshalb ist auch die Abgabe einer Vollstreckungsbeschwerde eines in Haft befindlichen Verurteilten, das sich in der Beschwerdeinstanz beim LG befindet, von der Beschwerdekammer an die StVK nicht möglich. Vielmehr ist der Beschluß des AG aufzuheben, weil diesem die Zuständigkeit gefehlt hat. **469**

Kunz

KAPITEL 4 – MITWIRKUNG BEI DER BEWÄHRUNGS-ÜBERWACHUNG VON STRAFEN UND MASSREGELN

Überblick

I.	Allgemeines	1–2
II.	Weisung	3–4
III.	Unterstellung unter Bewährungsaufsicht	5–8
IV.	Änderung von Auflagen und Weisungen	9–11
V.	Widerruf der Strafaussetzung, Verlängerung und Abkürzung der Bewährungszeit	12–56
	1. Widerrufsgründe und Anrechnung erbrachter Leistungen	14–37
	a) Widerruf wegen neuer Straftat	14–18
	b) Widerruf wegen Auflagenverstoßes	19–21
	c) Widerruf wegen Weisungsverstoßes	22–24
	d) Besonderheiten bei unbekanntem Aufenthalt des Verurteilten	25–30
	e) Anrechnung erbrachter Leistungen bei Bewährungswiderruf	31–37
	2. Verlängerung und Abkürzung der Bewährungszeit nach § 56 a II 2 StGB	38–40
	3. Verlängerung der Bewährungszeit nach § 56 f II 1 Nr. 2 StGB	41–43
	4. Zuständigkeit, Verfahren und Rechtsmittel bei nachträglichen Entscheidungen	44–55
	a) Zuständigkeit für nachträgliche Entscheidungen	45–46
	b) Verfahren bei nachträglichen Entscheidungen	47–53
	c) Rechtsmittel gegen Nachtragsentscheidungen	54–55
	5. Rücknahme des Widerrufs der Strafaussetzung durch das Gericht	56
VI.	Straferlaß und dessen Widerruf	57–67
	1. Straferlaß	58–65
	2. Widerruf des Straferlasses	66–67
VII.	Widerruf der Aussetzung von freiheitsentziehenden Maßregeln	68–82
	1. Widerrufsgründe	70–76
	a) Widerruf wegen neuer rechtswidriger Tat	71
	b) Widerruf wegen Weisungsverstoßes	72
	c) Widerruf wegen Entziehung aus der Aufsicht	73
	d) Widerruf der Aussetzung wegen des Zustandes des Verurteilten	74
	e) Widerruf der Aussetzung wegen neu bekannt gewordener Tatsachen	75
	f) Erforderlichkeit der Unterbringung	76
	2. Widerruf von Strafe und Unterbringung im gleichen Verfahren	77
	3. Erledigung der Maßregel nach einer Aussetzung	78–79

Kunz

| 4. Zuständigkeit, Verfahren und Rechtsmittel | 80–82 |
| VIII. Tod des Verurteilten | 83 |

I. Allgemeines

1 Die Überwachung der Lebensführung des Verurteilten, vor allem der Erfüllung von Auflagen und Weisungen, während der Bewährungszeit ist Sache des Gerichts, § 453 b StPO. Sie obliegt dem für nachträgliche Entscheidungen nach § 453 StPO zuständigen. Das ist grundsätzlich das Gericht des ersten Rechtszugs, die StVK nur nach § 462 a IV 1 StPO, wenn sich der Verurteilte in anderer Sache in Strafhaft befindet oder befand. Diese Regeln gelten gleichermaßen bei der Aussetzung nach § 56 StGB und beim Strafvorbehalt nach § 59 StGB. Bei der Aussetzung einer Reststrafe gilt § 454 b StPO. Zuständig zur Überwachung ist dann die StVK über § 454 IV StPO, bei der Aussetzung einer Maßregel über § 463 I StPO entsprechend. Die StA ist an der Überwachung nicht beteiligt. Sie teilt dem Gericht jedoch für die Überwachung bedeutsame Umstände, vor allem neue Ermittlungsverfahren und Verurteilungen mit, vgl auch Nr. 13 MiStra. Auch sonst wird sie auf Bitten des Gerichts für dieses Ermittlungen anstellen.

2 Die StA, und zwar als Strafverfolgungsbehörde, ist im Rahmen der Bewährungsüberwachung vor Entscheidungen zu hören. Das ergibt sich schon aus § 33 II StPO. Die Vorschrift des § 453 I 2 StPO wiederholt den Grundsatz eigentlich nur.

II. Weisung

3 Sowohl bei der Aussetzung von Strafen als auch Maßregeln werden regelmäßig Auflagen und Weisungen erteilt. Ihre Überwachung und Änderung folgt im wesentlichen den gleichen Regeln. Auf eine möglichst bestimmte Formulierung ist bei jeder Antragstellung zu achten. Eine selbständige Durchsetzung von Auflagen und Weisungen ist nicht vorgesehen. Die Sanktion bei einem Verstoß ist der Widerruf. Ein solcher setzt aber voraus, daß der Verurteilte bestimmt und eindeutig erkennen konnte, was von ihm verlangt wird.

4 Auflagen und Weisungen können nach § 56 e StGB jederzeit nachträglich getroffen, aufgehoben oder geändert werden. Das Verfahren regelt § 453 StPO. Die diesbezüglichen Beschlüsse sind der Rechtskraft nicht fähig. In

Kunz

seinen Stellungnahmen wirkt der StA einmal darauf hin, daß erteilte Auflagen und Weisungen erfüllt werden. Nicht selten wird er auch das Gericht bitten müssen, hinsichtlich der Erfüllung Nachforschungen anzustellen, sofern er dies nicht selbst erledigt.

III. Unterstellung unter Bewährungsaufsicht

Die Unterstellung unter die Aufsicht und Leitung eines Bewährungshelfers in Fällen der Strafaussetzung zur Bewährung (in Führungsaufsichtsfällen s unter Teil D Kap 5) ist in den §§ 56 d, 57 III 2 und 57 a III 2 StGB geregelt. 5

Ziel der Bewährungsaufsicht ist es, den Verurteilten durch Hilfestellung von der Begehung weiterer Straftaten abzuhalten und auf ihn stabilisierend einzuwirken. Aber auch die Überwachung der Lebensführung gehört zu ihren gesetzlichen Aufgaben. Ein Bedürfnis für die Bestellung eines Bewährungshelfers sieht das Gesetz in der Regel als gegeben an, wenn gegen einen noch nicht siebenundzwanzig Jahre alten Verurteilten eine Freiheitsstrafe von mehr als neun Monaten verhängt wird, § 56 d II StGB. Da nach einer längeren Strafverbüßung die bedingte Entlassung meist eine besonders kritische Situation darstellt, schreiben §§ 57 III 2 und 57 a III 2 StGB vor, daß ein Verurteilter, der mindestens ein Jahr Freiheitsstrafe verbüßt hat, in der Regel der Aufsicht und Leitung eines Bewährungshelfers unterstellt werden soll. 6

Die Unterstellung erfolgt für die Dauer oder einen Teil der Bewährungszeit. Eine bestimmte zeitliche Untergrenze ist nicht vorgesehen. Wegen der starken Belastung der Bewährungshelfer sollte sie nicht unnötig erfolgen und regelmäßig ihre Aufhebung beantragt werden, wenn der Bewährungshelfer sie nicht mehr für erforderlich hält. 7

Die Bestellung eines Bewährungshelfers stellt ein besonderes Signal im Hinblick auf die Sozialprognose dar. Das gleiche gilt auch für die nachträgliche Anordnung und die Aufhebung der Unterstellung. Diesbezügliche Entscheidungen sind der Rechtskraft nicht fähig, weil sie jederzeit abgeändert werden können, § 56 e StGB. Sie sind nach § 7 III BZRG dem BZR mitzuteilen, was vor Rückleitung der Akten an das Gericht verfügt werden sollte. 8

IV. Änderung von Auflagen und Weisungen

Der StA wird stets auf eine Änderung oder Aufhebung nicht erfüllbarer oder wegen veränderter Umstände nicht mehr geeigneter Auflagen und Weisungen dringen. Das gilt vor allem für Zahlungs- und Arbeitsauflagen. 9

Kunz

Hier kommt vor allem eine Anpassung der Höhe der Auflage, der Höhe der einzelnen Raten, der Anzahl der Arbeitsstunden und die Umwandlung von Arbeit in Zahlungen und umgekehrt in Betracht. Hierbei sollte darauf geachtet werden, daß eine Erfüllung während des Laufs der Bewährungszeit gesichert ist (Restzahlung von DM 2.000 in monatlichen Raten von DM 100 bei nur noch einem Jahr Bewährungszeit!). Man erlebt sonst am Ende der Bewährungszeit uU unschöne Überraschungen.

10 In diesem Zusammenhang wird sich meist die Einschaltung der Gerichtshilfe aufdrängen, um gesicherte Erkenntnisse über die persönlichen und wirtschaftlichen Verhältnisse eines Probanden zu erhalten. Im Zusammenwirken zwischen Gerichtshilfe und Probanden wird zB oft besser eine geeignete Arbeitsstelle oder Therapieeinrichtung zur Erfüllung einer Auflage gefunden werden können.

11 Zweifelhaft ist, ob man zweckmäßig alternative Auflagen erteilt, die d. Verurteilte wahlweise erfüllen kann, also etwa DM 2.000 an eine gemeinnützige Einrichtung zu zahlen oder 200 Stunden dort zu arbeiten. Der unzweifelhafte Vorteil liegt darin, daß sich bei den nicht selten schnell wechselnden Lebensumständen (und den noch schneller wechselnden Behauptungen von Verurteilten über die Chance einen Arbeitsplatz zu erhalten, um der ungeliebten Arbeitsauflage zu entgehen), eine oft zeitraubende Anpassung erübrigt. Bei Wechseln zwischen Arbeitslosigkeit und Zeiten der Arbeit ist sichergestellt, daß immer eine aktuell zu erfüllende Auflage besteht. Es zeigt sich nicht selten aber auch, daß Verurteilte mit einer solchen Regelung überfordert sind und dann weder das eine noch das andere erfüllen.

V. Widerruf der Strafaussetzung, Verlängerung und Abkürzung der Bewährungszeit

12 Widerrufsanträge haben für den Verurteilten Signalwirkung und der Widerruf bedeutet einen schwerwiegenden Eingriff Anträge sollten deshalb nicht vorschnell gestellt werden. In Betracht kommt er bei Begehung einer neuen Straftat oder wegen Verstoßes gegen Auflagen und Weisungen. Die Voraussetzungen der einzelnen Widerrufsgründe unterscheiden sich ganz erheblich.

13 Zu einer Verlängerung der Bewährungszeit kann aus vielfältigen Gründen Anlaß bestehen: Der Verurteilte begeht eine neue Straftat, er erfüllt Auflagen und Weisungen nur schleppend, vielleicht auch gar nicht, oder er legt sonst ein Verhalten an den Tag, das eine längere Einflußnahme auf ihn geboten erscheinen läßt. Unter den Voraussetzungen des § 56 a III StGB ist eine Verlängerung der Bewährungszeit nur vor ihrem Ablauf möglich, nach

§ 56 f StGB auch noch danach. Eine Abkürzung der Bewährungszeit ermöglicht § 56 a II StGB.

1. Widerrufsgründe und Anrechnung erbrachter Leistungen

a) Widerruf wegen neuer Straftat

Erforderlich ist die Begehung einer neuen Straftat. Eine nur rechtswidrige Tat oder gar eine OWi genügen nicht. Es ist zunächst nachzuprüfen, ob die neue Tat tatsächlich während der Bewährungszeit begangen wurde. Wegen § 56 f I 2 StGB zählt die Zeit zwischen der Entscheidung über die Strafaussetzung und deren Rechtskraft insoweit als Bewährungszeit. Begeht der Verurteilte also etwa nach der Hauptverhandlung während des Laufs der Rechtsmittelfrist oder aber, nachdem entweder er oder die StA ein Rechtsmittel eingelegt haben, eine neue Straftat, kommt der Widerruf in Betracht, obwohl wegen § 56 a II 1 StGB die Bewährungszeit noch nicht zu laufen begonnen hat. Bei einem Gesamtstrafenbeschluß läuft die Bewährungszeit erst ab dessen Rechtskraft, nicht der des einbezogenen Verfahrens. Vorher, auch während des Laufs der Bewährungszeiten der einbezogenen verfahren, begangene Straftaten scheiden zur Begründung eines Widerrufs aus.[1]

14

Bei Verurteilung zu einer weiteren Strafe, die nicht zur Bewährung ausgesetzt werden konnte, wird der Widerruf der früheren Strafaussetzung die Regel sein, sofern diese nicht mit der neuen Verurteilung zu einer nachträglichen Gesamtstrafenbildung herangezogen wird. In geeigneten Ausnahmefällen kann hiervon aber auch bei nachfolgender Verurteilung zu einer Freiheitsstrafe ohne Bewährung abgesehen werden. Wird der Verurteilte Erstverbüßer sein, wird er zu einer kurzen Freiheitsstrafe verurteilt und handelt es sich bei der ausgesetzten Strafe um eine kürzere (etwa bis drei Monate), so kann es vertretbar erscheinen, von einem Widerruf abzusehen, wenn zu erwarten steht, daß der Verurteilte durch die Strafverbüßung so nachdrücklich beeindruckt wird, daß er auch ohne den Widerruf und die Verbüßung der weiteren Strafe keine Straftaten mehr begehen wird. Auch wenn nach Verurteilung zu einer kurzen Freiheitsstrafe eine längere Strafe oder ein längerer Strafrest aufgrund eines Widerrufs zur Verbüßung anstünde, kann im Einzelfall erwogen werden, von einem Widerrufsantrag abzusehen. Kommt nachträgliche Gesamtstrafenbildung in Betracht, hat diese Vorrang vor dem Widerruf. Meist wird die neue Tat dann ohnehin nicht in die Bewährungszeit fallen. In ihrem Rahmen wird dann zu prüfen sein, ob die neu gebildete Gesamtstrafe zur Bewährung ausgesetzt werden kann oder nicht.

15

Wird der Verurteilte während der Bewährungszeit mehrfach straffällig, so kommt ein Widerrufsantrag auch dann in Betracht, wenn jede der einzelnen

16

---

[1] Tröndle/Fischer, § 56 f Rn 3a aE

Verurteilungen für sich einen solchen nicht rechtfertigen würde, selbst wenn es sich »nur« um Geldstrafen handelt, denn auch dann hat sich die Erwartung zukünftigen straffreien Lebens nicht erfüllt.

17 Es empfiehlt sich zur Verringerung des Aktenumlaufs, möglichst bereits bei Vorliegen der Anklage aus dem neuen Verfahren (MiStra Nr. 13) die erforderlichen Anträge zu stellen. Dies sollte mit der Bemerkung verbunden werden, daß mit einem Zuwarten bis zur Rechtskraft des neuen Urteils Einverständnis besteht. Stets sollte aber um eine sofortige Zustellung des Widerrufsantrags an den Verurteilten ersucht werden, damit bei ihm nach einem etwaigen Ablauf der Bewährungszeit kein Vertrauenstatbestand entstehen kann, der später einen Widerruf verhindern könnte. Bei bevorstehendem Ende der Bewährungszeit sollte veranlaßt werden, daß das Gericht dem Verurteilten mitteilt, daß der Ausgang des neuen Verfahrens oder ein bestimmtes Stadium dieses Verfahrens abgewartet wird, bevor eine Entscheidung ergeht. Ist der Ausgang des neuen Verfahrens nicht hinreichend abzusehen, empfiehlt es sich vor einer Antragstellung aber die Rechtskraft oder jedenfalls das Berufungsurteil abzuwarten. Auch darauf sollte der Verurteilte hingewiesen werden. Vor einem vorschnellen Widerruf ist zu warnen. Gnadenverfahren sind nicht selten die Folge.

18 Folgende Besonderheiten sollten bei Ausländern berücksichtigt werden, die vermutlich oder sicher in ihren Heimatstaat zurückgekehrt sind: Sofern ein neues rechtskräftiges Urteil mit einer Freiheitsstrafe ohne Strafaussetzung vorliegt, wird regelmäßig ein Widerruf unter öffentlicher Zustellung von Antrag und Entscheidung möglich sein, denn regelmäßig hat der Verurteilte dann auch der Weisung zuwidergehandelt, seinen Wohnsitz – und Aufenthaltswechsel mitzuteilen. Bei Vorliegen eines Urteils unter Strafaussetzung oder mit Geldstrafe gibt die an sich mögliche Verlängerung wenig Sinn: Sie wird dem Verurteilten nicht bekannt und kann keine Appellfunktion bewirken.[2] Liegt nur eine Anklage vor oder überhaupt nur ein neues Ermittlungsverfahren, ist Vorsicht geboten: Ein Widerruf wird hier nur ausnahmsweise und jedenfalls nur dann in Betracht kommen, wenn ein Geständnis vorliegt. In Betracht kommt allenfalls der Erlaß eines Sicherungshaftbefehls, aber wohl nur in schwerwiegenderen Fällen.

b) Widerruf wegen Auflagenverstoßes

19 Ein Widerruf der Strafaussetzung zur Bewährung wegen eines Verstoßes gegen eine Auflage setzt einen »gröblichen oder beharrlichen« Verstoß voraus, § 56 f I Nr. 3 StGB. Es muß sich um Verstöße von einigem Gewicht oder einer gewissen Dauer bzw. wiederholte Verstöße handeln. Vorherige Mahnungen sind an sich nicht erforderlich, aber sinnvoll, um dem Verurteilten vor einer Antragstellung einerseits Gelegenheit zur Äußerung zu geben, andererseits an seine Pflichten zu erinnern.

---

2   Rn 43

Ist noch keine Mahnung zur Erfüllung der Auflage durch das Gericht erfolgt, wie häufig, wird sich regelmäßig eine Rückleitung der Akten mit der Bitte empfehlen, den Verurteilten richterlich zur Erfüllung aufzufordern. Hat dieser auch auf eine richterliche Mahnung nicht oder nur unzureichend reagiert, wird vor einem Widerrufsantrag stets die Gerichtshilfe einzuschalten sein. Die Praxis zeigt, daß hierdurch in vielen Fällen ein Widerruf vermieden werden kann (zB auch durch Änderung bestehender Auflagen). 20

Bei Auflagenverstößen durch Ausländer im Hinblick auf die Zahlung einer Geldbuße oder Leistung von Arbeit wird bei längerem Aufenthalt im Inland nach Verurteilung ohne der Auflage nachzukommen, wie auch sonst ein Widerrufsantrag, zu stellen sein, ggf verbunden mit dem Antrag auf Erlaß eines Haftbefehls nach § 453 c StPO, auch wenn er sich zwischenzeitlich im Ausland aufhält. Bei kurzfristiger Ausreise nach dem Urteil sollte eine Ausschreibung zur Aufenthaltsermittlung erfolgen und zunächst kein Widerrufsantrag gestellt werden, denn die Leistungsfähigkeit kann nicht überprüft werden. Nach Ablauf der Bewährungszeit kommt Straferlaß in Betracht. 21

c) Widerruf wegen Weisungsverstoßes

Ein Verstoß gegen zulässige Weisungen rechtfertigt für sich genommen keinen Bewährungswiderruf, auch wenn entsprechende Anträge durch Gerichte oft angeregt werden. Zunächst muß der Verstoß von einigem Gewicht (was auch bei mehrfachen Verstößen gegeben ist) oder einiger Dauer sein, § 56 f II Nr. 2 StGB. Dies kommt durch die Formulierung »gröblich oder beharrlich« zum Ausdruck. Dem Verurteilten muß aber der Verstoß bewußt sein. Die letzte Frage ist indes strittig. In diesem Zusammenhang können an sich nicht erforderliche Abmahnungen Gewicht erhalten. 22

Wie eine Weisung ist auch die Unterstellung unter die Aufsicht und Leitung eines Bewährungshelfers zu behandeln, vgl § 56 d II StGB. Von einem Verstoß wird man stets sprechen können, wenn sich ein Verurteilter durch räumliche Unerreichbarkeit oder mangelnde Kooperationsbereitschaft der Einflußnahme entzieht. 23

Stets bedarf es außerdem der Besorgnis, daß der Verurteilte neue Straftaten gerade wegen des Weisungsverstoßes begehen werde. Dies setzt eine erneute Prognose unter Berücksichtigung der begangenen Verstöße voraus. 24

d) Besonderheiten bei unbekanntem Aufenthalt des Verurteilten

Ist damit zu rechnen, daß der Verurteilte in absehbarer Zeit ergriffen wird, sollte ein Widerrufsantrag gestellt und Haftbefehl nach § 453 c StPO beantragt werden. Zuständig hierfür ist der StA, nicht der Rechtspfleger, weil eine rechtskräftige richterliche Entscheidung noch nicht vorliegt. Es kann 25

26 Vor der Ausschreibung von Sicherungshaftbefehlen ist darauf zu achten, daß die erlittene Polizei- und Untersuchungshaft angegeben und *richtig berechnet* ist. Diese kann der Einleitungsverfügung oder einer nachfolgenden Strafzeitberechnung entnommen werden. Es besteht sonst die Gefahr, daß eine längere Sicherungshaft vollstreckt wird als Strafe zu verbüßen wäre (Amtshaftungsansprüche!).

sich empfehlen, nach einiger Zeit zu dem unter Rn 29 beschriebenen Verfahren überzugehen, wenn der Verurteilte nicht ergriffen wurde, um dadurch den Schwebezustand zu beenden.

27 Bereits bei der Ausschreibung, die 3 Jahre läuft, sollte der Zeitpunkt des Bewährungsendes notiert werden. Es empfiehlt sich nämlich, nach dem Ablauf der Bewährungszeit oder jedenfalls etwa ein Jahr danach den Straferlaß zu prüfen, anstatt bis zum Eintritt der Vollstreckungsverjährung weiter nach dem Verurteilten zu fahnden. Längere Zeit nach Ablauf der Bewährungszeit wird ein Widerruf nicht mehr in Betracht kommen.[3] Ebenso sollte der Zeitpunkt des Eintritts der Vollstreckungsverjährung vermerkt werden Dies erspart das Rechnen bei der Wiedervorlage der Akten zur Frage der Verlängerung von Fahndungsmaßnahmen. Solange eine Ausschreibung läuft, sollten die Akten bei der StA und nicht bei dem die Bewährung überwachenden Gericht geführt werden.

28 Die Außervollzugsetzung eines Sicherungshaftbefehls ist nicht zulässig. Grund ist bereits der Wortlaut des § 453c I StPO, wonach nur »notfalls« ein Haftbefehl erlassen werden darf Ist der Vollzug nicht erforderlich, so ist er aufzuheben zu lassen, insbes wenn eine neue Anschrift des Verurteilten bekannt wird, unter der er erreichbar ist.

29 Ist mit baldiger Ergreifung nicht zu rechnen, etwa bei Ausländern, die sicher oder wahrscheinlich in die Heimat zurückgekehrt sind, sollte Widerrufsantrag gestellt werden. Der Widerrufsbeschluß kann ohne Anhörung des Verurteilten öffentlich zugestellt werden. Der Grundsatz der Gewährung rechtlichen Gehörs ist jedenfalls dann nicht verletzt, wenn die Weisung erteilt war, jeden Wohnungs- und Aufenthaltswechsel mitzuteilen, denn der Verurteilte hat eine Anhörung selbst schuldhaft unmöglich gemacht. Nach Rechtskraft kann Vollstreckungshaftbefehl erlassen werden. Nach der Ergreifung ist § 29 III StVollstrO zu beachten, wonach dem Aufnahmeersuchen je eine Ausfertigung des Widerrufsbeschlusses und eine Belehrung über die Möglichkeit, die nachträgliche Anhörung oder die Wiedereinsetzung zu beantragen, beizufügen ist. Ein entsprechender Hinweis wird zweckmäßig bereits bei Anlage des Vollstreckungshefts, etwa auf dem Umschlag, angebracht. Die Vollstreckungsverjährung beginnt zu laufen.

---

[3] Nach KrG Saalfeld MDR 1993, 68 ist nach Ablauf von 1 1/2 Jahren nach dem Ende der Bewährungszeit der Erlaß zwingend geboten.

Kunz

Der Widerrufsgrund wird bei sofortigem Widerruf mit öffentlicher Zustellung besonders sorgfältig zu prüfen sein. Auflagen- und Weisungsverstoß werden sich nur selten eigenen, weil meist nicht geklärt werden kann, ob sie schuldhaft erfolgten. In Betracht kommt öffentliche Zustellung vor allem bei Widerruf wegen neuer, rechtskräftig abgeurteilter Straftaten.

e) Anrechnung erbrachter Leistungen bei Bewährungswiderruf

Im Zusammenhang mit dem Bewährungswiderruf ist auch die nach § 56 f III StGB vorgesehene Entscheidung über die Anrechnung von Leistungen, die zur Erfüllung von Auflagen, Anerbieten, Weisungen oder Zusagen zu fällen. Solche zur Wiedergutmachung des Schadens werden allerdings nicht angerechnet, denn insoweit besteht eine zivilrechtliche Verpflichtung zur Leistung. Nach der Systematik des Gesetzes ist die Nichtanrechnung die Regel. Sie wird aber nur in Ausnahmefällen wirklich entfallen können, etwa bei Geringfügigkeit. Auf die Notwendigkeit einer Anrechnung sollte bei jedem Widerrufsantrag eingegangen werden. Unklarheit herrscht über den Maßstab der Anrechnung. Das Tagessatzsystem wird häufig als ungeeignet bezeichnet. Von den Gerichten werden Geldauflagen indes meist nach Bruchteilen oder einem Mehrfachen des monatlichen Nettogehalts berechnet. Diese Berechnung kann auch bei der Anrechnung Berücksichtigung finden, indes immer weniger, je kleiner die dadurch entstehenden noch zu verbüßenden Strafreste werden.

Für eine Nichtanrechnung von Leistungen kommen aus tatsächlicher und rechtlicher Sicht im wesentlichen die nachfolgenden Gründe in Betracht:

1. Von einer Anrechnung wurde bewußt abgesehen. Dann sollten sich regelmäßig die Gründe der Entscheidung damit auseinander setzen.

2. Eine Anrechnung wurde übersehen, obwohl die Bezahlung aktenkundig war.

3. Der StA und dem Gericht waren die vor der Entscheidung tatsächlich erbrachten Leistungen unbekannt, etwa weil sie unter einem anderen Namen erfolgten oder vom Leistungsempfänger nicht bzw. unrichtig mitgeteilt wurden.

4. Die Leistung erfolgte erst nach Rechtskraft des Widerrufsbeschlusses.

Im Fall 1) ist weiter nichts veranlaßt, sofern nicht eine Anrechnung geboten erscheint und deshalb sofortige Beschwerde eingelegt wird.

In den Fällen 2) und 3) wird sofortige Beschwerde einzulegen sein, sofern noch keine Rechtskraft eingetreten ist. Nach Rechtskraft ist die Behandlung der Fälle 2) und 3) vom dogmatischen Ansatz her, nicht jedoch vom Ergebnis, unterschiedlich:

Im Fall 2) ist zunächst davon auszugehen, daß an sich die Entscheidung über den Widerruf eine einheitliche ist und Widerruf und Anrechnung umfaßt.[4] Schweigt das widerrufende Gericht zur Frage der Anrechnung, so soll vom Regelfall des § 56 f III 1 StGB auszugehen sein, wonach *nicht* angerechnet wird.[5] Indes ist in der Praxis die Anrechnung die Regel, die Nichtanrechnung die Ausnahme. Auch ist eine unterbliebene Anrechnung verfassungsrechtlich bedenklich: Schweigt ein Beschluß, kann das rechtliche Gehör verletzt sein.[6] Um das aufwendige Gnadenverfahren zu vermeiden, bietet es sich, an einen Antrag auf *Ergänzung* des Widerrufsbeschlusses zu stellen. Da ein solches Vorgehen nicht ganz unstreitig ist, empfiehlt sich eine vorherige Abstimmung mit dem Gericht. Die Entscheidung, ob angerechnet wird oder nicht, obliegt ausschließlich dem widerrufenden Gericht,[7] der StVK also nur, wenn sie zum Widerruf berufen war, aber nicht, wenn sich der Verurteilte lediglich zwischenzeitlich in Strafhaft befindet.

36 Im Fall 3) schafft eine entsprechende Anwendung von § 359 Nr. 5 StPO Abhilfe. Diese Lösung ist indes strittig. Eine beachtliche Auffassung lehnt die Anwendung des § 359 Nr. 5 StPO auf Beschlüsse ab. Indes überzeugt die gegenteilige Auffassung mehr. Argument kann vor allem sein: Wenn schon bei Vorliegen der Voraussetzungen der § 359 Nr. 5 StPO eine Entscheidung über den Widerruf aufgehoben werden kann[8] dann sollte es erst recht möglich sein, nachträglich eine solche über die Anrechnung zu treffen. Auch hier empfiehlt sich vor der Antragstellung eine Abstimmung mit dem Gericht. Eine Anwendung von § 33a StPO scheidet aus, da dem Verurteilten ein Rechtsmittel zur Verfügung gestanden hätte. Zuständig ist wie bei der Rücknahme des Widerrufs[9] das den Beschluß erlassende Gericht, nicht das aufgrund der Geschäftsverteilung zuständige Wiederaufnahmegericht, denn es wird nur der Rechtsgedanke des § 359 Nr. 5 StPO herangezogen.

37 Nach Rechtskraft erbrachte Leistungen (Fall 4) sind zurück zu erstatten, denn sie sind ohne Rechtsgrund erfolgt. Eine Anrechnung scheitert schon daran, daß sie nicht innerhalb der Bewährungszeit und damit nicht mehr »zur Erfüllung von Auflagen«, § 56 f III 1 StGB erbracht werden konnten.[10] Das bereitet keine Schwierigkeiten, wenn Zahlungen an den Justizfiskus erfolgt sind. In der Praxis entstehen aber auch bei Zahlungen an gemeinnützige Einrichtungen kaum Schwierigkeiten. Diese sind regelmäßig zur Rückzahlung unmittelbar an den Verurteilten bereit. Wo dies einmal nicht der Fall wäre, würde allerdings wohl der Justizfiskus Zahlung leisten müssen.[11] Wurden die Leistungen in Form gemeinnütziger Arbeit

---

4 LG Saarbrücken MDR 1989, 763; wohl auch Neumann NJW 1977, 1185
5 Neumann NJW 1977, 1185
6 BVerfG 2 BvR 819/95
7 Neumann NJW 1977, 1185
8 Dreher/Tröndle § 56 f Rn 9 aE
9 Rn 56
10 Neumann DRiZ 1978, 83
11 Neumann DRiZ 1978, 83; Pohlmann/Jabel/Wolf § 39 Rn 81

erbracht, kommt eine Rückerstattung nicht in Betracht. Hier kann nur eine gnadenweise Anrechnung erwogen werden. Praktisch häufig erfolgen Leistungen nach einem Widerruf verbunden mit einem Antrag auf erneute Aussetzung der Strafe im Gnadenweg. Gelegentlich wird er später unter Hinweis auf die Leistung gestellt. Hier sollte eine Rückerstattung zunächst unterbleiben bis über den Antrag entschieden ist.

2. Verlängerung und Abkürzung der Bewährungszeit nach § 56 a II 2 StGB

Die Vorschrift des § 56 a StGB stellt keine strengen Anforderungen an die Verlängerung oder Abkürzung der Bewährungszeit. Voraussetzung ist aber immer, daß sich die tatsächlichen Verhältnisse seit der letzten Entscheidung verändert haben. Ein vorangegangener Beschluß nach § 268 a oder 453, 454 StPO darf hierdurch nicht nachträglich korrigiert werden. 38

Die Bewährungszeit kann nachträglich bis auf das Mindestmaß, also zwei Jahre, abgekürzt werden. Das wird nur ausnahmsweise in Betracht kommen, vor allem nicht bei der gebräuchlichen dreijährigen Bewährungszeit. Bei längeren, etwa von vier oder fünf Jahren, kann dagegen eine Abkürzung erwogen werden, wenn sich die Sozialprognose gegenüber dem Zeitpunkt der Aussetzung überraschend überaus positiv entwickelt und eine anhaltend stabile Lage erreicht. In anderen Fällen sollte eine Abkürzung nur zurückhaltend vorgenommen werden. Anlaß für die Festsetzung einer längeren Bewährungszeit wird meist eine nicht ganz so günstige Sozialprognose gewesen sein. In Betracht kommt sie aber etwa bei länger dauerndem oder endgültigen Auslandsaufenthalt. Hier kann eine Überwachung ohnehin nicht erfolgen. 39

Eine Verlängerung kommt etwa in Betracht, wenn die auferlegte Wiedergutmachung des Schadens innerhalb der ursprünglich bestimmten Bewährungszeit nicht vollständig erfolgt oder wegen einer Erkrankung die gemeinnützige Arbeit nicht bis zum zunächst bestimmten Ende der Bewährungszeit erbracht werden kann. Voraussetzung für eine Verlängerung nach § 56 a II 2 StGB ist aber stets, daß die Bewährungszeit noch nicht abgelaufen ist. 40

3. Verlängerung der Bewährungszeit nach § 56 f II 1 Nr. 2 StGB

Auch nach der Vorschrift des § 56 f II 1 Nr. 2 StGB kommt eine Verlängerung der Bewährungszeit zur Vermeidung eines Widerrufs in Betracht. Anders als bei § 56 a StPO kann die Verlängerung auch noch nach dem Ablauf der bisher bestimmten Bewährungszeit erfolgen. Die Gründe für eine mögliche Verlängerung sind die gleichen wie für einen Widerruf. Sehr strittig ist 41 im Hinblick auf den Wortlaut der Vorschrift vor allem, wie die Formulierung »Hälfte der zunächst bestimmten Bewährungszeit« in Abs 2 S 2 zu verstehen ist. Im wesentlichen Einigkeit besteht noch darin, daß § 56 f II StGB als Sondervorschrift zu § 56 a II 2 StGB die danach bestehenden Verlängerungsmöglichkeiten nicht einschränken will. Eine zunächst bestimmte Bewährungszeit von drei Jahren kann daher ohne weiteres bis auf fünf Jahre (und nicht nur bis viereinhalb) verlängert werden. Wird eine weitere Verlängerung erforderlich, so ist zweifelhaft, ob von der »ursprünglichen« Bewährungszeit von drei Jahren (Verlängerung bis sechseinhalb Jahre möglich) oder von der letzten Verlängerungsentscheidung an (Verlängerung bis siebeneinhalb Jahre möglich) aus zu rechnen ist. Die wohl überwiegende Meinung folgt der ersten Auffassung.

42 Während bei neuerlicher Verurteilung zu Freiheitsstrafe ohne Bewährung regelmäßig nur ein Widerruf in Betracht kommen wird,[12] können für Anträge zur Verlängerung der Bewährungszeit nachfolgende Stichworte einen Anhaltspunkt geben. Stets haben aber die Umstände des Einzelfalls Vorrang und es muß berücksichtigt werden, ob es sich bei der neuerlichen Straftat um eine einschlägige oder anderweitige, vorsätzliche oder fahrlässige handelt:

Verurteilung zu Freiheitsstrafe mit Bewährung:	Verlängerung der Bewährungszeit. Regel: 1 1/2 Jahre
Geldstrafe:	bei Fahrlässigkeit und geringer Geldstrafe (etwa 10-15 Ts): kein Antrag; sonst Verlängerung der Bewährungszeit (Regel: um 1 Jahr), abgestuft nach Schuldgehalt.
Einstellung nach § 153a StPO:	In der Regel kein Antrag.

43 Die Verlängerung der Bewährungszeit hat nicht nur eine längere Überwachung des Verurteilten zur Folge. Sie soll diesem gegenüber auch eine Appellfunktion erfüllen. Ist er unbekannten Aufenthalts oder kann ihm sonst ein Verlängerungsbeschluß nicht zugestellt werden (etwa bei bekanntem Aufenthalt im Ausland), so gehen sowohl Überwachung als auch Appell ins Leere. Von einer Verlängerung der Bewährungszeit sollte dann abgesehen werden. Ein Widerruf wegen einer in die Zeit der Verlängerung fallenden Straftat käme ohnehin nicht in Betracht.

---

12 Vgl aber auch Rn 15

4. Zuständigkeit, Verfahren und Rechtsmittel bei nachträglichen Entscheidungen

Unter nachträglichen Entscheidungen versteht man die nach einer Aussetzung der ganzen Strafe oder eines Restes erforderlich werdenden über die Änderung, Aufhebung, Neuerteilung von Auflagen und Weisungen, Verlängerung der Bewährungszeit und den Widerruf, § 453 I 1 StPO. 44

a) Zuständigkeit für nachträgliche Entscheidungen

Die gesetzliche Regelung in § 462 a I StPO stellt für Nachtragsentscheidungen die Zuständigkeit der StVK an die Spitze der Regelung, auch wenn in den praktisch meisten Fällen nach § 462 a II StPO das Gericht des ersten Rechtszugs zuständig ist. Vgl hierzu im Kapitel »Strafvollstreckung« unter »Die Zuständigkeitsverteilung zwischen Gericht des ersten Rechtszugs und StVK«. Dort finden sich auch die Grundsätze über die örtliche und sachliche sowie die sog »Fortwirkungszuständigkeit« nach § 462 a I StPO. Die Abgabemöglichkeit des § 462 a II 2 StPO gilt für die StVK nicht. Lediglich für den Fall der Entscheidung nach § 462 iVm 458 StPO, also über die Zulässigkeit der Vollstreckung und Einwendungen, ist sie vorgesehen, § 462 a I 3 StPO. 45

Zuständig ist sonst das Gericht des ersten Rechtszugs, § 462 a II StPO. Hat es von seiner Befugnis Gebrauch gemacht, die Bewährungsüberwachung ganz oder zum Teil abzugeben, S 2, so ist im Umfang der Abgabe dieses Gericht zuständig. Mit dem Beginn einer Strafvollstreckung oder eines Maßregelvollzugs endet diese Zuständigkeit, auch wenn sie im Zeitpunkt der Antragstellung oder des Befaßtseins noch gegeben war. Auf Beschwerde hin ist der Beschluß durch die Beschwerdekammer (nicht etwa die StVK) aufzuheben. Eine Verweisung von der Beschwerdekammer an die StVK kommt nicht in Betracht. Die StA wird den Antrag gegenüber der StVK zu wiederholen haben. 46

b) Verfahren bei nachträglichen Entscheidungen

Das Verfahren über die nachträglichen Entscheidungen die sich auf eine Strafaussetzung zur Bewährung beziehen, regelt § 453 StPO. Die Antragstellung im Rahmen der Überwachung und des Widerrufs der Strafaussetzung zur Bewährung kann mit dem folgenden Formblatt vorgenommen werden. 47

48

STAATSANWALTSCHAFT
 # O R T #
#ZwSt#

Az.:   Datum:

Strafvollstreckung
gegen | Verteidiger(in):

wegen | Vollmacht Bl.:

hier: Bewährungsüberwachung

Verfügung

1. ☐ Vermerk: D. Verurteilte befindet sich seit _____ in Strafhaft in der JVA _____
2. ☐ Abgabenachricht an das ○ Amtsgericht ○ Landgericht _____
3. ☐ Abdruck dieser Verfügung z. ○ HA ○ Fehlblatt
4. V.v., WV _____
5. Mit Akten ○ - und Beiakten - an das
   ○ Amtsgericht
   ○ Landgericht _____
      ○ - Strafkammer -
      ○ - Strafvollstreckungskammer -
         ○ mit dem Sitz in _____
   mit dem Antrag,

   ○ die Bewährungszeit
      ○ erneut
      ○ um _____ Jahr(e) _____ Monate
         ○ ab Rechtskraft des Verlängerungsbeschlusses
      zu verlängern.
   ○ die Strafaussetzung zu widerrufen.
      ○ Die bislang
         ○ bezahlte Geldbuße von _____ DM
         ○ geleistete Arbeit von _____ Stunden
      beantrage ich mit _____ auf die Strafe anzurechnen.

   ○ einen Sicherungshaftbefehl zu erlassen.
      ○ Auf die verbüßte U-Haft vom _____ bis _____
         (vgl. Einleitungsverfügung, Bl. _____) bitte ich im Sicherungshaftbefehl hinzuweisen.

   ○ (z.B. Bew.-Helfer bestellen u. abberufen; Auflagen u. Weisungen aufheben, ändern, erteilen)
      _____
      _____
      _____
      _____

TV-StA   #StA# sta bew 1ant   (08.00)   Anträge zur Bewährung

Kunz

Gründe:

D. Verurteilte hat

○ in der Bewährungszeit ○ eine neue ○ neue
  ○ einschlägige ○ vorsätzliche
  ○ schwerwiegende ○ _____
Straftat(en) begangen und dadurch gezeigt, daß die Erwartung, die der Strafaussetzung zugrunde lag, sich nicht erfüllt hat.
Auf ○ die ○ - rechtskräftige - Entscheidung des _____ gerichts _____
     ○ die Anklage der Staatsanwaltschaft bei dem Landgericht _____
     ○ _____
vom _____ wird Bezug genommen (Bl. _____).
○ _____

○ Es besteht Einverständnis, den Ausgang des Bezugsverfahrens abzuwarten. Dies bitte ich d. Verurteilten mitzuteilen.

○ gegen die ○ Weisung ○ Weisungen, _____

○ gröblich ○ beharrlich ○ gröblich und beharrlich
verstoßen und dadurch Anlaß zur Besorgnis gegeben, daß d. Verurteilte erneut Straftaten begehen wird.

○ sich der Aufsicht und Leitung des Bewährungshelfers entzogen und dadurch Anlaß zur Besorgnis gegeben, daß d. Verurteilte erneut Straftaten begehen wird.

○ gegen die ○ Auflage ○ Auflagen,
  ○ Leistungen zur Schadenswiedergutmachung zu erbringen,
  ○ einen Geldbetrag zu zahlen,
  ○ gemeinnützige Leistungen zu erbringen,
  ○ gröblich ○ beharrlich ○ gröblich und beharrlich verstoßen.

○ _____

○ Weniger einschneidende Maßnahmen reichen nicht aus. _____

○ Der Antrag über die Anrechnung erbrachter Bewährungsleistungen beruht auf § 56 f Abs. 3 Satz 2 StGB.

○ _____

(Unterschrift, Namensstempel)

Durch den Vermerk unter Ziff 1 sollen die erforderlichen Feststellungen zur Zuständigkeit des Gerichts der ersten Rechtszugs oder der StVK getroffen werden, § 462 a StPO. Bei Zuständigkeitswechsel kann unter Ziff 2 die Abgabenachricht an das Gericht des ersten Rechtszugs verfügt werden. Unter Ziff 5 sind die verschiedenen Anträge zur Änderung, Neuerteilung und zum Wegfall von Auflagen und Weisungen sowie zur Verlängerung und zum Widerruf der Strafaussetzung zur Bewährung einschließlich des Erlasses eines Sicherungshaftbefehls und der Anrechnung von Leistungen möglich.

50 Bestehen gegen einen Verurteilten mehrere noch nicht erledigte Verurteilungen und werden nachträgliche Entscheidungen nach § 453 StPO erforderlich, etwa über die Verlängerung der Bewährungszeit oder einen Widerruf, so besteht die Gefahr einander widersprechender Entscheidungen insbes durch unterschiedliche Beurteilung der Sozialprognose. § 462 a IV StPO bestimmt deshalb, daß eine Entscheidungskonzentration eintritt. Nur eines der mehreren Gerichte hat in allen Verfahren zu entscheiden. Vor jeder Antragstellung ist deshalb anhand des BZR zu prüfen, ob es zu einer solchen Konzentration gekommen ist und das zuständige Gericht zu bestimmen. Ggf ist gegenüber dem bisher die Bewährung überwachenden Gericht eine Abgabenachricht erforderlich. Welches Gericht zuständig ist, bestimmt § 462 a IV 2 StPO: Abs 3 findet entsprechende Anwendung. Die Zuständigkeit liegt bei dem Gericht, das auf die schwerste Strafart, bei gleicher Strafart auf die höchste Strafe erkannt hat. Anders als bei § 462 a III 2 StGB soll es keinen Unterschied machen, ob die höchste Strafe eine Einzelstrafe oder eine Gesamtstrafe ist.[13] Auch Beschlüsse über eine nachträgliche Gesamtstrafe sollen außer Betracht bleiben.[14] Bei gleicher Strafhöhe entscheidet das zeitlich letzte Urteil.

51 Das Gericht trifft seine Entscheidung ohne mündliche Verhandlung durch Beschluß. Verurteilten ist rechtliches Gehör zu gewähren. Vor einem Widerruf wegen Auflagen- oder Weisungsverstoßes soll das Gericht dem Verurteilten Gelegenheit zur mündlichen Anhörung geben, § 453 I 3 StPO. Diese Sollvorschrift ist so zu verstehen, daß die Anhörung zwingend ist, wenn sie weitere Aufklärung verspricht oder ihr keine schwerwiegenden Gründe entgegenstehen. Da sie andererseits nicht erzwungen werden kann, wird das Angebot an den Verurteilten, sich wegen eines Termins mit der Geschäftsstelle in Verbindung zu setzen, als ausreichend angesehen werden können. Ist der Verurteilte untergetaucht, kann eine Anhörung unterbleiben.[15] Für Gewährung von rechtlichem Gehör an Verurteilte mit Aufenthalt in einem Schengen-Staat kann dies durch mindestens formlose Mitteilung erfolgen.[16] Die Mitteilungen der nachträglichen Entscheidungen können, soweit sie mit sofortiger Beschwerde anfechtbar sind, mittels Zustellung, sonst formlos auch in den Schengen-Staaten bewirkt werden.

52 Nach einem Verlängerungsbeschluß ist vor Rücksendung der Akten zur Bewährungsüberwachung die erforderliche Mitteilung zum BZR zu veran-

---

13 BGHSt 27, 68
14 BGH NStZ 1996, 511
15 Vgl schon Rn 29
16 Vgl Teil D Kap 3, Rn 401

lassen. Wird ein Bewährungsheft geführt, empfiehlt es sich, dies dort zu notieren, um unnötige Rückfragen über die Erledigung der Mitteilung, die in den Hauptakten erfolgt, zu unterbinden. Ein Rechtskraftvermerk ist nicht erforderlich, da der Beschluß jederzeit abgeändert werden kann. Eine Besonderheit gilt für den Bereich des OLG München bei abgelaufenen Bewährungsfristen: Während sich die Zeit der Verlängerung allgemein unmittelbar an die abgelaufene Bewährungszeit anschließt, beginnt die Verlängerung nach der Rechtsprechung dieses Gerichts dann erst mit der Rechtskraft des Verlängerungsbeschlusses, der folglich auch eines Rechtskraftvermerkes bedarf.

Die StA als Strafverfolgungsbehörde wirkt durch sachdienliche Anträge darauf hin, daß alle erforderlichen gerichtlichen Entscheidungen ergehen. Liegen auch die Voraussetzungen für den Widerruf der Aussetzung einer Unterbringung aus dem gleichen Verfahren vor, so führt sie eine Entscheidung des Gerichts auch darüber herbei, ob die Strafe nach § 67 III StGB vor der Maßregel zu vollziehen ist, vgl § 44 a III StVollstrO.   53

c) Rechtsmittel gegen Nachtragsentscheidungen

Der Widerruf der Aussetzung ist nach § 453 II StPO mit sofortiger Beschwerde anfechtbar. Streitig ist die Frage, ob die Ablehnung eines Widerrufsantrags der StA mit der sofortigen oder der einfachen Beschwerde anfechtbar ist. Es spricht viel dafür, auch hier die sofortige Beschwerde als das zutreffende Rechtsmittel anzusehen, weil die Frage des Widerrufs nicht in der Schwebe bleiben soll.[17] Das gilt auch, wenn das Gericht statt des beantragten Widerrufs die Bewährungszeit verlängert hat, obwohl gegen den Verlängerungsbeschluß an sich die einfache Beschwerde gegeben ist. Vorsorglich wird zu Fristwahrung stets von einer sofortigen Beschwerde auszugehen sein.   54

Gegen die Verlängerung der Bewährungszeit und die Änderung von Auflagen und Weisungen ist nach § 453 II 1 StPO die einfache Beschwerde gegeben. Sie kann nur darauf gestützt werden, daß eine getroffene Anordnung gesetzwidrig oder die Bewährungszeit nachträglich verlängert worden ist, S 2. Die Vorschrift entspricht im wesentlichen § 305 a StPO. Geprüft wird daher nur, ob für die getroffene Entscheidung eine ausreichende Rechtsgrundlage besteht, ob ein Ermessensmißbrauch vorliegt und ob die Grundsätze der Verhältnismäßigkeit und der Bestimmtheit gewahrt sind. Reine Zweckmäßigkeitserwägungen finden im Beschwerdeverfahren keine Berücksichtigung.   55

---

17 Nachweise zum Streitstand bei Kl/M-G, § 453 Rn 13; Pohlmann/Jabel/Wolf, § 13 Rn 4

5. Rücknahme des Widerrufs der Strafaussetzung durch das Gericht

56 Eine Rücknahme des Widerrufs der Strafaussetzung ist gesetzlich nicht vorgesehen. Vielmehr wird die Entscheidung über den Widerruf rechtskräftig und ist damit grundsätzlich nicht mehr änderbar, weil sonst ein Eingriff in die eingetretene Rechtskraft vorliegen würde. Gleichwohl besteht manchmal ein Bedürfnis an einer Aufhebung der getroffenen Entscheidung, zB, wenn sich im nachhinein herausstellt, daß die Lage im Zeitpunkt der Entscheidung eine objektiv andere war, als sie sich dem Gericht im Augenblick der Entscheidung dargestellt hat, vor allem eine dem Gericht unbekannt gebliebenen Erfüllung einer Auflage. Entweder war sie bereits bei Zustellung des Widerrufsantrags oder -beschlusses erfüllt, ohne daß dies der StA und dem Gericht bekannt war, oder der Verurteilte erfüllt auf die Zustellung des Antrags hin die Auflage, und dies wird dem Gericht nicht mehr (rechtzeitig) bekannt. Nicht selten unternehmen Verurteilte nichts gegen den ihnen dann zugestellten Widerrufsbeschluß und dieser wird rechtskräftig. Erst im Nachhinein stellt sich dann der zutreffende Sachverhalt heraus. Einwendungen nach § 458 StPO können wohl gegen einen rechtskräftigen Widerrufsbeschluß nicht vorgebracht werden. Die Situation entspricht der in § 359 Nr. 5 StPO für das Wiederaufnahmeverfahren als Wiederaufnahmegrund beschriebenen der Beibringung neuer Tatsachen und Beweismittel. Unabhängig von der strittigen Frage, ob gegenüber Beschlüssen die Wiederaufnahme stattfindet, sollte in solchen Fällen die Aufhebung des Widerrufsbeschlusses zugelassen werden. Sonst bliebe nur der Gnadenweg. Bleibt die Frage nach dem zuständigen Gericht. Während manche das Wiederaufnahmegericht für zuständig halten,[18] scheint mir eine Aufhebung durch das erlassende Gericht geboten.[19]

VI. Straferlaß und dessen Widerruf

57 Nach dem Ablauf der Bewährungszeit ist die Strafe zu erlassen, sofern kein Widerruf der Strafaussetzung erfolgt, § 56 g I StGB. Nach § 56 g II StGB ist aber auch in engen Grenzen ein Widerruf des Straferlasses möglich.

1. Straferlaß

58 Um Nachteile für den Verurteilten zu vermeiden, sollte der Straferlaß möglichst unverzüglich nach Ablauf der Bewährungszeit erfolgen. Vor der

---

18 Pohlmann/Jabel/Wolf, § 42 Rn 12 aE
19 Tröndle/Fischer § 56 f Rn 9 aE; OLG Rostock NZV 1994, 287

Antragstellung sind folgende Prüfungsschritte erforderlich, die mit dem folgenden Formular erledigt werden können. Anschließend sind die Akten dem Gericht vorzulegen.

59

STAATSANWALTSCHAFT
 # O R T #
#ZwSt#

Az.:   Datum: sta 56g 1pos

Strafvollstreckung
gegen   Verteidiger(in):

wegen   Vollmacht Bl.:

hier: Prüfung des Straferlasses

V e r f ü g u n g

1. ❏ Auskunft aus ○ BZR ○ VZR ○ AZR ○ _____
   ❏ Vorgangsliste ausdrucken
   ❏ Abschlußbericht des Bewährungshelfers anfordern

2. Feststellungen:
   ❏ Die Bewährungszeit ist abgelaufen
      ○ BZR ohne relevanten Vorgang
      ○ BZR mit bisher unbekanntem Urteil, Nr. _____
   ❏ Die erteilten Auflagen und Weisungen sind
      ○ erfüllt
      ○ nicht erfüllt (Bl. _____)
   ❏ Vorgangsliste ohne relevanten Vorgang

3. Akten zur kurzfristigen Einsicht (hilfsweise Entscheidungs-, Anklageabschrift/en oder Sachstandsmitteilung) anfordern bei:
   _____
   _____
   _____

4. Anfrage bei der Staatsanwaltschaft _____ ,
   welche Ermittlungsverfahren gegen d. Verurt. (Personalien einsetzen wie BZR/Bl. _____)
   anhängig sind, deren Tatzeit in die Bewährungszeit fällt
   (von _____ bis _____).
   Um Übersendung von Urteilskopie(n)/Anklageabschrift(en) wird gebeten.

5. ❏ _____
   _____
   _____
   _____

6. ❏ WV m.E., sp. _____
   ❏ Weiter wie Rückseite

_____
(Unterschrift, Namenstempel)

TV-StA #StA# sta 56g 1pos   (08.00) Prüfung Straferlaß

Kunz

Verfügung

1. Umseitige Anfrage unter Ziff. _____ wiederholen mit Zusatz: "2. Anfrage!"
2. WV m.E., sp. _____.

_____
(Unterschrift, Namenstempel)

Verfügung

1. Vermerk: _____
   _____
   _____
   _____
   _____
   _____

2. Mit Akten

   an das ○ Amtsgericht ○ Landgericht

   _____ - ○ Strafvollstreckungskammer
   ○ mit dem Sitz in _____

   ○ mit dem Antrag auf Straferlaß.
   ○ mit dem Antrag, _____
   _____
   _____
   _____
   _____

_____
(Unterschrift, Namenstempel)

---

60   1. Ist die Bewährungszeit abgelaufen? Akten und Bewährungshefte sind auf zwischenzeitliche Verlängerungen der Bewährungszeit und etwaige Gesamtstrafenbeschlüsse durchzusehen.

61   2. Sind die Auflagen und Weisungen erfüllt? Wenn nicht, hilft oft die Einschaltung der Gerichtshilfe mit dem Ziel, eine kurzfristige Erledigung zu erreichen. Sonst kommt eine Verlängerung der Bewährungszeit in Betracht. Bei noch nicht abgelaufener Bewährungszeit ist dies ohne weiteres nach § 56 a StGB möglich, nach deren Ablauf aber nur noch nach § 56 f StGB.[20]

---

[20] Rn 13

3. Liegt ein aktueller (und zutreffender – die Personalien sind oft falsch) Auszug aus dem BZR vor? Wenn nicht, ist ein neuer bzw richtigen Auszug zu erholen (Dies wäre an sich Sache des Gerichts, dem die Bewährungsüberwachung obliegt, aber überflüssige Aktenversendungen sind zu vermeiden).

4. Eine Verfahrensliste ist zu erholen (EDV-Audruck), um offene Verfahren zu ermitteln. Bei auswärtigem Wohnsitz des Verurteilten ist eine Anfrage bei der StA des Wohnsitzes zweckmäßig; bei einem Wohnsitz in Bayern außerhalb des Bezirks der StA wird sich eine STARIS – Anfrage empfehlen. Zukünftig wird sich stets eine Anfrage beim zentralen staatsanwaltschaftlichen Verfahrensregister aufdrängen. Die Eintragungen sind zu überprüfen, auch darauf, ob Verurteilungen bereits im BZR enthalten sind oder welchen Ausgang Ermittlungsverfahren genommen haben. Sind bei erfolgten Verurteilungen schon Maßnahmen ergriffen worden? Bei Unklarheiten müssen die Akten beigezogen werden. Bei noch offen Ermittlungsverfahren sollte deren Ausgang abgewartet werden, wenn er absehbar ist. Es ist dann eine Abschrift der Anklage, des Strafbefehls oder eines schon erlassenen Urteils mit einem Hinweis auf den Verfahrensstand zu den Akten zu bringen. Diese können dann mit Anträgen an das Gericht zurückgesendet werden. Bei unklarer Sachlage sollte einem Straferlaß einstweilen entgegengetreten werden. Das Gericht sollte dann dem Verurteilten mitteilen, daß der Ausgang des neuen Verfahrens abgewartet wird, was zweckmäßig angeregt wird.

Der Straferlaß hat »unverzüglich« zu erfolgen. Jedenfalls nach Ablauf von einem bis eineinhalb Jahren nach dem Ende der Bewährungszeit wird er zwingend erforderlich, wenn keine ausreichenden Gründe für einen Widerruf vorliegen.[21] Das gilt insbes auch bei unbekanntem Aufenthalt. Die Strafe ist iü auch dann zu erlassen, wenn trotz Vorliegens von Widerrufsgründen wegen § 56 f II 2 StPO ein Widerruf nicht in Betracht kommt, andererseits eine weitere Verlängerung der Bewährungszeit wegen Erreichen des Höchstmaßes nicht mehr möglich ist.

Wird nach dem Straferlaß ein Rechtskraftvermerk nicht erteilt (zB im OLG-Bezirk Frankfurt/Main) ist das Beschlußdatum an das BZR mitzuteilen. Die Mitteilungen zum BZR veranlaßt der Rechtspfleger nach Rechtskraft. Dieser schließt auch das Verfahren ab und veranlaßt die Weglage.

2. Widerruf des Straferlasses

Nach § 56 g II StGB kann das Gericht den Straferlaß widerrufen. Erforderlich ist eine Verurteilung im räumlichen Geltungsbereich der StPO wegen einer in der Bewährungszeit begangenen vorsätzlichen Straftat zu Freiheitsstrafe von mindestens sechs Monaten. Bei einer Gesamtstrafe muß minde-

---

21 KrG Saalfeld MDR 1993, 68

stens eine Einzelstrafe diese Voraussetzung erfüllen. Der Widerruf ist allerdings nur innerhalb eines Jahres nach Ablauf der Bewährungszeit und von sechs Monaten nach Rechtskraft der Verurteilung zulässig. Die Verurteilung kann vor der Rechtskraft des Erlaßbeschlusses eingetreten sein. Sehr strittig ist die Frage, ob der Widerruf des Straferlasses bewirkt, daß die verhängte Freiheitsstrafe auch vollstreckt wird ohne daß es eines besonderen Widerrufsbeschlusses bedarf.[22] Um Schwierigkeiten aus dem Weg zu gehen, sollte der Widerruf des Straferlasses stets mit einem Antrag verbunden werden, der zum Ausdruck bringt, daß die Strafe auch zu vollstrecken ist.

67 Abgesehen von den engen zeitlichen uns sachlichen Grenzen scheitert der Widerruf häufig daran, daß die neue Verurteilung im abgeschlossenen Verfahren nicht bekannt wird. Eine Mitteilungspflicht besteht nicht mehr, MiStra Nr. 13 und nur wenn bei den Mitteilungen nach Abschluß des neuen Verfahrens hierauf bewußt geachtet wird, wird sie im alten Verfahren bekannt.

VII. Widerruf der Aussetzung von freiheitsentziehenden Maßregeln

68 Die Aussetzung freiheitsentziehender Maßregeln erfolgt im Fall des § 67 b StGB durch das erkennende Gericht. Für die übrigen Fälle sind Voraussetzungen und Verfahren im Teil D Kap 3 behandelt.

69 Die gesetzlichen Voraussetzungen für den Widerruf einer Unterbringung sind in § 67 g StGB geregelt. Bei jeder Aussetzung einer freiheitsentziehenden Maßregel tritt Führungsaufsicht ein, vgl etwa §§ 67 b II, 67 c I 2. HS, 67 c II 4, 57 d V 2 StGB. Deshalb tritt in § 67 g StGB an die Stelle der Bewährungszeit die Dauer der Führungsaufsicht. § 68 g IV StGB enthält Regeln für die gesetzliche Höchstdauer der Unterbringung nach einem Widerruf und § 68 g V StGB für die Erledigung der Maßregel, wenn sie nicht widerrufen wird.

1. Widerrufsgründe

70 Die Gründe für den Widerruf der Aussetzung einer freiheitsentziehenden Maßregel unterscheiden sich teilweise nicht unerheblich von denen über den Widerruf der Strafaussetzung. Diese Unterschiede sollen nachfolgend dargestellt werden. Iü kann auf das zum Widerruf der Bewährung Ausgeführte zurück gegriffen werden.

---

[22] Nachweise bei Tröndle/Fischer, § 56 g Rn 3

a) Widerruf wegen neuer rechtswidriger Tat

An der Spitze der Widerrufsgründe steht die Begehung einer rechtswidrigen Tat während der Führungsaufsicht. »Rechtswidrige Tat« ist eine solche, die den Tatbestand eines Strafgesetzes verwirklicht, § 11 I Nr. 5 StGB, also unabhängig von der Schuld des Täters. Eine Straftat wie beim Widerruf der Strafaussetzung ist nicht erforderlich. Die Tat muß »während der Führungsaufsicht«, also nach deren rechtskräftiger Anordnung bzw nach Rechtskraft des Beschlusses der sie automatisch eintreten läßt, begangen worden sein. Eine § 56 f I 2 StGB entsprechende Vorschrift fehlt. Allerdings kann die Lücke regelmäßig durch § 68 g III StGB geschlossen werden.

71

b) Widerruf wegen Weisungsverstoßes

Auch der gröbliche oder beharrliche Verstoß gegen Weisungen nach § 68 b StGB kann den Widerruf rechtfertigen. Auf das Rn 22 ff zum Widerruf der Strafaussetzung Ausgeführte kann Bezug genommen werden.

72

c) Widerruf wegen Entziehung aus der Aufsicht

Nach Eintritt der Führungsaufsicht untersteht ein Verurteilter zwingend der Ausichtsstelle. Ihm ist für die Dauer des Führungsaufsicht ein Bewährungshelfers zu bestellen, § 68 a I StGB. Entzieht er sich deren Aufsicht, insbes hinsichtlich der Erfüllung von Weisungen, sollte die Aussetzung widerrufen werden, denn der Verurteilte gerät außer Kontrolle.[23]

73

d) Widerruf der Aussetzung wegen des Zustandes des Verurteilten

Auch ohne Weisungsverstöße kann sich während der Führungsaufsicht ergeben, daß sich ein Verurteilter in einen gesundheitlichen, also körperlichen oder psychischen Zustand befindet, der rechtswidrige Taten erwarten läßt. In Betracht kommt zB die Dekompensation seines Zustands, der bisher unter Kontrolle schien, der Ausbruch weiterer Erkrankungen und eine neue Beurteilung eines bereits bekannten Zustandes. In allen diesen Fällen ermöglicht § 68 g II StGB einen Widerruf, wenn dieser erforderlich ist.

74

e) Widerruf der Aussetzung wegen neu bekannt gewordener Tatsachen

Der Widerrufsgrund der während der Führungsaufsicht neu bekannt gewordenen Tatsachen ist in § 68 g III StGB geregelt. Er hat im Recht des Widerrufs der Strafaussetzung keine Entsprechung und rechtfertigt sich aus dem besonderen Sicherungszweck der Unterbringung. Gedacht ist vor allem an neue Tatsachen, vor allem in der Person des Täters. In Betracht

75

---

23 Wegen des »Sich-Entziehens« vgl Rn 23

Kunz

kommt etwa die Entdeckung einer weiteren Erkrankung, die im Zeitpunkt der Aussetzung schon vorhanden war, aber auch weiterer, vor der Aussetzung begangener Delikte, Bekanntwerden von Vorstrafen und anderer für die Beurteilung der Aussetzung maßgeblicher Umstände.

f) Erforderlichkeit der Unterbringung

76 Neben die soeben erörterten Widerrufsgründe muß sich aus deren Vorliegen darüber hinaus ergeben, daß der Zweck der Maßregel die Unterbringung (erneut) erfordert. Zweck einer Maßregel ist die Verhütung neuer, erheblicher rechtswidriger Taten im Hinblick auf den jeweiligen Unterbringungszweck. Der Widerruf ist uU auch dann gerechtfertigt, wenn die neue Tat für sich zwar die Grenze der Geringfügigkeit überschreitet, aber noch nicht besonders gewichtig ist, aber weitere Taten von entsprechendem Gewicht besorgen läßt.[24] Wegen der Subsidiarität der Unterbringung ist zunächst zu prüfen, ob nicht weitere Weisungen eine günstige Beurteilung ermöglichen. In Betracht kommen hierbei vor allem ambulante und stationäre medikamentöse oder psychotherapeutische Behandlungen, ggf auch eine Unterbringung in einem geschlossenen Heim.

2. Widerruf von Strafe und Unterbringung im gleichen Verfahren

77 Die Gründe des Widerrufs für Strafen und Maßregeln sind unterschiedlich ausgestaltet. Ist im gleichen Verfahren eine Strafe und eine Unterbringung angeordnet, so sind die Voraussetzungen für beide getrennt zu prüfen. So kommt etwa bei einer nur rechtswidrigen neuen Tat wohl der Widerruf der Aussetzung der Maßregel, nicht jedoch der Strafe in Betracht. Bei Widerrufsanträgen von Strafe und Maßregel sollten auch Anträge zur Reihenfolge der Vollstreckung nach § 67 III StGB gestellt werden, vgl § 44 a III StVollstrO.

3. Erledigung der Maßregel nach einer Aussetzung

78 Wird die zur Bewährung ausgesetzte Maßregel nicht widerrufen, so ist sie mit dem Ende der Führungsaufsicht erledigt. Dieses kann nach § 68 c StGB durch Ablauf der festgelegten Dauer, die nach § 68 d StGB nachträglich abgeändert werden kann, oder nach § 68 e StGB durch nachträgliche Aufhebung eintreten.

79 Eines besonderen Erlaßbeschlusses bedarf es nicht. Vielmehr ist die Führungsaufsicht mit Ablauf der Dauer erledigt, § 67 g V StGB. Nach ihrem Ablauf ist eine Verlängerung nicht mehr möglich, insbes also nicht mehr bei

---

24 OLG Karlsruhe MDR 1989, 664

Beendigung nach § 68 e I StGB. War die Dauer der Führungsaufsicht aber abgekürzt worden, so kann sie wieder bis zur gesetzlichen Höchstfrist des § 68 c I 1 StGB verlängert werden, § 68 d StGB, aber nie darüber hinaus. Allerdings verlängert sie sich uU nach § 68 c II 2 StGB. Vgl dazu Teil D Kapitel 5. Ebenso ist eine Anordnung nach § 68 g II StGB bei der Führungsaufsicht – auch noch nachträglich – möglich. Die Dauer der Führungsaufsicht selbst verlängert sich hierdurch allerdings nicht.

4. Zuständigkeit, Verfahren und Rechtsmittel

Wurde die Maßregel zugleich mit der Anordnung zur Bewährung ausgesetzt, § 67 b StGB, so befand sich der Verurteilte nie in Unterbringung. Gem § 463 V, 462, 462 a II StPO bleibt das Gericht des ersten Rechtszuges daher auch für die nach 453 StPO zu treffenden nachträglichen Entscheidungen zuständig, in den übrigen Fällen entscheidet die StVK, wobei nach § 463 VI StPO die Führungsaufsicht in den Fällen ihres Eintritts nach §§ 67 c I, 67 c II u. IV und 68 f StGB der Aussetzung des Strafrests gleichsteht. Diese Zuständigkeit der StVK wird durch § 463 V StPO, der § 462 für entsprechend anwendbar erklärt, nicht eingeschränkt. Für die Anwendung der Zuständigkeitsvorschriften des § 462 a StPO tritt an die Stelle der Strafanstalt die JVA oder Einrichtung des Maßregelvollzugs, in die der Verurteilte aufgenommen worden ist. Für Verfahren und Rechtsmittel gelten iü die allgemeinen Regeln.[25]

80

Für die Antragstellung bei der Überwachung der Führungsaufsicht nach Aussetzung einer Unterbringung zur Bewährung kann das Formblatt Rn 48 als Anhaltspunkt dienen.

81

Eine Rücknahme des Widerrufs der Aussetzung einer Unterbringung ist entsprechend der zur Rücknahme des Widerrufs der Strafaussetzung entwickelten Grundsätze[26] entsprechend möglich.[27] Zwar käme auch eine erneute Aussetzung in Betracht. Anders als beim Widerruf einer Strafe (nicht aber einer Reststrafe) bestehen grundsätzlich keine zeitlichen Beschränkungen für eine Aussetzung im Sinn einer Mindestverbüßungsdauer. Sie kann (und muß) vielmehr jederzeit erfolgen § 67 e I 1 StGB. Allerdings sind die materiellen Voraussetzungen für die Aussetzung einer Maßregel strenger als die für eine Beibehaltung der Aussetzung. Auch die verfahrensrechtlichen Vorschriften der §§ 463 III 3 iVm 454 II StPO erwecken ein Bedürfnis an einer Rücknahme eines Widerrufs.

82

---

25 Vgl Rn 47
26 Unter Rn 56
27 Tröndle/Fischer § 67 g Rn 8

Kunz

VIII. Tod des Verurteilten

83 Ein Straferlaß unterbleibt, wenn ein Verurteilter während der Bewährungszeit verstirbt. Es ist zu veranlassen, daß das Gericht die Bewährungsüberwachung einstellt. Der Tod ist dem BZR mitzuteilen. Iü ist nach dem Tod des Verurteilten das Vollstreckungsverfahren beendet.

KAPITEL 5 – FÜHRUNGSAUFSICHT

Überblick

I.	Die angeordnete Führungsaufsicht.............................	4–6
II.	Die gesetzlich eintretende Führungsaufsicht...................	7–8
III.	Organe der Führungsaufsicht..................................	9–14
IV.	Zuständigkeit und Verfahren...................................	15–29
	1. Allgemeine Verfahrensgrundsätze............................	16–20
	2. Die Anträge der VollstrB...................................	21–29
V.	Mehrfacher Eintritt der Führungsaufsicht......................	30
VI.	Rechtsbehelfe...	31
VII.	Dauer und Ende der Führungsaufsicht..........................	32–33
VIII.	Besonderheiten im Jugendverfahren	34–35
IX.	Begleitende Maßnahmen außerhalb der Führungsaufsicht	36–39

Vorbemerkungen

Verurteilte, die wegen einer ungünstigen Sozialprognose nicht vorzeitig entlassen werden können und ihre Freiheitsstrafe vollständig verbüßen, sind besonders stark vom Risiko eines Rückfalls betroffen. Sofern nach Art und Schwere der begangenen Tat, ihrer Persönlichkeit oder dem Verhalten nach der Tat damit zu rechnen ist, daß die Begehung neuer Taten erhebliche Gefahren für Leib und Leben anderer mit sich bringen würde, bedürfen sie nach der Entlassung aus der Haft besonderer Kontrolle und Unterstützung. Das hierfür vom Strafgesetzbuch vorgesehene Instrument ist die Führungsaufsicht. 1

Der Führungsaufsicht kommt eine Doppelfunktion zu: Sie dient gleichermaßen der Unterstützung wie der Überwachung der Lebensführung. Bei vielen Verurteilten, die sich in der Vergangenheit als nicht veränderbar und therapiefähig erwiesen haben, tritt aber die Überwachungsfunktion in den Vordergrund. 2

Kunz

3   In den §§ 68 ff StGB wird zwischen der angeordneten und der gesetzlich eintretenden Führungsaufsicht unterschieden. In den praktisch häufigsten Fällen tritt sie aufgrund gesetzlicher Vorschriften ein. Bei Verurteilung wegen bestimmter, gesetzlich vorgesehener Straftaten kann sie aber auch im Urteil angeordnet werden.

I. Die angeordnete Führungsaufsicht

4   Das Gericht des ersten Rechtszugs kann unter den Voraussetzungen des § 68 I StGB Führungsaufsicht anordnen. Voraussetzung ist, daß dies im Gesetz besonders vorgesehen ist, zeitige Freiheitsstrafe von mindestens sechs Monaten verwirkt wurde und die Gefahr weiterer Straftaten besteht. *Gesetzlich vorgesehen* ist die Anordnung etwa bei Straftaten nach §§ 129 a VII, 181 b, 239 c, 245, 256 I, 262, 263 VI, 263 a II, 321 StGB, § 34 BtmG.

5   Entscheidungen, in denen die Führungsaufsicht angeordnet ist (§ 68 StGB) teilt die Vollstreckungsbehörde zusammen mit den erforderlichen Unterlagen der Führungsaufsichtsstelle mit, § 54 a I, III StVollstrO.

6   Für die *Prognoseentscheidung* hinsichtlich der Gefahr weiterer Straftaten (also nicht nur rechtswidriger Taten) gelten die zu §§ 63, 64 StGB entwickelten Grundsätze[1]. Der Richter muß von der Gefahr überzeugt sein. Nach dem Wortlaut der Vorschrift brauchen die Straftaten keine erheblichen zu sein. Diese Frage ist indes strittig.

II. Die gesetzlich eintretende Führungsaufsicht

7   In bestimmten Fällen tritt die Führungsaufsicht kraft Gesetzes ein:
   – Wenn eine freiheitsentziehende Maßregel nach §§ 63, 64 StGB zugleich mit der Anordnung zur Bewährung ausgesetzt wird, § 67 b StGB;
   – Wenn das Gericht eine Maßregel der Unterbringung nach § 67 c StGB zur Bewährung aussetzt;[2]
   – Wenn das Gericht eine Maßregel der Unterbringung nach § 67 d II StGB zur Bewährung aussetzt, weil zu erwarten ist, daß der Untergebrachte außerhalb des Maßregelvollzugs keine rechtswidrigen Taten mehr begehen wird;[3]

---

1   Tröndle/Fischer § 68 Rn 5 unter Bezugnahme auf § 64 Rn 6
2   Teil D Kap 3 Rn 111, 116, 224 und 364
3   Teil D Kap 3 Rn 305 f, 366 ff

Kunz

- Wenn die Maßregel der Sicherungsverwahrung nach Ablauf von zehn Jahren für erledigt erklärt wird, § 67 d III StGB;
- wenn das Gericht eine Unterbringung in der Entziehungsanstalt nach § 67 d V StGB wegen Aussichtslosigkeit für erledigt erklärt;[4]
- wenn einer der Fälle des § 68 f StGB vorliegt, dh, bei Vollverbüßung einer Freiheitsstrafe von mindestens zwei Jahren wegen einer vorsätzlichen Straftat oder einer Freiheitsstrafe von mindestens einem Jahr wegen einer in § 181 b StGB genannten Straftat.[5]

Ist in den Fällen des § 68 f StGB zu erwarten, daß der Verurteilte auch ohne die Führungsaufsicht keine Straftaten mehr begehen wird, so ordnet das Gericht an, daß die Maßregel entfällt, Abs 2. Das wird praktisch nur dann in Betracht kommen, wenn die Aussetzung nicht an der schlechten Sozialprognose sondern an der fehlenden Einwilligung in die Entlassung nach § 57 I Nr. 3 StGB scheitert. 8

III. Organe der Führungsaufsicht

Die Überwachung und Unterstützung des Verurteilten während der Dauer der Führungsaufsicht ist zwischen der Aufsichtsstelle, dem Bewährungshelfer, der Vollstreckungsbehörde und dem Gericht aufgeteilt. 9

Die *Aufsichtsstelle* überwacht im Einvernehmen mit dem Gericht und mit Unterstützung des Bewährungshelfers das Verhalten des Verurteilten und die Erfüllung der Weisungen. Sie kann bei der VollstrB die Änderung und Aufhebung von Auflagen und Weisungen anregen. Ihr kommt die Aufgabe zu, bei Verstößen des Verurteilten gegen Weisungen nach § 68 b I StGB einen Strafantrag zu stellen, um so eine Bestrafung des Verurteilten nach § 145 a StGB zu erreichen. 10

Die Befugnisse und Zuständigkeiten der Aufsichtsstellen sind in § 463 a StPO näher geregelt. Zu den Befugnissen gehören weitreichende Informations- und Auskunftspflichten. Auch die Anordnung der beobachtenden Fahndung durch Auschreibung zur Aufenthaltsermittlung nach § 463 a II StPO kann durch die Aufsichtsstelle angeordnet werden. Sie ist dem Leiter der Führungsaufsichtsstelle vorbehalten. Die Aufsichtsstellen gehören nach § 295 I EGStGB den Landesjustizverwaltungen an. Ihre Besetzung regelt § 295 II EGStGB. Die Einzelheiten zu regeln ist den Bundesländern vorbehalten. Diese haben hierzu Verwaltungsvorschriften erlassen. 11

---

4 Teil D Kap 3 Rn 112, 372 ff
5 Teil D Kap 3 Rn 319, 360

12 Der *Bewährungshelfer* in der Führungsaufsicht hat die ihm durch § 56 d StGB zugewiesenen Aufgaben. Seine Bestellung ist vom Gesetz zwingend vorgeschrieben, § 68 a I StGB. Von ihr kann auch dann nicht abgewichen werden, wenn dem Gericht die Bestellung anfangs entbehrlich erscheint. Im Falle einer sich verschlechternden Situation des Verurteilten, die eine Betreuung notwendig macht, müßte sonst zunächst ein Bewährungshelfer bestellt werden. Auch diesem wird die Lage des Verurteilten häufig zunächst nicht geläufig sein, so daß möglicherweise erst verspätet reagiert werden könnte. Vor Stellung eines Bestrafungsantrags durch die Führungsaufsichtsstelle ist der Bewährungshelfer zu hören, § 68 a VI StGB.

13 Die *VollstrB* überwacht die zeitliche Dauer der Führungsaufsicht, berechnet etwaige Verlängerungen nach § 68 c III 2 StGB und teilt Beginn, Ende und etwaige Änderungen der Dauer der Aufsichtsstelle mit, § 54 a StVollstrO. Sie stellt im Rahmen von Stellungnahmen Anträge gem §§ 463, 462, 462 a StPO.

14 Das *Gericht*, und zwar die StVK, § 463 III, 454, 462 a I StPO, ordnet das Nichtentfallen der Führungsaufsicht nach vollständiger Strafverbüßung in bestimmten Fällen an, Ihm obliegt dabei die Erteilung geeigneter Weisungen, die nachträglich jederzeit nach § 68 d StGB getroffen, geändert oder aufgehoben werden können. Bei fehlendem Einvernehmen zwischen Aufsichtsstelle und Bewährungshelfer kommt ihm die Aufgabe der Entscheidung zu, § 68 a IV StGB. Es kann beiden auch unabhängig hiervon nach § 68 a VI StGB Weisungen erteilen.

IV. Zuständigkeit und Verfahren

15 Die beim Eintritt von Führungsaufsicht notwendig werdenden Entscheidungen werden von der Vollstreckungsbehörde vorbereitet. Getroffen werden sie durch das Gericht. Das Augenmerk ist vor allem auf eine frühzeitige Vorbereitung zu richten.

1. Allgemeine Verfahrensgrundsätze

16 Die VollstrB übersendet in den Fällen der gesetzlich eintretenden Führungsaufsicht nach § 54 a II StVollstrO die Akten mindestens drei Monate vor der Entlassung des Verurteilten der StVK, damit die erforderlichen Entscheidungen nach § 58 a bis § 68 c oder § 68 f StGB getroffen werden können. Falls im Hinblick auf die Erteilung einer Therapieweisung zur Frage der Therapiebedürftigkeit oder -fähigkeit die Einholung eines Sachverständigengutachtens erforderlich erscheint, wird es sich empfehlen, die Akten bereits zu einem früheren Zeitpunkt mit einer entsprechenden Anre-

gung dem Gericht vorzulegen. Gleichzeitig werden der Aufsichtsstelle in den Fällen der §§ 68 f, 67 d IV und V StGB gem § 54 a II StVollstrO Abschriften der Stellungnahme der JVA bzw der Einrichtung des Maßregelvollzugs, der VollstrB und Abschriften des Urteils (je zweifach) übersandt. Zuständig für die Anordnung der Übersendung ist der StA, der auch die Anträge gegenüber der StVK zu stellen hat. Die praktische Bedeutung dieser Vorschrift, die oft unbeachtet bleibt, darf nicht übersehen werden. Gerade beim Vollverbüßer ist der Übergang von der Haft in die Freiheit mit besonderen Risiken verbunden. Gerade ihm, dem keine günstige Sozialprognose gestellt werden konnte, droht das Abgleiten in erneute Kriminalität in besonderem Maße. Wohnung und Arbeit werden häufig nicht gesichert sein. Auch eine erforderliche Therapiemaßnahme muß unterstützt werden. Gelingt es hier nicht, in Zusammenarbeit mit Führungsaufsichtsstelle und Bewährungshelfer, ggf auch noch vor Rechtskraft einer anordnenden Entscheidung, im Zeitpunkt der Haftentlassung ordnend einzugreifen, droht Unheil. Es darf hier nicht zu »Betreuungslücken« kommen. Bei aller – und teilweise berechtigter – Kritik am Institut der Führungsaufsicht sollte gerade diese Situation gemeistert werden können. Die Möglichkeiten, welche die Führungsaufsicht bietet müssen frühzeitig und erschöpfend ausgeübt werden.

Nach § 463 III iVm § 454 II StPO ist unabhängig von den in der zuletzt genannten Bestimmung aufgeführten Vorschriften (also immer) durch das Gericht das Gutachten eines Sachverständigen einzuholen, wenn es erwägt, eine Maßregel der Unterbringung in einem psychiatrischen Krankenhaus oder einer Entziehungsanstalt nach §§ 67 c I, 67 d II StGB zur Bewährung auszusetzen, die Unterbringung in der Sicherungsverwahrung nach Ablauf von 10 Jahren gem § 67 d III StGB für erledigt zu erklären oder von der Anordnung der Vollstreckung der nächsten Maßregel abzusehen, § 72 III StGB. In allen diesen Fällen würde eine positive Entscheidung Führungsaufsicht nach sich ziehen. Die Akten sind hier zunächst ohne einen Sachantrag, aber mit der Stellungnahme der Einrichtung nach § 67 e StGB (die selbst kein Gutachten iSv § 454 II StPO darstellt[6]) der StVK vorzulegen, mit der Bitte, eine Begutachtung des Verurteilten zu veranlassen. Der Sachantrag kann erst nach Vorliegen des Gutachtens gestellt werden. Für dieses Verfahren ist ein erheblicher zeitlicher Vorlauf (zusätzlich zur Frist nach § 54 a II StVollstrO mindestens 3 Monate) vorzusehen. 17

Zeitliche »Engpässe« können bei der VollstrB entstehen, wenn der Verurteilte kurze Zeit vor der vollständigen Verbüßung der gegen ihn verhängten Freiheitsstrafe noch einen Antrag auf Aussetzung der Reststrafe stellt oder wenn zwischen dem 2/3-Zeitpunkt des § 57 I StGB und der Frist von drei Monaten des § 54 a II StVollstrO nur eine kurze Zeitspanne liegt, wie dies regelmäßig beim Eintritt der Führungsaufsicht in den neu eingeführten Fällen der Vollverbüßung von nur einem Jahr der Fall sein wird. Hier erscheint 18

---

6 Vgl KG NStZ 1999, 319 zu den Anforderungen an ein Gutachten

Kunz

es zweckmäßig, gemeinsam mit der Stellungnahme zur Frage der Strafaussetzung nach § 57 StGB für den Fall, daß diese nicht befürwortet wird, zugleich die Stellungnahme zur Frage des Eintritts von Führungsaufsicht und etwa zu erteilender Weisungen zu erholen. Es kann dann gegenüber dem Gericht gleichzeitig beantragt werden, die Aussetzung der Reststrafe abzulehnen und das Nichtentfallen der Führungsaufsicht anzuordnen.

19   In manchen Fällen ist der Sinn von Führungsaufsicht zweifelhaft: Wird der Verurteilte nach Vollverbüßung abgeschoben oder kehrt er erkennbar dauerhaft freiwillig in sein Heimatland zurück, vermag Führungsaufsicht keinerlei Wirkungen zu erzielen. Da eine Aufhebung aber meist wegen § 68 e I StGB nicht in Betracht kommen wird, bleibt die gesetzliche Lage unbefriedigend. Vor allem Bewährungshelfer und StVK drängen oft auf eine rechtlich nicht mögliche Aufhebung. Rechtlich zweifelhafte Entscheidungen sind oft das Ergebnis, wenngleich sie praktischen Bedürfnissen oft entsprechen. Vor diesem Hintergrund ist die Auffassung entwickelt worden, auch die Führungsaufsicht für erledigt zu erklären, wenn die mit ihr verfolgten Zwecke offensichtlich nicht erreicht werden können. Im Gesetz findet sie indes keine Stütze.

20   Vor einer Entscheidung über das Nichtentfallen der Führungsaufsicht ist der Verurteilte mündlich zu hören. Eine schriftliche Anhörung genügt nicht. Auf die mündliche Anhörung kann er allerdings verzichten. Er verwirkt sein Recht auf Anhörung, wenn er sich für die StVK unerreichbar hält.

2. Die Anträge der VollstrB

21   Das folgende Formular befaßt sich mit den durch das Gesetz zur Bekämpfung von Sexualdelikten und anderen gefährlichen Straftaten v. 26.1.1998 zahlreich vermehrten Fällen des Eintritts von Führungsaufsicht nach Vollverbüßung einer Freiheitsstrafe.

Kunz

STAATSANWALTSCHAFT
 # O R T #
#ZwSt#

Az.:	Datum:	sta 68f 1neg
Strafvollstreckung gegen	Verteidiger(in):	
wegen	Vollmacht Bl.:	

hier: Eintritt von Führungsaufsicht

Verfügung

1. **Schreiben an**
   Führungsaufsichtsstelle bei _____

   Mit begl. Urteilsabschrift mit Rechtskraftvermerk (2-fach)
   Stellungnahme der Einrichtung (Bl. _____) (2-fach)
   Stellungnahme der StA (Ziff. 3) (2-fach)

   Betr.: Strafvollstreckung gegen <Name d. Verurt.>
   wegen <Tatvorwurf>

   hier: Eintritt der Führungsaufsicht

   D. Verurteilte hat ○ seit _____ ○ am _____ eine
   (Gesamt-)Freiheitsstrafe von
   ○ mindestens einem Jahr, §§ 68, 68 f, 181 b StGB,
   ○ mindestens zwei Jahren, §§ 68, 68 f StGB,
   vollständig verbüßt.
   Damit tritt nach § 68 f StGB Führungsaufsicht ein. Gemäß § 54 a Abs. 2 StVollStrO werden vorerst die beiliegenden Unterlagen in Abschrift übersandt.

2. V.v.; WV _____

3. Mit ○ Vollstreckungsheft ○ Sonderheft ○ Akten ○ _____
   an das
   Landgericht
   _____ - Strafvollstreckungskammer
   ○ mit dem Sitz in _____

   mit dem Antrag, anzuordnen,

   daß es bei der kraft Gesetzes nach der Entlassung aus dem Strafvollzug eintretenden Führungsaufsicht von fünf Jahren sein Bewenden hat, § 68 f Abs. 1 Satz 1, 68 c Abs. 1 Satz 1 StGB.

TV-StA #StA# sta 68f 1neg (08.00) Antrag StVK - Nichtentfallen Führungsaufsicht

Weiter wird beantragt,

a) ☐ die Dauer der eintretenden Führungsaufsicht auf _____ Jahre festzusetzen, § 68 c Abs. 1 Satz 1 StGB;
☐ unbefristete Führungsaufsicht nach § 68 c Abs. 2 Nr. 1 StGB anzuordnen, falls d. Verurteilte in eine Weisung nach §§ 68 b Abs. 2, 56 c Abs. 3 Nr. 1 StGB nicht einwilligt. Es ist eine Gefährdung der Allgemeinheit durch die Begehung weiterer erheblicher Straftaten zu befürchten, § 68 c Abs. 2 StGB;

d. Verurteilten den örtlich zuständigen hauptamtlichen Bewährungshelfer zu bestellen, § 68 a Abs. 1 Satz 1 StGB;

b) d. Verurteilte(n) gemäß **§ 68 b Abs. 1 StGB** anzuweisen,
☐ den Wohn- oder Aufenthaltsort nicht ohne Erlaubnis der Führungsaufsichtsstelle zu verlassen, § 68 b Abs. 1 Ziff. 1 StGB;
☐ sich zu bestimmten Zeiten beim Bewährungshelfer zu melden, § 68 b Abs. 1 Ziff. 7 StGB, und zwar: _____ ;
☐ sich bei Arbeitslosigkeit beim zuständigen Arbeitsamt oder einer anderen zur Arbeitsvermittlung zugelassenen Stelle zu melden und dies dem Bewährungshelfer nachzuweisen, § 68 b Abs. 1 Ziff. 9 StGB;
☐ _____
_____
_____
_____

c) d. Verurteilte(n) gemäß **§ 68 b Abs. 2 StGB** anzuweisen,
☐ Anordnungen des Bewährungshelfers gewissenhaft zu befolgen;
☐ jeden Wechsel des Wohnorts oder Arbeitsplatzes binnen einer Woche dem Bewährungshelfer und der Führungsaufsichtsstelle mitzuteilen;
☐ _____
_____
_____
_____

Die Erteilung weiterer Weisungen wird in das Ermessen des Gerichts gestellt.

○ Zur **Begründung** meines Antrags nehme ich Bezug auf die Stellungnahme der JVA vom _____ (Bl. _____).
○ _____
_____
_____
_____
_____

_____
(Unterschrift, Namensstempel)

23   Unter Ziff 1 findet sich das nach § 54 a II StVollstrO erforderlich Schreiben an die Führungsaufsichtsstelle. Die beiden Auswahlmöglichkeiten »seit« und »am« sollen die Verwendung des Bausteins sowohl dann ermöglichen,

wenn sich der Verurteilte noch im Vollzug befindet als auch, wenn er bereits entlassen ist (was nicht vorkommen sollte). Im weiteren wurde beim Antrag an das Gericht durch die Aufnahme des Wortes »(Gesamt-) Freiheitsstrafe« die strittige Frage, ob eine der Einzelstrafen die zeitlichen Grenzen überschreiten muß oder ob hierfür die Dauer der Gesamtstrafe maßgeblich ist, offen formuliert.

Die weitere Auswahlmöglichkeit unterscheidet die schon bisher geltende Regelung des Eintritts von Führungsaufsicht bei Strafen von mehr als zwei Jahren von der durch das Gesetz zur Bekämpfung von Sexualdelikten und anderen gefährlichen Straftaten v. 26.1.1998 geschaffenen Rechtslage, daß bei den »Katalogtaten« des § 181 b StGB auch bei nur einjähriger Vollverbüßung Führungsaufsicht eintritt. 24

Bei den Anträgen zu Weisungen gilt zunächst das zu den Formularen »Aussetzung der Maßregel« und »Erledigterklärung der Maßregel« Gesagte entsprechend.[7] Durch entsprechenden Freitext kann aber berücksichtigt werden, daß die Gestaltungen sehr vielschichtig sein können. 25

Um die Führungsaufsicht möglichst wirkungsvoll zu gestalten, kommt zweckmäßigen Weisungen eine besondere Bedeutung zu. Sie können durch das Gericht gem § 68 d StGB, ggf auch noch nachträglich getroffen, geändert oder aufgehoben werden. Bei der Antragstellung sind insbes die Art der begangenen Tat, die Umstände der Tatausführung, das Verhalten im Strafvollzug sowie die voraussichtliche Entlassungssituation des Verurteilten zu berücksichtigen. Einen wichtigen Beitrag bei der richtigen Auswahl und Formulierung von Weisungen können die Justizvollzugsanstalten und Einrichtungen des Maßregelvollzugs aufgrund der bei der Behandlung des Verurteilten im Vollzug gewonnenen Erkenntnisse erbringen. Sie sollten daher aufgefordert werden, im Rahmen ihrer Anhörung nach § 463 III 1 iVm § 454 I 2 StPO zu geeigneten Weisungen Stellung zu nehmen[8]. Auch die VollstrB sollte die Weisungen möglichst konkret anregen. Eine schematische Handhabung sollte vermieden werden. Im Hinblick auf die Überwachung des Verurteilten kommt folgenden Weisungen besondere Bedeutung zu: 26

– den Wohn- oder Aufenthaltsort oder einen bestimmten Bereich nicht ohne Erlaubnis der Aufsichtsstelle zu verlassen, § 68 b I 1 Nr. 1 StGB.

– sich zu bestimmten Zeiten bei der Aufsichtsstelle, dem Bewährungshelfer oder einer anderen Dienststelle zu melden, § 68 b I 1 Nr. 7 StGB. Im Muster ist lediglich die häufigste Meldung, nämlich die beim Bewährungshelfer vorgesehen. Weitere können im Freitext eingegeben werden. Die Weisung muß so konkret wie möglich gefaßt sein. Insbes sollte daraus hervorgehen, daß sich der Proband bei der Meldung persönlich vor-

---

7   Vgl Teil D Kap 3 Rn 368 und 374 ff
8   In Bayern ist eine solche Stellungnahme durch JMS vom 27.7.98 – 4263-VIIa-661/98 allgemein angeordnet.

Kunz

zustellen hat. Ob dieser Inhalt der Weisung zulässig ist, ist allerdings nicht unumstritten. Neben der Meldung bei der Aufsichtsstelle oder dem Bewährungshelfer kann eine solche bei der örtlich zuständigen Polizeidienststelle sinnvoll sein.

- jeden Wechsel des Wohnorts oder des Arbeitsplatzes unverzüglich der Aufsichtsstelle zu melden, § 68 a I 1 Nr. 8 StGB.

27 Die in § 68 a I StGB abschließend genannten Weisungen sind nach § 145 a StGB strafbewehrt. Das verbotene oder verlangte Verhalten muß daher genau bestimmt werden, § 68 b I 2 StGB. Auch empfiehlt es sich, Weisungen nach Abs 1 und 2 klar zu trennen, wie das auch im Formular vorgesehen ist. An die Lebensführung des Verurteilten dürfen bei den Weisungen aber keine unzumutbaren Anforderungen gestellt werden, § 68 b III StGB. Weisungen, die aufgrund fehlender Möglichkeiten zur Überwachung nicht ernst genommen werden könnten, sollten nicht erteilt werden.

28 Bei Sexualstraftätern, unter Umständen aber auch bei anderen gefährlichen Straftätern, kann durch eine geeignete Therapie das Risiko eines Rückfalls vermindert werden. Im Interesse des Schutzes der Allgemeinheit kommt daher einer Behandlung gefährlicher Straftäter besondere Bedeutung zu. Durch den neu formulierten § 56 c III Nr. 1 StGB ist nunmehr die Einwilligung des Verurteilten zu der Weisung, sich einer Heilbehandlung zu unterziehen, nur noch dann erforderlich, wenn sie mit einem körperlichen Eingriff verbunden ist. Dies wird bei den für diesen Täterkreis in Betracht kommenden Therapien regelmäßig nicht der Fall sein. Auf diese Weise kann zB darauf hin gewirkt werden eine während der Haft begonnene, aber noch nicht zu Ende geführte Therapie abzuschließen. Die Weisung kommt aber auch dann in Betracht, wenn eine für notwendig erachtete Therapie während der Haft abgebrochen oder verweigert wurde. Eine Therapieweisung muß aber sorgfältig vorbereitet werden. Neben einer Begutachtung zur Klärung der Therapiefähigkeit und der richtigen Therapieform sollten die Kostenfrage und der geeignete Therapeut bzw die Therapieeinrichtung schon vor der Entlassung geklärt sein. Sie können dann bereits namentlich benannt werden. Dem Verurteilten sollte ergänzend die Weisung erteilt werden, die Aufnahme, eine Unterbrechung und die Beendigung der Therapie unverzüglich dem Bewährungshelfer nachzuweisen.

29 Die durch das Gesetz zur Bekämpfung von Sexualdelikten und anderen gefährlichen Straftaten neu eingeführte Möglichkeit der Anordnung der unbefristeten Führungsaufsicht ist im Formular ebenfalls berücksichtigt. Diese kann angeordnet werden, wenn der Verurteilte eine erforderliche Einwilligung zu einer Therapieweisung nicht erteilt oder einer Therapieweisung, die seiner Einwilligung nicht bedarf, nicht nachkommt und eine Gefährdung der Allgemeinheit durch die Begehung weiterer erheblicher Straftaten zu besorgen ist. In diesen Fällen ist der durch die Therapieverweigerung gegebenen erhöhten Gefahr des Rückfalls regelmäßig durch die Anregung engmaschiger Überwachungsweisungen Rechnung zu tragen.

V. Mehrfacher Eintritt der Führungsaufsicht

Mehrfache Führungsaufsicht ist unerwünscht, weil sie zu sinnlosem mehrfachem Betreuungsaufwand führt. Gleichwohl ist sie nach der derzeitigen Gesetzeslage geradezu angelegt: Kommt es nach Erledigterklärung der Maßregel zu anschließender Vollverbüßung[9] so tritt sie unter den Voraussetzungen des § 68 f StGB ebenso mehrfach ein, wie wenn mehrere solche Vollverbüßungen einander folgen.

30

VI. Rechtsbehelfe

Gegen einzelne Weisungen steht dem Verurteilten über § 463 II, 453 I, II 1 StPO ebenso die einfache Beschwerde zu wie gegen die Erteilung von Weisungen während der Bewährungszeit. Gegen die Anordnung des Nichtentfallens der Führungsaufsicht ist die sofortige Beschwerde gegeben, § 463 III 1, 454 III StPO.

31

VII. Dauer und Ende der Führungsaufsicht

Die Führungsaufsicht beginnt mit der Rechtskraft der Anordnung. Sie endet, wenn sie vom Gericht aufgehoben wird. Dies setzt die Prognose voraus, daß der Verurteilte auch ohne sie keine Straftaten mehr begehen wird. Die Aufhebung ist frühestens nach der gesetzlichen Mindestdauer zulässig, § 68 e I StGB. Iü endet sie durch Ablauf der festgesetzten Dauer. In ihre Dauer wird die Zeit nicht eingerechnet, in welcher der Verurteilte flüchtig ist, sich verborgen hält oder auf behördliche Anordnung in einer Anstalt verwahrt wird, § 68 e III StGB. Die Berechnung der Dauer obliegt der VollstrB. Die Führungsaufsicht endet auch, wenn die Unterbringung in der Sicherungsverwahrung angeordnet ist und deren Vollzug beginnt, § 68 e III StGB. Steht der Verurteilte gleichzeitig unter Bewährung, so endet die Führungsaufsicht nicht vor Ablauf der Bewährungszeit, § 68 g I 2 StGB. Weitere Sonderregelungen enthalten § 68 e II und III StGB für Bewährungsfälle. Endet die Führungsaufsicht durch Zeitablauf, so bedarf es keiner gerichtlichen Entscheidung hierüber. Eine Zuleitung der Akten an das Gericht wird aber zweckmäßig sein, damit auch dort die Überwachung eingestellt wird.

32

---

9 Vgl Teil D Kap 3 Rn 360

33 Unbefristete Führungsaufsicht kann angeordnet werden, wenn der Verurteilte entweder in eine Weisung nach § 56 c III Nr. 1 StGB nicht einwilligt oder einer Weisung sich einer Heilbehandlung oder einer Entziehungskur zu unterziehen, nicht nachkommt, § 68 c II StGB. Weitere Voraussetzung ist, daß eine Gefährdung der Allgemeinheit durch die Begehung weiterer erheblicher Straftaten zu befürchten ist. Auch bei der unbefristeten Führungsaufsicht ist nach Verstreichen der Höchstfrist des § 68 c I 1 StGB zu prüfen, ob sie aufzuheben ist, § 68 e IV StGB. Wird sie nicht aufgehoben, beginnt die Frist (gemeint ist die Höchstfrist) mit der Entscheidung von neuem. Sofern der Verurteilte nachträglich seine Einwilligung erteilt, setzt das Gericht die weitere Dauer der Führungsaufsicht fest, § 68 c II 2 StGB.

VIII. Besonderheiten im Jugendverfahren

34 Führungsaufsicht tritt bei Verurteilung nach Jugendrecht unter den gleichen Voraussetzungen ein wie nach Erwachsenenrecht, § 7 JGG, also als angeordnete oder kraft Gesetzes eintretende Führungsaufsicht. Wie bei der Gesamtfreiheitsstrafe ist auch hier streitig, ob bei einer Einheitsjugendstrafe erkennbar sein muß, daß bei einer der zugrunde liegenden Straftaten mindestens zwei Jahre Jugendstrafe verwirkt wären.

35 Der Jugendrichter als Vollstreckungsleiter ist auch für Vollstreckungsmaßnahmen im Zusammenhang mit der Führungsaufsicht zuständig (Richtlinien zu § 82-85 JGG, VII 2).

IX. Begleitende Maßnahmen außerhalb der Führungsaufsicht

36 Der Eintritt von Führungsaufsicht hindert die VollstrB nicht zu prüfen, inwieweit andere begleitende Maßnahmen zu ergreifen sind, die einen Rückfall verhindern können.

37 In Fällen, in denen die Voraussetzungen des § 2 DNA-IFG vorliegen, ist rechtzeitig vor der Entlassung eine molekulargenetische Untersuchung durchzuführen, sofern dies noch nicht geschehen ist. Bei der zeitlichen Planung ist zu berücksichtigen, daß ein richterlicher Beschluß über Entnahme und Untersuchung erforderlich sein kann. Die Frist von drei Monaten nach § 54 a StVollstrO wird sich auch hier anbieten, so daß Führungsaufsicht und DNA-Analyse gleichzeitig auf den Weg gebracht werden können.

Ergeben sich während des Vollstreckungsverfahrens konkrete Anhalts- 38
punkte für eine erforderliche Unterbringung aufgrund der Unterbringungsgesetze der Länder nach der Haftentlassung, so sind die für die Einleitung des Verfahrens zuständigen Behörden möglichst frühzeitig über die festgestellten Tatsachen zu unterrichten. In Betracht kommt etwa eine Unterbringung, weil der Verurteilte psychisch krank ist und dadurch die öffentliche Sicherheit und Ordnung gefährden könnte. Entsprechende Anhaltspunkte können sich aus erstellten Gutachten, Stellungnahmen der Vollzugseinrichtung oder anderen Umständen ergeben.

Bei gefährlichen Straftätern, die eine längere Freiheitsstrafe wegen Straftaten 39
gegen das Leben oder wegen Sexualstraftaten vollständig verbüßt haben und bei denen von einem erhöhten Risiko eines Rückfalls auszugehen ist, ist eine Benachrichtigung der zuständigen Polizeidienststellen zu erwägen[10]. Hierdurch soll die Polizei in die Lage versetzt werden, ggf präventiv-polizeiliche Maßnahmen in die Wege leiten zu können.

---

10 In Bayern ist durch JMS vom 30.3.99 (4341-II-2336/97) bei Vollverbüßung einer Freiheitsstrafe von mehr als fünf Jahren die Benachrichtigung der Polizeidirektion am Sitz der JVA vorgeschrieben.

Kunz

KAPITEL 6 – ENTSCHÄDIGUNG FÜR STRAFVERFOLGUNGSMASSNAHMEN

Überblick

I.	**Rechtsgrundlagen**	1–3
II.	**Sachlicher Geltungsbereich**	4–5
III.	**Entschädigungsberechtigte**	6
IV.	**Entschädigungspflichtige Maßnahmen**	7–26
	1. Entschädigung für Urteilsfolgen, § 1 StrEG	8
	2. Entschädigung für andere Strafverfolgungsmaßnahmen, § 2 StrEG	9
	3. Vermeidung von Entschädigungsverfahren	10–11
	4. Entschädigung bei Einstellung nach Ermessensvorschrift, § 3 StrEG	12–14
	5. Entschädigung nach Billigkeit, § 4 StrEG	15–16
	6. Ausschluß der Entschädigung, § 5 StrEG	17–21
	7. Versagung der Entschädigung, § 6 StrEG	22–25
	8. Verzicht auf Entschädigung	26
V.	**Das Grundverfahren**	27–50
	1. Verfahren des Strafgerichts	29
	2. Verfahren nach Einstellung durch die StA	30–37
	a) Die Belehrung des Beschuldigten durch die StA	31–33
	b) Das Verfahren des Strafgerichts nach Einstellung durch die StA	34–37
	3. Muster für die Antragstellung	38–44
	4. Bindungswirkung – Beispiele	45–48
	5. Rechtsmittel gegen die Entscheidung des Strafgerichts	49–50
VI.	**Das Betragsverfahren**	51–57
	1. Belehrung über das Antragsrecht; Frist	52–54
	2. Anmeldung des Anspruchs	55–57
VII.	**Der Umfang der Schadensersatzpflicht**	58–86
	1. Materieller Schaden	59–82
	a) Die Höhe des zu erstattenden Schadens, ersparte Aufwendungen	60–61
	b) Einzelne Schadensposten	62–80
	aa) Geldstrafen und Auflagen	63
	bb) Verteidigergebühren	64
	cc) Gebühren des Rechtsanwalts im Entschädigungsverfahren	65
	dd) Entgangener Gewinn, vor allem Verdienstausfallschaden sozialversicherter Arbeitnehmer	66–70
	ee) Rentenversicherungsrechtliche Nachteile	71–75
	ff) Auslösungen	76

Kunz

	gg) Urlaub	77
	hh) Beschlagnahme des Führerscheins, Entzug der Fahrerlaubnis	78
	ii) Nichtbenutzbarkeit des beschlagnahmten Kraftfahrzeugs	79
	jj) Verzinsung des Entschädigungsbetrags	80
	c) Kausalität	81–82
2.	Immaterieller Schaden	83–84
3.	Schaden des Unterhaltsberechtigten	85
4.	Aufrechnung mit Forderungen der Staatskasse	86
VIII.	**Bericht und Entscheidung.**	**87–99**
1.	Entschädigung für erlittene Untersuchungshaft	89–91
2.	Entschädigung für Durchsuchung/Beschlagnahme	92–94
3.	Entschädigung für Sicherstellung/Beschlagnahme Führerschein	95–96
4.	Entschädigung für sonstige Strafverfolgungsmaßnahmen	97–99
IX.	**Übertragbarkeit und Vererblichkeit des Anspruchs, § 13 II StrEG**	**100**
X.	**Nachträgliche Strafverfolgung**	**101**
XI.	**Rechtsweg im Betragsverfahren**	**102**

Literaturverzeichnis

Meyer, Dieter, Strafrechtsentschädigung und Auslagenerstattung, 4. Aufl. 1997

I. Rechtsgrundlagen

1   Das Gesetz über die Entschädigung für Strafverfolgungsmaßnahmen (StrEG) vom 8.3.1971[1] regelt einen Teilausschnitt der aus Anlaß einer Strafverfolgung oder Strafvollstreckung möglichen Entschädigungsansprüche. Es stellt keine abschließende Regelung dar. Andererseits gilt es nur für Strafverfolgungsmaßnahmen (und Strafvollstreckungsverfahren), über § 46 OWiG auch für das Bußgeldverfahren,[2] für das von einer Verwaltungsbehörde abgeschlossene Verfahren mit den Besonderheiten nach § 110 OWiG.

2   Das Verfahren zerfällt in ein Grundverfahren (§§ 8, 9 StrEG) und ein Betragsverfahren (§ 10 StrEG). Während es sich beim Grundverfahren um ein gerichtliches Verfahren handelt, stellt das Betragsverfahren ein Justizverwaltungsverfahren dar. Diesem kann sich wiederum ein gerichtliches Verfahren über die Höhe der Entschädigung anschließen.

---

1   BGBl I 157
2   RiStBV Nr. 295

Ergänzende Bestimmungen finden sich vor allem in den Nrn. 139 III, 201 und 295 RiStBV und den Ausführungsvorschriften zum Gesetz über die Entschädigung für Strafverfolgungsmaßnahmen,³ deren Teil 1 bundeseinheitlich gilt. Iü haben die Bundesländer unterschiedliche Ausführungsverordnungen erlassen.⁴

3

II. Sachlicher Geltungsbereich

Schon der (amtlichen) Überschrift des Gesetzes ist zu entnehmen, daß der Anwendungsbereich auf Straf*verfolgungs*maßnahmen beschränkt ist. Entschädigung für Straf*vollstreckungs*maßnahmen, die nicht oder so nicht zulässig waren, kommen nach dem StrEG nicht in Betracht, solange nicht das zugrunde liegende Straferkenntnis aufgehoben oder gemildert wurde, § 1 StrEG. Ansonsten muß auf andere Anspruchsgrundlagen zurückgegriffen werden, etwa die Amtshaftung nach Art. 34 GG iVm § 839 BGB, die aber Verschulden voraussetzt oder auf Art. 5 V MRK, aber nur für Freiheitsentziehung. Eine allgemeine Analogie zu den Vorschriften des StrEG ist nicht zulässig, weshalb insbes eine Entschädigung für präventivpolizeiliche Maßnahmen ebenso ausscheidet wie Maßnahmen von Verwaltungs- und Justizbehörden, die ihre Grundlage außerhalb des Strafverfahrensrechts haben, wie dies etwa beim Vollzug der Abschiebehaft nach § 16 AuslG oder einer Entziehung der Fahrerlaubnis nach § 4 StVG der Fall ist.

4

Andererseits sind die nach dem StrEG Berechtigten nicht auf Ansprüche nach diesem Gesetz beschränkt und können daneben aus anderen Gründen bestehende Rechte unabhängig von solchen geltend machen. Zu erwähnen sind in diesem Zusammenhang vor allem noch die Bestimmungen über die notwendigen Auslagen in §§ 464 ff StPO.

5

III. Entschädigungsberechtigte

Entschädigungsberechtigt ist nur, gegen wen sich ein Tatverdacht gerichtet hat, sei es als Beschuldigter, Angeschuldigter, Angeklagter oder Verurteilter. Weiter ist erforderlich, daß sich die einen Schaden begründende Strafverfolgungsmaßnahme gegen ihn gerichtet hat und vollzogen wurde. Kraft ausdrücklicher Anordnung ist daneben auch der Unterhaltsberechtigte entschädigungsberechtigt, § 11 StrEG. Zeugen, Einziehungs- und Nebenbeteiligte sowie Dritte gegen die sich etwa eine Durchsuchungsanordnung

6

---

3 Anlage C zur RiStBV
4 Hinweise bei Meyer Anlage 2

Kunz

nach §§ 103 StPO gerichtet hat, sind auf die allgemeinen Anspruchsgrundlagen verwiesen.

IV. Entschädigungspflichtige Maßnahmen

7 Das StrEG unterscheidet zwei Arten von entschädigungspflichtigen Maßnahmen: Die strafgerichtliche Verurteilung einerseits, der die Anordnung einer Maßregel der Besserung und Sicherung oder einer Nebenfolge gleichgestellt sind, in § 1 StrEG und sonstige Strafverfolgungsmaßnahmen in § 2 StrEG.

1. Entschädigung für Urteilsfolgen, § 1 StrEG

8 Die Entschädigungspflicht für Urteilsfolgen setzt eine Verurteilung voraus. Einer solchen steht der Strafbefehl gleich. Nach § 1 II StrEG gilt entsprechendes, wenn ohne Verurteilung eine Maßregel der Besserung oder Sicherung nach § 61 StGB oder eine Nebenfolge nach § 76 a StGB angeordnet worden ist. Urteilsfolge in diesem Sinn ist etwa auch der Widerruf der Strafaussetzung in einem anderen Verfahren wegen der neuen Verurteilung.[5] Voraussetzung ist weiterhin, daß die Verurteilung im Wiederaufnahmeverfahren »oder sonst« wegfällt. Ein solcher sonstiger Wegfall ist etwa die Aufhebung einer Entscheidung oder die Zurückverweisung durch das Bundesverfassungsgericht nach § 95 II BVerfGG. Hierher gehört aber auch die Erstreckung der Revisionsentscheidung auf einen Mitverurteilten, der keine Revision eingelegt hat, nach § 357 StPO.

2. Entschädigung für andere Strafverfolgungsmaßnahmen, § 2 StrEG

9 Wer durch den Vollzug der Untersuchungshaft oder eine andere Strafverfolgungsmaßnahme einen Schaden erlitten hat, wird aus der Staatskasse entschädigt, soweit das Ermittlungsverfahren gegen ihn eingestellt, das Strafverfahren nicht eröffnet oder er freigesprochen wurde. Nicht erwähnt sind die Ablehnung des Erlasses eines Strafbefehls und die Ablehnung des Antrags im Sicherungsverfahren. Hier kann nichts anderes gelten. Unter Einstellungen sind alle aufgrund zwingender Vorschriften, also neben § 170 II StPO auch die nach §§ 206 a, 206 b und 260 III StPO zu verstehen. Die über die Untersuchungshaft hinausgehenden »anderen« Strafverfolgungsmaßnahmen sind in § 2 II StrEG enumerativ aufgeführt. Die wichtigsten

---

5 OLG Düsseldorf MDR 1980, 985

sind die einstweilige Unterbringung (Nr. 1), die vorläufige Festnahme nach § 127 II StPO (Nr. 2), die Sicherstellung und Beschlagnahme (Nr. 4), die vorläufige Entziehung der Fahrerlaubnis (Nr. 5) und das vorläufige Berufsverbot (Nr. 6). Der Katalog ist abschließend. In Abs 3 ist schließlich noch bestimmt, daß Auslieferungshaft, vorläufige Auslieferungshaft sowie Beschlagnahme und Durchsuchung auf Ersuchen deutscher Behörden im Ausland ebenfalls als Strafverfolgungsmaßnahmen gelten. Keine Entschädigungspflichtigen Maßnahmen sind danach etwa das Verbringen zur Entnahme einer Blutprobe nach § 81 a StPO, die Zuführung zur erkennungsdienstlichen Behandlung, § 81 b StPO und das Festhalten zur Identitätsfeststellung nach §§ 163 b, 163 c StPO. Auch die Leistung einer Sicherheit nach § 127 a StPO oder unter den Voraussetzungen des § 132 StPO sind nicht entschädigungsfähig.

3. Vermeidung von Entschädigungsverfahren

Besser als einen Beschuldigten wegen Strafverfolgungsmaßnahmen zu entschädigen ist es, bei der Planung und Durchführung von Ermittlungsverfahren auch auf mögliche Entschädigungspflichten zu achten. Dem sind allerdings bei der Durchführung von Ermittlungsmaßnahmen enge Grenzen gesteckt. Demgegenüber kann bei Überlegungen zur Beschränkung der Strafverfolgung nach §§ 154, 154 a StPO, der möglichen Einstellung nach §§ 153, 153 a StPO und der Verweisung auf den Privatklageweg eine Berücksichtigung möglicher entschädigungspflichtiger Maßnahmen erhebliche Ersatzansprüche ersparen.

10

Während nach der hier vertretenen Auffassung das Ausscheiden einzelner Gesetzesverletzungen nach § 154 a StPO keine Entschädigungspflicht auslöst,[6] müssen Teileinstellungen nach § 154 StPO vermieden oder wieder aufgenommen werden, sofern die Tat beweisbar ist, um so »überschießende Strafverfolgungsmaßnahmen« zu vermeiden und eine insgesamt höhere Sanktion zu erreichen, auch wenn unter dem Gesichtspunkt der Verfahrenseinheit[7] grundsätzlich eine Anrechnung von Strafverfolgungsmaßnahmen ausgeschiedener Tatvorwürfe in betracht kommt. Beim Zusammentreffen von Offizial – und Privatklagedelikten ist das beweisbare Privatklagedelikt weiterzuverfolgen, wenn sich die Offizialdelikte nicht nachweisen lassen. Eine Verweisung auf den Privatklageweg kommt hier nicht in Betracht.

11

---

6 Rn 31
7 Rn 16

4. Entschädigung bei Einstellung nach Ermessensvorschrift, § 3 StrEG

12 Bei Einstellung des Straf- oder Ermittlungsverfahrens nach einer Vorschrift, die dies nach dem Ermessen des Gerichts oder der StA zuläßt, kann für Strafverfolgungsmaßnahmen eine Entschädigung gewährt werden, »soweit dies nach den Umständen des Falles der Billigkeit entspricht«, § 3 StrEG. In diesem Sinn kommen insbes Einstellungen nach §§ 153, 153 b, 153 c StPO und §§ 45, 47 JGG in Betracht.

13 Strittig ist die Behandlung bei § 153 a, 154 und 154 b StPO. Es kann nicht ernsthaft zweifelhaft sein, daß die vorläufige Verfahrenseinstellung nach § 153 a StPO noch nicht zu Belehrungs- und Entschädigungspflichten führen kann, denn es steht nicht fest, ob das Verfahren endgültig beendet wird. Eine förmliche endgültige Einstellung findet jedoch nicht statt, denn das Verfahrenshindernis entsteht mit Erfüllung der Auflage. In der Praxis geht einer Einstellung entweder ein Verzicht auf Entschädigungsansprüche voraus, sofern er für zulässig erachtet wird[8] oder aber solche Ansprüche werden bei der Bemessung der Auflage mit berücksichtigt (was aber nicht immer ohne weiteres erkennbar ist oder ausdrücklich festgestellt wird). In allen diesen Fällen ist für eine Entschädigung kein Raum mehr. § 3 StrEG gilt daher dann für Einstellungen nach § 153 a StPO nicht. In den Fällen des § 154 StPO ist zu unterscheiden: Ist das Bezugsverfahren bereits rechtskräftig abgeschlossen, liegt eine endgültige Einstellung vor und § 3 StrEG ist anzuwenden. Folglich bedarf es der erforderlichen Belehrungen und deren Zustellung. Vorrangig ist aber zu prüfen, ob für die praktisch wichtigen Fälle der erlittenen Untersuchungshaft nicht eine Anrechnung im Bezugsverfahren unter dem Gesichtspunkt der verfahrensfremden Untersuchungshaft in Betracht kommt (vgl Teil D Kap 3, Rn 80 ff), die der Entschädigung vorgeht. Ist das Bezugsverfahren noch nicht rechtskräftig abgeschlossen, bedarf es bei dessen Rechtskraft ohnehin einer weiteren Entscheidung im Hinblick auf § 154 III StPO. Zwar wird diese vom Gesetz dahin formuliert, daß das Verfahren wieder aufgenommen werden könne. Tatsächlich ist die Entscheidung nach Ausübung des Ermessens, es nicht wieder aufzunehmen, eine einer endgültigen Einstellung gleichstehende, auch wenn die Rechtsfolge des § 154 III StPO bei Nichtausübung des Ermessens von Gesetzes wegen eintritt. Deshalb ist im Zeitpunkt dieser Entschließung zu belehren. Tritt das Verfahrenshindernis durch Fristablauf ein und erfolgt deshalb keine Belehrung, erleidet der Beschuldigte keine Nachteile, weil die Frist des § 9 StrEG nicht läuft. Zu § 154 a StPO vgl unter Rn 31. Auch für § 154 b StPO herrscht Streit. Die ganz hM will Entschädigungsansprüche nach § 3 StrEG zubilligen. Indes kann an der nur vorläufigen Einstellung kein Zweifel herrschen. Das Verfahren kann jederzeit wieder aufgenommen werden, sofern nicht Verjährung eingetreten ist.

---

8 Rn 26

Eine Belehrungs- und Entschädigungspflicht käme damit erst zu diesem Zeitpunkt in Betracht. Anders als im Fall der vorläufigen Einstellung nach § 205 StPO, der stets eine Einstellung nach § 170 II StPO zum Verjährungszeitpunkt folgen muß, findet bei § 154 b StPO nach dem Absehen von weiterer Strafverfolgung im Zeitpunkt des Verjährungseintritts allerdings keine abschließende Entscheidung mehr statt, die einen Anlaß für eine Belehrung bieten könnte.

Sofern eine Entschädigung nach § 5 StrEG ausgeschlossen ist, kommt eine Entschädigung nach Billigkeitserwägungen nicht in Betracht. Die Billigkeitsentscheidung ist die Ausnahme und setzt voraus, daß sich der Fall von anderen auffallend abhebt. Es kommt auch in Betracht, nur eine teilweise Entschädigung zu gewähren. 14

5. Entschädigung nach Billigkeit, § 4 StrEG

Während § 3 StrEG Fälle der Einstellung zum Gegenstand hat, gewährt § 4 StrEG eine Entschädigung für Strafverfolgungsmaßnahmen trotz Verurteilung in zwei Fällen: Das Gericht sieht von Strafe ab (§ 4 I Nr. 1 StrEG) oder die im Urteil angeordneten Rechtsfolgen sind geringer als die darauf gerichteten Strafverfolgungsmaßnahmen (§ 4 I Nr. 2 StrEG), sog »überschießende Strafverfolgungsmaßnahmen«. Dem steht es gleich, wenn die Tat nach Einleitung des Strafverfahrens eine Ahndung nur unter dem Gesichtspunkt einer Ordnungswidrigkeit erfolgt. Nicht hierher gehört der Fall, daß nach Verbüßung von Untersuchungshaft eine deren Länge übersteigende Freiheitsstrafe verhängt wird, die zur Bewährung ausgesetzt wird. 15

In Betracht kommen alle in § 2 StrEG genannten Strafverfolgungsmaßnahmen, also auch Untersuchungshaft. Allerdings ist vorrangig § 5 I Nr. 1 StrEG zu berücksichtigen, wonach nicht auf die Strafe angerechnete Untersuchungshaft zum Ausschluß der Entschädigung führt. Einen vorrangig zu beachtenden Ausschluß für eine überschießende vorläufige Entziehung der Fahrerlaubnis enthält § 5 I Nr. 3 StrEG. Die Billigkeitsentscheidung fordert ein gewisses Gewicht der überschießenden Maßnahme. Der Billigkeit entspricht es in der Regel, den Verurteilten zu entschädigen, wenn die verhängte Strafe in keinem Verhältnis zum Gewicht der Strafverfolgungsmaßnahme steht.⁹ Allerdings kann das Gericht die überschießende Maßnahme bereits bei der Bestimmung der Rechtsfolgen berücksichtigt haben. Für eine weitere Begünstigung durch eine Billigkeitsentscheidung ist dann kein Raum mehr. Überhaupt ist eine Gesamtabwägung der insgesamt verhängten Rechtsfolgen gegenüber den insgesamt vorangegangenen Maßnahmen vorzunehmen, auch wenn wegen Verletzung eines anderen Strafgesetzes verurteilt wird, ja selbst wenn sich die Strafverfolgungsmaßnahme auf einen Tatvorwurf bezieht, dessentwegen frei gesprochen oder der etwa nach 16

---

9 BGH GA 1975, 208 für Untersuchungshaft

§ 154 StPO ausgeschieden wurde (Grundsatz der Verfahrenseinheit). Das kann dazu führen, daß eine vorläufige Entziehung der Fahrerlaubnis entschädigungslos bleibt, auch wenn im Urteil weder auf Entziehung noch auf Fahrverbot erkannt wird. Nicht außer Betracht gelassen werden kann, ob Untersuchungshaft etwa deshalb angeordnet werden mußte, weil der Beschuldigte ohne festen Wohnsitz war. Auch wenn aufgrund der Vorschrift des § 51 IV 2 StGB (ggf über § 450 a StPO) ein anderer Anrechnungsmaßstab als 1:1 für die erlittene Auslieferungshaft bestimmt wird, kommt es so lange nicht zu einer Entschädigung, als die tatsächliche Dauer der Auslieferungshaft hinter der erkannten Freiheitsstrafe zurückbleibt.[10] Zur Anrechnung sog verfahrensfremder Untersuchungshaft vgl Rn 13. Wie bei § 3 StrEG kommt auch eine Teilentschädigung in Betracht.

6. Ausschluß der Entschädigung, § 5 StrEG

17 In bestimmten Fällen ist die Entschädigung nach § 5 StrEG ausgeschlossen. Diese Ausschlußtatbestände sind zwingend. Sie verdrängen mögliche Billigkeitsentscheidungen nach § 3 und § 4 StrEG und gehen nach sehr umstrittener Auffassung[11] auch der Versagung der Entschädigung nach § 6 StrEG vor. Die Vorschrift enthält in Abs 1 zunächst eine enumerative Aufzählung von Ausschlußtatbeständen, in Abs 2 den generellen Ausschluß von Entschädigung für vorsätzlich oder grob fahrlässig verursachte Strafverfolgungsmaßnahmen und in Abs 3 einen Ausschluß bei Obliegenheitsverletzungen. Eine sorgfältige Beachtung der Ausschlußgründe nach § 5 StrEG kann häufig bereits im Grundverfahren zur endgültigen Zurückweisung des Anspruchs führen.

18 Die in Abs 1 enumerativ aufgeführten Maßnahmen sind entweder durch die Anordnung im Urteil gedeckt oder werden im Wege der »formlosen Anrechnung«[12] auf grundsätzlich zu Recht erfolgte Maßnahmen, deren Voraussetzungen nicht mehr vorliegen, »verrechnet«.

19 Die Vorschrift des Abs 2 beruht auf dem Rechtsgedanken des § 254 BGB. Sie will ein Mitverschulden des Beschuldigten berücksichtigen. Gleichgültig ist, ob das ursächliche Verhalten vor, in oder nach der Tat liegt. Es ist alleine maßgebend, wie sich der Sachverhalt den Strafverfolgungsbehörden zu der Zeit darstellte, als die Maßnahmen angeordnet oder aufrechterhalten wurden.[13] Allerdings scheiden das Schweigen des Verurteilten zur Sache und das Nichtvorlegen von entlastenden Beweismitteln aus. Der Ausschluß entfällt, wenn die vom Beschuldigten gesetzte Kausalität nicht mehr fortwirkt und die Maßnahme aufgehoben hätte werden müssen.

---

10 OLG Karlsruhe NStZ 1991, 497
11 Wie hier: Kl/M-G § 6 StrEG Rn 6; Meyer Vor § 5 Rn 17 (mwN); wohl auch BGHZ 29, 169
12 Kl/M-G, § 5 StrEG, Rn 3 ff
13 HM: Kl/M-G § 5 StrEG Rn 10 mwN

Der Maßstab der »groben Fahrlässigkeit« ist §§ 276, I, 277 BGB zu entnehmen, denn das Entschädigungsverfahren folgt zivilrechtlichen Grundsätzen. Im einzelnen sind sehr unterschiedliche Fallgestaltungen denkbar.[14] In Betracht kommt bei Untersuchungshaft etwa ein falsches Geständnis, die Veranlassung eines Zeugen zu einer Falschaussage oder das grundlose Verschweigen eines Alibi. Bei vorläufiger Entziehung der Fahrerlaubnis nach Alkoholgenuß liegt etwa ab einer Alkoholisierung von 0,5 ein Verschulden vor, darunter wird zusätzlich ein vorwerfbares verkehrswidriges Verhalten erforderlich sein, das den Tatverdacht verstärkt. Grob fahrlässig handelt auch, wer nach einem Unfall, wenn mit polizeilichen Maßnahmen zu rechnen ist, noch Alkohol nachtrinkt.[15]

20

In den Fällen des Abs 3 genügt einfache Fahrlässigkeit. Hauptfälle sind das Nichterscheinen in der Hauptverhandlung, das den Erlaß eines Haftbefehls nach § 230 II StPO nach sich zieht. In Betracht kommen aber auch Fälle in denen die Hauptverhandlung vertagt werden muß und bereits angeordnete Maßnahmen, (Untersuchungshaft, Beschlagnahme, Führerscheinentzug) hierdurch verlängert werden.

21

7. Versagung der Entschädigung, § 6 StrEG

Bei der Versagung der Entschädigung nach § 6 StrEG handelt es sich um eine Ermessensentscheidung aus Billigkeitsgründen. Ausschlußgründe nach § 5 II StrEG genießen nach umstrittener Auffassung Vorrang.[16] Da die Vorschrift dem § 467 III StPO nachgebildet ist, kann die Rechtsprechung dazu mit herangezogen werden.

22

Von den Ausschlußtatbeständen des § 5 StrEG unterscheidet sie sich Nr. 1 einmal dadurch, daß nur bestimmte Verhaltensweisen erfaßt werden, nämlich das Aussageverhalten des Beschuldigten, zum anderen, daß bereits einfache Fahrlässigkeit genügt. Wer durch eine wahrheitswidrige oder mit einer späteren Erklärung in Widerspruch stehende Selbstbelastung in wesentlichen Punkten Strafverfolgungsmaßnahmen veranlaßt, erscheint wenig schutzwürdig. Das gleiche gilt für denjenigen, der sich zwar zumindest teilweise zur Sache einläßt, aber wesentliche entlastende Umstände verschweigt. In Betracht kommt etwa das Verschweigen des ihm bekannten wahren Täters, ein Alibi oder notwehrbegründende Tatsachen.

23

Grund für die Regelung in Abs 2 Nr. 2 ist, daß hier die Tatbegehung als solche feststeht, aber eine Verurteilung ausscheidet. Hier erscheint es unbillig, den Beschuldigten aus der Staatskasse zu entschädigen. Die Versagung der Entschädigung wird die Regel sein. Der Tod des Beschuldigten ist kein Ver-

24

---

14 Zahlreiche Einzelfälle bei Kl/M-G § 5 StrEG Rn 8 ff; Meyer § 5 Rn 49 ff
15 OLG Nürnberg NStZ-RR 1997, 189
16 Rn 17

fahrenshindernis, sondern beendet das Verfahren ohne weiteres. § 6 I Nr. 2 StrEG ist unanwendbar. Die Frage ist indes strittig.

25 Die Vorschrift des § 6 II StrEG beruht auf dem gleichen Rechtsgedanken wie § 4 I Nr. 2 StrEG, ist ihr gegenüber aber vorrangig, weil spezieller. Sie ist vor allem anzuwenden, wenn unter Berücksichtigung erlittener Untersuchungshaft eine Einstellung nach §§ 45, 47 I 1 JGG entbehrlich erscheint.

8. Verzicht auf Entschädigung

26 Die Frage, ob der Beschuldigte, dem möglicherweise eine Entschädigung für Strafverfolgungsmaßnahmen zusteht, nicht nur auf den möglichen Entschädigungsanspruch, sondern auch auf die gerichtliche Entscheidung über die Entschädigungspflicht nach § 8 StrEG wirksam verzichten kann, ist strittig. Der Berechtigte kann jedoch in jedem Fall, auch bevor eine Entscheidung zur Entschädigungspflicht ergangen ist, darauf verzichten, Ansprüche aus der Entschädigungsentscheidung herzuleiten. Es ist darauf hinzuwirken, daß jedenfalls der letztere Verzicht entweder schriftlich erfolgt oder zu Protokoll abgegeben wird. Darüber hinaus kann meines Erachtens ein Verzicht auf die Grundentscheidung, falls er für unwirksam gehalten wird, jedenfalls in einen Verzicht darauf, aus der Grundentscheidung Rechte herzuleiten, umgedeutet werden.

V. Das Grundverfahren

27 Unter dem Grundverfahren versteht man das gerichtliche Verfahren, in dem die Verpflichtung zur Entschädigung durch die Staatskasse festgestellt wird. Gleichzeitig wird hierdurch über die haftungsbegründende Kausalität entschieden. Es unterscheidet sich danach, ob es zu einem gerichtlichen Verfahren gekommen ist oder aber ob bereits die StA das Ermittlungsverfahren eingestellt hat.

28 Stets ist darauf zu achten, daß die Entscheidung über alle Maßnahmen in einer Entscheidung und abschließend erfolgt. Es kann nicht nachdrücklich genug auf die Bindungswirkung der Grundentscheidung für das Betragsverfahren hingewiesen werden, auch in Bezug auf den zu entschädigenden Zeitraum.[17] Versäumnisse im Grundverfahren sind im Betragsverfahren nicht mehr zu korrigieren. Entscheidungen wie: »Der Beschuldigte ist für die erlittene Haft zu entschädigen« oder: »Der Beschuldigte ist für den durch die Durchsuchung erlittenen Schaden zu entschädigen« oder gar: »Der Beschuldigte ist für die erlittenen Strafverfolgungsmaßnahmen zu

---

17 Rn 45

entschädigen« dürfen nicht hingenommen werden. Bei jeder Ungenauigkeit oder Unbestimmtheit, aber auch bei Unsicherheit über das Vorliegen von Ausnahmen von der Entschädigungspflicht nach §§ 3-6 StrEG ist eine Klärung durch eine sofortige Beschwerde herbeizuführen. Sie sollte bei Unsicherheit jedenfalls zur Fristwahrung eingelegt werden, wenn der Sitzungsvertreter in den Fällen des § 8 StrEG ohne Vorliegen der Hauptakten eine zuverlässige Beurteilung nicht vornehmen kann. Sofortige Beschwerde ist stets neben Berufung und Revision einzulegen.[18] Bei erfolgreichem Rechtsmittel in der Hauptsache wird allerdings stets von Amts wegen die Entschädigungsentscheidung zu überprüfen sein. Die Erfahrung lehrt, daß eine sorgfältige Antragstellung meist auch zu zutreffenden gerichtlichen Entscheidungen führt.

1. Verfahren des Strafgerichts

Nach § 8 I StrEG entscheidet über die Verpflichtung zur Entschädigung das Gericht in dem Urteil oder in dem Beschluß, der das Verfahren abschließt. Ist dies in der Hauptverhandlung nicht möglich, ergeht die Entscheidung nach Anhörung der Beteiligten außerhalb der Hauptverhandlung durch Beschluß. Sie hat von Amts wegen zu erfolgen, eines Antrags bedarf es nicht. Der StA ist allerdings nach Nr. 139 III RiStBV (ebenso Teil I A I.) der Ausführungsvorschriften) bei Anträgen zum Freispruch oder zur Einstellung verpflichtet, darauf hinzuwirken, daß das Gericht entscheidet. er hat dazu Stellung zu nehmen, ob und in welchem Umfang eine Verpflichtung zur Entschädigung besteht. »Umfang« meint in diesem Zusammenhang, für welche Strafverfolgungsmaßnahmen und Zeiträume, nicht den Umfang des Schadensersatzes der Höhe nach. Dies ist dem Betragsverfahren vorbehalten und der gerichtlichen Entscheidung entzogen. Ein Ausspruch sollte aber nur herbeigeführt werden, wenn ein Entschädigungsanspruch überhaupt in Betracht kommt. Stellt sich dies später heraus, kann sie nachgeholt werden. Die Gegenansicht, wonach eine Grundentscheidung bei Vorliegen eines entschädigungspflichtigen Tatbestandes immer zu treffen ist, weckt Hoffnungen, die oft enttäuscht werden.

29

2. Verfahren nach Einstellung durch die StA

Nach jeder endgültigen Einstellung eines Verfahrens, in dem entschädigungspflichtige Maßnahmen vollzogen wurden, ist der Beschuldigte über sein Antragsrecht zu belehren. Das gerichtliche Grundverfahren kommt jedoch nur auf seinen Antrag hin in Gang.

30

---

18 Rn 49

Kunz

a) Die Belehrung des Beschuldigten durch die StA

31 Nur nach einer endgültigen Einstellung des Verfahrens ist der Beschuldigte über sein Antragsrecht zu belehren. Bei vorläufigen Einstellungen nach §§ 154, 154 b oder 205 StPO bedarf es dessen nicht. Die Verfolgungsbeschränkung nach § 154 a StPO ist keine Einstellung. Eine Entschädigung ist ausgeschlossen. Wie eine vorläufige Einstellung ist auch die Abgabe an die Verwaltungsbehörde nach § 43 OWiG zu behandeln. Zum einen kann das Strafverfahren später wieder aufleben, zum anderen kann eine Anrechnung strafprozessualer Maßnahmen im Rahmen des OWi-Verfahrens in Betracht kommen (Fahrverbot, Führerscheinentzug, vgl § 4 II StrEG. Zwingend ist dann aber der Hinweis an die Verwaltungsbehörde bei Abgabe des Verfahrens, daß möglicherweise entschädigungspflichtige Maßnahmen angefallen sind und der Ausgang des Verfahrens mitgeteilt werden muß.[19] Iü ist auch durch Teil I A II.) der Ausführungsvorschriften bestimmt, daß die StA darauf hinzuwirken hat, daß vor Abschluß des Bußgeldverfahrens keine gerichtliche Entscheidung ergeht. Iü dürfte im Rahmen des OWi-Verfahrens, wenn es zu einem gerichtlichen Verfahren kommt, das Gericht auch zur Entscheidung nach § 8 StrEG berufen sein. Bei einer Einstellung des Bußgeldverfahrens hat die StA nach § 9 StrEG zu verfahren.

32 Der Antragsberechtigte ist über das Antragsrecht, die Frist und das zuständige Gericht zu belehren, § 9 I 5 StrEG. Antragsberechtigt ist der Beschuldigte bzw Angeschuldigte, aber auch ein etwaiger Unterhaltsberechtigter, § 11 StrEG. Dabei sind alle entschädigungsfähigen vollzogenen Maßnahmen und der Zeitraum für den die Entschädigungspflicht festgestellt werden soll, genau zu bezeichnen. § 8 II StrEG gilt auch im Rahmen des § 9 StrEG. Die Antragsfrist und das zuständige Gericht sind anzugeben, § 9 I 5 StrEG. War die Erhebung der öffentlichen Klage von dem Verletzten beantragt, so wird der Beschuldigte ferner darüber belehrt, daß über die Entschädigungspflicht nicht entschieden wird, solange durch einen Antrag auf gerichtliche Entscheidung die Erhebung der öffentlichen Klage herbeigeführt werden kann, vgl Teil I A II 1 der Ausführungsvorschriften. Diese Belehrung wird mit der Mitteilung über die Einstellung verbunden. Die entsprechenden Hinweise sind daher in die entsprechenden Formblätter eingearbeitet. S. hierzu Teil C – Einstellungsverfügung –. Es ist stets eine Zustellung der Mitteilung über die Einstellung des Verfahrens erforderlich. Eine formlose Mitteilung setzt die Frist selbst dann nicht in Lauf, wenn eine Belehrung beigefügt ist.

33 Eine Zustellung ist an jeden Beschuldigten zu richten, bei dem entschädigungspflichtige Maßnahmen vorliegen, wenn sich die Vollmacht eines Verteidigers bei den Akten befindet, an diesen, § 145 a StPO. Bei Jugendlichen soll nach § 67 I, II JGG auch an den Erziehungsberechtigten und den

---

[19] Für Bayern ist durch JMS vom 19.7.84, Gz 4220 – II 9068/78 letztere Verfahrensweise angeordnet.

gesetzlichen Vertreter zugestellt werden. Ist ein Betreuer mit dem Wirkungskreis »Erledigung von Behördenangelegenheiten« bestellt, wird sich eine Zustellung an diesen ebenfalls empfehlen. Eine Belehrungspflicht besteht auch, wenn der StA bekannt ist, daß der Berechtigte anderen Personen gegenüber kraft Gesetzes unterhaltspflichtig, war § 11 StrEG, aber nur dann, wenn durch die Maßnahme Unterhalt entzogen sein kann (vgl Teil I A III 2 der Ausführungsvorschriften) sowie gegenüber anderen Antragsberechtigtem, etwa den Erben, dem Konkursverwalter über das Vermögen oder demjenigen auf den kraft gesetzlicher Vorschriften Ansprüche übergegangen sind. Bei der Belehrung ist darauf zu achten, daß sie nicht als Zusicherung einer Entschädigung mißverstanden wird, Teil I A III der Ausführungsvorschriften. Zu Zustellungen im Ausland vgl Teil D, Kap 8.

b) Das Verfahren des Strafgerichts nach Einstellung durch die StA

Zuständig ist grundsätzlich das Amtsgericht am Sitz der StA, § 9 I 1 StrEG. Für Zweig- und Außenstellen ist das Amtsgericht an deren Sitz maßgebend. Hat die StA das Verfahren eingestellt, nachdem sie die öffentliche Klage zurückgenommen hat, entscheidet das Gericht, welches für die Eröffnung des Hauptverfahrens zuständig gewesen wäre, § 9 I 2 Nr. 2 StrEG. Dies gilt nach Nr. 2 auch, wenn der Generalbundesanwalt oder die StA beim OLG das Verfahren in einer Sache eingestellt hat, für die das OLG im ersten Rechtszug zuständig ist.   34

Anders als bei der Entscheidung des Strafgerichts ergeht sie nur auf Antrag des Beschuldigten, der den Anforderungen des § 8 StrEG nicht zu entsprechen braucht. Auch im Antragsverfahren gilt jedoch § 8 II StrEG, wonach die Entscheidung Art und ggf Zeitraum der Strafverfolgungsmaßnahme bezeichnen muß, für die Entschädigung zugesprochen wird. Erwartungen des Antragstellers werden hierdurch frühzeitig begrenzt. Durch seinen Antrag legt der Beschuldigte fest, für welche entschädigungspflichtigen Maßnahmen und für welchen Zeitraum (worüber er belehrt worden ist) er eine Entschädigung begehrt. Es besteht kein Anlaß, in der Stellungnahme bzw im Antrag der StA hierüber hinaus zu gehen. Einen den Anforderungen nicht entsprechenden Antrag wird die StA in ihrer Stellungnahme gegenüber dem Gericht (vgl Teil I A II 2 der Ausführungsvorschriften) entsprechend zu konkretisieren haben.   35

Die Antragsfrist beträgt einen Monat nach Zustellung der Mitteilung über die Einstellung des Verfahrens. Ein verspäteter Antrag ist unzulässig. Wird er auf einen entsprechenden Hinweis nicht zurückgenommen oder Antrag auf Wiedereinsetzung gestellt, ist er vom Gericht als unzulässig zurückzuweisen. Wiedereinsetzung in den vorigen Stand kommt nach den allgemeinen Regeln der §§ 44-46 StPO in Betracht. Wurde die Einstellungsverfügung nicht mit einer Belehrung zugestellt, ist in entsprechender Anwendung   36

§ 44 S 2, 35 a StPO[20] Wiedereinsetzung zu gewähren. Nach anderer Auffassung beginnt die Frist nicht zu laufen, so daß es der Wiedereinsetzung nicht bedarf. Nach herrschender Auffassung muß sich bei der Versäumung der Antragsfrist aus anderen Gründen als der unterbliebenen Belehrung der Antragsteller nach dem Grundsatz des § 85 II ZPO das Verschulden seines Verteidigers zurechnen lassen.

37 Das Gericht hat nur zu prüfen, ob ein Anspruch dem Grunde nach gegeben ist. Ob dem Betroffenen tatsächlich ein Schaden entstanden ist, wird erst im Betragsverfahren geprüft. Die Entscheidung kann also nicht mit der Begründung abgelehnt werden, ein Schaden sein nicht entstanden oder nicht erkennbar.

3. Muster für die Antragstellung

38 Eine ablehnende Antragstellung ist mit dem nachfolgend abgedruckten Baustein möglich.

39

○ **AMTSGERICHT**
○ **LANDGERICHT**

Az.:   Datum:

Strafvollstreckung
gegen   Verteidiger(in):
wegen   Vollmacht Bl.:
Wohnanschrift oder
Name u. Anschrift Einrichtung/JVA/BKH

hier: Ablehnung der Entschädigung nach StrEG im Grundverfahren

Beschluß

D. Besch. _____ (Pers. Bl. _____) ist **nicht** aus der Staatskasse für den Schaden zu entschädigen, den er/sie durch folgende Strafverfolgungsmaßnahmen erlitten hat:

- ○ Vorläufige Festnahme am _____
- ○ Erlittene Untersuchungshaft vom _____ bis _____.
- ○ Sicherstellung des Führerscheins
  - ○ am _____ ○ vom _____ bis _____.
- ○ Vorläufige Entziehung der Fahrerlaubnis
  - ○ am _____ ○ vom _____ bis _____.
- ○ Durchsuchung
- ○ Durchsuchung und Beschlagnahme
- ○ Beschlagnahme
  - bei _____
  - in _____
  - ○ am _____ ○ vom _____ bis _____.

---

20 Kl/M-G § 9 StrEG Rn 5 mwN; Meyer § 9 Rn 23 a

Kunz

Entschädigung für Strafverfolgungsmaßnahmen   Kapitel 6   911

○ (sonstige entschädigungspflichtige Maßnahme): _____

_____
_____
_____

Gründe:

Gegen d. Besch. war bei <eigene Behörde> ein Ermittlungsverfahren wegen <Straftat> anhängig.
Das Verfahren wurde mit Verfügung der Staatsanwaltschaft vom _____
gem. § _____ eingestellt (Bl. _____). Die Belehrung über sein Antragsrecht ist d. Besch. am _____ zugestellt worden (Bl. _____). Mit Antrag vom _____ (Bl. _____), eingegangen am _____ hat d. Besch. beantragt, die Entschädigungspflicht der Staatskasse für die erlittene Strafverfolgungsmaßnahme festzustellen.

TV-StA   #StA#   ger str 9abl   (08.00)   Ablehnender Antrag StrEG nach Einstellung durch StA - § 9 StrEG

○ D. Besch. wurde am _____ vorläufig festgenommen (Bl. _____)
○ Er befand sich aufgrund Haftbefehls des _____ gerichts _____ vom _____ bis _____ in Untersuchungshaft (Bl. _____) _____

_____

○ Der Führerschein d. Besch wurde am _____ sichergestellt/beschlagnahmt (Bl. _____) und am _____ zurückgegeben (Bl. _____). _____

_____

○ Beim Besch. fand am _____ eine Durchsuchung statt (Bl. _____).
○ In der Zeit vom _____ bis _____ waren
   ○ die im Sicherstellungsverzeichnis (Bl. _____) aufgeführten Gegenstände sichergestellt/beschlagnahmt.
   ○ folgende Gegenstände sichergestellt/beschlagnahmt: _____

○ (Freitext für weitere Maßnahmen und ergänzende Angaben) _____

_____

D. Besch. war für die angeführte(n) Strafverfolgungsmaßnahme(n) eine Entschädigung jedoch zu versagen:

○ Der Antrag ist nicht rechtzeitig innerhalb der Monatsfrist des § 9 Abs. 2 S. 2 StrEG eingegangen. Diese Frist endete bereits am _____ .

○ Es entspricht nicht der Billigkeit, d. Besch. für die Strafverfolgungsmaßnahme zu entschädigen, ○ § 3 StrEG, ○ § 4 StrEG. _____

_____

Kunz

> Es liegen Gründe vor, bei denen die Entschädigung
> ○ ausgeschlossen ist, § 5 StrEG. ○ zu versagen ist, § 6 StrEG.
>
> _____
> _____
>
> Es war daher auszusprechen, daß d. Besch. für die im Tenor näher bezeichnete Strafverfolgungsmaßnahme nicht zu entschädigen ist.
>
> ○ _____
> _____
> _____
>
> _____
> Unterschrift(en) d. Richter(s)

40 Zur Zuständigkeit vgl schon Rn 34.

41 Die häufigsten Antragsgründe sind erlittene Haft, Durchsuchung und Beschlagnahme sowie Führerscheinentzug. Hierfür stehen Standardtexte im Tenor und in den Gründen zur Verfügung. Die weiteren entschädigungspflichtigen Strafverfolgungsmaßnahmen können im Freitext abgearbeitet werden. Hierzu gehört etwa auch die einstweilige Unterbringung. Unter den Gründen folgen, auch zur Eigenkontrolle bei der Antragstellung, neben einer Schilderung des Verfahrensablaufs und den bereits aus dem Tenor bekannten typischen Strafverfolgungsmaßnahmen eine Reihe häufiger Ablehnungsgründe, etwa für den verspäteten Antrag und die Ausschließungs- und Versagungsgründe nach §§ 3 – 6 StrEG.

42 Das Formblatt ist für das Grundverfahren nach einer Einstellung konzipiert und erfaßt die Fälle des § 9 StrEG. Wird eine nachträgliche Entscheidung nach § 8 I 2 StrEG erforderlich, kann es sinngemäß verwendet werden.

43 Eine stattgebende Entscheidung ist mit dem nachfolgenden Formblatt möglich:

Kunz

	○ AMTSGERICHT
	○ LANDGERICHT

Az.:	◁	Datum:	◁
Strafvollstreckung gegen		Verteidiger(in):	
wegen		Vollmacht Bl.:	
Wohnanschrift oder Name u. Anschrift Einrichtung/JVA/BKH			

hier: Antrag auf Entschädigung nach StrEG im Grundverfahren

Beschluß

D. Besch. _____ (Pers. Bl. _____) ist aus der Staatskasse für den Schaden zu entschädigen, den er/sie durch folgende Strafverfolgungsmaßnahmen erlitten hat:

○ Vorläufige Festnahme am _____
○ Erlittene Untersuchungshaft vom _____ bis _____.

○ Sicherstellung des Führerscheins
   ○ am _____ ○ vom _____ bis _____.
○ Vorläufige Entziehung der Fahrerlaubnis
   ○ am _____ ○ vom _____ bis _____.

○ Durchsuchung
○ Durchsuchung und Beschlagnahme
○ Beschlagnahme
bei _____
in _____
○ am _____ ○ vom _____ bis _____.

○ (sonstige entschädigungspflichtige Maßnahme): _____
_____
_____
_____
_____
_____

Gründe:

Gegen d. Besch. war bei <eigene Behörde> ein Ermittlungsverfahren wegen <Straftat> anhängig.
Das Verfahren wurde mit Verfügung der Staatsanwaltschaft vom _____ gem. § _____ eingestellt (Bl. _____). Die Belehrung über sein Antragsrecht ist d. Besch. am _____ zugestellt worden (Bl. _____). Mit Antrag vom _____ (Bl. _____), rechtzeitig innerhalb der Monatsfrist des § 9 Abs. 2 S. 2 StrEG eingegangen am _____ hat d. Besch.

TV-StA #StA# ger str 9   (08.00)   Antrag StrEG nach Einstellung durch StA - § 9 StrEG

Kunz

> beantragt, die Entschädigungspflicht der Staatskasse für die erlittene Strafverfolgungsmaßnahme festzustellen.
>
> ○ D. Besch. wurde am _____ vorläufig festgenommen (Bl. _____)
> ○ Er befand sich aufgrund Haftbefehls des _____gerichts _____ vom _____ bis _____ in Untersuchungshaft (Bl. _____)
>
> _____
> _____
> _____
>
> ○ Der Führerschein d. Besch wurde am _____ sichergestellt/beschlagnahmt (Bl. _____) und am _____ zurückgegeben (Bl. _____).
>
> _____
> _____
>
> ○ Beim Besch. fand am _____ eine Durchsuchung statt (Bl. _____).
> ○ In der Zeit vom _____ bis _____ waren
>   ○ die im Sicherstellungsverzeichnis (Bl. _____) aufgeführten Gegenstände _____ sichergestellt/beschlagnahmt.
>   ○ folgende Gegenstände sichergestellt/beschlagnahmt:
>
> _____
> _____
> _____
>
> ○ (Freitext für weitere Maßnahmen und ergänzende Angaben)_____
>
> _____
> _____
>
> ○ Es entspricht der Billigkeit, d. Besch. für die Strafverfolgungsmaßnahme zu entschädigen,
>   ○ § 3 StrEG, ○ § 4 StrEG, ○ §§ 3, 4 StrEG.
>
> Einer der Gründe, bei denen die Entschädigung ausgeschlossen (§ 5 StrEG) oder zu versagen ist (§ 6 StrEG), liegt nicht vor.
> Es war daher antragsgemäß auszusprechen, daß d. Besch. für die im Tenor näher bezeichnete Strafverfolgungsmaßnahme zu entschädigen ist.
>
> ○ _____
> _____
> _____
> _____
>
> _____
> Unterschrift(en) d. Richter(s)

44 Im Freitext unter »Sonstige Entschädigungspflichtige Maßnahme« kann auch für eine oder mehrere beantragte Feststellungen eine Teilablehnung formuliert werden.

4. Bindungswirkung – Beispiele

45 Ist der Verurteilte »für die erlittene Untersuchungshaft« zu entschädigen, schließt dies eine Entschädigung für Maßnahmen im Zusammenhang mit der Verschonung von dem (weiteren) Vollzug der Untersuchungshaft aus.

Wurde eine Entschädigung »für die Durchsuchung am ___ in X« gewährt (so der Durchsuchungsbeschluß), in Wahrheit aber am gleichen Tag (aufgrund Gefahr in Verzug) in Y durchsucht, ist ein Ersatzanspruch für die Durchsuchung in Y nicht gegeben. 46

Wurde die Entschädigungspflicht nur »für die Durchsuchung« zugebilligt, schließt dies den Ersatz von Schäden für die Sicherstellung/Beschlagnahme aufgefundener Gegenstände nicht mit ein. 47

Eine Grundentscheidung zur Entschädigung »für die Zeit der vorläufigen Festnahme« ermöglicht keine Entschädigung für in diese Zeit fallende Durchsuchungs- und Beschlagnahmemaßnahmen. 48

5. Rechtsmittel gegen die Entscheidung des Strafgerichts

Gegen die Entscheidung des Strafgerichts ist nach § 8 III (auch bei Unanfechtbarkeit der Hauptentscheidung) und § 9 III StrEG jeweils die sofortige Beschwerde statthaft. Sie muß auch in den Fällen des § 8 StrEG ausdrücklich eingelegt werden und ist in einer eingelegten Berufung nicht mit enthalten. Die Beschwerdeberechtigung steht dem Beschuldigten, seinem Verteidiger, beim Erwachsenen auch dessen gesetzlichen Vertreter, etwa einem Betreuer, im Rahmen des § 67 I, II JGG auch dem Erziehungsberechtigten oder gesetzlichen Vertreter zu. 49

Die Verweisung des § 8 III StrEG auf § 464 III StPO bedeutet eine Bindung des Beschwerdegerichts an die Feststellungen im Urteil. Ob bei Ermessensentscheidungen des Tatrichters durch das Beschwerdegericht eine volle Überprüfung oder nur eine solche auf Ermessensfehler stattfindet, ist streitig.[21] 50

VI. Das Betragsverfahren

Das Betragsverfahren beginnt mit der Anmeldung des Anspruchs. Ihm geht die Belehrung über das Antragsrecht und die einzuhaltende Frist voraus, § 10 StrEG. Es handelt sich um ein Verfahren der Justizverwaltung. Dem Grunde nach ist es in Teil I B der Ausführungsvorschriften geregelt. Dort finden sich wichtige Bestimmungen für das Betragsverfahren. Die einzelnen Bundesländern haben unterschiedliche Ausführungsbestimmungen, vor allem bezüglich der Prüfungsstelle und der zur Entscheidung berufenen Stelle, erlassen.[22] Es ist mit größtmöglicher Beschleunigung zu betreiben. 51

---

21 Nachweise zum Streitstand bei Kl/M-G § 8 StrEG Rn 22
22 Abgedruckt bei Meyer Anlage 3 zum StrEG

Kunz

1. Belehrung über das Antragsrecht; Frist

52 Der Beschuldigte ist nach § 10 I StrEG über sein Antragsrecht und die Frist zu belehren. Die Belehrung ist zuzustellen. Dies hat im Hinblick auf die Ausschlußfrist des § 12 StrEG unverzüglich nach Vorliegen der Grundentscheidung zu geschehen. Bei der Belehrung ist auch § 12 StrEG zu beachten. Es darf also nicht über eine 6-monatige Antragsfrist belehrt werden, wenn sie wegen § 12 StrEG im Hinblick auf die seit der Rechtskraft der Grundentscheidung verstrichene Zeit nur noch kürzer ist. Amtshaftungsansprüche können die Folge sein.

53 Ein **Muster** für eine Belehrung ist am Ende dieses Kapitels abgedruckt.

54 Ist die Jahresfrist des § 12 StrEG abgelaufen, die ab Rechtskraft der Grundentscheidung zu rechnen ist, ist jeder Anspruch ausgeschlossen. Es handelt sich um eine absolute Ausschlußfrist. Der Grund der Fristversäumung ist gleichgültig. Wiedereinsetzung kommt nicht in Betracht. Lediglich eine Hemmung der Frist in entsprechender Anwendung des § 206 BGB wurde von der Rechtsprechung zugebilligt, wenn der Berechtigte geschäftsunfähig oder in der Geschäftsfähigkeit beschränkt ist und keinen gesetzlichen Vertreter hat.

2. Anmeldung des Anspruchs

55 Mit der Anmeldung des Anspruchs beginnt das Prüfungsverfahren. Ist die StA oder deren Leiter nicht gleichzeitig die Prüfungsstelle, so legt der Leiter der StA die Akten mit dem in Teil I B I der Ausführungsvorschriften näher erläuterten Bericht dieser vor. Das eigentliche Prüfungsverfahren kann mit folgendem Formular eingeleitet werden:

56

```
                                      STAATSANWALTSCHAFT
                            _____
                            _____ .

Az.:              ⊰  Datum:            ⊰   streg erm vfg 1
Strafverfahren
gegen            _____
hier: Entschädigungsverfahren

                      Verfügung:

  1.  ☐ Reg.-Eintrag
  2.  ☐ Az.mitteilung zum Grundverfahren _____
  3.  ☐ BZR einholen
  4.  ☐ Sonderheft für Entschädigungsverfahren anlegen:
         ○ Aus den Akten des Grundverfahrens (s.o.) kopieren Bl. _____
         ○ _____
```

Kunz

5. ☐ Schreiben an   ○ Antragst.   ○ Vertr. d. Antragst.
                    ○ Unterhaltsber. ○ Vertr. d. Unterhaltsber.

   Ihr Antrag auf Entschädigung ist hier am _____ eingegangen und wird unter Aktenzeichen.<Aktenzeichen> geführt. Künftigen Schriftverkehr bitte ich ausschließlich zu diesem Aktenzeichen zu führen.
   ○ Es wird gebeten, die erforderliche Sondervollmacht für das Entschädigungsverfahren vorzulegen ○, die auch zum Geldempfang berechtigt.

   ○ Zum Nachweis des geltend gemachten Schadens bitte ich Folgendes nachzureichen:
   _____
   _____
   _____
   _____
   _____
   _____
   _____
   _____

   ○ Die hierzu bisher vorgelegten Unterlagen reichen nicht aus.

   TV-StA   #StA#   streg erm vfg 1   (08.00)   StrEG-Ermittlungsverfügung 1

---

6. ☐ Schreiben an Justizvollzugsanstalt _____
   Bezug: Buchnummer _____
   D. Antragst. ist für die vom _____ bis _____ erlittene Freiheitsentziehung zu entschädigen. Er / Sie war ausweislich der Akten dort
   ○ während dieses Zeitraumes
   ○ von _____ bis _____
   ○
   inhaftiert. Zur Prüfung des Entschädigungsanspruchs bitte ich
   ○ die genaue Aufenthaltsdauer
   ○ einen etwa dort erzielten Arbeitsverdienst
   ○ die Art der Unterbringung (Einzel-, Doppel-, Dreimannzelle)
   ○ und ggf. dort entstandene Ansprüche gegen d. Antragst., mit denen die Aufrechnung erklärt werden könnte,
   ○ _____
   ○ _____
   mitzuteilen.

7. ☐ Schreiben an Vollstreckungsabteilung im Hause

   Bezug: _____ VRs _____

   Ich bitte um Mitteilung, ob, ggf. in welcher Höhe, dort aus der Vollstreckung von gegen d. Antragst. festgesetzten Geldstrafen noch Forderungen offen sind, mit denen gegen einen Entschädigungsanspruch d. Antragst. aufgerechnet werden könnte.

8. ☐ **V.v., WV** _____

Kunz

```
   9.  ☐ Sonderheft

          ○ mit _____

          an die _____

          mit der Bitte um Durchführung folgender Ermittlungen:
          _____
          _____
          _____
          _____
          _____

   10. ☐ Weitere Verfügung gesondert
       ☐ Akteneinsicht (Bl. _____ ) für _____ Tage genehmigt
       ☐ _____
          _____
          _____

       ☐ WV _____


          _____
          (Unterschrift, Namenstempel)
```

57 Neben der vorgeschriebenen Anlage eines Sonderhefts (Teil I B II 1 der Ausführungsvorschriften) sowie der Eintragung im Register für Entschädigungsverfahren und der Mitteilung des Aktenzeichens zum Grundverfahren ist vor allem die Erholung eines neuen BZR von Bedeutung. Dadurch kann sich der Prüfende einen Überblick über weitere Verurteilungen verschaffen und erhält Ermittlungsansätze für verfahren, in denen noch Geldstrafen und Kosten offen sein könnten, mit denen gegen einen etwaigen Entschädigungsanspruch aufgerechnet werden könnte.[23] Unter Ziff 5 folgt ein Ermittlungsschreiben an den Antragsteller, in dem er zur Vorlage einer etwa noch fehlenden Sondervollmacht für das Entschädigungsverfahren aufgefordert werden kann und weiterer Sachvortrag angemahnt und Unterlagen angefordert werden können, wenn sich der bisherige Sachvortrag als lückenhaft oder nicht ausreichend belegt darstellt. Ziff 6 dient vor allem der Ermittlung der genauen Höhe des maßgebenden Haftkostensatzes und damit der ersparten eigenen Aufwendungen. Hier können erhebliche Beträge gegenüber einer pauschalen Behandlung eingespart werden, vgl auch Teil I B II 2 b) der Ausführungsvorschriften. Werden in dem Anspruchsschreiben gleichzeitig Ansprüche auf Erstattung von Auslagen aus dem Strafverfahren geltend gemacht, so wird eine beglaubigte Abschrift des Anspruchsschreibens zu den Strafakten genommen und veranlaßt, daß der Anspruch auf Auslagenerstattung getrennt bearbeitet wird; der Berechtigte wird hiervon benachrichtigt, Teil I B I 3) der Ausführungsvorschriften. Dies kann

---

23 Rn 86

im Freitext verfügt werden. Die weiteren Ziffern bedürfen keiner Erläuterung. Durch den Punkt »weitere Verfügung gesondert« soll darauf hingewiesen werden, daß dieses Formular nur die wichtigsten und häufigsten Ermittlungen vorsieht. Weitere sind ggf gesondert zu verfügen.

VII. Der Umfang der Schadensersatzpflicht

Der Umfang des Entschädigungsanspruchs ist in § 7 StrEG dahin umschrieben, daß Gegenstand der Entschädigung der durch die Strafverfolgungsmaßnahme verursachte Vermögensschaden, im Falle der Freiheitsentziehung aufgrund gerichtlicher Entscheidung auch der Schaden, der nicht Vermögensschaden ist. In sonstigen Fällen wird daher der immaterielle Schaden nicht ersetzt, in den Fällen der Freiheitsentziehung ist er nach § 7 III StrEG pauschaliert. 58

1. Materieller Schaden

Bereits die Formulierung des § 7 StrEG macht deutlich, daß für den Entschädigungsanspruch grundsätzlich auf die allgemeinen Regeln des Schadensersatzrechts des BGB zurückgegriffen werden kann, soweit die Vorschrift nicht Abweichendes bestimmt. Eine solche Modifikation ist, daß stets nur Entschädigung in Geld geleistet wird. Die Naturalrestitution des § 249 S 1 BGB ist ausgeschlossen. Auf das Erfordernis der Kausalität[24] ist in § 7 IV StrEG nochmals besonders hingewiesen. 59

a) Die Höhe des zu erstattenden Schadens, ersparte Aufwendungen

Die Höhe des zu erstattenden Schadens richtet sich nach allgemeinen zivilrechtlichen Grundsätzen. Eine Untergrenze enthält § 7 II StrEG, wonach eine Entschädigung für Vermögensschaden nur geleistet wird, wenn der nachgewiesene Schaden den Betrag von fünfzig Deutsche Mark übersteigt. Nach oben ist der Anspruch nicht begrenzt. Allerdings richtet er sich immer nur auf eine Entschädigung in Geld, eine Naturalrestitution ist ausgeschlossen. Iü kann auf die Grundsätze der §§ 249, 254 BGB Bezug genommen werden. Hier wie dort sind also auch das Erfordernis der Kausalität[25] und die Grundsätze über die Schadensminderungspflicht zu berücksichtigen. 60

---

24 Rn 81
25 Rn 81

61 Besondere Bedeutung kommt der Berücksichtigung ersparter Aufwendungen zu, etwa für Unterkunft und Verpflegung infolge einer Haft.[26] Der dort erwähnte Haftkostensatz wird jährlich durch das Bundesministerium der Justiz bekanntgegeben, § 50 II 2 StVollzG. Auch ein während der Haft erzieltes Arbeitsentgelt ist anzurechnen, Teil I B II 2c der Ausführungsvorschriften.

b) Einzelne Schadensposten

62 Im Folgenden wird ohne Anspruch auf Vollständigkeit die Behandlung einiger typischer und häufiger Schadensposten aufgezeigt. Für alle geltend gemachten Ansprüche sind die Angaben des Anspruchstellers im einzelnen zu nachzuprüfen. Erforderlichenfalls sind über zweifelhafte Punkte Ermittlungen anzustellen. In erster Linie ist aber der Anspruchsteller zu veranlassen, die erforderlichen Nachweise zu erbringen, denn wie im nachfolgenden Zivilprozeß ist es seine Sache, das Erforderliche darzulegen und ggf zu belegen. Zweifel gehen zu seinen Lasten, denn er trägt die Beweislast für das Entstehen des Schadens.

aa) Geldstrafen und Auflagen

63 Die Rückzahlung einer später weggefallenen Geldstrafe erfolgt nicht nach dem StrEG. Erfolgt eine erneute Verurteilung zu einer Geldstrafe, wird sie ohne besonderen Ausspruch nach § 51 II StGB angerechnet. Bei Freispruch im Wiederaufnahmeverfahren werden Geldstrafe und Gerichtskosten zurückerstattet. Mögliche Schadensposten sind aber Zinsen zur Aufbringung von Strafe und Kosten. Auch bezahlte Auflagen, sofern sie nicht zurück erstattet werden können, und zu ihrer Bezahlung entstandene Aufwendungen, auch Zinsen, können Schäden sein.

bb) Verteidigergebühren

64 Der Anspruch auf Ersatz des Vermögensschadens schließt den Ersatz der Auslagen ein, die für die Beseitigung der erstattungsfähigen Strafverfolgungsmaßnahme notwendig waren, soweit die §§ 464 StPO die Möglichkeit einer prozessualen Kostenerstattung nicht vorsehen.[27] Hierzu gehören regelmäßig auch die gesetzlichen Gebühren eines Verteidigers, nicht aber eine Gebührenvereinbarung. Insoweit gilt das StrEG also nur nachrangig. Iü darf auf die ausführlichen Darlegungen in den einzelnen Formularen Bezug genommen werden.

cc) Gebühren des Rechtsanwalts im Entschädigungsverfahren

65 Beauftragt der Berechtigte einen Rechtsanwalt mit der Geltendmachung seiner Ansprüche, so sind die dafür entstandenen Gebühren als Teil des

---

26 Vgl hierzu schon Rn 57 sowie Teil I B II 2b der Ausführungsvorschriften
27 BGHZ 65, 170; OLG Nürnberg MDR 1975, 414

Vermögensschadens erstattungsfähig, Teil I B II 2 h) der Ausführungsvorschriften. Sofern kein entschädigungsfähiger Vermögensschaden festgestellt werden kann, fallen auch keine zu erstattenden Gebühren an, da als Geschäftswert nur der Betrag anzusetzen ist, den die Justizverwaltungsbehörde tatsächlich zuerkennt. In der Regel werden die Mittelgebühr von 7,5/10 nach § 118 BRAGO, die Auslagenpauschale, § 26 BRAGO und die Mehrwertsteuer, §§ 25, 11 II 2 BRAGO zu erstatten sein.

dd) Entgangener Gewinn, vor allem Verdienstausfallschaden sozialversicherter Arbeitnehmer

Entgangener Gewinn ist zu entschädigen. Hierzu gehört der Verlust des Arbeitsplatzes gerade durch die Strafverfolgungsmaßnahme ebenso, wie nur zeitweiliger Verdienstausfall. Auch ein Mindereinkommen nach dem Verlust des Arbeitsplatzes gehört hierher. 66

Für die Berechnung des Verdienstausfallschadens sozialversicherter Arbeitnehmer stehen zwei Berechnungsmethoden zur Verfügung. Sie kann ausgehend von den entgangenen Brutto- wie auch den entgangenen Nettobezügen vorgenommen werden.[28] 67

Nach der *Bruttolohnmethode* ist mit der Schadensberechnung bei dem entgangenen Bruttoverdienst des Geschädigten anzusetzen. Vorteile, die dem Geschädigten aufgrund des Schadensereignisses durch den Wegfall von Sozialabgaben und Steuern zufließen, sind im Wege des Vorteilsausgleichs zu berücksichtigen. In der Regel kann dabei davon ausgegangen werden, daß die infolge eines Verdienstausfalls ersparten Beträge an Einkommens- oder Lohnsteuer dem Betrag entsprechen, den der Berechtigte im Hinblick auf die Entschädigungsleistung als Einkommensteuer zu zahlen hat, Teil I B II 2 e) der Ausführungsvorschriften. Diese Berechnungsmethode eignet sich für alle Fälle des Verdienstausfalls, gleichermaßen bei Beamten, Selbständigen und sozialversicherungspflichtigen Arbeitnehmern. Sie ist im Einzelfall praktikabler als eine auf das fiktive Nettoeinkommen abstellende Berechnung. 68

Nach der modifizierten *Nettolohnmethode* ist der Schaden, den es auszugleichen gilt, das fiktive Nettoeinkommen des Geschädigten zuzüglich aller seiner aus dem Schadensereignis folgenden weiteren Nachteile einschließlich der auf die Schadensersatzleistung geschuldeten Steuern. 69

Beide Berechnungsmethoden führen zum gleichen rechnerischen Ergebnis. Die Wahl zwischen ihnen ist von Zweckmäßigkeitserwägungen abhängig; entscheidend ist jedoch, daß nach beiden Berechnungsmethoden Steuern und Sozialversicherungsbeiträge, soweit sie wegen des Schadensfalls nicht mehr anfallen, aus dem Ersatzanspruch des Geschädigten ausgegrenzt werden. Es ist Sache des Anspruchstellers, die steuerlichen und sozialversicherungsrechtlichen Auswirkungen darzutun. 70

---

28 Grundlegend BGH NJW 1995, 389

ee) Rentenversicherungsrechtliche Nachteile

71 Durch die erlittene Haft können auch sozialversicherungsrechtliche Nachteile entstehen. In dem bundeseinheitlich geltenden Teil 1 der Ausführungsvorschriften ist deshalb unter B II Buchst. b) vorgesehen, daß die durch eine Haft insoweit erlittenen Nachteile in der Regel in der Weise ausgeglichen werden, daß die Arbeitgeber- und Arbeitnehmeranteile zur Sozialversicherung erstattet werden. Diese Regelung ist durch die Einführung des § 205 SGB VI durch das Rentenreformgesetz vom 18.12.1989[29] insoweit überholt. Der Gesetzgeber hat für Versicherte, für die ein Anspruch auf Entschädigung für Zeiten von Strafverfolgungsmaßnahmen nach dem StrEG rechtskräftig festgestellt ist, die Möglichkeit eröffnet, auf Antrag freiwillige Beiträge zur gesetzlichen *Renten*versicherung für diese Zeiten nachzuzahlen. Voraussetzung hierfür ist nach § 205 II SGB VI, daß der Antrag hierzu innerhalb eines Jahres nach Ablauf des Kalendermonats des Eintritts der Rechtskraft der die Entschädigungspflicht der Staatskasse feststellenden Entscheidung gestellt wird. Ferner sind die Beiträge innerhalb einer vom Träger der Rentenversicherung zu bestimmenden Frist zu zahlen.

72 Der Antragsteller ist zweckmäßig mit der Belehrung nach § 10 StrEG auf die Möglichkeit der Nachzahlung von Beiträgen zur Rentenversicherung und die dabei zu beachtende Antragsfrist (§ 205 II SGB VI) hinzuweisen.[30]

73 Hat ein Versicherter von der Möglichkeit der Nachzahlung Gebrauch gemacht, so ist ihm ein Schadensposten entstanden, der nach dem StrEG zu ersetzen ist.

74 Hat der Versicherte noch keinen Antrag gestellt, so ist Voraussetzung für einen Ersatzanspruch nach dem StrEG, daß dies noch möglich ist und daß der Versicherte auch tatsächlich einen entsprechenden Antrag stellt. Dann ist allerdings unklar, ob weitere Voraussetzung ist, daß der Geschädigte das als Entschädigung erlangte Geld auch tatsächlich für die Nachversicherung verwendet. Nach allgemeinen schadensrechtlichen Grundsätzen wäre er hierzu nicht verpflichtet.[31] Die erwähnten Anweisungen in Bayern und Baden-Württemberg fordern im Anschluß an eine Anweisung des BGH[32] an das Berufungsgericht, daß die Beiträge auch tatsächlich nachentrichtet werden. Es ist dann nur Folgerichtig, die Auszahlung des Erstattungsbetrages unmittelbar an den Rentenversicherungsträger vorzunehmen, wenn der Geschädigte die Nachversicherung noch nicht beglichen hat.

75 Es fehlt eine Regelung der Fälle, in denen keine Möglichkeit zur Beitragsnachzahlung (mehr) besteht. Eine sofortige Entschädigungsleistung ist hier nicht möglich, weil die Auswirkungen des Ausfalls der Beitragszahlung auf den später eintretenden Versicherungsfall noch nicht abschätzbar sind. Im

---

29 BGBl I S 2261
30 In Bayern ist dies durch JMS vom 2.4.98, Gz: 4220 – II – 944/97 angeordnet.
31 Vgl Palandt-Heinrichs § 252 BGB Rn 4
32 BGH NJW 1995, 389, 391

Regelfall wird auf einen gestellten Antrag hin nur die Feststellung der Entschädigungspflicht im Falle eines künftig eintretenden Nachteils in Betracht kommen.

ff) Auslösungen

»Auslösungen« werden häufig als Teil des entgangenen Verdienstes geltend gemacht. In Wahrheit handelt es sich hierbei jedoch um Aufwendungsersatz für Mehrkosten durch auswärtige Arbeit, vor allem für Fahrten, Verpflegung und Unterkunft. Sie sind, da der Antragsteller diese Aufwendungen erspart hat, nicht erstattungsfähig.
76

gg) Urlaub

Die Ausführungsvorschrift enthält hierzu in Teil I B II 2 f) die Bestimmung, daß für jeden entgangenen Urlaubstag ein Tagesbruttoverdienst erstattet wird. Gerade das Schadensersatzrecht für entgangenen Urlaub hat sich seither aber weiter entwickelt. Diese zivilrechtlichen Grundsätze sind auch im Rahmen des Aufopferungsanspruchs nach dem StrEG zu beachten. Entgangener Urlaub, für den ein Urlaubsentgelt entgangen ist, ist daher in jedem Fall als Schaden anzusehen. Konnte der Verurteilte den Urlaub lediglich nicht so verbringen, wie er es geplant oder sich vorgestellt hatte (»frustrierter Urlaub«) liegt lediglich ein immaterieller Schaden vor, der nicht nach dem StrEG zu entschädigen ist.
77

hh) Beschlagnahme des Führerscheins, Entzug der Fahrerlaubnis

Hier kommen Verdienstausfallschäden[33] in Betracht, wenn die Fahrerlaubnis berufsbedingt, zB als Berufskraftfahrer, Vertreter etc benötigt wird. Werden die Chauffeurdienste eines Dritten in Anspruch genommen, sind diese erstattungsfähig, soweit sie sich nicht im Rahmen des sozial üblichen bewegen, zB innerhalb einer Familie für gelegentliche Fahrten. Fahrtkosten mit öffentlichen Verkehrsmitteln werden regelmäßig nicht erstattungsfähig sein, weil sich der Betroffene die ersparten Aufwendungen bei Benutzung des eigenen Fahrzeugs anrechnen lassen muß. Alleine in der aufgrund einer Entziehung der Fahrerlaubnis fehlenden Nutzungsmöglichkeit eines Fahrzeugs liegt kein Vermögensschaden.
78

ii) Nichtbenutzbarkeit des beschlagnahmten Kraftfahrzeugs

Nutzungsausfall wegen der nicht möglichen Nutzung eines beschlagnahmten Fahrzeugs ist grundsätzlich ein Vermögensschaden. Anders, wenn gar keine Nutzungsmöglichkeit bestand, zB bei Inhaftierung, Entziehung der Fahrerlaubnis oder Krankenhausaufenthalt. Wird die Nutzungsmöglichkeit durch einen Dritten geltend gemacht, muß feststehen, daß dieser tatsächlich eine Nutzung vornehmen konnte und wollte.
79

---

33 Rn 66

jj) Verzinsung des Entschädigungsbetrags

80 Das StrEG enthält keine Bestimmungen über die Verzinsung des Entschädigungsbetrags bis zur Auszahlung. Hierzu besteht deshalb allgemein keine Verpflichtung. Im Einzelfall können jedoch aufgrund besonderer Umstände im Hinblick auf den Zeitablauf Zuschläge zur Entschädigungssumme berechtigt sein, zB unter dem Gesichtspunkt des entgangenen Gewinns, wenn der Berechtigte ohne den Verdienstausfall Beträge verzinslich angelegt hätte, Teil I B II 2g) der Ausführungsvorschriften.

c) Kausalität

81 Während die Haftung dem Grunde nach, für die es der haftungsbegründenden Kausalität bedarf, durch die Grundentscheidung feststeht, ist die Frage, ob der nach § 7 StrEG zu ersetzende Vermögensschaden durch die Verurteilung oder den Vollzug einer Maßnahme adäquat kausal verursacht wurde (haftungsausfüllende Kausalität) im Rahmen der Anwendung des § 7 StrEG zu prüfen. In zahlreichen Fällen ergibt sich dabei der Ausschluß von Ansprüchen, zB wenn die Beauftragung eines Rechtsanwalts erst nach Abschluß einer Durchsuchung erfolgt, der Haftbefehl bei der Beauftragung bereits aufgehoben war oder nach Beauftragung ohne Zutun des Anwalts aufgehoben wurde.

82 Nach § 7 IV StrEG wird für einen Schaden, der auch ohne die Strafverfolgungsmaßnahme eingetreten wäre, keine Entschädigung geleistet. Die Vorschrift wiederholt den allgemeinen schadensersatzrechtlichen Grundsatz der überholenden Kausalität. Er besagt, daß ein Anspruch ausgeschlossen ist, wenn und soweit der Schaden früher oder später durch ein anderes Ereignis ohnehin eingetreten wäre.

2. Immaterieller Schaden

83 Für den Schaden, der nicht Vermögensschaden ist, beträgt die Entschädigung derzeit zwanzig Deutsche Mark für jeden angefangenen Tag der Freiheitsentziehung, § 7 III StrEG. Eine höhere Ersatzleistung ist ausgeschlossen. Voraussetzung ist weiter, daß die Freiheitsentziehung auf Grund gerichtlicher Entscheidung erfolgte. Erfolgt also zunächst eine vorläufige Festnahme und ergeht erst am folgenden Tag der Haftbefehl, so ist für den Tag der vorläufigen Festnahme keine Entschädigung für immateriellen Schaden zu leisten. In Betracht kommt aber Ersatz des materiellen Schadens für die vorläufige Festnahme in den Grenzen des § 7 II StrEG. Andererseits ist der immaterielle Schaden nicht auf die Untergrenze des § 7 II StrEG beschränkt, wie der Wortlaut und die systematische Stellung der Vorschriften zeigen.

Zu achten ist darauf, daß die Freiheitsstrafe (oder Ersatzfreiheitsstrafe) auch tatsächlich vollzogen (und nicht nur angeordnet) wurde. Ausgenommen von der Entschädigung sind auch solche Freiheitsentziehungen, die im gleichen Zeitraum aufgrund anderer Gesetze oder in anderen Sachen vollzogen wurde, und zwar gleichgültig, ob in Unterbrechung des Freiheitsentziehung oder durch Anrechnung. Bedeutung erlangen hier Fälle der »Parallelvollstreckung« (vgl hierzu Teil D, Kap 3 – Rn 84), bei denen Freiheitsstrafe (oder Ersatzfreiheitsstrafe) neben einer angeordneten Abschiebehaft vollzogen werden: Für die Zeit der Wirksamkeit der Abschiebehaft wäre für die strafprozessuale Haft keine Entschädigung zu leisten. Es handelt sich um einen Fall der überholenden Kausalität.

84

3. Schaden des Unterhaltsberechtigten

Der Anspruch nach § 11 StrEG steht nur dem kraft Gesetzes Unterhaltsberechtigten zu. Das schließt es nicht aus, vertragliche Vereinbarungen über die Höhe des Unterhalts zu berücksichtigen, sofern diese sich im Rahmen des Üblichen bewegen. Unter dieser Voraussetzung kommt es m.E. nicht darauf an, ob die Vereinbarung vor oder nach der zu entschädigenden Maßnahme getroffen wurde.[34] Weitere Voraussetzung ist, daß der Verpflichtete auch leistungsfähig war, denn sonst ist dem Unterhaltsberechtigten der Unterhalt nicht kausal durch die Strafverfolgungsmaßnahme entzogen. Wegen der Gefahr von Doppelzahlungen sowohl an den Berechtigten als auch an den Unterhaltsberechtigten vgl Teil I B II 3b) der Ausführungsvorschriften.

85

4. Aufrechnung mit Forderungen der Staatskasse

Im Rahmen der Feststellung der Berechtigung eines geltend gemachten Entschädigungsanspruchs ist auch stets zu prüfen, ob nicht Forderungen der Staatskasse vorhanden sind, mit denen gegen den Entschädigungsanspruch aufgerechnet werden kann. Zu dieser Frage ist in einem von der Prüfungsstelle zu erstattenden Bericht (Teil I B II 5 der Ausführungsvorschriften) ausdrücklich Stellung zu nehmen. Ist ein solcher Bericht nicht zu fertigen, weil die Prüfungsstelle auch zur Entscheidung befugt ist, sollte dies aktenkundig gemacht werden. Zur Ermittlung solcher Ansprüche kann das Formular über allgemeine Ermittlungen verwendet werden.[35] In Betracht kommen vor allem Geldstrafen, Geldbußen und Kosten. Demgegenüber stellen Geldauflagen, auch wenn sie an die Staatskasse zu entrichten sind, keine solchen Ansprüche dar, weil sie nicht erzwungen werden können.

86

---

34 AA Meyer § 11 Rn 10
35 Rn 56

VIII. Bericht und Entscheidung

87 Es ist in den einzelnen Bundesländern unterschiedlich geregelt, ob die Prüfungsbehörde, ggf bis zu einem bestimmten Betrag, auch zur Entscheidung befugt ist oder ob stets zur Höhe des Anspruchs zu berichten ist.

88 Die nachfolgend dargestellten Formulare für einige besonders häufige Fälle können gleichermaßen als Entscheidung wie als Bericht im Sinne eines Entscheidungsvorschlags verwendet werden. Typischerweise häufig mit beantragte Ansprüche, wie Ersatz der Anwaltskosten für das Ermittlungsverfahren und das Entschädigungsverfahren sind jeweils mit eingearbeitet worden. Bei zusammentreffen mehrerer Maßnahmen (zB Untersuchungshaft mit Durchsuchung/Beschlagnahme) können die jeweiligen Teile als Diktatvorlagen verwendet werden. Ergänzende Hinweise zum Umfang der Schadensersatzpflicht finden sich noch unter Rn 58. Alle Formulare beginnen mit einer Sachverhaltsschilderung einschließlich der Daten des Grundverfahrens und der Belehrung nach § 10 StrEG.

1. Entschädigung für erlittene Untersuchungshaft

89 Der Vollzug der Untersuchungshaft stellt einen besonders schwerwiegenden Eingriff dar und zieht häufig Entschädigungsansprüche nach sich, wenn es nicht zu einer Ahndung kommt. Die Behandlung geltend gemachter Ansprüche kann mit dem nachfolgenden Formular erfolgen:

90

```
                                    STAATSANWALTSCHAFT
                                       # O R T #
                                         #ZwSt#

        Az.:                 Datum:              streg U-Haft

        Strafverfahren
        gegen

        hier: Entschädigungsverfahren


                          Entscheidungsvorschlag

                                    I.

        Gegen d. Antragst. war bei _____ ein ○ Ermittlungsverfahren ○ Strafverfahren wegen
        <Straftat> anhängig.
        ❑   Er/Sie wurde am _____ vorläufig festgenommen (Bl._____).
        ❑   ○ Noch am gleichen Tag ○ Am Folgetag wurde er/sie wieder freigelassen (Bl._____).
        ❑   Er/Sie befand sich aufgrund Haftbefehls des _____ gerichts _____ vom
            _____ (Bl._____) in Untersuchungshaft vom _____ bis _____
        (Bl._____)

        ❑   Das Verfahren wurde mit Verfügung der Staatsanwaltschaft vom _____
            gem._____ eingestellt (Bl._____).
        ❑   Das Verfahren wurde mit Beschluß des _____ gerichts _____
            vom _____ gem. _____ eingestellt (Bl._____).
```

Kunz

Entschädigung für Strafverfolgungsmaßnahmen Kapitel 6 927

❑ D. Antragst. wurde mit Urteil des _____ gerichts vom _____ freigesprochen (Bl._____).

Das _____ gericht _____ hat   ○
mit obigem Beschluß ○ mit obigem Urteil

   ○ mit Beschluß vom _____ festgestellt (Bl._____),
○ daß d. Antragst. für die erlittene Freiheitsentziehung aus der Staatskasse zu entschädigen ist.
○ daß, _____

Diese Entscheidung ist seit _____ rechtskräftig (Bl._____).

❑ Die Belehrung nach § 10 StrEG ist ○ d. Antragst. ○ dem Vertreter d. Antragst. zugestellt worden am _____ (Bl._____).
❑ Die Belehrung nach § 11 StrEG ist ○ d. Unterhaltsber. ○ dem Vertreter d. Unterhaltsber. zugestellt worden am _____ (Bl._____).
❑ Unterhaltsberechtigte sind nicht bekannt geworden.
❑ hat während der Untersuchungshaft _____,____ DM Arbeitslohn bezogen.
❑ D. Antragst. hat während der Untersuchungshaft Miete - ○ nicht - weiterbezahlt.
❑ D. Antragst. war in einer ○ Ein- ○ Zwei- ○ Drei-Mann-Zelle untergebracht.
❑ _____
_____
_____

TV-StA   #StA#   streg U-Haft   (10.00)   Entscheidungsvorschlag vorl.Festn./U-Haft

II.

Mit Schreiben vom _____, rechtzeitig eingegangen am _____, macht d. Antragst. ○ durch _____ Entschädigung geltend (Bl._____). Im einzelnen wird beantragt:

❑ Ersatz des immateriellen Schadens _____ DM
❑ Ersatz des materiellen Schadens _____ DM
❑ Ersatz der Anwaltskosten für das Entschädigungsverfahren _____ DM
❑ Ersatz der Anwaltskosten für das Ermittlungsverfahren _____ DM
insgesamt _____ DM
❑ Vollmacht des anwaltlichen Vertreters für das Entschädigungsverfahren, die auch zum Geldempfang berechtigt, liegt vor.
❑ _____

III.

❑ Der Antrag auf Ersatz des immateriellen Schadens ist ○ nur teilweise begründet.
   Gem. § 7 Abs. 1, 3 StrEG besteht ein Anspruch auf Ersatz d. Antragst. durch die Freiheitsentziehung erwachsenen immateriellen Schadens nur, soweit die Freiheitsentziehung auf Grund gerichtlicher Entscheidung erfolgt ist. Die Zeit der vorläufigen Festnahme kann daher nicht berücksichtigt werden. D. Antragst. befand sich in Untersuchungshaft vom _____ bis zum _____, somit _____ Tage. Die Entschädigung beträgt zwanzig Deutsche Mark pro Tag, somit für _____ Tage

                                                    _____ DM

❑ Der Antrag auf Ersatz des materiellen Schadens ist ○ nur teilweise begründet.
   ❑ (Freitext zu besonders nachgewiesenem mat. Schaden, insbes. Verdienstausfall) _____
_____
_____

Kunz

❏ Der nach § 7 Abs. 1 StrEG zu leistende Schadensersatz schließt den Ersatz der Auslagen im Ermittlungsverfahren ein, jedoch nur soweit, als diese für die Aufhebung der Strafverfolgungsmaßnahme (hier: Untersuchungshaft) notwendig waren und die Kostenvorschriften der StPO die Möglichkeit einer prozessualen Kostenerstattung nicht vorsehen. Dies ist hier der Fall. Die Notwendigkeit der Hinzuziehung eines Verteidigers ist im Hinblick auf die Strafverfolgungsmaßnahme anzuerkennen. Die Tätigkeit des Verteidigers ist durch den Akteninhalt nachgewiesen (Bl._____). Nach § 12 BRAGO ist bei Rahmengebühren die Gebühr im Einzelfall unter Berücksichtigung aller Umstände zu bestimmen. Entschädigungspflichtig ist die Tätigkeit des Verteidigers nur, soweit sie auf die Aufhebung des Strafverfolgungsmaßnahme gerichtet war.

❏ (Freitext zum Umfang der Tätigkeit) _____
_____

❏ Insgesamt ist ein halbe Mittelgebühr nach §§ 84, 83 Abs. 1 Nr. ❍ 1 ❍ 2 ❍ 3 BRAGO angemessen.
❏ _____
_____
_____

Dies ergibt folgende Berechnung:

❏ Gebühr gem. § 84 BRAGO: _____ DM
❏ Auslagenpauschale gem. § 26 BRAGO _____ DM
❏ Schreibauslagen gem. § 27 BRAGO _____ DM
❏ _____ DM
❏ _____ DM
Mehrwertsteuer (16 %) _____ DM

Summe: **_____DM**

❏ Vom materiellen Schaden in Abzug zu bringen sind im Wege der Vorteilsausgleichung
❏ Arbeitslohn _____ DM
❏ Haftkostenbeitrag (Freitext) _____ DM
_____
_____ DM

Abzugsbetrag: _____ DM

Gesamtschaden: _____ DM

❏ Der Antrag auf Ersatz der Anwaltskosten für das Entschädigungsverfahren ist ❍ nur teilweise begründet. Die Kosten für die Inanspruchnahme eines Rechtsanwaltes zur Geltendmachung des Entschädigungsanspruchs sind als Teil des entstandenen Vermögensschadens erstattungsfähig. Entsprechend der zuzuerkennenden Entschädigung ist von einem Gegenstandswert von bis zu _____ DM auszugehen. Erstattungsfähig ist die Mittelgebühr des § 118 BRAGO, also 7,5/10.

Dies ergibt folgende Berechnung:
❏ Gebühr gem. § 118 BRAGO: _____ DM
❏ Auslagenpauschale gem. § 26 BRAGO _____ DM
❏ Schreibauslagen gem. § 27 BRAGO _____ DM
❏ _____ DM
❏ _____ DM
Mehrwertsteuer (16 %) _____ DM

Summe: **_____DM**

Kunz

IV.

Der Gesamtbetrag der Entschädigung errechnet sich wie folgt.
Immaterieller Schaden: _____ DM
Materieller Schaden (ohne Anwaltskosten): _____ DM
Anwaltskosten im Ermittlungsverfahren: _____ DM
Anwaltskosten im Entschädigungsverfahren: _____ DM

Summe: _____ **DM.**

Ich schlage vor, eine Entschädigung von _____ DM festzusetzen
❏ und den weitergehenden Antrag zurückzuweisen.

Forderungen der öffentlichen Hand, mit denen gegen den Entschädigungsanspruch aufgerechnet werden könnte, sind hier nicht bekannt.
Anlaß zu der Annahme, daß d. Antragst. Ansprüche gegen Dritte hat, die im Falle einer Entschädigung auf das Land übergehen, besteht nicht.

_____
(Unterschrift, Namensstempel)

Nach den allgemeinen Verfahrensdaten folgen die für den Haftkostensatz bedeutsamen Umstände (I.). Sodann werden die geltend gemachten Ansprüche dargestellt (II.) und es folgt der Begründungsteil. Auf die Notwendigkeit der Prüfung der Kausalität der Einschaltung eines Rechtsanwalts für die Aufhebung der Haft darf nochmals hingewiesen werden. Zum Ersatz der Anwaltskosten im Entschädigungsverfahren vgl Rn 65. **91**

2. Entschädigung für Durchsuchung/Beschlagnahme

Durchsuchung und Beschlagnahme können je für sich, aber auch gemeinsam angeordnet und durchgeführt worden sein. Einen Sonderfall stellt die Sicherstellung bzw Beschlagnahme des Führerscheins dar. Dazu unter Rn 96. Die Behandlung geltend gemachter Ansprüche kann mit dem folgenden Formular erfolgen: **92**

93

STAATSANWALTSCHAFT
 # O R T #
#ZwSt#

Az.: Datum: ◁streg DuSu Bena

Strafverfahren
gegen
_____

hier: Entschädigungsverfahren
_____

Entscheidungsvorschlag

I.

Gegen d. Antragst. war bei _____ ein
❍ Ermittlungsverfahren ❍ Strafverfahren wegen <Straftat> anhängig.
❏ Durch Beschluß des _____ gerichts in _____ vom ____ (Bl. ____)
❏ Durch Eilentscheidung d. _____ vom _____ (Bl. ____)
wurde die
❍ Durchsuchung
❍ Durchsuchung und Beschlagnahme
❍ Beschlagnahme
bei _____
in _____
angeordnet. Die Maßnahme wurde am _____ durchgeführt (Bl. ____).
❏ Die Beschlagnahme der hierbei sichergestellten Gegenstände (Bl. ____) dauerte bis _____ (Bl. ____)

❏ Das Verfahren wurde mit Verfügung der Staatsanwaltschaft vom _____ gem. _____ eingestellt (Bl. ____).
❏ Das Verfahren wurde mit Beschluß des _____ gerichts _____ vom _____ gem. _____ eingestellt (Bl. ____).
❏ D. Antragst. wurde mit Urteil des _____ gerichts vom _____ freigesprochen (Bl. ____).

Das _____ gericht _____ hat ❍ mit obigem Beschluß ❍ mit obigem Urteil
                                    ❍ mit Beschluß vom _____ festgestellt (Bl. ____),
❍ daß d. Antragst. für den durch die Maßnahme entstandenen Schaden aus der Staatskasse zu entschädigen ist.
❍ daß, _____

Diese Entscheidung ist seit _____ rechtskräftig (Bl. ____).

❏ Die Belehrung nach § 10 StrEG ist ❍ d. Antragst. ❍ dem Vertreter d. Antragst. zugestellt worden am _____ (Bl. ____).
❏ Die Belehrung nach § 11 StrEG ist ❍ d. Unterhaltsber. ❍ dem Vertreter d. Unterhaltsber. zugestellt worden am _____ (Bl. ____).
❏ Unterhaltsberechtigte sind nicht bekannt geworden.
❏ _____
_____
_____

TV-StA #StA# streg DuSu Bena Dudu Bena (08.00)   Entscheidungsvorschlag Durchsuchung/Beschlagnahme

II.

Mit Schreiben vom _____, rechtzeitig eingegangen am _____, macht d.
Antragst. ⭕ durch _____ Entschädigung geltend (Bl. ____). Im einzelnen wird
beantragt:
Ersatz des Schadens _____ DM
   ⭕ einschließlich der Anwaltskosten für das Entschädigungsverfahren _____ DM
   ⭕ und der Anwaltskosten für das Ermittlungsverfahren _____ DM
   ⭕ _____ _____ DM

❏   Vollmacht des anwaltlichen Vertreters für das Entschädigungsverfahren, die auch zum
    Geldempfang berechtigt, liegt vor (Bl. ____).
❏   _____

III.

Der Antrag auf Ersatz des Schadens ist -⭕ nur teilweise- begründet.
  ❏ (Freitext zu besonders nachgewiesenem mat. Schaden, insb. Verdienstausfall) _____
_____
_____

  ❏ Der nach § 7 Abs. 1 StrEG zu leistende Schadensersatz schließt den Ersatz der Auslagen im Ermittlungsverfahren ein, jedoch
nur soweit, als diese für die Aufhebung der Strafverfolgungsmaßnahme notwendig waren und die Kostenvorschriften der StPO
die Möglichkeit einer prozessualen Kostenerstattung nicht vorsehen. Dies ist hier der Fall. Die Notwendigkeit der Hinzuziehung
eines Verteidigers ist im Hinblick auf die Strafverfolgungsmaßnahme anzuerkennen. Die Tätigkeit des Verteidigers ist durch den
Akteninhalt nachgewiesen (Bl. ____). Nach § 12 BRAGO ist bei Rahmengebühren die Gebühr im Einzelfall unter
Berücksichtigung aller Umstände zu bestimmen. Entschädigungspflichtig ist die Tätigkeit des Verteidigers nur, soweit sie auf
Aufhebung der Strafverfolgungsmaßnahme gerichtet war.
    ❏ (Freitext zum Umfang der Tätigkeit) _____
_____

  ❏ Insgesamt ist ein halbe Mittelgebühr nach §§ 84, 83 Abs. 1 Nr. ⭕ 1 ⭕ 2 ⭕ 3 BRAGO angemessen.
❏ _____

    Dies ergibt folgende Berechnung:

    ❏ Gebühr gem. § 84 BRAGO: _____ DM
    ❏ Auslagenpauschale gem. § 26 BRAGO   _____ DM
    ❏ Schreibauslagen gem. § 27 BRAGO   _____ DM
    ❏ _____ DM
    ❏ _____ DM
    Mehrwertsteuer (16 %)   _____ DM

    Gesamtschaden: _____ **DM**

❏ Der Antrag auf Ersatz der Anwaltskosten für das Entschädigungsverfahren ist ⭕ nur teilweise begründet.
Die Kosten für die Inanspruchnahme eines Rechtsanwaltes zur Geltendmachung des Entschädigungsanspruchs sind als Teil des
entstandenen Vermögensschadens erstattungsfähig. Entsprechend der zuzuerkennenden Entschädigung ist von einem
Gegenstandswert von bis zu _____ DM auszugehen. Erstattungsfähig ist die Mittelgebühr des § 118 BRAGO, also
7,5/10.
    Dies ergibt folgende Berechnung:
    ❏ Gebühr gem. § 118 BRAGO: _____ DM
    ❏ Auslagenpauschale gem. § 26 BRAGO   _____ DM
    ❏ Schreibauslagen gem. § 27 BRAGO   _____ DM
    ❏ _____ DM
    ❏ _____ DM
    Mehrwertsteuer (16 %)   _____ DM

    Summe: _____ **DM**

Kunz

```
                                        IV.
         Der Gesamtbetrag der Entschädigung errechnet sich wie folgt.
         Immaterieller Schaden:                                    _____ DM
         Materieller Schaden (ohne Anwaltskosten):                 _____ DM
         Anwaltskosten im Ermittlungsverfahren:                    _____ DM
         Anwaltskosten im Entschädigungsverfahren:                 _____ DM

         Summe:                                                    _____ DM.


         Ich schlage vor, eine Entschädigung von _____ DM festzusetzen
         ❑   und den weitergehenden Antrag zurückzuweisen.

         Forderungen der öffentlichen Hand, mit denen gegen den Entschädigungsanspruch aufgerechnet
         werden könnte, sind hier nicht bekannt.
         Anlaß zu der Annahme, daß d. Antragst. Ansprüche gegen Dritte hat, die im Falle einer Entschädigung
         auf das Land übergehen, besteht nicht.




                  _____
                   (Unterschrift, Namenstempel)
```

94 Auch bei Durchsuchung und Beschlagnahme ist besonderes Augenmerk auf das Erfordernis der Kausalität zu richten, wenn Verteidigergebühren geltend gemacht werden. Meist wird die Durchsuchung abgeschlossen sein, wenn sich ein Verteidiger meldet. Auch auf die Aufhebung einer etwaigen Beschlagnahme wird seine Tätigkeit nicht immer gerichtet sein.

3. Entschädigung für Sicherstellung/Beschlagnahme Führerschein

95 Einen Sonderfall stellt die Sicherstellung oder beschlagnahme des Führerscheins dar. Die Behandlung geltend gemachter Ansprüche kann mit folgendem Formular erfolgen:

Entschädigung für Strafverfolgungsmaßnahmen — Kapitel 6 — 933

96

STAATSANWALTSCHAFT
 # O R T #
#ZwSt#

Az.: Datum: ‹streg FührerscheinFü

Strafverfahren
gegen _____

hier: Entschädigungsverfahren

Entscheidungsvorschlag

I.

Gegen d. Antragst. war bei _____ ein
ein ○ Ermittlungsverfahren ○ Strafverfahren wegen <Straftat> anhängig.
❏ Durch Beschluß des _____ gerichts in _____ vom _____ (Bl. _____)
❏ Durch Eilentscheidung d. _____ vom _____ (Bl. _____)
wurde
    ○ der Führerschein d. Antragst. am _____
       ○ sichergestellt
       ○ beschlagnahmt

    ○ Die Sicherstellung des Führerscheins
    ○ Die vorläufige Entziehung der Fahrerlaubnis
hat insgesamt _____ Tage gedauert.

❏ Das Verfahren wurde mit Verfügung der Staatsanwaltschaft vom _____
    gem. _____ eingestellt (Bl. _____).
❏ Das Verfahren wurde mit Beschluß des _____ gerichts _____
    vom _____ gem. _____ eingestellt (Bl. _____).
❏ D. Antragst. wurde mit Urteil des _____ gerichts vom _____
    freigesprochen (Bl. _____).

Das _____ gericht _____ hat   ○ mit obigem Beschluß ○ mit obigem Urteil
                                   ○ mit Beschluß vom _____ festgestellt
(Bl. _____),
○ daß d. Antragst. für den durch die Maßnahme entstandenen Schaden aus der Staatskasse zu entschädigen ist.
○ daß, _____

Diese Entscheidung ist seit _____ rechtskräftig (Bl. _____).

❏ Die Belehrung nach § 10 StrEG ist ○ d. Antragst. ○ dem Vertreter d. Antragst. zugestellt
    worden am _____ (Bl. _____).
❏ Die Belehrung nach § 11 StrEG ist ○ d. Unterhaltsber. ○ dem Vertreter d. Unterhaltsber.
    zugestellt worden am _____ (Bl. _____).
❏ Unterhaltsberechtigte sind nicht bekannt geworden.
❏ _____
_____
_____

TV-StA #StA# streg Führerschein (08.00) Entscheidungsvorschlag Entziehung d. Fahrerlaubnis

Kunz

II.

Mit Schreiben vom _____, rechtzeitig eingegangen am _____, macht d. Antragst. ○ durch _____ Entschädigung geltend (Bl. _____). Im einzelnen wird beantragt:

Ersatz des Schadens _____ DM
    ○ einschließlich der Anwaltskosten für das Entschädigungsverfahren _____ DM
    ○ und der Anwaltskosten für das Ermittlungsverfahren _____ DM
    ○ _____ _____ DM

❏ Vollmacht des anwaltlichen Vertreters für das Entschädigungsverfahren, die auch zum Geldempfang berechtigt, liegt vor (Bl. _____).

❏ _____

III.

Der Antrag auf Ersatz des Schadens ist -○ nur teilweise- begründet.

❏ (Freitext zu besonders nachgewiesenem mat. Schaden, insb. Verdienstausfall) _____
_____
_____

❏ Der nach § 7 Abs. 1 StrEG zu leistende Schadensersatz schließt den Ersatz der Auslagen im Ermittlungsverfahren ein, jedoch nur soweit, als diese für die Aufhebung der Strafverfolgungsmaßnahme notwendig waren und die Kostenvorschriften der StPO die Möglichkeit einer prozessualen Kostenerstattung nicht vorsehen. Dies ist hier der Fall. Die Notwendigkeit der Hinzuziehung eines Verteidigers ist im Hinblick auf die Strafverfolgungsmaßnahme anzuerkennen. Die Tätigkeit des Verteidigers ist durch den Akteninhalt nachgewiesen (Bl. _____). Nach § 12 BRAGO ist bei Rahmengebühren die Gebühr im Einzelfall unter Berücksichtigung aller Umstände zu bestimmen. Entschädigungspflichtig ist die Tätigkeit des Verteidigers nur, soweit sie auf die Aufhebung des Strafverfolgungsmaßnahme gerichtet war.

❏ (Freitext zum Umfang der Tätigkeit) _____
_____

❏ Insgesamt ist ein halbe Mittelgebühr nach §§ 84, 83 Abs. 1 Nr. ○ 1 ○ 2 ○ 3 BRAGO angemessen.
_____
_____
_____

Dies ergibt folgende Berechnung:

❏ Gebühr gem. § 84 BRAGO: _____ DM
❏ Auslagenpauschale gem. § 26 BRAGO _____ DM
❏ Schreibauslagen gem. § 27 BRAGO _____ DM
❏ _____ DM
❏ _____ DM
Mehrwertsteuer (16 %) _____ DM

Gesamtschaden: _____ **DM**

> ❏ Der Antrag auf Ersatz der Anwaltskosten für das Entschädigungsverfahren ist ○ nur teilweise begründet.
> Die Kosten für die Inanspruchnahme eines Rechtsanwaltes zur Geltendmachung des Entschädigungsanspruchs sind als Teil des entstandenen Vermögensschadens erstattungsfähig. Entsprechend der zuzuerkennenden Entschädigung ist von einem Gegenstandswert von bis zu _____ DM auszugehen. Erstattungsfähig ist die Mittelgebühr des § 118 BRAGO, also 7,5/10.
> Dies ergibt folgende Berechnung:
> ❏   Gebühr gem. § 118 BRAGO: _____ DM
> ❏   Auslagenpauschale gem. § 26 BRAGO _____ DM
> ❏   Schreibauslagen gem. § 27 BRAGO _____ DM
> ❏   _____ DM
> ❏   _____ DM
> Mehrwertsteuer (16 %) _____ DM
>
> **Summe:** _____**DM**
>
> IV.
>
> Der Gesamtbetrag der Entschädigung errechnet sich wie folgt.
> Immaterieller Schaden: _____ DM
> Materieller Schaden (ohne Anwaltskosten): _____ DM
> Anwaltskosten im Ermittlungsverfahren: _____ DM
> Anwaltskosten im Entschädigungsverfahren: _____ DM
>
> **Summe:** _____**DM.**
>
> Ich schlage vor, eine Entschädigung von _____ DM festzusetzen
> ❏ und den weitergehenden Antrag zurückzuweisen.
>
> Forderungen der öffentlichen Hand, mit denen gegen den Entschädigungsanspruch aufgerechnet werden könnte, sind hier nicht bekannt.
> Anlaß zu der Annahme, daß d. Antragst. Ansprüche gegen Dritte hat, die im Falle einer Entschädigung auf das Land übergehen, besteht nicht.
>
> _____
> (Unterschrift, Namenstempel)

Für eine Entscheidung nach Einstellung durch die StA und anschließende Abgabe an die Verwaltungsbehörde nach § 43 OWiG ist die Darstellung des Verfahrensablaufs unter I.) nur eingeschränkt verwendungsfähig und muß entsprechend angepaßt werden. Vgl hierzu auch Rn 31.

4. Entschädigung für sonstige Strafverfolgungsmaßnahmen

Nicht alle entschädigungspflichtigen Strafverfolgungsmaßnahmen lassen sich mit den bisher vorgestellten Formularen bearbeiten. Die Behandlung der geltend gemachten Ansprüche in anderen Fällen kann mit dem vorliegenden Formular erfolgen:

97

98

STAATSANWALTSCHAFT
 # O R T #
#ZwSt#

Az.: Datum: streg allgemein

Strafverfahren
gegen

hier: Entschädigungsverfahren

Entscheidungsvorschlag

I.

Gegen d. Antragst. war bei _____ein
ein ○ Ermittlungsverfahren ○ Strafverfahren wegen <Straftat> anhängig.

Darstellung der entschädigungspflichtigen Maßnahme: _____

_____
_____
_____
_____
_____
_____

☐ Das Verfahren wurde mit Verfügung der Staatsanwaltschaft vom _____ gem. _____ eingestellt (Bl. _____).
☐ Das Verfahren wurde mit Beschluß des _____ gerichts _____ vom _____ gem. _____ eingestellt (Bl. _____).
☐ D. Antragst. wurde mit Urteil des _____ gerichts vom _____ freigesprochen (Bl. _____).

Das _____ gericht _____ hat ○ mit obigem Beschluß ○ mit obigem Urteil
 ○ mit Beschluß vom _____ festgestellt (Bl. _____),
○ daß d. Antragst. für den durch die Maßnahme entstandenen Schaden aus der Staatskasse zu entschädigen ist.
○ daß, _____

Diese Entscheidung ist seit _____ rechtskräftig (Bl. _____).

☐ Die Belehrung nach § 10 StrEG ist ○ d. Antragst. ○ dem Vertreter d. Antragst. zugestellt worden am _____ (Bl. _____).
☐ Die Belehrung nach § 11 StrEG ist ○ d. Unterhaltsber. ○ dem Vertreter d. Unterhaltsber. zugestellt worden am _____ (Bl. _____).
☐ Unterhaltsberechtigte sind nicht bekannt geworden.
☐ _____
_____
_____

TV-StA #StA# streg allg   (08.00) Entscheidungsvorschlag Allgemeine Maßnahmene Maßnahmen

Entschädigung für Strafverfolgungsmaßnahmen Kapitel 6 937

II.

Mit Schreiben vom _____, rechtzeitig eingegangen am _____, macht d. Antragst. ⭘ durch _____ Entschädigung geltend (Bl. ____). Im einzelnen wird beantragt:

Ersatz des Schadens _____ DM
    ⭘ einschließlich der Anwaltskosten für das Entschädigungsverfahren _____ DM
    ⭘ und der Anwaltskosten für das Ermittlungsverfahren _____ DM
    ⭘ _____ _____ DM

❑   Vollmacht des anwaltlichen Vertreters für das Entschädigungsverfahren, die auch zum Geldempfang berechtigt, liegt vor (Bl. ____).

❑   _____

III.

Der Antrag auf Ersatz des Schadens ist -⭘ nur teilweise- begründet.

❑   (Freitext zu besonders nachgewiesenem mat. Schaden, insb. Verdienstausfall) _____
_____
_____

❑   Der nach § 7 Abs. 1 StrEG zu leistende Schadensersatz schließt den Ersatz der Auslagen im Ermittlungsverfahren ein, jedoch nur soweit, als diese für die Aufhebung der Strafverfolgungsmaßnahme notwendig waren und die Kostenvorschriften der StPO die Möglichkeit einer prozessualen Kostenerstattung nicht vorsehen. Dies ist hier der Fall. Die Notwendigkeit der Hinzuziehung eines Verteidigers ist im Hinblick auf die Strafverfolgungsmaßnahme anzuerkennen. Die Tätigkeit des Verteidigers ist durch den Akteninhalt nachgewiesen (Bl. ____). Nach § 12 BRAGO ist bei Rahmengebühren die Gebühr im Einzelfall unter Berücksichtigung aller Umstände zu bestimmen. Entschädigungspflichtig ist die Tätigkeit des Verteidigers nur, soweit sie auf Aufhebung der Strafverfolgungsmaßnahme gerichtet war.

❑   (Freitext zum Umfang der Tätigkeit) _____
_____

❑   Insgesamt ist ein halbe Mittelgebühr nach §§ 84, 83 Abs. 1 Nr. ⭘ 1 ⭘ 2 ⭘ 3 BRAGO angemessen.
❑   _____
_____

Dies ergibt folgende Berechnung:

❑   Gebühr gem. § 84 BRAGO: _____ DM
❑   Auslagenpauschale gem. § 26 BRAGO _____ DM
❑   Schreibauslagen gem. § 27 BRAGO _____ DM
❑   _____ DM
❑   _____ DM
Mehrwertsteuer (16 %) _____ DM

Gesamtschaden: _____ **DM**

Kunz

> ❏ Der Antrag auf Ersatz der Anwaltskosten für das Entschädigungsverfahren ist ❍ nur teilweise begründet.
>
> Die Kosten für die Inanspruchnahme eines Rechtsanwaltes zur Geltendmachung des Entschädigungsanspruchs sind als Teil des entstandenen Vermögensschadens erstattungsfähig. Entsprechend der zuzuerkennenden Entschädigung ist von einem Gegenstandswert von bis zu _____ DM auszugehen. Erstattungsfähig ist die Mittelgebühr des § 118 BRAGO, also 7,5/10.
>
> Dies ergibt folgende Berechnung:
> ❏   Gebühr gem. § 118 BRAGO: _____ DM
> ❏   Auslagenpauschale gem. § 26 BRAGO _____ DM
> ❏   Schreibauslagen gem. § 27 BRAGO _____ DM
> ❏   _____ DM
> ❏   _____ DM
> Mehrwertsteuer (16 %) _____ DM
>
> **Summe:** _____ **DM**
>
>   IV.
>
> Der Gesamtbetrag der Entschädigung errechnet sich wie folgt.
> Immaterieller Schaden: _____ DM
> Materieller Schaden (ohne Anwaltskosten): _____ DM
> Anwaltskosten im Ermittlungsverfahren: _____ DM
> Anwaltskosten im Entschädigungsverfahren: _____ DM
>
> **Summe:** _____ **DM.**
>
> Ich schlage vor, eine Entschädigung von _____ DM festzusetzen
> ❏ und den weitergehenden Antrag zurückzuweisen.
>
> Forderungen der öffentlichen Hand, mit denen gegen den Entschädigungsanspruch aufgerechnet werden könnte, sind hier nicht bekannt.
> Anlaß zu der Annahme, daß d. Antragst. Ansprüche gegen Dritte hat, die im Falle einer Entschädigung auf das Land übergehen, besteht nicht.
>
> _____
> (Unterschrift, Namensstempel)

99   Das Formular stellt einen Rahmen für die Behandlung beliebiger entschädigungspflichtiger Maßnahmen bereit.

IX. Übertragbarkeit und Vererblichkeit des Anspruchs, § 13 II StrEG

100   Bis zur rechtskräftigen Entscheidung über den Anspruch ist dieser nicht übertragbar, nicht pfändbar und es gilt der Ausschluß der Aufrechnung nach § 394 BGB. Rechtskräftig in diesem Sinn ist aber auch ein im Betragsverfahren unabänderbar zuerkannter Betrag. Vererblich ist der Anspruch demgegenüber schon mit seiner Entstehung dem Grunde nach.

X. Nachträgliche Strafverfolgung

Kommt es wegen der Tat, derentwegen ein Freispruch, eine Nichteröffnung des Hauptverfahrens oder eine Einstellung erfolgte, doch noch zu einem Strafverfahren, so bestimmt § 14 I StrEG, daß die Entscheidung über die Entschädigungspflicht außer Kraft tritt. Gemeint ist damit die Grundentscheidung nach §§ 8, 9 StrEG. Die geleistete Entschädigung kann zurückgefordert werden. Werden die Ermittlungen wieder aufgenommen, kann die Entscheidung über den Anspruch, also das Betragsverfahren, sowie die Zahlung der Entschädigung ausgesetzt werden. 101

XI. Rechtsweg im Betragsverfahren

Durch § 13 StrEG wird gegen Entscheidungen im Betragsverfahren der Rechtsweg zu den Zivilgerichten eröffnet. Sachlich sind die Zivilkammern ohne Rücksicht auf den Streitwert zuständig. Die örtliche Zuständigkeit richtet sich nach § 18 ZPO, wonach der allgemeine Gerichtsstand des Fiskus durch den Sitz der Behörde bestimmt wird, welche berufen ist, den Fiskus in dem Rechtsstreit zu vertreten. Dies ist dem jeweiligen Landesrecht zu entnehmen. Die dreimonatige Klagefrist ist eine Ausschlußfrist. 102

Muster einer Belehrung nach StrEG

```
                              STAATSANWALTSCHAFT
                                   # O R T #
                                     #ZwSt#
 Az.:                ⊰    Datum:           ⊰    streg bel 1
 Strafverfahren
 gegen
 hier: Entschädigungsverfahren

                              V e r f ü g u n g
   1.  ❑ Schreiben an Verteidiger(in) _____ ( Bl._____ ) gg. EB:
         (O mit Doppel für Anspruchsberechtigten)
         O  mit Zusatz: Ich bitte um Vorlage einer besonderen Vertretungs- und Inkassovollmacht für das
         Entschädigungsverfahren.
       ❑ Schreiben an Anspruchsberechtigten _____ ( Bl._____ ) gg. ZU:

       Die Entschädigungspflicht der Staatskasse ist seit _____ rechtskräftig festgestellt. Der Anspruch auf Entschädigung
       kann nun innerhalb von sechs Monaten nach Zustellung dieses Schreibens bei der #eig. Behörde# geltend gemacht werden. Gegenstand der Entschädigung ist der durch die Strafverfolgungsmaßnahme verursachte Vermögensschaden, im Fall der Freiheitsentziehung auf Grund gerichtlicher Entscheidung auch der Schaden, der nicht Vermögensschaden ist. Entschädigung für Vermögensschaden wird nur geleistet, wenn der nachgewiesene Schaden den Betrag von fünfzig Deutsche Mark übersteigt. Für den Schaden, der
       nicht Vermögensschaden ist, beträgt die Entschädigung zwanzig Deutsche Mark für jeden angefangenen Tag der Freiheitsentzie-
```

Kunz

hung. Für einen Schaden, der auch ohne die Strafverfolgungsmaßnahme eingetreten wäre, wird keine Entschädigung geleistet. Der beschleunigten Bearbeitung ist es dienlich, wenn die Art und der Umfang der Nachteile, für die Entschädigung verlangt wird, vollständig unter Angabe von Beweismitteln konkret bezeichnet werden.

❍ mit zusätzlicher Belehrung:

Versicherte, für die ein Anspruch auf Entschädigung für Zeiten von Strafverfolgungsmaßnahmen nach dem Gesetz über die Entschädigung für Strafverfolgungsmaßnahmen rechtskräftig festgestellt ist, können auf Antrag freiwillige Beiträge für diese Zeiten nachzahlen. Wird für Zeiten der Strafverfolgungsmaßnahme, die bereits mit Beiträgen belegt sind, eine Nachzahlung von freiwilligen Beiträgen beantragt, sind die bereits gezahlten Beiträge denjenigen zu erstatten, die sie getragen haben. Wurde durch die entschädigungspflichtige Strafverfolgungsmaßnahme eine versicherungspflichtige Beschäftigung oder Tätigkeit unterbrochen, gelten die nachgezahlten Beiträge als Pflichtbeiträge. Die Erfüllung der Voraussetzungen für den Bezug einer Rente steht der Nachzahlung nicht entgegen. Der Antrag kann nur innerhalb eines Jahres nach Ablauf des Kalendermonats des Eintritts der Rechtskraft für die Entschädigungspflicht der Staatskasse feststellenden Entscheidung gestellt werden. Die Beiträge sind innerhalb einer von dem Träger der Rentenversicherung zu bestimmenden angemessenen Frist zu zahlen (§ 205 SGB VI).

Sollten Sie einen entsprechenden Antrag stellen, werden Sie gebeten, hierüber mit der Antragstellung Nachweise vorzulegen.

TV-StA   #StA#   streg bel 1   (08.00)   Belehrung nach §§ 10 Abs.1 Satz 3, 11 Abs. 2 Satz 1 StrEG

---

2. ❏ Schreiben an Unterhaltsberechtigten _____ (Bl._____) gg. ZU
   ❏ Schreiben an Vertr. des Unt.ber. _____ (Bl._____) gg. ZU/EB

Herr / Frau <Vorname, Name d. vormals Besch.> steht Entschädigung für Strafverfolgungsmaßnahmen aus der Staatskasse zu. Über die Höhe der Entschädigung ist noch zu entscheiden. Nach den hier vorliegenden Erkenntnissen war der / die Anspruchsberechtigte

❍ Ihnen ❍ _____

kraft Gesetzes unterhaltspflichtig. Ihnen / D. Unterhaltsberechtigten ist insoweit Ersatz zu leisten, als Ihnen / ihm (ihr,ihnen) durch die Strafverfolgungsmaßnahme der Unterhalt entzogen worden ist, weil ihn der Anspruchsberechtigte infolge der Maßnahme nicht leisten und Sie / d. Unterhaltsberechtigte den Unterhalt auch nicht nachträglich beanspruchen konnten. Wenn Sie / Sie für d. Unterhaltsberechtigten einen solchen Antrag wegen entzogener Unterhaltsleistungen stellen wollen, so geben Sie - möglichst unter Beifügung oder Benennung von Nachweisen und Beweismitteln - Grund und Höhe des Anspruchs an. Der Anspruch ist bei der #eig. Behörde# geltend zu machen und wird zweckmäßigerweise so früh wie möglich erhoben, damit seine Bearbeitung zusammen mit dem Anspruch des Unterhaltspflichtigen gewährleistet ist. Der Anspruch ist ausgeschlossen, wenn der Antrag nicht innerhalb von sechs Monaten bei der Staatsanwaltschaft eingegangen ist. Diese Frist beginnt mit der Zustellung dieses Schreibens.

3. WV mit Zustellungsnachweis _____

_____
(Unterschrift, Namensstempel)

KAPITEL 7 – BERICHTE UND VORLAGEN

Überblick

I. Grundlagen..	1–8
1. Definition und (hierarchischer) Aufbau der StA (§§ 141 ff GVG).....	1–3
a) Definition	1–2
b) Rechtsgrundlagen...	3
2. Behördenaufbau...	4
3. Mittelbehörde: GenStA bzw StA bei dem OLG	5–6
4. Berichterstattung, Weisungen, Rechtsgrundlagen	7–8
II. Berichterstattung an den GenStA..............................	9–118
1. Allgemeines und Begleitverfügung	9–19
a) Differenzierung der Berichte	9
b) Formular Begleitverfügung zum Bericht.....................	10–11
c) Hinweise zur Verwendung.................................	12–19
aa) Angabe der Abdrucke	13
bb) Kopfbogen und Datum	14
cc) Unterschrift	15
dd) Geschäftsmäßige Behandlung..........................	16
ee) Verfügungen	17–18
ff) Berichtslisten..	19
2. Der Allgemeine Bericht..	20–45
a) Formular	20
b) Erläuterungen...	21–45
aa) Allgemeiner oder spezieller Berichtsauftrag	21
bb) Unterscheidung Erst-/Folgebericht.......................	22
cc) Allgemeine Berichtsaufträge mit Fundstellen	23–26
dd) Bezug...	27
ee) Folgeberichte..	28–29
ff) Vom Justizministerium direkt erteilte Aufträge.............	30–31
gg) Beilagen, Angabe der Mehrfertigungen und Abdrucke......	32–39
hh) Text des Berichts, Berichtstermine......................	40–44
ii) Unterschrift	45
3. Der Absichtsbericht...	46–49
4. Der Rückstands- (oder 18-Monats-)bericht.......................	50–58
a) Formular Rückstandsbericht................................	50
b) Berichtspflicht mit Fundstelle...............................	51–52
c) Voraussetzungen	53–55
d) Anforderungen..	56–57
aa) Erstbericht	56
bb) Folgeberichte..	57
e) Beendigung der Berichtspflicht, Unterschriften	58
5. Weitere Berichte im Rahmen der Dienstaufsicht, insbes Beschwerdevorlagen gem § 172 StPO und Dienstaufsichtsbeschwerden	59–85
a) Bericht bei Vorlage angeforderter Akten	59–60
aa) Formular	59

Nötzel

	bb) Erläuterungen...	60
	b) Bericht bei Wiederaufnahme der Ermittlungen	61–68
	aa) Formular...	61
	bb) Rechtsgrundlagen	62
	cc) Anwendungsbereich.....................................	63
	dd) Wiederaufnahme der Ermittlungen......................	64–65
	ee) Mitteilungen...	66
	ff) Bericht bei Zuleitung durch GenStA.....................	67
	gg) Unterschrift...	68
	c) Vorlagebericht bei Vorschaltbeschwerden und Dienstaufsichtsbeschwerden...	69–85
	aa) Rechtsgrundlagen	69
	bb) Formular: Beschwerdevorlage..........................	70
	cc) Form der Beschwerdevorlage	71
	dd) Betreff...	72
	ee) Beschuldigung, Umfang der vorzulegenden Akten, Mehrfertigungen...	73–74
	ff) Einzelheiten zu den Formalien	75–81
	gg) Nichtabhilfeentscheidung, Stellungnahme zur Beschwerdebegründung...	82–84
	hh) Unterschrift...	85
6.	Hinweise auf Fundstellen bei StrEG- und Rechtshilfeberichten.......	86
7.	Berichte an den GenStA zur Weiterleitung.....................	87–118
	a) Immunitäts- und Staatsschutzsachen	87–90
	b) Petitionsberichte (sog »Landtagsberichte«).....................	91–108
	aa) Rechtsvorschriften.....................................	91
	bb) Grundlagen	92–96
	cc) Formulare: Begleitbericht Petition; Bericht Petition sowie ausführliche Erläuterungen zu den Formularen	97–108
	c) Revisionsübersendungsberichte	109–118
	aa) Grundlagen	109
	bb) Voraussetzungen.......................................	110–111
	cc) Formular: Revisionsübersendungsbericht BGH.............	112
	dd) Vorbereitung	113–114
	ee) Vorlage...	115
	ff) Weitere Formulare.....................................	116–117
	gg) Erläuterung der Formulare	118
III.	**Vorlagen an die StA bei dem OLG**	**119–144**
1.	Allgemeines...	119
2.	Haftprüfungsentscheidungen nach den §§ 121, 122 StPO	120
	a) Rechtliche Grundlagen.....................................	120
	b) Bedeutung und Voraussetzungen...........................	121–123
	c) Die 6-Monatsvorlage (§ 121 StPO)	124–138
	aa) Formular: Haftprüfung durch OLG.....................	124
	bb) Erläuterungen...	125–138
	d) Die weitere Haftprüfung (§ 122 IV StPO)	139–142
	aa) Formular: Weitere Haftprüfung OLG	139
	bb) Erläuterungen...	140–142
	e) Vereinfachte Haftprüfungsvorlage wegen nahen Fristablaufs.....	143–144
	aa) Formular: Haftprüfung OLG – vereinfachte Vorlage.........	143
	bb) Erläuterungen...	144

Nötzel

I. Grundlagen

1. Definition und (hierarchischer) Aufbau der StA (§§ 141 ff GVG)

a) Definition

Die StA ist ein selbständiges Organ der staatlichen Rechtsverfolgung, selbständig gegenüber den Gerichten und unabhängig von ihnen (§§ 141, 150, 151 GVG). Die Rechtsprechung sieht die StA nach ihrer Aufgabenstellung als ein den Gerichten gleichgeordnetes, der rechtsprechenden Gewalt zugeordnetes notwendiges Organ der Rechtspflege an.[1] Andere Auffassungen[2] betonen die Zugehörigkeit zur Exekutive und nehmen eine Organstellung »sui generis« an, nicht zuletzt wegen der Weisungsgebundenheit (§ 147 GVG) der StAe. Bei den Gerichten und ihren Richtern ist diese ausdrücklich ausgeschlossen (Art. 97 GG), was im Kern die Unabhängigkeit der Rechtsprechung ausmacht.

1

Hinzutritt, daß (abgesehen von Entscheidungen zum Beispiel nach § 153 a I StPO) staatsanwaltschaftliche Verfügungen nicht zu »rechtskräftigen« Erledigungen der Sachen führen. Verfügungen sind generell mit Beschwerden anfechtbar, die Verfahren zumindest häufig wieder aufnehmbar. Auch dies unterscheidet die Tätigkeit der StA deutlich von »Rechtsprechung«, die den Gerichten obliegt. An ihr wirkt die StA allerdings mit, als ihre vornehmste Aufgabe im Bereich des Strafrechts ermöglicht sie Rechtsprechung überhaupt durch Anklageerhebung und soll die Gerichte verfahrensbegleitend zu richtigen Ergebnissen führen.

2

b) Rechtsgrundlagen

Diesem Auftrag entspricht der hierarchische Aufbau der StAen (§§ 142, 144 und 145 GVG), die Regelung der Dienstaufsicht (§ 147 GVG) und die Weisungsbefugnis (§ 146 GVG). Ergänzt werden diese Gesetzesvorschriften durch die in allen Bundesländern zusätzlich erlassenen Verwaltungsvorschriften »Anordnung über Organisation und Dienstbetrieb der Staatsanwaltschaft« (OrgStA).[3]

3

---

[1] KK-Schoreit, § 141 GVG Rn 3
[2] Kl/M-G Vor § 141 GVG Rn 6, 7
[3] ZB in Bayern JMBek vom 18.4.1975, JMBl 1975, 58 diese wird im folgenden jeweils zitiert; in Sachsen »Verwaltungsvorschrift des Sächsischen Staatsministeriums der Justiz über die Organisation und den Dienstbetrieb der Staatsanwaltschaften (Organisationsstatut der Staatsanwaltschaften VwVOrgStA) vom 12.1.1998 Sächs JMBl 1998, 18; in Thüringen OrgStA vom 25.3.1991 JMBl für Thüringen 46 ff, geändert am 21.12.1993, JMBl für Thüringen 8 ff.

Nötzel

2. Behördenaufbau

4 StAen werden bei den Gerichten eingerichtet, bei denen sie dann Anträge stellen, Anklagen erheben, Akten vorlegen und etwaige Rechtsmittel gegen die Entscheidungen dieser Gerichte einlegen. Diese Behörden sind:
1. der Generalbundesanwalt beim BGH (§ 142 I Nr. 1 GVG),
2. die StA bei dem OLG (§ 142 I Nr. 2 GVG iVm Nr. 1 I OrgStA) bzw die StA bei dem BayObLG (Nr. 1 I OrgStA). Die Chefs (»Erste Beamte«) dieser Behörden tragen in Bayern die Bezeichnung »Generalstaatsanwalt bei dem OLG – zB – München« – oder »Generalstaatsanwalt bei dem Bayerischen Obersten Landesgericht«,[4]
3. die StAen bei (allen) LG (§ 141 GVG), im Rahmen der örtlichen Zuständigkeit (§ 143 GVG) auch die Vertretung bei den zugehörigen AG. Die Leiter dieser Behörden heißen überwiegend »Leitender Oberstaatsanwalt – zB – München I«.[5]

3. Mittelbehörde: GenStA bzw StA bei dem OLG

5 Die StA bei dem OLG ist zugleich (als »Mittelbehörde«) Dienstaufsichtsbehörde[6] und – da ihrerseits der Dienstaufsicht des Justizministeriums unterliegend[7] – das Bindeglied zwischen »Außenbehörden« – den StAen – und Justizministerium. In dieser Funktion lautet die Bezeichnung der Behörde »Der Generalstaatsanwalt bei dem OLG ...«[8] Diese unterschiedlichen Funktionsbereiche derselben Behörde erklären die unterschiedliche Adressierung der Berichte. Wenn Maßnahmen der Aufsicht in Rede stehen (allgemeine Berichterstattung, Dienstaufsichtsbeschwerden, Beschwerdevorlagen nach § 172 StPO) werden die Akten der Aufsichtsbehörde »Generalstaatsanwalt« vorgelegt.

6 Sollen Entscheidungen des OLG herbeigeführt werden (Entscheidung über einfache oder sofortige Beschwerden gegen Entscheidungen des LG, Klageerzwingungsanträge oder Haftentscheidungen), ist die »Staatsanwaltschaft bei dem Oberlandesgericht« als postulationsfähige Behörde berufen, die entsprechenden Anträge zu stellen. Die Vorgänge werden daher mit dieser Adressierung vorgelegt.

---

4 Nr. 2 II OrgStA, vgl auch § 15 des Gesetzes über die Wiedererrichtung des BayObLG vom 11.5.1948 GVBl 1948, 83
5 Abweichend zB »Erster Oberstaatsanwalt« (Niedersachsen) oder »Generalstaatsanwalt« (bei dem LG Berlin)
6 § 147 Nr. 3 GVG
7 § 147 Nr. 2 GVG
8 In manchen Ländern abweichend zB Thüringen »Generalstaatsanwaltschaft« oder sonst »Generalstaatsanwaltschaft bei dem...«

Nötzel

4. Berichterstattung, Weisungen, Rechtsgrundlagen

Berichterstattung und vor allem Weisungen sind ein immer wieder thematisiertes und umstrittenes Gebiet. Die politische Diskussion der Frage, ob GenStAe als politische Beamte jeder Zeit in den Wartestand versetzbar sein sollen oder nicht, dauert derzeit noch an.⁹ Die Rechtslage ist indessen eindeutig.

»Nach § 147 Nr. 2 GVG steht der Landesjustizverwaltung das Recht der Aufsicht und Leitung hinsichtlich aller staatsanwaltschaftlichen Beamten des betreffenden Landes zu. Dieses Recht der Aufsicht und Leitung ist das Korrelat zur parlamentarischen Verantwortlichkeit des Landesjustizministers; dieser ist gegenüber dem Landesparlament für die Arbeit der Staatsanwaltschaft verantwortlich. Die Berichtspflicht der Staatsanwaltschaft ergibt sich aus § 147 GVG. Ohne Berichte kann die Dienstaufsicht nicht sachgerecht ausgeübt werden. Die Berichterstattung in Strafsachen erfolgt im Geschäftsbereich des Bayerischen Staatsministeriums der Justiz auf der Grundlage der Bekanntmachung vom 9. Dezember 1960 (BayJMBl. 1960, 167). Nach Nr. 1 dieser Bekanntmachung berichten die Staatsanwaltschaften in allen Strafsachen, die wegen der Persönlichkeit oder der Stellung eines Beteiligten, wegen der Art oder des Umfangs der Beschuldigung oder aus anderen Gründen weitere Kreise beschäftigen oder voraussichtlich beschäftigen werden, oder die zu Maßnahmen der Justizverwaltung Anlaß geben können. Nr. 7 der genannten Bekanntmachung regelt die Vorlage der Berichte. Die Berichte der Staatsanwaltschaft sind dem Bayerischen Staatsministerium der Justiz grundsätzlich auf dem Dienstweg über den Generalstaatsanwalt vorzulegen. Auf der Grundlage dieser Bekanntmachung berichten die Staatsanwaltschaften dem Bayerischen Staatsministerium der Justiz seit jeher in einer Vielzahl von Verfahren«.¹⁰

---

9 Vgl iü zu den Weisungsfragen ausführlich KK-Schoreit § 146 GVG Anmerkung 1 ff auch zu den Reformbestrebungen insbes des externen Weisungsrechts des Justizministers gem § 147 Nr. 1 GVG und der auch immer wieder diskutierten Frage, ob einem Organ, das an das Legalitätsprinzip gebunden ist, von einem nicht diesem Prinzip unterworfenen Verwaltungsorgan Weisungen gegeben werden können.
10 Presseerklärung des Bayerischen Staatsministeriums der Justiz vom 27.8.1999, die die Sachlage knapp aber vollständig wiedergibt.

Nötzel

II. Berichterstattung an den GenStA

1. Allgemeines und Begleitverfügung

a) Differenzierung der Berichte

9 Die hier abgehandelten Berichte erfolgen entweder im Rahmen der Dienstaufsicht oder zur Weiterleitung an andere Behörden (zB Petitionsberichte). Hiervon zu unterscheiden sind Vorlagen an die StA bei dem OLG,[11] zu diesen nachfolgend III.

b) Formular Begleitverfügung zum Bericht

10 Für den Normalfall des vorzulegenden Berichtes bietet das folgende Formular eine sehr zweckmäßige Begleitverfügung:

11

STAATSANWALTSCHAFT
 # O R T #
#ZwSt#

Az.: Datum: ber vfg 1

Ermittlungsverfahren
gegen

wegen

Verfügung

1. ☐ Bericht (____) - fach
   ☐ Begleitbericht (Petition) (____) - fach
   ☐ Beschwerdevorlage (____) - fach
   ☐ Rechtshilfeersuchen (____) - fach
   ☐ Wiederaufnahmebericht (____) - fach
   ☐ (____) - fach

   nach **Textbaustein** ____ mit **Kopfbogen** ○ LOStA ○ StA
   ○ ohne Datum ○ Schreibdatum ○ Datum: ____

2. ☐ Frau Abteilungsleiterin/Herrn Abteilungsleiter z.K.
3. ☐ Frau Auslandsreferentin/Herrn Auslandsreferenten z.K.
4. Frau/Herrn
   ☐ Behördenleiterin/Behördenleiter
   ☐ stellv. Behördenleiterin/ stellv. Behördenleiter
   ☐ Abteilungsleiterin/Abteilungsleiter ____
   z.Z.

---

11 Auch als Berichte bezeichnet, vgl zum Unterschied oben Rn 5 und 6

Berichte und Vorlagen   Kapitel 7   947

```
5.1  ☐  Bericht                    (_____) - fach
     ☐  Begleitbericht (Petition)  (_____) - fach
     ☐  Beschwerdevorlage          (_____) - fach
     ☐  Rechtshilfeersuchen        (_____) - fach
     ☐  Wiederaufnahmebericht      (_____) - fach
     ☐  _____    (_____) - fach

     mit den darin bezeichneten Anlagen in Auslauf

5.2  ☐  Berichtsheft anlegen
5.3  Abdruck von 5.1 (1 - fach) ○ mit Anlagen
        ○ an Vorzimmer
        ○ zum Handakt ○ zum Berichtsheft ○ zum Fehlblatt ○ _____
6.   ☐  _____
     ☐  _____
     ☐  WV _____
     ☐  Weglegen


     _____
     (Unterschrift, Namensstempel)
     TV-StA   #StA#  ber vfg 1    (08.00)   Verfügung Bericht - Beschwerdevorlage
```

c) Hinweise zur Verwendung

Dieses Formular wird vom Referenten ausgefüllt. Es enthält alle im wesentlichen vorkommenden und notwendigen Verfügungen, um den angefertigten Bericht (Entwurf) innerhalb der Behörde in den richtigen Geschäftsgang zu bringen, den Auslauf sicherzustellen und weitere Verfügungen zur etwaigen Wiedervorlage des Berichtsheftes vorzunehmen.

12

aa) Angabe der Abdrucke

Das Ausfüllen von Aktenzeichen und Betreff bedarf keiner Erläuterung, die Verfügung unter der Ziff 1 aber schon. Je nach Art des Berichtes sind unterschiedlich viele Abdrucke erforderlich. Es empfiehlt sich deshalb, zunächst bei der im Handbuch angegebenen Fundstelle des betreffenden Berichtes nachzuschlagen, wie viele Abdrucke benötigt werden. Wird beispielsweise ein normaler Bericht »einfach mit einem Abdruck« vorgelegt, ist die Verfügung für die Schreibkanzlei so zu treffen, daß ein Kreuz bei »Bericht« angebracht wird und in der Klammer »2«, (dh 1 Originalbericht und 1 Abdruck).

13

bb) Kopfbogen und Datum

Bei den Bausteinen muß regelmäßig noch vorgegeben werden, welcher Kopfbogen Verwendung findet. Dies entscheidet sich nach der Unterschrift unter dem Bericht, die bei der Erläuterung der Einzelberichte erörtert wird. Bei der Datumsoption soll das Schreibdatum nur dann gewählt werden, wenn nicht mit einer Korrektur zu rechnen ist, es sich also um einen ganz einfachen formularartigen Bericht handelt. *Immer* ohne Datum sind die Berichte zu erstellen, die nicht vom Referenten, sondern vom

14

Abteilungsleiter, stellvertretenden Behördenleiter oder Behördenleiter gezeichnet werden. Hier fügt der Unterschreibende selbst das Datum ein.

cc) Unterschrift

15 Die Ziff 2 und 3 betreffen den Fall, daß die Berichte nicht vom Abteilungsleiter unterzeichnet werden, sondern lediglich (wie regelmäßig in der Geschäftsverteilung bestimmt) mitgezeichnet oder – wie bei Rechtshilfeersuchen oder sonstigem Schreibwerk in das Ausland – zur Kenntnis und zur Mitzeichnung über den Auslandsreferenten geleitet werden. Ziff 4 bietet die verschiedenen Optionen für die Unterschrift an. Auch hier ist im Einzelfall festzustellen, welche Unterschrift hier angebracht werden soll.

dd) Geschäftsmäßige Behandlung

16 Unter der Ziff 5 und den Unterziffern 1 bis 3 finden sich die Verfügungen für Auslauf und den geschäftsmäßigen Ablauf. Der Bericht wird mit der erforderlichen Anzahl an Abdrucken in Auslauf gegeben, allerdings muß mindestens der Entwurf (manchmal auch als »Abschrift für die Staatsanwaltschaft« gekennzeichnet) bei den Akten der StA bleiben. Falls dieser Vermerk nicht automatisch von der Schreibkanzlei angebracht wird, empfiehlt es sich unter Ziff 1 eine zusätzliche Ausfertigung zu bestellen. Der Bericht (als »Entwurf« oder »Abschrift«) wird in aller Regel in einem gesonderten Berichtsheft abgelegt, das mit einer gesonderten Wiedervorlageverfügung – unabhängig von den übrigen Akten – versehen werden muß, um die zeitgerechte Fortführung der Berichterstattung sicher zu stellen. Es gilt hier das Kontinuitätsprinzip, dh der nachfolgende Bericht schließt sich immer an den vorangegangenen an und nimmt auf dessen Datum Bezug. Es ist nicht zulässig, Vorberichte zu überspringen, auch wenn ihr Informationsgehalt dürftig gewesen sein sollte.

ee) Verfügungen

17 Die Ziff 5.3 bietet verschiedene Optionen, wohin bei Bedarf weitere Abdrucke geleitet werden können (die naturgemäß dann bei dem Schreibauftrag Ziff 1 berücksichtigt werden müssen).

18 Schließlich sind die Schlußverfügungen oder die Verfügung »Weglegen«, zu treffen, wobei letztere aber nur in Betracht kommt, wenn die Berichtspflicht abgeschlossen ist.

ff) Berichtslisten

19 In aller Regel sind in den Referaten Berichtslisten zu führen, aus denen sich alle Berichtssachen und deren aktueller Stand, insbes auch der nächste Berichtstermin entnehmen lassen.

Nötzel

2. Der Allgemeine Bericht

a) Formular

STAATSANWALTSCHAFT
 # O R T #
#ZwSt#

Az.:   Datum:

☐ Frau Generalstaatsanwältin
☐ Herrn Generalstaatsanwalt
bei dem Oberlandesgericht
#Ort_OLG#

☐ Strafanzeige ☐ Ermittlungsverfahren   ☐ Strafverfahren ☐ Vollstreckungsverfahren
gegen

wegen

☐ _____

☐ _____

☐ _____

☐ Zu Ihrem Schreiben vom _____, Gz.: _____
☐ und zu meinem Bericht vom _____
☐ Zu meinem Bericht vom _____
☐ Zum Telefonat zwischen _____ und _____ vom _____
☐ Zur JMBek über die Berichtspflichten in Strafsachen vom 9. Dezember 1960 (JMBl. S. 167)
☐ _____

☐ Zum dortigen Gz: _____
   Berichterstatter: _____
               (Tel.: _____)

Mit
☐ 1 Fertigung einer Verfügung   (_____ -fach)
☐ 1 Entwurf einer Verfügung   (_____ -fach)
☐ _____

   _____ Band/Bänden Ermittlungsakten Az.: <Az. d. Verfahrens>
   _____ Band/Bänden Beiakten   Az.: _____ _____
   _____ Band/Bänden Beiakten   Az.: _____ _____
   _____ Band/Bänden Beiakten   Az.: _____ _____
                                              (Behörde angeben)
☐ 1   Mehrfertigung dieses Berichts
☐ _____ Mehrfertigungen dieses Berichts

TV-StA #StA# ber allg 1   (08.00) Bericht - allgemein

20

☐ Entwurf ☐ Diktat
☐

☐ Bei Anlaß, spätestens zum _____ werde ich wieder berichten.
☐ Spätestens nach _____ Monaten werde ich wieder berichten.
☐ Spätestens zum _____ werde ich wieder berichten.
☐ Meine Berichtspflicht betrachte ich hiermit als beendet.

Unterschrift gemäß Geschäftsverteilung

b) Erläuterungen

aa) Allgemeiner oder spezieller Berichtsauftrag

Dieses Formular bietet Aufbau und Berichtstext für den – bei den Referenten wenig beliebten – Fall des Berichtsauftrages aufgrund allgemeiner Weisung (zB JMBek) oder speziellen Berichtsauftrages – schriftlich oder fernmündlich – an.

21

bb) Unterscheidung Erst-/Folgebericht

Nachdem die Angaben zu Adressierung und Betreff ausgefüllt sind, ist bei der nächsten Rubrik zu unterscheiden zwischen einem »Erstbericht« und einem »Folgebericht«. Der *Erstbericht* führt generell Grund und Anlaß der Berichterstattung aus. Liegt ein schriftlicher oder fernmündlicher Berichtsauftrag vor (sei es von der Mittelbehörde, sei es direkt vom Justizministerium) wird dementsprechend ausgeführt »Zum Berichtsauftrag vom ...«, »Zu dem fernmündlichen Berichtsauftrag vom ...« und bei einem schriftlich erteilten Berichtsauftrag Bezugnahme auf dieses Schreiben.

22

cc) Allgemeine Berichtsaufträge mit Fundstellen

Der Vordruck enthält die gängigen allgemein erteilten Berichtsaufträge.[12] Durch einfaches Ankreuzen kann der richtige ausgewählt werden.

23

Daneben gibt es aber noch zahlreiche weitere allgemeine Vorschriften, nach welchen zwingend zu berichten ist. Bei speziellen Verfahren (wie Ermittlungen wegen nationalsozialistischer Gewaltverbrechen) ist Berichterstattung angeordnet[13], die sich selbstverständlich aus der außergewöhnlichen öffentlichen Resonanz solcher Verfahren erklärt. Auch wenn es sich hierbei um außerordentlich seltene und nur von Spezialisten bearbeitete Verfahren handelt, wird doch an diesem Beispiel deutlich, weshalb Berichtspflichten bestehen. Die übergeordneten Behörden müssen über die substantiell wesentlichen Verfahren, die in der Öffentlichkeit Wellen schlagen werden, zu jeder Zeit unterrichtet sein, da die öffentlichen Nachfragen sich generell an die übergeordneten Stellen richten. Liegt dort keine zeitnahe Information über spektakuläre oder wegen sonstiger in den allgemeinen Berichtsaufträgen geschilderten Umstände bedeutende Verfahren vor, so wird dies stets übelgenommen.

24

Auch wegen der offenkundigen Bedeutung der Medienberichterstattung in der Öffentlichkeit und bei weiteren beteiligten Verfassungsorganen bestehen detaillierte Berichtsaufträge für politische Sachen und Staatsschutzsachen (Nr. 202 – 214 RiStBV),[14] für Einleitung und Durchführung von

25

---

12 Insbes in Bayern meistens JMBek vom 9.12.1960, Bay JMBl 1960, 167
13 JMBek vom 23.11.1956, Gz 4010a-II-17689/56, Bay JMBl 1956, S. 361
14 Sowie JMS vom 14.5.1997 – Gz 4021-II-742/97 für das Bundesland Bayern

Nötzel

Ermittlungsverfahren gegen Abgeordnete des Bundestages oder der Landtage,[15] und Diplomaten.[16]

26 Zahlreiche andere allgemein erteilte Berichtsaufträge (Gnadenberichte, Rechtshilfeberichte, Berichte in Entschädigungssachen und zB Nr. 195 III RiStBV) bis hin zu den von den Mittelbehörden angeordneten Berichten wie zB dem Rückstands (oder 18-Monats-)-Bericht geben eine Vorstellung von diesem vielfältigen Informationsbedürfnis der vorgesetzten Behörden. (s. Rn 50 ff).

dd) Bezug

27 Bei »Bezug« im Berichtsformular ist folgerichtig die Möglichkeit gegeben, entweder durch Ankreuzen oder Einsetzen der entsprechenden Fundstelle des allgemein erteilten Berichtsauftrages anzugeben, aus welchem Grund die Berichterstattung erfolgt.

ee) Folgeberichte

28 Bei den *Folgeberichten* wird anstelle des Berichtsauftrages das bis dahin bekannte Geschäftszeichen des GenStA zitiert mit der Formulierung »Zum dortigen Gz. ... und zu meinem letzten Bericht vom ...«.

29 Im Folgebericht ist die Kontinuität zu beachten. Zwingend ist der Vorbericht mit der richtigen Datierung zu erwähnen, an den sich der jetzt aktuelle Bericht anschließt. Auch wenn zwischenzeitlich lediglich nichtssagende Berichte derart erstattet sein sollten, daß die Ermittlungen noch andauern oä, dürfen diese in der Bezugnahme niemals übersprungen werden.

ff) Vom Justizministerium direkt erteilte Aufträge

30 Vereinzelt kommt in eiligen Fällen ein Berichtsauftrag – mit der Bitte um Berichterstattung auf dem Dienstweg – direkt vom Justizministerium, der regelmäßig nachrichtlich an den GenStA mitgeteilt wurde. Auf einen solchen Berichtsauftrag ist dann durch Ankreuzen einer Freitextfläche mit etwa folgender Formulierung Bezug zu nehmen: »Zu dem mit JMS vom ... Gz. ... direkt erteilten Berichtsauftrag«.

31 Nur in seltensten Fällen wird das Justizministerium den Berichtsauftrag direkt erteilen und auch um direkte Berichterstattung bitten. In einem solchen Falle erfolgt die Unterrichtung des GenStA zeitgleich mit einem Abdruck des direkt erstatteten Berichts[17] der im Betreff »Zu dem mit JMS vom ... (ggf »durch .... telefonisch am ...«) erteilten Berichtsauftrag mit der Bitte um direkte Berichterstattung an das Justizministerium« aufführt.

---

15 Hierzu für den Bayerischen Landtag JMBek 19.2.1996, JMBl 1996 S 29 Ziff 9.4, zuletzt geändert durch JMBek 27.5.1999, BayJMBl 1999, 82
16 Vgl zu den Berichten in Immunitätsfragen die weiteren Ausführungen unter Rn 87 ff
17 Vgl Nr. 7 I JMBek 1960, BayJMBl 1960, 167

Nötzel

gg) Beilagen, Angabe der Mehrfertigungen und Abdrucke

Der folgende Textbereich »mit« bietet für einfaches Ankreuzen die Bezeichnung der Beilagen an, wenn eine bereits gefertigte oder entworfene Verfügung vorgelegt wird. Die Anzahl muß mit der Anzahl des Berichts und seiner Mehrfertigung(en) übereinstimmen. Wenn also ein Bericht mit einer Mehrfertigung vorgelegt wird, so ist »eine Verfügung (zweifach)« anzukreuzen bzw auszufüllen. Da regelmäßig auch andere Beilagen vorkommen (Haftbefehle, Anklagen, Urteile, Presseartikel p.p.) besteht auch hier die Gelegenheit, die Bezeichnung frei zu wählen. 32

Die Bezeichnung der Akten – falls mit vorzulegen – dürfte unproblematisch sein, die Wahl zwischen »Band/Bänden« ist durch Streichung zu treffen, die immer erfolgt. 33

Die Anzahl der beizufügenden Mehrfertigungen der Berichte war früher ein Kapitel für sich. Heute hat jede Behörde ausreichende Fotokopiergelegenheiten, so daß generell nur noch eine Mehrfertigung beizugeben ist, was die allgemeine Berichterstattung betrifft[18]. Diese Mehrfertigung bleibt bei den Akten des GenStA. 34

Der Bericht selbst geht von der Mittelbehörde an das Justizministerium mit einem sog »Randbericht«.[19] Dieser Begriff stammt noch aus den Zeiten, als auf dem Originalbericht – mit breitem Rand – eine Bemerkung der Mittelbehörde angebracht wurde, wenn hierzu Veranlassung bestand, mindestens also ein Sichtvermerk. Heute wird dem Bericht ein weiteres Blatt angeheftet mit entsprechendem Inhalt, der Rand spielt keine Rolle mehr, der Begriff ist aber geblieben. 35

Für Berichtsaufträge des GenStA selbst (vgl zB die 18-Monats-Berichtspflicht[20]) reicht ein Bericht ohne Mehrfertigung aus, da er (lediglich) zu den Akten des GenStA genommen wird. 36

Auch Berichte in Verwaltungssachen oder Stellungnahmen zu Gesetzgebungsvorhaben werden mit einer Mehrfertigung vorgelegt. Der GenStA hat den Berichtsauftrag im Zweifel mehreren oder allen Leitenden Oberstaatsanwälten seines Bezirkes erteilt, um ein breites Meinungsbild zu bekommen und wird die eingegangenen Berichte zu seinen Akten nehmen. 37

Die Ergebnisse wird er in einem sog »Sammelbericht« zusammenstellen, um seine eigene Meinung anreichern und diesen Bericht dem Justizministerium vorlegen. Wenn aber ein Bericht der Außenbehörden besonders instruktiv und lesenswert ist, wird er einen Abdruck unter Bezugnahme mit vorlegen. Für diesen günstigen und ehrenvollen Fall, der den Berichterstatter namentlich im Justizministerium bekannt macht, sollte man mit der Beigabe eines Abdruckes seines Werkes vorbereitet sein. Überhaupt sollte der 38

---

18 Abweichende Regelungen in den Rn 88 ff; Rn 108
19 Nr. 7 II JMBek 1960, BayJMBl 1960, S 167
20 Formular Rn 50

Referent den Umstand, daß der Behördenleiter oder der Abteilungsleiter ihn mit einer solchen Berichterstattung (letztlich im Namen der Behörde) betraut, jedenfalls als Gelegenheit zur Auszeichnung begreifen und nicht als lästige Zusatzarbeit.

39 Wo ansonsten mehrere Abdrucke benötigt werden, ist dies ausdrücklich geregelt, zB nationalsozialistische Gewaltverbrechen[21] bei welchen dem Justizministerium zwei Ausfertigungen vorzulegen sind, dementsprechend dem GenStA drei (Original und zwei Abdrucke). Auch für Landtagsberichte[22] gelten andere Vorgaben, die bei den Formularen erörtert werden, nicht mehr hingegen für die Berichte in politischen Strafsachen und anderen[23]. Soweit dort noch andere Behörden zu unterrichten sind, werden die entsprechenden Ablichtungen bei den vorgesetzten Behörden bei Bedarf hergestellt und versandt.

hh) Text des Berichts, Berichtstermine

40 Der Text des Berichtes selbst ist frei und für eine Schematisierung nicht geeignet. Die Wortwahl sollte in sachlicher und unprätentiöser Art erschöpfend aber möglichst knapp den Berichtsauftrag erfüllen, der natürlich die Richtung vorgibt. Wenn also der Bericht wegen der Person des Beschuldigten erstattet wird, sollte diese im Vordergrund stehen, nicht die übrigen Beteiligten. Wird der Bericht erstattet, weil mit dem Interesse »weiterer Kreise« also insbes der Öffentlichkeit zu rechnen ist, so soll sich aus dem Bericht ergeben, warum dies erwartet werden muß. Liegt bereits öffentliche Berichterstattung vor, so ist auch dies zu schildern. Hierbei sind Weitschweifigkeiten zu vermeiden. Die Darstellung des Berichts hat im übrigen natürlich vollständig und wahrheitsgemäß zu sein.

41 Ankündigungen in Berichten wie »Anklageerhebung steht unmittelbar bevor«, sollten zurückhaltend erfolgen und jedenfalls nur dann, wenn sie auch eingehalten werden können. Schlecht macht sich eine Entwicklung, wenn im nächsten – oder gar übernächsten – Bericht geschildert werden muß, warum die Ankündigung nicht umgesetzt wurde. In diesem Bereich ist überhaupt genauestens auf die Wortwahl zu achten (vgl hierzu den nachstehenden Abschnitt »Der Absichtsbericht«[24]).

42 Generell ist die Berichterstattung bis zum (ggf rechtskräftigen) Abschluß des Verfahrens fortzusetzen. Hierbei haben sich die Berichtstermine auf zwei bis sechs Monate eingebürgert,[25] von Besonderheiten abgesehen (kein

---

21 JMBek vom 23.11.1956, Gz. 4010a-II-17689/56, BayJMBl 1956, S 361
22 Vgl die Formulare Rn 97 und 101
23 Die Handhabung hier ergibt sich aus Nr. 204-214 RiStBV und ergänzend der Richtlinie des Bayer. Staatsministeriums der Justiz vom 27.10.1978, JMS 4021-IIb – 710/77, mehrfach verlängert.
24 Ziff 3 Rn 46 ff
25 Thüringen 3 Monate »Anordnung über BerPflicht« JMBl für Thüringen 1991, 99 Ziff 1.4, Sachsen 6 Monate (bei Wirtschaftsstrafsachen 12 Monate), OrgStA Nr. 9 IV, Sächs JMBl 1999, 18, Bayern keine Vorgabe

weiterer Fortschritt für die nächsten 10 Monate zu erwarten oä oder spezielle Berichtstermine[26]). Der nächste Berichtstermin, der immer anzugeben ist, sollte pünktlich eingehalten werden, um Monierungen zu vermeiden. Der angegebene neue Berichtstermin ist sowohl in der Mittelbehörde als auch im Ministerium auf Wiedervorlage genommen und wird dementsprechend überwacht.

Stellt sich heraus, daß sich eine kurzfristige Verlegung des Berichtstermins anbietet (Anklageerhebung binnen einiger Tage oä) sollte dies mit dem Referenten des GenStA telefonisch erörtert und eine Terminverlängerung vereinbart werden. Der Referent des GenStA wird seinerseits gegenüber dem Ministerium diese Verlegung im Regelfall vertreten und dorthin auch mitteilen. Pedantisch genau einzuhalten sind allerdings die Termine, bei denen auch andere Stellen wie zB die Parlamente beteiligt sind (Immunitäts- oder Petitionsangelegenheiten). 43

Nach rechtskräftigem Abschluß des Verfahrens kann die Berichterstattung ebenfalls regelmäßig abgeschlossen werden. In den übrigen Fällen sollte der Referent mit der – womöglich nicht begründeten – Mitteilung, er betrachte die Berichtspflicht nunmehr als erledigt und schließe die Sache ab, zurückhaltend sein. Regelmäßig wird es ihm die vorgesetzte Dienststelle mitteilen, wenn eine weitere Berichterstattung nicht mehr erforderlich erscheint. 44

ii) Unterschrift

Die Unterschrift unter diesen Bericht leistet generell der Behördenleiter[27] nach Mitzeichnung durch den Abteilungsleiter[28]. Im Verhinderungsfalle unterschreibt mit dem Zusatz »In Vertretung« der stellvertretende Behördenleiter. Der Behördenleiter kann allerdings in der Geschäftsverteilung abweichende Regelungen vorsehen[29]. Die Geschäftsverteilung beispielsweise bei der StA München I weist die Unterschrift unter die Rechtshilfeberichte generell dem stellvertretenden Behördenleiter zu. Haftvorlagen uä unterschreibt der Abteilungsleiter, bei Verwendung des Briefbogens »Leitender Oberstaatsanwalt« mit dem Zusatz »im Auftrag«, ansonsten ohne Zusatz. 45

3. Der Absichtsbericht

Wie oben[30] bereits angesprochen, ist bei der Berichterstattung auf die Wortwahl hinsichtlich künftiger Ereignisse besonderer Wert zu legen. Ins- 46

---

26 Beispielsweise die Abgeordnetenberichte gesammelt zu Stichtagen; im Bereich OLG München Schreiben GenStA vom 28.1.1997, Gz 10-2G48/95 und die – ebenfalls speziellen – Jahresberichte über die NS-Verfolgung uä.
27 Nr. 13 OrgStA
28 Nr. 15 OrgStA
29 Nr. 14 OrgStA
30 Rn 41

bes bei Formulierungen wie »ich beabsichtige« löst der Bericht Folgen aus. Als Korrelat zu der Verpflichtung, Weisungen nachzukommen, besteht für die StA auch das Recht, die vorgesetzten Behörden in den Entscheidungsprozeß einzubeziehen und zu beabsichtigten Schritten die Zustimmung oder Weisung einzuholen.

47 Für den Bereich des Oberlandesgerichtsbezirks München hat der GenStA mit Schreiben vom 24.1.1997[31] eine bereits seit 1993 gehandhabte Praxis in Absprache und mit Billigung des Justizministeriums wie folgt bestätigt:

48 »Berichtet der LOStA: »Ich werde...«, so kann er die vorgesehene Maßnahme nach Ablauf von zwei Wochen durchführen, sofern ihm keine andere Sachbehandlung nahegelegt wird. Berichtet der LOStA: »Ich beabsichtige,...« so wird er die beabsichtigte Maßnahme nur durchführen, wenn sie von mir gebilligt wird.«

49 Solche Berichte werden zT auch gesondert erbeten (»Einen Abdruck der beabsichtigten Verfügung bitte ich vorzulegen« oä). Soll also ein zukünftiges Ereignis geschildert werden, ohne daß der Bericht als Absichtsbericht aufgefaßt wird, so empfehlen sich Formulierungen wie »Die Durchsuchungsbeschlüsse werden am ... vollzogen« oä.

4. Der Rückstands- (oder 18-Monats-)bericht

a) Formular Rückstandsbericht

50

```
                                    STAATSANWALTSCHAFT
                                         # O R T #
                                          #ZwSt#

   Az.:                      ≺    Datum:              ≺

   ❏ Frau Generalstaatsanwältin
   ❏ Herrn Generalstaatsanwalt
     bei dem Oberlandesgericht
     #Ort_OLG#


   ❏ Ermittlungsverfahren
   gegen _____

   wegen _____


   hier:  Rückstandsbericht
          Berichterstatter: _____
                    (Tel.: _____ )

   ❏  Die Strafanzeige ist am _____ eingegangen.
   ❏  Das Ermittlungsverfahren wurde am _____ von Amts wegen eingeleitet.
```

---
31 Gz 141-1-68/97

❑ Diktat/Entwurf (Gegenstand des Verfahrens)

_____
_____
_____
_____
_____

Die Ermittlungen konnten noch nicht abgeschlossen werden, weil
○ Diktat/Entwurf ○ nach Textbaustein Nr(n).: _____ (s. Rücks.)

_____
_____
_____
_____
_____

Das Verfahren wird derzeit wie folgt gefördert:

_____
_____
_____
_____
_____

❑ Spätestens nach _____ Monaten werde ich wieder berichten.
❑ Spätestens zum _____ werde ich wieder berichten.
❑ Meine Berichtspflicht betrachte ich hiermit als beendet.

Unterschrift gemäß Geschäftsverteilung

TV-StA   #StA#   ber rstd 1   (08.00)   Rückstandsbericht

Textbausteine zu den Verzögerungsgründen
(Freitext ist jeweils vor- und nachher möglich)

Die Ermittlungen konnten noch nicht abgeschlossen werden, weil

1. personelle Engpässe bei der zuständigen Polizeidienststelle vorliegen.
2. der zuständige polizeiliche Sachbearbeiter überlastet ist.
3. zwar die polizeilichen Ermittlungen abgeschlossen sind, jedoch der Dezernent der Staatsanwaltschaft mit vorrangigen Verfahren belastet ist.
4. die umfangreichen Ermittlungen einen Verfahrensabschluß bisher noch nicht erlaubten.
5. umfangreiche Ermittlungen und die Belastung des Dezernenten mit anderen eilbedürftigen Verfahren (z.T. Haftsachen) bisher einen Verfahrensabschluß nicht erlaubten.
6. umfangreiche Ermittlungen notwendig waren; die wiederholt Nachermittlungsaufträge erforderten.
7. sich der Umfang der Ermittlungen durch weitere hinzugekommene Strafanzeigen verändert hat.
8. weitere Strafanzeigen hinzukamen.
9. sich der Umfang der Ermittlungen durch weitere hinzugekommene Strafanzeigen gegen weitere Beschuldigte verändert hat.
10. noch Sachverständigengutachten ausstehen.
11. das Sachverständigengutachten erhebliche Zeit in Anspruch nahm.
12. Rechtshilfeersuchen an das Ausland noch nicht vollständig erledigt sind.
13. Ermittlungen im Ausland im Wege der Rechtshilfe erforderlich waren.
14. Rechtshilfeersuchen an das Ausland noch nicht erledigt sind.

b) Berichtspflicht mit Fundstelle

51 Eine Berichtspflicht zu solchen Altverfahren ist teilweise allgemein angeordnet durch ministerielle Vorschriften[32], teilweise wie zB im Oberlandesgerichtsbezirk München durch Anordnung des GenStA (vom 27.10.1975 »Beschleunigung der Ermittlungsverfahren«)[33].

52 Das Ziel ist, die Dienstaufsicht (über die Geschäftsprüfung hinaus) zu verbessern, den StA zur Prüfung und Bearbeitung dieser Altverfahren anzuhalten und zugleich den bei solcher Sachbehandlung häufig zu erwartenden Beschwerden oder Landtagseingaben entgegenzuwirken. Deshalb wird neben Berichterstattung teils auch Aktenvorlage angeordnet.

c) Voraussetzungen

53 1. Ermittlungsverfahren ist 12 oder 18 Monate (Fn 31) nach Eingang der Strafanzeige nicht durch abschließende Verfügung erledigt (wobei dieser Fall auch bei Wiederaufnahme eines – auch vorläufig – eingestellten Verfahrens vorliegt).

54 2. Es wird nicht ohnehin berichtet (aus anderem Anlaß).

55 3. Der Beschuldigte befindet sich nicht in Haft in dieser Sache.

d) Anforderungen

aa) Erstbericht

56 Unter den Voraussetzungen Rn 53-55 ist ab der 12 oder 18-Monatsfrist fortlaufend zu berichten. Der Erstbericht erläutert den Schuldvorwurf und die Gründe, die es bisher der StA nicht ermöglicht haben, das Verfahren abzuschließen. Eine Auswahl hierzu mit der Möglichkeit, im Freitext weiteres auszuführen, bietet die Rückseite des Formulars Rn 50.

bb) Folgeberichte

57 Ist zwei Jahre nach Eingang der Strafanzeige noch keine abschließende Verfügung ergangen, sind dem Bericht die Ermittlungsakten beizugeben, bei Umfangsverfahren (mehr als 4 Bände Akten) die beiden letzten. Bei Rückleitung des Vorganges vom GenStA, die innerhalb einiger Tage zu erwarten ist, wird der neue Berichtstermin angeordnet, unter Umständen verknüpft mit Anregungen oder anderen Hilfestellungen in der Sache.

---

32 JMBek 1960 (Fn 12) verlangt unter Nr. 8 I c lediglich die jährliche Meldung dieser Verfahren in Bayern; in Thüringen sind 12 Monate vorgeschrieben in der Anordnung über Berichtspflichten in Straf- und Bußgeldsachen vom 7.8.1991, JMBl für Thüringen S 29 und 124 Nr. 2.2; in Sachsen VwOrgStA (Fn 3) III Nr. 10 II 12 Monate bei allgemeinen Strafsachen, 18 Monate bei Wirtschaftsstrafsachen nach § 74 c GVG.

33 Gz 411-1-G544/75. Dieses Schreiben wird in der Zuleitung (statt »Rückstandsbericht«) dann auch zitiert: »Zum Schreiben vom ... Gz ...«

e) Beendigung der Berichtspflicht, Unterschriften

Die Berichtspflicht ist beendet mit Abschluß des Verfahrens. Berichterstattung aus anderen Gründen bleibt davon unberührt. Die Unterschrift leistet gem Nr. 13 OrgStA der Behördenleiter, falls nicht abweichend in der Geschäftsverteilung geregelt.

58

5. Weitere Berichte im Rahmen der Dienstaufsicht, insbes Beschwerdevorlagen gem § 172 StPO und Dienstaufsichtsbeschwerden

a) Bericht bei Vorlage angeforderter Akten

aa) Formular

59

```
                              STAATSANWALTSCHAFT
                                    # O R T #
                                     #ZwSt#

Az.:                      ⊰     Datum:            ⊰

  ❏ Frau Generalstaatsanwältin
  ❏ Herrn Generalstaatsanwalt
    bei dem Oberlandesgericht
    #Ort_OLG#


  ❏ Strafanzeige ❏ Ermittlungsverfahren     ❏ Strafverfahren ❏ Vollstreckungsverfahren
gegen _____

wegen _____


hier:  Aktenvorlage

  ❏ Zu Ihrem Schreiben vom _____, Gz.: ____ Zs _____
  ❏ Zum Telefonat zwischen _____ und _____ vom _____
  ❏ _____
  ❏ Zum dortigen Gz:     _____
    Berichterstatter:    _____
                   (Tel.: _____ )

Mit ____ Band/Bänden Ermittlungsakten Az.: <Az. d. Verfahrens>
    ____ Band/Bänden Beiakten          Az.: _____ _____
    ____ Band/Bänden Beiakten          Az.: _____ _____
    ____ Band/Bänden Beiakten          Az.: _____ _____
                                                      (Behörde angeben)
```

bb) Erläuterungen

60 Manchmal werden Akten der StA vom GenStA angefordert, um den Inhalt vollständig überprüfen zu können, ohne daß hierbei um Stellungnahme oder ähnliches gebeten wird. Für diesen Fall ist das Formular Rn 59 nützlich. Es kann sich hierbei um Akten handeln, auf die in einem Beschwerdeverfahren Bezug genommen wurde (hierauf deutet das Geschäftszeichen »Zs«), möglicherweise aber auch um einen anderen Vorgang (kenntlich an der Tagebuchnummer zB XIV-.../99, diese wird fortlaufend vergeben), in dem Aktenkenntnis notwendig wird. Der auszufüllende Inhalt erklärt sich von selbst, zur Unterschrift vgl Rn 45.

b) Bericht bei Wiederaufnahme der Ermittlungen

aa) Formular

61

                                                  STAATSANWALTSCHAFT
                                                          # O R T #
                                                          #ZwSt#

Az.: _____   Datum: _____

☐ Frau Generalstaatsanwältin
☐ Herrn Generalstaatsanwalt
    bei dem Oberlandesgericht
    #Ort_OLG#

☐ Ermittlungsverfahren
gegen _____

wegen _____

hier: Beschwerde gegen die Einstellung des Ermittlungsverfahrens

Zu Ihrem Schreiben vom _____, Gz.: ____ Zs _____
    Berichterstatter: _____
                (Tel.: _____)

Mit 1 Mehrfertigung dieses Berichts

Die Ermittlungen wurden wiederaufgenommen.

   ○ Unterschrift BL
   ○ In Vertretung ○ Im Auftrag

_____
(Name, Dienstbezeichnung)

TV-StA #StA# ber wauf 1 (08.00) Bericht nach Wiederaufnahme auf Beschwerde

bb) Rechtsgrundlagen

62 § 172 StPO, Nr. 105 III RiStBV

cc) Anwendungsbereich

63 Die Verwendung dieses Formulares setzt voraus, daß eine (auch Dienst-) Aufsichtsbeschwerde vom GenStA (versehen mit einem Geschäftszeichen) zugeleitet wurde, zu dem jetzt berichtet werden soll. Bei dieser Übersendung bittet der GenStA um Überprüfung, ob das Verfahren wieder aufgenommen wird (Aufhebung des Bescheids nach § 171 StPO, Nr. 105 II RiStBV), ansonsten um Bericht und Beschwerdevorlage (diese erfolgt dann mit dem Formular Rn 70. Die Berichterstattung erfolgt ohne Berichtsheft, der Originalbericht wird übersandt, der Entwurf kommt zu den Akten.

dd) Wiederaufnahme der Ermittlungen

64 Ergibt die unverzüglich vorzunehmende Prüfung, daß die Ermittlungen wieder aufzunehmen sind, so verfügt der Referent dies ebenfalls unverzüglich (Nr. 105 II 1 RiStBV). Hiermit ist die Beschwerde gegen den angefochtenen Bescheid gegenstandslos geworden, denn das Verfahren ist wieder eröffnet.

65 Dies gilt in gleicher Weise für den Fall des Klageerzwingungsverfahrens vor dem OLG – s. § 172 II – IV StPO – und führt auch dort zur Beendigung des Verfahrens[34]. Bei einer etwaigen erneuten Einstellung – nach Wiederaufnahme – gem § 170 II StPO sind die §§ 171, 172 StPO erneut gegeben. Überprüft wird nur noch der neue Bescheid (allgemeine Meinung[35]), die vorangegangenen sind gegenstandslos[36].

ee) Mitteilungen

66 Von der Entscheidung der StA, die Ermittlungen wieder aufzunehmen, ist der Anzeigeerstatter (bzw Beschwerdeführer) formlos zu unterrichten, der Beschuldigte, wenn ihm zuvor die Einstellung mitgeteilt worden war, ebenfalls.

ff) Bericht bei Zuleitung durch GenStA

67 Ist die Beschwerde direkt bei der StA eingegangen, bedarf es keiner Unterrichtung des GenStA über die Wiederaufnahme. Kommt die Beschwerde aber über den GenStA (vgl Rn 63) ist die Wiederaufnahme mit Formular (Rn 61) ohne Aktenbeigabe zu berichten. Damit ist der Vorgang für den GenStA abgeschlossen, da die Beschwerde und der angefochtene Bescheid

---

34 Sehr strittig. Anderer Meinung Kl/M-G, §§ 175 Rn 2; 172 Rn 36. Wie hier: OLG München in NStZ 1986, 376 und KK-Schmid § 175 Rn 3 mit weiteren Nachweisen
35 Kl/M-G § 172 Rn 13 a
36 KK-Schmid § 172 Rn 9

Nötzel

gegenstandslos sind, er wird den Vorgang weglegen. Weiterer Berichterstattung bedarf es daher nicht. Sollte erneut eingestellt werden und erneut ein Beschwerdeverfahren eingeleitet, würde ein neuer Vorgang mit neuem Geschäftszeichen angelegt werden.

gg) Unterschrift

Zur Unterschrift vgl Rn 45. Der im Formular vorgesehenen Mehrfertigung des Berichtes bedarf es nicht, da keine weiteren Stellen beteiligt sind – jedenfalls im Regelfall. 68

c) Vorlagebericht bei Vorschaltbeschwerden und Dienstaufsichtsbeschwerden

aa) Rechtsgrundlagen

§§ 170 II, 171, 172 StPO, Nr. 105 RiStBV 69

bb) Formular: Beschwerdevorlage 70

```
                                    STAATSANWALTSCHAFT
                                        # O R T #
                                          #ZwSt#

Az.:                     ⊰    Datum:              ⊰

☐ Frau Generalstaatsanwältin
☐ Herrn Generalstaatsanwalt
   bei dem Oberlandesgericht
   #Ort_OLG#


☐ Strafanzeige ☐ Ermittlungsverfahren
gegen

wegen

hier:  Beschwerde gegen die
       ☐ Einstellung des Ermittlungsverfahrens
       ☐ Ablehnung der Einleitung eines Ermittlungsverfahrens
       ☐ Verweisung auf den Privatklageweg
       ☐
☐      Zu Ihrem Schreiben vom _____, Gz.: _____ Zs _____
       Berichterstatter: _____
                  (Tel.: _____ )

Mit    ____ Band/Bänden Ermittlungsakten Az.: <Az. d. Verfahrens>
       ____ Band/Bänden Beiakten          Az.: _____   _____
       ____ Band/Bänden Beiakten          Az.: _____   _____
       ____ Band/Bänden Beiakten          Az.: _____   _____
                                                    (Behörde angeben)
       1 Mehrfertigung der Beschwerdevorlage
```

1. Gegen die Verfügung vom _____ (Bl. ____),
   ☐ formlos mitgeteilt am _____ (Bl. ____),
   ☐ zugestellt am _____ (Bl. ____),
   hat/haben
   ☐ d. Antragst. _____
   ☐ d. Vertreter(in) d. Antragst. ○ (Vollmacht Bl. ____)
   mit Schreiben vom _____ (Bl. ____),
   eingegangen am _____ (Bl. ____),
   ☐ rechtzeitig
   ☐ in nicht widerlegbarer Weise rechtzeitig
   ☐ verspätet

   B e s c h w e r d e

   eingelegt.

   TV-StA #StA# ber vbes 1 (08.00) Bericht - Beschwerdevorlage

   ☐ Die Beschwerde wurde mit Schreiben vom _____ (Bl. ____)
     ○ gesondert ○ ergänzend
     begründet.
   ☐ Bei der
     ○ verspäteten
     Beschwerde handelt es sich um eine Aufsichtsbeschwerde.

2. Der Beschwerde wird nicht abgeholfen.
   ☐ Die Beschwerde wurde nicht begründet.
   ☐ D. Beschwerdef. wurde Gelegenheit gegeben, die Beschwerde zu begründen (Bl. ____). Eine Beschwerdebegründung ist nicht eingegangen.
   ☐ Das Beschwerdevorbringen enthält keine relevanten neuen Tatsachen, Beweismittel oder neue rechtliche Erwägungen; auch sonst ergaben sich keine neuen Gesichtspunkte, die eine Abhilfe rechtfertigen würden.
   ☐ Das Beschwerdevorbringen gegen die Verweisung auf den Privatklageweg enthält keine relevanten neuen Tatsachen, die das öffentliche Interesse an der Erhebung der öffentlichen Klage rechtfertigen würden.
   ☐ Auf die weiterhin zutreffenden Gründe der angefochtenen Verfügung wird Bezug genommen.
   ☐ Eine Wiederaufnahme der Ermittlungen ist
     ○ auch unter Berücksichtigung des Beschwerdevorbringens
     nicht veranlaßt.
   ☐ Entwurf ☐ Diktat
   ☐ _____

   _____
   _____
   _____
   _____
   _____
   _____
   _____
   _____
   _____
   _____
   _____
   _____

Nötzel

Unterschrift gemäß Geschäftsverteilung

cc) Form der Beschwerdevorlage

Für die Beschwerdevorlage wird kein gesondertes Berichtsheft geführt, sie erfolgt mit den Ermittlungsakten. Beschwerde, Berichtsauftrag, Bericht und Entscheidung des GenStA werden Akteninhalt. Das Formular ist geeignet für die Vorschaltbeschwerde (Rn 80) und die Dienstaufsichtsbeschwerde (Rn 81). 71

dd) Betreff

Beim Betreff ist zunächst festzustellen, ob ein Ermittlungsverfahren eingeleitet wurde (mit abschließender Verfügung nach § 170 II StPO), dann ist dies anzukreuzen. Nur wenn auf die Strafanzeige hin kein Ermittlungsverfahren eingeleitet, sondern nach § 152 II StPO[37] von der Einleitung abgesehen wurde, da keine zureichenden tatsächlichen Anhaltspunkte für verfolgbare Straftaten vorlagen, ist »Strafanzeige« anzukreuzen[38]. Für die Bewertung der Beschwerden ist dies letztlich gleichgültig, weil in beiden Fällen das Beschwerderecht des Verletzten nach § 172 I 1 StPO gegeben ist[39]. 72

ee) Beschuldigung, Umfang der vorzulegenden Akten, Mehrfertigungen

Nach Einsetzen des Namens des Beschuldigten und des Tatvorwurfes (bei unsinnigen oder querulatorischen Eingaben ohne erkennbaren Tatvorwurf kann sich hier die salvatorische Formulierung »wegen strafbarer Handlungen« empfehlen) ist anzugeben, gegen welche Verfügung sich die Beschwerde richtet (oben Rn 65). Die nächste Option ist auszufüllen, wenn die Beschwerde bei dem GenStA einging und dann zugeleitet wurde mit der Bitte um Vorlage. Berichterstatter ist der (die) Referent(in). Die Ermittlungsakten sind stets vorzulegen (Nr. 5 III RiStBV), ggf nachzuleiten, Beiakten dann, wenn die Schlußverfügung auf sie Bezug nimmt oder ihr Inhalt sonst zum Verständnis erforderlich ist. Beispielsweise ist dies bei Zivilakten 73

---

37 Nach strittiger Auffassung iVm § 170 II StPO
38 Vgl zu dieser Abschlußverfügung Teil C II 2 Rn 56-63
39 Kl/M-G § 171 Rn 6 und § 172 Rn 6

der Fall, wenn in jenem Verfahren angeblich begangener Prozeßbetrug angezeigt war und deshalb die Akten ausgewertet wurden, sonst Zivil- oder Strafakten, wenn Aussagedelikte in jenen Verfahren angezeigt werden. Anzahl und Bezeichnung sind genau aufzunehmen, schon um den Verbleib der Beiakten klarzulegen.

74 Die vorgesehene Mehrfertigung des Vorlageberichts ist in Nr. 105 RiStBV nicht vorgeschrieben, sie ist als Service für die Akten des GenStA aber zweckmäßig und erwünscht. Oft werden die Ausführungen im Vorlagebericht in den Gründen des Bescheides des GenStA eingerückt, wenn sie tragfähig sind und Wiederholungen vermieden werden sollen.

ff) Einzelheiten zu den Formalien

75 Unter Ziff 1 sind die Formalien mit den Fundstellen auszuführen. Dies bietet Gelegenheit, die Akte hinsichtlich Ordnung und Paginierung in einen vorlagefähigen Zustand zu versetzen, falls dies nicht bereits erfolgt ist. So sollte der Aktenumschlag richtig ausgefüllt sein (Eintragung der Verteidiger, Fundstelle der Vollmacht, Aufkleber wie Ausländer oder Haft uä), die Beihefte werden (ausgenommen das Sammelheft mit aktuellem Bundeszentralregisterauszug) entfernt und zum Handakt oder Fehlblatt genommen.

76 Ob der Bescheid an den Beschwerdeführer auf Anordnung des Referenten zugestellt oder lediglich mitgeteilt wurde, ergibt sich aus der Akte. Obwohl einige Stimmen meinen, bei einer gegebenen Beschwerdemöglichkeit nach § 171 I 1 StPO verlange das Gesetz immer eine förmliche Zustellung,[40] geht die Praxis aus Kostengründen und zur Vereinfachung entsprechend Nr. 91 II RiStBV vor, dh formlose Mitteilung per Brief, es sei denn, es ist hinreichend sicher mit einem Klageerzwingungsantrag zu rechnen. Bei einer befürchteten Beschwerde allein ist der Unterschied unbedeutend, da auch die verspätete Beschwerde als Dienstaufsichtsbeschwerde aufzufassen und zu verbescheiden ist.[41]

77 Die Frage der Rechtzeitigkeit (§ 172 I 1 StPO: zwei Wochen nach Bekanntgabe) ist anhand der Aktenlage (ggf auch der Angaben des Beschwerdeführers »Gegen Ihren Bescheid vom .... erhalten am ...«) zu beantworten, im Zweifel wird Rechtzeitigkeit nicht widerlegbar sein.

78 Nachgereichte Begründungen der Beschwerde werden nicht präkludiert und sind bis zur Entscheidung des GenStA in die Prüfung einzubeziehen. Kommen solche Begründungen herein, nachdem die Akte bereits ausgelaufen ist, sind sie umgehend nachzuleiten unter genauer Bezeichnung der Beschwerdesache, da wiederholt Bescheide geändert oder Beschwerdeentscheidungen aufgehoben werden mußten, weil die Begründungen zwar

---

40 Kl/M-G § 171 Rn 5 mwN
41 Kl/M-G § 172 Rn 14

längst bei der StA eingegangen waren, mangels unverzüglicher Weiterleitung aber nicht rechtzeitig zur Beschwerdeentscheidung vorlagen.

Bei der Qualifizierung der Beschwerde als Aufsichtsbeschwerde kommt es nicht auf den Wortlaut oder die Bezeichnung der Eingabe an, sondern auf die zutreffende rechtliche Einordnung. 79

Eine zulässige Vorschaltbeschwerde (die Voraussetzung eines zulässigen Antrages nach § 172 II – IV StPO ist) liegt gem § 172 II StPO nur vor, wenn kumulativ 80

– der Antragsteller der »Verletzte« der angezeigten Straftat ist[42]

– die Zwei-Wochenfrist (bei richtig erteilter Rechtsmittelbelehrung, § 172 I 3 StPO) eingehalten wurde

– nicht (nur!) Privatklagedelikte (§§ 374, 376 StPO) gegeben sind

– keine Opportunitätsentscheidungen (§§ 153 I; 153a I 1, 6; 153b I; 153c – 154 I; 154b; 154c StPO) angegriffen werden.

In allen anderen Fällen handelt es sich um eine (sachliche) Aufsichtsbeschwerde, die ebenso verbeschieden wird wie die Vorschaltbeschwerde. Gegen diesen Bescheid des GenStA ist dann aber der Rechtsweg der Klageerzwingung nach § 172 StPO nicht gegeben. Möglich ist hier nur die – nicht so häufig vorkommende – weitere Aufsichtsbeschwerde gegen die Sachbehandlung des GenStA an das Justizministerium.[43] 81

gg) Nichtabhilfeentscheidung, Stellungnahme zur Beschwerdebegründung

Die Nichtabhilfeentscheidung unter Ziff 2 ist zu begründen (vgl auch Nr. 105 II RiStBV). Die Formularrückseite gibt hier einige bewährte Begründungsvorschläge. Bei substantieller Begründung der Beschwerde ist auf jeden Fall Stellung zu nehmen. Das »Nachschieben von Gründen« seitens der StA bei einer schwach begründeten abschließenden Verfügung ist per se nicht unzulässig, hinterläßt aber keinen guten Eindruck. Kannte der Beschwerdeführer die »nachgeschobene« Begründung noch nicht, kann ihm im Einzelfall dem Rechtsgedanken des § 33a StPO folgend nachträglich Gelegenheit zur Stellungnahme gegeben werden. 82

Anders im Falle des sehr kurz begründeten Bescheides bei Wiederholung bereits verbeschiedener Anzeigen ohne neuen Sachvortrag oder hartnäckigen, uneinsichtigen, querulatorischen oder beleidigenden Anzeigeerstattern und Beschwerdeführern.[44] Hier ist es ohne weiteres im Rahmen der Beschwerdevorlage zulässig, den Hintergrund des knappen Bescheides zu skizzieren und auf weitere Ausführungen zu verzichten. 83

---

42   Umfangreiche Kasuistik bei Kl/M-G § 172 Rn 9-12
43   Kl/M-G § 147 GVG Rn 1
44   Kl/M-G § 171 Rn 2 und KK-Schmid § 171 Rn 7

Nötzel

84 Unter Umständen kann in einer solchen Vorlage auch die Absicht bekannt gegeben werden, dem Anzeigeerstatter/Beschwerdeführer zukünftig keine Bescheide mehr zu erteilen, da er seine Antragsrechte mißbrauche. Widerspricht der GenStA diesem Vorschlag nicht, braucht der Petent nicht mehr verbeschieden zu werden, was ihm mitzuteilen ist. Eine abschließende Verfügung in den Ermittlungsverfahren ist natürlich gleichwohl zu treffen, es unterbleibt lediglich der Bescheid. Oft führt dies zur Beendigung der mißbräuchlichen Eingaben, nicht selten aber auch zur Eskalation, persönlichen Dienstaufsichtsbeschwerden und sogar Landtagseingaben oder Strafanzeigen.

hh) Unterschrift

85 Die Unterschriftsbefugnis ist üblicherweise auf den Abteilungsleiter übertragen (Nr. 14 OrgStA in Verbindung mit der Geschäftsverteilung der Behörde).

6. Hinweise auf Fundstellen bei StrEG- und Rechtshilfeberichten

86 Für weitere Berichte in besonderen Fällen vgl

– Teil D, Kap 6 Rn 87–99, StrEG-Sachen

– Teil D, Kap 8 Rn 35–45; 48–51; 66–73; 96–97, Rechtshilfesachen

7. Berichte an den GenStA zur Weiterleitung

a) Immunitäts- und Staatsschutzsachen

87 Immunitäts- und Staatsschutzsachen sind erfreulicherweise in der täglichen Praxis selten und werden in der Regel nicht von Referenten bearbeitet, die noch verhältnismäßig kurz im Dienst sind. Regelmäßig werden solche Verfahren eingearbeiteten Kollegen zugewiesen, die sich auf die Abteilungsleiter stützen können und sollten. Die Darstellung hier reduziert sich auf das nötigste, eine ausführliche Darstellung würde den Rahmen sprengen.

88 Die Verwaltungen der Justizbehörden geben zu diesen höchst sensiblen Bereichen grundsätzlich weitere Anweisungen heraus (zB in Bayern »Ergänzende Richtlinien für die Bearbeitung von Staatsschutzstrafsachen und verwandten Strafsachen (politische Strafsachen))«[45] mit höchst genauen Vorgaben zu Anlaß und Fassung dieser Berichte.

89 Soweit Abgeordnete von Landtag, Bundestag und Europäischem Parlament betroffen sind, ist zur Sachbehandlung auf Nr. 191 – 192b RiStBV zu

---

45 JMS 4021-IIb-710/77 vom 27.10.1978 und JMS 4021-II-742/97 vom 14.5.1997

verweisen. § 18 GVG befaßt sich mit diplomatischen Personen, für die die sehr ausführlichen Wiener Übereinkommen gelten,[46] § 19 GVG erörtert die Situation des konsularischen Bereiches, hierzu sind die Nr. 193 – 199 RiStBV als maßgebliche Richtlinien zu beachten. Auch in diesem Bereich sind zur Durchführung der Verfahren und den Vorgaben für die Berichte genaue zusätzliche Anweisungen vorhanden.[47]

Die gesetzgebenden Körperschaften fassen regelmäßig Beschlüsse, zur Durchführung welcher Verfahren und Maßnahmen eine allgemeine Genehmigung erteilt wird (zB in der Regel bei Verkehrssachen), so daß hier nur das Verfahren angezeigt werden muß, um durchgeführt werden zu können, wohingegen ansonsten die Genehmigung der gesetzgebenden Körperschaft (in der Regel über den Präsidenten von dem Immunitätsausschuß) zu erholen ist.[48] Entgegen dem (euphemistischen) Betreff »Vereinfachte Handhabung des Immunitätsrechts« ist die korrekte Abwicklung der Berichtsvorgänge alles andere als einfach, glücklicherweise aber auch selten. Häufig werden in den jeweiligen Behörden entsprechende Vorgänge als Muster vorliegen, die jedenfalls zur Erkenntnisgewinnung genutzt werden sollten, um bei dem Umgang mit Verfassungsorganen jedenfalls Fehler, bereits aber auch Rückfragen zu vermeiden.

b) Petitionsberichte (sog »Landtagsberichte«)

aa) Rechtsvorschriften

Art. 17 GG; Vorschriften der Landesverfassungen, in Bayern Art. 115 der Bayerischen Verfassung; Bayerisches Petitionsgesetz vom 9.8.93 (GVBl. S 544); JMS 1040-I-1678/93 vom 17.12.1993.

bb) Grundlagen

Berichte dieser Art gehören zu den ungeliebtesten Tätigkeiten der Referenten. Oft werden diese Eingaben an Bundes- und Landtag vom Petenten als letztes Mittel angesehen, wenn alle Rechtsmittel und Aufsichtsbeschwerden erfolglos ausgeschöpft wurden, besonders häufig auch in Vollstreckungssachen und bei drohender oder vollzogener Haft. Aber auch schon während des Ermittlungsverfahrens und naturgemäß bei gewohnheitsmäßigen Eingabeschreibern kann sich der Referent einem Berichtsauftrag des Ministeriums gegenübersehen. Da der Bereich der Grundrechte und des Rechtes der Parlamente auf Kontrolle der Exekutive (nur ganz begrenzt auch der Judikative) hier in Rede steht und daher der Kontakt auf oberster Ebene zwischen dem Parlament und der Regierung (hier durch das Mini-

---

46 Abgedruckt in Kl/M-G § 18 GVG Rn 11 ff
47 In Bayern gilt die JMBek 1044-II-96/88 vom 19.2.1996, abgedruckt in BayJMBl 1996, 29 ff, geändert am 27.5.1999 (BayJMBl 1999, 82 f)
48 Vgl zB für Bayern Anlage 3 zu Fundstelle JMBl. 1996, 29 ff [35/36] für den Landtag, Anlage 4 aaO 36 für den Senat (letztere gegenstandslos, da der Senat aufgelöst ist).

Nötzel

sterium) stattfindet, werden die Dinge sehr genau genommen. Die Erfahrung zeigt, daß eine positive Entscheidung des Petitionsausschusses zwar extrem selten ist, daß aber schon die Vorbereitung der Akten, die nochmalige genaue Prüfung teilweise etwas bewirkt, sollte eine Entscheidung wirklich korrekturbedürftig sein.

93   In diesem Falle wird bereits der GenStA oder das Ministerium auf Abhilfe drängen, um die Eingabe zu erledigen.

94   In aller Regel sind die Eingaben erfolglos. Der Petent erhält ein – nicht begründetes – Schreiben des Ausschußvorsitzenden, daß seiner Eingabe nicht entsprochen werden kann.

95   Sehr selten erfolgen dezente Hinweise des Ausschusses, die dann aber auf Justizseite Resonanz finden.

96   Die Berichterstattung erfolgt mit einem Begleitbericht (Rn 97) und einem Hauptbericht (Rn 101). Die Berichterstattung ist nicht ganz einfach und muß jedenfalls mit großer Sorgfalt erfolgen (keinerlei Schreibfehler, Fehler in den Fundstellen oder – was die Akten betrifft – ungeordnete, lückenhafte, unpaginierte oder sonst zu beanstandende Vorgänge) und zwar zuverlässig innerhalb der gesetzten Frist.

cc)   **Formulare: Begleitbericht Petition; Bericht Petition sowie ausführliche Erläuterungen zu den Formularen**

(1) Der Begleitbericht:

97

```
                              STAATSANWALTSCHAFT
                                   # O R T #
_____  #ZwSt#

    Az.:                    ≺   Datum:          ≺   ber pet 1
    ❑  Frau Generalstaatsanwältin
    ❑  Herrn Generalstaatsanwalt
       bei dem Oberlandesgericht
       #Ort_OLG#

    Eingabe  ❑ der Frau ❑ des Herrn  _____
                                          ( V o r n a m e   N a m e )
              ❍ z.Zt. in der Justizvollzugsanstalt  _____

    vom _____  an den ❍ Deutschen Bundestag ❍ #Landtag#

    hier:   ❑  Ermittlungsverfahren     _____
            ❑  Strafverfahren           _____
            ❑  Vollstreckungsverfahren  _____
                                          ( A k t e n z e i c h e n )
    Zum Schreiben #Justizministerium#
    vom _____ , Gz.: _____

    Berichterstatter:    _____
                         (Tel.: _____ )
```

Mit	1	Bericht zur Eingabe d. ❑ Petentin ❑ Petenten
		an den ◯ Deutschen Bundestag (5-fach)
		◯ #Landtag# (5-fach)

Mit	____	Band/Bänden Ermittlungsakten	Az.: < Az. d. Verfahrens >
	____	Band/Bänden Beiakten	Az.: _____ _____
	____	Band/Bänden Beiakten	Az.: _____ _____
	____	Band/Bänden Beiakten	Az.: _____ _____
			(Behörde angeben)
	____	Blattsammlung	Az.: _____

    1   Mehrfertigung dieses Berichts

TV-StA #StA# ber pet 1   (08.00) Begleitbericht Petition

Den Bericht zur Eingabe d. _____ vom _____ an den
◯ Deutschen Bundestag
◯ #Landtag#
lege ich mit den vorbezeichneten Unterlagen vor.

❑ Die Akten Az.: _____ _____
                                         (Behörde angeben)
sind derzeit nicht entbehrlich und können deshalb nicht übersandt werden.
   ◯ Diktat (Gründe der Nichtübersendung)

> ❏ **Diktat** (etwaige Wertungen zur Landtagseingabe oder zur Persönlichkeit d. Petenten/in)
>
> _____
> _____
> _____
> _____
> _____
> _____
> _____
> _____
> _____
>
> ❏ Angesichts der geschilderten Sachlage ◯ und des Verfahrensausganges sind die von der Staatsanwaltschaft getroffenen Verfügungen rechtlich zutreffend und sachgerecht.
> ❏ Die Berichterstattung schließe ich ab.
> ❏ Über den Fortgang des Verfahrens werde ich bei Anlaß, jedoch spätestens zum _____ , berichten.
> ❏ Über den Fortgang des Verfahrens, insbesondere zu verfahrensabschließenden Entscheidungen, werde ich berichten, jedoch spätestens zum _____ .
>
> Unterschrift Behördenleiter

98 Der Begleitbericht ist ein Internum für die Verwendung durch GenStA und Justizministerium, der Hauptbericht (Rn 101) wird hingegen dem Parlament(-sausschuß) mit einer Stellungnahme des Justizministeriums zugeleitet. Hieraus ergibt sich die unterschiedliche Aufgabenstellung. Der Begleitbericht ist nach dem vorgegebenen Muster sehr einfach auszufüllen bzw zu erstellen. Die vorgesehene Mehrfertigung ist für die Akten des GenStA bestimmt und verbleibt dort. Der Originalbericht wird mit einer Stellungnahme des GenStA zur Eingabe als Original an das Justizministerium weitergeleitet. Ggf ist anzugeben, warum die Akten nicht vorgelegt werden können, vor allem aber kann hier auch zur Eingabe selbst (zB mehrfach wiederholt, bloße Retourkutsche auf vorangegangene Maßnahme, bewußt wahrheitswidrige Darstellung öä) und auch zur Person des Petenten (soweit erforderlich!) Stellung genommen werden. Der _Hauptbericht hingegen enthält sich jedweder wertenden Stellungnahme_!

99 Falls Maßnahmen beabsichtigt sind, die auf die weitere Behandlung Einfluß haben können, sind diese _hier_ zu schildern (vgl Rn 106).

100 Der Abschluß der Berichterstattung oder der weitere Berichtstermin richtet sich nach Sachlage. Letzteres wird in der Regel nur bei noch nicht abgeschlossenen Verfahren notwendig sein. Bei wichtigen Änderungen der Sachlage ist sofort und ggf telefonisch nachzuberichten.

(2) Der Hauptbericht:

STAATSANWALTSCHAFT
 # O R T #
#ZwSt#

Az.: Datum: ber pet 2

☐ Frau Generalstaatsanwältin
☐ Herrn Generalstaatsanwalt
bei dem Oberlandesgericht
#Ort_OLG#

Eingabe ☐ der Frau ☐ des Herrn _____
(Vorname Name, Anschrift)
○ z.Zt. in der Justizvollzugsanstalt _____

vom _____ an den ○ Deutschen Bundestag ○ #Landtag#

☐ Mit seiner/ihrer Eingabe beschwert sich d. Petent(in)
○ über _____
○ darüber, daß _____
_____
_____
_____

Der Eingabe liegt folgender Sachverhalt zugrunde:
_____
_____
_____
_____

☐ Der Eingabe liegt folgender Sachverhalt zugrunde:
_____
_____
_____
_____

D. Petent(in) trägt vor,
_____
_____
_____
_____

☐ Zu der Eingabe nehme ich im Benehmen mit
○ der Frau Präsidentin
○ dem Herrn Präsidenten
○ des Landgerichts
○ _____
wie folgt Stellung:

TV-StA #StA# ber pet 2 (08.00) Bericht Petition

Nötzel

> Mit der Eingabe
> ○ begehrt d. Petent(in) die Überprüfung ergangener Entscheidungen.
> ○ beschwert sich d. Petent(in)
>   ○ über _____
>   ○ darüber, daß _____
> _____
> _____
> _____
> _____
> _____
> _____
>
> ○ Soweit damit ein Zivilverfahren angesprochen ist, liegt der Eingabe folgender Sachverhalt zugrunde:
> _____
> _____
> _____
> _____
> _____
> _____
> _____
> _____
>
> ○ Soweit die Eingabe ein
>   ○ Ermittlungsverfahren
>   ○ Strafverfahren
>   ○ Vollstreckungsverfahren
>   ○ _____
> betrifft, liegt ihr folgender Sachverhalt zugrunde:
> _____
> _____
> _____
> _____
> _____
> _____
> _____
>
> Unterschrift Behördenleiter

102 Der Hauptbericht dient der Unterrichtung des mit der Angelegenheit befaßten Ausschusses des Landtags (Art. 6 I BayPetG). Er muß daher nach Inhalt und Form zur Weiterleitung geeignet sein. Der wesentliche Inhalt ist eine knappe Sachverhaltsdarstellung, die auf das einzelne Vorbringen des Petenten gedrängt aber erschöpfend eingeht. Hiermit ist, soweit erforderlich, eine kurze Darstellung des Gegenstands, des Ablaufes und des Verfahrensstandes zu verbinden, *ohne* auf einzelne Teile der Akten oder gar Fundstellen Bezug zu nehmen, da in der Regel die Akten dem Parlament nicht vorgelegt werden. Ergibt sich die Notwendigkeit, über mehrere Verfahren zu berichten, so sind zur Unterscheidung die Aktenzeichen aber schon anzugeben.

Die wörtliche Wiedergabe umfangreicher Entscheidungen ist grundsätzlich zu vermeiden. Wegen der sachlichen Unabhängigkeit der Gerichte[49] ist – falls sich die Eingabe gegen gerichtliche Entscheidungen wendet – nur kurz auf die Prozeßgeschichte einzugehen und auch nur, wenn die Ausführungen hierzu Veranlassung bieten. 103

Auf die strikte Einhaltung des Datenschutzes ist zu achten. Daher sollte auf die Verhältnisse Dritter nur eingegangen werden, wenn der Petent Personen oder Vorgänge selbst schildert, oder dies sonst unumgänglich ist. Die Darstellung soll möglichst zurückhaltend und schonend erfolgen, ggf können Namen durch Abkürzung anonymisiert werden oder ganz entfallen, wenn dies ohne Einbuße an Verständlichkeit möglich ist. 104

Eine Wertung des Vorbringens des Petenten unterbleibt (vgl hierzu schon oben Rn 98), da die wertende Stellungnahme Sache der zuständigen Justizbehörde (Ministerium) ist. Für Gnadenberichte sind überdies die Vorschriften der jeweiligen Ländergnadenordnung zu beachten, insbes zur Vertraulichkeit der von den beteiligten Stellen abgegebenen Stellungnahmen zur Gnadenfrage. 105

Bei der Behandlung der Eingaben sind alle Maßnahmen, zu denen das Eingabevorbringen Anlaß gibt, unverzüglich vorzunehmen. Stellt sich also heraus, daß zB Rechtsbehelfsbelehrungen unterblieben sind oder die Herbeiführung gerichtlicher Entscheidungen, daß versehentlich Ermittlungsverfahren nicht eingeleitet wurden uä, so kann dies nunmehr behoben werden. Dies sollte auch unverzüglich geschehen und berichtet werden, da möglicherweise hierdurch bereits eine Erledigung der Eingabe zu erzielen ist. Ist dies nicht sofort möglich, aber beabsichtigt, so sollte auch dies in den *Begleitbericht* aufgenommen werden. 106

Manchmal wird es erforderlich, dienstliche Äußerungen herbeizuführen (zB über angebliche Äußerungen in der Hauptverhandlung uä). Liegen solche Schriftstücke vor, so sind sie als Anlagen zu dem (Begleit)Bericht zu nehmen und dort ggf kurz zu würdigen. 107

Zu den Berichtsausfertigungen: Die Berichte sind dem Ministerium in vierfacher Ausfertigung vorzulegen, die Anlagen zu den Berichten und der Begleitbericht in einfacher Fertigung. Da hierzu jeweils ein weiterer Abdruck für den GenStA zu rechnen ist, wird vom Referenten vorgelegt: 108

– ein Begleitbericht (mit zwei Abdrucken)

– Anlagen hierzu (ggf mit zweifachen Abdrucken)

– Hauptbericht (mit fünf Abdrucken).

Die Unterschrift unter den Bericht leistet generell der Behördenleiter[50]

---

49 Art. 97 GG, §§ 25, 45 I DRiG, § 1 GVG
50 OrgStA Nr. 13 I 1

Nötzel

c) Revisionsübersendungsberichte

aa) Grundlagen

109 § 374 II StPO; Nr. 156, 163-166 und 168 RiStBV, Nr. 13 I 2 OrgStA

bb) Voraussetzungen

110 Wird gegen ein landgerichtliches Urteil[51] Revision eingelegt, so entscheidet hierüber der BGH[52] wenn das LG im 1. Rechtszug entschieden hat, sonst[53] das OLG bzw in Bayern[54] das BayObLG. Die Akten werden dem Revisionsgericht durch die StA bei diesem Gericht vorgelegt (Nr. 163 I 1 RiStBV), das ist der Generalbundesanwalt bei dem BGH (§ 142 I 1 GVG) oder die StA bei dem OLG (bzw BayObLG), § 142 I 2 GVG.

111 Wenn der Vorsitzende des Gerichts, dessen Entscheidung angefochten wird, dies verfügt,[55] sind die Akten zu übersenden und zwar mit Übersendungsbericht[56] der in Form und Inhalt genau vorgeschrieben ist.[57]

---

51 Außer § 335 StPO: Sprungrevision gegen ein Amtsgerichtsurteil
52 § 135 I GVG
53 § 121 I 1 GVG
54 § 9 EGGVG iVm Art. 11 BayAGGVG
55 Nr. 162 IV RiStBV
56 Nr. 162 I 4 RiStBV
57 Nr. 164 RiStBV

Berichte und Vorlagen   Kapitel 7   977

cc)   Formular: Revisionsübersendungsbericht BGH   112

	STAATSANWALTSCHAFT # O R T # #ZwSt#
Az.: Datum:	
Über den Generalstaatsanwalt bei dem Oberlandesgericht	❑ Haft Hinweise nach Nr. 164 Abs. 1 Buchst. i, Abs. 3 und 4 RiStBV:
#PLZ Ort OLG#	
an den Generalbundesanwalt bei dem Bundesgerichtshof Postfach 2720 76014 Karlsruhe	

Strafsache	
gegen	geb. am
wegen	

Anschrift			
gesetzlicher Vertreter (Name, Anschrift)			
Erziehungsberechtigte(r) (Name, Anschrift)			
Wahlverteidiger (Name, Anschrift)	Vollmacht:	Band	Blatt
Pflichtverteidiger (Name, Anschrift)	Beiordnung:	Band	Blatt
❍ in Untersuchungshaft ❍ in Strafhaft ❍ in einstweiliger Unterbringung in der Justizvollzugsanstalt			
❍ in vorliegender Sache ❍ in der Sache			

Nebenkläger: Name, Anschrift		Band	Blatt
vertreten durch (Name, Anschrift)	Vollmacht:	Band	Blatt
Anschlußerklärung		Band	Blatt
Zulassungsbeschluß vom		Band	Blatt

Nebenbeteiligte(r): Name, Anschrift		Band	Blatt
vertreten durch (Name, Anschrift)	Vollmacht:	Band	Blatt
Beteiligung ist angeordnet am		Band	Blatt

TV-StA   #StA#   ber rev 1   (08.00)   Revisionsübersendungsbericht BGH (entspr. StP 531)

Nötzel

Strafantrag ist gestellt am:

	Band	Blatt

Örtlich geltender **gesetzlicher Feiertag** (nur ausfüllen, soweit das Ende einer Frist, die für das Revisionsverfahren wesentlich ist, auf einen solchen Tag fällt)

Auf
○ die Revision   ○ den Antrag gemäß § 346 Abs. 2 StPO   ○ den Wiedereinsetzungsantrag
gegen
○ das Urteil d.   ○ den Beschluß d.   ○ die Versäumung der Revisionsfrist
werden die Akten übersandt.

Das **Urteil** ist am
○ in Anwesenheit   ○ in Abwesenheit des Angeklagten
○ in Anwesenheit   ○ in Abwesenheit des Nebenklägers   verkündet worden.

Das **Sitzungsprotokoll** wurde fertiggestellt am:

	Band	Blatt

Die **Revision** ist **eingelegt** von

	am	Band	Blatt

○ der Staatsanwaltschaft
○ d. Verteidiger(n) des Angeklagten
○ dem Vertreter des Nebenklägers

Das **Urteil** ist

gemäß Anordnung des Vorsitzenden vom
zugestellt an

	am	Band	Blatt

○ die Staatsanwaltschaft
○ den Verteidiger des Angeklagten
○ den Vertreter des Nebenklägers

Das **Revisionsbegründung** ist eingegangen von

	am	Band	Blatt

○ der Staatsanwaltschaft
○ dem Verteidiger des Angeklagten
○ dem Vertreter des Nebenklägers

Die Revisionsbegründung ist dem Gegner des Beschwerdeführers zugestellt worden,
und zwar

	am	Band	Blatt

○ der Staatsanwaltschaft
○ dem Verteidiger des Angeklagten
○ dem Vertreter des Nebenklägers

Eine **Gegenerklärung** ist abgegeben von

	am	Band	Blatt

○ der Staatsanwaltschaft
○ dem Verteidiger des Angeklagten
○ dem Vertreter des Nebenklägers
Die Gegenerklärung(en) wurde(n) dem Beschwerdeführer mitgeteilt

Die Revision des Angeklagten ist als unzulässig verworfen worden durch Beschluß
vom

	Band	Blatt

Der Beschluß ist zugestellt worden an den

	am	Band	Blatt

Verteidiger des Angeklagten   am

Nötzel

Der Antrag des
Verteidigers des Angeklagten auf die Entscheidung des Revisionsgerichts nach § 346 Abs. 2 StPO
ist eingegangen   am   Band   Blatt

Der Antrag des
Verteidigers des Angeklagten auf Wiedereinsetzung in den vorigen Stand gegen die Versäumung der
○ Revisionsfrist ○ Revisionsbegründungsfrist
ist eingegangen   am   Band   Blatt

Beschwerde ist eingelegt
                                                                                                                        Band   Blatt
○ nach § 464 Abs. 3 StPO von d.
  ○ Staatsanwaltschaft   am ....
  ○ Verteidiger des Angeklagten   am ....
  zugestellt an den Gegner   am ....
○ nach § 8 Abs. 3 StrEG von d.
  ○ Staatsanwaltschaft   am ....
  ○ Verteidiger des Angeklagten   am ....
  zugestellt an den Gegner   am ....
○ nach § 305 a StPO von d.
  ○ Staatsanwaltschaft   am ....
  ○ Verteidiger des Angeklagten   am ....
  zugestellt an den Gegner   am ....
gegen den Beschluß   vom ....

Von der in der Revisionsinstanz ergehenden Entscheidung bitte ich mir
.... Überstücke für Mitteilungszwecke zu übersenden.

Beilagen:
.... Abdrucke dieses Berichts

.... Band (Bände) Strafakten

.... Band (Bände) Beiakten

Je ein Beiheft für das Revisionsgericht und die Bundesanwaltschaft, enthaltend je eine beglaubigte Abschrift
○ des angefochtenen Urteils,
○ des Urteils vom

○ der Revisionseinlegung(en),
○ der Revisionsbegründung(en),
○ der Gegenerklärung(en),
○ des Beschlusses nach § 346 Abs. 1 StPO,
○ des Antrags auf Entscheidung nach § 346 Abs. 2 StPO,
○ des Antrags auf Wiedereinsetzung in den vorigen Stand,
○ der Beschwerde(n) und ggf. des angefochtenen Beschlusses,
○ der landesrechtlichen oder örtlichen Vorschriften, die für das Strafverfahren von Bedeutung sind, sowie
○ einen Vordruck zur Benachrichtigung der Staatsanwaltschaft vom Eingang der Revisionssache

----
(Unterschrift, Namenstempel)

dd) Vorbereitung

113 Die Vorbereitung dieses Berichtes ist unter Umständen in der Geschäftsverteilung der Behörde (wie zB bei München I) auf den zuständigen Rechtspfleger übertragen. Zunächst dieser, dann aber auch der Referent, prüft die Akte, läßt sie ggf in Ordnung bringen, was Zustellungen uä betrifft – besonders Vollmachten und Zustellungen (Nr. 163 III RiStBV) – und prüft die Angaben gem Nr. 164 RiStBV ganz genau, ebenso Zahl und Inhalt der Beihefte (Nr. 165 RiStBV).

114 Bei der Adressierung ist Nr. 163 I 2 und 4 RiStBV zu beachten. Liegt – auch – eine Revision der StA vor, so ist die Vorlage über den GenStA bei dem OLG zu leiten (auch in Bayern, wenn die Revision an das BayObLG gerichtet ist). Grund ist die Verpflichtung des GenStA, nach Nr. 168 RiStBV zu prüfen, ob die Förmlichkeiten beachtet sind und[58] weiter, ob die Revision durchgeführt werden soll. Wenn nicht, nimmt er sie zurück oder erteilt (mündlich oder schriftlich) der StA entsprechende Weisung. Tritt er der Revision aber bei, nimmt er Stellung (Nr. 168 I 3 RiStBV) und leitet die Akten weiter.

ee) Vorlage

115 Beim Ausfüllen des Berichtes (Rn 112) ist zu entscheiden, ob die Akten direkt an die StA des Revisionsgerichts geschickt werden (keine Revision der StA) oder über den GenStA des OLG. Dementsprechend sind dann alle Rubriken soweit erforderlich auszufüllen, besonders auch die Erläuterungen zu Haft und etwaigen (auch fiktiven) Haft- bzw Strafzeitberechnungen oben rechts auf der 1. Seite. Wie alle Rechtsmittelsachen sind auch diese Eilsachen (Nr. 153 RiStBV). Der Umfang der zu übersendenden Akten wird von der StA entsprechend Nr. 166 RiStBV festgelegt. Auf der 4. Seite des Formulares kann die gewünschte Anzahl von Abdrucken der Revisionsentscheidung eingesetzt werden. Die Beilagen sind mindestens mit einem Abdruck des Berichts für jede beteiligte StA und für Senat und Berichterstatter zu versehen. Die Beihefte sind zweifach zu fertigen und beizugeben. Die weiteren Möglichkeiten beurteilen sich nach den Nr. 164 und 165 RiStBV im Einzelfall. Die Unterschrift wird generell durch den Abteilungsleiter geleistet.[59]

---

58 Vgl Nr. 147 RiStBV
59 OrgStA Nr. 13 I 2 am Ende

Berichte und Vorlagen								Kapitel 7 981

ff) Weitere Formulare

116

```
                              STAATSANWALTSCHAFT
                                   # O R T #
                                    #ZwSt#

Az.:                    Datum:                      ber rev 2

Staatsanwaltschaft bei dem
#Name Revisionsgericht#

#PLZ Ort Revisionsgericht#

❏  über den
    Generalstaatsanwalt
    bei dem Oberlandesgericht

#PLZ Ort OLG#


Bußgeldsache
gegen                        geb. am
_____
wegen
_____

  ○ in Untersuchungshaft  ○ in Strafhaft  ○ in einstweiliger Unterbringung
  ○ in der Justizvollzugsanstalt  ○ im ..................................................................
  ○ in vorliegender Sache  ○ in der Sache
  Vorl. Entziehung der Fahrerl./Sicherst. des Führerscheins:         ○ ja  ○ nein
  ○ Auf die Revision gegen das Urteil des
  ○ Auf den Antrag gemäß § 346 Abs. 2 StPO
     gegen den Beschluß des
        ○ Amtsgerichts   ○ Landgerichts       vom            Az.:
  ○ Auf den Wiedereinsetzungsantrag gegen die Versäumung der Revisionsfrist
    - Revisionsführer/Antragsteller

werden die Akten in vereinfachter Form übersandt.
  ○ Der Angeklagte war bei der Verkündung des Urteils anwesend.
  Auf die beiliegenden Angaben zu Vollmachten, Zustellungen und Mitteilungen wird Bezug genommen.
  Von der in der Revisionsinstanz ergehenden Entscheidung bitte ich mir
                     Überstücke für Mitteilungszwecke zu übersenden.

Beilagen:
Angaben zu Vollmachten, Zustellungen und Mitteilungen (Vordruck StP 532 a)
   ...... Abdruck(e) dieses Berichts (ohne Beilage)
   ...... Band (Bände) Strafakten
   ...... Band (Bände) Beiakten
Je 1 Beiheft für das Revisionsgericht und die Staatsanwaltschaft mit den auf dem Beiheft verzeichneten
Schriftstücken sowie
  ○ einem Vordruck zur Benachrichtigung der Staatsanwaltschaft vom Eingang der Revisionssache.



          (Unterschrift, Namensstempel)


TV-StA  #StA#   ber rev 2   (08.00)   Revisionsübersendungsbericht OLG (entspr. StP 532)
```

117

STAATSANWALTSCHAFT **# O R T #** #ZwSt#

Az.:   ◄   Datum: ◄

Staatsanwaltschaft bei dem
#Name Revisionsgericht#

#PLZ Ort Revisionsgericht#

❑ über den
Generalstaatsanwalt
bei dem Oberlandesgericht

#PLZ Ort OLG#

Bußgeldsache
gegen   geb. am

wegen

○ Auf die Rechtsbeschwerde gegen
　　○ das Urteil ○ den Beschluß des
○ Auf den Antrag gemäß § 346 Abs. 2 StPO,
　§ 79 Abs. 3 OWiG gegen den Beschluß des
　　○ Amtsgerichts ○ Landgerichts   vom   Az.:
○ Auf den Wiedereinsetzungsantrag gegen die
　Versäumung der Revisionsfrist

werden die Akten übersandt.
○ Der ○ Betroffene
　　○ Verteidiger
　war/en bei der Verkündung des Urteils anwesend.
○ Das Urteil wurde in Abwesenheit des
　　○ Betroffenen
　　○ Verteidigers
　verkündet.
○ Das persönliche Erscheinen des Betroffenen war angeordnet.
Auf die beiliegenden Angaben zu Vollmachten, Zustellungen und Mitteilungen wird Bezug genommen.

Beilagen:
Angaben zu Vollmachten, Zustellungen und Mitteilungen
...... Abdruck(e) dieses Berichts (ohne Beilage)
...... Band (Bände) Bußgeldakten
...... Band (Bände) Beiakten
Vordruck zur Benachrichtigung der Staatsanwaltschaft vom Eingang der Beschwerdesache.

_____
(Unterschrift, Namensstempel)

TV-StA   #StA#   ber rev 3   (08.00)   Rechtsbeschwerdeübersendungsbericht OLG (entspr. StP 532)

Berichte und Vorlagen Kapitel 7 983

Beilage zum Rechtsbeschwerdeübersendungsbericht an das #Name PLZ Ort Revisionsgericht#

	Band	Blatt
I. Vollmachten: Verteidiger .... (Vertreter der Verwaltungsbehörde)		
II. Anordnung des persönlichen Erscheinens d. Betroffenen		
III. Fertigstellung des Sitzungsprotokolls		
IV. Zustellungen: Das Urteil ist gemäß Anordnung des Vorsitzenden zugestellt an ○ die Staatsanwaltschaft .... ○ den Verteidiger d. Betroffenen .... ○ d. Betroffenen		
Der Beschluß nach § 346 Abs. 1 StPO ist zugestellt worden ○ dem Verteidiger d. Betroffenen .... ○ d. Betroffenen		

---

gg) Erläuterung der Formulare

Für die Berichte Rn 116 und Rn 117 darf in vollem Umfang auf die entsprechende Geltung der vorstehenden Ausführungen hingewiesen werden (Nr. 293 RiStBV), wobei die vereinfachte Form der Muster genügt, ein Übersendungsbericht wie oben ist abweichend von Nr. 163 I 4 RiStBV nur bei umfangreichen Sachen beizugeben (Nr. 293 I 2 RiStBV). Bei Wiedereinsetzungsanträgen ist je nach Begründung unter Umständen die dienstliche Stellungnahme beteiligter Personen einzuholen und beizugeben (Nr. 155 RiStBV).   118

III. Vorlagen an die StA bei dem OLG

1. Allgemeines

Zur Definition des Empfängers vgl oben Rn 6. Vorlageberichte dieser Art dienen nicht dazu, eine Entscheidung der Aufsichtsbehörde GenStA herbeizuführen, sondern eine solche des Gerichts (in der Regel des Strafsenats des OLG). Die Berichte an die StA bei dem OLG beginnen oder schließen daher üblicherweise mit der Formulierung »mit der Bitte, eine Entscheidung des zuständigen Strafsenates herbeizuführen«. Die Berichte enthalten auch keinesfalls einen konkreten Antrag des Referenten, da die Anträge bei   119

Nötzel

dem OLG von der zugeordneten StA bei dem OLG gestellt werden. Ausführungen zur Rechtslage sind aber stets erwünscht.

2. Haftprüfungsentscheidungen nach den §§ 121, 122 StPO

a) Rechtliche Grundlagen

120 §§ 121, 122 StPO, Nr. 56 und 57 RiStBV

b) Bedeutung und Voraussetzungen

121 Dieses Haftprüfungsverfahren und die sog 6-Monats-Entscheidungen sorgen in neuerer Zeit immer mehr für Aufsehen. In nicht ganz seltenen Fällen kommt es zur Freilassung von Beschuldigten, weil über längere Zeiträume hinweg kein Fortschritt in der Sache feststellbar ist. Im Einzelfall kann eine gewisse Mitverursachung der Entscheidung durch die vorlegende StA nicht ausgeschlossen werden. Falls es sich um geständige Beschuldigte und erhebliche Vorwürfe handelt, ist die öffentliche Reaktion meistens heftig und voller Unverständnis über die nicht nachvollziehbare Entscheidung, womöglich Schwerkriminelle auf freien Fuß zu setzen, weil sich bei den Justizbehörden – so wird es verstanden – niemand die Zeit nimmt, das Verfahren sachgerecht zu fördern. Seitens der StA sollten daher in diesen Fällen generell gründliche Überlegungen über den Verfahrensstand und die angezeigten Maßnahmen stattfinden, sowie eine tragfähige Begründung für die bisherige Verfahrensdauer gegeben werden können.

122 Das Haftprüfungsverfahren nach diesen Vorschriften ist von Amts wegen durchzuführen, aber nur, wenn die Voraussetzungen überhaupt gegeben sind. Dazu gehört insbes, daß die Untersuchungshaft *wegen derselben Tat* über sechs Monate hinaus vollzogen werden soll. Dies ist zweifelsfrei der Fall, wenn ein Haftbefehl von Anfang an und unverändert besteht. Wird er aber aufgrund von Ermittlungsfortschritten auf andere ermittelte Taten erweitert oder durch einen wegen weiterer zusätzlicher Taten neugefaßten Haftbefehl ersetzt, so kann die Untersuchungshaft ab Erlaß des neuen (ggf erweiterten) Haftbefehls erneut für den Zeitraum von 6 Monaten vollzogen werden, ohne daß das Haftprüfungsverfahren nach den §§ 121, 122 StPO durchzuführen ist.[60]

123 In diesem Falle empfiehlt es sich, die Akten zum ursprünglichen 6-Monatszeitpunkt mit einem an das Formular Rn 143 angelehnten Bericht unter Sachdarstellung mit der Anregung (den Antrag stellt die StA beim OLG) vorzulegen, der Senat möge beschließen, daß derzeit die Durchführung der Haftprüfung nicht veranlaßt ist. Dem wird regelmäßig entsprochen, dem Beschluß läßt sich der neue Termin in der Regel entnehmen.

---

60 Vgl zur Kasuistik und den Voraussetzungen im einzelnen Kl/M-G, § 121 Rn 11-15

Berichte und Vorlagen Kapitel 7 985

c) Die 6-Monatsvorlage (§ 121 StPO)

aa) Formular: Haftprüfung durch OLG

124

STAATSANWALTSCHAFT
 # O R T #
#ZwSt#

Az.: Datum:

Über die Generalstaatsanwaltschaft
an das Oberlandesgericht #Ort_OLG#
- Strafsenat -
oder
An die Staatsanwaltschaft bei dem
Oberlandesgericht #Ort_OLG#

☐ Ermittlungsverfahren ☐ Strafverfahren
gegen

wegen

in dieser Sache in Untersuchungshaft in der Justizvollzugsanstalt _____

Fristablauf nach § 121 StPO: _____

Verteidiger: ☐ Rechtsanwalt   ☐ Rechtsanwälte
             ☐ Rechtsanwältin   ☐ Rechtsanwältinnen

(Vorname, Name, Anschrift, Telefonnummer)

○ Vollmacht: Bl. _____
○ Bestellung: Bl. _____

hier: **erste Haftprüfung** durch das Oberlandesgericht gemäß §§ 121 Abs. 1, Abs. 2, 122 Abs. 1 StPO

Berichterstatter: _____
         (Tel.: _____)

Mit ____ Band/Bänden Ermittlungsakten Az.: <Az. d. Verfahrens>
    ____ Band/Bänden Zweitakten   Az.: <Az. d. Verfahrens>
    ____ Band/Bänden _____ akten   Az.: <Az. d. Verfahrens>

    ____ Band/Bänden Beiakten Az.: _____
    ____ Band/Bänden Beiakten Az.: _____
    ____ Band/Bänden Beiakten Az.: _____

(Behörde angeben)

1 Mehrfertigung des Vorlageberichts

TV-StA #StA# ber hp 1 (08.00) 1. Haftprüfung OLG

1. D. am _____
   ○ vorläufig
   festgenommene (Bl. _____)
   ❏ Beschuldigte ❏ Angeschuldigte ❏ Angeklagte
   befindet sich in dieser Sache aufgrund Haftbefehls des
   ❏ Amtsgerichts ❏ Landgerichts _____ , Az.: _____ ,
   vom _____ (Bl. _____), eröffnet am _____ (Bl. _____),
   ❏ ununterbrochen
   in Untersuchungshaft.

   ❏ Die Untersuchungshaft war in der Zeit von _____ bis _____
      ○ zur Verbüßung einer
         ○ Freiheitsstrafe
         ○ Jugendstrafe
         ○ Ersatzfreiheitsstrafe
         ○ Restfreiheitsstrafe
      ○ _____
   unterbrochen.
   ❏ _____
   _____
   _____

   Das ❏ Amtsgericht _____
       ❏ Landgericht _____
   hält die Fortdauer der Untersuchungshaft für erforderlich und hat die Vorlage der Akten an das Oberlandesgericht angeordnet (Bl. _____).

2. Die Voraussetzungen des weiteren Vollzugs der Untersuchungshaft liegen vor.
   D. ❏ Beschuldigte ❏ Angeschuldigte ❏ Angeklagte
   ist der im Haftbefehl bezeichneten
   ○ Tat
   ○ Taten
   dringend verdächtig (§ 112 Abs. 1 StPO).

   Der dringende Tatverdacht ergibt sich aus
   ○ - dem Geständnis d. _____
   _____
   _____ (Bl. _____)

   ○ - den Angaben d. Zeugen
   _____
   _____ (Bl. _____)

   ○ - dem Ergebnis der polizeilichen Ermittlungen
   _____
   _____ (Bl. _____)

   ○ - den in der Anklageschrift bezeichneten Beweismitteln
   _____
   _____ (Bl. _____)

Nötzel

○ - _____
_____
_____
_____ (Bl. _____)

Es besteht nach wie vor der Haftgrund
○ der Fluchtgefahr (§ 112 Abs. 2 Nr. 2 StPO).

    D. ○ Beschuldigte
        ○ Angeschuldigte
        ○ Angeklagte
    ist
    ○ - ohne festen Wohnsitz (Bl. _____)
    ○ - ohne feste Arbeit (Bl. _____)
    ○ - ohne soziale und familiäre Bindung (Bl. _____)
○ Der von der hohen Straferwartung ausgehende Fluchtanreiz begründet die konkrete Gefahr, daß sich d. Genannte, auf freiem Fuß belassen, dem Verfahren entziehen wird.
○ _____
_____
_____

○ der Verdunklungsgefahr (§ 112 Abs. 2 Nr. 3 StPO).
_____
_____

○ des § 112 Abs. 3 StPO.
_____
_____

○ des § 112 a Abs. 1 StPO (Haftgrund der Wiederholungsgefahr).
_____
_____

Der Zweck der Untersuchungshaft kann durch haftverschonende Maßnahmen im Sinne des § 116 StPO nicht erreicht werden.
_____
_____
_____

Die weitere Untersuchungshaft steht nicht außer Verhältnis zur Bedeutung der Sache und zur Höhe der zu erwartenden Strafe (§ 120 Abs. 1 Satz 1 StPO).
_____
_____

Das Beschleunigungsgebot gemäß § 121 Abs. 1 StPO wurde beachtet. Bisher war es aus wichtigen Gründen nicht möglich, das Verfahren durch Urteil abzuschließen.
○ _____
_____

○ Die Ermittlungen durch die Polizei wurden am _____ abgeschlossen (Bl. _____).

Nötzel

○ D. ○ Landeskriminalamt
      ○ Polizeipräsidium
      ○ Polizeiinspektion
      ○ Kriminalpolizeiinspektion
      ○ _____
      hat am _____ den Schlußbericht vorgelegt (Bl. ____).

○ Die Staatsanwaltschaft hat mit Verfügung vom _____ die umfangreichen Ermittlungen abgeschlossen (Bl. ____).

○ Die Anklageschrift wurde am _____ erstellt (Bl. ____).

○ Die Staatsanwaltschaft hat am _____ Anklage zum _____ erhoben (Bl. ____).

○ Über die Eröffnung des Hauptverfahrens wurde noch nicht entschieden.

○ Die Anklage wurde mit Beschluß des Gerichts vom _____ zur Hauptverhandlung zugelassen und das Hauptverfahren eröffnet (Bl. ____).

○ Termin zur Hauptverhandlung ist
   ○ noch nicht bestimmt.
   ○ vorgesehen für _____. (Bl. ____)
   ○ bestimmt auf _____ (Bl. ____).

○ Die Anpassung des Haftbefehles an den nunmehrigen Verfahrensstand wurde am _____ beantragt (Bl. ____).

○ Die Vorlage erfolgt mit den
   ○ Zweitakten,
   ○ ____-akten,
   da die Hauptakten zur Fortführung des Verfahrens benötigt werden.

Unterschrift gemäß Geschäftsverteilung

bb) Erläuterungen

125 Liegen die Voraussetzungen des § 121 StPO vor, so sind die Akten unter Verwendung des Formulars Rn 124 vorzulegen.

126 Die Adressierung lautet StA bei dem OLG (vgl Rn 6), die Bezeichnung »Generalstaatsanwalt*schaft*« ist in Bayern unzutreffend.

127 Der Betreff »Ermittlungsverfahren« ist bis zur Erhebung der Anklage (§ 170 I StPO) zu verwenden, nach Einreichung derselben lautet er »Strafverfahren«.

128 Die Berechnung des Fristablaufes bereitet vereinzelt Schwierigkeiten. Es ist nur (richterlich angeordnete) Untersuchungshaft zu berücksichtigen, also nicht bei vorläufiger Festnahme die sogenannte Polizeihaft. Erst die Eröffnung eines Haftbefehls setzt die Untersuchungshaft in Gang. Liegt bereits ein Haftbefehl vor, der vollzogen wird, rechnet sich die Frist ab der Festnahme. Der Formulierung »über 6 Monate hinaus« folgend, ist daher bei

Festnahme und Eröffnung des Haftbefehls am 14.4. eines Jahres der Beschuldigte ab 14.10. »länger« als 6 Monate in Untersuchungshaft.

Bei den Verteidigern sind alle aktuell bestellten aufzuführen und durch Angaben der Fundstellen zu klären, ob es sich um Wahl- oder Pflichtverteidiger handelt. 129

Berichterstatter ist der ermittelnde StA. Bei der Angabe der Akten kann auch die Bezeichnung »Strafakten« gewählt werden bei bereits bei Gericht anhängigen Verfahren, oder Hilfsakten, Drittakten oä in besonders gelagerten Fällen. 130

Die Mehrfertigung des Berichtes ist für die Unterlagen der StA bei dem OLG bestimmt, der Bericht selbst wird Akteninhalt, ebenso wie die weiteren Verfügungen (Mitteilungen an Verteidiger, Vorlage an Senat, Senatsbeschluß etc). 131

Die Ziff 1 des Vordruckes ist unproblematisch zu vervollständigen, im Falle der Unterbrechung der Untersuchungshaft ändert sich natürlich die Fristberechnung. 132

Rechtzeitig vor Fristablauf (ca. 3 Wochen) hat der StA zu überprüfen, ob der nach § 126 StPO zuständige Richter (bis zur Anklageerhebung derjenige, der den Haftbefehl erlassen hat, danach das erkennende Gericht) die Haftvorlage verfügt hat. Wenn nicht, ist durch Antragstellung darauf hinzuwirken, ggf verbunden mit dem Antrag auf Aktualisierung des Haftbefehls (Nr. 56 RiStBV). Die Akte sollte jedenfalls spätestens zwei Wochen vor Fristablauf dem Senat vorliegen, wegen der Aktualität des Verfahrensstandes aber auch nicht wesentlich früher. 133

Die Angaben unter Ziff 2 sollten sorgfältig und unter Beachtung von Nr. 56 RiStBV erfolgen. Immer wichtiger in der Rechtsprechung wird die stete Beachtung des Beschleunigungsgrundsatzes (§ 121 I StPO) in Haftsachen. Dort ist deshalb zB auszuführen, warum bei mehreren Beschuldigten keine Verfahrenstrennung vorgenommen wird, wenn einer geständig ist, bei den anderen aber noch weitere – ggf zeitraubende – Ermittlungen anstehen. Da die Überlastung des erkennenden Gerichts kein »anderer wichtiger Grund« im Sinne von § 121 I StPO ist,[61] kann es sich empfehlen, in der Vorlage anzuführen (ggf unter Beifügung einer Stellungnahme des Gerichtes oder des Präsidiums), welche Maßnahmen bereits in die Wege geleitet sind, um die bestehende Überlastung alsbald zu beseitigen, so daß die Situation eine vorübergehende ist. Nur in diesem Fall wird bei längerem Stillstand des Verfahrens vor dem erkennenden Gericht der Senat Haftfortdauer beschließen können, ohne mit dem Verhältnismäßigkeitsgrundsatz (Art. 2 II 2 GG) in Konflikt zu kommen. 134

---

61 Kl/M-G, § 121 Rn 22

135 Bei einer bereits terminierten Hauptverhandlung (drittletzter Absatz des Formulars) ist zu prüfen, ob die Vorlage in ausführlicher Form notwendig ist oder sich die vereinfachte Vorlage Rn 143 anbietet.

136 Mit dem Beginn der Hauptverhandlung ruht die Frist (§ 121 III 2 StPO), eine Senatsentscheidung ergeht nicht mehr, oder wenn die Akten bereits vorliegen, nur noch mit der Feststellung, daß die Haftprüfung nicht mehr veranlaßt ist.

137 Die Überprüfung des Haftbefehls auf Aktualität ist nicht nur in Nr. 56 I 4 RiStBV vorgeschrieben, sie empfiehlt sich auch dringend. Der Senat entscheidet nur, ob auf Grund des bestehenden Haftbefehls die Haftfortdauer anzuordnen ist. Ist dort nur – beispielsweise – eine Tat enthalten, tatsächlich aber weitere ermittelt, kann dies im Hinblick auf die Verhältnismäßigkeit der Untersuchungshaft zu einer negativen Entscheidung führen, ohne daß dies – bei zeitgerechter Anpassung – notwendig wäre. Zu prüfen ist immer, ob nicht noch andere Taten als »dieselbe Tat« iSv § 121 I StPO ermittelt und Gegenstand des neuen Haftbefehls sind, mit der Folge, daß keine Haftfortdauerentscheidung erforderlich ist, weil die Untersuchungshaft nunmehr erneut bis zu 6 Monaten ab Erlaß des neuen Haftbefehl vollzogen werden kann (oben Rn 122 f).

138 Die Unterschrift unter diesen Bericht ist regelmäßig im Rahmen der Geschäftsverteilung dem Abteilungsleiter übertragen,[62] ansonsten zeichnet der Behördenleiter, wobei der Abteilungsleiter mitzeichnet.[63]

d) Die weitere Haftprüfung (§ 122 IV StPO)

aa) Formular: Weitere Haftprüfung OLG

139

```
                                        STAATSANWALTSCHAFT
                                             # O R T #
                                              #ZwSt#

Az.:                    ⋅   Datum:                ⋅

Über die Generalstaatsanwaltschaft
an das Oberlandesgericht #Ort_OLG#
- Strafsenat -
oder
An die Staatsanwaltschaft bei dem
Oberlandesgericht #Ort_OLG#


❏ Ermittlungsverfahren ❏ Strafverfahren
gegen

wegen


in dieser Sache in Untersuchungshaft in der Justizvollzugsanstalt _____
```

---

[62] OrgStA Nr. 14 I Ziff. 3
[63] OrgStA Nr. 13 I und Nr. 15

Berichte und Vorlagen Kapitel 7 991

Fristablauf nach § 122 Abs. 4 StPO: _____

Verteidiger: ☐ Rechtsanwalt ☐ Rechtsanwälte
 ☐ Rechtsanwältin ☐ Rechtsanwältinnen

_____
_____
_____
 (Vorname, Name, Anschrift, Telefonnummer)

○ Vollmacht: Bl. _____
○ Bestellung: Bl. _____

hier: **weitere Haftprüfung** durch das Oberlandesgericht gemäß §§ 121 Abs. 1, 122 Abs. 4 StPO

Berichterstatter: _____
 (Tel.: _____)

Mit ____ Band/Bänden Ermittlungsakten Az.: <Az. d. Verfahrens>
 ____ Band/Bänden Zweitakten Az.: <Az. d. Verfahrens>
 ____ Band/Bänden _____ akten Az.: <Az. d. Verfahrens>

 ____ Band/Bänden Beiakten Az.: _____ _____
 ____ Band/Bänden Beiakten Az.: _____ _____
 ____ Band/Bänden Beiakten Az.: _____ _____
 (Behörde angeben)

 1 Mehrfertigung des Vorlageberichts

TV-StA #StA# ber hp 2 (08.00) Weitere Haftprüfung OLG

---

1. D. am _____
 ☐ vorläufig
 festgenommene (Bl. _____)
 ☐ Beschuldigte ☐ Angeschuldigte ☐ Angeklagte
 befindet sich in dieser Sache aufgrund Haftbefehls des
 ☐ Amtsgerichts ☐ Landgerichts _____
 vom _____ (Bl. _____), eröffnet am _____ (Bl. _____),
 ☐ ununterbrochen
 in Untersuchungshaft.
 Wegen der Haftdaten wird auf die Vorlage zur ersten Haftprüfung durch das Oberlandesgericht
 (Bl. _____) Bezug genommen.

 ☐ Die Untersuchungshaft war in der Zeit von _____ bis _____
  ○ zur Verbüßung einer
   ○ Freiheitsstrafe
   ○ Jugendstrafe
   ○ Ersatzfreiheitsstrafe
   ○ Restfreiheitsstrafe
  ○ _____
  unterbrochen.
 ☐ _____
 _____
 _____

Nötzel

Im Rahmen der vorangegangenen Haftprüfung hat das Oberlandesgericht mit Entscheidung vom _____ die Fortdauer der Untersuchungshaft angeordnet (Bl. _____).

Das ❑ Amtsgericht _____
    ❑ Landgericht _____
hält die Fortdauer der Untersuchungshaft für erforderlich und hat die Vorlage der Akten an das Oberlandesgericht angeordnet (Bl. _____).

2. Die Voraussetzungen des weiteren Vollzugs der Untersuchungshaft liegen aus den fortbestehenden Gründen des Beschlusses des Oberlandesgerichts vom _____ vor.

D. ❑ Beschuldigte ❑ Angeschuldigte ❑ Angeklagte
ist der im Haftbefehl bezeichneten
○ Tat
○ Taten
dringend verdächtig (§ 112 Abs. 1 StPO).

○ Der dringende Tatverdacht ergibt sich nunmehr auch
_____
_____
_____
_____
_____
_____

Es besteht nach wie vor der Haftgrund
○ der Fluchtgefahr (§ 112 Abs. 2 Nr. 2 StPO).

○ der Verdunklungsgefahr (§ 112 Abs. 2 Nr. 3 StPO).

○ des § 112 Abs. 3 StPO.

○ des § 112 a Abs. 1 StPO (Haftgrund der Wiederholungsgefahr).

○ _____
_____
_____
_____
_____

Der Zweck der Untersuchungshaft kann durch haftverschonende Maßnahmen im Sinne des § 116 StPO nicht erreicht werden.
○ _____
_____
_____

Die weitere Untersuchungshaft steht nach wie vor nicht außer Verhältnis zur Bedeutung der Sache und zur Höhe der zu erwartenden Strafe (§ 120 Abs. 1 Satz 1 StPO).
○ _____
_____

Das Beschleunigungsgebot gemäß § 121 Abs. 1 StPO wurde beachtet. Auch weiterhin war es aus wichtigen Gründen nicht möglich, das Verfahren durch Urteil abzuschließen.
○ _____
_____
_____

Nötzel

○ Die Ermittlungen durch die Polizei wurden am _____ abgeschlossen (Bl. ___).

○ D. ○ Landeskriminalamt
    ○ Polizeipräsidium
    ○ Polizeiinspektion
    ○ Kriminalpolizeiinspektion
    ○ _____
hat am _____ den Schlußbericht vorgelegt (Bl. ___).

○ Die Staatsanwaltschaft hat mit Verfügung vom _____ die
   ○ umfangreichen
Ermittlungen abgeschlossen (Bl. ___).

○ Die Anklageschrift wurde am _____ erstellt (Bl. ___).

○ Die Staatsanwaltschaft hat am _____ Anklage zum _____ erhoben (Bl. ___).

○ Über die Eröffnung des Hauptverfahrens wurde noch nicht entschieden.

○ Die Anklage wurde mit Beschluß des Gerichts vom _____ zur Hauptverhandlung zugelassen und das Hauptverfahren eröffnet (Bl. ___).

○ Termin zur Hauptverhandlung ist
   ○ noch nicht bestimmt.
   ○ ist vorgesehen für _____ (Bl. ___).
   ○ bestimmt auf _____ (Bl. ___).

○ Die Anpassung des Haftbefehles an den nunmehrigen Verfahrensstand wurde beantragt (Bl. ___).

○ Die Vorlage erfolgt mit den
   ○ Zweitakten,
   ○ ___ -akten,
da die Hauptakten zur Fortführung des Verfahrens benötigt werden.

Unterschrift gemäß Geschäftsverteilung

bb) Erläuterungen

Dieses Vorlageformular ist zu verwenden, wenn bereits eine (erste) Haftprüfungsentscheidung des Strafsenates erging. Längstens drei Monate danach ist die weitere Haftprüfung durchzuführen (§ 122 IV StPO). Üblicherweise wird dann im Betreff zu der Formulierung in der Vorlage »weitere« hinzugesetzt »zweite« Haftprüfung usw.   140

Die Frist berechnet sich ab dem Datum des vorangegangenen Senatsbeschlusses, nicht mit dem Zeitpunkt in welchem er zu den Akten kommt oder gar mit dem Zugang.   141

Hinsichtlich aller weiterer Erläuterungen darf auf die vollkommen gleichliegenden Erläuterungen Rn 125 ff verwiesen werden.   142

Nötzel

e) Vereinfachte Haftprüfungsvorlage wegen nahen Fristablaufs

aa) Formular: Haftprüfung OLG – vereinfachte Vorlage

143

STAATSANWALTSCHAFT
 # O R T #
#ZwSt#

Az.:　　　　　　　　　◁　Datum:　　　　◁　ber hp 3

Über die Generalstaatsanwaltschaft
an das Oberlandesgericht #Ort_OLG#
- Strafsenat -
oder
An die Staatsanwaltschaft bei dem
Oberlandesgericht #Ort_OLG#

☐ Strafverfahren
gegen _____
wegen _____

in dieser Sache in Untersuchungshaft in der Justizvollzugsanstalt _____

Fristablauf nach ○ **§ 121 StPO** ○ **§ 122 Abs. 4 StPO:** _____

Verteidiger:　☐ Rechtsanwalt　　☐ Rechtsanwälte
　　　　　　　☐ Rechtsanwältin　☐ Rechtsanwältinnen

_____
_____
_____
_____

(Vorname, Name, Anschrift, Telefonnummer)
○ Vollmacht: Bl. _____
○ Bestellung: Bl. _____

hier:　○ **erste Haftprüfung** durch das Oberlandesgericht gemäß §§ 121 Abs. 1, Abs. 2, 122 Abs. 1 StPO
　　　○ **weitere Haftprüfung** durch das Oberlandesgericht gemäß §§ 121 Abs. 1, 122 Abs. 1 und 4 StPO

Ich lege Hilfsakten mit Ablichtungen folgender Unterlagen vor:

○ Haftbefehl des Amtsgerichts _____ vom _____
○ Haftbefehl des Landgerichts _____ vom _____
○ Eröffnungsprotokoll vom _____
○ Beschluß des Oberlandesgerichts #Ort_OLG# vom _____
　Anklageschrift vom _____
　Eröffnungsbeschluß vom _____
　Bestimmung des Termins zur Hauptverhandlung am _____
○ _____

Da die Hauptverhandlung noch vor Ablauf der vom Oberlandesgericht regelmäßig gemäß § 122 Abs. 2 StPO gesetzten Äußerungsfrist von 14 Tagen beginnt, erübrigt sich eine Stellungnahme (vgl. OLG Düsseldorf, NStZ 1992, 402).

　　　　Unterschrift gemäß Geschäftsverteilung

TV-StA　#StA#　ber hp 3　　(08.00)　Haftprüfung OLG - vereinfachte Vorlage

bb) Erläuterungen

Zur Verwendung darf auf die Rn 126 zur Adressierung, zur Fristberechnung auf Rn 128 bzw Rn 141 verwiesen werden. Die übrigen Angaben sind nicht erläuterungsbedürftig. Die zitierte Rechtsprechung und daraus folgende Handhabung entspricht mittlerweile allgemeiner Meinung bzw feststehender Übung. Unabhängig hiervon müssen aber – natürlich – die Haftvoraussetzungen weiterhin vorliegen. Daher empfiehlt es sich, diese zu überprüfen und in den Text der Vorlage den Satz: »Die Voraussetzungen der weiteren Anordnung der Untersuchungshaft sind gegeben.« aufzunehmen.

144

KAPITEL 8 – RECHTSHILFEVERKEHR MIT AUSLÄNDISCHEN BEHÖRDEN

Überblick

I.	**Grundlagen**	1–8
	1. Rechtshilfe in der staatsanwaltlichen Praxis	1–2
	2. Allgemeine Hinweise für Rechtshilfeschreiben	3–8
II.	**Auslieferung**	9–52
	1. Allgemeines	9–28
	a) Grundsätze	9–15
	aa) Auslieferung aus Deutschland	10–13
	bb) Auslieferung nach Deutschland	14–15
	b) Voraussetzungen	16–18
	c) Rechtliche Grundlagen	19–27
	d) Ablauf eines Auslieferungsverfahrens	28
	2. Formular – Vorläufige Inhaftnahme	29–34
	3. Formular – Auslieferungsbericht Strafverfolgung	35–38
	4. Formular – Auslieferungsbericht Strafvollstreckung	39–43
	5. Formular – Auslieferungsbericht Strafverfolgung und Strafvollstreckung	44–45
	6. Formular – Unterrichtung LKA und BKA über die beabsichtigte Auslieferung	46–47
	7. Formular – Einlieferungsbericht	48–49
	8. Formular – Einlieferungsvermerk	50–52
III.	**Sonstiger Rechtshilfeverkehr**	53–101
	1. Allgemeines	53–65
	a) Grundsätze	54
	b) Einzelne rechtliche Grundlagen	55–65
	aa) Rechtshilfe mit Staaten, die dem Europäischen Übereinkommen über die Rechtshilfe in Strafsachen beigetreten sind	56–64
	bb) Rechtshilfe mit sonstigen Staaten	65
	2. Formular – Erster Bericht – Strafverfolgungsersuchen – ministerieller Geschäftsweg	66–67
	3. Formular – Zweiter Bericht – Strafverfolgungsersuchen – ministerieller Geschäftsweg	68–69
	4. Formular – Erster Bericht – Strafverfolgungsersuchen – unmittelbarer Geschäftsweg	70–71
	5. Formular – Zweiter Bericht – Strafverfolgungsersuchen – unmittelbarer Geschäftsweg	72–73
	6. Formular – Polizeiliche Zeugenvernehmung	74–75
	7. Formular – Richterliche Zeugenvernehmung	76–77
	8. Formular – Polizeiliche Beschuldigtenvernehmung	78–79
	9. Formular – Ermittlung des unbekannten Fahrers	80–81

10. Formular – Vollzug eines Durchsuchungs- und Beschlagnahmebeschlusses – allgemein 82–85
11. Formular – Vollzug eines Durchsuchungs- und Beschlagnahmebeschlusses – Steuerhinterziehung 86–87
12. Formular – Asservatenbereinigung mit Verfügung 88–89
13. Formular – Anschreiben für Zustellung mit Verfügung 90–91
14. Formular – Zustellungsbericht mit Zustellungszeugnis 92–93
15. Formular – Mitteilung der durchgeführten Zustellung 94–95
16. Formular – Begleitbericht 96–97
17. Formular – VOint (Benachrichtigung der ausländischen Verwaltungsbehörde von der gerichtlichen Entziehung der Fahrerlaubnis) 98–99
18. Formular – VOint über Botschaft (Benachrichtigung der ausländischen Verwaltungsbehörde von der gerichtlichen Entziehung der Fahrerlaubnis über die deutsche Botschaft) 100–101

I. Grundlagen

1. Rechtshilfe in der staatsanwaltlichen Praxis

1 Die Bedeutung der Rechtshilfe für die alltägliche Arbeit des StA wächst. Die Mobilität der Straftäter hat in den vergangenen Jahren deutlich zugenommen. Nicht nur die Grenzöffnung mit dem Osten, sondern auch der Abbau von Grenzkontrollen im europäischen Bereich hat dazu geführt, daß immer mehr Straftäter sich bewußt oder unbewußt die Vorteile einer grenzüberschreitenden Kriminalität zu Nutze machen.

Es muß Aufgabe des Rechtshilfedezernenten einer StA sein, den zuständigen Ermittlungsreferenten eine möglichst praxisorientierte Hilfe bei allen Formen der Kontaktaufnahme mit ausländischen Behörden zu bieten.

2 Der mit der Rechtshilfe betraute StA wird hierbei mit zwei besonderen Problemen befaßt: Zum einen muß er akzeptieren, daß andere Staaten unterschiedliche Mentalitäten und Arbeitsweisen haben. Zum anderen ist zu beachten, daß im internationalen Rechtshilfeverkehr besondere Regeln einzuhalten sind.

Der Umgang zwischen deutschen Behörden ist knapp und präzise. Anrede und Höflichkeitsfloskeln entfallen nahezu gänzlich. Im Rechtshilfeverkehr mit ausländischen Staaten ist zu beachten, daß Schreiben einer besonderen Form und Höflichkeit bedürfen (vgl zB Nr. 8 und 9 RiVASt).

Auch wenn es internationale Verträge gibt, aufgrund derer ein ausländischer Staat verpflichtet ist, Rechtshilfe zu leisten, sind dennoch besondere Umgangsformen erforderlich. Ein höflicher Stil bringt zum Ausdruck, daß der fremde Staat mit seiner Souveränität geachtet und respektiert wird.

Dabei sollte man nicht vergessen, daß Rechtshilfeersuchen in vielen Fällen auch an untergeordnete Dienststellen in dem fremden Land weitergegeben werden. Die dann mit der Sache befaßten Personen haben unter Umständen das erste Mal Kontakt mit einem Schreiben einer deutschen Behörde. Der Eindruck, der hier hinterlassen wird, kann maßgeblich für den Erfolg der gewünschten Ermittlungen sein.

2. Allgemeine Hinweise für Rechtshilfeschreiben

Die der Rechtshilfe zugrundeliegenden internationalen Verträge sind äußerst umfangreich und daher im einzelnen, selbst für einen langjährig tätigen Rechtshilfedezernenten, oft nur schwer zu überblicken. Für die Arbeit des Rechtshilfereferenten ist eine Vorfrage von entscheidender Bedeutung:

»Welcher Geschäftsweg ist eröffnet?«

Nr. 5 RiVASt unterscheidet zwischen dem unmittelbaren und dem mittelbaren Geschäftsweg. Der unmittelbare Geschäftsweg bedeutet, daß die ersuchende Behörde sich direkt an die ersuchte Behörde im Ausland wenden kann. Der mittelbare Geschäftsweg sieht hingegen vor, daß die StA über andere Behörden an die zuständigen Behörden des ausländischen Staates herantreten muß.

Im Länderteil der RiVASt ist der vorgesehene Geschäftsweg für jedes Land aufgeführt. Ist der mittelbare Geschäftsweg eröffnet, so ist dort auch vermerkt, über welche Behörde das Rechtshilfeersuchen zu leiten ist.

In Eilfällen ist eine direkte Kontaktaufnahme in den Fällen, in denen lediglich der mittelbare Geschäftsweg eröffnet ist, nur dann zulässig, wenn dies im Länderteil der RiVASt ausdrücklich vermerkt ist. In allen übrigen Fällen von besonderer Dringlichkeit ist gem Nr. 5 III RiVASt zu verfahren. Es ist die vorherige Genehmigung der obersten Justizbehörde einzuholen.

Eine Reihe von Verträgen eröffnet den unmittelbaren Geschäftsweg: Die deutsche Behörde kann ihr Rechtshilfeersuchen unmittelbar an die zuständige ausländische Behörde richten. Dieser direkte Geschäftsweg erleichtert und vereinfacht die Rechtshilfe ungemein.

In diesem Zusammenhang ist auf Art. 53 I SDÜ hinzuweisen. Innerhalb der Schengen-Staaten ist der unmittelbare Geschäftsweg zwischen den Justizbehörden eröffnet.

Die Frage des Geschäftswegs ist in jedem Fall besonders sorgfältig zu prüfen. Es kann zu Schwierigkeiten führen, wenn der unmittelbare Geschäftsweg beschritten wird, obwohl eine Kontaktaufnahme nur mittelbar vorgesehen ist.

In diesen Fällen verstößt man nicht nur gegen die nationalen und internationalen Rechtsbestimmungen, sondern man bringt auch die ersuchte Behörde in eine Konfliktlage. Sie ist aufgrund innerstaatlichen Rechts möglicherweise nicht befugt, über die Bewilligung der Rechtshilfe zu entscheiden. Sie muß ihrerseits die zuständigen Behörden einschalten, was den Rechtshilfeverkehr unnötig verzögert.

7   In der Praxis bereitet es häufig Probleme, wenn die genaue Anschrift der zuständigen Rechtshilfebehörde in dem ausländischen Staat benötigt wird. Während es bezüglich der Republik Österreich ein sehr exaktes Ortsverzeichnis gibt, sind die Verzeichnisse bezüglich vieler anderer Staaten in der Praxis nur äußerst beschränkt nutzbar. Unabhängig von eventuellen sprachlichen Schwierigkeiten sind die Listen meist veraltet und enthalten keine Faxnummern. In derartigen Fällen empfiehlt es sich, sich an die in Deutschland ansässige konsularische Vertretung des ausländischen Staates zu wenden mit der Bitte, die Anschrift und die Telefon- bzw Telefaxnummer zu übermitteln.

8   Darüber hinaus ist zu klären, ob Übersetzungen beizugeben sind (vgl Nr. 14 RiVASt). Auch hier gibt der Länderteil der RiVASt die notwendigen Hinweise.

Unabhängig von der Pflicht, Übersetzungen beizufügen, kann dies im Einzelfall zweckmäßig sein. Dem ausländischen Staat wird die Bearbeitung erleichtert und eine rasche Erledigung ermöglicht.

Übersetzungen sind ferner beizugeben, wenn die Sache besonders eilbedürftig ist. In vielen Fällen wird der Adressat eines Schreibens, der der Sprache nicht mächtig ist, sonst gar nicht beurteilen können, wie schnell die Sache zu bearbeiten ist.

II. Auslieferung

1. Allgemeines

a) Grundsätze

9   Man unterscheidet zwei Arten von Auslieferungen: Die Auslieferung aus der Bundesrepublik Deutschland in einen fremden Staat und die aus einem fremden Staat in die Bundesrepublik.

aa) Auslieferung aus Deutschland

10 Die §§ 2 ff IRG regeln als innerstaatliche Vorschriften die Auslieferung aus der Bundesrepublik Deutschland. Der Rechtshilfedezernent bei der örtlichen StA ist hierfür nicht zuständig. Die Vorbereitung obliegt der StA bei dem OLG (§ 13 II IRG). Die notwendigen Gerichtsentscheidungen trifft grundsätzlich das OLG (§ 13 I IRG).

Da ein deutscher Staatsangehöriger nicht an das Ausland ausgeliefert werden darf (Art. 16 II 1 GG), sind die §§ 2 ff IRG insoweit nicht einschlägig. Wird einem Deutschen von einer ausländischen Behörde eine Straftat zur Last gelegt, so ist in eigener Zuständigkeit der StA das Vorliegen der Voraussetzungen eines Haftbefehls gem §§ 4 ff StGB, 112 ff StPO zu prüfen.

In der Praxis wird die StA mit der Auslieferung in das Ausland normalerweise nicht befaßt. Die Polizeibehörde wendet sich in der Regel unmittelbar an die StA bei dem OLG. Erfährt die StA, daß bei einem Ausländer (§ 2 III IRG) eine Auslieferung in Betracht kommt, benachrichtigt sie unverzüglich die StA bei dem OLG. 11

Die StA und jeder Beamte des Polizeidienstes sind unter den Voraussetzungen des § 19 IRG iVm §§ 15, 16 IRG, Nr. 36 RiVASt befugt, einen Verfolgten vorläufig festzunehmen. 12

Eine vorläufige Festnahme ist ohne Auslieferungshaftbefehl des OLG möglich, wenn ein förmliches Auslieferungsersuchen auf dem dafür vorgesehenen Geschäftsweg eingegangen ist.

Auch ohne förmliches Auslieferungsersuchen ist eine vorläufige Festnahme in zwei Fällen vorzunehmen:

- Eine zuständige ausländische Stelle ersucht um vorläufige Festnahme zwecks Auslieferung unter Hinweis auf einen bestehenden Haftbefehl oder ein zu vollstreckendes Straferkenntnis (§ 16 I Nr. 1 IRG). Dabei ist zu beachten, daß gem Art. 64 SDÜ eine Ausschreibung im Schengener Informationssystem nach Art. 95 SDÜ einem Ersuchen um vorläufige Festnahme gleichsteht.

- Der Verfolgte ist aufgrund von Tatsachen einer Tat im Ausland dringend verdächtig, die zu seiner Auslieferung Anlaß geben könnte (§ 16 I Nr. 2 IRG). In diesem Fall empfiehlt es sich zu prüfen, ob der Verfolgte nicht auch nach deutschem Recht eine Straftat begangen hat, die den Erlaß eines Haftbefehls nach §§ 112 ff StPO rechtfertigt. In vielen Fällen wird Fluchtgefahr auch bei weniger schwerwiegenden Delikten zu bejahen sein, wenn es sich bei dem Verfolgten um einen Ausländer handelt, der im Bundesgebiet keinen festen Wohnsitz hat.

In allen Fällen der vorläufigen Festnahme ist die zuständige StA bei dem OLG (Nr. 35 RiVASt) sogleich zu unterrichten.

Der Verfolgte ist unverzüglich, spätestens mit Ablauf des Tages nach seiner Festnahme, dem Richter des nächsten AGs gem § 22 I IRG vorzuführen. Auch hier ist zu beachten, daß grundsätzlich die StA aufgrund fehlender Zuständigkeit mit dieser Frage nicht befaßt wird. 13

Die Kenntnis der oben genannten Grundsätze ist aber für den StA von besonderer Bedeutung, da er gerade im Bereitschaftsdienst mit derartigen Fragen überraschend konfrontiert werden kann.

bb) Auslieferung nach Deutschland

14 Für den Rechtshilfedezernenten spielt in der Praxis nur die Auslieferung aus dem Ausland in die Bundesrepublik Deutschland eine Rolle. Sie ist in vielen Fällen von besonderer Brisanz, da Auslieferungen oft höchst eilbedürftig sind. Eine gute Zusammenarbeit zwischen Ermittlungsreferenten und Rechtshilfedezernenten ist somit unerläßlich.

Bereits bei der Frage der Fahndung (s. oben Teil A Kap 2) empfiehlt sich eine Kontaktaufnahme mit dem Rechtshilfedezernenten. Eine Fahndung, die über den nationalen Bereich hinaus erstreckt wird, ist untunlich, wenn später eine Auslieferung nicht möglich oder unverhältnismäßig wäre.

15 Bei der Frage, ob eine Auslieferung betrieben wird oder nicht, spielen auch Verhältnismäßigkeitsgrundsätze eine gewisse Rolle. Eine Auslieferung setzt einen erheblichen Aufwand voraus. Es werden eine Vielzahl von in- und ausländischen Behörden befaßt. Darüber hinaus muß der Verfolgte auf Staatskosten in das Bundesgebiet verbracht werden.

Feste Grundsätze, wann eine Auslieferung verhältnismäßig ist, gibt es nicht. Bei der Abwägung ist zum einen die Höhe der zu erwartenden oder zu vollstreckenden Strafe zu berücksichtigen, zum anderen aber auch die Frage, inwieweit ein Auslieferungsverfahren problemlos durchgeführt werden kann.

b) Voraussetzungen

16 Eine Auslieferung nach Deutschland – und nur diese wird im Folgenden behandelt – setzt voraus, daß man des Verfolgten im Ausland überhaupt habhaft wird. Erst wenn der Verfolgte im Ausland vorläufig festgenommen worden ist, kann ein Auslieferungsverfahren in Gang gesetzt werden.

17 Eine erhebliche Erleichterung hat hier das Schengener Durchführungsübereinkommen gebracht. Möchte man einen Verfolgten im Ausland festnehmen lassen, so ist grundsätzlich ein Ersuchen um vorläufige Inhaftnahme gem Nr. 86 RiVASt erforderlich.

18 Die Ausschreibung im SIS-Fahndungssystem ersetzt ein Ersuchen um vorläufige Inhaftnahme (Art. 64 SDÜ). Mit der Ausschreibung ist die Zusicherung verbunden, daß die ausschreibende Behörde auf dem dafür vorgesehenen Geschäftsweg die Auslieferung anregen werde.

Die Praxis hat gezeigt, daß eine SIS-Ausschreibung sich selbst dann empfiehlt, wenn der Aufenthaltsort des Verfolgten in einem der Schengen-Staaten bekannt ist. Der Vorteil besteht darin, daß jeder Polizeibeamte im Ausland sofort weiß, was sie bedeutet. Der Verfolgte ist festzuhalten und das Nötige zu veranlassen, damit die vorläufige Auslieferungshaft verhängt werden kann.

Es empfiehlt sich, sämtliche Fahndungsmaßnahmen bis zur tatsächlichen Auslieferung beizubehalten. Die Praxis hat gezeigt, daß es immer wieder Fälle gibt, in denen ein Verfolgter – aus welchen Gründen auch immer – auf freien Fuß gelangt. Hier ist es von größter Bedeutung, daß die Fahndungsmaßnahmen aufrechterhalten bleiben.

c) Rechtliche Grundlagen

Eine Pflicht, eine Person an einen anderen Staat auszuliefern, existiert nur aufgrund völkerrechtlicher Verträge. Für Europa sind insbes das Europäische Auslieferungsübereinkommen vom 13.12.1957 (EuAlÜbk), Teil III Kapitel 4 des Schengener Durchführungsübereinkommens (SDÜ), das Übereinkommen vom 27.9.1996 aufgrund von Art. K 3 des Vertrags über die Europäische Union über die Auslieferung zwischen den Mitgliedsstaaten der Europäischen Union (EU-AuslÜbk) sowie das Übereinkommen vom 10.3.1995 aufgrund von Art. K 3 des Vertrages über die Europäische Union über das vereinfachte Auslieferungsverfahren zwischen den Mitgliedsstaaten der Europäischen Union (EU-VereinfAuslÜbk) von Bedeutung. Die beiden zuletzt genannten Verträge sind bisher für die Bundesrepublik Deutschland erst im Verhältnis zu wenigen Staaten anwendbar.

19

Eigenständige bilaterale Verträge sind darüber hinaus besonders im außereuropäischen Raum weit verbreitet. Auch hier empfiehlt sich vorab ein Blick in den Länderteil der RiVASt. Dieser enthält erste wichtige Hinweise darauf, mit welchen Ländern eine Auslieferung relativ problemlos vonstatten geht und bei welchen Ländern diese mit mehr oder weniger großen Schwierigkeiten verbunden ist.

20

In Europa ist für beigetretene Staaten Grundlage eines jeden Auslieferungsbegehrens das Europäische Auslieferungsübereinkommen von 1957. Die einfachste Möglichkeit zu klären, ob ein Staat diesem Abkommen beigetreten ist und ob Vorbehalte bestehen, ist der Länderteil der RiVASt (vgl auch die Übersicht bei S/L-Schomburg II A A. Auslieferung Rn 5). Die Vorschriften des SDÜ, des EU-AuslÜbk und des EU-VereinfAuslÜbk sollen das Europäische Auslieferungsübereinkommen nur ergänzen und dessen Anwendung erleichtern (vgl Art. 59 SDÜ, Art. 1 EU-AuslÜbk, Art. 1 EU-VereinfAuslÜbk).

21

Gem Art. 2 I 1 EuAlÜbk muß im Falle der Auslieferung zur **Strafverfolgung** die Strafdrohung für die Handlung des Gesuchten **sowohl im ersuchten als auch im ersuchenden Staat** Freiheitsstrafe oder eine die Freiheit beschränkende Maßregel der Besserung und Sicherung **im Höchstmaß von mindestens einem Jahr** betragen. Bezüglich Frankreich enthält Art. 61 SDÜ eine Besonderheit. Hier ist es erforderlich, daß **nach französischem Recht** die Strafdrohung bezüglich der Freiheitsstrafe oder der die Freiheit beschränkenden Maßregel der Sicherung und Besserung im **Höchstmaß mindestens zwei Jahre** beträgt. Eine Auslieferung setzt daher zwingend voraus, daß die Tat sowohl in dem ersuchten als auch in dem ersuchenden Staat strafbar ist.

Ist im Hoheitsgebiet des ersuchenden Staates eine **Verurteilung** zu einer Strafe erfolgt oder eine Maßregel der Sicherung und Besserung angeordnet worden, so muß deren Maß **mindestens vier Monate** betragen (Art. 2 I 2 EuAlÜbk).

22 Im Rahmen eines Auslieferungsverfahrens kann der Rechtshilfedezernent noch mit weiteren Schwierigkeiten konfrontiert werden, die unter Umständen völlig überraschend die Auslieferung erheblich erschweren oder unmöglich machen:

– Art. 8 EuAlÜbk bestimmt, daß der ersuchte Staat die Auslieferung eines Verfolgten ablehnen kann, der von ihm wegen der gleichen Handlung verfolgt wird, derentwegen um Auslieferung ersucht wird. In der Praxis bereitet die Vorschrift relativ geringe Probleme. Stellt sich im Auslieferungsverfahren heraus, daß der ersuchte Staat die Strafverfolgung übernimmt, so wird der Auslieferung durch den ersuchten Staat nicht stattgegeben. In vielen Fällen kann hier dann das Verfahren später gem § 153 c I Nr. 3 StPO eingestellt werden, wenn der Verfolgte im Ausland rechtskräftig verurteilt und die gegen ihn verhängte Strafe vollstreckt worden ist.

– In der Praxis bereitet Art. 9 EuAlÜbk wesentlich größere Schwierigkeiten. Demnach wird die Auslieferung nicht bewilligt, wenn der Verfolgte wegen der gleichen Tat, derentwegen um die Auslieferung ersucht wird, von dem ersuchten Staat rechtskräftig abgeurteilt worden ist. In diesem Zusammenhang ist besonders nachdrücklich auf Art. 54 SDÜ hinzuweisen. Nach dieser Vorschrift darf ein Beschuldigter nicht mehr verfolgt werden, wenn er bereits von einem anderen Schengen-Staat rechtskräftig wegen derselben Tat abgeurteilt und die Strafe bereits vollstreckt worden ist, gerade vollstreckt wird oder nicht mehr vollstreckt werden kann.

Die Praxis hat gezeigt, daß gerade Art. 54 SDÜ zu erheblichen Schwierigkeiten führt. Wird die Auslieferung eines Verfolgten betrieben, obwohl die Voraussetzungen des Art. 54 SDÜ vorliegen, so kann dies einen Entschädigungsanspruch nach dem Gesetz über die Entschädigung für Strafverfolgungsmaßnahmen nach sich ziehen. Der Rechtshilfe- und der Ermittlungsdezernent stehen dabei vor dem besonderen Problem, daß trotz aller Sorgfalt es nicht immer möglich ist, schon vor einem Auslieferungsverfahren festzustellen, ob eine anderweitige Verurteilung vorliegt oder nicht.

Die Praxis hat darüber hinaus gezeigt, daß gerade im Bereich der Schengen-Staaten die neue Vorschrift des Art. 54 SDÜ unter reisenden Straftätern sehr bekannt geworden ist. Wird ein Verfolgter im Bereich der Schengen-Staaten festgenommen, so bringt er in dem dortigen Auslieferungsverfahren vor, er sei bereits rechtskräftig verurteilt worden. Das

Auslieferungsverfahren sei daher unzulässig und er müsse auf freien Fuß gesetzt werden. Die Probleme werden noch dadurch verschärft, daß in einigen Mitgliedsstaaten des Schengener Durchführungsübereinkommens Urteile und Anklageschriften äußerst allgemein formuliert sind. Tatzeiträume, Geschehensabläufe und beteiligte Personen werden nur sehr allgemein und vage beschrieben. Es ist dann äußerst schwierig, die Tat so zu konkretisieren, daß der Einwand entkräftet werden kann.

Größte Vorsicht ist bei grenzüberschreitenden Straftaten geboten. Hier empfiehlt es sich, in enger Zusammenarbeit mit den Ermittlungsdezernenten bereits frühzeitig abzuklären, ob der Beschuldigte auch von einem anderen Staat wegen dieser Tat verfolgt wird.

Besonders sorgfältig müssen die Voraussetzungen einer Auslieferung bei Abgaben-, Steuer-, Zoll- und Devisenstrafsachen geprüft werden. Art. 5 EuAlÜbk bestimmt ausdrücklich, daß eine Auslieferung nur bewilligt werden kann, wenn dies zwischen den Vertragsparteien für einzelne oder Gruppen von strafbaren Handlungen dieser Art vereinbart worden ist.

23

Diese Vorschrift wird durch das Zweite Zusatzprotokoll zum Europäischen Auslieferungsübereinkommen vom 17.3.1978 (ZP-EuAlÜbk) in dessen Art. 2 erheblich modifiziert (vgl auch den in wesentlichen Teilen inhaltsgleichen Art. 6 EU-AuslÜbk). Nach dieser Bestimmung wird die Auslieferung in Abgaben-, Steuer-, Zoll- und Devisenstrafsachen auch bewilligt, wenn die Handlung nach dem Recht der ersuchten Vertragspartei einer strafbaren Handlung derselben Art entspricht. Darüber hinaus ist der Einwand, daß das Recht des ersuchten Staates nicht dieselbe Art von Abgaben oder Steuern oder keine Abgaben-, Steuer-, Zoll- oder Devisenbestimmungen derselben Art wie das Recht der ersuchenden Vertragspartei vorsieht, unzulässig. Eine Liste der Staaten, die diesem Zusatzprotokoll beigetreten sind, findet sich im Kommentar für internationale Rechtshilfe in Strafsachen Schomburg/Lagodny 3. Aufl. unter II A 2.

Auch das Schengener Durchführungsübereinkommen enthält insoweit eine spezielle Regelung. Art. 63 iVm Art. 50 I SDÜ regelt die grundsätzliche Möglichkeit, daß Personen wegen Verstoßes gegen Verbrauchssteuer-, Mehrwertsteuer- und Zollgesetze ausgeliefert werden können.

Nach Art. 10 EuAlÜbk ist eine Auslieferung nur dann möglich, wenn die Strafverfolgung oder Strafvollstreckung **auch** in dem ersuchten Staat nicht verjährt ist. Abweichend hiervon bestimmt Art. 62 I SDÜ, daß bezüglich der **Unterbrechung** der Verjährung allein die Vorschriften des ersuchenden Staates maßgebend sind.

24

Nach der derzeitigen Rechtslage ist daher in vielen Fällen die Verjährungsproblematik sowohl nach dem eigenen Recht als auch nach dem Recht des Landes zu prüfen, aus dem die Auslieferung begehrt wird. In den meisten europäischen Staaten, insbes in den Schengen-Staaten, gelten wesentlich kürzere Verjährungsfristen. Einen Überblick über die derzeit in den Schengen-Staaten geltenden Verjährungsvorschriften enthält die Informationsbroschüre des BKA zum Schengener Durchführungsübereinkommen.

25 Das derzeit nur im Verhältnis zu wenigen Ländern anwendbare EU-AuslÜbk novelliert das EuAlÜbk in ganz wesentlichen Punkten. Gem Art. 2 EU-AuslÜbk kann die Auslieferung wegen einer Handlung erfolgen, die nach dem Recht des ersuchenden Mitgliedstaates mit einer Freiheitsstrafe oder einer die Freiheit beschränkenden Maßregel der Sicherung und Besserung im **Höchstmaß von mindestens zwölf Monaten** und nach dem Recht des ersuchten Mitgliedsstaates mit einer Freiheitsstrafe oder einer die Freiheit beschränkenden Maßregel der Besserung und Sicherung im **Höchstmaß von mindestens sechs Monaten** bedroht ist. Art. 3 bestimmt, daß eine Auslieferung wegen einer Verabredung einer strafbaren Handlung oder der Beteiligung an einer kriminellen Vereinigung unter den dort genannten Voraussetzungen auch dann möglich ist, wenn die Handlung nach dem Recht des ersuchten Mitgliedstaates keinen Straftatbestand darstellt. Gem Art. 6 ist darüber hinaus auch bei fiskalisch strafbaren Handlungen eine Auslieferung in weiteren Fällen möglich.

26 Besonders wichtig ist die neue Vorschrift zur Verjährung. Art. 8 EU-AuslÜbk bestimmt, daß eine Auslieferung auch dann möglich ist, wenn die Strafverfolgung oder Strafvollstreckung nach den Rechtsvorschriften des ersuchten Mitgliedstaates verjährt ist. Für die Frage der Verjährung ist daher ausschließlich das **Recht des ersuchenden Staates** maßgeblich.

27 Die Arbeit des Rechtshilfedezernenten wird weiter dadurch erschwert, daß es in den einzelnen Ländern nationale Rechtsgrundsätze gibt, die auf die Auslieferung Einfluß nehmen. Zwar enthalten die völkerrechtlichen Übereinkommen eine allgemeine Pflicht des ersuchten Staates, eine Auslieferung vorzunehmen. In vielen Fällen haben die Staaten aber gewisse Einschränkungen gemacht, um ihre nationalen Rechtsgrundsätze zu verwirklichen.

So hat Portugal einen Vorbehalt zum EuAlÜbk[1] erklärt, der gerade bei schwersten Straftaten zu erheblichen Problemen führen kann. Droht eine lebenslange Strafe oder eine lebenslange Maßregel der Sicherung und Besserung, so kann es im Rahmen des Auslieferungsverfahrens zu Schwierigkeiten kommen. Die Auslieferung wird unter Umständen von weitreichenden Zusicherungen des ersuchenden Mitgliedstaates bezüglich der Vollstreckung abhängig gemacht.

Aber auch der umgekehrte Fall ist denkbar, daß eine Auslieferung möglich ist, die nach Deutschem Recht aufgrund von Vorbehalten undenkbar wäre. So liefert zB das Königreich der Niederlande niederländische Staatsbürger an die Bundesrepublik Deutschland zur Strafverfolgung aus, unter der Ver-

---

[1] BGBl II 1991, 645

pflichtung, daß sie zur Strafvollstreckung wieder in die Niederlande rücküberstellt werden.[2]

d) Ablauf eines Auslieferungsverfahrens

- Ersuchen um vorläufige Inhaftnahme, es sei denn, daß der Verfolgte im SIS-Fahndungssystem ausgeschrieben worden ist

- Bericht an die vorgesetzte Behörde mit den erforderlichen Unterlagen mit der Bitte, die ausländische Regierung um Auslieferung des Verfolgten zu ersuchen

- Unterrichtung des BKA und des LKA über den wesentlichen Inhalt des Auslieferungsberichts und Übersendung zweier Mehrfertigungen des Haftbefehls

- Nach Auslieferung des Verfolgten:

    - Einlieferungsbericht an vorgesetzte Behörde

    und

    - Einlieferungsvermerk zu den Akten

2. Formular – Vorläufige Inhaftnahme

```
                    STAATSANWALTSCHAFT
                         # O R T #
                           #ZwSt#

Az.:                  Datum:                 ali fest 1
Per Telefax an
01  Bundeskriminalamt Wiesbaden
02  Landeskriminalamt _____       (nachrichtlich)
03  ❑ Frau Generalstaatsanwältin    (nachrichtlich)
    ❑ Herrn Generalstaatsanwalt
      bei dem Oberlandesgericht
      #Ort_OLG#
    __ _____             (nachrichtlich)
    __ _____             (nachrichtlich)
```

---

[2] Art. 6 EuAlÜbk, Art. 70 c Wet overdracht tenuitvoelegging strafvonnissen = niederländisches Gesetz über die Übertragung der Vollstreckung von Strafurteilen

Auslieferung
d. _____ Staatsangehörige(n)   ◄ Staatsangehörigkeit
_____ ◄ Vorname, Name

geb. am _____ in _____ ◄ Geburtsdatum, -ort

aus _____ nach Deutschland   ◄ auslieferndes Land

zur
❏ Strafverfolgung
❏ Strafvollstreckung
❏ Strafverfolgung und Strafvollstreckung
wegen _____ ◄ Tatvorwurf

hier: Ersuchen um Verhängung der vorläufigen Auslieferungshaft

❏ Mit ○ 1 Fertigung des Haftbefehls des _____
       vom _____, Az.: _____

    ○ 1 Fertigung des Urteils des _____
       vom _____, Az.: _____

    ○ _____

(ggf. Ausführungen zu weiteren Haftbefehle und Urteilen)

Es wird um Weiterleitung des folgenden Ersuchens um Anordnung der vorläufigen Inhaftnahme über Interpol an die zuständigen _____ Behörden gebeten.

❏ Gegen d. oben genannte/n Verfolgte/n ist bei der Staatsanwaltschaft _____
ein Ermittlungsverfahren, Az.: _____, wegen _____
anhängig.
Das Amtsgericht _____ hat am _____,
Az.: _____, Haftbefehl gegen d. Verfolgte/n erlassen.

TV-StA #StA# ali fest 1   (08.00)   Auslieferung - vorläufige Festnahme

---

❏ _____
_____
_____

(ggf. Ausführungen zu mehreren Ermittlungsverfahren und Haftbefehlen)

❏ D. Verfolgte ist durch rechtskräftiges und vollstreckbares Urteil des _____
vom _____, Az.: _____, wegen _____
zu einer _____ verurteilt worden.

❏ _____
_____
_____

(ggf. Ausführungen zu weiteren Urteilen)

❏ Bezüglich ○ des Sachverhalts ○ der Sachverhalte erlaube ich mir, auf die eingangs bezeichneten Unterlagen zu verweisen.

❏ Dem Verfahren liegt folgender Sachverhalt zugrunde:

☐ Den Verfahren liegen folgende Sachverhalte zugrunde:

_____
_____
_____

☐ Wie ich in Erfahrung gebracht habe, soll sich d. Verfolgte unter folgender Anschrift aufhalten:

_____
_____
_____

☐ Wie ich in Erfahrung gebracht habe, soll d. Verfolgte am _____ festgenommen und in

eingeliefert worden sein.

☐ _____
_____
_____

Zur Sicherung der Auslieferung nach Deutschland wird um vorläufige Inhaftnahme und um baldige Nachricht gebeten, ob und wann d. Verfolgte im Hinblick auf die Auslieferung in Haft genommen worden ist.

☐ _____
_____
_____

Die Auslieferung wird unverzüglich auf dem dafür vorgesehenen Geschäftsweg angeregt werden.

_____
(Name, Dienstbezeichnung)

Für die Veranlassung der vorläufigen Inhaftnahme des Verfolgten im Ausland ist die StA zuständig.

Das Formular ist an Nr. 86 III RiVASt angelehnt. Wie bereits oben ausgeführt, ist eine vorläufige Festnahmeanordnung nicht mehr erforderlich, wenn der Verfolgte im SIS-Fahndungssystem ausgeschrieben worden ist und im Bereich der Schengen-Staaten festgenommen wurde (Art. 64 SDÜ).

Der Länderteil der RiVASt enthält für jedes einzelne Land Hinweise, auf welche Art und Weise das Ersuchen um vorläufige Festnahme übersandt werden kann. Soll die Auslieferung aus einem Staat erfolgen, der sich hierzu international nicht verpflichtet hat (vertragsloser Auslieferungsverkehr), so empfiehlt es sich dringend, mit den vorgesetzten Dienststellen Kontakt aufzunehmen (in Bayern ist gem Nr. 7 ErgRiVASt die Weisung des Bayerischen Staatsministeriums der Justiz einzuholen).

Das Formular wurde den neuen Gegebenheiten angepaßt. Muster Nr. 18 zu Nr. 86 III RiVASt sieht noch vor, daß eine Abschrift des Haftbefehls bzw des Urteils nicht zu übersenden ist. Nachdem derartige Ersuchen grundsätzlich per Telefax übersandt werden, gibt es keinen Grund mehr, entsprechende Unterlagen nicht mitzuübersenden. Sie sind zulässiges Hilfsmittel, um die ausländische Behörde in die Lage zu versetzen, den Verfolgten festzunehmen.

In dem Formular gibt es die Möglichkeit, bezüglich des Sachverhalts auf den Haftbefehl bzw das Urteil Bezug zu nehmen. Im Sinne einer zügigen und vereinfachten Arbeitsweise erscheint diese Vorgehensweise sachgerecht.

Einige ausländische Staaten bestehen aber sehr strikt darauf (Art. 16 II EuAlÜbk), daß unabhängig von der Frage, ob Urteile und Haftbefehle übersandt werden, der Sachverhalt in dem Ersuchen um vorläufige Inhaftnahme tatsächlich mitgeteilt wird. In Zweifelsfällen empfiehlt es sich daher, den Sachverhalt knapp und übersichtlich darzustellen. Es ist nicht erforderlich, im Falle einer Vielzahl von Straftaten hier jede einzelne Straftat mit aufzunehmen. Es ist wichtig, daß der ausländische Staat aufgrund des mitgeteilten Sachverhaltes erkennen kann, was dem Verfolgten zur Last gelegt wird.

Als Essentialien sollten mitgeteilt werden: die Tatzeit bzw der Tatzeitraum, der Tatort, die Anzahl der dem Verfolgten zur Last gelegten Taten und insbes bei Vermögensdelikten die Höhe des angerichteten Schadens.

33 Das Formular geht von dem üblichen Geschäftsweg aus, der vorsieht, daß Ersuchen um vorläufige Inhaftnahme über Interpol an die zuständige ausländische Behörde übermittelt werden. Das Bundeskriminalamt veranlaßt hierbei das Nötige. Es ist daher nicht erforderlich, daß Übersetzungen mitgesandt werden.

34 Der besondere Fall, daß die Identität des Verfolgten noch gar nicht feststeht, ist von dem Formular nicht erfaßt. Dh: Eine unbekannte Person soll an einem Ort im Ausland festgenommen werden, wenn sie eine bestimmte Handlung vornimmt. Als Beispielsfälle wären hier zu nennen eine geplante Geldübergabe oder eine Einzahlung bzw Abhebung auf einer Bank.

In diesem Fall ist eine Anregung auf polizeiliche Festnahme im Sinne der Nr. 86 II RiVASt möglich. Die Besonderheit besteht darin, die Person und die Handlung, die durch die Person begangen werden soll, exakt zu beschreiben.

In dem Fax an das BKA ist darauf hinzuweisen, daß über Interpol unbedingt eine Rückmeldung erforderlich ist, ob tatsächlich jemand festgenommen worden ist und wie die Personalien dieser Person lauten. Iü empfiehlt es sich, den Rücklauf zu überwachen, indem man nach relativ kurzer Zeit erneut Kontakt mit dem BKA aufnimmt, ob bereits Erkenntnisse vorliegen.

Eine weitere Form der Anregung den Verfolgten polizeilich festzunehmen iSd Nr. 86 II RiVASt ist der Fall, daß ein Haftbefehl noch nicht erlassen worden ist. Der Haftbefehl ist unverzüglich zu beantragen. Nach seinem Erlaß muß möglichst rasch ein förmliches Ersuchen um vorläufige Inhaftnahme gestellt werden.

3. Formular – Auslieferungsbericht Strafverfolgung

STAATSANWALTSCHAFT
 # O R T #
#ZwSt#

Az.:   Datum: ber ali 1

❑ - Vorab per Telefax -

❑ Frau Generalstaatsanwältin
❑ Herrn Generalstaatsanwalt
bei dem Oberlandesgericht
#Ort_OLG#
oder
Über
❑ Frau Generalstaatsanwältin
❑ Herrn Generalstaatsanwalt
an das _____

Auslieferung
d. _____ Staatsangehörige(n)   ◁ Staatsangehörigkeit

_____   ◁ Vorname, Name

geb. am _____ in _____   ◁ Geburtsdatum, -ort

zuletzt wohnhaft: _____   ◁ letzter Wohnsitz

derzeit in Haft in _____   ◁ ausländische Haftanstalt

aus _____ nach Deutschland   ◁ auslieferndes Land

zur Strafverfolgung wegen _____   ◁ Tatvorwurf

❑ Zu meinem ○ Schreiben ○ Telefax vom _____

Berichterstatter: _____
(Tel.: _____)

Mit   1   Blattsammlung
❑   1   Mehrfertigung dieses Berichts
❑   ___ Mehrfertigungen dieses Berichts

Anbei übersende ich

○ 5 ○ ____ beglaubigte Ablichtungen des Haftbefehls des
_____
vom _____ , Az.: _____ ,
○ _____
_____
_____
(ggf. Ausführungen zu weiteren Haftbefehlen)

TV-StA   #StA#   ber ali 1   (08.00)   Auslieferung - Strafverfolgung

○ 5 ○ _____ Bescheinigungen über den Wortlaut der für
    ○ den Haftbefehl ○ die Haftbefehle
maßgeblichen deutschen Bestimmungen des Strafrechts
    ○ und der Strafprozeßordnung ○ sowie der darin verwendeten Abkürzungen,

○ und je ○ 2 ○ _____ Übersetzungen der vorbezeichneten Unterlagen in die
_____ Sprache ○ (werden nachgereicht)

mit der Bitte, die _____ Regierung um Auslieferung der eingangs genannten Person zur Verfolgung wegen der in
○ dem vorbezeichneten Haftbefehl
○ den vorbezeichneten Haftbefehlen
genannten Straftaten zu ersuchen.

○ _____
   _____

Wegen der Einzelheiten der d. Verfolgten zur Last liegenden ○ Straftat ○ Straftaten, der rechtlichen Würdigung und des Haftgrundes nehme ich auf die beiliegenden Fertigungen
○ des eingangs genannten Haftbefehls
○ der eingangs genannten Haftbefehle
Bezug.

❑ Mit Telefax vom _____ habe ich erfahren, daß d. Verfolgte am _____ in _____ aufgrund der hiesigen Ausschreibung im Schengener Informationssystem festgenommen und in _____ eingeliefert worden ist.

❑ Am _____ hat mir Interpol _____ mitgeteilt, daß d. Verfolgte
○ in dieser Angelegenheit
○ aufgrund eines dortigen Verfahrens
in _____ festgehalten werde.

Ich habe per Telefax am _____ unter Bezugnahme auf ○ den Haftbefehl ○ die Haftbefehle ○ und unter zusammenfassender Darstellung des Sachverhalts die _____ Behörden um vorläufige Inhaftnahme d. Verfolgten gebeten und die Übersendung der Auslieferungsunterlagen auf dem dafür vorgesehenen Geschäftsweg angekündigt.

D. Verfolgte wurde in ○ die Justizvollzugsanstalt ○ _____ eingeliefert.

❑ _____
   _____
   _____

❑ Weitere Verfahren sind gegen d. Verfolgten nicht anhängig.

❑ Gegen d. Verfolgte/n sind folgende weitere Verfahren anhängig:

Staatsanwaltschaft _____, wegen _____,
Az.: _____

○ _____
   _____
   (ggf. Ausführungen zu weiteren Verfahren)

Ich habe die oben ○ genannte Staatsanwaltschaft ○ genannten Staatsanwaltschaften von der beabsichtigten Auslieferung in Kenntnis gesetzt. Ob ein Anschluß an die Auslieferung in meinem Verfahren in Betracht kommt, wird von dort aus geprüft werden.

☐ Gründe, die der Auslieferung entgegenstehen könnten, sind nicht ersichtlich.

○ _____

_____

(ggf. Ausführungen zur Verjährung u. a.)

Die Auslieferung ist auch verhältnismäßig.

☐ _____

_____

☐ Besondere Sicherungsmaßnahmen müssen in das Ermessen der zuständigen Polizeibehörden gestellt werden.

☐ _____

_____

(ggf. Ausführungen zu besonderen Sicherungsmaßnahmen)

☐ Als Ort, an dem d. Verfolgte den deutschen Behörden übergeben werden soll, schlage ich _____ vor.

☐ Es wird angeregt, d. Verfolgten von einem von den _____ Behörden zu bezeichnenden Flughafen abholen zu lassen.

Nach der Auslieferung soll d. Verfolgte in die Justizvollzugsanstalt _____ überstellt werden.

○ Unterschrift BL
○ In Vertretung ○ Im Auftrag

_____
(Name, Dienstbezeichnung)

Auslieferungsberichte sollten grundsätzlich so schnell wie möglich abgefaßt werden. Nr. 87 RiVASt weist darauf hin, daß die vorläufige Inhaftnahme eines Verfolgten in der Regel aufgehoben wird, wenn nicht das Auslieferungsbegehren selbst innerhalb einer relativ kurzen Frist bei den zuständigen Behörden im Ausland eingeht. So beträgt die Frist zB nach Art. 16 IV EuAlÜbk nur 18 Tage. Sie kann maximal auf 40 Tage verlängert werden.

Der Bericht ist daher in der Regel vorab per Fax zu übersenden. Soweit Übersetzungen benötigt werden, ist es zweckmäßig, diese nachzureichen, damit keine Verzögerung eintritt.

Das Formular ist in Anlehnung an Nr. 91 und 92 RiVASt gestaltet. Von dem Muster Nr. 19 zu Nr. 91 I RiVASt wird allerdings aus Zweckmäßigkeitsgründen deutlich abgewichen.

Die Anzahl der beizufügenden Mehrfertigungen des Berichts und der zu übersendenden Unterlagen ergibt sich aus Nr. 93 iVm Nr. 30 und Nr. 12 II RiVASt.

Bei allen übersandten Schriftstücken ist großer Wert auf eine ordnungsgemäße Beglaubigung gem Nr. 9 II RiVASt zu legen. Von besonderer Bedeutung sind die Personalien des Verfolgten im Haftbefehl. Aus dem Haftbefehl muß sich die Identität der Person eindeutig ergeben. Dies gilt insbes für die Staatsangehörigkeit.

Sollte der Haftbefehl hier Unklarheiten aufweisen, besteht die Möglichkeit, in der mitzusendenden »Bescheinigung über die maßgeblichen Vorschriften und die verwendeten Abkürzungen« eine Bestätigung mit aufzunehmen, die insoweit Klarheit schafft.

Bei der Bescheinigung ist darauf zu achten, daß die angewendeten Vorschriften in der jeweils gültigen Fassung möglichst knapp aber dennoch vollständig mitgeteilt werden. Es erfordert einen enormen Kosten- und Zeitaufwand, wenn wahllos Vorschriften angegeben werden, die übersetzt werden müssen. Andererseits ist es erforderlich, falls die Taten längere Zeit zurückliegen, unbedingt die Verjährungsvorschriften und die Vorschriften über die Unterbrechung der Verjährung mit aufzunehmen.

37 Die zu übersendende Bescheinigung könnte wie folgt aussehen:

Aktenzeichen   Kopfbogen Staatsanwaltschaft

                                        Datum

1) Es wird bescheinigt, daß die vorgeheftete beglaubigte Ablichtung des Haftbefehls des Amtsgerichts .... vom ......, Aktenzeichen: ...., wörtlich mit der Urschrift des Haftbefehls übereinstimmt und dessen getreues Abbild ist.

2) Die in dem oben genannten Haftbefehl verwendeten Abkürzungen haben folgende Bedeutung:
   ....

3) Die in dem eingangs bezeichneten Haftbefehl angewendeten Bestimmungen des Strafrechts und der Strafprozeßordnung haben folgenden Wortlaut:

   a) Deutsches Strafgesetzbuch:
      ....

   b) Deutsche Strafprozeßordnung:
      ....

....
(Unterschrift Staatsanwalt)

....
(Name, Amtsbezeichnung)   (Dienstsiegel)

Der Bericht ist in sich knapp gehalten. Überflüssige Wiederholungen und Angaben werden vermieden.

Er enthält insbes zwei Alternativen:
- Festnahme durch SIS-Ausschreibung
- Festnahme durch vorläufige Inhaftnahme.

Sollten die Taten bereits längere Zeit zurückliegen, so sind hierzu auch im Bericht bezüglich der Verjährung und eventueller Unterbrechungen Ausführungen zu machen.

Der Bericht sieht nicht mehr die Möglichkeit vor, einen Verfolgten durch einen Drittstaat durchliefern zu lassen. Wird der Verfolgte aus einem Staat ausgeliefert, der eine unmittelbare Grenze zur Bundesrepublik Deutschland hat, so ist die Grenzübergangsstelle anzugeben. In allen übrigen Fällen ist die Auslieferung grundsätzlich auf dem Luftweg durchzuführen. Eine Durchlieferung durch Drittstaaten ist nicht mehr zeitgemäß.

4. Formular – Auslieferungsbericht Strafvollstreckung

STAATSANWALTSCHAFT
 # O R T #
#ZwSt#

Az.:		Datum:		ber ali 2

☐ - Vorab per Telefax -

☐ Frau Generalstaatsanwältin
☐ Herrn Generalstaatsanwalt
bei dem Oberlandesgericht
#Ort_OLG#
oder
Über
☐ Frau Generalstaatsanwältin
☐ Herrn Generalstaatsanwalt
an das _____

Auslieferung
d. _____ Staatsangehörige(n) ≺ Staatsangehörigkeit
≺ Vorname, Name

geb. am	in	≺ Geburtsdatum, -ort
zuletzt wohnhaft:		≺ letzter Wohnsitz
derzeit in Haft in		≺ ausländische Haftanstalt
aus	nach Deutschland	≺ auslieferndes Land
zur Strafvollstreckung wegen		≺ Tatvorwurf

☐ Zu meinem ○ Schreiben ○ Telefax vom _____

Berichterstatter: _____
(Tel.: _____)

Mit	1	Blattsammlung
☐	1	Mehrfertigung dieses Berichts
☐	____	Mehrfertigungen dieses Berichts

Anbei übersende ich

○ 5 ○ _____ beglaubigte Ablichtungen des Urteils des

_____

vom _____ , Az.: _____ ,

○ 5 ○ _____ beglaubigte Ablichtungen des Widerrufsbeschlusses des

_____

vom _____ , Az.: _____ ,

TV-StA   #StA#   ber ali 2   (08.00)   Auslieferung - Strafvollstreckung

○ _____
_____
_____

(ggf. Ausführungen zu weiteren Urteilen, Sicherungshaftbefehlen u.a.)

○ 5 ○ _____ Bescheinigungen über die Rechtskraft, die Vollstreckbarkeit und den Wortlaut der für
 ○ das Straferkenntnis ○ die Straferkenntnisse
maßgeblichen deutschen Bestimmungen des Strafrechts
 ○ und der Strafprozeßordnung ○ sowie der darin verwendeten Abkürzungen

○ und je ○ 2 ○ _____ Übersetzungen der vorbezeichneten Unterlagen in die
_____ Sprache ○ (werden nachgereicht)

mit der Bitte, die _____ Regierung um Auslieferung der eingangs genannten Person zur
 ○ Vollstreckung
 ○ Sicherung der Strafvollstreckung
wegen der in
 ○ dem vorbezeichneten Urteil
 ○ den vorbezeichneten Urteilen
verhängten ○ Freiheitsstrafe ○ Freiheitsstrafen,
 ○ von ○ der ○ denen noch ein Strafrest in Höhe von _____ zu vollstrecken ist,
zu ersuchen.

○ _____
_____

(ggf. Ausführungen zu Sicherungshaftbefehlen u.a.)

Wegen der Einzelheiten der d. Verfolgten zur Last liegenden ○ Straftat ○ Straftaten und der
rechtlichen Würdigung nehme ich auf die beiliegenden Fertigungen
 ○ des eingangs genannten Urteils
 ○ der eingangs genannten Urteile
Bezug.

☐ _____
_____
_____

(ggf. Ausführungen zum Widerruf der Bewährung u.a.)

❑ Mit Telefax vom _____ habe ich erfahren, daß d. Verfolgte am _____ in _____ aufgrund der hiesigen Ausschreibung im Schengener Informationssystem festgenommen und in _____ eingeliefert worden ist.

❑ Am _____ hat mir Interpol _____ mitgeteilt, daß d. Verfolgte
  ○ in dieser Angelegenheit
  ○ aufgrund eines dortigen Verfahrens
in _____ festgehalten werde.

Ich habe per Telefax am _____ unter Bezugnahme auf ○ das Urteil ○ die Urteile ○ und unter zusammenfassender Darstellung des Sachverhalts die _____ Behörden um

vorläufige Inhaftnahme d. Verfolgten gebeten und die Übersendung der Auslieferungsunterlagen auf dem dafür vorgesehenen Geschäftsweg angekündigt.

D. Verfolgte wurde in ○ die Justizvollzugsanstalt ○ _____ eingeliefert.

❑ _____

❑ Weitere Verfahren sind gegen d. Verfolgten nicht anhängig.

❑ Gegen d. Verfolgte/n sind folgende weitere Verfahren anhängig:

Staatsanwaltschaft _____ , wegen _____ ,
Az.: _____

○ _____

(ggf. Ausführungen zu weiteren Verfahren)

Ich habe die oben ○ genannte Staatsanwaltschaft ○ genannten Staatsanwaltschaften von der beabsichtigten Auslieferung in Kenntnis gesetzt. Ob ein Anschluß an die Auslieferung in meinem Verfahren in Betracht kommt, wird von dort aus geprüft werden.

❑ Gründe, die der Auslieferung entgegenstehen könnten, sind nicht ersichtlich.

○ _____

(ggf. Ausführungen zur Verjährung u.a.)

Die Auslieferung ist auch verhältnismäßig.

❑ _____

❑ Besondere Sicherungsmaßnahmen müssen in das Ermessen der zuständigen Polizeibehörden gestellt werden.

❑ _____

(ggf. Ausführungen zu besonderen Sicherungsmaßnahmen)

Wölfel/Vordermayer

> ❏ Als Ort, an dem d. Verfolgte den deutschen Behörden übergeben werden soll, schlage ich
> _____ vor.
>
> ❏ Es wird angeregt, d. Verfolgten von einem von den _____ Behörden zu
> bezeichnenden Flughafen abholen zu lassen.
>
> Nach der Auslieferung soll d. Verfolgte in die Justizvollzugsanstalt _____ überstellt
> werden.
>
> ○ Unterschrift BL
> ○ In Vertretung ○ Im Auftrag
>
> _____
> (Name, Dienstbezeichnung)

40 Der Bericht ist wiederum an Nr. 91 und 92 RiVASt angelehnt und berücksichtigt hierbei die Besonderheit einer Auslieferung zur Strafvollstreckung.

41 Unproblematisch sind die Fälle, in denen ein rechtskräftiges Urteil besteht und der Verfolgte zu einer unbedingten Freiheitsstrafe verurteilt worden ist. Hier ist nur das Urteil zu übersenden. Ist eine Gesamtfreiheitsstrafe zu vollstrecken, so sind **alle** Straferkenntnisse beizufügen, in denen Einzelstrafen festgesetzt sind. Ein etwaiger Gesamtstrafenbeschluß ist ebenfalls zu übersenden.

42 In vielen Fällen wurde allerdings eine Bewährungsstrafe verhängt und diese widerrufen. In diesem Zusammenhang ist besonders auf Nr. 92 I b) bb) RiVASt hinzuweisen. Es sind alle Sicherungshaftbefehle und Widerrufsbeschlüsse mit vorzulegen.

Die mitzuübersendende Bescheinigung könnte wie folgt aussehen: 43

Aktenzeichen   Kopfbogen Staatsanwaltschaft

                              Datum

1. Es wird bescheinigt,

   a) daß die vorgehefteten beglaubigten Ablichtungen des

       aa) Urteils des Landgerichts .... vom ...., Aktenzeichen: ....,
       bb) Beschlusses der großen Strafvollstreckungskammer des
           Landgerichts .... vom ...., Aktenzeichen: ....,

      wörtlich mit den Urschriften übereinstimmen und deren getreues Abbild
      sind und,

   b) daß das Urteil des Landgerichts .... vom ...., Aktenzeichen: ...., und der Beschluß der großen
      Strafvollstreckungskammer des Landgerichts .... vom ...., Aktenzeichen: ...., rechtskräftig und
      vollstreckbar sind und

      daß ein Strafrest von noch ...... Tagen zu vollstrecken und Vollstreckungsverjährung nicht eingetreten ist.

2. Die in den genannten Straferkenntnissen und Beschlüssen verwendeten Abkürzungen haben
   folgende Bedeutung:

   ....

3. Die in den genannten Straferkenntnissen und den Beschlüssen angewendeten Bestimmungen des Strafrechts und
   der Strafprozeßordnung haben folgenden Wortlaut:

   c) Deutsches Strafgesetzbuch

      ....

   d) Deutsche Strafprozeßordnung

      ....

....
(Unterschrift Staatsanwalt)

....
(Name, Amtsbezeichnung)   (Dienstsiegel)

Wurde bereits ein Teil der Strafe vollstreckt, so ist in dem Auslieferungsbericht unbedingt die Höhe des Strafrestes anzugeben. Das Formular sieht hierfür eine eigene Textstelle vor.

Iü folgt das Formular den gleichen Prinzipien wie das Formular Auslieferungsbericht Strafverfolgung.

Die Frage der Verjährung stellt sich besonders in der Strafvollstreckung. Hier empfiehlt es sich, im Zweifel Ausführungen zu machen.

5. Formular – Auslieferungsbericht Strafverfolgung und Strafvollstreckung

44

STAATSANWALTSCHAFT
O R T
#ZwSt#

Az.:　　　　　　　　　　　◄　Datum:　　　　　　◄　ber ali 3

☐ - Vorab per Telefax -

☐ Frau Generalstaatsanwältin
☐ Herrn Generalstaatsanwalt
　bei dem Oberlandesgericht
　#Ort_OLG#
　oder
Über
☐ Frau Generalstaatsanwältin
☐ Herrn Generalstaatsanwalt
　an das _____

Auslieferung
d. _____ Staatsangehörige(n)　◄ Staatsangehörigkeit

_____　◄ Vorname, Name

geb. am _____ in _____　◄ Geburtsdatum, -ort

zuletzt wohnhaft: _____　◄ letzter Wohnsitz

derzeit in Haft in _____　◄ ausländische Haftanstalt

aus _____ nach Deutschland　◄ auslieferndes Land

zur Strafverfolgung und Strafvollstreckung wegen　◄ Tatvorwurf

☐ Zu meinem ○ Schreiben ○ Telefax vom _____

Berichterstatter: _____
　　　　　　　　(Tel.: _____)

Mit　1　Blattsammlung
☐　1　Mehrfertigung dieses Berichts
☐　___　Mehrfertigungen dieses Berichts

Anbei übersende ich

○ 5 ○ ___ beglaubigte Ablichtungen des Haftbefehls des
_____
vom _____ , Az.: _____ ,
○ _____

(ggf. Ausführungen zu weiteren Haftbefehlen)

TV-StA　#StA#　ber ali 3　　(08.00)　Auslieferung - Strafverfolgung und Strafvollstreckung

○ 5 ○ _____ beglaubigte Ablichtungen des Urteils des

vom _____, Az.: _____ ,

○ 5 ○ _____ beglaubigte Ablichtungen des Widerrufsbeschlusses des

vom _____, Az.: _____ ,

○ _____

(ggf. Ausführungen zu weiteren Urteilen, Sicherungshaftbefehlen u. a.)

○ 5 ○ _____ Bescheinigungen über die Rechtskraft, die Vollstreckbarkeit und den Wortlaut der für
○ das Straferkenntnis ○ die Straferkenntnisse sowie ○ den Haftbefehl ○ die Haftbefehle
maßgeblichen deutschen Bestimmungen des Strafrechts
○ und der Strafprozeßordnung ○ sowie der darin verwendeten Abkürzungen.

○ _____

(ggf. Ausführungen zu gesonderten Bescheinigungen für einzelne Haftbefehle/Straferkenntnisse u.a.)

○ und je ○ 2 ○ _____ Übersetzungen der vorbezeichneten Unterlagen in die
_____ Sprache ○ (werden nachgereicht)

mit der Bitte, die _____ Regierung um Auslieferung der eingangs genannten Person zur

○ Verfolgung wegen der in
○ dem vorbezeichneten Haftbefehl ○ den vorbezeichneten Haftbefehlen
genannten Straftaten

sowie zur

○ Vollstreckung
○ Sicherung der Strafvollstreckung
wegen der in ○ dem vorbezeichneten Urteil ○ den vorbezeichneten Urteilen
verhängten ○ Freiheitsstrafe ○ Freiheitsstrafen,
○ von ○ der ○ denen noch ein Strafrest in Höhe von _____ zu vollstrecken ist,
zu ersuchen.

❑ _____

(ggf. Ausführungen zu mehreren Haftbefehlen/Urteilen/Widerruf der Bewährung bzw. Sicherungshaftbefehlen)

Wegen der Einzelheiten der d. Verfolgten zur Last liegenden Straftaten, der rechtlichen Würdigung und
des Haftgrundes nehme ich auf die beiliegenden Fertigungen
○ des eingangs bezeichneten Haftbefehls ○ der eingangs bezeichneten Haftbefehle
○ des eingangs bezeichneten Urteils ○ der eingangs bezeichneten Urteile
Bezug.

❏ Mit Telefax vom _____ habe ich erfahren, daß d. Verfolgte am _____ in _____ aufgrund der hiesigen Ausschreibung im Schengener Informationssystem festgenommen und in _____ eingeliefert worden ist.

❏ Am _____ hat mir Interpol _____ mitgeteilt, daß d. Verfolgte
   ○ in dieser Angelegenheit
   ○ aufgrund eines dortigen Verfahrens
   in _____ festgehalten werde.

Ich habe per Telefax am _____ unter Bezugnahme auf ○ den Haftbefehl ○ die Haftbefehle sowie ○ das Urteil ○ die Urteile ○ und unter zusammenfassender Darstellung des Sachverhalts die _____ Behörden um vorläufige Inhaftnahme d. Verfolgten gebeten und die Übersendung der Auslieferungsunterlagen auf dem dafür vorgesehenen Geschäftsweg angekündigt.

D. Verfolgte wurde in ○ die Justizvollzugsanstalt ○ _____ eingeliefert.

❏ _____
_____

❏ Weitere Verfahren sind gegen d. Verfolgten nicht anhängig.

❏ Gegen d. Verfolgte/n sind folgende weitere Verfahren anhängig:

Staatsanwaltschaft _____, wegen _____
Az.: _____
○ _____
_____

(ggf. Ausführungen zu weiteren Verfahren)

Ich habe die oben ○ genannte Staatsanwaltschaft ○ genannten Staatsanwaltschaften von der beabsichtigten Auslieferung in Kenntnis gesetzt. Ob ein Anschluß an die Auslieferung in meinem Verfahren in Betracht kommt, wird von dort aus geprüft werden.

❏ Gründe, die der Auslieferung entgegenstehen könnten, sind nicht ersichtlich.

○ _____
_____

(ggf. Ausführungen zur Verjährung u.a.)

Die Auslieferung ist auch verhältnismäßig.

❏ _____
_____

❏ Besondere Sicherungsmaßnahmen müssen in das Ermessen der zuständigen Polizeibehörden gestellt werden.

❏ _____
_____

(ggf. Ausführungen zu besonderen Sicherungsmaßnahmen)

Wölfel/Vordermayer

```
┌─────────────────────────────────────────────────────────────────┐
│   ❏ Als Ort, an dem d. Verfolgte den deutschen Behörden übergeben werden soll, schlage ich │
│     _____ vor.       │
│                                                                  │
│   ❏ Es wird angeregt, d. Verfolgten von einem von den _____ Behörden zu │
│     bezeichnenden Flughafen abholen zu lassen.                  │
│                                                                  │
│     Nach der Auslieferung soll d. Verfolgte in die Justizvollzugsanstalt _____ überstellt │
│     werden.                                                      │
│                                                                  │
│     ○ Unterschrift BL                                            │
│     ○ In Vertretung ○ Im Auftrag                                 │
│                                                                  │
│     _____                                         │
│     (Name, Dienstbezeichnung)                                    │
└─────────────────────────────────────────────────────────────────┘
```

Das Formular erfaßt den in der Praxis schwierigen Fall, daß die Auslieferung zur Strafverfolgung und Strafvollstreckung betrieben wird. Es ist eine Kombination der Formulare, die unter den Gliederungspunkten 3. und 4. vorgestellt wurden.

Je nach dem Umfang der mitübersandten Urkunden kann es sich empfehlen, die Bescheinigungen für Haftbefehle und Urteile bzw für die sonstigen Beschlüsse gesondert zu erstellen. Andernfalls besteht die Gefahr, daß der Vorgang gerade für die ausländische Behörde unübersichtlich wird.

6. Formular – Unterrichtung LKA und BKA über die beabsichtigte Auslieferung

```
                                    STAATSANWALTSCHAFT
                                        # O R T #
                                         #ZwSt#
   _____

   Az.:                    ◁    Datum:           ◁    ali bka 1

   ❏  - Vorab per Telefax -

   #Anschrift LKA#

   Auslieferung
   d. _____ Staatsangehörige(n)  ◁ Staatsangehörigkeit
   _____  ◁ Vorname, Name
   geb. am _____ in _____   ◁ Geburtsdatum, -ort
   aus _____ nach Deutschland    ◁ auslieferndes Land
   zur
   ❏ Strafverfolgung
   ❏ Strafvollstreckung
   ❏ Strafverfolgung und Strafvollstreckung
   wegen _____     ◁ Tatvorwurf
```

Wölfel/Vordermayer

☐ Mit ○ 1 Fertigung des Haftbefehls des _____
          vom _____, Az.: _____ (2 – fach)

      ○ 1 Fertigung des Urteils des _____
          vom _____, Az.: _____ (2 – fach)

      ○ _____

             (ggf. Ausführungen zu weiteren Unterlagen z.B. Vollstreckungs- bzw. Sicherungshaftbefehle)

Anbei übersende ich die oben genannten Fertigungen gemäß Nr. 91 Abs. 2 RiVASt mit der Bitte um Weiterleitung an das Bundeskriminalamt.

Gleichzeitig teile ich mit, daß ich unter dem gleichen Datum an die Generalstaatsanwaltschaft bei dem Oberlandesgericht _____ mit der Bitte herangetreten bin, die _____ Regierung um Auslieferung d. oben genannten Verfolgten zu ersuchen.

Ich habe im selben Schreiben mitgeteilt, daß besondere Sicherungsmaßnahmen
☐ in das Ermessen der mit der Auslieferung befaßten Polizeidienststelle zu stellen sind.
☐ _____

             (ggf. Ausführungen zu besonderen Sicherungsmaßnahmen)

TV-StA   #StA#   ali bka 1   (08.00)   Auslieferung - Unterrichtung Bundeskriminalamt

---

☐ Als Übergabeort habe ich _____ vorgeschlagen.

☐ Ich habe angeregt, d. Verfolgte/n von einem von den _____ Behörden zu bezeichnenden Flughafen abholen zu lassen.

Nach der Auslieferung soll d. Verfolgte in die Justizvollzugsanstalt _____ überstellt werden.

_____
(Name, Dienstbezeichnung)

---

47 Nr. 91 II RiVASt schreibt vor, daß das BKA und das LKA über den wesentlichen Inhalt des Auslieferungsberichts zu unterrichten und zwei Mehrfertigungen des Haftbefehls zu übersenden sind. Es empfiehlt sich, auch im Falle einer Strafvollstreckung zwei Mehrfertigungen der entsprechenden Urkunden mitzuübersenden.

Der wesentliche Inhalt des Auslieferungsberichts ist nur insoweit anzugeben, als er für die Polizeibehörden von Interesse ist. Besonders bedeutsam sind hierbei eventuell erforderliche Sicherungsmaßnahmen, insbes dann, wenn bekannt ist, daß der Verfolgte gewalttätig ist, an einer ansteckenden Krankheit leidet oder bereits Fluchtversuche unternommen hat.

Darüber hinaus ist entweder der vorgeschlagene Übergabeort anzugeben oder mitzuteilen, daß angeregt wurde, den Verfolgten auf dem Luftweg ausliefern zu lassen.

Erfolgt die Auslieferung auf diesem Weg, so ist es üblich, daß deutsche Polizeibeamte den Verfolgten an einem von den ausländischen Behörden zu bezeichnenden Flughafen abholen. Mit der Organisation ist die StA nicht befaßt. Es ist Aufgabe der Polizei, die Abholung zu organisieren, die hierfür erforderlichen Dienstreisen ihrer Beamten zu genehmigen und die Kosten zu tragen.

7. Formular – Einlieferungsbericht

48

STAATSANWALTSCHAFT
 # O R T #
#ZwSt#

Az.:   Datum: ber ali 4

☐ - Vorab per Telefax -

☐ Frau Generalstaatsanwältin
☐ Herrn Generalstaatsanwalt
  bei dem Oberlandesgericht
  #Ort_OLG#
  oder
Über
☐ Frau Generalstaatsanwältin
☐ Herrn Generalstaatsanwalt
  an das _____

Auslieferung
d.   Staatsangehörige(n)   ◁ Staatsangehörigkeit
                                               ◁ Vorname, Name
geb. am   in   ◁ Geburtsdatum, -ort
aus   nach Deutschland   ◁ auslieferndes Land

zur
☐ Strafverfolgung
☐ Strafvollstreckung
☐ Strafverfolgung und Strafvollstreckung
wegen   ◁ Tatvorwurf

☐ Zu Ihrem Schreiben vom _____, Gz.: _____
  und zu meinem Schreiben vom _____
☐ Zu meinem ○ Schreiben ○ Telefax vom _____

Berichterstatter: _____
                  (Tel.: _____)

```
┌─────────────────────────────────────────────────────────────────────────┐
│   Mit      1     Mehrfertigung dieses Berichts                          │
│                                                                         │
│                                                                         │
│                                                                         │
│                                                                         │
│   TV-StA  #StA#  ber ali 4    (08.00)   Auslieferung - Einlieferungsbericht │
└─────────────────────────────────────────────────────────────────────────┘

┌─────────────────────────────────────────────────────────────────────────┐
│                                                                         │
│       D. Verfolgte wurde am _____ um _____ Uhr _____      │
│                                                                         │
│       von d _____ überstellt und anschließend   │
│                                            in die Justizvollzugsanstalt │
│                                            eingeliefert.                │
│                                                                         │
│       ☐  Die benötigte Auslieferungsbewilligung liegt mir bisher eben-  │
│          sowenig vor, wie die erforderliche Mitteilung über die Dauer   │
│          der in dieser Sache erlittenen Auslieferungshaft. Von der      │
│          baldigen Zuleitung dieser Unterlagen auf dem üblichen Ge-      │
│          schäftsweg gehe ich aus.                                       │
│                                                                         │
│       ☐  _____          │
│          _____          │
│          _____          │
│                                                                         │
│       Meine Berichtspflicht betrachte ich hiermit als beendet.          │
│                                                                         │
│       ○  Unterschrift BL                                                │
│       ○  In Vertretung  ○ Im Auftrag                                    │
│                                                                         │
│             _____                                        │
│              (Name, Dienstbezeichnung)                                  │
│                                                                         │
└─────────────────────────────────────────────────────────────────────────┘
```

49 Unverzüglich nach der Einlieferung hat der Rechtshilfedezernent seiner vorgesetzten Behörde zu berichten, daß diese erfolgt ist (Nr. 99 II RiVASt).

In der Praxis der StA ist es von großer Bedeutung, daß der Rechtshilfedezernent umgehend von dem Ermittlungsreferenten in Kenntnis gesetzt wird, wenn der Verfolgte eingeliefert wird. In vielen Fällen gelangt die Mitteilung der Überstellung zum Js-Akt. Der Rechtshilfedezernent muß hiervon unbedingt benachrichtigt werden. Andernfalls besteht die Gefahr, daß bei der vorgesetzten Behörde das Auslieferungsverfahren weiterhin als unerledigt geführt wird, obwohl bereits eine Einlieferung erfolgte.

Vor Abfassung des Einlieferungsberichts überprüft der Rechtshilfedezernent, ob die Auslieferungsbewilligung und die erforderliche Mitteilung über die Dauer der in dieser Sache erlittenen Auslieferungshaft vorliegen.

Beide Bestätigungen sind für das weitere Verfahren von großer Bedeutung. Nur anhand der Auslieferungsbewilligung läßt sich beurteilen, bezüglich welcher Straftaten der Beschuldigte tatsächlich verfolgt werden darf. Die Dauer der Auslieferungshaft ist für die Vollstreckung wichtig.

Die Erfahrung zeigt, daß ausländische Behörden diese Unterlagen nicht immer mit übersenden. Es ist daher Aufgabe des Rechtshilfedezernenten, den Eingang zu überwachen.

8. Formular – Einlieferungsvermerk

```
                              STAATSANWALTSCHAFT
                                    # O R T #
                                      #ZwSt#

    Az.:                  ◄   Datum:              ◄      ali verm 1

    Auslieferung
    d.                Staatsangehörige(n)    ◄ Staatsangehörigkeit

                                             ◄ Vorname, Name

    wegen                                    ◄ Tatvorwurf


                              Auslieferung
                           Spezialität beachten

    D. Verfolgte ist am _____ aus _____ ausgeliefert worden.

    ❑ Die Auslieferung ist von der _____ Regierung bewilligt ( vgl. Bl. ____ d. A. ) zur:

       ❍ Verfolgung wegen folgender Straftaten:
         _____
         _____
         _____

       ❍ Vollstreckung von
         _____
         _____

    Von d. Verfolgten vor seiner Übergabe begangene Straftaten dürfen nur mit Zustimmung der
    _____ Regierung oder erst nach Ablauf der maßgeblichen Schutzfrist (vgl. z.B. Art. 14
    Abs. 1 b des Europäischen Auslieferungsübereinkommens) verfolgt werden.

    ❑ Die _____ Regierung hat auf die Einhaltung des Grundsatzes der Spezialität
       verzichtet (Bl. ____ ).
```

50

```
❏ _____
  _____
  _____
  _____
  _____




    _____
    (Name, Dienstbezeichnung)



  TV-StA   #StA#   ali verm 1    (08.00)   Auslieferung - Einlieferungsvermerk
```

51 Der Einlieferungsvermerk ist vom Rechtshilfedezernenten zu verfassen. Ein Exemplar ist zweckmäßigerweise in der Auslieferungsakte zu belassen. Weitere Exemplare sind zu jedem Js-Akt und Handakt bzw zum Vollstreckungsheft zu geben, im Rahmen dessen die Auslieferung des Verfolgten betrieben wurde (Nr. 101 RiVASt).

Aus der Auslieferungsbewilligung ergibt sich, bezüglich welcher Taten der Ausgelieferte verfolgt werden darf.

52 Dieses sog Spezialitätsprinzip ist in Art. 14 und 15 EuAlÜbk geregelt. In diesem Zusammenhang ist auch zu prüfen, ob der Verfolgte der Auslieferung ohne Durchführung des (förmlichen) Auslieferungsverfahrens zugestimmt hat. Ist dies der Fall, so kann der Ausgelieferte im Verhältnis zu vielen Staaten wegen jeder Straftat verfolgt werden. Allerdings ist dies nicht zwingend und muß in jedem Einzelfall geprüft werden.

Bei Auslieferungen aus Österreich findet sich vielfach in der Auslieferungsbewilligung folgender Satz: »Mit der vereinfachten Auslieferung nach österreichischem Recht sind keine Spezialitätswirkungen verbunden«. Dieser Satz bedeutet, daß das Spezialitätsprinzip von der Bundesrepublik Deutschland nicht zu beachten ist, da der ersuchte Staat auf dessen Einhaltung verzichtet hat.

In zunehmendem Maß gehen Verteidiger dazu über, im Strafverfahren Einwendungen gegen das Auslieferungsverfahren im ersuchten Staat zu erheben. So wird behauptet, daß der Verfolgte und jetzige Angeklagte nicht auf die Spezialitätswirkungen verzichtet habe bzw der Verzicht unwirksam sei.

In deutschen Strafverfahren sind derartige Einwendungen **grundsätzlich unerheblich**. Der Grundsatz der Spezialität schützt die Souveränität des ersuchten Staates bei der Leistung der Rechtshilfe. Er soll demgemäß die Rechte des ersuchten Staates, nicht die des Verfolgten wahren.[3] Derartige Einwendungen des Angeklagten im Strafverfahren hindern daher seine Verurteilung nicht.

---

[3] Zum diesbezüglichen Meinungsstreit vgl S/L-Schomburg § 72 IRG Rn 11 ff mwN

III. Sonstiger Rechtshilfeverkehr 53

1. Allgemeines

a) Grundsätze

Man unterscheidet zwischen eingehenden und ausgehenden Rechtshilfeersuchen. Ein eingehendes Ersuchen ist an eine deutsche Justizbehörde gerichtet; bei einem ausgehenden Ersuchen wendet sich dagegen eine deutsche Behörde an den ausländischen Staat mit der Bitte, in einer inländischen Strafsache tätig zu werden. 54

Der Rechtshilfedezernent muß in beiden Fällen prüfen, welcher Geschäftsweg einzuhalten ist bzw ob der vorgeschriebene Geschäftsweg beachtet worden ist (s. oben Rn 4).

b) Einzelne rechtliche Grundlagen

Nur ein völkerrechtlicher Vertrag kann eine verbindliche Regelung enthalten, die es gebietet, daß der ersuchte Staat in einer fremden Rechtsangelegenheit tätig wird. Besteht keine Pflicht zur Rechtshilfe, ergibt sich bei eingehenden Rechtshilfeersuchen aus dem deutschen Recht, ob und inwieweit sie geleistet werden darf (Nr. 3 RiVASt). Die einschlägigen deutschen Vorschriften enthält vor allem das IRG. 55

aa) Rechtshilfe mit Staaten, die dem Europäischen Übereinkommen über die Rechtshilfe in Strafsachen beigetreten sind

In Europa ist der wichtigste völkerrechtliche Vertrag das Europäische Übereinkommen vom 20.4.1959 über die Rechtshilfe in Strafsachen (EuRhÜbk). Art. 1 EuRhÜbk begründet die Verpflichtung der Vertragsstaaten, sich soweit wie möglich Rechtshilfe zu leisten (vgl auch § 1 III IRG). Eingeschränkt wird diese Pflicht nur hinsichtlich politischer und fiskalischer strafbarer Handlungen sowie durch den nationalen ordre public (Art. 2 EuRhÜbk). Bei fiskalischen Straftaten sind die Modifikationen durch Art. 50 SDÜ und durch Art. 1, 2 ZP-EuRhÜbk zu beachten. 56

In der Praxis ist besonders Art. 3 III EuRhÜbk von Interesse. Die Vorschrift sieht die Möglichkeit vor, daß der ersuchte Staat berechtigt ist, **beglaubigte Abschriften** oder **beglaubigte Fotokopien** der erbetenen Akten oder Schriftstücke zu übermitteln. 57

Es empfiehlt sich grundsätzlich, nur beglaubigte Fotokopien zu übersenden und auf die Rückgabe zu verzichten. Die Versendung von Originalakten ins Ausland sollte man tunlichst vermeiden, da die Überwachung der Rückgabe oft nur schwer möglich ist.

58 Art. 4 EuRhÜbk regelt ua ein **Teilnahmerecht von Behörden und Personen** bei der Erledigung von Rechtshilfeersuchen. In der Praxis kommen immer wieder Fälle vor, in denen beteiligte Personen an Rechtshilfehandlungen teilnehmen wollen; insbes an Zeugen- oder Beschuldigtenvernehmungen.

Die Zulässigkeit richtet sich dabei nach deutschem Verfahrensrecht (§ 77 IRG). § 61 IRG ist insoweit nicht einschlägig, da die Vorschrift nur die Leistung der Rechtshilfe selbst und nicht das dabei anzuwendende Verfahren betrifft. Auch die Frage, welche Rechtsbehelfe den beteiligten Personen zustehen, ist somit nach dem allgemeinen deutschen Verfahrensrecht zu beantworten.

59 Gem Art. 13 EuRhÜbk sind die Vertragsstaaten verpflichtet, Auszüge aus ihren **Strafregistern** zu erteilen. In einem zusammenwachsenden Europa mit zunehmend reisefreudigen Straftätern ist es für den Ermittlungsdezernenten besonders wichtig, ein Gespür dafür zu entwickeln, aus welchen Ländern ein Strafregisterauszug benötigt wird. Derzeit gibt es noch nicht einmal bezüglich der Schengen-Staaten ein europäisches Zentralregister, in dem alle Verurteilungen enthalten sind.

In jedem Fall sollte aus demjenigen Land, dessen Staatsangehörigkeit der Beschuldigte besitzt, ein Registerauszug erholt werden. Haben die Ermittlungen Anhaltspunkte dafür ergeben, daß Taten auch in anderen Ländern begangen worden sein könnten, so ist es zweckmäßig, auch insoweit eine Auskunft zu erholen.

60 Art. 21 EuRhÜbk, Art. 53 V SDÜ und Nr. 143 ff RiVASt regeln den immer wichtiger werdenden Fall der **Übernahme der Strafverfolgung** durch einen ersuchten Staat. Stellt der Ermittlungsdezernent in seinem Verfahren einen Auslandsbezug fest, empfiehlt es sich zu prüfen, ob das Verfahren zweckmäßigerweise durch die deutsche Justiz oder durch eine ausländische Behörde zu führen ist. Bei der Abwägung, wer das Verfahren übernimmt, ist insbes von Bedeutung, wo der Schwerpunkt der Ermittlungen liegt.

Im Hinblick auf eine effektive Strafverfolgung spielen nachfolgende Kriterien eine Rolle:

– Staatsangehörigkeit des Beschuldigten

– Aufenthaltsort von Zeugen

– Vornahmeort von Durchsuchungen und sonstigen Ermittlungshandlungen.

Die Übernahme der Strafverfolgung durch den ersuchten Staat aufgrund eines Strafverfolgungsbegehrens begründet im ersuchenden Staat ein Verfolgungshindernis.[4]

---

[4] S/L-Lagodny, Art. 21 EuRhÜbk Rn 2

Die **Teilnahme deutscher Beamter an Ermittlungshandlungen im Ausland** bereitet in der Praxis immer wieder Schwierigkeiten. Obwohl sich das Problembewußtsein für dieses Thema erheblich verschärft hat, kann es immer wieder zu unliebsamen Überraschungen kommen. Es muß nachdrücklich darauf hingewiesen werden, daß die fremde Souveränität eines Staates strikt zu beachten ist. Die Einreise und die Vornahme von Amtshandlungen im Ausland sind daher mit größter Sorgfalt und Umsicht unter Beachtung der Nr. 140 ff RiVASt zu bearbeiten. Gleiches gilt iü für den umgekehrten Fall der Teilnahme ausländischer Richter und Beamter an Amtshandlungen im Inland (vgl Nr. 138, 139 RiVASt).

61

Das Schengener Durchführungsübereinkommen hat an dieser Problematik im wesentlichen nichts geändert. Es regelt lediglich in Art. 40 SDÜ zusätzlich die Möglichkeit einer Observation und in Art. 41 SDÜ die sog »Nacheile«.

62

Dies ändert aber nichts daran, daß die Einreise und die Vornahme von irgendwelchen Handlungen durch ausländische Beamte **grundsätzlich** der vorherigen Genehmigung des ersuchten Staates bedürfen. Die einreisenden Beamten können in erhebliche Schwierigkeiten geraten, wenn dies nicht beachtet wird. Dabei ist es völlig unerheblich, ob durch die Ermittlungshandlungen im Ausland irgendein »Zwang« ausgeübt wird oder nicht. Auch die schlichte Befragung von Personen im Ausland durch ausländische Beamte stellt grundsätzlich einen Eingriff in die Souveränität des betroffenen Staates dar.

63

In derartigen Fällen empfiehlt es sich, »zweigleisig« zu verfahren. Es ist einerseits ein justizielles Rechtshilfeersuchen betreffend die Vornahme bestimmter Rechtshilfehandlungen und die Teilnahme von Beamten daran zu stellen, andererseits ist auf der zuständigen Ermittlungsebene (zumeist der Polizei) eine unmittelbare Absprache über die Abwicklung der erbetenen Maßnahmen herbeizuführen.

Art. 14 EuRhÜbk regelt den **wesentlichen Inhalt eines Rechtshilfeersuchens** (vgl auch Nr. 29 RiVASt).

64

Anzugeben sind:

- die Behörde, von der das Ersuchen ausgeht
- der Gegenstand und der Grund des Ersuchens
- die Identität und die Staatsangehörigkeit der Personen, gegen die sich das Verfahren richtet, soweit dies möglich ist sowie
- die Darstellung des Sachverhalts und die Bezeichnung der strafbaren Handlung.

bb) Rechtshilfe mit sonstigen Staaten

65 Im Hinblick auf Staaten, die dem EuRhÜbk nicht beigetreten sind, und außereuropäische Staaten existieren eine Vielzahl von bilateralen Verträgen. Zum Teil erfolgt die Rechtshilfe auch vertragslos. Wichtigste Orientierungshilfe ist der Länderteil zur RiVASt, in dem die grundlegenden Voraussetzungen und Möglichkeiten dargestellt sind.

2. Formular – Erster Bericht – Strafverfolgungsersuchen – ministerieller Geschäftsweg

66

```
                                        STAATSANWALTSCHAFT
                                              # O R T #
                                              #ZwSt#

Az.:                    ◄   Datum:           ◄         ber rh 1

   ❑ Frau Generalstaatsanwältin
   ❑ Herrn Generalstaatsanwalt
     bei dem Oberlandesgericht
     #Ort_OLG#

   Ermittlungsverfahren
   gegen d.         Staatsangehörige(n)   ◄ Staatsangehörigkeit

                                          ◄ Vorname, Name

   wegen                                  ◄ Tatvorwurf


   hier:   Ersuchen d. _____
                            (Bezeichnung der ersuchenden Behörde und des Staates)
                vom _____ um Strafverfolgung

   Zu Ihrem Schreiben vom _____ , Geschäftszeichen: _____

   Berichterstatter:   _____
                       (Tel.: _____ )

   Mit 1 Mehrfertigung dieses Berichts

   Gegen d. Besch. _____
                                    (Vorname, Name)
      ❑ habe ich unter dem Aktenzeichen _____
        ein Ermittlungsverfahren wegen _____
        eingeleitet.
      ❑ führe ich unter dem Aktenzeichen _____
        bereits ein Ermittlungsverfahren, in das der von der ersuchenden Behörde geschilderte Sachverhalt
        mit einbezogen wurde.
```

○ Unterschrift BL
○ In Vertretung ○ Im Auftrag

_____
(Name, Dienstbezeichnung)

TV-StA #StA# ber rh 1   (08.00) 1. Bericht - Strafverfolgungsersuchen - minist. Geschäftsweg

Das Formular enthält den gem Nr. 144 RiVASt erforderlichen Einleitungsbericht für den Fall, daß für das ausländische Strafverfolgungsersuchen der unmittelbare Geschäftsweg nicht eröffnet ist. In der Praxis gibt es grundsätzlich zwei Möglichkeiten: entweder ist ein neues Verfahren einzuleiten oder es ist bereits ein Verfahren anhängig, in welches das zur Strafverfolgung übernommene Verfahren mit einzubeziehen ist.

67

3. Formular – Zweiter Bericht – Strafverfolgungsersuchen – ministerieller Geschäftsweg

68

STAATSANWALTSCHAFT
 # O R T #
#ZwSt#

Az.:   ≺   Datum: ≺   ber rh 2

❏ Frau Generalstaatsanwältin
❏ Herrn Generalstaatsanwalt
   bei dem Oberlandesgericht
   #Ort_OLG#

❏ Ermittlungsverfahren ❏ Strafverfahren
gegen d.   Staatsangehörige(n)   ≺ Staatsangehörigkeit

                                               ≺ Vorname, Name

wegen   ≺ Tatvorwurf

hier: Ersuchen d. _____
                   (Bezeichnung der ersuchenden Behörde und des Staates)
       vom _____ um Strafverfolgung

Zu Ihrem Schreiben vom _____, Geschäftszeichen: _____ und
zu meinem Schreiben vom _____

```
Berichterstatter:      _____
                       (Tel.: _____ )

☐  Mit  1  beglaubigten Fertigung des seit _____
           rechtskräftigen
              ○ Strafbefehls ○ Urteils
           des
              ○ Amtsgerichts _____ vom _____ (3 - fach)
              ○ Landgerichts _____ vom _____ (3 - fach)

☐  Mit  1  beglaubigten Fertigung der Einstellungsverfügung
           der #eig. Behörde#
           vom _____ (3 - fach)

        1  Mehrfertigung dieses Berichts

Die verfahrensabschließende Entscheidung lege ich vor.

Meine Berichtspflicht betrachte ich hiermit als beendet.

○ Unterschrift BL
○ In Vertretung ○ Im Auftrag

        _____
        (Name, Dienstbezeichnung)

TV-StA  #StA# ber rh 2   (08.00)   2. Bericht - Strafverfolgungsersuchen - minist. Geschäftsweg
```

69 Spätestens nach Abschluß des Verfahrens ist über den Ausgang zu berichten. Das Formular geht von dem günstigsten Fall aus, daß entweder bereits eine Einstellungsverfügung oder eine rechtskräftige gerichtliche Entscheidung vorliegt. Um Sachstandsanfragen vorzubeugen, kann es sich im Einzelfall unter Berücksichtigung der speziellen landesrechtlichen Vorschriften empfehlen, einen Zwischenbericht auch dann zu fertigen, wenn eine bestimmte Zeit verstrichen, Anklage erhoben worden ist oder Urteile vorliegen, die noch nicht rechtskräftig sind.

4. Formular – Erster Bericht – Strafverfolgungsersuchen – unmittelbarer Geschäftsweg

70

STAATSANWALTSCHAFT
 # O R T #
#ZwSt#

Az.:   ◄   Datum: ◄   ber rh 3

◄ Anschrift der
◄ ersuchenden
◄ Behörde
◄

Ermittlungsverfahren
gegen d.   Staatsangehörige(n)   ◄ Staatsangehörigkeit

◄ Vorname, Name

wegen   ◄ Tatvorwurf

hier: Ersuchen um Strafverfolgung

Zum Schreiben vom _____ , Geschäftszeichen: _____

❑ Sehr geehrte Frau ○ Leitende ○ Staatsanwältin ○ Oberstaatsanwältin,
❑ Sehr geehrter Herr ○ Leitender ○ Staatsanwalt ○ Oberstaatsanwalt,
❑ Sehr geehrte/r _____ ,

gegen d. Besch.

○ habe ich unter dem Aktenzeichen _____
ein Ermittlungsverfahren wegen _____
eingeleitet.

○ führe ich unter dem Aktenzeichen _____
bereits ein Ermittlungsverfahren, in das der von Ihnen geschilderte Sachverhalt mit einbezogen wurde.

Den Ausgang des Verfahrens werde ich Ihnen mitteilen.

Mit vorzüglicher Hochachtung

○ Unterschrift BL
○ In Vertretung ○ Im Auftrag

_____
(Name, Dienstbezeichnung)

TV-StA #StA# ber rh 3   (08.00) 1. Bericht - Strafverfolgungsersuchen - unmittelb. Geschäftsweg

Wölfel/Vordermayer

71 Das Schreiben über die Einleitung eines Ermittlungsverfahrens enthält die gleichen Alternativen wie der Bericht im Falle des ministeriellen Geschäftswegs.

Es wird bereits angekündigt, daß der Ausgang des Verfahrens mitgeteilt werden wird. Im Hinblick auf die Tatsache, daß durch den ersuchten Staat die Strafverfolgung tatsächlich übernommen worden ist und ein Strafverfolgungshindernis im ersuchenden Staat besteht, erscheint dies von der Systematik nicht zwingend. Art. 21 II EuRhÜbk sieht diese Verpflichtung aber vor.

Darüber hinaus ist zu bedenken, daß der Ausgang des Verfahrens bereits deshalb mitgeteilt werden sollte, weil der ersuchende Staat ein generelles Interesse daran hat zu erfahren, was aus dem Verfahren geworden ist.

5. Formular – Zweiter Bericht – Strafverfolgungsersuchen – unmittelbarer Geschäftsweg

72

```
                                            STAATSANWALTSCHAFT
                                                 # O R T #
                                                   #ZwSt#
_____

Az.: _____   ⊰   Datum: _____   ⊰   ber rh 4

_____         ⊰ Anschrift der
_____         ⊰ ersuchenden
_____         ⊰ Behörde
                                      ⊰

☐ Ermittlungsverfahren   ☐ Strafverfahren
   gegen d.                 Staatsangehörige(n)     ⊰ Staatsangehörigkeit

_____         ⊰ Vorname, Name

wegen _____         ⊰ Tatvorwurf

hier: Ersuchen um Strafverfolgung

Zum Schreiben vom _____ , Geschäftszeichen: _____
und zu meinem Schreiben vom _____

   ☐ Mit 1   beglaubigten Fertigung des seit _____
             rechtskräftigen
             ○ Strafbefehls
             ○ Urteils
             des
             ○ Amtsgerichts _____ vom _____
             ○ Landgerichts _____ vom _____

   ☐ Mit 1   beglaubigten Fertigung der Einstellungsverfügung
             der #eig. Behörde#
             vom _____
```

```
☐ Sehr geehrte Frau  ○ Leitende  ○ Staatsanwältin  ○ Oberstaatsanwältin,
☐ Sehr geehrter Herr ○ Leitender ○ Staatsanwalt  ○ Oberstaatsanwalt,
☐ Sehr geehrte/r _____,

Die verfahrensabschließende Entscheidung lege ich vor.

Mit vorzüglicher Hochachtung

   ○ Unterschrift BL
   ○ In Vertretung  ○ Im Auftrag

   _____
   (Name, Dienstbezeichnung)


TV-StA   #StA#  ber rh 4    (07.98)   2. Bericht - Strafverfolgungsersuchen - unmittelb. Geschäftsweg
```

Auch hier geht das Formular wiederum von der günstigsten Alternative aus, daß entweder eine Einstellungsverfügung oder eine rechtskräftige gerichtliche Entscheidung vorliegt. Es kann sich auch beim unmittelbaren Geschäftsweg empfehlen, jede für das Verfahren bedeutende Entscheidung dem ersuchenden Staat mitzuteilen. Dies gilt insbes für die Erhebung der Anklage und jedes Urteil, das in dem Verfahren ergangen ist. Im Einzelfall kann es darüber hinaus geboten sein, dem ersuchenden Staat eine Mitteilung zukommen zu lassen, wenn die Ermittlungen noch einen längeren Zeitraum in Anspruch nehmen werden.

73

6. Formular – Polizeiliche Zeugenvernehmung

74

```
                          STAATSANWALTSCHAFT
                               # O R T #
                                #ZwSt#
_____

Az.:                   ≺   Datum:         ≺     rh zv 1
                           ≺ Anschrift der
_____                ≺ ersuchten
_____                ≺ Behörde
_____                ≺

Rechtshilfeverkehr in Strafsachen;

Ermittlungsverfahren
gegen d.         Staatsangehörige(n)   ≺ Staatsangehörigkeit

                                       ≺ Vorname, Name

geb. am                        in      ≺ Geburtsdatum und -ort

wohnhaft:                              ≺ Wohnort
```

d. _____ Staatsangehörige(n) ◁ Personalien weiterer Beschuldigter
_____

wegen _____ ◁ Tatvorwurf
_____

hier: Ersuchen um polizeiliche Vernehmung

☐ des Zeugen ☐ der Zeugin _____ ,
   geboren am _____ in _____ ,
   wohnhaft : _____

☐ der Zeugen _____
  1. _____ ,
     geboren am _____ in _____ ,
     wohnhaft : _____

  2. _____ ,
     geboren am _____ in _____ ,
     wohnhaft : _____

  ___ . _____
        _____
        _____
        _____

☐ im Beisein deutscher Beamter

Mit 1 Mehrfertigung dieses Ersuchens
☐   1 Übersetzung dieses Schreibens (2 - fach)

TV-StA   R   rh zv 1   (08.00)   Rechtshilfe - Polizeiliche Zeugenvernehmung

---

Sehr geehrte Damen und Herren,

gegen d. oben genannte/n Beschuldigte/n führe ich ein Ermittlungsverfahren wegen
_____ gemäß § _____
○ des deutschen Strafgesetzbuches, ○ _____ ,
dem folgender Sachverhalt zugrunde liegt:
_____
_____

Ich wäre Ihnen sehr verbunden, wenn Sie den/die obengenannte/n Zeugen/Zeugin durch die zuständige Polizeibehörde vernehmen lassen und mir hierüber eine Niederschrift zukommen lassen könnten.

☐ Bei der Vernehmung bitte ich, insbesondere folgende Fragen zu stellen:
_____
_____

Nach deutschem Recht ist ein Zeuge über ein ihm möglicherweise nach den §§ 52, 55 der deutschen Strafprozeßordnung zustehendes Zeugnis- bzw. Auskunftsverweigerungsrecht zu belehren.

☐ Weiterhin bitte ich Sie, die Teilnahme von Herrn/Frau
_____ ,
_____ ,
                              (Dienststelle)
Tel. Nr.: _____ , Telefax Nr.: _____ ,
an ○ der Vernehmung ○ den Vernehmungen zu genehmigen.
Ich wäre Ihnen sehr zu Dank verpflichtet, wenn der Termin unmittelbar mit den genannten Beamten abgesprochen werden könnte.

Wölfel/Vordermayer

Rechtshilfeverkehr mit ausländischen Behörden

❏ _____

Die genannten Vorschriften haben folgenden Wortlaut:

Deutsche Strafprozeßordnung:
§ 52 - Zeugnisverweigerungsrecht der Angehörigen -
<Wortlaut des § 52 StPO >
§ 55 – Auskunftsverweigerungsrecht -
<Wortlaut des § 55 StPO >

❏ **Deutsches Strafgesetzbuch:**

❏ _____

Mit bestem Dank und vorzüglicher Hochachtung
○ Unterschrift BL
○ In Vertretung   ○ Im Auftrag

_____
(Name, Dienstbezeichnung)

Das Formular geht von der recht häufigen Fallgestaltung aus, daß im Ausland ein oder mehrere Zeugen durch die Polizei zu vernehmen sind. Um eine spätere problemlose Verwertbarkeit im deutschen Strafprozeß zu gewährleisten, wird auf die nach deutschem Recht vorzunehmende Belehrung über das Zeugnis- bzw Auskunftsverweigerungsrecht durch Bezugnahme auf die einschlägigen Vorschriften hingewiesen.

Durch den zuständigen Ermittlungsdezernenten sollte dem Rechtshilfereferenten möglichst exakt mitgeteilt werden, welche Fragen dem Zeugen ggf zu stellen sind. Die ersuchte Behörde im Ausland ist nämlich möglicherweise trotz des mitgeteilten Sachverhalts nur sehr begrenzt in der Lage, den notwendigen Umfang der Ermittlungen zu erfassen. Für den Erfolg derartiger Rechtshilfeersuchen ist daher eine präzise Vorbereitung unbedingt erforderlich.

Nr. 117 RiVASt iVm Muster Nr. 32 a ist für das vorliegende Formular nur in Ansätzen von Bedeutung, da diese Vorschrift nicht auf den speziellen Fall einer polizeilichen Vernehmung zugeschnitten ist.

Darüber hinaus sieht das Formular die Möglichkeit vor, den ersuchten Staat zu bitten, die polizeiliche Vernehmung in Anwesenheit deutscher Beamter durchzuführen. Zu diesem Zweck ist es erforderlich, daß die Einreise und die Teilnahme durch den ersuchten Staat genehmigt wird. Im Sinne einer effektiven Erledigung sollten die Einzelheiten unmittelbar zwischen den beteiligten in- und ausländischen Polizeibeamten abgesprochen werden.

7. Formular – Richterliche Zeugenvernehmung

76

STAATSANWALTSCHAFT
 # O R T #
#ZwSt#

Az.:   Datum: rh zv 2

◁ Anschrift der
◁ ersuchten
◁ Behörde
◁

Rechtshilfeverkehr in Strafsachen;

Ermittlungsverfahren
gegen d.   Staatsangehörige(n)   ◁ Staatsangehörigkeit

◁ Vorname, Name

geb. am   in   ◁ Geburtsdatum und –ort

wohnhaft: ◁ Wohnort

◁ Verteidiger

d.   Staatsangehörige(n)   ◁ Personalien weiterer Beschuldigter

◁ Verteidiger

wegen   ◁ Tatvorwurf

hier: Ersuchen um richterliche Vernehmung

☐ des Zeugen ☐ der Zeugin _____
geboren am _____ in _____
wohnhaft : _____

☐ der Zeugen _____
1. _____
geboren am _____ in _____
wohnhaft : _____

2. _____
geboren am _____ in _____
wohnhaft : _____

☐ im Beisein deutscher Beamter

TV-StA   #StA# rh zv 2   (08.00)   Rechtshilfe - Richterliche Zeugenvernehmung

Mit 1 Mehrfertigung dieses Ersuchens
❏ 1 Übersetzung dieses Schreibens (2 - fach)

Sehr geehrte Damen und Herren,

gegen d. oben genannte/n Beschuldigte/n führe ich ein Ermittlungsverfahren wegen
_____ gemäß § _____
❏ des deutschen Strafgesetzbuches, ❏ _____ ,
dem folgender Sachverhalt zugrunde liegt:

_____
_____

Ich wäre Ihnen sehr verbunden, wenn Sie eine richterliche Vernehmung ❏ des ❏ der obengenannte/n Zeugen/Zeugin veranlassen und mir hierüber eine Niederschrift zukommen lassen könnten.

❏ Bei der Vernehmung bitte ich, insbesondere folgende Fragen zu stellen:
_____

Nach deutschem Recht ist ein Zeuge über ein ihm möglicherweise nach den §§ 52, 55 der deutschen Strafprozeßordnung zustehendes Zeugnis- bzw. Auskunftsverweigerungsrecht zu belehren.

❏ Gemäß § 168 c Absatz 2 der deutschen Strafprozeßordnung ist der Staatsanwaltschaft, d. Beschuldigten und einem eventuellen Verteidiger die Anwesenheit gestattet. Ich bitte daher um entsprechende Terminsnachricht.

❏ Nach § 168 c Absatz 3 und Absatz 5 der deutschen Strafprozeßordnung besteht die Möglichkeit, bei der richterlichen Vernehmung von Zeugen den Beschuldigten von der Anwesenheit bei der Verhandlung auszuschließen, wenn dessen Anwesenheit den Untersuchungszweck gefährden würde. Dies gilt namentlich dann, wenn zu befürchten ist, daß ein Zeuge in Gegenwart des Beschuldigten nicht die Wahrheit sagen werde. Aus diesem Grund kann die Benachrichtigung des Beschuldigten von einer richterlichen Zeugenvernehmung unterbleiben, wenn sie den Untersuchungserfolg gefährden würde.

❏ _____

❏ Weiterhin bitte ich Sie, die Teilnahme von Herrn/Frau
_____ ,
_____ ,
(Dienststelle)
Tel. Nr.: _____ , Telefax Nr.: _____ ,
an ❏ der Vernehmung ❏ den Vernehmungen zu genehmigen.
Ich wäre Ihnen sehr zu Dank verpflichtet, wenn der Termin unmittelbar mit den genannten Beamten abgesprochen werden könnte.

> ❏ _____
> _____
> _____
> _____
>
> Die genannten Vorschriften haben folgenden Wortlaut:
>
> **Deutsche Strafprozeßordnung:**
> **§ 52 – Zeugnisverweigerungsrecht der Angehörigen –**
> <Wortlaut des § 52 StPO >
> **§ 55 – Auskunftsverweigerungsrecht –**
> <Wortlaut des § 55 StPO >
> **§ 168 c – Anwesenheitsrechte –**
> <Wortlaut des § 168 c StPO >
>
> ❏ **Deutsches Strafgesetzbuch:**
>
> ❏ _____
> _____
> _____
> _____
>
> Mit bestem Dank und vorzüglicher Hochachtung
> ○ Unterschrift BL
> ○ In Vertretung ○ Im Auftrag
>
> _____
> (Name, Dienstbezeichnung)

77 Das Formular ist eng an das vorangegangene angelehnt. Es berücksichtigt jedoch die Besonderheit einer richterlichen Zeugenvernehmung.

Anders als in Nr. 117 RiVASt iVm Muster Nr. 32 a vorgesehen, ist der Wortlaut des § 168 c StPO mit aufgenommen. Der ausländische Richter kann hieraus entnehmen, daß die StA sowie der Beschuldigte und der Verteidiger ein Anwesenheits- und Benachrichtigungsrecht haben. Gleichzeitig wird in dem Formular ausdrücklich darauf hingewiesen, daß der Beschuldigte von der Anwesenheit bei der Verhandlung ausgeschlossen werden und eine Benachrichtigung unter bestimmten Voraussetzungen unterbleiben kann.

Es empfiehlt sich, hierzu detaillierte Ausführungen zu machen, wenn aufgrund der Ermittlungen bereits feststeht, daß ein Ausschlußrecht nach § 168 c III und V StPO besteht.

Anders als im Muster Nr. 32 a zu Nr. 117 RiVASt läßt das Rechtshilfeersuchen bewußt offen, wie die Benachrichtigung der beteiligten Personen vom Termin erfolgen soll. Es bleibt dem jeweils ersuchten Staat überlassen, nach Prüfung der internationalen und nationalen Rechtsvorschriften eine Verständigung der beteiligten Personen ggf unmittelbar vorzunehmen. Dies hat den großen Vorteil, daß eventuelle Terminabsprachen auf direktem Wege möglich sind.

Das Formular sieht darüber hinaus die Möglichkeit vor, den ersuchten Staat zu bitten, die Einreise deutscher Beamter zur Teilnahme an der Rechtshilfehandlung zu genehmigen.

8. Formular – Polizeiliche Beschuldigtenvernehmung

```
                          STAATSANWALTSCHAFT
                                # O R T #
                                  #ZwSt#

Az.:                      Datum:                          rh bv 1

                          ◄ Anschrift der
                          ◄ ersuchten
                          ◄ Behörde
                          ◄

Rechtshilfeverkehr in Strafsachen;

Ermittlungsverfahren
gegen d.          Staatsangehörige(n)   ◄ Staatsangehörigkeit

                                        ◄ Vorname, Name

geb. am                          in     ◄ Geburtsdatum und –ort

wohnhaft:                               ◄ Wohnort


d.                Staatsangehörige(n)   ◄ Personalien weiterer Beschuldigter
wegen                                   ◄ Tatvorwurf

hier:  Ersuchen um polizeiliche Vernehmung ○ des  ○ der Beschuldigten

  ❑    im Beisein deutscher Beamter

Mit   1  Mehrfertigung dieses Ersuchens
  ❑   1  Übersetzung dieses Schreibens (2 - fach)


Sehr geehrte Damen und Herren,

gegen d. oben genannte/n Beschuldigte/n führe ich ein Ermittlungsverfahren wegen
_____ gemäß § _____
○ des deutschen Strafgesetzbuches, ○ _____ ,
dem folgender Sachverhalt zugrunde liegt:
_____
_____

D. Beschuldigte/n _____
konnte/n zu der Straftat nicht vernommen werden.
```

78

> Ich wäre Ihnen sehr verbunden, wenn Sie d. Beschuldigte/n _____
> durch die zuständige Polizeibehörde zu den genannten Vorwürfen vernehmen lassen könnten und mir
> eine Niederschrift hierüber zukommen lassen würden.
>
> TV-StA   #StA#   rh bv 1   (08.00)   Rechtshilfe - Polizeiliche Beschuldigtenvernehmung

---

❏ Bei der Vernehmung bitte ich, insbesondere folgende Fragen zu stellen:
_____
_____
_____
_____
_____
_____

Vor der Vernehmung bitte ich d. Beschuldigte/n auf die Rechte aus § 163 a Absätze 1, 2 und 4 und § 136 der deutschen Strafprozeßordnung hinzuweisen.

❏ Weiterhin bitte ich Sie, die Teilnahme von Herrn/Frau
_____ ,
_____ ,
                    (Dienststelle)
Tel. Nr.: _____ , Telefax Nr.: _____ ,
an ❍ der Vernehmung ❍ den Vernehmungen zu genehmigen.
Ich wäre Ihnen sehr zu Dank verpflichtet, wenn der Termin unmittelbar mit den genannten Beamten abgesprochen werden könnte.

❏ _____
_____

Die genannten Vorschriften haben folgenden Wortlaut:

Deutsche Strafprozeßordnung:
§ 163a
< Wortlaut des § 163a StPO >
§ 136
< Wortlaut des § 136 StPO >

❏ **Deutsches Strafgesetzbuch:**

❏ _____
_____

Mit bestem Dank und vorzüglicher Hochachtung
❍ Unterschrift BL
❍ In Vertretung ❍ Im Auftrag

_____
(Name, Dienstbezeichnung)

---

79   Die Vernehmung eines Beschuldigten im Ausland ist in der Praxis von besonders großer Bedeutung. In vielen Fällen, in denen ein Beschuldigter seinen Wohnsitz im Ausland hat, konnte er durch die deutschen Polizeibehörden nicht vernommen werden. Voraussetzung für den Abschluß des Ermittlungsverfahrens und die eventuelle Durchführung eines Strafverfahrens ist es, daß dem Beschuldigten rechtliches Gehör gewährt wird.

Die aktuelle Wohnanschrift des Beschuldigten läßt sich zur Vorbereitung des förmlichen justiziellen Rechtshilfeersuchens zumeist auf Polizeiebene ermitteln.

Das Formular sieht wiederum die Möglichkeit vor, den ersuchten Staat zu bitten, die Einreise deutscher Beamter zur Teilnahme an der Rechtshilfehandlung zu genehmigen.

9. Formular – Ermittlung des unbekannten Fahrers

STAATSANWALTSCHAFT
 # O R T #
#ZwSt#

Az.:   Datum: rh bv 2

◁ Anschrift der
◁ ersuchten
◁ Behörde
◁

Rechtshilfeverkehr in Strafsachen;

Ermittlungsverfahren
gegen d. unbekannten Fahrer des

◁ Fahrzeugart

◁ amtliches Kennzeichen

Halter   ◁ Vorname, Name

wohnhaft: ◁ Wohnort

wegen   ◁ Tatvorwurf

hier: Ersuchen um
 1. Ermittlung des Fahrers
 2. Beschuldigtenvernehmung

Mit 1 Mehrfertigung dieses Ersuchens
❏   1 Übersetzung dieses Schreibens (2 - fach)

Sehr geehrte Damen und Herren,

ich führe gegen Unbekannt ein Ermittlungsverfahren wegen
_____ gemäß § _____
○ des deutschen Strafgesetzbuches, ○ _____ ,
dem folgender Sachverhalt zugrunde liegt:

Wölfel/Vordermayer

Ich wäre Ihnen sehr verbunden, wenn Sie Ermittlungen hinsichtlich des unbekannten Fahrers veranlassen könnten. Sollten die Nachforschungen erfolgreich sein, so wäre ich Ihnen dankbar, wenn Sie den Beschuldigten durch die zuständige Polizeibehörde zu den genannten Vorwürfen vernehmen lassen und mir hierüber eine Niederschrift zukommen lassen würden.

TV-StA   #StA#   rh bv 2   (08.00)   Rechtshilfe - Ermittlung des unbekannten Fahrers

❏ Bei der Vernehmung bitte ich, insbesondere folgende Fragen zu stellen:

_____
_____
_____
_____
_____
_____
_____
_____
_____
_____
_____

Vor der Vernehmung bitte ich d. Beschuldigte/n auf die Rechte aus § 163 a Absätze 1, 2 und 4 und § 136 der deutschen Strafprozeßordnung hinzuweisen.

Die genannten Vorschriften haben folgenden Wortlaut:

Deutsche Strafprozeßordnung:
§ 163a
< Wortlaut des § 163a StPO >
§ 136
< Wortlaut des § 136 StPO >

❏ **Deutsches Strafgesetzbuch:**

❏ _____

Mit bestem Dank und vorzüglicher Hochachtung
○ Unterschrift BL
○ In Vertretung ○ Im Auftrag

_____
(Name, Dienstbezeichnung)

81 Das Formular betrifft den im Straßenverkehrsrecht häufigen Fall, daß durch einen unbekannten Fahrer eines im Ausland zugelassenen Kraftfahrzeuges Straftaten begangen wurden. In vielen Fällen teilt der Anzeigenerstatter das Kennzeichen mit, ohne daß eine Anhaltung des Kraftfahrers durch die Polizei erfolgt ist. Auch hier empfiehlt es sich wieder, vorab den Halter des Kraftfahrzeuges über die Polizei zu ermitteln.

Das Rechtshilfeersuchen ist so aufgebaut, daß es an die für den Wohnsitz des Halters zuständige ausländische Justizbehörde zu richten ist. Seitens dieser Behörde muß dann abgeklärt werden, ob über den Halter der Fahrer des Kraftfahrzeuges ermittelt werden kann.

Sollte dies gelingen, kann gleichzeitig eine Beschuldigtenvernehmung veranlaßt werden. In der Praxis bereitet es keine Probleme, wenn der Wohnsitz des Halters mit dem Wohnsitz des Beschuldigten nicht identisch ist. Ist die ersuchte Behörde für die Vernehmung des Beschuldigten nicht zuständig, so erfolgt im allgemeinen in dem ersuchten Staat eine Abgabe an die zuständige Stelle.

Für den Erfolg dieses Rechtshilfeersuchen ist es von besonderer Bedeutung, daß bei der Sachverhaltsschilderung der Fahrer und das Tatfahrzeug möglichst genau beschrieben werden. Zur Vorbereitung des Rechtshilfeersuchens ist daher eine detaillierte Zeugenvernehmung des Anzeigenerstatters erforderlich, in der dieser entsprechend befragt wird.

10. Formular – Vollzug eines Durchsuchungs- und Beschlagnahmebeschlusses – allgemein

STAATSANWALTSCHAFT
 # O R T #
#ZwSt#

Az.:　　　　　　　　　Datum:　　　　　　　　**rh db 1**

　　　　　　　　　　　　　Anschrift der
　　　　　　　　　　　　　ersuchten
　　　　　　　　　　　　　Behörde

Rechtshilfeverkehr in Strafsachen;

Ermittlungsverfahren
gegen d.　　　　Staatsangehörige(n)　　Staatsangehörigkeit

　　　　　　　　　　　　　　　　　　　Vorname, Name

geb. am　　　　　　　　in　　　　　　Geburtsdatum und –ort

wohnhaft:　　　　　　　　　　　　　Wohnort

d.　　　　　　Staatsangehörige(n)　　Personalien weiterer Beschuldigter

wegen　　　　　　　　　　　　　　　Tatvorwurf

hier: Ersuchen um Durchsuchung, Beschlagnahme und Herausgabe von Gegenständen

☐ im Beisein deutscher Beamter

Mit 1 Fertigung des Durchsuchungs- und Beschlagnahmebeschlusses des
Amtsgerichts _____ vom _____ , Geschäftszeichen: _____ ,
bezüglich der darin bezeichneten Räumlichkeiten _____
_____ (2 - fach)

❏ _____

  1 Mehrfertigung dieses Ersuchens
❏ 1 Übersetzung dieses Schreibens nebst Anlagen (2 - fach)

Sehr geehrte Damen und Herren,

gegen d. oben genannte/n Beschuldigte/n führe ich ein Ermittlungsverfahren wegen
_____ gemäß § _____
❍ des deutschen Strafgesetzbuches, ❍ _____ .

❍ Dem Verfahren liegt folgender Sachverhalt zugrunde:
_____
_____

TV-StA #StA# rh db 1   (08.00)   Rechtshilfe - Vollzug eines Durchsuchungs- u. Beschlagnahmebeschlusses - allgemein

---

❏ Hinsichtlich des dem Ermittlungsverfahren zugrundeliegenden Sachverhalts gestatte ich mir, auf die
beiliegenden Fertigungen ❍ des Durchsuchungs- und Beschlagnahmebeschlusses
❍ der Durchsuchungs- und Beschlagnahmebeschlüsse Bezug zu nehmen.

Zur Beweiserhebung in diesem Verfahren darf ich Sie bitten,
a) ❍ den Durchsuchungs- und Beschlagnahmebeschluß
   ❍ die Durchsuchungs- und Beschlagnahmebeschlüsse
   vollstrecken zu lassen,

b) für den Fall, daß die in ❍ dem Beschluß ❍ den Beschlüssen genannten Gegenstände oder
sonstige Gegenstände, die mit der Tat in Zusammenhang stehen könnten, aufgefunden werden,
diese als Beweismittel für das hiesige Verfahren herauszugeben und

c) für den Fall, daß die Gegenstände im Gewahrsam Dritter stehen, mitzuteilen, ob auf die Rückgabe
der Gegenstände verzichtet wird.

❏ Weiterhin bitte ich Sie, die Teilnahme von Herrn/Frau
_____
_____ ,
              (Dienststelle)
Tel. Nr.: _____ , Telefax Nr.: _____ , an den erbetenen
Ermittlungshandlungen (insbesondere Durchsuchung, Auswertung von Unterlagen, notwendig
werdende Vernehmungen) zu genehmigen. Es wäre sehr hilfreich, wenn Sie den teilnehmenden
Beamten gestatten würden, Kopien zu fertigen. Unterlagen, die dem Verfahren dienen, bitte ich,
ihnen auszuhändigen.

Ich wäre Ihnen sehr zu Dank verpflichtet, wenn der Termin unmittelbar mit den genannten Beamten
abgesprochen werden könnte.

Ich gestatte mir noch darauf hinzuweisen, daß aufgrund einer Entscheidung des deutschen
Bundesverfassungsgerichts die Sache besonders eilbedürftig ist, da Durchsuchungsbeschlüsse nur
einen begrenzten Zeitraum vollstreckt werden dürfen.

Die genannten Vorschriften haben folgenden Wortlaut:

❏ **Deutsches Strafgesetzbuch:**

❏ _____
_____

Wölfel/Vordermayer

> Mit bestem Dank und vorzüglicher Hochachtung
> O Unterschrift BL
> O In Vertretung O Im Auftrag
>
> _____
> (Name, Dienstbezeichnung)

Bei der Durchsuchung und Beschlagnahme im Ausland ist Art. 5 EuRh-Übk zu beachten. Nach dieser Vorschrift hat jede Vertragspartei das Recht, den Vorbehalt zu erklären, daß 83

a) die zugrundeliegende strafbare Handlung sowohl nach dem Recht des ersuchenden als auch nach dem Recht des ersuchten Staates strafbar ist,

b) die zugrundeliegende strafbare Handlung im ersuchten Staat auslieferungsfähig ist,

c) die Erledigung des Rechtshilfeersuchens mit dem Recht des ersuchten Staates vereinbar ist.

Deutschland hat einen Vorbehalt zu a) und c) erklärt.[5] Dh die Durchsuchung und Beschlagnahme ist nur zulässig, wenn die Voraussetzungen von a) und c) vorliegen.

Art. 51 SDÜ relativiert dies insoweit, als die der Rechtshilfe zugrundeliegende Tat nach dem Recht beider Vertragsparteien mit einer Freiheitsstrafe oder die Freiheit beschränkenden Maßregel der Sicherung und Besserung im **Höchstmaß von mindestens 6 Monaten** bedroht sein muß oder nach dem Recht einer der beiden Vertragsparteien mit einer Sanktion des gleichen Höchstmaßes bedroht ist und nach dem Recht der anderen Vertragspartei als Zuwiderhandlung gegen Ordnungsvorschriften durch Behörden geahndet wird, gegen deren Entscheidung ein auch in Strafsachen zuständiges Gericht angerufen werden kann.

Voraussetzung für das Rechtshilfeersuchen ist in aller Regel ein Durchsuchungs- und Beschlagnahmebeschluß eines deutschen Gerichtes bezüglich des im Ausland zu durchsuchenden Objektes (Nr. 114 II RiVASt).

Bezüglich des zu übermittelnden Sachverhaltes wird in dem Formular auf den mitzuübersendenden Durchsuchungs- und Beschlagnahmebeschluß Bezug genommen, in dem sich bereits eine entsprechende Sachverhaltsdarstellung einschließlich rechtlicher Würdigung finden sollte. In diesem Zusammenhang ist darauf hinzuweisen, daß einige Länder nach wie vor auf der Mitteilung des kompletten Sachverhalts auch im Ersuchen bestehen. Im Zuge einer effektiven Strafverfolgungsarbeit sollte man jedoch soweit wie möglich zu einer modernen Interpretation des Art. 14 EuRhÜbk kommen. 84

---

5   BGBl II 1976, 1799

85 Da beim Vollzug eines Durchsuchungs- und Beschlagnahmebeschlusses in vielen Fällen die Teilnahme von deutschen Beamten für erforderlich gehalten wird, sieht das Formular diese Möglichkeit vor. Im Hinblick auf eine effektive Erledigung wird in dem Schreiben angeregt, daß die weiteren Einzelheiten unmittelbar mit den Beamten abgesprochen werden sollten, die an der Durchsuchung tatsächlich teilnehmen.

11. Formular – Vollzug eines Durchsuchungs- und Beschlagnahmebeschlusses – Steuerhinterziehung

86

STAATSANWALTSCHAFT
 # O R T #
#ZwSt#

Az.:   Datum: rh db 2

≺ Anschrift der
≺ ersuchten
≺ Behörde
≺

Rechtshilfeverkehr in Strafsachen;

Ermittlungsverfahren
gegen d.   Staatsangehörige(n)   ≺ Staatsangehörigkeit

    ≺ Vorname, Name

geb. am _____ in _____   ≺ Geburtsdatum und –ort

wohnhaft: ≺ Wohnort

d.   Staatsangehörige(n)   ≺ Personalien weiterer Beschuldigter

wegen Steuerhinterziehung   ≺ Tatvorwurf

hier: Ersuchen um Durchsuchung, Beschlagnahme und Herausgabe von Gegenständen

❏ im Beisein deutscher Beamter

Mit   1   Fertigung des Durchsuchungs- und Beschlagnahmebeschlusses des
            Amtsgerichts _____ vom _____, Geschäftszeichen: _____ ,
            bezüglich der darin bezeichneten Räumlichkeiten _____
            _____ (2 - fach)

    ❏   _____

        1   Mehrfertigung dieses Ersuchens
    ❏   1   Übersetzung dieses Schreibens nebst Anlagen (2 - fach)

Sehr geehrte Damen und Herren,

gegen d. oben genannte/n Beschuldigte/n führe ich ein Ermittlungsverfahren wegen Steuerhinterziehung gemäß § 370 der deutschen Abgabenordnung.
- ❏ Dem Verfahren liegt folgender Sachverhalt zugrunde: _____
- ❏ Hinsichtlich des dem Ermittlungsverfahren zugrundeliegenden Sachverhalts gestatte ich mir, auf die beiliegenden Fertigungen ❍ des Durchsuchungs- und Beschlagnahmebeschlusses
❍ der Durchsuchungs- und Beschlagnahmebeschlüsse Bezug zu nehmen.

TV-StA #StA# rh db 2   (08.00)   Rechtshilfe - Vollzug eines Durchsuchungs- u. Beschlagnahmebeschlusses - Steuerhinterziehung

---

Zur Beweiserhebung in diesem Verfahren darf ich Sie bitten,
a) ❍ den Durchsuchungs- und Beschlagnahmebeschluß
   ❍ die Durchsuchungs- und Beschlagnahmebeschlüsse
   vollstrecken zu lassen,
b) für den Fall, daß die in ❍ dem Beschluß ❍ den Beschlüssen genannten Gegenstände oder sonstige Gegenstände, die mit der Tat in Zusammenhang stehen könnten, aufgefunden werden, diese als Beweismittel für das hiesige Verfahren herauszugeben und
c) für den Fall, daß die Gegenstände im Gewahrsam Dritter stehen, mitzuteilen, ob auf die Rückgabe der Gegenstände verzichtet wird.

❏ Ich wäre Ihnen sehr verbunden, wenn Sie mit der Ausführung der Durchsuchung und der Vollstreckung der Beschlagnahme die Beamten des Finanzamtes _____ , Prüfungsabteilung für Strafsachen, _____ , wegen deren besonderer Sachkunde beauftragen könnten.

❏ Weiterhin bitte ich Sie, die Teilnahme von zwei noch zu benennenden Beamten des Finanzamts _____ - Steuerfahndung – an den erbetenen Ermittlungshandlungen (insbesondere Durchsuchung, Auswertung von Unterlagen, notwendig werdende Vernehmungen) zu genehmigen. Es wäre sehr hilfreich, wenn Sie den teilnehmenden Beamten gestatten würden, Kopien zu fertigen. Unterlagen, die dem Verfahren dienen, bitte ich ihnen auszuhändigen. Ich wäre Ihnen sehr zu Dank verpflichtet, wenn der Termin unmittelbar mit Herrn/Frau _____ vom Finanzamt _____ - Steuerfahndung -, Tel. Nr.: _____ , Telefax Nr.: _____ , abgesprochen werden könnte.

❏ Weiterhin bitte ich Sie, die Teilnahme von Herrn/Frau _____ ,
_____ ,
(Dienststelle)
Tel. Nr.: _____ , Telefax Nr.: _____ , an den erbetenen Ermittlungshandlungen (insbesondere Durchsuchung, Auswertung von Unterlagen, notwendig werdende Vernehmungen) zu genehmigen. Es wäre sehr hilfreich, wenn Sie den teilnehmenden Beamten gestatten würden, Kopien zu fertigen. Unterlagen, die dem Verfahren dienen, bitte ich, ihnen auszuhändigen.
Ich wäre Ihnen sehr zu Dank verpflichtet, wenn der Termin unmittelbar mit den genannten Beamten abgesprochen werden könnte.
Ich gestatte mir noch darauf hinzuweisen, daß aufgrund einer Entscheidung des deutschen Bundesverfassungsgerichts die Sache besonders eilbedürftig ist, da Durchsuchungsbeschlüsse nur einen begrenzten Zeitraum vollstreckt werden dürfen.

Die genannten Vorschriften haben folgenden Wortlaut:
Deutsche Abgabenordnung:
<Wortlaut des § 370 AO >
❏ _____

> Mit bestem Dank und vorzüglicher Hochachtung
> ○ Unterschrift BL
> ○ In Vertretung ○ Im Auftrag
>
> _____
> (Name, Dienstbezeichnung)

87 Das Formular trägt den besonderen Bedürfnissen bei einem Durchsuchungs- und Beschlagnahmebeschluß im Rahmen eines Steuerstrafverfahrens Rechnung. Gerade grenznahe StAen haben eine Vielzahl von derartigen Beschlüssen im Rechtshilfeweg zu vollziehen.

Als Besonderheit sieht das Formular im Wege der Auswahl vor, den ersuchten Staat darum zu bitten, eine bestimmte Behörde aufgrund ihrer besonderen Sachkunde mit dem Vollzug des Durchsuchungs- und Beschlagnahmebeschlusses zu beauftragen. In Steuersachen ist es von größter Wichtigkeit, daß nach Rücksprache mit den deutschen Steuerfahndungsbehörden die für die Deliktgruppe spezialisierte ausländische Steuerfahndung mit eingebunden wird.

Auch hier ist wiederum die Teilnahme deutscher Beamter an den Ermittlungshandlungen im Ausland vorgesehen. Im Sinne einer praxisorientierten Arbeit im Bereich der Rechtshilfe geht das Formular noch einen Schritt weiter. Normalerweise ist es üblich, in dem Ersuchen den Beamten mit Dienstgrad und Namen zu bezeichnen.

In der Praxis führt dies immer wieder zu erheblichen Schwierigkeiten. Im Zeitpunkt der Stellung des Rechtshilfeersuchens ist oft nicht absehbar, welcher Beamte an den Ermittlungshandlungen im Ausland teilnehmen soll. In der Zusammenarbeit mit einigen grenznahen Ländern hat es sich daher eingebürgert, daß nur noch die Anzahl der einzureisenden Beamten genannt wird und die weiteren Einzelheiten unmittelbar auf der Ermittlungsebene abgeklärt werden.

12. Formular – Asservatenbereinigung mit Verfügung

STAATSANWALTSCHAFT
 # O R T #
#ZwSt#

Az.:   Datum: rh as 1

Verfügung

1. Schreiben (mit Kopfbogen LOStA) wie umseitig mit Empfangsbestätigung fertigen
2. Doppel des Schreibens z.A.
3. Frau/Herrn
   ❏ Behördenleiterin/Behördenleiter
   ❏ stellv. Behördenleiterin/Behördenleiter
   ❏ Abteilungsleiterin/Abteilungsleiter
   z.Z.
4. ❏ _____
5. ❏ WV _____
   ❏ Weglegen

_____
(Unterschrift, Namenstempel)

TV-StA #StA# rh as 1   (08.00) Rechtshilfe - Asservatenbereinigung

```
_____        ⊰ Anschrift des
_____        ⊰ Generalkonsulats oder
_____        ⊰ der Konsularabteilung der Botschaft
_____        ⊰
```

Herausgabe von Dokumenten;

Mit

Anzahl	Bezeichnung d. Dokuments	ggf. Nummer

❑ Sehr geehrte/r _____ ,
❑ Sehr geehrte Damen und Herren,

in einem hier geführten Verfahren war/waren das/die oben genannte/n Dokument/e sichergestellt.

Diese/s wird/werden Ihnen zur weiteren Veranlassung übersandt, da sichergestellte Dokumente eines ausländischen Staates nicht der Einziehung durch ein deutsches Gericht unterliegen.

Das anliegende Empfangsbekenntnis bitte ich mir unterschrieben zurückzusenden.

Mit vorzüglicher Hochachtung

○ Unterschrift BL
○ In Vertretung ○ Im Auftrag

_____
(Name, Dienstbezeichnung)

89   Das Formular betrifft den häufigen Fall, daß Dokumente eines ausländischen Staates in einem Verfahren sichergestellt worden sind und nicht mehr benötigt werden. Verfälschte ausländische Dokumente stehen völkerrechtlich im Eigentum des ausstellenden Staates. Es entspricht der üblichen Praxis in der Bundesrepublik Deutschland, daß die Dokumente nach Abschluß des Verfahrens an die konsularischen Vertretungen herauszugeben sind.

Dies gilt nicht, soweit es sich um total gefälschte Dokumente handelt, da in diesem Fall ein Eigentum des ausländischen Staates nicht begründet wird.

Das Formular ist sehr allgemein gehalten, so daß nur ein Minimum von Daten angegeben werden muß. In jedem Fall ist die Art des staatlichen Dokumentes und die Registriernummer zu bezeichnen. Dem Schreiben ist eine Empfangsbestätigung beizufügen, damit der Nachweis erbracht werden kann, daß die Dokumente tatsächlich versandt worden und zugegangen sind.

13. Formular – Anschreiben für Zustellung mit Verfügung

STAATSANWALTSCHAFT
 # O R T #
#ZwSt#

Az.:   Datum: rh zust 1

Verfügung

1. ❏ Kopie des zuzustellenden Schriftstücks ○ einschließlich Übersetzung fertigen (soweit kein Überstück vorhanden)

2. Original des zuzustellenden Schriftstücks ○ einschließlich Übersetzung mit umseitigem Anschreiben förmlich zustellen

3. Doppel des Anschreibens z.A.

4. ❏ _____

5. ❏ WV m.E., sp. _____

(Unterschrift, Namensstempel)

TV-StA #StA# rh zust 1   (08.00)   Rechtshilfe - Anschreiben für Zustellung

Wölfel/Vordermayer

```
_____              ⊰ Anschrift
_____              ⊰ des
_____              ⊰ Zustellungsempfängers
                                     ⊰
```

Zustellung von Schriftstücken ausländischer Strafverfolgungsbehörden;

Sehr geehrte<Anrede>,

anliegend erhalten Sie aufgrund eines Rechtshilfeersuchens ein Schriftstück einer ausländischen Strafverfolgungsbehörde zugestellt.

❏ Ich darf Sie darauf hinweisen, daß von hier aus lediglich die Zustellung im Rechtshilfeweg bewirkt wird und daß Sie jeglichen Schriftverkehr unmittelbar mit der ausländischen Behörde führen müssen.

❏ Ich weise Sie darauf hin, daß eventuelle in dem zugestellten Schriftstück angedrohte Zwangsmaßnahmen im Hoheitsgebiet der Bundesrepublik Deutschland nicht vollstreckt werden können.

❏ Auf das beiliegende Merkblatt nehme ich Bezug.

❏ _____
   _____
   _____
   _____

Mit vorzüglicher Hochachtung

_____
(Name, Dienstbezeichnung)

91 Das Formular betrifft den häufigen Fall, daß eine ausländische Behörde eine Zustellung an eine sich im Inland aufhaltende Person wünscht.

Auch dieses Schreiben ist sehr allgemein gehalten. Es ermöglicht, jeweils auf die Besonderheiten des Einzelfalls und die Gepflogenheiten der jeweiligen Behörde einzugehen. Es berücksichtigt hierbei auch die Vorgaben der Nr. 78 VII RiVASt.

Das Formular geht grundsätzlich davon aus, daß sich die jeweils geltenden Rechte und Pflichten aus dem zuzustellenden Schriftstück der ausländischen Behörde ergeben. Die Möglichkeit, auf ein »Merkblatt« Bezug zu nehmen betrifft den Fall, daß es für erforderlich gehalten wird, zu dem Inhalt des zuzustellenden Schriftstücks Stellung zu nehmen. Die Auffassungen hierzu sind recht unterschiedlich. Einerseits wird die Meinung vertreten, daß dem Zustellungsempfänger erläutert werden müsse, was der ausländische Staat von ihm wünscht. Andererseits wird mit zutreffender Argumentation darauf hingewiesen, daß dies mit erheblichen Risiken verbunden ist. Die jeweiligen Rechtsbestimmungen des ausländischen Staates sind nur unvollständig bekannt. Hinzu kommt die in juristischen Fragen immer bestehende Problematik der Auslegung. Eine Belehrung durch eine deutsche Behörde kann immer den Vorwurf nach sich ziehen, daß diese unrichtig oder unvollständig erfolgt sei.

14. Formular – Zustellungsbericht mit Zustellungszeugnis

92

```
                        STAATSANWALTSCHAFT
                            # O R T #
                             #ZwSt#

Az.:                  Datum:                       ber rh 5

❑ Frau Generalstaatsanwältin
❑ Herrn Generalstaatsanwalt
   bei dem Oberlandesgericht
   #Ort_OLG#
   oder
Über
❑ Frau Generalstaatsanwältin
❑ Herrn Generalstaatsanwalt
   an das _____


Rechtshilfeverkehr in Strafsachen mit _____ ;
hier: Ersuchen _____
                    (Bezeichnung der ersuchenden Behörde)
um Zustellung eines Schriftstücks

Zu Ihrem Schreiben vom _____, Gz.: _____

Berichterstatter:   _____
                   (Tel.: _____ )

Mit ❍  1   Rechtshilfevorgang
        1   Zustellungszeugnis (2 - fach)
        1   Mehrfertigung dieses Berichts

Anbei übermittle ich

❍ zusammen mit beiliegendem Rechtshilfeersuchen
das Zustellungszeugnis.

Meine Berichtspflicht betrachte ich als beendet.

      ❍ Unterschrift BL
      ❍ In Vertretung  ❍ Im Auftrag


          _____
          (Name, Dienstbezeichnung)




TV-StA  #StA#  ber rh 5    (08.00)   Rechtshilfe - Zustellungsbericht mit Zustellungszeugnis
```

Wölfel/Vordermayer

Zustellungszeugnis

Die Zustellung des Schriftstücks
d _____
                (Bezeichnung der ersuchenden Behörde)
an _____
                (Zustellungsempfänger)
ist am _____ durch

  ○ Aushändigung des zuzustellenden Schriftstücks an _____
     persönlich
  ○ Aushändigung des zuzustellenden Schriftstücks an _____
     im Wege der Ersatzzustellung in der Wohnung des Empfängers
  ○ Niederlegung des zuzustellenden Schriftstücks beim Postamt _____
     im Wege der Ersatzzustellung
  ○ _____
     _____
     _____

erfolgt.

  ○ Der Zustellungsempfänger ist darauf hingewiesen worden, daß die in dem zugestellten
     Schriftstück angedrohten Zwangsmaßnahmen im Hoheitsgebiet der Bundesrepublik
     Deutschland nicht vollstreckt werden können.
  ○ _____
     _____
     _____

_____
(Name, Dienstbezeichnung)
mit Dienstsiegel

---

93   Das Formular befaßt sich mit dem Fall, daß der unmittelbare Geschäftsweg nicht eröffnet ist. In diesem Fall ist sowohl ein Bericht als auch ein gesondertes Zustellungszeugnis erforderlich. Das Zustellungszeugnis ist an Muster Nr. 16 RiVASt angelehnt, enthält jedoch einige Abweichungen.

Als Auswahltext sind die wichtigsten Arten von Zustellungen mitaufgenommen. Darüber hinaus kann es aber im Einzelfall erforderlich sein, gesonderte Zustellungsarten zu bezeugen. Dies betrifft insbes den Fall, daß die Zustellung in einem Geschäftslokal oder in einer sonstigen zulässigen Art und Weise, die in dem Formular nicht enthalten ist, erfolgt.

Sollte der ausländische Staat entgegen Nr. 78 VII RiVASt in dem zuzustellenden Schriftstück eine Zwangsmaßnahme angedroht haben und wurde der Empfänger darauf hingewiesen, so ist dies in dem Zustellungszeugnis zu vermerken.

15. Formular – Mitteilung der durchgeführten Zustellung

94

```
                              STAATSANWALTSCHAFT
                                   # O R T #
                                     #ZwSt#
```

Az.:   ≺   Datum: ≺   rh zust 2

_____   ≺ Anschrift der
_____   ≺ ersuchenden
_____   ≺ Behörde
                                ≺

Rechtshilfeverkehr in Strafsachen;

Zu Ihrem Ersuchen um Zustellung vom _____, Az.: _____
Mit 1 Rechtshilfeersuchen ○ nebst Anlagen

☐ Sehr geehrte Frau ○ Leitende ○ Staatsanwältin ○ Oberstaatsanwältin,
☐ Sehr geehrter Herr ○ Leitender ○ Staatsanwalt ○ Oberstaatsanwalt,
☐ Sehr geehrte/r _____,
☐ Sehr geehrte Damen und Herren,

das mit obigem Schreiben mit der Bitte um Zustellung zugeleitete Schriftstück habe ich
○ zu eigenen Händen
○ mittels Niederlegung beim Postamt _____
○ im Wege der Ersatzzustellung durch Aushändigung des zuzustellenden Schriftstücks an
   _____ in der Wohnung des Empfängers
○ _____

am _____ durch ○ die Post ○ _____
zustellen lassen.

○ Der Zustellungsempfänger ist darauf hingewiesen worden, daß die in dem zugestellten
   Schriftstück angedrohten Zwangsmaßnahmen im Hoheitsgebiet der Bundesrepublik
   Deutschland nicht vollstreckt werden können.
○ _____

Die Zustellung entspricht den deutschen Vorschriften.

Mit vorzüglicher Hochachtung

○ Unterschrift BL
○ In Vertretung ○ Im Auftrag

_____
(Name, Dienstbezeichnung)

TV-StA   #StA# rh zust 2   (08.00)   Rechtshilfe - Mitteilung der durchgeführten Zustellung

Wölfel/Vordermayer

95 Das Formular betrifft den unmittelbaren Geschäftsweg. Von den einschlägigen Bestimmungen der RiVASt wird insoweit abgewichen, als Zustellungszeugnis und Anschreiben in einem Schriftstück zusammengefaßt werden.

Im Hinblick auf eine moderne, effektive Geschäftserledigung ist kein Grund ersichtlich, warum ein gesondertes Zustellungszeugnis übersandt werden sollte. Bezüglich des Inhalts sind die gleichen Kriterien mit aufgenommen wie in einem gesonderten Zustellungszeugnis.

16. Formular – Begleitbericht

96

STAATSANWALTSCHAFT
 # O R T #
#ZwSt#

Az.: ⋖ Datum: ⋖ ber rh 6

❑ Frau Generalstaatsanwältin
❑ Herrn Generalstaatsanwalt
bei dem Oberlandesgericht
#Ort_OLG#
❑ #Justizministerium#

Rechtshilfeverkehr in Strafsachen mit _____ (Name des ersuchten Staates)

❑ Ermittlungsverfahren   ❑ Strafverfahren
gegen d.   Staatsangehörige(n)   ⋖ Staatsangehörigkeit

⋖ Vorname, Name

geb. am _____ in _____   ⋖ Geburtsdatum und -ort

wohnhaft: ⋖ Wohnort

d. _____ Staatsangehörige(n)   ⋖ Personalien weiterer Beschuldigter

wegen   ⋖ Tatvorwurf

hier: Weiterleitung eines Rechtshilfeersuchens
❑ _____

Berichterstatter: _____
(Tel.: _____)

Mit 1 Fertigung des Rechtshilfeersuchens (____ fach)
     ❑ _____

In dem oben genannten Verfahren halte ich ein Rechtshilfeersuchen für erforderlich. Hinsichtlich des zugrundeliegenden Sachverhalts darf ich auf die beiliegenden Anlagen Bezug nehmen. Ich bitte mein Ersuchen weiterzuleiten.

```
☐ _____

  ○ Unterschrift BL
  ○ In Vertretung  ○ Im Auftrag


      _____
      (Name, Dienstbezeichnung)


  TV-StA   #StA#   ber rh 6       (08.00)   Rechtshilfe - Begleitbericht
```

Das Formular betrifft den Fall, daß der unmittelbare Geschäftsweg nicht eröffnet ist. In diesem Fall ist ein Bericht an die zuständige vorgesetzte Behörde zu fertigen, in dem um die Weiterleitung des Rechtshilfeersuchens an die ausländische Behörde gebeten wird. **97**

Um Wiederholungen zu vermeiden, wird auf das beiliegende Rechtshilfeersuchen, das gesondert zu fertigen ist, Bezug genommen.

Das Rechtshilfeschreiben ist gem Nr. 27 I RiVASt an die (vermutlich) zuständige »oder die sonst zuständige Behörde« zu adressieren. Eventuelle Übersetzungen sind beizufügen. Der sonstige Text ist in gleicher Weise zu fertigen, als sei der unmittelbare Geschäftsweg eröffnet.

17. Formular – VOint (Benachrichtigung der ausländischen Verwaltungsbehörde von der gerichtlichen Entziehung der Fahrerlaubnis)

98

```
                                    STAATSANWALTSCHAFT
                                         # O R T #
                                           #ZwSt#

Az.:                    ◄       Datum:              ◄        rh vint 1

☐ Bezirkshauptmannschaft         ◄ Anschrift der
☐ Bundespolizeidirektion         ◄ österreichischen
☐ _____          ◄ oder sonst. ausländischen Führerscheinbehörde

Strafverfahren
gegen d.              Staatsangehörige(n)   ◄ Staatsangehörigkeit

                                            ◄ Vorname, Name

geb. am                      in             ◄ Geburtsdatum und -ort

wohnhaft:                                   ◄ Wohnort

wegen                                       ◄ Tatvorwurf

Benachrichtigung der ausländischen Verwaltungsbehörde von der gerichtlichen Entziehung der
Fahrerlaubnis
```

```
❑  Mit 1  beglaubigten Fertigung des seit _____
         rechtskräftigen
            ○ Strafbefehls
            ○ Urteils
         des
            ○ Amtsgerichts _____ vom _____
            ○ Landgerichts _____ vom _____
            ○ und des Strafbefehls des
              Amtsgerichts _____ vom _____
            ○ _____

Sehr geehrte Damen und Herren,

d. vorbezeichneten Verurteilten wurde

   ○ mit seit _____ rechtskräftigem
        ○ Strafbefehl
        ○ Urteil
     des
        ○ Amtsgerichts _____ vom _____
        ○ Landgerichts _____ vom _____
        ○ und des Strafbefehls des
          Amtsgerichts _____ vom _____
        ○ _____

die Erlaubnis zum Führen von Kraftfahrzeugen entzogen und eine Sperrfrist für die Wiedererteilung der Fahrerlaubnis von _____ Monaten festgesetzt.

TV-StA  #StA#  rh vint 1    (08.00)  Rechtshilfe - VOInt
```

```
   ○ Die Fahrerlaubnis wurde d. Verurteilten von
     d _____
                    (Bezeichnung der ausländischen Fahrerlaubnisbehörde)
     am _____ für die Klasse/n _____ unter der Nummer _____
     erteilt.
   ○ Daten über die Erteilung einer Fahrerlaubnis sind hier nicht bekannt.

   Die Sperrfrist läuft vom _____ bis _____ .

   Mit vorzüglicher Hochachtung
      ○ Unterschrift BL
      ○ In Vertretung  ○ Im Auftrag

      _____
          (Name, Dienstbezeichnung)
```

99 Entzieht ein deutsches Gericht einem Angeklagten das Recht, aufgrund einer ausländischen Fahrerlaubnis im Inland ein Kraftfahrzeug zu führen, so ist dies gem Art. 10 II des Internationalen Abkommens über Kraftfahrzeugverkehr vom 24.4.1926, RGBl II 1930 II, 1233; Art. 42 des Internationalen Übereinkommens über den Straßenverkehr vom 8.11.1968, BGBl II 1977, 809; 1979, 932; § 11 II S 2 der Verordnung über Internationalen Kraftfahrzeugverkehr vom 12.11.1934, RGBl I, 1137, analog, der zuständigen ausländischen Verwaltungsbehörde mitzuteilen. Diese soll in die Lage versetzt werden, ihrerseits zu prüfen, ob nach dem für sie geltenden Recht gegen den Verurteilten Maßnahmen zu treffen sind.

Diese Benachrichtigungspflicht wird durch länderrechtliche Verwaltungsvorschriften präzisiert. Als Besonderheit ist zu beachten, daß nur bezüglich weniger Länder eine direkte Kontaktaufnahme mit den jeweils zuständigen Verwaltungsbehörden zulässig ist. Als wichtigster Fall ist hier Österreich und Polen zu nennen.

In dem Formular ist insbes die rechtskräftige Entscheidung anzugeben. Sollten die Führerscheindaten nicht bekannt sein, so ist dies ebenfalls mitzuteilen.

18. Formular – VOint über Botschaft (Benachrichtigung der ausländischen Verwaltungsbehörde von der gerichtlichen Entziehung der Fahrerlaubnis über die deutsche Botschaft)

STAATSANWALTSCHAFT
 # O R T #
#ZwSt#

100

Az.:   Datum: rh vint 2

≺ Anschrift
≺ der
≺ Botschaft

Benachrichtigung der ausländischen Verwaltungsbehörde von der gerichtlichen Entziehung der Fahrerlaubnis

Mit 1 Schreiben an die zuständige Verwaltungsbehörde (2 - fach)

Sehr geehrte Damen und Herren,

das vorbezeichnete Schreiben übersende ich mit der Bitte, es an die für die Erledigung zuständige Behörde weiterzuleiten.

Mit bestem Dank und vorzüglicher Hochachtung
○ Unterschrift BL
○ In Vertretung ○ Im Auftrag

(Name, Dienstbezeichnung)

TV-StA   #StA# rh vint 2   (08.00)   Rechtshilfe - VOInt über Botschaft

```
An die
zuständige Verwaltungsbehörde


Strafverfahren
gegen d.                    Staatsangehörige(n)        ◁ Staatsangehörigkeit
_____                ◁ Vorname, Name
geb. am _____ in _____           ◁ Geburtsdatum und -ort
wohnhaft: _____               ◁ Wohnort
wegen _____              ◁ Tatvorwurf

Benachrichtigung der ausländischen Verwaltungsbehörde von der gerichtlichen Entziehung der
Fahrerlaubnis

Sehr geehrte Damen und Herren,

d. vorbezeichneten Verurteilten wurde
  ○ mit seit _____ rechtskräftigem
      ○ Strafbefehl
      ○ Urteil
  des
      ○ Amtsgerichts _____ vom _____
      ○ Landgerichts _____ vom _____
      ○ und des Strafbefehls des
         Amtsgerichts _____ vom _____
      ○ _____
  die Erlaubnis zum Führen von Kraftfahrzeugen entzogen und eine Sperrfrist für die Wiedererteilung der
  Fahrerlaubnis von _____ Monaten festgesetzt.

  ○ Die Fahrerlaubnis wurde d. Verurteilten von
    d _____
              (Bezeichnung der ausländischen Fahrerlaubnisbehörde)
    am _____ für die Klasse/n _____ unter der Nummer _____
    erteilt.

  ○ Daten über die Erteilung einer Fahrerlaubnis sind hier nicht bekannt.

  Die Sperrfrist läuft vom _____ bis _____ .

  Mit vorzüglicher Hochachtung
  ○ Unterschrift BL
  ○ In Vertretung   ○ Im Auftrag


  _____
       (Name, Dienstbezeichnung)
```

101 In den Fällen, in denen der unmittelbare Geschäftsweg mit der ausländischen Verwaltungsbehörde nicht eröffnet ist, ist die Mitteilung über die deutsche Botschaft im Ausland zu erledigen.

In dem Begleitschreiben wird die deutsche Botschaft im Ausland als deutsche Behörde gebeten, der ausländischen Verwaltungsbehörde das beiliegende Schreiben zu übermitteln.

KAPITEL 9 – AUSSCHLIESSUNG UND ABLEHNUNG VON STAATSANWÄLTEN

Überblick

I.	Ausschließung trotz Fehlens gesetzlicher Regelungen.	1
II.	Die Ausschließungstatbestände	2–5
III.	Der als Zeuge vernommene StA	6–9
	1. Allgemeines	6
	2. Mitwirkungsverbot	7
	3. Die Rechtsprechung des BGH	8
	4. Der ausgeschlossene Sitzungsvertreter als Gehilfe der StA	9
IV.	Der nicht qualifiziert befangene StA	10
V.	Rechtsfolgen der Mitwirkung eines ausgeschlossenen oder befangenen StAs.	11–16
	1. Ersetzung des disqualifizierten StAs (§ 145 GVG)	11
	2. Kein Rechtsanspruch auf Ersetzung.	12
	3. Kein förmliches Ablehnungsrecht	13
	4. Revisibilität der Mitwirkung eines disqualifizierten StAs	14–16

Literaturverzeichnis

Frisch, Wolfgang, Ausschluß und Ablehnung des Staatsanwalts. Möglichkeiten und Grenzen richterlicher Rechtsfortbildung und sachgerechter Gesetzgebung. In: Festschrift für H.-J. Bruns, 1978, S 385 ff
Pfeiffer, Gerd, Zur Ausschließung und Ablehnung des Staatsanwalts im geltenden Recht. In: Festschrift für K. Rebmann, 1989, S 359 ff
Schairer, Martin, Der befangene Staatsanwalt, 1983
Tolksdorf, Klaus, Mitwirkungsverbot für den befangenen Staatsanwalt, 1989

Hammer

I. Ausschließung trotz Fehlens gesetzlicher Regelungen

1   Wegen der Möglichkeit der Ersetzung des staatsanwaltschaftlichen Sitzungsvertreters durch den Dienstvorgesetzten (§ 145 I GVG) wurde sowohl im GVG als auch in der StPO auf Regelungen über die Ausschließung und Ablehnung von StAen verzichtet.[1] Dieser Zustand wird zunehmend als unbefriedigend empfunden. Dennoch besteht überwiegend Einigkeit darüber, daß die §§ 22 ff StPO mangels einer planwidrigen Gesetzeslücke auch nicht analog auf den StA anwendbar sind.[2] Zwar finden sich auf Länderebene vereinzelt Vorschriften über die Ausschließung von StAen (§ 7 AGGVG Niedersachsen, § 11 AGGVG Baden-Württemberg)[3], doch kann diesen Regelungen im Strafprozeß mangels einer diesbezüglichen Gesetzgebungskompetenz der Länder keine unmittelbare Bedeutung zukommen.[4] Ebensowenig sind entsprechende Vorschriften in den Verwaltungsverfahrensgesetzen des Bundes und der Länder auf den Bereich der Strafverfolgung unmittelbar anwendbar.[5] Andererseits ist es mit dem strafprozessualen Grundsatz des fairen Verfahrens nicht vereinbar, daß ein offensichtlich befangener StA Amtshandlungen vornimmt.[6] Wo die Pflicht zur Objektivität besteht (§ 160 II StPO), muß es auch die Möglichkeit der Disqualifikation geben.[7]

II. Die Ausschließungstatbestände

2   Der weisungsgebundene StA weist Ähnlichkeiten mit einem Verwaltungsbeamten auf; andererseits handelt er als dem Gericht gleichgeordnetes Organ der Rechtspflege und ist funktionell dem Bereich der Rechtsprechung zuzuordnen. Weder die § 22 StPO ff noch § 20 VwVfG können daher in ihrer Gesamtheit herangezogen werden.[8] Allerdings lassen sich diesen und anderen Vorschriften über die Ausschließung und Ablehnung von Gerichts- oder Amtspersonen allgemeine Grundsätze entnehmen, die bei Berücksichtigung der besonderen Stellung des StA eine normative Konkretisierung der Ausschlußtatbestände erlauben.[9]

---

1   Hahn Die gesamten Materialien zur StPO, Abteilung 1, 1880, S 93
2   BGH NStZ 1991, 595; Kl/M-G vor § 22 Rn 3 mwN
3   Abgedruckt bei Kissel S 1524 ff und 1486 ff
4   Krey Strafverfahrensrecht, 1988, Bd 1, Rn 411; Tolksdorf S 46 f
5   Vgl § 2 II 2 Nr. 2 VwVfG und die entsprechenden Landesnormen
6   So die ganz hM; statt vieler Kl/M-G vor § 22 Rn 3; Tolksdorf S 86 ff, 116 ff; Schairer jeweils mwN. In diese Richtung tendierend auch BGH NJW 1980, 845 und NStZ 1984, 419
7   Pawlik NStZ 1995, 309, 310
8   Pfeiffer FS Rebmann S 359, 369
9   Krey (Fn 4) Rn 418

– Einigkeit besteht darüber, daß die Tatbestände der § 22 Nr. 1-3 StPO 3
auch auf den StA anwendbar sind. Wer selbst Opfer der Straftat oder mit
dem Beschuldigten eng **verwandt** ist, gibt zweifellos Anlaß, seiner
Objektivität zu mißtrauen.[10]

– Erst recht muß ein StA in den Fällen ausgeschlossen sein, in denen nach 4
§ 138 StPO selbst der nicht zur Unparteilichkeit verpflichtete Verteidiger als untragbar empfunden wird, also dann, wenn er dringend verdächtig ist, an der verfahrensgegenständlichen **Tat beteiligt** zu sein.[11]

– Hinsichtlich der erkennbar auf die richterliche Tätigkeit zugeschnittenen 5
Ausschließung aufgrund **Vorbefaßtheit** (§ 22 Nr. 4 und § 23 I und II
StPO) ist zu differenzieren:

   a) Der früher in selber Sache als Polizeibeamter tätige StA ist schon
   wegen der von der StA abgeleiteten Funktion der Polizei (§ 152 GVG)
   nicht ausgeschlossen.[12]

   b) Dagegen ist ein StA, der als Richter erster Instanz das mit Berufung
   angefochtene Urteil erlassen hat, als Sitzungsvertreter in der Berufungshauptverhandlung ausgeschlossen, da zu befürchten ist, daß er
   sich von dem von ihm selbst erlassenen Urteil nicht lösen kann.[13]

   c) Andererseits ist ein StA nicht an der Ausübung seiner Tätigkeit gehindert, weil er in demselben Verfahren als Richter an einem vom Revisionsgericht aufgehobenen Urteil mitgewirkt hat.[14]

   d) Nach hM stellt auch die Vorbefaßtheit als Ermittlungs- oder Eröffnungsrichter keinen Ausschlußgrund dar.[15]

   e) Die Vorbefaßtheit als StA in einem vorgelagerten Stadium des Verfahrens ist grundsätzlich unproblematisch. So darf der Sitzungsvertreter
   der StA aus der ersten Instanz auch im Berufungsverfahren auftreten.[16] Sehr streitig ist allerdings, ob der ursprünglich mit der Sache
   befaßte StA für das Wiederaufnahmeverfahren ausgeschlossen ist.
   Nach der innerdienstlichen Regelung in Nr. 170 I RiStBV soll der
   vorbefaßte StA jedenfalls bei einem vom Verurteilten beantragten
   Wiederaufnahmeverfahren nicht mitwirken.[17]

Ausgeschlossen ist der StA nach dem Rechtsgedanken des § 22 I Nr. 4
StPO, wenn er zuvor als Anwalt des Verletzten oder Verteidiger des

---

10 Pawlik NStZ 1995, 311 mwN dort Fn 19
11 Krey (Fn 4)Rn 419
12 Pfeiffer FS Rebmann S 372 mwN; ausführlich Kuhlmann DRiZ 1976, 11, 15; anders
   aber § 7 Ziff 1 d Nds AGGVG
13 OLG Stuttgart NJW 1974, 1394
14 BGH NStZ 1991, 595
15 KMR-Paulus Vor § 22 Rn 20; aA Tolksdorf S 98; Schairer S 85
16 So die absolut hM; vgl etwa Pawlik NStZ 1995, 513 mit umfangreichen Nachweisen
   dort Fn 42 und 43; anders aber Frisch S 400 f und Schairer S 73 ff
17 Vgl zum Streitstand Tolksdorf S 93 f

Hammer

Beschuldigten mit der Sache befaßt war, weil die Vortätigkeit als einseitiger Sachwalter Zweifel an seiner Unparteilichkeit erwecken kann.[18]

III. Der als Zeuge vernommene StA

1. Allgemeines

6 Die Vernehmung des Sitzungsstaatsanwalts als Zeuge ist grundsätzlich möglich, wobei § 226 StPO gebietet, daß während der Vernehmung ein anderer StA als Sitzungsvertreter auftritt. Problematisch ist allein, inwieweit der als Zeuge vernommene StA an der weiteren Mitwirkung in der Hauptverhandlung gehindert ist.[19] § 22 Nr. 5 StPO ist jedenfalls nicht ohne weiteres auf den StA übertragbar.[20]

Unstreitig ist, daß allein die **Benennung** des staatsanwaltschaftlichen Sitzungsvertreters als Zeuge dem weiteren Auftreten in der Hauptverhandlung nicht entgegensteht.[21] Auch die bloße **Beantwortung sachbezogener Fragen der Verteidigung** macht den StA nicht zum Zeugen, selbst wenn deren Inhalt für die Entscheidung über den Anklagevorwurf von Bedeutung sein kann.[22]

2. Mitwirkungsverbot

7 Wurde der StA allerdings förmlich als Zeuge vernommen, ist er nach einem bereits vom Reichsgericht aufgestellten Grundsatz gehindert, die Funktion der StA in diesem Verfahren weiterhin auszuüben, insbes seine eigene Aussage im Schlußvortrag zu würdigen.[23]

3. Die Rechtsprechung des BGH

8 Der BGH hat die Rechtsprechung des RG im Ausgangspunkt übernommen,[24] dann aber zahlreiche Modifikationen vorgenommen, insbes um ein

---

18 KK-Pfeiffer § 23 Rn 16 c; KMR-Paulus Vor § 22 Rn 20
19 Vgl zum Meinungsstand ausführlich SK-StPO-Rogall vor § 48 Rn 46 ff
20 HM, vgl etwa KK-Pfeiffer § 22 Rn 16 d
21 Kl/M-G vor § 48 Rn 17; Krey Rn 453
22 BGH NStZ 1986, 133; KK-Pfeiffer § 22 Rn 16 d
23 RGSt 29, 236, 237
24 Vgl etwa BGHSt 14, 265, 267. Ob an dieser Rspr auch in Zukunft festzuhalten ist, wird in BGH NStZ 1989, 583 ausdrücklich offengelassen. Solange jedoch insoweit eine Klärung nicht herbeigeführt ist, wird man sich in der Praxis an der nachfolgend dargestellten »Ausnahmen«-Rspr orientieren müssen.

Hammer

»Herausschießen« des sachbearbeitenden StAs als Anklagevertreter namentlich in Großverfahren zu erschweren.[25]

- Ein Ausschlußgrund liegt danach nicht vor, wenn der StA nur über einen rein technischen **mit seiner Tätigkeit als Sachbearbeiter notwendig verbundenen Vorgang** – etwa zu den äußeren Umständen der Vernehmung des Angeklagten – vernommen und durch **Zuziehung eines weiteren StAs** Vorsorge dafür getroffen wird, daß er die von ihm bekundeten Vorgänge nicht im Schlußvortrag würdigen muß.[26]

- Weiter darf der als Zeuge vernommene Sitzungsvertreter die staatsanwaltschaftlichen Aufgaben noch insoweit wahrnehmen, als sie sich **von der Erörterung und Bedeutung seiner eigenen Zeugenaussage trennen lassen.**[27] Steht die Aussage nicht in einem unlösbaren Zusammenhang mit dem iü zu erörternden Sachverhalt, ist eine **arbeitsteilige Wahrnehmung der staatsanwaltschaftlichen Aufgaben** mit einem weiteren Sitzungsvertreter zulässig.[28]

- Auch nach Ansicht des BGH ist es grundsätzlich wünschenswert, daß der ermittelnde StA als Sitzungsvertreter fungiert, weshalb die Ausschlußwirkung auf das unbedingt notwendige Maß zu beschränken sei.[29] So führt beispielsweise die Vernehmung des StAs in einer früheren Hauptverhandlung nicht zum Ausschluß.[30]

4. Der ausgeschlossene Sitzungsvertreter als Gehilfe der StA

Ist ein StA aber nach den vorgenannten Grundsätzen an der weiteren Mitwirkung als Sitzungsvertreter ausgeschlossen, kann er weiter – ohne Robe – als Gehilfe agieren, der den nunmehrigen Sitzungsstaatsanwalt berät.[31]

9

IV. Der nicht qualifiziert befangene StA

Auch die Mitwirkung eines StAs, der aus anderen als den zu Ausschließungstatbeständen konkretisierten Gründen befangen ist oder bei verständiger Würdigung aus Sicht des Beschuldigten befangen erscheint, gilt als nicht vereinbar mit den Geboten eines rechtsstaatlichen und fairen Verfah-

10

---

25 Vgl hierzu BGH NStZ 1989, 583 und ausführlich Schneider NStZ 1994, 457
26 BGHSt 14, 265, 267
27 BGHSt 21, 85
28 BGHSt 21, 85, 90; NStZ 1990, 25 (bei Miebach); NJW 1996, 2239, 2241
29 BGHSt 21, 85, 90; NStZ 1989, 583; NStZ 1994, 194
30 BGH NStZ 1994, 194
31 Ausführlich Schneider NStZ 1994, 457, 459 f

rens.³² Freilich müssen hinsichtlich des **Befangenheitsmaßstabs** andere Grundsätze als für den Richter gelten. Ungeachtet seiner Pflicht zur Objektivität wird der StA aufgrund seiner Stellung im Verfahren dem Beschuldigten oft als sein Verfolger erscheinen,³³ ohne daß die Akzeptanz des Verfahrens darunter litte. Der StA trägt zum Prozeß der Wahrheitsfindung auch dadurch bei, daß er den Entlastungsbemühungen des Angeklagten engagiert entgegentritt. Eine Ablösung des StAs wird deshalb nur dann erforderlich sein, wenn **äußere Umstände**, wie etwa eine Freundschaft oder Feindschaft zum Verletzten oder Beschuldigten seine Befangenheit nahelegen.³⁴

Seine **Amtsführung** wird die Besorgnis der Befangenheit dann begründen, wenn schwerwiegende Verfahrensverstöße, insbes gegen § 136 a oder § 160 II StPO oder sachlich nicht gerechtfertigte Bloßstellungen des Beschuldigten, etwa gegenüber der Presse, festzustellen sind.³⁵

Zwischenfestlegungen hinsichtlich der Schuld des Angeklagten sind Tatbestandsvoraussetzung für diverse staatsanwaltschaftliche Zwangsmittel und nicht zuletzt Grundlage der Anklageerhebung. Sie begründen deshalb nicht die Besorgnis der Befangenheit, solange darin nicht die Weigerung zum Ausdruck kommt, einer sich verändernden Sachlage Rechnung zu tragen.

V. Rechtsfolgen der Mitwirkung eines ausgeschlossenen oder befangenen StAs

1. Ersetzung des disqualifizierten StAs (§ 145 GVG)

11   Ein wegen des Vorliegens eines Ausschließungsgrundes oder sonst wegen Befangenheit disqualifizierter StA hat bei seinem Dienstvorgesetzten darauf hinzuwirken, daß er ersetzt wird (§ 145 GVG, § 59 BBG). Der StA hat die Rechtspflicht, weitere Amtshandlungen zu unterlassen, solange diese nicht unaufschiebbar sind.³⁶ Dennoch vorgenommene **Amtshandlungen** sind aber **nicht unwirksam**.³⁷

---

32   Kl/M-G vor § 22 Rn 3 (unstr)
33   So zutreffend Dahs Handbuch Rn 4
34   Pfeiffer FS Rebmann S 374
35   Kuhlmann DRiZ 1976, 11, 16
36   Vgl § 29 StPO für den wegen Befangenheit abgelehnten Richter sowie Pfeiffer FS Rebmann S 359, 361
37   Kuhlmann DRiZ 1976, 11, 14; Pfeiffer FS Rebmann S 359, 368

Hammer

2. Kein Rechtsanspruch auf Ersetzung

Unstreitig ist, daß das Gericht ebenso wie alle anderen Prozeßbeteiligten die Substitution des StAs bei dessen Dienstvorgesetzten anregen können.[38] Gegen dessen Entscheidung kann **Dienstaufsichtsbeschwerde** zum GenStA erhoben werden.[39] Jedoch steht dem Beschuldigten nach hM kein subjektives Recht auf Ersetzung des disqualifizierten StAs zu.[40] Deshalb und weil die Entscheidung nach § 145 GVG kein Justizverwaltungsakt, sondern Prozeßhandlung ist, ist ein Antrag auf gerichtliche Entscheidung gem § 23 I EGGVG unzulässig.[41]

12

3. Kein förmliches Ablehnungsrecht

Auch ein förmliches Ablehnungsrecht steht den Beteiligten nicht zu.[42] Erst recht kann das Gericht den disqualifizierten StA nicht von der weiteren Mitwirkung ausschließen. Eine analoge Anwendung des auf gerichtliche Selbstkontrolle gerichteten Verfahrens nach §§ 26 ff StPO auf den StA scheidet schon wegen der grundsätzlichen Gleichordnung von Gericht und StA aus.[43] Die theoretische Konsequenz, daß das Gericht die Hauptverhandlung trotz drohender Aufhebung im Revisionsverfahren[44] fortsetzen muß, ist hinzunehmen.[45]

13

Mangels eines förmlichen Ablehnungsrechts unterliegt es dem Ermessen des in der Hauptverhandlung »abgelehnten« StAs, in welchen Fällen er von sich aus seinen Dienstvorgesetzten um Entscheidung über seine mögliche Ersetzung ersucht. Dies erscheint dann nicht geboten, wenn die »Ablehnung« nicht begründet oder die Gründe nicht glaubhaft gemacht werden oder mit der Ablehnung erkennbar das Verfahren verschleppt oder verfahrensfremde Zwecke verfolgt werden.[46]

---

38 OLG Stuttgart NJW 1974, 1394; Kl/M-G vor § 22 Rn 4
39 OLG Hamm NJW 1969, 808; Pawlik NStZ 1995, 309, 313 mwN dort Fn 45
40 OLG Hamm NJW 1969, 808, 809; Pfeiffer FS Rebmann S 359, 368 und Kl/M-G vor § 22 Rn 5 jeweils mwN
41 OLG Hamm NJW 1969, 808, 809; zustimmend auch die hM in der Literatur, für viele Kl/M-G § 145 GVG Rn 6; offengelassen von OLG Stuttgart NJW 1974, 1394
42 Kl/M-G vor § 22 Rn 5
43 So zutreffend Pawlik NStZ 1995, 309, 313 mit Nachweisen auch zur Gegenansicht
44 Dazu gleich unten Rn 14 ff
45 Pawlik NStZ 1995, 311, 315; Pfeiffer FS Rebmann S 367
46 Das sind Fälle, in denen das Gericht die Ablehnung eines Richters gem § 26 a I Nr. 2 und 3 StPO ohne Sachprüfung als unzulässig verwerfen darf.

Hammer

4. Revisibilität der Mitwirkung eines disqualifizierten StAs

14 a) Die unzulässige Mitwirkung eines **ausgeschlossenen** StAs kann mit der Revision gerügt werden,[47] stellt aber keinen absoluten Revisionsgrund iSd § 338 StPO dar.[48] Jedoch wird in der Regel nicht auszuschließen sein, daß das Urteil auf der verfahrensfehlerhaften Teilnahme des ausgeschlossenen StAs beruht (§ 337 StPO).

15 b) In gleicher Weise revisibel ist die Mitwirkung des **als Zeuge vernommenen StAs**, bei der nicht die oben beschriebenen Ausnahmen greifen. Allerdings ist bei der Beruhensfrage zu differenzieren. Eine Aufhebung des Urteils scheidet aus, wenn die Bekundungen des StAs für die Urteilsfindung unerheblich waren.[49]

16 c) Die Mitwirkung eines StAs, demgegenüber die bloße **Besorgnis der Befangenheit** iSd § 24 II StPO besteht, kann dagegen nach hM mit der Revision nicht gerügt werden.[50] Der Grund für diese Differenzierung liegt darin, daß Ausschließungstatbestände objektivierbar und nachprüfbar sind, während die Beurteilung einer nicht qualifizierten Befangenheit von Wertungen und subjektiven Elementen abhängt.[51] Während der daraus resultierenden Unsicherheit im Falle des befangenen Richters mit dem präkludierenden Ablehnungsverfahren gem der §§ 26 ff StPO begegnet werden kann, fehlt eine solche Zwischeninstanz für den StA. Würde man andererseits die Revisibilität der Mitwirkung eines nicht qualifiziert befangenen StAs ohne ein vorhergehendes Ablehnungsverfahren annehmen, würde dies einen völligen Bruch mit dem System der StPO bedeuten.[52] Im Ergebnis bedeutet das, daß die Ablösung eines nicht qualifiziert befangenen StAs nach geltendem Recht im gerichtlich nicht überprüfbaren Ermessen des Dienstvorgesetzten steht.[53]

---

47 BGHSt 14, 265 = NJW 1960, 1358; BGHSt 21, 85 = NJW 1966, 2321; OLG Stuttgart NJW 1974, 1394; BGH NJW 1980, 845 und die hM in der Lit, für viele Kl/M-G vor § 22 Rn 6
48 Wie vorherige Fußnote, aA aber Kissel § 145 Rn 7
49 Vgl hierzu etwa Kl/M-G vor § 48 Rn 17 und ausführlich SK-StPO-Rogall vor § 48 Rn 48 ff
50 BGH NJW 1980, 845; Kl/M-G vor § 22 Rn 7 mwN; aA etwa Kuhlmann DRiZ 1976, 11, 14
51 Pfeiffer FS Rebmann S 376
52 Pfeiffer FS Rebmann S 376
53 Kl/M-G vor § 22 Rn 7 mwN

KAPITEL 10 – STÖRUNGEN IN DER HAUPTVERHAND-LUNG

Überblick

Vorbemerkungen.	1
I. Sitzungspolizei als richterliche Aufgabe.	2
II. Die Instrumentarien der Sitzungspolizei – § 175 ff GVG	3
III. Störungen durch nicht Verfahrensbeteiligte.	4–13
1. Zutrittskontrollen	4
2. Versagung des Zutritts (§ 175 GVG)	5
3. Sitzungspolizei (§ 176 GVG).	6–7
4. Zwangsmittel (§ 177 GVG).	8
5. Ordnungsmittel wegen Ungebühr (§ 178 GVG).	9–13
a) Allgemeines	9
b) Beispiele	10
c) Straftaten in der Sitzung	11
d) Verschulden	12
e) Verfahren	13
IV. Störungen durch Verfahrensbeteiligte	14–16
1. Parteien, Beschuldigte, Zeugen und Sachverständige	14
2. Die Entfernung des Angeklagten aus dem Sitzungssaal	15
3. Maßnahmen gegen Rechtsanwälte und Verteidiger.	16

Vorbemerkungen

Als Störungen in der Hauptverhandlung werden hier solche Handlungsweisen bezeichnet, die sich gegen den äußeren Verlauf der Hauptverhandlung richten. Davon zu unterscheiden ist der Mißbrauch von Verfahrensinstituten, beispielsweise durch Beweisanträge mit Verschleppungsabsicht oder offensichtlich unbegründete Ablehnungsanträge.[1] Diesbezügliche Fragestellungen werden im Zusammenhang mit der dazugehörigen prozessualen Thematik erörtert.

1

---

[1] Vgl zu dieser Unterscheidung auch Geiger Die gestörte Hauptverhandlung, 1985, S 3 f mwN

Hammer

I. Sitzungspolizei als richterliche Aufgabe

2   Die Aufrechterhaltung der Ordnung in der Sitzung obliegt zunächst dem Gericht (§ 176 GVG). Die Wahrnehmung der Sitzungspolizei ist eine richterliche Aufgabe.[2] Zwar entscheidet der Vorsitzende bzw das Gericht über Maßnahmen zur Aufrechterhaltung der Ordnung nach pflichtgemäßem Ermessen,[3] jedoch begeht ein Richter ein Dienstvergehen, wenn er das ihm zustehende Ermessen offensichtlich fehlerhaft ausübt und es in pflichtwidriger Weise unterläßt, die notwendige Ordnung in der Sitzung herzustellen.[4] Diese Ordnung ist nicht Selbstzweck, sondern soll eine Atmosphäre ruhiger, ernster Sachlichkeit schaffen, ohne die weder der Richter noch die anderen Verfahrensbeteiligten ihre Aufgaben erfüllen können.

Aus diesem Grund muß auch der Sitzungsstaatsanwalt darauf hinwirken, daß die Hauptverhandlung geordnet abläuft. Auch wenn ihm kein förmliches Recht, Ordnungsmittel zu beantragen, zusteht,[5] ist er unter Umständen sogar verpflichtet, eine Ungebühr zu rügen und ein Ordnungsmittel anzuregen, dies insbesondere dann, wenn die Ungebühr mit seiner Amtsausführung zusammenhängt (Nr. 128 I 1 RiStBV). Bestimmte Maßnahmen soll er dabei grundsätzlich nicht anregen (Nr. 128 I 2 RiStBV). Andererseits soll der StA auch darauf hinwirken, daß von einem Ordnungsmittel abgesehen wird, wenn die Ungebühr auf Ungewandtheit, Unerfahrenheit oder eine verständliche Erregung zurückzuführen ist (Nr. 128 I 3 RiStBV). Erst recht muß dies gelten, wenn die rechtlichen Voraussetzungen für die vom Gericht beabsichtigte Ordnungsmaßnahme nach Ansicht des StAs nicht vorliegen.

II. Die Instrumentarien der Sitzungspolizei – §§ 175 ff GVG

3   Das Instrumentarium für den Umgang mit Störern in der Hauptverhandlung findet sich in den sitzungspolizeilichen Befugnissen der §§ 175 ff GVG. Die Handhabung dieser Vorschriften wird dadurch erschwert, daß es sich durchweg um Generalklauseln handelt, deren Tatbestände durch in hohem Maße ausfüllungsbedürftige Begriffe wie »Würde des Gerichts«

---

2   KK-Diemer § 176 GVG Rn 6
3   KK-Diemer § 176 GVG Rn 1. Es gilt das Opportunitätsprinzip; so zutreffend Schwind JR 1973, 133, 139 mwN
4   So im Grundsatz zutreffend OVG Zweibrücken DRiZ 1988, 21
5   Vgl hierzu auch OLG Zweibrücken MDR 1990, 79, wonach die Einstellung eines Ordnungsmittelverfahrens wegen geringer Schuld – entgegen § 153 II StPO – nicht der Zustimmung der StA bedarf.

Hammer

(§ 175 GVG), »Ordnung in der Sitzung« (§ 176 GVG) oder »Ungebühr« (§ 178 GVG) gekennzeichnet sind. Ohne näher auf die Frage einzugehen, inwieweit dem Gericht als Institution überhaupt »Würde« zukommen kann,[6] wird man festhalten müssen, daß die Vorstellungen etwa über eine der Würde des Gerichts entsprechenden Kleidung der in der Hauptverhandlung anwesenden Personen dem Wandel der Zeiten unterliegt und auch in der Zeit die Maßstäbe gebührlichen Verhaltens von Gericht zu Gericht und Spruchkörper zu Spruchkörper unterschiedlich sein können.[7] Das hieraus resultierende tatbestandliche Ermessen des Gerichts legt dem Sitzungsvertreter der StA eine deutliche Zurückhaltung bei der Anregung sitzungspolizeilicher Maßnahmen auf.

III. Störungen durch nicht Verfahrensbeteiligte

1. Zutrittskontrollen

Soweit Störungen bereits im Vorfeld der Hauptverhandlung absehbar sind, liegt bereits in der Regelung der Zutrittsmodalitäten eine Weichenstellung zur Vermeidung späterer Probleme. Keinen Bedenken unterliegt insbes die Durchsuchung von Zuhörern nach Gegenständen, die zu einer Störung verwendet werden können.[8] Auch eine Ausweiskontrolle samt EDV-technischer Echtheitsüberprüfung der vorgelegten Ausweise wird als zulässig erachtet.[9] Dogmatisch liegen insoweit Einschränkungen des Öffentlichkeitsgrundsatzes vor, die ihre Rechtfertigung in der sitzungspolizeilichen Befugnis nach § 176 GVG finden.[10]

4

2. Versagung des Zutritts (§ 175 GVG)

§ 175 GVG erlaubt es, Zuhörern, »die in einer der Würde des Gerichts nicht entsprechenden Weise erscheinen«, den Zutritt zum Verhandlungsraum zu versagen. Hinsichtlich der Frage, wo hier die Grenzen zu ziehen sind, gelten in besonderem Maße die oben erwähnten Bedenken.[11] Eine Versagung des Zutritts wird daher nur in Extremfällen angezeigt sein, etwa bei angetrunkenen Personen oder wenn das Erscheinungsbild eines Zuhörers einen

5

---

6   Hierzu krit Rüping ZZP 88 (1975), 212, 221 mwN
7   So zu Recht Pardey DRiZ 1990, 132
8   BGH MDR 1983, 795
9   BGH NJW 1977, 157. Selbst das Einbehalten der Ausweise bis zum Ende der Sitzung wird als zulässig erachtet, wenn Störungen zu befürchten sind (OLG Karlsruhe NJW 1975, 2080 = JR 1976, 383, 384 mit abl Anm von Roxin).
10 Eingehend MünchKommZPO-Wolf § 169 GVG Rn 36
11 Ausführlich Kissel § 175 Rn 6

Hammer

derartigen Mangel an Hygiene offenbart, daß seine Anwesenheit anderen Zuhörern nicht zumutbar ist. Eine Pflicht, besonders förmlich gekleidet bei Gericht zu erscheinen,[12] läßt sich mit der Lebenswirklichkeit nicht mehr vereinbaren. Vielmehr ist Alltagskleidung jeder Art hinzunehmen. Die Grenzen dürften erst dort erreicht sein, wo Mindestanforderungen unterschritten werden[13] oder bewußt provoziert werden soll.[14]

Daneben gestattet es § 175 GVG auch, unerwachsenen Personen den Zutritt zu versagen. Maßgeblich ist, ob nach dem äußeren Eindruck der jugendliche Zuhörer der Verhandlung folgen kann. Nur in diesem Fall kann das Informationsbedürfnis des Zuhörers die negativen Folgen der Öffentlichkeit für den Angeklagten überwiegen. Eine Versagung des Zutritts wegen Unerwachsenseins kommt aus Gründen der Rechtsklarheit aber bei volljährigen Zuhörern nicht mehr in Betracht.[15]

3. Sitzungspolizei (§ 176 GVG)

6 § 176 GVG weist dem Vorsitzenden die Aufgabe zu, für die Aufrechterhaltung der Ordnung in der Sitzung zu sorgen, wobei die Vorschrift nicht nur die Zuständigkeit regelt, sondern gleichzeitig Befugnisnorm ist.[16] Der Inhalt der nicht näher beschriebenen Sitzungspolizei richtet sich nach der konkreten Situation. Erfaßt sind alle Maßnahmen, die erforderlich sind, um den ungestörten Ablauf der Sitzung zu gewährleisten, wozu auch der Schutz der Verfahrensbeteiligten, insbes der Zeugen gehört.[17] In Betracht kommen namentlich Ermahnungen, Belehrungen und Verbote hinsichtlich ungebührlichen Verhaltens. Zur Durchsetzung etwaiger Verbote kann sich der Vorsitzende des Gerichtswachtmeisters bedienen (Nr. 128 III RiStBV) oder die Polizei um Amtshilfe ersuchen. Zulässig ist auch die Anordnung von Durchsuchungen[18], der Erlaß eines Fotografierverbots für Vorräume und Zugang zum Sitzungssaal[19] und die Sicherstellung zur Störung benutzter Gegenstände bis zum Ende der Sitzung[20] ebenso wie die Aufforderung den Sitzungssaal zu verlassen, wenn nur so die Störung beseitigt werden

---

12 Hierzu mit Nachw zur älteren Rspr Rüping ZZP 88 (1975), 212, 230
13 Pardey DRiZ 1990, 132, 135: Fälle der Nichtbekleidung
14 Kissel § 175 Rn 7 mwN; Greiser (Fn 1) S 59 f. Eine Provokation ist bei bewußter Verkleidung anzunehmen, nicht aber wenn jemand so erscheint, wie er es auch sonst gegenüber seiner Umwelt tut; so KG JR 1966, 73 unter Hinweis auf Art. 2 I GG
15 Kissel § 175 Rn 3; Katholnigg § 175 Rn 1; aA MünchKommZPO-Wolf § 175 GVG Rn 3: 21 Jahre
16 KK-Diemer § 176 GVG Rn 1
17 BGH NJW 1998, 1420
18 S. oben Rn 4
19 BVerfG NJW 1996, 310
20 Etwa einer Fotokamera zur Durchsetzung des Fotografierverbotes (Kl/M-G § 176 GVG Rn 7) oder des Films eines Pressefotografen, der auf dem Gerichtsflur Zeugen fotografierte (BGH NJW 1998, 1420)

kann.[21] Solche Maßnahmen können auch Nichtstörer erfassen, wenn etwa einer massiven Störung durch Räumung des gesamten Zuschauerraumes begegnet werden muß, weil sich die Identität der Störer nicht feststellen läßt.[22]

In örtlicher Hinsicht erstreckt sich die Sitzungspolizei auf die dem Sitzungssaal vorgelagerten Räume, soweit von dort aus Störungen erfolgen.[23] Zeitlich erfaßt der Begriff der Sitzung auch die Zeitspanne vor und nach der Sitzung, in der sich die Beteiligten einfinden bzw entfernen, sowie kurzzeitige Sitzungspausen.[24]

Eine besondere Form, insbes Protokollierung ist für Maßnahmen nach § 176 GVG nicht vorgeschrieben, kann sich jedoch bei revisionsträchtigen Maßnahmen empfehlen.

7

Da die Sitzungspolizei nicht Sachleitung ist, ist die Anrufung des Gerichts gem § 238 II StPO nicht möglich.[25] Sitzungspolizeiliche Maßnahmen können auch nicht mit der Beschwerde angefochten werden.[26] Sie können aber die Revision begründen, wenn durch sie die Verteidigung des Angeklagten unzulässig beschränkt oder der Grundsatz der Öffentlichkeit verletzt wurde.[27]

4. Zwangsmittel (§ 177 GVG)

Kommen nichtverfahrensbeteiligte Personen den zur Aufrechterhaltung der Ordnung getroffenen Anordnungen des Vorsitzenden nicht nach, können sie aus dem Sitzungszimmer entfernt sowie zur Ordnungshaft abgeführt und bis zu 24 Stunden festgehalten werden (§ 177 S 1 GVG). Auch diese Maßnahmen ordnet gegenüber Nichtverfahrensbeteiligten der Vorsitzende an (§ 177 S 2 GVG).

8

Die genannten Maßnahmen sind nicht Ahndung für ungebührliches Verhalten, sondern dienen allein dazu, die Ordnung in der Sitzung zu erzwingen. Dies bedeutet zum einen, daß deren Anordnung nur objektiven Ungehorsam, nicht aber Verschulden voraussetzt.[28] Andererseits kann deshalb die nach § 177 GVG angeordnete Ordnungshaft ebenso wie das bloße Festhalten nicht länger dauern als die Sitzung.[29]

---

21 Bspw Mutter mit schreiendem Kind (Greiser[Fn 1] S 13)
22 Greiser (Fn 1) S 13. Weiter zur Räumung des ganzen Saales unten Rn 8
23 BGH NJW 1998, 1420; BVerfG NJW 1996, 310
24 BGH NJW 1998, 1420; BVerfG NJW 1996, 310
25 Kl/M-G § 176 GVG Rn 16
26 Dies ergibt sich nach ganz hM aus einem Umkehrschluß aus § 181 GVG. Offengelassen aber von BGH NJW 1998, 1420 mit Nachw zur hM
27 BGH NJW 1962, 1260; Kissel § 176 Rn 48 mwN
28 So die wohl hM; vgl KK-Diemer § 178 GVG Rn 5 mwN; aA Kl/M-G § 177 GVG Rn 10 hinsichtlich der Verhängung von Ordnungshaft.
29 Kl/M-G § 177 GVG Rn 10

Hammer

Wird auf der Grundlage des § 177 GVG der ganze Zuhörerraum geräumt, ohne daß die Öffentlichkeit ausgeschlossen wird,[30] muß der Zugang möglich bleiben, wobei freilich einzelne Störer zurückgewiesen werden können.

Zwar soll grundsätzlich vor der Anordnung einer Zwangsmaßnahme rechtliches Gehör gewährt werden.[31] Ausnahmen gelten jedoch dann, wenn konkret zu befürchten ist, daß die Anhörung zu neuerlichen Störungen genutzt wird.[32]

Die angeordneten Maßnahmen sind sofort vollstreckbar (§ 179 GVG).

Rechtsmittel gegen Zwangsmaßnahmen nach § 177 GVG gibt es nicht, wobei natürlich die unberechtigte Entfernung von Zuhörern nach § 338 Nr. 6 StPO revisibel sein kann.

Wird Ordnungshaft verhängt, sind der Beschluß und die Umstände, die ihn veranlaßt haben, zu protokollieren (§ 182 GVG). Dies gilt nicht für die bloße Entfernung nichtverfahrensbeteiligter Personen aus dem Sitzungssaal.

5. Ordnungsmittel wegen Ungebühr (§ 178 GVG)

a) Allgemeines

9 Gegen Personen, die sich in der Sitzung einer Ungebühr schuldig machen, kann vorbehaltlich der strafgerichtlichen Verfolgung ein Ordnungsgeld bis zu 2000 DM oder Ordnungshaft bis zu einer Woche festgesetzt und sofort vollstreckt werden (§ 178 I 1 GVG).

Der Begriff der Ungebühr ist heftig umstritten, wobei der Kern der Kontroverse dahin geht, ob die Vorschrift allein den ordnungsgemäßen Ablauf der Verhandlung sichern soll[33] oder darüber hinaus dem Schutz einer wie auch immer zu bestimmenden Würde des Gerichts dient.[34] Will man nicht in metaphysische Kategorien abgleiten, wird jedenfalls nur verfahrensrelevantes Fehlverhalten als Ungebühr iSd § 178 GVG zu werten sein, wobei die zur Durchführung der Verhandlung notwendige Ordnung auch in der Sicherung einer Atmosphäre ruhiger Sachlichkeit, Distanz und Toleranz besteht.[35]

---

30 Etwa wegen Gefährdung der öffentlichen Ordnung; vgl hierzu Kl/M-G § 172 GVG Rn 4
31 Kl/M-G § 177 GVG Rn 7
32 OLG Konstanz NStE Nr. 2 zu § 187 GVG; Kl/M-G § 178 GVG Rn 13 ff
33 So etwa Rüping ZZP (1975) 88, 212 ff, insbes 221
34 So bspw Kl/M-G § 178 GVG Rn 2. Hierzu ausführlich Kissel § 178 Rn 6 ff und Rüping ZZP (1975) 88, 212, 213 jeweils mit Literaturhinweisen
35 So zutreffend Kissel § 178 Rn 10

Hammer

b) Beispiele

Als ungebührlich gelten idR

- Mißfallens- oder Beifallskundgebungen;[36]
- Lärm, Zeitunglesen, Essen und Trinken im Zuhörerraum jedenfalls nach Abmahnung;[37]
- das Erscheinen des Angeklagten im Zustand der Trunkenheit;[38]
- provokantes Türzuschlagen;[39] störendes Fotografieren trotz Abmahnung;[40]
- Nichtaufstehen beim ersten Betreten des Sitzungssaales durch das Gericht, bei Vereidigung oder Urteilsverkündung;[41]
- grobe Beleidigungen, unabhängig vom Adressaten,[42] nicht aber, wenn sich die Äußerung als einmalige aus einer gereizten Verhandlungssituation geborene Äußerung darstellt.[43]

c) Straftaten in der Sitzung

Stellt die Ungebühr eine Straftat dar, ist § 183 GVG zu beachten, wonach das Gericht den Tatbestand festzustellen und der zuständigen Behörde (idR der StA) das darüber aufgenommene Protokoll zuzuleiten hat. In geeigneten Fällen ist durch das Gericht oder den Sitzungsstaatsanwalt die vorläufige Festnahme des Täters zu verfügen. Für den Erlaß des Haftbefehls ist aber allein der Ermittlungsrichter zuständig.[44]

d) Verschulden

Die Verhängung eines Ordnungsmittels nach § 178 GVG ist Ahndung für vorwerfbares Verhalten und setzt somit Verschulden und Schuldfähigkeit voraus.[45] Mehr akademisch als praktisch relevant ist der Streit, ob Vorsatz

---

36 OLG Zweibrücken NJW 1961, 890: die besonderen Umstände des Falles sind entscheidend
37 Rechtsprechungsnachweise bei Kissel § 178 Rn 12
38 OLG Düsseldorf NJW 1989, 241 mwN; aA OLG Suttgart MDR 1989, 763 hinsichtlich eines betrunkenen Zeugen: dieser soll nicht schlechter gestellt werden als ein nicht erschienener Zeuge
39 Kl/M-G § 178 GVG Rn 3
40 OLG München, 2 WS 671-674/74 vom 29.11.1974, zit bei Kl/M-G § 178 GVG Rn 3
41 So die wohl noch hM; vgl Kl/M-G § 178 GVG Rn 3; KK-Diemer § 178 GVG Rn 3; OLG Konstanz NStZ 1984, 234; aA Pardey DRiZ 1990, 133, 135 und wohl auch Kissel § 178 Rn 15 sowie für das Nichterheben des Angeklagten während seiner Vernehmung OLG Stuttgart NStZ 1986, 233
42 Ausführlich Kissel § 178 Rn 21 f
43 OLG Koblenz NStE Nr. 10 zu § 178 GVG
44 OLG Hamm NJW 1949, 191
45 HM; vgl K/M-G § 178 GVG Rn 4 mwN

Hammer

erforderlich ist oder Fahrlässigkeit genügt,[46] da in Grenzfällen schon aus Gründen der Verhältnismäßigkeit eine Ermahnung vorausgehen wird. Wird das störende Verhalten danach fortgesetzt, bestehen hinsichtlich des Vorsatzes keine Zweifel mehr.

e) Verfahren

13 Ordnungsmittel gegen Verfahrensunbeteiligte ordnet der Vorsitzende an, der sie auch – ohne Beteiligung der StA – vollstreckt (§ 179 GVG). Zur Anhörung gilt das oben für § 177 GVG[47] Gesagte.

Für sämtliche Maßnahmen nach § 178 GVG gilt gem § 182 GVG ein Protokollierungszwang.

Der Beschluß mit dem das Ordnungsmittel festgesetzt wird, ist in der Sitzung zu verkünden[48] und dem nicht mehr anwesenden Betroffenen gegebenenfalls zuzustellen (§ 35 StPO). Dieser ist jedenfalls über die Möglichkeit der sofortigen Beschwerde zum OLG, der keine aufschiebende Wirkung zukommt (§ 181 I und II GVG), zu belehren (§ 35 a StPO). Die Beschwerde wird durch die Vollstreckung nicht gegenstandslos, jedoch wird auch bei Aufhebung des Beschlusses keine Entschädigung nach § 2 StrEG gewährt.[49]

IV. Störungen durch Verfahrensbeteiligte

1. Parteien, Beschuldigte, Zeugen und Sachverständige

14 Gegen Parteien (Privat- und Nebenkläger, Verfalls- oder Einziehungsbeteiligte),[50] Beschuldigte, Sachverständige und Zeugen können dieselben Maßnahmen ergriffen werden wie gegen verfahrensunbeteiligte Personen.

Allerdings entscheidet bei Maßnahmen, die auf § 177 und § 178 GVG gestützt werden anstelle des Vorsitzenden das Gericht (§ 177 S 2, § 178 II GVG). Nur im Fall äußerster Dringlichkeit kann zunächst der Vorsitzende tätig werden, der seine Entscheidung aber unverzüglich durch das Gericht bestätigen lassen muß.[51] Auch sind diese Maßnahmen sämtlich zu protokollieren (§ 182 GVG).

---

46 Hierzu Kissel § 178 Rn 32
47 Rn 8
48 OLG Köln MDR 1993, 906
49 Kl/M-G § 181 GVG Rn 3
50 Kl/M-G § 177 GVG Rn 5
51 BGH NStZ 1988, 85

Ist ein Beteiligter im Beistand eines Rechtsanwaltes erschienen, wird dieser vor Erlaß des Beschlusses mitangehört.[52]

2. Die Entfernung des Angeklagten aus dem Sitzungssaal

Wird der Angeklagte aufgrund eines Beschlusses nach § 177 GVG aus dem Sitzungszimmer entfernt oder zur Ordnungshaft abgeführt, kann in seiner Abwesenheit verhandelt werden, wenn das Gericht seine fernere Anwesenheit nicht für unerläßlich hält und solange zu befürchten ist, daß es bei Anwesenheit des Angeklagten zu weiteren schwerwiegenden Störungen kommt (§ 231 b StPO). Neben dem Beschluß nach § 177 GVG bedarf es hierzu keines gesonderten Beschlusses nach § 231 b StPO mehr. Nötigenfalls kann die Hauptverhandlung in Abwesenheit des Angeklagten zu Ende geführt werden.[53] Vor der Entfernung muß dem Angeklagten aber Gelegenheit gegeben werden, sich zur Anklage zu äußern (§ 231 b I 2 StPO). Wird der Angeklagte wieder vorgelassen, ist er nach § 231 b II iVm § 231 a II StPO über den wesentlichen Inhalt dessen, was in seiner Abwesenheit verhandelt worden ist, zu unterrichten.

15

Dagegen kann die Hauptverhandlung nicht ohne den Angeklagten fortgesetzt werden, wenn Ordnungshaft gem § 178 GVG angeordnet wird. Das ergibt sich aus dem Wortlaut des § 231 b StPO und erklärt sich daraus, daß Ordnungshaft nach § 178 GVG nicht die Durchführung der Hauptverhandlung sichern will, sondern Ahndung vorausgegangenen, nicht notwendig fortdauernden Unrechts ist und daher nicht während des Laufs der Hauptverhandlung vollstreckt werden muß.[54]

Gegen den Beschuldigten vollzogene Ordnungshaft ist nicht nach § 51 StGB anrechnungsfähig.[55]

3. Maßnahmen gegen Rechtsanwälte und Verteidiger

Wie die beisitzenden Richter, der Sitzungsvertreter der StA und der Urkundsbeamte unterliegen auch Verteidiger und andere am Verfahren beteiligte Rechtsanwälte grundsätzlich der Sitzungspolizei nach § 176 GVG. Ungebührliches Verhalten kann der Vorsitzende rügen. Auch die oben genannten Durchsuchungshandlungen[56] sind gegen Rechtsanwälte zulässig, soweit dadurch nicht in die Vertraulichkeit ihrer Verfahrensunterlagen eingegriffen wird.[57]

16

---

52   Kl/M-G § 178 GVG Rn 13
53   Kl/M-G § 231 b Rn 2
54   Vgl hinsichtlich Letzterem Kissel § 179 Rn 3
55   Kl/M-G § 177 GVG Rn 10
56   S. oben Rn 8
57   Kissel § 176 Rn 18

Nach hM kann die grundsätzliche Weigerung eines Rechtsanwalts, in Robe aufzutreten, in Anwendung des § 176 GVG zur Zurückweisung im betreffenden Verfahren führen.[58] Dabei wird vertreten, daß eine solche Zurückweisung nach der ratio legis des § 177 S 2 GVG wegen der Bedeutung der Maßnahme durch des Gericht erfolgen müsse.[59]

Zwangsmaßnahmen nach §§ 177, 178 GVG sind gegenüber Verteidigern und Rechtsanwälten als Parteivertreter unzulässig. Die Gegenansicht, die für Extremfälle Ausnahmen zulassen will,[60] steht im Widerspruch zum eindeutigen Wortlaut des Gesetzes.[61] Dasselbe gilt für Rechtsanwälte, die als Zeugenbeistand auftreten.[62] In Extremfällen bleibt mithin nur der Weg, die Störung zu ignorieren oder die Sitzung zu unterbrechen und standesrechtliche Maßnahmen zu initiieren.[63] Auch kann in Fällen notwendiger Verteidigung auf die Möglichkeit der Kostenüberbürdung auf den Verteidiger (§ 145 IV StPO) hingewiesen werden, falls der Verteidiger durch sein Verhalten schuldhaft eine Aussetzung erforderlich macht.[64]

---

58 BVerfG NJW 1970, 851; BVerfGE 34, 138; BGHSt 27, 34, 38; OLG Karlsruhe NJW 1977, 309; Kl/M-G § 176 GVG Rn 11; KK-Diemer § 176 GVG Rn 4; aA Kissel § 176 Rn 20; Rüping ZZP 88 (1975), 234; KK-Mayr, 4. Aufl., § 176 GVG Rn 4
59 Malmendier NJW 1997, 227, 232
60 So etwa BGH NJW 1977, 437, 438, wobei allerdings bisher nicht obergerichtlich entschieden ist, wann ein solcher Extremfall vorliegen könnte; Katholnigg § 177 Rn 3; Malmendier NJW 1997, 227, 232 f
61 Wie hier Kl/M-G § 177 GVG Rn 3; KK-Diemer § 177 GVG Rn 2; ausführlich Kissel § 176 Rn 41 ff; OLG Düsseldorf MDR 1994, 297
62 KK-Diemer § 177 GVG Rn 2. Die von Kl/M-G § 177 GVG Rn 4 für die Gegenmeinung angezogene Entscheidung BVerfG NJW 1975, 103 ist insoweit nicht ergiebig
63 Kissel § 176 Rn 42
64 Greiser (Fn 1) S 51

Hammer

STICHWORTVERZEICHNIS

Buchstabe und Zahl in Fettdruck = Teil und Kapitel
Zahl in Normaldruck = Randnummer

Abbruch *siehe Therapieabbruch*
ABC-Waffen B7 6
Abdrucke D7 13, 39
– bei Landtagsberichten **D7** 39
– bei nationalsozialistischen Gewaltverbrechen **D7** 39
Abgeordnete D7 25, 89
Abhandenkommen von Waffen B7 129
Abhängigkeit
– von Betäubungsmitteln **D3** 249
Abhilfe
– bei Beschwerde **D2** 73
– bei sofortiger Beschwerde **D2** 91
Abschiebehaft
– und Strafhaft **D3** 84
– und strafprozessuale Haft **D3** 82
Abschiebung B4 65 ff, 76, 104, 115, 169
– Androhung der ~ **B4** 69
– Formular **B4** 72
– Kenntnis von der ~ **B4** 67
Abschluß der Berichterstattung D7 100
Absehen von der Einleitung eines Ermittlungsverfahrens gem § 152 II StPO C 56 ff
– Anfangsverdacht **C** 58
– Anwendungsbereich **C** 57
– Formular **C** 61
– rechtliche Grundlagen **C** 56
– Voraussetzungen **C** 58
– Wiederaufnahme **C** 59
Absehen von der Erhebung der öffentlichen Klage gem § 154 b III StPO (bei Ausweisung) C 145 ff

– analoge Anwendung **C** 146 f
– Anwendungsbereich **C** 146
– Formular **C** 150
– kein Ruhen der Verjährung **C** 149
– rechtliche Grundlagen **C** 145
– Voraussetzungen **C** 147
– Wiederaufnahme **C** 148
Absehen von der Verfolgung gem 31 a I BtMG
– Anwendungsbereich **C** 178
Absehen von der Verfolgung gem § 154 I StPO (bei unwesentlichen Nebenstraftaten) C 126 ff
– Abgrenzung zu § 154 a StPO **C** 128
– analoge Anwendung bei ausländischen Verfahren **C** 129
– Anwendungsbereich **C** 127 ff
– Beschränkung des Prozeßstoffs **C** 127, 131
– Formulare **C** 134, 141
– kein Ruhen der Verjährung **C** 133
– rechtliche Grundlagen **C** 126
– Voraussetzungen **C** 130 f
– Wiederaufnahme **C** 132
Absehen von der Verfolgung gem § 31 a I BtMG C 177 ff
– Auslegungsrichtlinien **C** 180
– Formular **C** 183
– rechtliche Grundlagen **C** 177
– Voraussetzungen **C** 179 f
– Wiederaufnahme **C** 181
Absehen von der Verfolgung gem § 45 JGG C 186 ff
– Anwendungsbereich **C** 187

- beschränkte Rechtskraftwirkung **C** 191
- Formulare **C** 193, 195, 197, 199, 201
- rechtliche Grundlagen **C** 186
- Voraussetzungen **C** 188 ff
- Wiederaufnahme **C** 191

Absehen von weiterer Vollstreckung D3 198
- bei Jugendstrafe **D3** 236
- bei Unterbringung **D3** 223
- Belehrung des Verurteilten über Nachholung **D3** 221
- Entscheidung **D3** 215
- kein Antrag **D3** 203
- Mitteilungen **D3** 226
- Verfahren **D3** 206
- Verhältnis zur Überstellung nach dem Überstellungsübereinkommen **D3** 201
- Voraussetzungen **D3** 204
- zeitliche Grenzen **D3** 210

Absichtsbericht D7 41, 49
Absperrung A3 14 ff, 34
Absprachen im Strafverfahren D1 48
Abtragung des Verfahrens C 44
Abweichen vom Vollstreckungsplan
- Einwendungen gegen ablehnende Entscheidung **D3** 98

Access Account A6 2
Actio libera in causa B1 23
Adressierung der Berichte D7 5
AFIS A3 71
Agent provocateur B8 25
Akkreditierung A4 56, 59
- ~srat **A4** 56
- Prüflaboratorien **A4** 57
- Zertifizierung **A4** 57

Aktenanforderung D7 60
- GenStA **D7** 60

Akteneinsicht
- in das Vollstreckungsheft **D3** 65

Akteneinsichtsgesuche C 46
Aktenführung

- in Kapitalverfahren **B6** 22

Aktenübersendung
- an Berufungsgericht **D2** 116 f
- an Beschwerdegericht **D2** 74, 92, 100

Aktenvorlage
- an GenStA **D2** 100

Alkohol B1 19
- Absorption **B1** 19
- Atem~prüfung **B1** 25
- Begleitstoffanalyse **B1** 26
- Blut~bestimmung **B1** 25
- Blutentnahme bei Verstorbenen **B1** 10
- Feststellung der Blut~konzentration **B1** 25
- Nachtrunk **B1** 26
- Resorption **B1** 20
- Resorptionsdefizit **B1** 20
- Sturztrunk **B1** 21
- Urin~bestimmung **B1** 25
- Verteilungsfaktor **B1** 20
- Widmarkformel **B1** 20

Altbesitz von Schußwaffen B7 122
Altersbestimmung A4 17, 28, 45
- Datierungsmethoden **A4** 46
- Herstellerangaben **A4** 47

Altverfahren D7 51 f
Amphetamin B8 12
Amphetaminderivate B8 12
Analytische Methoden A4 37
Änderung der Vollstreckungsreihenfolge und Zurückstellung nach § 35 BtmG D3 258

Anfangsverdacht C 58
Angehörigenprivileg B4 212
Angeschuldigte/r
- gesetzlicher Vertreter **D1** 11
- Individualisierung **D1** 9
- Verteidiger **D1** 11

Anhalteweg B1 31
Anhörung des Gegners des Beschwerdeführers D2 78
- nachträgliche ~ **D2** 93

Anhörung nach Nr. 90 I RiStBV C 39

Stichwortverzeichnis 1087

Anklage
- Betäubungsmittelverfahren **B8** 35
- zur Schwurgerichtskammer **B6** 25

Anklageprinzip D1 44, 51

Anklageschrift D1 8
- Absenderangabe **D1** 6
- abstrakter Anklagesatz **D1** 14
- Anträge **D1** 30
- Bedeutung **D1** 1
- Beweismittelliste **D1** 22
- Beweiswürdigung **D1** 18
- Blankettgesetze **D1** 29
- Ergänzungsschriftsatz **D1** 43
- Fassung **D1** 5
- Fehlinformation **D1** 40
- Fingerabdrücke **D1** 9
- fortgesetzte Handlung **D1** 37
- Heilung **D1** 41
- Informationsfunktion **D1** 8, 14, 24 f, 29, 40, 42, 44
- Jugendrichteranklage **D1** 24
- konkreter Anklagesatz **D1** 16
- Konkurrenzen **D1** 15
- Lichtbilder **D1** 9
- Nachbesserung **D1** 43
- Personenwechsel **D1** 10
- Prozeßtatsachen **D1** 20
- Prozeßvoraussetzung **D1** 9, 35, 41
- prozeßvorbereitender Schriftsatz **D1** 6
- Qualifikationen **D1** 14
- Regelbeispiele **D1** 14
- sachgerechte ~ **D1** 40
- Serientat **D1** 13, 27, 36, 38, 39
- sexueller Mißbrauch von Kindern **D1** 38
- Strafantrag **D1** 20
- Strafnorm **D1** 14
- Strafrichteranklage **D1** 24
- strafzumessungsrelevante Tatsachen **D1** 19
- Tatkonkretisierung **D1** 38
- Tatort **D1** 12
- Tatzeit **D1** 12
- Tatzeitraum **D1** 38
- Umgrenzungsfunktion **D1** 3, 8, 12, 35, 38, 42, 43, 44
- Vorfragen **D1** 29
- wesentliches Ergebnis der Ermittlungen **D1** 24, 42, 43
- Zurücknahme **D1** 43
- Zustellung **D1** 43

Anknüpfungstat
- Einziehung **B9** 37 f
- erweiterter Verfall **B9** 20
- Verfall **B9** 18

Ankündigungen D7 41

Anlagen zu § 1 I BtMG B8 12

Anordnung B4 45, 196
- Verstoß gegen vollziehbare ~ **B4** 196 ff
- Vollziehbarkeit **B4** 45

Anrechnung
- Entscheidung über ~ von Therapiezeiten **D3** 279
- verfahrensfremde Untersuchungshaft **D3** 80 f
- von Abschiebehaft **D3** 82

Anrechnung auf Strafzeit
- Krankenhausaufenthalt **D3** 129

Anrechnung von Therapiezeiten
- Entscheidung und Rechtsmittel **D3** 273
- fakultative ~ **D3** 301
- obligatorische ~ **D3** 300

Anschlußvollstreckung
- unmittelbare ~ mehrerer Strafen **D3** 186
- Unterbrechungszwang **D3** 332

Antrag D7 119
- auf Entscheidung des Berufungsgerichts **D2** 121
- auf Entscheidung des Revisionsgerichts gem § 346 II StPO **D2** 161
- auf Eröffnung des Hauptverfahrens **D1** 30
- in der Revisionsbegründung **D2** 144

- Zulassung der Anklageschrift **D1** 30
- zur Gerichtszuständigkeit **D1** 30

Antragsschrift im Sicherungsverfahren D1 45

Anzeigeerstatter D7 66
- *siehe auch Antragsteller*

Arbeitgeber B4 22, 25, 28, 54 ff

Arbeitnehmerüberlassung
- Arbeitnehmer **B5** 11
- Erlaubnispflicht **B5** 17
- Verleih arbeitserlaubnispflichtiger Arbeitnehmer mit Erlaubnis **B5** 19
- Verleih arbeitserlaubnispflichtiger Arbeitnehmer ohne Erlaubnis **B5** 20
- Verleih nicht arbeitserlaubnispflichtiger Arbeitnehmer **B5** 18

Arbeitsentgelt
- im Entschädigungsverfahren **D6** 61

Arbeitserlaubnis B4 26
- beharrliche Wiederholung der Beschäftigung eines Ausländers ohne ~ **B5** 8
- Beschäftigung eines Ausländers ohne ~ **B5** 5
- Beschäftigung eines Ausländers ohne ~ zu ungünstigeren Bedingungen **B5** 7
- Beschäftigung von Ausländern ohne Genehmigung in größerem Umfang **B5** 6
- Erforderlichkeit der ~ **B5** 4
- ungenehmigte Anwerbung eines Arbeitnehmers **B5** 10
- ungenehmigte Vermittlung eines Arbeitnehmers **B5** 9

Armbrust B7 23, 110

Arzneimittel B8 15

Ärztliche Behandlungsfehler B6 12

Asservate A4 53; **D8** 88 ff
- Formular **D8** 88

- Herausgabe ausländischer Dokumente **D8** 89

Asservatenbereinigung C 46

Asservatenliste A3 78 ff

Asservatennummer A3 78 ff

Asylberechtigter B4 81, 170 f, 194, 203
- Anerkennung als ~ **B4** 81, 170, 194, 203

Asylbewerber B4 1, 50, 81, 171, 179 ff, 193, 201

Asylsuchender *siehe Asylbewerber*

Asylverfahren B4 202 ff
- unrichtige Angaben im ~ **B4** 205
- Unterstützen bei unrichtigen Angaben im ~ **B4** 203, 207, 211, 213
- unvollständige Angaben im ~ **B4** 205
- Verleiten zu unrichtigen Angaben im ~ **B4** 202, 204, 206, 211, 213

AsylVfG
- Beihilfe zum Verstoß gegen das ~ durch Beschäftigung **B5** 3

Aufenthalt, illegaler B4 4 ff, 27 ff, 65 ff, 72, 85, 132 f, 161
- Anstiftung zum ~n **B4** 132, 161
- Beihilfe zum ~n **B4** 27 ff, 133, 137, 161
- Dauer **B4** 12
- Dauer durch Arbeitsaufnahme **B4** 17
- Dauer durch Aufenthalt ohne Paß **B4** 32 ff
- Formular **B4** 10, 16, 28, 72
- Straffreiheit trotz ~m **B4** 85
- Straffreiheit trotz Ausweisung/ Abschiebung **B4** 65 ff

Aufenthaltsberechtigung B4 4
- *siehe auch Aufenthaltsgenehmigung*

Aufenthaltsbewilligung B4 4
- *siehe auch Aufenthaltsgenehmigung*

Aufenthaltserlaubnis B4 4
- *siehe auch Aufenthaltsgenehmigung*

Aufenthaltserlaubnis-EG B4 5

Aufenthaltsgenehmigung B4 4, 12, 17, 76 ff, 80, 83, 115
- Ablauf **B4** 12
- Befreiung von der Pflicht zur ~ **B4** 5 f, 17
- Erschleichen **B4** 77 ff
- Fälschungen **B4** 83

Aufenthaltsgestattung B4 81, 179 f, 192, 201
- Verstoß gegen Auflagen der ~ **B4** 192 ff

Aufenthaltstitel *siehe Aufenthaltsgenehmigung*

Aufklärungsrüge D2 151

Auflage B4 8, 42 ff, 48, 54 ff, 192 ff
- Beihilfe zum Verstoß gegen eine ~ **B4** 55 ff
- Formular **B4** 48, 54
- Verstoß gegen eine ~ **B4** 42 ff, 192 ff
- Vollziehbarkeit **B4** 42, 195

Auflagen
- alternative ~ **D4** 11
- Änderung **D4** 9
- Anrechnung bei Widerruf **D4** 32
- Rechtsmittel **D4** 54
- während der Bewährungszeit **D4** 4

Auflagenverstoß
- bei Auslandsaufenthalt **D4** 21

Aufnahmeeinrichtung B4 179 f, 193

Aufnahmeersuchen
- bei Ladung in Vollzugsanstalt eines anderen Bundeslandes **D3** 43

Aufrechnung gegen Entschädigungsanspruch
- im Verfahren nach dem StrEG **D6** 86

Aufschiebende Wirkung
- der Beschwerde **D2** 77
- der sofortigen Beschwerde **D2** 94

Aufsichtsbeschwerde D7 63, 79, 81
- weitere ~ **D7** 81

Aufsichtsstellen
- Aufgaben und Befugnisse **D5** 11

Auskunft
- aus den Akten **D3** 10
- über Aufenthalt in Vollzugseinrichtung **D3** 11

Ausländeranteil B4 1

Auslandstaten B4 154 ff, 163

AuslG
- Strafbarkeit des Arbeitgebers **B5** 2

Auslieferung D8 9 ff, 35 ff
- Ablauf des Verfahrens **D8** 28
- Anrechnung der ausländischen Haft **D3** 406
- aus Deutschland **D8** 10 ff
- Beteiligung LKA und BKA **D8** 47
- Einlieferungsvermerk **D8** 51 ff
- Formular **D8** 46, 60
- nach Deutschland **D8** 14 ff
- Spezialitätsgrundsatz **D3** 404
- Spezialitätsgrundsatz bei der Strafvollstreckung **D3** 404
- Verhältnismäßigkeit **D8** 15
- völkerrechtliche Übereinkommen zur ~ **D8** 19 ff
- Zuständigkeit der StA **D8** 11
- Zuständigkeit des Gerichts **D8** 13

Auslieferung zur Strafverfolgung D8 35 ff
- Bericht **D8** 36
- Bescheinigung **D8** 37
- Durchlieferung durch Drittstaaten **D8** 38
- Formular **D8** 35

Auslieferung zur Strafverfolgung und Strafvollstreckung D8 44 ff
- Bericht **D8** 45
- Formular **D8** 44

Auslieferung zur Strafvollstreckung D8 79
- aufgrund rechtskräftigen Urteils **D8** 41
- bei Bewährungsstrafe **D8** 42
- Bericht **D8** 40
- Bescheinigung **D8** 43
- Formular **D8** 39

Ausnahme-Visum B4 81
Ausreisepflicht B4 6 f
Ausschließung des StA D9 1 ff
- als Zeuge vernommener StA **D9** 6
- Rechtsfolgen **D9** 11
- Tatbeteiligung **D9** 4
- Verwandtschaft **D9** 3
- Vorbefaßtheit **D9** 5

Ausschreibung zur Aufenthaltsermittlung A2 9 f, 25
Ausschreibung zur Festnahme A2 9, 11 ff
Ausschuß des Landtages D7 102
Aussetzung der Maßregel
- nach Zurückstellung gem § 36 BtmG **D3** 305

Aussetzung des Strafrests D3 319
- letztes Drittel **D3** 320
- nach der Hälfte **D3** 322

Aussetzung von Belohnungen A2 6
Austauschläufe B7 42
Ausweisdokument *siehe Ausweispapiere*
Ausweisersatz B4 33
- *siehe auch Paßersatz*

Ausweispapiere B4 86 ff, 213
- Ausfuhr gefälschter ~ **B4** 119
- Benutzung fremder ~ **B4** 86
- Einfuhr gefälschter ~ **B4** 119
- Formular **B4** 90, 94, 100, 109, 114, 122
- Manipulationen an ~n **B4** 106, 117 ff
- Mißbrauch von ~n **B4** 86 ff
- Mitführen gefälschter ~ **B4** 118 ff
- Sich-Verschaffen gefälschter ~ **B4** 120, 123
- totalgefälschte ~ **B4** 105
- Überlassen fremder ~ **B4** 88, 213
- Überlassen gefälschter ~ **B4** 120, 123, 213
- verfälschte ~ **B4** 104
- Verwahren gefälschter ~ **B4** 120

Ausweisung B4 65 ff, 76, 104, 115
- Befristung **B4** 68
- Formular **B4** 72
- Kenntnis von der ~ **B4** 67
- öffentliche Zustellung der ~ **B4** 67

Auswertungsangriff A3 30
Auswirkung
- der Entscheidung des Revisionsgerichts **D2** 178

Automationen A4 41

Bagatellgrenze
- Betäubungsmittel **B8** 16

Bagatellkriminalität B8 3
Ballistische Untersuchung A4 21
Bande B4 143, 152, 162, 166, 210, 214
- Betäubungsmittelverfahren **B8** 43

Bargeld
- Einzahlung Gerichtskasse **B9** 15

Bearbeitung von Waffen B7 149
Bedingung B4 8
Befangenheit des StA
- Rechtsfolgen **D9** 10, 11

Beförderung von Kriegswaffen B7 146
Begleitbericht D7 96, 98, 106
- als Irrtum **D7** 98
- bei Eingaben **D7** 106

Begrenzungsverordnung D3 20
Begründung
- der Berufung **D2** 115
- der Beschwerde **D2** 35
- der Revision **D2** 141, 145 ff, 182 f
- des Wiedereinsetzungsantrages **D2** 48

Beiakten D7 73
Beihefte
- im Revisionsverfahren **D2** 171 ff
Beilagen D7 32
Belehrung
- über Antragsrecht nach StrEG **D6** 32
Belehrung bei Vollzug von Strafverfolgungsmaßnahmen C 11
Berauschende Mittel B1 27
Bereitschaftsdienst
- des StAs **B6** 4
Bericht D7 5, 16, 19,22 f, 28, 31, 34 f, 37 f, 40 ff, 49, 73, 96, 98, 100, 102, 106, 108, 110, 113, 119, 130 f
- Abschluß **D7** 100
- Absichts~ **D7** 41, 49
- Adressierung **D7** 5
- als Abschrift **D7** 16
- als Entwurf **D7** 16
- als Internum **D7** 73
- Begleit~ **D7** 96, 98, 106
- ~ausfertigung **D7** 108
- ~listen **D7** 19
- ~sauftrag **D7** 23, 31
- ~stermin **D7** 42 f
- Erst~ **D7** 22
- Folge~ **D7** 22, 28
- Haupt~ **D7** 96, 98, 102
- in Verwaltungssachen **D7** 37
- Mehrfertigungen **D7** 34, 131
- Rand~ **D7** 35
- Revision **D7** 110, 113
- Sammel~ **D7** 38
- Text **D7** 40
- Vorlage~ **D7** 119
- zu Gesetzgebungsvorhaben **D7** 37
Berichterstatter D7 73, 130
- bei Haftprüfungsverfahren **D7** 130
- in der Berufungsinstanz **D2** 124
Berichterstattung D7 8, 31, 44, 100
- Abschluß **D7** 44, 100
- direkte ~ **D7** 31

- wegen der Art oder des Umfangs der Beschuldigung **D7** 8
- wegen der Persönlichkeit des Beschuldigten **D7** 8
- wegen des Interesses weiterer Kreise **D7** 8
Berichtsauftrag D7 23, 31
- allgemein erteilter ~ **D7** 23, 31
- Justizministerium **D7** 31
Berichtsausfertigungen D7 108
Berichtslisten D7 19
Berichtspflicht D7 8, 36, 51
- 18-Monats~ **D7** 36
- Altverfahren **D7** 51
- der StA **D7** 8
Berichtstermin D7 42 f
- Verlegung **D7** 43
Berufung
- Annahme~ **D2** 110 ff
- Ausbleiben des Angeklagten **D2** 123, 128
- Begründung **D2** 115
- Beschränkung der ~ **D2** 104 f
- Form und Frist **D2** 109
- Gang der Hauptverhandlung **D2** 116
- Hemmung der Rechtskraft **D2** 102
- Ladung von Zeugen **D2** 123
- Mitwirkung der StA **D2** 116 ff
- Unzulässigkeit der ~ **D2** 122
- Verschlechterungsverbot **D2** 103
- Verwerfung durch das AG **D2** 121
- Verwerfung durch das LG **D2** 122, 126
- Vorbereitung der Hauptverhandlung **D2** 123
- Wiedereinsetzung **D2** 129
- Zulässigkeit **D2** 106 f
- Zurückweisung **D2** 126
Beruhen des Urteils auf einer Gesetzesverletzung D2 158 ff
Beschlagnahme A1 31; **B9** 2, 47 ff
- bewegliche Sachen **B9** 52 ff
- Beweisgegenstand **B9** 48

- der Leiche **B6** 3, 5
- Forderungen, Rechte **B9** 57 ff
- Grundstücke, Grundstücksrechte **B9** 55 f
- Schiffe, Luftfahrzeuge **B9** 54
- Schriften **B9** 49 f, 52

Beschlagnahmeverbote A1 44
- abgewickelte Telekommunikation **A1** 52
- Postgeheimnis **A1** 48
- Sozialdaten **A1** 45

Beschleunigtes Verfahren D1 51
- Anklagesatz **D1** 51
- Formerfordernisse **D1** 51
- wesentliches Ergebnis der Ermittlungen **D1** 51

Beschleunigung des Rechtsmittelverfahrens D2 33 f, 77

Beschleunigungsgrundsatz D7 134

Beschluß, erkennungsdienstlicher B7 16

Beschränkung, räumliche B4 179 ff
- Formular **B4** 182, 188
- Umfang **B4** 179, 184
- Verlassensgenehmigung **B4** 180, 184
- Verstoß gegen die ~ **B4** 181, 186, 189

Beschränkung des Prozeßstoffs C 127 f

Beschreibung
- Spuren **A3** 52

Beschuldigtenvernehmung D8 79
- Formular **D8** 78

Beschwerde D7 66, 71 f, 78, 82
- Ausschluß der ~ **D2** 66, 69
- Befugnisse des ~gerichts **D2** 75, 81 f
- Begründung **D7** 78
- ~führer **D7** 66
- ~recht **D7** 72
- ~vorlage **D7** 71
- durch betroffene Dritte **D2** 65
- Einlegung und Abhilfe **D2** 68

- Einschränkung der ~ im Hauptverfahren **D2** 68
- gegen im Urteil ergangenen Strafaussetzungsbeschluß **D2** 70
- keine Vollzugshemmung **D2** 63, 77
- Nachholen des rechtlichen Gehörs **D2** 78
- Nachschieben von Gründen **D7** 82
- sofortige ~ **D2** 84 ff
- Suspensiveffekt der ~ **D2** 76
- Unzulässigkeit der ~ **D2** 61, 81
- Verschlechterungsverbot **D2** 64
- weitere ~ **D2** 95 ff
- Zulässigkeit **D2** 59, 81

Beschwerdebelehrung bei Verfahrenseinstellung C 7

Beschwerdeführer D7 66

Beschwerde gegen Auflagen und Weisungen
- Prüfungsmaßstab **D4** 55

Beschwerde gegen Verlängerung der Bewährungszeit
- Prüfungsmaßstab **D4** 55

Beschwerdegegner *siehe Gegner des Beschwerdeführers*

Beschwerderecht D7 72
- des Verletzten **D7** 72

Beschwer der StA D2 18
- Wesen **D2** 17

Beschwerdevorlage D7 71

Besitz B9 5
- ~wille von Waffen **B7** 120
- Rückgewinnungshilfe **B9** 78
- von Waffen **B7** 118

Besondere Schwere der Schuld B6 26; **D3** 326
- Altfälle **D3** 327

Betäubungsmittel A4 12
- Qualität von ~n **B8** 22

Betäubungsmittelrechtliche Mengenbegriffe B8 16

Betäubungswaffen B7 23

Betragsverfahren
- Ermittlungen **D6** 62

- nach dem StrEG **D6** 2
- Rechtsweg **D6** 102

Betragsverfahren nach StrEG
- Einleitung **D6** 57

Betriebsunfälle B6 11

Beurlaubung
- Stellungnahmen **D3** 53

Bewährungshelfer D4 5
- Aufgaben **D4** 6
- in der Führungsaufsicht **D5** 12
- Mitteilung der Bestellung zum BZR **D4** 8
- Regelfälle für die Bestellung **D4** 6

Bewährungsüberwachung
- Abgabe von Entscheidungen **D4** 45
- Nachtragsentscheidungen **D4** 50
- Tod des Verurteilten **D4** 83
- Zuständigkeit **D4** 1
- Zuständigkeitskonzentration **D4** 50

Bewährungszeit D4 13
- Abkürzung **D4** 13
- bei vorzeitiger Entlassung **D3** 345
- Verlängerung **D4** 13, 40
- Verlängerung bei unbekanntem Aufenthalt **D4** 43
- Verlängerung wegen neuer Straftat **D4** 41

Beweisantrag
- Rüge der fehlerhaften Behandlung im Revisionsverfahren **D2** 140

Beweisaufnahme
- in der Berufungsinstanz **D2** 124

Beweiskraft A5 7

Beweiswürdigung D1 16, 25, 28
- als Angriffsziel der Revision **D2** 155 f

Bewertung
- Spuren **A3** 62

Bewertungseinheit B8 40

Beziehungsgegenstand B9 12, 40

Bindung des Beschwerdegerichts D2 81 f

Biologie A4 48

BKA A4 3, 48; **D8** 33, 46 f

Blasrohr B7 23

Blutprobe
- Betäubungsmittelverfahren **B8** 29

Blutspur A5 1

Boden- und Schmutzspuren A4 15

Bomben B7 114

Brand
- ~entstehungsort **A4** 11
- ~geschosse **B7** 82
- ~legungsmittel **A4** 38
- ~ursache **A4** 11

Bremsansprechzeit B1 30

Bremsspuren B1 31

Bremsverzögerung B1 31

Bremsweg B1 31

Bremswegberechnung B1 31

Brieföffner B7 91

Browser A6 3

Bruttoprinzip B9 9, 35

Btm-Abhängigkeit D3 251 f

Bundesinstitut für Arzneimittel und Medizinprodukte B8 12

Bundestag D7 92
- Eingaben **D7** 92

Bundeszentralregister B1 14

Bußgeldverfahren B1 17
- gerichtliches ~ **B1** 18

Butterfly-Messer B7 100

Cannabis B8 12

Cannabisprodukte B8 20

Cannabissamen B8 12, 14

Chain of Evidence
- Alterung **A4** 53
- Barcode **A4** 53
- Kontamination **A4** 53

Chromatographie
- chromatographische Methoden **A4** 34
- Gas~ **A4** 34
- Referenzsubstanz **A4** 35

CO2-Waffen B7 31

Computerkriminalität A4 61

Daktyloskopische Spur *siehe Fingerspur*
Datenschutz D7 104
DDR-Altbesitz von Schußwaffen B7 124
Detektor A4 32
Deutsche Beamte im Ausland D8 61, 63, 75, 77, 79, 85
Devolutionseffekt D2 12, 57
Dialekt A4 20
Diebstahl von Waffen B7 126, 131
Dienstaufsicht D7 3, 8
Dienstaufsichtsbehörde D7 5
Dienstaufsichtsbeschwerde D2 6; D7 63, 71, 76, 81
– sachliche ~ D7 81
Dienstweg D7 8
Dinglicher Arrest B9 3, 62 ff
– Aufhebung B9 67, 69
Diplomaten D7 25
Discothek
– Waffenführen B7 143
DNA A4 13
– Identifizierungsmuster A4 15
DNA-Analyse A5 1 ff
– Aktenbehandlung A1 133
– allgemeines A1 105
– gesetzliche Grundlagen A1 108
– Grundlagen A1 106
– praktische Hinweise A1 133
– unbekannter Aufenthalt A1 137
– Vorteile A1 107
DNA-Analyse-Datei A3 71; A5 28
DNA-Analyse nach § 2 DNA-IFG
– Altfälle A1 127
– Anlaßtat A1 129
– Beispiel für § 2 DNA-IFG A1 132
– Bewährung A1 130
– Durchsuchung A1 132
– Einwilligung A1 131
– Prognose A1 130
– Straftat von erheblicher Bedeutung A1 128
– Verfahren A1 131
– Voraussetzungen A1 126

DNA-Analyse nach § 81 e StPO
– bei Dritten A1 109
– DNA-Analyse-Datei A1 116
– Einwilligung A1 113 ff
– rechtliches Gehör A1 111
– Rechtsmittel A1 112
– Spurenfälle A1 118
– Verfahren A1 110
– Voraussetzungen A1 109
DNA-Analyse nach § 81 g StPO
– Beispiel für § 81 g StPO A1 125
– Einwilligung A1 124
– Prognose A1 123
– Straftat von erheblicher Bedeutung A1 122
– Verfahren A1 124
– Voraussetzungen A1 120
Dokument A4 17
Dokumentation A3 26 f
Doppelbestrafung *siehe Verbot der Doppelbestrafung*
Doppeleinbeziehung D3 76
Dosis
– äußerst gefährliche ~ B8 16
– letale ~ B8 16
– toxische ~ B8 16
Double-action-Revolver B7 65
Dritte
– als Verletzte B9 29, 77
– Einziehung B9 37 f
– Entschädigung B9 44
– erweiterte Einziehung B9 42
– Maßnahmen gegen ~ B9 6
– Verfall B9 7 f, 19, 23
Dritterlangtes B9 8
– erweiterter Verfall B9 23
– Verfall B9 19
Drittland B4 85
Drittschuldner B9 58
– Erklärung B9 60, 71
Drogen A4 12; B1 27
Drogenkonsum (strafloser) B8 5
Drogentote B8 6
Drucker
– Schriftmustersammlung A4 17
Duftkissen B8 14

Duldung **B4** 4, 8, 77 ff, 80 f, 83
- Erlöschen **B4** 8
- Erschleichen **B4** 77 ff
- Fälschung **B4** 83
- räumlicher Geltungsbereich **B4** 8

Durchsuchung
- zur Ergreifung aufgrund Vollstreckungshaftbefehls **A1** 28; **D3** 106

Durchsuchungen bei Waffendelikten B7 199, 208, 216

Durchsuchung im Ausland D8 66
- allgemein **D8** 83 ff
- Formular **D8** 82, 86
- Steuerrecht **D8** 87

Ecstasy A4 12; **B8** 12
Eilsachen D7 115
- Revision **D7** 115

Einfuhr von Waffen B7 147
- Genehmigung der ~ **B7** 170

Eingaben D7 92, 106
- an den Bundestag **D7** 92
- an den Landtag **D7** 92
- Begleitbericht **D7** 106
- Vornahme von Maßnahmen **D7** 106

Einheitsjugendstrafe
- Vollstreckungszuständigkeit **D3** 71
- Zurückstellung **D3** 244

Einheitsstrafe B2 28
Einlieferung *siehe Auslieferung*
Einreise, unerlaubte B4 59 ff, 72, 85, 132 f, 137, 144, 161
- Anstiftung zur ~n **B4** 132, 161
- Beihilfe zur ~n **B4** 64, 133, 137, 161
- Formular **B4** 72, 144
- Straffreiheit trotz Ausweisung/Abschiebung **B4** 65 ff
- Straffreiheit trotz ~ **B4** 85
- Versuch **B4** 60
- Vorbereitungshandlung **B4** 61

Einsatzbericht A3 29
Einsatzleiter A3 31

Einschleusen B4 64, 130 ff, 140 ff, 160 ff, 166 f
- durch Handeln zugunsten Mehrerer **B4** 138
- durch wiederholtes Handeln **B4** 137, 151
- Formular **B4** 144
- gewerbs- oder bandenmäßiges ~ **B4** 141 ff, 160 ff, 166
- minder schwerer Fall **B4** 166 f
- Strafrahmen **B4** 166 f
- Teilnahme am ~ **B4** 140
- Versuch **B4** 139, 164

Einschüssige Kurzwaffen B7 70
Einschüssige Langwaffen B7 60
Einstellkäufe B7 43

Einstellung gem § 152 II StPO
siehe Absehen von der Einleitung eines Ermittlungsverfahrens gem § 152 II StPO

Einstellung gem § 153 a I StPO (nach Erfüllung von Auflagen und Weisungen) C 96 ff
- Anforderungen an den Tatverdacht **C** 102
- Anwendungsbereich **C** 97 ff
- bei Ladendiebstahl **C** 111
- bei Sicherheitsleistung **C** 114, 120
- bei Unterhaltspflichtverletzung **C** 118
- Formulare **C** 106, 111 f, 114, 116, 118, 120, 122, 124
- gerichtliche Zustimmung **C** 3, 98, 101
- partieller Strafklageverbrauch **C** 103
- Ratenzahlung und Stundung **C** 122
- rechtliche Grundlagen **C** 96
- Voraussetzungen **C** 101 f
- Wiederaufnahme **C** 103

Einstellung gem § 153 I StPO C 78 ff
- Anwendungsbereich **C** 79
- Formulare **C** 85, 92

- geringe Schuld C 81
- öffentliches Interesse C 82
- rechtliche Grundlagen C 78
- Voraussetzungen C 80 ff
- Wiederaufnahme C 83
- Zustimmung des Gerichts C 79 f, 85 f, 92 f

Einstellung gem § 154 b III StPO (bei Ausweisung) *siehe Absehen von der Erhebung der öffentlichen Klage gem § 154 B III StPO*

Einstellung gem § 154 d StPO (bei zivil- oder verwaltungsrechtlichen Vorfragen) C 152 ff
- analoge Anwendung C 154 f
- Anwendungsbereich C 153 f
- Formulare C 160, 162, 164
- kein Ruhen der Verjährung C 158
- rechtliche Grundlagen C 152
- Voraussetzungen C 155 f
- Wiederaufnahme C 157

Einstellung gem § 154 e I StPO (wegen falscher Verdächtigung oder Beleidigung) C 167 ff
- Anwendungsbereich C 168
- Formular C 173
- rechtliche Grundlagen C 167
- Ruhen der Verjährung C 171
- Voraussetzungen C 169
- Wiederaufnahme C 170

Einstellung gem § 154 I StPO (bei unwesentlichen Nebenstraftaten) *siehe Absehen von der Verfolgung gem § 154 I StPO*

Einstellung gem § 170 II StPO C 25 ff
- Antragsteller C 34
- Anwendungsbereich C 26
- Formulare C 32, 48 f, 53
- hinreichender Tatverdacht C 27
- rechtliche Grundlagen C 25
- Voraussetzungen C 27
- Wiederaufnahme C 28

Einstellung gem § 205 StPO analog (wegen unbekannten Aufenthalts) C 203 ff
- Anwendungsbereich C 204 f
- Beweissicherung C 204
- Formular C 210
- rechtliche Grundlagen C 203
- Voraussetzungen C 206
- Wiederaufnahme C 207

Einstellung gem § 31 a I BtMG *siehe Absehen von der Verfolgung gem § 31 a I BtMG*

Einstellung gem § 45 JGG *siehe Absehen von der Verfolgung gem § 45 JGG*

Einstellung im Betäubungsmittelverfahren B8 30

Einstellungsbescheid C 4 ff
- an Antragsteller (Anzeigeerstatter) C 7 f, 16 ff
- an Beschuldigten C 5 f, 11
- bei Strafunmündigen C 6
- Beschwerdebelehrung C 7

Einstellungsquote C 2

Einstellungsverfügung
- Aufbau der ~ C 29

Einstweilige Unterbringung
- allgemeines A1 173
- Beispiel für einen Unterbringungsbefehl A1 175
- Verfahren A1 174

Einwendungen
- gegen Entscheidung der Vollstreckungsbehörde D3 446
- gegen Maßnahmen des Rechtspflegers D3 450

Einwendungen gegen Entscheidungen nach § 455 StPO
- Prüfungsmaßstab des Gerichts D3 165

Einziehung B9 2, 37 ff
- Schriften B9 46
- Sicherung B9 38
- Spezialgesetze B9 39
- Strafe B9 37

Einziehung bei Waffendelikten **B7** 193, 198
Einziehung des Führerscheins D3 426
– ohne Entziehung der Fahrerlaubnis **D3** 426
Einziehungsgründe B9 41
Einziehung von Wertersatz B9 3, 43
Elektronik A4 6
Elektroschock-Geräte B7 98
Ende der Führungsaufsicht
– Erledigung der Maßregel **D4** 69
ENFSI
– Mindeststandards **A4** 52
Entlohnung B4 25
Entnahme
– von Leichenblut **B6** 10
Entschädigung nach dem StrEG B1 13; **C** 10 f
– Antragsfrist **D6** 36
– Antragsgründe **D6** 42
– Antragstellung **D6** 38
– Ausschluß bei Einstellung wegen Verfahrenshindernis **D6** 24
– Ausschluß bei Nichtbefolgung einer Ladung **D6** 21
– Ausschluß bei Schuldunfähigkeit **D6** 24
– Ausschluß bei Verursachung der Strafverfolgungsmaßnahme **D6** 17
– bei Ahndung als OWi **D6** 15
– bei Einstellung nach Ermessensvorschrift **D6** 12
– bei Einziehung **B9** 44
– beim Absehen von Strafe **D6** 15
– bei überschießenden Strafverfolgungsmaßnahmen **D6** 15
– Entscheidung des OLG **D7** 6
– für andere Strafverfolgungsmaßnahmen **D6** 9
– für Urteilsfolgen **D6** 8
– haftungsausfüllende Kausalität im StrEG **D6** 81

– im Ausland vorgenommene Maßnahmen **D6** 9
– nach dem StrEG **D6** 2, 27
– Prüfungsumfang im Grundverfahren **D6** 37
– überholende Kausalität im StrEG **D6** 82
– Übertragbarkeit **D6** 100
– Vererblichkeit **D6** 100
– Versagung wegen des Aussageverhaltens **D6** 22
– Versagung wegen eigener Veranlassung der Maßnahme **D6** 23
– Versagung wegen schuldhafter Verursachung der Maßnahme **D6** 19
– Versäumung der Antragsfrist **D6** 36
– Verzicht **D6** 26
– Verzinsung **D6** 80
Entwicklungstendenzen traditioneller kriminaltechnischer Bereiche
– Automationen **A4** 64
– Computersimulationen **A4** 64
– Dokumente **A4** 64
– Miniaturisierung **A4** 64
Entziehung der Fahrerlaubnis D3 426
– vorläufige ~ **B1** 8
– vorzeitige Aufhebung **D3** 427
Erbe, Waffenerwerb B7 173
Erbsubstanz
– Desoxiribonukleinsäure **A5** 3
– DNA **A5** 3
– DNS **A5** 3
Erfolgsaussicht der Revision der StA
– Prüfung durch den GenStA **D2** 179
Ergebniswürdigung A4 37
Erkennungsdienstlicher Beschluß B7 16
Erlangtes iSd §§ 73, 73 d StGB B9 7, 9

Erledigterklärung der Maßregel
- Anrechnung von Zeiten der Unterbringung **D3** 112
Erledigung der Maßregel
- nach Aussetzung **D4** 69
Ermittlungen D7 64
- Wiederaufnahme **D7** 64, 67
Ermittlungsgruppe A3 31
Ermittlungspflicht A1 1
Ermittlungsverfahren D7 127
- Begriff **D7** 127
- Schriftlichkeit **A1** 10
Ersatzfreiheitsstrafe
- Anordnung **D3** 421
- Aufschub und Unterbrechung **D3** 146
- Unterbleiben der Vollstreckung bei unbilliger Härte **D3** 421
- Vollstreckung **D3** 417
Ersatzzustellung
- unwirksame ~ **D3** 66
Ersparte Aufwendungen B9 5, 24
Erstbericht D7 22
Erster Angriff A3 10, 76
Erstvollzug D3 89
Erwachsenenrecht bei Heranwachsenden B2 33
Erweiterte Einziehung B9 42
Erweiterter Verfall B9 20 ff
- Ausschluß **B9** 32
- Wertersatz **B9** 28
Erweitertes Schöffengericht D2 56
Erwerbstat B9 20
- Verjährung **B9** 22
Erwerbstätigkeit B4 6, 16 f, 25, 43 f, 192 ff, 201
- Erlöschen der Genehmigungsfreiheit aufgrund ~ **B4** 6, 17, 44
- Formular **B4** 16
- Verbot der ~ **B4** 192 ff, 201
Erwerb von Waffen B7 125, 132
- vorübergehender sicherer ~ **B7** 179
Erziehungsberechtigte D2 25
Erziehungsmaßregeln B2 18
EU-Fahrerlaubnis D3 89

Europäischer Feuerwaffenpaß B7 167
Exhumierung B6 5

F-Zeichen iSd WaffG B7 31
Fahndung A2 1 ff; **A3** 13
- Hilfsmittel **A2** 5 ff
- im Internet **A2** 6
- international **A2** 17 f
- Maßnahmen **A2** 4
- Maßnahmen, Rücknahme **A2** 4
- Maßnahmen, Widerruf **A2** 4
- mit Publikationsorganen **A2** 5 f
- nach dem Beschuldigten **A2** 2 ff
- nach Sachen **A2** 26
- nach Zeugen **A2** 25
- national **A2** 16
- Objekte **A2** 4
- örtlich **A2** 15
- Verhältnismäßigkeit **A2** 4
Fahrerlaubnis B4 153, 159, 189 f
- ausländische ~ **B1** 9
- Entzug bei Drogenkonsum **B8** 28
- Entzug der ~ **B4** 153, 159
- EU-~ **D3** 89
- Fahren ohne ~ **B4** 189 f
- isolierte Sperre der ~ **B4** 153
Fahrerlaubnisentzug bei Waffendelikten B7 198
Fahrlässigkeitsdelikte B1 12
- fahrlässige Erfolgsdelikte **B1** 11
Fahruntüchtigkeit
- absolute ~ **B1** 21
- bei Drogenkonsum **B8** 29
- Fahrlässigkeit/Vorsatz **B1** 24
- relative ~ **B1** 22
Fahrverbot B4 153
- Abgabe des Führerscheins bei der Vollstreckungsbehörde **D3** 438
- Abgabewahlrecht **D3** 441
- Abgabewahlrecht bei ausländischer Fahrerlaubnis **D3** 442
- Berechnung bei Abgabe an unrichtiger Stelle **D3** 438

- beschränktes ~ **D3** 439
- mehrfache Anordnung **D3** 440
- Zeitpunkt der Abgabe des Führerscheins **D3** 434

Fallmesser B7 99

Falschaussage als Wiederaufnahmegrund D2 192

Falsche Bezeichnung des Rechtsmittels D2 16

Farbmarkierungskugeln B7 34 f

Fasern A4 14

Fasersuchsystem A4 44

Federdruckwaffen B7 31

Feststellungen
- Angriff auf die Urteils~ im Rahmen der Revision **D2** 156

Fingerspur A3 69, 83

Flohmarkt, Waffenvertrieb B7 135

Flüchtling B4 85, 169
- Genfer Abkommen über die Rechtsstellung der ~e **B4** 85
- Kontingent~ **B4** 169

Folgebericht D7 22, 28

Förmliche Zustellung D7 75

Fotografie
- Spuren **A3** 51

Freibeweis D1 51

Freitod B6 13

Frist
- bei Untersuchungshaft **D7** 128, 133
- ~berechnung bei der 6 Monatsvorlage **D7** 128, 133
- Zwei-Wochen~ iSd § 172 I 3 StPO **D7** 80

Frühzeitige Beweisermittlung
- beschleunigte Zusammenarbeit **B3** 12
- Beweissicherung **B3** 12
- Durchsuchung und Beschlagnahme **B3** 13

Führen eines Fahrzeugs B1 3

Führen von Waffen B7 139

Führerschein
- ausländischer ~ **D3** 429
- EU-Fahrerlaubnis **D3** 430

- Verlust bei der Vollstreckungsbehörde **D3** 443

Führungsaufsicht D5 1
- angeordnete ~ **D5** 4
- Aufsichtsstelle **D5** 10
- Benachrichtigung anderer Stellen **D5** 38
- Bewährungshelfer **D5** 12
- Dauer **D4** 78
- Dauer und Fristberechnung **D5** 32
- DNA-Untersuchung vor Entlassung **D5** 37
- Ende **D4** 78
- Entfallen **D5** 8
- Erledigterklärung **D5** 19
- Funktion **D5** 2
- gesetzlich eintretende ~ **D5** 7
- gleichzeitige Entscheidung über Reststrafenaussetzung und Führungsaufsicht **D5** 18
- Jugendverfahren **D5** 35
- mehrfacher Eintritt **D5** 30
- Organe **D5** 9
- Prognoseentscheidung **D5** 6
- rechtliches Gehör **D5** 20
- Rechtsbehelfe **D5** 31
- Sicherungsverwahrung **D3** 380
- Therapieweisung **D5** 28
- unbefristete ~ **D5** 29, 33
- Voraussetzungen der Anordnung **D5** 4
- Vorbereitung der gerichtlichen Entscheidung **D5** 16
- Weisungen **D5** 26 f

Fundsachen B9 33

Fundstellen D7 75

Fund von Waffen B7 177

Funktionsfähigkeit
- von Kriegswaffen **B7** 45
- von Schußwaffen **B7** 24
- von vollautomatischen Schußwaffen **B7** 51
- von Waffen **B7** 14

Gaswaffen B7 25
Gebrauchsfähige Menge B8 17
Gebrauchsvorteile B9 5, 24
Gebühren des Rechtsanwalts
– im Entschädigungsverfahren D6 65
Gefahrenabwehr A3 12
Gefahr im Verzug B1 8
– bei Vollstreckungsmaßnahmen D3 13
Gefährliche Dosis B8 16
Gefährlichkeitsgutachten *siehe Prognosegutachten*
Gegenerklärung
– bei Beschwerde D2 80
– der StA im Revisionsverfahren D2 162 ff
– Muster D2 163
Gegenstand iSd §§ 73 ff StGB B9 2 f
– Identität B9 13
– Rechtsinhaberschaft B9 6
Gegenvorstellung D2 9
Gegner des Beschwerdeführers D2 78
– nachträgliche Anhörung D2 93
Geldstrafe
– Absehen von Vollstreckung neben Freiheitsstrafe D3 420
– Vollstreckung D3 417
Generalstaatsanwalt D7 60
– Aktenanforderung D7 60
Gericht
– Überlastung des ~s D7 134
Gerichtshilfe
– Aufgaben in Strafvollstreckungssachen D3 46
– in der Bewährungsüberwachung D4 10
Gerichtskasse
– Einzahlung von Bargeld B9 15
– Vollstreckungskompetenz B9 66
Gerichtsvollzieher B9 60, 66
Gerichtszuständigkeit
– Begründung D1 32
– Beurteilungsspielraum D1 7, 31

– bewegliche ~ D1 31
– funktionell D1 7
– Nachprüfung D1 31
– sachliche ~ D1 7
– staatsanwaltschaftliche Auswahl D1 25
– Zuständigkeitsverschiebung D1 33
Geringe Menge B8 16, 18
Gesamtfreiheitsstrafe
– Vollstreckung vor Rechtskraft D3 75
Gesamtspurenlage A3 49
Gesamtstrafe
– Berechnung der Strafzeit D3 73
– Strafzeitberechnung vor Rechtskraft einer nachträglichen gebildeten ~ D3 74
– Vollstreckung D3 69
– Vollstreckungszuständigkeit D3 71
Gesamtstrafenbildung
– Einbeziehung derselben Strafe in verschiedene Entscheidungen *siehe Doppeleinbeziehung*
Geschäftsweg D8 3, 31 f
– in Eilfällen D8 5
– mittelbarer ~ D8 4, 67, 69, 97
– unmittelbarer ~ D8 4, 71, 73
– zwischen Schengen-Staaten D8 6
Geschoß A4 21
Gesetzlicher Richter D1 7
– Auswahl D1 30, 31 f
– Besetzung der Kammer D1 25
– Beurteilungsspielraum D1 7
Gesetzlicher Vertreter
– Rechtsmittel durch ~n D2 25
Gesundheitszeugnis B4 26
Gewährtes iSd § 73 IV StGB B9 7, 19, 23
Gewehrgranaten B7 87
Gewerbsmäßigkeit B4 142, 152, 162, 210, 214
Glaubhaftmachung der Hinderungsgründe im Wiedereinsetzungsverfahren D2 48

Gnadenbericht D7 104
Gotcha-Waffen B7 34
Graphologie A4 18
Grenzübergangsstelle B4 60 ff, 74
Grundsatz der doppelten Sicherung B1 4
Grundverfahren nach dem StrEG D6 2, 27
– Antragstellung D6 38
Grüne Grenze B4 62
Gutachten A3 87; A4 49
– Befundbewertung A4 70
– Behörden~ A4 4, 50
– BKA-Gesetz A4 4
– waffentechnische ~ B7 14
Gutachten (Wirkstoffgehalt) B8 22

Haare
– (Haar)analyse B8 29
– Haarspurenmaterial A4 16
– Kern-DNA A4 16
– mitochondriale DNA A4 16
– telogene ~ A4 16
Haftbefehl D3 105; D7 121, 133 ff, 137, 140, 144
– Aktualisierung D7 133, 137
– bei Therapieabbruch D3 290
– Beschleunigungsgrundsatz D7 134
– Haftprüfung D7 121, 140, 144
– Haftvorlage D7 45
– Hauptverhandlung, terminierte D7 135
– Überlastung des erkennenden Gerichts D7 135
– Überprüfung D7 137
Haftkostenbeitrag D6 61
Haftprüfung D7 140, 144
– Adressierung D7 144
– Fristberechnung D7 144
– weitere ~ D7 140
Haftprüfungsverfahren D7 121
Haftunfähigkeit *siehe Vollzugsuntauglichkeit*
Haftvorlagen D7 45

Halbautomatische Kurzwaffen B7 65
Halbautomatische Langwaffen B7 52
Handgranaten B7 114
Handrepetierer B7 60
Handschriften A4 17, 18
– ~erkennungsdienst A4 18
– ~untersuchung A4 18
Hartkernmunition B7 82
Hauptbericht D7 96, 98, 102
Hauptverhandlung D7 135
– Haftsachen D7 135
– im Wiederaufnahmeverfahren D2 211
– in der Berufungsinstanz D2 124
– Vorbereitung in der Berufungsinstanz D2 123
Haushaltsuntreue D1 42
Heranwachsende B2 4
– Zuständigkeit des Jugendgerichts und § 154a StPO B2 5
Heranwachsende in Verkehrsstrafsachen B1 7
Heroin B8 12
Herstellung von Waffen B7 149
Hiebwaffen B7 89
Hilfsbeamte der StA
– Dienstaufsichtsbeschwerde gegen ~ D2 7
Hinreichender Tatverdacht C 27
Hochzeitsschießen B7 140
Hohlspitzgeschosse B7 78
Holster B7 46
Hülse A4 21

Identität B9 13
Identitätstäuschung B4 78, 104, 113
Immunitätsangelegenheiten D7 43
Immunitätssachen D7 87
In dubio pro reo D1 37
Informant B8 24, 27
Informationsaustausch A3 32

Informationstechnik
- Chiptechnologie A4 62
Infrarotstrahler B7 96
Inhaftnahme, vorläufige D8 12, 17, 30
- einer unbekannten Person D8 33
- Formular D8 29
- Geschäftsweg D8 31 f
- Inhalt der Mitteilung D8 31
INPOL-Fahndung A2 17
Intelligence-Arbeit
- Intelligence(Auswerte)-Arbeit A4 48
Internet B8 6
- ~adressen A6 5
- ~favoriten A6 12
- ~kommunikationsmöglichkeiten A6 4
- ~provider A6 2
- juristische Informationen im ~ A6 13
Internum D7 98
INTERPOL-Fahndung A2 17
Irrtum bei der Bezeichnung des Rechtsmittels D2 16
Irrtumsfragen bei Waffendelikten B7 209

Jagdbogen B7 110
Jäger B7 168, 183
JGG, besondere Verfahrensvorschriften B2 35
- Anklageerhebung B2 54
- beschleunigtes Verfahren B2 52
- einstweilige Unterbringung in einem Heim B2 37
- Ermittlungen B2 35
- Gutachten über den Entwicklungsstand B2 39
- Jugendgerichtshilfe B2 35
- notwendige Verteidigung B2 41
- Privatklageerhebung B2 50
- Rechtsmittelbeschränkungen B2 44
- Rechtsmittel des gesetzlichen Vertreters B2 47

- Stellung des Erziehungsberechtigten B2 36
- Strafbefehlsverfahren B2 53
- Untersuchungshaft B2 38
- vereinfachtes Jugendverfahren B2 51
- Verschlechterungsverbot B2 46
- Wahlrechtsmittel B2 45
Jugendkammer
- Revision gegen Urteile der ~ D2 56
Jugendliche B2 2
- in Verkehrsstrafsachen B1 7
Jugendrecht
- Vollstreckung D3 24
Jugendrecht bei Heranwachsenden B2 30
- Entwicklungsstand B2 30
- Jugendverfehlung B2 30
Jugendrichter
- als Vollstreckungsleiter D3 15, 24
Jugendstrafe
- Aussetzung nach Übertragung der Vollstreckung auf die StA D3 331
- Aussetzung zur Bewährung B2 26
- Höchstmaß B2 23
- schädliche Neigungen B2 24
- schwere Schuld B2 25
- Zurückstellung D3 244

Kapitaldelikte B6 15
Kartuschenmunition B7 75
Kaufgeld B9 16 f
Kette der Obhut A3 78, 86
Keulen B7 101
Klageerzwingungsverfahren C 7, 42; D7 65, 81
Kokain B8 12
Kombination jugendrechtlicher Sanktionen B2 29
Kommunikation A6 4
Konkurrenzen bei Waffendelikten B7 200

Konsumeinheit **B8** 16
Kontaminationen **A4** 39
Kontigentflüchtling *siehe* Flüchtling
Kontinuitätsprinzip **D7** 16, 29
Kopfbogen **D7** 14
Kopierte Schlüssel **A4** 22
Körperliche Mängel **B1** 34
Körperliche Untersuchung **A1** 87; **B1** 10
– Anordnung mit Zwang **A1** 93
– Anordnung ohne Zwang **A1** 92
– beim Beschuldigten **A1** 88
Körperliche Untersuchung bei Dritten
– Einwilligung **A1** 103
– Verfahren **A1** 103
– Verhältnismäßigkeit **A1** 101
– Verweigerung **A1** 102, 104
– Voraussetzungen **A1** 99
Körperliche Untersuchung beim Beschuldigten
– Beispiel für Anordnung mit Zwang **A1** 93
– Beispiel für Anordnung ohne Zwang **A1** 92
– Beispiel für Gutachtensauftrag zur Schuldfähigkeit **A1** 94
– Einwilligung **A1** 91
– Verfahren **A1** 90
– Verhältnismäßigkeit **A1** 89
– Voraussetzungen **A1** 88
Korrektur des Schuldvorwurfs C 35
Kosten
– für Therapiemaßnahmen **D3** 346
Kostenentscheidung
– Anfechtbarkeit der ~ **D2** 108
Krankenhausaufenthalt
– Anrechnung auf Strafzeit **D3** 129
Krankheiten B1 28
Kriegswaffen, Funktionsfähigkeit B7 45
Kriegswaffenmunition B7 82
Kriegswaffenteile B7 44

Kriminaltechnik A4 1, 4, 5, 27
– Intelligence(Auswerte)-Arbeit **A4** 65
– Legalitätsprinzip **A4** 65
– New Public Management **A4** 65
Kriminaltechnisches Institut A4 48
Kriminologie A4 5
Kugelschreibermesser B7 97
Kurzschluß A4 21
Kurzwaffen B7 64

Lacke A4 9
Ladung zum Strafantritt D3 102
– Erforderlichkeit **D3** 100
Ladung zum Strafvollzug
– unmittelbare ~ in Einrichtung eines anderen Bundeslandes **D3** 13
Ländervereinbarung
– Strafvollstreckung **D3** 41
Landesjustizverwaltung
– Dienstaufsicht der ~ **D2** 6
Landesrecht
– Revision wegen Verletzung von ~ **D2** 56
Landtag D7 39, 92, 102
– Ausschuß des ~es **D7** 102
– Eingaben **D7** 92
– Hauptbericht **D7** 102
– ~sberichte **D7** 39
Langwaffen B7 48
Laserzielgeräte B7 96
Lebenslange Freiheitsstrafe
– Antragstellung **D3** 329
– Aussetzungshindernisse **D3** 330
– Verfahren bei Aussetzung **D3** 70
– Voraussetzungen der Aussetzung **D3** 325
Leichenöffnung B6 3, 5, 13
– Umfang der ~ **B6** 6
– von Neugeborenen **B6** 7
Leuchtspurmunition B7 82
Lichtbildmappe A3 77
Lichtbildwechslung B4 104
Likelyhood Ratio A5 13

Linguistische Textanalyse A4 19
LKA D8 33, 46 f
Lockspitzel B8 25
Lohn *siehe Entlohnung*
LSD B8 12
Luftdruckwaffen B7 31

Magazine B7 46
Marihuana B8 20
Marktverkehr, Waffenvertrieb B7 133
Maschinengewehre B7 50
Maschinenpistolen B7 50
Maschinenschriften A4 17
Maßregel D1 47
- mehrfache Anordnung D3 119
- Überweisung in den Vollzug einer anderen ~ D3 381
Maßregelvollzug
- örtliche Zuständigkeit D3 362
- Verlegung D3 363
MDE/MDEA B8 20
Medikamente B1 27
Mehrfertigungen D7 34, 131
Meineid als Wiederaufnahmegrund D2 193
Merkmalshäufigkeit A5 11
Methadon B8 12
Mikropartikel A4 43
Mikroskop
- Rasterelektronen~ (REM) A4 28
Mikroskopie A4 31
Minen B7 114
Mischfahndung A2 17
Mißbrauch D7 84
- des Antragsrechts D7 84
- einer Eingabe D7 84
Mißbräuchliche Strafanzeigen C 12 ff
Mitteilung
- der Gesamtstrafenbildung D3 72
- der Übernahme der Vollstreckung bei Gesamtstrafenbildung D3 72

Mitteilungen in Vollstreckungssachen
- bei Aufenthalt in Schengen-Staat D3 401
Mitteilungspflichten B2 55
- bei Soldaten D3 44
Mitteilung über Therapieabbruch
- durch Therapieeinrichtung D3 283
- Inhalt der Mitteilung D3 283
- Pflicht der Therapieeinrichtung D3 281
Mittelbehörde D7 5
Modell B3 14
Modellwaffen B7 47
Mohnstrohkonzentrat B8 12
Molekulargenetische Untersuchung A3 36, 70
Molotow-Cocktails B7 106
Mündliche Verhandlung
- Beschwerdeentscheidung ohne ~ D2 79
Munition B7 75
- Schußwaffenerkennungsdienst A4 21
Munition für Kriegswaffen B7 82
Munitionsbesitzverbot B7 158
Munitionserwerbschein B7 164
Mustererkennung A4 18

Nachdrückliche Vollstreckung
- Grundsatz und Grenzen D3 7
Nacheile D8 62
Nachholen
- der Anhörung von Beteiligten D2 93
- von versäumten Handlungen im Wiedereinsetzungsverfahren D2 52
Nachholung der Vollstreckung D3 221
Nachprüfung
- Umfang der ~ bei Berufung D2 104
Nachschieben von Gründen D7 82

Nachtragsanklage
- wesentliches Ergebnis der Ermittlungen **D1** 24

Nachtragsentscheidung
- bei Strafaussetzung **D4** 44
- Zuständigkeit **D4** 45

Nachtzielgeräte B7 96
Nadelgeschosse B7 81
Narkosegewehre B7 23
Nationalsozialistische Gewaltverbrechen D7 24, 39
Nebenbestimmung B4 8
- *siehe auch Auflage*
- *siehe auch Bedingung*

Nebengeschäfte
- der Strafvollstreckung **D3** 18

Nebenkläger
- Rechtsmittelbefugnis des ~s **D2** 26

Neue Tatsachen und Beweismittel im Wiederaufnahmeverfahren D2 198

Neue Technologien
- Gentechnologie **A4** 63
- Mikroelektronik **A4** 63
- Wegfahrsperre **A4** 63

Nichtabhilfeentscheidung D7 82
Nichterscheinen des Angeklagten zur Berufungshauptverhandlung D2 123
Nicht geringe Menge B8 16, 19
- Übersicht **B8** 20

Nietenarmbänder B7 102
NOEP B8 26
Notzuständigkeit
- bei Vollstreckungsmaßnahmen **D3** 13
- örtliche ~ **D3** 30

Nunchakus B7 105
Nutzungen B9 7

Obduktionsprotokoll A3 77
Oberflächen A4 43
Oberlandesgericht
- als Revisionsinstanz **D2** 56
- Entscheidung durch ~ über weitere Beschwerde **D2** 99

Observation D8 62
Öffentlicher Straßenverkehr B1 2
Öffentliche Veranstaltungen, Waffenführen B7 141
Offline-Browsen A6 6
Opportunitätsentscheidung D7 80

Ordnungswidrigkeit
- Annahmeberufung bei ~ neben Straftat **D2** 112

Örtliche Zuständigkeit B2 6
- freiwilliger Aufenthalt **B2** 8
- Rangverhältnis **B2** 10
- Vollstreckungsleiter **B2** 9
- Vormundschaftsrichter **B2** 7

Ortsverzeichnis *siehe Rechtshilfe*

Parallelvollstreckung
- von Abschiebehaft und strafprozessualer Haft **D3** 82

Paß B4 32 ff, 36, 76, 80, 86, 115
- *siehe auch Ausweispapiere*
- Aufenthalt ohne ~ **B4** 32 ff
- Befreiung von der ~pflicht **B4** 33
- Benutzung eines fremden ~es **B4** 86
- Formular **B4** 36

Paßbeschränkende Maßnahmen D3 409
Paßersatz B4 33 f, 76, 80
Paßkontrollstempel B4 12
Passspuren A4 14
Perkussionswaffen B7 39
Personalienfeststellung A3 22
Petitionsangelegenheiten D7 43

Pfändung
- Arrestvollzug in bewegliche Sachen **B9** 66 f
- Arrestvollzug in Forderungen und Rechte **B9** 70 ff
- Beschlagnahme von Forderungen und Rechten **B9** 58
- Schiffe, Luftfahrzeuge **B9** 68

Pfefferspray B7 113

Pflanzen und Pflanzenteile B8 14
Pflichtverteidiger D7 129
- in Strafvollstreckungssachen D3 9
Pistolen B7 65, 70
Platzpatronen B7 75
Polamidon B8 12
Politische Sachen D7 25
Positivliste B8 11
Privatklagedelikt D7 80
Privatkläger
- Rechtsmittelbefugnis D2 26
Probenahme
- Hochdruckflüssigkeitschromatographie (HPLC) A4 38
- Infrarotspektroskopie A4 38
- Massenspektrometrie (MS) A4 38
- Röntgenfluoreszenzanalyse (XRF) A4 38
Probenvorbereitung
- Probenaufbereitung A4 28
- Probenpräparation A4 28
Prognosegutachten
- Anforderungen D3 349
Protokoll der Geschäftsstelle
- Berufung zu ~ D2 109
- Beschwerde zu ~ D2 35
Prozeßvoraussetzung D1 43, 51
- Beachtung durch das Revisionsgericht D2 148
Prüfungsumfang bei der Revision D2 155 ff
Psilocybinpilze B8 12, 14
PTB-Zeichen B7 26, 29
Pump-Guns B7 60
Pyrotechnische Munition B7 75 f

Qualitätsmanagement A4 57
- Behördengutachten A4 59
- DNA–Analyse A4 54
- Dokumentation A4 54
- Probenvorbereitung A4 54
- Qualitätssicherung A4 53, 54, 59
- repetitive analytische Fragestellungen A4 54

Qualitätssicherungsmaßnahmen
- Qualitätssicherung A4 51
Querulatorische Strafanzeigen C 19

Randbericht D7 35
Raster-Elektronenmikroskopie (REM) A4 42
Raucherrunde B8 5
Rauschgiftutensilien B8 17
Reaktionszeit B1 30
Rechtliches Gehör D1 38, 44
- Informationsfunktion D1 12
Rechtsanwalt
- Strafbarkeit des ~s B4 203, 211
Rechtsbehelfe
- Arten D2 3
- gegen die Vollstreckungsreihenfolge D3 120
Rechtsfolgenausspruch als Angriffsziel der Revision D2 157
Rechtsfolgen bei Waffendelikten B7 188
Rechtsgrundsätze D8 19 ff
- bei Steuer- und Devisensachen D8 23
- kriminelle Vereinigung D8 25
- nationale ~ D8 27
- Verfahrensvorschriften D8 58
- völkerrechtliche Verträge D8 55 f, 65
Rechtshilfe D8 1 ff
- Ablichtungen von Unterlagen D8 57
- Begleitbericht D8 97
- Ersuchen um ~ D8 54
- Europäisches Vollstreckungsübereinkommen D3 402
- Form der ~ D8 2
- Formular D8 96
- Inhalt eines Ersuchens um ~ D8 64, 84
- Ortsverzeichnis D8 7
- ~verkehr D8 53
- Übersetzungen D8 8

Rechtshilfebericht D7 45
Rechtskraft
– Durchbrechung der ~ D2 186
– ~vermerk auf Beschlüssen D2 94
– Teilvollstreckbarkeit D3 8
Rechtskraftvermerk
– Erforderlichkeit D3 60
– Folgen unrichtiger ~e D3 18
– Überprüfung durch die VollstrB D3 64
– und Bescheinigung über die Vollstreckbarkeit D3 63
Rechtsmedizin A4 2, 45
Rechtsmittel
– Arten D2 2
– der StA D2 18 ff, 28 ff
– Einlegung durch Verteidiger D2 25
– falsche Bezeichnung D2 16
– Form der Einlegung D2 32 ff
– ~berechtigte D2 25 ff
– ~fristen D2 31 ff
– vorsorgliche Einlegung durch die StA D2 20 ff
– Zeitpunkt der Einlegung D2 15
– Zurücknahme D2 38 ff
Rechtsmittelverzicht D2 36 f
Rechtsnachfolger
– Rückgewinnungshilfe B9 77
Rechtsstaatliches Strafverfahren D1 8
Rechtzeitigkeit D7 77
Reformatio in peius
– kein Verbot der ~ im Beschwerdeverfahren D2 55
– Verbot der ~ bei Berufung D2 103
– Wesen D2 54
Regelfahndung A2 17
Regelvollzug D3 89
Reizstoffsprühgeräte B7 111
Reststrafenaussetzung
– ablehnende Stellungnahme D3 337
– befürwortende Stellungnahme D3 342

Revision D2 131 ff; D7 110, 113 ff
– Adressierung des Übersendungsberichtes D7 114
– Begründung D2 149 ff, 182
– Begründungsfrist D2 138
– Beihefte D7 115
– Beschränkung der ~ D2 146
– der StA D2 179 ff; D7 114
– Durchführung D7 114
– Eilsachen D7 115
– Einlegungsfrist D2 137
– Entscheidung des ~sgerichts D2 174 ff
– Form der Einlegung und Begründung D2 140 ff
– Gericht des ersten Rechtszugs D3 35
– Rücknahme D7 114
– Übersendungsbericht D7 110, 113 f
– Unterschrift D7 115
– Verfahren D2 161 ff
– Verfahrensrüge D1 33, 40
– Vorbereitung D7 113
– Wesen D2 131 ff
– Zulässigkeit D2 135 ff
Revisionsgericht
– Entscheidung des ~s D2 174 ff
Revolver B7 65, 70
Ringversuche A4 55
– Qualitätssicherungsmaßnahmen A4 51
– Symposien A4 51
Röntgenmikroanalyse A4 43
Rückführung
– deutscher Staatsangehöriger aus dem Ausland D3 410
– vietnamesischer Staatsangehöriger D3 413
Rückgewähranspruch B9 30 f
Rückgewinnungshilfe B9 72 ff
Rückkehrhilfe
– für Drogenabhängige D3 411
Rücklieferung *siehe Rückführung*
Rüstungsexport B7 11

Sachaufsichtsbeschwerde *siehe Dienstaufsichtsbeschwerde*
Sachbeweis A3 89; **A4** 27
Sachliche Zuständigkeit B2 11
– gemeinsame Anklageerhebung mit Erwachsenen **B2** 16
– Jugendkammer **B2** 13
– Jugendrichter **B2** 11
– Jugendschöffengericht **B2** 12
– OLG/BayObLG **B2** 14
– Staatsschutz-/Wirtschaftsstrafsachen **B2** 15
– Vorrang der gesonderten Anklageerhebung **B2** 17
Sachrüge D2 149, 153 ff
Sachverständigenbeweis A4 58
Sachverständiger A4 18, 49, 50, 71; **B1** 31; **B6** 19
– Kfz-technischer ~ **B1** 33
– medizinischer ~ **B1** 34
– mehrere ~ **B1** 35
– waffentechnischer ~ **B7** 14
Sammelbericht D7 38
Sammlungen A4 4
– Material~ **A4** 47
Sanktionen B1 6
Schaft (Waffenrecht) B7 46
Schalldämpfer B7 41
Scheinehe B4 79
Scheinkauf B8 26; **B9** 17
Scheinkriegswaffen B7 55, 69
Schengener Durchführungsübereinkommen (SDÜ) B4 154
Schengener Informationssystem A2 17
Schengen Staaten A2 17, 19
Schenkung unter Lebenden, Waffenerwerb B7 175
Schießen B7 140
Schießkugelschreiber B7 74
Schießstätte, Waffenerwerb B7 172
Schießstock B7 74
Schlagbolzen B7 46
Schlagringe B7 101 f
Schlagringmesser B7 103

Schlechterstellungsverbot *siehe Reformatio in peius*
Schlepperbande B4 1, 2
– *siehe auch Bande*
Schleudern B7 109
Schleusung B4 1
– *siehe auch Einschleusen*
Schlußvortrag in der Berufungsinstanz D2 125
Schnelltest B8 22
Schöffengericht
– erweitertes ~ **D2** 56
– Jugend~ **D2** 56
– Zuständigkeit **D2** 56
Schreckschußwaffen B7 25
Schreibmaschine A4 17
– Matrixdrucker **A4** 17
Schriften B9 46, 49 f, 52
Schriftform D2 71
Schriftkreuzungen A4 17
Schriftuntersuchung A4 18
Schuhspuren A4 22
Schuldfähigkeit B1 23
– Drogenkonsum **B8** 44
– verminderte ~ **B1** 23
Schuldfähigkeit bei Waffendelikten B7 192
Schuldfeststellung nach § 27 JGG B2 27
Schuldunfähigkeit B1 23
Schußentfernung
– ~sbestimmung **A4** 21
– ~suntersuchungen **A4** 44
Schußhandbestimmung A4 21
Schußspuren
– Schußwaffenspuren **A4** 21
– Schußwaffentechnik **A4** 21
Schußwaffen A4 20; **B7** 21
– Betäubungsmittelverfahren **B8** 42
– Funktionsfähigkeit **B7** 24
– Teile von ~ **B7** 41
– Unbrauchbarmachung **B7** 24
– Waffensammlung **A4** 21
Schußwaffeneigenschaft, Verlust B7 24

Schußwaffenerkennungsdienst
B7 15
Schutzkleidung A3 36
Schwarzarbeit B5 34
Schwarzpulver B7 40
Schwerpunktstaatsanwaltschaften
– Strafvollstreckung D3 29
Schwurgericht D2 56
Sekretspur A5 1
Selbständige Anordnung
– Einziehung B9 45
– Verfall B9 36
Selbstmordgefahr
– Strafvollstreckung D3 138
Serologie A4 13, 48
Sexuelle Auffangtatbestände B3 11
Sexuelle Nötigung B3 9, 11
– Ausnutzen einer schutzlosen Lage B3 9
– Beischlaf B3 9
– beischlafsähnlich B3 9
– Drohung B3 9
– Gewalt B3 9
– Handlungsmodalitäten B3 9
– Regelbeispiel B3 9
Sexuelle Selbstbestimmung B3 1, 4, 7, 10
– exhibitionistische Handlungen B3 10
– Internet B3 10
– Jugendliche B3 10
– Kind B3 5, 10
– sexualbezogene Handlung B3 1, 10
– sexuelle Entwicklung B3 5
– sexuelle Handlungen B3 1
– Verbreitung pornographischer Abbildungen B3 10
Sexuelle Sondertatbestände B3 10
Sexueller Mißbrauch B3 10
– besondere Handlungsmodalitäten B3 3
– Drohung B3 10
– Gewalt B3 10

– Internet B3 10
– Jugendliche B3 10
– Kinder B3 1, 5, 8, 10
– Menschenhandel B3 10
– Schutzbefohlene B3 4, 7
– schutzlose Lage B3 10
– schwerer Menschenhandel B3 10
– sexualbezogene Handlungen B3 8
– sexuelle Handlung B3 2
– Tatmodalitäten B3 2
– Verbreitung B3 10
– Verbreitung pornographischer Schriften B3 10
– widerstandsunfähige Personen B3 10
– Zuhälterei B3 10
Sichergestellte Betäubungsmittel B8 22
Sicherheitsleistung
– bei Ordnungswidrigkeiten B1 16
– bei Straftaten B1 15
Sicherungsangriff A3 11, 30, 77
Sicherungsbefehl
– Außervollzugsetzung D4 28
Sicherungsmaßnahmen B9 2 f, 47 ff
– zugunsten des Verletzten B9 72 ff
Sicherungsverwahrung
– Erledigterklärung D3 380
– Führungsaufsicht D3 380
– späterer Beginn D3 379
– Zusammentreffen mit Strafen aus anderen Verfahren D3 116
Signalpistolen B7 72
Single-action-Revolver B7 70
SIS-Fahndung A2 17
SIS-Fahndungssystem D8 18, 30
Sofortige Beschwerde
– Abhilfe D2 91
– Begründung D2 90
– der StA gegen vorzeitige Entlassung D3 355
– des Verurteilten gegen Ablehnung der Entlassung D3 357

- Frist **D2** 74
- Vorlage an Beschwerdegericht durch StA **D2** 92
- Zulässigkeit **D2** 76

Soft-Air-Waffen B7 35

Soldaten
- Abweichen vom Vollstreckungsplan **D3** 96
- Angehörige ausländischer Truppen **D3** 45
- Mitteilungspflichten **D3** 44
- Vollstreckung gegen ~ **D3** 44

Spektroskopie
- chromatographische Methode **A4** 36
- Dünnschichtchromatographie **A4** 36
- Gaschromatographie (GC) **A4** 36
- GC-MS **A4** 36
- Infrarot~ **A4** 33
- Massen~ **A4** 33

Spektrum A4 31, 32
Sperrerklärung B8 27
Spezialitätsgrundsatz bei Auslieferung D3 404
Spezialitätsprinzip D8 52
Spezialstrafkammern D2 56
Spielzeugwaffen B7 47
Sportbogen B7 110
Sportschützen B7 162, 168
Sprechererkennung A4 20
Sprechrhythmus A4 20
Sprenggeschosse B7 82
Sprengstoff A4 7, 38
Sprengstoffdelikte A4 6
Springmesser B7 99
Sprungrevision D2 136, 180
Spur A3 8
Spuren A4 24
- Anhaftungen **A4** 28
- fingierte ~ **A4** 26
- Form~ **A4** 26
- Material~ **A4** 26
- Situations~ **A4** 26
- ~komplexe **A4** 25
- Trug~ **A4** 26

Spurenakten B6 24
Spurenauswertung
- Gruppenidentifizierung **A4** 28
- Individualidentifizierung **A4** 28
- Materialcharakterisierung **A4** 28
- Rekonstruktion **A4** 28

Spurenkarte A3 83, 85
Spurenlegerwahrscheinlichkeit A5 15
Spurennummer A3 83
Spurensicherung A3 49, 55;**4** 27
Spurensicherungsbericht A3 77, 83, 85
Spurensuche A3 40;**4** 27
Staatsangehörigkeit B4 80, 104
- Täuschung über ~ **B4** 104
- Verschweigen der ~ **B4** 80

Staatsanwalt
- Mitwirkung im Berufungsverfahren **D2** 116
- Mitwirkung im Wiederaufnahmeverfahren **D2** 197

Staatsanwaltschaft
- örtliche Zuständigkeit **D1** 6
- Rechtsmittel der ~ **D2** 18 ff, 28 ff

Staatsschutzsachen D7 25, 87
Stahlruten B7 101
Standard-Browser A6 3
Statistik
- Waffen~ **B7** 3

Statistische Erhebungen (Wirkstoffgehalt) B8 23
Statistisches Auswertungsprogramm Rauschgift (SAR) B8 23
Steckbriefnachricht A2 11
Sterbehilfe B6 14
Steuerhinterziehung durch Arbeitgeber B5 35
- Mitteilungspflichten in den Fällen illegaler Beschäftigung/Schwarzarbeit **B5** 37
- örtliche Zuständigkeit der StA bei illegaler Beschäftigung **B5** 36

Stimme A4 20
Stockdegen B7 97

Störungen in der Hauptverhandlung D10 1 ff
- Entfernung des Angeklagten D10 15
- Ordnungsmittel D10 9
- Rechtsanwälte und Verteidiger D10 16
- Sitzungspolizei D10 2, 6
- Störungen durch nicht Verfahrensbeteiligte D10 4
- Störungen durch Verfahrensbeteiligte D10 14
- Zutritt zur Hauptverhandlung D10 4
- Zwangsmittel D10 8

Stoßwaffen B7 89
Strafanzeige D7 72
Strafaufschub
- bei Urteilserstreckung D3 23
- erneute Ladung nach Ablauf D3 161
- Ersatzfreiheitsstrafe D3 422
- Gewährung D3 155
- Teilung der Strafe D3 185
- Verjährung D3 133
- Vorlage von Unterlagen D3 174
- wegen erheblicher Nachteile D3 168

Strafaufschub wegen besonderer Härte
- Gründe D3 178

Strafaufschub wegen besonderer Nachteile
- Verfahren D3 173

Strafaufschub wegen Vollzugsuntauglichkeit
- Verfahren D3 136

Strafaussetzung
- mehrere Strafen D3 335
- nach Zurückstellung gem § 36 BtmG D3 303
- nach § 36 BtmG, Zeitpunkt D3 307
- Prognoseentscheidung bei § 36 BtmG D3 307

- Stellungnahme der StA - ablehnende ~ D3 340

Strafaussetzung gem § 35 BtmG
- Rechtsmittel D3 316

Strafaussetzung gem § 36 BtmG
- Auflagen und Weisungen D3 315
- Besonderheiten im Jugendverfahren D3 318

Strafausstand D3 130
Strafbefehl D1 48
- Anklagefunktion D1 24
- Betäubungsmittelverfahren B8 35
- Informationsfunktion D1 48, 50
- Umgrenzungsfunktion D1 48, 50
- Wiedereinsetzung in den vorigen Stand und Einspruch D2 47, 52

Strafbefehlsverfahren D1 48
Straferlaß D4 58
- Prüfungsschritte D4 58
- Widerruf D4 66

Strafkammer D2 56
Strafklageverbrauch B1 6
- bei Waffendelikten B7 207

Strafmündigkeit B2 3
Strafrechtsentschädigungsgesetz
- Geltungsbereich D6 4

Strafregister D8 59
Strafrichter
- Berufung gegen Urteile des ~s D2 107

Strafsenat D2 56
Straftaten im Ausland siehe Auslandstaten
Strafunterbrechung
- aus Gründen der Vollzugsorganisation D3 196
- bei Urteilserstreckung D3 23
- Erheblichkeit der Zeit der Unterbrechung D3 153
- erneute Ladung nach Ablauf D3 161
- Gewährung D3 155
- Mitteilungen D3 158
- öffentliche Sicherheit D3 142, 154

- Verjährung **D3** 133
Strafunterbrechung wegen Vollzugsuntauglichkeit
- Verfahren **D3** 136
Strafverfahren D7 127
- Begriff **D7** 127
Strafverfolgungsersuchen, ministerieller Geschäftsweg D8 66 ff
- Abschlußbericht **D8** 69
- Einleitungsbericht **D8** 62
- Formular **D8** 67 f
Strafverfolgungsersuchen, unmittelbarer Geschäftsweg D8 70 ff
- Abschlußschreiben **D8** 73
- Einleitungsschreiben **D8** 71
- Formular **D8** 70, 72
Strafverfolgungsmaßnahmen
- entschädigungspflichtige ~ **D6** 9
Strafvollstreckung
- Rechtsgrundlagen **D3** 6
- und Strafvollzug **D3** 3 ff
Strafvollzug
- an jungen Erwachsenen **D3** 90
Strafzumessung bei Waffendelikten B7 190
Strichkreuzungen
- Dokumente **A4** 47
Sturmgewehre B7 50
StVK
- Zuständigkeit für Nachtragsentscheidungen **D4** 45
Suchvermerk A2 10
Suicidgefahr
- Strafvollstreckung **D3** 138
Surrogat B9 4, 14, 16, 26 f
Suspensiveffekt D2 12, 57
Synthetische Drogen B8 10
Systematik
- Spurensuche **A3** 40

Taschenmesser B7 90, 97, 99
Tatbefund
- objektiver ~ **A3** 31, 33
- subjektiver ~ **A3** 31

Tat im prozessualen Sinn **D1** 12, 16
Tatmittel B9 11
Tatmunitionsuntersuchung
- Vergleichsmunitionsuntersuchung **A4** 21
Tatort A3 1, 6
Tatortbefundbericht A3 76 f
Tatortbesichtigung A3 34
Tatortfreigabe A3 65
Tatortgruppe A3 31
Tatortlampe A3 40, 56
Tatortmunitionssammlung B7 16
Tatortübergabe A3 28
Tatortuntersuchung A3 39
Tatortzugang A3 20 f
Tatprodukt B9 10
Tatprovozierendes Verhalten B8 25
Tatrekonstruktion A4 21
Tatspuren A4 26
Tatvorwurf D7 73
Technische Mittel A1 64
Teilmantelgeschosse B7 78
Teilnahme B4 27 ff
- siehe auch Anstiftung
- siehe auch Beihilfe
Teilnahmerecht
- des StAs an der Leichenöffnung **B6** 5
Teilvollstreckbarkeit D3 8
Telekommunikation, künftige A1 56
Teleskopschlagstöcke B7 101
Terminsnachricht D2 123
Text des Berichtes D7 40
- Öffentlichkeit **D7** 40
- wegen der Person des Beschuldigten **D7** 40
- wegen "weiterer Kreise" **D7** 40
Textilkunde
- Faserspur **A4** 14
Therapie
- ambulante ~ **D3** 257
- stationäre ~ **D3** 257

Therapieabbruch
– Widerruf der Zurückstellung **D3** 286
Therapie gem § 35 BtMG
– Aufnahme in die Therapieeinrichtung **D3** 281
Tierabwehrsprays B7 113
Tierpark, Waffenführen B7 143
Tilgung
– von Geldstrafen durch gemeinnützige Arbeit **D3** 424
Todesbescheinigung B6 2
– Wiederaufnahme nach ~ des Verurteilten **D2** 191
Totschläger B7 101
Toxikologie A4 12, 49
Transferübereinkommen *siehe Überstellungsübereinkommen*
Transport von Waffen B7 185

Übergabeverhandlung A3 86
Überholung
– prozessuale ~ **D2** 17
Überlassen von Waffen B7 125
Überlebens-Messer B7 100
Übersendungsbericht D7 110, 113 f
– Adressierung **D7** 114
– Revision **D7** 110
– Vorbereitung des ~s **D7** 113
Übersendungsbericht der StA im Revisionsverfahren D2 168 ff
Übersetzungen *siehe Rechtshilfe*
Überstellung
– in andere Vollzugseinrichtung **D3** 97
– zur Strafvollstreckung **D3** 383
– zur Strafvollstreckung ins Inland **D3** 389
Überstellung zur Vollstreckung
– ins Ausland **D3** 392
Übertragene Geschäfte
– in der Strafvollstreckung **D3** 20
Umfang der Einstellungsbegründung C 30 f
Umfangsverfahren D7 57

Unbegründetheit der Beschwerde D2 82
Unbekannter Fahrer D8 80 ff
– Ermittlung des ~s **D8** 81
– Formular **D8** 80
Unbrauchbarmachung
– von Schußwaffen **B7** 24
– von Waffen **B7** 194
Unentschuldigtes Ausbleiben des Angeklagten D2 123
Unterbrechungszwang
– bei Anschlußvollstreckung **D3** 332, 334
– Verfahren **D3** 333
Unterbringung
– Aufschub aus gesundheitlichen Gründen **D3** 148
Unterbringung in der Entziehungsanstalt
– Dauer und Berechnung **D3** 378
Unterbringung zur Beobachtung
– Beispiel für Antrag und Anordnung **A1** 98
– Verfahren **A1** 97
– Verhandlungsfähigkeit **A1** 95, 98
– Voraussetzungen **A1** 95
Unterhaltsberechtigter
– Schaden nach StrEG **D6** 85
Unternehmensdelikt B4 114
Unterrichtung D7 66
– Anzeigeerstatter **D7** 66
– Beschwerdeführer **D7** 66
Unterschrift D7 15, 45, 108, 138
– Abteilungsleiter **D7** 45, 138
– Behördenleiter **D7** 45, 108, 138
– Haftvorlagen **D7** 45
– Rechtshilfebericht **D7** 45
– stellvertretender Behördenleiter **D7** 45
Untersuchung
– Spuren **A3** 67
Untersuchung, waffentechnische B7 15
Untersuchungsantrag A3 73
Untersuchungshaft D7 121 f
– Allgemeines **A1** 138

- Anklage **A1** 164
- Anrechnung in anderem Verfahren **D3** 81
- Aufhebung **A1** 152
- Ausländer **A1** 142
- Beispiel für Außervollzugsetzung des Haftbefehls **A1** 149
- Beispiel für Haftbefehl **A1** 144, 145
- Beispiel für Invollzugsetzung **A1** 150
- Beschleunigungsgebot **A1** 148
- Besuchskontrolle **A1** 156
- Brief- und Besuchskontrolle **A1** 172
- Briefkontrolle **A1** 155
- derselben Tat **D7** 122
- dringender Tatverdacht **A1** 138
- Fahndung **A1** 146
- Fesselung **A1** 154
- Fluchtgefahr/Verdunkelungsgefahr **A1** 144
- Fristen **A1** 151
- Haftbefehl **A1** 142
- Haftgrund **A1** 139
- Haftprüfungsverfahren **D7** 121
- Mitwirkung eines Verteidigers **A1** 143
- Organisation und Durchführung der Vorführung **A1** 167
- praktische Hinweise **A1** 165
- Prüfung der Haftfrage **A1** 166
- Rechtsmittel **A1** 147
- und Abschiebehaft **D3** 85
- Unterbrechung zur Verbüßung von Strafhaft **D3** 93
- Verfahren **A1** 142
- Verhältnismäßigkeit **A1** 140
- Vollzug und Durchführung **A1** 153
- Vorführung beim Richter **A1** 171
- Wiederholungsgefahr **A1** 145
- Zeitpunkt des Vollzugs **A1** 146
- Zuständigkeit **A1** 141

Untersuchungshaft bei Jugendlichen
- Begründung **A1** 161
- Beschleunigungsgebot **A1** 161
- Fluchtgefahr **A1** 162
- Heimunterbringung **A1** 160
- Heranwachsende **A1** 158
- Jugendamt **A1** 163
- Richtlinien **A1** 158
- Verfahren **A1** 163
- Verhältnismäßigkeit **A1** 160
- Vollzug **A1** 163

Untersuchungsmethode A3 68

Unzulässigkeit
- der Berufung **D2** 122
- der Beschwerde **D2** 61, 81
- des Wiederaufnahmeantrages **D2** 200

Unzuständigkeit
- örtliche ~ der Vollstreckungsbehörde **D3** 31

Urkunde
- Gebrauch einer ~ **B4** 82, 84

Urkunden A4 17

Urkundenfälschung B4 103 ff, 109, 112, 114
- durch Blankoformular **B4** 105, 112
- Formular **B4** 109, 114

Urkundsdelikte B4 170

Urteil im Berufungsverfahren D2 126 ff

Urteilserstreckung
- Strafaufschub und Strafunterbrechung **D3** 23

V-Personen B8 25

Veräußerungsverbot B9 47 f
- zugunsten des Verletzten **B9** 73 ff

Verbindung, Vermischung B9 14, 16 f

Verbot der Doppelbestrafung D8 22
- *siehe auch Auslieferung*

Verbotene Gegenstände B7 92, 176, 179

Verbotsirrtum B4 9, 15, 46, 173

Verbrechensbekämpfungsgesetz **B4** 2, 130, 160
Verdeckte Ermittlungsmethoden **A1** 76
- NOEP **A1** 81
- verdeckte Ermittler **A1** 77
Verdeckter Ermittler **B8** 26
Verfahrenseinstellung bei Zusammentreffen von Privatklage- und Offizialdelikten **C** 69 ff
Verfahrensgegenstand **D1** 45, 48
- Tatort **D1** 12
- Tatzeit **D1** 12
Verfahrensrüge **D2** 149 ff
Verfall **B9** 2, 18 f, 34 f
- Ausschluß **B9** 29 ff, 72
- Bruttoprinzip **B9** 9, 35
- Dritte **B9** 19
- selbständige Anordnung **B9** 36
Verfall, erweiterter **B4** 158
Verfall von Wertersatz **B9** 3, 24 ff
- anfängliche Unmöglichkeit **B9** 24
- Ausschluß **B9** 32
- bei Surrogat **B9** 26 f
- erweiterter Verfall **B9** 28
- nachträgliche Unmöglichkeit **B9** 25
Verfeuerungsmerkmale **A4** 21
Verfolgungswille **D1** 3
Verfügungen
- Beschwerde gegen ~ **D2** 59
Vergewaltigung **B3** 9, 11
- Ausnutzung der schutzlosen Lage **B3** 9
- Beischlaf **B3** 9
- Beleidigung **B3** 11
- Drohung **B3** 10
- fahrlässige Körperverletzung **B3** 11
- gefährliches Werkzeug **B3** 9
- Gewalt **B3** 10
- Regelbeispiel **B3** 9
- sexualbezogene Handlungen **B3** 11
- Waffe **B3** 9

- Zuhälterei **B3** 10
Vergleichsmaterial **A3** 37, 60
Verhältnismäßigkeit *siehe Auslieferung*
Verjährung **D8** 24, 26
- bei Strafaufschub und Unterbrechung **D3** 133
- Erwerbstat **B9** 22
Verkaufswegfeststellung bei Waffen **B7** 187
Verkehrsunfalldelikte **A4** 9
Verkehrszentralregister **B1** 14
Verlängerung der Bewährungszeit
- Mitteilung zum BZR **D4** 52
Verlegung des Berichtstermins **D7** 43
Verlegung in andere Anstalt
- auf Antrag **D3** 92
Verlesung in der Berufungsinstanz **D2** 124
Verletzter **B9** 29, 31; **D7** 80
- ~ bei Verfahrenseinstellung **C** 9
- Rückgewinnungshilfe **B9** 72 ff
- Scheinkäufer **B9** 17
Vermächtnis, Waffenerwerb **B7** 175
Vermerk über Eingang der Zustellung **D2** 33
Vermessungssystem **A3** 54
Vermögensstrafe **B4** 158
Vermögensvorteil **B4** 134 f, 137, 151, 209
- Erhalt eines ~s **B4** 134 f, 151, 209
- Sich-Versprechenlassen eines ~s **B4** 135, 137, 151, 209
Vernehmung von Opferzeugen
- Akteneinsicht des Verteidigers **B3** 16
- "Aschaffenburger Modell" **B3** 14
- Ergänzungspflegschaft **B3** 15
- Ermittlungsrichter **B3** 14, 15, 16
- ermittlungsrichterliche Vernehmungen **B3** 15
- erste richterliche Vernehmung **B3** 14

- Gutachten **B3** 16
- Kriminalbeamter **B3** 16
- Mitwirkung **B3** 16
- Pflichtverteidiger **B3** 18
- richterliche Vernehmung **B3** 15
- Sachverständiger **B3** 14, 15, 16
- StA **B3** 16
- Verteidiger **B3** 16
- Videoaufzeichnung **B3** 15, 16
- Vormundschaftsgericht **B3** 15
- Zeugenbeistand **B3** 17
- Zeugnisverweigerung **B3** 15

Vernehmung von Tatverdächtigen B6 17

Verpackung
- Spuren **A3** 57

Verschlechterungsverbot *siehe Reformatio in peius*

Verschulden
- keine Wiedereinsetzung bei ~ des Verteidigers **D2** 49

Verteidiger D7 129
- Einlegung von Rechtsmitteln **D2** 25, 39
- Mitwirkung im Wiederaufnahmeverfahren **D2** 197
- Pflicht~ **D7** 129
- Wahl~ **D7** 129

Verteidigung
- sachgerechte ~ **D1** 2, 24 f, 44, 50, 51

Vertrauensgrundsatz B1 5
Vertrauenspersonen B8 27
Vertrieb von Waffen B7 133
Verwandtenschleusung B4 2
Verweisung auf den Privatklageweg gem §§ 374, 376 StPO C 64 ff
- Anwendungsbereich **C** 65
- Formulare **C** 75
- öffentliches Interesse **C** 66 f
- rechtliche Grundlagen **C** 64
- Voraussetzungen **C** 66 f
- Wiederaufnahme **C** 68

- Zusammentreffen von Privatklage- und Offizialdelikten **C** 69 ff

Verweisung auf den Privatklageweg gem §§ 374, 386 StPO
- Formulare **C** 72

Verwerfung
- der Berufung **D2** 128
- des Wiederaufnahmeantrages **D2** 200, 209

Verzicht
- auf Entschädigung nach StrEG **D6** 26

Verzicht auf Rechtsmittel D2 37
Verzugszeit B1 30

Visum
- Stellungnahme zur Erteilung **D3** 414

VOint 99
- Formular **D8** 98

VOint über Botschaft
- Formular **D8** 100

Volksfest
- Waffenführen **B7** 143
- Waffenvertrieb **B7** 133

Vollautomatische Kurzwaffen B7 64
Vollautomatische Langwaffen B7 49
Vollautomatische Schußwaffen, Funktionsfähigkeit B7 51

Vollstreckbarkeit
- von Strafurteilen **D3** 58

Vollstreckung
- urkundliche Grundlage **D3** 59

Vollstreckungsbehörde D3 34
- Aufgabe in der Führungsaufsicht **D5** 13
- Beteiligung mehrerer ~n **D3** 34
- funktionale Zuständigkeit **D3** 17
- Kompetenzkonflikte mehrerer ~ **D3** 34
- örtliche Zuständigkeit **D3** 28
- sachliche Zuständigkeit **D3** 13

Vollstreckungsgericht
- Zuständigkeit **D3** 458

Vollstreckungshaftbefehl D3 105
Vollstreckungsheft D3 19
Vollstreckungshilfe
– Ausnahmen D3 40
– der Bundesländer untereinander D3 36
– Grundsatz D3 41
– Ländervereinbarung D3 41
Vollstreckungshindernisse
– Mitteilung an Vollstreckungsbehörde D3 59
Vollstreckungsleiter D3 15
Vollstreckungspflicht D3 7
Vollstreckungsplan D3 88
Vollstreckungsreihenfolge D3 107 f
– Änderung wegen Zurückstellung nach § 35 BtmG D3 258
– mehrere freiheitsentziehende Maßregeln D3 118
– mehrere Strafen D3 108
– Rechtsbehelfe D3 120
– Sicherungsverwahrung und Strafe im gleichen Verfahren D3 113
– Strafe und Maßregel aus verschiedenen Verfahren D3 114
– Uneinigkeit der VollstrB D3 117
– Unterbringung im psychiatrischen Krankenhaus D3 110
– Unterbringung in der Entziehungsanstalt D3 110
– Vorwegvollstreckung widerrufener Strafreste D3 109
Vollstreckungsverjährung
– Bedeutung D3 126
– Berechnung D3 121
– Mitteilung an Verurteilten D3 127
– Verlängerung D3 123
Vollziehungsbeamter B9 60, 66
Vollzugslockerungen
– Stellungnahmen D3 51, 53
Vollzugsuntauglichkeit D3 143
– Änderung der Vollstreckungsreihenfolge D3 131

– Anrechnung von Zeiten der Strafunterbrechung D3 129, 132
– Gründe D3 149
Vollzugszuständigkeit
– örtliche ~ D3 91
– örtliche ~ nach Unterbrechung D3 94
– sachliche ~ D3 89
– Umgehung der örtlichen ~ D3 87
Vorderladerwaffen B7 39
Vorderschaftrepetierflinten B7 60
Vorenthalten und Hinterziehen von Sozialversicherungsbeiträgen
– Abgrenzung von Selbständigen B5 22
– Arbeitgeber B5 22
– Arbeitnehmer B5 22
– Arbeitnehmerüberlassung B5 24
– erforderliche Feststellungen B5 27
– falsche Anmeldungen des Arbeitgebers B5 33
– geringfügig Beschäftigte B5 26
– Konkurrenzen B5 21
– Leistungsfähigkeit B5 30
– Nettolohnabrede B5 28
– Sozialversicherungsbeiträge B5 25
– Subunternehmer B5 23
– täterfreundliche Zahlungsverrechnung B5 31
– tatsächliche Lohnzahlung B5 29
Vorermittlung der StA im Wiederaufnahmeverfahren D2 208
Vorführung des Angeklagten in der Berufungsinstanz D2 129
Vorführungsbefehl D3 105
Vorlageberichte D7 119
Vorlagepflicht
– des Rechtspflegers in Strafvollstreckungssachen D3 23
Vorlagesachen
– in der Strafvollstreckung D3 20
Vorläufige Maßnahmen B1 16
Vorpfändung B9 61

Vorschaltbeschwerde D3 448; D7 71, 80 f
Vorteilsausgleich D6 61
Vorübergehender sicherer Erwerb von Waffen B7 179

Waffen-Sprengstoff-Meldung B7 4
Waffenbesitzkarte B7 161
– Widerruf B7 163
Waffenbesitzverbot B7 158
Waffenerwerb durch Hofübergabe B7 175
Waffenführen
– Gaststätte B7 144
Waffenhandel B7 136
Waffenhandelserlaubnis B7 166
Waffenherstellung B7 150
Waffenherstellungserlaubnis B7 166
Waffenrechtliche Genehmigungen B7 152
Waffenrechtliche Verbote B7 152
Waffenschein B7 165
Wahlgerichtsstände D1 30
Wahlverteidiger D7 129
Wahrnehmungsfähigkeit B1 29
Wahrscheinlichkeit
– Bayes-Theorem A4 68
– DNA-Analyse A4 69
– ~saussage A4 66
– ~sgrad A4 67 ff
Wechselläufe B7 42
Wechseltrommeln B7 42
Weiche und harte Drogen B8 13
Weisung
– Kostenübernahme D3 371
Weisungen D7 1, 3, 7
– Änderung D4 9
– an Rechtspfleger D3 450 f
– Kostenübernahme D3 346
– Rechtsmittel D4 54
– während der Bewährungszeit D4 4
– Weisungsbefugnis D7 3
– Weisungsgebundenheit D7 1

– Widerruf der Strafaussetzung D4 22
Weisungsbefugnis D7 3
Weisungsgebundenheit D7 1
Weitere Beschwerde
– Vorlage an Beschwerdegericht D2 100
– Zulässigkeit D2 97 ff
Weitere Haftprüfung D7 140
Werkstoffe
– iSd der Kriminaltechnik A4 22
Werkstofftechnik
– iSd der Kriminaltechnik A4 22
Werkzeugspuren A4 22
Widerruf
– Ausschreibung des Sicherungshaftbefehls D4 26
– bei mehreren Straftaten D4 16
– bei unbekanntem Aufenthalt D4 18, 25
– bei Verstoß gegen Auflagen D4 20
– bei Verstoß gegen Weisungen D4 22
– der Strafaussetzung zur Bewährung D4 12
– nachträgliche Anrechnung von Auflagen D4 36
– öffentliche Zustellung D4 29
– Rechtsmittel D4 54
– wegen neuer Straftat D4 14
– Zeitpunkt der Antragstellung D4 17
– Zuständigkeit D4 49
Widerruf der Aussetzung der Unterbringung
– Entziehung der Aufsicht D4 73
– Erforderlichkeit D4 76
– Gründe D4 70
– neue rechtswidrige Tat D4 71
– Rücknahme D4 82
– Verfahren D4 80
– wegen des Zustands des Verurteilten D4 74
– Weisungsverstoß D4 72

Widerruf der Bewährung
- Rechtsmittel bei § 36 BtmG **D3** 317
- Widerrufsgründe bei § 36 BtmG **D3** 317
- Zuständigkeit nach § 36 BtmG **D3** 317

Widerruf der Strafaussetzung
- bei Unterstellung unter Bewährungshelfer **D4** 23
- Besorgnis neuer Straftaten **D4** 24
- rechtliches Gehör **D4** 51
- rechtliches Gehör - Schengen-Staaten **D4** 51
- Rücknahme **D4** 56

Widerruf der Unterbringung
- Berechnung der Höchstdauer **D4** 69
- neu bekannt gewordene Tatsachen **D4** 75

Widerruf der Waffenbesitzkarte B7 163

Widerruf der Zurückstellung gem § 35 BtmG D3 283

Wideruf der Strafaussetzung
- Verhältnis zur Gesamtstrafenbildung **D4** 15

Wiederaufnahme
- Gericht des ersten Rechtszugs **D3** 35

Wiederaufnahmeantrag
- Unzulässigkeit des ~s **D2** 200

Wiederaufnahme der Ermittlungen D7 64, 67

Wiederaufnahmeverfahren
- Aditionsverfahren **D2** 196 ff
- Freispruch ohne Hauptverhandlung im ~ **D2** 212
- Frist **D2** 191
- nach Strafbefehlsverfahren **D2** 190
- Probationsverfahren **D2** 206 ff
- Verschlechterungsverbot **D2** 211
- Vollzugshemmung **D2** 201
- Wesen **D2** 186

- zugunsten des Verurteilten **D2** 192 f
- Zulässigkeit **D2** 190 f
- zuständiges Gericht im ~ **D2** 188
- zuungunsten des Verurteilten **D2** 192, 194

Wiedereinsetzung in den vorigen Stand
- Antrag **D2** 48
- Frist **D2** 48
- Glaubhaftmachung **D2** 48
- keine ~ bei Fristversäumnis der StA **D2** 50
- Wesen **D2** 47

Wiedersichtbarmachung entfernter Zeichen A4 22

Wildererwaffen B7 62

Wirkstoffgehalt B8 16, 21
- mehrere Arten von Betäubungsmitteln **B8** 21
- nicht sichergestellte Drogen **B8** 23
- sichergestellte Drogen **B8** 22

Wohnauflage B4 196 ff
- Verstoß gegen ~ **B4** 198 ff

Wohnraumüberwachung, akustische A1 69

Wortwahl D7 46

Wurfsterne B7 104

Würgehölzer B7 105

Zahnsanierung D3 247

Zeichnung A3 53

Zentrales Staatsanwaltliches Verfahrensregister B1 14

Zeuge A1 12
- Anwesenheitsrechte **A1** 21
- mit mangelnder Verstandesreife **A1** 23
- polizeiliche Vernehmung **A1** 13
- richterliche Vernehmung **A1** 19
- staatsanwaltschaftliche Vernehmung **A1** 15
- Vernehmungsersuchen **A1** 16

Zeugenbeweis A3 90

Zeugenvernehmung **D8** 74 ff
- Formular **D8** 74, 76
- polizeiliche ~ **D8** 75
- richterliche ~ **D8** 77

Zeuge vom Hörensagen **B8** 27

Zielgeräte **B7** 96

Zielscheinwerfer **B7** 96

Zierschwerter **B7** 91

Zinsen
- für Entschädigung nach dem StrEG **D6** 80

Zubehör für Waffen **B7** 46

Zuchtmittel **B2** 19
- Auflagen **B2** 21
- Jugendarrest **B2** 22
- Verwarnung **B2** 20

Zurücknahme des Rechtsmittels **D2** 38 f
- Ermächtigung des Verteidigers zur ~ **D2** 39

Zurückstellung
- Antrag **D3** 245
- Geldstrafe **D3** 240
- gerichtliche Zustimmung **D3** 262
- Länge der Strafe **D3** 241
- mehrere Verfahren **D3** 242, 262
- nach Widerruf früherer ~ **D3** 262
- Unterbringung **D3** 240
- Vorbereitung der Entscheidung **D3** 240

Zurückstellung der Strafvollstreckung
- Wechsel der Therapieeinrichtung **D3** 286

Zurückstellungsentscheidung
- Rechtsmittel **D3** 292

Zurückverweisung durch Beschwerdegericht **D2** 83

Zusammenarbeit und Koordination
- allgemeine Glaubwürdigkeit **B3** 21
- Belehrung **B3** 21
- besondere Glaubwürdigkeit **B3** 21
- Beurteilung der Glaubwürdigkeit **B3** 21
- Ergänzungspfleger **B3** 21
- Glaubhaftigkeit **B3** 21
- Gutachten **B3** 21
- Haftbefehl **B3** 20
- Jugendamt **B3** 19
- kinderpsychologische/-psychiatrische Sachverständige **B3** 21
- Konkretisierung der Anklage **B3** 21
- Realkennzeichen **B3** 21
- Sachverständige **B3** 21
- Vormundschaftsgericht **B3** 19
- Würdigung kindlicher Aussagen **B3** 21
- Zeugnisverweigerungsrecht **B3** 21

Zuständigkeit
- gerichtliche ~ **D2** 56
- Rechtspfleger für vorbereitende Tätigkeiten in der Strafvollstreckung **D3** 19
- Strafvollstreckungskammer **D3** 459
- zur Entscheidung über die Entschädigungspflicht **D6** 34

Zustellung **D7** 75
- Arrestanordnung **B9** 64, 71
- Belehrung nach § 9 StrEG **D6** 33
- förmliche ~ **D7** 75
- Pfändungsanordnung **B9** 59, 71

Zustellung bei mittelbarem Geschäftsweg **D8** 92 ff
- Bericht **D8** 93
- Formular **D8** 92

Zustellung bei unmittelbarem Geschäftsweg **D8** 94 ff
- Formular **D8** 94
- Grundsätze **D8** 95

Zustellung der Revisionsbegründung an den Gegner **D2** 162

Zustellung in Deutschland **D8** 91
- Formular **D8** 90 ff

Zustimmung zur Zurücknahme des Rechtsmittels **D2** 40, 44